Corrections de la propre main de l'auteur.

8e page à supprimer

2e de l'avis au lecteur.

On trouve avant la page 1re au bas du privilège du Roi une liste de 27 errata. Sur ce nombre 17 sont corrigés dans ce volume de la main même de Gournay. De plus à la 2e page de l'avis au lecteur on trouve 4 lignes non indiquées à l'errata.

L'écriture de ces corrections est la même que celle des autres exemplaires des diverses œuvres de Marie de Gournay qui portent presque tous des annotations de ce genre. La même que la signature que j'ai extraite de cette savante fille et la même que l'ex-dono qu'elle a ajouté à l'exempl. des œuvres qu'elle avait donné aux Feuillants de Paris et qui appartient aujourd'hui à la bibliothèque du Roi.

Je ne fais donc pas doute que ces annotations ne soient autographes de Gournay.

Les errata ponctués sont ceux qui ne sont pas corrigés.

817. Les advis ou les présens de la demoiselle de Gournay. *Paris, Touss. Dubray*, 1634, in-4, v. br.

Livre rare sur lequel on peut lire dans le *bulletin du bibliophile*, 1852, p. 883, un article intéressant de M. le vicomte de Gaillon.

Le feuillet qui suit celui qui porte le titre est signé : ã iij ; certains que te comportent plusieurs exemplaires que j'ai vus et un entre autres qui a été vendu à la vente de Salut[...] le 1er novembre 1865 et acheté par le bibliothécaire de M. Didot, M. Scott. À ce compte il faudrait que le feuillet ij fut celui du titre et celui de garde le feuillet ĵ ; mais à l'édition de 1641 on trouve entre le frontispice et le feuillet iij un feuillet adhérent par le pli du papier au feuillet iij sur lequel on voit un portrait de Marie de Gournay. Comme ce feuillet iij est collé au talon dans les 2 exemplaires il est probable que l'absence du feuillet ij est une lacune et qu'il y avait à l'édition de 1634 comme à celle de 1641 un portrait placé après le frontispice. L'exempl. de Salut a été vendu 13 fr. 50

LES ADVIS,
OV,
LES PRESENS
DE LA
DEMOISELLE
DE GOVRNAY,

Ex bibl.ca mon.rij s.ti Bernardi Fuliensium Parisiensium

A PARIS,
Chez TOVSSAINCT DV-BRAY,
ruë Sainct-Iacques, aux Espics-meurs.

―――――――――――

M. DC. XXXIV.
Auec Priuilege du Roy.

DISCOVRS
SVR CE LIVRE,

A SOPHROSINE.

VOSTRE tendresse aux interests du sexe, & aux miens m'est preiudiciable, ILLVSTRE SOPHROSINE, me commandant en intention que luy & moy en tirions quelque honneur, de faire vn effort que personne iusques icy, comme on croit, n'a peu remplir nettement: qui est, de mettre à iuste prix son Ouurage, sur tout vn ouurage de la pure operation de l'esprit. Si vous dites neantmoins que ie dois obeir, tant par le respect que ie vous dois, que par la raison qu'il vous plaist de m'alleguer; qu'estant Fille adoptiue d'vn Pere qui s'est dépeind luy-mesme, ie semble estre conuiée par son exemple de dépeindre ou dire le prix de mon Liure, ce mesme exemple m'en deuroit plustost diuertir: tant pour estre vnique en son espece, que par la hauteur vnique de l'ame qui l'a osé dôner, & de laquelle consequemment, il est aussi peu permis d'enuier que d'imiter les actions. Ioinct que certes il y a grand' difference, entre vne description de personne, de vie & de mœurs, telle que les Essais la nous representent de leur Au-

Discours sur ce Liure.

theur; & cét examen qui pretendroit de mettre à iuste prix vn Ouurage ou Liure propre: d'autant que la seule sincerité d'vn Escriuain le peut acquitter de cette premiere entreprise, qui ne consiste qu'en vn fidelle recit des choses qu'il sçait & cognoist. Mais qu'vn esprit iuge l'Ouurage qu'il a conçeu, cela ne semble non plus faisable, que si vn œil, qui void toutes les autres choses pourtant, se vouloit voir soy-mesme: car pour examiner & cognoistre vn obiect à plein fond, il faut distinction & distance entre celuy qui l'examine & luy, pour donner lieu d'agir à la puissance visiue, soit-elle corporelle ou spirituelle: & l'Ouurage de nostre entendement est si proche de son Ouurier, comme on sçait, disons, si confus en luy, qu'il est luy-mesme: en sorte que le iuge & la chose de cette espece qu'il viendroit à iuger ne seroient qu'vn. N'attendez donc pas de mon obeïssance vn iugement de ce Liure, mais seulement par deference & respect, vne clef pour y entrer commodément, auec vne guide pour se conduire en son examen: & par incident, vne guide encore au public, pour l'esclairer en la lecture des Escrits, autant qu'il est en moy de luy rendre ce seruice, & en luy de le receuoir: seruice tant plus vtile, de ce que la plus-part du monde bronche pesamment à ce pas. Ie dis autant qu'il est en cet animal à plusieurs testes de receuoir vn tel seruice: car il est veritable qu'on ne peut suffisamment loger l'esprit ny le iugement d'vn Autheur, que dans vn autre esprit & iugement enuiron de sa portée, & la portée des Autheurs est fort courte, si le vulgaire n'est bien loin d'y pouuoir atteindre.

Parlons premierement du langage, en vne saison si langagere & si Grimeline, qu'elle iette sa principale visée de ce costé-là, sur les Escrits. Considerons s'il est naturel & François, c'est à dire vniuersel, franc & dans la syntaxe: s'il n'est point affecté, s'il n'est point escourté ny regratté, selon les visions de certaines gens d'auiourd'huy, qui se sont persuadez qu'il leur falloit vn langage à part de la France leur Patrie. Voyons s'il a quelque ingenuité, si sa composition est assaisonnée de quelque grace, si les figures & les metapho-

à Sophrosine.

res ne luy ont point defnié l'ornement qu'elles luy doiuent, & si cét ornement reste dans les termes d'vne pertinence reglée, mais neantmoins plustost hardie que timide, sur tout aux vers: si la vigueur ne luy manque point, si la varieté l'accompagne: ennemy iuré de cette importune tautologie moderne, qui fait gloire de n'employer qu'vn mot à dire cent fois mesme chose, si le cas y eschet. Finalement, si apres ces cualitez generales, il a pris soin de s'appliquer & de se mesurer & proportionner en particulier sur les suiets qu'il entreprend. Pour exemple: s'il est graue ou solide aux Traictez Royaux, comme en l'*Education des Enfans de France*, en leur *Naissance*, en l'*Institution du Prince*, & en ceux des discours de raison: comme encore aux versions des Historiens & des Orateurs antiques. S'il a quelque poincte de sel aux pieces escrites sur nostre langue & autres enuiron de cette espece. S'il tient ie ne sçay quoy de majesté en l'*Adieu de l'Ame* du feu Roy, en l'*Oraison pour son salut*, en la Harangue *Sur la Deliurance de Casal*, en l'*Oraison du Roy à S. Louis*: pieces où l'on parle de grands Roys & de grandes actions, ou bien, ausquelles les grands Roys parlent eux-mesmes à d'autres Roys ou à Dieu: s'il est tendre ou delicieux au *Proumenoir*, en *Chrysante*, & en l'*Epistre de Laodamie*, ainsi du reste, chaqu'vn selon ses principes & le sujet qu'il traicte.

Quant au stile, i'aduoue qu'en ma premiere impression i'auois laissé couler quelques obscuritez, dont à mon aduis i'ay corrigé la plus-part en celle-cy. Obseruons s'il est franc comme le langage, s'il euite la confusion, le trop & trop peu d'estendue en ses periodes, la bassesse inculte d'vne part, & de l'autre cette piaffe, ce fard d'vne estude fantasque & seruile qu'on y recherche tant à cette heure: regardons s'il sçait diuersifier ses phrases, & finalement reietter le caquet lasche ou superflu duquel on essaye d'alonger tant d'autres Escrits, si ce poinct est de la categorie du stile. Que si i'ay donné quelque importune longueur à trois ou quatre pieces, la matiere m'en peut à l'aduenture aucunement seruir d'excuse: le reste de laquelle i'ay cherché dans le soin que

Discours sur ce Liure,

i'ay pris de relascher l'ennuy du Lecteur, diuisant leur estenduë en deux ou trois pauses, selon que les sujets l'ont peû porter.

Passons au corps de l'Oeuure: il faut voir en premier lieu s'il a quelque iuste grosseur, & cette qualité qui proprement le fait Liure, de se pouuoir nommer Original: puisque ceux qui ne peuuent porter cé tiltre sont, à bien parler, des enfans de Liures, & non des Liures eux-mesmes: car pour faire meriter ce nom à vn Oeuure, il faut qu'il apporte au public des biens propres & nouueaux, nez en l'esprit de leur Autheur. I'appelle Liure original, non celuy qui l'est entierement, pource qu'il ne s'en trouueroit presque point de cette marque, mais bien celuy qui l'est pour la plus-part. Apres auoir consideré si mon Liure est Original, il faut voir s'il l'est en vn bon genre; & son genre de gros en gros c'est le discours de raison. Ce discours de raison se doit examiner simplement par soy-mesme, ou par comparaison des autres Escrits de ce mesme genre, & du siecle, à cause que les anciens portent leur volée trop haut pour souffrir nos paralleles; entre lesquels anciens, ie loge les Essais. Et ne suis pas si temeraire de conuier le Lecteur à faire cét examen de mon Liure contre ceux de nostre aage mesme, par quelque espoir d'y gaigner la palme, ny rien qui luy resemble: ie dis seulement, que c'est la touche à laquelle il faut cognoistre l'aloy de mon Ouurage, qui pour le moins s'ose vanter, que depuis ce diuin Liure que ie viens de nommer, aucun ne s'est porté plus auant que luy dans le discours de raison, soit bien soit mal. Il sera bon de voir apres quel Liure de femme vainqueur de la malice des temps & des hommes sera capable d'effacer le mien: ie dis vainqueur de la malice des temps & des hommes: car quels rauages n'ont-ils point fait de cette part sur les Corinnes, les Saphons, les Hypathies, les Aretes & autres?

Disons apres, qu'il ne sera pas hors de propos d'obseruer encore, si les vers estrangers que i'emprunte, sont appliquez auec dexterité, cét article ne pouuant estre de peu d'impor-

à Sophrosine.

d'importance, puis qu'il regarde le iugement.

Qu'on voye en suite si ie suis égale: c'est à dire, si mes Traictez sont, ie ne dis pas de pareil prix, car ce poinct depend en partie de la matiere, mais aumoins si le plus foible n'est point indigne d'estre frere du plus fort, chaqu'vn selon son sujet: sans obmettre mesmes entr'autres, ceux ausquels i'ay tesmoigné que ie m'attendois que ma franchise feroit rire quelqu'vn: lesquels aussi pour ce regard ne peuuent encourir de blasme auprés d'vn bon Lecteur, si l'ingenuité vaut mieux au besoin que des grimaces seruiles. Ie sçay qu'il s'est trouué certaines gens, qui pour se faire croire en blasmant mes Escrits, en ont par vn artifice ordinaire en tel cas, loüé quelques pieces, diuerses selon la diuersité de leur appetit. Toutesfois ils ont en cela trauaillé pour moy, croyans me nuire: pource que s'ils peuuët maintenir qu'il y ait de bons Traictez en mon Oeuure, dont ie doute pourtant, ils maintiennent l'Oeuure entier: lequel sans doute hors l'inegalité des textes, & l'obligation qui m'a liée à les manier chacun selon soy, n'a rien d'inegal. En vn mot, il se peut soustenir en general s'il a de bonnes parties: i'entends soustenir en bloc, car en détail il n'appartient qu'à des sots de reputer leurs Escrits impeccables.

Pour retourner à ce poinct, sçauoir si mon foible Labeur pourra porter le tiltre d'Original, on aduisera premierement si la *Preface* a quelque chose de trafiqué chez autruy. Quant à l'*Education* des enfans en general, c'est vn sujet tracassé, mais celle des Enfans de France & du biais que ie la prends, ne l'est peut-estre pas. Cette piece qui fait le frontispice de l'Ouurage est suyuie de celle qui se nomme, la *Naissance* des mesmes Enfans de France, laquelle bonne ou mauuaise qu'elle soit est originalle, comme l'est aussi l'*Exclamation* & l'*Oraison* qui regarde le feu Roy. L'*Adieu* de son ame suit, qui tombant sur vn texte fort commun, sçauoir est dans les preceptes de regner, ne sçauroit estre original entierement: toutesfois le Lecteur trouuera, si ie ne me trompe, qu'il est des plus religieux aux emprunts que sa matiere a peu souffrir, comme

b

Discours sur ce Liure,
aussi est ce Traicté de l'*Institution du Prince*, que ie range à cette heure immediatement apres ces premiers, d'autant qu'il est de mesme estoffe, quoy qu'il en soit esloigné dans la Table du Liure. La section premiere de cette *Institution*, dira quels peuuent estre mes emprunts en tout ce qui est des discours Royaux, & fera voir, auec quel temperament & quels ingrediens, ie m'efforce d'employer & de rendre miens au besoin les passages qui sont d'autruy. Que si i'apporte en tout cela quelque Genie, quelque iugement ou quelque rayon d'embellissement, ie laisse la decision de cette question à ceux qui me daigneront lire: puis que ie ne me tiens pas capable de dire mon aduis de la valeur ou du merite de mon Trauail, soit pour le regard de ces Traittez, soit pour le reste de son estenduë, ainsi que i'ay recognu cy-deuant. Ie loge dans les termes de l'embellissement, la dexterité d'assaisonner au besoin mes discours de quelque traict diuertissant, & d'appliquer l'émail de la varieté sur vn mesme poinct, que l'on est aux occasions obligé de remanier plusieurs fois: comme, pour exemple, en ces diuerses pieces Royales, de parler des flatteurs, de la recommandation des sciences, &c. Sans m'obliger à suiure l'ordre ou la Table de ce Volume, aduoüés en ce rang, que le Chapitre de la *Medisance*, tombe encore sur vn theme agité dans les Autheurs: & n'ay rien à dire des emprunts qui s'y pourroient trouuer, ny du merite des conceptions, si merite il y a, sinon que ceux-là sont couchez sur mon papier, auec mesmes exceptions & reserues que celles que i'ay obseruées aux Traictez precedens, exprimées à l'entrée de l'*Institution*: & celles-cy, ie dy, mes conceptions, remises au iugement du Lecteur, pour decider ce qu'elles peuuent valoir ou non valoir.

Ces trois Chapitres qui s'appellent, *Du Langage, Des Metaphores, Discours sur la Poesie*, sont purement originaux: qu'on voye si i'ay raison generale en ce sujet, & si les raisons particulieres dont ie l'appuye sont bonnes, & presentées auec quelque iugement & bien-seance qui le puissent soutenir. De trois autres pieces qui regardent la Grammaire, l'vne se contente, sans plus, de donner aduis sur vne importune

à Sophrosine.

erreur que l'on comet aux *Rimes*, l'autre est vn simple recit de l'vsage des *Diminutifs*, l'autre apres, vne representation de la *Façon d'escrire de l'Eminentissime Cardinal du Perron, & de Monsieur Berthault Euesque de Sees*. Il est bien vray que cette derniere raisonnant aussi par endroicts, peut donner encore occasion aux Lecteurs de me regarder auec faueur ou deffaueur sur la faculté raisonnante. Ils pourront voir en vn lieu qui comence ainsi apres deux vers, *Ils touchent sur la chanterelle*, si ie cognois la Poësie, & si i'ay acquis quelque faculté de iuger & d'anatomiser cét art, ses secrets & ses Ouuriers. Ie dy qu'ils le pourront voir, ie ne dy pas que i'espere qu'ils le voyent à mon aduantage : tant parce que ie ne le merite peut-estre pas, que d'autant aussi que telles leçons, comme ie sçay, se trouuent heteroclites en nostre siecle. C'est dequoy neantmoins ie me soucie peu, tandis que ie pourray me souuenir que c'est aux lieux que ie marque pour esclatans d'excellence particuliere, où le Cardinal du Perron a voulu frapper ses coups de maistre : ie dis aucuns de ses coups, car pour abreger, ie n'en ay touché qu'vne partie selon ma memoire.

Toutes ces autres pieces sont originales & dans le discours de raison; *Des fausses deuotions, Si la vengeance est licite, Antipathie des ames basses & hautes, Consideration sur quelques contes de Cour, Aduis à quelques Gens d'Eglise, Que les grands esprits & les gens de bien s'entrecherchent, Neantise de la commune vaillance & de la Noblesse, Que l'integrité suit la vraye suffisance, De la temerité, Des vertus vicieuses, De l'impertinente amitié, Des sottes finesses*. Ces deux suiuants, *Grief des Dames, Des Grimaces mondaines*, sont de trop courte estenduë pour les daigner alleguer. En tout cela mon Lecteur doit regarder la trempe du raisonnement, la vigueur des imaginations, & la lumiere du iugement, telles qu'elles puissent estre : affin de me donner charitablement conseil de les amander si le Ciel prolonge mes iours.

Quant à *Chrysante*, ce n'est qu'vne gentillesse, & suis d'accord que le *Proumenoir* & l'*Aduertissement* qui le precede ne passent que pour gentillesse encores, quoy qu'ils se meslent

Discours sur ce Liure,

par fois de discourir à leur tour. Pour la *Deliurance de Casal*, & l'*Oraison à S. Louis*, ce sont deux simples vœux de mon respect & de ma deuotion vers le Roy, parfaictement accomplis, s'ils ont peu representer vne partie de mon zele, & suiure de loin la dignité de leurs suiets.

L'*Apologie* discourt aussi quelquefois, mais la principale loüange qu'elle cherche c'est de dire verité : laquelle i'esclaircis & appuye de telle sorte, outre la cognoissance qu'vne longue vie exposée aux yeux du monde peut auoir donnée de moy ; que i'en espere obtenir vne creance fauorable de toutes les ames en qui la malice ne surpasse point la prudence.

I'oubliois l'*Egalité*, qu'il faut soubmettre à la touche par ce peu que valent ses raisons & ses pensées, telles qu'elles soiét, & puis apres par la consideration de son dessein. Sçauoir, si ce biais qu'elle préd & qui la réd originale, est bō pour releuer le lustre & le priuilege des Dames, opprimez par la tyrānie des hommes ; de les combattre plustost par eux-mesmes, c'est à dire par les sentences des plus illustres Esprits de leur sexe prophanes & saints, & par l'authorité mesme de Dieu, que de s'exposer à rendre la contradiction de ses aduersaires plus hardie, & partant nostre preuue moins certaine pour ce regard, en les combattant d'exemples & d'argumens, à l'imitation de ceux qui se sont portez à telle entreprise auant que ie m'en sois meslée. Il sera bon de regarder apres, quel rang ce Traitté doit tenir en gros par comparaison, entre ceux qui regardent ce mesme but de l'honneur & de la deffence des Dames.

Mon second Liure commence par vne Epistre originale encore, *Sur l'Art de traduire les Orateurs*. Il faut voir si elle sçait dire quelque chose qui corresponde à son dessein, lequel n'est pas de leger effort : i'entéds tousiours correspondre selon mes forces. Aux Versions qui la suiuent, il est requis d'obseruer en premier lieu, si ie suy les reigles que ie me prescris à moy-mesme en cette Lettre. Cela consiste en deux poincts principaux, la vigueur & la fidelité de l'expression, & apres, la grace & l'addresse. Tous ces deux poincts s'obser-

à Sophrosine.

ueront par eux-mesmes & par comparaison d'autres Versiõs, qui se font faites cy-deuant sur les mesmes pieces que ie traduis. Tacite & Saluste ont eu des Traducteurs de reputatiõ, & particulierement mon *Oraison de Tacite* a passé par les mains & se void en l'Histoire du Docteur Coeffeteau, nommé à l'Euesché de Marseille; *Saluste* dont ie traduis vne Oraison, & l'*Epistre de Laodamie*, ont esté tournez aussi par d'autres plumes cognuës: comme encores ma *Seconde Philippique*, & celle-cy a eu plusieurs Traducteurs, que ie nomme en sa Preface. Que si apres auoir confronté les autres Versions de tous ces diuers Ouuriers, contre la mienne, le Lecteur iuge que ie puisse seulement suiure à peu prés ces honnestes gens, qui ont trauaillé deuant moy, ce m'est encores trop de bõ-heur.

Passons aux Traductions de Virgile, les vnes en suite du Cardinal du Perron, les autres en concurrence de Monsieur Bertault. Ie sçay bien que le plus grand honneur que ie puisse iustement esperer en tout cela, c'est que ces deux excellens esprits, ayent esté mes tres-honorez Seigneurs & maistres, tant par exemple que par conuersation, sur tout ce premier. Aucuns parmy des voix fauorables desquelles ils m'ont caiolée au suiet de ces Versions, estant vray si ie ne l'ay desia dit, que pour nuire plus finement à nos Ouurages il les faut loüer par quelque bout; ont voulu faire croire que ie choisissois les pires eschantillons du dernier pour les opposer aux miens dans le Second de l'Æneide, par quelque ambition malicieuse: mais si i'ay pris pour cet effect toutes les comparaisons & toutes les harangues sans exception, que deuiendra le reproche de la malice de ce choix?

Pour le regard du *Bouquet de Pinde*, les vers propres ne sont chez moy qu'vn diuertissement. Il faut aduiser premierement, si l'Eclogue Cleophile & sa suite ont quelque rayon de bonne mine & conuenable à leur condition, sous le bauolet de Bergere. Qu'on voye apres si les autres parcelles de ce petit Recueil de vers, s'efforcent d'obseruer la mesme decence chacune selon son estoffe ou principe: si elles sont ie ne dy pas belles, mais seulemẽt acheuées, sans baaillement de

b iij

Discours sur ce Liure,

faux tons & sans cheutes, du moins cheutes lourdes : si elles ont par fois quelque traict de vision agreable, & quelque addresse en leur fabrique. Mais ces trois mots suffisent : car pourquoy parlerois-ie beaucoup de peu de chose? Les *Epigrammes* rendent raison de leur naiueté ennemie des poinctes, en l'*Aduis* qui les precede. Enfin vous qui m'auez fait l'honneur, Illustre Sophrosine, de prendre plaisir à me cognoistre intimement, passez, s'il vous plaist, de l'examen du Liure, à celuy de la foy de sa mere : pour considerer en la *Peincture de mes mœurs*, si ie ne desrobe rien à mes vices & n'adiouste rien à mes vertus.

Au reste, quoy que ce Liure se puisse dire par diuerses raisons, autre que celuy que ie fis imprimer il y a quelques années, il porteroit tousiours le nom de l'Ombre de la Demoiselle de Gournay, pour la mesme consideration qui me conuia de l'appliquer à son frere aisné ; s'il ne failloit contenter mon Libraire, qui craint, ce semble, les Esprits. Ie suis trompée si cét ancien nom de mes chetiues Oeuures, n'est preferable au nouueau, quoy qu'ayent voulu dire certains Critiques de nostre saison : entre lesquels ce n'est pas merueille que ce qui déplaist à l'vn, déplaise à tous ; le premier qui parle sur vn suiet ne iugeant presque iamais les choses que par hazard, ny les autres que par suite : sur tout où il faut médire, & d'ailleurs bâder le iugemēt sur vne speculation nouuelle, & partant difficile à penetrer & demesler. Ils ne sçeurent iamais entendre, disent-ils, la signification de ce nom de l'Ombre en vn Liure : mais certes voila qui est fort plaisant, que nous fussions obligez de baisser toutes les choses ausquelles ils ne peuuent atteindre ! Estoit-il donc si malaisé de chercher & trouuer cette interpretation de nom dans vne Preface de deux petites pages, qui le suiuoit ? Preface qui est l'interprete naturelle des Escrits. Ou pourquoy failloit-il s'estonner, si l'on cherchoit cette interpretation, que i'appellasse mon Ombre, l'image de mon esprit, maistresse piece de mon estre ? Quand on nous baptize des Liures Italiens Hexameron & Decameron, quand on nous en qua-

à Sophrosine.

lifie vn Espagnol Anachryse; le vulgaire void-il plus clair en ces tiltres, qu'au mien allegué? Que si bien, peut-estre, quelqu'vn de ces Autheurs, dechiffre son tiltre sur le lieu, n'auois-ie pas pris soin aussi de déchiffrer le mien là mesme: au moins d'aduertir le Lecteur, quelle estoit la substance de mon volume, par ce mot, Oeuure composé de Mélanges? Mais cét admirable Comte de la Mirandole, prit-il la peine de chercher vn nom Latin à sa Semaine Latine; ny de gloser le nom Grec qu'il luy donna? ou comment Plutarque appella-til, Parallelles tout court, ses illustres Viés: nom si mystique en son excellente inuention, qu'il faut penetrer vne partie des Escrits qui le portent auant que pouuoir desnouër son nœud? Les riottes opiniastres ausquelles ces costes & quelques autres, se sont emportez sur le sujet de mon Ombre, & que vous auez sceuës, Dame tres-illustre & tres-vertueuse, vous ont conuiée à me commander de vous esclaircir de mes raisons pour ce regard, & mon respect à vous obeïr, quoy qu'il me fasche de vous importuner d'vn si foible entretien: lequel cette mesme deference à vos commandemens, me contraindra neantmoins de remettre sur le tapis en quelque autre occasion, dans le cours de cét Ouurage.

Quoy qu'il en soit, voicy *Les Adnis* ou *Les Presens* desquels, selon ma debile puissance ie regale ma Patrie. S'ils ne plaisent non plus que l'Ombre, leur frere, à cette sorte de gens dont il est question, ils ne me tromperont pas. On m'a dit de plus, que les mauuais Escriuains m'en veulent: mais quel meilleur moyen pourroient-ils trouuer de mettre mes griffonneries au rang des bons Escrits, qu'en tesmoignant qu'elles ne leur plaisent pas?

ADVIS
AV LECTEVR.

SI le zele de seruir ceux que ce Liure nomme en diuers endroicts, m'eust permis de m'en croire, i'eusse peut-estre passé à dormir ces heures que i'ay passées à l'escrire : comme ie te dispense de bonne foy, d'y passer aussi celles qu'il faudroit à le lire. Et ne l'eusse encore osé produire apres l'auoir composé, si ie n'estois obligée de faire fruict au public de la liberalité de nostre bon Roy, ce digne heritier du nom & du throne de S. Louis, soubs la faueur de laquelle il est né. Sçais-tu pourquoy ces difficultez, Lecteur? sentant que ton humeur est poinctilleuse en chois d'Escrits, & la mienne en chois de Lecteurs; i'ay creu qu'on ne nous pouuoit mieux accorder qu'en nous separant. N'est-ce pas charité d'escarter l'vn de l'autre deux esprits scabreux, auant qu'ils passent aux riottes? D'ailleurs la frasche simplicité de ce Liure, ses desseins ourdis à sa mode, son peu de methode & de doctrine, déplaisent à mes propres bien-veuillans, sa foiblesse à moy; par où te pourroit-il plaire? Outre plus, il est si temeraire, qu'au lieu que les autres t'entretiennent communément des discours & des fleurs qu'ils moissonnent dans les Autheurs celebres, il ose entreprendre presque par tout de t'entretenir de celles qui croissét en son iardin. Au partir de là, c'est vn querelleux, vn raba-ioye, perpetuel raffineur de mœurs & de iugemens: qui t'espie de coin en coin pour te mettre en doute, tantost de ta prud'hommie, tantost de ta suffisance: & qui pour cet effect se nomme, Les Aduis. Et si ne laisse pas pour comble de sa maladie, d'estre assez audacieux pour se promettre le mesme destin de sa mere: c'est à dire de plaire à tous les sages, & desplaire à tous les foux; dont certes il faict gloire à peu prés égale. Ce volume est en fin d'vn air tout particulier & tout sien, comme aussi suis-ie moy-mesme: & m'est exprez interdict de me tirer de là, pour me porter à l'air public quãd il m'agreeroit: veu que i'en suis si loin, que si i'entreprenois de sortir hors de mon giste, afin de me lancer iusques à cettui-là; le sault estant trop long ie fondrois en chemin, alterée entre deux ruisseaux. Ioinct que l'impertinence d'vne partie des sçauans, au maniment des Lettres, & l'ignorance de l'autre part du monde, ayans à plein fond décrié les Muses en France, cettuy-là n'est pas des galands du siecle, qui n'aymast mieux faire vne bonne capriole, qu'vn bon Ouurage de leur façon, ou qui daignast priser vne femme qui se fust efforcée d'arriuer à cét excés. Ainsi donc, Lecteur, mon Liure n'espere pas grand accueil de toy. Si tu as d'auenture connu mes mœurs, il me suffira qu'il te les represente par fois, s'il te plaist, puis qu'il en porte en certain lieu la Peincture exacte & certaine: & te ramentoiue, qu'elles meritoient de naistre en vn siecle plus porté à l'innocéce & à la rondeur, & soubs vn esprit plus capable que le mien. Adieu.

TABLE DV I. LIVRE.

De l'Education des Enfans de France. pag. 1
De la Naissance des Enfans de France. 27
Exclamation sur l'assassinat deplorable de l'année mil six cens dix. 37
Adieu de l'ame du Roy à la Reyne Regente son espouse. 45
Priere pour l'ame du mesme Roy, escrite à son trespas. 64
Gratification à Venise sur vne victoire. 67
Du langage François. 72
De la medisance, trois Traittez. 77
Des fausses deuotions. 126
Si la vengeance est licite. 134
Antipathie des ames basses & hautes. 154
Consideration sur quelques contes de Cour. 161
Aduis à quelques gens d'Eglise. 169
Institution du Prince, deux Traittez. 184
Que les grands esprits & les gens de bien s'entrecherchent. 226
De la néantise de la commune vaillance de ce temps, & du peu de prix de la qualité de Noblesse. 234
Que l'integrité suit la vraye suffisance. 251
Sur la version des Poetes antiques, ou des Metaphores. 256
Egalité des hommes & des femmes. 278
Chrysante, ou conualescence d'vne petite fille. 291
Des Vertus vicieuses. 295
Des Rymes. 304
Des grimaces mondaines. 310
Des diminutifs François. 313
De l'impertinente amitié. 334

Des sottes ou presomptiues finesses	340
Grief des Dames.	356
Deffence de la Poësie, & du langage des Poëtes, trois Traittez,	361
Oraison du Roy à S. Louys durant le Siege de Rhé.	423
Premiere deliurance de Casal.	428
De la temerité.	432
Aduis sur la nouuelle Edition du Promenoir.	443
Promenoir.	454
Apologie pour celle qui escrit.	494

DV II. LIVRE.

Lettre sur l'art de traduire les Orateurs.	535
Version d'vne Oraison de Tacite.	543
Version d'vne Oraison de Saluste.	549
Epistre de Laodamie traduicte d'Ouide.	563
Seconde Philippique de Ciceron traduicte.	569
De la façon d'escrire de Messieurs du Perron & Bertault, qui sert d'aduertissement sur les Poësies de ce volume,	626
Partie du Premier de l'Æneide, commençant où Monsieur le Cardinal du Perron acheue de le traduire.	663
Second de l'Æneide traduict.	684
Partie du Quatriesme de l'Æneide, commençant comme dessus apres Monsieur le Cardinal.	724
Version du Sixieme de l'Æneide.	754
Bouquet de Pinde, composé de fleurs diuerses.	794

PRIVILEGE DV ROY.

PAr grace & priuilege de sa Majesté, il est permis à la Demoiselle DE GOVRNAY, de faire imprimer, vendre & distribuer par tel Imprimeur qu'il luy plaira, vn Liure intitulé, LES ADVIS, Composé de plusieurs Traittez en prose, de quelques Versions & Poesies, pour le terme de dix ans: Deffendant à tous Imprimeurs, Libraires, estrangers & autres personnes de quelques qualitez qu'elles soient, d'imprimer ou faire imprimer, ny mettre en vente durant ledict temps ledict Liure sans le consentement & permission de ladicte Demoiselle, ou de celuy ayant charge d'elle, sur peine de confiscation des exemplaires, d'amende arbitraire, & de tous despens, dommages & interests enuers elle, ainsi qu'il est plus à plein declaré aux Lettres dudit Priuilege. Donné à Paris l'an de grace 1633 le 8. iour de Ianuier. Signé par le Roy en son Conseil, DE LA FONT. Et scellé du grand seau en cire iaulne.

Ladite Damoiselle DE GOVRNAY a permis à TOVSSAINCT DV BRAY, Marchand Libraire à Paris, d'imprimer, vendre, & distribuer ledit Liure en vertu dudit Priuilege, lequel elle luy a cedé & transporté pour le temps de six ans.

Acheué d'imprimer le dernier iour de Ianuier 1634.

ERRATA.

Erreur,   *Correction.*

Discours d'entrée sur le Liure page 3. lig. 12. & en ceux, & autres Traittez.
Pag. 24. lig. 16. le pourra, les pourra.
Pag. 34. lig. 14. en bas, ny ne polit, ny ne decora.
Pag. 54. en bas, pour s'employcte, par l'employcte.
Page 77. entrée de l'Epistre, pas de, pres de.
Page 109. en haut, occupations, delectations.
Page 129. milieu, l'entend dire, entend le dire.
Page 135. section, expedions apres ce, expedions ce.
Page 164. lig. 13. s'essayer, s'égayer.
Page 187. en bas, piqueroit, piqueroit-il.
Page 194. lig. 2. en bas, faueurs, faueurs ou deffaueurs.
Pag. 338. en haut, interests, interests de nous & d'autruy.
Page 363. lig. 7. ont, ont plus.
Page 364. lig. 14. escouter, escourter.
Page 365. ligne derniere, vne enonciation, vn parleur.
Page 369. lig. 2. *quantité*, ce mot en lettre ronde.
Page 381. lig. 7. en bas, du Sieur, de Monsieur.
Page 385. lig. 5. ses mains, ses amys.
Page 395. ligne 3. discours &, discours de.
Page 402. entrée de section, article, article intermis.
Page 413. en bas, capable, cabale.
Page 434. en bas, i'en gaigne, i'en abbats.
Page 447. enuiron le milieu, ornement, accommodement.
Page 500. lig. 7. eclipser, eclipse.
Page 646. vers second, la face, sa face.
Page 713. vers le bas, au mont, du mont.
Page 726. second vers, pas deux, par deux.

Lecteur, c'est vn des argumens de la foiblesse de l'esprit humain qu'il ne peut iamais imprimer sâs erreurs. Nous corrigeons icy quelques-vnes des nostres, nous en laissons quelques autres eschappées à nostre perquisition, & quelques autres que tu pourras corriger toy-mesme, comme aussi par fois quelques legeres fautes d'ortographe. Excuse nous.

DE L'EDVCATION DES ENFANS DE FRANCE.

Cecy fut escrit du temps du feu Roy d'illustre memoire, s'addressant à luy & à la Reyne sur leurs nouuelles Noces, & sur la premiere grossesse de la mesme Reyne.

LA coustume ancienne portoit, SIRE, & vous, MADAME, que tous ceux qui desiroient saluër le Monarque de Perse, Roy des Roys, luy fissent par mesme moyen vn present : pourquoy les Muses ne saluëront-elles pas auec vn present aussi le plus auguste & victorieux Roy de la Chrestienté, & la plus auguste & belle Reyne : notamment sur vn nouueau mariage, action qui appelle communément les dons en nos siecles? Mais voicy certes vn glorieux secret : ces Deesses, bien que toutes puissantes, ne croyent pas vous pouuoir honorer d'vn present conuenable, sinon par vous-mesmes : c'est à dire, qu'en illustrant de leurs graces & de leurs faueurs, les presens dont vostre lict

A

LES ADVIS.

estrenera, s'il plaist à Dieu, l'Europe & peut-estre l'Asie. C'est donc sur les heureux fruicts que nous allons receuoir de vostre couche, qu'elles veulent appliquer leurs dons ou bienfaicts, & vous aduertir, que comme le Ciel vous aura le plus particulierement benits de la bonne fortune de ces naissances des Fils de France, estans pere & mere, c'est à vous de le payer, s'il se peut dire, de la faueur qu'il vous fera; & d'amplifier la mesme faueur par l'exacte solicitude de rendre nostre presage heureux & vray, & nostre ioye durable, à l'ayde de la bonne nourriture que vos Majestez leur feront donner. C'est à vous specialement, SIRE, de leur enseigner & faire enseigner la prudence & leurs deuoirs, par preceptes & moyens exquis: comme vous auez desia fait par mille exemples signalez, suiuant les traces de ce bon pere ancien vers son Iule, qui fut pere apres du plus haut & du plus triomphant des Empires & de ces incomparables Romains. Est-il vne plus glorieuse harangue ou plus magnifique leçon que les siennes ? *Appren mon fils*, disoit-il,

La vertu de ma part, d'vne autre la fortune.

L'instructeur & ses succez ont esté si grands, sont & seront si admirables aux yeux de l'Vniuers iusques à l'eternité des siecles; que vostre Majesté se doit piquer d'emulation à l'imiter en cette qualité de bon pere, qui regarde l'institution des enfans, tout ainsi que vous faites aux autres vertus. Dieu se plaist & s'oblige, SIRE, de voir que l'homme sçache bien mesnager le present par lequel il le fait homme, qui est sa Raison: & s'oblige doublement de recognoistre le Prince digne du nom de Pere des Peuples par l'vsage plus ample de cette lumiere, puis qu'il luy en applique l'authorité.

L'on sçait assez que les hommes ne naissent pas sages ou iustes, ny ne les deuiennent gratuitement: ils se portent à ces degrez de perfection par la discipline : & les Princes regnans semblent naistre plus esloignez de ces deux perfections-là que le reste du monde, de ce qu'ils trouuent plus de difficultez à bien faire: rencontrans en leur Grandeur, plus de puissance & d'amorces à faire mal. L'exemple aussi de Philippus, SIRE, mandant au Philosophe Aristote, qu'il n'auoit pas plus de ioye de la naissance d'Alexandre son fils, que de ce qu'il estoit né de son temps pour estre dressé de sa main ; vous aduertit à quel tiltre ceux de vostre qualité mettoient aux bons siecles, l'importance d'estre bien ou mal instituez. En verité l'education fait, ou peu s'en faut, l'homme bon ou mauuais, pertinent ou brutal, selon qu'elle-mesme se porte aux meilleurs ou pires de ces termes : dont il est arriué que Quintilian, iuge de grand poids en ces matieres, afferme ; que l'homme naissant à la suffisance comme le cheual à la course, & le tygre à la cruauté, c'est la seule mauuaise nourriture qui seme & prouigne la barbarie au Monde : & voicy l'aduis d'vn excellent Poëte Latin.

L'exercice du corps renforce la nature,
Et l'esprit s'enrichit des soins de la culture :
Mais quoy que les enfans soient gentils & bien nez,
Le vice les flestrit s'ils sont mal gouuernez.

Qu'on defere à la Nature ce qu'on voudra : toutesfois si faut-il qu'on m'aduouë, que la difference de gentillesse & de politesse qui se remarque entre la Noblesse & le Peuple, prouient de certaine addresse qu'on employe à façonner le port du corps, & l'entregent des Gentils hommes, dont l'effect se prouigne encore en eux par la tige des peres qui ont receu mesme institution, la naissance apportant beaucoup en ces choses de grace & de bienseance : laquelle addresse manque à l'education & à la naissance des enfans du Peuple. Et de cette sorte d'institution la conuersation que les Nobles ont des honnestes compagnies, est vn membre notable, & qui ne leur deffaut iamais quand ces autres leur deffaudroient. Or donc si l'on adiousteoit ou substituoit la parfaite institution à cette institution vulgaire, pourquoy ne verroit-on de pareille & necessaire consequence, autant de distinction des Nobles qui passeroient par vne discipline si complete, aux autres qui ne passent que par cette vulgaire discipline, qu'il s'en recognoist maintenant de ces Nobles-cy au Peuple ? L'émail ne paroist pas autour du col de la colombe, bien qu'il y soit naturel, si le Soleil ne rayonne dessus : ainsi l'ame humaine est pour neant bien née, si le Soleil de la discipline venant à rayonner sur elle, ne luy fait éclorre ce qu'elle a de bon, comme ailleurs le feu fait à l'encens. Les

femmes Françoises, voire les Angloises auec elles, ont vn specieux aduantage sur celles des autres Nations en esprit & galanterie, ouy mesmes sur celles d'Italie, où naist en gros le plus
subtil Peuple de l'Europe. Et ne sçauroit cet aduantage proceder, que de ce que ces premieres sont recordées, polies & affi-
lées au moins par la conuersation, les autres non : recluses
qu'elles sont en des cachots, ou pour le meilleur marché, peu
meslées parmy le monde. D'où vient aussi, sinon de l'instruction & de la discipline, que les Suisses estans hommes de l'é-
toffe des autres, ne sont iamais perfides ny fuyards, contre
l'ordinaire du commun des hommes ? D'autre costé, se void-il
rien de plus difficile que d'arracher des ames les diuerses Reli-
gions, quelque effort qu'on y face ? qualitez neantmoins où
l'apprentissage tient grand lieu, ie dis en la bonne mesme qui
est la nostre : ayant pleu au Ciel que le salut de l'homme de-
pendist de ce qui tombe sous son choix & franc arbitre, sans
que la grace preuenante le force, quoy qu'elle le sollicite &
fortifie au bien s'il le permet. Et nous cognoissons visiblement par là, que si l'on imprimoit aux cœurs de pareil soin que
la croyance, la vertu & la raison, qui sont, à parler bon François, les Commandemens de Dieu ; ils en conserueroient
l'empreinte de pareille contention.

Quel temeraire apres l'incomparable Traitté qui se void aux
Essais, oseroit entreprédre d'escrire vne Institutió des enfans ?
quelles cósiderations ne se lisent en ce lieu là sur le rebut des
leçons & de la police ordinaire qu'on employe vers ces ieunes
esprits? quelles meditatiós ne s'y trouuét sur vn choix de leçós
nouuelles, & nouuelle methode de paistre la ieunesse de ces
viandes ? Ce n'est pas assez de dire, que cet Autheur a escrit
tout seul de si belles & grandes choses, si l'on n'adiouste que
luy seul les pouuoit escrire : & c'est pourquoy son Genie se
trouuant bien loin au dessus de la portée de nos siecles, ses preceptes ont esté iusques icy mal pratiquez. Ce Socrates de la
France, ie dirois de l'Europe, si l'autre n'y auoit pris naissance
le premier, a rendu l'homme à soy-mesme, & à l'homme la
sagesse que le Dialecticien, le Physicien, le Metaphysicien &
l'Astrologue luy souloient vsurper. Quelle saine teste ne se

plaindroit auec luy, de voir nos ieunes gens s'ils ayment les Liures, entierement occupez à ces Sciences & autres de leur volée, qui ne regardent que le discours ou la contemplation, & sont d'ailleurs pour la plus-part hors la portée de leurs escoliers & de celle des hommes en general ; cependant qu'ils deuroiët cognoistre le poids du besoin qui les conuie chez la bonne discipline : cela s'appelle discipline des mœurs & de la vie, de laquelle ils prennent si peu de soin. I'ay peur que ce soit de tels arts qu'on puisse naïuement & doublement dire ce mot ancien: Le commencement de science est admiration, le milieu inquisition, la fin ignorance. Ils croyent cependant que la Morale, Theoretique & Practique, sous quoy la Politique est aussi comprise, croissent sans semer en leur iardin, & s'apprennent en viuant par le monde : persuasion aussi gentille que son succez. En conscience il vaudroit mieux qu'ils n'apprissent rien du tout, que de donner par cette fantaisie vne si pauure preuue de leur iugement, & que de faire descrier Apollon & Minerue, par le mauuais choix & rebut de leurs estudes. D'autant que le vulgaire croit que ce Dieu & cette Deesse vaillent peu, si ceux qui les logent en sont chetiuement enrichis & reparez: sans que personne s'amuse à considerer si ce deffaut prouient du moyen impertinent dont ils sçauent eslire & manier les dons de ces Dieux. Ie ne nie pas que telles doctrines, où pourtant ie n'entends rien, ne soient belles en soy, du moins si l'homme peut iuger d'elles en tout ou en partie: quoy que peut-estre les Roys, sur qui nous sommes, n'en ayent que faire, ny les disciples de Socrates qui l'en voudra croire: si cela ne doit estre compris de mon discours precedent. Mais à quoy sont-elles commodes ou desirables en vn esprit, s'il ne tient ny la cognoissance, ny l'vsage de soy-mesme, i'entends la Morale & son exercice? vsage & cognoissance de soy-mesme, qui sont la principale, & peut-estre la seule mire où tout estudiant & tout viuant doiuent butter. Aristote nous preschant aussi, que le propre de l'homme c'est, posseder la raison, l'entendre & luy obeïr. Que si ces deux dexteritez, de se cognoistre & de se conduire pertinemment, s'apprennent par la seule communication du monde, elles me trompent fort: moy qui craindrois de

A iij

les perdre en ce lieu-là, si ie les auois acquises ailleurs : ie dis quand ie ne regarderois parmy trente contagions violentes de son commerce, que celle de sa seule bestise. En vn mot, les Sciences qui sont hors la Morale ne peuuent à mon aduis faire vray honneur ny vray profit à leur maistre, s'il les tient en autre rang que pour l'ornement d'icelle : (vsons de ce mot & de plusieurs autres au besoin, malgré les visions Grammaticales de nostre siecle) encore auec cette condition mesme, ne s'en faut-il charger que selon la mesure de la memoire de chacun, de peur que ces doctrines-là, n'en chassent celle-cy : & la memoire est plus souuent foible que forte, comme on sçait, entre les gens de iugement releué. Quiconque a de l'esprit, & l'employe autrement qu'il ne faut, veut qu'on croye que Dieu luy fit tort en le luy donnant. Manquerons-nous d'alleguer ces aduis de deux Laconiens, de ce que leur dignité les a rendus plus communs ? L'vn disoit, qu'il faut monstrer aux enfans les choses qu'ils doiuent faire en l'aage de maturité : l'autre promettoit, que si quelqu'vn luy eust commis vn enfant à gouuerner, il l'eust formé à se plaire aux choses bonnes, & à se desplaire aux mauuaises. Voilà nos gens. Et cette Nation, autrement illeterée, sembloit auoir fait par traditiue vn suc des vrayes Lettres, i'entens tousiours Morales, dont elle appastoit incessamment les ieunes esprits, sous l'art d'vn excellent & perpetuel raisonnement, distribué par questions familieres. Ie sçay bien, suiuant mon fil, que la Prudence, qui est vne partie de la Morale, s'apprend, ou pour le moins se fortifie bien fort par l'experience iournelle, ainsi nomme-ie celle-là qu'on rencontre dans la presse publique en viuât. Mais outre que la prudêce tient voirement lieu de partie, non de total en la Morale; elle-mesme est obligée pour se former, d'estudier serieusement au moins l'Histoire : & doit chercher dâs son thresor vn registre de l'experiêce de plusieurs centaines d'années, & nô celuy des nostres seules, lequel on cherche sans plus en cet vsage & en cette pratique des hômes. Registre qui nous instruit de surcroist aux despens d'autruy, c'est à dire par ses pertes, fautes, perils, conseils & labeurs : au lieu que l'experience propre ne peut gueres nous faire ce seruice, que par nos dommages, erreurs & tra-

triaux particuliers & personnels. De façon que si ces Liures estudiez pertinemment, ne meinent du tout les esprits bien nez au point de la prudence requise à leur condition, ils les en approchent au pis aller fort prez: cette sorte d'estude estant de telle instruction aux testes capables, que de sa seule leçon il s'est fait de grands Capitaines. Au surplus l'experience propre que ces gens pretendent suffire à reigler la police de la vie, est vn grain, qui ne se peut heureusement semer qu'en vne ame cultiuée auparauant à poinct nommé par l'art de la raison, & remparée par celuy de la vertu: c'est à dire par les deux parties de l'Ethique ou Morale, qui sont la Theoretique & la Practique. Ce premier art est pour luy departir la lumiere d'vn sain discours, & celle du choix & rebut de ce qui se passe deuant elle sur le theatre du monde: le second, pour la fortifier contre le glissant peril des mœurs, qui sont contredites & luitées dans cette foule mondaine, par les dangereux exemples, & par l'amorce des appetits vicieux: & ne peuuent estre soustenuës, en contrecarre de cette batterie, que par l'estime ou respect de l'honneste, & par l'amour & l'accoustumance de bien faire; aduantages qui ne se tirent que de la doctrine & possession de la Morale, lors qu'on l'a pleinement acquise. Partant donc que personne ne cherche du sens ny des vertus en la presse, s'il n'y en apporte plus qu'elle n'en a. Certes il faut auoir les mœurs & le cerueau ferrez à glace, auant qu'esperer de se pouuoir tenir ferme en vn chemin si glissant que le sien: & qu'ils soient remparez du bouclier à sept doubles, pour resister aux violents & tyranniques efforts & aux aguets qu'elle machine contre eux. Or c'est à Pallas & aux Muses, suffisamment bien enseignées, c'est à dire d'vne mode incognuë en nostre saison, de mettre l'homme en cet estat, comme nous representions tantost.

Mais d'autant que si quelqu'vn court particuliere fortune en cette foule du monde, pour le sens & pour les mœurs, ce sont les Monarques: vostre Majesté se trouue plus expressément obligée de pouruoir, à la conduite de ces Princes: ausquels, pour l'aisné, la Nature promet ce tiltre Royal par succession: ainsi que nos presages le promettent aux puisnez par conquestes ou par elections legitimes. La principale cause de

ce mal procede, de ce qu'infinies perſonnes qui s'approchent des Grands, ont à gagner à leurs erreurs, violences & rapines: & de ce que ceux qu'ils oyent & voyent tous les iours, ont à rire de ces excez, autant que ceux qu'ils ne voyent ny n'eſcoutẽt iamais ont à en pleurer : & de ce qu'on peut les y plonger auec vne inuention ſi facile, que celle de leur plaire par flatterie: inuentiõ qui trouue tant plus de gés qui l'employent, de ce qu'elle proffite autãt à ſon maiſtre, qu'elle nuit à ſon obiect. C'eſt vn coup ſi difficile aux Roys de garder de s'encheueſtrer en ce lacqs, que ie ne ſçay s'il peut eſtre fait par aduis & moyens tirez d'autruy, ny par les propres encore, ſans eſpece de miracle. De façon que non ſeulement ils n'ont point d'inſtructeur capable non plus que les autres, par le meſpris ou l'emploite barbare des Lettres, qui ſe voyent en ce ſiecle : mais ils ont d'abondant vn million de corrupteurs de mœurs & d'abeſtiſſeurs d'eſprit: aucun ne les inſtruit en ſomme, & chacun les deſinſtruit, ſi ce mot ſe peut dire. Voſtre Maieſté n'aura iamais vn enfant digne de ſa reputation, s'il n'eſt eſleué par vn art auſſi grand & ſpecial, qu'elle & le nom de Bourbon & de France ſont ſpecialement grands. Quand vous n'auriez touſiours eu cette plus que neceſſaire & plus que royale partie, de permettre à ceux qui ſont zelez à voſtre ſeruice la liberté de vous conſeiller, oüy meſmes en heurtant par fois vos opinions, vos volontez, ou voſtre intereſt particulier, traict qui ſans doute porte vne ſubmiſſion plus imperieuſe en puiſſance, que nul commandement ne l'eſt en effect; i'oſerois pourtant entreprendre à tel beſoin de vous offrir ce conſeil, premiere & ſeule : hardie aupres de vous, ainſi que le Cheureüil aupres du Lyon. Gens qui me reſſemblent ne craignent iamais ceux que les armées, craignent comme voſtre Majeſté. Quelques-vns de vos predeceſſeurs ont heurté d'opprobres & meſmes de coups, les conſeils qui ne leur plaiſoient pas : vous les heurtez de la ſeule vigueur de voſtre teſte, & nous ſçauons iuſques où ſont empeſchez ceux que vous attaquez à cette luicte: de laquelle ſi ces Roys precedents euſſent eu l'addreſſe auſſi prompte & ferme, peut-eſtre n'euſſent-ils pas cherché cette autre. Si vous auez ſuccedé ſans l'art que nous requerons, n'en faites pas vne conſequence. Attri-
buez-en

buez-en d'autre part vne des causes principales, à la bonne fortune de l'Eſtat: pour releuer la cheute duquel eſtant deſtiné, Sire, il falloit neceſſairement que vous reüſſiſſiez grand Prince par don du Ciel, quoy qui manquaſt à la dirrection de vos tendres années. Et puis que vous auez autant de moderation en l'eſtime que vous faictes de vos merites, que de gloire & de luſtre en leurs effects; penſez qu'vne inſtitution parfaicte vous pouuoit neantmoins adiouſter quelque enrichiſſement notable. Oyez en cecy l'aduis d'vne perſonne de voſtre qualité la Royne Amalzonte, & en la meſme langue qu'elle l'offre: dont ie ne l'oſe deſpouiller, non plus que d'vn manteau Royal. *Deſiderabilis eruditio litterarum, qua Naturam eximie reddit ornatam: ibi prudens inuenit vnde ſapientior fiat, ibi bellator reperit vnde animi virtute roboretur, inde Princeps accipit quemadmodum populos ſub æquitate componat: nec aliqua in Mundo poteſt eſſe fortuna, quam litterarum non augeat glorioſa notitia.* I'entends que la Reyne voſtre mere apporta bien toute la prouidence ordinaire en voſtre nourriture, vous pouruoyant de diuerſes ſortes de precepteurs. Mais la bonne Princeſſe ne pouuoit pas ſçauoir, pour n'eſtre point de la cabale de Pallas & des Muſes; combien ce qu'on debitoit en public ſoubs leur nom, & ſoubs celuy de bonne inſtitution, eſtoit loin d'elles, & deffaillant à vos beſoins. Ioinct auſſi qu'outre ce manquement eſſentiel au choix & au maniement des Sciences, les Princes commencent ſi tard & ceſſent ſi toſt de les gouſter, qu'elles ne leur font qu'effleurer le bord des léures: de ſorte que ſans doute elles n'ont de rien aydé la richeſſe naturelle de voſtre eſprit.

Ie ſçay bien que la pluſpart de vos Courtiſans ſe moquent en general de Lettres, ou ſe raillent en particulier des exeptions que ie propoſe contre ce choix & methode de les enſeigner qui ſe practiquent aux inſtructions communes: auſquelles pourtant i'aduoüe, en paſſant chemin, que ie ne pretends dénier, ny l'honneur de la bonne intention, ny celuy de quelque conſiderable degré de bien faire. Or le tort de tels rieurs eſt ſans deffence, en l'vn & en l'autre poinct. De loüer ou deffendre icy les Sciences vniuerſellement, tant

B

de personnes s'en meslent, que ie ne m'en trauailleray pas: mais disons vn mot des nostres speciales, pour prouuer à ces messieurs quelle est leur impertinence de les mesestimer, & de croire qu'ils se peuuent passer d'elles, se tenans pour ce regard à l'vsage & choix du commun. Nostre Pallas & nos Muses ou Sciences, s'appellent par leur propre nom, pour l'enseigner à qui le veut sçauoir, Prudence, Temperance, Force, & Iustice: & non seulement cela, mais encore viuacité, pertinence, eloquence, iugement, suffisance en vn mot, composee de toutes ses parties : & d'auantage galanterie & floridité rauissantes & charmereuses actiuement & passiuement & plus charmereuses aux esprits forts & releuez qu'aux foibles: comme la balle du canon enfonce vn mur & non pas vn materas, & comme l'huile brusle mieux que sa lie. Elles sont plus esloignées les vnes des autres, ie dis nos Muses & nostre Pallas, des vulgaires, au cas qu'il soit requis de l'exprimer plus amplement icy, que les vnes & les autres ne le sont de l'ignorance. Les Muses vulgaires, pour la premiere de leurs differences, s'il est permis d'en parler d'vn air comique, mettent le François en Latin : les nostres, le Latin en François. Ie veux conclure par là, que ces premieres appliquent l'homme aux Sciences, ces autres, les Sciences à l'homme & au besoin de sa vie. Celles-là nous monstrent à discourir & commenter sur la doctrine: celles-cy, à discourir, & raisonner sur la vraye conduite de nous-mesmes, & d'autruy si besoin est. Celles-là instruisent leur pupille aux arts, celles-cy taschent de plus, à le rendre digne, que les arts ayent esté forgez pour luy tout exprés. Celles-là veulent apprendre à leurs sectateurs ce que preschent les Liures: celles-cy s'efforcent à les rendre pareils à ceux qui les ont faits, & pour la gloire desquels ils sont faicts: i'entends, ceux qui sont faicts en l'honneur de quelqu'vn, comme l'Histoire, les Poëmes heroïques, ou les diuerses especes de Panegyriques. Ces Courtisans, dont est question, desirent-ils quelque chose dauantage en nos Muses? le moindre des biens qu'elles respandent encore sur leurs supposts, c'est, ainsi que ie viens de dire, l'ornement, la gentillesse, & la bien-seance: c'est, à bien parler, la perfection de ces graces, accortises & politesses qu'ils affectent aux Courts : simples, qui pour ne sçauoir pas de quel bout se prendre à la recherche de tels enrichissemens, les representent la pluspart du temps, comme en Esope la grenoüille vouloit imiter le taureau.

Partant donc, puis qu'vne institution probable est de telle importance, ne laissez point tomber la gloire, la Grandeur & la prosperité aux pieds de ces Princes, par le non-soin de les en rendre dignes & susceptibles, les faisant bien nourrir. Ne refusez point qu'ils soient plus grands, plus iustes, plus sages, & plus heureux, de ce qu'ils vous auront eu pour meilleur pere : lauant aux ondes de vostre prudente & charitable culture & solicitude, ce que le monde, voire peut-estre l'humanité, peuuent mesler d'impur aux mœurs & en l'esprit de l'homme, & substituant en leur place vne lumiere pour esclairer les Nations.

Ainsi l'astre du iour fauory de Venus
De l'antique Ocean quittant les flots chenus,
Esleue son beau front arrouzé de ces ondes,
Et respend dans les Cieux l'or de ses tresses blondes:
Si tost qu'en l'Orison ce grand astre reluit,
L'Vniuers il égaye & dissipe la nuict.

Mespriserez-vous de faire dire vn iour par ceux qui viendront à considerer l'édifice que vostre preuoyance aura basty chez ces ieunes esprits : Ce Roy fut aussi bon pere que vaillant & triomphant? Voudrez-vous pas qu'on vous nomme pere de leur haute fortune & de leurs victoires, aussi bien que de leurs personnes? & qu'vn temps à venir les nobles & fameux Peuples soubmis à leurs sceptres, (en France pour l'aisné, dehors pour les cadets) s'espanoüissants de ioye soubs l'influence heureuse de leur prudence & de leur iustice; les benissent sans fin, & les proclament iusques aux Cieux, plus grands & plus Augustes par eux-mesmes que par ceste legion de Roys & d'Empereurs qui les auront produicts en vostre souche. Ie m'imagine de les voir desia nez, & qu'ils s'efforcent d'arracher leur petits bras au maillot, & desnoüer leur petite langue, pour vous escrier se iettant à vostre cou : Gra-

B ij

ce, papa, nous serons & nous vaudrons ce qu'il te plaira. L'homme, outre ces considerations, naissant à la suffisance, comme nous remarquions cy-deuant, & qui plus est à la bonté, tout ainsi que le cerf à la course, quiconque peche en quelqu'vne de ces deux qualitez, manque à sa forme essentielle & specifique, degradé du tiltre d'homme pour decliner au rang des bestes. Et nul ne doit croire, que la seule pieté vers les peuples me conuie à vous requerir, de faire prescher la raison, & le deuoir bien à poinct à ces Princes: car sans doute leurs interests en cela sont liez à ceux des subiects: le bon-heur ou le mal-heur d'autruy, mesmement d'vn public, estant relatif tost ou tard à celuy qui l'a causé volontairement. La prudence & la iustice sont à leurs propres autheurs meres de contentement & de bonne fortune, meres aussi de liberté. De liberté: d'autant que les Princes qui manquent de ces deux vertus, sont forcez pour reparer leurs fautes, & se remparer contre les reuoltes, de se soubmettre honteusement & seruilement à pis qu'ils ne craignent; & faire lascheté sur lascheté, suiuant ce vray mot; qu'vn abysme appelle l'autre. Forcez en outre, d'approcher le plus pres d'eux, rechercher & valletter apres leurs compagnons, mille inferieurs & volontiers les pires, lesquels le sort fauorise plus ordinairement des dons de l'authorité, richesse, force & credit: aduantages que tels Potentats ont besoin de rencontrer & se flatter en ces gens-là, pour s'appuyer, soient-ils leurs voisins, ou leurs subiects. Et non seulement les Princes vuides de prudence & de iustice, se voyent ainsi reduicts à dependre d'autruy, cependant qu'on deuroit dependre d'eux, & soubmis au ioug d'vne obligation de faire mille choses infames & tyranniques, descheuz qu'ils sont de leur ordre par leur folie: mais ils perdent, en consequence, le repos & les plaisirs, se iettans en l'embarras des affaires & dans les ambiguitez, dans les troubles, & les craintes perpetuelles. Et s'espuisans de bourse & de pouuoir, pour l'entretien forcé de ces arcs-boutans de leur ruine, ils voyent tous les iours mourir leurs desirs en naissant, à cause que la foiblesse & la pauureté où ils se sont reduicts, leur retranche la faculté de les effectuer: & de plus, s'arrachet par mesme voye le doux & royal moyen d'obliger les gens de bien, ou ceux au moins qui seroient à leur goust.

Il est infaillible que le plus grand coup que vous puissiez frapper en la nourriture de Messeigneurs vos enfans, laquelle se nomme à peu pres leur fortune & leur vertu, s'il n'est assez dit, consiste en l'eslection de Gouuerneurs & de Precepteurs. Au partir de là, si vostre Majesté ne leur choisit pertinemment ces deux testes, non seulement elle perdra le fruict incomparable qu'elle tireroit de leur seruice, mais il arriuera dauantage, que tous les foux & les perdus de la Cour, c'est à dire plus de gens qu'on ne peut croire, seront leurs Gouuerneurs & leurs Precepteurs. Que si ces personnes aussi sont vne fois bien choisies & bien authorisees par vous, elles vous releueront de tout autre soin en la conduitte de nos Princes; & vous feront voir par experience en leur procedé, que c'est que nous pretendons qu'il faut reietter aux vulgaires institutions Royales, i'entends celles qui se practiquet auiourd'huy vulgairement, & ce qu'il y faut apporter, sans que vous vous trauailliez à le rechercher plus auāt. Attendāt ce iour, SIRE, les Essais vous en pourront exprimer la meilleure partie, en l'institution prenommee de la Noblesse. A propos d'authoriser le Gouuerneur ou le Precepteur des enfans de ceste condition transcendente, vous plaist-il de tourner les yeux vers Theodose le Grand? Ainsi qu'il visitoit vn iour ses deux fils, estudians à Constantinople soubs vn excellent personnage qu'il leur auoit ennoyé querir iusques à Rome à trauers tant de mers & de terres, & qu'il les eust trouuez assis, luy debout: Comment mon cher amy, dit-il, mescognoissez-vous vostre charge? où est l'authorité d'vn Gouuerneur, & la soubmission d'vn disciple? c'est vous, c'est vous qui deuez prendre vn siege, & vous faire escouter, debout par ces petits, qui ne peuuent iamais estre rien de bon, que ce que les fera vostre empire sur eux, & leur obeïssance & respect vers vous. En somme, que dés ce iour la medaille fut retournée: les fils d'vn si triomphant Empereur, coheritiers du Monde, estudians sur pieds aux deux flancs de ce Philosophe assis. Dieu vous vueille susciter vn bon aduis & de bons conseillers en ceste éle-

B iij

ction & en sa suitte: ny ne croyez pas, ie vous supplie, surmonter vn labeur moins difficile, de bien choisir le conseil pour l'election de ces deux testes, que de les bien choisir elles mesmes. Ie marchande, si ie doibs auoir assez de hardiesse pour vous en dire mon opinion. Ouy, Sire, il faut que mon zele m'emporte à ceste liberté de vous oser offrir vn Conseiller. Monsieur d'Abain Rocheposay, Euesque de Poictiers, bien cogneu de vostre Majesté, sera capable à mon aduis de tenir ce lieu: soit par les qualitez de son integrité, que nul interest ou faueur ne pourra fleschir à vous presenter vn mauuais choix, soit par celles de sa suffisance. Quoy que ce soit, ie preuois assez qu'on prend ma licence à la gorge, d'oser entreprendre de vouloir reformer l'vsage ancien de nos Roys. Mais quoy, Sire, a ce esté pour rauir aux François la liberté, ny mesmes celle des paroles zelées, que vous auez tant de fois brisé le ioug estranger en nos campagnes? & que s'en est-il fallu, que vous n'ayez mis autant de fois le ioug sur le col de l'estranger mesme, sinon que les maistres ne s'y trouuerent iamais que par Procureur? Ioinct aussi que gens soubmis & flatteurs ne peuuent estre vraiment capables de seruir leur Roy: ny propres certes, pour arborer & celebrer deuement la gloire de celuy qui sçait bien faire & bien commander comme vous: disons la gloire d'vn Henry quatriesme. En fin si nous autres petits faillons, nous greslons sans plus l'oseille & le persil: mais ceux de la qualité de ces enfans embrasent, nouueaux Phaëtons, & bouleuersent l'Vniuers, tantost par l'instrument de la tyrannie, tantost par celuy du mauuais exemple. Que si le reste des hommes viole le temple par la preuarication, ceux-là violent l'Autel; tant par cette extreme importance de leurs fautes, que d'autant que la Majesté diuine edifie particulierement son image en la personne du Prince. O que le pere de ce temeraire charton eust bien voulu resigner ses rayons & sa lumiere à quelqu'vn, encore qu'ils possedent la supréme gloire d'inspirer l'ame & la vie au Monde, voire à l'aduenture resigner sa Deité; pour estre en puissance de le rendre aussi sage & bien-faisant que vous pouuez rendre tels les enfans que Dieu vous

donnera, Sire, ou pour le garder seulement de faillir.
Et que vostre Majesté ne s'estonne pas, s'il luy plaist, si i'associe quelqu'vn auec elle pour le choix des Gouuerneurs, & consequemment du trein de l'education: vostre entendement n'estant esclairé que de la lumiere de Nature, bien que tres-viue certes, au lieu qu'il faut la lumiere de Nature, & celle des Lettres ensemble, pour proceder droictement à ce triage: de plus, il les faut en tel degré, qu'on y peut hardiment adiouster encores les flambeaux en face du iour. Si quelqu'vn vous pretendoit persuader, Sire, que i'y propose trop de difficultez & de precautions, ie luy respondray qu'il est si loin de son compte, que c'est merueille si lors mesmes que vous les obseruerez toutes, les personnes ou la personne principale qu'il vous faut pour chacun de nos Princes, peut estre trouuée en ce temps, c'est à dire le Gouuerneur, qui porte plus de coup en l'institution: & quand il sera trouué, ie ne responds pas que la charge d'vne bonne education soit bien plainement faisable en vn fils de Roy, croissant parmy telles mœurs que celles de la France & de vostre Court, en l'estat, pardonnez-moy, qu'elles sont à ceste heure. Diogenes cherchant vn homme auec la lanterne en la place publique & en plein midy, se fera-il point ouyr, ou du moins contempler en passant, sur cét article? Dieu le sçait, combien peu de gens portent vne main digne de toucher à ceste Arche! Ie n'obmettray pas, que ceux qui peuuent estre propres à tenir ce lieu dont est question, sont hors de cognoissance en public, parce qu'ils sont hors de la proportion des autres: ainsi vont les Planettes, specialement les deux grandes, à contretemps des estoiles. Leur profession n'a point de nom, ny point de reigles qui tombent en la notion commune: ainsi qu'on ne s'estonne pas si i'apporte vn soin si tendu, pour vous acheminer droictement parmy ces tenebres, à l'eslection d'eux & de leurs eslecteurs. Tels sages & sçauans sont ignorans, sinon esforez, pour les sages & sçauants communs: ceux-cy, sont escoliers pour ceux-là. Les communs trauaillent pour apprendre leur liure, ces autres pour estre le Liure mesme; & pour pouuoir oublier leur Liure & leur apprentissage à peu

d'interest, s'il vient à poinct. C'est à dire, ces premiers sont vn simple memorial de l'estude, qui partant leur peut eschapper, la memoire estant labile ; & memorial qui mesmes ne leur eschapant point, n'est que l'Echo des Muses: ces autres en font vne infusion dans le centre de leur discours de raison & de leur iugement, & par cõsequent fixé, propre & perdurable. Ce que nous auons n'agueres recité de la difference de nos Muses, aux Muses vulgaires, acheuera d'exprimer la diuersité de ces deux especes de sçauans. A mesure qu'vne ame ou vne action s'esleuent plus haut, à mesure la veuë de la tourbe s'affoiblit & s'éblouit à les discerner : & comme imbecile naturellement, & comme preoccupée d'vne illusion de fantasie, qu'elle ne gouste que les formes communes. Que ne dure encore ce grand Montagne, afin de vous seruir à esleuer ces Princes! ô, SIRE, la digne charge pour vn tel homme ; & le digne homme pour vne telle charge ! C'est pourquoy il n'arriuera de cent ans, ou plus, parmy la foule du monde, à son iuste poinct d'estime. Les simples sçauans, sur tout sçauans ostentateurs, ont des admirateurs à quantité, à cause qu'ayans force semblables en effect ou en puissance, force gens les peuuent cognoistre: partant ils trouuent assez d'admiration & de loüange en leur siecle, pour s'en establir vn grand nom: les sçauans, & de plus sages en degré souuerain, du nombre desquels estoit celuy dont le parle, ne trouuent que si peu de semblables, qu'il leur faut ceux de plus d'vn siecle à s'authoriser suffisamment. De façon que tout hõme fort applaudy durant sa vie, est applaudy pource qu'il ne le merite pas, ou l'est par miracle, s'il le merite, particulierement homme de ceste forme & profession : aussi peu digestible ou penetrable au vulgaire, que peu desireuse d'éclater à ses yeux: & les miracles n'arriuent plus gueres depuis que la Foy s'est establie. Ce que ses Escrits ont gagné de reputation publique iusques à ce iour, ce n'est point par la meilleure de leurs parties, qui reste plus qu'à demy couuerte, c'est par la moindre, comme exemples, histoires, & riches allegations: ces choses seules les font rechercher du commun. Si i'ay peu connoistre feu Monsieur d'Ossat, de si loin que Rome, par tesmoins de poids,

polds, c'estoit vn autre personnage propre à vous rendre seruice en pareilles inſtitutions : ie dis auant que le Cardinalat,
qui couronna ſa fin, luy en euſt denié la liberté. Ie ne parleray point des viuans, qui non plus que les morts ne ſont pas
à douzaines pour ce regard : ma foibleſſe auſſi ne s'oſe pas
attribuer la faculté d'vne ſi haute élection ; plus obſcure &
difficile à faire ſur ceux qui courent encores en ceſte carriere
du Monde, que ſur ceux qui l'ont fournie. Le Soleil tout
grand qu'il eſt paroiſt entier en vne ſimple goute d'eau :
l'homme ſouuent, en vn ſeul traict & des moins brillans de
ſa vie. Rapportons-en donc vn de l'Eminentiſſime Cardinal
d'Oſſat : ceſtuy-cy ſeul deura bien ſuffire à vous donner quelque opinion, que ie ne l'euſſe point temerairement eſtimé capable d'vne ſi grande charge : veu meſmes que le public a recogneu le reſte de ſes tres-bonnes actions, par la felicité de
leurs fruicts, & ſon entendement par ſes Liures. En ceſte ſaiſon tous ceux, ou peu s'en faut, qui ſont promeus aux honneurs, non ſeulement en ſont enyurez & emportez au dedans par leur foibleſſe : mais encore par leur deſſein propre,
& par ſuffiſance affectée, ſe frelattent & diſforment au
dehors : quittans par tout & hors les fonctions meſmes de
leur charge, l'homme pour le Magiſtrat ou le Seigneur ; c'eſt
à dire, renoncent leur regne propre pour celuy d'vne maſ-
quarade : & s'eſtropient le ſens & les deportemens pour ne
iuger, ne conſiderer, & ne faire plus aucune choſe, quelque
abus & tort qu'il y ait, que ſelon la ſingereſſe cabale & tablature de grimaces, qu'ils reçoiuent de leurs égaux en condition. Ils repudient à peu pres toutes amitiés, au moins toutes
priuautez anciennes ou nouuelles, ſoit de merite ou d'obligation, ſi elles ne ſont eſtayées de rentes & de grades ; tiennent à iniure qu'on creût qu'ils ſçeuſſent familiariſer vn amy
deſnué de telles choſes, bien qu'ils le deuſſent priſer, & qu'en
leur cœur ils le priſaſſent, & peuſſent auoir beſoin de ſa familiarité : mal-heureux valets de farce, & ſerfs, non ſeulement
de leur ſadaiſe, mais auſſi de celle du tiers & du quart, qui les
entrainent par exemple. Ie dis donc, Sire, qu'en vn tel ſiecle,
cét illuſtre perſonnage dont il eſt queſtion, auoit tant de ſim-

plicité, tant de cette lumiere d'ame, qui penetre d'vn œil sain à trauers le masque & le fard, le vray visage des hautes fortunes, tant de ceste solide vigueur qui se rend maistresse des choses par lesquelles le reste du monde est maistrisé: auoit en vn mot tant de methode de viure esentielle & franche, non fantastique, singeresse & seruile, ainsi que celle du commun des Grands ou Puissans, & mesmes de la pluspart des hommes en general, sur tout de ces premiers; qu'estant deuenu Cardinal, il s'offençoit griefuement que ses anciens & nouueaux amis le traictassent pour tel hors du Consistoire, & resserrassent leur priuauté coustumiere: comme s'ils l'eussent par là degradé de la solidité de ses mœurs & de sa grauité. Sans compter pour rien, que deuant & depuis, il ne faisoit aucune chose plus volontiers, que de reciter sa basse origine, auec la pauureté de sa ieunesse & de ses parens. Telles gens sentent bien, qu'ils perdroient beaucoup à tenir plustost le rang de leur qualité, que le leur propre: & que pour garder leur dignité, les grimaces ny les singeries mondaines ne leur font nul besoin: ils n'ignorent pas aussi, que dans le mespris de la vanité du monde, la pluspart des vertus sont comprises. Auoit-il pas retenu ce beau mot de l'Euangile? Soyez prudens comme serpens, & simples comme colombes. Quelque autre celebrera le reste de ses excellentes qualitez; dont la guerre irreconciliable qu'il fait par tous ses Escrits aux fourbes & aux meschans de tous qualibres, n'est pas des moindres.

Or, Sire, pour suiure mon fil, detesté soit à tous les siecles celuy qui mit en vsage, de distribuer telles charges que celle d'esleuer la ieunesse d'vn grand Prince, par raison de recompense ou de naissance: la France a senty plus d'vne fois que pesent les effects d'vne si miserable procedure. Si c'est erreur frenetique, de choisir vn Medecin priué par consideration de race ou de qualité, quelle erreur est-ce, de choisir par ceste voye l'esprit qui doibt instruire le Medecin public? Il faut, il faut donner pour instructeur à ce Medecin le fils d'vn Gentil-homme, d'vn homme nouueau, d'vn citadin, ou d'vn paysan: n'importe si celuy qu'on establit à la conduite d'vn Roy, ou d'vn Grand, est Noble ou non, pourueu qu'il soit ce que les Nobles doiuent estre, & qu'il soit vtile aux Roys & aux Grands de le croire, & de l'imiter. Il faut rechercher & choisir la personne pour leurs personnes : & celuy doibt estre esleu par la teste, qui doit mouler cestuy-là; soubs la foy de qui reposeront tant de testes. Ie dis tant de testes ; soit ce pupille le premier fils d'vne maison souueraine, destiné pour la couronne hereditaire, soit vn cadet : la Grandeur de ces puisnez-là portant, que selon qu'ils sont bien ou mal creez, ils peuuent tousiours estre vn heur ou mal-heur insigne dans vn Estat, bien qu'ils n'y regnent pas. Certes ce Gouuerneur est d'assez haute maison, ce Gouuerneur est assez grand, qui sçait rendre de tels disciples dignes de leur maison & de leur Grãdeur. Qui sçait donner à vray dire, s'il s'agit d'vn aisné, le Roy & la bonne fortune au Peuple, ouy certes le Peuple au Roy mesme: & ie parle ainsi, puis que sans vne excellente instruction, il reste peu seurement & durablement obey & respecté: partant, incertain & chancelant en la possession de son Royaume. S'il s'agit d'vn cadet, le Gouuerneur qui donne vn bon, sage & cordial frere au Prince, fait-il peu de chose pour luy? voire ne luy donne-t'il pas vn second bras droict, & au Peuple vn second pere? Dauantage, si les conditions ou qualitez peuuent estre pardonnablement considerées aux choix des Ministres, c'est aux charges de legere importance, & qu'on peut facilement assortir : & non en celle qui comprend toutes les autres, & qui trouue à peine en l'estenduë d'vn Estat vn homme ou deux qui la puissent combler, comme est la charge dont nous parlons. Outre que quand ces mesmes qualitez pourroient gehenner le choix de quelqu'vn, ce deuroit estre des personnes impuissantes à les distribuer, & non de nos Roys: lesquels par raison se degradent, & par l'exemple de leur voisinage, qui les confere d'vne parole: *Couurez-vous Grand*; s'ils croyent ne les pouuoir conferer. Et sans doute l'obseruation de ces fiéureuses exceptions, assert non seulement le Roy à des formalitez visionnaires, luy qui s'estime sinon maistre, au moins compagnon des Loix, mais de plus, à son Officier : puis qu'en pratiquant des exce-

C ij

ptions de ceste espece, il ne le sçauroit receuoir pour Officier, si sa condition ne s'y accorde. Vn Prince qui n'aduance, & ne fauorise les siens que selon leur origine, renonce au bon seruice des Nobles & des ignobles: de ceux là, pource que sa faueur ne leur peut defaillir, pour imparfaicts & mal affectionnez qu'ils soient: de ceux-cy, parce qu'elle ne leur peut eschoir, quelque affection ou perfection qu'ils ayent. Nous ne sommes pas en Calicut, où si de hazard seulement vn roturier fraye vn Noble, le pauuret est meurtry sur le champ, l'autre frappé de roture & flestry d'infamie eternelle; quelle ioyeuse petite analogie de, *Noli me tangere*! Vn Roy doibt auoir honte, s'il veut, que comme la qualité de son fils honore le Gouuerneur, la qualité du Gouuerneur honore mutuellement son fils. Et ne croit-il pas que les qualitez mondaines & fortuites des hômes, soient assez peu differentes à les considerer par raison, pour se persuader qu'vn Gentilhomme est aussi distant de son estage, & de celuy de son fils qui s'appelle soy-mesme, qu'vn nouueau, oüy mesmes qu'vn roturier, tout ainsi que le mont Athos est autant inferieur aux Cieux qu'vne coline? Vn fils de Roy, ie vous supplie, a-il besoin d'autre ayde que d'vn si beau tiltre comme est le sien, pour faire honorer & faire authoriser son Gouuerneur? ou ne le peut-il, que soubs la faueur des armoiries d'vn pere-grand? Ne peut-il honorer luy-mesme ce Gouuerneur, ainsi que quelques-vns craignent, mesmement accoustumé de ieunesse, s'il ne luy faict pendre à la ceinture les vieilles pancartes de son extraction? valet du velous pelé de sa famille: mais plus adorateur du veau d'or, & vaincu dague & tout, à vray dire, d'vn espouuentail de cheneuiere, comme est l'esclat d'vne race. Quoy, s'il s'aduisoit plustost de le choisir de si haut merite, qu'on ne trouuast point estrange si la naissance pompeuse, veu les chetifs logis qu'elle prend ordinairement, ne s'estoit pas osé loger chez luy : *horrens illius Genium*? Vrayement au reste, le digne Ministre honore sa fonction, au lieu qu'elle en honoreroit vn autre. Et puis qu'est-ce que la noblesse ou qualité? ce que iadis nos sages Roys ont departy pour loyer de vertu; si les modernes n'en font autant, ils

LES ADVIS. 21

se declarent sans appel, moins iustes & plus foibles. Le pis aller, c'est qu'il faudroit suiure en cela l'exemple d'vn de nos mesmes Roys, qui sur la concurrence d'vn Gentil-homme, & d'vn roturier en la poursuitte de certain office, ordonna, que s'ils se trouuoient égaux en merite, le Noble l'emportast, & non autrement. Si donc celuy qui se pourra trouuer veritablement capable de ceste charge de Gouuerneur d'vn fils de France est Noble, tant mieux: s'il sçait aussi les formes & ceremonies, science à quoy l'on a tousiours visé en ceste election, sur tout depuis les derniers Rois, (si l'on a visé à quelque chose) tant mieux encores: sinon, tout ignoble qu'il soit, auec cét art, & sans cét art, acceptez-le: estant vne iniustice, & tres-importune erreur ensemble, de reserrer dans les communes bornes de leur condition, le progrez de ceux qui s'eslancent outre les communes bornes du merite. Et n'oubliez pas à payer le sacrifice d'vne hecatombe à Dieu, si vous auez tāt d'heur que de le rencôtrer. Vn soubs-Gouuerneur sage & prudēt luy-mesme, peut faire l'office pour ce poinct de dresser son maistre ou ses maistres aux formes & aux ceremonies, pendant huict iours qu'il faut au Gouuerneur à s'en instruire.

Arriere d'icy nos especes ordinaires de suffisans, de sçauans & de iustes: il ne faut aupres de ces enfans archers, piquiers, ny lanciers, il y faut celuy qui sçait commander à tous ceuxlà: comme cét ancien Grec se disoit estre. Nous cherchons, ô la grand'queste! vn Gouuerneur respectueux vers les Loix du Ciel, & de la terre, & amoureux de sa patrie: vn homme d'antique foy: vn homme qui ne touche iamais au bien, à l'honneur, au repos, ny à la liberté d'autruy: vn homme qui aymast mieux souffrir vn tort que de le faire, benin, officieux, charitable, exempt d'auarice & d'ambition: vn homme qui voye & agisse en ses interests, comme il void & conseille en ceux d'vn tiers: qui s'oblige facilement & d'vn leger office & se desoblige difficilement: de qui la parole soit veritable, les aduis francs, la resolution constante, le courage ferme, l'humeur vigilante & laborieuse, les mœurs solides & moderées, la route égale, la conuersation & l'entregent ennemys du faste & des grimaces du monde. Nous cherchons

C - iij

quelqu'vn, ô la grand' queste derechef! qui iuge, die & face toutes choses par certaine raison circomspecte, & rien par passion, humeur, ou fantasie, ny encore par coustume: sinon celles que ceste-cy le force de faire & dire, par consideration puissante d'interest ou d'exemple ciuil: voire qui ait donné tel gage de faire toutes choses par iuste consideration, & rien par tels ressorts ny par rencontre, comme il arriue presques par tout auiourd'huy; que celuy qui le cognoistra sainement, puisse deuiner d'vn bout du Monde à l'autre, quelles seront ses actions & ses paroles en telle & telle occasion, si elle suruient. Il nous faut quelqu'vn, qui preste mesme accez & pareille faueur au foible & au fort, qui ne croye point vne affaire trop basse & vile pour luy, telle qu'elle soit, si elle importe à des gens de foible & basse fortune, sur tout, s'ils ioignent à ces deux qualitez celle de la bonté: qui se rende patient aux plainctes émeuës contre luy-mesme, quoy que mal saines, s'efforçant d'esclaircir & non d'offencer, selon le stile ordinaire, ceux qui les feront, particulierement si elles sont vuides d'offence: & qui apporte audience paisible, ou plustost accueil, aux aduis & aux remonstrances, bien qu'il se trouue plus capable que tous d'instruire les autres. Nous auons apres tout, besoin d'vne personne defiante de soy, inaccessible à la legere creance & aux iugemens inconsiderez. Disons mieux, nostre besoin requiert vne personne exacte en iugeant à fendre vn filet en trois: & certaine à démesler le vray du faux & du vray-semblable, autant qu'vne ame humaine les peut démesler: puis qu'à faute de iustesse à sçauoir fendre ce filet, & de cette certitude à distinguer l'equiuoque qui se trouue souuent au visage de ces trois choses, par le manquement de laquelle nous prenons pour vn poinct vn autre poinct voisin; il arriue tant d'erreurs & de pertes entre les hommes. Nous demandons vn esprit en somme, qui possede la perfection du bien iuger, du bien vouloir & du bien faire, aussi auant que la portée de l'humanité se peut estendre: & non pour paroistre vertueux & sage, mais pour l'estre en effect, & pour auoir pris telle habitude à suiure ce chemin, qu'il ne s'en puisse departir. Finallement nous sommes en queste d'vn seprit, qui ait encores la vigueur & l'industrie d'appliquer ces qualitez à son pupille: la vigueur & l'aduertance aussi d'escarter de sa veüe & de son oreille, tout homme, toute action & toute parole qui sçeust alterer l'heureux cours de son progrez, suiuant ces vers antiques:

Que parole ny faict qui merite reproche,
Du logis de l'enfant ses vestiges n'approche.

& ce bannir de soy-mesme toute complaisance ou tout dessein de Cour, qui luy peust mettre en la teste, de faire moins bien sa charge, afin d'en rapporter plus de fruict, tolerant à ces fins en son disciple les appétis effrenez, que par vne austere douceur il doit destordre & redresser, d'vne vigilance tendue & perpetuelle.

Comme quand vn rameur veut pousser son vaisseau,
Malgré l'effort des vents & la suitte de l'eau;
S'il lasche tant soit peu ceste vigueur actiue,
Dont sa rame & son bras contre la vague estriue;
Le fleuue depité ses forces r'asseurant,
L'entraîne en precipice à val de son courant.

Quoy plus? il nous faut vn homme qui sçache faire tout cela, non pas coignant des preceptes en ceste teste, comme on faict à l'ordinaire, mais plustost les instillant, les insinuant insensiblement, & par vn artifice qui tyranise en peu de temps, non l'obeïssance de l'enfant, ouy bien ses volontez mesmes: de telle façon qu'il se plaise autant à l'exercice des choses loüables, qu'on se plaist à les luy prescher: celuy qui l'instruit se souuenant, que les Roys & les grands Princes ne sont jamais à longues années le bien qui ne leur aggrée pas. Volontez à bien faire pourtant, qu'il doibt tousiours croire auoir induëment pratiquées & mal payées, ie dis auoir payées d'vn denier illegitime & Simoniaque, alors qu'il ne les pratique & ne les paye point de ses exemples principalement. Et ne nous suffit pas au reste, que ce Gouuerneur ayt assez de sens & d'intelligence politique, pour renuerser par leur moyen vne Couronne ennemie, si renuerser se peut, & pour en releuer & maintenir vne autre amie; s'il n'a tout ensemble assez de candeur pour en deposer vne s'il la portoit, (i'entends

Couronne mesme bien acquise) où le bien & repos public viendroient à le requerir. Ainsi remet en Iosephe ce magnanime Sinamus, à son parent Attabanus, le fameux diadesme des Parthes: quoy que le Peuple qui l'auoit estably, deposant cestuy-cy, s'offrist & desirast de le maintenir par guerre, au cas qu'il en fust besoin. Et nous lisons de plus aux lettres d'aduis des Iesuistes, qu'en la Chine il s'est trouué des Roys tellement enflammez de la charité publique, qu'ils ont desherité leurs propres enfans, pour transferer la couronne à des personnes plus capables. Que si neantmoins nostre Gouuerneur inspirant son Genie & ses mœurs en ses disciples, trouue que gens de si bonne maison puissent estre quittes d'aller iusques à ce traict de sincerité, de deposer vne Couronne iuste pour la charité du Peuple; pourueu que ce mesme Gouuerneur voye ces disciples practiquer parfaictement tous les autres offices d'vne vraye prud'homie, il le pourra dispenser de cestuy-là. Ie dis en dispenser vn des puisnez de vostre Majesté, si d'auenture il en gaignoit vne par les voyes de conqueste ou d'élection que nous auons proposées: car chacun sçait, que l'aisné des maisons Royales en est dispensé par Nature; ne pouuant iamais quitter la Couronne hereditaire, en la stabilité de laquelle gisent la paix & la prosperité des subiects. Et la dispense que ie propose que ce Gouuerneur donneroit, ceste permission, dis-ie, de garder contre l'vtilité des Peuples vne Couronne bien acquise, Anthonin, ny Titus, ny Trajan, sans nommer plus auant, ne l'eussent pas pourtant acceptée: ny moy certes, si ie l'osois confesser à nostre Cour, n'eusse pas conseillé de l'accepter, à gens qui estoient & qui valoient tant par eux-mesmes, sans Couronne & sans sceptre. Et quoy que i'entende assez qu'on rit en cela de leur rondeur & de la mienne: ie sçay bien pourtant, qu'il n'y a personne propre à faire de la beste en ceste bande-là, tant qu'elle preferera sa route & ses aduis à ceux de ses voisins.

Quelqu'vn enseigne ce qu'on faict au Ciel, vn autre recite ce que fait la Nature ou l'art, quelqu'autre estudie ce que faict son compagnon; cherchons vn homme qui monstre à l'vn & à l'autre de ces Princes, ce qu il doibt faire luy-mesme, &

ce

ce qu'il doibt faire faire aux Nations. Il nous faut le vray moule d'vn Roy, le prototype de l'ame d'vne Monarchie, & de l'Asyle des Peuples, ou du moins vn homme le plus approchant de cela que nostre saison le pourra porter. Pourquoy dis-ie icy le moule d'vn Roy ? certes il nous faut ie ne sçay quoy de plus ample: car vn Prince regnant n'est obligé de comprendre que son Estat, ce Gouuerneur cy doibt comprendre l'Estat & le Prince. Vn tel personnage ne se peut suffisammēt representer que par soy-mesme, ny soy-mesme que par ses effects: ses paroles les meilleures qu'il puisse employer à vne si grande charge que celle d'édifier vn Monarque ou son Frere encores, ne pouuans iamais estre veritablement dignes ny capables de cét employ, si les actions ne leur sont de bien loin superieures. Or donc le merite d'vn homme de ceste trempe s'il se rencontre, est sans doute, non seulement inuisible parmy le vulgaire, qui s'appelle quasi tout le monde, ie ne puis trop reperer ce mot, ains encore, Sire, en predicament scabreux: bien que plus ou moins, selon le mal-heur ou l'heur de sa fortune. Tant & tant diray-ie derechef, sa queste vous est difficile, & sa personne occulte, que non seulement il ne vous est pas esclairé ny pas offert par la faueur de la voix publique, mais il vous est vray-semblablement souſtraict & caché par son rebut, & par la contrecarre qu'elle luy faict: ce ver, à l'enuy de ceux des iardins, attaquant les meilleurs fruicts. Outre que certes, comme il est dit, ceux qui se meslent à nostre mode, d'vne telle recherche chez les Roys, manquent autant de iuste mire que de bons yeux: regardans vn Gouuerneur par toute autre consideration que celle qu'il faudroit. Les contraires extrémes, afin de suiure ma periode precedente, font de pareils effects ; pour exemple dequoy, le froid & le chaud excessifs fondent le plomb: ainsi l'extréme vice & vertu sont également heurtez du vulgaire. La raison, ou l'vne des raisons de ce goust populaire, c'est que chacun discourt ainsi: Ie suis l'exemplaire de pertinence, cestuy-là faict & dit ce que ie ne fais ny ne dis, & au reuers: c'est donc vn extrauaguant, s'il n'est vn sot. Quoy mon Dieu ! voyans en ce personnage des paroles & des

D

actions si dissonantes des leurs, qu'il faut de necessité qu'ils soient foux, s'il est sage & au contraire, se doibt-on émerueiller, si leur perquisition s'ébloüit en cét endroict? & n'ont-ils pas raison de prendre le meilleur tiltre de ces deux, puis qu'ils choisissent? Si les pourceaux sçauoient peindre, ils representeroient Dieu soubs leur figure: & vn gentil peintre qui portoit barbe rousse, la peignit noire à Iudas. Nulle teste de saine prudence ne se peut entierement coucher ou appliquer sur vn siecle si fort imprudent & brutal que le nostre: le mieux qu'elle puisse faire, c'est de s'appliquer moitié sur luy par necessité, moitié sur d'autres par raison. Dont vn grand homme moderne escrit; que se sentant inutile en nostre aage, il se reiette sur les anciens tant qu'il peut. Le Createur, qui nous a maintenu ce Regne tant d'années, par les mains de vos majeurs, & qui l'a releué n'agueres par les vostres, vous departe le S. Esprit pour conseiller en faueur de ces Princes, par les vœux de tant de Nations, à la felicité desquelles ils sont reseruez, s'il plaist à sa bonté: donnant lieu de succez à nos presages.

ADVIS SVR LE TRAICTÉ DE la Naissance des Enfans de France.

LEs esprits pertinents ont tousiours trouué plus de grace à parler aux Grands par, toy, notamment aux Escrits de ce genre, qui tiennent quelque chose de l'air antique: à plus forte raison addressant la parole au Genie de quelqu'vn de ceste qualité supreme; comme ie fais en ce discours. Et ont practiqué cét vsage, soit pour l'honneur de la venerable Antiquité, qui employoit par tout ce pronom, soit parce qu'il est du nombre des choses également basses & hautes: estant vray, que comme on le peut appliquer aux inferieurs, on est obligé de l'appliquer ainsi à Dieu: quoy qu'ayent voulu dire aucuns modernes, l'opinion desquels n'a point esté suiuie des gens de suffisance. Quant aux presages qui se trouuent en ce mesme discours sur la conqueste de l'Empire des Turcs, ie ne la propose que pour vne

LES ADVIS. 72

espece d'essor Poëtique: sçachant que la prudence conuie nos Princes à des affaires plus vtiles à leur Estat.

NAISSANCE DE MESSEIGNEVRS les Enfans de France.

Cecy fut escrit dés leur plus bas aage.

Lcmene fit à son Hercule nouueau né, vn berceau du bouclier de son mary, pour augure de sa future valeur: mais semble-t'il pas que les astres en vueillent faire vn autre à ceste Royale race, de la terre & de la mer ensemble, & presager qu'elles seruiront vn iour à l'enuy d'instrumens à sa Grandeur, par ce fauorable ascendant que les Astrologues ont recogneu qu'ils luy prestent? Aucuns veulent que cét ascendant regarde d'vn œil de menace par contrecoup, les Couronnes de quelques Roys voisins, autres poussent la constellation plus auant : croyans qu'elle tire apres elle vne comette de mauuais presage vers les Estats du Turc, pour l'effect des anciennes Propheties; qui visent toutes selon la commune creance, soient celles de ses propres Peuples, ou celles des Chrestiens, à predire la subuersion de son thrône par la main des François.

Gallica se quantis attollet gloria rebus!

I'apprends que l'Empire de cét Infidelle estoit prefix à mille années par maintes predictions: ces années sont escheuës à peu pres, & l'effect des predictions incliné, voire aduancé, par son extréme esbranlement; depuis ce dernier Mahomet, qui suiuant les mesmes predictions deuoit voir les aduances de sa fin, comme vn autre Mahomet en vid & fonda le commencement. N'est-il pas donc vray-semblable, que la consommation de la ruïne de ces Peuples est destinée a ce Royal Daulphin, & aux deux Freres que Dieu luy donne, comme

D ij

deux autres luy-mesme, estans François, nés sur ce terme, Fils d'vn si grād Prince, soubs l'estendart de l'Auriflame, & si fauorablemēt regardez de l'œil des Cieux ? Que si bien le discours Politique semble repugner pour ceste heure à cét espoir, quel changement ne peut apporter aux affaires de la Chrestienté, l'espace de temps qu'il faut à meurir ces Princes ?

Poëtiquement, ou non, honnorons d'vn petit prelude de victoire, soubs la foy de ces astres, la naissance & le berceau de ces Fils de la France, ou plustost de l'Europe : leur Genie nous escoutant pour eux daignera peut-estre leur inspirer nos paroles en l'esprit au bout de quelque bref espace d'années, qu'ils se rendront prematurément capables d'en faire profit, s'il plaist à la bonté Diuine secondée de la prudente institution. Et tandis qu'en certaine terre éloignée on salue de cét accueil l'enfant qui vient de naistre : Enfant tu nasquis en miseres, endure, souffre, & tay toy : saluons au contraire ces Princes par cestuy-cy, Fils & arriere fils de Roys & d'Empereurs, vous nasquistes Grands : & selon la valeur qui vous est promise par ce magnanime sang d'où vous sortez, & le fauorable exemple du premier Roy de la Chrestienté vostre Pere, vous ne vous contenterez pas de vous aggrandir encore, & le nom des François auec vous : d'autant que vous sçaurez aussi rendre plus grand & releuer de gloire & de splendeur l'Empire des Chrestiens, ramener par authorité comme par exemple aux Regions conquises, la iustice & les mœurs dés long temps exilées, chasser la souffrance de chez les peuples affligez, & resueiller le ris & les hymnes en la bouche des Nations desolées. Parle, Royale race, parle Daulphin, & ta voix s'entendra d'Occident en Orient : dauantage, ta parole fera trembler les puissans, & respirer les foibles : parce que les Edicts qu'elle prononcera, seront aux vns fin de mal regner, aux autres fin de mal seruir. Or disons outreplus, qu'aussi-tost que ce grand Soleil eut le don de la lumiere, il ne se contenta pas d'elle pour soy seulement : car il se logea soudain à la face du Monde, afin d'en bannir les tenebres. Et ce plus grand & meilleur Titus, qui publioit, estre vne honte au Prince si quelqu'vn partoit mescontent de sa presence; au lieu de rechercher les éloges par où les autres de sa condition tendent à faire retentir leur hautesse, ou les effects de leur puissance, en voulut gagner vn tout differant par le benignité de ses deportemens vers le public, & tres-correspondant à ceste digne parole : ouy certes le plus glorieux éloge de l'antiquité, disons aussi plein d'esclat que le Soleil mesme, se faisant appeller : *Delitiæ humani generis*, l'Amour & les delices du genre humain. Cét éloge ne sied qu'à celuy qui desdaigne tous les autres, & qui les merite ensemble. Tu feras ce que firent le Soleil & Titus, Dieu me le promet: excepté que la bonne fortune de nos siecles voudra, que ce tiltre honore ta longue vie, & non tes seules cendres: comme il fit à cét Auguste Empereur, rauy d'vn trespas anticipé. Que benist soit ton cercueil, ô Titus: soit ce mot à mon propos ou non. Tu n'eus loisir d'aprendre à viure, ny de mettre la vie en vsage, que pour bien faire, & pour autruy: Seigneur absolu de l'Vniuers, tu rendis ceste ame sacrée au milieu d'vne si desmesurée charge & pouuoir, sans faute neantmoins ou erreur de conduicte vers tes Peuples, & sans offence: & cela qui plus est, en ieunesse encores, où l'imprudence est comme naturelle: & l'immoderation, les cupiditez aueugles & l'orgueil imperieux & offensif sont plus glissants. Tu ne laissas rien de si bon ny de si chery deuant toy, Titus, ny rien de douce esperance apres. Cét Empire aussi grand que le Monde, deuoit perir auec toy, si les Dieux (disons Poëtiquement ce plurier) ne te vouloient conseruer pour luy. Vrayement c'estoit leur interest autant que celuy des Peuples, que tes iours fussent allongez, & s'il se peut dire, éternels : le regne d'vn si bon & si digne Prince, rabatant la mécreance qu'apporte en la moitié des hommes, l'affliction des gens de bien: par la protection & faueur speciale que ceux de ceste sorte receuoient de ta main. Quel degré se put attribuer sur toy Iupiter & sa compagnie, reserué l'aduantage de Createur à creature? ny quelle difference peurent recognoistre ou gouster les hommes entre les Dieux & toy-mesme, parmy cette vniuerselle & pleine benignité, puissance & beneficence, sinon celle du foudre & de l'immortalité? Tu rendois la terre

D ii

autant heureuſe que le Ciel, s'ils t'euſſent laiſſé viure. Encorer fut ta vertu ſi fatalement heureuſe à l'Empire, qu'elle parut te ſuruiure en la beatitude ineſperée de tes Peuples : car ce throſne ſi long temps occupé d'execrables Empereurs auant toy, qu'il ſembloit n'en deuoir plus attendre d'autres, en obtint pluſieurs bons de ſuitte apres toy, eſchauffé de ta vertu, que les Cieux luy permirent d'influer en tes ſucceſſeurs par vne heureuſe contagion : ſi l'on n'excepte ton ſeul frere, dans le contreluſtre duquel le deſſein de ces influences voulut encore à l'aduenture rehauſſer ta ſplendeur. Retournons, Royal Daulphin.

L'œil du Soleil diſſipe & conforte ſelon le beſoin, les choſes d'icy bas, ainſi fera le tien. Car tu ne te contenteras point, comme vne moitié des Princes mal ſages, qui ne ſçauent faire ſentir leur puiſſance que par ſouffrance & ruines, de pratiquer le *Depoſuit* du Cantique, ſans pratiquer auſſi à l'exemple de Dieu, l'*Exaltauit* qui le ſuit : ny de pratiquer l'vn & l'autre aueuglement, à la mode de l'autre moitié des meſmes Princes. Pource qu'eſtant capable de diſcerner les meſchans & les bons, tu ſçauras terraſſer ces premiers, & releuer les autres : reſpandant parmy les recompences du bien faire paſſé de ces bons, les ſemences de leur bien faire futur, & de la conuerſion des meſchans meſmes ; à meſure qu'ils verront, qu'on ne pourra, ny tromper ta ſuffiſance aux choix des hommes, ny deſuoyer ton équité de l'amour du bien & haine du mal. Sur ce ſeul art, de cognoiſtre & droictement choiſir, pour & contre qui tu feras, eſt fondé le meilleur arc-boutant de ta direction, & de plus, le regne de Dieu : c'eſt pourquoy ie t'en fais la feſte de prime abord. Mais quelle violente amorce doibt-ce eſtre, pour t'induire à bien apprendre & bien exercer cét art, que l'heur & le deſtin de tant de Nations deſignées à ton ſceptre par ta naiſſance & par ta conſtellation, en dependent ? & que tu te verras ſi peu de compagnons, à ſçauoir faire ce coup, entre ceux qui le pourront en meſme rang que le tien ? Heureuſe la vertu des Roys, que tant de millions d'ames requierent au Ciel par vœux ardens, & qu'ils beniſſent apres qu'elle eſt obtenuë ! heureuſe qui ſe rend vtile & iouïssable à tant de gens, au lieu que celle de nous autres chetifs, demeure le plus souuent vaine & mesprisée: heureuse encore trois fois, qui guerit les peines, & remplit les besoins de tant de millions de personnes : pouuant rendre d'vn clein d'œil les Peuples aussi heureux, qu'elle mesme veut estre cherie & glorieuse! C'est par ceste vertu-là, que l'Europe Occidentale, qui sera lors commandée, s'il plaist à Dieu, par ton victorieux Pere, ou par toy, s'escriera si haut à l'Orientale & à l'Asie son associée: *O Fille de Syon, voicy ton Roy*, (leur Roy sera-ce vraiment, puis que tu l'y reporteras en la Croix) qu'elles offriront de loin les portes de leur grandes villes pour receuoir tes braues armées, & t'ouuriront leur cœur pour throsne, & pour citadelle à fonder & affermir ton Empire. A ce coup encores rempliras-tu par les gestes florissans de ta ieunesse, le Croissant des Othomans : lequel Croissant & augure de progrez ne sera plus à eux, mais sera desormais à toy, Prince, auec son estendart vaincu: puis l'ayant arrondy en pleine Lune, tu la replanteras au venerable tableau de la passion arborée en tes enseignes. L'vne de la passion triumphante certainement à l'enuy de la plus claire, au milieu de ses tenebres d'éclipse, de se voir restablie par tes mains soubs la faueur de ces glorieuses enseignes, en la Region où son Dieu nasquit & ressuscita: Ces Infidelles appellent du nom François tous les Chrestiens Francs: ne pouuans, ce leur semble, mieux qualifier leurs ennemis, que du nom de ceux d'entre eux qu'ils craignent le plus, & dont l'inimitié leur est plus pesante & par espreuue & par les Propheties alleguées. Ceste victoire neantmoins ne sera peut-estre, qu'apres auoir terrassé les ennemis de la France. O quelle ioye sentira ta genereuse amour filiale & fraternelle, de reciter au Roy ton Pere, en cas que le Ciel prolonge ses iours, quelle aura esté la prudence & la vaillance de tes Freres, au secours & seruice de tes desseins! quelle ioye encores, de multiplier ses deux Couronnes par celles de tes plus belles conquestes! imitāt ces glorieux & magnanimes Paladins des jeux de la Grece, lesquels lors qu'ils auoient gagné le prix faisoiēt couronner leur patrie, & non pas eux-mesmes.

LES ADVIS.

Apres auoir sué soubs le faix du harnois,
Portant plus loin le sceptre & l'honneur des François.

Que ne permit Dieu, que la ieunesse de Charles neufiesme ton predecesseur meurist? ce Charles second pere des Muses Françoises? l'Autheur de ces vers nous eust donné par l'acheuement de la Franciade, le plant tout entier de quelque Asiade pour toy, Royal enfant. Mais à l'aduenture le sort n'a-il pas voulu prolonger sa vie, pour nous faire sentir, par l'interruption du siecle de ces belles Deesses, combien nous serions obligez à toy & à Messeigneurs tes Freres, de le nous rendre: le Roy vostre commun Pere n'en ayant point eu le loisir au milieu des grandes affaires & des guerres qui l'ont agité toute sa vie: & vous en ayant à tous trois reserué la charge, comme Dauid à son fils la construction du Temple. Il s'est contenté de preparer matiere aux Muses d'exercer la plume que vous trois leur mettrez en main. Car tu seras, dis-ié, trop bien né pour manquer de les honorer:

Carmen amat quisquis carmine digna gerit.

Il faut que ce mot m'eschappe à leur recommandation, en peine qu'on die, que ie ressemble au Prescheur qui se recommande en chaise: si ce n'est que la part qu'elles m'ont distribuée en leur faueur, pour estre si maigre, me doiue rendre moins suspecte en trauaillant à les authoriser par ce langage. Elles te salueront vn iour du mesme accueil, qu'elles saluerent iadis Auguste: lors que soubs tes auspices, elles retourneront de simples mercenaires qu'elles sont maintenant, à leur naturelle qualité de Nymphes & Deesses. Il me semble que ie sens desia le doux air de ton aage flatter nos sens, & la pointe d'vn enthousiasme nous chatouiller. Aussi faut-il bien dire, que quelque fureur heteroclite m'aiguillonne & m'emporte moy-mesme, (rossignol chantant par sympathie sur les reliques d'Orphée) d'entreprendre icy pour peu que ce soit, de causer à tes oreilles auec ma Poësie en prose: veu qu'en premier lieu, ie suis bien fort despitée contre les iugemens & le goust de nostre temps en matiere d'Escrits: veu que cestuy-cy d'abondant est hors de mon gibier: que ie suis, outre cela, foible d'industrie & fermée particulierement

LES ADVIS.

à ne me parer que fort peu de celle d'autruy: que i'ay esté seurée plus de vingt ans de plumes & de Liures par les affaires: & que i'ay d'ailleurs la teste maintenant encore assommée des mesmes trauaux qui m'ont causé ceste longue cessation: chose qui prosterne, resserre, & fige autant l'esprit, que l'allegresse l'esueille & l'épanoüit.

Ny ie ne puis exprimer les doux fruicts,
Que les neuf Sœurs en mon ame ont produicts,
De tant de maux la fortune insensée
Vague sur vague agite ma pensée.

Si ceux qui mesprisent les Lettres, pouuoient souffrir en patience vn traict d'iniure au lieu d'vn traict de faueur, en vne bonne Histoire, s'ils pouuoient, hors de là, consentir de tomber au profond aneantissement de l'oubly, & negliger d'estre perpetuez en la memoire des hommes, desir qui ne peut heureusement s'effectuer que par le moyen des Liures pertinents, s'ils n'aymoient encores peut-estre mieux quitter leurs sceptres dés ceste vie, que de voir inhumer auec eux la gloire de les auoir dignement acquis ou maintenus; ie dirois, s'ils n'ont raison, qu'ils peuuent au moins auoir quelque galanterie d'esprit: mais de mespriser les Liures & la regeneration qu'ils eslargissent aux hommes engloutis du cercueil, & ne se pouuoir passer d'elle, qu'en diroit-on? Cette faute vient d'vne maladie commune, de ne voir que le presant: duquel ils se gorgent & satisfont de telle sorte, qu'ils se r'asseyent plainement en sa iouyssance, & se contentent, de le posseder plein d'honneur & d'applaudissement, la foiblesse de leur pensee n'estant pas capable de se pousser plus outre. Et croyent quand ils regarderoient l'aduenir, ce que non, que le Ciel a tant d'interest à prolonger leurs iours, qu'il sera tousiours temps de songer à ce dessein de se faire illustrer par les Muses. Ouy peut-estre leur semble-il, coiffez d'vn aueugle amour d'eux-mesmes, que la gloire leur est si naturelle, si bien & si particulierement attachée, qu'il ne leur faut point d'art comme aux autres à la maintenir. Mais, mon Dieu, quelle erreur, pour releuez qu'ils soient de reputation & de fortune! & par où triomphe Alexandre mesme auiourd'huy,

E

sinon par les Escrits? sinon, certes, par cet aduantage d'auoir eu luy seul autant d'Historiens, que vingt des plus grãds Roys ensemble? Plus en a-il eu de Roys, que nul de ses compagnons n'en a eu d'autres: & si les Escrits de ces Roys sont morts, le cathalogue & l'esclat au moins suruiuent. Quelle tradition denuée du secours des Escriuains, eust apporté iusques à nous son nom seulement? & que creut-il iamais deffaillir à la perfection de sa Grandeur & de sa bonne fortune, qu'vn Homere resuscité? Iuge aussi combien ce Monarque eust esté loin de se fantasier vne immortalisation par la voye de l'ediffice d'vn Palais, d'vne statuë, d'vn obelisque, où s'amusoient quelques Roys de son temps & des autres siecles precedens ou suiuans; qu'il desdaigna d'accepter la magnifique proposition de faire representer son image par la masse du mont Athos, qu'on eust figurée à ceste fin, & qui d'vne vrne qu'elle eust tenuë en l'vne des mains, eust versé vn fleuue, de l'autre main presenté vne grande ville? Outre tant d'Alexandries qu'il auoit fondées, par tout où ses conquestes s'estendoient: lesquelles pouuoient seconder ceste espece de dessein de s'immortaliser, s'il l'eust embrassée. Quiconque desroberoit à Cesar, l'aduantage de s'estre à luy-mesme donné le plus excellent Historien, ou du moins vn des plus excellens, de la glorieuse & venerable antiquité, ie croy qu'il renonceroit à ses gestes: qu'il ne composa ny ne polit iamais auec plus de soin que leur recit. Il semble en verité, n'auoir voulu triompher des Nations par le glaiue, que pour triompher plus hautemẽt de son glaiue par la plume. Que peut-on dire sur la preuue de ce poinct, apres sa statuë, le Liure en vne main, & l'espee en l'autre, auec ce mot: *Ex vtroque Cæsar*? Et tient-on, que s'il eust peu contrecarrer l'éloquence de Ciceron, c'est à dire primer aux Lettres, il n'eust pas aspiré de primer à l'Empire. Mais c'estoit à telles gens, comme de plus à Cesar Auguste, à Titus, à Trajan, aux Anthonins, aux Attales, aux Ptolomées, & en fin à tous les Empereurs & Roys de haut nom; à donner aux plus belles ames les places exquises en leurs Palais & en leur societé: car premieremẽt ils auoient trop de suffisance, pour pouuoir estre entretenus à leur me-

LES ADVIS.

sure, d'autres que des plus excellens hommes: & d'autre part ils possedoient tant de vertu, qu'ils sentoient auoir beaucoup plus d'interest que leurs compagnons, d'acquerir pour amis ceux qui les sçauroient produire en leur vray lustre sur le theatre de la posterité. Vrayment il ne suffisoit pas à ces ames genereuses, que la face entiere de l'Vniuers leur eust seruy de table & de Liure à crayonner leurs gestes, si le pinceau des Muses ne venoit apres à les releuer de leurs iustes couleurs. S'il faut voir l'enuers de ceste medaille, quelle Grandeurs & quelles victoires voudroit-on acheter, au prix de se voir despeinct apres la mort, ainsi que ces superbes causeurs d'Athenes ont despeint & barbouillé, sans espoir que la tache puisse estre iamais effacée, vn Titye, vn Ixion, vn Tantale, vn Minos, & tous ceux en somme qu'il leur a pleu: pour cela seulement d'estre leurs ennemis, & d'auoir peut-estre fait contre eux les choses dont la gloire s'acquiert autre part? O mon petit Monarque, si ces Heros eussent eu la clef des bonnes graces & du cabinet des Muses, comme mon cœur me la promet pour toy, & pour ces Princes tes Freres; les Atheniens eussent bien ioüé le personnage du badin en la farce à leur tour, s'ils ne se fussent gardez, ainsi qu'il est à presuposer qu'ils eussent fait, d'attaquer des gens munis de telles armes: ou pour le moins, la delectable & perdurable elegance, d'vne Histoire opposite & vraye, nous eust fait rire de la vaine entreprise de ce Peuple, d'auoir pensé nous aueugler en cét endroict. Quelle furieuse tyrannie est celle des Sciences & de l'éloquence! pour excellens que la vertu rende les hommes, ils ne peuuent pas sembler autres, que ce qu'il plaist aux Atheniens! il en faut estre aimé, ou se pendre pour accourcir le champ de leur haine, ou babiller aussi bien qu'eux, afin de se faire craindre en Athenes! Les Peuples de l'Vniuers sont tributaires des Roys, ces Roys de la langue des Atheniens. Quant à toy, Prince, estant si bien né, si bien nourry, si releué de Grandeur & de gestes que ie presage, tu feras naistres les Historiens de la seule faueur de tes œillades & de ton soubris: qui les inspireront d'vne ardeur d'enthousiasme, pour dignement escrire, ce que tu feras encore plus

E iij

LES ADVIS.

dignement, tousiours secondé de tes braues Freres. Regarde seulement, si tu veux qu'on face esclairer & tonner ton nom, sur les vers d'vne Poësie Heroïque, qu'on te depeigne sous les armes d'vn Achille, qu'on retrace vne autre Troye & vn autre Hector à tes pieds, seul bras droict & seul foudre d'vne armée de cent mille hommes que tu commanderas: ou si pour auoir plus sagement conduict & combatu que ce Grec, tu veux faire estendre tes gestes, d'autant plus beaux que plus nuds, & sans fard, dans le simple tableau d'vne prudente & naïfue Histoire.

Dy nous si tu veux estre en l'Ocean immense,
Ce Dieu dont les Nereides reuerent la puissance:
Si le climat de Thule a ton desir teuté,
Peut seruir un Empereur ce Monde écarté,
Où la grande Thetis l'hommage te veut rendre,
Du prix de tes escrits l'arbitre en peut sur genbre:
Ou si les mains du Ioss estant ton offre aux Cieux,
Peut éclairer le zele l'obscur de ces bas lieux.

Tandis donc que tu choisiras de quelle sorte de trompette tu veux estre sonné, ie me plaindray que le sort ne m'ait fait naistre plus tard, afin d'oser vn iour entreprendre d'escrire à ma part quelques fueilles sur le recit de ta vie & de tes actions genereuses, parmy tant d'autres Escriuains que leur éclat immortel esueillera. Mais ne pouuant aisément esperer d'aller iusques au iour de tes triomphes pour les celebrer, i'auray parauanture assez de courage, pour dresser son Institution particuliere, ou du moins vne generale pour le Prince: si desormais apres tant de bons Escrits de ce suiet, ie viés à trouuer qu'il s'en puisse composer vn ouurage digne d'estre soufert. Et ne crains aucun reproche de presomption qu'on precedist de me faire sur ceste offre: car il n'y en a iamais à s'efforcer aux entreprises des choses necessaires, quand on s'y efforceroit en vain. Or celle-cy de ton éducation, l'est telle que toy de qui tout dependra, depends d'elle: & si ne trouuera gueres de bons entrepreneurs. Si elle en trouue, ils me passeront: toutesfois ie pourray estre cause de ce bien, que par ialousie de la concurrence ils se passeront encore eux.

mesmes. C'est assez pour ce coup, Enfant Royal, i'ose baiser la chere petite main, qui tiendra iustement & prudemment, s'il plaist à Dieu, les resnes de la fortune des Nations: & recommande au Ciel l'oreille, qui selon qu'elle sera bien ou mal entretenuë, est capable de causer des biens ou des maux plus amples que tes Couronnes: le sort ayant departy ce don de supréme Grandeur, aux Roys, de pouuoir faire quelque chose de plus grand qu'eux-mesmes.

EXCLAMATION SVR LE PARRICIDE deplorable de l'année mil six cens dix.

Escrite la mesme année.

Ma patience a peu vaincre iusques icy le desir de lascher ma voix sur le miserable trespas du Roy, par ceste consideration, qu'aussi bien la grandeur du desastre, & le ressentiment en estoient inexprimables. Auiourd'huy l'impatience m'emporte, & prend pour raison l'impuissance de la raison, à regarder en silence auec quelque regle de consideration telle qu'elle soit, ce deplorable coup, qui porte au sepulchre le bras droit, la gloire, la ioye & l'esprit vital de mon païs. Mais las! il me semble que ie reuoy l'autheur sur le poinct mesme de l'action, & partant que ie la doibs lamenter comme chose presente: estant vray, que la calamité de ceste perte ne permettant pas que son regret vieillisse; il semble que la face & l'horreur de sa naissance soient tousiours en obiect recent à nos yeux. Escrions-nous donc d'vne exclamation vniuerselle. O meurtrier parricide quelle fureur t'emporte? que veux-tu faire? frapperas-tu l'Oingt du Seigneur, l'arriere fils, le fils, l'heritier & le pere de mille Oings du Seigneur auec luy? veux-tu rendre ta desolee patrie orfeline & vefue? qui te tend les bras,

LES ADVIS.

& qui te crie en requerant misericorde; que si tu donnes ce coup, elle qui fait trembler soubs ses pieds toute l'Europe par l'heur & la felicité de poseder ce Roy, tremblera elle-mesme pauure miserable au fremissement des fusilles! ou que pour mieux dire, il ne restera plus de France ny de Patrie, que pour vn lamentable tombeau de celles qui furent! Si sa dolente espouse, si ses innocens petits enfans ne te font pitié, que toutes les espouses, toutes les femmes & tous les enfans de ton païs t'en facent: ou si l'effusion du sang t'est si friande, tu trouueras mille meres qui t'offriront le sein de leur chere portée à frapper, pour racheter celuy du Roy, qu'elles tiennent pour pere commun: & sans lequel leurs enfans & leur fecondité leur tiendroient lieu d'affliction. Ha! mal-heureux retien ce glaiue! la main des hommes aussi bien n'est point capable de tuër vn Prince eschappé de trois batailles, & de quatre ou cinq cens que combats, que sieges. Mais où le veux-tu frapper? il est sacré par tout, il est par tout bien-faicteur & restaurateur de la France & de toy. Frapperas-tu la gorge, la teste, le sein? La gorge d'vne parole qu'elle pousse, guide cent peuples aueugles & denuez de conduite sans elle: ton païs soubs la suffisance de ceste teste, se rend arbitre de la fortune de l'Europe: ce sein animé d'vn cœur si braue a mis en route la moitié de la mesme Europe armée contre nous, & restably ton pere & ta mere en leurs biens & en leur lict. Déloyal, helas! le Turc exterminoit ou mettoit aux fers ces iours passez le reste de nos desolez Chrestiens en la Palestine, si ce Prince ne les eust maintenus: veux-tu leur arrachant ce deffenseur, faire des esclaues de leurs personnes, des cabarets de leurs Temples, & du feu de leurs Croix? Au surplus, si tu hais la France de ce qu'elle t'a donné la vie & l'aliment, & que pour la confondre tu vueilles massacrer ce Roy, n'as-tu pas pitié de toute la Chrestienté, du repos de laquelle il est autheur & protecteur? Il vient de pacifier ensemble l'Espagne & la Hollande, seul qui l'ait peu faire en trente ou quarante ans: & si tost qu'il a n'agueres entendu le son de la trompette en Allemagne, il s'est resolu d'y porter la main, afin de luy restituer la tranquillité: de sorte que les nerfs &

les veines que tu veux coupper en ce corps, nourrissent en l'alimentant la paix publique des Nations. Ouy certes, sa face infond & respand la paix en terre, tout ainsi que celle du Soleil la lumiere. Comment! frapper ce Henry, que tant de Roys, de Princes, & de Potentats assemblez n'ont iamais qu'à peine sceu legerement effleurer: ny se garder d'estre puissamment frappez de luy, quand il luy a pleu! Qui te meut apres tout, mal-heureux insensé? Tu veux faire, ce dis-tu, par raison d'Estat, vn coup, dont la raison d'Estat m'empesche d'oser seulement dire la consequence! Mais, ô Ville sans pair, grande & Royale Paris, lairras-tu meurtrir ton cher Prince en ton sein? meurtrir le fils & l'heritier de sainct Louïs, au pied du sepulchre de ce glorieux Sainct, sans le deffendre? Il ne faut point armer pour le remparer & le couurir, ces millions de peuples, qui fourmillent en tes murs, vn simple garçon, vne femme, suffit. Iette sur luy seulement, si tu ne peux mieux, le drapeau d'vn seul de mille estendars, dont il a despouillé les estroyables armées de tes ennemis, pour te liberer & pour orner tes Temples, la veuë de l'assassin est troublée, & son coup n'a plus d'assiette choisie. Ha! que fust-il encores au peril de ces innombrables combats & iournées, où sa main a combatu si brauement, & mesmes en ceste fameuse bataille d'Yury, d'où la France armée à ses flancs, le vid sortir comme vn Ionas du ventre de la Balene, du milieu d'vn puissant bataillon d'ennemis enfoncez, à peu de suitte & tout flambant de gloire & de leur sang: apres qu'elle eut souffert vne transse de demie heure sur les tranchantes apprehensions que la mort l'eust englouty là dedans! L'heureux & gay, Viue le Roy, qu'elle en pousseroit au Ciel comme alors: quand elle seroit asseurée, que ce qui leur restoit en ce temps-là de trauaux à souffrir ensemble pour extremes qu'ils ayent esté leur restât encores! Donc celuy qui nous a tous mis hors du besoin de secours, trouuera-t'il point de secours luy-mesme? faut-il donc que le bon-heur manque à ce magnanime Roy, soudain que nos ennemis sont acheuez de terracer? comme s'il n'auoit esté mis au Monde, que pour cela seul de vaincre & pour affranchir la France: à la charge pour luy de ne pouuoir iouïr de sa victoire: à la charge aussi pour elle, de ne pouuoir iouïr d'vn tel Prince, ny recognoistre ses bienfaits par aucun seruice, excepté le desespoir & les pleurs de sa perte? Ou bien a-il si cherement reserré le sang de la France en ses veines ouuertes du cousteau d'vne tres-longue & tres-miserable guerre, pour vomir apres le sien consacré de l'Ampoulle celeste, par le coup du poignard d'vn François? Et quoy finalement, ne faut-il que trente armées pour le deffendre? Cieux & terre s'armeront afin de les fournir: & ses propres ennemis sont si pleins de l'admiration de sa valeur, qu'ils croiroient se faire honte, s'ils ne presentoient le bouclier au deuant de ton glaiue. O Dieu que voy-ie à ce coup! ha, monstre execrable tu le mires au sein! ie transis, ie me pasme! O Cieux qui l'auez protegé si miraculeusement, ô terre, qu'il a si genereusement protegée, ietterez-vous point les bras autour de luy pour le couurir? Mais helas, la digue de nos destins est creuée! c'est faict helas! c'est faict! & me semble que i'oy ce pauure Prince, qui pousse en expirant, malgré la mort si precipitée, vn mot de consolation & de benediction à son Peuple, parmy ce large ruisseau de sang, qui le noye soudain qu'il a esté frappé: ce pauure Prince, certes, qui luy tend piteusement les bras pour dire adieu, n'estant desia plus le tuteur & le Roy de ce Peuple, ny ce Peuple le subiect & le pupille de ce Roy. Duquel Peuple enfin, à si profonde & lamentable perte, ie cacheray la desolation, soubs le voile dequoy Tymanthés couurit le visage du pere, au sacrifice de sa fille vnique Iphigenia; pour ne voir point icy mon expression plier soubs le faix de chose inexprimable.

 Quel prodige! vn cerueau malade meurtrit vn Monarque insigne, & parmy sa maladie sçait mirer le coup entre cent & cent Courtisans: cela encores par vn project volontaire & de longue traisnée, caché toutesfois nonobstant ceste longueur, & la teste sellée du meurtrier: semble-il pas que la Nature eust honte de condamner à la mort celuy qu'elle a permis qui fut tué par vne aduanture qui paroist estre hors de son cours, ne s'estant point veuë iusques à ce iour au roolle

LES ADVIS. 41

roolle des accidens ny des œuures de ses creatures? O mon Dieu, combien sont les hommes iustement appellez par ce Lyrique Grec: Le songe d'vne ombre! Que sont les Roys superieurs de tous les hommes, si vn tel chetif rustre que cét assassin, a peu deffaire le nostre, au milieu de sa Cour & de sa Ville capitale, tres-interessées en sa conseruation: d'vn seul coup: (car le premier estoit nul) sans cause, sinon qu'il fust peut-estre ennuyé de la lumiere de sa gloire: & d'vn meschant cousteau desrobé, dit-on, puis rompu, puis raiguisé: le nostre, dis-ie, le plus capable, le plus puissant, le plus triomphant Prince que la terre portast auiourd'huy, qu'elle ayt porté de long-temps, ny soit à l'aduenture pour porter de long-temps encore? O Princes, tandis que vous nagez dans le courant des faueurs de la Fortune, apprenez à remascher ce mot, d'vn homme de vostre qualité, le genereux Mecenas, protecteur des belles ames; Que la Grandeur tonne à l'entour de soy-mesme. Fuyez l'ambition d'vsurper illegitimement, veu qu'vn Estat vsurpé se peut appeller pour son maistre, vn precipice de la fortune: & qu'vn autre mesme bien acquis, menace encore de si pres la teste de celuy qui l'occupe, que ce fer n'a blessé nostre Roy tres-legitime, que parce qu'il estoit Roy. Et en ce que vous possedez à bon titre, sortez du Prince tant que vostre charge le pourra permettre, pour descendre & rentrer en l'homme: puis qu'il faut encore de là se raualer & rentrer si promptement en la terre & dans le profond de l'aneantissement. D'auantage recognoissant vostre condition, apprenez de la rendre plus douce à vous mesmes, vous preparans à la patience des accidens qui la suiuent: & plus douce à vos subiects, sinon par iustice & charité, du moins par la consideration de cette neantise du priuilege, qui vous releue par dessus eux: aussi foible contre les accidens de la Nature, & plus ouuert à ceux de la fortune, que celuy des bergers. C'est vne tres-belle dignité que la puissance souueraine, puis que lors qu'on l'exerce deuëment, elle est l'image de la diuine, l'asyle des Peuples, & le remede à leurs trauaux: mais si celuy qui la possede, ne prend par vne excellēte bonté, le bien qu'il fait aux autres, en contrepoids du mal qu'il se fait à soy-mesme, par les perils, la fatigue, & la cruelle importunité d'vn tel fardeau; certes s'il ayme sa Couronne, il ne la cognoist pas, ny ne se cognoist non plus qu'elle. Et pour le friuole plaisir de paroistre ce qu'il n'est qu'en masque, cela s'appelle superieur & dominant, il manque d'estre ce qu'il pourroit se rendre essentiellement hors de là: sçauoir est, libre, sage, tranquille & content. Et ie maintiens qu'il n'est superieur & dominant qu'en masque: puis que ces hazards & ces trauaux, particuliers appanages des Couronnes, le dominent luy-mesme, & souuent encores la folie & les flatteurs.

 Mais reuenons du general à nostre particulier, pour dire, que ce puissant & victorieux Empereur Saladin commanda mourant, qu'on portast sa chemise haute esleuée en la pompe funebre, auec ce cry: Saladin grand domteur de l'Asie, au partir du Monde n'emporte que ce linge. De mesme faut-il que nous disions: Ce braue & triomphant Henry Fils & Pere de cent Roys, qui a tant forcé de villes, & liuré tant de combats & de batailles, teusiours present & combatant, pour releuer le plus florissant Royaume de la terre; & pour le regir depuis, non à la poste de sa victoire, mais par les anciennes constitutions: cét arbitre de l'Europe, qui tenoit la clef & le ressort de la fortune de tous les Peuples qu'elle allaicte, ce Henry surnommé le Grand, helas! au partir du monde, n'emporte que les clameurs desesperées de la France; auec le piteux aduantage, que rendant l'ame, on void expirer par sa bouche, l'espoir, le refuge, les delices & le salut d'vn grand Estat, & d'infinis millions de personnes. Qui consolera les larmes de ceste pauure Region?

 Comme dans les forests la tendre Philomele,
Ourdit pour ses petits vne triste querelle,
Alors qu'vn bucheron plein d'inhumanité
Les pille en pail folet dans son nid écarté:
Sur vn foible rameau la pauurette est perchée,
Lamentant nuict & iour ceste douce nichée,
Et les sons redoublez de sa funeste voix
Font retentir au loin les plaines & les bois.

Vne telle deploration suffit à remplir d'esclat tragique toutes les histoires & tous les theatres futurs, si personne ose entreprendre de la represanter digne du sujet, Madame, n'ayant pas vostre propre sentiment: qui seul, ô desolée Reyne, par le nom de qui ie veux acheuer, semble capable d'éleuer les regrets & les cris pitoyables de ceste perte iusques à leur iuste poinct. Et certes Niobé fut bien-heureuse, puis qu'vn engourdissement pierreux l'arracha de son tourment, au lieu que viue & sensible vous digerez le vostre. A l'aduenture que Polycletus, qui la peignit, paroissant de loin pleurante, & de pres vne masse de rocher immobile & stupide, voulut enseigner sur nostre propos; que pour discerner veritablement quelle est la rigueur & la cuisson d'vne douleur extréme, il est necessaire de la toucher de pres: c'est à dire, de la sentir soy-mesme. Mais il faut que ie cesse de sonder plus auant ceste playe infortunée. C'est neantmoins vn doux soulagement en vne telle affliction, Madame, qu'on voye, que l'entier ressentiment des François, ny tout l'honneur deu au merite du Roy, n'ont point manqué d'assister vos pleurs. Car quel tombeau fut iamais plus couronné de loüanges, & quel excés de dueil n'a témoigné son Peuple? Qui ne le vid à troupes se ietter par les ruës à genoux, aux endroicts d'où il pouuoit descouurir le Louure, & tendre les mains ioinctes vers luy, pour inuoquer la faueur de Dieu d'vne passion incroyable, sur la playe de son Prince; lors qu'à la chaude on luy nourrissoit encore l'esperance qu'il gueriroit? Qui ne le vid depuis aux mains auec l'executeur de la Iustice, pour faire luy-mesme l'execution de l'assassin? qui ne le vid aussi quand il fut expiré, mordre sa chair à belles dents, & qui pis est apres luy auoir refusé les prieres qu'on ne refusa iamais à personne au supplice? Au surplus, toute la Religion & toute la magnanimité que peut representer vne mort precipitée, se sont veües en celle du Roy. Car pour le regard de la magnanimité, fut-ce pas vne digne parole, celle que seule il put lascher apres le coup: *Ce n'est*, voulant dire: *Ce n'est rien*: au lieu de ietter les voix & les cris ordinaires & tant excusables en telle agonie! O pauure Prince, le cousteau te perce le sein, la

F ij

douleur te transsit, la mort t'accable: & dans le profond d'vne si extréme détresse, tu ne songes qu'à nous, pour nous donner courage & nous asseurer! Son iugement au reste, ne bransla non plus que sa constance: car il choisit en cestuy-là, le plus necessaire mot, qu'il eust peu dire en telle agonie. C'estoit mourir comme il auoit vescu. Qui mourut iamais si regnant? Qui regna iamais plus auant? estoit-ce pas regner sur la mort mesme? & nous sembler resigner en despit de sa loy fatale, la vigueur & la force d'ame qu'il perdoit? Quant à la Religion, ceux qui se trouuerent aupres de luy virent, que la bouche se fermant à ce mot, par l'effusion du sang, les yeux s'ouurirent & s'esleuerent aux Cieux.

Console-toy donc, puissant Royaume de la France, ornement de l'Vniuers, & Fils aisné de l'Eglise de Dieu: consolez-vous aussi, grande Reyne: si vostre plus cher bien à tous deux est perdu pour vous, il ne l'est pas au moins pour soy-mesme. S'il vous laisse tous deux en vne profonde nuict, parmy les effroys d'vne pleine mer & de la tempeste, le vaisseau qui l'emporte a cependant gaigné le port: d'où il vous iette les yeux enflammez d'amour, & va respandre, nouuel astre, vne saincte lumiere pour esclairer à vostre conduitte commune, & se rendre le Castor & le Pollux de vostre salut. Quel extréme soulagement est-ce sur la priuation de nos amis, qu'il n'y ait à pleurer que pour nous? & que la plus precieuse, la plus intime & la plus essentielle partie de nous-mesmes, & qui proprement nous faict aymer nostre estre, puis qu'elle est l'ame de nostre contentement, gaigne où nous perdons? ainsi les faut-il appeller, si nous leur portons vne affection parfaicte. Il me semble que i'oy de nuict l'Ombre du Roy, Madame, qui vous tient ces propos, abordant vostre Royale couche.

ADIEV DE L'AME DV ROY
A la Reyne Regente.

Cette piece comme la precedente & la suiuante, furent escrites soudain apres la mort du Roy. Et bien que l'occasion d'vne partie de ces discours soit passee, il semble qu'on n'ait plus de droict de les oster au public, pour telle part qu'il y pourroit pretendre, puis qu'ils luy furent donnez à la premiere impression de ce Liure.

Reyne que i'auois esleüe pour ma compagne, sur le chois de toutes les Dames & de toutes les Princesses du Monde, afin de te rendre mere d'vne plantureuse race des plus puissans & des plus Augustes Roys qui portent Couronne; reçois icy mes tendres regrets & mes derniers deuoirs: seule epouse d'vn seul epoux, pleine de pleurs, de beauté, de chasteté, de ieunesse & d'enfans du plus illustre sang de la terre. Ie te dis l'Adieu que la precipitation de mon trespas m'empeschea de te dire: & te coniure d'appaiser tes douleurs, sinon pour le respect de toy-mesme, au moins pour n'alterer mon repos de la pitié qu'elles me font: & te reseruer libre à pouruoir au Royaume qui m'estoit si cher, & aux petits que i'ay laissez en ce lict auprés de toy. Desormais tu es Roy, Royne, & Pere & Mere: & tout ainsi que tu commences à representer la prudence des deux en la conduitte des affaires, tu dois en representer aussi la constance en ta consolation.

I'ay bien faict, i'ay regné, i'ay vaincu, i'ay triomphé: me restoit-il rien plus que de passer à Dieu, pour te mettre à mesme de conduire sagement mon Fils en ma place, & de l'Empire, & de la gloire que ie possedois? Nourris-ie bien, ô Reyne: & me crois, que la plus grande difficulté de ta charge, veu le siecle, comme aussi son plus heureux fruit, consiste en cét article. Telle entreprife eft, à vray dire, auffi grande & digne qu'vn Roy le peut eftre luy-mefme: grande & digne par fa qualité propre, & parce que le prix, qu'il veut vn iour valoir, depend d'elle entierement. C'eft vne leçon trop commune pour te la donner icy, que le commencement de ce grand ouurage c'eft d'efcarter loin de luy les mauuais exemples & les mauuais entretiens, fur tout en ce bas aage: refte à t'aduertir que par diuerfes raifons, c'eft vn grand effort d'en fournir fuffifamment de bons aux enfans de fa forme, & de nourrir également de ce laict leur ame tendre, fans que les interefts ou les legeretez des Cours trauerfent ce bon deffein. Si ton Fils oit ou void autour de fa perfonne des chofes de mauuais exemple, autant luy feruent apres les bons difcours que fes Gouuerneurs ou fes Precepteurs luy feront, que la bonne liqueur dans vn vafe infecté: le vice & le defordre eftans fi friands & fi gliffans en cét aage-là, qu'ils renuerferont toufiours l'ordre & la vertu s'ils fe prefentent en contrecarre les vns des autres, à fes yeux & à fes oreilles. Cefte prudente mere d'Alexandre Empereur Romain, ne fe contentoit pas de le faire prefcher fans ceffe par la voix & par les exemples des premiers hommes de fon temps, qu'elle luy donnoit pour l'inftruire: elle mettoit auffi gardes fuffifantes à toutes les aduenuës de fon Palais, de crainte que quelque perfonne de mauuais propos, ou de mauuaifes mœurs, en aprochaft: tant la charité d'vn Fils & du public enflammoit le foin de cefte illuftre Princeffe. Combien deffend la prudence & l'vniuerfelle antiquité, fur tout vn de fes nourriffons furnommé Diuin par fa fageffe, que l'enfance & la ieuneffe n'entendent ny ne voyent aucune mauuaife chofe? combien le deffend auec luy fon miraculeux Precepteur, fon incomparable Difciple, tout ce qu'il y a de grands efprits modernes, & qui non? ouy mefmes iufques à faire ce premier vn intereft notable, que ces ieunes gens oyent la Poëfie licentieufe, ou la Mufique molle? Combien recommandent ces trois hommes entre toutes les affaires d'vne Republique, la bonne conduitte des enfans, comme eftant la racine & la femence du falut public? Heureufe donc feras-tu nommée dans les fiecles, qui peux en vne telle institution frapper vn si grād coup, que le salut de la patrie: qui peux guerir, regler & glorifier en la seule nourriture du Roy, non pas vne Republique, mais tout ce puissant Estat de la France: que disie sauuer, guerir & glorifier? disons plustost, qui peux enfanter le salut & la gloire de ceste grande Monarchie apres auoir enfanté son chef. O glorieuse la mere qui produira vn si precieux fruict! & moy-mesme glorieux auec elle, pour l'auoir seulement disposée à la premiere maternité, qui aura peu donner occasion à ceste seconde! Quelques Dames ont erigé les fameux Mausolées à leurs espoux, quelques autres en ont humé les cendres: mais combien m'auras-tu presté plus d'honneur & d'esclat, si tu te piques à me r'animer en ma race? & encores à te rebastir vn espoux en elle, c'est à dire en moy-mesme, par vne heureuse & digne instruction? La ruïne du plus haut & du plus superbe des Empires, est attribuée à l'incorrection de deux Princes: arriuée de ce que Theodose le Grand leur pere, estant éloigné aux guerres, quelques testes folles croyans leur faire charité, de les mettre en liberté du ioug, chasserent d'auprés d'eux le sage & vertueux Gouuerneur que ce braue pere auoit donné si curieusement à leur enfance, & recherché de si loin que Rome s'escarte de Constantinople. Les plus sublimes Autheurs de ce temps, ne peuuent attribuer le dechet des esprits & des mœurs d'auiourd'huy à comparaison des anciens, qu'à l'imbecille & mauuaise nourriture: & l'instruction fait presques ou desait du tout la trempe des hommes: ainsi qu'ils font & desfont apres, la trempe & la condition des Estats, selon le succés qu'ils ont rapporté de cét apprentissage. Et font si bien la trempe & la condition des Estats, qu'il s'est tousiours veu, que les celebres accroissemens & les prosperitez des Republiques, se sont rencontrez soubs les grands personnages, & au reuers: comme aussi a-t'on remarqué, qu'auec ce Thebain qu'on nomma le premier des Grecs, nasquist & mourut la fortune de son pays: Dieu ne se plaisant ordinairement à produire ses œuures, que par les causes secondes. Dont il arriue, qu'vn Historien tres-excellent attribuë la fameuse amplitude de l'Empire Romain aux grands perſonnages qu'il a nourris, priuatiuement à toutes autres choſes, leſquelles il peſe & conſidere ſur ce poinct & au meſme lieu. Nous trouuons au ſurplus, que quand Dieu veut effroyer ſon Peuple de la menace d'vn extréme malediction, il luy dit, qu'il luy rauira l'homme fort & vertueux, ſage en conſeil, & grand guerrier: s'enſuit-il pas que s'il le vouloit cherir & benir, il luy promettroit par ſort contraire, de luy donner vn tel citoyen? Ie ne ſpecifie rien des preceptes requis à ce deſſein de l'éducation de ton Fils, te renuoyant aux bons Liures: auſſi que i'ay peur qu'il en faut trop & de trop aſſidus, & meſurez ſur les occurrences iournelles, & ſur l'humeur de l'enfant, pour eſtre donnez ſuffiſamment par moy, ny par autre que celuy qui les apliquera, tirez de ceſte lecture & de ſa perquiſition & ſuffiſance propres. C'eſt donc, en l'ordre que tu ſçauras mettre à ceſte inſtitution, que i'attends de toy le couronnement de ma gloire, & la France l'aduancement de la maiorité de ſon Roy : ou pour mieux dire ſes Auguſtes, & triomphans Ayeuls, vn Charlemagne, vn ſainct Louys, reſſuſcitez en ſa Grandeur, en ſa iuſtice, en ſa prudence, & en ſes victoires. Ouy certainement, le vray moyen d'aduancer ou de reculer la maiorité d'vn Roy, c'eſt de le faire eſclairer ou non d'vne belle enfance. Nul ennemy, nul mauuais ſujet, n'oſe commettre auiourd'huy ce qu'il cognoiſt deuoir eſtre puny cuiſamment dans peu d'années: quand il conſidere par les aduances, ou fleurs de l'enfance, quelque capacité en l'eſprit d'vn Prince, quelque diſcours de raiſon ſenſible & aduiſé à la conſeruation de ſes droicts, & les erres d'vne humeur vigoureuſe & magiſtrale. Quel amy ou ſeruiteur, quel ennemy, quel fidelle ou deſloyal, ne tiennent pour preſens les effects fauorables ou nuiſibles de ce Prince vers eux; qu'ils iugent deuoir attendre certainement à l'aduenir, toutes les fois qu'ils examinent ſa portée? Ou quel bien daignent faire, & quel mal ceſſer & renoncer, tous ces amys ou ennemys-là, qui ne voyent en ſa perſonne ny promeſſe ny menace? arbre ſans fleur au Printemps: enfance trois & trois fois deplorée, de ce que la ieuneſſe qui la termine ailleurs, & la vange ſi beſoin eſt, doibt bien

bien-toſt venir declarer ſon éternité, & authoriſer les affronts que ceſte enfance éternelle aura receus auant que la barbe poigniſt, & que depuis la poincte de la barbe elle eſt en haſard de receuoir: affronts que les bas âge au moins ne pouuoit pas authoriſer, laiſſant en doute ſi la vangeance ou la ſouffrance ſuiuroit. Et quelle loüange dois-tu rendre à Dieu, de ce que ton Fils eſt en chemin d'vn progrez tout contraire à ceſtuy-cy? L'eſclat de ta puiſſance d'autre coſté, la condition preſente des intereſts & des affaires, & la ſageſſe des Loix de ton Eſtat; t'ayderont à prematurer ton meſme Fils vers les eſtrangers: & vers les François, le regne fauorable & reiglé que ie me promets de ta conduitte, ioinct à leur fidelité.

Pren apres ce mot d'aduis de moy pour guider en ta Regence. Tu es Grande, neantmoins ta charge à vray dire l'eſt encore plus que toy, & plus que ie n'eſtois: ou pour mieux parler, les Princes ne ſont veritablement Grands, que parce qu'en bien faiſant leur charge, elle leur incorpore la Grandeur & le luſtre. S'ils ne la font bien, non ſeulement elle les accable, ou les eſtime au meilleur marché; mais elle rauale leur luſtre & leur prix meſmes autant que leur fortune; de ce qu'ils laiſſent crouller par leur faute l'Eſtat qu'vn autre ſouſtiendroit fermement & dignement, s'il eſtoit en leur place. Eſt-il rien plus vil, ny qui puiſſe mieux eſclairer la baſſeſſe de ſon maiſtre, que de faire baſſement vne ſi haute fonction? Et puis que le treſpas égalle ſi ſoudain nos ſubiects à nos qualitez, aduiſons à les ſurpaſſer par noſtre ſuffiſance & prudente conduitte: car quand ils nous precedent ou nous égallent en ces deux poincts durant ceſte vie, ayans à nous égaller encores par tout en l'autre, s'ils ne nous paſſent à l'aduenture de reputation & de felicité, ie les trouue plus que Roys. Ceſtuy-là ſera proprement Roy par la grace de Dieu, ceſtuy-là tiendra proprement le ſceptre immediatement & ſouuerainement de ſa main, qui fera paroiſtre qu'il eſt le plus propre & le plus digne que ſa Maieſté diuine euſt peu loger à ceſte place: & qu'elle n'y en euſt ſceu mettre vn autre, ſans faire iniuſtice à ſon merite & tort à ſon Eſtat.

G

La Iustice & la prudence sont les deux colomnes d'vn Regne, & toutes les autres vertus Royales dependent de ces deux-là, comme de leur pepiniere. La iustice te porte au soin des anciennes Loix & de la Religion, en premier lieu, puis à conseruer ou retribuer à chacun le sien: & de plus, à qui peine, peine: à qui loyer, loyer: la prudence te dictera la cognoissance des gens & des actions, ausquels le loyer & la peine sont deus, te donnera l'addresse de gouuerner tes faicts & tes paroles, auec le choix & la conduitte de tes Ministres, & t'apprendra de quels ressorts, pourquoy, comment, & à qui tu commandes: c'est à dire en trois mots, te fournira la cognoissance, le droict vsage & la conseruation de ta Regence. Encore ce mot sur la iustice: il ne suffit pas que ce soit le nœud qui lie ton peuple à toy par sa necessité precise; s'il n'attachoit encores la splendeur, la tranquilité & la faueur diuine à ton sceptre. Mais il te faut souuenir, que les plus grandes affaires de la iustice, ses plus grands effects, & plus dignes que le Prince establisse bon ordre à leur direction, ouy souuent au prix de sa propre entremise; ce sont ceux qui regardent les petites & foibles personnes, mesmement où elles debatent contre les puissans, en sorte que la seule ancre de leur salut depend de l'equité du Iuge: laquelle ne se peut que rarement esperer, en nos siecles, si ce n'est d'vn Iuge de tel poids, qu'il n'ait que craindre, ny que desirer de ses parties: & peu de gens, hormis le Prince, sont en ces termes. Il faut donc incessamment t'efforcer à faire, que le foible s'appuye de ta force, l'obscur reluise de ta lumiere: car tu es le contrepoids du foible contre le fort: & ta Grandeur consiste en cela, de maintenir ce qui ne peut estre maintenu par ses propres moyens: de soustenir & d'opprimer pour le faire court, par tout où le droict le consent, ce que nul autre ne sçauroit opprimer ny soustenir en tes terres : & tant qu'vn puissant brauera soubs ta domination, ou qu'vn foible tremblera, tu ne te peux dire absolument, ny puissante ny Reyne. Si tu ne reprimes les meschans qui font tort à leur prochain par quelque voye que ce soit, ils se feront si puissans de nombre, & de coustume, qu'il faudra que tu les craignes: si tu les reprimes, ils te craindront. Dauantage, quiconque ose offencer autruy soubs quelque domination que ce soit, la viole: & monstre qu'il iuge que le chef ayme le mal, ou bien qu'il n'ayt pas le pouuoir ou la vigueur de le punir. Et tout autant que tu desroberas ou permettras desrober de credit aux Loix & à l'équité, cependant que tu tiendras le gouuernail; tu sentiras que tu en perds autant sur les tiens: elles estans, comme i'ay dit, la soudure d'entre les subiects & le Seigneur, & protectrices du ieune Roy, qui deuenu grand sera le leur.

Garde, au surplus, que nul ne prenne authorité soubs toy, reserué ce qu'il en doit employer à la charge que tu luy donnes. Le Prince est debile qui ne peut rendre toutes choses debiles & fortes autour de luy, quand il luy plaira: i'excepte les seules Loix & ceux qui les administrent, s'il n'est desia dit en quelque sorte, estant luy-mesme fondé sur elles & sur eux, & d'vne tant plus ferme base de ce que leur puissance est plus ample & plus reuerée. Il est certes bien vray que les administrateurs des Loix, sur tout les Parlemens, ne peuuent iamais abuser de leur authorité contre toy, leur pouuoir, & leur establissement estans relatifs aux tiens: car ce sont eux de qui le lustre & la Grandeur consistent à sçauoir rabaisser & domter tout ce qui ose choquer la Majesté des Roys. Ce sont ces gens là, qui commencent le chastiment du crime qui t'offence, ces gens sans lesquels il ne se peut faire iuridiquement: & qui mesmes, s'ils viennent par fois à s'opposer, non iamais aux interests, ouy bien par fois aux volontez du Prince; le releuent & le raffermissent en s'opposant: ainsi qu'au precipice d'vne cheute, il faut contrepointer, voire heurter du sein & des bras ouuerts par vn tendre soin, celuy qu'on veut empescher de tomber.

Si quelqu'vn se rend suspect par ses mœurs ou par ses forces, d'esleuer ses desseins contre ton authorité Royale, affoibly sa puissance autant que tu pourras: le desespoir hors s'il est possible, puis qu'on sçait combien il est perilleux d'exciter ce glaiue. La pluspart des hommes en sont là, que nul ne se peut asseurer qu'ils ne vueillent tout ce qu'ils osent, & qu'ils peuuent, s'ils pensent qu'il leur soit vtile.

Fay bien & faueur sans mediateur, reserué le simple tesmoignage des plus sages & meilleurs, pour attirer à toy l'obligation que d'autres voudroient tirer à eux-mesmes, coupant par ce moyen broche à l'espoir & suitte dangereuse des entremises de faueur. Vn des moyens de preuenir cét inconuenient, c'est d'empescher, ainsi que ie faisois, qu'on ne face la cour expresse à autre qu'à ton Fils & à toy; i'en excepte ceux que tu as interest de maintenir, authorisez & puissans, pour le ministere de l'Estat. Les Roys ne dominent pas, si quelqu'autre domine auec eux: & quelqu'autre domine, s'il dispose de leurs faueurs & de leurs graces.

Pour regner heureusement & paisiblement, amende tes subiects: & le moyen de les amender, c'est d'amorcer la vertu par la grace & la prosperité que tu departiras aux bons, & par le rebut des autres. Pareille que tu te feras, ô Royne, à ce grand Soleil, qui du sommet des Cieux & des rayons de son œil, conforte & dissipe tout ce qui se void icy bas en la terre de bien & de mal. Quelle gloire, que tous les meschans tremblent pensans à toy, qu'ils reputeront leur Cómete? que tous les bons s'espanouïssent de ioye & de gloire, en ceste mesme pensée, te regardans comme vn grand astre ascendant de leur felicité tres-chere, & t'estimans leur port de salut en la tempeste de ceste vie? Si la vertu, si la modestie & la probité, restent inutiles à leurs maistres, & le contraire impuny, tu seras Reyne inutilement pour toy comme pour eux. Et propose vn Grec à son Prince, ceste marque d'auoir bien regné; que ses Peuples se soient rendus plus attrempez & modestes soubs sa domination. Certes tant que la bonne fortune & la richesse donneront l'honneur & l'applaudissement aux hommes, pour peu qu'ils vaillent, ainsi qu'elles font en ceste saison, à cause que ie n'ay point eu loisir competant de pouruoir à l'empescher, & tant que la vertu sans fortune & sans moyens se verra mesprisée; non seulement la vertu se rebute & perit, le vice fructifiant & triomphant en son lieu, mais encore il regne vne si forcenée passion de richesses dans les esprits, que les tiennes mesmes resteront tousiours mal aseurées. Outre que ton oreille comme tes coffres, sera sans fin expo-

LES ADVIS.

sée à la batterie des importunes cupiditez & des demandes: & tes affaires en butte aux accidents des mauuaises volontez qui suiuent maintefois le refus. Dauantage, on voudra sans cesse vsurper & perpetuer iusques aux races, les biens-faits, grades & charges, qui ne peuuent subsister en ces termes auec ta prosperité. Si tu donnes au reste des biens & des honneurs sans merite, tu cultiues la vigne d'autruy, si tu fais au contraire, tu cultiues la tienne propre: les gens de prix & de vertu n'ayans rien plus à cœur, que la gratitude aux biens-faits receus, & le legitime seruice du Prince. En somme les faueurs & les graces indignement departies se tournent contre leur dispensateur: & si tu fais par ta prudence, que les moyens, puissances & dignitez se departent dignement, c'est à dire, à la suffisance & à la prudhommie, tu les rendras tant plus à toy, de ce que tu les distribueras à autruy: suiuant l'exemple & la multiplication du grain de semaille qu'on respand en la bonne terre. Ioinct que quiconque honore en autruy la suffisance & la vertu, s'honore quant & quant: car il fait croire qu'il sent auoir dequoy les faire reuerer en soy-mesme, & priuatiuement au contraire: chacun defferant volontiers faueur à sa forme propre, telle qu'elle soit, quelque part qu'il la remarque. Celuy qu'on ne peut obliger sans exemple, comme le sage & vertueux, ne peut estre refusé sans coulpe: & consequemment il violente la beneficence des sages Roys. En verité ce qu'on ne fait point pour les personnes de particuliere recommandation, on le deffaict: ce qu'on ne leur donne pas, on le leur oste. Chacun, & sur tous les Grands destinez à seruir d'exemple, doiuent faire vn effort de faueur & d'honneur, vers ceux en qui Dieu & la Nature en ont fait vn de merite. Et naist outre cela, mesmement en cette saison, si peu d'ames riches de suffisance & de vertu ioinctes ensemble, qu'il est facile de les cherir & de leur bien faire.

La liberalité sera l'vn des plus beaux fleurons de ta gloire, pourueu que tu consideres en tes dons le temps present & l'aduenir, le pouuoir d'obliger vn de tes seruiteurs apres l'autre, toy-mesme auec eux, & par tout la digne mediocrité. C'est vne vertu de qui les Roys doiuent tant mieux entendre

G iij

l'vsage & la mesure, de ce que leur puissance la leur rend plus particuliere: & de ce qu'elle est vn tres-efficace instrument de regner, autant en ce qu'elle reserue, qu'en ce qu'elle distribuë.

Rends ton accez libre, tant pour gagner les cœurs, que pour garder qu'on ne les tire autre part à ton preiudice: & pour apprendre mille choses, qui, non sçeuës, te porteroient dommage, ou te pourroient faire perdre plusieurs occasions de pouruoir au bien public, ou au particulier. Combien est redoutable la clair-voyance & la perspicacité d'vn Prince, qui se peut vanter d'auoir autant d'yeux & d'oreilles que de seruiteur ou des gens qui peuuent aborder sa personne? Et note en passant, que parmy les choses qu'on te viendra dire, il en faudra deuiner vn grand nombre qu'on ne te dira pas: & parmy celles qu'on te monstrera, infinies autres qu'on ne te monstrera point. Car en detail les circonstances de l'art de regner s'enseignent par preceptes, ou prennent addresse de diuers aduis: mais en gros cet art est inexplicable, indemonstrable: d'autant que les objects sur lesquels il agit, sont casuels, & vont à l'infiny en estenduë & en varieté: adioustons, en difficulté, laquelle requiert vne suffisance telle, qu'il faut estre capable de l'enseigner en commençant de l'apprendre. Ie dirois en vn Estat verd & sain, où tout se fait, pource seulement qu'il se doit faire, & sans effort; qu'il suffiroit que tes principaux ministres simplement aduoüez de toy, se bandassent à cét apprentissage & à cette surueillance des affaires, & que cependant tu te reposasses. Mais en vn Estat vieil & malade comme cestuy-cy, les plus puissans efforts de ton pouuoir, ton entremise & l'authorité de ta presence, leur faisans à toute heure besoin pour agir & pour resister aux volontez de praues qu'ils ont à choquer pour ton seruice; il faut que ta propre extention d'esprit & ta precaution trauaillent parmy les leurs. Ioinct que l'experience du labeur t'esclairant & te fortifiant pour l'emploi de ce pouuoir & de cette entremise personnelle, la leur apres pourra tirer lumiere & vigueur de la dexterité que ta prudence en aura rapportée.

LES ADVIS. 55

Il faut éuiter tout sujet de faire naistre haine ou ialousie parmy les Grands & les Puissans de ton Royaume. En quelqu'autre temps il pourroit estre moins mal à propos qu'à cette heure qu'ils fussent en mauuais mesnage, & mesmes peut-estre sero-t-il vtile en vn temps tres-asseuré : afin que s'enuians & s'esclairans les vns les autres, le maistre en fust mieux serui. Mais outre qu'il n'est à l'aduenture point en quelque condition d'Estat que ce soit, de temps tres-asseuré, soubs vn Roy mineur, & dans vn Royaume malade, il ne faut pas que personne face bruit que le voisin sçache : puis qu'il est certain que le plus foible des deux partis, en telles combustions, appette tousiours les remuëmens, & les fait naistre autant qu'il est en luy, pour essayer de trouuer du renfort se ioignant aux brouillons. Parmy quelque temperature de siecle, vn Monarque doibt plus craindre les brigues & les desseins: parmy quelqu'autre, comme au tien, les querelles, mal-entendus, humeurs, ialousies, inconsiderations, caprices nés de l'opinion d'iniure, & les desespoirs animez par le luxe. C'est à dire, que tu ne doibs pas guere redouter la plus grand'part de ceux qui viuent soubs toy, soit par la volonté non mauuaise de quelques-vns, soit par quelqu'accessoire, raison ou qualité des autres, si ce n'est par cas fortuit. Ou pour mieux parler, tu dois craindre leurs actions accidentales, plus que les expresses, & sur tout les expresses de long dessein: car ceste saison & l'esprit des François n'en portent presque point de ce qualibre. Ne permets pas aussi qu'on voye entre ces gés-là d'vnion si estroitte, qu'ils puissent, ny se refier de tout conseil entr'eux, ny se tenir interessez de mesmes choses : car lors il seroit à redouter qu'ils aimassent mieux pecher vers toy que vers ceste confederation : & que l'assistance indubitable qu'ils en attendroient, les peust rendre hardis à fallir. Quoy qu'il en soit, ie trouue, disie, par diuerses raisons de leur faict, que tu n'as point Dieu mercy grand besoin de t'instruire en l'art de craindre, pour ce regard, si tu sçais pratiquer celuy de commander.

Chasse toutes indiscretions si communes en ta Cour, & qui l'exposent au mespris de nos amis & de nos ennemis. Des petites querelles qu'elles engendrent, les grandes naissent de celles-cy les meurtres, les duels & toute sorte de ruines, se iettent dans les maisons, qui doiuent estre les nerfs de ta puissance: & souuentefois les partialitez publiques en sont arriuées en France & chez nos voisins. Or puis que tu doibs protection à chacun, il semble que celuy qui fasche son compagnon par quelque voye que ce soit, te taste, afin de voir, si l'ordre ou le desordre plaist à ton humeur, & si tu cognois la precieuse authorité de ta Regence, & la sçais manier. En vain se courrouce des voyes de faict, le Prince qui n'a pas pourueu d'heure autant qu'il peut, à celles des paroles ou des autres indiscretions rioteuses: & mal à propos s'altere-il de la reuäche, n'ayät pas employé son pouuoir à preuenir l'offence. I'ay peu d'vn seul Edict, reprimer ces batteries & meurtres abruptement, sans changer les mœurs de la Noblesse de ma Cour, ny de la campagne: & ce traict autant qu'autre quelconque, monstra que i'estois Roy tout du long: veu la violente & rapide inclination qu'ils auoient au contraire, par opinion de poinct d'honneur & par vsage. Toy ny tout le reste du Monde, apres mon trespas, ne sçauriez à raison du sexe & du temps, ny faire ny maintenir ce tres-important reglement, que par la correction prealable des mœurs: à quoy ie voulois trauailler de ma part, & sans quoy ie ne pouuois pas moy-mesme conseruer long temps l'authorité de mon Edict. Tu paruiendras facilement à ceste correction de mœurs, moyennant la distribution où le refus de tes faueurs d'effect & de bon visage, selon que tu cognoistras ces Courtisans-là modestes & sociables, ou non: apres leur auoir d'arriuée declaré ton intention sur ce poinct. Il faut que ta maison soit venerable de toutes parts, comme estant en quelque sorte le Temple de Dieu & du Roy ensemble: car ie croy qu'elle se peut appeller ainsi, puisque sa Grandeur daigne representer l'vn de ses rayons en la personne de ton Fils & en la tienne, & te donner la charge speciale de la faire adorer, & de faire reuerer ses commandemens. Quelle auguste charge, ô Royne, & combien t'oblige-t'elle à celuy qui te la commet, & aux Peuples pour qui elle t'est commise! puis que c'est

aucune-

LES ADVIS.

aucunement attaindre à la puissance de Dieu mesme, que de le faire reuerer & craindre? Or outre l'interest des querelles, des batteries, & des autres suittes qui dependent de ces manies d'indiscretions des Courtisans modernes, toute licence que ton Fils peut ouïr & voir, & tout mauuais exemple, ainsi que ie disois n'aguere, sont aussi pernicieux à ses mœurs, que de pernicieuse consequence à son authorité future, & à la tienne presente. Ie dis à son authorité & à la tienne: car quiconque ose auiourd'huy violer le respect vers son pareil, comme font ces indiscrets à toute heure, l'osera demain violer vers son maistre, l'augmentation en toutes choses coustant beaucoup moins que le commencement. Les autheurs de ces ieux s'efforcent d'abrutir l'esprit, & de corrompre les humeurs d'vn grand Prince, s'ils en approchent, afin qu'il depende d'eux: au lieu qu'estant habile, vertueux & magistral, ils dependroient du Prince. Ils preuoyent, à vray dire, qu'vn Prince d'esprit releué les mespriseroit, vn iuste les reprimeroit en maistre: au lieu qu'ils renuerseroient ceste medaille sur celuy qui ne seroit ny l'vn ny l'autre. Au reste souuiens-toy, que les vices & les vertus regnent communément aux Cours, selon qu'on croid que le maistre soit porté à leur faueur ou défaueur: & te souuiens encores, que la baue & l'escume des mauuaises mœurs du Courtisan, tombent tout droict sur la robe du Prince, par diuerses suittes & consequences: soüillans sa pourpre de leurs taches infames. Puis que tu peux donc à si bon marché, que de faire cognoistre ton goust, respandre l'influence des mœurs sur les tiens, respands-y la bonne par toute voye, aussi bien est-ce ton inclination: plante l'honneste, tu sentiras que l'honneste & l'vtile en germeront.

Restabliras-tu point les Lettres, & pour l'honneur d'elles-mesmes, & parce que c'estoit mon dessein: & parce que ny toy ny moy ne nous pouuons promettre sans elles aucune illustration qui passe enuiron cent années? Tant d'Alexandries d'Alexandre, tant de Palais & d'obelisques édifiez par Cesar, sont il y a mille ans par terre: les seules bonnes Histoires, marchandise tres-rare, les font Alexandre & Cesar,

H

& piquent les Potentats & les Monarques à la vertu par leur émulation.

Il est necessaire & facile de te bien maintenir auec tes voisins, par les offices ordinaires & deubs, à la raison d'Estat, ioincts à l'estime de ta conduite: sans laquelle estime tous bons offices n'engendrent que des ingrats: sur tout les bons offices des Roys, qu'on oblige à plus de prudence gouuernans le Monde, & sur lesquels l'ingrat trouue plus à prendre, & plus de compagnons en l'ingratitude: raison pourquoy ce monstre a moins de honte d'aualer chez eux l'hameçon auec l'amorce.

Sois pitoyable aux affligez, aux pauures, & aux Peuples opprimez: le Prince s'esleue vers l'estage de ce grand Dieu, qui donna sa propre vie aux hommes, alors qu'il trauaille ou relasche du sien en leur consideration. Le peuple, ô Royne, est la gloire & la Grandeur des Roys, & non pas eux la sienne: partant il doit estre precieusement chery & conserué de leur part, quand mesmes ils conteroient l'équité pour neant. Rien ne te peut nuire à ceste heure, sans diuision intestine: ny cela mesme, si tu bannis le desespoir & l'oppression de chez les François: lesquels t'offriront mille fidelles contre vn mutin, s'il se presente, & feront auorter tous les mauuais desseins qui te pourroient regarder, pourueu qu'ils soient exemps de ces fleaux.

Sois affable aussi, puisque les Grands attirent & payent par ceste monnoye d'affabilité, d'autant qu'elle est inespuisable, autant d'hommes & de volontez qu'ils ont d'industrie, sans s'apauurir de rien: & puis qu'eux seuls en ont la vraye possession, à cause qu'ils obligent d'auantage les esprits en s'abaissant à la douceur d'vn accueil fauorable, de ce qu'ils sont plus hauts que le reste du monde: & d'abondant, en ont encore le plus ample besoin, s'ils y regardent de pres. Ainsi se rompent trois ennemis par cinq cens seruiteurs, & seruiteurs qui te diront grand mercy de ce qu'ils le feront. Il est certes vray, que la moitié des Courtisans, pourueu qu'ils soient hors de necessité, ayment mieux vn bon accueil, vn soubsris, vne douce parole de leur maistre, que ses liberalitez, sur tout entre les François: & le sage Prince peut preuenir à peu pres leurs necessitez, en reprimant le luxe. Heureuse & noble largesse donc! qui tandis que toute autre appauurit les Grands par son vsage, les enrichit par luy-mesme : & qui ne craignant point d'estre consumée, comme les autres beneficences & largesses, ne craint pas l'ingratitude : puis qu'elle ne tombe iamais sur celuy, qui peut & veut continuer le bienfait, constamment chery de cestuy-là qui le reçoit.

Mes Edicts de pacification conuient ta prudence à les entretenir, sans oublier la milice ordinaire de terre & de mer, afin d'affermir la paix: qui ne peut durer, qu'autant que son hoste à moyen de se faire redouter en guerre : si cela n'est assez recogneu par tout, sans le representer en ceste occasion.

Vn des puissans remedes pour affermir aussi le repos en ton Royaume par sa propre vigueur, non moins necessaire à ces fins que celle du Prince ; c'est d'empescher soigneusement le transport de ses finances vers l'estranger, soit par les traictes desrobées, soit par l'excessif commerce aussi honteux que ruineux des soyes & des pierreries. On peut remedier par bon aduis, à diuertir vtilement en autre exercice les marchands accoustumez au trafic de telles curiositez, pour euiter la ruïne de leur fortune, qui ne doibt pas estre negligée.

Au surplus, chasse encore à ton possible hors de la France, toute autre sorte de superfluitez & en suitte les berlans, mauuais mesnages ou degasts: & cela, par ordonnances bien obseruées: mais sur tout par le mespris que tu feras en ton cabinet de ces excés & de leurs autheurs, soit que tu les voyes actuellement ou par recit. Tous biens en vn Estat Royal estans de la maison du Roy, selon le dire d'vn Ancien, les bons mesnagers engraissent sa richesse, les mauuais la deuorent: & le mesme escriuant des instructions Royales, propose à son Roy pour vne des marques d'auoir bien regné, l'acroissemēt de commoditez entre les subiects. Disons dauantage, que ceux qui se rendent les plus curieux de tels paremens ou despenses superfluës, sont volontiers gens peu solides & de peu de seruice. Ou quelle plus insigne friuole leur peut-on attri-

H ij

buer, que de s'embarraſſer volontairement de contrainctè, d'incommodité & de ſollicitude: de contrainte, pour le port des habits qui les tiennent ſi ſouuent en eſcheq: d'incommodité & de ſollicitude, pour le recouurement ou l'entretien, tantoſt d'vn attiral de meubles, de ſuite, de baſtimens: tantoſt d'vn appareil & pompe de table? veu meſmes que le droict vſage de ces choſes n'a lieu que pour apporter repos & commodité à ſes maiſtres. Quelle plus inſigne neantiſe encores leur reprocheroit-on, que de vouloir aſſigner leur gloire & leur luſtre en l'vſage d'vn ornement, non ſeulement externe & caſuel, mais qui ne s'eſtalle iamais amplement qu'il ne ſe creue? Ainſi faut-il appeller la richeſſe. Il faut ſans doubte en fin de comte, que les ruïnez & deſeſperez te tombent ſur les bras, ou par defaut du payement de tes tributs, ou par importunitez priuées, auſquelles l'opulence meſme d'vn Roy de France ne peut ſuffire: ou qui pis eſt, par brigues & conſpirations publiques. Adouſte à cela, pluſieurs corruptions que la ſuperfluité apporte aux mœurs, & conſequemment aux Eſtats: raiſon qui conuie vn Latin à nous aduertir; qu'il a remarqué des Republiques ſans nombre, leſquelles eſtans frugales & pauures, ont ſubiugué les autres Republiques exceſſiues & riches: ſubiuguées & ruinées depuis elles-meſmes par les pauures & frugales, apres eſtre arriuées à pareilles richeſſes & ſuperfluitez.

Quant aux flatteurs, ie conçois eſperance que la capacité de ton eſprit t'en preſchera ſuffiſamment l'horreur: eſſaye ſeulement d'aprendre du Traicté que Plutarque a fait de ce ſujet, & du fidelle conſeil que i'ay laiſſé pres de toy, le moyen de les diſcerner. Ton Peuple offrira cependant vœux & prieres ardentes à Dieu, comme pour vn des principaux articles de ſon ſalut, afin qu'il te puiſſe arriuer de t'armer bien à poinct contre ces peſtes & Furies infernales des Princes & de leurs Eſtats. Dauid apres la penitence, & depuis vn Empereur Romain, en haine & menace des flatteurs, dont ils auoient eſté long-temps perſecutez; prirent pour deuiſe vn lyon eſtranglant vn ſinge: & les Dieux anciens receuans les autres oyſeaux en ſacrifice, refuſoiët le cygne: pource que ſa plume blanche & son cuir noir, semblent imiter le faux semblant du flatteur.

Il est vn autre genre de corrupteurs d'oreille, qu'il ne faut gueres moins detester que les flatteurs, comme aussi sont-ils encore tels communément. Ce sont ceux qui paissent vn Grand de faux contes, soit par la vanité de faire dire qu'ils l'entretiennent, soit par interest, qui faict presque par tout le cinquiesme élement du Monde, soit par ceste sottise de s'estre eux-mesmes laissez beffler de legere croyance, soit aussi par enuie ou malignité medisante sur le tiers & le quart : ou soit finalement, par desir de supposer de fauces loüanges à ceux qui les seruent & qui les valettent, lesquels ils desirent payer aux despens de la fauorable estime & de la bourse du Prince. Et le pis est, que les Princes sont le plus souuent si foibles, que preuenus d'vne opinion bonne ou mauuaise de quelqu'vn pour iniuste qu'elle puisse estre, ou de croyance erronée de quelque affaire ou faict qu'ils doiuent regler, iamais ils n'en demordent: manquans à leur insigne perte, par fauce information, à pouuoir sainement reietter ou choisir les personnes qui viuent soubs eux, & mettre ordre à telles affaires pertinemment. A bon droict a-il esté dict, que la verité n'entre en l'oreille des Roys, que comme leur argent en leur coffre, au denier vingt ou moins. Appren donc à tels impudens, s'ils t'osent approcher, qu'il faut que leur dessein coule à fond deuant la clairté de ton esprit. Impudens, certes, & des plus outrageux, en quelque Cour qu'ils se puissent trouuer; de se mocquer de leur maistre & de le mespriser, l'estimans propre à mener par le nez: ou pour mieux dire, entreprenans de se mettre en sa place, & le chasser en la leur. Cela s'appelle, entreprenans de regir en lieu d'estre regis; au moyen du guet à pends qu'ils dressent à son iugement pour le ietter en trouble & conuulsion, & de la violence qu'ils font à sa croyance, soubs leurs rapports frauduleux : & partant violence encores aux volontez & resolutions qui naissent d'elle & aux actions qui les suiuent : lesquelles, outre la honte & l'impertinence qui les accompagnent, sont la moitié du temps autant ou plus ruineuses à luy-mesme, qu'au public & au parti culier: bien qu'elles le soient à ces deux outre mesure.

Finalement, suy par tout mes anciennes reigles à gouuerner, si tu n'en trouues quelque exception aux presentes instructions, que ie te donne pour testament.

Ne fay rien sans conseil, pour dernier article: & maintien tres-viuement tes Conseillers contre ceux qui s'en voudroient plaindre, apres l'effect de leurs aduis, desquels neantmoins tu celeras l'autheur si tu peux. Leur indamnité est nourrice de leur liberté zelée: & sont eux-mesmes ceux-là, de qui ie me suis heureusement seruy, l'arc-boutant certes, la guide, & le fondement de te puissance. Et c'est le profond secret, que Dieu te donne & à tous les Roys, vn bon Conseiller: c'est à dire, fidelle, desinteressé, libre, sage, & de plus, experimenté s'il est possible, auec la grace & la faculté de t'en preualoir bien à poinct.

Si tu pratiques tous ces preceptes, ô Reyne, crois-tu que les victoires de Semiramis & de Debora peussent rien adiouster à la gloire de ta Regence? non, non veritablement. Cyrus & le premier Scipion, comtent leur seule beneficence & benignité, pour plus que toutes leurs victoires & toutes leurs conquestes: à iuste raison donc effectuant ces miens preceptes, qui te marquent le haut poinct de la beneficence & de la benignité Royales, pourras-tu comter ces deux vertus en toy, pour plus que tous les triomphes Romains: notamment estans assistées d'vne égale prudence, que i'espere aussi de toy-mesme, esclairée d'vn rayon de la faueur diuine, sur le souhaict duquel ie recueille tous mes derniers vœux.

Voilà ce me semble, Madame, les paroles que l'Ombre de ce Roy triomphant vous tient, & dont il remet à ceste prudence qu'il se promet de vostre Majesté, la glose & l'amplification. Il adiousteroit quelques autres articles: particulierement sur la venalité des offices, sur tout offices de Iustice & fonctions des armes, commerce, vente & perpetuité des Gouuernemens & des charges d'autour de la personne des Roys, playes tres-dangereuses; si la condition presente des affaires, & l'aage du Roy vostre commun Fils, pouuoit permettre d'y remedier maintenant. En vn Estat où toutes choses se vendent, les subiects ne sont iamais ny sages, ny de mœurs sinceres: & le Prince est moins riche & moins asseuré. Mais, dis-ie, il n'est pas temps de mettre le rasoir en ceste playe: car il ne suffit pas qu'vne cure soit bonne, il faut que le corps auquel l'on l'assigne, soit capable de la porter & d'en faire son profit: autrement on passe du moindre au plus grand mal. Quand la maiorité de nostre Roy sera venuë, quelqu'vn vous pourra dire le reste: & d'auantage, vous particularifer en temps & lieu, ce que le Roy son Pere ne fait presques icy que generaliser. La Grandeur auguste de la France & la vostre estoient dignes, elle d'impartir, & vous de receuoir, le plus beau don qui se peust faire à Dame de l'Europe, c'est vostre Regence: sur laquelle tous les yeux de la mesme Europe sont bandez, pour y voir les efforts de vostre vertu, bon sens & gratitude vers elle, qui vous fait ce presant. Si vous prenez plaisir à porter sceptres, ce disoit le Roy de la Palestine & de la Sagesse, aymez la Sapience: qui tire ceste proprieté quant & soy, Madame, que toute seruitude estant odieuse de sa nature, elle deuient douce à celuy qui recognoist son Seigneur plus sage & meilleur que luy: d'autant qu'il iuge, qu'il luy sera plus vtile d'estre guidé de telle main, que de la sienne propre. De façon que le Prince seruant par ces cignes qualitez d'vn ferme pillier à son Estat, l'Estat en sert aussi mutuellement au Prince. Mais, Madame, ie n'ay pas entrepris d'oser conseiller vostre Majesté: ie suis plustost preparée à louër ses bonnes intentions & bons commencemens. Que si i'estois assez hardie pour vous donner quelque aduis, ce seroit derechef apres le Roy, cestuy-cy tout seul, de suiure en vostre Regence ses traces & ses reigles à gouuerner. En tant ses mœurs & ses actions en vous, c'est à dire son ame, vous aurez humé ses cendres spirituellement: pour luy faire à l'imitation d'Artemisia, vn plus illustre & nouueau sepulchre de vostre sein: & semblera que vostre Majesté luy restituera quelque image de la vie qu'il a perduë. Bien d'ailleurs auquel nous aurons part, non seulement par l'heureux fruict que nous recueillirons de vostre conduicte, alors qu'elle sera inspirée du Genie de la sienne, mais aussi continuans d'auoir tousiours deuant les yeux le portraict d'vn Prince qui nous estoit si precieux & si cher: non representé en ses parties imbecilles & mortelles, soubs des matieres passibles, mais exprimé en celles qui sont éternelles, soubs les vostres de pareille condition. Ce Dieu qui nous a mis entre vos mains, nous rende leur empire heureux, Madame, & nostre obeïssance à vous, assistée perpetuellement, si nos prieres ont lieu, d'vne effusion de toutes les graces celestes: afin que la Thoscane vostre patrie se puisse vanter à iamais, d'auoir en vostre Regence ouuert le port de salut à ce grand Royaume de la France, au milieu d'vne effroyable tempeste: & la France, d'auoir par l'éternelle marque de sa felicité, vangé vostre nom de la ialousie des siecles. Arriue aussi de là, qu'il se face entr'elles vne si estroicte association d'amitié, que leur gloire, leurs victoires & leurs conquestes, soient desormais communes & redoublées, par cét accouplement, duquel vous serez la cause & le lien.

PRIERE POVR L'AME DV MESME ROY.

Escrite soudain apres sa mort.

GRAND Dieu, qui du plus haut des Cieux contemplant à tes pieds la superbe machine du Monde, ton ouurage, n'y vois rien plus digne de son autheur que la France, ny plus Chrestien qu'elle; escoute de ton oreille fauorable les piteux cris qu'elle t'esleue, vefue & orpheline d'vn Auguste Prince, pour te conuier à la pitié de son ame: cris plus ardents que pour son propre salut, qu'elle void neantmoins en si grand peril à cause de ceste perte. Si l'humilité du suppliant te flechit, helas! elle te presente encore outre la sienne, sa prosternation, son affliction, & son transissement. Nouuelle & plus charitablement

penitente

penitente Magdeleine, elle t'offre ses pleurs & ses cheueux, pour l'expiation des pechez, non d'elle-mesme, ouy bien de son espoux, son pere, son Roy, son protecteur vnique. Elle t'abbattroit dauantage en sacrifice, à mesme dessein, les tours & les murs de ses Villes à milliers, s'ils n'armoient tes saincts Temples, pour les conseruer contre les ennemis de la venerable Croix : que sa puissance & son zele la conuie d'aller planter iusques aux extrémes fins de la terre en toutes ses estenduës, s'il plaist à ta paternelle bonté d'assister sa presente desertion, & de faire regermer pour la conduire la valeur du Pere mort en ses Enfans. Pardonne ses fautes, Seigneur: comment seroit-il possible, qu'vne chose si chetiue que la creature humaine, peust remplir ce qui se doit à vn si grand maistre que toy? S'il estoit homme, si d'ailleurs il a plus pardonné que Prince ny qu'autre de son siecle; quel pardon luy peux-tu denier apres ta promesse en l'Euangile, de pardonner à qui pardonne? quelle ire tiendra contre luy qui n'en pratiqua iamais? Si la charité, souueraine de toutes les vertus, s'accomplit à bien faire à l'indifferent; quel loyer peux-tu refuser à celuy qui a faict des biens innombrables, non pas à l'indifferent seul, mais à ses propres ennemis? Celuy qui seroit encore tres-loüable, s'il auoit sauué mille personnes de la vengeance d'autruy, t'en presente plusieurs millions qu'il a sauuées de la sienne propre : & qui plus est, d'vne main Royale, legitimement maistresse, & victorieuse. Si tu n'es prest à luy remettre au besoin pis qu'il n'a fait ; pardonne nous de dire, qu'il sembleroit que sa misericorde l'enuiast sur la tienne; car il a remis toute espece de transgression à ses ennemis, & ne les a pas toutes commises. Et si bien le crime est plus atroce perpetré vers le Createur que vers la creature, & partant de plus difficile & haut pardon : la creature aussi moins forte, trouue plus de peine, & consequemment vn tres-grand merite, à mettre en oubly les outrages. Quel autre Prince au surplus, a iamais si clairement declaré, qu'il aymoit mieux l'amour des Nations que leur seruitude ; puis qu'il leur donnoit la paix & les plus douces loix, pouuant & sçachant si bien vaincre? Beniste soit sa clemence, qui s'in-

I

fondant comme vn esprit vital au corps de la France, enseuelie dans ses propres ruines, coulpable & rebelle vers luy, l'a releuée voire ressuscitée. Pourquoy n'appliqueras-tu, mon Dieu, le merite de tous les enfans qu'elle a produicts, à beatifier là haut, celuy qui l'a beatifiée icy bas ? Tu as respandu le sang de ton propre & seul Fils, pour lauer les coulpes humaines: & ceste mesme Region desolée, afin d'en meriter l'application sur son Prince, te presente pour effacer sa coulpe, celuy qu'il a versé par les armes en la deffendant, & n'agueres soubs le parricide cousteau qui luy fit si precipitamment rendre l'ame, non toutesfois sans ce pieux geste, de t'esleuer les yeux en haut: ie dis les seuls yeux, n'ayant sceu mouuoir ny mains ny voix à les seconder. O sang si tu sçauois aussi bien parler que ces œillades, quelle rigueur de ton Dieu pourroit tenir contre l'effort d'vne telle suasion à misericorde? L'vn de ces yeux, ô mon Dieu, te crioit mercy pour le Royaume de son maistre, l'autre pour son ame, qu'il te iettoit tous deux aux pieds auec pareil soin de leur salut. Embrasse-les, souuerain Redempteur du Monde: & toy qui preferes le tiltre de Pere à celuy de Createur, voudras-tu pas aussi preferer les effects de ta clemence, à ceux de ta iustice qui pourroit balancer ses offences exactement ? Supplée ses deffauts par le merite de cent mille ames, que l'exemple de sa conuersion & la prudence zelée de ses Edicts, ont retirées du gouffre de l'heresie & de l'Enfer, pour les remettre au sein de ton Eglise: & luy donne en ton Paradis sa place & la leur, attendant qu'elles l'aillent remplir, & s'y renger auprés de luy. Si le Ciel est ton ouurage, aussi est le sien par ta saincte grace, ceste grande colonnie de tant d'habitans inesperez, qui s'acheminent à le peupler, & pour lesquels il est faict. Certes il y auoit dequoy t'esiouir sur sa personne, & de plusieurs sortes, en l'ouurage de tes mains. O Pere celeste, qui maintesfois as disposé le tygre mesme de pardonner au cheureil, qu'il a veu foible & tremblant à ses pieds; refuserois-tu grace à ce Roy, n'agueres si puissant, si redouté, si triomphant, & maintenant, poudre & cendre deuant les tiens: en laquelle nul sinon toy, ne peut pas recognoistre à quel vsage seulement a serui ceste masse? Tu as assez en son corps, déposé le puissant, selon le Cantique, ô Redempteur du Monde : esleue en son ame, suiuant le mesme cantique, l'humilié qui te crie mercy, la face à terre. Escoute les voûtes du Ciel fremir, soubs le bruit immense des cris supplians de tant de millions de personnes, que tu luy donnas à regir, & qui l'ont si cherement possedé, perdu si douloureusement. Et parmy ceste grande foule, remarque, helas! en particulier, ceux d'vne pauure Vefue noyée dans ses larmes, & de six Enfans innocens, qui ne font que commencer d'apprendre à desnoüer la langue, pour te reclamer misericorde, au pied du sepulchre de leur protecteur & de leur Pere, en sa consideration. Vien, vien, ô Celeste Amant, les delices *du carreau des Lys* t'appellent à ce beau verger. Souuiens-toy de nous auoir dit, *sinite paruulos venire ad me*: cependant que pour couronner nostre oraison, nous supplions à mains iointes ta bonté sacrée, de leur vouloir desormais seruir de pere & de protecteur. Ainsi soit-il à tous les siecles.

GRATIFICATION A LA SERENISSIME
REPVBLIQVE DE VENISE.

En faueur d'vn Seigneur Venitien.

LEs magnanimes Athletes des jeux Olympiques, ayans emporté la couronne de ces fameux combats, la defferoient à leur pays : & faisoient proclamer, que l'on couronnoit, non pas Antiphylus, Aristocles, Diomedon, mais Sparthe, Thebes, Athenes. Ainsi desirans loüer le merite d'vn genereux Venitien, sa modestie semble nous imposer silence : & son zele vers sa patrie nous aduertit de tourner nos loüanges vers elle, plustost que vers luy. Aussi bien certes ne peut-on arborer ou celebrer les

I ij

loüanges de Venise, sans arborer celles des predecesseurs de
ce Seigneur & de luy-mesme: car que peut iamais auoir faict
d'éclattant ceste Ville-là, sans l'assistance & l'entremise de la
Case Contarine? O le doux charme de contentement à des
courages si nobles que ceux de ceste maison, d'auoir aydé à
rendre plus grande la Cité qui desormais aggrandit & appe-
tisse les autres quand il luy plaist!

Venise s'arracha naissante du ioug & de la persecution des
Tyrans:

C'est celle qui fuyant la rage d'vn Attile,
Feit vn Monde nouueau des cachots d'vn Asyle.

Depuis croissant de suffisance, de puissance & d'armes, elle
leur a souuent encore arraché les autres Villes & les Republiques: faisant crier liberté par tout où ses estendarts ont
paru, soit en compagnie ou seuls: si elle n'a mieux aimé ioindre quelques-vns de ces Peuples à son Estat, & les ranger
soubs ses iustes & sages loix: qui est à dire, les commettre à
vne meilleure conduite que la leur propre, & d'autre part
en main plus puissante à les defendre de leurs ennemis. Mais
laissons reciter aux Historiens les autres insignes gestes de
ceste Republique: comme la conqueste ou la deliurance des
Citez, des Regions & des Royaumes, son ordre, son gouuernement, & son excellente police; pour saluër seulement d'vn
petit accueil ceste victoire de Lepante: sans que son antiquité
puisse rien rabattre auiourd'huy de la grace de ses éloges, veu
sa gloire & son incomparable fruict. Saluons, dis-ie, la plus heroïque & la plus signalée victoire, qui se soit veuë long-
temps deuant elle, ny depuis: & vrayement égale à celles de
Salamine & de Marathon, qu'on estime les plus glorieuses
que le Ciel ayt iamais éclairées, si les victoires se peuuent
qualifier par l'vtilité de leur succez, & par la puissance &
grandeur de l'ennemy qu'elles enfoncent. Car iusques où seroit maintenant débordée l'inuasion du Turc, sans vne si
triomphante bataille? Où verroit-on depuis ce terme-là nostre Chrestienté reduicte, toute grande & puissante qu'elle
est, sans ceste iournée? où seroit la venerable Croix? où nos
biens & nos libertez, sans elle? c'est à dire sans Venise, ce Ge-

rion & ce Briarée des Villes à trois corps, & à cent bras. Ie dis sans ceste Ville & sans elle seule: puisque toutes les autres & tant de diuerses armées de Princes & de Roys conioinctes, s'y perdoient éuidemment, si la sienne volant au secours ne les eust releuées & terracé l'ennemy. Que ma patrie qui presta ses armes à cét effort me pardonne de parler de telle façon: elle plante ailleurs asfez de trophées: & se trouue mieux instruicte à les planter en la terre qu'en la mer. Si lors que ce grand conflict balançoit, la forte & claire voix d'vn Ange eust fait ouïr ce cry par toute la Chrestienté: Peuples vous & la Religion perissez à present, si l'vne de vos Villes ne vous sauue? quel Empire sur elles n'eussent offert les autres pour loyer, à celle qui leur eust sçeu répondre de produire cét effect? quel Empire n'eust-elle voulu quitter elle-mesme, telle qu'elle eust peu estre, auec tous ses vaisseaux à briser & submerger en submergeant les ennemis, plustost que de faillir ce coup? Et combien donc se doit épanouïr de gloire & de ioye ceste Cité, qui non seulement sçait briser & precipiter aux gouffres de la mer les vaisseaux ennemis, mais qui se sauue en les perdant, & sauue encores ses asociez auec elle, qui sont en effect le corps & le Regne des Chrestiens?

Mon imagination me porte à cette heure sur le jeu de ce grand iour, comme s'il estoit present. Fuyez Turcs, fuyez ce Lepante. L'auant-garde des armées Chrestiennes a maintefois esté rompuë par vos efforts, nous l'aduoüons, la bataille mise en route de peur, l'arriere-garde deffaicte: mais voicy que les vents apportent à pleines voiles les effroyables banderoles de Venise: & si celle-là seule approche vos vaisseaux, il faut que tout ce qui s'éuadera du foudre de ses canons, face ioug aux pieds d'elle & de ses compagnes, qu'elle bien-heurera de sa victoire en commun, pour triompher au milieu des triomphantes. Vous ne dominerez plus la mer: les fiançailles, ou si l'on veut épousailles, repetées par tant d'années, de Venise & d'elle, sont maintenant conuerties en mariage parfait & consommé. Vostre bien-vueillance ou vostre auersion ne seront plus le souhait ny la crainte des Nations: car elles s'enquerront desormais, non plus si les Turcs, mais si les Ve-

I iij.

nitiens seront leurs amis ou leurs ennemis. Au reste nous recognoistrons maintenant par vne si haute experience, que tant d'éminentes & fortes places, & tant de batailles par vous autrefois gagnées en terre & en mer sur le nom Chrestien, ne l'eussent pas esté, si Venise eust eu le loisir de s'armer bien à point. Fuyez Turcs, fuyez: ou vous verrez à ce coup mettre à fond le butin & les trophées que vous en auez acquis: & vos Roys Orientaux ramenez quelque iour à suiure auec presens & vœux l'Etoile qui marque d'enhaut, où git le berceau du Fils de la Vierge. Mais que voy-ie à ceste fois? vous fuyez, ô Turcs: non pour esquiuer d'estre battus, brisez, foudroyez, mais parce que vous l'estes. Courez en Constantinople, comme Ambassadeurs des Chrestiens: pour aduertir vostre Prince, qu'il face à l'aduenir escorner son Croissant du costé qui regarde le climat de Venise: & qu'elle vous apprend en nos iours, qu'vn eloge que les Empereurs mesmes de l'Orient, donnerent autrefois au Dieu qu'elle sert, a gagné sa cause en dernier ressort: *Christus vincit, Christus regnat, Christus imperat.*

 O tres-fameuse & victorieuse Cité, puisses-tu iusques aux siecles infinis, c'est à dire autant que le fruict de ta victoire nous durera, iouir de ta gloire, & de ce doux son du *Te Deum*, que ta prudence, ta puisance & ton courage, a si heureusement fait chanter à tant de Prouinces, & de millions d'hommes. Pourquoy furent cent Potentats presens par leurs armées à ceste bataille du Lepante, sinon pour faire cognoistre, qu'ils ne pouuoient tous ensemble par mer, ce que toy seule pouuois? & que le premier coup de l'écroulement de l'Empire Turc t'estoit destiné: consequemment l'honneur de planter le plus fort arc-boutant de l'Empire Chrestien? Toy seule brisas donc en ce lieu la teste du serpent: & si faut dire au rebours de l'Escriture, qu'il ne te brisa pas le talon: car iamais depuis tu n'as cessé de courre apres ce vaincu d'vn pied leger: non plus que luy de fuïr, specialement en mer, les rencontres assignées des Chrestiens & de toy.

 La vie il repute pour gloire,
 Le honteux salut pour victoire.

Si c'est honneur de bien faire en foule, combien plus l'est-ce de bien faire par preference, & pour tel heur que la paix & le salut de la Chrestienté? Qu'on ne te mette plus, Venise, au rang d'vne des capitales Citez de l'Vniuers; tu fuis desormais la splendeur & la gloire de marcher au rare pair de celles-là: & t'es tirée de ce pair auiourd'huy, pour t'éleuer d'vn degré plus haut. Regne cependant, Republique inuincible, & continuë à monstrer aux Potentats le droict chemin de regner. Affin qu'en vne part de l'Europe on voye les méchans domtez & reprimez soubs tes armes, & les bons heureux soubs tes Edicts: en l'autre part, vn pareil sort dominer encores soubs tes exemples, que la felicité de tes succez fera suiure aux Roys & aux Princes, pour essayer d'en attirer à eux de semblables par les mesmes voyes que tu les tires à toy. Quel gage te doubt estre l'ancienne & fidelle amitié de la France, pour t'ayder à continuer l'espoir de ceste Grandeur & prosperité? Quels plus dignes secours & témoins pourriez-vous des deux parts souhaitter aux batailles & fameuses victoires, que vous les serez l'vne à l'autre? qui semblez fatalement destinées ensemble, à terrasser l'orgueil du Leuant, dequoy Constantinople sert de preuue, vaincuë & prise par les François en ta compagnie, Baudouïn Comte de Flandres estant leur General, soubs les dernieres années de l'Empire Grec. Comme aussi quel plus digne champ peux-tu souhaitter à debattre tes victoires, & dresser tes trophées, que ces mesmes terres & mers que tu as tant de fois teinctes du sang des Infidelles. Suy donc tousiours tes propres traces, ô Serenissime & puissante Cité: car le mieux que tu puisses faire, c'est de t'imiter toy-mesme: & les Roys & conquerans ne peuuent mieux faire aussi, que de se picquer d'ambition expresse sur les traces & sur l'imitation de Venise.

DV LANGAGE FRANCOIS.

VNE des insolences de la langue humaine, s'acharne contre elle-mesme: insolence plus deprauée en nostre climat, où la presomption est plus affilée, & le iugement l'est moins. Les Docteurs en l'art de parler, dont ce temps est fertile hors tout exemple, nous accablent d'vne nuée de considerations & de corrections sur ce suiect. Ie toucheray peut-estre les autres ailleurs, examinons pour ce coup la suiuante seulement : bien que ie preuoye que ie seray forcée de la remanier en quelque sorte elle-mesme par occasion, en la *Deffence de la Poësie.* L'excellence & perfection du langage, consiste selon leur opinion, à fuïr quelques mots ou phrases que les communs parleurs ne disent pas: mots deriuez ou empruntez du Latin, grand reproche à leur goust, ou vieillissans s'il les en faut croire, ou tirez d'autres termes, ou particuliers à quelque Prouince de la France: ie dis fuïr à quelque prix, circonspection & necessité qu'on les peust employer: parce qu'ils sont si iolis de croire, que parler parfaitement, & parler François simple & triuial, sont mesme chose. Ignorans que la simplicité ou pureté n'est qu'vne partie de la perfection d'vne langue, & dauantage mescognoissans en la nostre la vraye essence de ceste pureté: d'autant qu'ils la constituent à luy retrancher vne bonne partie de ses biens: & de plus luy denient le droict d'emprunt & de propagation, ainsi qu'ils feroient à quelque langue morte: comme si la faculté d'amendement n'estoit pas du nombre de ses proprietez & de ses apartenances, pendant qu'elle restera viue. Quoy donc, son Genie se pourroit-il abstenir, de chercher nouuelles richesses & delices, en l'inuention de la greffer, de la prouigner, metaphoriser & commenter? On void vne autre espece de cerueaux, qui par brauerie empannachent toutes leurs paroles, vsons de la translation de ce bon

bon & sainct Prelat, Monsieur de Geneue: ceux-cy d'vn reuers de medaille, veulent par humilité traisner les leurs dans les bouës d'vne bassesse seruile & commune aux femmelettes. Ils deuroient donc en premier article, loüer & aduoüer en temps & lieux ces mots qu'ils appellent vieux, le soient-ils ou non: & ceux apres qui sont deriuez, empruntez, transferez & nouueaux encore, ou particuliers aux Prouinces: secõdement, aduoüer aussi leur nouuelle application & emploitte, considerée selon le besoin d'expression, & selon le merite du bastiment de la phrase qu'ils composent: & se ietter tant plus loin d'accuser, ainsi qu'ils font de surcharge, la particularité ou nouueauté de la mesme phrase, i'entends si elle est simplement particuliere, & non mal saine, de ce que la fine ou parfaicte excellence ne s'y peut loger qu'auec la particularité. Le but en fin, & le fruict de leurs exceptions, c'est d'arracher d'vne langue, comme ils font ailleurs de la Poësie, autant qu'ils peuuent, l'yberté, la grace, & l'espoir d'enrichissement: enrichissement aussi necessaire neantmoins à la nostre, pour la guinder & pour l'arborer au comble de perfection, qu'il l'estoit autrefois pour la desbourber de l'ineptie. C'est l'impropre innouation qu'il faut blasmer, & non l'innouation, aux choses qui peuuent se rendre meilleures: & doit-on porter l'audace de parler vigoureusement & delicieusement aussi loin, que loin s'estend le besoin & la faculté d'amendement en la langue.

Tels Docteurs sont plaisans de condamner l'innouation absolument au langage François, pource qu'ils s'imaginent qu'Æschines & Quinctilien l'eussent condamnée aux leurs, s'ils daignent imaginer autre chose que leur pure caprice. Sans considerer, que quand ceste condamnation auroit peu auoir lieu en la bouche de ces deux personnages; des circonstances ou proprietez contraires, sçauoir est l'imperfection en nostre langue, & la perfection en celles qu'ils parloient, c'est à dire au Grec & au Latin; sont causes que l'innouation & l'augmentation sont necessaires pour nostre mesme langue, & ne l'estoient pas pour ces deux autres antiques. A quelle austerité de silence eust-on reduict nos peres, & nous

reduiroit-on, de nous refferrer dans ces termes-là, de ne rien
emprunter ; fi l'on nous apprend, que le Cardinal du Perron, comtant les mots vrays & purs François, lors qu'il medi-
toit fa Grammaire, n'en trouua que deux cents? Bien que
i'aye à l'aduenture efcrit ce mot ailleurs, l'occafion prefente
me force de le repeter. Ces Cenfeurs nous battans de cét
exemple des Latins & des Grecs, font & veulent que nous
facions comme vn liéure, qui s'enfuyroit bel erre de crainte
qu'on ne fe prift par la queuë, qu'il porte neantmoins fi courte, s'il auoit ouy dire qu'vn renard euft efté happé par la fienne fi plantureufe. Les deux Orateurs que ie viens de nommer, font le renard, & nous le liéure : qui fommes ridicules
de croire, que cefte amplification, qui pouuoit eftre inutile
pour leur langage en fon opulence, foit inutile ou nuifible
au noftre en fa pauureté. Encores ne fçay-ie fi quelque langue
s'efleua iamais à tel degré de perfection, qu'elle deuft renoncer à toute amplification & culture. Outre que ce qui deuup-
pa la langue Latine, & l'efleua iufques à ce degré-là, c'eft
qu'elle ne fit pas fcrupule d'emprunter de la Grecque, ce que
ceux-cy nous deffendent d'emprunter d'elle : tefmoin cefte
vierge modeftie de Ciceron mefme, qui puifa dans cefte
fource tous les termes de la Philofophie, & les noms de plufieurs mouuemens de l'ame. Au furplus regardans fur tout
& prefque au feul langage d'vn Autheur, ils commettent,
non feulement cefte fottife, de prendre ce dialecte pour
corps d'vn Oeuure, n'en eftant que l'outil, ou l'interprete &
la robe : mais en outre il leur faudroit apprendre, que quiconque eft foigneux de faire paroiftre, qu'il s'applique ou fe cognoift fpecialement aux paroles, ne fe cognoift gueres à cela
mefme. Dauantage, les Lecteurs qui s'amufent à punctiller
fort fur la langue & fur l'élocution, quand elles feroient deffaillantes, declarent nettement par là, qu'ils n'entendent
rien à ce qui eft hors cefte cathegorie : puis que tout Autheur
qui fe trouue capable eftant en aage d'homme, de faillir en
debitant fa langue naturelle, eft capable encores de faire des
fautes bien plus importantes en la matiere : & fur lefquelles
le Lecteur, qui les fçait difcerner, doibt approfondir fa repri-

mende, non sur les mots, qui ne sont, comme i'ay dit, qu'vn instrument de l'énonciation. Sans-doute au reste, pour venir à la sotte gloire que ces gens cherchent encores en l'obseruation poinctilleuse de leur syntaxe; il leur seroit autant difficile de me faire croire, qu'ils entendissent quelque finesse exquise & speciale en cette science là, qu'il leur eust esté difficile de ne la pas apprendre: ou qu'il leur seroit malaisé d'oublier, quand ils voudroient, la commune & vulgaire finesse, ie dis la commune part qu'ils y ont acquise, estans nourris à Paris ou à la Cour : & qu'il seroit consequemment difficile aussi d'obtenir, que ie voulusse couronner leur bel esprit, pour vn sçauoir qu'ils ont acquis & retenu bon gré mal gré. Se peuent-ils doncques vanter d'vn tel art, auquel ils n'apportēt pas assez de cognoissance ny de souplesse, pour s'entretailler où & quand il leur plairoit? & la pluspart d'entre eux en sont ils pas reduicts à ces termes de foiblesse, qu'ils ne pourroiēt pas clocher en leur sintaxe à poinct nommé, toutes les fois qu'ils l'entreprendroient, d'autant qu'ils ne discernent nullement à plein iour la difference d'vn bon & d'vn faux pas?

Certes selon l'estenduë qu'ils taillent eux-mesmes à leur possession en nostre langue, ils peuent dire; qu'ils sçauent ce qu'elle n'est point, & non pas ce qu'elle est, ou doibt estre: reiettans infinies choses en elle, & n'en édifians aucune : docteurs en negatiue. Ils vsurpent neantmoins vne grande vogue en cét art de parler, parmy les cerueaux imbecilles : lesquels ne peuent comprendre, qu'ils censurassent les autres, s'ils n'y voyoient plus clair qu'eux. Voire à mesure qu'vn mot ou qu'vne phrase s'esleuans plus haut en raisonnement & en merite, ils en perdent le iugement plus entier, à mesure ils s'ergottent en l'audace de les déconfire: cherchans leur volupté souueraine à prendre l'essort en ces nuages de la vanité d'vne suffisance malostrue. Pource que l'esprit de ces passeuolans des Muses, ne peut discourir ny raisonner en lisant, il ne peut aussi patienter qu'vn Autheur raisonne en escriuant: & puis qu'ils ont ouy dire que la perquisition de l'homme s'esblouït en ses extremitez, ils veulent refrener la leur de prime-face, par ces condamnations sur l'éthiquette du sac:

afin de se monstrer plus fins que les autres à fuïr ce peril d'esblouïssement. Qui plus est, s'ils n'entendent vne matiere ou vne periode, quand il est question d'interpreter vn passage, ils brauent à les quereller, comme exprimées infailliblement par vne façon de parler non intelligible: ainsi le plus ignorant est le plus capable Censeur. Mais cela n'est rien, si l'on n'adiouste, que c'est vne reigle de leur eschole, de croire auoir absolument desfait vn Liure, quand on a dit: Ie ne l'entends pas: presomption qui ne peut appartenir qu'à leur seule teste. Car si nous leur monstrons dans Paris seule vingt mille personnes qui l'entendent, est-ce la faute de l'Autheur, ou la leur propre, quand ils l'ignorent? Lequel est plus raisonnable, que l'Escriuain des-apprenne ce qu'il sçait, & manque à l'escrire, de crainte que quelqu'vn des passans faille à l'entendre, ou que le Lecteur resve sur son Liure, pour apprendre de luy ce qu'il ne sçait pas? Lairrons-nous d'aller à deux bonnes jambes, pource qu'vn boitteux ne nous peut suiure auec la sienne éclopée? & le Soleil lairra-il de luire, à cause que la splendeur de ses rayons offusque de foibles yeux? Certainement si nous proportionnons vn Escrit ou vn Poëme pour bien acheué qu'il soit, à toutes sortes d'esprits, la plus grande-part traisne & rampe si bas, qu'il faudra que la compagnie nous remercie, de luy auoir seruy vn beau bouillon d'eau pure & claire. O Dieu! si la mesure du prix d'vn Escriuain depend de la facilité d'intelligence, que deuiendront Aristote & Platon? que deuiendra Plutarque, si dur & serré en son original, si peu intelligible au vulgaire en sa version mesme, du moins en infinis lieux de ses Opuscules? que deuiendra Seneque en plusieurs Traictez? quoy Montaigne? quoy Saluste, Tacite, Thucidide? quoy les Epistres & les Satyres d'Horace? quoy Catule, Lucain, Perse, Iuuenal, Stace, & tant d'autres? Il y a plus, c'est que si ces querelleux specialement, veulent limiter la mesure du prix d'vn Autheur ou Escriuain, sur celle de l'intelligence qu'ils en ont; il faut que toute la bande des Philosophes, Historiens, Orateurs, Poëtes, Humanistes, peu d'exceptions faictes, se resoluent de ne tenir point à la touche: la pluspart de ces personnes estans ainsi faictes, que tout cela est impenetrable à leurs yeux. Conclusion, telles & autres leurs ergotteries & riottes contre les Ouurages des Muses, s'appellent, vouloir garder ses voisins d'escrire, d'autant qu'on ne sçait pas escrire soymesme, ou pour mieux parler, d'autant qu'on ne sçait pas lire. Menus scrupules de langage ou de stile, & de toute leur suitte vraye chicane de College, ne firent iamais bon Liure: ny leur obseruation scrupuleuse en vne Oeuure propre ou d'autruy, ne tombe point obstinément en ceux qui sçauent faire les bons Escrits.

DE LA MESDISANCE,
ET QVELLE EST PRINCIPALE cause des Duels.

A Madame la Marquise de Guerchéuille, Dame d'honneur de la Reyne Mere du Roy.

MADAME,

Ceux qui ont comme moy l'honneur d'approcher pas de vostre personne, ne doiuent point entreprendre aucun ouurage de mœurs ou de pieté, sans vous inuoquer comme leur bon Genie: puis qu'il est vray que l'ombre seule de vostre vertu, peut apporter benediction à leur trauail, & vostre prudence, conseil. Pour ceste benediction, ie l'espere icy, vostre robe portant d'elle-mesme ce don à quiconque la touche: mais parce que ie prise trop peu ces Traictez que ie vous offre, pour croire qu'ils meritassent vne faueur si exquise, que celle d'estre esclairez & honorez de vos aduis; ie me suis contentée qu'ils fussent simplement authorisez de vostre commandement pour sortir au iour. Certes ie me sens glorieuse, dequoy la mesme bouche que

K iij

les Reynes escoutent auec estime particuliere, bouche que les grands Roys leur ont donnée pour conseil estroict & choisi par dessus toute la France, m'ayt commandé de parler: & glorieuse encores, Madame, qu'au mesme lieu où ils ont trouué le haut poinct du merite, qu'ils cherchoiēt pour l'employer en vne si digne charge, i'y aye trouué le haut poinct aussi de mon secours & de ma protection alors que i'en auois plus de besoin. Or receuez donc, s'il vous plaist en cét Escrit, le combat que ie presente aux Duels & à la Medisance: deux excés que la candeur & la religion de vostre ame hait d'vne passion extréme. Mais, ô Dieu! combien auez-vous plus de grace que toute autre à detester la medisance, Madame, veu qu'elle ne fut iamais assez osée pour attaquer seulement le fort sacré de vos diuerses vertus!

Lors que Momus reprocha la faute de Promethée, de n'auoir pas faict vne fenestre au sein de l'homme, afin, Madame, que l'œil penetrast ce que son cœur couueroit de contraire à sa parole; ie m'esbahis comme il ne le reprit aussi, pour auoir manqué d'apposer quelque ferme arrest,

Et plusieurs freins auec plusieurs timons,
à sa langue & à son oreille: parties si glissantes à l'abus, & dont l'abus est si coulpable. Car il est vray que le crime prend poids & mesure de l'interest qu'il porte à nostre semblable: & partant quand la langue & l'oreille, (i'entends par l'oreille la creance legere) ne blesseroient que le nom, leur butte plus ordinaire, au lieu qu'elles blessent encore chaque fois les biens & la vie conioinctement, à l'exemple des effects & consequences de ce cœur couuert; elles commettroient vn des plus énormes de tous les crimes: faisans à nostre frere Chrestien le pis à l'aduenture qui luy peust aduenir. Et pour preuue que c'est le pis, il arriue que nous exposons tous les iours les biens pour la vie, la vie pour vne parcelle de l'honneur: qu'Aristote appelle aussi le plus grand des biens externes, comme il qualifie la honte, le plus grand des maux de ceste condition. Dauantage peut-on nier que l'amour d'honneur ne soit autant necessaire que puissant, autheur & tuteur qu'il est de la vertu? pour le moins l'est-il des neuf parts qui la

composent, si les dix font le tout: peu d'hommes estans capables de mordre à sa grappe, qui par fois est vn peu reuesche d'elle mesme, sans ceste amorce: *nam contemptu famæ, contemni virtutes.* Tournons les yeux vers le Poëte Latin: il ne fait desirer à Nysus & à Euryalus, que l'éclat d'vn beau renom, pour fruict de leur magnanime & hazardeuse entreprise. Mais pourquoy cét exemple seul, veu qu'il est suiuy d'vn million de semblables? Tous labeurs glorieux & celebres se rendent suportables, ce dit le Prince des Orateurs. Aussi communique-t'on par office, ou deuoir, ou pitié, tout autre bien, & la vie si besoin est, plustost que la gloire. Voire l'auarice, passion si puissante & si tyrannique, passion pour laquelle on viole tous les droicts diuins & humains, n'agit presques que pour ministrer par diuers moyens à la gloire de son maistre: la necessité n'employant que la moindre partie des richesses qu'il possede ou recherche par ses infatigables labeurs. Outre plus, l'amour maternelle si violente, & qui porte maintefois les meres à se precipiter pour les enfans, non seulement leur permet de les oublier à tous coups pour l'honneur, mais souffre qu'elles tombent en cét excés de les estrangler encores. Le Sage tombé sur ce poinct, dit; Que celuy qui neglige sa renommée est cruel contre soy-mesme. Sans doute, retournant à la medisance, soubs qui ie comprends aussi la croyance iniurieuse au prochain; il ne faut point d'autre preuue de l'énormité de son poids & de son iniquité, que ce tort qu'elle fait aux Bons: de leur arracher & deuorer, d'vne griffe & d'vne gueulle de Harpye, l'ornement des belles actions, qu'ils ont merité dans ceste prison perpetuelle des reigles & des deuoirs, auec de si grandes difficultez, de si pesans trauaux, & vne si seuere priuation de mille choses plaisantes & commodes: i'obmets à comter pour ceste fois les autres ruyneuses consequences, que ceste malignité tire apres soy. Que s'il faut quelqu'autre preuue du poids & de l'atrocité de ce crime, sainct Bernard nous la va donner: outre l'Ecclesiaste qui l'accable d'iniures & de maledictions, assisté d'infinis lieux de l'Escriture, entre autres de l'Epistre sainct Iacques. Le medisant, dit ce bon Religieux,

& son auditeur volontaire, portent tous deux le Diable, l'vn sur la langue, l'autre en l'oreille: & ceste meurtriere lancè de la langue transperce trois personnes en vn coup, l'offencé, le parleur & l'escoutant. Oyons apres luy Dauid, Pseaum. 51. Langue fauce & trompeuse, qui tesmoignes d'aymer toute parole de ruine & de perdition, Dieu te destruira, t'arrachera, te fera desloger de ta maison, & de plus, exterminera ta race de la terre des viuans. Ie ne m'amuse point à reciter, qu'il compare en autre endroict telles morsures, à celles du serpent & de l'aspic. Quoy si sainct Mathieu veut que pour les iniures legeres on soit appellé en iugement, & pour les atroces condamné au feu? & si les calomnies de Marie attirerent la lepre sur elle, & cette malediction sur le Peuple, que Dieu retira la nuë qui honnoroit le tabernacle? Les plus graues Docteurs aussi preschent en chaise, & prouuent par raisons, que ce vice est le pire des pires d'auiourdhuy : & Dieu sçait pourtant, si les vices d'auiourd'huy sont peu de chose en qualité comme en quantité. Conformément à quoy, Dieu n'a pas estimé pouuoir mieux representer l'horreur du Diable, la plus infame des creatures, son antagoniste, & l'ennemy capital du genre humain, que par le tiltre de calomniateur, car le mot, *Diabolus*, le signifie. Apollonius en Philostrate appelle la medisance: Vn abregé de tous vices, faisant patir au prochain toutes sortes de maux. Quelqu'vn aussi la comparoit aux mouches, qui naissent de corruption, & la reiettent par tout: & quelqu'autre escriuoit; Qu'elle enterre les viuans, & deterre les morts. Vn Laconien d'ailleurs enquis, si son espée qu'il affiloit estoit bien aiguë, ne sçeut trouuer de plus sortable comparaison à representer le fil mortel de sa poincte, que celle-cy: Elle perce, repliqua-il, comme vne calomnie. Or toute medisance sans necessité publique ou priuée, fust-elle vraye, est reprochable à l'égal d'vne calomnie, c'est à dire, à l'égal d'vne medisance menteuse & appostée: & de plus, tient lieu de medisance saulce sur la conscience du parleur, & s'appelle calomnie pure & supposee, si elle n'est entierement cogneuë de luy pour veritable: tous ces excés de langue emportent vn pareil reproche : cela n'est qu'vne
mesme

mesme cadence. Qui plus est, si l'vn des grands personnages de l'antiquité publioit, ne trouuer pas de difference entre mettre la main dans la bourse d'vn voisin, & l'œil ou l'oreille en son secret: qu'eust-il dit de ceux qui mettent le trenchant de la langue en sa reputation? Les Iurisconsultes & les Legislateurs des siecles plus sages, ordonnent-ils pas la mort sur les libelles diffamatoires, & sur les paroles de ce genre d'autres rudes punitions? L'Empereur Auguste mit ces libelles entre les crimes de Majesté du Peuple Romain: sur le suiect de quelques hommes & femmes de consequence, qu'on auoit frappez de ce cousteau. Hippias aussi requiert en Plutarque, mesme chastiment contre le calomniateur, que contre le voleur: iugeant le larcin de la reputation plus pernicieux que celuy de la bourse: dont il arriuoit, que les Lydiens se contentoient de condamner les meurtriers au seruage, tandis qu'ils faisoient mourir les calomniateurs ou medisans. Et le mesme Plutarque hue ces gens à cor & à cry. Dauantage, parmy nos anciens Roys, sans aller plus loin, i'apprends, que celuy qui medisoit la premiere fois de l'honneur d'vne femme, estoit puny: la seconde ou troisiesme fois, il en mouroit. En ce temps-là, si l'on ne detractoit du point d'honneur precis des deux sexes, ce qui rarement arriuoit, on ne detractoit point: pource que la medisance n'estant pas encore lors affectée par galanterie, ny reduicte en art comme à ceste heure, on n'en vsoit que par hayne: & ne sçauoit-on autre moyen de ietter homme ou femme au mespris par quelque mauuaise parole, lors qu'on les hayssoit, qu'en touchant ceste corde du poinct d'honneur precis & principal. Maintenant cét honneur, c'est à dire la desbauche des femmes, & la coüardise, trahison & concussion des hommes, ou autre vilenie reputée principale en qui que ce soit, chacun selon sa condition, sont aucunement mises à couuert; de ce que les hommes & les femmes sçauent, que la batterie artiste & affectée, dont la mesme medisance lapide mille autres de leurs actions, peut faire des contes d'eux sans nombre, autant outrageux & cuisans, pour les ietter au mespris, que les contes que décrient ces vices & rares, encores que leur poinct d'hon-

L.

neur exprés y consiste. Contes, donc, qui par le meslange si vulgaire & si continu qu'on en fait auec ces autres qui regardent l'honneur principal; emoussent bien fort consequemment les attainctes qui buttent sur tels vices, ie dis sur ceux qui le noircissent: & en suitte trauersent le soin que ces personnes auroient d'essayer à s'en exempter. Isocratés d'autre part, ne manque pas à prescher son Roy, dē punir la calomnie de mort. Quant aux saincts Canons, l'vn declare les calomniateurs infames, vn autre les priue de l'entrée de l'Eglise, & l'autre les excommunie: & i'ay desia monstré, que toutes medisances, peu d'exceptions faites, sont pures calomnies. Or vn Orateur loüant iadis Hercules, fut repris de son auditeur, disant; Qui est-ce qui le blasme? mais il faudroit qu'on me dist le contraire reprouuant cét excés de langue, soit par ma bouche, ou par celle d'autruy; si la forcenerie de ce temps n'en auoit alteré le goust, & déguisé la face, parmy la moitié des esprits au moyen de l'abandon & de la proffession ambitieuse de l'vsage. Nous sommes hommes, l'humanité, c'est à dire l'horreur de mesfaire & l'inclination de bien-faire à nostre espece, est la plus vraye vertu de toutes les nostres: & vertu sans laquelle il n'est aucune vertu. Surquoy Platon afferme; que si vous retranchez d'vn homme la benignité, vous arrachez l'Autel du Temple: vous laissant à considerer que peut valoir le Temple sans Autel. Auquel propos on recite, que ce grand Senat d'Areopage, condamna vn ieune enfant à la mort, sans égard de l'aage: touché d'horreur de l'inhumanité presente & future qu'il recognoissoit en luy, d'autant qu'il prenoit plaisir à creuer les yeux de quelques oyseaux. Ouy certainement, quiconque n'a les mœurs benignes & bien-faisantes, parmy les autres aduantages & perfections de corps & d'esprit, il n'a pas l'vsage auquel telles graces sont destinées, & pour lequel elles luy sont departies des Cieux, sur tout les graces de l'ame: ie dis que cestuy-là n'a pas leur veritable vsage, quand mesmes il seroit net des vices offencifs, Dieu ny la Philosophie ne se contentans point de la seule abstinence de mal faire au prochain. En quels termes est donc celuy, qui n'a point les aduantages &

LES ADVIS. 83

perfections de l'ame ou intellect, & a ces vices offencifs, cóme le medifant? Or veritablement il n'a point les aduantages & perfections de l'intellect; car au moins n'a-il pas vne vraye lumiere de iugement: puis que ce don, souuerain entre tous ceux de l'entendement & de la Nature, ne peut compatir auec l'esprit malin de la medisance. Et trouue quant à moy bien plus Canibale, & vrayement Anthropophage, celuy qui deuore l'honneur des premiers venus, pleins de vie & de sentiment, soit qu'il commette ce crime par l'oreille ou par la langue, specialement ce dernier; que ce Peuple-là, qui deuore seulement les corps trespassez de ses ennemis. Ce passage me ramentoit, qu'en certain lieu des nouuelles Indes, on souloit offrir aux Dieux du sang de l'oreille & de la langue; pour expiation de la menterie, dont la calomnie ou medisance est la pire branche: menterie, tant prononcée qu'entenduë. Mais parce que le discours de raison n'est pas d'ordinaire assez puissant en l'homme, pour iuger les choses à droict, si son sentiment ne l'assiste: ie n'espere pas trouuer guere de iustes estimateurs de la medisance, sinon entre ceux qui l'ont esprouuée.

Qui bien voudroit peindre la calomnie,
Il la faudroit peindre quand on la sent:
Qui par effect s'en aygreur ne ressent,
Ne peut iuger quelle est ceste Furie.

Ainsi chantoit vn personnage de nostre temps, & de qui l'esprit & les mœurs s'esleuerent trop par dessus la presse, pour auoir manqué d'esprouuer la rage & les griffes de cette beste. O vulgaire vilain Monstre! tu ne te contentes pas de faire tant d'autres maux à ton prochain : tu vas encore enterrant ses vertus de tout ton pouuoir, & deterrant ses vices, ou les supposant! Tu mets tantost pour le corrompre, toutes ses actions gauches à droict à l'ayde de la flatterie, ou du mauuais conseil : tantost pour le diffamer, toutes les droictes à gauche, par le moyen de la medisance. Semblable que tu te fais à ce sale oyseau, qui reiettant les bons alimens ne se nourrit que de fiente. Monstre infame! en la Philosophie humaine, le premier precepte, c'est, de te mespriser, & de se preparer à ton mespris mutuel : comme en la celeste, c'est marque d'élection, d'estre sifflé, d'estre esgorgé de ta part! *Si me persequuti sunt, & vos persequentur.* Il faut, il faut, que la pierre ayt esté reiettée, auant que ce grand Architecte en daigne faire la capitale du coin. Et qu'est-il besoin icy de proposer, pour exemple d'ignominie & de persecutions souffertes par mauuaises paroles, les premiers Chrestiens, ny les Apostres; puisque le Fils de Dieu mesme deuant eux, en a souffert de toutes sortes, iusques à la mort tres-douloureuse, soubs tiltre de seducteur? L'appelloit-on pas aussi desuoyé d'esprit, gourmand, buueur, & sorcier? Qu'est l'homme à l'homme, qu'vn loup ou vn Dieu, selon l'ancien mot, & dauantage, loup tres-souuent, Dieu tres-rarement : mais qui plus est, loup tant plus volontiers & plus frequemment à son prochain, quand il sent que par sa bonté, amitié, foy, confiance, & par ses autres vertus, il luy peut ou veut estre vn Dieu? Timon riche, ignorant de l'humeur inhumaine de l'homme, & tres-bien-faisant à chacun, tout le monde l'adoroit : deuenu pauure, & en partie par son officieuse bonté, les Citez, les Peuples, sans oublier ses obligez propres, le siffloient & le fouloient aux pieds: *non est qui consoletur eum, ex omnibus caris eius: omnes amici eius spreuerunt eum, & facti sunt ei inimici*: retourné riche & clair-voyant aux mœurs des hommes, depuis que son mal-heur les auoit enhardis à luy en descouurir le venin à plein fond; il vouloit assommer tous ceux qu'il rencontroit en son chemin. S'il faut faire le procés à Timon, pour le pendre sur ce crime, lauons nous-en les mains, & le renuoyons à d'autres Iuges. Qui peut ignorer à ce propos, l'histoire, l'insolence, flus & reflus, des amis du bon Iob, selon le flus & reflus de sa fortune? *Vbi amici, ibi opes. Mendico ne parentes quidem amici.* Cependant, lors que ie considere les ordes taches & la neantise des hommes, il me vient par fois enuie de croire, que le dessein du Ciel n'a fondé chaqu'vne des grandes Citez que pour dix ames : & que toutes les autres sont forgées, pour seruir de lustre à ce petit nombre, & de matiere à leurs diuerses vertus. Soit dict en correction si i'ay tort.

SECONDE PARTIE DE CE TRAICTE'.

De la mocquerie, & de sa coulpe & consequence.

DE la medisance simple, ie suis icy tombée sur la double, qui s'appelle drapperie ou mocquerie, parlant des insolences commises contre le pauure Timon. Laquelle mocquerie, il n'est pas mauuais de sçauoir, que ces preudes & prudentes gens de nostre siecle, ne comtent que pour vn ieu: & la maintiennent exempte de coulpe, au lieu de recognoistre qu'elle en est doublement chargée: soit qu'ils le croyent comme ils le disent, pipez & maistrisez du plaisir qu'ils y prennent,

La passion à chacqu'vn est vn Dieu:

soit qu'ils le dient ainsi, pour nous aueugler sur l'impieté qu'ils commettent en la practiquant. Et pensent, Madame, verifier ceste finesse de conscience, de ce que la mocquerie, ne decoupe, au moins à leur comte, que les choses qui sont hors le nombre de celles où l'on attache specialement le poinct d'honneur. Or outre qu'il est trop euidemment vray, que la mocquerie par sa nature & par l'vsage de ce temps, butte au poinct d'honneur exprés des deux sexes, comme aux autres poincts de la reputation; il est certain que quand elle n'y butteroit pas, il demeureroit inutile à celuy qu'elle a despouillé des ornemens de ceste reputation qui l'enuironne: i'entends rendu ridicule, en fouillant les choses qui sont

L. iij

aux enuirons de ce poinct d'honneur precis, sinon en luy: c'est à dire les diuerses parties de la reputation ou bien-seance mondaine. Car certainement au pis aller, cette bien-seance est autour du mesme poinct d'honneur, ainsi que la robbe, sans laquelle pour beau que soit vn corps, il ne peut decorer son maistre ou sa maistresse aux yeux de la tourbe, ny comparoistre en public, sinon auec honte & rebut: adioustons, auec iniure. Pour exemple, on ne voudra pas dire, que cét homme soit poltron, ny cét autre larron, mais on dira qu'ils sont des sots, & leur attribuera-t'on vne legende de faicts & de paroles de ce mestier: & ne dira-t'on pas aussi, qu'vne telle femme est drollesse ou empoisonneuse, on se contentera de mettre en auant, qu'elle fit ou dict n'agueres en bonne compagnie vn traict à meriter la huée d'vne ville ou d'vne Cour. Lors donc que ces Messieurs exemptent de coulpe leur moquerie, si elle est eslongnée du poinct d'honneur special; autant vaudroit qu'ils dissent, qu'on ne peut blesser ou tuër vn homme, qui ne le frappe au cœur: ou pour bien parler, cette procedure d'offence, d'espargner le poinct d'honneur precis, blessant celuy du monde, ce n'est pas tuër les gens, c'est les battre tant qu'ils en meurent. En outre, il est certain, qu'on ne garde communément, cét honneur essenciel, que de peur d'encourir l'accident, auquel la perte du respect, c'est à dire de l'honneur du monde, iette l'homme: sçauoir est, la risee du tiers & du quart, & l'iniure. Et non seulement ce poinct d'honneur essentiel reste sans prix, despouillé comme dessus de l'honneur du monde: mais il reste iusques aux races, sans fortune & sans pain, si le pain n'est du tout acquis par les peres à ceux qu'on en despouille ainsi: ce qu'il se trouue rarement estre aux plus dignes personnes. Car d'esperer que le bien leur arriue, depuis qu'on les a iettez en l'opprobre ou risée du monde, il est tres-difficile: parce que la faueur & la prosperité mondaines, ne se vont point associer au mespris: bien qu'elles s'associent plus volontiers à la sottise & au demerite, qu'autrement. De sorte que sans coulpe, selon le calcul de ces fins distingueurs des diuers poincts d'honneur, & subtils excepteurs des offences du vray poinct; l'on peut tronquer & priuer son prochain de l'honneur du monde, l'exposant aux outrages & aux risées vulgaires, accident qui s'appelle vne mort ciuile, ou plustost vne ciuile damnation: on le peut tronquer & priuer aussi du lustre & des fruicts du vray poinct d'honneur par consequent, & de pain apres: ouy mesmes de vie, ou pour le moins de sa durée legitime: le creue-cœur qui suit ces ruïnes de reputation, estant aux honnestes gens, vn poison qui consume & abrege violemment les iours. Dont en effect on a veu plusieurs frappez de ce coup, tomber en des maladies griefves, de telle nature qu'on ne pouuoit doubter qu'elles ne procedassent de là, d'autres tomber en la mort mesme: & pourrois en nommer plus d'vn & deux, ie dis d'assez fraische datte, si ie n'auois crainte d'offencer quelqu'vn. Surquoy i'ay memoire parlant de plus loin, qu'vn seigneur Gascon de merite & d'esprit exquis, me contoit; qu'assistant feu Monsieur l'Admiral de Ioyeuse à l'entrée de quelque Ville, il vid à son déplaisir, qu'vn galand homme, estimé parmy la Prouince & qualifié, perdit la parole d'estonnement, comme il vouloit faire la harangue publique de reception. Dequoy ceste inhumaine gabarre de Cour, qui l'enuironnoit, s'estant éclattée à rire, au lieu d'auoir pitié de sa peine & de sa confusion; il se saisit tellement, que la compagnie deslogeant de ce lieu quelques iours apres le laissa dans les agonies de la mort. A iuste cause donc le Bien-heureux Euesque de Geneve, Autheur qui certes merite qu'on le prise grandement, appelle la mocquerie en son Introduction à la vie deuote; la plus cruelle des medisances, & le pire tort qu'on puisse faire à autruy par les paroles. Voire on fait peut-estre à celuy qu'on iette au mespris, le pis qu'il peut souffrir, si ie ne l'ay desia remarqué. L'inimitié ou l'interest qu'on imagine en vn medisant serieux, permet que les auditeurs rabattent quelque chose de l'aygreur de ses attainctes: le mocqueur ne parlant, ou du moins ne semblant parler que par mespris, ne permet point qu'on rabatte rien de l'aygreur des siennes: & si prouigne son venin de mespris en l'ame des auditeurs, ce que l'inimitié ne fait pas du sien de malice & de haine. Outre que par la poincte du mot

Sr. François de Sales.

raillard, dict encores ce venerable Euesque, il s'imprime plus ferme en l'oreille de l'escoutant, que le mot simplement detracteur; adioustons-y, que par mesme raison il se fait rementeuoir plus souuent & plus volontiers redire par tout, comme vne gangrene qui rampe. Mais puis que nous sommes venus à parler de ce peché par la bouche d'vn champion de l'Eglise, ie veux saluër sur ceste matiere & sur d'autres de son air, les confreres du Chappelet, i'entends quelques pretendus deuots & deuotes, en vn Traicté que ie nommeray, *Des faulses Denotions*.

Voulons nous sçauoir, suiuant nostre trace, quelle vsure ceste gentillesse de drapper & de parler offenciuement nous rapporte en France? nottons quatre ou cinq articles publics seulement, depuis enuiron septante années: sans parler d'infinis autres, soit durant ce temps, ou deuant, ny des inconueniens particuliers. Car de nombrer les desordres priuez qu'elle faict tous les iours, & leurs suittes & consequences, ce seroit nombrer l'arene. Si Philippes de Commines a raison d'escrire, qu'aux Estats Royaux les grands mouuemens ont ordinairement pour cause mouuante, les petites & viles ames: qui se peut estonner s'ils ont pour cause efficiente, les petites & viles choses, comme les caqueteries? Ie ne rangeray donc point icy, puis qu'il regarde des particuliers, le conte que i'appris n'aguere d'vn seigneur de Champagne, bien que ses effects se soient rendus publics aucunement. C'est que pour vne raillerie faicte, il y a quelque nombre d'années, sur les armoiries d'vne maison de la Prouince, l'aygreur passa iusques au bruslement de cinq ou six Chasteaux de marque: le Peuple & ses villages meslez parmy ces feux & ruïnes. I'oublieray, que les Ambassadeurs de France, n'ont point de plus penible empeschement à Rome, qu'à faire aupres du Pape & du Magistrat la paix de nostre Noblesse, sur les frequentes impudences. Ie lairray descrire à d'autres, le beau spectacle que ce fut il y a cinquante ans à ceste fameuse Ambassade de Pologne, arriuée à Paris, de voir tout nostre sang Royal aller pour faire des insoléces mocqueuses en vne maison de qualité, pillée en consequence par des gens qui se

fourrerent

LES ADVIS. 89

fourrerent à la fuitte: cela pour quelque vindicte de personne particuliere, & foubs ombre d'vne mafquerade. Ny ne fais point d'excufe, de donner par fois quelque attaincte aux tares de nos Princes morts: puifque l'authorité du feu Roy, que i'allegueray en l'*Inftitution du Prince*, m'en accorde Lettres. Obmettons encores cefte horrible & premiere cheute de la Reyne Marguerite, prouenuë originairement de la hayne de fes picquants langages & de fes drapperies, notamment contre le Roy Henry troifiefme: qui comme frere, euft bien fupporté les autres efpines de ce hallier, fi celle-là ne l'euft picqué trop viuement. Comtons feulement, combien les railleries importunes & poignantes des François, & celles d'vn Fils de France mefme, leur maiftre, ayderent n'agueres à precipiter la defconfiture de fes affaires en Flandres, & à luy rendre depuis les Flamans irreconciliables: lefquels pour fafcheux que fuft le traict d'Anuers, fe fuffent portez par la neceffité à luy prefter quelque excufe, tendante à l'appoinctement, comme on a fçeu; s'ils euffent eu le courage de tafter derechef des mœurs & des caquetteries impudentes qu'ils auoient efprouuées en cefte trouppe. Et Dieu fçait fi le mefpris mocqueur a les griffes trenchantes, mefmement pour gens de qui le cœur eft affis en bon lieu. Quelle merueille, fi vne telle humeur de Prince fit depuis la guerre à fa patrie, à fon Frere & à fon Roy tout enfemble? & qui ne me pardonnera de luy donner cefte touche, nonobftant fa Grandeur, & le refpect deu à la tres-Auguste maifon de Valois; ayant eu le courage de violer de fi facrez refpects, que ceux qu'on doibt à ces trois chofes? Allegons la peine qu'on eut il y a quelques ans, fur le traicté d'vn haut mariage, à rabiller les indifcretions de noftre Nobleffe, pour auoir contrefaict infolemment vn des premiers Princes d'Italie, habile & galand homme pourtant, & contrefaict en prefence de fes propres officiers. N'oublions pas, que la guerre de Monfieur de Bourbon, qui coufta tant à ce Royaume, nafquit des paroles venimeufes qu'il dit contre Madame la Regente mere du Roy François. Surquoy ne pouuant fupporter la fanglante reprimende reccuë de fa Majefté, ny fa Majefté croire qu'il

M

90 LES ADVIS.

la supportast, ils s'aduiserent en mesme instant, elle de l'arrester, luy de s'enfuyr : en quoy sa diligence preceda d'vne heure celle du Roy. Lisons-nous pas en l'Histoire aussi, que la premiere auersion de deux grandes maisons, qui nous couua tant de maux aux premiers troubles de Religion, nasquit de quelques langages d'vn Seigneur parent de l'vne d'elles, au preiudice de l'honneur deu à ce braue chef de l'autre, sur les prises de Calais & de Thyonuille, & sur la bataille de Renty ? Ne comtons pour rien vne autre remarque de la mesme Histoire, de tant de seruiteurs & de places perduës par les Grands, pour des railleries, pendant aussi les guerres de Religion : puisqu'autant en perdoient par cette voye les Huguenots que les Catholiques. Mais oublierons-nous, que l'éuasion du Roy de Nauarre, qui depuis a esté nostre Roy de glorieuse memoire, éuasion si ruïneuse à la France, si amere à luy-mesme, charmé puissamment à la Cour par les inclinations de sa ieunesse, assez cogneuës, prouint de ce qu'il sçeut que la Lieutenance generale que le Roy Henry troisiesme luy promettoit chaque iour, estoit deuenuë la risée du cabinet ? Et d'où vint, la prise d'armes d'enuiron 1580, sinon de cette mesme Marguerite, dont ie parlois à ceste heure, alors Reyne de Nauarre ? laquelle en haine d'aucuns propos du Roy son frere, irritoit le Roy son mary par d'autres propos & brocards, qu'elle luy recitoit, ou supposoit à fantaisie, comme eschapez contre luy de la bouche du mesme Roy, & parfois de celle de Monsieur. Quiconque en voudra plus sçauoir, le peut apprendre en l'Histoire assez recente, d'vn Gentilhomme, témoin oculaire, & dauantage domestique & familier de ce Prince. Outre que nous apprenons des Memoires de la mesme Reyne encores, courās par ceste ville, qu'aux nopces de Monsieur de sainct Luc, enuiron ce temps, les fauoris du Roy, dirent bien tant de paroles de mespris & de risée de Monsieur, qui les oyoit parlans à la mariée, discrete neantmoins ; qu'ils furent cause d'vne des retraictes desrobées de ce Prince : ne les pouuant souffrir, & ne les voulant pas chastier, de peur de se rendre irreconsiliable auec sa Majesté. Ne couchons plus ce recit des Essais, puisque nous l'a-

[marginalia: Les Guises et les Montmorencis.]

[marginalia: Charles IX.]

LES ADVIS. 91

uons inscript en l'*Institution*: Que leur Autheur a veu les grandes assemblées des plus sages, & de notables empressemens & mouuemens publics, fondez sur des contes du cabinet: & dont la decision dependoit purement de quelques Dames. Qui ne sçait depuis cela, que la premiere inimitié d'vn Grand contre vn autre plus Grand, & qui a fait plus de ruynes que toutes ces guerres precedentes; nasquit de ce que celuy-cy, mal conseillé, se mesloit de poinctiller cestuy-là sensiblement? Ses armes eurent autre cause, dira-t'on: ie l'aduoüe: mais quand vne haine est allumée, les causes de venir aux mains frappent bien plus aisément & puissamment leur coup en l'esprit qui l'a conceuë: & pour peu que l'on gratte telles demangeaisons, il s'en fait des vlceres facilement. Les Barricades emporterent la deplorable ruyne du mesme Roy Henry troisiesme, & la partialité d'vne maison de Paris fut principal instrument des Barricades: partialité causée & emportée elle-mesme, par des mocqueries de ce Prince, sur l'vn des chefs de la famille, au suiet d'vn fascheux procés poursuiuy contre luy par sa femme. Et par d'autres piqueures sanglantes, il vid encore faire vn present à la Ligue d'vn Prelat celebre, & le plus habille homme de cette caballe. Ainsi la raillerie a donné le saut, ou du moins le panchant, à tous les maux que la France a soufferts depuis 60. ou 70 années. Ny la prudence rusée de Louis vnziesme, ne le put garder, quelque siecle auparauant, de se ietter sur le bord d'vn grand precipice, pour auoir voulu dire le mot aux despens de l'Anglois. Pouuons nous pas adiouster, que ce luxe effrené des Courtisans & des Gentils-hommes, l'vne des plus ruyneuses mines & sappes de l'Estat, est en bonne partie fondé sur la peur de tomber aux mocqueries, s'ils estoient moins bien vestus, traictez à table & suiuis, que leurs compagnons: voire moins les inferieurs, que les superieurs? Outre qu'eux-mesmes m'apprennent, que l'assistance des Gentils-hommes suiuans, article pesant de ceste despense, leur est precisément necessaire au Louure & allieurs, de crainte des brouilleries, que ceste indiscretion de caquets fait naistre à toute heure. Cottons par apres, plus de soixante mille hommes & des

M ij

plus braues, tuez en duel au grand interest du public : *mortifera loquuntur, redituráfque per iugulum voces non continent*, fans oublier la confequence des ruynes fur les femmes & enfans: & cela depuis le mefme Roy Henry troifiefme, foubs lequel cefte mauuaife herbe commença, finon de poindre, au moins de florir & s'efpanouïr à plain. Defquels foixante mille hommes, on fçait que la drapperie ou la picotterie fa fœur, ont fauché les trois quarts pour le moins: (qui s'appelle cette premiere, pincer en prefance ou en abfance, tandis que cefte autre fonne, piquer en prefance feulement) foit qu'elles ayent apporté le commencement aux querelles, foit qu'eftans nées d'ailleurs, elles les ayent maintefois affiftées, & mainte autre fois renduës irremediables, par l'aygreur qu'elles y ont meflée: foit auffi que les parties ayent fouuent pris pour drapperie, ou pour picoterie, veu les mœurs du fiecle, ce qui n'eftoit point dit à cefte intention: ou foit apres tout, que la crainte qu'elles ont euë de tomber fous la patte de ce môftre de langue, par quelque interpretation gauche que l'on pourroit faire de la fouffrance d'aucuns propos ou d'aucuns effects qui fe paffoient vers elles; en ayt precipité mille & mille à s'expofer fur le pré, qui n'en auoient autrement nulle enuie, ny, n'en croyoient auoir fuiect en tout cela. Quoy plus, le combat des fieurs de Iarnac & de la Chaftaigneraye, qu'on publie auoir efté fource des autres, par exemple & par vengeance diuine, & de la permiffion duquel nos Roys font tant accufez, foit à droict ou à tort; eut-il autre motif, qu'vne venimeufe raillerie? Quelle autre fource eut le meurtre, impie doublement par les circonftances, qui fut commis en la perfonne d'vn homme d'importance, que le haut degré de parentage deuoit rendre venerable au meurtrier? Qui caufa cefte bataille pluftoft que duel, des fieurs de Queflus & de Maugiron? & les duels des plus vaillans & fignalez de ce temps-là, d'où procederent-ils, que de paroles indifcrettes? d'où encore les affaffinats plus fameux, finon de l'indignation de certains maris que l'on mocquoit, à iufte ou faux tiltre que ce fuft? Sans fpecifier ce qui precede ou fuit : cefte faifon-là, puifque c'eft chofe infinie.

Au reste, ces gens ont-ils le moindre commencement de bruit, la moindre demangeaison riotteuse, qui d'elle-mesme s'en iroit au vent; ils se croyent tellement obligez à se grimacer & à se picoter en tous lieux, sans oublier l'Eglise, par ce vilain vsage d'impudence professe, qu'ils en font esclater vne querelle formée: & ceste querelle à toute heure, d'vn succés & d'vn panchant si precipiteux, que le soufflet & le dementy sont donnez d'abordade, passans pardessus vingt degrez de iuste replique qui les auroient peu deuancer: & lesquels à l'aduenture, mesnagez par raison & pertinence, auroient composé l'affaire. Vous iugeriez que ces personnes craingnent, qu'il fust dit, qu'vn autre eust violé plus amplement qu'eux le respect de Dieu, de l'humanité, de la prudence, & des Edicts du Prince, esmouuans si follement vne querelle, & la noüans plus follement. Excés de precipitation encores, que les drappeurs se trouuent insensiblement obligez de practiquer enuers les forts, s'ils ont maille à partir auec eux, apres l'auoir practiqué enuers les foibles: de peur qu'on ne iuge qu'ils tremblent à l'aspect de la moustache de ces mauuais-là, & qu'ils n'ont discretion ou retenuë qu'au pays des coups de fourche. Ainsi le rauage desborde par tout. Il faut encore notter, que la plusparr des brouïlleries, qui n'aissent d'autre suiect que de paroles effrenées, n'arriueroient point; s'il plaisoit aux François de commencer par la langue à se rendre discrets & respectueux les vns vers les autres. Et doibt-on considerer dauantage, combien de haynes & de querelles prouiennent de la langue, que chacun estime proceder d'autre cause: infinis demandeurs supposans à plaisir des pretextes de plainte, pour donner air à quelque indignation recuite en leur ame: dont pourtant le pur leuain n'est que l'amertume d'vne mocquerie, que leur cœur ne peut digerer.

La correction de ces babils & de ces duels leur suite, dépend aisément & souuerainement, du dessein, de l'exemple & des langages du cabinet de nos Roys: le commun des François, ne croyant auoir honneur ny bien-seence, qu'en l'imitation & en l'opinion fauorable de son Prince. Tandis que le feu Roy se railla des Edicts qu'il faisoit contre les duels, disant, que telles deffences obligeroient fort les moins vaillans de son Royaume, & qu'il se fit reciter à chaque combat, qui des deux auoit pis ou mieux fait; ses Edicts-là ne seruirent que de lustre aux infracteurs. Mais si tost qu'aperceuant son mécomte, il commença d'en faire vn à sourcil froncé, protestant de mépriser les vaillans & la vaillance de ceste espece; on vid les duels aussi profondement esteincts, qu'vn flambeau plongé dans la riuiere. On m'a recité que quelqu'vn donnoit depuis n'aguere vn cōseil à nostre bon Roy son Fils, qui regne auiourd'huy; de cōmander que l'on priue des Sacremens ceux qui se seront battus, ou qui ne se voudront point accorder par satisfaction. Cét aduis aggrea tant plus au Roy, de ce que celuy qui le presenta disoit le tenir de Monsieur le President de Bellieure: personnage de qui la iustice & la prudence ont tousiours esté en singuliere estime par tout, mesmement aupres de ce Prince, amateur des gens de bien. Aduis loüable aussi: car on aura moins de honte de fuïr le combat, & consentir l'accord, soubs ceste commination, que soubs la menace de perdre les biens & la vie : & si l'on y adiouste le seuere bannissement de toute impudence, draperie & punctille, à l'ayde du cabinet des Majestez, qui les proscrira par exemple & par mespris, par vn esloignement de la Cour, & par autre chastiment au besoin; les duels sont par terre & les trois parts des querelles. L'autre part se banniroit bien aussi, s'il plaisoit au Roy de deffendre certaines licences à la ieune Noblesse: par lesquelles commençant bien souuent des jeux d'effect ou de paroles sans nulle mauuaise intention, ces gens se trouuent soudain aux mains: soit pour auoir porté leur liberté trop auant en ces choses, soit pour auoir esté moins qu'assez fauorablement receuë de leurs compagnons, par quelque humeur riotteuse, ou par crainte, que bien qu'ils interpretassent en bonne part tels ieux & telles paroles, la compagnie, si elle s'y trouue, les interpretast autrement, & vouslust mal soubçonner leur souffrance. Les personnes fort sages peuuent viure & parler ensemble incurieusement, & vertement encores, sans scrupule, sans forme & sans ceremonie. Parce qu'elles sont capables passant par dessus les loix ceremonieuses, de se porter & maintenir actiuement & passiuement auec telles libertez, dans la vraye methode de la raison de viure, de qui les formes & ceremonies tiennent la place chez le commun du monde: substituans en leur communication mutuelle ceste genereuse science & methode, franche, iuge, ordinatrice, & qui sçait chausser à chaque pied son soulier, au lieu de telles regles esclaues, prescrites & generales. Mais ceux qui font part de ce commun du monde, ieunes Courtisans de plus, & qui viuent d'ailleurs parmy des gens de semblable estoffe, doiuent conuerser sans cesse auec formes, ceremonies & respect fort reserué, s'ils ne veulent tout gaster: puis qu'il faut trop de clair-voyance, pour la portée de leurs yeux, à choisir temps, lieux, biais, suiects, & personnes, où la liberté, c'est à dire la dispense de telles formes & ceremonies respectueuses, peut estre employée: & dauantage il faut trop de bon-heur, pour rendre la plus legitime de telles dispences bien receuë entre des nouices en prudence leurs semblables, posé que quelqu'vn la sçeust pertinemment employer & practiquer vers son compagnon. Renoüans nostre fil, disons; que quand à l'ordre tres-digne certes, qui semble refrener les duels, depuis vn temps, il n'a pas encore les racines si fortes qu'on en puisse faire estat asseuré: voire mille sortes d'accidens le peuuent esbransler, ouy mesmes renuerser, comme ils en ont parauant renuersé de pareils deux ou trois fois. En effect ne voit-on pas les frissons de ceste rage, repoindre & menacer à toute heure & à trop bonnes enseignes? pour nous aduertir, si nous ne le sçauons, qu'elle n'a pas encores ietté toute son escume, & que parmy de telles mœurs, elle ne peut souffrir nulle sorte de cure que palliatiue. Peu sert de pendre les combattans, & tolerer l'humeur & les excés qui les éguillonnent au combat, specialement par ialousie de poinct d'honneur, qu'ils croyent estre offencé de propos inconsiderez: à raison que le vray moyen de faire mourir vn arbre, & vn arbre si puissant & si reuesche en ses racines, que le duel l'est en ce Royaume; c'est d'y porter la coignée, non pas aux branches. Et de chercher la cause de cét abus des combats, en l'indiscretion Françoise, on ne peut:

tant par le remede si prompt que ce Prince deffunct y sçeut n'agueres apporter quand il luy pleut, & que de nouueaux Edicts y apportent maintenant par fois, comme il est remarqué, nonobstant l'humeur Françoise telle qu'elle puisse estre; que parce aussi qu'auant le Roy Henry troisiesme, dont nous parlions, cela veut dire auant la profession de bauasser & piquotter par piaffe, l'indiscretion des François ne paroissoit point de ce costé des batteries: ny certainement ne paroissoit que beaucoup moins en autre lieu, ceste folie en ayant esueillé plusieurs autres en leurs esprits. Et que dira-on au reste, de l'extréme descry dans lequel ce bastelage, laissant ses suittes à part, met la ceruelle de nostre Nation parmy les Estrangers, de qui les mœurs sont si fort esloignées de s'y porter? Que dira-on encores, de ce que par la naturelle enchaisnure des vertus & des vices, cestuy-cy duquel on fait profession glorieuse, prouoque plus d'autres vices en l'acteur & au spectateur, que ne feroit aucun de ceux que l'on cache? Ouy prouoque de pires vices : puis qu'estant ennemy iuré de la charité, Reyne des vertus, il est vray-semblable & vray, qu'il s'accompagne plus volontiers de ceux qui portent ceste marque auec luy, i'entends qui sont ennemis aussi de la charité, que des autres moins inhumains. Vne vertu ny vn vice ne vont guere seuls: leur nature les enchaisne plus que les Sciences, bien qu'on pretende vne encyclopedie ou condependance entr'elles. Au partir de là, quel corps public mesme & venerable, a peu se parer des attainctes d'vne telle impudence & de ses niches? Quels aussi des Grands ou des Grandes en sont eschappez, non plus que les autres : soit en leur absence, & par fois absence circonstanciée de telle sorte, qu'il falloit qu'ils le sçeussent dans vne heure, soit en leur presence maintefois? Auons-nous pas veu nous & nos peres, des premieres personnes de ce qualibre entierement ruinées d'honneur, d'autres fort esbranslées à la ruine, par affronts d'impudence & de risée ? Tels esprits estoient si mal aduisez, que de rire d'autres personnes chetiues & mediocres, qui passoient auant eux soubs le rauage de ces desbordement de nostre saison: ne croyans point que la vague en peust monter iusques à leur estage,

estage, comme proportionnée sans plus, à leur aduis, au degré des gens de condition vulgaire. C'est qu'ils ne sçauoient pas considerer, non seulement que leur fortune & leurs affaires n'estoient pas asseurées de persister tousiours en leur ascendant: mais de plus, que ce qu'vn petit ou mediocre fait vers vn petit, par sottise, par effronterie, interest ou hayne; vn puissant & encore vn impudent, qui est estourdy ou bien appuyé, le faict vers vn puissant par mesmes causes, depuis que l'exemple public d'vn siecle outrageux & coursaire en cache la honte. Quiconque offence vn home à dessein, ou sans iuste & sortable suiet, fouette tous les autres par prouision: tant & tant est contagieuse & venimeuse ceste peste du mauuais exemple.

Les Anciens ont moins declamé sur l'iniquité de ce desordre, de ce que la pertinence & la vigueur, que leurs testes auoient au dessus des nostres, ne permit iamais qu'il deuinst glorieux, ny professoire, ny mesmes guere commun entr'eux. Si l'on veut pourtant sçauoir quel goust ils en ont, Apollonius Thyaneus en la version courante de sa vie, raconte; qu'il auoit fuy Tharsos capitale de Cilicie, en laquelle il étudioit, pour le simple contre-cœur de voir les habitans addonnez à se mocquer: & faisans cognoistre par là, qu'ils contrefaisoient à faux tiltre les Atheniens: de plus il obserue, qu'on examinoit entre autres les Brachmanes sur ce poinct, sçanoir s'ils en tenoient rien, auant que de les receuoir au roolle de cette compagnie qu'on reputoit comme sacrée. Du Bellay composant son Epitaphe, attache autant de gloire à n'auoir iamais piqué les Bons, qu'à estre Bon soy-mesme.

Escoute vn moi, Amy passant,
Ie donne le reste au silence:
I'acquis le nom d'vn innocent,
Et n'offençay point l'innocence.

Martial aussi n'oublie pas vn traict de ce qualibre, celebrant ses propres vertus.

Ie ne cherche loüange en la honte d'autruy.

Le Sage, pour suiure nos antiques authoritez, est tout confict en opprobres & deffences expresses sur cét abus. N'ayme

point à medire, dit-il, de peur que tu ne sois desraciné. Plus
en autre lieu: Fay porte & serrure à ta bouche. Et se faut souuenir de ce, *Racha*, mot de mespris, interdict sur telles peines
en l'Euangile: & de ces enfans du vieux Testament qui peri-
rent, pour auoir appellé, chauue, chauue, vn Prophete, quoy
qu'il le fust en effect. Qui plus est, on sçait que Dauid selon
les plus saines interpretations, ouure son Psaultier par l'exe-
cration de ceux qui s'asseyent au banc des mocqueurs: & que
peu apres il leur redonne ceste attainéte, parlant de Dieu:

Son throsne est preparé pour iuger à toute heure.
L'outrageux se mocquant.

Voyez si le medisant & drapeur est execrable: tous autres vicieux au pis aller, ne hayent que la vertu qui leur manque,
d'autant qu'elle leur sert de reproche en autruy par contrelustre, ou qu'elle nuit à leurs desseins: mais le medisant hait
toutes les vertus & tous les merites ensemble, & voudroit
qu'ils ne fussent point: pource qu'ils rongnent les aisles à sa
medisance, laquelle ne peut auoir lieu ny visée qu'en leur
aneantissemét vray ou pretendu. Il ne faut pas oublier outre
cela, que la mocquerie est l'outil plus preignant de la honte: definie par le Philosophe, cité dés l'entrée de cet Oeuure,
le plus grand des maux externes: ainsi que l'honneur est defi-
ny le plus grand des biens de cette espece. Mais qu'est-il besoin de prouuer la ruineuse impieté de ce crime, laquelle personne ne desnie: excepté ceux, qui ont interest de pocher les
yeux de chacun sur la cognoissance de son ordure, à raison
qu'ils en sont barbouillez? Gens vrayement perdus, de ne se
contenter pas de practiquer le vice, sans l'authoriser parmy
leurs compagnons, qu'ils en infectent, le baptisans du tiltre
de vertu: car ce n'est rien au temps qui court, de se ruer sur cet
exercice, & l'excuser, si l'on n'en faisoit gloire & galanterie,
comme ie disois tantost: ouy mesmes, si quiconque ne mesdit
& ne mesfaict à son prochain par elegance, n'estoit estimé
niais chez vne moitié de nos caboches de Cour & leurs imitateurs: esprits aspirans à l'immortalité par le don de suffisance. Ainsi cela s'appelle estre si gentil, qu'on en esgorge le
monde: ie dis esgorger, apres auoir si clairement prouué n'a-

gueres, les suytes & consequences de ces excés: bien qu'elles ne se prouuent que trop d'elles-mesmes. Qui croiroit que des robes longues s'en meslassent par fois? & qui doubteroit aussi, que le Iuge qui meurtrit l'honneur du prochain par esbat, ne meurtrisse beaucoup plus facilement sa fortune & sa vie, moins precieuses, pour l'argent ou pour la faueur, qui est vn argent à terme, s'il les tient à la mercy de son iugement? Dieu sçait si les exemples cautionnent mon dire. Mais quoy si ces Iuges & Magistrats appellent à garands pour ce regard, des Ecclesiastiques, des Moynes mesmes; qui n'ont pas horreur de faire vn fleau public de la langue dont ils consacrent la saincte Hostie? Adioustons, qu'il y en a quelques-vns de ceste classe, qui n'ont point d'autre conuersation : & qui ne donnent iamais autres compagnes aux paroles de la consecration de l'Hostie, que celles des brocards, de la mocquerie, ou de la medisace: ny autre interualle à ces brocards infames, que celuy de la consecration. Et quand tous ces deuiseurs sont souls de cét exercice pour leur interest, ou pour la descharge de leur appetit, ils s'y ruent, infames valets de bourreau, pour l'appetit des fauoris de fortune, dont ils esperent faueur ou lippée. Ie ne les puis mieux comparer qu'à ces vils ministres: ou bien à ces mal-heureux prisonniers, qui gaignent leur rançon à pendre leurs compagnons. *Turpè aliis gratificari per dedecus proprium.* Quels meilleurs valets & pires maistres pourroit-on choisir? & quel dommage seroit-ce, de faire maistres, des gens si propres à estre valets? Ce bastellage est aussi certes vn office, à quoy ces riches & puissans-là, n'appliquent gueres, que ceux qu'ils mesprisent, ou qu'ils iugent indignes de les seruir en meilleur endroict : & s'allaictent en cela des supplices de l'honneur, comme d'autres parmy les Gladiateurs, s'allaictoient au temps passé de ceux de la vie: ces anciës estans de ce poinct-cy moins cruels qu'eux, que nul ne voudroit manquer à deuouër la vie pour l'honneur, conformément à ce que i'exposois d'abbord. Que si telles gens ne iettent à cette execution-là, que ceux qu'ils mesprisent, aussi void-on qu'ils en sont payez de pareille monnoye. Car ces especes d'hommes, sont volontiers des premiers à les desseruir eux-mesmes aux occasions, soit de parole ou d'effect: tant par leur complexion ingratte & corsaire, que par le mespris qu'ils conçoiuent d'eux, recognoissans le deffaut de leur carat à telles humeurs, & à telles occupations que celles-cy: lesquelles ils ne prisent pas tant par accoustumance, qu'ils ne les desdaignent vne fois la sepmaine par quelque estincelle de raison, si leurs testes ne sont du tout brutales.

TROISIESME PARTIE DE CE TRAICTÉ.

Combien la mocquerie est vile & nuisible à son maistre.

TAnt y a neantmoins, Madame, que les drappeurs sont fins & mattois, s'il les en faut croire, & croire auec eux de fines & mattoises gens leurs auditeurs: la bestise du jugement desquels, nourrit la leur, par l'approbation. Le bon-heur ou le mal-heur du genre humain à leur aduis, depend de posseder ou non leur bonne grace: reputans leur langue vne source de pluye d'or, à beatifier tous ceux-là sur qui sa fauorable influence s'espand: ou bien vn foudre, à fracasser quiconque il leur plaist. Mais s'ils penetroient au fond, ils verroient que, d'vn double mesnage, ils en font encore vne marotte: tant par la niaiserie de ces amusemens, que par l'opprobre de monstrer vne lascheté, leur stile portant, de ne se iouër point aux suiects, où les coups menacent éuidemment, s'ils ne s'y iouënt au moins en cachette. Ils donnent la paix, par tout où ils ne la peuuent vendre. De sorte qu'on trouuera, prenant la peine de le considerer, qu'alors qu'vn maistre de ce mestier a querelle auec vn homme redoutable, il l'a par l'indiscretion de cét homme, ou d'vn tiers: ou certes par son indiscretion propre, de n'auoir pas esté capable de preuoir qu'vne brouillerie pendoit en consequence, des faicts & dicts par lesquels il a fait naistre la sienne: ou pour n'auoir pas sçeu cognoistre son cha-

N iij

land pour si prompt à l'esperon qu'il estoit, & si capable de prendre le deffy au bond: & ne l'a nullement par son dessein, si ce n'est de cent fois l'vne: ayant lors esté contrainct de se hazarder, comme suspect de lascheté brauache, & comme necessiteux d'honneur. Encore sçait-il ce coup-là trouuer mille artifices pour se garder de venir aux prises, s'il n'est des plus estourdis. Ouy vrayment, qu'on le daigne obseruer: en ce large champ du peril des combats, il est peu de combatans ou de morts de ceste espece:

Apparent rari nantes in gurgite vasto.

Il ne leur faut en fin autre cause, raison ny bien-seance à offencer, que celles de le pouuoir sans craindre d'estre frottez: ny autre aussi de s'en abstenir, que l'enuers de ceste medaille. Et ces attainctes, ou celles qui precedent & suiuent, ie ne les pretends donner à nul particulier: elles regardent seulement le vice public. Quel Homere trompettera ces nobles proüesses, d'attaquer de pauures gens, qui ont pieds & mains liez? & quels vœux fait la grand'mere de tels Paladins, qui contemple ces hautes entreprises, de peur qu'il ne leur prenne enuie d'occire les quatre fils Aymond? Auec quelle fierté suffisante encore, escoute-t'elle, comme fait exprés en leur consideration, ce conte qui represente si bien soubs vne friponnerie, la valeur de la France, si les François sçauoient se cognoistre & se conduire? C'est que le Diable fut rabroüé d'imprudence & de mauuais ménage par son valet, pour oser se mettre au hasard de mourir de faim auec sa famille, si ceux ausquels il offre par fois toutes les richesses & tous les Royaumes du Monde, afin de les mener à son but, les acceptoiēt. Surquoy le maistre: Eh! va, dit-il, badin, va lourdaut, ie me doubtois bien que ie perdrois mon argent à t'enuoyer à l'escole: ne sçays-tu pas que ie ne puis donner la France, à cause que c'est le dot de ma femme, & que ceste seule piece me restant, ie reconquerrois le reste quand il me plairoit? Certain Empereur aussi, duquel on m'a recité le nom, que i'ay pourtant oublié, disoit, que s'il eust eu deux fils qu'il eust peu loger à son choix, il en eust faict l'vn Dieu, l'autre Roy de France. Il falloit que ce conte m'eschappast encore apres l'autre, par intermede, en l'honneur de ma Patrie. Espece de personnes d'humeur si bestiale, qu'elles n'ont plaisir que de mesfaire à quelqu'vn, & qui n'osans neantmoins attaquer les forts, attaquent les foibles; se doiuent iustement appeller, par la bouche d'vn Latin, parlant d'vn autre vice, coüards vers les hommes, & braues vers Iesus-Christ, exemplaire & precepteur passionné de toute bonté. Ouide en diroit son aduis.

Le loup, les lasches curs, & les bestes plus viles
Assaillent des meurans les forces imbeciles.

O que bien sont-ils imitateurs de ce grand Dieu, qui depose les puissans, & releue les humbles & foibles! n'ont-ils pas apris du crocodille, & des bestes Theutyrides, à fuïr le poursuiuant, & suiure le fuyant? Ouy certes, sans hyperbole, si celuy qui fasche les foibles, ne fasche aussi les puissans, il confesse qu'il est luy-mesme foible & querelleux par dessus. Car de s'imaginer que quelqu'vn les respecte, ou les excepte en ses contes par estime; la plusparc de ceux de ceste volée puissante, ont les mœurs & le cerueau moulez de telle sorte, que l'estime reiailliroit contre eux euidemment: dauantage on sçait, qu'vn drappeur à la mode du siecle, ne les espargne non plus que les autres, ainsi que ie viens de dire, alors qu'ils ont les espaules tournées, & qu'il pense les draper à leur desceu. Partant il faut conclurre, que la terreur de ces mauuais est fort grande en son ame, puis qu'il n'ose taster à leurs despens du plaisir d'offencer à face ouuerte: plaisir que pourtant il monstre estre tres-friand à son goust, s'acharnant tous les iours opiniastrement sur vn foible pour s'en gorger, contre tant de raisons alleguées qui l'en deuroient diuertir. Cela s'appelle, se faire le badin de la Farce, quand on croit se rendre le Roy de la Tragedie. Mais apres tout, quand bien tels offencez seroient vrayment desnuez du pouuoir de tirer leur reuanche, en quoy par fois on se trompe, par vne cognoissance trop superficielle en leurs interests & affaires; les querelles & les batteries sans les autres incoueniés, ne laissent pas de succeder chaque fois aux algarades qu'on leur fait: soit par l'artifice d'eux-mesmes, complaignans, qui brouïllent & font par fois de la main d'autruy ce qu'ils ne peuuent de la leur, soit pource que leur fortune & leur puissance peuuent changer, ou celles des aggresseurs. Vn moucheron peut plus nuire qu'vn aygle seruir. Il faudroit donc apprendre à ceste espece de gens, que fin est celuy qui sçait butter ses actions à l'vtilité, s'il ne les butte à la legalité: & que consequemment ils deuroient prendre la peine de retourner à l'escole de mattoiserie, pour s'instruire en quelque meilleur art, que d'attirer vray-semblablement sur eux à toute heure pour leur passe-temps en picquant le fort ou le foible, des attainctes contre leur repos: & qui plus est, contre leur honneur & leur profit presents ou futurs.

---vitásque in vulnere ponunt.

Ils croyent qu'on les iugera d'esprit delié par leurs belles rencontres: mais outre qu'il n'appartient qu'aux personnes grossieres de faire ce iugement, combien perdront-ils plus en la reputation de mille sottises, que les offencez recherchent communément pour leur attribuer, faulces ou vrayes, qu'ils ne gaigneront en ce poinct? Entre tous, les mauuais ouuriers de Liures de ce mestier, sont les plus impertinens; car ils semblent vouloir eterniser le tableau de leur propre bestise. Tant il est vray, que celuy qui se gratte de l'ongle d'vn sot, en rapporte vne cuisante esgratigneure. L'aggresseur en somme, laisse tousiours des plumes à ceste glus: & quiconque est prodigue de l'honneur d'autruy, l'est aussi du sien: ce quolibet le chante par les ruës.

Ioyeux, toute femme & tout homme,
Qui porte espée & porte nom,
S'il ayme ce qu'honneur on nomme,
Ne cause de son compagnon.

Le Feu, l'Eau, & la Reputation, s'estans vn iour associez de compagnie, puis desirans se separer vn temps, pour rapporter apres toutes nouuelles en commun; ils se voulurent auant partir donner entr'eux vne marque, pour se retrouuer au besoin. L'Eau declara, qu'on la rencontreroit tousiours où se verroient les ioncs & les roseaux: le Feu, qu'il resideroit par tout où paroistroit la fumée: Mes amis, leur dit la Reputation,

LES ADVIS.

tion, gardez-moy bien tandis que vous me tenez: car si vous me perdez vne fois, ie ne vous puis designer nul moyen de me recouurer. I'adiousteray que celuy qui ment, comme ces discoureurs font ordinairement, ouy mesmes qui ment le plus ioliment & mattoisement, est vn galand meschant, tant que la menterie demeure couuerte: mais lors qu'elle est descouuerte, le tiltre de galand luy passe, il ne demeure plus que meschant, & deuient sot de surcroist: ie dis sot par l'interest qu'il a de n'estre pas creu bourdeur, & d'estre creu fin: c'est à dire de ne se mesler iamais de tremper vne mensonge, qu'on puisse percer à iour. Dauantage, i'en sçay qui ont eu cent brouïlleries ou querelles, & qui les ont toutes attaquées, & souffert qu'on les appaisast toutes sans combat. Que dis-ie, souffert? il faut dire, moyenné: allegans, que l'vn des offencez n'estoit pas Gentilhomme, & que l'autre n'auoit pas acquis assez d'honneur pour eux: comme s'ils faisoient plus contre eux-mesmes, de soubmettre leur espée au demandeur, qu'vne satisfaction qu'il faut payer à faute de se battre. Imaginez, s'il vous plaist, combien de fois il a falu se dédire, ou tirer quelqu'autre lopin de son propre honneur, pour satisfaire celuy de l'outragé! Les braues & pertinens, les esprits sensibles aux ayguillons de l'honneur, parce qu'ils veulent maintenir leurs paroles au prix de leur sang, les pesent tousiours au poids de l'or. Nous apprenons que les Ephores de Sparte se vangerent de ces estrangers, qui salirent vn iour leur siege de Iustice, faisant simplement crier en public, qu'il leur estoit permis d'estre vilains tout leur saoul: que peut-on aussi pis souhaitter à gens de telle humeur que ceux dont il est question, sinon que iamais theatre à iouër ce ieu, ny les spectateurs ne leur manquent? Et ce que ie dis du drappeur, il le faut aussi dire de celuy qui rit de son bastelage par galanterie affectée, ou pour le flatter: ils sont tous deux gastez de pareille vilenie & sottise:

Hos breuitas sensus fecit coniungere binos:
& le rieur est vn vray receleur & complice de ce larcin d'honneur, nommé tres-iustement, meurtre spirituel: car s'il n'estoit point de rieurs, il ne seroit point de brocadeurs. I'ouïs

vn iour dire en l'vne de nos Prouinces escartées, à certain grand artisan du mestier de ces contes; qu'vn tel, dont il parloit, n'auoit pas assez d'entendement pour s'en mesler; & luy-mesme s'en estoit fait deux ou trois fois battre: en est-il plus fin? ou plus fins ses compagnons, qui heurtans, comme dit est, les foibles, & flattans & respectans les forts; confessent tacitemēt qu'ils ont cent fois imaginé la gresle des coups de baston sur leurs espaules, bien qu'ils ne l'ayent peut-estre encore iamais sentie? Qui se cognoist foible à la deffenciue, selon le dire du Prouerbe, se ruë volontiers à l'offenciue. Et vrayement il ne faut pas s'estonner, s'ils s'escarmouchent sur vn suiect mal estayé de forces propres & d'appuy de Grands, alors qu'il se trouue à leur main, s'il est de plus par quelque voye personne assez apparente, pour estre cause qu'on parle d'eux à son occasion: veu que ceste rencontre se fait rarement, & neantmoins qu'elle est si plaisante à leur goust, & moyen encore de se mettre en bruit, sans redouter vne telle fascheuse gresle que celle des cottrets. Rencontre faut-il dire, qui les porte en verité de l'inutilité parfaicte à l'action, & comme de la puissance à l'acte, ou comme du non estre à l'estre: n'estans pas capables de faire autre exercice que cestuy-là, par la mauuaise & l'vnique habitude qu'ils en ont prise. Or puis que la seule frayeur d'estre battus les rend si sages & respectueux où besoin est, combien le seroient-ils plus s'ils l'auoient esté: ou quel dommage consequamment, s'ils ne le font vne bonne fois? Gens vrayement lasches & vilains, vers qui nul droict, ou nulles qualitez de leur prochain, ne peuuent donner sauuegarde à leur maistre, reserué celles qui font naistre la peur aux passans. Les ames du vulgaire sont tousiours dans les extremitez: si elles ne craignent, elles se feront craindre: mais depuis qu'elles ont vne fois conceu la peur, on les peut mespriser, & mal mener sās peril, ce dit Tacite. Il me reste d'autres choses à dire, & des exēples à marquer, germes de cette ordure: mais ie les reserue au Traicté que i'ay nommé: *Consideration sur quelques contes de Cour*.

Poursuiuons: ceux qui ont le moins de vraye reputation, & qui n'estiment pas en pouuoir meriter, cherchent à peu de frais l'autre aux defpens des gens de merite : le nom de l'offencé faifant parler de l'offenceur. Et voit-on fouuent tel mal habile empefché de fa contenance, & par fois encore homme de rien pardeffus, affaillir d'vn front aceré d'impudence des perfonnes d'honneur qu'il rencontre à fon aduantage, prefentes ou abfentes, pour ne pouuoir imaginer autre inuention à fe faire cognoiftre : ou quelque autrefois il cherche à offufquer s'il peut, par cefte fuffifance prefomptiue & par cefte audace, la cognoiffance de pareil efcheq qu'il a receu. Efcoutez-le, s'il a dit vne gaufferie de ce genre, la redoubler & retripler auec vne élation de cœur, pour la canonifer : oyez-le,

Dire auec grand effort vne grande fottife:
afin de l'enuier fur la bourgeoife Comique. Qu'il à bonne grace à bander fon arbalefte pour tuer vn rat! Il croid que le lendemain toutes les gronouïlles gagneront la pepie, à force de crier miracle de fon bel efprit : & que pour auoir feulement ouy parler de cét art de galanterie, il eft capable de l'enfiler aueuglette : auffi les bonnes gens rauis d'admiration fonnent bien haut; que cét homme-là parle comme vne efcritoire. Confiderez neantmoins pour exemple, entrer dans vne falle, vn qui die, qui conte, qui piquotte à tors & à trauers, pour monftrer qu'il fçait des nouuelles & qu'il eft eflancé d'vne tranchée de capacité : l'autre à l'oppofite, qui efcoute, qui regarde, & qui perce toutes chofes des yeux, auec vn filence & vn air entre le ferieux & le finet, ou qui s'efforce par fois d'obliger quelqu'vn des affiftans, s'il vient à parler, & toufiours au moins de ne fafcher perfonne, s'il raille ; pour voir lequel des deux on iugera le plus mattois, le plus capable de tromper les autres, s'il l'auoit entrepris : & auquel des deux encore vn pere fin bailleroit pluftoft fa fille à garder. Auffi maintient Tacite, ce me femble, que la modeftie eft vne vertu fi precieufe, que les Dieux n'en defdaigneroient point l'vfage. Vn Sophifte Grec adioufte; que Iupiter voulut departir cefte faueur aux hommes apres les autres, d'entrer en fon cabinet, conduicts neantmoins par la Science & la Sapience, aufquelles la pudeur feruiroit de controolleufe. On

dict de ceux qui prennent le ton trop haut en hablant le courtois, qu'ils se tuent d'honnesteté: ces rafineurs de galanterie, se tuent de suffisance. Le ieu de tels ioyeux s'appelle, gueuser laschement la reputation: laquelle ne se donne iamais, au moins durable, à ceux qui sont en peine de la mandier: car pour se bien loger, elle deuance tousiours son poursuiuant à my chemin. Niais encore est celuy, de quelque parroisse qu'il soit, qui ne voit pas, qu'en tous lieux où l'entendement se niche, soit chez luy, soit ailleurs, il faut qu'il esclatte, & qu'il perce son voile de luy-mesme, sans effort, comme la lumiere: adioustons, qu'il le perce par fois malgré son maistre: & que partant ceux qui prennent la peine de monter sur leurs ergots en intention de paroistre fins, sont tousiours soupçonnez de bestise. Ainsi les asnes voudroient sifler. Il deuroit souuenir à ces personnes, que la brebis d'Epictete, ne crye pas qu'elle a du laict, mais qu'elle tend le pis & se laisse traire. Or quand on auroit accordé qu'ils tirassent quelque vraye estime de ce procedé, ce qui n'est point; quelle proportion de la cause à l'effect, ie vous prie? versent-ils pas en tels outrages, vne liure du sang d'autruy, pour en donner vne goutte à lapper à leur chien? Il n'est aucun importun si parfaict & si pernicieux, qu'vn sot qui se presume, ou qui veut paroistre habile homme: puis qu'il s'escrime par nature & par dessein tendu de la marotte de son esprit, au lieu qu'vn autre sot ne s'en escrime que par nature simplement. Est-il question d'y mesler les dames? qui doute que les gens de ce qualibre ne soient de bien loin les plus aspres à les deschirer, soit par le poinct d'honneur, soit par autre voye? eux qui croiroient estre mesprisez chez elles, quand quelqu'autre y pourroit estre en prix, ou veu de bon œil: fauce ou vraye que fust l'opinion qu'ils auroient conceuë, que celles qu'ils regardent fussent capables de tourner vn bon œil de quelque part. Cestuy-là, sans mentir, est non seulement vuide, mais ennemy d'honneur, qui se plaist à le chasser de la maison d'autruy par la moindre de ses circonstances: ie dis vuide & ennemy de l'honneur du monde & du vray: ce premier consistant en vne reputation de pertinence & de bien-sceance en toutes les actions de son

LES ADVIS. 109

fujet: cét autre, en l'approbation du principal debuoir qu'on prescrit à chacun selon sa condition & son sexe. Or l'vn & l'autre honneur ne sont point deux à parler veritablement, ainsi que i'ay monstré vers l'entrée de cét Escrit, ains vn seul, ayāt neantmoins diuerses branches; puis que l'outrage qu'ils reçoiuent passe de l'vn en l'autre. Et ceux-là derechef, tels qu'ils soient, qui bannissent de gayeté de cœur l'honneur de chez leurs voisins, le degradent de sa dignité: voire declarent qu'ils voudroient que l'honneur ne tinst aucun rang parmy les hommes, & ne fust point en effect, afin d'estre dispensez de l'obseruation de ses regles. Ils ne sçauent pas vne autre enclosture pour eux: c'est que personne ne veut loüer le médisant, craignant qu'il luy tourne à iniure de loüer celuy, qui vray-semblablement le blasme ou blasmera : & que ce blasme eust plus de poids, de ce qu'il seroit respandu par celuy que le blasmé auroit depeinct & reputé pour honneste homme. D'auantage, ils ont ce malheur, que si le personnage duquel ils médisent ne repart, soit par ignorance du mauuais office qu'il reçoit, ou par desdain, ou bien par cét accident d'estre moins puissant qu'eux; les auditeurs au moins ruminent en leurs pensées à chaque parole offenciue qu'ils oyent decocher, ou resueillent de l'oubly public, s'il vient à poinct, le moyen qu'on auroit de repliquer aux despens d'eux-mesmes qui diuisent, soit sur leurs propres tasches, ou sur les deffauts de leurs proches ou de leurs races, soit sur les punitions qu'ils ont autrefois receuës de coups ou de paroles, en payement de cette sottise de trop dire du tiers & du quart..

Parcius ista viris tamen objicienda memento.

Et trouuera t'on, si l'on prend soin de l'obseruer, que les plus grands & plus impudens picotteurs & drappeurs, ont tousiours esté depuis la naissāce de la mocquerie, les plus tarés ou flestris de quelqu'vn, ou de plusieurs des inconueniens que ie viens de nommer. Ce conseil tragique est raisonnable:

Sois facile au pardon, s'il faut qu'on te pardonne.

Certes ils portent ceste besace d'Esope, au deuant de laquelle ils logent les imperfections d'autruy, pour les contempler tousiours, s'ils ne les supposent: les leurs en la poche opposite,

O iij

qu'ils n'apperçoiuent point: & representent encore ceste mal-heureuse Lamie, qui voyant clair en tout autre lieu, s'aueugloit rentrant au logis, & pendoit ses yeux derriere la porte. Seroit-ce point au contraire, que la conscience de leurs ordures & de leurs infamies, les conuiast de vouloir diffamer tout le monde, pour se cacher en la presse? *rati culpam amoliri, si plures fœdasset.* Outre que par la piqueure de leur babil, non seulement ils ayguisent les caquets, s'il est requis de le repeter icy, mais les authorisent comme meritoires & deubs, par la loy du talion, contre l'honneur d'eux & de leurs proches: & d'autre costé, par l'exemple de ce dessein d'affecter vne galanterie en la medisance, infinis galands se forment & se bastissent des ruines où ils reduisent la reputation des peres, meres, sœurs, tantes, femmes, de tels parleurs, & la leur mesme. Celuy, pour suiure ma routte, qui receuroit dommage d'effect ou de parole par son mal-heur, ou pour retorquer vne offence, chacun le plaindroit, ou deuroit plaindre: mais quiconque le reçoit, comme dessus, par sa propre offenciue petulance; qu'en peut-on inferer, sinon qu'il est, non vn sot à platte cousture, estant peut-estre d'esprit subtil, ouy bien le galand des sots: afin de rendre à tous seigneurs tous honneurs? Ainsi la folie se bat naturellement auec soy-mesme. Peu sert d'estre gentil garçon en détail, à qui prend peine de se faire recognoistre pour vne beste en gros: & pour mieux parler, beste en gros & en détail est celuy, duquel la ruse attise les ruses du voisin à blesser son maistre pour reuanche, quand cet inconuenient suiuroit seul le babil offensif. Il est des finesses que les fins ne practiquent iamais. Au surplus, ces mouches sans teste, se trompent opulemment, de supporter comme vne gentillesse, qu'on die sur leurs ieux de baue ou autres, qu'ils sont des foux, pourueu qu'on ne die pas qu'ils sont des sots: car ils se doiuent souuenir, qu'vn fou n'est autre chose qu'vn sot éueillé. L'on soustenoit autrefois, que celuy qui n'estoit bon qu'à la guerre, n'estoit bon à rien: à plus forte raison n'est bonne à rien ceste fallotterie, qui ne cesse d'attirer & d'accumuler l'infamie, la guerre & la combustion perpetuelles à son hoste comme au prochain, & sans nul fruict esperable. C'est ce que Tacite escrit; que la derniere volupté des perdus, c'est d'aymer enfin le vice par luy-mesme. Vne inscription de cheminée me pleut vn iour: *Vade, Audi, Vide, Tace*: comme encores ce Prouerbe: Ce que le sage pense, le fou le dit: La langue du sage est au cœur, le cœur du fou en la langue: ce dict le Sage. Et si le taire est vne des facultez de l'Oraison, selon l'aduis d'Apollonius, comment ne le seroit-il de la prudence? En somme ainsi font les autres, repliquent-ils: & sainct Augustin repartiroit; qu'vne presse de fous sert de garent à leur sagesse. Certes, qui ne seroit dominé de sa propre fadaise, ne le seroit iamais de celle d'autruy.

Ducimur vt neruis alienis mobile lignum.

Que ne sçauent-ils au surplus, qu'vne difference infaillible du sot au fin, c'est que l'vn est de la presse, & de ceste cathegorie des autres, puis qu'autres y a: l'autre n'en est point. De verité, quiconque fait la beste par émulation d'exemple, par ambition & par art, est taillé de triompher en ce mestier. Sont-ce pas les impertinents imitateurs, qu'Horace nomme, bestes seruiles? On trouue des personnes, qui se chastrent le corps pour le Royaume des Cieux: ces gens cy chastrent leur entendement, & leur équité, non pas seulement pour celuy du monde, mais aussi pour estre applaudis simplement d'vne bande de fous. S'il estoit en eux de former la galanterie, n'ont-ils pas eu raison de la mettre à si bas estage, qu'vn brutal, ou bien vn cerueau de neant, y peust attaindre? ne pouuans s'esleuer iusques à elle, ils l'ont raualée iusques à eux. Mais plaisante est leur galanterie vrayement, qui naist, ou de la bestise d'vn tiers, s'il la fait, ou de la leur, s'ils la supposent. Quant aux vertus de leurs voisins cependãt, iamais il ne s'en parle: ainsi le mal-heureux sas lasche la fleur, & ne retient que le son: & le mulet chargé d'or & de bonnes viandes, ne mange que du foin. N'est-ce pas, comme escriuoit quelqu'vn; chercher du fumier ou pis parmy des perles? Que les Muses & vous me pardonniez, Madame, s'il vous plaist, si i'ose estant de vostre commun sexe prononcer cette saleté, par la necessité d'vne iuste comparaison. La premiere reigle de practiquer les grandes finesses, c'est de mespriser les menuës: à plus forte raison, celles qui pour faire sembler leur maistre galand vn quart d'heure, le declarēt vn fol ou vn sot toute sa vie: soit par la consequence des ennemis qu'elles attirent, soit par l'impieté, soit par la vileté de cét amusement. Ie dis impieté, quand mesmes leurs baueries toucheroient la verité, morceau qui leur est presques tousiours aygrun: toutes veritez n'estans pas bonnes à dire, ny toutes imperfections à reprocher, pour infinies considerations: soit celles qui tachent leur suiet par son mal-heur, soit encore souuent celles qui le tacheroiēt par sa faute: sinon alors que celles-cy offencent le prochain de pure malice.

Les hommes ne deuroient iamais accuser, tant qu'ils trouuent quelque occasion ou apparence d'excuser, ils font le reuers. Tantost on inuente & fabrique vn mauuais rapport, tantost on le croit sottement, tantost on prend pour vice ou sottise ce qui s'en aproche simplement, sans y toucher: disons plus, ce qui parauenture prendroit vn tiltre tout contraire, si nous auions pertinemment ouy la diuine voix de la raison, ou l'acteur: & ce qui n'est vice ou sottise, que parce qu'vn sot ou vn estourdy les regarde. Car ce n'est pas seulement la malice qui fait parler ces gens, c'est encore l'insuffisance de sçauoir penetrer & discerner les raisons d'excuse, qui peuuent, deuant qu'vne faute soit prouuée, s'estendre aussi loin que la dexterité de l'esprit qui les recherchera. *Stultus alacriter improperabit.* A quoy il faut adiouster, que souuentefois on attache le deuoir de l'homme à l'impossible: & partant qu'on luy impute mainte faute, où l'impuissance luy deuroit seruir de garant. Pour preuue qu'on prend à toute heure pour vice ou sottise ce qui s'en approche ou semble approcher simplement, sans y toucher, & qu'on attache le deuoir de l'homme à l'impossible, tient-on pas ceste maxime; que les grands taches se voyent aux grandes vies? Ce qui ne pouuant estre en effect, si ces vies sont vrayement grandes, il faut bien que l'opinion qu'on a de leurs taches ou tares, prouienne de l'ignorance des iuges, qui par coustume ou autrement, s'entretaillent à prendre pour tares ce qui ne l'est point:

ou de

LES ADVIS.

ou de ce que l'homme ne peut combler les deuoirs qu'on luy prescrit, le manquement desquels se rend plus éminent aux suiets releuez: & ne peut apres obtenir qu'on rabatte rien de son reproche pour la consideration de cette impuissance humaine. Il est au surplus comme relatif d'auoir les qualitez blasmables selon la raison, quãd on les a loüables selon la coustume: en laquelle raison & coustume, & leurs essences, legitimes estenduës, differences, contradictiõs & droits; les Docteurs dont il s'agit n'estudierent iamais, sinon pour faire pis que les ignorer. Par ceste cause donc, de l'anthipathie de la coustume & de la raison, & par la creance qu'on a de la maxime precedente, que les grandes fautes suiuent les grandes vies; la vie, qui par sa grandeur merite plus de reputation, en obtient moins: & à qui plus on doit, moins est payé, voire plus est osté, Dauantage, on mesure toutes actions de mesme train, à mesme aulne, d'où procede vne insigne lesion, si leurs autheurs ne s'y peuuent mesurer aussi: car peu de choses sont également bien ou mal faites ou dites par diuerses personnes: & telle chose faite ou dicte par cét esprit, ouy mesmes par ceste humeur, est pertinente, & au contraire impertinente, par cét autre esprit & ceste autre humeur. Tout sied bien aux bien-seans. Quelqu'vn dit d'vn autre biais: Tout est sainct aux saincts. Si nous adioustons à cela, combien les temps, lieux, besoins, causes, circonspections ouuertes ou couuertes, des autheurs, & mille autres circonstances, peuuent apporter de distinctions & d'excuses par dessus toutes les raisons precedentes; nous trouuerons qu'il faudra prononcer presque par toutes les actions de nos voisins, (au moins du biais que nous les accusons, & que nous les pouuons penetrer) ce tres-loüable mot de Socrates sur le Liure d'Heraclitus: Ce que i'entens est bon, ie croy que ce que ie n'entends point l'est encores: ou pour le pis aller, nous verrons qu'il s'en faudra taire. Mais voicy la maladie: pour faire les hauts & difficiles iugemens, du nombre desquels est celuy des actions humaines,

Gesta notasse opus est ingens,

il faut de hautes ames: sinon elles sont bris sur le roc de ceste difficulté : car la confusion s'y glisse, & les tenebres se transferent du iuge à la chose iugée : or ces hautes ames, cherchez les ailleurs que chez nos deuiseurs, desquels il est question. Ouy, mais, disent-ils, par fois, pour la bonne mesure des raisons du mestier de ce babil ; pourquoy n'attribuërions-nous des sottises ou des folies, ou pourquoy ne decouperions, ou ne picotterions-nous tels & tels, qui sont des nouueaux venus, qui sont des sots ou des extrauagans, s'ils n'adioustent, des fous. Voila leurs alliances assez ordinaires, auec ceux qu'ils peuuent mal mener sans crainte: sur tout si parmy leur foiblesse, ils sont battus de quelque disgrace de fortune : laquelle il semble à ceux-cy, que de fines mouches comme ils s'estiment, auroient sceu preuenir: *Euentus stultorum magister.* Ayant d'autre part ceste commodité, que depuis qu'ils ont mis quelqu'vn en predicament de rusticité, ou d'extrauagance, sottise, ou folie; tous les fous & les niais hommes & femmes, qui font grande partie de la Cour, leur seruent en cela d'Echo : bien que plus ou moins, selon que le malheur ou l'heur de ses affaires les rend plus ou moins hardis. Ne pouuant ceste foule par sa sottise, iuger les gens que selon l'estime où ils sont, vers les premiers qui les luy dépeignent : ny se desfier si elle entreprend de iuger par elle-mesme, que tel par fois luy semble fou, pour estre sage d'vne sagesse qui passe son esprit, c'est à dire, la capacité de sa comprehension.

Approuuans le corbeau, la colombe on censure.
Il n'appartient qu'aux fous d'estre grands distributeurs des tiltres & des sonnettes de leur mestier. Et leur semble apres, quand ils se voyent ainsi forts de nombre en leurs iugemens, qu'ils en sont beaucoup plus forts de raison : comme si cent pieces de fauce monnoye valoient plus qu'vne: ou si dix mille testes de harang en pouuoient payer vne de saumon. Repliquons cependant trois choses, sur ce beau pretexte qu'ils prennent d'offencer : encores que ie recognoisse amplement, que ie niaise auec eux de m'amuser à leur respondre, puis que ce mot de Quintilien est fort veritable : Aucun art n'est payé pour contredire les choses manifestement fauces &

LES ADVIS.

friuoles. Et ie confesse que ce seroit honte de m'occuper à dechiffrer & à suiure l'enfileure de ces badineries, n'estoit qu'il faut voir, à peine d'ennuyer le Lecteur, si rebouchant toutes les armes de tels maniacles & soustrayant tout fondement à leur manie; nous pourrions arracher quelqu'vn hors de son filet, ou garder quelqu'autre de s'y plonger à l'enuy : bien qu'il soit fort difficile, que nul discours puisse dissuader, ny suader peut-estre, ce que nul discours ne peut excuser, par la mesure extréme de son extrauagance, comme est l'excez où ce vice est auiourd'huy passé chez ces Messieurs. Ma premiere responce donc, c'est, qu'il faut estre soy-mesme tres-sage & tres-versé en la cognoissance de la raison, & de ceux qu'on galoppe, pour iuger d'elle & d'eux sans folie. la seconde, que qui voudroit faire la guerre à tous les esprits rustiques, les sots ou les foux, seroit luy-mesme le plus plantureux fou de la bande, de prendre vne si grande charge : & que de deux fous ou sots, le plus ample, c'est celuy qui ose nommer son compagnon par son nom : la tierce, que s'il est permis de traicter pour foux & pour sots, absens ou presens, ceux de ces deux especes qui ne portent point de chaperon verd, nul sage ne peut estre asseuré que sur l'exemple de ceste insolence, vn ennemy plus puissant que luy ne le traicte en sot ou en fou, luy voulant faire accroire qu'il est de la cathegorie. Comme Dieu sçait si tels accidens sont plusieurs fois arriuez à force honnestes gens, particulierement prés des Roys en bas aage ou d'humeur mousse : soit pour auoir trop bien seruy leur Prince, aux despens de ceux qui les attaquoient, ou pour les escarter de crainte qu'ils le seruissent trop bien à ce prix, & deterrer par tel aduertissement les autres de l'oser entreprendre. Ie n'adiouste point à ces trois raisons alleguées de n'offencer aucun de quelque haut ou bas merite qu'il soit, ou qu'il paroisse; que si les artisans de ces entreprises s'estiment quelque chose, ils deuroient croire, que quand le tiers & le quart meriteroient qu'on leur fist vn traict d'opprobre, ou de villenie, ils sont trop dignes pour le faire. Vn homme d'honneur, vn habile homme, voudroit-il point que l'on creust qu'il auroit affaire ailleurs ? Dauantage, ce venerable

Prelat de Geneve, en l'Introduction à la vie deuote, agrauant l'iniquité de la medisance, afferme; que si mesmes les mesdisans reprochoient chose veritable en leur prochain, ils sont en coulpe de le descrier : non seulement par la pitié qu'ils luy doiuent, mais à cause aussi, qu'vn homme n'est pas vicieux d'vn vice, tel qu'il soit, ny consequemment digne d'en estre scandalisé, pour y estre tombé quelquefois: ny n'est pas sot ou fou, faut-il adiouster, pour vne ou deux de la pluspart des sottises ou folies, lors mesmes qu'il l'auroit commise sans desaducu.

Qui par la nonchalance eschappe dauenture,
Ou par quelque deffaut de l'humaine Nature.

C'est Horace qui nous donne ces vers d'excuse: & ie rendray raison en l'*Aduis sur le Proumenoir*, pourquoy i'en laisse aucuns en leur langue, quoy que i'en traduise d'autres, comme cette couple. Or le bon & sage Euesque verifie ceste proposition par similitude; de ce que le Soleil n'est ny stable ny tenebreux pour s'estre arresté sur la victoire de Iosué, ny pour s'estre obscurcy sur la passion du Sauueur: non plus que Noé n'est pas yurongne pour s'estre vne fois enyuré, ny Loth malade d'yurôgnerie ou d'inceste, pour s'estre vne fois aussi laissé tomber en ces erreurs, ny sainct Pierre sanguinaire pour auoir vn coup respandu le sang, ny blasphemateur pour auoir vn autre coup blasphemé: d'autât qu'il est besoin d'vne habitude naissant d'vne multiplicité d'actes, pour donner à l'homme le tiltre de vicieux, ou vertueux, de tel vice ou de telle vertu. Nous deuons estre aussi soigneux de faire des degrez aux loüanges & aux reproches, qu'il s'en trouue aux actions meritantes ou deffaillantes, regardées par tous les visages que la precaution peut inuenter. Qui plus est, on se doit souuenir, que Dieu a fait ses plus grands & notables Saincts de pecheurs conuertis. Voicy l'opinion du Poëte Tragique.

Il n'est iamais trop tard d'embrasser l'innocence:
Le crime est presque esteint s'il vient à repentance.

Il faut dire pardessus tout cela que plusieurs bronchez en quelque faute, où peut-estre ils ne vouloient iamais retom-

LES ADVIS. 117

ber, s'en voyans sans remede diffamez par la medisance, & cognoissans qu'ainsi comme ainsi, leur bien-faire estoit desormais inutile à leur honneur, ont lasché par desespoir en recidiuans, les resnes à la licence. Oyons Seneque: Celuy auquel il reste quelque honneur, vit auec plus de soin de ses actions: & nul n'espargne vne reputation perduë. Ouy, faut-il adiouster, beaucoup d'autres ont lasché ces resnes à la licence, par mesme desespoir, à qui la sotte opinion ou malignité du commun, supposoit opiniastrement ce qu'ils n'auoient point fait. Et le pis c'est, que mille & mille n'ont recidiué, ny bronché seulement; ausquels le malheur ne permettra iamais de guerir du coup des langues, par la folle iniquité des parleurs, & la sotte preuention des escoutans. Ah, Renommée, quel prodigieux monstre te fais-tu cognoistre! Ainsi te depeinct le Dieu de la Poësie par l'organe du Cardinal du Perron.

L'agile Renommée, vn mal prompt & volant,
Qui va tout autre mal en vitesse égalant:
De sa legereté sa vigueur prend naissance,
Et sans cesse en marchant acquiert neufue puissance:
Basse & foible de crainte à son commencement,
Mais qui soudain s'esleue & s'accroist tellement,
Qu'elle touche les champs de ses plantes volages,
Et loge en mesme temps son chef dans les nuages.
La terre aux larges flancs qui tout germe & conçoit,
Pour le sang de ses fils dont elle rougissoit,
D'ire contre les Dieux, & de fureur poussée,
Digne & derniere sœur d'Encelade & de Cées
L'enfanta, comme on dit, aux pieds prompts & dispos,
Et dont les aisles n'ont besoin d'aucuns repos:
Monstre d'horrible forme & d'immense stature,
A qui, miracle estrange, autant que la nature
A de tuyaux de plume à son corps attachez,
Autant d'yeux espions dessous il tient cachez,
Autant il fait sonner de langues nompareilles,
Autant de bouches ouure, & dresse autant d'oreilles.

Sans comter, que la profusion publique de medisance, iette

force gens au vice: croyans auoir droict & peu de honte à faire, ce qu'elle leur presche estre passé en exemple vulgaire, & comme authorisé par ce moyen.

Quittons ceste digression, naturelle neantmoins & germaine, & renoüons mon fil, sur l'inanité de ce bastelage de Cour: disans, que les petits glorieux affectent pour ornement les menuës vanitez, soit d'effect ou de paroles, & soit de ceste espece dont nous parlons, ou d'autre, mais que les grands glorieux cherchent le mesme ornement à les desdaigner. Ces gens-là pensent-ils, que celuy qu'ils offencent, s'il est habile homme, voulust estre Empereur en leur place quand ils le seroient, pour leur ressembler aux qualitez de la ceruelle & des mœurs? & pour n'auoir le plaisir, de penetrer par la sublimité de son esprit, leur sottise plus clairement qu'vn autre? Que s'il faut choisir l'vn des deux, mieux vaut que les vilenies & les sottises, se facent sur luy, que par luy. Dauantage, il ne sçait pas s'il merite d'estre mal auec ceste espece d'hommes: neantmoins il sçait, que toute personne qui passe les communes bornes du merite y sera mal necessairement, si elle n'est appuyée de grand pouuoir: & qu'en verité leurs loüanges sont blasmes, & au contraire, par la confusion brutale de leur teste, & le desordre de leurs mœurs. Le Monde est autant & plus troublé, adioustons plus sot, par la capacité qui veut paroistre outre sa mesure, que par la pure balourdise. Et certes Apelles n'ignora point, de quelle source vient la calomnie, quand il la peignit accompagnée de l'ignorance ou bestise, & du soubçon. Il faut, puis qu'il leur plaist qu'on l'aduouë, de l'esprit à drapper, mais c'est de celuy qui ne se trouue iamais accompagné de iugement: & l'Anacrise bon Liure en verité, verifie ce poinct, auec des arguments qui ne sont que trop confirmez par l'experience: de cét esprit dont les laquais donnent tablature à leurs maistres, esprit qui ne manqua iamais à bouffon ny basteleur, & en la monstre duquel on ne peut esperer que les reliefs de la gloire de telles personnes. L'entendement de ces drappeurs est si subtil, qu'il s'euapore en fumée: ainsi le fer à force d'estre ayguisé se rend si foible qu'il ne perce plus: ou si leur en-

LES ADVIS. 119

tendement ne s'euapore, il est tellement offusqué de langage, comme l'Oraison de cét ancien, qu'il ne se vold non plus qu'elle sous ce voile importun. Et tandis qu'ils pensent parler galamment & subtilement, ce dit Ciceron, ils se descourrent tres-ineptes. Ils sont douez d'vn bel esprit, mais Dieu les deuoit estrener d'vn autre à conduire cestuy-là : si ie n'ay couché ce mot ailleurs:

----delirat acumen.

Ouy certes d'vn habit de satin blanc, dont Nature auoit reuestu leur ame, ils ont torché les marmittes, & ballié les crottes. Ou si mieux on ayme: ils auoient peut-estre en naissans, vne belle piece d'estoffe, ils ont mis à tors & à trauers les ciseaux dedans : habiles gens par Nature, & sots par eux-mesmes ; ou vrayement, suffisans par Nature, & sots de guet à pends. A quel prix eust taxé Saluste des discoureurs semblables à ceux-cy, friuoles & nuisibles de profession perpetuelle, & qui croyent neantmoins, s'illustrer par là ; s'il presume que toute la vertu des grands parleurs en general, se soit reiettée & restrainéte en la langue ? & s'il appelle quelques Orateurs excellens, personnes de neant : parce qu'ils faisoient vne souueraine vertu de l'éloquence ? *homines inertißimi, quorum omnis vis virtusq; in lingua sita est.* Qu'eust-il dit de ceux-cy, ie vous prie, qui font auec soin continu de leur eloquence vne marotte ? & qui daignent par vn tel amusement vser de leur langue, comme si elle leur estoit donnée tout exprés, afin de borner l'estenduë de son industrie, à desfrayer les passans par bastelages ? N'est-ce pas se noyer dans vne goutte d'eau ? Nostre Prouerbe fortifie ceste intention de Saluste, bien qu'il ayt encor vne autre faculté d'application : Hardy languard, lasche soldart. I'accorde derechef qu'il y a quelques esprits vifs, voire gentils, entre-eux : mais ny la conduiéte de leurs autres actions, non plus que celle de leur langage, ny celle de leurs affaires, quoy que bonnes par fois & de facile & fructueux maniement, ne souffrent ny pres ny loin de les estimer habiles : bien que ie recognoisse auec pitié, qu'aucuns de la bande estoient nais pour l'estre, s'ils ne se fussent effilez & affadis par dessein aprés ce bel exercice. Voyez leur nonchalance à bride perduë, leur luxe effroyable, leurs espouuentables coups de dé. Quant aux affaires du public, imaginez vn peu, s'il vous plaist, ces especes de cerueaux, conducteurs d'vn Estat, Gouuerneurs d'vne Prouince, ou d'vne ville de scabreuse conduicte, chefs d'vne armée, ou seulement simples Capitaines ou soldats de longue & laborieuse residence, se peut-il conceuoir vne plus disgratiée trongne que celle qu'ils y auroient aussi ? Vrayement ils representeroient volontiers employez en telles choses, l'histoire du Zany, qu'on trauestissoit en Roy pour vne Tragedie : Despeschez-vous, disoit-il, Nature patit. Et composeroit-on vn plantureux Liure, de ce qu'ils ne sçauent, ny faire, ny dire en leur mestier propre. Toutesfois ils crient au meurtre, ils ne couchent que de se reuolter, & le font à tous coups ; quand on leur refuse les gouuernemens & les belles charges, ausquelles ils se cognoissent eux-mesmes si peu que d'oser souuent aspirer : mais à qui se doiuent-ils prendre de ce refus, qu'à leur propre teste seche & neantise ? D'ailleurs imaginons en leurs places, pour voir, ce François de Lorraine, puisque les Grands comme les petits s'escarmouchent à tels jeuz & iaseries : ce Protecteur de la foy, ce foudre des ennemis :

Sans parole, sans voix, sans poulmon, sans haleine,
Quand ce grand Duc viuoit, ce laurier de Lorraine :

ou s'ils veulent qu'on leur propose des Gentils-hommes, imaginez-y ce braue Mareschal de Monluc, ce Comte de Brissac, dés la premiere adolescence, pilier de sa Religion, espée & bouclier de son Prince.

Hac itur ad Cœlos.

Combien seroit-ce pis, ie vous supplie, d'attacher ce Prince ou ces Nobles à quelque action du genre de celles dont il s'agit ; que ne fust la farce d'Hercule, se coiffant du scofion, & s'escrimant de la quenoüille d'Iole ? Les propres associez de ces gens en la draperie, voyans ce semble plus clair en cela que la capacité de leur profession ne porte, les definissent galands au plus, auec toute leur gentillesse & viuacité : suffisans, ny pres, ny loin :

Non pas

LES ADVIS.

Non pas vrayment quand ils se creueroient, diroit la grenoüille d'Æsope. Et faut remarquer que la galanterie seule, n'est qu'exemption de niaiserie, pourueu qu'on adiouste sans plus auec ceste exemption, la ciuilité du monde : c'est à dire vn aioliuement qui ne peut manquer à qui lo desire : ergo leurs laquais seront aussi pertinens qu'eux, s'il leur plaist de le deuenir: n'estans pas vn brin niais, & pouuans apprendre en trois mois autant de ciuilité que les maistres. Chose notable en passant chemin, que de ces deux vertus, exemption de niaiserie & ciuilité, vous ferez vn Courtisan parfaict à leur mode. La pire rouë du chariot se fait tousiours le plus ouyr. Ces esprits font grand bruit, & qui tire à soy les oreilles des passans : mais c'est le bruit des cresserelles, qui ne sourd que d'vn chetif morceau de bois artiste. Cela s'appelle auoir bonne grace à faire le veau : car il faut qu'vne inuention d'esprit, quand elle est née digne de l'homme, animal creé pour la prudence & pour l'humanité, tienne de l'vn ou de l'autre, sinon des deux, bien loin de la folie & malignité perpetuelle des mocqueries : autrement elle encherit sur le mestier des bestes, & semble appeller à soy la prouuande des asnes. Tirez au surplus, non seulement leur action en quelqu'autre element, comme ie remarquois n'agueres, mais leur deuis mesme, c'est vn poisson hors de l'eau : quiconque est bon bouffon, n'estant bon qu'à la bouffonnerie. *Vox, praeterea nihil.* Forcez les coqs de ceste paroisse à ne faire plus vn fleau de leur langue, mettez-les hors le recit des affronts qu'ils ont ouy raconter, ou faits, ou veu faire, dequoy defrayeront-ils l'assistance ? Si vous les obligez à quelque conuersation teste à teste, & sensée pour deux heures, ou pour vne seulement, le plus capable de leur troupe est defait: car aussi certes est-il bien veritable, que celuy qui sçait entretenir sa compagnie de discours, ou sans plus de caquet de bonne maison, i'entends caquet plaisant & floride, mais sans interest d'autruy ; ne s'embarrasse pas à ces drolleries, qu'il sent n'estre inuentées par ses voisins, que pour palier autant qu'il est en eux, le deffaut de telles facultez. Qui s'amuse-là, vrayement, declare qu'il n'a que faire ailleurs : &

Q

s'habille de demie oſtade faute de ſatin, à l'imitation d'vn bon clerc de village.

Ie ſens bien qu'ils s'enflent de nouueau courage en ce bel art, de ce qu'il ſe void quelques-vns entre les drappeurs, qu'on ne peut nier eſtre ſpirituels, madrez & capables d'affaires. Mais ie veux meriter de humer leur venin, s'il ſe trouue plus d'vn drappeur de ceſte marque entre cinq cens : c'eſt à dire ſpirituel & madré hors la drapperie, ſi l'on y regarde de prés : & qui ne l'eſt que là, ne s'en doibt pas faire appeller habile homme : ce que i'ay verifié, ſi beſoin eſt de verification. Or apres tout, ce rare oyſeau, tel qu'il ſoit, ſur vn ſi grand nombre, ne peut reparer par ſa ſocieté la reputation de fadaiſe de ces communs ioyeux dont il eſt queſtion : ne maniant pas ſes drapperies à leur mode, qui ne conſiſte ordinairement qu'en fades & impudentes rencontres ou picoteries, & leſquelles d'abondant ſont perpetuelles ſingereſſes les vnes des autres, tant à leur procedure, qu'au choix de leur butte, iuſte ou faux qu'il ſoit : ouy meſmes ne conſiſte la pluſpart du temps qu'en ceſte ſubtilité, de rire des choſes pour les rendre à leur aduis dignes qu'on en rie. Il les manie à ſa mode plus ruſée, & non par vne gauffe affectation de capacité comme telles gens, mais touſiours par intereſt ou deſſein : ou parce qu'eſtant né d'vne ame inhumaine, elle le force mal-gré ſon propre iugement de ſe delecter à faire du mal, ſinon le plus leger, au moins celuy qu'il peut ſans craindre le bourreau. Cependant il faut qu'il ſçache luy-meſme, que ceſte ſienne action eſt auſſi meſpriſable & honteuſe à ſon autheur propre, qu'elle eſt noire, bien que ce ſoit quelque intereſt qui le conuie à l'entreprendre : puiſque s'il eſtoit vrayement fin, il pourroit en faueur de ce meſme intereſt faire contre autruy par voye moins vile, tout ce qu'il fait par là. Et ſi c'eſt ſon inclination maligne & ſon paſſe-temps, non pas ſon intereſt, qui l'emportent à cét effort, il doit ſçauoir encore, que toute ſuffiſance où le iugement ne domine pas, ny la probité ſa compagne inſeparable, ſuffiſance qu'vn inique & plus fol appetit entraine quand il luy plaiſt par le colet, ainſi que la ſienne à ce comte, eſt eſtropiée & catherreuſe entierement,

LES ADVIS.

Il doit apprendre de plus, que cestuy-là seul se peut qualifier habile, qui fait de son esprit ce qu'il veut, & qu'il veut sainement, non pas ce qu'il peut: au rebours de luy, qui procedant de ceste sorte, ne reserue au sien que le reste de l'empire de ses humeurs. L'esprit n'est fait que pour le iugement, le iugement que pour les mœurs, les mœurs que pour l'integrité principalement. De sorte que si le meschant & mal conditionné a de l'esprit, il n'a pas ce pourquoy l'esprit est donné aux hommes. Il faut au surplus aduertir cestui-cy, que telle ou telle folie feroit plustost vn fou, que trente effects de sagesse ne feroient vn sage: la sagesse estant premierement exemption de folie, puis vne continuation d'actions sensées. Partant le Poëte Moral a raison d'escrire ce vers:

Qui n'a point de folie a beaucoup de sagesse.

Si diray-ie en passant chemin, que ie ne veux pas pretendre que les honnestes gens soient obligez d'estre du tout & parfaictement sages: ils ont quelques faux tons ou manquemés en la sagesse, par l'imbecilité naturelle de l'homme, manquemens de certaine mesure neantmoins: les ames de moindre estoffe ont ces manquemens, ou si l'on veut exceptions, en la folie; d'autant que la loy de ceste humaine imbecilité ne s'estend pas aussi iusques-là, que nul soit impertinent ny deffaillant tout du long ou sans bornes. Qui plus est, ie n'ay iamais veu personne entre les madrez mesmes, se mesler de cét exercice dont nous parlons; qui par les ennemis ou la mauuaise reputation qu'il y a mesnagez, n'en ayt failly plusieurs bons desseins: ils tombent au contre-cœur & mespris des habiles gens, & en la defiance des simples. Sans comter leurs enfans qu'ils gastent par mauuais exemple, pour voir heurter leur vaisseau contre le roc de pareils inconueniens: outre qu'ils leur plantent & leur prouignent pour vn fructueux heritage, ces mesmes ennemis & leur part des vengeances qu'on en peut attendre. Surquoy nostre Poëte François escrit:

Vn homme engraissé de mesdire,
Maigrit à la fin mal-heureux.

N'est-ce pas estre si fin, qu'on se trompe soy-mesme ? Il rid bien qui rid le dernier, dit le Prouerbe. Et Seneque : Quiconque est amy de soy-mesme, sçache qu'il l'est de chacun.

Or si l'on croit que ie condamne la bauasserie pardelà sa mesure, à cause qu'elle ne m'espargne point, comme ingenuëment ie le veux aduoüer, & dont i'explique la cause en mon *Apologie* ; on se doit souuenir pour le poinct de l'iniquité dequoy i'accuse cet excèz, des iournelles ruines qu'on luy void enfanter, dites & à dire, & des passages de l'Escriture seulement, sans rametuoir ceux des Saincts & des Sages, alleguez au second Traicté de ceste matiere : & quant à son ineptie voyons par l'aduis des anciens, exemplaires des belles ames, si ie l'ay bien iugée cy-deuant : & si ces ioyeux ont raison de se parer de son art par affectation de suffisance. Ne nous amusons pas si nous ne voulons aux Poëtes, soit à Ronsard, qui loüe fort Henry second, & Charles neufiesme, de ne tenir rien de ceste lascheté, soit au planturèuz mespris que fait Catulle d'vn ris sans iuste suiect ;

Nam risu inepto, res ineptior nulla est ;

ny sur ce que Platon nous apprend, que l'effusion du ris ramolit les hommes, ny sur la deffence que font si soigneusement Isocrates & Plutarque du ris offencif. Quintilien, ce grand artiste, obserue la mocquerie aux enfans, pour indice d'esprit bas & mal basty, comme aussi fait-il vne benigne bonté, pour augure d'entendement exquis : dont il conclud, que le meschant se peut dire d'esprit plus tardif & foible, que malin : tant il est esloigné d'estre garand de ceux qui pensent monstrer qu'ils sont habiles & madrez par la piquante malignité de leurs beaux mots. Aussi nous expose en Plutarque le mesme Platon ; Que celuy qui se sçait iouer de bonne grace sans offencer, fait voir qu'il est bien né & bien nourry tout ensemble. Entre les ames nobles & belles, rien n'est plaisant à donner, que ce qu'elles voyent estre plaisant à receuoir : regorgeans de bien & d'honneur comme elles font, elles respandent & refluent le bien & l'honneur par tout. Et iamais vaisseau ne dégorge facilement aucune vilenie sur au-

LES ADVIS. 127

truy, qu'il n'en soit plein luy-mesme; dont l'ame d'vn detracteur ou moqueur, se peut iustement appeller vn égout de scandale & d'ordure. Iosephe d'vne mocquerie faite par Appior l'Historien, en conclud vn homme, non seulement turbulent, mais vil & mal creé. Ciceron estoit mocqueur, quoy que non à nostre mode du temps, car quelle marotte mesme ne la desdaigneroit? mais bien qu'il le fust à la façon de son siecle, c'est à dire, façon qui portoit vn rare vsage, qui sçauoit choisir sa butte, & qui s'escartoit bien loin de chercher gloire par son exercice; on sçait neantmoins qu'il estoit descrié pour homme d'humeur fort lasche. Quelle iniure ne luy pensoit point faire Vatinius, alors qu'il le baptisoit, le bouffon Consulaire? Considerez, s'il vous plaist, Madame, iusques à quels termes ce mestier estoit condamné par l'vn de ses artisans mesmes? puisque chacun sçait que la haine Vatinenne estoit en Prouerbe pour extréme, de ce que Vatinius son obiet estoit vn brocardeur public. Tout ainsi que Thersite est en Prouerbe aussi de haine & de mespris, pour auoir esté celebre en ce vice. Les Egiptiens, vilain Peuple, & si mesprisé, au rapport de Iosephe, que ny Ville, ny homme de leur Nation n'arriuoit point au droict de bourgeoisie Romaine, sont flestris de Seneque pour estre opulemment médisans & mocqueurs: sans oublier qu'Anthonius, esprit mal sage & grossier, est decrié seul pour mocqueur entre les Romains de sa taille: si l'on ne l'accouple à ce forceré de Caligula, que Cherea sçeut si bien payer de sa peine, & des fruits de son mestier. Quelqu'vn encore de ces bons seigneurs considerant mon sexe, rira par dédain, des touches que ie donne à leur exercice. Mais il leur faut apprendre, que deuant qu'auoir bonne grace à mespriser vne atteinte, ce n'est pas assez d'auoir donné mauuaise impression de la capacité du parlant, qui ne l'a premierement donnée bonne de soy: ie tiens le premier pour fait contre moy parlante, s'ils font seulement bien à poinct le dernier.

Q iij

DES FAVCES DEVOTIONS.

IE voy des gens par le mode, qui nonobstant qu'ils ayent plusieurs vices mal-faisans au tiers & au quart, enuie, rapine, imposture, mespris des foibles, medisance & drapperie, tantost en la bouche, tantost en l'oreille, aussi coulpable en cela que la bouche si elle s'y plaist; pensent emporter & conseruer le tiltre de deuotion: iusques là, qu'aucuns d'eux pensent mesmes en conseruer l'effect, tant ils sont clairs-voyans à cognoistre de quel bois elle est faite. O manye! Quiconque practique vne vertu de probité, parmy l'impieté des vices que ie viens denomer, ou parmy quelqu'autre nuisible au prochain; declare qu'il ne se pare de ce bien que pour couurir ce mal, en aueuglant s'il peut les spectateurs: & i'appelle vertus de probité, tous nos deuoirs enuers Dieu & nostre semblable. Il simule en effect vne telle vertu, & sçait bien en son cœur qu'il ne l'a point: ou s'il la croit auoir, outre qu'il ne la cognoist pas, comme i'ay dit, (la logeant simplement en des chapelets & en leur suitte) il la deshonore de l'associer d'vne si sale & coulpable compagnie qu'vn vice de ceste espece. A plus forte raison deshonore-il la deuotion par vn accouplage de ceste forme: vertu qui doit ttenir rang de souueraine, entre celles de l'integrité ou probité, puis qu'elle nous attache specialement à Dieu: les autres vertus ne nous allians specialement ou proprement qu'aux hommes, Ouy mesmes il outrage Dieu, s'il croid luy plaire, & s'il ose essayer de loger sa figure en son impie & vilaine imagination, & se vanter sa creature. Il n'appartient pas, ce semble, à celuy qui ne peut meriter amour ny faueur de Dieu, de les oser esperer ou requerir, moins de les obtenir. Et celuy seul, qui est digne que Dieu luy accorde sa priere, merite d'estre receu à la luy presenter, selon Sainct Bernard. Voicy l'opinion d'vn Grec: Le méchant qui s'estime agreable aux Dieux, fait en cela mesme vn traict d'impieté: car c'est estimer la Deïté sotte ou peruerse. Oyons derechef ce bon Sainct Bernard : Vouloir que Dieu soit iniuste, c'est vouloir qu'il ne soit pas Dieu : & celuy qui desire que Dieu ne soit pas, le tuë autant qu'il est en luy. Mais est-il, ie vous supplie, vne plus expresse declaration qu'on repute Dieu pour iniuste, que de se croire aymé de sa Majesté, quand on est iniuste ou malfaisant soy-mesme? Peu seruent au demeurant, les vertus de la force & de la magnanimité, quand on les possederoit, pour appliquer à leur maistre le tiltre de vertueux, s'il n'a celles de la probité & de la bonté: car ie distribuë les vertus morales en ces deux principales branches, la prudence leur guide, estant de la categorie des vertus intellectuelles: s'il n'a dis-je, celles de la preud'hommie ou bonté, plus humaines, plus necessaires, plus Chrestiennes & plus dignes, que celles de la force. Adioustons, qu'elles participent plus de la nature diffusiue du bien, & respandent leurs dons en toute l'estenduë de la vie, au lieu que ces autres ne les respandent qu'en quelques endroicts deçà, delà: & si doiuent la pluspart de ces autres mesmes, prendre teinture, & se faire marquer au coin de celles-cy, non au contraire. La preuue que ces especes de personnes dont il s'agit simulent la deuotion & ne l'ont point, est claire: car c'est l'action de nostre amour vers Dieu, & nul ne pourroit dire qu'il ayme Dieu, s'il mesprise vn de ses commandemens principaux, qui consiste en la charité vers nostre semblable. Or comment auroit vn homme cette charité vers son semblable, aux choses où quelque violent & considerable interest, besoin ou passion l'ayguillonnent d'entreprendre sur luy, charité pourtant à quoy son deuoir l'oblige, bien qu'elle soit en vn degré tres-esleué, s'il n'est pas charitable en ce bas degré mesme, de s'abstenir de l'affliger, deshonnorer & ruiner fort souuent à peu de gain, ouy maintefois par vn simple passetemps? Et puis dire par simple passetemps: car quel fruict luy apportent entre les vices que i'ay nommez au commencement de ce discours, la bauerie offenciue, l'imposture, l'enuie & le dédain du foible & de l'infortuné? La charité & la pitié du mal de nostre prochain, sont appellées par les Saincts & par les Sages, vn des signes plus certains de la predestination, tant ils croyent ces vertus en haute faueur aupres de Dieu. Tout ce que vous voudrez que les hommes vous fassent, faites-le-leur, dit S. Matthieu; parce qu'en ce poinct gisent la Loy & les Prophetes. Vn sot vomissant autresfois vne ondée d'iniures sur la personne & sur les mœurs de Socrates, conclud en fin de cet air: Il est vray qu'il ne fait tort à personne. Sur quoy l'on se moqua de luy plantureusement; toutes vertus ou les meilleures & vrayes, estans comprises en cette exception, comme tous les principaux & vrays vices trouuent lieu en son contrepied.

Mais pour en parler plus rondement, à peine auroient ces pellerins-cy la deuotion, quand ils n'ont point la croyance: chose de tres-claire preuue; puis-que mesprisans vn des deux suprêmes commandemens de Dieu, qui nous oblige à l'amour du prochain, il paroist qu'ils dédaignent les loyers & les peines proposez en l'establissement de cette Loy, consequemment dédaignent le Legislateur luy-mesme. *Qui timet Dominum in mandatis eius volet nimis.* Leur croire, c'est regarder trois fois l'année l'ombre d'vne croyance: c'est ne décroire pas du tout, & reputer pour affirmatiue en leur Foy l'exemption de la negatiue. Le chemin de iustice est court, dit quelqu'vn, si tu crois: *Breuis est institutio vitæ honestæ; beataque, si credas.* Tels penitens, apres tout, se doiuent asseurer, que cent bienfaits, & la bonté vers cent personnes s'ils les exerçoient, ne declareroient pas tant leur autheur bon ou exempt de mescroyance, suiuant la relation que ie verifie entre la croyance & la bonté; que la malignité de gayeté de cœur vers vne personne seule, le declareroit meschãt & mescroyant: & malignité de gayeté de cœur est leur medisance, leur enuie, leur imposture, leur mespris des foibles ou desastrez. Adioûtons leur rapine encore où elle se trouue, sur tout si l'autheur se peut passer d'elle. Ils semblent ignorer aussi, que l'homme peut estre plus iustement appellé meschant pour vne meschanceté purement volontaire, & comme dit est, de gaillardise d'humeur, que bon pour cent bontez. La cause est, que l'interieur de la conscience parle en vne telle mechanceté, née

qu'elle

LES ADVIS.

qu'elle est de pur dessein, & commise sans aucun ayguillon de cet interest violent, de ce pressant besoin ou de cette forte passion n'agueres alleguez, qui pourroient autrement rabattre quelque brin de sa coulpe : & les bontez ou bonnes actions se peuuent faire par raison d'vtilité : partant elles restent tesmoins plus ambigus des entrailles de leur maistre. Le deffaut donc d'vne action d'équité, bien que l'on pratique toutes les autres, ny mesmes l'intermission ou variation en l'vne d'elles, telle qu'on la veuille specifier, ne peut souffrir que la vie de son maistre emporte le tiltre de vertueuse : à cause que la vertu est vne habitude formée, vniuerselle, constante & concordante au bien : & que sa qualité pre̅miere s'appelle, entiere exemption d'iniquité. Ny Dieu, ny l'équité, ne veulent estre seruis par parenthese. Le Philosophe aussi, comme on m'apprend, maintient; que l'homme est vicieux pour vn seul vice, & n'est pas vertueux s'il n'a toutes les vertus : s'il l'entend dire des vertus fortes autant que des innocentes, que i'ay nommées vertus de probité ou d'équité, ie luy demande interpretation : s'il l'entend de ces dernieres seules, il faut moins douter la verité de sa maxime, qu'on ne doute s'il est possible de loger les cõtraires ensemble. *Bonum* ce dit l'Escole, *fit ex integra causa, malum vero ex quocumq; defectu.* Ceux donc enfin, qui meslent quelque impieté ou malignité, parmy la pieté, ne pratiquẽt cesté pieté que par interest ou par gloire : cela s'appelle, ils croyent en Dieu, afin que leur voisin croye en eux: ils võt à la Messe & au sermon, voire qui pis est, ils les disent par fois, pour estre dispẽsés de ce que la Messe & le sermon cõmandent. Ouy certes, disons-le à propos, ou par digression: plusieurs experiences nous apprennẽt, que quicõque se loge dans l'Eglise, ou dãs vn cloistre, malade de vanité, d'imposture, d'humeur corsaire, malade, si le cas y eschet, d'orgueil, d'ingratitude, de petulance, conioinctemẽt ou separément; fera meruéilles s'il efface ces tackes en l'eau du benoistier, fust-elle consacree de la digne bouche mesme de S. Pierre.

Ils ont donc menty, ces deuoreurs de chappelets, de se qualifier deuotieux, s'ils sont imposteurs, mocqueurs, ou mé-

R

disans, c'est à dire bourreaux de reputation, ou s'ils blessent quelqu'vn des autres interests de leur prochain: car la deuotion est comme vn embrassement amoureux que l'ame donne à Dieu, benigne, charitable, recognoissante & respectueuse profondement vers sa Grandeur, ses commandemens & ses graces. Que si ces gens ont par fois vn ombrage de feruer vers luy, c'est à tort qu'ils l'appellent du nom de deuotion: la deuotion regardant purement ou principalement ce grand maistre, & le respect de ses Loix: au pis aller des deux souueraines, qui sont aimer sa Majesté diuine, & le prochain autant que nous-mesmes: par ainsi quiconque ne fait ces deux choses n'est pas deuôt. Combien accuse le Reuerendissime Euesque de Geneue en son Introduction, ceux qui preferent non seulement les chappelets & prieres, mais aussi, le ieusne, la nudité, la discipline, la haire, & toutes les mortifications du corps; à la douceur, à la debonnaireté, à la modestie, & autres mortifications du cœur? La feruer donc que ceuxcy representent, l'engloutissement si auide de ces Messes & de ces chappelets, portent autre nom que de deuotion, & sont d'autre nature: pource qu'ils ne regardent que leurs propres autheurs, tandis que la deuotion regarde là haut. Ce sont ameçons auec lesquels ceux qui s'en seruent, pensent sottement attraper de Dieu quelque pardon de leurs meschancetez, afin d'en éuiter la peine, autant qu'ils croyent en luy & en elle: ce sont charmes dont ils se promettent d'attirer forcément les faueurs du Ciel, comme les antiques sorciers se promettoient d'en attirer la Lune par les leurs: & dont ils esperent encores practiquer l'estime, & plusieurs graces & commoditez mondaines. Celuy qui juan agueres à Paris ce pauure garçon confident & amy, & qui mit apres le feu en la maison pour essayer d'offusquer son crime; faisoit ses Pasques tous les Dimanches. Ie cotte ce seul exemple entre dix mille cognus, à cause de sa nouueauté. Telles bonnes personnes en verité, presument de corrompre Dieu par presens, auec leurs vœux & fondations, s'ils en font, ou de le surprendre & abuser par finesse à l'ayde de leurs simagrées, exclamations & prieres. Aussi peu sont-ils deuots, que certains largss

LES ADVIS.

donneurs d'aumofne que i'ay veus, meritoient qu'on les en qualifiaſt charitables: ruinans de miſerables creantiers, pour diſtribuër aux pauures ce qui deuoit tourner à la ſatisfaction de leurs debtes:& ne donnans iamais à nul neceſſiteux, quelque iuſte pitié ou deuoir qui les y conuiaſt, ſi ce don ne portoit titre public & faſtueux de pure aumoſne. Plus, i'ay veu tel de leur ſequelle, qui pour ſeruir à ſa paſſion ennemie vers quel qu'vn de ces infortunez, gardoit les autres de faire en leur faueur, le bien qu'il n'euſt pas voulu faire luy-meſme. Qu'ils ſeroient heureux en ces patelinages, ſi Dieu n'eſtoit plus fin qu'eux! mais certes peut-eſtre ſe contenteroient-ils bien que les hommes ſeulement ne le fuſſent pas, de crainte qu'ils ne penetraſſent leur maſque: l'intereſt ou le ſoin de plaire à Dieu leur touchant fort legerement: puiſque toute ame peruerſe, s'il eſt beſoin de le redire, ne croid en luy que par beneſice d'inuentaire. Vne action, vne inclination, iuge l'autre en l'homme: & Pindare appelle ſagement les iours ſuiuãs tres-bons teſmoins des paſſez. Meſlons au roolle de ces aumoſniers de haut prix, vn homme, qui toute nuict alloit deſrobant du cuir, & tout le iour en faiſoit des ſouliers aux pauures, ſe publiant le cordonnier de Dieu: ſon faict mis en deliberation, on trouua qu'il eſtoit le larron de Dieu. I'en ay veu d'autres de la trouppe bigotte, ayans fait tort à des gens d'hōneur, s'eſſayer à les rendre ridicules par faux & mauuais contes, pour infirmer & pour faire meſpriſer leur plainte: amendans en charité la premiere iniure par la ſeconde: vrays germains de cét homme de bien, qui commandoit de desfigurer du glaiue aux combats d'vne guerre ciuile, les viſages du frere & du pere, de peur que leur reuerence n'attiediſt la ferocité du deſſein de commettre vn parricide en leur perſonne:

----vultus gladio turbate verendos.

Et les ay veus encore retenir vn benefice contre leur foy & contre la gratitude, pour ne bleſſer, diſoient-ils, leur conſcience en le reſtituãt: voyez de quels grains beniſts la deuotion de ces tireurs de laine ſpirituels daigne regaler le mõde. *Reatus eſt impii pium nomen.* L'on connoiſt auſſi de ces deteſtables bouffons, ouuriers de Paſquins, qui pour les debiter auec

R ij

moins de reproche, ou practiquer la faueur vtile de quelques gens d'Eglise, passent d'vn libertinage ouuert aux amples reformations & confessions frequentes: qui sans doute ne veulēt rien dire parmy tels ieux que ceux de ces personnes, sinon qu'ils ne mesprisent pas simplement Dieu comme ils faisoiēt par le passé, mais qu'ils se mocquent de luy, l'appellans à garand d'impieté. Quand vn meschant homme veut empirer, il amende de cette sorte, qui ne luy couste rien, & couute tout aux yeux du monde. Le Prouerbe de faire ripaille est-il pas né de ce bon Duc, qui pour viure auec plus d'abandon & de volupté, se fit Moyne, & se retira dans son Chasteau de Ripaille? Au partir de là, ceste espece de gēs vient-elle à mourir, le Peuple les canonise sous l'illusion d'vne belle mort. Peuple sot & lourdaut! combien est-il vray qu'vn denier dans vne bouteille te sonne pour cēt? Il n'est rien, disoit vn bon cōpagnon, qui face plus enrager vn Abbé de mauuaise volonté que quād vn Moine va à Matines: c'est parce que la sottise du vulgaire ne cognoist guere autre vice en vn Cloistre que de manquer aux assistances de deuotiō exterieure, ny vertu que de s'y trouuer. Certes il est plus naturel aux meschans qu'aux bons de se parer de ces morts éclattātes: ayans par la consciēce de leur vie passee, plus de terreur du mauuais bruit, & de quelque ombre de damnation; qu'ils discernent lors vn peu plus clairement, de ce que moins il leur reste de terme à consulter si elle est vraye ou fauce; comme leurs actions monstrent qu'ils faisoient par le passé. Quiconque a mal vescu, ne peut bien mourir sans miracle: car c'est l'amour & reuerēce, non la crainte de Dieu, moins celle de la mauuaise reputation, ou de la dānation, qui qualifie vne belle mort. Ie n'adiouste point, que plusieurs d'entre eux, font de ces traits éclattans à leur trespas, par vne pure hypocrisie: ie dis pure, à difference d'aucunes des autres, qui peuuent parauenture souffrir auec elles des effects ou des traicts, nez de quelque respit ou rayon de bon mouuemēt: & chacun, à propos de ces morts a sceu le conte du venerable sainct Chapelet de Bocace, Empereur de tels penitens. Le premier Liure de l'Introduction alleguée du Bēi-heureux Euesque de Geneue, vuidera mieux que moy le surplus de mon theme, en l'article de la nature d'vne vraye deuotion & de ses qualités, lequel i'ay suspendu pour representer ces faicts & gestes de quelques pretendus deuots: car il éclaircit par les menus, qu'elle n'est autre chose que la cresme de la charité, & vne agilité & viuacité spirituelle, par le moyen de qui la charité produit ses actions en nous: partant que ceste vertu de deuotion n'est point imaginable en vne ame manque de charité. Que nos deuots drappeurs, rapineurs, enuieux, imposteurs ou mépriseurs des foibles, l'estudient, ils trouueront à qui parler: & trouueront encore en S. Gregoire, & en S. Thomas, que le feu du sainct zele brusle toussiours infailliblement dans l'huile de la misericorde.

Or quiconque desire apprendre à plein fond quelle est la vraye essence de la charité, lise, non seulement ce bon Prelat de Genefve, qui la baptise, Reyne supréme des vertus, en son Liure de l'Amour de Dieu; mais consulte aussi tous les Philosophes & tous les Peres, les preceptes desquels se résoudēt presque totalement en elle: escoute encore S. Paul en la premiere aux Corinthiens 13. Il écrit, que si nous parlons le langage des Anges, si nous auons le don de Prophetie, & la perfection de Foy, qui transporte les montagnes, sans la charité, nous n'auons, & ne sommes rien: adioustant, que bien que nous liurassions nos corps pour estre bruslez, par religion cela s'entend, & donnassions tout aux pauures, ces efforts ne nous profitent rien sans charité. Voila pourtant deux grands poincts, & poincts de charité mesme vers Dieu & le prochain, se brusler pour l'vn, & donner tout à l'autre: mais definissant la charité sur le champ en termes exprés, il enseigne, qu'elle ne se trouue pas en quelques vertus de l'innocence, ou de la bōté, ny en quelques-vns de leurs effects, comme pourroiēt estre ces deux-là: ouy bien en toutes les vertus officieuses ramassées ensemble, & en l'exemption de tous les vices qui peuuēt alterer en l'homme la perfection complette d'innocent & de bien-faisant à l'endroit de son semblable. Et conclud enfin, que la Charité est superieure à l'Esperance & à la Foy: l'appellant pour comble: Lien de perfection. A quoy nous adiousterons, qu'elle comprend la Foy & l'Esperance

R iij

mesmes, comme estant lo principe de salut, la chaisne qui lie l'homme à Dieu, le premier don du S. Esprit, couué & fomēté sous la perpetuelle faueur de ses aisles. On sçait aussi certes si ces paroles ont besoin de preuue, combien le charitable est prisé par dessus le fidelle, en l'histoire que l'Euangile rapporte du Samaritain & du Leuite rencontrans le blessé: pour confirmation dequoy, Dieu dédaignant le tiltre des autres vertus, affecte celuy de la bonté seule & de ses dependances.

SI LA VANGEANCE EST LICITE?

VNe des grandes & plus importunes erreurs du monde, c'est de deffendre l'vsage de plusieurs choses pour la crainte de l'abus: & vne autre encore plus énorme, c'est que soudain que telles deffences sont passées en practique chez le vulgaire, elles prennent visage d'expresse équité, par son aueugle bestise. L'interdiction absoluë de la vengeance est à mon aduis de ce rang. Mais parce que ceux qui l'interdisent s'arment des Sainctes Lettres, voyons auant que passer outre, si c'est auec raison: pource que ie recognois, qu'il n'est point loisible de debattre les maximes que l'Escriture auroit establies, & qu'on ne se doit roidir contre ce qu'elle dit, ou semble dire, que par interpretation. Si neantmoins ie bronche en l'interpretant, bien que cét article ne soit pas entre ceux de la Foy, ie me sousmets à la correction de l'Eglise: de qui ie suis tres-respectueuse fille. On allegue pour ce point trois passages de ma cognoissance: l'vn du Deuteronome 32: l'autre de l'Oraison Dominicale: le troisiesme est celuy de l'Epistre S. Paul aux Romains, sous lequel i'en comprends quelqu'autre respandu parmy l'Euangile. Quant au premier, il est clair en quelques versions, que Dieu le propose à son Peuple, non pour exception de vengeance, mais pour menace de chastimēt & de fleau sur ses rebellions. Que si quelques interpretes ont desnoüé ce passage diuersement, il m'eſt neantmoins permis de me tenir à ceux qui l'interpretent de ceſte ſorte, puis qu'ils ſont approuués. Outre que quand bien il interdiroit la vengeance, il n'en interdict qu'vne particuliere: & quoy qu'on die, que tout ce que l'Eſcriture ordonne ſur vn faict particulier, elle l'ordonne en general, ſur tous ſes ſemblables, il m'eſt permis d'en douter: le generalité de ceſte ordonnance, pouuant tirer en pluſieurs chefs, ſi elle auoit lieu, des ſuittes ſcabreuſes. Quant au ſecond paſſage, il eſt à mon aduis mal demeſlé parmy le commun du monde, & ſuiect à plus ſaine explication. Et pour le regard du tiers, il eſt éuident, mais ſuiect à explication auſſi, ſur ſon eſtenduë ou reſtriction.

Expedions apres ce ſecond paſſage, i'entends l'Oraiſon Dominicale, priere des prieres: & laquelle en ſix articles embraſſe tous les beſoins des hommes. Outre donc que le mot de ceſte priere, qu'on interprete pour remets nos offences, ne ſignifia iamais que, remets nos debtes, en Grec & en Latin; & partant qu'on ne le peut interpreter offences, que par metaphore: pourquoy transferans ou metaphoriſans ce mot, le tirons-nous ſi auant que cela: veu que debte ſemble naturellement ſonner vn tiltre de faute plus mouſſe ou reſtrainéte que n'eſt l'offence? c'eſt à dire vne tiedeur, erreur, ou ſimple manquement de ſoins & deuoirs, nés de foibleſſe humaine. Deffaux, qui ſi bien ils ſont touſiours offence (ſur tout vers Dieu Createur, & ſi reſpectable) ſont pourtant offence ſubalterne, puis qu'ils ſont exempts d'intention maligne: & telle meſure de preuarication ne peut ſouffrir que l'on la confonde tout court ſous ce nom d'offence ou de coulpe, parmy celle qui naiſt de mauuaiſe volonté, ou pur meſpris des commandemens de ce grand maiſtre: ſoit qu'ils regardent ce qui ſe doit à luy-meſme, ou au prochain. Et ſi l'on obiecte, qu'il ſembleroit donc, que nous ne demandaſſions pas entier pardon à Dieu, prononçans ceſte parole du *Pater*, remets nos debtes: puis que nous luy requerrions de nous meſurer en cela de pareille aulne que nous meſurons les hommes, au quels nous n'accorderions pas deuoir conceder pardon tout du long, mais voudrions par l'interpretation de ceſte meſme parole, faire parfois quelque exception d'offence pour la reserucr à la vangeance. Ie répons, que nous ne deuons pas vouloir aussi faire toutes offences à la Maiesté Diuine: & dauantage, que l'homme de bien, tel que chacun doit desirer de se rendre, en pardonnera tousionrs plus à l'homme son prochain, qu'il n'en veut perpetrer contre luy. Ioint que quand par quelque mal-heur, il en auroit commis de cuisantes à l'endroict de ce prochain, il aimeroit mieux auoir pardon s'offrant à la penitence & satisfaction, qu'autrement: penitence & satisfaction qui d'homme à homme tiendroiét lieu de vengeance : & neantmoins se pourroient sans reproche accepter par l'offensé, selon mesmes le consentemét de l'Eglise : & partant elles sembleroient authoriser le satisfaisant de prendre à son tour vangeance au lieu de satisfaction, si on la luy refusoit en cas pareil. D'ailleurs il seroit indigne de la diuine iustice, de nous faire esperer plain pardon, i'entends pardon sans peine, de toutes offences, c'est à dire de tous crimes par ce mot de l'Oraison Dominicale, quád bien nous accorderions ce pardon plain & comble à autruy. Toutefois il semble, ainsi que i'ay representé, que comme on interprete communément le mot dont est question de ceste saincte Oraison Dominicale, nous demandions vn pardon de ceste espece à Dieu, & nous reputions mutellemét obligés de le departir tel à nostre semblable, autant sur les offences atroces que legeres. Le pardon que i'approuue dóc, & qui reuient à mon comte, emporte quelque souffráce & quelque vangeance de tort meslées ensemble : l'vne & l'autre mesurée selon les considerations que ie proposeray tantost: encores n'est-ce que pour les offences atroces ou pesantes, que ie voudrois authoriser ceste procedure, si mon discours precedent n'exprime assés ceste iuste distinction : mon aduis estant qu'on mesprise les legeres, que i'ay ramassées sous ce nom de debtes, & qu'on les pardonne du tout.

 Quant au troisiesme passage, ie veux dire celuy de l'Apostre, qui sonne exprés: Ne vous vangez point vous-mesmes : il faut voir si nous pouuons garantir par saine interpretation, la restriction que nous en pretendons faire. L'on
ne doit

ne doit nullement douter, que ce grand Dieu, qui nous a departy la raison pour pierre de touche, & pour phare en ceste vie, n'ayt conformé ses Loix sur elle, ou elle sur ses Loix. Car autrement il luy faudroit reprocher ignorance, foiblesse ou malice, en son ouurage, sur l'impertinence aueugle & confuse d'vne si importune contradiction : par laquelle la creature seroit tousiours en combustion contre le Createur, luy denieroit obeïssance, ou croiroit faire vne sottise en la luy rendant. Par laquelle aussi en consequence, le franc arbitre que Dieu donne pour instrument de salut, seroit inutile aux hommes : ou plustost leur seroit vn piege à broncher, ne pouuant estre esclairé que de ceste raison, qui n'auroit elle-mesme aucune lumiere. Cét axiome ou principe estably, consultós si la raison pourra souffrir l'entier bannissement de la vangeance, cela s'appelle, si l'honneste & l'vtile se peuuent passer d'elle : ou pource que l'honneste seroit paraduenture de plus difficile perquisition au gré du commun, & qu'aussi bien est-il infailliblement comprins en l'vtile vniuersel, par necessité de l'ordre du Monde ; voyons si la totale proscription de la vangeance s'accorde à cét vtile vniuersel.

 Toutes Loix sont faites pour la prosperité & commodité generale des Estats, c'est à dire pour la tutelle & conseruation des gens de bien, & pour la peine & punition du meschant ; ausquelles deux choses, le Regne de Dieu s'accomplit aussi, conioinctement auec les Loix ciuiles. Si donc ces deux effects de protection des bons, & punition des meschans, arriuent ou succedent en l'interdiction de la vangeance, il la faut interdire, & sacrifier de plus par honneur à son interdiction : sinon quelle teste bien faite ne detestera cette interdiction chatemite, qui sous ombre de sanctification égorge les bons, pour édifier vn triomphe aux méchans ? Pernicieuse plus que l'Até d'Homere : qui bien qu'elle marchast sur les testes des hommes, marchoit au moins indifferemment sur les meilleures & sur les pires. Or qu'il ne soit vray, que le bannissement & la reiection de la vengeance esgorge sur tout, voire seulement les bons & les foibles, voicy de

S

quoy : bien qu'il soit veritable que toutes Loix , & nommément celles qu'on pretend qui deffendent de se vanger , doiuent tendre à proteger sur toutes choses, apres la bonté, les feibles & la feiblesse. La preuue, dis-ie, que les bons & les feibles patissent sur tous en ce bannissement de vengeance, c'est qu'en premier item il n'est pas obserué ny respecté des meschans : estant certain, que quiconque a le courage de commettre les meschancetez; qui est en vn mot outrager ses freres Chrestiens de guet à pens, l'a bien à plus forte raison de retorquer l'iniure & l'outrage qu'on luy feroit, quand il tiendroit cette contre-touche pour iniuste : veu mesmes qu'en la donnant, il seroit vray-semblablement emporté & precipité d'vn ressentiment tres-naturel qui luy pourroit seruir d'excuse :

Mors misera non est, commori cum quo velis.
D'autre-part, ce ne sont point les bons ou les gens de bien, qui commettent les outrages, sçachants que le plus haut commandement de Dieu, de la raison & de l'equité, se consomment en l'abstinence d'offencer nostre semblable : ce sont les meschans sans plus, qui se rendent outrageux. Ainsi par l'interdiction de vengeance, l'homme de bien tout seul a les mains liées sur la reuanche, & luy seul aussi patit l'iniure : les Loix, qui neantmoins sont faites pour luy, se renuersant toutes contre luy, & s'armans à sa ruine, par vne telle clause qu'on leur applique en vain : & les mesmes Loix consequemment, seruans de garand & d'allumettes à l'inique aggression des meschans vers luy. Mais quand il n'y auroit en cela que cette impertinence simple, qu'il vsast d'vne Loy d'exception auec celuy qui n'en vse point, comme i'ay dit, n'est-elle pas grande ? pourquoy dis-ie auec celuy qui n'en vse point ? disons plutost, auec celuy qui se seruiroit de l'vsage d'vne telle Loy aux mains de cet homme de bien, cóme d'vn deffaut de bouclier à l'esgorger sans peine & sans peril. De pretendre qu'il faut demander raison à la Iustice, nulles nouuelles, au moins pour la pluspart des outrages & des plus sanglans & nuisibles : desquels si l'on s'estoit plaint, on seroit mocqué à longues risées, & dauantage, espuisé de biens & de vie, apres

mille longues & plus inutiles poursuittes. Sur tout en France, où nous sommes si lasches, de ne ressentir ny le bien, ny le mal: soit pour autruy comme Iuges, en la plufpart des Iurisdictions, & presque en toutes: soit pour nous-mesmes bien souuent. Tacite en est bon tesmoin, qui nommoit nos peres Gaulois: *beneficiorum ac iniuriarum immemores*. Ie ne sçay pas en quels termes parlent precisément les Loix ciules sur la vangeance: mais si sçay-ie bien auoir ouy determiner à trente des plus huppez & plus estimez entre ceux qui les administrét; que celuy de leur mestier que l'on appelleroit larron, ou de quelque autre vilain tiltre, ne seroit pas homme de bien s'il ne repartoit d'vn soufflet, ouy mesmes sans colere. Et quant à ceste colere ou appetit de reuanche, Dieu sçait s'ils fument en l'ame de ces Messieurs autant qu'en la nostre. Qu'ils cryent apres vne telle declaration tant qu'il leur plaira, contre la vangeance, la voila fermement authorisée par leur bouche. Ny ne sert de rien s'ils repliquent, que la vie demeure apres le soufflet: parce qu'il nous arriueroit aussi rarement qu'à eux, de conclure contre la vie en nous vangeans: & parce aussi, que frappans de la main ils font tout ce qu'ils peuuent faire selon leur robe: & qu'on ne sçait point s'ils feroient pis, au cas qu'ils portassent d'autres armes. Outre qu'ils font profession de deffendre en general, tous degrez de vangeance: & que celuy du soufflet, veu la honte qu'il traisne, n'en souffre gueres de plus haut que luy. Nous apprennent-ils point par là, qu'ils viuent en habiles gens, & preschent en rieurs? faisans accroire au commun, que la deffence de se vanger soit absoluë, au lieu qu'ils la recognoissent tomber en interpretation & distinction necessaires, soit au cayer des Loix diuines, soit en celuy des ordonnances humaines? Sans adiouster, que puisque les Theologiens & les Magistrats permettent de se plaindre en Iustice; ils ne condamnent pas en effect la vangeance, bien qu'ils facent mine de n'en prononcer le nom qu'auec signe de croix: mais en changent seulement la forme. Si d'autre part nos Iuges aduouët la reuanche de main mise & de glaiue mesme, pour la deffence de la vie, si nos Theologiens l'approuuent; confes-

S ij

fessent-il pas derechef, que leurs Loix sur ce poinct de vangeance, reçoiuent limites & distinction? & s'ils reçoiuent distinction, pourquoy non aussi bien sur la deffence des biens, des amis, de la liberté, de l'honneur, que de la vie ? puisque sans ces choses, la vie est importune, & que la perte ou la playe de ces choses mesmes, sont ordinairement aussi peu remediables que celles de la vie, & moins vangées en Iustice, quand l'on s'en voudroit plaindre à elle ? Diront-ils, que sur cet acident d'vn glaiue qui vous mire le sein precipitamment, il est permis de vous vanger, pource que le peril est sans espoir de salut, si vous patientez ou temporisez; laissant la vangeance des autres outrages à Dieu, afin de la faire à loisir? comme si Dieu n'auoit pas la main assez prompte, pour diuertir vn coup precipiteux qui nous regarde, s'il ne luy plaisoit de nous apprendre à nous proteger nous-mesmes, par les forces d'esprit & de corps qu'il luy a pleu nous departir: & comme s'il luy falloit loisir & terme pour se preparer à nostre deffence. Au demeurant, ces autheurs & dispensateurs de Loix font plus que de permettre la vangeance en Iustice, car ils la commandent par fois expressément: puisque nul successeur ne peut auoir aucun heritage, s'il ne vange à son possible auec le glaiue du Magistrat, la mort de celuy dont tel heritage prouient, au cas qu'il l'ayt encouruë par attentat; Eh quoy s'ils permettent franchement double meurtre au mary, pour vanger la honte de sa couche: & s'ils souffrent que l'on tuë les larrons de nuict ? Les Loix en l'article de la vangeance, ainsi qu'en plusieurs autres des mœurs, ont fait comme les archers, (vsons de la comparaison des Essais) qui visent plus haut ou plus bas pour frapper au but. Iamais ces deux ordres de Loix diuines & humaines, n'auroient conduit l'homme à son bien auec vne bride exacte ou iuste: il la luy falloit plus courte que de raison, afin qu'apres qu'il auroit donné lieu à quelque preuarication de ces regles prescrites, preuarication qui luy est si commune & presque naturelle, il peust encores rester dans les termes des regles raisonnables.

Est-il rien au partir de là plus équitable que les passions naturelles, éclairées & regies de la raison, puisque ce grand architecte nous a bastis de ces deux choses, & bastis tout aussi necessairement des passions que de la raison? Ou se peut-il nommer passion plus naturelle & iuste, que celle dont nous parlons, laquelle retranchee, l'homme n'est plus né à la conseruation de son propre estre? Ie dis plus, s'il la reiette il mesprise le don de Dieu & sa prouidence: de Dieu certes, qui arme à ceste fin de conseruation luy & tous les animaux, des moyens & de l'apetit de deffence sur le coup qu'ils reçoiuent, & des moyens encore assistez du desir de vengeance apres auoir receu le coup: voire il mesprise la diuine essence mesme, dont il porte l'image, selon la croyáce de l'Eglise, s'il neglige de se conseruer. Si l'homme ne se peut defendre ou proteger soy-mesme iustement, si les Loix le defendent ou protegent auec grands frais, & tres-peniblement pour luy, s'il est impossible à elles de le conseruer, ou de punir ce qui l'offence, sans des preuues qui la plusfart du temps se trouuent le moins aux plus énormes faicts & plus cuisans, si les plus offencez & les plus honnestes gens, sont communément moins capables de suporter les despenses requises aux poursuittes iuridiques, & si, pour comble, la Iustice particulierement en France, se moque des plus sensibles outrages, l'homme de bien n'a plus d'Asyle, sur tout s'il est foible: il est deffaict & demoly par l'obseruation des reigles d'équité qu'on luy propose en ceste interdiction de vangeance: encores que toutes Loix & tous Legislateurs doiuent specialement viser à sa protection. Or si l'on demande dequoy sert à la conseruation de cet homme de bien, la vangeance d'vn mal qu'il a desia receu; n'est-ce pas beaucoup qu'elle éuapore, qu'elle éuentre vne partie de son creue-cœur, le plus cruel & le plus ordinaire bourreau de nos vies? & plus grief en luy, de ce qu'il le voudroit moins causer à ses voisins.

Grauissima est probi hominis iracundia.

Et n'est-ce pas beaucoup derechef, que sa main punissant le present ou le passé, rempare l'aduenir par terreur? Certes la Loy de Nature, qui s'apelle, comme dessus, la vraye Loy de Dieu, & la vraye interprete de ses commandemens, porte; de sauoriser & choyer nous & autruy, sans que son égard

S iij

blesse le nostre, ny le nostre le sien. Sans compter pour ce coup, que quiconque d'ailleurs exerce ou met à couuert par quelque voye que ce soit, vne action outrageuse au prochain, est ennemy de Nature : & sans comter aussi, combien est plus ennemy de Nature, & du Dieu qui la crea, celuy qui met ceste action en la franchise des Loix, & qualifie sa correction du nom de crime. Ny ne sert de rien d'alleguer, que le Magistrat la corrige ou punit au lieu de la partie interessee; ayāt n'agueres esclaircy l'illusion & l'inutilité de l'attente qui se fonde sur ceste promesse des Loix de vanger les iniures. Estant donc veritable, qu'on deffend la vangeance de main propre, c'est à dire le chastiment de l'outrage & du crime, & que le Magistrat ne chastie guere que ceux qui tranchent la vie, ou rauissent les biens, mesmement entre nous autres François, ou que s'il en chastie quelque autre, le remede cuit plus que le mal par ses difficultés & par sa cherté; faut-il point conclurre, que non seulement elle est permettable, mais en quelque sorte meritoire : puis que de deux maux il faut élire le moindre, & que quand la vangeance seroit iniuste en soy; ce que non, il y a plus de mal à l'impunité, & presque authorisation du meschant, qui depend de ceste impunité, qu'à la vangeance, circonstantiée de temps, lieux & mesures ? Et de pretendre qu'il ne faut pas faire vn petit mal, pour en esquiuer vn grand, outre que cela repugne à tout discours Politique, Philosophique & naturel, le Pape mesme souffrant publiquement les Courtisanes & les Iuifs, celles-là pour éuiter pis, ceux-cy pour auoir mieux, rabat prudemment ceste replique. Ioinct que le venerable vieillard Rasias, ne laisse pas d'estre fort honoré des anciens Iuifs, & nommé leur Pere; honoré des Chrestiens aussi, bien qu'il ayt precipité sa vie pour fuyr les bourreaux : action que l'on repute criminelle en la Chrestienté. Qui plus est, l'Eglise a canonisé Sophronia & Pelasgia, apres auoir sauué leur pudeur aux despens de leur vie, qu'elles precipiterent de pareille resolution. Dauantage, l'Euesque du Chastel qui se rua dans l'armée ennemie, s'exposant à la mort volontaire, percé de douleur pour voir S. Louys abandonner sa conqueste de la Terre-saincte;

LES ADVIS. 143

nous authorise encore assez auec Rasias & ces Vierges, de faire les moindres maux, non seulement pour ne faire, ou souffrir faire les grands, autant que nostre effort s'y peut opposer, mais pour ne les patir simplement nous-mesmes. Ie sens bien que l'excellence des exemples & des remarques des Essais, m'emporte à les vsurper souuent, comme en cét endroict. Adioustons-y le traict de S. Malchus, tres-loüé de S. Hierosme, outre sa canonisation. Esclaue qu'il estoit, & forcé par son maistre de receuoir vne femme pour demy lict ou contubernale, il se voulut tuër, de crainte qu'elle ne le fist broncher au peché: lors qu'elle, arrachant le cousteau de ses poings, luy promit qu'ils viuroient chastement ensemble. Puis donc, suiuant mon fil, que nous sommes reputez par la bouche des Legislateurs & des Philosophes, auoir commis le mal que nous n'auons pas empesché de toute nostre puissance: il vaut mieux faisant vne vangeance iuste & temperée, enfraindre la Loy qui la deffend, quand elle la deffendroit absolument, & non suiuant l'art & la precaution des archers, comme il est dit; que pour sauuer vne infraction pure & simple de la Loy, donner suiect à l'offenseur par l'impunité, de continuer le mal vers nous & vers d'autres: & suiect aussi, de faire naistre de mesme exemple d'impunité mille offenceurs. Vaut-il pas mieux, veux-ie dire, faucer à point vne Loy contre Nature, particuliere, comminatoire, ou pour le moins doubteuse, hesitante, & visiblement extorquée au Legislateur par consideration de la foiblesse humaine, (comme n'estant pas faicte par droict, ny par crainte de l'vsage, mais par hayne de l'abus seul de ce qu'elle interdict,) telle que cette prohibition de vangeance; que de s'enferrer pour ne la rompre point, au violemment de l'autre absoluë, vniuerselle & naturelle Loy, qui nous proclame coulpables du mal que nous n'empeschons pas, autant qu'il nous est possible? & que de violer l'intention fondamentale de toutes les Loix, qui s'appelle la conseruation des bons, & l'extirpation des meschans, lesquelles ne peuuent auoir lieu auec ces impunitez? Ouy de verité, les Loix n'estans establies qu'à cette fin, sans qu'il soit besoin de preuue plus ample, quand leur obseruation contredit à leur but, il les faut laisser dormir, ou contourner à la mode du Laconien le tableau dans lequel on les a grauées.

J'entends crier à pleine gorge contre moy: les moins impertinents par crainte, non de cét vsage, mais bien de cét abus de la vangeance: les autres pour l'vsage mesme, qu'ils ne peuuent, quoy qu'on leur presche, imaginer sans horreur, par preuention. Iusques-là, que ie les ay veu declamer quelquefois plus aspremẽt contre le vangeur, pour moderé qu'il fust, que contre l'offenseur. Renuoyons ces derniers crieurs au discours precedent, ou bien aux Isles Anticyres, & payons les premiers si nous pouuons: ou pour mieux dire, acheuons de les payer, ayant desia solu plus de la moitié de leur payement, en prouuant l'equité & la necessité de la vengeance: prouuant aussi, que de deux maux il faut par son moyen choisir le moindre. A quoy ie puis adiouster, que si l'on deffend à l'homme toutes les autres choses dont il peut abuser, & dont il abuse demesurément, il luy faut oster tout ce qui peut tomber en sa possession, excepté la vertu, elle estant le parfait vsage des choses, & de nous-mesmes: de plus, il luy faut estropier l'esprit, & tronçonner le corps. Il luy faut outre plus arracher la saincte Escriture propre: puis qu'elle a seruy d'instrument à partager par vn aueuglement d'interpretation, vn grand Estat, & l'authorité Royale, legitime & benigne. Soit dit neantmoins auec toute pacifique intention, & ennemie de ceux qui portent leur conseil aux excés & au débord de rigueur contre la Religion nouuelle. I'adiousteray, que non seulement il est permis d'esperer mieux des Huguenots presens que des passez: mais que ie sçay qu'aux reuoltes, où ils se sont meslez depuis quelques années, suscitez par les Catholiques mesmes, quelle horreur! plusieurs Ministres & personnes de qualité ont contredict à leur possible, iusques aux pleurs, les folles resolutions de leurs Peuples. Plusieurs de leurs communautez & villes aussi, comme il est notoire, & dauantage, plusieurs Seigneurs, Gentilshommes & Chefs de Prouinces ou de places, sont restez en l'obeyssance du Roy. Il ne faut pas oublier qu'on peut en outre, auoir meilleure esperance que par le passé de la conuersion mesme des

Hugue-

LES ADVIS.

Huguenots, pour plusieurs raisons pertinentes. Renoüons le fil apres mon intermede d'occasion : protestant neantmoins que ie ne pretends nullement en tout ce discours étendre l'excuse de vengeance iusques aux duels, trop iustement & prudemment defendus par les Edicts du Prince. S'il faut retrancher tout ce dont l'on peut abuser, il faut abolir nos chers & bons Roys: puisque le zele pretendu de leur seruice a fourny tant de fois le pretexte aux rebellions, & autant de fois a deschaisné les Rages infernales sur la pauure France. Que si les Roys se trouuans en campagne receuoient, ce que Dieu ne vouluft, vn coup d'arquebuse par ces charitables armées, le receuroient-ils pas consequemment pour leur seruice encore? Vn deuot Empereur, tenant Rome assiegée, afin d'emprisonner & foudroyer le Pape, comme il luy succeda, par vne armée de Lutheriens, qui traitterent en amys les Autels & les Temples; faisoit faire en Flandres processions generales pour la prosperité du S. Siege, protestant estre armé affin de le proteger. Et les Lacedemoniens retenans le chasteau de la Cadmée, surpris en pleine paix par vn de leurs Capitainus, payerent la pauure Ville de Thebes & leur foy violee, de l'amende à laquelle ils condamnerent ce coquin. Fut-ce pas pour loyer de leur perfidie, qu'ils apprirent tost apres le mestier, iusques alors incognu de leur Nation, de se laisser battre dos & ventre en bataille, par vn plus homme de bien qu'eux & Thebain, ce grand Epaminondas? Ces bons seruiteurs des Roys, de qui nous venons de parler, ces zelateurs de leur conseruation & de celle des Peuples au prix d'vne guerre ciuile, ont ouy dire, que Phalaris brusloit les hommes dans le taureau d'airain, affin que leur clameur abastardie & falsifiée par tels organes, effaçast la iuste pitié du cœur des spectateurs. Platon maintient, que l'homme arriue à l'extrême meschanceté, quand il masque son vice du tiltre de vertu: car alors il fait Dieu, les Loix & le droict ministres d'iniquité. Si les autres offencent trois choses si respectables, cestuy-cy fait pis, d'autant qu'il s'en mocque : & fait de cela pis que l'athée, de ce que c'est vne plus griefue impieté de mespriser Dieu que de le mescroire. Disons à ce propos, que certains

T

Grands qui prennent vn pretexte de iustice, & mesmement celuy de la Religion, pour authoriser vne vsurpation, ou quelqu'autre entreprise ruineuse au prochain; font enuers sa Maiesté Diuine, autant qu'ils peuuent, ce que faisoit enuers vn Prince cét homme de bien qui l'empoisonna dans l'Hostie. Et i'ay peur que ceux de cette taille, qui n'aduancent iamais la Religion, sans aduancer aussi leurs conquestes, se soucieroient peu de celle-là, sans celles-cy, pour bons Chrestiens qu'on les crie.

Mais continuons mon discours des iustes & probales excuses de la vangeance, sans interest du respect de l'Escriture saincte. Si Dieu commande qu'on chastie l'enfant indocile, entend il comprendre au reproche de vindicatif, par les termes du passage preallegué de S. Paul, qui deffend la vangeance; le Pere ou le Precepteur qui fouëtteroient cet enfant bien serré pour vne irreuerence vers eux? Il a besoin de fouët par medecine, dit-on: aussi a bien respondray-ie, celuy qui outrage son prochain: & besoin, tant pour soy-mesme que pour l'exemple public. Puis la question n'est pas en ce Traité, ny parmy le monde, si la punition de main interessée est vtile, ou non à celuy qu'on punit: mais si elle est probable en temps, lieux & mesures. Au surplus: Iesus-Christ interdisant indefiniment de fraper de glaiue, a-il pretendu d'empescher la Iustice qu'elle n'assistast tous les iours le tranchant du sien sur les coulpables? ou luy a-t'il deffendu & refuse-t'elle, de consentir à chaque particulier d'aiguiser ses armes aussi, comme nous remarquions, pour deffendre sa vie attaquee, & aux maris de vanger l'honneur de leur couche à ce prix-là? Refuse-t'elle pour comble, d'approuuer que les Princes souuerains se facent raison à eux-mesmes des offences énormes, ouy par l'horreur infernale d'vne guerre; parce qu'ils ne trouuent personne qui leur peust faire ceste raison? Mathatias ce Chef illustre du peuple d'Israël, combattit le iour du Sabath, & apprit par son exemple à la Nation d'y combattre depuis: nonobstant le commandement exprés de leur Loy, d'obseruer à tel iour vne entiere cessation; nonobstant aussi, que ce Decret eust esté tres-exactement obserué par tout; &

que les punitions eussent esté fulminées par Dieu mesme sur les infracteurs, quelque necessité qui les eust poussez. De plus, toute alliance auec les Infidelles est deffenduë en l'Exode: & pourtant ces grands Princes & Pontifes, Ionathas & Iudas Machabée, ne laisserent point de faire ligue offensiue & deffensiue auec les Roys de Syrie & d'Egypte, les Romains & les Lacedemoniens. Voila deux argumens inuincibles, qu'en ce qui ne choque point l'équité de droict fil, toutes Loix & tous decrets reçoiuent interpretation selon le temps, ou selon les circonstances. Ie remonte à ces dispenses n'aguere alleguées, que la Iustice seculiere prend & donne aux hommes, sur la Loy qui interdit l'vsage du glaiue: & ie verifie par elles, qu'elle ne iuge aucune chose estre pire, ou pl⁹ à fuyr, que l'impunité du meschant, c'est à dire, de celuy qui offense Dieu ou les hommes: & consequemment qu'elle authorise tacitement chacun à faire de main propre le chastimēt du tort receu, quand il ne le peut tirer d'ailleurs, ainsi que i'ay monstré qu'il luy arriue maintefois. Et si la Iustice seculiere ou ciuile, ose faire ces prudentes distinctions sur le commandement de Iesus-Christ, alors qu'il interdict le glaiue; pourquoy ne sera-t'il permis à la raison vniuerselle, dont la Iustice seculiere n'est qu'vne branche, d'en faire quelques autres, tant sur les Loix diuines, qu'humaines: pourueu que ces distinctions soient articulées de toutes les circonspections, & de tous les respects requis? Dauantage, s'il est question d'authoriser la vangeance de main propre, il la faut articuler aussi de ceste necessité que ie proposois tantost, de ne la pouuoir tirer d'autre part; outre cette quantité de precautions que ie vay continuer en suitte.

Il faut donc remonstrer à ceux que la crainte de cét abus de vangeance touche, qu'ils facent bien nourrir leurs enfans, afin d'entendre raison par tout, & se picquer d'ambition également viue & genereuse à la practiquer. Qu'ils leur facent apprendre à cherir le bien-fait sensiblement, & ressentir le mesfaict de mesme sorte: mais à desirer plutost neantmoins ne receuoir iamais aucun bien-fait, que s'ils n'apportoient tous leurs efforts à le recognoistre: les induisant de plus, à souffrir mille outrages, plutost que d'en vanger vn mal à propos, ou hors de mesure. Que si quelqu'vn leur fait vn bien & vn mal, il faut qu'ils leur inspirent l'adresse & la volonté de contrepeser ces deux iustement, pour voir si le bien peut couurir son contraire, dont ils ayent à donner quitance à l'offenseur : resolus au demeurant, d'aymer mieux mille fois manquer à punir ce mal, qu'à recompenser ce bien, s'il surpasse le mal tât soit peu. Que ces peres ouurēt les yeux de leurs pupilles, à mettre notable difference entre les iniures perpetrées contr'eux de guet à pends, & celles qui le sont, non seulement par droiēt & deuoir, mais encore par interest ou passion, & mesmes par bestise. Interest ou passion, lesquels s'ils sont iustes & proportionnez à l'iniure qui procede de leur part, ne luy laissent peut-estre à mon aduis, meriter nulle reuanche : s'ils sont iniustes, la luy font meriter au moins plus douce, i'entends pourueu que la disproportion de la cause à l'effect ne soit pas excessiue : & plus douce sans comparaison, faut-il appliquer la peine à l'iniure qui procede de ces deux causes, qu'à cette premiere espece, qui se fait de guet à pends, naissant de pur mespris. Qu'ils duisent leurs mesmes enfans à ne se vouloir ressentir que des offences preignantes : & dauantage, à receuoir satisfaction de celles-là par fois en temps & lieux : les duisent encores, à s'abstenir de vangeance, quelque suiēt qu'ils ayent de la desirer, où ils ne la pourroient obtenir sans vne suitte de mal public, ouy mesmes de mal particulier, s'il tombe sur celuy qui n'en peut mais, & à ne la rendre plus frequente ou plus acre, sur le foible que sur le fort. Qu'ils leur enseignent combien est bestiale & lasche la vilenie que ie voy regner tous les iours, de se vanger aussi sanglantement de la contretouche de parole ou d'effect, qu'on leur rend sur vn affront, que si on leur faisoit l'affront mesme de pure & cruë aggression. Et qu'ils leur impriment, que celuy qui a eu le courage assez turbulent & assez yure, pour ne se pouuoir garder d'offencer, doit au moins retrancher son yuresse tout court, & non la multiplier par vne seconde : c'est à dire par l'impuissance de souffrir le chastiment qu'il merite. Ouy certes, il faut qu'ils forment ceux qu'ils gouuernent à conuerser legalement, ou patienter fortement & genereusement le coup de reuanche; pour eux-mesmes & pour leurs amis: de qui par consequence infaillible, i'interdis aussi d'assister d'effect ny de parole, les vangeances qui se trouueront effrenées, par cet excez d'auoir commencé le bruict, ou par autre. Car ceux qui prestent assistance aux vangeances indeuës, par quelque voye ou biais qu'elles le soient, sont coulpables de la faute propre, & de celle de ceux qu'ils assistent: puis qu'ils ne la commetroient point sans leur support. En France auiourd'huy, si quelqu'vn est ennemy d'vn seruiteur de Roy, s'il est parent ou amy d'vn rebelle, soudain que le tambour sonne pour la rebellion, ces gens se croyent dignement excusez, sinon authorisez, de s'armer & de la suiure. Voila pas triomphé? voila pas le deuoir enuers le Prince, non seulement inferieur à tous leurs deuoirs, mais encores à toutes leurs passions? Que ces Peres & Precepteurs, dont est question, facent naistre à leurs mesmes enfans, le desdain & l'horreur de ceste infame ordure que ie vois en vsage assez frequent; de faire cent indignitez à ceux ausquels l'on en a fait vne, si les offensez sont assez mousses ou mal estayez de force pour les souffrir: les offenseurs alleguans simplement: Ils me hayent: lors qu'ils ne peuuent alleguer, ny le moindre ombrage de desplaisir receu d'eux, ny aucun effect ou mot de reuanche, sur le desplaisir qu'ils leur ont aduancé. Qu'ils les instruisent à fuir ce fol amour propre, qui leur fait paroistre en l'offence, vn elephant ciron, quãd ils la font, & le contrepied de cela quãd on la leur rend. Qu'ils les disposent à reietter comme bridés à veaux; le faux rapport; la legere croyance, les vrayes semblances sans verité, les mal entendus, & les entend-trois; qui les peuuent susciter à quelque mauuaise estime ou malueillance ou dommage du tiers & du quart; ou ratifier le fiel de celles qu'ils auroient desia peut-estre conceuës. Qu'ils les fleschissent de plus, à ne croire iamais leur seule teste en toutes les precautions mentionnées: pour decider si elles sont pesées en vn iuste trebuchet, ou non, sur les occasiõs des vangeances: mais plutost à mesler à leur sens, lors qu'ils les vou-

T iij

dront examiner & practiquer, le conseil des plus sages, & des plus gens de bien, de peur de se tromper en cet examen & en cette practique : soit qu'ils se trompassent par l'aueugle ialousie de leurs propres interests, tres-coustumiere, ou par quelque humeur aduste, ou par ignorance particuliere du faict, ou generale imbecilité de leur ceruelle. Qu'ils leur pestent en suitte à cor & à cry, ceste pendarderie que l'on voit regner assez souuent, de heurter, aussi rudement vne plainte, pour sobre qu'elle soit, qu'vne iniure, & qui plus est, de heurter vn simple éclaircissement requis ; & qu'ils leur detestent apres ceste autre pendarderie, de dire le pis qu'on peut dés le commencement du moindre bruit ; soit pour brauer, soit de crainte que la partie ne le die (comme si l'on pouuoit l'empescher de damer sur toutes iniures, iusques à la mort) soit par autre sottise. Et cela sur des riottes, qui la pluspart du temps passeroient comme vn eclair, ou se dissoudroient en quelques legeres & preambulaires paroles ; sans ceste folie & ceste insolence harangeres d'vne des parties, qui portent, que la discretion de l'autre demeure inutile à la pacification. Qu'ils leur facent gouster parmy tout cela, qu'il vaut mieux estre le patient que l'agent en telles procedures, s'il faut estre l'vn des deux, de pareille mesure, qu'il vaut mieux rencontrer vn sot que l'estre soy-mesme. Et finalement, qu'ils les dressent d'vne inuincible & perdurable resolution, à l'air d'vne vie affable & benigne, pleine de foy, discrette, respectueuse, fuyant superstitieusement d'offencer, & souffrant encores l'offence iusques à certaine proportion : tant par charité Chrestienne & morale, que pour contreminer & compenser par ceste prudente mansuetude, la foiblesse de l'esprit & l'imbecilité des mœurs de ceux ausquels on peut auoir affaire. Quiconque obseruera religieusement toutes ces aduertances, circonspections & reserues, ie suis trompée s'il ne se peut vanger, par vne exception iuste & legitime de toutes les Loix, qui portent interdiction de vangeance.

Or apres auoir aucunement raisonné ce suiect, ie veux toucher quelques authoritez & quelques exemples, pour arc-boutant de ma these. Laissons à quartier la Philosophie, Loy, tutrice & lumiere de la vie humaine : laissons-la dire & repeter par la bouche de mon second Pere; que lors qu'elle deffend au Sage de s'emporter de courroux sur l'iniure, c'est affin d'en mieux trouuer le reuers, & d'en assener la contrepoincte plus viue. Oublions Seneque, qui proclame l'occision du Tyran estre le sacrifice plus agreable aux Dieux : & tout meschant & offenceur, est vn Tyran priué. Mais quoy, si les Sainctes Lettres condescendent encore à cela mesme? Moyse declarant aux Leuites en l'Exode, qu'ils auoient fait vne offrande à Dieu, d'auoir assommé leurs parents pour l'idolatrie du veau d'or? Que si l'on respond que ce traict fut simplement vne voye de faict, non pas vne vengeance : Ie demande, si quelqu'vn de ces zelez eust esté flestry de reputation, ou cassé du panegyrique dont Moyse illustroit cette compagnie, pour auoir parmy tels Idolatres tué de sa main, ceux qui eussent n'agueres esgorgé son fils, son pere, ou son honneur? Il y a plus : quand Dauid, homme selon le cœur de Dieu, commande à son fils en mourant, de tuer Semeï qui l'auoit autrefois maudit allant en guerre, n'estoit-il point vindicatif? Nos antagonistes font vne replique fort sophistique, alleguant, que cela se fit pource que Dauid Prophete, preuoyoit que cét homme desseruiroit le Roy son fils apres luy : ne voyans pas, que s'il eust esté poussé de ce motif, il eust beaucoup mieux aymé l'alleguer, que l'ancienne iniure, de laquelle apres tout il auoit promis pardon à Semeï. D'autres disent, non moins sophistiquement, que Dauid en qualité de Roy, commandoit cette mort pour raison d'exemple vniuersel & ciuil. Comme si tout le monde en sa vangeance ne se pouuoit pas couurir d'vn tel bouclier : comme si la raison d'exemple deffendoit aux Roys de pardonner par fois, mesmement à ceux qui suiuant la recognoissance de Semeï, se fléchissent à requerir grace, & la requerir sur vne coulpe de si peu d'effet & de suitte, ayant eu autant de pouuoir de maudire que d'absoudre son Prince : & de plus s'estât porté à tel excez par vne fiévre de passion vers Absalon, non par mespris de son mesme Prince : & comme si finalement, les termes & la voye dont vse Dauid, ordonnant de tuër, non de mettre en Iustice, ce qu'il eust peu facilement sur vn tel crime, ne ressentoient pas beaucoup plutost vn viel vlcere de courroux, qu'vne intention d'exemple. Courroux iuste en verité, veu l'impudence de Semei vers son Roy: laissant neantmoins aux Scoliastes de la saincte Bible, le soin d'accorder ce commandement de vangeance, auec la promesse que Dauid auoit faite à cet homme, de luy donner la vie; promesse qui ne deuoit poit point estre violée, si i'en suis creuë, & si i'y voy clair. Regardez auec quéls termes il exprime encore ailleurs, en la version de Desportes, son appetit de iuste vangeance, & iusques à fulminer les plus aspres maledictions sur les peres, meres & enfans de ses ennemis.

Establis vn meschant qui maistre luy commande,
Et que quelque Satan son contraire se rende,
Tousiours pour l'affliger à sa dextre attaché:
En iustice appellé, par sentence équitable
Soit conuaincu de crime & declaré coupable,
Et que son oraison luy retourne à peché.

Que courte soit sa vie auant l'aage coupée,
Et que sa fonction soit d'vne autre occupée,
Que sa femme soit vefue & ses fils desolez:
Orphelins, vagabonds, questent de porte en porte,
Apres estre chassez par vne main plus forte
De leurs vuides manoirs demolis & bruslez.

Que le fin creancier d'vsure rechargée
Luy tienne estroictement sa substance engagée,
Et que les estrangers butinent ses trauaux:
Qu'entre tant de viuans vn seul bien ne luy face,
Que la mesme rigueur persecute sa race,
Vn seul ne se trouuant qui console ses maux.

Que sa posterité long temps ne soit viuante,
Que son nom soit perdu dés la race suiuante,
Et s'efface à iamais hors de son souuenir:
Que les iniquitez par son pere commises,
Et par sa mere aussi, ne leur soient point remises,
Ainçois puissent tousiours deuant Dieu reuenir.

Qu'il ayt la maudisson pour habit ordinaire,
Qu'il s'en couure en tout temps, & que toute misere,

Ainsi

Ainsi qu'vn ceincturon le serre estroictement.
C'est ce que l'Eternel garde pour resompense
A tous ces mal-heureux qui me portent nuisance,
Et qui tant de desseins contre moy vont tramant,

Aucuns repartent, que ces vangeances supportables en la Loy de rigueur, ne le sont plus en la Loy de grace: toutefois c'est se couurir d'vn sac moüillé, les deux Testamens estans tres-necessairement, vniment & concordamment enchassez l'vn sur l'autre. Adioustons, qu'il n'est point de pareille Loy de rigueur, que celle qui deffendroit à tout prix la vangeance d'vne iniure bien affilée, à ce que disent ceux qui l'on souf-ferte: partant la peine que la Loy de rigueur iettoit du cos-té de l'outrageant, la Loy de grace par l'interdiction de van-geance, si elle estoit absoluë, la reietteroit du costé de l'ou-tragé. Mais à bien parler, la Iustice permettant la pour-suitte iuridique, pour auoir raison des iniures, authorise & adouë assez la continuation de ceste Loy de rigueur, si Loy de rigueur y a: car en vne plaine & vraye Loy de grace il faudroit tout pardonner, & non iamais poursuiure aucune vangeance ou punition: chose tres-inique, & qui remettroit le Monde en la confusion du Cahos. Pour fin, si la Iustice Diuine patiente qu'on face iouër la mine des iustes & cui-sans ressentimens, & mesmes de main-mise, & si elle entend souffrir en leur faueur, vne parenthese à sa prohibition de vangeance; la Iustice ciuile, comme nous auons tantost es-crit, n'est gueres plus reuesche en effect sur ce poinct: quel-que semblant qu'elle face de paroles, pour deterrer les iniu-stes ou les excessiues vangeances des fous, dont le Monde est plein. Les exemples de la clemence du Magistrat, sur la iu-ste vangeance, que les Iurisconsultes nomment acte de Na-ture, sont infinis aux siécles antiques & nouueaux. Mais i'en proposeray seulement quatre ou cinq des anciens, pour seeller ce Traicté. Popilius Lenas Preteur & Iuge fameux, ne voulut iamais punir vne fille qui auoit tué sa mere: outrée du mortel regret d'vn sien enfant, meurtry par la vieille en haine d'elle. Et Dolabella, Proconsul & Iuge aussi de grande reputation en Asie, sur le faict d'vne femme meurtriere d'vn

V.

sien fils, & de son mary, pour vanger vn autre fils d'vn premier lict, qu'ils auoient assassiné; se trouua l'esprit si my-party pour & contre, qu'il en renuoya la cause au Senat d'Arcopage: & le Senat apres vne deliberation meure & profonde, condamna ceste pauure mere à sortir de prison: ie veux dire, la remit à comparoistre dans cent ans. Qui ne sçait que les Dieux & les Sages absouldirent Orestes du meurtre de sa mere, pource qu'elle auoit tué son pere? qui peut ignorer encores que ce vray Sainct P. Africanus, approuua le meurtre de Tyberius Grachus, commis pour vanger la liberté Romaine? & que Rome en sa plus haute innocence remit à Marcus Horatius la mort de sa sœur, quoy qu'elle n'eust rien faict de pis que lamenter la perte d'vn ennemy de la patrie, à cause qu'il estoit son fiancé?

✼✼✼✼✼✼✼✼✼✼✼✼✼✼✼✼✼✼✼✼✼✼

ANTIPATHIE DES AMES BASSES ET HAVTES.

L'Ame ne seruant au vulgaire, que comme le sel au pourceau, pour le garder de corrompre, disoit vn ancien; mal-heureux sont auprés de ce monstre de bestise; *quod vigilans stertit*, ceux de qui la sagesse & la vertu sont en quelque estage extraordinaire: car alors il ne les peut cognoistre, & la nature de la bestise porte, de condamner tout ce qu'elle ne cognoist pas. Monstre, qui s'appelle chacun, ou peu s'en faut: ie le veux dire & redire à chaque fueille de mes Escrits. Aussi est-il vray, que iamais homme ne rencontra mieux qu'vn peintre, qui coiffa le globe de ce bas Vniuers d'vn chaperon de fou renforcé de ce mot: *O caput helleboro dignum!* Comment ne seroient les entendemens de tel degré sauuages au goust d'vn vulgaire; veu qu'entre leurs égaux mesmes ils le sont par fois au premier abord: suiuant la nature des bons esprits des morts & des bons Demons aussi, qui ne paroissent iamais, s'il faut croire des Autheurs celebres, sans apporter quelque frayeur d'arriuée, les mauuais au contraire, vn contentement: les vns & les autres tenuer sans ceste medaille auant partir. Toute la gloire de la fille du Roy, dit le Psalmiste, est en l'interieur: & par ce moyen difficile à penetrer & recognoistre. On lit cette Sentence en bon lieu; Pour plaire long-temps, il ne faut pas plaire soudain: *Quæ citò placent, non diu placent.* Les communes ames ressemblent à l'abord ces lieux, qui paroissent beaux de loin, & de prez, rochers & precipices: les belles & grandes, ceste Minerue de Phidias, qui de prime face parut si monstrueuse que le Peuple l'en voulut lapider, croyant qu'il se mocquoit des Dieux: depuis mise en son iour, sembla tres-parfaite & celeste. Et n'est pas de merueille si ces gens de haut relief, semblent parfois aussi sauuages à leurs égaux mesmes, iusques à ce que ceux-cy ayent employé la prudence & le loisir à discerner si plusieurs des plus sublimes actions ou paroles de ceux-là, lesquelles portent vne apparence equiuoque de sens ou d'erreur, tant qu'on en cognoisse le ressort interne, telles choses en pouuans auoir vn bon & vn mauuais, procedent de ce premier, qui les qualifie traicts de speciale clair-voyance, & de hautesse d'entendement & de vertu, ou bien de ce dernier qui les rend & les declare traicts d'extrauagance. Quel sage de la meilleure marque eust sceu de prime abord discerner, si ce Philosophe Grec, qui faisoit gloire de compter, aux premiers venus, qu'il estoit fils d'vn esclaue cicatricé au front, & d'vne garse; se portoit à cela par vne gauffe ignorance du monde, ou par vne sagesse abstraicte, & tenduë à fouler aux pieds les grimaces & l'approbation mondaine: sagesse assistée d'vne genereuse confiance du merite de son maistre, que ces accidens externes & fortuits ne pouuoient ny flestrir ny alterer? Quel sage & suffisant encores, s'il eust ignoré de quelle trempe estoit Socrates, eust peu digerer en plus de trente articles ce playdoyé dont il entretient ses Iuges en Platon: notamment le passage par où il expose à certes que la mort luy est indifferente, comme chose qu'il ne peut cognoistre ne l'ayant pas esprouuée? quelle face dis-ie d'ignorance exceſſiue ne porte ce diſcours d'vne part? quelle haulteſſe auſſi de ſapience & de conſtance ne ſe repreſente de l'autre part en vne telle ſi nouuelle & ſublimes peculation, & employée en l'extremité d'vn tel peril? Que dirons nous de cette libre expreſſion qu'il fait du beſoin que les Citoyens de ſa Republique ont des exhortations & des aduertiſſemens de ſa ſuffiſance? quoy que de la ballotte qu'il ſe donne à ſoy-meſme, non ſeulement d'abſolution, mais encore d'vne recompenſe vtile & honorable? Toutesfois il ſuffit que le Lecteur ſoit aduerty par ces trois mots, pour auoir recours à la piece meſme, ſans que ie me trauaille à la citer plus auant. Or, ſuiuant ma route, ie veux monſtrer, que le iugement neceſſaire en la diſcution de ces apparences equiuoques de ſens ou d'erreur, difficile à faire d'abord aux égaux meſmes des grands perſonnages, ſur leurs actions ou leurs paroles; ne tombe point, à plus forte raiſon, aux cerueaux du vulgaire: moins encore y tombe la patience de preſter quelque iuſte loiſir ſur vne ſi importante conſideration: iugeant toutes choſes ſur l'étiquette du ſac. Parquoy ne nous émerueillons pas s'il ne liquide, & ne diſcerne rien, qui ne ſoit groſſier, ou diſcerné groſſierement. On voit le Ciel en vn clein d'œil: mais il faut du temps à voir vn eſprit, autant qu'à l'inſtruire, & de l'induſtrie non moins. Il me ſemble auoir ouy reciter, que quelqu'vn du paſſé, definit les gens dont ie parle, c'eſt à dire, ſelon ſon intention & ſon ſiecle, les Philoſophes, perſonnes où chacun trouue à reprendre: ſurquoy Seneque adiouſte vne reigle; De meſpriſer & d'eſtre meſpriſé, pour Loy fondamentale de la Philoſophie leur mere & la ſienne. Aduis & ſentence des Sages; diſoient les anciens, tiennent lieu d'vn paradoxe perpetuel parmy le vulgaire. S'ils ſemblent extrauagans & detraquez encore, à ceux qui les leur ſemblent, quel miracle y trouue-t'on? tout homme pertinent ne peut eſtre tel, qu'au gouſt de celuy qui l'eſt luy-meſme: l'extreme effort de la pertinence, & qui n'appartient qu'à elle ſeule, conſiſtant, à iuger bien à poinct ſoy-meſme & autruy. Dauantage, la plus plantureuſe folie au gouſt d'vn malhabile homme, c'eſt vne action ou vne paro-

LES ADVIS.

le qui surpassent la portée de sa comprehension: & toute a-
ction & parole de sagesse la surpassent, peu d'exceptions faites. Qui plus est, le chef de cette bande Philosophique, nostre
Socrates, fut battu du vent des charitez ridicules plus que
homme du monde, iusques aux theatres effrenez: comme
il le fut des criminelles iusques à la mort: sans alleguer Dauid, qui se plaint tant du fleau de la langue. Non seulement
les Atheniens meurtrirent ce miracle du genre humain, sous
pretexte de gaster la ieunesse, crime duquel il estoit, non
simplement exempt, car il possedoit vniquement la vertu
contraire: mais ils publierent Tyrtée pour vn esprit hors
des gonds, & Democrite aussi: tesmoin le bec iaune que leur
fit apres l'auoir examiné, ce grand Hippocrates, qu'ils auoiēt
enuoyé vers luy, pour medeciner son cerueau. Plus ils firent
payer à Homere cinquante dragmes d'amende, comme e-
stant desuoyé d'entendement. Escoutons Ronsard par la
bouche des Muses.

Tu seras du vulgaire appellé frenetique,
Insensé, furieux, farouche, fantastique,
Mausade, mal-plaisant: car le Peuple mesdit,
De celuy qui de mœurs aux siennes contredit.
Mais courage, Ronsard, les plus doctes Poëtes,
Les Sybilles, Deuins, Augures & Prophetes;
Huez, siflez, mocquez, des Peuples ont esté:
Et toutesfois, Ronsard, ils disoient verité.

L'Eglise primitiue nous rapporte les accusations de ces faux
Euesques du Consiliabule du Chesne, contre S. Chrysostome; Qu'il menoit vne vie de Cyclope, amassoit grande quantité d'excellentes pierreries pour trafiquer, iniurioit & mesprisoit les autres Ecclesiastiques: & finalement, qu'on ne le
voyoit iamais prier Dieu, ny gueres en l'Eglise. D'ailleurs,
S. Thomas, & S. Athanase, ont esté griefuement calomniez
en leurs personnes: & non moins S. Hierosme, qui le fut
iusques au reproche d'impudicité, voire au milieu de sa mor-
tification extresme: tesmoins leurs Apologies: adioustant
ce dernier; Qu'il loué Dieu, de ce qu'il se trouue digne d'e-
stre odieux au siecle: & qu'il sçait, qu'on trouue autant le

chemin du Ciel, en la reputation iniurieuse, que fauorable. Sainct Thomas mesme vn iour, fut chassé de la chaise à viue force & voye de faict par l'Vniuersité de Paris. Quelles restuës, turbulentes & sottes censures, n'a point souffertes tout de nouueau, ce pertinent & religieux ouurage de l'Introduction à la vie deuote; registrées dans la Preface de son digne & docte frere, le Liure de l'Amour de Dieu? S'ils m'ont persecuté, ce dit Iesus-Christ à ses Disciples, aussi feront-ils vous: & ailleurs: Si le iuste estoit du monde, (lequel iuste comprend aussi le Sage sur qui nous sommes) le môde aymeroit ce qu'il recognoistroit sien: mais s'il le hayt, pource qu'il n'en est pas. Et les parens de luy-mesme eurent quelquefois enuie de le lier cöme insensé: sans parler du reproche d'esprit fouruoyé, qu'on faisoit à S. Paul, à cause de sa doctrine, Aristote allegue ces vers, pressé sur ce propos, de la consideration du peril:

Quiconque est sage & fin instruise ses enfans,
  A ne vouloir sembler plus sages que les autres.

Il est autant pernicieux aux ames de particulier merite, d'estre examinées d'vn iugement bas, c'est à dire d'vn iugemēt vulgaire, s'il n'est du tout innocent & benin, que de rencontrer vn aspic en furie: & le caractere d'innocence & de benignité, se trouue rarement en ce degré de cerueaux. Outre que la lumiere de la vertu est si viue & si penetrante, que ceux d'entre ces cerueaux-là qui ne sont point au plus profond estage de la bassesse, restent encores, ce semble, capables de l'apperceuoir aucunement: & partant ils l'enuient de ie ne sçay quelle sorte en la decrians & rebuttans: c'est pourquoy ils la ternissent en autruy, & violent son lustre de tout leur pouuoir: i'entends si ces deux qualitez, de l'apperceuoir & de recognoistre sa beauté pour peu que ce soit, & de la descrier ou mespriser, peuuent loger ensemble.

Or non seulement à mesure qu'vne ame ou qu'vne action s'esleuent plus haut, la veuë du vulgaire s'affoiblit à les discerner iustement, si ie ne l'ay dit en autre lieu: mais il est dauantage tant plus esloigné, de pouuoir mordre à cette cognoissance du prix des iugemens ou sentimens, des reigleniens & des actions des belles ames; que le plus excellent bien est celuy qui s'auoisine du mal sans y toucher: la perfection en toutes choses, estant ce, à quoy l'on ne peut rien adiouster ny diminuer tant soit peu, sans luy faire tort: sur tout aux choses de cette espece, mouuemens & reiglemens d'vne saine & haute raison, & mesure requise aux mœurs & deuoirs humains. De façon que le bien-faire & le bien iuger des belles ames, au poinct de leur excellence, eschappent à la perquisition & approbation du commun, par leur propre nature & hautesse, & souuent par le plus estroict voisinage du mal. La veuë du commun, veux-ie dire, estant si stupide & si louche, il mescognoist tantost la pertinence, tantost la sincerité, des mouuemens & des actions de ces esprits rehaussez par dessus l'ordinaire, ou Philosophiques, afin d'vser du terme ancien; si cette pertinence & cette sincerité sont pures, exactes & simples, & si l'vne & l'autre ne prennent dans les excez qui surpassent leur iuste perfection, vn corps materiel & palpable, pour sa lourde main: suiuant le train des Anges, qui s'auillissent à l'ayde d'vne masse palpable, quand ils veulent comparoistre aux yeux de nostre foiblesse. Pour exemple, il ne remarque la prudence, que par la cautelle, ou la pesanteur: la vaillance, que par la temerité; la pudeur, que par vne aygreur reuesche: la clemence, que par vne indifference stupide des faueurs & des outrages: l'innocence & pureté des mœurs, que par l'hypocrisie: ny la vraye religion d'vn cœur, que par sa bigotterie, ainsi du reste. D'abondant, cét animal ne manque pas de choquer ces iugemens, sentimens, & actions des ames hautes; si elles ne les esloignent à trente brasses de celle des deux extremitez qu'il croid estre plus à fuyr: au lieu que ces hautes ames croyent faire & conceuoir ces choses là de plus saine teste, ne les escartant qu'à demy brasse d'vne telle extremité. Et ce vulgaire de plus accuse aussi ces ames, si elles n'inclinent & guident ces mesmes choses par les mesmes ressorts & raisons que luy, qui ne void que trois ressorts & raison.

à les incliner & guider, pendant qu'elles en voyent dix: & ces dix encores autres communément. C'est vn signe vniuoque des entendemens de fin or, de sçauoir discerner le bien sur le bord du mal, si besoin est: & tout de mesme, signe vniuoque & general des esprits de bas aloy, de prendre tousiours pour faute & pour mal, ce qui s'en approche. Vn iugement deslié, sçait partir vn filet en quatre: & par tout il le faut partir, ou faillir. I'ay, disoit Pindare, plusieurs traicts en ma trousse, qui sonnent bien pour les sages: mais pour la tourbe, ils ont besoin d'interprete. En effect, ie croy qu'vn si magnifiquement hardy Poëte, & si pompeusement émancipé, fut deschiré du babil populaire tant qu'il vesquit: & plus de cinquante ans apres: ce Poëte, à dire vray, né pour remplir & pour comprendre la somme immense des ans & des siecles: vsons de la riche metaphore d'vn grand Cardinal en son Mausolée de Daphnis. Ces erreurs & temeritez des arrests du vulgaire, que ie viens de dépeindre, ont deux principales causes: la premiere est l'impuissance & stupidité d'esprit de leur autheur, n'aguere mentionnées: la seconde, qui peut estre depend de ceste premiere, c'est, que les sages font, iugent & disent les choses tant qu'ils peuuent, par raison, ce mesme vulgaire par coustume & routine: lesquelles sont sottes comme ouurages de sots, tels que leurs peres estoient: & neantmoins seule mire, à laquelle il veut butter & regler ses opinions & deportemens, & dauantage ceux de ses voisins. Vn honneste homme, pardonne bien vne bestise, par fois & souuent: vn sot par ces inconueniens-là, ne pardonne gueres vne sagesse, ny iamais celle qui se trouueroit estre de haute excellence.

CONSIDERATION SVR QVELQVES contes de Cour.

'Appris le conte qui suit d'vn Caualier, qui disoit le tenir de Monsieur de Maintenon son oncle: c'est qu'en la Cour de son temps vn personnage tel, que ie ne puis designer la mesure de son merite sans accuser son nom, pensa vers le temps de la Ligue, estre bassoüé dans le Cabinet, & pour le meilleur marché n'y practiqua gueres d'estime : Gentilhomme neantmoins de race, d'espée, de fortune, de mine & d'asseurance, mais non assidu prés de sa Maiesté. La cause vnique de cela, fut que les Courtisans ne peurent gouster vne gentillesse & vne suffisance hors d'exemple : imitateurs par tout de ces bons Suisses, qui donnerent pour cinq souls le grand diamant de Bourgongne. Autant & pis en arriua-t'il à la Boitie, si grand homme par le tesmoignage des Essais : dont en haine de la tyrannie en general, de qui la souffrance de ces choses est vne laide appendance, aussi se desrobent-elles la pluspart du temps à la cognoissance de nos Roys; il escriuit ce pertinent & gentil ouurage du Contr'vn : tres-esloigné pourtant, ainsi que les mesmes Essais remarquent, de l'intention à laquelle les Protestans l'appliquerent iadis. Et certain grand Prince il y a quarante ans ou enuiron, commença d'esmouuoir, ou pour le moins de fort eschauffer ceste veruë, imbecille & nouuelle née de son siecle, & l'eschauffer aux despens du sot & de l'habille, afin de chercher nouueaux plaisirs : tant il estoit peu vray qu'il fut graue, ou qu'il cherist les belles ames, comme il vouloit qu'on estimast. Les Grands n'aimēt gueres les personnes fort capables, se souuenans de cét ancien mot : Les plus fascheux vents pour nous sont ceux qui nous descouurent. Dauantage, ces gens-là sont ordinairement de telles ames, autant qu'ils sont penetrans à les descouurir & gouster, comme des ieux de passe-passe, qu'on

X

mesprise en les admirant. Que ne souuienent-ils neantmoins, que Iupiter prend à iniure en l'Odyssee, que Pallas peust croire qu'il eust oublié son Vlysses: veu qu'il estoit, dit-il, doüé d'vne telle excellence d'entendement? Certes, quiconque ne recherche & ne cherit ces ames, declare sans excuse, que la sienne n'a pas la capacité de les employer. Et rapporte Xenophon au Symposè; Que Ganymedes fut rauy dans les Cieux, pour la beauté de son esprit, non pour celle de son corps ou de son visage. Quoy si Socrates comtoit entre les suprémes beatitudes de l'immortalité, de conferer auec les illustres esprits, hommes & femmes, qui auoient autrefois esclairé la Grece? Qui plus est, nous apprenons d'Athenagoras, en son Liure du Parfaict Amour, que la Theologie de Iupiter Hamon portoit; Que les Demons iettoient par fois en l'air des beuglemens, & forgeoient ces orages que nous ouyons, pour le dueil de se voir deslogez par le trespas de chez quelques belles ames qu'ils souloient regir. On demandoit à Diogenes, pourquoy les riches auoient plutost pitié d'vn estropiat, que d'vn Philosophe, necessiteux également: Pource repliqua-t'il, qu'ils n'ont pas peur de deuenir Philosophes, ouy bien estropiats. Il faut croire aussi, que si ces testes de Cour dont nous parlions à l'entrée de ce Chapitre, traictent plus mal s'ils peuuent les honnestes gens que les autres, c'est qu'ils n'ont pas peur de deuenir honnestes gens. Au partir de là, se tenans asseurez, que par la prudence de tels esprits, celuy d'entr'eux qu'ils offencent n'oseroit repliquer aussi vertement que les attaques meritent, d'autant qu'il recognoist son pouuoir ou foible actuellement, ou foible à proportion des assaillans: (car ces gens n'assaillent iamais qu'auec aduantage) ils pourroyent tout d'vn coup, à frapper plus vilainement, & se couurir plus laschement vers ceux-cy, qu'ailleurs. Vn ancien écrit, Que la medisance se fait aymer de ceux qui s'en escriment, parce qu'elle semble porter quelque marque de liberté: cependant à la mode que ces messieurs la practiquent en nos iours, ie dis veu les precautions de seureté qu'ils y cherchent; elle porte marque de seruitude. Mais i'ay peut-estre dit quelque chose approchant de ce propos au Traicté que i'ay fait contre elle. Dieu gard' au reste vn homme d'honneur de se daigner battre auec sa mule comme Stesiphon, & de s'attaquer de paroles auec celuy qui n'a que perdre en vraye reputation, ny bonne ceruelle en teste, non plus que telles personnes. Toutesfois laissant mesmes à part la honte & la lascheté de telles entreprises, l'interest des combats ou des querelles, & des autres calamitez qui naissent de ceste graine ; si ces insolens abordent vn pauure esprit, que ne le laissent-ils en repos, & que ne s'abstiennent-ils de luy faire mal sur mal, par pitié du malheur de sa niaiserie ? s'il est bien né, que ne l'honorent-ils, ou que ne le laissent-ils du moins honorer aux autres : qui sans doute en viendroient là, si ces caustiques babils n'empeschoient qu'on le recognust, tant ils le deschirent & desfigurent ! Certes ils en sont bien prés ; eux qui gaignent ce poinct au recullement des gens de merite, s'ils le peuuent obtenir ; que le champ des Cours demeure presque du tout aux seules impietez & aux badineries, leur vnique gibier. I'appelle auec raison les mœurs corsaires ou mal-faisantes, impietez, puis qu'elles sont ennemies de Dieu, & pleines du mespris de ses Loix plus sainctes. La fable de certain petit garçon n'est pas mauuaise en vn Poëte Grec. Despité de ce qu'vn enfant oyseau le fuyoit par les bois, bien qu'il l'eust poursuiuy de tout son effort ; vn vieux Pasteur auquel il s'en pleignit, l'asseura que dans peu d'années estant homme, ce bel animal viendroit nicher en son sein. Sa foiblesse & rusticité l'armoient en ce bas aage, contre les abords & les charmes de Cupidon ? celles de ceux-cy, les remparent contre les charmes de Minerue & de la vertu, logées en ces personnes qu'ils mal-traictent, tout ainsi que sur vn autel digne d'honneur & de respect. Tant y a donc, qu'aucuns de ces plaisans reputent à galanterie superlatiue, non seulement de décrier, mais de piccoter plus volontiers les esprits bien nez & ornez de ces dons-là, que les autres : sans deffence, au moins deffence visible à leurs yeux, ou sans fortune, cela s'entend tousiours : & font galanterie apres de dire auec leurs risées ordinaires, que c'est dommage de les laisser chommer, estant capables de faire de

X ij

beaux repars & bien aigus aux atteintes qu'on leur donneroit. Noble finesse qui m'apprist vn iour vn homme de cette profession, à qui i'auois priuilege de faire reprimende d'vne telle entreprise que ie luy vis enfoncer. Si quelque fol rencontre vn sceptre, il faut qu'il en face vne marotte. Quel prodige de nostre temps? quereller le merite pource qu'il reluit! & que ne songent ceux-cy à tirer plutost de la conuersation de ceux-là, les moyens de leur ressembler, & les plus exquises douceurs de la vie? Toutesfois puis qu'ils portent les oreilles de Mydas, ils ont raison de preferer la fluste de Marsias à la lyre d'Apollon, trop delicate & speculatiue pour eux. Quiconque a veu des rustaux, mesprisans toute sorte de delices nobles & gentilles, s'essayer à danser vn bransle de village, portans auec la capriolle & la petite huée gaillarde, les tallons au derriere à la mode champestre; veritablement il a veu les vrays modelles de tels messieurs. Et si quelqu'vn replique, qu'on n'a pas souuent ouy parler que l'on ait piccoté des Esprits de riche forme, c'est qu'ils sont rares, & rares encore en leur bande, ceux qui manquent du tout de support. Ioint que la rareté d'vne telle entreprise, ne nous doit pas rendre moins vehemens à la rabattre & recogner: car vn seul homme rebutté d'vne Cour & du seruice des Roys, ou tué en duel par les effects du babil de ces bouches, vrays souspiraux d'Enfer, on peut faire vne perte qu'on ne sçauroit compenser d'vne moitié de l'Estat: sur tout en vn temps si desnué d'hommes, vrayement hommes, & si necessiteux de leur secours. Et ces especes de gens s'eschauffent plus opiniastrement à persecuter ceux dont ils ont plus d'opinion, s'ils ont vne fois commencé; tant pour les acheuer de ruiner, de crainte que le temps & les occasions ne leur ouurent le moyen d'vne reuanche, que parce qu'ils s'imaginent qu'estans piquez, ils en prennent desia quelques erres, les lapidans iour & nuict de paroles en leur absence: à quoy neantmoins Dieu sçait si des ames de prix auroient le cœur de s'abaisser. En somme ils prennent tant plus de peine à faire passer ceux qu'ils ont offencez pour des gens mesprisables, de ce que moins ils les croyent tels: imposture, non seu-

LES ADVIS.

lement contre le S. Esprit, mais tout à fait diabolique.

Sans doute depuis les quarante ans mentionnés, & le Prince sous qui cette vilenie de punctiller & d'attaquer en presence, nasquit ou se renforça quand & celle de drapper en absence, comme si ceste derniere ne faisoit point assez de mal & de querelles toute seule, nos Roys ont manqué d'acquerir cent seruiteurs de grande & particuliere vtilité pour leurs affaires: de ce qu'ordinairement les esprits de meilleure marque estans plus appuyez de merite, que de pouuoir, par l'iniustice aueugle de la fortune, & moins taillez au biais des ioyeux, ils les ont d'abord rebutez de la Cour par telles baliuernes. Les moins impertinens de cette bande entreprennent ces choses-là contre des esprits de ce qualibre, par enuie ou par crainte de leur progrés ou de leur suffisance, s'il n'est desia dit en quelque façon: les autres par le rapport d'vn sot ou d'vn ennemy qui se trompe ou qui suppose: les autres par quelque faux iour, sous lequel temerairement ils regardent de mauuais œil l'humeur ou le talent de ces personnes: & les autres finalement, par galanterie presomptiue. De ceste penultiesme espece, fut l'attaque qu'ils donnerent à ce braue & genereux seigneur de la Valette à son arriuée en Cour, prenans sa taciturnité r'assise pour pesanteur. Voyez quel interest nostre Monarchie couroit en l'intemperance d'vne langue, qu'il fallust que par elle, le conseruateur de la Prouence, se vist en danger de se perdre auant que produire ce beau fruict, c'est à dire, fut prest d'exposer sa vie au peril d'vn duel, qui est en France vn combat en chemise! N'estoit-ce pas mettre la Prouence elle-mesme le sein nud, entre l'espée & le poignard? Sans compter ceux que la menace de tels exemples a gardés d'approcher, ceux aussi que ces gens ont seruis de telles viandes, apres auoir passé la pluspart de leurs iours en Court auprés d'eux, comme les bestes fieres s'aduisent vne fois en leur vie d'estrangler leur Gouuerneur: témoin vn galand homme, & d'honneste qualité, lequel ils s'aduiserent de mal-mener & de chasser à soixante ans au retour d'vne charge fort honorable, qui l'auoit tenu quelques années absent, luy supposans qu'il faisoit trop bonne mine. Sans compter aussi plusieurs autres que le duel a raclez d'arriuée par les querelles qui naissent de ceste plante, & plusieurs autres derechef des plus huppez de toutes robbes, comme sçauent les Docteurs en la cabale du monde; qui ne s'esloignant pas des Cours pour vne indignité, soit qu'ils y fussent desia trop engagés ou autrement, en sont restez beaucoup moins affectionnés à leur maistre, & suiects toute leur vie à seruir de risée, autant de fois que l'on se souuient de leur accident. Obmettant ceux que les coups orbes & honteux ont blessés apres les piccoteries, pour n'auoir pas peu souffrir des attaintes sans repart: & ceux d'abondant, que le creue-cœur de l'iniure si mortel aux courages nobles, a tués de mort prompte, ou lente, ou volontaire: iusques-là, qu'on a veu par fois des maris de qualité en certaine Prouince, se precipiter pour quelque piqueure de cette espece, receuë au suiet de leurs femmes, de la part d'vn Grand.

I'obmets que les corps publics mesmes & venerables, n'ont peu se parer des touches & des niches de telle impudence, ny les Grands & Grandes encores, qui plus, qui moins; puisque ie l'ay mis en ligne de compte au second Traicté de la *Medisance*. Mais sçauons-nous pas, que toutes les fois qu'vn Magistrat fort releué de grade & fameux iusticier, souloit tondre quelque Courtisan; cestuy-cy se vantoit d'en tirer raison, faisant vne indignité à son fils, Courtisan aussi? lequel si bien il couuroit l'iniure, se mettant au deuoir d'vn homme de cœur, estoit tousiours mal party, d'estre contraint d'en venir aux armes ou pres de là, mesmement à cette condition. Quelle amorce, ie vous prie, à faire iustice, ou tel autre office loüable pour seruir le Roy & le public, s'il faut qu'vne honte ou le hazard d'vne mort sanglante en soit le loyer, pour soy-mesme, ou pour vn cher enfant! Et maintefois a-t'on veu les fameux Officiers & Magistrats, non plus en la personne de leurs enfans, ouy bien en la leur propre, attaquez & picquez de ce taon au Louure, en paroles ouuertes, ou par equiuoque: dont ils eussent voulu se pouuoir exempter à tout prix, ie diss'éuader à trauers des feux & des picques. Que ne feroit point aussi vn homme d'honneur & serieux pour éuiter de seruir de risée à la veuë de toute vne

Cour? Et que peuuent donc faire encore les vices dont ces gens ont honte, si ceux dont ils piaffent ruinent fortune, honneur & vie de leur prochain, & choquent rudement le seruice du Prince?

Le tout auec aussi grand opprobre que dommage des Roys, qui l'ont souffert ou souffriroient, le sçachant: pour rendre esclaues, eux, la dignité de leurs Palais, la liberté de leurs choix en hommes, leurs affaires consequemment, & le sang de leur Noblesse, de l'impudence & folie de leurs valets: impudence certes qu'ils n'osent employer qu'en deux endroicts, c'est à dire chez leur maistre sans permission, & auec permission aux maisons qu'ils estiment & respectent le moins. Encore sont des plus heureux & des plus fins entre les Rois, ceux ausquels ils ne passent point cette plume par le bec, de leur faire croire que telles algarades sont bien addressées, où ils les portent: car souuentesfois ils se rendent maistres du iugement des mesmes Roys par cette croyance, aussi bien que de ces choses alleguées qui leur touchent de si pres: à peine de se mocquer le lendemain de leur credulité. Comme s'ils n'auoient point assez à se mocquer de leur humeur friuole, au cas qu'ils aymassent ces saillies, ou de leur foiblesse imbecile, si les haïssans ils ne les sçauent recoigner: veu mesmement que la Cour de France est la seule, en laquelle on s'ose iouër auec telle priuauté du cabinet, ou pour mieux parler, de la moustache des Roys. Que dis-ie, la Cour de France? ayant desia remarqué ailleurs, que telles insolences passent quelquesfois iusques en l'Eglise, dont les Prescheurs se tuent de crier: à tort neantmoins, ne s'estans pas éueillez plustost: car qui ne reuere la modestie, ne reuerera iamais l'Autel. Et puis on s'estonne comment vne Noblesse conditionnée de cette façon, se iette à toute heure sur le mespris de l'authorité Royale, & sur les reuoltes ou rebellions, au premier interest ou caprice qui l'y conuie! seule en l'Europe auiourd'huy, qui porte cét infame reproche d'auoir, non seulement l'audace execrable de se rebeller contre les Roys, & bons Roys, mais d'auoir tantost encore tourné les rebellions & les reuoltes en coustume. I'ay fait ou feray autre-part l'exception deuë au merite & tres vtile seruice que rendent à l'Estat, les gens d'honneur & prudens de cet Ordre.

Quel bruit aussi n'ont fait de cette impudence les plus notables & plus aduisez de la Cour aux oreilles des derniers Roys? Feu monsieur le Mareschal de la Chastre le pere, entre autres, fut vn iour forcé de dire à l'vn d'eux, sur quelques funestes reuanches de nouueaux venus, qu'on auoit voulu pigeonner; que s'il n'y mettoit ordre, il ne luy viendroit plus de nouueaux Courtisans, & garderoit mal les vieux. Combien de braues & des plus insignes, auoit-il peu nombrer, sauchez par ce vice actif ou passif? Combien auoit-il veu de femmes, sur tout en la Cour du Roy Henry troisiesme, plus addonnées à l'amour, attaquées d'affronts perpetuels par des siolents, sous ombre de quelques contes qui couroient d'elles vrays ou faux: afin de les forcer, comme ordinairement il succedoit, de se rendre à toute honteuse condition, pour faire la paix auec eux, apres qu'elles auoient souffert vn temps l'aigreur insupportable de cette guerre? Quelles insolences, quelles huées ne fit point la bande de Monsieur de Ioyeuse au retour d'vn assez long voyage: complotées d'vn dessein general, contre les dames & leurs seruiteurs, pour auoir part au gasteau, comme i'ay sçeu d'vn des premiers de la troupe? & combien de querelles en penserent sourdre ou sourdirent en effect? Ie n'y adiouste point les dames, que nous auons veu prendre vn galand, pour éuiter, disoient-elles, les affronts aussi qu'elles eussent receus de gens de cette volée, auec qui elles auoient des affaires riotteuses à demesler. Et croyoit-on en effect de l'humeur de plusieurs d'elles, que sans cette crainte & le besoin de coniurer cette tempeste, elles s'en fussent passées: cōme on croyoit d'ailleurs, que plusieurs autres en cette Cour du Roy, que ie viens de nommer, se fussent contentées d'vne faute, & retirées soudain, si cét infame guet à pends ne leur eust mis le glaiue à la gorge pour la continuer: sans conter celles qu'on forçoit ou qu'on force de commencer par la voye de cette persecution, sous la foy d'vne medisance contre elles, qu'vn sot, vne imagination visionnaire, ou l'aggresseur mesme, auoit ou aura peut-estre inuentée.

I'ay

LES ADVIS. 169

Iay vêu des gens si plaisans, que de se vouloir faire accroire que le bannissement de ces beaux ieux n'est pas en la puissance des Roys. Mais comment tiendroient-ils en bride par la seule terreur de leur nom, tant de milions d'hommes qui fourmillent aux fins écartées de leurs terres, & en bride à la barbe de toute sorte d'interest, ainsi qu'ils doiuent faire; si hors d'interest, ils n'en sçauent pas refrener vne poignée en leur cabinet, par le sceau d'vn exprés commandement de propre bouche, & par l'esclat de leur maiesté, ioinct à la grauité de leur presence & de leur sourcil? Or si quelque Cour disposée de cette sorte, importe à tous Rois, combien plus & pour plus de raisons aux ieunes? On voit bien aussi que cela déplaist au nostre, qui regne auiourd'huy, & qu'il s'en faut cacher de sa prudence & de son humeur serieuse, lesquelles promettent pour l'aduenir la correction de ces vilenies. Cét heureux & glorieux Empereur Auguste, par tout hors de là seuere punisseur de paroles offensiues; bannit de l'Italie vn fameux Commedien, pour auoir monstré au doigt vn spectateur de son ieu: quoy que nul n'ignore en quel prix estoient auprés des Grecs & des Romains les excellens maistres de cét art. Quiconque en fin tolere vne impieté, c'est à dire vn outrage malin par quelque voye qu'il se commette, il est ennemy de Nature. Et fut sagement reparty par vn Laconien, oyant loüer vn de leurs Rois de bonté : Comment seroit-il bon, puis qu'il n'est pas mauuais aux méchans?

ADVIS A QVELQVES GENS D'EGLISE.

'Ay cognu des lieux où trois mois auant Pasques, on se resiouyssoit du Vendredy sainct: les maistres de la maison ayans basty sur l'abstinence qu'ils obseruoient de l'vsage des choses qui ont vie, vne inuention d'estendre l'appareil des autres à telle opulence & delices; que le repas de

Y

ce iour qui duroit trois heures au moins sans hyperbole, estoit plus friand & plus despensier que vingt autres ordinaires. Or i'ay peur que d'vn exemple de pareille estoffe, mais de beaucoup plus pernicieuse consequence, la confession sacramentale soit conuertie en venin parmi les trois quarts des penitents: moitié par leur hypocrisie & malice, moitié par la complaisance ou l'ignorance des Confesseurs. I'entends de prouuer mon dire: & si ie parle de ce suiet en clerc d'armes, ma pieuse intention me seruira d'excuse, & ma submission entiere aux corrections de l'Eglise, colomne & firmament de verité.

La confession est faite pour flechir l'homme à la repentance & penitence de son peché: moyennant lesquelles on le renuoye pur & net par l'absolution. Absolution donnée soubs promesse qu'il ne retombe plus à pecher, afin que l'espoir de son salut & le Regne de Dieu s'enrichissent de son amendement: ou que s'il y retombe, ce soit, non pas en general, mais en particulier, & sur certaines branches, ausquelles vn si violent besoin ou vne passion si forte le precipitât, que la foiblesse humaine puisse estre excusée en la recheute de cette maladie. Que céste recheute, apres tout, soit si rare, si debattuë par luy, suiuie d'vn si cuisant desplaisir, qu'on le iuge aussi digne d'estre plaint que reptis: & que l'œil voye à clair soubs sa preuarication, vne pleine reuerence de Dieu & du Sacrement par lequel il l'auoit repudiée; la crainte & reuerence duquel Sacremēt on recognoisse, outre cela, tenir rang entre les chaisnes qui l'attachent à son deuoir pour l'aduenir, autant que sa foiblesse luy permet de s'y lier: ie dis l'y attachent, tant par la hôte d'auoir à confesser les fautes qu'il ne doit pas faire, que pour la peur qu'elles soient aggrauées & doublées, s'il les commet apres en auoir voüé l'abiuration au pied de l'Autel. Or non seulement il est vray, qu'on ne void point succeder vn tel fruict de la confession: mais d'auantage, presque tous ceux qui se confessent en sont là, de croire, que la mesme confession n'est faite que pour se consumer en ce mot: Ie m'en confesse, & m'en repens: & en cét autre: Ie vous absous. Et se fantasient, que pourueu qu'ils passent vn iour, deux, quatre, ou dix en l'année, sainctement, en faisant leur confession & communion, Dieu leur en doit de reste. Comme si ces deux Sacremens estoient faicts pour sanctifier quelques iours de l'année, non l'année toute entière, sans exception de iour ny d'heure: ie dis l'année toute entière: tant pource que celuy n'est point à Dieu, qui est quelquefois au Diable, encores moins celuy qui est plus souuent à cestui-cy; que puis qu'il est vray, qu'on peut faire du mal en moins d'vne heure, non seulement tres-grand, mais encore que tout le bien de la vie ne sçauroit contrepeser. Ie trouue que la primitiue Eglise, cassa les penitences publiques: parce qu'ayant apperceu qu'elles estoiét passées en mespris, elle aima mieux les retrancher du tout, bien qu'vtiles à plusieurs en particulier, & bonnes en effect, que de les voir auilir en commun. Beau miroir pour bannir à fer & à feu l'abus & l'auilissement de la confession, qui est vne penitence priuée: puis qu'on ne peut ny doit casser la confession mesme.

Aduertissons donc en premier lieu les Pasteurs autant qu'il est en nous, tant pour leur interest propre, que pour celuy des ouailles. Si sçay-ie bien pourtant que quelques-vns du mestier de confesser publient, qu'ils auoient peu affaire de mes aduertissemens: toutesfois ie ne les en puis croire s'ils ne font vn meilleur Traicté que cestuy-cy, pour monstrer qu'ils entendent mieux que moy cette affaire: labeur qu'ils doiuent tant moins refuser, de ce qu'il n'est pas fort difficile qu'il leur succede. Or cependant comme ie me doute que ie suis esloignée de la capacité de Diotime, qui osoit donner, comme moy, des aduis sur les grandes matieres, que ne se desfient-ils de n'estre gueres plus prez de celle de Socrates qui les daignoit bien receuoir? Mais vrayment ie suis trop fascheuse, si ie me plains que des gens qui seroient si loin de la faculté de gouuerner, ainsi qu'ils font, les consciences des Dames, si elles venoient à se desniaiser, ne peuuent souffrir qu'elles taschent d'y paruenir. Patience neantmoins pour le regard des Dames, si les sentimens & les inclinations de tels bigots, ne heurtoient par fois les interests de l'Estat aussi rudement que ceux de ce pauure sexe, s'ils peuuent y mettre le nez.

Y ij

Il faut donc, ce me semble, que ces messieurs à qui la charge des confessions est donnée, declarent à leurs confessans de prime abord, à quelle fin, comme dessus, la confession est establie: & combien elle est, non seulement inutile, mais nuisible deuant sa Maiesté Diuine, pour celuy qui l'employe abusiuement, puis qu'elle est vn des Sacremens de l'Eglise de Dieu. Ie voudrois aussi que ces Peres spirituels apprissent exactemēt la qualité certaine & la mesure des vertus & des pechés ; puis combien l'exemption, non pas de quelques pechés seulement, ouy bien de tous ensemble, i'entends au moins de ceux qui blessent la charité vraye; est necessaire pour accomplir le tiltre de vertueux que nous affectons : i'entends apprissent, que l'habitude d'vn seul vice de ce qualibre, ébreche tellement ce tiltre, qu'elle le difforme par moitié. *Bonum fit ex integrâ causâ, malum verò ex quocumque defectu.* Surquoy quand ils appelleroient en conseil la Philosophie, non comme compagne, mais seulement comme interprete, & comme suffragante de la Theologie, ils ne feroient que tres-bien. Pourueu qu'vn homme auiourd'huy, s'abstienne des iuremens & des femmes, qu'vne femme retranche deux doigts de son rabat & de son vertugadin, qu'elle fuye la conuersation mesme des hommes, sont-ils pas Prophetes? Que s'ils adioustent à cela, d'aller au sermon ou à Vespres plus souuent que leurs voisins, & plus matin à la Messe, de ieusner les Quatre temps, & de se renfermer quatre fois l'an dedans vn Cloistre, ou fuyr tout abord de gens le iour de leur Pasque; deuiennent-ils pas encore Apostres par dessus? & si quelque sœur du Chapelet s'aduise d'adiouster à telles sainctetez la petite manche cordeliere, pour auoir l'honneur du Conuent, & n'en auoir pas la peine, le Pape sera-t'il digne de la canoniser? Ie n'allegue pas cecy par mespris de telles mœurs, au moins d'vne part d'entr'elles, comme ieusnes & assistances de l'Eglise, ny encore modestie en habits & en choix de compagnie ou conuersation: ie l'allegue pour informer la tourbe & les Confesseurs, non seulement que ce ne sont pas les principales vertus: mais que tels & telles qui les auront, peuuent estre de tres-meschantes personnes, & le sont fort souuent. C'est à dire, gens qui se rendent outrageux à leur prochain par diuerses voyes, soient priuées ou par fois publiques, idolastres des riches & puissans, méprisers & persecuteurs des pauures & foibles, quand ils croyent le pouuoir faire sans peril & sans décry de leur vanité bigotte: impieté qui seule comprend toutes les autres. Ie le dis en outre pour leur apprendre, que tout ainsi que l'extréme vice & l'impieté complette, gisent au violemẽt de la charité, la tres-certaine & tres-haute perfection de la vraye vertu consiste au reuers, qui s'appelle, aimer Dieu sur toutes choses, & le prochain cõme nous-mesmes. Deux principes tellemẽt relatifs & conuertibles, que l'vn d'eux ne peut auoir lieu dans nos ames, sans l'autre; puis qu'ils dependent de mesme commandement & respect du Createur, & de mesme candide & benigne inclination de l'homme.

Que les Confesseurs aduisent donc sur toutes choses, à toucher l'aloy des consciences sur ces deux poincts pour bien cognoistre quel il est, sans s'arrester beaucoup aux menuës dependances des mœurs hors de là: i'entends le touchent, principalement sur le plus visible de ces deux poincts-là, puis qu'aussi bien estans inseparables, l'vn proue l'existence ou presence de l'autre en mesme suiet. Et ce poinct plus visible à sonder le fond des consciences, c'est l'amour & charité vers le prochain: qui s'accomplit à ne luy faire aucun mal, & à luy faire bien quand on peut. Car de penser examiner ou sonder à plomb le fond des mesmes consciences, sur l'amour qu'elles representent vers Dieu, c'est vne entreprise trop arduë: pource que les penitens peuuent supposer cét amour-cy, deuant les yeux de leurs Confesseurs; non pas l'amour & charité vers le prochain: au moins si ces Pasteurs les cognoissent tant soit peu hors la confession. Partant, ie trouue qu'il seroit à propos, que chacun fust obligé d'aller autant de fois qu'il communie, ouurir sa conscience à quelque Confesseur ordinaire, & qui vist clair en la vie de son penitent: permis neantmoins à celuy-cy, de doubler & combler sa confession s'il luy plaisoit, par quelque autre Pasteur, qu'il choisiroit à sa mode. Il faut en somme à mon aduis, que les Confesseurs apres auoir sondé, presché, confirmé les penitens, sur leur croyance & sur l'amour de Dieu, tant qu'ils peuuent, prennent soin principal d'en faire autant sur l'amour ou charité vers le prochain : puisque sous mesme terme de Loy Dieu les recommande : & puis que, comme il est dit, ce dernier amour est le couronnement & la verification de l'autre. Que si pour affermir ou porter vn penitent à cette charité, notamment en ce qu'elle regarde l'abstinence d'offencer, le Confesseur espargne solicitude, remonstrance, menace, rigueur, voire par fois refus d'absolution, il est coulpable par les decrets Diuins, ciuils, & Philosophiques, qui nous imputent le crime que nous n'empeschons pas, le pouuans empescher : & coulpable aussi par la bouche de sainct Paul, qui commande, de liurer au besoin le pecheur à Sathan, par l'excommunication, afin de l'attirer à resipiscence. Ie voy des plus meschantes gens du monde qui sortent tousiours gays du Confessionnaire, qu'est-ce à dire cela ? S'il on me respond, qu'ils trompent le Confesseur en cachant leur mauuaise vie : ie replique, qu'ils ne peuuent, luy estans pour la pluspart affidez & cognus. Que reste-t'il donc sinon à conclure, que le Confesseur & le confessant s'accordent lors en vn complot de faire de la confession vn simple iargon : duquel à leur aduis il se faut accommoder, puis que sans son ayde on ne peut communier, ny attraper sans communion l'estime populaire dont ils ont besoin ? Outre qu'il est de si sots penitents, & des Confesseurs si simples, ainsi que ie remarquois n'agueres, qu'ils croyent que Dieu soit lié par contract à leur remettre toutes sortes d'execrations, pourueu qu'vne, quatre, ou six fois l'année, on luy chante pour offrande propitiatoire : Ie m'en repens, & demande pardon. Ou bien les penitens s'estiment quittes au pis aller, pour quelque chetif ombrage ou frisson de déplaisir, que quelques-vns d'eux qualifient badinement, repentance : déplaisir qui dure vne heure, né de la crainte des verges Diuines : ie dis ombrage & frisson simplement : car si ceste crainte estoit bien essentielle & bien ancrée en leur cœur, elle purgeroit l'aduenir : comme elle auroit aussi purgé la pluspart du passé.

Quant au Confesseur & au penitent, qui procedent en cét

abus, de pure hypocrisie, ou mespris de Religion, nous n'auons pas entrepris de les guerir. Guerissons simplement à nostre pouuoir, ceux qui bronchent par ignorance : s'il est vray que l'ignorance pure, soit capable de porter les hommes à vne si grossiere erreur, mesmement vers Dieu, si digne d'eueiller tous nos soins & nos respects, que celle d'vne propitiation ou reconciliation illusoire, dont nous parlons: voyans l'illusion, & la touchant par leurs propres mains, en la foible neantise de leur effort à satisfaire ce grand maistre. Il faut donc leur apprendre en premier lieu, que c'est que le repentir: & puis iusques à quels termes, il peut esperer ou meriter remission, entant que repentir simple, & sans satisfaction: de laquelle nous deuiserons puis apres. Les Essais ont discouru du repentir si richement, que ie prie ceux qui voudront cognoistre son essence & ses qualitez, de lire le Chapitre qui porte son nom : que s'ils ne veulent ou peuuent aller iusques-là, nous le leur definirons à la bonne foy. Le repentir est vne absoluë & constante dedicte de nostre volonté, qui comprend vne horreur de la faute commise ; & consequemment horreur de la reïterer: en telle sorte, que ny le repentant ne commettroit le mal, si c'estoit à refaire, ny ne le veut commettre à l'aduenir.

Mais quoy, dira quelqu'vn, si apres que le Confesseur aura bien cogneu que c'est que le repentir, & l'aura bien fait cognoistre à son penitent, il le paye d'vne fausse protestation de repentance? ou s'il luy declare qu'il ne la peut faire, veu la rapidité de son inclination à quelque vice? ou si l'ayant faite en bonne intention, il retombe? Respondons. L'obiection premiere est facile à soudre : le Confesseur ne pouuant respondre du faux serment qu'on luy preste, pourueu qu'il ayt remply son deuoir d'aduertir que l'on s'en garde: sur tout, il ne le peut, si son penitent est exempt iusques alors, d'estre glissé deuant luy en ces frequentes recheutes, qui autrement pourroient faire desesperer de sa guerison à venir. Pour l'obiection seconde, que le penitent declaraft ne pouuoir presentement vouër vne entiere abiuration & repentance de son delict, ie ne sçay quel est en cette rencontre le stile preſerit aux Confeſſeurs. Mais il me ſemble qu'il y a des vices, bien que rares, leſquels l'homme ne peut pas touſiours arracher de ſon ſein quand il luy plaiſt : & partant n'y deuroit eſtre aſtraint de promeſſe neceſſaire & preſcrite ſur le châp par ſon Confeſſeur: conſequemment encores deuroit eſtre excuſé, ſi par faute de cognoiſtre ſes forces, ayant promis l'abandon preſent de tels vices à ſon meſme Confeſſeur, il manque à luy tenir parole. Bien faut-il que ce Paſteur remonſtre & preſche, pour eſſayer d'aduancer de quelques iours par reuerence, ou par crainte de Dieu, le terme auquel l'eſpace du temps, le diſcours de raiſon tiré de longue, ou les occaſions, pourroient medeciner celuy qui ſe trouue infecté du venin de ces vices-là. Mais de croire, dis-ie, de le guerir abruptement de ce mal, par les ſeuls inſtrumens de la confeſſion, remonſtrance, menace, ou promeſſe d'amendement extorquée de luy ; cét effect ſemble impoſſible, ou ſi rare qu'il n'eſt point cognu. Suffit en telle agonie, & ſur tels vices preciſément & ſeulement, que le Confeſſeur remporte, à mon aduis, promeſſe, non de gueriſon abſoluë & preſente, mais de trauailler à la recouurer pour l'aduenir. De crainte que ſi le penitent vient à rompre ſa foy, apres l'auoir en cét endroict donnée à Dieu, il ne vienne encore à la meſpriſer; & ſecouër en ſecoüant ſon reſpect, vn des principaux freins qui le puiſſent attacher à l'eſpoir d'amendement. Si l'on demande quels ſont ces vices, ce ſont les naturels, i'entens habituez, car ceux qui ne ſont pas habituez, ſe peuuent ayſément effacer : & quels ſont les naturels & les baſtards, les Philoſophes nous l'apprennent: Seneque entre autres, diſant, leur difference conſiſter en ce poinct, que les premiers ont vne ſatieté, non les derniers.

Or pour parler de ces derniers : ſi vn homme eſt traiſtre, perfide, ingrat, mediſant, inſolent, impiteux, outrageux, s'il eſt enflé d'vn orgueil qui deborde ſur autruy, s'il eſt ambitieux ou auare aux deſpens du prochain ; (ouy meſmes quãd il ſeroit pauure, à plus forte raiſon s'il a dequoy viuoter) tous ces vices eſtans ſans bout & baſtards, comme ingerez dan nos ames par la fauſſe opinion, ils s'en peuuent exiler par la
bonne

LES ADVIS. 177

bonne, que la volonté resueille quand il luy plaist, ouurant les yeux de nostre raison. Partant il est en la puissance de ceux qui se confessent, d'en vouër vne ferme, prompte & constante renonciation à leur Pere spirituel: bien que plus difficilement vn peu de ces deux derniers, pour l'apparence d'vtilité. Et dauantage, le Pasteur ne doit iamais receuoir cette renonciation, ny consequemment departir aux confessans l'absolution desirée, qu'il ne les oblige à la satisfaction: sans laquelle il leur doit faire entendre, que l'absolution est nulle du tout: satisfaction certes, ample, conuenable & prescripte par luy: de crainte que ces penitens ne tirent court on la payant, par ignorance vraye ou feincte. Mais Dieu sçait de quelle bonne foy la satisfaction est ordinairement acquitée! Que s'ils se renfondrent en quelque peché de toute cette cuuée, apres l'auoir renoncé; c'est à luy de les comter pour des affronteurs sacramentaires, & de fulminer contr'eux, par la voye & rigueur predicte du refus d'absolution: sur tout apres la seconde recheute, voire peut-estre apres la premiere, si leur crime est passé du particulier au public. Et pleust à Dieu que les crimes de cette derniere espece, n'eussent pas esté reputez glorieux en cét infame siecle, & en France, contre de ieunes Roys. Il y a des Ecclesiastiques qui pretendent, qu'on doit tousiours receuoir le penitent à nouuelle protestation d'amendement & resipiscence, quelque nombre de fois qu'il ait violé cette protestation: mais si leur asseuray-ie, que le Bienheureux François de Salles Euesque de Geneue, que i'allegue pour cét, enquis par moy sur vne telle question, me respondit, Qu'il eust tenu vn homme pour mocqueur, apres estre retombé deux ou trois fois au plus en vn vice d'importance: & l'eust enuoyé chercher Confesseur plus loin. Aduis qui m'a depuis esté confirmé par ce prudent & vertueux Prelat, monsieur l'Abbé de Baume Claude d'Achey. Or si le Bien-heureux Euesque de Geneue, faisoit cette menace de reietter les confessans indefiniment sur les vices de poids, combien à plus forte raison faut-il croire qu'il eust reietté particulierement entre les mesmes confessans, ceux-là qui seroient retombez en quelques-vns de ces vices pesans,

Z

non soubs l'effort des inclinations & deffauts de la Nature, qu'ils pourroient aucunement prendre à garand ; ains soubs le guet à pends de leur volonté maligne, tels que ceux que ie viens d'enrooler à l'entree de cette section ; & qui par ce pur attentat contre Dieu & la charité, sont doublement pechez & doublement pesans? Mais quoy, dira quelqu'vn, le Pasteur en tel cas desesperera-t'il son oüaille, luy refusant les Sacremens? nenny : il luy sera seulement cognoistre que l'espoir d'en iouyr consiste desormais, non plus à l'indulgente credulité de ceux qui les distribuët, ouy bien au propre amendemēt d'elle qui les requiert : duquel ayant donné preuue visible & par temps, elle sera soudain rehabilitée & receuë au giron de cette bonne mere commune. Autrement il ne faut point douter que le Sacrement de Confession n'enhardisse les pechez qu'il deuroit deterrer, & qu'ils ne le regardent pour leur azyle, ainsi que nous dirons tantost plus à loisir. I'ay veu des gens, pour retourner & donner exemple sur les vaines satisfactions, à qui leur Confesseur commandoit la reconciliation de leurs querelles ; qui croyoient l'auoir bien payé, de presenter seichement la main pour toucher à celuy qu'ils auoient offensé mortellement, & sans reuanche : & protestoient à ce Pasteur apres, qu'ils auoient fait leur deuoir d'effectuer ses mandemens, mais sans auoir peu fléchir le cœur vindicatif de leur partie. D'autres saluënt l'offencé le iour de Pasques, pour le satisfaire : & d'autres à quantité pensent meriter quittance, pour s'abstenir de redoubler l'outrage ce iour là. Quel abus en somme, quelle prostitution de consciëce ne se fait point des deux parts en ce Sacrement, tant sur la profusion du pardon, que sur l'illusion des satisfactiōs deuës & promises? ie dis profusion de pardon, aux offences mesmes où l'abstinence estoit plus facile, l'effect moins vtile à son autheur, la satisfaction plus facile à payer, & partant le pardon du Confesseur moins iuste. Car si quelqu'vn fait iniustice à autruy pour s'enrichir ou pour s'aduancer, voila sans doute vn méchant homme : mais celuy qui luy fait tort sans gain & sans interest, est encore plus venimeusement peruers ; de ce qu'il semble qu'il se porte au mal de luy-mesme, & que ce premier s'y laisse aucunement traisner. Nonobstant, voyons-nous moins repeupler ceste derniere espece d'excés en ces confessans ou penitents, que l'autre, i'entends que l'outrage qui se fait au prochain pour en tirer profit? où là voyons-nous moins prodigalement repardonner par les Confesseurs? ou le pardon plus suiuy de satisfaction? Argument du lasche deuoir de ces gardes de conscience: lesquels au lieu qu'ils doiuent, comme ie disois, appliquer le fer & le cautere aux crimes de toutes les cupiditez bastardes, cy dessus nommées, ouy mesmes de celles de leur bande qui profitent ou semblent profiter à leur autheur, comme l'ambition & l'auarice, tant plus vehementes & reuesches en leur racine, de ce que chacun croit la prosperité de sa vie fondée sur les aduantages mondains; ne se soucient pas seulement de purger ses mœurs des crimes que la plus grand part des mesmes cupiditez bastardes luy font commettre par simple passe-temps, & sans fruict, quoy que par consequent ils sussent faciles à reprimer. Pour exemple, si quelqu'vn a manqué de remplacer au premier ou second commandement du Confesseur, le bien rauy sur son voisin, par l'vn de ces deux appetits, l'auarice & l'ambition, ou s'il a iusques alors multiplié sa rapine; le Confesseur peut excuser l'impuissance du penitent contre l'effort de telles passions, bien que bastardes & lasches, ou de son besoin, si le besoin s'y rencontre. Et se peut nourrir d'espoir, que si cét homme n'a peu demeurer maistre du premier ou second assaut, qu'il leur a liurez en intention de les déconfire, il le demeurera peut-estre du trois ou quatriesme: differant luy Confesseur, iusques à ce nombre de recheutes aprés les cöfessions, son refus d'absolution. Mais si depuis auoir esté à confessé, le penitent s'est maintenu perfide, trompeur, ou ingrat, auec nul ou leger profit: s'il perseuere pour mesme prix à flatter le fort aux despens du foible: à faire naistre mal-heur ou brouilleries à quelqu'vn par calomnie, ou à iustifier ses brouilleries propres, par imposture & menterie sur l'innocent: s'il suppose à son voisin des paroles, ou s'il aygrit celles qu'il a dictes, aux fins de luy porter dommage par vn rapport: s'il persiste à dres-

Z ij

ser ou prolonger querelle d'Alemand au foible ou à l'affligé, pour pretexte de luy refuser quelque legere sorte de loyer ou de deuoir: s'il retient volontairement quelque debte d'vn necessiteux, sur tout petite ou mediocre: s'il refuse le pauure, le pouuant secourir: s'il mesprise ou braue l'infortuné: s'il luy forge procez, ou le gesne pour vēdre le sien à vil prix, mesmemēt sans necessité de sa part: s'il reproche vn accident fortuit à son frere Chrestien, ou quelque mauuais bruit encouru, nommément bruit qu'il recognoist faux, ou qu'il ne cognoist pas pour vray: (& tous les bruicts sont presque de cette nature) si par haine ou par vanité, il cherche dans ce malin appetit d'ouyr médire qui regne au monde, vn moyen à se canoniser soy-mesme, en sacrifiant le mesme foible ou l'infortuné par médisance & censure de ses actions, sous pretexte d'estre ennemy du vice: s'il exerce vne rapine par piccoteries ou brocards sur la bien-seance & sur l'estime de son prochain, choses si pretieuses, qu'on les prefere par tout aux biens & à la vie: ou s'il a fraudé la restitution de ces outrages, ample, proportionnee à leur mesure, & du dernier encore aussi publique que l'outrage peut auoir esté, pourueu que l'offencé la desire telle; l'offenseur, dis-ie, monstre-il pas en tous ces poincts, que le mal luy tient en la volonté, rebelle contre la pieté & la charité Diuine & humaine? & que partant, comme méprisieur & m'ocqueur de ceste double pieté, & de Dieu, qui fonde sa principale Loy sur elle, il merite l'anatheme? Ie soustiens donc, que la correction de tous ces excez dependant de la pure volonté de leur autheur, puis qu'ils se trouuent commis sans gain, ou gain de poids, ce dernier excez d'autre part, se trouuant suiuy de perte par les inimitiez qu'il attise; ils doiuent estre lapidez du Confesseur, sans excuse: ie dis lapidez, par le refus d'absolution dés la premiere fois qu'ils recidiuent, ou pour le plus loin dez la seconde: sans attendre la trois ou quatriesme, ainsi que ie representois à ceste heure qu'il falloit faire de ceux qui se commettent auec vtilité d'importance. Moins doiuent-ils estre traictez auec les precautions, & la patience plus ample encores, que ie conseillois n'agueres aux mes-

LES ADVIS. 181

mes Confesseurs, sur la cure des vices naturels: puisque ceux-là sont, non seulement de la volée des appetits & pechés bastards, cottez à l'entrée de cette section, mais aussi pechés contre le S. Esprit, & nés d'vne pure & crue malice: d'autant qu'ils s'exercent de guet à pends & sans fruict. Ainsi ie comto trois ordres de pechés, deux dans les bastards, vn dans les naturels: & propose autant d'ordres, aux faueurs ou deffaueurs de l'absolution. Et peu sert d'alleguer, pour retourner aux brocards ou piccoteries, qu'on tire au moins ce gain ou ce tribut de l'exercice de médire, qu'on en acquiert estime de galand homme parmy le monde, & familiarité vers les Grands: estant certain au fond, que les Grands tiennent pour gens de rien, ceux qui ne les peuuent seruir qu'à cela: quy mesmes ordinairement, ceux qui les seruent par là & par ailleurs. Puis que s'il faut en les seruant mesler le plaisant à l'vtile, ces gens peuuent substituer à ce caquet celuy de bonne maison, pourueu qu'ils ayent vn brin de gentillesse; caquet le plus floride, le plus delicieux de tous, & vierge d'offence, tout ainsi que le Roy parmy les auettes n'a point d'aiguillon. De plus, les Grands s'offencent de cet entretien s'ils sont sages: recognoissans que le deuiseur de cette espece, iouë le personnage du basteleur, & leur pense faire iouër le personnage des sots, qu'il appelle à sa farce au son du tambour. Bien que i'aye discouru partie de ces matieres aux Traictez *De la Medisance*, la necessité du suiet present, & l'extreme abus du siecle de ce costé-là, me contraignent d'en r'enfiler quelques poincts sommaires en cet endroict: afin de ramenteuoir en passant aux esprits qui ne cognoissent les choses que par ouyr dire; que la Theologie, la Philosophie & la prudence mondaine, detestent la medisance & toutes ses branches plus que ie ne faits. N'estant rien au reste qu'vne gratelle & demangeaison du plus lasche de tous les vices, l'enuie: qui persuade à son hoste, que les vertus d'autruy sont des ombres à releuer ses tares & ses imperfections.

Or donc tant s'en faut que la confession suiuant son but precis, refrene ou tempere seulement l'audace de pecher en ce temps; qu'au contraire nos gens pechent plus hardiment,

Z iij

de ce qu'ils s'imaginent couuer en leur manche à l'ayde de ce Sacrement, vne source inepuisable de pardon: en sorte que le mal qu'ils ne feroient point sans luy par l'incertitude d'vn pardon, ils le font auec luy par la certitude qu'ils s'en promettent. Pires que les araignes & les serpens, qui ne conuertissent en venin que les alimens corporels, tandis que ces penitens y conuertissent les spirituels. Vn homme de leur farine, ayant il y a quelques années querellé vne fort honneste femme de ma cognoissance, aupres d'vn bon iour, & la Dame l'ayant piqué par sa reponse, bien que trop-mollement, ne parloit que de se haster de luy faire vn affront infame en sa personne deuant la feste, afin qu'il fust, disoit-il, essuyé par sa confession. Sembloit-il pas qu'il entreprist cette impieté sous l'authorité de ce Sacrement, le croyant fait pour garand du crime: & que sans le Sacrement il ne l'eust pas entreprise? En verité s'il faut choisir d'estre sot ou meschant, ie trouue l'homme en mauuais termes: mais il est bien en termes pires, s'il prend peine luy-mesme à se rendre tous les deux, à l'exemple de cestuy-cy: qui presumoit si plaisamment, que la confession & sa suitte, peust authoriser ce que meschamment il vouloit commettre: & qui croyoit plus plaisamment encore, qu'elle le peust mieux authoriser apres que deuant le crime. Et ce que ie dis d'vn en cecy, il le faut dire de chacun, entre les cerueaux vulgaires: qui sont quasi tout le monde, si ie ne l'ay plus d'vne fois escrit autre part. Ils ont en punition de leurs coulpes, selon le mot de l'Escriture, non seulement la malediction de les continuer & multiplier, mais de plus, la confusion du iugement: pour leur offusquer en partie la cognoissance de ce poison. Ie dis en partie, & non du tout: car pour aueugles & confus d'esprit qu'ils soient, il leur reste presque tousiours autant de lumiere en l'iniustice ou iustice des mœurs, qu'ils veulent auoir de bonne volonté. Cette balourdise de confiance en la confession, prouient de ce que Dieu promet pardon aux repentans: & que ces esprits le pensent deuenir, toutes & quantes fois qu'ils voudront, en disant seulement à leur Confesseur: Ie m'en repents: comme nous remarquions à l'entrée de ce Traicté. Ce sont en conscience de venerables docteurs. L'homme, assisté de la grace, qui ne luy manque iamais, s'il la veut receuoir & employer, peut bien mediter & professer quand il luy plaist vne amende de sa faute, voire vn abandon present, si elle est commise, & futur, si elle ne l'est, non pas vne repentance: laquelle ne peut iamais tomber en aucun par dessein: ny tôber promptement encore en celuy qui a failly sciemment, & les yeux ouuerts, si la main de Dieu ne l'y apporte par la voye particuliere d'vn miracle. Moins se peut-elle promettre ou vouër par qui que ce soit: puis qu'elle depend, non de nostre volonté, mais de ie ne sçay quel nouueau mouuemēt le plus souuent aueugle, ou par fois de quelque cognoissance nouuelle: deux choses qui ne sont pas à nous, elles sont au temps, aux hazards & aux occasions suruenātes de plusieurs especes. Et partant quiconque vouë vn repentir à la chose qu'il veut faire, le vouë aussi ioyeusement, que s'il disoit, qu'il s'en repent auant qu'elle soit faite, & tels vœux impliquent vne manifeste contradiction: car ce que l'homme promet ou designe veritablement de faire demain, il faut qu'il le vueille auiourd'huy: & ne peut vouloir & non vouloir, faire & deffaire, c'est à dire, faillir & se repentir en mesme instant, & mesme sujet, comme il feroit à ce compte. Pour le regard de l'amende mesme de la faute, quand le coulpable la voudroit payer, ie trouue qu'elle ne le deschargeroit pas: sinon en condition qu'elle luy pesast plus, que cette faute n'a fait à l'offencé. Dauantage, à l'aduenture n'appaiseroit-elle point Dieu, plus desireux infiniment de l'obeyssance des hommes à ses commandemens, & de leur innocence, & benignité les vns vers les autres, que de nul seruice, ny que de leur souffrance, à laquelle cette amende pourroit viser. Or il faut noter, que cette souffrance ne pese pas beaucoup au delinquant si elle volontaire: & semble qu'vn outrage ne se puisse loyaument compenser, pour l'interest du prochain, que par ce talion, de souffrir malgré soy, tout ainsi qu'on l'a fait souffrir malgré luy, plus cuisamment neantmoins, ayant à satisfaire ensemble le souffrant & le violement des Loix de la terre & des Cieux.

ABREGE' D'INSTITVTION, POVR le Prince Souuerain.

E traceray, ieune Prince, quelques traicts de ton Institution par aduance, comme sa baze: remettant à ton Gouuerneur & à ton Precepteur de les amplifier, ou de les rejetter, selon qu'ils en iugeront pour le mieux. Sages côme ils seront, s'il plaist à Dieu, le conseil des forts ny celuy des foibles, du nombre desquels ie me recognois, ne leur peut estre à mespris. Que si tu trouues en cét Abrégé quelques preceptes communs parmy les autres, ne les estime pas moins à toy, ny moins à celle qui te les presente: puis qu'il est force qu'estans entre les plus necessaires, ils ayent esté preoccupez, & consequemment rendus ainsi vulgaires, par les precedents Autheurs des Institutions du Prince: & force encores que ie m'en serue en la tienne, pour essayer à faire qu'elle te fournisse, bien que sommairement, tout ce que requiert ton besoin. Ie m'en sers pourtant le plus reseruéément qu'il est possible: au moins les traicte-je fort rarement par les passages de leurs premiers Autheurs. Qui plus est, aux lieux où i'occupe tels passages ie declare leur pere, ou si ie le tais, ie ne les presente pas estrangers du tout: ie veux dire, sans y adiouster tout de main, qui porte asfez de coup pour les rendre miens, afin qu'ils ayent l'honneur d'estre tiens plus nettement. C'a toûjours esté mon humeur, de fuïr les paremens empruntez: estât non seulement vn larcin, mais vne des especes du crime de faulse monnoye, que de se parer des Escrits d'autruy. Quelqu'vn appelloit auec raison tels picoreurs de Liures, enfans sur le col d'vn Geant. Toutesfois on presche aujourd'huy que gens de bonne foy, comme nous, qui nomment la source d'où

ils

ils puisent, sont faits à la vieille mode: sottise dont ie pourray bien à l'aduenture escrire autrepart vn mot de mon aduis. Si diray-ie en passant qu'il ne faut pas conclurre, que quelque sentence couchée par vn Escriuain, ne puisse telle fois estre couchée aussi par vn autre, ignorant du premier Autheur, & reputée sienne en son Oeuure, si elle ne passe la mesure de sa conception, & la pertinence de son iugement.

Commence de fort bonne heure à prester l'oreille aux instructions, & continuë sans fin: les principes du vice & de la vertu se succent auec le laict, & dure tousiours la saison d'apprendre & de se confirmer à faire bien, les choses où l'erreur est tousiours glissante & pesante. Trois circonstances à l'aduis de Plutarque, sont requises pour accomplir vn homme, la Nature, l'enseignement, & l'exercitation: la premiere de ces choses estant nulle sans la seconde, & ces deux sans la tierce.

Tu ne te peux rendre trop souple & soubmis à ceux qui te seront donnez, pour t'apprendre à soubmettre apres toy-mesme & les choses à toy: & ne crois pas y soubmettre iamais les choses à ton poinct, qu'en trauaillant à te rendre aimable & desirable par tout où tu te voudras rendre puissant; ny ne crois encores, que les hommes ou les siecles, ayent iamais inuenté vne recepte plus florissante en esperance, plus fructueuse en succez pour regner, que celle d'aggreer. La docilité bien cognuë, ferme la porte à tous les maux de l'ame, & l'ouure à tous les biens. On compare les belles ames & bien nées à l'or, qui comme le plus excellent ces metaux, est aussi le plus ductile, figurable & maniable: le fer au contaire, metal inferieur, le plus aigre & rebelle. Vn corps est surmonté par sa foiblesse, vn esprit par sa force: d'autant que plus il est fort & clair-voyant, plus il craint de luicter contre vne iuste raison qu'on luy represente. Soit vn Prince si grand & si puissant qu'il luy plaira, s'il ne fléchit sous les iustes & sages, il faudra qu'il fleschisse sous les foux & peruers: s'il ne cede à l'amy de gré, sant doubte il faudra ceder à l'ennemy par contrainête. Et peu sert aux Princes mesmes, qui seroiēt

A a

bons sans vne exacte nourriture, si bons ils peuuent estre à plomb sans cela ; d'esperer de compenser leur insuffisance à gouuerner, par l'adresse ou suffisance d'autruy : car outre que d'vn sot on forge en eux vn meschant quand on veut, vn Prince mal sage ne peut choisir que par hazard vn digne Ministre ou Conseiller : & si par hazard il le choisit, il ne peut employer ny authoriser ses conseils ny luy, competamment & plainement, ny seurement, vn Ministre d'autre estoffe. Grand' misere ! vn fol conseille bien vn sage, témoin le prouerbe, vn sage ne peut conseiller vn fol. Partant apprenons de Salomon de quel prix est la sagesse : lequel mis par le Createur au choix de toutes choses bonnes, esleut celle-là, comme ensemble plus agreable à la Maiesté diuine, & plus vtile à sa personne.

Les Princes impertinents ou barbares, meprisent les Lettres : adioustons y les mauuais Princes : parce qu'ils craignēt que leur Peuple s'éclaircisse les yeux par le collyre des Muses, au lieu que les bons le desirent : ayans autant à gaigner d'estre éclairez & cogneus, que ces mauuais ont à y perdre. Or outre qu'elles sont vniquement les vrayes amorces des vertus & vrayes guides de la vie, *Legendo & scribendo vitam procudito*, & que iamais esprit priué des Lettres ne fut nettement débroüillé d'aueuglement ; elles te seruiront pour distraire ton application des delices viles ou vicieuses, par l'attraict des leurs nobles & loüables : car de viure sans quelque sorte de delices l'homme ne peut. Il faut par necessité qu'vn Grand se relasche & se delecte aux Muses, ou bien aux desbauches, luxe, berlans, bouffonneries & médisances, conioinctement ou separément. Que s'il se delecte aux desbauches, luxe & berlans, on voit assez l'interest qu'il y court, tant luy que ses suiets pestiferez par sa contagion : & pleust à Dieu que nous ne sceussions pas trop en nostre siecle, que valent les ieux monstrueux & les despenses desbordees, semences de la ruine entiere de nostre Noblesse, & consequemment de rebellions, lesquelles nous n'auons que trop veuës aussi : elle reiettant tousiours sa ruine sur son maistre, autant qu'elle peut. Que si le Prince laisse appaster son

LES ADVIS.

oreille aux bouffonneries & aux mesdisances, les insolences, opprobres & querelles, & des querelles les factions auec leur malheureuse suitte, multiplient sous son regne : tesmoin entre autres ce que disent les Essais, d'vn grand mouuement public de leur saison, dépendant souuerainement de quelques contes de cabinet. Qui plus est, les pires cerueaux & les pires mœurs se forgent & fructifient en abondance de toutes qualitez: les bouffons & médisans comprenãs l'vne & l'autre de ces tachés, & ne pouuans fonder leur rente que sur elles. Dauantage, ils escartent les meilleurs de la chambre du Prince à leur pouuoir, le corrompent & gouuernent luy & l'Estat. Et d'autant plus pernicieusement font-ils ce coup, que les flateurs se seruent de ceste inclination du Prince ainsi que d'vne anse à l'attraper, meslans ces caquets à la flatterie, pour seruir de vehicule à instiller son poison en l'oreille: & se rendans par cette voye necessaires auprés de luy, d'autant qu'ils sont autheurs & distributeurs de ses plaisirs vniques ou principaux;

---trahit sua quémque voluptas.

Au partir de là, cette vermine croid-elle point auoir iustifié toute sorte d'impudence & ses consequences, quoy qu'elles pesent à autruy, quand elle allegue que c'est pour le plaisir du maistre ? comme si tels passetemps estoient dignes de Roys & de Princes, non de Marionnettes: & comme s'ils ne degradoient pas ces personnes suprêmes de leur dignité, autant qu'il est en leur pouuoir, lors qu'ils les en amusent. Qui plus est, vn Prince a besoin de Lettres, quand ce ne seroit que parce qu'elles le peuuent picquer de gloire à la vertu: en laquelle peut estre, du mestier dont il est, ne se piqueroit iamais par autre consideration. Adioustons, que luy plus que nul, doit remascher le Prouerbe: Il faut faire prouision de sens pour entendre, ou de licol pour se pendre : & que cependant il trouue ordinairement moins de sens que les autres pour son argent, s'il ne se ie iette entre les bras des Muses & de Minerue, capables de fortifier son esprit, & hardies à luy dire librement mille choses tres-necessaires à sçauoir, que chacun luy cele à tout prix, & ne cele à person-

A a ij

ne qu'à luy. Les Roys naissent riches de toutes choses, sauf de la science d'vser des choses: le manque de laquelle s'il leur arriue, leur fait perdre le surplus à tous coups, ou du moins la grace, le lustre & la facilité de le posseder, C'est l'occasion pourquoy Vespasian protestoit autrefois de refuser l'Empire s'il n'en estoit digne & capable. Il y a plus, c'est que l'ame de la puissance d'vn Potentat, consistant aux faueurs, recompenses & peines pertinemment appliquées & mesnagées; non seulement leur application & leur menagement vont à l'enuers chez vn Prince inepte, & consequemment son authorité: mais dauantage, les peines sont plus craintes sous vn Potentat habile homme, les faueurs & les recompenses plus reuerées, & desseruies auec plus de soin. Si bien que du temps de Claudius, dit quelqu'vn, les Offices & charges se faisoient rechercher selon leur dignité seulement: du temps d'Auguste, selon la main qui les distribuoit autant que selon cette dignité. Ioint que si ton ame, ô Prince, est à bon escient vigoureuse & grande, ce seul ample & tres-excellent aliment des Muses & des Lettres la peut rassasier : maxime que ie prouue ailleurs. Les petits esprits se paissent des petites choses, les grands des grandes: & l'on nous rapporte, transferant cecy de l'esprit au corps, qu'Hercules mangeoit vn bœuf par iour, pendant que ses compagnons n'en mangeoient qu'vn lopin. La part que ie t'assigne exprés en elles, c'est la Morale practique & Theoretique, qui comprend la Politique, & la Politique l'Histoire. Celuy qui peut au moyen des Histoires esclairées d'vn œil iudicieux discourir des choses passées, a dequoy se conduire aux presentes, pour peu d'experience qu'il possede: & mettant en la balance contre toy, les grands contrepoids des exemples qu'elles te fourniront, ils te feront voir combien ton poids tire court, afin que tu t'efforces d'y adiouster ce qui luy manque. Oyons vn ancien.

Ie suis Prudence, & l'Vsage est mon pere,
Qui me donna la Memoire pour mere.

Quand tu sçauras par l'entremise de ces doctrines, pertinemment agir & raisonner, en voila bien assez pour meriter de commander à tous ceux qui sçauent le reste, aussi bien qu'à tous ceux encores qui ne le sçauent point. Quelqu'autre part des Lettres te peut estre vtile & bien-seante, comme l Eloquence, la cognoissance de la Poësie, la parcelle des Mathematiques qui regarde la guerre. Mais nulle ne l'est assez pour me conuier à te la presenter, si tu ne la requiers de toy-mesme, apres que tu seras affriandé sur les Liures: de crainte qu'estant prise sans appetit, elle ne t'affadist ou dégoutast par surcharge, vers ta leçon necessaire: qui ne s'apprend iamais suffisamment par les Grands, qu'elle ne soit aussi volontaire. Et quand bien quelqu'vne non volontaire se pourroit competamment apprendre par les Grands; ie redoute plus le rebouchement & la pesanteur, où les esprits enfantins tombent maintefois par les apprentissages forcez, & consequemment penibles, que ie ne crains en vn Prince comme toy, l'ignorance des dernieres doctrines que i'ay nommées. Pour le regard de cette autre part, que ie t'assigne cy-dessus aux Sciences, elle est si peu penible, ou pour mieux parler, elle est si naturelle, plaisante & facile, outre sa necessité; que l'esprit ou le iugement qui ne la gousteroient pour telle, ne meriteroiēt pas d'estre choyez par abstinence de son estude, ny d'aucun autre. Le moyen de l'apprendre precisément, ton Gouuerneur & ton Precepteur te l'enseigneront, s'ils sont dignement choisis: mais de cela i'en ay dit mon aduis amplement en l'*Education des Enfans de France*. Pour le faire court, l'homme naissant à la raison & à l'équité, ne doit estudier que pour entendre celle-là, qui luy serue d'instrument à practiquer constamment celle-cy: & le Prince de plus, pour les faire entendre & practiquer aux autres. M'estonnant d'Osorius Autheur de consideration, qui donne la Grammaire, & ce me semble la Logique à son Roy, pour comprendre exactement la raison de parler: comme si l'esprit naturel n'y suffisoit pas, mesmement esclaircy par l'experience de la vie, par la Morale & par sa suitte. Quant au Latin, si l'on te le fait apprendre par routine au sortir du berceau, suiuant l'exemple qui s'en void aux Essais, ie l'approue; sinon ie ne suis pas d'aduis que tu l'acheptes au prix du

A a iij

temps que les autres y confument, toy qui vois le tien requis à tant d'autres occupations plus neceffaires: outre la crainte des inconueniens nommez, qui fe rencontrent pour les ieunes efprits aux eftudes efpineufes, telles qu'vne Grammaire auec fon Donat & leur fequelle. Ioint qu'vn Prince moindre que toy, peut lire tous les bons Liures Latins, fans aller fi loin, les faifans tourner en fa langue. Difons à ce propos, que ce n'eftoit point affez au vulgaire des fçauans de ce climat, d'entonner l'orgueil & la fottife en François & én Latin, il les falloit entonner encore en Grec & en Hebreu: deux Langues qui feroient referuées à ceux que leur profeffion oblige à les fçauoir, fi i'en eftois creu, & fi nous eftions mefnagers de noftre efprit, & iuftes difpenfateurs de noftre loifir. Mais qui eft caufe d'vn tel choix & d'vn tel excez d'eftudes cefte impertinente faifon où nous viuons: en laquelle pour s'enquerir de la doctrine & de la fuffifance d'vn homme, on s'enquiert combien il fçait de Langues: comme fi les Langues eftoient, la doctrine & la fuffifance, au lieu qu'elles font tout fimplement l'vne des iambes pour fe porter à l'vne & à l'autre: & iambe fans laquelle on y peut encore arriuer, du moins pourueu qu'on ayt feulement prouifion de Latin. Les Langues dans le Gymnaze des Mufes font proprement la courfe, dont la doctrine & la fuffifance font le prix.

Laiffons à part fur l'eftime des Mufes & de Minerue, l'exemple general des plus éminents anciens, c'eft à dire de la fleur des hommes: mais qui n'eftoient peut-eftre, par nulle voye plus grands que nous, finon par les Lettres, plus aimées & mieux digerées par eux que par nous. Ie te propofe feulement celuy d'Alexandre, triomphe de la gloire, efprit vital de la victoire, & Monarque de la grandeur humaine. Que voulut-il loger au riche efcrin de Darius, finon l'Iliade ? que trouua-il de fi glorieux en la gloire d'Achilles, que d'eftre proclamé d'vn tel herault qu'Homere, qu'il regretta fur fon fepulchre à chaudes larmes, comme defaillant feul à fa profperité parfaite ? ou quel bandeau de fa cholere, rapide pourtant, l'empécha de voir & de conferuer au milieu de l'embrazement de Thebes, la seule maison du Poëte Pindare? Duquel, par parenthese, on void que cét excellent Roy Hieron se plaisoit d'estre caressé familierement par Escrit public: d'autant qu'ils viuoient de pair à pair ensemble. Encore vn traict de ce triomphent Macedonien. Vn iour se trouuant aux mains, dans les plus violens efforts d'vn combat, suant, haletant, versé par terre, puis releué, puis reuersé, miré de cent coups, nauré de trente autres, sanglant de toutes parts, & doubteux s'il seroit loüé vif ou mort: O! Atheniens, cria-il, si vous sçauiez ce qu'il me couste pour acquerir vos loüanges! Pouuoit-il mieux declarer les Muses Souueraines du genre humain, & Roynes des Roys, ou les proclamer Omnipotentes? pouuoit-il mieux trompeter, qu'il eust dédaigné la mesme victoire, si les Muses n'en eussent offert le prix? ou leur mettre plus clairement sur la teste le laurier de la siéne? Si quelqu'vn peut iamais égaler la Grãdeur de ce Prince, c'est celuy qui l'égaloit en l'amour des Sciéces, Cesar, & qui croyoit tenir autant sa Grandeur, de son éloquence que de ses armes. Qui n'a sceu ce conte? que se sauuat vn iour à nage auec sa cotte d'armes, laquelle il tiroit aux dêts de peut que les ennemis n'en triomphassent, il tenoit en l'air ses tablettes ou Escrits d'vne main, au hazard de se perdre en nagãt de l'autre seule: comme celuy qui preferoit à la vie le chappellet de fleurs qu'il tissoit à sa gloire, par l'entremise des Muses? De quelle source encores viennent presque tous les grands Liures Grecs & Latins, que des Generaux d'armée de la Grece, & des Dictateurs, Cõsuls, Proconsuls, & Preteurs Romains? Dont aussi l'antiquité faisant vn autel à ce magnanime Hercules, commun auec les Muses, adouoit assez que l'hõneur des armes & des Grands estoit inseparable des Lettres. Comme encores, le plus braue Peuple qui fut oncques, celuy de Sparte, entrant en bataille, sacrifioit, non pour vaincre, mais pour estre dignement historié. Chacun sçait au reste, que Demetrius Poliorcetes manqua sciemment de prendre Rhodes, pour ne la vouloir battre par vn flanc qui pouuoit apporter ruine au tableau de Protogenes: & le soin, bien qu'inutile, que prit Marcellus, de la conseruation de ce Gerion, & de ce Briarée à trois corps & à cent bras, qui seul auoit si roidement combattu son camp deuant Syracuse, auec ses artifices Mathematiques. Puis-je sortir de la Sicile sans ramenteuoir, qu'apres la piteuse deffaicte de Nicias, les Siciliens victorieux, faisoient grace aux pauures Soldats, reste deploré de ce naufrage qui leur pouuoient reciter des vers d'Euripide ? Obmettray-je aussi que sept viiles Grecques se quereilerent.

Smyrna, Rhodes, Colophon, Salamis, Chios, Argos, Athenæ, à qui remporteroit l'houneur de s'attribuër la naissance d'Homere ? D'autre-part Alexandre Seuere se vantoit, en presence solemnelle d'Ambassadeurs, qu'il n'y auoit homme de suffisance & de doctrine releuée au Monde qu'il ne cogneust, & duquel il ne fust cogneu familierement: c'est à dire, auquel il n'eust escrit s'il estoit hors la portée de sa veuë, & duquel il n'eust receu lettres. N'oublions pas qu'Angonus, voyant apres la mort du Monarque Alexandre, la Grece occupée par plusieurs Tyranneaux, enuoya son fils Demetrius auec armée la deliurer: publiant pour sa raison, qu'elle estoit en la prestance & splendeur de ses Lettres, comme vn Phare esclairant à l'instruction, perfection & gloire des hommes. Mais qu'est-il besoin de ce denombrement, puis que le seul Pline l'aisné, nous fournit infinis exemples d'honneurs rendus aux enfans des Muses & de la vertu, par les Roys, Empereurs, & chefs d'armées; plus grands qu'à leurs propres compagnons, chefs d'armées, Empereurs & Roys. Voyons Pompee entr'autres, chez cet Autheur, arriuant au logis du Philosophe Possidonius: *facesque submisit is cui se totus Oriens, Occidensq́, subiecerat.* On contoit l'amitié d'Anacreon entre les felicitez fameuses du tyran Policrates. Dauantage, combien reluisoit plus vn homme aux siecles anciens, c'est à dire siecles des grands esprits, par l'edifice d'vn bon Liure, que par vn triomphe. On decreta, ce dit Tacite, l'honneur du triomphe à Pomponius, qui sera pourtant aux yeux de la posterité la moindre part de sa gloire, puis qu'il excelle en la Poësie. Et parmy les honneurs extremes & diuins que le Peuple Romain put inuenter sur le trespas de ce grand, triomphant & trois fois Auguste Germanicus son

coeur

LES ADVIS.

cœur & ses delices, il se chatouilla singulieremēt de l'inserer au rang des Escriuains excellens & celebres, tel qu'il estoit. Pompée recommença auec la guerre ciuile, son exercice de declamer en public: & dans les plus fortes ardeurs de cette fievre de la guerre de Modene, Auguste & Anthoine declamoient aussi fort souuent: comme faisoit auant eux Cornelia mere des Graques, que l'on disoit auoir esté autant heureuse en ses Disciples, qu'infortunée en ses enfans: & Lælia Sabina fille de Silla, leut encore publiquement à Rome. I'adiousteray que durant son Empire mesme, ce Dominateur de l'Vniuers Auguste, ne desdaignoit point de monter sur la tribune aux harangues, pour deffendre les causes de ses amis, tant l'éloquence estoit reuerée: & d'autres Empereurs ne craignoient nullement par mesme raison, de faire pareil office, & qui plus est, de declamer deuant le Peuple, soubs vne profession publique d'éloquence: Titus eternel exemplaire & lumiere des Princes estoit de ce nombre, comtant sa qualité d'Orateur pour l'vn des plus beaux fleurons de sa gloire. Sans obmettre l'aisné Scipion, miracle de la Nature; qui fit ensepulturer les cendres d'Ennius, herault de ses victoires, auec les siennes. Finalement, pour ramēteuoir à leur tour nos bons Ayeuls, nous apprenons d'vn Historien Grec; Que Bardus cinquiesme Roy des Gaules, ayant inuenté les vers rymez, les Poëtes nommez Bardes de son nom, estoiēt en si grand respect, que s'ils se iettoient entre deux armées prestes à combattre, loüans vn party & blasmans l'autre, auec leurs chants, soudain le condamné posoit les armes, & l'autre apres: puis chacun ayant moderé son ire, on essayoit à composer les affaires. Que s'il faut venir à nos siecles, bien que chetifs bastards des vieux: de trois Princes les plus grands qu'ils ayent de long-temps portez, vn Roy d'Espagne disoit; Qu'vne parole prononcée par vn sien deuancier au mespris des Muses, estoit la voix d'vn bœuf, non d'vn homme, Alphonce Roy de Naples maintenoit; Que si les Roys se deuoient appauurir pour chose du Monde, c'estoit pour acquerir la Science, en cas qu'elle fust à vendre. Et le Roy François premier, porta tel honneur aux Escrits

B b

de Petrarque, qu'il illustra Laure d'vn tombeau de marbre & de vers nez de son inuention: & cela seroit peu, si nous n'y deuions adiouster, qu'il se monstra plutost Roy de la Chrestienté que de la seule France: d'autant qu'il inspira l'enthousiasme des Muses de son cabinet en hors, iusques aux fins extrémes où elle s'estend. Vrayement celuy qui restauroit la vertu, meritoit d'estre Roy de tous les vertueux, & consequemment non de la Chrestienté seule, mais de tout l'Vniuers: puisque par tout l'Vniuers ils se respandent, bien qu'en rare nombre, & que l'Vniuers ne semble estre construit que pour eux. Charles le Quint & luy enuierent l'vn sur l'autre en la personne de Budée, la gloire d'honorer les Muses. Pource que certains Ambassadeurs de cet Empereur, s'estans acheminez apres l'execution de leur charge, de Fontainebleau à Paris, afin de saluër exprés ce docte personnage de la part de leur Maistre; le mesme Roy qui iusques alors ne l'auoit point cognu, piqué d'vne honte genereuse, luy enuoya soudain par Lettres expediées & scellées, vn Office de Maistre des Requestes de son Hostel, du temps qu'il n'y en auoit que quatre en France. Tous ces Augustes Monarques auoient ouy dire, que les Mages Ægyptiens representoient le Roy par vn sceptre occulé: n'ignorans pas aussi cette maxime des Sages; Que la Science est argent au pauure, or au riche, & pierre precieuse au Prince qui porte Sceptre. Quelle grace eut vne de nos Reynes peu deuant le temps de ce Prince, lors que rencontrant Alain Chartier, honneste homme & sçauant pour la saison, qui dormoit, elle le baisa deuant ses Dames: alleguant; Qu'elle vouloir baiser la bouche d'où tant de belles paroles estoient issuës? Ie ne releuerois pas ce traict, si le baiser n'estoit permis en France aux Reynes mesmes, en quelques conditions de fortune. Celle-cy le voulut transferer des qualitez de la fortune en celles du merite: sa Grandeur & sa magnanimité ne croyans pas s'estre portées assés haut, si elles ne mettoient vn pied sur la teste de la mesme fortune pour la rabaisser, par ce desdain de considerer ou respecter ses faueurs: & si elles n'attiroient encore apres elles la vertu en la personne de Chartier,

qu'elle rehauſſoit par ſon baiſer, pour y mettre l'autre pied.

N'apprends donc point ce que tu peux, que tu n'ayes auparauant appris ce que tu dois, à l'ayde des Lettres. Et le premier article d'vne telle doctrine, c'eſt d'entendre, que cét Eſtat & ces Peuples que tu regiras, ſeront inueſtis de toy non toy d'eux: & que partant, ſi tu te vois introduit en la dignité de les regenter, ce n'eſt que pour eſtre introduit au labeur, ſolicitude & ſurueillance plus vtilement en leur faueur. Laiſſant à part l'illuſiō de ton tiltre, & de celuy des ſubiects, ce que tu leur commanderas, ſi tu ſçais commander, n'eſt autre choſe en fin, que ce que les plus ſages ſçauent conſeiller au beſoin à leurs amis, & faire eux-meſmes. Sçache, dis-ie, que ſi le Peuple eſtoit aſſez aduiſé, pour faire de ſon mouuement, ou par conſeil, les choſes qui luy ſont neceſſaires, Dieu ny les hommes n'euſſent point eſtably de Souuerains, qui le luy fiſſent faire d'authorité. C'eſt vn grand art & de profond apprentiſſage que de regner: non ſeulement par tant de ſortes d'eſcueils & de difficultez particulieres & tres-eſpineuſes, qui ſe rencontrent ſur ce chemin: mais pource qu'en general auſſi, la raiſon & l'équité parfaites ſont d'vne queſte difficile, & qui requiert vne extréme clarté d'eſprit & pareille attention. Surtout, il faut cette clarté d'eſprit & cette attention extremes aux Roys, pour eſtudier la raiſon & l'équité, puis qu'ils les doiuent debiter au particulier & au public: & leſquels neantmoins, à cauſe du pouuoir deſmeſuré qu'ils ont d'obliger, les flatteurs déuoyent de tout leur pouuoir: ſans compter les imprudens Conſeillers, ou les traiſtres & malins, gagnez par ceux qui peuuent eſtre intereſſez à les faire precipiter aux erreurs à toute heure. Malheur, mal-heur donc ſur les Peuples, quand vne ame friuole ou baſſe, auſſi commune chez les Grands que chez leurs valets, ſe trouue employée à cet eſſroyable labeur! Malheur, quand il faut qu'vne foible lumiere eſclaire à tant de gens! Et nul Prince ne merite pleinement d'eſtre obey, qui n'eſt aſſez ſuffiſamment inſtruit & ſage, pour faire des commandemens, à l'obeyſſance & deſobeyſſance deſ-

Bb ij

quels, ceux qui les reçoiuent eussent à gagner & à perdre autant que luy. Ie dis, ne merite pleinement d'estre obey: car obey doit-il estre, quel qu'il soit : mais certes c'est gran honte, de n'estre obey que par deuoir, & comme par charité : & c'est encore vne égale misere: puis qu'à cette condition on ne l'est que des gens de bien, & consequemment de peu de personnes. Celuy qui regne, trenche vrayement & comme diuinement du Grand, alors qu'il fait cognoistre aux subiets, que ce soit leur vtilité de faire les petits deuant luy. Disons en passant, qu'aussi-tost que le commun du monde voit vn Prince, capable par sa viuacité iointe à quelque cautelle & solertie, de maintenir son authorité de maistre, il le repute & qualifie soudain vn grand Prince. Certes plusieurs siecles tesmoigneroient bien le contraire par experience, & que l'vn & l'autre de ces deux genres de Princes, le grand & le madré, peuuent estre aussi differens en facultez & ressorts, c'est à dire en suffisance requise pour regner, qu'en intentions & en procedures. Vn Prince à bon escient grand, doit effacer la merueille de son esprit, de son astuce & de toutes ses ruses ou finesses, ouy mesmes de ses victoires si victoires y a, par celles de ses mœurs: qui s'appellent iustice, moderation, égalité, grauité, rondeur, constance, attrempance, & bonté: suiuies du choix & amour des choses loüables, en autruy comme en soy-mesme:

Vertus qui font les Roys, & non les Diadesmes,

C'est pourquoy Pericles & Publicola mourans, transfererēt à leurs mœurs la loüange qu'on decernoit à leurs triomphes.

SECONDE PARTIE.

TRAICTANT DES MOEVRS ET DE LA conduicte du Prince.

Duise de garder la foy vers Dieu, qui consiste en deux poincts, l'antique Religion, & l'equité des actions. Tost ou tard il vangeroit cette foy si tu la violes: & si tu la maintiens, il la payera vray-semblablement, de la confirmation & solidité de celles que tu receuras d'autruy.

Apres t'auoir recommandé l'amour de Dieu, en quoy consiste le principal deuoir des hommes, venons à la Iustice. Oublie si tu veux, que la Philosophie Morale comprend toutes les vertus en la Iustice vniuerselle: oublie encore cette fable si commune, que Themis & Dicé estoient assises inseparablement aux deux costés de Iupiter. Et vueille seulement apprendre de deux hommes de ta marque, desquels l'imitation doit estre par tout ailleurs comme en ce poinct cy, la souueraine butte de tes ambitions, à quel prix la Iustice & l'équité regnoient chez eux:

Grands Princes, grands guerriers, grands Pasteurs des armées.
Agesilaüs donc oyant quelqu'vn qualifier Grand le Roy de Perse : Et pourquoy, dit-il, est-il plus Grand que moy, s'il n'est plus iuste? Trajan aussi requis par le Monarque de ces Regions Persiennes, ou des proches, que l'Euphrates fust la commune borne de leurs Empires : L'Empire Romain, respondit-il, n'a bornes que la Iustice. Luy-mesme vne autre fois baillant l'espée au Prefect de son Palais, qui tenoit enuiron lieu de Connestable, prononça telles paroles: Tourne là contre moy si i'en vse mal. Vn singulier bien aux Potentats, & que i'ay veu remarquer en bon lieu, sur cette bran-

Bb iij

che speciale de la Iustice, qui consiste en la distribution du droict politique & ciuil; c'est qu'ils peuuent faire les chastimens & les condamnations, par la main de leurs Officiers: pendant qu'ils font mille sortes de graces & de recompences par les leurs propres. La dignité de ceste Histoire merite place en cét endroict. Charles Duc de Calabre, fils de Robert Roy de Naples, & pere de la Reyne Ieanne, estoit Prince d'équité fameuse, & tellement zelé à cette charité de l'employer à la protection des foibles, que de peur que ces ames coursaires qui enueloppent ordinairement les Grands, ne reculassent telles personnes de luy quand elles la requerroient, soit pour espargner ses oreilles par flatterie, ou autrement; il auoit fait attacher vne clochette à la fenestre de sa chambre exposée sur la ruë: afin que chacun la pouuant sonner à son besoin, le suplyant fust aussi-tost introduit vers luy par ordonnance expresse. La clochette sonnant vn iour, & Charles commandant à quelqu'vn de regarder de quelle part venoit le son, vne risée s'esleua, de ce qu'il fut trouué, que le requerant estoit vn pauure cheual vagabond, qui s'estoit frollé contre la corde en passant chemin. Il tomba lors en l'esprit du bon Prince, qu'vn destin équitable amenoit vers luy cette beste affligée, pour luy faire raison de quelque tort. Et se trouua qu'en effect c'estoit vn vieux coursier, qu'vn cruel maistre, le Cheualier Capece, auoit abandonné à la faim & à l'exil, apres en auoir tiré de grands seruices en guerre, dont il auoit esté fort bien recompensé par Robert, pere de ce genereux Duc, qui le taça vertement, & le contraignit de reprendre ce pauure animal, & de faire part de sa recompense par vn bon traictement à celuy qui l'auoit assisté à la gagner.

Euite auec grand soin la conuersation des vicieux, principalement s'ils son tachez de vices, qui consistent en maligne volonté. C'est par le vice & les vicieux, que le loup entre en la bergerie d'vn Estat: & ce loup commence à deuorer le troupeau par les pieds, & peu à peu, si telles gens sont esloignez du Prince: par la teste & tout à coup, s'ils en approchēt. La cause de cela, comme chacun peut voir, c'est, qu'il n'est peste plus contagieuse que celle des mauuais exemples en general: & que ceux qui naissent des Grands, semblent, non plus exemples simplement, ains loix de bien-seance. Que si ceste peste des mauuais exemples est contagieuse, elle est encor plus mortelle: puis qu'ils te rendroient bien tost, non seulement esclaue des vices, mais de leurs hostes aussi, d'autant qu'ils te deuiendroient necessaires pour te parer contre les Loix: ou pour mieux dire ils feroient, qu'au lieu d'estre necessaire & cher à chacun, chacun te fust necessaire ou redoutable. Tournant ceste medaille à l'enuers, fauorise & chery les bons & les personnes de suffisance & de merite: te souuenant, qu'vne preuue de profiter en esprit & vertu, c'est d'aimer les vertueux & les sages. vne autre preuue d'auoir atteint la perfection de ces deux qualitez, c'est de ne pouuoir viure sans eux: te souuenāt outre plus, que tu cōmenceras de regner par les vertus propres, & continuëras par celles de tes subiects. Quelle honte est celle de certaines Cours, où ce mot se fait ouïr: Vn tel est assez honneste homme pour estre miserable? La touche où s'espreuue plus clairement le bon & le faux or du iugement & des mœurs de l'homme, haute ou basse que sa qualité soit, c'est le choix des seruiteurs & des familiers. La capacité ou la bestise, aussi bien que les actions vitieuses ou vertueuses de luy & d'eux, ont toute relation, & se concluent les vnes par les autres à la suite de ce choix, chacun cherchant necessairement de s'associer de son semblable. Disons plus: leur capacité & leur bestise ont vne condependance, ainsi que leurs vices & leurs vertus: car elles s'entre-attisent necessairement par la conuersation. Au moyen dequoy l'antique Sagesse chantoit ce vers:

Les Roys sont assagis sils pratiquent les sages.

Nos esprits hument les esprits qui les frequentent, ny plus ny moins que nos corps hument l'air circonstant, & s'en nourrissent. Mais qui consolera les Peuples? S'il est des lieux en tout le monde où l'on face vn mauuais choix & rebut d'esprits & de familiers, des lieux où regne l'imitation de cette femme ancienne, qui chaussoit son chaperon & coëffoit son soulier, des lieux qui meritent qu'on les compare pour ce poinct à quelques pays barbares, dont l'adoration embrasoit les bestes ou les monstres, non les Dieux des Nations, ce sont communément les Cours.

Des mers icy les poissons on adore,
Là ceux du fleuue ont leurs temples encore,
Le chien deçà tient rang d'vn immortel,
Mais pour Diane elle n'a point d'Autel.

Quelle loüange ne meritoit donc Gustaue Adolphe Serenissime Roy de Suede, de ce que la prudence, doctrine, eloquence, Poësie, disons les Muses entieres & les mœurs, de cét excellent personnage, Daniel Heinsius, ayans iette de deux ou trois cents lieuës loin des estincelles iusques en son Palais Royal, ce genereux Prince luy enuoya presenter il y a quelques années, breuet & pension de Conseiller d'Estat? où s'estonne-ton apres vne si digne preuue de cherir la vertu, pourquoy la gloire & la victoire ne se peurent iamais separer de sa personne durant le cours entier de sa vie, ny mesmes, chose merueilleuse, apres sa mort? La Grandeur est plus honorée de la societé de ceux qui resemblent à ce Roy, qu'ils ne sont honorez de se voir asociez de la Grandeur. Heureux le siecle, auquel vn tel Prince offre vn si vehement charme aux hommes que l'espoir de ses bonnes graces, pour les conuier à debattre entre-eux le prix de la vertu! D'autant aussi, Prince, que c'est te faire iniure, de te reuerer pour ta puissance, plustost que pour toy-mesme; tu deuras tant plus rechercher l'honneur qui viendra de la part des esprits suffisans & vertueux: qui sçauent exactement cognoistre en quoy consiste la vraye valeur d'vn Souuerain, combien elle surpasse en prix celle de son Estat, de sa puissance & de ses richesses, & iusques où tu la posederas. Afin que tous honneurs & respects se rendent lors proprement à toy: non à ces choses-là, qui ne seront qu'autour de toy, qui se peuuent perdre, & qui pis est t'accabler sous leur ruine. Les communs adorateurs font leur maistre l'asne d'Isis, ces autres le font d'Isis mesme. Si le Prince au demeurant, doit aymer & fauoriser sur tout les Loix & l'equité, pourquoy ne cherira-il ces gens-cy, qui sont la mesme Loy viue, & l'equité mouuante &

té & parlante? Toute la peine & le peril du maniement & de la conseruation des Estats, tous les trauaux, les effroyables fatigues & perplexitez, & parfois les cheutes des Princes, ne procedent que de cela, qu'il ne se trouue point, ou qu'il se trouue trop peu, de cette espece de personnes. Que si cette marchandise de suffisance & de vertu est de prix extreme, & combien ces qualitez doiuent estre preferées par le Prince à toutes qualitez & dignitez de ses subiects, ou des hommes en gros, apprenons-le de la consideration suiuante. Nonseulemét il ne se trouueroit aucun hôme suffisant & vertueux, qui vouluft deuenir vicieux & sot, pour se rendre le premier Monarque du Monde : mais dauantage, vn Roy sçait faire les riches, les puissans, les Comtes, Marquis, Ducs & Chefs d'armées; vn habile homme, vn homme d'honneur, il ne le peut faire : c'est l'ouurage du souuerain Createur : ouurage autant esleué par dessus ces autres là, s'il se pouuoit dire, que le Createur l'est par dessus le Prince. Et si quelqu'vn pretend repartir, que cét aduantage de l'homme suffisant & vertueux de ne pouuoir estre fait ou formé par le Prince est leger, pour ce qu'il est commun: d'autant que cette impuissance du Prince, de former ou de creer les qualitez & les aduantages de l'ame des hommes, est generale sur l'homme entier, & s'estend iusques au corps, à cause qu'il ne peut aussi former le beau ny le fort. Ie respondray, que la preeminence que i'attribue par cette consideration de naistre d'enhaut à ces qualitez de l'ame, la suffisance & la vertu; ie ne pretends pas seulement aussi de la tirer, de ce que le Prince ne les peut forger: mais de ce qu'outre cette prerogatiue, de ne pouuoir estre forgées que de la main du seul Dieu, la forme essentielle du merite de l'homme y consiste, & la principale necessité de son vsage: ce qui ne se peut dire d'aucune qualité du corps, ny de ces dons ou faueurs de la fortune qu'on rencontre chez les Princes. Il faut adiouster qu'elles son autant vtiles ou necessaires au Prince & à toutes sortes d'Estats, qu'à ceux en qui elles regnent, ausquels pourtant tout est inutile sans elles: estant vray d'autre part, que le Prince qui ne les peut creer, creé quand il luy plaist, comme il est dit, les riches, les quali-

Cc

fiez & les puissans de tous qualibres: idoles que les Peuples adorent sottement, & que luy-mesme admire tous les iours plus mal à propos, voire qu'il est forcé de craindre par fois, bien qu'ils soient l'œuure de ses mains :

Quod finxère timent.

Ainsi certes on doit autant honorer l'interpretation de Curtius que son action : lors que l'Oracle ayant ordonné, qu'on iettast en ce gouffre Romain pour le reclore, la plus precieuse chose de la Republique; il iugea qu'il y falloit ietter vn homme vertueux, & paya la debte. Au reste les biens que tu receuras mutuellement des gens de merite & d'entendement exquis, s'appliquent à ta propre personne, ne se peuuent achepter par aucun prix, sont eternels, s'affinent & s'enrichissent par l'employtte & par l'vsage. Le Grec qui nous a dit ce mot y pouuoit adiouster; que tels biens apprennent encore à leur possesseur l'vsage des autres choses. Vn Latin enseigne pertinemment; que le plus insigne bon-heur des Princes, c'est de faire des bien-heureux : mais quelle amplification reçoit ce bon-heur, par l'adresse & par la gloire de sçauoir où & quand il les faut faire ? Ennius appelloit mesfaicts, les bien-faicts mal logez : & Democritus maudissoit vn prodigue, de prostituër indifferemment les Graces qui estoient vierges. Cependant lors que ie t'exhorte d'aymer & fauoriser les meilleurs, ie n'entends pas que ce soit pour leur faire auoir des fortunes ou des richesses excessiues, honteuses aux donneurs & aux demandeurs: suffit que tu les mettes ou les maintiennes, hors d'iniure, d'abiection & d'incommodité : plus ils seront de ce venerable nombre, & plus vrayement acquis à toy, moins ils t'importuneront de les pousser plus auant. Ny iamais Prince n'eut de gloire à esleuer en vne haute fortune, celuy qui n'auroit pas esté capable de se contenter d'vne mediocre. Te recommandant specialement les personnes de prix, ie ne t'absous pas de mespriser les autres, pourueu que les vices en soient hors, specialement diray-ie derechef, les vices malins: sur tout si ce sont gens qui puissent nuire ou seruir à l'Estat ou à toy. Mais fay telle difference en ta procedure parmy ces diuers genres d'hommes, qu'on voye que tu veux obliger ces premiers, & simplement t'abstenir d'offencer ces derniers. Sois en vn mot fauorable aux meilleurs, & non nuisible aux autres, le droict du tiers & le tien gardé.

Ie t'aduertis d'aymer & chercher loüange en la recompense du bien, & fuyr sans plus reproche en la punition du mal: voila le moyen d'enrichir tout d'vn coup tes Peuples de vertu, toy de nom, de bien-veillance publique & d'authorité. Quand i'écris fuyr reproche en la punition du mal, c'est pource qu'il le faut punir à cette mesure, de n'estre pas blasmé de sa souffrance, & rien plus: sans affectation de vanité pour faire esclatter ta iustice, ainsi que nous lisons de quelques Empereurs Romains. Il est vray qu'entre les delinquans, que ie te conseille de punir auec cette reserue, ie ne comprends pas ceux qui font outrage à leur prochain de pure malice: car c'est aux despens de la peine & correction de ceux-cy; qu'il faut fuyr reproche, & chercher loüange ensemble: quiconque les supporte, estant ennemy de Nature, & verifiant ce mot ancien: Il y a vne misericorde qui chastie, comme vne cruauté qui pardonne. Ce seroit desia certainement vne grande insolence que d'estre Souuerain, si ce charactere n'estoit appliqué & employé, pour reprimer toutes insolences.

Pourrois-tu reuerer assez precieusemēt ta foy, si tu viens à la iurer; puis qu'outre le respect que tu luy doibs, nul ne peut tant gagner en vn coup à la fausser, qu'il perd à n'estre plus creu depuis, ny de parole, ny de serment? En ta simple conuersation mesme, employe aussi la verité, tres-iustement appellée fondement d'vne grande vertu. Puis que la langue & la parole, sont la soudure de la societé des hommes, quiconque les falsifie doit estre puny pour faux monnoyeur, ou pour empoisonneur d'vn puits public. Quand tu banniras de ta parole toutes les menteries nuisibles à toy-mesme par quelque bout, qui sont folles (& parmy les nuisibles à toy, ie comte celles qui se peuuent descouurir) toutes les inutiles qui sont sottes, & toutes celles de vanité qui sont lasches: tu ne trouueras plus le moyen de mentir trois fois l'an. Et de

Cc ij

ces trois menteries, par an, il ne se verra point qu'vn exact obseruateur des choses, rencontre en sa vie trois fois occasion d'en employer quelqu'vne au preiudice du prochain, qui luy profite: & toutesfois encore quand il rencontre ces occasions nul particulier ne doit mentir à ce prix : car il se doit contenter, s'il ment, que ce soit sans porter dommage à personne en cherchãt son vtilité propre. Pour le regard d'vn Prince, il peut à l'aduenture, ce dit-on, manquer à la verité, ouy mesmes à sa promesse: auec extreme interest pourtant, non iamais interest particulier; mais public: auec tres-rare exceptiõ de plus, & pareil desplaisir, d'estre forcé de se laisser vaincre & gourmander sous le besoin, pour flestrir son équité: adioustons flestrir aussi sa dignité, puisque la candeur & la franchise de la parole font vne grande part de l'vn & de l'autre; la menterie estant definie à bon droict, fille de la crainte & de la lascheté. C'est la raison qui conuioit Apollonius de l'assigner aux serfs, & la verité aux libres. Iason le Thessalien dit en Aristote vn mot enuiron ce poinct de licence Royale; Qu'il faut par fois faire quelque chose iniuste, pour en faire plusieurs iustes. Nous trouuons cependant qu'Epaminondas, chef d'vne grande Republique, ne mentit iamais: & que Pomponius Atticus, vn autre homme du plus haut estage & fameux guerrier, ne souffroit pas seulement qu'on mentist en sa presence: plus encores, que l'Empereur Zenon fit le procés à vn Euesque pour auoir menty deuant luy. Dauantage Strabon escrit, Qu'entre les Indiens celuy qu'on suprenoit en menterie, estoit condamné au silence eternel. Les Perses enioignoiẽt perpetuel silence à celuy qui pour la troisiesme fois estoit recogneu menteur: & l'vn de leurs Roys Artaxerxes, l'encherit, car il faisoit coupper la langue au menteur, & l'attacher contre vn posteau d'vn clou à trois poinctes: ils attribuoient au demeurant à leur Dieu Oromasdes, la lumiere pour corps, & pour ame la verité.

Persuade-toy que la plus droicte vie est la plus Royale. Eh! quel autre train de vie & de mœurs seroit plus Royal vrayment, que celuy dont la reigle ny la grauité ne gau-

chissent iamais, pour interest, ny pour appetit, maistre &
non maistrisé des choses ? Puisque chacun se faisant croire
autant qu'il peut équitable & candide à tort ou à droict,
montre qu'il attache son honneur à l'équité & à la candeur,
declare-il pas qu'il est vaincu s'il les blesse ? mais combien
est-il plus honteux aux Princes, qu'à tous autres, de s'aduoüer vaincus ?

Aymant & soulageant les petits autant qu'il est en ta puissance, n'outrage point les Grands, sans contrainéte pesée &
recognuë de ton Conseil. Ton deuoir & la generosité te
conuient au premier poinct, la prudence au second ; & dauantage la Loy de Nature : qui nous deffend d'irriter ce qui
nous peut nuire, & nous enioint d'offrir paix & repos par
tout, afin de les receuoir mutuellement.

Fuy les ieunes Conseillers, & suys aussi les vieux que tu
verras auoir grand soin de te plaire : mesmement en ta ieunesse, que l'inexperience desuoye d'vne part, & les boüillan-
tes cupiditez de l'autre. Ie n'ay iamais veu precepte complet
pour remparer seurement vn Prince contre l'assaut & les
machines des flatteurs, encore qu'il les vouluft fuyr : comme
il y en a pour l'armer contre les autres vices ; si sa volonté
s'incline à les éuiter : & n'est pas merueille que cela soit
puis qu'en cette matiere, il faut autant & plus d'adresse
à practiquer vn conseil ou vn precepte, qu'à le donner. Quant à la premiere inuention de Machiauel sur
cét article; qu'vn Prince declare qu'il prend plaisir qu'on luy
parle franchement : le flatteur y fera cent fraudes, s'il veut,
sans celles que le Prince mesme y peut faire : soit par vn visage qui démente cette déclaration, ou par la suitte des effets
de quelque mauuaise volonté, sous vn faux pretexte, contre
ceux qui auroient parlé d'vn air franc. Et pour le regard de
la seconde inuention du mesme Autheur ; de deffendre aux
familiers d'vn Prince de luy parler des affaires s'ils ne sont
enquis : outre qu'elle impose aux bons aduis, desquels la per-
ception luy seroit medecine, le mesme silence qu'elle impose aux mauuais, & que son vsage porteroit ce Prince à representer vne arrogance ; elle ne fait que changer vne sieure

C c iij

quotidienne en tierce: parce que s'il n'oit tous les iours ce langage fourbe du flatteur, il l'oit au moins souuent, & autant de fois qu'il est porté à l'interroger. De plus, les bons aduis restết par fois inutiles s'ils sont differez: comme à ce comte ils seroient tousiours, si le hazard d'vne interrogation fortuite ne l'empeschoit. Malheur, malheur des Roys & des Peuples, que la fõction plus necessaire à eux de part & d'autre, qui est la chasse de ces vilaines & ruineuses Harpies, se puisse le moins enseigner au Prince. Il faut donc dire en vn mot, sois plus fi. qu'eux s'il est possible, & te recommande à Dieu sur vne telle extremité. Les flatteurs, ce dit Platon, desrobent à l'homme le plus necessaire & le plus noble de tous les biẽs, la raisõ. Il pouuoit adiouster, qu'ils luy rauissẽt ce pourquoy il possede la raison mesme, sçauoir est, l'espoir de regler ses mœurs, & sa conduitte. Ils sont buttez opiniastrement à garder que le vice ne sorte de chez luy, & que la vertu n'y trouue entrée: le rendans, à vray dire, plus abrutty que le breuuage de Circé, ne faisoit autrefois, les compagnons d'Vlysse, & comme sepulchre de soy-mesme. Demandes-tu, Prince, à quelles marques tu les recognoistras? Tels sont ceux qui t'applaudiront amplement & tousiours: car tu dois tenir pour certain, qu'il faut qu'vn homme de bien & rond, te contredie maintesfois, ou de parole, ou pour le moins d'vn froid silence: si de parole il n'ose te contrarier, par quelque raison de sa cõdition ou de ses besoins. Ceste contradiction prouenant, soit de l'ordinaire diuersité des iugemens, soit de ce que ceux des Grands tombent plus en necessité de controuerse, estans ordinairement plus errants & difformes que les autres, & plus souuent: tant par la frequence & difficulté des obiects qui les essayẽt soubs la presse des affaires, que par l'aueuglement auquel toute vne vermine de Cour s'efforce de les plõger par diuers interests. Tu recognoistras telles gẽs aussi par ces autres signes infaillibles: si tu les vois caresser les riches, authorisés & puissans, & mépriser les pauures: mesmement si ces premiers sont vicieux, cõme il arriue ordinairement, & ces derniers vertueux, ou seulement exempts de vices malins: si tu les apperçois, insultans

LES ADVIS. 207

à la foiblesse, tourneuirans leurs amitiez auec la fortune, ingrats aux bien-faicts, mesdisans ou riants des médisances: touchans en somme par quelque voye que ce soit aux biens, à l'honneur, ou à la liberté d'autruy. Et ie designe ces indices à descouurir le flatteur, d'autant que le vice de la flatterie ne se trouue qu'auec tous les vices: ainsi que la rondeur, la franchise & la verité de la parolle ne se rencontrent qu'auec toutes ou les principales vertus: veu la perte qu'on peut encourir par fois, & le gain qu'on peut faillir à faire, en se rendant franc & rond. Fay donc estat, que tous ceux en qui tu verras ces qualitez que ie viens de marquer, sont flatteurs. Et t'asseure d'vne autre chose en passant, c'est que tous ceux-là mesmes ne seruent iamais leur maistre ou leur Roy que par leurs interests, & les desseruiront à la premiere occasion d'vtilité propre qui s'offrira: pleust à Dieu que l'experience des François me peust démentir de ce propos. Ie dy plus, s'ils peuuent esperer d'engraisser leurs affaires en vne fascheuse reuolutiõ de celles du Prince & de sa fortune, ils la souhaittent pour obligez qu'ils soient à ses bien-faits, & au merite de sa personne. Certes c'est vne grande amorce aux Roys & aux puissans mondains, à de chasser ces monstres, que de se souuenir qu'ils n'attaquent gueres celuy qu'ils croyent estre habile homme, ny iamais celuy qu'ils reputent plus habile qu'eux.

Cui malè si palpere, recalcitrat, vndique tutus.

Ils ne desirent point de maistres ausquels ils ne puissent moucher le nez de leur masche: ou plustost maistres, qu'ils ne puissent rendre valets de leur interest & de leurs passions, ouy mesmes leur marotte, quand il leur plaira: pauure marotte agitée, pelottée, bernée à toutes mains!

Ducitur vt neruis alienis mobile lignum.

Pauures badins de farce encore, & de beaucoup pire condition que les autres de ce mestier, puis qu'au moins les spectateurs de leur honte les payent, cependãt que ceux-cy payent les autheurs & les spectateurs de la leur. Ils font de ces bons corps de Princes les pourtraits au vif des Idoles mentionnees en l'Escriture, lesquelles ayant des yeux & des oreilles, ne voyoient ny n'entendoient: ou pour mieux parler, ils les mettent en tel estat, qu'il leur seroit meilleur d'estre l'original de ce dont ils ne sont que la figure, pour n'estre point reduits à faire tous les iours & toutes les heures du mal de ces deux sens ou facultez, & à n'en faire iamais de bien, tandis que telles idoles ne commettoient que l'vne de ces deux fautes. Donnerons-nous place en l'ordre du genre humain, reputerons-nous pour des hommes, ceux qui ne voyent, qui n'oyent, qui ne sçauent point, ce qu'eux seuls ignorent entre les hômes: priuez du desir mesme de l'honneste & de l'vtile, à mesure qu'ils sont priuez de leur notion ? Adioustons-y auec peu d'hyperbole, de la notion mesme du soir & du matin, tant leur iugement est trouble & stupifié. Bon Dieu! quel patelinage ay-je veu regner autour d'vne Grande, pour luy faire croire impudemmēt, que toutes les Dames iusques aux plus vieilles & plus seueres, auoient vn galant, affin de luy nourrir le plaisir qu'elle prenoit d'en auoir plusieurs ? Et comme les garces à leurs mignons, ces affrôteurs souhaittent tous biens aux veaux d'or qu'ils encensent, reserué le bon sens, pource que cestuy-là les proscriroit. Quelle suasion te doit-ce estre de surcroist à te rendre habile, que ces canailles se mocquent tant des Princes insuffisans, ausquels ils se peuuent promettre de faire acroire ce qu'ils voudront pour les contourner & tourneuirer à leur poinct ?

Comme vn petit esquif surpris aux mers profondes,
Quand la fureur des vents enfle l'orgueil des ondes.

Ainsi la pipée des oyseleurs auec ses morceaux de miroir, esblouyt les foibles oysillons, non les oyseaux puissants & genereux. Tiens toutes leurs loüanges pour suspectes, reserué celles qu'ils ne te peuuent oster quãd le moyen de leur bien & de leur mal faire te seroit rauy: considerant d'ailleurs attentiuement, suiuant le conseil d'vn noble esprit moderne, non ce qu'ils loüent en toy, mais si tu loüerois ces mesmes choses en quelque autre. Le miserable Tigranes, besslé par ses flatteurs de folle outrecuidance & de confiance, n'oüit iamais mot frãc que cestuy-là, que les Romains venoient vn matin à la bataille contre luy: lequel mot franc il ne pouuoit ouïr seul ou premier, qu'au prix de l'entiere ruïne qui le fracassa sur le champ. Mais
nul ne

nul ne voudroit entreprendre de nombrer les Princes & les Roys, accablez & foudroyez par les flatteurs, estans en nombre innombrable: & n'en est presque point, ausquels ils ne donnent le panchant, ou quelque grand écheq, s'ils ne leur donnent le sault totalement. Quel desastre infiny des Princes & des Peuples, & quelle plus infinie obligation aux Grands de se remparer & munir de lumiere d'esprit qu'ils soit impossible de prescrire aucune si seure ny precise regle de regner, à laquelle on ne puisse faire fraude vers vn Prince incapable? & que la flatterie soit vn outil si commode & si general à faire ce coup: sans adiouster qu'elle laisse encore trente autres outils apres elle, qui peuuent produire mesme effect sur l'esprit d'vn Potentat mal-habile? *Qui edunt panem fatui falsæ linguæ sunt.* Les Thessaliens ruinerent vn de leurs bourgs, à cause seulement qu'il portoit le nom de la flatterie. Ils deuoient encores ruiner toutes leurs villes, s'ils pouuoient soubs la cheute de chacune d'elles engloutir & accabler vn flatteur.

Iamais homme qui n'ait mieux aimé s'exposer aux plus austeres remonstrances, qu'au hazard de faillir, ne fut loüable quand mesmes il a bien fait: moins les Roys, de qui les fautes portent plus de consequence, & qui sont faits pour assagir les autres: raison qui t'oblige ieune & vieil, à croire en conseil, fort libre, les gens de bien & les sages. Quel honneur te fait-on? quelle obligation as-tu à rechercher la prudence & la perfection d'vne conduite Royale; si te donnant le sceptre on t'a mis en main vne chose, pour laquelle dignement loger, il faudroit parcourir toutes les suffisances & toutes les vertus de l'Vniuers? Nous trouuons qu'vn Roy de Perse conclud vne sienne lettre au souuerain Sacrificateur Esdras, en ces termes: Ainsi plaist à nous & à nos sept Conseillers. Or ces Monarques si pleinement absolus sur leurs subiets, & les reputans tous esclaues; ne pouuoient estre contraincts à parler de cette façon par autre égard, que celuy de la gloire qu'ils trouuoient à se reigler par conseil. Nostre stile Royal n'est pas loin de là, qui dit: Nous de l'aduis de nostre Conseil: plus: Le Roy en son Conseil. Quant au

Dd

Conseil d'Arragon, i'ay leu qu'il prononce: Nous & le Roy: dont ses Roys ne se plaignent pas: & i'ay leu dauantage, que le corps de Iustice le sacre en ces mots: Nous qui valons autant que vous, & qui pouuons plus que vous, vous faisons nostre Roy, à condition que nostre pouuoir surpassera tousiours le vostre. Apres la douleur si naturelle, d'vn amy tué de sa main, Alexandre ne consideroit & ne lametoit rien tãt, au meurtre de Clytus, que la liberté qu'il rauissoit aux siens, de luy parler desormais franchement, à cause qu'il l'auoit poignardé, sur vne remonstrance. O le honteux naufrage que l'homme fait, contre le roch de sa propre teste, & sur tout l'homme regnant! Ie te souhaitte donc de libres, francs & prudens Conseillers: mais ie te desire auec eux ie ne sçay quoy de plus rare, bien qu'ils ne soient pas à douzaines. C'est vn Gouuerneur ou vn Precepteur, qui parmy les autres deuoirs de sa charge, te sçache apprendre à les choisir, embrasser & croire: & vn confident qui te puisse confirmer en ces facultez, & dauantage te conseiller, conduire, conforter ou redresser tes actions, tant par la consideration & l'examen d'elles-mesmes, que par la confrontation, approbation ou correction de celles d'autruy; dont il sçaura discourir toutes les heures auec toy: ouy qui par sa seule presence & sa seule œillade, tienne tes actions en bride, soubs l'honneste ialousie & le desir qu'il t'aura fait naistre de sa loüange, & pareille crainte de ses reproches. Vn grand Prince disoit; Aymer autant faire vne faute deuant les Dieux, que soustenir vne mauuaise opinion deuant Vlpianus ce venerable personnage & fameux Iurisconsulte. Ce confident s'appelle vn Gouuerneur perpetuel, soubs nom emprunté: dequoy tout homme a besoin, mais les Roys & Potentats triplement. Le Prince ne sera iamais digne suruecillant d'vn Estat, s'il manque luy-mesme d'vn suruecillant perdurable, fidelle, sage, moderé, vigilant, affirmatif, vigoureux & libre: non amoureux de l'ambition ny des richesses excessiues, afin qu'il le soit de son maistre: & preferant de bien loin les affaires & les interests de son mesme maistre aux siens propres. Vespasian prie les Dieux en Philostrate, qu'il regne sur des sages, & des sages sur luy. C'est à le conseiller & reprimer aussi ses fautes, que Trajan arriuant à l'Empire commandoit à Plutarque de le seruir, sans se trauailler plus d'autre labeur: faisant attacher au cheuet de son lict, comme vn tableau precieux, la lettre d'exhortation qu'il luy auoit escrite sur sa promotion à l'Empire. Et Titus, chez le mesme Philostraté, ordonne à Demetrius le Cynique de luy rendre cét office: permettant, disoit-il, à ce chien, non seulement de l'abboyer, mais de le mordre. Si les Romains vouloient supposer des Dieux à plaisir, que ne mesloient-ils en leur Hierarchie ces deux derniers Empereurs? ils seroient merueilles, s'ils me pouuoient persuader qu'vne ondee de hauts faicts qu'ils attribuënt à Iupiter & à tout son parentage, valussent cette precaution seule de l'vn & de l'autre, sans les fruicts que l'Empire en recueillit.

Tu dois apprendre des Essais le droict vsage des finances Royales, par l'abus & le preiudice des dons immoderez ou trop frequents: & les Siecles voisins t'apprendront par maint exemple, la plus honteuse encore & plus ruineuse perte qui s'en fait quelquefois, par les piccorées qui suyuent la mauuaise garde. Il faut que tu fuyes d'vn soin égal l'auarice & la prodigalité, pour auoir tousiours des seruiteurs acquis, & moyen d'en acquerir d'autres. C'est chose trop cogneuë, que l'auare & le prodigue sont également pauures de cette munition: l'auare, pource qu'il ne les acquiert point, le prodigue, pource qu'en s'espuisant il les perd apres les auoir acquis: d'autant que le monde est composé de gens ainsi flestris d'ingratitude, qu'ils ne payent aucun bien faict, sinon celuy qui ne les a point obligez, & que le bien-faicteur reserue encores vers luy. Le moyen en verité de nourrir leur bié-vueillance, c'est de se bien garder de faire pour eux tout ce qu'on peut. Qu'ils seroient heureux & gais, si le Prince qui s'est consommé pour les gorger, mouroit soudain apres qu'il a sevré leur soif de ces douces liqueurs: pourueu que mourant il peust faire place à quelqu'autre, qui fust en volonté d'estre aussi liberal en leur endroict? Ils demandent au surplus ordinairement la bourse, pour voir s'il y auroit moyen apres

Dd ij

d'auoir le reste sans demander.

Tien ta langue soubs vn frein seuere: il s'est autant veu renuerser de couronnes par le ressentiment des picqueures de la langue, ou par secrets decelez, que par autre excés quelconque: qui n'a la force de la reprimer, ne se peut vanter de nulle autre force, puis que nous la tenons en nostre puissance, & qu'elle n'est excitée à picquer ny deceler par aucun appetit, qui ne soit malin ou friuole. Certes pour dire trois mots sur le premier de ces deux excés de parole, si débordé pour cette heure, i'entéds ce caquet offensif, lequel d'arriué ie t'ay presché, de fuyr par les oreilles mesmes, non que par la langue; quand vne benignité Royale ne te diuertiroit pas de t'y ietter, la hautesse de ton courage, s'il est digne de ton rang, te dégousteroit de t'amuser à chose si vile: à plus forte raison d'en faire vanité comme on fait. Sonne, Prince, du son de l'or graue & remis, non de celuy du cuiure, haut bruyant & friuole: & l'homme aussi bien comme la cloche, se cognoist au son. Que si toutes les actions d'vn homme regnant, ne ressentent ie ne sçay quoy de Majesté, sans doute elles l'effacent: *vultu portendat imperium*. Il faut vrayement que dés l'enfance vn front Royal retentisse ce vers:

Sublimi feriam sidera vertice.

Vn grand homme arbore aussi la modestie en chef des lolíá ges d'vn Prince: *Aderátque modestia Principe viro digna*: & l'on a proprement remarqué sur la consideration de cette vertu, que le chardon qui picque ne nourrit que les asnes: au lieu que le laurier, qui ne picque pas, couronne les vainqueurs & les Empereurs. Si les jeux pueriles messeyent aux Grands, ouy mesmes en bas aage, à ce que disent les exemples des prudens, & celuy d'Iule en Virgile; que peuuét faire les ieux lasches & tyranniques? S. Hierosme rapporte, que Salomon n'auoit que douze ans, lors de ce iugement celebre. Grand dommage en verité, que les Roys & Princes à singeries, n'ayent esté chefs, ou s'il se peut dire, Roys de farce: le public seroit aussi bien seruy d'eux en ce lieu-là, qu'il l'a tousiours esté mal ailleurs. Et si cét exercice est pernicieux en quelques mains, c'est en celles d'vn enfant de Souuerain: car d'vn petit impudent & brocardeur de cette naissance, il se fait vn grand tyran, depuis que s'estant habitué de ieunesse à rauir aux hommes les plus precieux de leurs biens, qui sont l'hôneur & la bien-seāce, il monstre qu'il s'est despouillé de la charité qu'il leur doit. Or outre ces inconueniens alleguez, outre que le iugement & la grauité s'éuaporent en ces yuresses de jeux, & que nul caqueteur de cette espece, quel qu'il soit, n'eschappe l'attainte du caquet; à quoy les Roys & les Princes ont plus d'interest que nuls autres, ayans plus à perdre & à gaigner en l'article de la gloire & de l'estime; les subiects traictent en gens de neant aux premieres occasions ceux qu'ils voyent se declarer eux-mesmes pour tels, par la neantise ou lascheté de leurs amusemens priuez, de quelque espece qu'ils soient. Ie dis priuez, non publics, car nul n'ignore, que l'on déguyse ces derniers pour la monstre: & qu'ils ne sont pas consequemment vrays échantillons de la piece de leur maistre. Dauantage, les voisins attaquent plus difficilement vn Prince, qu'ils sçauent estre couuert & embrassé de l'amour & de l'approbation de son Peuple: ce qu'il ne peut estre, s'il s'amuse en particulier à faire ou permettre des laschetez scurrilles; quād mesmes il paroistroit en public vn miroir du genre humain. Chacun sur ce propos a ouy dire, que la portée de l'homme se recognoist à ses exercices: & qu'vn bouffon ou basteleur en Xenophon, souhaitoit fertilité de bleds & de vins par tout où ses pas s'addresseroient: fertilité de sots aussi, sans lesquels son mestier eust esté mouché, les autres esprits ne se pouuans appasteler de telle viande. En effect on soupçonne tousiours les autres defauts & les autres desordres de ceruelle & de mœurs, aux personnes par qui celuy dont est question, s'exerce ou supporte volontiers. Ces deuiseurs & leurs auditeurs fauorables, aspirent à monstrer qu'ils ont l'esprit subtil, & se trouue quelquefois vray: mais ils monstrent aussi, que Nature s'oublia de leur en donner vn second à gouuerner cestuy-là. Sans alleguer qu'ils ignorent, qu'aux lieux où l'esprit reside veritablement, il n'est iamais en soin de se monstrer, paroissant assez de luy-mesme & sans effort. Cét entendement donc duquel ils piaffent, est celuy qui ne se trouue point en homme d'entendement: semblable au valet qui fait bruict au logis, pource que le maistre n'y est pas: entendement qui ne manqua iamais à bouffon ny saltinbanque, vsons de ce terme: cet exercice estant la seule chose qu'vn ceruau de neant fait auec plus de facilité, qu'vn autre. Si les Liures escrits pour l'institution des Princes, font si grand bruict contre les bouffons offensifs de Cour, & contre les Roys qui les souffrent, tesmoin Osorius entre autres; que diroiēt-ils de toute vne Cour, si l'on n'excepte cinquante testes, bouffonne & scurrile, & d'vn Grand, grandissime, chef de cette bande: ainsi qu'il s'en est veu, comme i'ay recité, parmy nous ou parmy nos peres? Ie mets le genoüil à terre pour demander pardon à la Grandeur, de l'oser accuser, bien que sans nom. Mais comment pourrions-nous essayer à guerir son vice sans le chapitrer? ou comment loüer ses vertus ou celles de ses membres presens ou futurs, & nous en faire croire, si nous ne blasmons ses vices? Qui plus est, ce dit prudemment vn moderne de haute suffisance; cestuy-là fournit aux successeurs vn exemple tres-vtile, qui leur fait voir, que les predecesseurs ayent reueré ceux à qui par les Loix ils deuoient respect, en des personnes qu'ils recognoissoient vicieuses & mal sages. Le feu Roy d'illustre memoire, commandoit exprez à ses Historiens d'escrire la verité sur les fautes de ses maieurs: afin, disoit-il, que ceux qui viendroient apres essayassent d'éuiter les escueils, où les vaisseaux de ces gens-là auoient heurté. Quelle seuere & roide correctrice de mœurs, quel fleau des meschantes & lasches actions estoit cette Loy des Indes, qui chargeoit certain Magistrat d'aller escrire la vie exacte de chacun sur sa porte, soudain qu'il estoit mort: à condition que s'il manquoit d'vn poinct, il se trouuoit deposé? T'ayant representé la friuolerie & la bassesse de ce vice du babil offencif, vn grand Euesque t'en representera l'iniquité en son Introduction à la vie deuote. Ie le nomme grand, non parce que la bouche de ses continuelles predications & de ses Escrits, ont instruict si dignement l'Europe: mais pource qu'il s'estoit tellement instruict luy-

LES ADVIS. 215

mesme le premier, que sa pieté, pureté, moderation, rondeur & mespris des aduantages, biens & faste mondains, instruisoient & preschoient encore à leur tour. Qualitez de mœurs si rares en nostre temps, sur tout en vne condition releuée, qu'elles sont sans doute vne merueille du sujet où elles se rencontrent. Dieu te face la grace d'aymer & de croire tousiours les aduis des personnes faites comme ce Prelat.

Quelle iniure ne merite la legere croyance? Chasse-là ie te supplie, aussi loin de la perquisition requise à cognoistre tes interests ou tes affaires, & les vices, vertus, faicts & paroles des tiens; que tu voudras escarter loin de toy vne tres folle & tyrannique maistresse. Telle la dis-ie à bon escient & pis encore, puis qu'elle gaste & peruertit tous les iours, non seulement les interests de son hoste & plusieurs de ses actions, mais son iugement par dessus toutes ces choses. Et pource qu'elle naist autant de prester temerairement foy à soy-mesme, qu'au tiers & au quart, voire pource qu'on ne croid à la temerité d'autruy, que par la propre, ce vice est plus redoutable en vn esprit & de cure plus difficile. Tu te dois souuenir, que le vray-semblable mesme, qui souuét accompagne cette croyance est la verité des sots. Dauantage, le Prince qui croid de leger, sera tousiours la marotte des fous, & le glaiue des meschans: ou pour mieux parler, il a autant de maistres & de precepteurs de folie & de meschanceté, qu'il rencontre de meschans & de foux.

Cherche les plaisirs qui n'outragent personne, ny ne violentent le public ou le particulier, sur tout de pure malice: apres la plaincte de l'outragé, suit par fois pis qu'elle: & tousiours aumoins la honte & la coulpe suiuent. Aussi l'vne des grandes fautes des Princes, remarquée auant moy, par ce mesme personnage de nostre aage, que i'ay n'agueres cité, consiste en cela; que pour n'auoir pas la dexterité de se conduire, ils glennent auec haine les plaisirs qu'autrement ils moissonneroient auec amour. Au surplus nul n'ignore, que le labeur se facilite & que la volupté s'allanguit, par la coustume. Et comme le labeur est protecteur, conciliateur &

pouruoyeur general des voluptés, tous plaifirs ayans à perir en vne vie aneantie & lafche, notamment en celle des Grands, liée à tant d'offices necefsaires à leur conferuation, il eſt auſſi l'aſaiſonnement d'icelles. Employons pour la ſeconde fois ce mot, en deſpit des parleurs douïllets, puis qu'il eſt par fois ſi necefſaire à fuyr équiuoque. Il ſe fait touſiours vne grande breſche forcée aux plaiſirs des Princes, s'ils n'y en font vne petite volontaire: tantoſt par le choix modeſte, retranchement, ou modification des meſmes plaiſirs, tantoſt par l'alternation & meſlange du trauail. Or apres auoir reglé les cupidités du corps, ſonge que le deſreglement de celles de l'eſprit eſt encore plus dangereux. Et te repreſente, que la felicité des hommes conſiſte, non à poſſeder les choſes amples, mais à conſeruer les bien acquiſes, & à ne manquer pas des necefſaires, ny des vrayement, durablement, & tranquillement plaiſantes, leſquelles defaillent touſiours à qui pourſuit les ſuperfluës & les immoderées: vrays nuages d'Ixion, & but flottant d'vne ame paitrie de nuages & flottante elle-meſme. Daigne-toy ſouuenir encore d'vn bon mot, tant pour les voluptez ſpirituelles, que corporelles: Des maux faits auec plaiſir, le plaiſir paſſe, & le mal demeure: & des bien-faicts auec peine, le bien demeure, & le mal paſſe. Si ton Gouuerneur eſt prudent, il meſlera tant qu'il luy ſera poſſible la peine à tes esbats & à tes plaiſirs, comme auſſi le plaiſir & la facilité à tes peines & à tes affaires: or le plus commode moyen pour luy, d'y meſler le plaiſir & la facilité, c'eſt de releuer ton eſprit, afin de le rendre capable de les déméſler, & de recognoiſtre & preuoir le fruict de leur bonne conduicte. C'eſt encores, de t'y faire trauailler tous les iours pluſieurs bonnes heures, de crainte qu'elles ne s'accumulent: car ſans cette aſſiduité de trauail, elles ſe portent en peu de temps au débord, & du débord aux digues enfoncees, ſoit par leur nombre, ſoit par leur conſequence: en ſorte qu'elles viennent à ſurpaſser l'entendement de l'homme & le pouuoir du Roy.

Sois affable & courtois, detrempant ce que la grauité peut

auoir

auoir de reuefche, dans la douceur d'vn accueil fociable, puifque la courtoifie & l'affabilité practiquent, fans te rien coufter, tant d'amis & de feruiteurs: chacun fçait Apologue par où le Soleil gaigna le prix fur le vent de Bife, à faire dépoüiller vn paffant: & le Prouerbe Efpagnol eft gentil, qui nous ramentoit; Que la geniffe douce tette fa mere & celle de fes compagnes. Mais perfifte en ces vertus d'vne durée vniforme & conftante, pour ne faper en vn iour par quelque vaine algarade ou caprice, communes aux ceruelles de ce temps, vne affection que tu baftiras en vingt années: voire fouuent auec peine & bien-faicts: & pour éuiter auffi ce malheur, de ne pouuoir eftre aimé de ceux mefmes que tu n'offencerois pas, faute de viure en reputation d'homme, qui puiffe eftre conferué pour bien-veillant. Ces muances d'efprit rompent toute harmonie. De plus, cét autre inconuenient eft grandement à fuyr en cela, de perdre l'eftime defirable fur tout en vn Prince, comme nous remarquions tantoft, par la plaintiue médifance des offencez, ouuerte ou couuerte. Quoy, difoit Domitius à Cefar, qui fe plaignoit de peu de refpect, veux-tu que ie te traicte en Cefar, & tu ne me traictes pas en Senateur? L'inégalité fait vne partie de ce defordre, l'orgueil l'autre: inegalité, qui ne peut loger aux efprits bien tymbrez, ny l'orgueil aux efprits hauts & nobles. C'eft le ieu de la fuffifance & de la vertu feules, de fçauoir releuer leur maiftre fans abbaiffer autruy: au reuers de l'infuffifance & des mœurs déreglées, qui raualent autruy fans releuer leur mefme maiftre. L'orgueil certes n'eft que pour les petites gens, qui fe trouuans comme engloutis & noyez dans la baffeffe, fe bandent fur leurs chetifs ergots, pour effayer de fe rehauffer & de monftrer le nez. On nous aduertit de confiderer, que l'homme regarde au Ciel, les Dieux en terre. Trajan auffi à ceux qui le reprenoient de trop d'affabilité, repliqua: Ie fuis tel, que ie voudrois qu'on fuft vers moy, fi i'eftois fubiet: & n'auray iamais affez allegué le nom d'vn fi facré-fainct Empereur. Outre que celuy fans doute, eft plus aueugle & plus bas que le profond de la terre mefme, qui s'efleue ou fe réd fuperbe, par les aduantages d'vne Couronne. Aduantages desquels ordinairement il ne cognoist, ny l'estenduë, ny la conduite, & qui sont de conduicte si peniblement difficile quand il la cognoistroit: aduantages, diray-ie encores, si friuoles en effect, & de si malseure possession, tant par leur propre fragilité, que par celle de leur Seigneur. Philippus Roy des Macedoniens, esmouuant question en sa table, apres vne signalée victoire, sçauoit qui pouuoit estre la plus grande & la plus insigné chose du Monde; & les vns par diuerses raisons, preferãs qui cecy, qui cela, qui le feu, qui l'eau, qui le Ciel, ou le Soleil : celuy fut admiré de tous, & de plus, honoré du prix de ce combat, qui donna sa voix au mespris de la Grandeur. On presentoit aux Empereurs d'Orient, vn aduertissement de la vanité de leur estre, le mesme iour qu'on leur presentoit le Diadesme: car sortant du sacre, on les menoit choisir les marbres de leur sepulture. Certainement ceux qui tranchent du haut & du Roy, hors les offices de leur Royauté, ne sont ny capables Roys, ny capables hommes. Les habiles gens aussi, voyans que l'homme conduit le Grand, que le Prince bronche par où il est Grand, & se releue par où il est homme, voyans dauantage, que les plaisirs mesmes se perçoiuent par l'homme, & non par le Grand; enclauent leur Grandeur en eux, & non pas eux en en elle. Et qui fait autrement, ne peut nier que sa dignité ne l'emporte, comme plus forte que luy: tout ainsi qu'il l'emporteroit, s'il l'estoit plus qu'elle. Fresles & debiles vaisseaux, que le courant entraisne, au lieu qu'vn fort & puissant resisteroit & le romproit. C'est vrayment contre tels vaisseaux que les vagues mondaines font nauffrage, si l'on peut parler de cette sorte : au lieu que les autres vaisseaux font nauffrage contr'elles. Vn digne Prince descend vers la Maiesté, il n'y monte pas : car auant que de s'y loger, il estoit desia plus haut, d'vne hauteur essentielle, solide & propre, que sa Principauté ne l'est d'vne hauteur imaginaire, chancelante & empruntee. La sagesse le deualle trois degrez au dessous de son throsne, mais elle releue ce throsne de trente degrez. Certes ceux qui meritent leurs dignitez en les obtenans, ne sont iamais esblouys de leur splendeur.

LES ADVIS.

Et l'importance du mal en cela, c'est, que celuy qu'vn esblouyssement surprend de quelque part qu'il vienne, c'est à dire, qui ne sçait pas faire le Grand, ne sçait apprendre bien à poinct aux siens à faire les petits : & n'a gueres de grace à se plaindre s'ils ne les sçauent faire.

Fuy la cholere : ou si cette passion est trop reuesche en l'hôme pour l'extirper du tout, esquiue & gauchis au moins l'iniuste & l'excez de la iuste. Quelle honte, qu'vn Prince à qui toutes choses sont, ne soit pas à soy-mesme? & quel si bien peut aimer vn Potentat, qu'il sent pouuoir par fois entrer en telle humeur, si la mine de sa furie viêt à creuer, qu'il le ruinera de biens, ou d'honneur ou de vie, ou d'amis? L'iniuste colere & l'excez & débord de la iuste, naissent d'vne imbecilité de iugement, qui prend d'vn biais ou d'vn poids ce qui se deuroit prendre d'vn autre. Et les Princes sont plus en butte à cette fiévre que les autres hommes : à raison que les flatteurs ou les interessez aux choses qui les picquent, si quelqu'autre qu'eux y est interessé, s'essayent d'attiser la flamme, & d'aueugler leur iugement encores plus profondement qu'il n'est aueuglé par la Nature & par l'accident qui les fasche: les flatteurs desirans leur plaire, les interessez pretendans faire massue de leur bras, affin de se vanger ou aduantager aux despens de ceux contre lesquels la batterie de ce courroux est poinctée. Et comme telles folies sont plus honteuses & ruineuses aux Princes qu'aux autres personnes, ils y gagnent cela par dessus corde ; que tandis que les vns en pleurent plus amerement, les autres s'en mocquent plus insolemment.

Agapetus au reste presche à Iustinian, & consequemment à toy, que sa charge est de secourir les pauures, comme celle du Soleil d'esclairer le Monde. Mais il te faut souuenir, qu'en bien & sagement regnant, c'est à dire, retranchant entre tes subiects toute audace de s'offencer & faire tort les vns aux autres, maintenant iustice exacte, chassant la guerre autant que tu pourras, le luxe, les berlans, les prodigalitez, & t'abstenant d'extorsions, tu preuiens la pluspart de la pauureté publique. O que venerable est vn Empire, dit ce

Ee ij

bon Prelat, auquel le Prince domptant ses ennemis armez, est dompté de ses subiects nuds, par la charité, & par l'amour qu'il leur porte.

L'exercice du corps t'est fort necessaire, tant pour le fortifier, que de peur que sa foiblesse n'enerue l'esprit. Que si parmy les moyens de l'exercer, tu practiques la chasse de Philopemen, tu cognoistras par espreuue, combien cette occupation est martiale & digne d'vn Grand. Ce Grec la practiquoit pour recognoistre les pays, Villes, plaines, riuieres, monts, bois, & passages, non seulement de sa Prouince, mais aucunement des autres, sur la face de la sienne, telles choses ayans quelque rapport entr'elles: & selon la rencontre des diuers lieux, il discouroit auec ses associez de chasse, gens du mestier de la guerre, ce qu'on feroit en tel ou tel endroict, si l'ennemy fuyoit, rusoit, ou poursuiuoit, s'il se fortifioit, s'il vouloit empescher qu'on ne se fortifiast soy-mesme, s'il assiegeoit ou deffendoit telle place, s'il offroit ou refusoit bataille: ainsi du reste. Courage, Prince, veille, trauaille, pour combler ton cœur & ton corps de vertus, & ton ame de sagesse, vniques & vrays instrumens de l'acquisition, à l'aduenture, de ton Regne futur: & certainement au moins de sa conseruation & tranquillité, si d'ailleurs il est acquis: vertus & sagesse, qui sont le sceau de l'essence d'vn Roy, & sans lesquelles aucun n'est vrayement, ny Roy, ny homme. Veille, trauaille encores pour cét illustre succez, de conquerir la gloire des siecles: & succez autant admirable & prodigue en son fruict, qu'il est illustre, d'apporter chose si ample & si florissante que cette gloire perpetuelle, pour loyer du bref labeur que la courte estenduë de nostre vie mesure. Escoutant l'histoire des deux chemins offerts à la ieunesse d'Hercules, son trophée te tend la main, à la suitte de son exemple, si tu fais mesme choix que luy. Ie sçay qu'vn grand personnage de ce temps presche, que la vertu est facile d'accés & d'vsage : & ie croy qu'il dit vray pour les gens priuez. Mais les Monarques & Potentats, pilotes du vaisseau public, ont ce contrepoids à l'esclat & lustre de leur puissance, & à la douceur qu'ils y trouuent ou pensent trouuer, de ne pouuoir achepter le tiltre de vertueux, ny repos quelconque, si ce n'est, par la monnoye d'vn vehement labeur. Aymes-tu mieux proteger vne courône, comme faisoit l'image morte du Palladion, que comme ce magnanime & prudent Hector? C'est sans doute vne effroyable charge en pesanteur, que celle d'vne Royauté: charge pluſtoſt propre, contre la folle opinion de ſes pourſuiuans, pour aigrir les plaiſirs, que pour adoucir les peines. Diogenes allant voir apres ſa cheute le ieune Dionyſius, & luy diſant, qu'il accuſoit le tort que luy faiſoit la fortune: l'autre le remercia, comme s'il euſt plaint ſa perte: Tu te trompes, repliqua Diogenes, i'entends qu'vn meſchant homme tel que toy, deuoit viure & mourir à ce malheureux meſtier d'vn Tyran, non pas ſe voir icy libre & paſſant le temps auec nous. Et ſi l'on me reſpond que Diogenes parloit de cotte façon, à cauſe que le Tyran excede de loin tous les Grands en miſere, ie repartiray; qu'il en a ſon droict d'aineſſe & rien plus. Si tu m'allegues que la ſuffiſance, que ie t'exhorte d'amaſſer, ne tombe pas en preceptes, & qu'elle deſcend du Ciel: ie te replique; qu'elle dépend vn tiers du Ciel; vn tiers de la diſcipline, vn tiers de la volonté, pourueu qu'elle ſoit bien entiere. Volonté certainement, qui ne peut manquer à quiconque la deſire: & laquelle ſecondée de la diſcipline, & d'vn confident choiſi ſelon les aduis couchez en ce Traité, ſçait rendre vn Prince fuſt-il d'eſprit aſſez mediocre, cõplet en modeſtie, affabilité, beneficêce, amour des actions & des perſonnes loüables, fuitte d'importune partialité parmy les ſiens, amour de iuſtice, égalité, attrempance & ſoubmiſſion à bon conſeil: pour remplir par le moyen de cette ſoubmiſſion à la conduite & dexterité d'autruy, les charges & les deuoirs, qui ſont outre la portée des effects ou efforts de ces nobles qualitez de mœurs: i'entends ceux qui dependent purement de la capacité de l'ame. Cela s'appelle, que ce Prince pourra faire auec la teſte de ſon Conſeil, ce qu'il ne peut auec la ſienne propre: en cas qu'elle ſoit, comme dit eſt, peu vigoureuſe. Si tu ioinéts ces deux derniers tiers de ſuffiſance, diſcipline & volonté, à ce premier, ſçauoir eſt à la naturelle, que Dieu t'eslargira par sa grace, tu dompteras les deux tiers de la terre, si tu ne dédaignes d'amuser tes pensées à telles ambitions.

Choisis tes Officiers & Ministres d'Estat, auec aussi grand art & soin, que tu voudras restituër, ou maintenir la santé de tes propres membres. Est-il besoin de t'aduertir, qu'ils seront aussi les membres & l'ame de ta puissance: & que tu seras, non simplement interessé, mais accusable en leurs fautes, & au contraire? Autant qu'vn Prince souffre de manquement en la valeur de ses Ministres, autant il rabat de sa fortune, de sa Grandeur, & de la gloire de son iugement.

N'oublie pas à payer de pareille solicitude, l'obligation & la desobligation, i'entends principalement les publiques, & selon les temps & precautions de la prudence ciuile. Le payement de l'vne & de l'autre, est acquis du deuoir, sur tout en vn Prince, acquisition d'honneur & de seureté, terreur aux mauuais, confirmation aux bons, & par dessus amorce de seruiteurs & de seruice.

O Prince, achepte vn Diadesme au prix des peines, des trauaux, & du sang, n'apartenant qu'aux ames lasches, d'aimer mieux leurs aises, que de les perdre en bien faisant, mais ne l'achepte pas au prix de l'inique vsurpation: celuy qui pousse les machines de son ambition iusques-là, est vaincu par elle auant que de vaincre autruy. C'est estre plus grand qu'vn Empire, que de passer par dessus les appasts, que la friandise de regner offre aux esprits, pour les conuier à l'vsurpation; si l'on s'en abstient par respect de l'équité. L'vn des puissans moyens d'emousser chez soy le desir des aduantages indeus & des deus encores, bien souuent, c'est de se porter iusques à ce poinct, de sentir qu'on les merite.

Il faut maintenir les Loix de tes Estats, autant que la raison de leur bien & celle de ta seureté le pourront porter. Quand par conqueste mesmes, tu aurois vaincu ces Loix, en dóptát la Nation qui vit soubs elles, leur credit & leur vigueur en gros te peuuét encore appuyer, pourueu que tu regnes bien:

LES ADVIS.

tant est puissante la force d'vn ancien establissement & fauorable à vn bon Prince. Si tu iuges toutes choses & ta condition & preeminence la premiere par raison; & non par coustume ny preuention, tu voudras dominer, non pour toy, mais bien pour le Peuple: & le Peuple, si tu te portes à ce poinct, voudra mutuellement obeyr pour toy: car il se donne tousiours outre mesure, au superieur qui se preste à luy par iuste mesure. L'aduis de Machiauel à son Prince, de se rendre plustost craint qu'aymé, s'il faut se reduire à l'vn des deux; (les hommes, dit-il, estans ingrats comme cela, qu'ils se démesslent aussi facilement des causes de l'amitié, que difficilement de celles de la crainte) ressent sa conscience trop gaillarde, ouy mesmes vne imprudence. D'autant qu'il n'est aucune Grandeur qu'vn Prince deust achepter au prix des peines, des inquietudes, & gehennes d'esprit, qu'il faut suporter, ny des meschancetez qu'il faut faire pour regner par la terreur. Et qui plus est, vn Prince ne regardant pas vn particulier, auquel l'ingratitude pourroit à l'aduenture escheoir par assouuissement de faueurs & & manquement de besoins, mais regardant vn Peuple, & le bon Prince estant tousiours autant necessaire à son Peuple pour l'aduenir, que pour le present, & de rencontre tres-rare; vne telle mescognoissance ne peut auoir lieu contre luy. D'auantage, il ne sçauroit iamais estre reduict aux termes de choisir l'appuy seul de l'amour ou de la crainte: pource que regnant par amour, c'est à dire par iustice & benignité, rien ne l'empesche de faire paroistre qu'il aye asfez de vigueur & de pouuoir pour chastier ceux qui voudroient en abuser.

Pour le regard du reglement des mœurs de ceux que tu regiras, ie le resigne à tes exemples, sans lesquels nulle menace ou correction ne vaut rien pour cét effect : puis qu'on peut esquiuer ou mespriser plus facilement la peine de la desobeïssance, que la honte d'estre veu dissemblable a vn Prince, parmy tant de gens qui font leur Idole de son imitation.

Au demeurant, afin de ne point craindre les mouuemens rebelles de ton Peuple, appren-le à haïr de mal faire, & de commettre rien de temeraire ou d'iniuste, plustost qu'à te redouter: à cela, tes mesmes exemples sont encore la plus seure voye. Les mauuais Roys l'affoiblissent pour le contenir: les bons au contraire, se ramparent contre luy, du riche, precieux & tres-vtile exemple, que leurs actions luy fournissent, & des vertus qui rendent vne domination aymable. Doüé d'vne grande puissance, aduise lequel des deux te sera plus à gré; la gloire d'imiter ce grand Dieu, qui te la distribuë, ou la honte de rendre par tes deportemens indignes, ceste sienne distribution reprochable à sa prouidence. Permis de tenir bride plus courte qu'ailleurs, aux nouuelles fondatiōs d'Estats, ou aux conquestes, quand tu les auras faites: mais en telle sorte neantmoins, que tu te souuiennes, que nul Regne ne porte apparence de durer, si sa pesanteur peut enflammer aux subiects le courage de se hazarder, plustost que de patir sa rigueur. Le vray secret en vn mot de regner heureusemēt, c'est de regner dignement: & regner ou commander dignement, ce n'est autre chose que seruir à la raison & à la vertu. Partāt il faut que tu croyes sous la foy d'Isocrates, que l'ordre & l'estat de ton Royaume suiuront ceux de ta personne. Et puis que iamais Grandeur d'Empire ne put éterniser son maistre ny soy-mesme, que te laissera la tiēne par dessus le commun, si tu n'éternises le lustre de son administration? Finissons ceste section par vn precepte de Tacite: Reiette & reçois en tes actions, ce que tu blasmeras ou loüeras en celles d'autruy. Te picquant à vouloir imiter les faicts de ceux, desquels tu admireras la valeur & la gloire, tu feras les choses illustres & nobles auec moins de peine qu'eux, de ce que leurs histoires & leurs exemples, t'ouuriront le chemin: & neantmoins en rapporteras plus d'honneur, en vne saison, où tu te verras presque seul à bien-faire, au lieu qu'ils estoient estouffez d'vne foule de bien-faisans à l'enuy: pour le moins si l'on considere ceux des siecles anciens.

Disons vn mot de ces infames pestes publiques, l'amour de l'or & la superfluité. Ou plustost contentons-nous de dire, en vn suiet si battu, que tu recueilliras des Escriuains Politiques, & notamment de Saluste en la seconde Oraison à Cesar, le discours de leur consequence, si elle ne parle assez

de sa

de sa propre bouche: & tireras du mesme lieu les moyens de leur reiglement.

Et pour le poinct de l'vnion & concorde de ceux qui viuront sous ton sceptre, tous les Liures d'Estat sont si pleins du discours de son importance, de la facilité encores dont les combustions & discordes se prouignent du particulier au public, & des remedes à les éuiter ou mediciner, que ie ne t'én amuseray pas icy.

Quant aux instructions militaires, tant pour toy, que pour ton Peuple, tu les puiseras à plein fond dans vne infinité de bons Escrits & d'exemples antiques & modernes : te souuenant tousiours que les hommes combattent, mais que le seul ordre & la prudence emportent la victoire. Cet aduis est le seul seruice que ie te puis rendre pour ce regard. Representete-toy neantmoins, que la guerre n'est faite que pour conseruer ou restituer la paix: & que le Prince qui l'aime est autant maudit & iustement hay, que celuy qui ne la sçait faire est reprochable & ruineux. Il ne faut apprendre cét art, que de peur d'estre contrainct de le practiquer.

Pour fin, ie supplie les Cieux, d'espandre leur benediction sur toy : benediction, certes, qui n'est iamais espanduë sur les grands Princes, qu'on ne la recognoisse à cette marque infaillible, qu'ils la font regorger sur les Peuples.

QVE PAR NECESSITÉ LES GRANDS ESPRITS ET LES GENS DE BIEN cherchent leurs semblables.

SI l'homme cherche son souuerain bien au Ciel, il fait sagement: s'il le cherche en terre, ie veux fonder vne secte nouuelle de Philosophie pour en dire mon opinion. Dieu certes, n'a fait au Monde terrestre, nul present si beau que l'homme, ny nul si beau present à l'homme, que l'homme: disons mieux, l'homme n'est pas entier proprement, s'il n'est double : car il a le viure en soy, mais le viure heureusement en son semblable; & l'y a tellement, qu'il ne trouue point la felicité où il est seul : voire mesmes quand il seroit exempt des communes & vulgaires necessitez de la vie, dependantes du ministre d'vn second. Il y a plus, c'est que si l'homme, & consequemment la vie est double en la parfaicte societé, la mort n'est que demie : l'vne & l'autre en ces termes par l'officieuse, douce & fructueuse presence ou suruiuance de l'associé, si l'on s'est apparié dignement, & qu'on apporte soy-mesme vn iuste talent à cette alliance. A raison dequoy, ce dit vn Latin, les absens sont presens, les indigens riches, les foibles forts : & pouuons adiouster cette merueille, les morts viuent, par l'honneur singulier, la memoire & le regret, dont leurs amis les embrassent & les cherissent. Voicy derechef ce mesme Autheur. Quelle douceur exquise trouuerions-nous aux heureux succés, si nous n'auions quelqu'vn qui s'en resiouyst autant que nous? Outre plus, il seroit fort difficile de patienter les aduersitez, sans l'assistance d'vne personne qui les supportast plus aigrement que nous-mesme. Et ne faut pas oublier que celuy qui discourt de cette sorte, maintient aussi, l'vsage de l'amitié plus necessaire & en plus de lieux, que celuy des elemens. Dauantage, la meilleure des parties de l'homme, qui est la raison, s'amplifie, redore, & perfectionne par la concurrence ordinaire d'vn conuenable second. Car elle ne peut estre par tout ailleurs si bien instruitte ou bien employée, que la communication de cestuy-cy ne l'instruise & ne l'employe au double: luy faisant, comme le feu fait à l'encens, trouuer & produire ce qu'elle a de bon, & la mettant, à vray dire en possession de soy-mesme : sans dechiffrer pour ce coup, ce que les amis peuuent apporter à la vertu l'vn de l'autre, tant par exemple, que par exhortation: outre ce don de l'enrichissement de leur raison & de leur suffisance. Ainsi l'entendement d'autruy nous met, non seulement au comble de la possession du nostre, mais il nous y met luy seul: au moins, rien ne nous y met sans luy. Tenez les rouës de l'horloge desassemblees, elles cessent: raliez-les sans changer de matiere ny de forme, vous diriés qu'en cét alliage seul elles chargent quelque image de vie, par vne agitation perpetuelle: tant il semble que les choses mesmes inanimées, conferent à releuer le prix de la societé. Oyons apres ce Prince des Orateurs que ie viens d'alleguer, vn autre Latin, sur le Panegyrique des amis. Voicy les dons de l'amitié : engendrer en nos ames, si besoin est, le mespris de la mort, & le dégoust des douceurs de cette vie, conuertir la cruauté en clemence, changer la haine en amour, & payer l'offence par le bien-faict. Dons certes, ausquels on doit presque autant de respect qu'à la religion & aux ceremonies du culte des Dieux: le salut public dépend de ces choses-cy, de celles-là, le salut particulier : & comme les lieux où elles s'exercent seruent d'azyle aux affligez, ainsi ces fidelles ames des amis sont comme des Temples l'vne à l'autre, remplis d'vne saincte & salutaire inspiration & protection. Escoutons en suitte Dion Chrysostome: L'amitié se rend necessaire aux sains & aux malades: elle conserue les biens de l'amy, subuient à ses indigences, releue sa gloire, cache sa honte, extenue toutes ses difficultez, & amplifie ses commoditez. Au demeurant, quelle affliction n'est insupportable, & quella ioye n'est ingratte, sans elle? Si d'autre part la solitude est vn mal horrible, c'est par la priuation & par l'enuers de l'amitié qu'elle l'est : estant vtile d'estre escarté de ceux qui nous veulent mal : voire de ceux qui manquent simplement de bien-vueillance. Plus en autre endroict, cét Autheur encore. On porteroit plus aisément vne calamité auec ses amis qu'vne felicité seul. Et comme celuy qui a plusieurs insultans à son mal-heur est le plus miserable: ainsi l'est celuy qui n'a personne auec qui se resiouyr de la bonne fortune que le Ciel luy depart. Qui plus est, le sens & les facultez de l'homme s'estendent que peu loin: mais ioignant à ses sens, puissances & facultés, ceux & celles de ses amis, il les alonge & les prouigne iusques aux fins de la terre. Aristote écrit, Que les Legislateurs ont eu plus de soin d'establir l'amitié, que la iustice: mais pourquoy non vrayemēt, si i'en suis creuë? puisqu'en la seule amitié, toutes Loix se trouueroient accomplies, tout le bien admis & fait, & tout le mal esteinct & banny? Qui peut viure seul, adiouste ce Philosophe en vn autre passage, il est beste, ou plus qu'homme. Surquoy l'on se doit souuenir, comme nous disions à cette heure, que la compagnie ne peut estre, ny desirable, ny vtile, ouy mesmes est le contraire de l'vn & de l'autre, sans l'amitié : partant l'homme qui consent à viure priué d'amy, est beste, veritablement, ou seroit heureux de l'estre: tant il vit en vne condition incommode & dénuee des aduantages naturels de la sienne. Plutarque, Seneque, Xenophon, Platon, & consequemment Socrates, sont-ils pas tous consits de leur part en exaltations de l'amitié? si nous ne luy faisons tort de chercher ses eloges hors sa propre excellence & necessité plus que naturelle. Ne me sentant pas capable de celebrer ce present celeste, apres des Autheurs si grands, & moins apres les merueilles qu'en a sçeu reciter mon second Pere; ie me contenteray de continuër à luy forger vne couronne de gloire, des plus illustres authoritez.

Mettons en oubly donc les deifications de Pilades & d'Orestes, pour l'honneur de l'amitié. Oublions ce ieune & gentil Grec, tant loüé de mon mesme Pere; qui n'eust pas, disoit-il, donné son cheual victorieux des jeux Olympiques, pour vn Royaume, ouy bien pour vn amy, s'il eust trouué quelqu'vn digne d'occuper ce tiltre. Oublions que ce fameux Auguste disoit, auoir trouué vne contremine & restitution à tous les accidens sinistres qui auoient battu sa vie, maladies cuisantes & longues autant que ses iours, opprobres des siens, brigues, reuoltes, ruines d'armées, & pis, si pis y auoit: pourueu qu'on exceptast seulement la mort de Mecenas, & d'Agrippa, personnages de grand merite, & ses chers amis & francs conseillers: desquels rien ne luy auoit iamais peu couurir ny compenser la perte. Oublions que l'Empereur Aurelianus, oyant vn iour de son lict ses gardes, menacer vn homme de la mort, pour estre contre l'ordonnāce entré dans sa tente, pendant qu'il dormoit, s'escria, que l'ordonnance eust lieu sur sa vie, s'il se trouuoit qu'il fust venu le chercher pour luy-mesme: & qu'on le sauuast, s'il venoit pour vn amy, comme en effect on trouua qu'il faisoit. Oublions encore, que tous les discours de ce grand Heros, l'aisné Scipion, estoient de l'amitié, pour voir desormais seulement ce qu'en disent les sacrées Escritures. Sainct Paul aux Romains Neufiesme, declare; Qu'il consentiroit d'estre damné pour ses freres: & Moyse en l'Exode, Trente-deuxiesme, prie Dieu courroussé de l'effacer luy-mesme du Liure de vie, s'il ne luy plaist d'auoir pitié du Peuple qu'il luy auoit commis. En outre: L'amy fidelle, dit le Sage, est vne forte protection, qui le trouue trouue vn tresor insigne, & l'or ny l'argent ne se peuuent contrepeser à son prix. Combien hautement entonne-t'il aussi ce mot! Malheur à l'homme seul! Mais qu'auons-nous affaire de remarquer autre parole pour ce regard, que celle de Iesus-Christ mesme? lequel publiant; Que ceux qui font la volonté de Dieu son pere, sont sa mere & ses freres; prefere, ou du moins égale l'amitié & l'amy à tout degré de parentage: puis que celuy qui fait ceste volonté, n'est autre que l'homme de bien, officieux & benin: ergo le vray amy & necessaire obiect de la vraye amitié. Or quel besoin, est-il, apres tout, d'alleguer la parole de Iesus-Christ, en chose où ses effets propres sonnent si clairement? s'estant deuoüé sang & vie pour la charitable ardeur d'vne vraye amitié.

Donc, pour venir à nostre texte choisi par le tiltre de ce Traicté, toutes sortes d'ames perdent extremément en la priuation de l'amitié: mais plus y perdent les grandes, qui presenteroient aux obiects de leur affection, vne plus riche moisson à recueillir en elles, & la recueilliroient plus riche en eux mutuellement, par leur prudence & perspicacité precellentes à mesnager ce fruict: ie dis ces delices, ces lumieres, ces inspirations au bien, qu'vne belle ame trouue en vne autre. Certes, il y a mille preuues pour côuaincre des gens qui preschent, qu'vne ame de cette forme se peut contenter en soy-mesme par sa propre grandeur: afin de nous faire croire, qu'ils se tiennent à la solitude, pource qu'ils sont de ce qualibre: couurans de ce beau pretexte le deffaut, qui les empesche de chercher & de gouster cette precieuse rencontre: deffaut qui veritablement consiste en cela, que leurs Genies sont esloignez de la iuste correspondance requise à vne telle association. Et qui pourroit gouster vne rencontre de tel prix, la desireroit de passion ardente: la volupté de l'esprit, qui naist principalement au commerce d'vn autre esprit haut, conforme & amy, deuant estre superieure à toutes les voluptez humaines; puis qu'elle se crée en la partie superieure de l'homme, & de l'homme superieur entre ses compagnons par son excellence: partie d'ailleurs, qui anime & viuifie tous ses autres plaisirs. C'est pourquoy nul amant n'est si tyranniquement enchaisné à l'autre amant par les yeux, que les plus honnestes gens le sont l'vn à l'autre par les oreilles: & de pareille mesure qu'vne belle ame surpasse le corps, de pareille mesure son aliment, qui ne se prend qu'en la communication des belles ames, luy sera plus plaisant que le corps ne repute le sien, & guere moins necessaire.

Si ce poinct au reste est ambition, au moins vn grand esprit n'a-il pas honte de l'aduoüer pour sienne. C'est qu'il languit, s'il ne peut rendre vn homme de merite exquis tesmoin, combien il sçauroit departir de bonheur & de beati-

LES ADVIS.   231

tude à vn amy par les offices de sa vie, ou le rachepter alaigrement par ceux de sa mort : tesmoin aussi, de la sagesse de ses conceptions & de ses opinions, de la pureté de sa conscience, à comparaison de ceste tourbe vulgaire, de son desengagement des erreurs communes & priuées dont elle radotte, combien il pourroit faire de mal qu'il ne veut pas, combien il fait meilleur se fier & commettre à luy qu'au reste du monde : & finalement, s'il se doibt dire ; combien il approche de Dieu plus pres qu'elle. Conformément à quoy, les Gymnosophistes appelloient Dieux les gens d'excellente vertu, comme tenans ie ne sçay quoy de celeste. N'est-ce point pour animer telles personnes, priuatiuement aux autres, que Promethée rauit l'estincelle des Cieux? Surquoy i'adiousteray, que ce n'est pas seulement la commodité ny le contentement d'vne belle ame & digne, qui la porte à la recherche de son égale, c'est encore la pressante necessité d'eschapper du desert : & n'est pas belle ny digne, si la foule n'est vn desert pour elle. Seneque presche; Que si la sagesse luy estoit donnée à condition de la tenir recluse, il la reietteroit: & Ciceron adiouste ; Que s'il arriuoit, qu'vne affluence de tous biens, & vne entiere cognoissance de toutes choses fust concedée au sage, sans vn compagnon, qui se doit entendre, égal & conuenable ; ce sage là doibt trancher le fil de sa vie. Architas d'auantage; Se fut ennuié, disoit-il, de se pourmener dans le Ciel, & dans ces grands & diuins corps celestes, s'il n'eust eu l'assistance d'vn second : trois sentences que nos Essais n'ont eu garde de negliger. Vrayement au reste, si quelque Monarque estoit reduict parmy des Peuples, où sa dignité seroit ignorée, ainsi que celle du sage & vertueux l'est parmy la tourbe ; il luy seroit permis de se reputer captif & degradé, s'il ne faisoit rencontre de quelqu'vn, qui recognoissant sa condition, s'escriast : C'est le Prince : & luy rendist son rang. Qui pourroit seulement faire patienter à la beauté, de viure auec les aueugles ? ou bien à la delicate voix des Sirenes, de ne chanter qu'aux sourds? Estre seul, ou parmy des ignorans & foibles esprits, c'est aucunement n'estre pas : car l'estre se refere à l'agir.

Nature ne creant rien pour inutile: & n'y a point ce semble d'action parfaicte de l'ame, instrument sensible & discourant, si elle ne s'adresse vers vn but ou suiect sensible & discourant aussi: ny cette action n'est pas parfaicte encore, vers vn suiect mesme sensible & discourant, qui est incapable de la bien gouster, faute de iuste & conforme proportion de suffisance. Pourray-ie point coucher en ligne de comte, le plaisir que c'est au sage d'auoir auec qui iuger seurement des opinions, des reiglemens & dereiglemens vrays ou pretendus des hommes? & de plus, le plaisir qu'il reçoit, de sçauoir à qui communiquer tant de choses, qu'il ne sçauroit taire sans se gehenner, ny les declarer sans perte, par la tyrannie des interests ou de la coustume, s'il ne les declare à quelque oreille fiable & saine? La cognoissance au surplus de ceste sienne chetiue condition humaine, ne luy permettant pas, de s'asseurer, qu'il face ny qu'il iuge bien de son chef par tout, l'oblige à desirer vn autre sage, pour controolleur & reformateur de ses iugemens & de ses debuoirs. Puis comme vne mesme ame commande aux bras & aux iambes de se mouuoir, ainsi se meuuent ces deux diuers cœurs par l'ame d'vne éternelle concorde, intelligence & conspiration au bien: & redoublent par leur alliage, la faculté, le dessein, & les effects de toute bonne action. Ie voy par apres plusieurs parties aux affections du sage, & en la douceur de sa conuersation, ouy mesmes à l'aduenture, aux offices de la vertu, qu'il ne peut exploitter, sinon vers le sage seul: & si ne sçauroit rester à la vertu de parties vaquantes si son maistre a peu trouuer moyen de les employer, sans qu'elle en reçoiue quelque lesion, i'entends lesion essentielle, d'autant qu'elle vise à l'action, & n'est faite ou establie que pour agir. Imaginez où vous reduirez Achilles, si vous luy deffendez les armes, & Milon, en le sevrant de la luicte?

Pour conclurre, tel qu'est le plaisir que les honnestes gens & sages prennent à rencontrer vn sage, tel est le dégoust que la mesme rencontre porteroit aux ames de peu de valeur: il se nomme la touche où le bon & le faux or s'esprouuent:

uent: car chacun declare ce qu'il vaut, selon l'estat & la recherche qu'il fait de sa personne. La vigueur de sa teste & sa vertu, qui sont seminaires de delices aux sages ses semblables, ce sont elles-mesmes qui foulent & froissent les esprits ineptes & mal nez: & sa clair-voyance n'est pas plus opportune à celuy qui vaut beaucoup, qu'elle est importune à celuy qui vaut peu: car si vous cognoissez celuy-cy, vous le ruinez: il n'a bien que d'estre pris pour vn autre. Aussi est-il vray, qu'alors que i'ay sceu qu'il y eust quelque estroicte intelligence entre deux ames, si tost que i'en ay cognu l'vne, ie me suis asseurée de les cognoistre toutes deux, selon le bon aduis du Prouerbe: Dy moy qui tu frequentes, ie te diray qui tu es. C'est ce que les clercs appellent: *Pares cum paribus*. Auquel propos passant du spirituel au corporel, il se trouue qu'on presentoit la fleur des Dames d'Asie au bœuf Apis, Dieu d'Egypte: fuyant cette face d'amour dissonante, il couroit furieux apres les vaches. Comment pourriez-vous apparier à mesme timon, vn bon & vn meschant cheual: tous deux s'empescheroient, & se harasseroient également. Et qui voudra multiplier cét exemple iusques à l'amour: qu'vn galand homme eschappast à l'esprit de Theano, si sa modestie luy permettoit de le vouloir captiuer, & qu'vn lourdaut se prist en ses laqs; ce sont choses peut-estre autant impossibles l'vne que l'autre. Et vous ne sçauriez attraper vn buffle auec vn delié filet de soye: mais si feriez bien quelque rossignol ou quelque serein. En somme les belles ames s'allient infailliblement & necessairement ensemble, & de plus, en ces termes: Toy & moy nous attribuons l'vne à l'autre, pource que la vraye felicité de l'vne & de l'autre est en sa compagnie, & nulle part ailleurs durant le cours de cette vie.

DE LA NEANTISE, DE LA commune vaillance de ce temps: & du peu de prix de la qualité de Noblesse.

N Prelat excellent de mœurs, d'esprit, & de tres-vtile & prudent zele au seruice du Roy, me disoit il y a quelque temps ; qu'vn tel, dont il parloit, estoit vn vray Gentilhomme François. surquoy luy requerant interpretation, il me repliqua riant, que c'estoit à dire vn fou. Certes voila pitié, que la Noblesse de France se face ainsi baptiser en Prouerbe, par ses propres patriotes les plus aduisez, & dauantage, par ceux mesmes de son ordre, duquel ce Prelat est bien auant. Or songeant en moy-mesme, d'où vient que la Noblesse en France soit moins rassise communément que le reste du monde, nourry pourtant de mesme air & de mesme laict, i'y trouue deux causes : la premiere est, le pouuoir & l'audace que cette espée qui pend au costé des Nobles leur suscite: pouuoir de qui peu d'esprits se gardent de s'enyurer s'ils ne sont tymbrez en perfection: la seconde, vne certaine coqueluche & contagieuse fantasie, qui s'est glissée parmy eux de l'vn à l'autre ; de croire qu'ils sont les iolis, les illustres, & chefs de bande en vne Cour, & par les Prouinces, s'ils vsurpent & s'ils frappent sur vn pauure paysan ou bourgeois, s'ils medisent du tiers & du quart entre les plus mal armez pour la reuanche , & s'ils gagnent ce poinct, qu'on parle d'eux à droict ou à tort, & à toute reste. Faisans de telle sorte vn sceptre, ou plutost vne Deïté de la puissance, qu'ils se figurent; que tout ce qui porte quelque tesmoignage de pouuoir, comme telles entreprises insolentes, le porte aussi de valoir: & qu'apres elles les Fastes de l'Vniuers ne sont plus dignes de mettre en thresor l'hi-

LES ADVIS.

stoire des gestes de leurs autheurs. Il en est aucuns de cét ordre, qui voyans plus clair en ces ieux, les tiennent pour vices : mais ils sont tellement ensorcelez d'vne fauorable opinion de leur vaillance & de leur Noblesse, qu'ils estiment toutes les ordures de leurs actions, & toutes leurs folies, couuertes par ces deux ornemens, tant ils croyent en estre releuez & magnifiez. Ils se trompent neantmoins a cent pour cent. En premier article ils ne se souuiennent point, qu'vn bon aliment brouïllé parmy les poisons, ne les amende pas, mais en est corrompu luy-mesme, & qu'il faudroit vn seau de laict pour addoucir vne coquille de rheubarbe, cependant qu'il suffit d'vne goutte de fiel pour rendre amer vn seau de laict : en second lieu, ils doiuent considerer, que la vaillance de gens qui n'ont pas la courtoisie, generosité, ny discretion, vertus directement contraires au vice de petulance offenciue dont il s'agit, & toutes estouffées soubs luy; est vne vaillance supposée, ou celle, non d'vn Caualier, ouy bien d'vn Lansquenet à cinq sols de paye par iour : & que la Noblesse en telles personnes est vn zero. Qu'il ne soit ainsi, que leur vaillance est celle du Lansquenet, basse & roturiere, & que ce vice d'insolence offenciue la declare telle, tant par luy-mesme, que par la compagnie des autres imperfections qui luy sont inseparables; n'est-il pas entré chez les Nobles de nostre siecle, au mesme iour qu'en se transformans & desigurans en vne autre & vile nature, pire en verité que celle des Lansquenets mesmes, ils ont quitté l'ancienne dignité de leurs diuertissemens, pour le bordel, le berlan, la gourmandise, & par fois l'yurongnerie?

Et de tremper le vin d'eau claire,
Faictes la boire à vostre chien :
Frere Lubin ne le peut faire.

Meritent-ils point qu'on adiouste aux anciens Romans en leur faueur, celuy des Caualiers de bouteille & de cabaret : auquel si souuent & auec tel soin & tel excés de vins & de viandes, ils se vont faire traicter, à tant de pistolles par

Gg ij

teste, sans leurs autres si curieux & si fauoris banquetages domestiques?

Examinons la vaillance premierement, la Noblesse apres, afin de voir quelle est leur veritable essence: & disons, qu'il y a deux especes de valeur, la brutale & la genereuse. La genereuse comprend necessairement la courtoisie & la benignité, conioinctes auec vne prudente conduitte de la force du courage: & semble ne viser pas plus à terracer le fort qu'à releuer le foible, tant par autres raisons, que pource que ce releuement ou protection, est argument aussi de force & amplification de ses effects. Oyez Horace pour son Auguste.

Que tousiours ce Heros grand de sceptre & de gloire,
Soit vainqueur au combat, & doux en la victoire.

Et le nouuel vsage de parler de quelques-vns a grand tort, de qualifier vne simple & crüe vaillance, generosité: la generosité comprenant de toute ancienne & vraye intelligence, la hardiesse & la vigueur du courage accōpagnées de beneficence & douceur benigne. Hercules auoit vn Autel commun auec les Muses: tesmoignage qu'on ne croyoit point aux bons siecles, que la prudence, la courtoisie, & la benignité, fussent separables de la vraye vaillance. Platon desfinit au Lachez, la fortitude: vne tolerance de courage, prudente expressément, afin qu'elle puisse succeder honneste & vtile. D'autre part, Homere a-t'il entendu combien la vaillance genereuse & l'humanité sont necessairement sœurs: quand nous representant les pleurs d'Helene, sur le corps de ce magnanime Hector, il luy fait dire; Que luy seul la souloit consoler & proteger, tous les autres Troyens & Troyennes la gourmandans? Helene, notez, si iustement hayssable, & flambeau de l'Asie. Qu'eust fait ce braue, vers quelque autre homme ou femme d'imbecille force, comme elle, mais francs de ces taches? Toutesfois ie croy, que tout ainsi que ce grand Heros vouloit exprimer la vigueur de son courage, en rendant la compassion du foible & de l'infortuné, maistresse de la iuste haine, de la crainte du peril, & du ressentiment des plus aspres trauaux & déplaisirs presens & suturs, dépendans de cette femme, ils desirent monstrer celle du leur, tournans cette noble consideration ou autre semblable en risée: effort de courage, qu'Hector à la verité n'eust sceu faire. Partant ces messieurs ne se peuuent attribuër la genereuse vaillance.

Quant à la vaillance brutale, mesprisable d'elle-mesme, & commune aux gueux & aux bestes, sauf qu'encores nous fournissent-elles au besoin exemple de la genereuse; il paroist aussi, que ces gens, en gros la simulent, & ne l'ont pas franchement: cette vaillance brutale refusant par desdain d'offencer le foible, autant que la magnanime & genereuse le refuse, par inclination pitoyable & par bien-seance. Ouy mais, dit-on, ils vont aux coups. Eh qui les empesche d'estre tout ensemble estourdis & cottards? viue le Prouerbe: Il frappe comme vn sot. Si le manquement qu'ils ont de cette vaillance ne se proue de soy-mesme, ou par ce que nous en auons representé, l'on peut adiouster l'argumét qui suit. Il est des traiéts en l'homme, lesquels en operans vne chose, & declarans vne inclination, en accusent vne autre. Comme pour exemple, l'offence commise vers le foible, arguë vn courage impuissant contre le fort: à cause que la Nature aymant l'emploitte entiere, & non demie, de ses ressorts & facultez si ce mesme homme est vrayement courageux, & qu'il soit querelleux ensemble, il s'attache en querelle aux obiects plus resistants & plus roides, pour trouuer vne butte proportionnée à son courage, ayant ou desdain, ou compassion du foible.

Nec nisi bellantis gaudet seruice innenci.

Prenons pour tesmoignage l'exemple d'vne des plus cruelles bestes mesme, ce sera du tygre: l'antiquité nous offre l'histoire d'vn qui deschira sa cage apres trois iours de faim, pour ne pas manger vn cheureuil son hoste. Voyez d'autre part, quel langage parle la Nature sur ce subiect, en l'enfance de cét Iule de Virgile, par la plume de monsieur le Cardinal du Perron

Là le petit Afcan de la gloire amoureux,
S'ébattant à pouffer vn courfier vigoureux,
Qui prompt comme le vent fous l'efperon s'aduance,
Or les vns à la courfe, or les autres deuance:
Et fouhaitte au milieu des vallons émaillez,
Qu'entre les animaux de valeur defpouillez.
Vn fanglier écumant s'oppofe à fon courage,
Ou bien qu'vn lyon roux defcende du bocage.

Mais il faut continuer. Quand les gens dont eſt queſtion auroient ceſte brutale vaillance, que feroit-ce? Les Gladiateurs fi courageux & fi hardis, n'eſtoiẽt-ils pas à Rome les plus mefprifez de tous les efclaues? Il y a bien difference, felon l'aduis de Caton, entre eſtimer beaucoup la vertu & peu fa vie. Il y a bien à dire, entre preferer le vray honneur au peril, & ne cognoiſtre, ny l'vn, ny l'autre, ny le bien de la vie, par vne eſtourdie brutalité. Ioinct que ceux qui n'ont qu'vne vertu, particulierement celle fur qui nous fommes, l'ont à pareil tiltre, que le tygre a la hardieſſe, & le renard la rufe : c'eſt à dire par vn inſtinct commun à tous les animaux, & partant auſſi beſtial qu'humain. Pofons neantmoins, que cette valeur brutale fuſt capable en foy de preſter quelque efclat à fon hoſte : eſtant en France vertu de couſtume & de foule, elle y perd ce pouuoir. Le faire n'apporte plus d'honneur meritoire, ny gueres d'autre, aux choſes où le non faire feroit puny d'vne infigne honte : & honte qui ne trouue lieu que rarement parmy la racaille mefme du fiecle où nous viuons. Au demeurant, ce qui nous eſt commun auec tout le monde, n'eſt point à nous : & quand chacun de ces meſſieurs pourroit pretendre que cette vaillance fuſt fienne & propre; en quel temps arriuera-t'elle à la roideur du courage des fept Machabées, adolefcens & ieunes enfans, & à celle de leur mere, roſtis, efcorchez & tenaillez, touſiours riants? Quand pourra-elle efgaller celle des dames Indiennes, qui fe bruſloient viues fur le corps de leurs maris deffuncts? des Brachmanes, qui faifoient le mefme par deſſein volontaire? de tous les Perfes, dont aucun, ce dit Curtius, ne reue-

LES ADVIS. 239

soit iamais à l'ennemy nulles affaires ou nouuelles de son Roy, quelque tourment qu'on luy peust faire? des Citez entieres, qui se sont embrasées pour fuir la seruitude? & finalement de tant de miliers de Iuifs & des Iuifues, desquels vn seul pour douleur qu'on luy fist patir, & la mort apres, ne voulut iamais prononcer seulement qu'il recognoissoit Cæsar pour seigneur? alors qu'on les exterminoit en plusieurs Villes sur ceste querelle & sur d'autres, depuis la ruyne de Ierusalem, dont ils estoient exilez, l'ayans faict raser par leur indomtable mutinerie? Resistance que rendirent presque tous leurs enfans auec eux, & tous ceux qui residoient à Thebes d'Egypte, sans exception, au dessus du plus bas aage. Que s'il faut venir aux particuliers, & en l'espece particuliere de ceste vigueur de courage dequoy nous parlons à present, qui est la vaillance: Sicinius Dentatus, outre mille assauts & rencontres, se trouua vingt ou trente fois en bataille rangée, semblant traisner autant de fois par ses proüesses la victoire apres luy: se battit trente-deux fois en duel, dont les huict furent au milieu de deux armées, contre le plus braue des ennemis, & tousiours vainqueur. Horatius Cocles d'autre part, soustint seul l'effort d'vne armée, tandis que les Romains rompoient vn pont derriere luy, puis se plongea dans le Tybre se sauuant à nage. Que dirons-nous aussi des six cents de Leonidas, qui se firent si courageusement & les yeux ouuerts, assommer au pas des Thermopyles? Marcellus au reste combatit trente-neuf fois en bataille rangée. Cesar cinquante, ou cinquante-deux, aucuns disent cinquante six, tousiours chef & tousiours vainqueur: mais qui pourroit espuiser ce theme?

Quant au poinct des races, dequoy se brauent & se dotent, ceux que ce Chapitre regarde, ou par l'adionction duquel à leur vaillance, telle qu'elle soit, ils pensent rendre inuisibles ou priuilegier toutes sortes d'imperfections; il se trouue en effect de nul ou de leger poids: & se peut verifier tel, par ceste consideration; que tous les hommes procedans d'vne seule tige, les Empereurs ont eu cent bouuiers pour grands peres, les bouuiers cent Empereurs. De sorte que chacun est de lieu haut, & de lieu bas: & que la race Noble, au mieux qu'on en puisse dire, est celle de qui la roture s'est dissipée à la longue: l'ignoble, celle aussi de qui la Noblesse s'est enseuelie par la mesme voye: l'vne & l'autre consequemment, selon la vicissicitude de toutes choses, preste à passer en la place de sa compagne. Et si i'attribuë à ces gens par mon discours, tiltre de Nobles, & de Noblesse tout court, & comme si ceste prerogatiue leur appartenoit priuatiuement à tous leurs voisins, c'est pour parler à leur mode: car quand la Noblesse pourroit germer d'autre racine, que de la vertu de son maistre, les Offices & les charges honorables la peuuent appliquer à d'autres, aussi bien que l'espée à ceux-cy: jaçoit qu'en vn degré moins esleué, selon l'opinion commune. Mais suiuons. Comment puis apres accordera-t'on les Nations sur cet article, de sçauoir que c'est de Noblesse, soit les anciennes auec les presentes, ou les presentes entr'elles? Les Gentilshommes Romains ne venoient que des cent Senateurs establis par Romulus. Les Atheniens attachoient leur Noblesse à l'origine paternelle & maternelle du pays, & aux charges publiques des predecesseurs, sans regarder aux biens: comme faisoient la plusspart des Grecs, les Perses, & presque toutes les Nations anciennes: & tous ensemble la logeoient aux Villes, & receuoient naturellement chez elle la Medecine, la Iurisprudence, tous autres Offices du public, le ieu des theatres, la marchandise, le labourage, voire les moindres vacations, iusques à quelques arts ou œuures de main; ainsi que font encor auiourd'huy les Italiens, & plusieurs autres Peuples, s'ils n'en exceptent le labourage, & les œuures manuelles: encores ne sçay-ie. Celle des Iuifs consistoit à naistre de Sacrificateur: plus ou moins haute à leur gré, selon les 24 ordres de ceste hierarchie de leur Temple. La seule Noblesse de la Chine, git en la cognoissance des Lettres. Et nous attachons la nostre à la demeure des champs ou des Cours, & à l'épée d'elle & de ses peres de temps immemorial, ioincte aux biens: la marchandise, & presque tous Offices publicqs, non que tous mestiers & tous arts de main,

reputez

reputez incompatibles auec elle, ou du moins tenus en peu d'estime. Voulans nos Gentilshommes affecter exprés ce temps immemorial en leur race, comme s'ils se persuadoient, que si l'on ne découure point d'entrée à ceste forme de vie noble de leurs ayeuls, il n'y en a point eu: fins en cela comme les perdrix, qui soudain qu'elles ont bouché leurs yeux fourrans la teste en quelque trou, pour ne voir point le chasseur, pensent qu'il n'y a ny chasseur ny chasse. Voyez si cette maladie d'esprit est fantastique à perte de veuë. Cleopatra Royne d'Egypte, issuë de tant de Rois, & Rois successeurs d'Alexandre, estoit reputée trop basse à Rome, pour les nopces d'vn General Romain : & croyoit-on, qu'en ce seul poinct de ne l'espouser pas, Anthonius feroit voir au moins qu'il luy restoit quelque estincelle de iugement, si perdu d'ailleurs.

La Noblesse donc, n'estant rien en soy qu'vne supposition à fantasie, differente selon les pays, que reste-t'il, sinon que le plus transcendant Gentilhomme confesse, qu'il est Noble par Edict, & qu'il est fondé de Noblesse par Lettres, sçauoir est, cette opinion nationnale? Bien que neantmoins ils se moquent si fort hors de là, des Lettres de Noblesse, & de quelconque autre application de ce caractere, quand quelqu'vn les requiert: croyans que la Noblesse soit chose innée proprement, & ne puisse estre appliquée ou attribuée. Certes le Roy d'Espagne fait vn Grand d'vne seule parole, comme ie remarquois ailleurs, cela s'appelle vn chef de Noblesse: mais ces gens-cy passent à telle impudence, qu'ils ne concedent pas au Roy, qu'il puisse créer vn Gentilhomme, ny par sa faueur & familiarité, desquelles cependant à toute outrance ils dechasent les nouueaux, ny par son decret: bien qu'ils soient forcez de souffrir, qu'il dégrade ces mesmes Gentils-hommes, & les rende taillables quand il luy plaist. Neantmoins, le Prince tirant son principal appuy des diuerses vertus de ses subiects, il est tres-dangereux que son bastiment fonde, si nous en sommes reduicts là, que l'honneur conferé de sa main, & que sa faueur encore & familiarité, qui seruent ordinairement d'amorce & de base

Hh

aux belles actions, ne puissent manquer aux Nobles, bien que dénuez de vertu, ny s'attribuer aux autres reuestus de ses ornemens: que leurs actions en vn mot, ny les interests de l'estat, ou les efforts du Prince, conioincts, ne puissent mutuellement porter ceux-cy & ceux-là en la place les vns des autres. Si les Gentils-hommes, à dire vray, peuuent conseruer leur tiltre sans aucune vertu, le seruice du Souuerain ou Potentat est gasté: s'ils le conseruent auec la seule vertu de vaillance, ils sont pour la tourner contre luy : les ignobles ou populaires sont aussi pour n'acquerir iamais vertu qui puisse seruir à leur Prince, quand ils verront qu'elle ne pourra pas seruir à eux-mesmes, les laissant tousiours sous l'esclauitude du mépris & superiorité des Nobles. Gentil Peuple, qui si constamment, vnanimement & fortement, soustient l'Estat, le bas aage & l'authorité sacrée de nos Roys, contre les forcenées rebellions de la Noblesse; ie dis d'vne grande & plantureuse partie de ceux de ce rang, sans offencer l'autre part fidelle & genereuse, qui est sans mentir l'espée & le bouclier de la France. Qu'on ne reproche point la Ligue au Peuple, il faillit ie l'aduoüe, en se reuoltant contre son Prince : mais il y a bien difference d'vne reuolte faite soubs vn zele de Religion, zele non du tout sans quelque apparence, bien qu'il fust iniuste & mal sage en effect; & de celles qui naissent de la piqueure de ces taons Infernaux, l'auarice & l'ambition, qui excitent cette escume de la Noblesse, aux reuoltes dont elle a tant de fois desolé nos iours soubs de feints pretextes. Et quant à la resistance que les Villes firent si long-temps à l'establissement du feu Roy, soubs la mesme Ligue, durant son heresie; la prompte obeyssance qu'elles luy rendirent soudain apres qu'il l'eut renoncée, les en a iustifiées plainement, & seruy de preuue à la verité de ce zele: qui semble également iuste & prudent à cette condition, en la resistance & en la submission vers luy. Le Roy Antigonus pressé de quelque requeste par vn soldat en consideration de ses parens: Mon amy, repliqua-t'il, c'est la vertu de mes soldats que ie recompense, & non leur Noblesse. Quoy l'Vlysses d'Ouide?

LES ADVIS.

Des tiens ny de leurs faicts tel orgueil ne conçoy :
Les biens qu'a fait autruy n'a rien de propre à toy.

Hannibal preschoit aussi ce langage à son armée, bastie de toutes sortes de Peuples ramassez : Celuy qui frappera l'ennemy, sera pour moy le vray citoyen de Carthage : c'est à dire Noble par dessus ses compagnons. Sainct Hierosme escrit sagement à ce propos; Que les aduantages de la qualité sont legers, en ceux qui les possedent simplement; mais admirables, en ceux qui les possedent & les mesprisent ensemble. Et Iesus-Christ debuant naistre de la race de Dauid, non pour la Royauté de ce Prophete, mais pour sa bonté, voulut en premier lieu, que cette race passast abruptement de la houlette au sceptre : en second lieu, n'y daigna prendre sa glorieuse naissance, qu'elle ne fust refonduë entre les pauures artisans. Les Theologiens adioustent; Que comme il ne nous ayt laissé registre celebre que des trois derniers ans de sa vie, il passa les trente autres sourdement en la boutique de son pere putatif.

Or concedons, qu'il y ayt vraye Noblesse & vraye roture aux souches des hommes, ce que non, on trouuera de plus grands & plus dignes enfans & des gestes plus glorieux, en l'Histoire de ceste-cy, que de ceste-là : chose si cogneuë, qu'il n'est aucun besoin de nommer personne. Laissons en arriere mille exemples de bergers passez à la Royauté par leur suffisance & par leur vaillāce, pour remarquer seulemēt, que l'Empereur Auguste n'estoit pas de race Patricienne : & qu'il leur estoit indifferent à Rome, s'ils marioiēt les filles & les niepces des Empereurs aux Patriciēs ou aux Plebées : sans aleguer Ciceron, fils d'vne fruictiere. Quāt à nostre Socrates lumiere du genre humain, il estoit fils d'vn tailleur de pierre, & d'vne sage femme. Plus il soustenoit; Que non seulemēt la richesse & la Noblesse, n'auoient rien de bon ny d'honneste, mais qu'elles estoient vn mal. Et quelqu'vn luy plaignant vn iour certain personnage de grād merite, son amy, pour estre né d'vne femme estrangere : Croirois-tu bien, respondit-il, qu'vn si grand homme peust naistre de deux Atheniens ? c'est à dire, peut-estre Noble, ou capable de le deuenir à leur

Hh ij

mode. Quelqu'autre reprochoit au Philosophe Anthistenes ce me semble, qu'il n'estoit pas Noble, pour n'auoir qu'vn de ses deux parens natif d'Athenes, l'autre estant Barbare: Ie suis luy ceur, repliqua-t'il, & mon pere ne l'estoit point. Il maintenoit aussi, Que quiconque se trouuoit bien instruit aux disciplines Grecques, estoit vrayement Grec. Mais, quoy! ma plume Françoise, & de plus, feminine, pourroit-elle exalter quelque merite populaire, oubliant la Pucelle d'Orleans? Dieu te gard Auguste bergere: Auguste & plus que Royale te puis-ie appeller, puis que tu refis ton Roy desfaict, & deffis son ennemy, Roy luy-mesme & triomphant. Sans toy, Palladion sacré de ta patrie, la France seroit Angloise dés plusieurs siecles: & depuis le dernier seroit errante en sa Religion, soubs des vainqueurs errants. Pourrois-tu regretter d'auoir esté produicte d'vn sang populaire, toy de qui le triomphe seroit moins émerueillable & moins glorieux, si tu fusses née noble ou Reyne? Charlemagne & Martel furent de grands Monarques & grands conquerans: mais ton trophee, ô Pucelle Ieanne, surpasse le leur de pareille mesure, que c'est chose plus digne de deliurer son pays que de l'accroistre, & d'amplifier l'estenduë de ses faicts heroïques, que ses bornes. Reuenons pour acheuer,

D'autre part, celuy ne se doit pas vanter de Noblesse, posé qu'elle fust reellement quelque chose de prix & logee chez luy, s'il ne peut monstrer qu'il est en tous ses deportemens digne fils d'vn Gentilhomme: & digne encore de la bonne nourriture que les moyens, qui communément assistent vne telle origine, peuuent acquerir à leur possesseur. Disons plus: la naissance noble est imperfection à celuy qui manque de ioindre auec elle, plusieurs & les principales perfections: ny ne doibt aucun autre, auoir honte d'vne naissance moins que noble, s'il represente en sa vie la gentillesse & la vertu que la qualité de Noblesse requiert. S'il n'a de la gloire à tenir le rang de son grand pere, il en a certes à meriter, qu'on en donnast à ce bon homme vn meilleur pour l'amour de luy. Vrayement il luy est plus aduantageux de meriter vn rang que son ayeul eust de l'honneur à tenir, que d'en tenir vn releué de son ayeul. Que si sa race fondant, appauurie par temps, les siens ont desrogé à la Noblesse par leurs exercices, ou y s'il y eschet, par leurs mœurs, il desroge à la roture luy, par les siennes, & par l'esclat de son merite: pourquoy la Noblesse, qui s'est deffaicte en leurs personnes par vn contraire, ne se refera-t'elle par l'autre en la sienne? C'est estre tres-ignoble, que de faire honte à vn pere Noble, par quelque vilain vice: & en est-il vn plus vilain ou plus vil que celuy dont ce Traicté parloit tantost, de toucher au bien de son prochain foible, de l'outrager, ou de le deshonorer de caquets, par plaisir ou par suffisance & prestance presomptiues? taisant pour cette fois les autres taches de nostre Noblesse, & les interests & suites de ces taches ou qualitez offenciues, sur le public mesme, par contrecoup du particulier. Quelle apparence y auroit-t'il, ie vous prie, que les loüables faicts d'autruy, c'est à dire des predecesseurs, peussent decorer vn homme, & que les siens propres, s'ils sont autres, ne le peussent auilir & flestrir?

Nil nisi Cecropides, truncoque simillimus Hermæ.
Voicy qui va bien! nous voyons plus de la moitié des Gentilshommes chez qui leur qualité pleure, pour n'auoir pas apris comme il faut vser d'elle, sur les exemples de generosité, bien-seance, dignité de mœurs, foy vers Dieu, vers le Roy, vers le prochain, qui se voyent en aucuns & plusieurs des nouueaux qu'ils dédaignent: & les plus parfaicts de leur bande, ne peuuent rien desirer de mieux, que de ressembler à l'eslite de ces nouueaux mesmes. Escoutons Horace.

Quelle honte, enfant de bon lieu,
Qu'vn ignoble ayt ce don de Dieu
De viure à tes yeux admirable,
Quand tu vis aux siens mesprisable?

Ie dis donc, que quiconque n'est pas faict comme telles gens, a certes de la honte à se dire Gentilhomme. Si ces tiercelets de demy Dieux d'outre-mer, sont glorieux d'estre fils d'vn Noble, que ne permettent-ils à d'autres de l'estre aussi, par l'aduantage de ressembler à celuy dont cette gloire sourdit premierement en leur famille? Estrange chose, & qui implique contradiction en Nature! leur gloire prouient de ceux qui ne la leur fonderent, que par où ils furent conformes à ces hommes nouueaux icy, lesquels neantmoins ils dédaignent. Quoy plus, les peres d'vne partie de ces messieurs voudroient perdre leur Noblesse, pour auoir engendré des enfans nés comme tels & tels de ces nouueaux: ouy mesmes souuent, pour n'estre pas leurs peres. Veritablement on deuroit cognoistre vn Gentilhomme aux marques de ces vertus, que ie viens de nommer, sans qu'on peust le prendre pour vn autre, ny vn autre pour luy : & sans attendre qu'il fust obligé de prier vn tiers, de nous venir proclamer sa condition: comme ce mauuais peintre du temps passé, qui traçoit en ses tableaux le nom des bestes qu'ils representoient? Qui n'a vertu que son extraction, a dégradé, s'il est en luy, son pere propre de Noblesse, non que soy-mesme : comme il est bien vray, que quiconque n'a deffaut que sa race, ie dis deffaut de poids, car nul n'est parfait du tout, est encore loüable de ce poinct. C'est estre certainement tres-Noble, que d'esclairer vne race basse par quelque insigne vertu : tout ainsi que c'est estre tres-ignoble de faire le contraire en vne haute.

Bien que cent vieux portraicts de tes nobles ayeux,
Rangez en ton palais esblouyssent nos yeux;
D'vn orgueil pour cela n'abuse ta simplesse :
Amy, la vertu seule applique la Noblesse.

Celuy qui n'a partie recommandable que sa Noblesse, ou qui n'en a qui vaillent plus qu'elle, si valeur elle a, nous conuie de celebrer les aduantages du lustre & de l'extraction de ses peres, par cét éloge; qu'ils meritoient que le sort leur donnast vn enfant de plus de consideration. Il est enfant de bonne maison, son fils, s'il en produict vn, n'en sera pas. Qu'ils sont plaisans! de toutes les qualitez, de tous les accessoires & les suites ou dépendances des mœurs de la Noblesse, ils ont seulement pris à leur part l'audace & la piaffe, si ces deux qualités en sont: à l'exemple de ce bon gros garçon, qui com-

LES ADVIS. 247

me il se fust fait appoticaire, refusoit de piler les herbes & de composer les decoctions: alleguant qu'il ne s'estoit pas mis en la boutique pour cela, mais qu'il y estoit entré pour manger tout son saoul de sucre. Quelle sottise, de croire que le vice ne puisse pas dégrader la Noblesse, ny la vertu consequemment, graduer l'autre qualité: ie dis graduer de quelque degré plus haut que la Noblesse mesme: veu que l'ignoble vertueux a corrompu sa mauuaise generation, le Noble vicieux a corrompu sa bonne: & s'ils sont vertueux également, l'ignoble par l'effort qu'il a fait de se porter de plus loing à ce poinct de valeur & de vertu, a tousiours plus merité que le Noble. Ne sçauroit-on pardonner à ce nouueau d'estre plus honneste homme que son ayeul. Deux grands personnages tombez sur ce suiet, l'vn, qui est Saluste, escrit, Que tout braue est Noble: & cét Autheur, puis qu'il vient à propos de le dire, resserre fort mes laisses en tout ce discours, par la crainte d'entreuescher sur ses marches: l'autre Autheur mon second Pere, publie, Que ceux qui disent la Noblesse proceder de vertu, font grand honneur à la Noblesse, du rang de laquelle neantmoins il estoit. Et l'vn des Cesars Empereur, qui declaroit la sienne consister en la probité de ses majeurs, ne la pretendoit d'autruy, que pour estre plus obligé de la fonder en soy par mesme voye: au moins s'il entendoit la consequence de sa declaration. Vrayement Noble est celuy, de qui les siens tirent Noblesse ou gloire, & non pas luy d'eux: Noble, dis-ie, de Noblesse actiue, & non passiue, telle qu'est la vulgaire. Combien seroit-il plus beau de tirer lumiere de la nuit que du iour? & combien plus aussi, d'esclairer les tenebres, que d'estre esclairé de la lumiere? Mieux vaut, quoy que c'en soit, faire honte aux Nobles par son merite, que d'estre Noble: adioustons, que d'estre Grand soy-mesme. Et mieux vaut encore estant cordonnier faire recognoistre en sa personne celuy qui merite d'estre fils de Roy, que d'estre Roy aux charges d'y faire recognoistre le contrepoil de cét aduantage.

Ie t'ayme mieux issu d'vn infame Thersite,
Pourueu que ton esprit aux nobles faicts t'excite,

Les armes de Vulcain comme Achille portant:
Que si du Pellen ta naissance vantant,
Tu nous fais apparoir que ton lasche courage,
Des mœurs de ce Thersite ait rapporté l'image.

Mais consentons, que c'est vne grande prerogatiue que d'estre sorty d'vn Gentilhomme: est-on pour cela plus noble selon Nature à le bien prendre, que son crachat, ou la chetiue goutte de son sang qu'on iette aux ordures? Apres tout, ceux qui font vn principal ornement de leur qualité sont de pauures gens, de quelque ordre qu'ils soient; puis qu'vne infinité de leurs voisins les precellent en ce poinct-là d'vn extréme degré, s'ils ne sont Roys ou tiercelets de Roys au pis aller: ne pouuans neantmoins se porter, pour ce regard, plus haut qu'ils se trouuent: au lieu que s'ils vouloient tirer vn ornement principal du merite, & le preferer à tout autre aduantage; la pluspart de ce bien consistant en la volonté de son maistre, il seroit en eux d'exceller entre tous. *Pax in terra hominibus bonæ voluntatis:* sans nier que ce mot aye plus d'vn sens. Quoy si par dessus tout cela, les predecesseurs de la pluspart des Gentilshommes en France, ont acquis leur Noblesse, en chastiant & reprimant telles gens qu'ils sont auiourd'huy? Pourquoy la pourroient-ils au demeurant, auoir laissée à leur race par heredité, l'ayant acquise par la vertu, don que l'heredité ne leur a sceu conferer? Sans doute, il faut que ceux-cy se conforment aux ancestres qui l'acquirent, ou qu'ils confessent qu'elle est transferée en ceux qui ressemblent à ces bonnes gens-là: Ie dis en ceux qui practiquent toutes les vertus qui peuuent tomber en la condition noble, tandis qu'eux-mesmes n'en practiquent ou simulent qu'vne, la vaillance: par laquelle practique ou simulation de vaillance, qu'ils reputent inseparable de la Noblesse, on doit encores notter en passant, qu'ils aduoüent soubs main, que ceste qualité naist & se nourrit de vertu. Mais s'il falloit croire que la Noblesse peust se conseruer en cette seule vertu qui se nomme vaillance, & sans auoir besoin des autres parties vertueuses; combien sont Nobles, & combien compagnons de ceux-cy, quand on aura consenty qu'il qu'ils soient vrayement vaillans, tous les Suisses & les Lansquenets d'vne armée: Ces anciens leurs predecesseurs aymoient tant le vray honneur, la courtoisie, la foy, la generosité; qu'ils eussent proclamé tout homme ignoble & degradé, commençant par leurs successeurs, s'il n'eust suiuy toutes ces augustes vertus. En effect nostre vsage, non plus que la raison, ne croid point la Noblesse indelebile: la degradant chaque fois, comme i'ay dit tantost: ouy mesmes pour des fautes bien moindres, quelque necessité qui les aye fait commettre; & fautes bien moins vilaines à les considerer sainement, que les ordures dont il est question en ce Traicté, d'offencer & mal-mener le foible: ordures neantmoins que ces cousins de l'Arc-en-ciel de la Cour & leurs émulateurs, sont tous les iours par passe-temps, si ie ne l'ay desia remarqué dés l'entrée de ce discours. Voyez en passant, combien la vertu est eleuée par dessus la Noblesse, & combien celle-là est superieure & Reyne de ceste-cy; puis que la Noblesse ne peut faire aucune fonction digne d'elle, ny se maintenir, qu'à l'ayde de la vertu, qui de sa part n'a que faire de la Noblesse pour se conseruer. Au partir de là, ce sont eux qui mettent plus que nul autre la Noblesse à neant; la denigrans, & comme demolissans à toute heure, soit en leurs domestiques de ceste cathegorie, soit en leurs inferieurs de ce mesme rang en moyens ou en vogue: puisque leur superbe ordinaire fait à chaque bout de champ des esclaues mal menez de ces premiers, & compte ces derniers pour aussi peu que ceux qu'ils excluent du nombre des Nobles: donnans loy tres-iuste à ceux qui leurs sont superieurs en ces deux aduantages de biens & de credit mondain, de les mespriser, & de faire vn zero de leur Noblesse mutuellement. N'ont-ils pas honte de ne s'estimer que par ce carractere de Noble; auec lequel, selon ce calcul fait par eux-mesmes, infinis milliers de personnes en France seulement, sans aller plus outre, les peuuent biffer & tenir pour rien: les surpassans aussi de vogue & de moyens, s'ils ne sont Ducs ou pres de ce grade là, qui se trouue fort clair semé. Voila pauure Noblesse vrayement, qu'vn de mille accidens leur peut rauir selon leur propre decision, leur rauissant les biens ou le credit du monde: comme par telle fantaisie, c'est à dire par le mystere des diuers estages qu'ils font d'elle, tendus à se mespriser & saper les vns les autres, ils la rauissent à ces inferieurs autant qu'il est en leur pouuoir. Voila pauure Noblesse encore, dont ils font vn O en chiffre, qui ne vaut rien seul, puis qu'ils ne la tiennent comparable à soy-mesme entr'eux, que par les rentes, & selon la mesure des rentes: lesquelles d'abondant il faut considerer, que ceux qui naissent aux villes, tant desdaignés de leur Grandeur, possedent pour l'ordinaire plus amplement qu'eux, & plus commodément. Puis n'estimans que les richesses, les qualitez & les vogues, ils se doiuent garder, que s'ils en perdent vn brin, il ne leur face plus d'opprobre, que ce qu'ils en reseruent ne leur fait d'honneur. C'est ce que ie soulois dire estre arriué d'vne personne qui n'exaltoit que ces choses, ou du moins rien sans elles, & cependant estoit décheuë d'vn degré superlatif par ses vices. Mais outre tous ces inconueniens & l'actuelle neantise de la naissance & condition de Noblesse, à la considerer sainement; combien la Cour & la campagne, en ont-elles peu de celle que ces gens reputent bien vraye? combien de noms, & d'armes vsurpés? combien de fauces genealogies? combien de maisons esleuées par noms de femmes? & combien d'origines basses, masquées soubs les belles & grades charges, commoditez & fortunes? sans alleguer les familles esleuées par tels moyens, que la roture & la pauureté seroient moins honteuses & plus souhaittables que leur opulence & leur ennoblissement. Adioustons, que ceux mesmes de qui la Noblesse est franche à leur mode, sont presque tous meslez à cette condition citoyenne, qu'ils appellent roturiere, par les meres, femmes ou maris d'eux ou de leurs proches: ou sont tellement prests de s'y mesler, rebuttans fort & ferme les alliances de leur ordre, si les finances y sont plus courtes de dix escus, qu'ils ont interest à soustenir que la Noblesse ne leur sçauroit pas apporter grande gloire: de peur qu'ils ne soient contraincts d'aduoüer, que telles alliãces, leur apportent grande infamie, puis qu'elles sont, comme ils estiment, le reuers de sa medaille. Et faut notter en passant, que bien souuent ils desirent en vain ces affinitez, estant eux-mesmes fort peu desirez par elles.

QVE L'INTEGRITE SVIT LA vraye suffisance.

Les exemples & leurs enfans les Prouerbes, images & controoleurs des siecles antiques, sont à bon droict conseillers des siecles nouueaux auprez des sages, & tres-commodes & iustes supplemens de l'experience où elle se trouue manquer. Mais comme le temps & les hommes sont tous differends, quoy que tous semblables, ainsi leurs exemples, leurs actions & leurs sentimens, exprimés par ces mesmes Prouerbes, ou par autre voye, ne peuuent pas tousiours quadrer de tout poinct à l'vsage present: en sorte qu'il est difficile de prendre fondemēt solide & entier de ce qu'on doibt faire, esperer & croire au cours du monde, & parmy les hommes, sur ce qui iadis a esté faict, esperé & creu, ou au contraire. Toutesfois si quelque exemple & quelque sentiment ou croyāce, doibuent estre tirez en consequence vniuerselle, c'est cestuy-cy; que l'integrité n'abandonne iamais la capacité pleine: & se trouue escrit en bon lieu, que d'esprit estroit large conscience. Aussi auons-nous des tesmoignages de vertu de tous ces anciens Philosophes, dont le nom est resté florissant, fussent-ils particuliers, Magistrats, Princes, Roys, ou Chefs d'armée: ie dis tesmoignages de leur vertu, égaux à ceux de leur entendement: par lequel neantmoins, ils se suruiuent glorieusement eux-mesmes, & constituent apres tant de siecles des Loix à l'Vniuers: soit que ces tesmoignages & monuments se recognoissent au Genie de leurs propres Liures, ou qu'ils soient rapportez aux Escrits de leurs compagnons. I'excepte Cesar seulement, en toute la vraye classe Philosophique, pour ame égallement & profondement forte, instruicte & perduë. Encore faut-il considerer, qu'il n'estoit perdu ny méchant, qu'aux choses où le rapide cours de son ambition l'entraisnoit comme forcé: tres-bon par tout ailleurs. Il ne faut pas croire cét eloquent Historien Liuius, ce dit Seneque, quand il recite; qu'vn certain personnage auoit vn esprit plus grand que bon: car ces deux qualitez ne peuuent estre separées: l'homme est bon, ou n'est pas grand. Suiuons. Vne grande ame s'estime tant par dessus les choses du monde, qu'elle ne croid pas, que toute l'vtilité, qu'on pourroit tirer d'elles par voye oblique, merite qu'elle se détorde de son train naturel, droict & noble, pour la recueillir: ne merite pas certes, qu'elle commette cette lascheté, de fleschir soubs vn tel interest: & encore pour estre contrainéte apres de se dementir, & de se desadouër soy-mesme, afin de couurir son faict, par crainte de peine vangeresse, ou par reputation. Ce sont donc les supposts vrayement capables & combles, de cette glorieuse compagnie Philosophique, qui s'appellent vrayemēt gens de suffisance, & grands hommes: & sur lesquels il faut iuger, à quoy les ames sont inclinées par la proprieté de leur force & de leur haulteur.

I'entends bien qu'on me demandera, s'il y a point eu de grands hommes entre ceux qui n'ont pas embrassé les Lettres, veu que pour exempter du vice tous ceux du haut estage, ie n'exempte que les Lettrez. Voicy ma response. La Nature impatiente d'inutilité, reiette l'oysiueté de ses parties, sur tout de l'ame, principe de mouuement: & qui plus est, ne peut limiter ou borner leur action, sur vn suiect qui n'arriue pas au plus loin de leur portee. Deffendez pour voir à la roideur de Milon, l'extreme exercice des forces corporelles, & l'extreme preuue des armes & de l'alegresse de corps, au courage & à la vigueur agile d'Achilles. Cela estant, il faut voir si hors la fleur des Lettres, que ces anciens nommoient la Philosophie, il n'y auroit point quelque exercitation, qui peust occuper toutes entieres l'ame

LES ADVIS.

de Socrates & d'Epaminondas. Sera-ce vn iugement de procez? sera-ce l'estude des formes d'vne Cour? sera-ce la guerre? sera-ce l'Estat? tout cela, ou la plufpart, sont choses belles: mais qui les voudra considerer de pres, trouuera facilement, ce me semble, qu'apres que telles ames auront suffisammēt remply tous les deuoirs de ces charges, il leur restera des parties vacantes, & demeureront aucunement non occupées en la conduicte de la guerre & de l'Estat, puis qu'Agamemnon & Priam y pouuoient suffire. Cherchans donc quelque autre viande plus solide, pour acheuer de se paistre, il faut qu'elles se iettent sur les bons Liures: & sans doute toutes les belles ames, entr'autres toutes les personnes qualifiées, s'y iettoient du temps de ces gens-là, i'entends des Grecs & des Romains: & s'y portoient encores par conseil, autant que par exemple. Il est vray qu'en cet aage-cy, qui les en recule par ces deux voyes, il peut bien arriuer, que quelque esprit né grand, & pour vn tres-beau succés, ne cherche point les Lettres, se roüillant & se gastant à moitié dés l'enfance, faute d'instruction: & se trouuant en la ieunesse si plongé par aduenture dans quelqu'autre employ de grand labeur, qu'il n'a pas lieu de faire ce choix, ny loisir competant d'apprendre vn tel exercice quand il le choisiroit. Mais encor cela ne peut-il arriuer que tres-rarement: & la plufpart de ces bien nés, & tous ceux peut-estre qui naissent de la haute volée, font vne irruption chez Pallas, en despit du siecle, des affaires & de la trahison de leur discipline: Nature cherchant par mer & par terre ses obiects precis & combles. Qui ne sçait l'histoire de cét enfant, lequel nourry par son pere iusques en l'adolescence dans vn desert, afin de le sequestrer de la veuë & cognoissāce mesme des femmes; comme il fut vne fois mené par luy en la Ville, il le supplia de luy recouurer vne de ces oyes sauuages qu'il voyoit trauerser la ruë? Le vieillard luy vouloit masquer soubs ce tiltre vne trouppe de femmes attiffées pour aller aux nopces, animaux dont le garçon luy demandoit le nom & l'espece. Toutesfois si tel appetit que celuy de ce rustique estoit naturel, il n'est pas au moins necessaire: celuy de manger est l'vn & l'autre,

Ii iij

& peut cependant receuoir interuale: mais le mouuement des ames, & le mouuement de chacune ame selon son calibre, est, & naturel & necessaire & sans fin: si bien que le sommeil mesme, espece de mort, ne les assoupit que rarement: *Quibus viuere est cogitare.* Nostre Peuple a donc tort, lors qu'il dit, que les plus entendus sont les plus meschans, pource qu'il se void que les premiers Capitaines & Gouuerneurs d'Estat, ou encores les plus subtils Lettrez, voire les plus déliez Courtisans & hableurs, (car il tient ces derniers mesmes pour des parangons aussi) sont meschans & peruers assez souuent. Il croid que ces esprits & ces offices soient les plus hauts en pertinence, à cause qu'il ne peut bander sa visée plus haut qu'eux: & ce paysan qui n'auoit pas veu la mer estimoit que chaque riuiere fust l'Ocean.

Or c'est planter trop court les bornes de la valeur des ames: d'autant que pour bien fournir à la pluspart de ces fonctions, il faut estre voirement habille homme: mais estre habille homme & homme parfaict, ou grand homme encore, ce sont deux. Ces anciens prenommez, ie dis ces Philosophes transcendens & leurs compagnons modernes, si peu qu'il en est, nous apprendroient bien vne cabale de plus grand poids & difficulté, & qui requiert infiniment plus de suffisance, que la milice de ces Capitaines, la Politique de ces Potentats & Gouuerneurs, ny telles autres choses, pour belles qu'elles soient. I'entends, la cognoissance de nous mesmes, celle du bien & du mal, & notamment en face du tyrannique aueuglement de la coustume, l'art de sentir la iuste estenduë de nostre clair-voyance, limiter la curiosité, retrancher les appetits vicieux, faire bouquer nos forces & nos volontez soubs le ioug des Loix, & puis apres des droicts d'autruy, sçauoir en quelle occasion la vangeance est licite & iusques où, iusques où la gratitude suffit, iusques à quel prix l'approbation publique est achetable, iuger des actions humaines parmy tant de faux lustres & de fauces mesures de bien ou de mal qu'elles representent, sçauoir quand il est temps de croire & de douter, aymer, hayr, s'obliger & desobliger à propos, cognoistre sans passion ce qu'autruy nous doit & nous à luy: & tant d'autres parties, en somme, requises à conduire la vie selon sa condition iuste & certaine.

L'oreille, c'est à dire la croyance ou persuasion, n'occupe qu'vne partie de nostre charge en ceste conduicte de la vie: mais il seroit tres-mal aisé de me persuader, que tous les exploits belliqueux de Pyrrhus & d'Alexandre, presupposassent autant de sens & de vigueur en leurs Autheurs, que son legitime gouuernement seul à qui le peut auoir. Qui dira combien c'est de garder, que la calomnie ne s'y fourre, soit que certaine vile malignité d'aymer à ouyr mesdire luy fraye le chemin, ou l'incapacité tres-commune de discerner le vray du faux : qui dira aussi, quel effort il faut faire pour empescher que les fauces nouuelles, par fois si vray-semblables, & si generalement preschées, n'y trouuẽt place de certitude, ou les mauuais cõseils & le nuage des sottes esperances ou suasiõs temeraires. Adioustõs y, quel interest & difficulté l'oreille trouue encores, à fuïr ceste illusion qui la porte à toute heure, à supposer aux parlãs de fauces paroles parmy les vrayes: ce qu'il m'est assez souuẽt arriué de souffrir d'autruy, par la rare pertinence qu'il faut à escouter exactement. Quelqu'vn pour exemple, a-t'il dit, que Pierre a tort, nous luy faisons accroire qu'il a dit aussi , qu'il le faut pendre. La force de son esprit parlant, s'est peu soustenir & suspendre à my-chemin sur ceste descente, pour éuiter la honte de tailler vne iniuste mesure de reproche ou de chastiment: & la foiblesse du nostre, escoutant, qui ne pourroit faire ce coup de se suspendre en vn panchant, pour compenser les reproches sur les coulpes; l'entraisne iusques au fond, & iusques à ne pouuoir tomber plus bas, ou dire pis, en exprimant ce que nous croyons auoir ouy. Neantmoins la fuitte de ces erreurs n'est qu'vne moitié de la commission de l'oreille ou croyance: & l'autre moitié opposite, c'est à dire, la restriction ou dureté de la croyance, n'est pas moins glissante, ny de moins sot & pernicieux effect, si elle passe à l'extremité. Car on void loger chez elle, le desaueu de toutes les actions loüables & de toutes les vertus d'autruy, qui sont hors de nostre propre vsage, ou de nostre portée: l'iniure du mécroire contre infinies personnes d'honneur, qui rapportent de bouche ou d'escrit diuerses aduentures que nous ne pouuons digerer: vn mespris ruineux d'aduertissemens: vne mescroyance de tous miracles, fussent-ils saincts: & finalement l'atheisme. Conclusion: c'est en l'intelligence & practique bien reglée de toutes les choses déduictes en la section presante & precedente, que s'applique, rassied, & recognoist vne ame du haut estage: ioignant ensemble la vraye sagesse & l'integrité des mœurs. Et ie croy qu'vne telle ame ne se trouue point, hors l'intelligence & droicte practique de ces choses: ny consequemment hors la suitte & la culture des meilleures Lettres, qui sont seules proportionnées à la hauteur de sa faculté: & dauantage, guides & dirrectrices de ceste intelligence & practique.

SVR LA VERSION DES POETES
antiques, ou des Metaphores.

Viconque croid qu'il faille gueres moins de suffisance à la parfaicte lecture d'vn bon Poëme, qu'à sa composition ou à sa traduction, il se trompe: la maistresse partie de l'ame, qui est le iugement, estant aussi plainement employée à l'examen des choses, qu'à leur bastiment ou fabrique. Ainsi nul Lecteur ne doit approcher des Autheurs de la genereuse & supréme Poësie, ou de leurs interpretes, & moins de ceux de Virgile, sur lesquels particulierement i'ay quelque interest de parler; s'il n'est ferré à glace de doctrine & de sens. Laissons pour ce coup les autres difficultez & les scabrositez, où l'on pourroit chopper en vne telle lecture, soit qu'elles dependissent de l'art ou de la matiere, pour toucher celle-là seule qui regarde l'elocution, ouy mesmes vne de ses parties consistant

aux metaphores. Car non seulement la principale richesse, la plus fine pierrerie du langage d'vn Poëme, sur tout Heroïque, mais aussi sa principale necessité git aux metaphores ou translations: signammēt en vn langage si sterile de mots magnifiques ou puissans que le nostre. Et me trouue tant plus obligée à coucher quelques lignes en ce lieu pour esclairer la lecture des metaphores, de ce qu'entre tous les diuers membres de la Poësie, nul ne les sçauroit peser punctuellement, s'il n'est de ce haut qualibre d'esprits: mesmement sur vne langue croissante encore comme la nostre, & partant forcée de les planter & prouigner de nouueau. Ou si parce que chacun croid estre de ce mesme qualibre, il faut que ie me rempare d'vne circonspection nouuelle, contre le Lecteur de mes versions, ou de celles d'autruy, parées de ceste dorure; ie le prie qu'il lise seulement auant elles, vne Ode d'estenduë en Ronsard, & vne en du Bellay: sçauoir est, *Errant par les champs de la Grace*, & la *Musagnœomachie*, auec le Poëme Latin que fit pour la deffence de ce premier, & ioint à ses Oeuures, Monsieur le Chancelier de l'Hospital. Ces trois pieces luy sçauront apprendre par leur excellence & par le credit de leurs Autheurs, ce qu'il est permis aux Poëtes ou Traducteurs d'oser en nostre langue, & pour le poinct des metaphores, & pour le surplus de son estenduë. Ie l'ay requis ou requerray en autre lieu, de lire aussi les riches versions de nostre mesme Virgile, faites par l'Eminentissime Cardinal du Perron: bien que cét ouurage de proche en proche, doiue par sa lecture effacer le mien. I'ose certes, mais non pas à la mesure de cestuy-cy, ny de ces deux autres, aussi n'est-il pas raisonnable: selon la difference de nos credits, c'est assez que i'vsurpe les libertez de necessité & d'ornement, tandis qu'ils vsurpent celles d'imagination gaillarde, de pompe & de supererogation. I'ose, diray-ie derechef, sur leurs traces, & auec eux, & i'ose sans eux: tousiours neantmoins de gros en gros, selon la visée qu'ils me quererent, & selon le courage ou la poincte de vigueur & d'inuention qu'ils nous assisterent.

Mais, ô Dieu! quelle maladie d'esprit est celle de certains

Poëtes & Censeurs de ce temps, sur le langage & sur la Poësie, specialement Heroïque, plus émancipée? Voyez les esclairer & tonner sur la correction de ces deux matieres, est-il rien de plus merueilleux? & combien est-il merueilleux encore, qu'vn des poincts capitaux de leur reigle, soit l'interdiction absoluë des metaphores, hors celles qui courent les ruës? La Picardie, appelle pertinemment tels ou autres importuns esclats de teste, souffrener, par translation de ceux du souffre & de ses turbulants effects. Esclats & censures, s'il vous plaist, non seulement pour dégrader les Muses de leur majesté superbe, quand ils ne les dégraderoient que du seul droict des metaphores, mais aussi pour les embabouïner de sornettes, & pour les parer de bijoux de verre comme espousées de village, au lieu de les orner & les orienter de perles & de diamans, à l'exemple des grandes Princesses. Cela veult dire, pour limiter l'estenduë des possessions de ceste haute, magnanime, & puissante Imperatrice la Poësie, en legeres poinctes de conceptions, en seruile imitation du foible dialecte de quelques ieunes Courtisans, en difficulté des rymes : & sur tout en l'influence celeste d'vne large pluye d'exceptions, soit de mots, ou de matiere, par tout où ils imaginent qu'elles leur pourront seruir à faire croire, qu'ils sçauent plus de finesse en cét art que leurs voisins, puis qu'ils rabrouënt chez eux l'vsage de tant de choses. Regardons ie vous supplie, si les arts Poëtiques d'Aristote, de Quintilien, d'Horace, de Vidas, de Scaliger, & de plusieurs autres, se fondent comme celuy de ces gens, sur la Grammaire: mais encore vne Grammaire de rebut & de destruction, non de culture, d'accroissement, & d'édification? voyons s'ils se fondent aussi sur les pieds & mesures, qui sont les rhymes de ces Autheurs-là, pendant que ceux-cy font leur Auriflamme de la ryme? Certes autant sont incurieux & vides la plus pluspart de nos Poetes d'auiourd'huy, du glorieux artifice de ces glorieux esprits, que ces esprits seroient desdaigneux des mysteres du leur: si chetifs & si bas, que la seule consideration de leur bassesse dégousteroit toute ame noble & bien née, de s'y

LES ADVIS.

daigner amuser deux heures seulement.

Quis accuratè loquitur, nisi qui vult putidè loqui?

Ces esprits-là croyent rauir si hautement vne ame par les choses en lisant, qu'elle ne daignera pas songer aux paroles: en suitte du mesme rauissement des choses, qui leur en a causé pareil desdain en escriuāt. Quoy qu'il en soit, si ie ne l'ay desia dit, la perfectió de la Poësie des nouueaux artistes cōsiste, non pas aux genereux efforts de l'inuention, ordre & pertinence, ou de l'esprit & du iugement, mais bien en la polissure simple, & de plus taillée à leur mode: c'est à dire, qui s'achepte au prix des pures superstitions, essorées, querelleuses, incompatibles, & au pur trauail, & trauail de portefaix. Veritablement on ne peut donner autre nom à leur labeur: son dessein ne visant qu'à chercher tout ce qui les empesche, & fuyr tout ce qui les accommode: i'entens metaphores dont il est question, rymes ingenuës & franches, epithetes, figures, deriuations, diminutifs, nouuelles constructions de phrases, & finalement l'abondance & le choix de mots: puis qu'ils n'en acceptent ordinairement qu'vn, par preference sucrée entre vingt qui disent mesme chose: & dauantage en excluent plusieurs vniques en leur genre, & de tres-necessaire signification. Car que logerons-nous, pour commer sur ce poinct, en la place de *beneficence*, qui sonne deux ou trois mots de frequent vsage? d'*immense*, à faute dequoy il faudra nous contenter d'escrire, qu'Atlas porte le fardeau du Ciel sur ses grandes espaules? la belle peinture & vigueur Heroïques! d'*eslans*, plus poëtiques qu'*eslancemens*: tant parce que la breueté rend ce mot pressant, qu'à raison aussi, que les mots si longs sont lasches d'eux-mesmes, & moins commodes à remplir vn vers genereux? & prendrons-nous ce long tournant de peur de verser, de dire, vn mont hault, droict, & coupe, pour n'oser dire ce gros mot, *ardu*? Trainasserons-nous sans fin cét *autrefois* en nos Poëmes, afin d'euiter vn *iadis*? Que pourrions-nous mettre au lieu de *petulance*, qui comprend seule, & mesmes en Amyot, l'insolence & l'impudence ensemble? quoy, en eschange du verbe *ferir*, qui dit plus que frapper? d'*affoler*, qui sonne par fois autre chose que forcenez de *plaints*, qui ne peuuent estre compensez exactemēt par cris, clameurs, plaintes, doleances, ny par rien que par eux-mesmes; si ce n'est auec la circumlocution, laquelle se nomme vne sottise en François & en Latin par tout où l'on s'en peut passer? Adioustons de plus, à quelle fin perdrions-nous cette diction, *ame*, qui se peut loger en la Poësie au rang des necessaires, puis qu'elle a tant de grace & de bien-seance? ou ce doux & beau nom, *d'adolescent*, pour l'aage qui sort d'enfance & commencé à passer en la ieunesse? donnons exemple du ieune Marcellus : l'appellerons-nous, pour mieux parler, ieune homme ou garçon? A quel dessein finalement doibt-on bannir, *ost*, *ains* & *ia*, qui par leur breueté, & ces deux premiers en outre, par leur faculté d'apostrophe, ont donné cent fois moyen à nos Poëtes de faire vn vers puissant, de ce dõt il en eust fallu faire deux lasches sans leur secours. Dieu se porte à la misericorde, ce dit monsieur Bertault:

Non comme aymant le vice, ains comme aymant les hommes.

Et Monsieur le Cardinal, ou sa Penelope:

Ne me fais point responce, ains toy-mesme renien.

Monsieur Bertault derechef, parlant à Dieu:

Non trop pour ta iustice, ains trop pour ta bonté.

Vrayment ouy! pour fuïr, le verbe *geindre*, en exprimant l'ouuerture de ces grandes portes d'airain du temple de Carthage, nous craindrons d'interpreter ces mots Latins, par le vers, qui les suit :

---*foribus cardo stridebat ahenis,*

Et le gond enroüé geind soubs ces lourdes charges:

vers qui ne peut souffrir vn verbe plus long, ny le rencontrer plus commode, bruyre n'estant pas icy de telle emphaser ny d'emploicte si Poëtique. Quoy d'ailleurs, de crainte d'employer ce mot desloyal, *roüer*, sans plus alleguer d'autre exemple, lairrons-nous à tourner Virgile: A-t'il eu tort, ie vous prie, de nous presenter ce,

Sanguineam voluens aciem?

Ou bien de quelle sorte le pouuons-nous mieux traduire,

qu'en ce vers,

Roüant de toutes parts vn œil eſtincellant?

Si nous y mettons, *roulant* ou *tournoyant*, ces mots ſont plus lents, & partant moins propres à depeindre la fureur tragique du deſeſpoir mortel : & notamment le dernier ne peut ſouffrir qu'on y adjouſte *de toutes parts*, en la ceſure, & ces trois mots ſeruent pourtant au miſtere. Quant à ce que i'exprime icy, *ſanguineam*, par, *eſtincellant*, ie pourrois dire que l'intention du Poëte n'eſt autre, que de repreſenter metaphoriquement, par la couleur du ſang, celle de la flamme, ſi ce poinct n'eſtoit hors de mon texte. Luy-meſme encore auec ſes aſſociez Poëtes Heroïques, ne ſeront-ils pas ſouuentesfois contraints, veu leurs ſujets, d'vſer d'vne phraſe pareille à celle-là? Mais en conſcience la raiſon qui porte ces perſonnes à ſevrer nos vers de la diction *roüer*, eſt ſi jolie qu'elle merite d'eſtre communiquée : c'eſt parce qu'on dit roüer vn homme. Quant au rebut de ces autres, il ſuffit d'alleguer le bon plaiſir de Meſſieurs : s'ils ne daignent par fois nous obiecter, que tel ou tel terme eſt Latin, plaiſant reproche en noſtre langue, (qui volontiers ſera repurgée de Latin, quand nous en aurons banny huict ou dix mots) & que cét autre eſt commun au ſtile de chicane ou des Notaires, ainſi que ce pauure *ains* & *iaçoit* ſon compagnon : cóme ſi bailler obliger, ceder, tranſporter, promettre, faire paſſer, payer, deuoir, actes, exploicts, & mille autres vocables qu'on dit tous les iours, n'appartenoient pas beaucoup plus preciſément aux Notaires, que ces deux là, qui ne leur touchent que par emprunt. Mais pour ſuiure noſtre gros mot *roüer* & ſon equiuoque, allez dire aux Dames qu'elles ſe vantent d'aller à la *foire* ſans equiuoquer criminellement : qu'elles parlent de la *mer de* Calais & de Marſeille, puis qu'il faudroit commencer par deux tels monoſyllabes, que ce *mer* & ce *de*, qui ſe pourroient ioindre en nos oreilles : & qu'elles nomment vn *cul* de lampe ou d'artichaut. Bon Dieu! leurs tendres leures pourroient-elles bien laſcher de telles paroles ſans vômir, apres cet aduis d'importance ſur *roüer*. Et combien d'autres mots ou de meuſs de verbes qu'elles pro-

feront à toutes heures, equiuoquent sur les choses odieu-
ses, ou sales ou obscenes, aussi bien que *roüer*, & ces autres-
là: dont ie ne les ose aduertir en consideration de leur sexe
& du mien? Ces insolentes ont eu bonne grace à ce comte,
de nommer vingt ans vn vertugadin leur *cul* ! Mais à propos aussi des equiuoques, comment peuuent-elles prononc-
cer le nom de leur beau *sein*, charme des yeux, sans emplir
leur bouche & nos oreilles de *sain* de porc? Ou quand i'y pense de prez, pourquoy prononceroient-elles, plutost *roüe* de
chariot, d'orloges & de paon, que *roüer*, puis qu'on dit aussi
rompre sur la *roüe*? Et pourquoy finalement ennobliront-
elles plutost le suplice de *pendre*, que celuy de *roüer*, par l'vsage qui leur est si frequent du verbe *pendre*, & mesmes de ses
effects? ou cesseront-elles de *pendre* vne gentillesse à leurs
oreilles ou sur leur sein, refuseront-elles à leurs enfans ou à
leurs maris de se pendre à leur cou, depuis que la nouuelle
escole a conceu telle horreur des mots de supplice? Toutesfois c'est l'ordinaire de ces ouuriers, de ne se soucier iamais
de se descouurir, pourueu qu'ils frappent: & comme ils n'ont
pas des yeux à penetrer loin dans les consequences des Loix
qu'ils font, ils entreprennent facilement d'ouurier trente
bresches, pourueu qu'ils se figurent de monstrer qu'ils en
sçauent plastrer vne à leur mode. Pour abreger, quiconque voudra suiure l'examen des exceptiõs de ces personnes,
il s'en trouuera des miliers, autant exttauagantes & pernicieuses à nostre langue. Vous diriez à les voir faire,
que c'est ce qu'on retranche du vers & non pas ce qu'on y
met, qui luy donne prix: & par les degrez de cette consequence, celuy qui n'en feroit point du tout seroit le meilleur
Poëte. Partant ces messieurs imitent certains Grecs, qui
composoient des Epigrammes, dont les diuerses mesures de
vers representoient à l'œil, des œufs, des aisles, des coignées,
& autres fadaises: sauf que ceux-là ne faisoient ce traict penible que pour vne fois, & les nostres se confinent à leur
seruile billot pour toute leur vie. La comparaison de cét ancien leur conuient fort bien encore, qui de loin enfiloit vn
grain de millet, par le trou d'vne petite esguille: & de mesme

LES ADVIS.

leur conuiendroit vn Alexandre à les payer de leur peine. Quelqu'vn les appelloit n'aguere, modelles des chatlatans: qui pour ne pouuoir representer en leur dance la grace des personnes de qualité, la recompensent par des saults difficiles & scabreux. Au surplus ces nouueaux architectes de Poësie me pardonneront, s'il leur plaist, d'escrire tout cecy: puis que ie parle sans aucune intention de les offencer en gros ou en detail, & seulement pour essayer de les esclaircir, ou preuenir au pis aller, s'il est en moy, l'erreur de ceux qu'ils peuuent gaster par leurs deuis & contagion : & pour m'efforcer de restablir la Poësie en ses droicts, qu'ils luy rauissent violemment: la tondans de liberté, de dignité, de richesse, ou pour le dire en vn mot, de fleur, de fruict & d'espoir. Ie croy de plus, que les autheurs de telles reigles & censures n'ont pas le tort tout entier : & deuine que les escoliers de cet art, apres s'estre fait enseigner, ont voulu charitablemēt tour à tour enseigner les maistres: encherissans sur l'austerité des ordonnances qu'ils leur auoient prescrites, & mettans l'abandon sur l'excez.

Tant y a donc, qu'vn des principaux articles de leur crierie regarde les metaphores. Outrage que ie leur pardonnerois pourtant à l'aduenture, s'ils ne les querelloient qu'en particulier, ie dis quand ils se prendroient aux plus richement belles: estant vray qu'il en est aucunes, de qui par leur propre esclat & hautesse, vn œil vulgaire tel que le leur, perd la cognoissance : mais qui leur pardonneroit de parler des metaphores en general, comme de marchandise dont il faut, ou peu, ou point vser? Quelle suffisance poëtique est la leur? quel prodige d'exception? Si les plus excellentes & puissantes langues antiques, sont pleines de metaphores, (remettant à parler des nouuelles langues en autre endroit) si les plus excellens & puissans Autheurs de ces langues-là, en sont les plus émaillez, tesmoin Virgile? S'ils les nomment par la bouche de Vida's, langage des Dieux:

Nous apprenens aussi que la troupe des Dieux,
Parle par metaphore au grand palais des Cieux.

Et les Muses iadis admirant ce langage,
Passant du Ciel en terre en donnerent l'vsage;
qui nous les peut interdire, sinon l'exemple du renard aux raisins, lors qu'il vid la vigne fermée? l'abord de ce lieu estant à la verité des plus difficiles? Mais veritablemēt il n'est pas besoin d'alleguer les hommes, les Heros ny les Dieux, où Dieu mesme parle: estant certain que les plus sublimes Genies de la Bible, Dauid, Isaïe, Salomon & autres, sont tissus par tout de metaphores, & autant emancipées, s'il est permis de le dire, que le vol de ces esprits est hault. Le vin qui rid dedans l'or, & toute pareille façon de parler, estoient au commencement la risée des courtisans frisez, comme nos Peres nous apprennent: que si Ronsard se fust rebutté par cette sottise, que s'il ne s'en fust mocqué, dequoy eussent edifié leurs Liures ces ingrats disciples de son art, qui le veulent saper en nos iours? Vne si iuste mocquerie & correction du bec iaune de cette espece de gens de Cour, leur auoit appris à se taire depuis ce temps-là sur telles matieres, quand ces Grimelins nouueaux par leur submission & leurs flatteries, leur ont remis l'audace au cœur, & le babil en la bouche. Certainement il est vray, que personne ne nous peut faire accroire qu'il soit capable d'escheler ce fort de l'vsage entier des metaphores, si sa dexterité, sa vigueur, & son iugement ne font miracle ailleurs. Si d'autre part les grands esprits nous aduertissent, que Gallus parle simplement, parce qu'il conçoit simplement? s'ils luy font vn reproche, de parler simplement en vne langue si forte en sa simplicité mesme, qu'estoit la sienne? s'ils nous preschent qu'à l'opposite, Horace furette tous les magasins & les cachettes des mots de cette langue-là, pour en forger des metaphores, d'autant que la façon de parler ordinaire à Rome, pour releuée qu'elle fust, ne pouuoit exprimer la Noblesse & la puissance de ses imaginations ou pensées; quelle conception non simple, mais lasche, attachie & fade, dirons-nous auoir l'Escriuain François, qui parlera simplement, veu qu'il vse d'vn langage tant inferieur à celuy de Gallus? Au demeurant, il est encore veritable en plus forts termes, que Barclay, cét esprit illustre

escriuant

escriuant n'aguere son Roman & autres pieces en ceste langue, l'a osé reparer d'infinies nouuelles figures & metaphores, pour riche qu'elle fust desia de ce meuble, & morte depuis tant de siecles. Mais repliquent-ils, Ciceron s'est peu chargé de ceste marchandise. A quoy ie reparts, qu'il suffit que tous les grands hommes, reserué cestuy-là, si reseruer se doibt, en ont perpetuellement reuestu leurs ouurages: ioinct que l'exemple de sa prose ne conclud rien contre la Poesie, ny moins contre la nostre Heroïque: mesmes ayant escrit en vne langue tellement aduantagée sur la Françoise en force & vigueur, qu'elle n'auoit que faire de les chercher en l'artifice des metaphores: nous aurions vrayement mauuaise grace, de laisser à cultiuer nos terres puissamment, à cause que celles de l'aage doré portoient d'elles-mesmes vne riche abondance de biens. Comment cognoistrons-nous au reste, la force d'vn esprit, s'il ne tente quelque effort? comment la vigueur & l'addresse d'vn iugement, s'ils ne s'esleue sur vn precipice, i'appelle ainsi des inuentions & des locutions de haut dessein : & s'il ne nous fait voir qu'il s'y peut rassoir de pied ferme? Le bō archer ose entreprendre d'enfiler vn poinct seul & precis, au milieu de trente routes perdues, & d'autant de causes de iuste peur de faillir d'attaincte. Qui plus est, nul ne se peut qualifier excellent Pilotte, qui n'ayt combatu vne aspre tempeste: & celuy qui la surmonte, enuie la palme sur Amphitrite & sur Neptune. Ces gens se persuadent encores pour combler leurs scrupules, qu'il y a particulierement plusieurs metaphores bonnes en d'autres langues, qui ne le sont pas en la nostre. Toutesfois s'ils disoient cela d'vne & d'vne autre façon de parler, ie l'accorderois, telles choses estans fondées sur l'vsage particulier de chaque Nation: mais puisque les metaphores sont fondées sur l'inuention & sur la raison vniuerselle, quiconque soustient que la langue Françoise n'y a pas vne part égale à ses voisines, soustient aussi, qu'elle a moins de part à la raison & à l'industrie, que ses voisines n'en ont. Et quand elles en auroient & six & dix & vingt qui ne nous accommoderoient pas, faudroit-il pour l'obligation de rebutter ce petit nombre, en conceuoir vne auerſion preſque generale: imitant ces bons ruſtaux qui firent rompre le portail de l'Egliſe, de peur d'obliger la marice à baiſſer la teſte en entrant? Le langage ſimple nous fait voir que c'eſt vn François qui parle: la figure & la metaphore nous montrent, que c'eſt vn homme qui raiſonne & qui diſcourt. Or non ſeulement l'ame humaine, à qui la cognoiſſance eſt fort plaiſante, a le contentement de voir deux obiects en liſant la metaphore, comme chacun entend; mais elle void encore ie ne ſçay quoy de plus agreable & tres-excellent: c'eſt l'art de les repreſenter l'vn par l'autre, bien que ſouuent ils ſoient eſloignez d'vne infinie diſtance: l'entendement de l'Eſcriuain ſemblant par ſon entremiſe, transformer les ſuiects en ſa propre nature, ſoupple, volubile, appliquable à toutes choſes: en laquelle repreſentation, pource qu'il y a mille occaſions de broncher, & d'vne cheute gliſſante, il y a vne inſigne gloire & vn tres-grand merite à fournir la carriere nettement. Voicy les inſtructions d'vn des premiers maiſtres du meſtier, c'eſt derechef Vidas. Et ne marque le nom des Poetes que i'employe, que quand leur authorité me fait beſoin à m'appuyer, mais ie les traduicts fidellement & touſiours; c'eſt à dire ſans me ſeruir des verſions d'autruy, quand il s'en trouueroit quelqu'vne, de crainte que la beauté de leurs vers enchaſſee dans mon Oeuure ne l'effaceaſt trop: i'en excepte ſeulement deux paſſages de Monſieur le Cardinal du Perron, en l'Æneide, dont ie ne me ſuis peu deffaire auec honneur, en mes Traictez *De la Nobleſſe*, & *De la Mediſance*.

> *Vn Poëte ſouuent la guerre repreſente*
> *Par l'effroyable horreur d'vne Cité bruslante:*
> *Par fois il la deſpeinct ſoubs les puiſſans efforts,*
> *Des rauages d'vn fleuue eſchappant à ſes bords.*
> *De là, quelque bataille eſt encore exprimée,*
> *Par la rage du feu dans les champs animée:*
> *Deçà, par la fureur de l'Eure & de l'Auton,*
> *Alors que la tempeſte arme leur oſt felon:*

LES ADVIS.

Ces vents percent l'enclos de leurs grottes profondes,
Et pouſſans iuſqu'aux Cieux les ondes ſur les ondes,
Font luicter teſte à teſte vn conflict attaquans,
La bruyante fierté de leurs humides camps.
Les ſuiects donc entr'eux changent ainſi de robe ;
Ceſtuy-cy de cét autre vn ornement dérobe :
Ce luſtre il prit hier, il prend l'autre auiourd'huy,
S'esbattant d'éclater ſoubs la face d'autruy.
L'artifice & l'honneur d'vne choſe ſi belle,
Rid aux yeux du lecteur d'vne grace éternelle:
Son ame voyant naiſtre en vn meſme ſuiect
L'aspect delicieux de maint diuers obiect.
Comme quand vn paſteur contemple d'vne roche
Le miroir calme & clair de la marine proche,
La ſeule onde azuree eſt preſente à ſes yeux:
Les foreſts neantmoins, les verds prez & les Cieux,
En ce criſtal liquide exprimans leurs viſages,
Luy rauiſſent les ſens pipez de ces images.
Ainſi des riches vers l'induſtrieux Autheur,
Puis deçà, puis delà, promene ſon lecteur:
Et gliſſe en ſes eſprits cent diuerſes figures,
Du blaſme d'importun redoutant les piqueures.

Auſſi certes aymerois-ie autant voir iouer de l'eſpinette ſur vn ais, que d'ouyr ou de parler le langage que la nouuelle bande appelle maintenant, pur & poly: langage encore, auec lequel ie voy des gens imbus des fantaiſies de ces nouueaux parleurs & reigleurs d'Eſcrits, pretendre à la reputation des premieres plumes du ſiecle, tantoſt en vers, tantoſt en proſe: faiſans apres la premiere impertinence d'vn tel choix de ſtile, ceſte ſeconde & pire ſottiſe; d'attacher le nom de bonne ou de mauuaiſe plume, c'eſt à dire de bon ou de mauuais Autheur, à la cabale & façon de parler, qui ne ſont qu'vne parcelle de ſes qualitez. Belle choſe vrayement pour tant de perſonnes qui ne ſçauent que les mots, s'ils peuuent perſuader au public; qu'en leur diſtribution, meſmement ſimple & crue, giſe l'eſſence & la qualité d'vn Eſcriuain : & perſuader à nous, que les particuliers aduan-

Ll ij

tages, bastimens & ornemens de langue, qui nous peuuent distinguer de leur foule, si nous les manions dextrement, soient impertinence ou peché. Que ces correcteurs au reste, ne se vantent point d'auoir acquis, & de regenter vne assez longue suitte de partisans: l'ignorance de ce temps, & l'amour des nouueautez en sont cause d'vne part: de l'autre part cecy: que force gens affectent de faire des vers, & les entendemens communs trouuent ceste nouuelle methode beaucoup plus à leur portée que l'ancienne: celle-là dependant de cabale & de solicitude poinctilleuse qui se trouuent où l'on veut, bien qu'auec quelque peine: celle-cy, des riches dons de Nature & de l'estude profonde, choses de rencontre fort rare. Eux & leurs imitateurs ressemblent le renard, qui voyant qu'on luy auoit couppé la queüe, conseilloit à tous ses compagnons, qu'ils s'en fissent faire autant, pour s'embellir, disoit-il, & se mettre à l'aise. Certes tu deuois, Esope, couper encore les dents apres la queüe à ceste fausse beste, qui dresse ainsi de tous costez embusche à nos poules. Ils ont vrayement trouué la febue au gasteau, d'auoir sçeu faire de leur foiblesse vne reigle, & rencontrer des gens qui les en creussent. Au surplus, ce qui grossit derechef leur troupe, c'est que comme ils ont l'asseurance de condamner pour bisserie tous les Poëmes qui manquent de leurs exceptions, obligeans la raison vniuerselle de biaiser ses reigles pour les coucher sur leurs fantaisies; ils cōcluent en consequence, que tous les vers qui suiuent leurs ordres sont bons, sans esplucher le reste: Et partant ceste obseruation estant en leurs mains, la couronne de Poesie s'y trouue tousiours infailliblement aussi: ce qu'elle ne feroit pas, en la trouppe ou mode antique de laquelle ils se sont desbandez, schismatiques des Muses. Outre que tout le monde est capable de gouster & de loüer leur Poesie familiere, suffragante & precaire: & fort peu de gens le sont d'en faire autant de ceste antique Poesie, speculatiue, haute, imperieuse: mon second Pere adiousteroit, celeste & Diuine:

Igneus est olli vigor & cœlestis origo.

Ainsi ce party leur est tousiours plus commode & plus fauorable.

LES ADVIS. 269

Au partir de là, quels sont leurs propos, ie vous supplie? plusieurs d'entre eux prêchent-ils pas à bouche ouuerte, qu'ils ne sçauent que c'est de faillir? I'obmets à dire, qu'vn dormeur se peut vanter d'vne gloire aussi haute: & que nous auions appris qu'il failloit chercher nostre comte aux choses reelles, non pas en celles qui ne sont point. Mais disons seulement, que s'ils croyent tenant ce discours, ne broncher point en l'art, auquel tous les grâds Poetes ont bronché maintefois, ils sont bien ridicules: & que s'ils estiment les bronchades ou fautes qu'ils font en l'art n'estre pas considerables, pourueu que le parler soit correct auec la ryme, ils le sont encores plus : Est-il rien plus monstrueux, que d'attacher la gloire & le triomphe de la Poesie, ie ne dis pas encore à l'élocution, qui certes est de grand poids en vn Poeme, (& de laquelle ils ne sçauêt pas cognoistre ny mesurer l'importance en sa vraye estenduë, veu ce qu'ils reiettent & ce qu'ils acceptent, soit en matiere de mots ou de phrases) mais l'attacher, dis-ie, en la ryme, en la politesse, & en la syntaxe, toute simple, vulgaire & cruë de leur langage natal: en laquelle syntaxe ie maintiendrois, si ie ne l'auois maintenu en autre lieu, que la moitié du monde, & vne partie d'entre eux-mesmes, ne peut faillir sans estude, & sans quelque effort, telle fois qu'il luy en prendroit enuie, tant son impression est naturelle en nous. Bien-heureuse la simplesse des escoliers de cette doctrine, qui peut égaller & deuancer toute mesure de suffisance, quand il luy plaira de se rendre seulement esclaue d'vne routine de langue si commune qu'elle traisne par les ruës : l'accompagnant sans plus d'vne nuée d'exceptions, & des scrupules d'vn artifice qu'ils se peuuent faire enseigner en six leçons par leurs docteurs! bien-heureuse encore leur cabale, qui peut luyre & triompher sans le Genie, non luy sans elle ! Que ne sert-on en la faim de ces messieurs, partisans si passionnez de telles visiôs, vne belle nape blanche, lissée, polie, semée de fleurettes, couuerte de beaux vases clairs & luisants, mais pleins au partir de là d'vne eau pure & fine à l'enuy de l'argent de coupelle, & rien plus ? Que nous profite aussi, d'estre riches en

Ll iij

polissure, si nous polissôs vne crotte de chévre? La polisseure, apres tout, n'est rien en soy qu'vn accident, qui pe t accó-
pagner égalemēt vn bon & vn mauuais ouurage: & la fadaise
pourroit loger auec elle, non pas auec cette force meure que
nous cherchons, & dans laquelle il faut aduouër que l'elegance a toussiours lieu, qui est la vraye polisseure des bons
ouuriers: non accidentelle ny superficielle, mais substan-
cielle, non consistant en exceptions & retranchemens de
mots, à l'exemple de celle qu'on nous presche, ouy bien en
graces actuelles & en volupté de langage, asaisonnans de
leur douce poincte les discours serieux. Peut-on nier que
celle de ces gens-cy ne consiste en ces choses-là, si l'on y adiouste seulement, vne ondée d'articles & de semblables obseruations & particules inutiles ? Mais quand nous aurions
accordé que la vraye polisseure consistât en telles merceries
quel Autheur d'importance, vieil ou nouueau, s'est iamais
aduisé de chercher son Panegyrique en la reputation de poly ? Sont-ce les Platons, les Aristotes, les Plutarques & les
Seneques? Les Thucidides, les Polybes, les Tacites, les Sa-
lustes, les Tites-Liues, ou les Cesars y mettroient-ils enchere? Sçachons si les Demosthenes ou les Cicerons ont affecté ce tiltre? ou encore les Homeres, les Virgiles, les Hora-
ces & les Catules? sans parler de leurs contemporains ny
des modernes. Quoy donc ne polirons-nous point ? ouy
certes, non pas au rabot & à la hache, comme font nos querelleux, mais bien à la lime douce : & cette espece de polisseure fait part de nostre elegance prenommée.

Or s'ils se perdent en l'estime d'eux-mesmes, ainsi que ie
disois, autant le font-ils au mespris du tiers & du quart. Et
le bon est, qu'ils s'efforcent à toute heure de prouuer le reproche des Autheurs, & de les desconfire, par le rebut des
meilleures parcelles ou meilleurs traits de leurs Oeuures, tât
ils sont mal seruis en lunettes. Tout ce qui s'esleue & se rēd insigne, éueille les yeux: & ces yeux cy ne peuuent mettre difference entre ce qui est grand & démesuré, ny distinguer vne
chose haute d'vne chose énorme. Ils ont ouy reciter, qu'vn
Grec conseilloit iadis a cét homme, qui se vouloit rēdre tres-

fameux, de tuer celuy qui l'estoit desia plus que tous: partant le cousteau de leur enuie maligne s'efforce d'egorger tous ceux, que la faueur & la courône des Muses rendent plus venerables. Et le faste naturel en leur college, est d'abondant nourry, par ce qui le deburoit estouffer, sçauoir est, quelque applaudissement de Cour: estant certain que toute piece de merite releué, passeroit son iugemẽt, & consequemmẽt son approbation: veu l'estoffe dôt elle est côposée, ie dis en gros, & comme elle est vide de Lettres en cette saison. Quiconque gaigne vn ascendant sur tels esprits, fait vn miracle qui ne merite point de chandelles. Vray Dieu que le soldat glorieux de Terence, diroit bien, en telle occasion, son mot à ce Peuple!

Eône es ferox, quia habes imperium in belluas?
Ils alleguent pour vne ioyeuse exception, contre vn Ronsard, vn du Bellay, vn Des-Portes & leurs partisans, qu'on n'escrit plus ainsi: dont ie les crois d'aussi bonne foy, que s'ils me iuroient, qu'on n'escrit plus comme Aristote, & comme Thucydide. Mais quoy, n'est-ce donc que par la vieille mode, que par vn art & vn langage de mere-grand, que la Franciade, ou les Odes & les Hymnes de Ronsard, son Boccacage Royal, ses Eclogues, ses Poëmes, ses Elegies, voire son Liure entier, quelques pieces nonchalantes retranchées, ou la pluspart des ouurages de du Bellay, & tous ceux de Des-Portes, plus soigneux d'egalité; different des stances de ces personnes? Apres tout, qui est cét *On*, vrayement, qui est cét Escriuain authorisé de s'en faire croire, & de casser le vieil vsage, escriuant d'vne façon nouuelle? Ie ne mettray point icy les viuans en ieu, de peur de sembler vouloir cajoler quelqu'vn: sçachons seulement, si cét, *On*, est l'Eminentissime Cardinal du Perron, en vers, sans parler pour cette heure de sa prose, ou monsieur Bertaud; publiez par ces gens mesmes pour bons ouuriers, au-moins durant leur vie? Certes nous prouuerons assez clairement vers la fin de ce volume, s'il faut preuue aux veritez publiques; que hors quelques rymes moins licentieuses par fois, & quelque soin plus tendu quand ils s'en sont aduisez, de fuyr vne heurt de voyelle,

éuiter quelque vers negligent, ou pareille legere dependance de petite oüe en la Poësie; leur art & leur langage sont du tout conformes à ceux de ces premiers Poëtes, i'entends Ronsard & sa bande: & plus, si plus se peut, en leurs derniers labeurs, tesmoins les traductions de Virgile. Il n'est pas mauuais qu'auec cét, *On*, n'escrit plus ainsi, le cerf face reproche au lyon, d'estre plus fort & plus braue que luy : & l'ysope au cedre, de ce qu'il est plus haut, plus riche & plus pompeux qu'elle. Au lieu de s'excuser de la foiblesse de leurs efforts, à comparaison de ces insignes Poëtes, ils ont entrepris de les degrader eux-mesmes : au lieu de s'excuser de bassesse, ils veulent que les autres s'excusent de hautesse. Ce que ie ne dis pas pour diffamer eux & leurs Oeuures tout du long : car certainement il se void beaucoup de pieces chés aucuns de ces Poëtes nouueaux, qui peuuent faire honneur à leurs Autheurs, pourueu qu'ils recognussent leur mesure : & qu'ils peussent pardonner aux grands Poëtes Grecs, Latins & François, d'estre leurs superieurs, ou pour mieux dire leurs maistres, & l'vnique source de leurs inuentions : desquelles cependant à toute heure, vne partie de leur troupe empruntant la matiere, empire la forme. Ie dis Grecs & Latins encores auec les François : puis qu'ils les enuoyent tous paistre ensemble comme bestes, ou pour le total de leurs compositions, ou pour la pluspart, au meilleur marché. L'vn d'eux, lequel a fort long-temps passé pour miracle en vne Cour, qui se cognoist veritablement en telles matieres, comme aux estoiles, ie le repeteray auec le respect deu à quelques rares exceptions; vouloit achepter vn iour certain Liure de Rethorique ou de Grammaire : car la prose se plaindroit si nous la passions en silence. Son Libraire le luy recommandant par le nom du Cardinal du Perron : Ho, ho, repliqua-t'il, vous auez bonne grace : au lieu que i'en offrois dix souls, ie n'en veux plus bailler que huict. Le mesme alloit aussi par fois questionnant la veufue de Langelier qui me le contoit; S'il estoit possible qu'elle peust vendre Ronsard? Quant à Virgile estoit-il oublié? Voicy son cas : où le Lecteur nottera tousiours, que tous ces traicts sont alleguez

LES ADVIS. 273

alleguez entre plusieurs autres qui seruoient d'ornement à sa conuersation ordinaire. Vn honneste homme donc, censuré par luy de quelque sienne stance, allegua pour authorité deux vers de Virgile: M'alleguez-vous ce maraut, dit-il, magistrallement? Mais quoy de la bonne Saphon, sœur & delices des Muses? celle de qui Ronsard escrit; Qu'il aymeroit mieux tenir ses Escrits en France,

----*que d'estre vn Demy-dieu.*

Ie lamentois vn iour parlant à luy ce desastre, qu'on asseuroit estre arriué de nostre siecle, que par l'ignorance d'vn Libraire auquel ils estoient tombez en main, il les auoit laissé perdre & dissiper comme choses de neant: surquoy il me repartit se mocquant de moy: Qu'il auoit fort à faire de Saphon. Ie ne sçay certes s'il se peut voir en ces quatre Autheurs, quelques traicts plus dignes d'admiration, que les quarre que cette bouche a lancez contre eux. Sans adiouster le paquet aussi de Lucrece, à qui mon second Pere auoit peine de preferer Virgile quand il tomboit sur ses beaux lieux: ce bon personnage demandoit, comme on le daignoit lire. Nous dirons autre part qu'à son aduis, Horace, Catule & Virgile, n'auoient iamais rien eu de bon que le langage. Pour nos premiers Poëtes, Ronsard, Du-Bellay, Desportes, quiconque ne cognoist l'eloquence du Port au foin, ne peut dire de quelles pouïlles il les auoit saluez tout le long de leurs marges, en quelques exemplaires qu'il gardoit expres pour les montrer enrichis de cette broderie. Cecy n'est pas moins émerueillable, qu'en nos iours le iugement de la Cour se soit trouué si detraqué, si loin de ses allignemens, que non seulement il ait peu supporter sans auersion vn esprit qui parloit de ceste sorte: mais de plus, que cette sorte de langage luy ait serui de planche à passer en l'estime; ces gens de bonne foy ne pouuans croire qu'il eust traicté ces esprits illustres en maraults, si comme il disoit, ils n'eussent esté des maraults auprés de luy : lequel pourtant ie ne nommeray point. Ils en croiront ce qu'il leur plaira: mais quiconque fait vn poinct de Religion, ainsi qu'ils font, d'obseruer tousiours en son ouurage les menus

M m

scrupules de rymes ou de Grammaire, i'entens les iustes mesmes, sans comter pour rien les chymeres que leur reigle y apporte; produict vne telle pollissure en tesmoignage contre soy, d'auoir mal dispensé son loisir. Et cependant qu'on appelle les autres Poëtes Heroïqus, Lyriques, Epigrammatiques, Elegiaques; ie trouue que ceux de ce nouueau serment, se veulent faire surnommer Poëtes Grammairiens, ou Poëtes Rymeurs.

Absint inani funere mania.

Pourquoy ne les baptiseroit-on ainsi, puis qu'à tous momens la Grammaire & la ryme trauersent l'inuention & le Genie en leur escole, & l'inuention ou le Genie ne trauersent iamais la ryme ny la Grammaire? Est-ce là dequoy pretendre, que la voix publique les canonise de leur viuant? Deux Traictez que ie designe, l'vn sur la Poësie, & l'autre sur la façon d'escrire de ceste mesme couple de Poëtes, Messieurs du Perron & Bertault, agiteront plus à plein diuers poincts que cetuy-cy n'a touchez que sommairement: ausquels Traictez neantmoins, pour respecter la patience du Lecteur, ie m'efforceray de ne dire rien de ce qui se void icy, bien que ie die par fois chose approchante selon le besoin. Et m'est coulé de la plume par occasion en ce discours, tout ce qui passe plus loin que l'élocution, ou bien encore les seules translations ou metaphores, à quoy ie le pensois borner: metaphores, soubs l'interdiction desquelles, en vn mot, ces messieurs voudroient que chacun allast à pied, pource qu'ils n'ont point de cheual.

A LA REYNE,

Luy presentant L'EGALITE' des hommes & des femmes.

MADAME,

Ceux qui s'aduiserent de donner vn Soleil pour deuise au feu Roy vostre Pere, auec ce mot, Il n'a point d'Occident pour moy, firent plus qu'ils ne pensoient : parce qu'en representans sa Grandeur qui voyoit presque tousiours sans interualle ce Prince des Astres sur quelqu'vne de ses terres ; ils rendirent la deuise hereditaire en vostre Maiesté, presageans vos vertus, & de plus, la felicité des François soubs vostre Auguste presence. C'est donc chez vostre Maiesté, Madame, que la lumiere des vertus n'aura point d'Occident : & consequemment ceste felicité de nos Peuples qu'elles esclaireront, n'aura point d'Occident aussi. Or comme vous estes en l'Orient de vostre aage & de vos vertus ensemble, Madame, daignez prendre courage d'arriuer à leur midy, au mesme temps que vous arriuerez à celuy de vos années : ie dis au midy des vertus, qui ne peuuent meurir que par loisir & culture : car il en est quelques-vnes des plus recommandables, entre autres la Religion, la charité vers les pauures, la chasteté & l'amour coniugale, dont vous auez touché le midy dés vostre matin. Mais certes, il faut le courage requis à cét effort aussi grand & puissant que vostre Royauté, pour grande & puissante qu'elle soit: les Roys estant battus de ce mal-heur, que la peste infernale des flatteurs qui se glissent dans les Palais, leur rend la vertu & sa guide, la clair-voyance, d'vn accez infiniment plus difficile qu'aux infe-rieurs. Ie ne sçay qu'vn seur moyen à vous faire esperer, d'at-teindre ces deux midys de l'aage & des vertus en mesme in-stant: c'est qu'il plaise à vostre Maiesté se ietter viuement sur les bons Liures de prudence & de mœurs: car aussi tost qu'vn Prince s'est releué l'esprit par cét exercice, les flatteurs se trouuans les moins fins ne s'osent plus iouër à luy. Et ne peuuent communcment les puissants & les Roys receuoir instruction opportune que des morts: pource que ceux qui en-uironnent les Grands estans partis en deux bandes, les fous & les meschans, c'est à dire ces flatteurs, ne sçauent ny ne veulent bien dire aupres d'eux: les sages & gens de bien le peuuent & le veulẽt, mais ils n'osent. C'est en la vertu, Madame, qu'il faut que les personnes de vostre rang cher-chent la vraye hautesse, & la Couronne des Couronnes: d'autant qu'elles ont puissance, & non droict, de violer les Loix & l'équité, & qu'elles trouuent autant de peril & plus de honte que les autres à commettre cét excés. Aussi nous apprend vn grand Roy luy-mesme, Que toute la gloire de la fille du Roy est en l'interieur. Quelle est cependant ma rusticité? tous autres abordent leurs Princes & leurs Roys en adorant & loüant: i'ose aborder ma Reyne en preschant! Pardonnez neantmoins à mon zele, Madame, qui brusle d'enuie d'ouyr la France crier ce mot, auec applaudissement: La lumiere n'a point d'Occident pour moy: par tous où passera vostre Maiesté, nouueau Soleil des vertus: & qui desire encore de tirer d'elle, ainsi que i'espere de ses dignes commencemens, vne des plus fortes preuues du Traicté que i'offre à ses pieds, pour maintenir l'égalité des hommes & des femmes. Et non seulement veu la Grandeur vnique qui vous est acquise par naissance & par mariage, vous seruirez de miroir au sexe, & de suiect d'émulation aux hommes, en l'estenduë de l'Vniuers, si vous vous daignez esleuer au poinct de merite & de perfection que ie vous propose: mais aussi tost, Madame, que vous aurez pris resolution de vouloir luyre de ce bel & precieux esclat, on croira que tout le mesme sexe esclaire en la splendeur de vos rayons. Ie suis de vostre Maiesté,

MADAME,

Tres-humble & tres-obeïssante
subiecte & seruante,
GOVRNAY.

EGALITÉ DES HOMMES ET DES FEMMES.

LA pluspart de ceux qui prennent la cause des femmes, contre cette orgueilleuse preference que les hommes s'attribuent, leur rendent le change entier: réuoyans la preference vers elles. Moy qui fuis toutes extremitez, je me contente de les esgaler aux hommes: la Nature s'opposant pour ce regard autant à la superiorité qu'à l'inferiorité. Que dis-ie? il ne suffit pas à quelques gens de leur preferer le sexe masculin, s'ils ne le confinoient encores d'vn arrest irrefragable & necessaire à la quenouille, ouy mesmes à la quenouille seule. Toutesfois ce qui les peut consoler contre ce mespris, c'est qu'il ne se faict que par ceux d'entre les hommes, ausquels elles voudroient moins ressembler: personnes à donner vray-semblance aux reproches qu'on pourroit vômir sur le sexe feminin, s'ils en estoient, & qui sentêt en leur cœur ne se pouuoir recómander que par le credit du masculin. D'autant qu'ils ont ouy trôpetter par les ruës, que les femmes manquent de dignité, manquent aussi de suffisance, voire du temperament & des organes pour arriuer à ceste-cy; leur éloquence triomphe à prescher ces maximes: & tant plus opulemment, de ce que dignité, suffisance, organes & temperament sont beaux mots: n'ayans pas appris d'autre part, que la premiere qualité d'vn mal habille homme, c'est de cautionner les choses soubs la foy populaire & par ouyr dire. Parmy les roulades de ces hauts deuis, oyez tels cerueaux, comparer ou mesurer ces deux sexes: la supréme excellence à leur aduis, où les femmes puissent arriuer, c'est de ressembler le commun des hommes: autant esloignez d'imaginer, qu'vne grande femme se peut dire grád homme, le sexe simplement changé, que de consentir qu'vn homme se peust esleuer à l'estage d'vn Dieu. Gens plus braues qu'Hercules vrayement, qui ne deffit que douze monstres en douze combats: tandis que d'vne seule parole ils défont la moitié du Monde. Qui croira cependant, que ceux qui se veulent releuer & fortifier de la foiblesse d'autruy, doibuent pretendre, de pouuoir se releuer ou fortifier de leur propre force? Et le bon est, qu'ils pensent estre quittes de leur effronterie à vilipender le sexe feminin, vsans d'vne effronterie pareille à se louër & se dorer eux-mesmes: ie dis par fois en particulier comme en general, & encores à quelque tort & fauce mesure que ce soit: comme si la verité de leur vanterie receuoit poids & qualité de son impudence. Et Dieu sçait si ie cognois de ces ioyeux vanteurs, & dont les vanteries sont tantost passées en prouerbe, entre les plus eschauffez au mespris des femmes. Mais quoy, s'ils prennent droict d'estre galands & suffisans hommes, de ce qu'ils se declarent tels comme par Edict, pourquoy ne rendront-ils les femmes bestes, par le contrepied d'vn autre Edict? Il est raisonnable, que leur boule aille roulant iusques au profond de sa route. Mon Dieu que ne prend-il quelquefois enuie à ces suffisances, de fournir vn peu d'exemple iuste & precis, & de pertinente loy de perfection à ce pauure sexe? Et si ie iuge bien, soit de la dignité, soit de la capacité des dames, ie ne pretends pas à cette heure de le prouuer par raisons, puisque les opiniastres les pourroient debattre, ny par exemples, pource qu'ils sont trop communs: ouy bien seulement par l'authorité de Dieu mesme, des Peres arcs-boutans de son Eglise, & de ces grands Philosophes qui ont seruy de lumiere à l'Vniuers. Rangeons ces glorieux tesmoins en teste: & reseruons Dieu, puis les Saincts Peres de son Eglise, au fond, comme le tresor.

Platon, à qui nul n'a debattu le tiltre de Diuin, & consequemment Socrates son interprete & protocole en ses Escrits, s'il n'est là mesme celuy de Socrates, son plus diuin Precepteur, leur assignent mesmes droicts, facultez & fonctions, en leurs Republiques, & partout ailleurs. Les maintiennent de plus, auoir surpassé maintesfois tous les hommes de leur patrie : comme en effect elles ont inuenté partie des plus beaux arts, notamment les caracteres Latins : ont excelé, ont enseigné cathedralement & souuerainement pardessus les hommes, en toutes sortes de perfections & de vertus, dans les plus fameuses Vliles antiques, entr'autres Alexandrie, premiere Cité de l'Empire apres Rome. Hypathia tint ce haut bout en vn siege si celebre. Mais que fit moins en Samothrace Themistoclea sœur de Pythagoras, sans parler de la sage Theano sa femme, puis qu'on nous apprend qu'elle lisoit comme luy la Philosophie, ayant eu pour disciple ce frere mesme, qui pouuoit à peine en toute la Grece trouuer des disciples dignes de luy ? Qu'estoit-ce aussi que Damo sa fille, ez mains de laquelle en mourant il deposa ses Commentaires, & le soin de prouigner sa doctrine, auec ces mysteres & cette grauité dont il auoit vsé toute sa vie ? Nous lisons en Ciceron mesme le Prince des Orateurs, quel lustre & quelle vogue auoient à Rome & prez de luy, l'eloquence de Cornelia mere de Gracches; & de plus, celle de Lælia fille de Caïus, qui est à mon aduis Sylla. Mais Athenes cette auguste Reyne de la Grece & des Sciences, seroit-elle seule entre les chefs des Villes, qui n'eust point veu les dames triompher au supréme rang des Precepteurs du genre humain, tant par des Escrits illustres & plantureux que de viue voix? Areté fille d'Aristipus acquit en cette noble Cité cent dix Philosophes pour disciples, tenant publiquement la chaise que son pere auoit quittée par la mort : & comme elle eut en outre publié plusieurs excellens Escrits, les Grecs l'honorerent de cet eloge : Qu'elle auoit eu la plume de son Pere, l'ame de Socrates, la langue d'Homere. Ie ne specifie icy que celles qui ont leu publiquement aux lieux plus celebres, & auec vn lustre esclatant : car ce seroit chose ennuyeuse par son infinité, de nombrer les autres grands & doctes esprits des femmes. Eh pourquoy la seule Royne de Saba alla-elle adorer la sagesse de Salomon, mais encore à trauers tant de mers & de terres qui les separoient, sinon parce qu'elle la cognoissoit mieux que tout son Siecle ? ou pourquoy la cognoissoit-elle mieux, que par vne correspondance de sagesse.

LES ADVIS.

gesse, égalle ou plus proche que toutes les autres? C'est en continuant aussi l'estime & la defference que les femmes ont meritee, que ce double miracle de Nature Precepteur & Disciple nommez à l'entrée de ceste section, ont creu donner plus de lustre à des discours de grand poids, s'ils les prononçoient en leurs Liures par la bouche de Diotime & d'Aspasie: Diotime, que ce premier ne craint point d'appeller sa maistresse & Preceptrice, en quelques-vnes des plus hautes Sciences: luy Precepteur & maistre du genre humain. Ce que Theodoret releue si volontiers en l'Oraison de la Foy, ce me semble, qu'il paroist bien que l'opinion fauorable au sexe luy estoit fort plausible. Voyez de plus la longue & magnifique comparaison que ce fameux Philosophe Maximus Tyrius, faict de la methode d'aymer du mesme Socrates, à celle de cette grande Saphon. Combien aussi ce Roy des Sages se chatouille t'il d'espoir, d'entretenir en l'autre Monde la suffisance des grands hommes & des grandes femmes que les siecles ont portez : & quelles delices se promet-il de cet exercice, en la diuine Apologie par laquelle son grand Disciple nous rapporte ses derniers discours? Apres tous ces tesmoignages de Socrates, sur le faict des dames, on void assez que s'il lache quelque mot au Symposé de Xenophon contre leur prudence, à comparaison de celle des hommes; il les regarde selon l'ignorance & l'inexperience où elles sont nourries, ou bien au pis aller en general, laissant lieu frequent & spacieux aux exceptions: à quoy les deuiseurs dont il est question ne s'entendent point: Pour le regard de Platon on nous recite encores, qu'il ne vouloit pas commencer à lire, que Lastemia & Axiothea ne fussent arriuées en son auditoire, disant; Que cette premiere estoit l'entendement, cette autre la memoire, qui sçauroient comprendre & retenir ce qu'il auoit à dire.

Que si les dames arriuent moins souuent que les hommes, aux degrez de l'excellence; c'est merueille que le deffaut de bonne instruction, & encores l'affluence de la mauuaise expresse & professoire, ne face pis, les gardant d'y pouuoir arriuer du tout. S'il le faut prouuer; ie trouue t'il plus de différence des hommes à elles, que d'elles à elles-mesmes: selon l'institution qu'elles ont receüe, selon qu'elles sont esleuées en Ville ou village, ou selon les Nations? Et donc, pourquoy leur institution aux affaires & aux Lettres à l'égal des hommes, ne rempliroit-elle cette distance vuide, qui paroist ordinairement entre les testes des mesmes hommes & les leurs? veu mesmement, que l'éducation est de telle importance, qu'vn de ses membres seul, c'est à dire le commerce du monde, abondant aux Françoises & aux Angloises, & manquant aux Italiennes, celles-cy sont de gros en gros de si loin surpassées par celles-là? Ie dis de gros en gros, car en détail les dames d'Italie triomphent par fois: & nous en auons tiré des Reynes & des Princesses qui ne manquoient pas d'esprit. Pourquoy vrayement la nourriture ne frapperoit-elle ce coup, de remplir l'interualle qui se void entre les entendemens des hommes & des femmes; veu qu'en cét exemple que ie viens d'alleguer, les pires naissances surmontent les meilleures, par l'assistance d'vne seule des parcelles de la nourriture des dames, ie dis ce commerce & cette conuersation? car l'air des Italiennes est plus subtil & propre à subtiliser les esprits, que celuy d'Angleterre ny de France: comme il paroist en la capacité des hommes de ce climat Italien, confrontée communément contre celle-là des François & des Anglois. Quoy que i'aye touché ceste consideration en autre endroict, l'occasion m'oblige de la retoucher en ce lieu, sur vn subiect different. Plutarque en l'Opuscule des vertueux faicts des femmes maintient; Que la vertu de l'homme & de la femme est mesme chose. Seneque d'autre part publie aux Consolations; Qu'il faut croire que la Nature n'a point traicté des dames ingratement, ou restrainct & racourcy leurs vertus & leurs esprits, plus que les vertus & les esprits des hommes: mais qu'elle les a doüées de pareille vigueur & de faculté pareille à toute chose honneste & loüable. Voyons ce qu'en iuge apres ces deux, le tiers chef du Triomuirat de la sagesse humaine & Morale, en ses Essais. Il luy semble, dit-il, & si ne sçait pourquoy, qu'il se trouue rarement des fem-

LES ADVIS. 283

mes dignes de commander aux hommes. N'est-ce pas les mettre en particulier à l'égale contrebalance des hommes, & confesser, que s'il ne les y met en general, il craint d'auoir tort? bien qu'il peust excuser sa restriction, sur la pauure & disgraciée façon de laquelle on nourrit ce sexe. N'oubliant pas au reste, d'alleguer fauorablement en autre lieu de son mesme Liure, ceste authorité que Platon leur depart en sa Republique: & qu'Anthistenes nioit toute difference au talent & en la vertu des deux sexes. Quant au Philosophe Aristote, remuant Ciel & terre, il n'a point contredict l'opinion qui fauorise les dames, s'il ne l'a contredicte en gros, à cause de la mauuaise institution, & sans nier les exceptiōs: partant il l'a confirmée: s'en rapportant, sans doubte, aux sentences de son pere, & grand pere spirituels, Socrates & Platon, comme à chose constante & fixe soubs le credit de tels Sages: par la bouche desquels il faut aduoüer que le genre humain tout entier, & la raison mesme, ont prononcé leur arrest. Est-il besoin d'alleguer infinis autres esprits anciens & modernes de nom illustre? ou parmy ces derniers, Erasme, Politian, Boccace, le Tasse aux Oeuures qu'il escrit en prose, Agrippa, cét honneste & pertinent Precepteur des Courtisans, & tant de fameux Poetes; si contrepoinctez tous ensemble aux mespriseurs du sexe feminin, & si partisans de ses aduantages, aptitude & disposition à tout office & à tout exercice loüable & digne? Les dames en verité se consolent, de ce que ces décrieurs de leur merite ne peuuent prouuer qu'ils soient habiles gens, si tous ces Autheurs vieux & nouueaux le sont: & qu'vn habille homme ne dira pas, encores qu'il le creut, que le merite & le passe-droict du sexe feminin tire court, aupres de celuy du masculin, iusques à ce qu'il ait fait declarer tous ces mesmes Autheurs buffles, afin d'infirmer leur tesmoignage si contraire à telle sentence. Et buffles faudroit-il encores declarer des Peuples entiers & des plus subtils, entre autres ceux de Smyrne en Tacite: qui pour obtenir autrefois à Rome presseance de noblesse sur leurs voisins, alleguoiēt estre descendus, ou de Tantalus fils de Iupiter, ou de Theseus petit fils

Nn ij

de Neptune, ou d'vne Amazone: laquelle par ce moyen, ils contrepesoient à ces Dieux en dignité. Les Lesbiens ne chercherêt pas moins d'ambition ny moins de gloire en la naissance de Saphon, puis qu'il se trouue auiourd'huy partout, mesmement en Hollande; que leur monnoye portoit pour seule marque la figure d'vne ieune dame la lyre en la main, auec ce mot, *Lesbos*. N'estoit-ce pas recognoistre que le plus grand honneur qu'eux & leur Isle eussent iamais eu, c'estoit d'auoir bercé l'enfance de cette Heroïne? Et puis que nous sommes tombez dauanture sur les Poetisses, nous apprenons, que Corinne gaigna publiquement le prix sur Pindare en leur art: & qu'à dix-neuf ans qui bornerent la vie d'Erinne, elle auoit faict vn Poëme de trois cens vers, esleué à tel degré d'excellence qu'il arriuoit à la majesté d'Homere. Les dames ont-elles sceu choisir en ces deux Poëtes, à qui debattre glorieusement la victoire, ou pour le moins l'égalité? Pour le regard de la loy Salique, qui priue les femmes de la Couronne, elle n'a lieu qu'en France. Et fut inuentée au temps de Pharamond, pour la seule consideration des guerres contre l'Empire, duquel nos peres secottoient le ioug; le sexe feminin estant vray semblablement d'vn corps moins propre aux armes, par la necessité du port & de la nourriture des enfans. Il faut remarquer encores neantmoins, que les Pairs de France ayans esté créez en premiere intention comme vne espece de personniers des Roys, ainsi que leur nom le declare: les dames Pairresses de leur chef ont seance, priuilege & voix deliberatiue par tout où les Pairs en ont, & de mesme estenduë. On peut voir Hotman pour l'étymologie des Pairs: & du Tillet & Matthieu en l'Histoire du Roy, pour les dames Pairresses. Comme aussi les Lacedemoniens, ce braue & genereux Peuple, consultoit de toutes affaires priuées & publiques auec ses femmes, au rapport de Plutarque: & Pausanias, Suïdas, Fulgose & Laertius, respondront de la pluspart des autres authoritez ou témoignages que i'ay recueillis cy-deuant: à quoy ie puis adiouster, que le Theatre de la vie humaine, sans obmettre l'Horloge des Princes, recitent plusieurs nouuelles de cette cathegorie, dont ils nomment leurs Autheurs. Bien a seruy cependant aux François, de trouuer l'inuention des Regentes, pour vn équiualent des Roys: car sans cela combien y a-t'il que leur Estat fust par terre? Les Germains ces belliqueux Peuples, dit Tacite, qui apres plus de deux cens ans de guerre, furent plustost trompetez en triomphe, que vaincus, portoient dot à leurs femmes, non au contraire: ayans au surplus des Nations entr'eux, qui n'estoient iamais regies que par ce sexe. Et quand Ænée presente à Didon le sceptre d'Ilione, les Scholiastes disent, que cela prouient, de ce que les dames filles aisnées, comme estoit ceste Princesse, regnoient anciennement aux maisons Royales. Veut-on deux plus beaux enuers à la loy Salique, si deux enuers elle peut souffrir? Si est-ce que nos anciens Gaulois, ny les Carthaginois encores, ne mesprisoient pas les femmes: lors qu'estans vnis en l'armée d'Hannibal pour passer les Alpes, ils establirent les dames Gauloises arbitres de leurs differens. Que si les hommes desrobēt à ce sexe en plusieurs lieux, sa part des meilleurs aduantages, ils ont tort de faire vn tiltre de leur vsurpation & de leur tyrannie: car l'inégalité des forces corporelles plus que des spirituelles, ou des autres branches du merite, est facilement cause de ce larrecin & de sa souffrance: forces corporelles, qui sont vertus si basses, que la beste en tient plus par dessus l'homme, que l'homme par dessus la femme. Et si ce mesme Historiographe Latin nous apprend; Qu'où la force regne, l'équité, l'integrité, la modestie mesme, sont les attributs du vainqueur: s'estonnera-t'on, que la prudence, la sagesse, & toute sorte de bonnes qualitez en general, soient les attributs de nos hommes, priuatiuement aux femmes?

Au surplus, l'animal humain n'est homme ny femme, à le bien prendre: les sexes estans faicts, non simplement, ny pour constituer vne difference d'especes, mais pour la seule propagation. L'vnique forme & difference de cét animal, ne consiste qu'en l'ame humaine. Et s'il est permis de rire en passant, le quolibet ne sera pas hors de saison, nous apprenantщqu'il n'est rien plus semblable au chat sur vne fenestre, que la chatte. L'homme & la femme sont tellement vns, que si l'homme est plus que la femme, la femme est plus que l'homme. L'homme fut creé masle & femelle, ce dit l'Escriture : ne comtant ces deux que pour vn. Dont Iesus-Christ est appellé Fils de l'homme, bien qu'il ne le soit que de la femme. Ainsi parle apres le grand sainct Basile en sa premiere Homelie de l'Hexameron: La vertu de l'homme & de la femme sont mesme chose, puis que Dieu leur a decerné mesme creation & mesme honneur: *masculum & fœminam fecit eos.* Or en ceux de qui la nature est vne & mesme, il faut que les actions aussi le soient : & que l'estime & le loyer en suitte soient pareils, où les œuures sont pareilles. Voila donc la declaration de ce puissant athlete & venerable tesmoin de l'Eglise. Il n'est pas mauuais de se souuenir sur ce poinct-là, que certains ergotistes anciens, ont passé iusques à cette niaise arrogance, de debattre au sexe feminin l'image de Dieu, à difference de l'homme : laquelle image ils deuoient, selon ce cacul, attacher à la barbe. Il falloit d'ailleurs, & par consequent, desnier aux femmes l'image de l'homme : ne pouuans luy ressembler, sans qu'elles ressemblassent à celuy auquel il ressemble. Dieu mesme leur a departy les dons de Prophetie indifferemment auec les hommes: les ayant establies aussi pour Iuges, instructrices & conductrices de son Peuple fidelle en paix & en guerre, és personnes d'Olda & de Debora: & dauantage, les a rendües triomphantes auec ce Peuple, des hautes victoires. De plus, elles les ont maintefois emportées & arborées en diuers climats du Monde: mais sur quelles gens encores? Cyrus & Theseus: à ces deux on adiouste Hercules, lequel elles ont sinon vaincu, du moins bien battu. Aussi fut la cheute de Pentasilée, vn couronnement de la gloire d'Achilles ; oyez Seneque & Ronsard parlans de luy.

L'amazone il vainquit, dernier effroy des Grecs.
Pentasilee il rua sur la poudre.

Ny Virgile n'a sceu consentir à la mort de Camille, au milieu d'vne furieuse armée, qui sembloit ne redouter qu'elle;

sinon par l'embusche & la surprise d'vn traict tiré de loing. Epicharis, Læena, Porcia, la mere des Machabees, nous pourront-elles seruir de preuue, combien les Dames sont capables de cét autre triomphe de la force magnanime, qui consiste en la constance & en la souffrance des plus aspres trauaux? Ont-elles au surplus, moins excellé de foy, qui comprend toutes les vertus principales, que de force considerée en toutes ses especes? Paterculus nous apprend; Qu'aux proscriptions Romaines, la fidelité des enfans fut nulle, des affranchis legere, des femmes tres-grande. Que si Sainct Paul, suiuant ma route des tesmoignages saincts, leur deffend le ministere, & leur commande le silence en l'Eglise, il est éuident que ce n'est point par aucun mespris : ouy bien seulement, de crainte qu'elles n'esmeuuent les tentations, par cette montre si claire & si publique, qu'il faudroit faire en ministrant & preschant, de ce qu'elles ont de grace & de beauté plus que les hommes. Ie dis qu'on void euidemment que le mespris en est hors : puisque cét Apostre parle de Thesbé comme de sa coadiutrice en l'œuure de nostre Seigneur : sans toucher le grand credit de Saincte Petronille vers Sainct Pierre : & sans adiouster que la Magdeleine est nommée en l'Eglise, Egale aux Apostres, *Par Apostolis* : entr'autres au Calendrier des Grecs, publié par Genebrard. Voire, que l'Eglise & eux-mesmes Apostres, ont permis vne exception de cette reigle de silence pour elle, qui prescha trente ans en la Baume de Marseille, au rapport de toute la Prouence. Et si quelqu'vn reproche ce témoignage de predication, on luy demandera, que faisoient les Sibyles, sinon prescher l'Vniuers par inspiration diuine, sur l'aduenement futur de Iesus-Christ? Au reste, toutes les Nations concedoient la Prestrise aux femmes, indifferemment auec les hommes. Et les Chrestiens sont au moins forcez de consentir, qu'elles soient capables d'appliquer le Sacrement de Baptesme: mais quelle faculté de distribuer les autres, leur peut estre iustement déniée, si celle de distribuer cestuy-ci, leur est iustement accordée? De dire que la necessité des petits enfans mourans, ait forcé les Peres anciens d'establir ce vsage en despit d'eux; il est certain qu'ils n'auroient iamais creu que la necessité les peust dispenser de mal faire, iusques aux termes de permettre de violer & de diffamer l'application d'vn Sacrement. Et partant, concedans cette faculté de distribution aux femmes, on void à clair, qu'ils ne les ont interdites de distribuer les autres Sacremens, que pour maintenir toussiours plus entiere l'authorité des hommes: soit pour estre de leur sexe, soit afin qu'à droict ou à tort, la paix fust plus asseuree entre les deux sexes, par la foiblesse & raualement de l'vn. Certes Sainct Hierosme escrit sagement en ses Epistres; Qu'en matiere du seruice de Dieu, l'esprit & la doctrine doiuent estre considerez, non le sexe. Sentence qu'on doit generaliser, pour permettre aux dames à plus forte raison, toute action & toute science honneste: & cela suiuant aussi les intentions du mesme Sainct, qui par tous ses Escrits honore & authorise bien fort leur sexe: de sorte qu'il dedie à la vierge Eustochium ses Commentaires sur Ezechiel, quoy qu'il fust deffendu aux Sacrificateurs mesmes, d'estudier ce Prophete auant trente ans. Quiconque lira ce que S. Gregoire encores escrit au suiet de sa sœur, ne le trouuera pas moins fauorable vers elles que S. Hierosme. Ie lisois l'autre iour vn deuiseur, declamant contre l'authorité que les Protestans concedent vulgairement à l'insuffisance des femmes, de fueilleter l'Escriture: en quoy ie trouuay qu'il auoit la meilleure raison du monde, s'il eust fait pareille exception sur l'insuffisance des hommes, en cas de telle permission vulgaire: insuffisance neantmoins qu'il ne peut voir, parce qu'ils ont l'honneur de porter barbe comme luy. Dauantage sainct Iean, l'Aigle & le plus chery des Euangelistes, ne mesprisoit pas les femmes, non plus que Sainct Pierre, Sainct Paul, & ces trois Peres, i'entends S. Basile, S. Hierosme, & S. Gregoire, puis qu'il leur addresse ses Epistres particulierement; sans parler d'infinies autres Saincts, ou Peres, qui font pareille addresse de leurs Escrits. Quant au faict de Iudith, ie n'en daignerois faire mention, s'il estoit particulier, cela s'appelle dependant du mouuement & de la volonté de son auctrice: non plus

que

que ie ne parle des autres de ce qualibre, bien qu'ils soient immenses en quantité, comme ils sont autant heroïques en qualité de toutes sortes, que ceux qui couronnẽt les plus illustres hommes. Ie n'enregistre point les faicts priuez, de crainte qu'ils ne semblent, non tant aduantages & dons du sexe feminin, que bouillons d'vne vigueur priuée. Mais celuy de Iudith merite place en ce lieu : puis qu'il est bien vray, que son dessein tombant au cœur d'vne ieune dame, entre tant d'hommes lasches & faillis de cœur, à tel besoin, en si difficile entreprise, & pour tel fruict, que le salut d'vn Peuple & d'vne Cité fidelle à Dieu, semble plutost estre vn don d'inspiration & prerogatiue Diuine & speciale vers les femmes, qu'vn traict puremẽt humain & volontaire. Comme aussi le semble estre celuy de la Pucelle d'Orleans, accompagné de mesmes circonstances enuiron, mais de plus ample & large vtilité : s'estendant iusques au salut d'vn grand Royaume & de son Prince.

Ceste illustre Amazone instruicte aux soins de Mars,
Fauche les escadrons, & braue les hazars :
Vestant le dur plastron sur sa ronde mammelle,
Dont le bouton pourpré de graces estincelle :
Pour couronner son chef de gloire & de lauriers,
Vierge elle ose affronter les plus fameux guerriers.

Adioustons que la Magdelene est la seule ame, à qui le Redempteur ayt iamais prononcé ce mot, & promis ceste auguste grace : En tous lieux où se preschera l'Euangile, il sera parlé de toy. Iesus-Christ d'autre part, declara sa tres-heureuse & tres-glorieuse resurrection aux dames les premieres : afin de les rendre, selon le noble mot de Sainct Hirosme au Prologue sur le Prophete Sophronias, Apostresses aux propres Apostres : cela, comme l'on sçait, auec mission expresse : Va, dit-il, à cette-cy mesme, & recite aux Apostres & à Pierre ce que tu as veu. Surquoy il faut obseruer, qu'il manifesta sa nouuelle naissance également aux femmes & aux hommes, en la personne d'Anna fille de Phanuel : qui le recogneut par l'esprit Prophetique, à mesme instant, que le bon vieillard Sainct Simeon. Laquelle nais-

Oo

sance, d'abondant, les Sybilles nommées ont predite, seules entre les Gentils: excellent priuilege du sexe feminin. Quel honneur faict aux femmes aussi, ce songe suruenu chez Pilate, s'addressant à l'vne d'elles priuatiuement à tous les hommes, & en telle & si haute occasion? Et si les hommes se vantent, que Iesus-Christ soit né de leur sexe, on respond, qu'il le falloit par necessaire bien-seance: ne se pouuant pas sans scandale, mesler ieune & à toutes les heures du iour & de la nuict, parmy les presses, afin de conuertir, secourir & sauuer le genre humain, s'il eust esté du sexe des femmes: mesmement en face de la malignité des Iuifs. Que si quelqu'vn au reste est si fade, d'imaginer masculin ou feminin en Dieu, bien que son nom semble sonner le masculin, ny consequemment besoin du choix d'vn sexe plutost que de l'autre, pour honnorer l'incarnation de son Fils; cestuy-cy montre à plein iour, qu'il est aussi mauuais Philosophe que Theologien. D'ailleurs, l'aduantage qu'ont les hommes par son incarnation en leur sexe, s'ils en peuuent tirer vn aduantage, veu ceste necessité remarquée, est compensé par sa conception tres-precieuse au corps d'vne femme, par l'entiere perfection de ceste femme, vnique à porter nom de parfaicte entre toutes les creatures purement humaines, depuis la cheute de nos premiers parens, & par son assomption vnique aussi en suiect humain. Qui plus est, il se peut dire à l'aduenture, de son humanité, qu'elle emporte cét aduantage par dessus celle-là de Iesus-Christ; que le sexe qui n'est point necessaire en luy, pour la redemption, son office propre, l'est en elle pour la maternité, son office aussi.

Finalement, si l'Escriture a declaré le mary, chef de la femme, la plus grande sottise que l'homme peut faire, c'est de prendre cela pour vn passe-droict de dignité. Car veu les exemples, authoritez & raisons nottées en ce discours, par où l'égalité des graces & faueurs de Dieu vers les deux sexes, est prouuée, disons leur vnité mesme: & veu que Dieu prononce: Les deux ne seront qu'vn: & prononce encores: L'homme quittera pere & mere pour suiure sa fem-

LES ADVIS.

sme; il paroist que ceste declaration de l'Euangile, n'est faicte que par le besoin exprès de nourrir paix en mariage. Lequel besoin requeroit, sans doute, qu'vne des parties cedast à l'autre: la commune foiblesse des esprits ne pouuant souffrir, que la concorde naquist du simple discours de raison, ainsi qu'elle eust deu faire en vn iuste contrepoids d'authorité mutuelle; ny la prestance des forces du masle permettre aussi, que la submission vint de sa part. Et quand bien il seroit veritable, selon que quelques-vns maintiennent, que ceste submission fust imposée à la femme pour chastiment du peché de la pomme mangée: cela encores est bien esloigné de conclure à la pretenduë preference de dignité en l'homme. Si l'on croyoit que l'Escriture luy commandast de ceder à l'homme, comme indigne de le contrecarrer, voyez l'absurdité qui suiuroit: la femme se trouueroit digne d'estre faicte à l'image du Createur, de iouyr de la tres-saincte Eucharistie, des mysteres de la Redemption, du Paradis, & de la vision voire possession de Dieu, non pas des aduantages & des priuileges de l'homme: seroit-ce point declarer l'homme plus precieux & plus releué que telles choses, & partant commettre le plus grief des blasphemes?

CHRYSANTE,
OV
CONVALESCENCE D'VNE
petite fille.

Vurez les bras, Chrysante, en action de graces, au Ciel, qui vous ouure ceux de sa faueur. Ouurez les luy tant plus gayement, de ce qu'il ne vous offre pas en ceste faueur, la santé, la beauté, la ieunesse, la noblesse, ny ne vous offre aussi les richesses, la puissance, l'esprit & les actions loüables, ou encore vn beau-pere &

Oo ij

vn mary sur la prudence & la foy desquels vn grand Monarque se repose des principaux soins de son Estat, mais de ce que vous ayant desia départy toutes ces choses, il vous donne ou rend auiourd'huy celle sans qui vostre ame alloit traisner sa vie en douleurs, au milieu de tant de prosperitez. Donc ceste douce Etoile du iour, ceste belle & claire Aurore, éclose en l'Orient de vos années, estoit pour iamais étainte, si le rayon de la faueur Diuine n'eust dissipé les horribles tenebres qui la venoient enseuelir! Donc ceste belle & chere enfance de vostre fille, s'est veuë à la veille de perir, & auec elle toutes les esperances que vous auez conceuës, d'enter vos graces, vos beautez, & vos fortunes en sa personne, si la pitié de vos larmes en l'apprehension d'vne si cruelle perte, n'eust fleschy le Ciel! Heureuse enfant! qui rend mutuellement à sa mere, la vie que sa mere luy a donnée: puisque vray-semblablement, Chrysante, ce regret vous eust portée au trespas: & quelle gloire & douceur, chastouïlleroient son tendre courage, si elle pouuoit sentir le bien qu'elle vous a causé? Si s'est, comme on dit, doublement iouïr de son bon-heur, que d'auoir vn vray amy à qui le communiquer, combien est heureuse ceste petite dame, qui par le contrecoup de sa felicité rend sa mere heureuse? ouy mesmes rend la paix & la tranquillité aux esprits de cét ayeul & de ce pere, iustement affligez, par la crainte de sa mort: esprits qui soubs les victoires & les auspices du Roy, tiennent la France paisible & tranquille. O combien ce nouuel astre aura plus d'esclat que iamais, apres s'estre debrouïllé d'vn si funeste nuage! combien sera desormais plus douce l'influence de ces beaux yeux, sur les yeux & sur le cœur de celle qui les a mis au monde? Et quelle agreable harmonie aura pour vous, Chrysante, le nom de maman mignonne, sortant de ceste belle petite bouche, qui s'est veuë si pres d'estre fermée iusques à l'extremité des siecles: soit qu'elle le prononce tantost par émotion de ioye & de caresse, tantost auec quelque requeste ou question de son aage tendre: & tantost pour vous demander que c'est de ceste mort, dont sa gouuernante & ses femmes pleuroient n'agueres pour elle au cheuet de son lict: & s'informer enfantinement, si elle eust encore esté vostre fille au sepulchre ou non. Les trespas certes d'vne ieunesse si bien née, se doiuent appeller conuulsions, non seulement en leurs maisons paternelles, mais en la Nature mesme : ce sont à vray dire des efforts & des esclats de desastre, qui arrachent la Nature à la Nature: & en telle qualité nous eussions auec vous plaint & ressenty cette mort: comme auecques-vous encores, nos ames s'espanoüissent de ioye, de ce que le destin vous a conserué, ou plustost ressuscité ceste aimable enfance. N'espargnez, Chrysante, aucun excez ou transport de contentement en vne si precieuse felicité : tout vous est permis. Embrassez mille fois ce nouuel Ange en douceur, en innocence, en beauté, qu'vn autre Ange enuoyé de Dieu vous rameine par la main: pleurez d'ayse le long de ce tendre visage, à cette heure sur les traicts du pere, à cette heure sur les vostres, puis sur les vns & sur les autres meslez ensemble. Demandez-luy auquel des deux le premier elle voudroit sauter au cou, si ce bon pere estoit present auec vous: il me semble que i'entends sa petite prudence vous respondre; qu'elle a deux bras pour vous contenter également l'vn & l'autre, & qu'elle ayme papa pource qu'il ayme maman, & maman pource qu'elle ayme papa. Ie m'imagine de quelle ardeur vos yeux contemplerôt les vifs rayons que la santé r'allume en ce nouueau Soleil des siens : pour seruir de gages en leur riante lumiere, qu'vn orage qui s'en alloit desoler la fleur & le Printemps de vostre vie est passé. Mais combien de fois protesterez-vous en ce rauissement, que l'extréme douleur & l'extréme ioye du Monde consistent à estre mere? & quel soin incomparable, vn tel accident vous reueillera-t'il à la bonne nourriture de ceste enfant: vous ayant r'enflammé son amour, & faict sentir plus au vif que vous ne pouuiez sentir auparauant, iusques où elle vous touche & ce qu'elle vaut, pour l'auoir veuë sur le poinct de se perdre?

Or les Muses qui prennent en ce discours part à cét heureux succez, vous conuient aussi, Chrysante, de leur don ner part à ce soin: & vostre esprit est trop vif, & mesmes trop charmé de la beauté de ces Deesses, ainsi que vos vers nous ont appris, pour refuser d'appliquer à vne si chere fille, les dons & les ornemens qu'elles distribuent: nonobstant la barbarie du siecle qui les bannit de chez les dames. Barbarie l'appellay-ie, & la plus enorme & solemnelle des brutalitez, de vouloir que les femmes qui, sottes ou habilles qu'elles soient, gouuernent, non seulement les familles, mais ordinairement les hommes, demeurent au pire estat de ces deux. Ce n'est pas que ie desirasse vous conseiller de charger ceste teste d'vn embarras de Lettres scabreuses & inutiles au besoin des dames, & i'adiousteray, de la pluspart des hommes: la Poësie, l'Histoire & la Morale sont l'eslite des Sciences, & seules à mon gré propres à luy estre presentées. S'il est vray que le genre humain naisse à la suffisance & à l'équité, dequoy personne ne peut douter sainement: il est en suitte plus vray, que Nature les luy refuse, si l'institution n'y contribuë: & qu'elle-mesme ne le porte qu'à my-chemin de ces vertus, si l'instruction des meilleures Lettres ne s'y mesle, polissant, ranforçant & couronnant l'œuure. Quelles iniquitez, quelles sottises & bestialitez, voyons-nous faire chaque iour aux mieux éleuez mesmes en la commune institution, & faire, qui plus est à tous coups, par suffisance presomptiue; pour auoir manqué d'estre éclaircis & perfectionnez par ceste estude des Sciences Morales? Embrassez donc, belle Chrysante, ceste enfant d'vn bras, de l'autre les Muses ses heureuses nourrices: les ioignant ensemble d'vn nœud si estroit en vostre sein, que iamais elles ne se puissent separer. Ne doubtez point que ces Nymphes ne vous payent vn tres-glorieux & riche loyer d'vne si genereuse action. Car elles apprendront exactement à leur Disciple en premier lieu, ce qu'elle vous doibt par naissance & par estime. D'autre part elles imprimeront de telle façon vos merites dans son ame, qu'elles conuertiront ses qualitez aux vostres: c'est à dire, conuertiront par vne telle impression ceste enfant en vous, comme vn greffe, dont vostre image luy tiendra lieu, conuertit l'arbre en soy. Et con-

LES ADVIS. 295

sequemment feront florir ces mesmes merites en sa cognoissance & en sa memoire, aussi vifs & aussi entiers qu'ils sont chez vous mesme: pour doubler leur estre en quelque sorte, pendant que vous resterez au monde, & les vanger du trespas quand le Ciel vous appellera, soit par la voye d'vne si digne cognoissance & memoire qu'elle en nourrira perpetuellement, soit à l'aduenture par les beaux vers dont elle pourra les celebrer.

DES VERTVS VICIEVSES.

I le vulgaire nous trompe tant qu'il peut, nous auons en contrepoids l'esbat de ceste reuanche, qu'il n'est rien plus facile que de le tromper luy-mesme: & n'est pas merueille que cela soit, puis que la tromperie actiue & passiue procedent d'vne mesme imbecillité d'esprit, selon l'aduis de plusieurs sages. Il nous chante que la vertu n'a gueres de cours en ce siecle. Ie me plains de ce qu'elle en a beaucoup moins qu'il ne pense : & de ce que par faute de la cognoistre, & discerner seulement, d'vn œil sain, il manque à la faire croistre & fructifier, ie ne dis pas simplement en soy, mais encore en son prochain, ainsi qu'il le pourroit, à l'ayde de son approbation & de son applaudissement: & me plains par consequent, dequoy regardant le vice de ce mesme œil malade, il le mécognoist aussi, & par son ignorance le nourrit chez ses voisins & chez soy. I'adiousteray, qu'il suppose d'ailleurs & maintefois, le vice & la vertu chez soy-mesme & chez eux, quand ils n'y sont point: c'est à dire, prend pour vice & pour vertu soubs de faux masques d'opinion preoccupée, plusieurs actions qui ne sont nullemēt vicieuses ou vertueuses. Quittons ou differons ces considerations, qui seroient peut-estre icy de trop long discours, pour en toucher vne autre seule

leur cousine germaine, & sion de ceste mesme tige de la bestise vulgaire.

La raison humaine est équiuoque ou ambiguë en cent sortes par sa propre nature, & d'autre part les apparences qui tombent soubs elle, le sont autant ou plus: de façon que si elle échet mesmes en bonnes mains, elle ne peut viser iuste sans vne espece de miracle: ny tomber en ces bonnes mains, sur tout en nostre temps si pauure d'esprits releuez, que par quelque autre espece de miracle encores. Or l'vne des choses où la raison s'entretaille & se croise aussi mal à propos & frequemment parmy le vulgaire, c'est aux apparences ou faux iours de quelques vertus, que ie nomme vicieuses: non pas qu'elles ne soient vrayement vertus en effect, ou si mieux on ayme, actions vertueuses: mais parce qu'elles ont le vice pour racine: & partant elles font que ce commun du monde a tort, s'il baptise leur autheur du tiltre de vertueux: d'autant qu'il faut considerer, que si vn homme qui est vertueux à cette condition n'auoit point de vices, il n'auroit point de vertus: & que la seule intention peut iuger l'action. Ce sont des vertus que telles gens suiuent comme vne pente glissante, qu'ils auroient enfilée auant que sçauoir qu'elle fust vtile à suiure: & dans laquelle ils n'auroient peu s'abstenir ou refrener leur glissade, quand mesmes ils viendroient aprés à recognoistre qu'elle fust autre. Les Lacedemoniens furent grands maistres, & tres-pertinents, en la circõspection requise sur l'examen de ce poinct & chastiment de ceste illusion des fauces vertus; lors qu'ils refuserent prix à quelque signalé traict de vaillance d'vn de leurs citoyens: alleguãs, qu'il ne l'auoit faict que pour couurir la honte d'vne lascheté precedente: & renuoyans quitte à quitte ces deux effects considerez l'vn sur l'autre. Cependant, si l'on vouloit mettre au billon toutes les vaillances ou autres vertus, qui regardent vn autre but que le deuoir & ses diuerses parties; il se trouueroit fort peu de vaillans, & moins encores qu'on ne peut dire de partisans d'autres vertus, de quelque nature qu'elles soient: car il est certain que le desir de la gloire, le soin de la reputation, & l'appetit

petit de l'vtilité, se peuuent presques dire peres vniuersels de tout le bien qui se fait au Monde, sur tout aux siecles presens. Ce n'est pas toutesfois mon dessein de toucher le sujet de cette sorte d'illusions ou fauces causes de vertus, tant pour estre trop cogneu, que pource qu'il seroit inépuisable. Ie veux seulement traicter des vertus qui se trouuent fauces, non par le complot de leur maistre, comme sont celles qui visent à toutes ces fins de gloire & d'vtilité, mais par sa complexion : fauces, disie, ou pour mieux parler bastardes, en ce que ceste inclination ou complexion là, n'est pas celle qui les doit legitimement engendrer; puis qu'elle vise ailleurs qu'à elles, & qu'elle ne les produict que par accident : menant ce maistre au bien par vne fauce porte. Sans m'amuser à dire pour ceste heure, que celle mesme qui les doibt legitimement engendrer, pour estre de nature portée vers elles, & pour y viser de droict fil, ne les peut qualifier vertus elle seule: i'entends si le dessein de l'acteur ne la seconde en ses effects, par l'amour & le respect du deuoir, vniquement considerez alors qu'elle agit. Donnons cet exemple: tel est né charitable, courtois, ou vaillant, qui pouuant faire quelque action du genre des vertus qui luy donnent ces tiltres, à autre fin que la leur propre, n'en meritera pour ce coup loüange, ny de charité, ny de courtoisie, ny de vaillance.

La promptitude estourdie & colere est vn vice, la stupidité en est vn autre : & neantmoins il est vray qu'elles produisent toutes deux des effects infinis de valeur ou fortitude, l'vne par l'excez & chaleur de ses bouillons, l'autre par l'ignorance du peril : dont le Prouerbe est issu: Il frappe comme vn sot : & ceste maxime en est aussi née; que la vaillance & la prudence logent rarement en mesme giste : à raison que la prudence commande de craindre au peril, & la vaillance de s'asseurer. D'autre part i'ay veu des Iuges à qui leur netteté de mains, ou leur iustice inflexible aux sollicitations, ne pouuoient faire honneur, non plus que ces effets de vaillance à leurs maistres; quand on regardoit la dureté pesante & reuesche de leur naturel, aussi peu sensible

Pp

aux flatteuses passions de l'interest propre, dont on eut voulu tenter leur integrité en plaidant, (quoy qu'il soit peu de gens sourds de ceste oreille de l'interest propre) qu'ils estoient inaccessibles & stupides à la solicitation, supplication & pitié, bandées à flechir, si elles eussent peu, leur constance iuridique. Ce sont en vn mot des esprits qui seroient ailleurs aussi mousses au bon gain, qu'ils le sont icy au mauuais: & rebelles egalement aussi, contre la iuste & l'iniuste courtoisie ou commiseration. La rigueur de Sixte cinquiesme en plusieurs choses remissibles, flestrissoit aux yeux clair-voyans, vne partie du lustre de l'insigne & tres-vtile iustice qu'il apportoit aux choses irremissibles: & faisoit qu'vn grand Pape tel qu'il estoit certes, ne peust estre loué, sinon de faire ce qu'il falloit autrement qu'il ne falloit: suiuant en ces effects-là son humeur seuere, aussi chaudement, que l'équité. Comme aussi cognois-ie tels ou tels, en charge capable de s'enrichir à plein fond, s'il leur plaisoit de faire des affaires tortuës, qui ne peuuent estre prisez de ce qu'ils les reiettent: la gourde froideur des vns, le chagrin rechignant à son propre maistre, des autres; ne permettant pas qu'ils en facent aucune droicte pour leurs plus proches, ny quelquefois pour eux-mesmes. D'autre part quel triomphe de chasteté peut pretendre vne femme, qui par son ignorance ou sa pesanteur, ne cognoist, ny la qualité precise du vice qu'elle fuit, ny celle de la vertu qu'elle suit, ny les charmes ou le prix des obiects d'amour qui luy passent deuant les yeux? ou bien, qui par sa seuerité aygre ou ferrée, est hors d'eschelle pour la pluspart des autres passions humaines & tendres, aussi bien que de celle d'aymer? femme inuincible au mal, faut-il dire, pource qu'elle l'est au bien, & qui merite qu'on louë sa continence, & non pas elle. En vain au reste, pretend la gloire de liberal, celuy qui par sa mollesse ou sa nonchalance en ses affaires, ne sçait rien refuser: il sçait perdre, & non donner, selon l'aduis d'vn ancien: sçait en verité, des-obliger ceux ausquels il ne donne, non obliger ceux ausquels il donne. Mais non

LES ADVIS.

dens ou reiglez dispensateurs de bien, plusieurs autres, qui sçauent reietter les requestes iniustes, ou refuser les liberalitez indeuës, refusans à chaque bout de champ de mesme main, les requestes ou demandes iustes & les liberalitez deuës : soit en leurs affaires, soit en celles d'autruy qui leur sont commises. Ce sont ames qui cherissent les interests & hayent l'ordre: ames de qui les delices consistent à la peine & souffrance de leur prochain: & qui aymeroient mieux le trauailler auec leur tort & leur honte, que luy bien faire auec honneur & raison, ouy mesmes à pareilles conditions d'vtilité propre. Dauantage, combien iniustement sont reputez bons ou benins, des gens que l'on cognoist au Monde en quantité, qui honnorent & seruent, voire de bon cœur, vn amy present, le pleignent tendrement en son affliction, & pleurent presques auec luy: absent d'vne heure, non seulement l'oublient, mais le desseruent de parole, & quelquefois d'effect, à la rencontre du premier deuiseur, qui se plaira de faire vn conte, ou de l'ouyr : ou bien à l'abbord d'vn ennemy ou d'vn estourdy, qui leur donnera quelque mauuaise suasion ou conseil tortu contre l'absent. Ce ne sont donc pas leur raison, leur benignité, ny leur foy, qui soient persuadées les yeux ouuerts en faueur de cét amy, lors qu'ils le fauorisent: c'est leur impuissance & leur imbecillité qui sont vaincuës les yeux troubles, tantost par l'obiect de la pitié, tantost par l'agreable compagnie, tantost par la caiolerie ou par les prieres de ce mesme amy: de sorte que soudain qu'il a les espaules tournées, autres pareils ou voisins obiects sont capables aux occasions de faire reuolter leurs volontez: n'ayans autre exercice ny but aucun, que de se laisser vaincre à tous venans: sur l'exemple de ces chicanoux bas de poil, fameux en Rabelais, qui ne cherchent, ce dit-on, que l'heur & l'honneur d'estre battus. En verité s'ils pouuoient estre appellez bons, ie les appellerois bons vents, considerant leur humeur versatile & vagabonde: n'estoit qu'ils sont bien & mal quand on veut, & les bons vents ne sont iamais mal. Quelle feste en suite, pouuons-nous faire à la retenuë qu'apporte en ses paroles ce ta-

Pp ij

citurne melancholique, puisque ce luy seroit peine de parler veu son humeur? & qu'il faut pour estre vray retenu & meriter loüange de parleur discret, auoir la parole à commandement, & se plaire au deuis? De quelle estime aussi de franchise & de generosité honnorerons nous vn homme, qui ne flatte ou ne loüe iamais personne à tort, s'il ne sçait non plus loüer à droict, notamment en presence: & laisse consequemment passer à son nez, les vertus & les merites de plus digne recommandation, sans les saluër de ce doux applaudissement, qui sert de quelque recompense au bienfaire passé, & d'amorce au futur? Si c'estoit vne generosité veritable, qui le portast à s'abstenir de donner les loüanges fauces & viles, dont vse la flatterie aux bouches mondaines sur les choses blasmables, pour seruir à l'interest du flatteur, cette vertu delicroit sa voix de saueur sur les choses loüables: & faut soupçonner à ce comte, qu'il ne manque d'estre flatteur, que pource qu'il n'est pas accueillant ny affable. Quel gré peut receuoir, en outre, celuy dont la langue n'accuse nulle bonne action, quand elle n'en accuse nulle mauuaise, ie dis mesmes où elle pourroit accuser celle-cy sans peril de son maistre: & sans blesser ceste charité qui commande par fois de se taire sur le tort & sur la faute d'autruy? ceste langue se taisant par vne stupidité pure, ou par vn mespris du bien & du mal: ou bien, passant en silence les actions loüables, par enuie, & les blasmables par vne complaisance courtisane & seruile? Ou quel loyer merite la franchise de parler de cét autre, qui par contrepied du precedant, heurte les Grands mesmes en leur faute; s'il heurte aussi à toutes mains, tantost par orgueil, aigreur, ou vanité, tantost par inconsideration, les meilleures choses, & d'auantage, l'amitié, la parenté, l'humanité, & les plus loüables personnes? N'aymant point, comme il paroist, les bons ny leur bonté, puis qu'il les mal-meine, il ne peut consequemment hayr les mauuais, ny leur vice, quoy qu'il les choque: mais il ne peut demeurer dans les termes d'vne modestie benigne & sociable, & fuit de telle sorte la paix, qu'il s'en veut priuer en bauassant querelleusement, pour en priuer autruy: & ceste verue ou marotte de son humeur, ne peut durer sans s'agitter à tors & à trauers contre tous objects indifferemment. Non plus ne debuons-nous apres, louër celuy-là, de sa constance aux bonnes actions, s'il est opiniastre aux mauuaises: ce n'est pas le bien qu'il suyt, c'est sa route & soy-mesme: égallement incapable qu'il est, de refrener sa course, & de faire valoir ou iustifier, ny mesmes de conceuoir nettement en son esprit, la raison pourquoy il tient ce chemin. Qu'ainsi ne soit, ceste braue constance d'Attilius Regulus, ceste ardente foy & charité vers sa patrie, & ceste legalité vers ses ennemis mesmes, rauissent mon cœur: mais ie me reuolte à demy, lors que portant mes yeux sur toutes les circonstances de son illustre action, ie le voy destourner son visage pour refuser le tendre baiser de sa dolente espouse, & encore alleguant, qu'elle se fust profanée d'embrasser vn esclaue. Vne telle dureté, vne si piteuse, ou plustost iniurieuse & criminelle excuse, par laquelle il mettoit la fortune, qui l'auoit rendu captif, en possession de dégrader la vertu dont il reluisoit, surpassent ma patience. Elles me font imaginer, qu'il auoit peut-estre autant d'impuissance contre soy-mesme, que de puissance ou de vigueur contre les Carthaginois: & que la seuerité de son esprit inflexible en l'excez d'vne vertu zelée & pathetique, prenoit à l'aduenture autant de part à son glorieux dessein, de retourner se perdre en leurs mains, que son discours de raison : auoit, diray-ie, des ressorts & des contrepoids si puissants pour suiure la pente qu'elle auoit prise, que son maistre propre ne la pouuoit pas arrester, ny moderer au besoin. Mais au demeurant, quel vray tiltre de fidelle garde du secret peut obtenir celuy, qui manque de la benignité d'vne humeur communicatiue: en sorte qu'il ne prédroit pas plaisir de se seoir teste à teste pour en conter à quelque familier, ny n'a peine consequemment à se taire? Il faict chose bonne & louable en se taisant, mais en laquelle il apporte toutesfois trop peu du sien pour en tirer gloire: & comme il seroit plus coulpable & plus blasmable qu'vn autre en parlant, il est moins prisable en s'abstenant de parler. Quel nom aussi de ceruelle rassise ou prudente, pretendra par son proceder exempt de precipitation, ce paresseux que trois coups de fourche n'éueilleroient point? Le rassis & prudent est celuy qui refrene où besoin est, auec quelque effort, sa viuacité vigoureuse & actiue, de peur qu'elle ne vole trop en auant ou trop viste: & qui n'est iamais en peine d'ayguillonner ou de traisner pour faire qu'elle se haste, le fardeau d'vne pesanteur qui demeure & croupit en arriere, comme il fait chez cét autre-là. Ce retenu fameux, ce Fabius Maximus, sans l'iniurier par la comparaison du pesant qui precede son article, sauua la Republique des Romains par sa retenuë: & la pensa perdre aussi, lors qu'il s'opposa fermement au passage de Scipion en Afrique, suiuant le cours de ses inclinations dilayantes, sans égard aux raisons d'exception.

Finalement, comme nous auons commencé par les vices, source de vertu, acheuons par les vertus, source de vice. Les qualitez de Marius & de Cesar, qui furent propres à ruyner Iugurtha, fin, puissant, entre les deserts & les serpens, propres encores à domter en huict ans la Gaule, & faire tant d'autres miracles, furent celles-mesmes aussi, qui se trouuerent commodes à saper apres la Republique Romaine. L'ambition seule de ceste couple, comme il parut par vne si vilaine suyte, seruant d'ayguillon à ceste haute vaillance, conduicte, vigilance, sobrieté, diligence, & à ce labeur inuincible, dont l'vn & l'autre surpassoient le genre humain, particulierement Cesar; autant de coups qu'ils ruoient sur les ennemis en tous ces gestes illustres, autant de fois il falloit que ceste pauure patrie criast au meurtre, d'autant qu'on la meurtrissoit par prouision: & n'auoit qu'à mesurer la profondeur de ses futures ruynes, & des excez & impietez qu'elle debuoit souffrir vn iour de ces deux hommes, sur le pied de leurs vertus. Detestable ambition: miserable ambitieux! es-tu plus criminel ou plus foible faut-il crucifier ou lier? puis que tes obiects à les bien prendre, ne sont que du vent & de la fumée, qu'il faut neantmoins achepter au prix d'vne perte de l'innocence & du repos, & que quand ils seroient solides, la chetiue & fresle vie sur laquelle nous nous fondons, les frape de son venin, c'est à dire, les entraine à neant auec elle ; n'es-tu pas vrayment forcené de faire & de receuoir tant de maux, pour acquerir des biens qui te fuyent si facillement & si certainement? Tu prends grand peine à farder & parer ta main, tandis que la gangrene deuore ton bras. Combien te moquerois-tu de celuy qui estant comme toy condamné à mourir, s'alambiqueroit l'esprit de soins sicureux & cuysans, à recouurer & à dresser vn appareil de broderies, de poinct coupé, de bijoux & de suite, dont il eust à piaffer allant au suplice de mort? La difference de toy à luy ne consiste pourtant qu'en ce seul poinct, que tu as vn leger respit & luy non : mais quel respit cependant, puis qu'il est incertain à quelle heure Dieu nous appelle? O sot si tu ne cognois que tu es en pareille condition, qu'vn certain prisonnier de qualité criminel ; & ne portes ta pensée & ta langue en mesmes termes du mespris de ta personne ; des Grandeurs, de l'esclat & des pompes de la vie, que luy : qui comme vn chirurgien l'allast voir vn iour pour luy faire le poil & la barbe: Retourne-t'en mon amy, dit-il, le Roy plaide ma teste contre moy, ie n'y veux faire aucune despanse que le procez ne soit vidé. Le bon est que le Roy gaigna sa cause contre cetuy-là : comme fera contre toy ce grand Roy de l'Vniuers. Pour conclure ce Traicté, quiconque retrancheroit de l'homme toutes les vertus qu'il practique par force, par interest, par hazard & par inaduertance, soubs qui ie range l'inclination, l'auroit logé plus pres des bestes que ie n'ose dire.

DES RYMES.

IE juge auec les Essais, que la bonne ryme ne faict pas le bon Poeme: toutefois parce qu'elle y tient lieu de necessité pour nous, ouy mesmes d'ornement non mesprisable, ie ne dédaigneray pas d'en dire ma ratelée. Mon aduis est donc qu'on la prise & l'obserue, pourueu qu'on sçache, qu'il y faut garder religion & non superstition; & que premierement on cognoisse pertinemment les limites de ses droicts. Ie ne secouëray neantmoins qu'vne de ses branches, soit par mon impuissance ou par ma paresse: & la secouëray afin d'esclaircir à mon pouuoir des gens d'honneur que ie voy broncher en cét endroict, tantost en escriuant, tantost en iugeant: bien qu'ils blasment auec moy hors de là, toutes les prodigieuses exceptions de nos Poetes du nouueau iargon, desquelles cét article fait part.

Il est constant, soit par le discours, soit par la practique, que la ryme est faicte, non pour l'œil, mais pour l'oreille: & que partant, de quelque sorte & difference qu'vne double terminaison soit ortographiée, elle est bonne à coupler en ryme, si l'oreille y consent. Qui nous meut donc, de reietter l'accouplement de *main* & *chemin*, *sain* & *medecin*, vn homme *vain* & du *vin*, *hautain* & *butin*, & tous leurs semblables? Ceux qui disent qu'vne partie de la France prononce ces syllabes diuersement, ignorent-ils, que nous autres purs François deuons detordre & redresser, non pas suiure les barragouïns? & que la seule parcelle de nos labeurs, qui leur peut appliquer vn chastiment en la prononciation, c'est la ryme? Sçauent-ils pas, certes, que le nœud de la question en cela, pour des gens considerez, git seulement à sçauoir si ces dictions se prononcent vniformément, non pas

LES ADVIS.

en Picardie, en Vandofmois, en Auuergne, en Anjou, mais à Paris & à la Cour; c'eſt à dire en France: pource qu'vn Eſcriuain ne doit pas eſtre le Poëete Angeuin, Auuergnac, Vandofmois, ou Picard, ainſi du reſte, ouy bien le Poete François. Et quiconque ſoit le nourriſſon de ces Prouinces-là ou d'autres, qui ſe plainct comme d'abus, s'il trouue de telles rymes au cœur de la France, reſſemble la pauure folle aueugle de chez Seneque, qui crioit éperduement, qu'on la tiraſt de ceſte maiſon obſcure, attribuant au lieu le deffaut de ſes yeux. Puis comme le vray n'a qu'vn viſage, & le menſonge en a cent, la peine des rimeurs qui ſe veulent accommoder aux prononciations barbares eſt perduë: à raiſon qu'elles ſont bigarrées par tous les cantons de la France: dont il arriue que les perſonnes qui s'efforcent à cela, perdent en quittans la bonne ryme, & ne ſçachans par où prendre l'autre: outre qu'ils doiuent conſiderer, que ce ne ſont iamais les honneſtes gens & biens nourris de ces pays barragouïns, qui prononcent mal, & que l'on n'eſcrit pas pour les autres. Quoy donc, ne rymerons-nous plus *carroſſe* & *croſſe* contre *nopce*, pource que les Picards vulgaires diſent *neuche*? ny ne rymerons *mange* & pluſieurs autres verbes, auec *change* & maints autres; à cauſe qu'ils prononcent ce premier par *e*, l'autre par *a*, bien qu'ils ſoient vniformes en ortographe, comme ils le ſont au cœur de la France en prononciation? Mais que ſert d'alleguer la ryme de ces mots & de ces verbes, ou d'infinis autres, pour hargneuſe, lors qu'elle tombe ſur les langues vulgaires de ces quartiers-là, ou de pluſieurs autres Prouinces; puis qu'autant le ſont encore mille & mille rymes des plus ordinaires, notamment celle d'*aire*, & *ere*, auſſi bien receuë toutesfois iuſques icy de ces nouueaux Poetes, que de nous? Ie ne puis oublier en ce lieu, qu'vn Gentilhomme eſtimé de toute la Cour, me contoit plaiſamment; qu'en vne ryme qu'il a faite d'*eſpace* & d'*efface*, les Normands le querellent, ſur ce qu'ils pretendent qu'eſpace à la penultiéme plus lõgue qu'efface, & n'ont pas tort: les Angeuins ou Manceaux le harcellent auſſi de leur coſté, ſur l'enuers de ceſte medaille. Accordez ces flu stes. Quant à ceux qui maintiennent, que ces syllabes de *main* & *chemin*, & leurs sœurs alleguées, portent quelque dissonnance de prononciation entre les purs François mesmes, parce qu'ils la luy font, (l'ayans neantmoins apprise hors du vray sein de la France, ou de leur propre caprice pedentesque, d'autant qu'on y void vne disparité d'ortographe) ne se mocquent-ils pas en le disant? C'est vne question de faict: si donc tout Paris, Princes, Princesses, Conseil, Caualiers, dames, & la Cour toute entiere en somme, si Tours & Orleans encores, qu'on repute les sœurs de Paris pour la pureté de langage, la peuuent vider, c'est grande erreur de la laisser indecise. Et combien plus grande erreur est-ce, de la resoudre à contrepoil parmy tant de tesmoins irreprochables, & non interrogez cependant? Il n'y a homme, femme, enfant, ny pie, au moins d'honneste maison & de nourriture polie en tous ces lieux-là, qui n'ayt tousiours prononcé ces syllabes d'vne tres-constante vniformité: ou qui iamais ayt peu souffrir qu'vn autre les prononceast auec le moindre discord, sans dédain & piqueure de l'oreille. Ie dis d'honneste maison & de nourriture polie: car du Peuple nous ne le mettons point en comte, pour la prononciation, quoy que celuy de Paris consente en gros à celle dont il s'agit: ie ne sçay ce que sait celuy de ces autres deux Villes. Ainsi la prononciation prime & delicate fait à tout prix, de ce *main* vn *min*, & de ce *sain* & *vain* vn *sin* & *vin*, les plus secs qu'elle peut. Et Dieu sçait si i'oserois en dire mon aduis, & soustenir que c'est bien parler, au cas qu'il fallust vn aduocat pour authoriser l'vsage: moy qui me fais appeller dame Sapience en la cabale de prononcer. Cét vsage est si generalement clair, que les correcteurs de ces rymes le trouueront où & quand il leur plaira: & s'il ne leur plaist de le chercher, ie n'en puis mais. Ce poinct vidé, peut-on doubter de l'innocence de telles rymes? ou nous les peut-on deffendre, veu mesmes qu'à faute d'elles, il faut apparier souuent des syllabes dispareilles & clochantes: côme, *certain* & *sein* auec *main*: voire, *vin* auec *satin*: ainsi du reste? N'est-ce pas verifier ce mot; qu'il y a plus de peine à mal faire qu'à bien faire?

LES ADVIS.

& deshonnorer pour sterile de rymes, & partant de mots, nostre langue qui desormais en est plantureuse?

Mais ce dit quelqu'vn, Ronsard, du Bellay ny Des-Portes, n'ont pas vsé de ceste façon de rymer: les seuls Parisiens accouplent ces terminaisons, dont elles ont pris nom de rymes de Paris, entre ceux qui les reprochent. Cela conclud pour moy. Car si les Parisiens s'en seruent, certainement elles sont rymes Françoises, fines & delicieuses: Paris estant l'escole du langage & des accents : & consequemment ses nourrissons, iustes exemplaires & censeurs des autres Peuples en telles matieres. Or ce ne seroit pas merueille, que Ronsard, du Bellay & Des-Portes, bien qu'excellens ailleurs, eussent par contagion d'accoustumance & de cru, pris de ieunesse vne si forte habitude à prononcer largement en *main* & *vain*, &c. ceste diphtongue *ai*, qu'ils n'en eussent iamais sçeu depuis corriger le vice, ny peu croire qu'il se deust corriger: soit par repugnance opiniastre & reuesche de leur langue, ou par nonchalance d'enqueste. Quelque vice de Nation de telle sorte, se void tous les iours parmy les honnestes gens : ouy mesmes vn seul ou deux ancrez & fixes, chez ceux qui en auront estrangé cent autres de leur langage. Et n'est aucune merueille aussi, que Ronsard & du Bellay surtous, n'ayent peu gouster les rymes dont nous parlons: leur contrée natale y apportant vne auersion extréme, & l'oreille de tous deux s'estant assourdie en ieunesse, de façon qu'elle n'a peu conceuoir les corrections de nostre climat: ny merueille encores, que les autres Poetes ayent fait impertinemment le saut de mouton apres eux : n'osans choquer leur vsage, ou le prenans pour reigle, sans considerer sa cause.

Apres auoir esclaircy que la ryme ne s'enquiert par raison, ny de diphtongue, ny de voyelle simple, s'il vient à poinct de les marier ensemble, mais qu'elle s'interesse de la seule prononciation, que i'ay prouuée du tout fauorable à nostre dessein; voyons si la coustume en general est plus contraire à les accoupler. Considerons veux-je dire, si ces trois Poetes n'agueres nommez, le Cardinal du Perron auec eux, & auec luy monsieur Bertault Euesque de Sées, ces deux fort religieux & des plus francs de licence; ryment pas à tous coups, de la chair & cher: où l'on remarquera, non seulement diphtongue contre voyelle, mais discordance de prononciation, presques en tous les quartiers de la France, hors Paris & la Cour. Voyons s'ils ryment pas aussi sœur & seur, choisis & Zeuxis, entassé essay, voix dissonnantes en ces deux lieux mesmes, outre ceste autre pretenduë enclotieure de diphtongue contre voyelle. Ils ryment de plus, parapets & paix, sommets promets & iamais, issu deceu, deu espandu, raiz & forests, naist & l'est, & plusieurs autres diphtongues contre les voyelles: ou pour mieux dire les ryment toutes, sauf celles sur lesquelles i'ay fondé ce Chapitre: ce que i'allegue sans reproche, car moy-mesme ne serois aucun scrupule de les imiter en cela sur les occasions: au-moins en tout ce que les oreilles de Paris & de la Cour peuuent aduouër & rendre legitime. Or cela n'est-il pas sinet, que les partisans de la nouuelle Poesie receuans iusques icy toutes les rymes de diphtongues contre voyelles, & entr'elles la plusieurs des precedentes, comme l'est & plaict, sommets iamais, rays forests, parapets paix; reietteroient magistralement, deu espandu, issu deceu: & en suitte, i'ay miré i'admiray, sots tressaults, i'ay presté i'arrestay, auec toute leur sequelle? Au surplus, ie n'ay point verifié nettement, si Ronsard, du Bellay & Des-Portes, manquent du tout de nos rymes de *main* & *chemin*, auec leur suitte alleguée au commencement de ce Traicté, comme ces deux Prelats en manquent, blessez aussi du vice de leur terroir, & peut estre d'imitation de ces trois premiers: & quand Ronsard, du Bellay & Des-Portes en manqueroient, encores pourroit-ce estre de hazard. Mais s'ils les renoncent de guet à pends: quelle maladie d'esprit est-ce à Ronsard, ie vous prie, quelle humeur retrograde, quelque deffaut de son terroir qu'il y ayt; de penser faire le modeste ou l'abstinent, pour fuir à rymer *main* & *min*, *sain* & *cin*, & semblables, luy qui ryme à bride aualée, non seulement sœur & seur, comme il est dit, mais aussi, Ocean ancien, œillets nouuellets, bleu esleu, œuure de cœuure, Europe croupe, compagne dédaigne, émail vermeil, enferme & charme, ouailles oreilles: plus, santine & digne, grief clef & nef, Paris & perils: Soleil & dueil; ou vn équiualent: teste & celeste, & leurs semblables: deu & feu, Landry mary, tu es immortels, abortifs inutils, nuict & lict: sans plusieurs autres, que i'obmets pour abreger? Est-ce la prononciation du Vandosmois, qui luy permettoit ces rymes, plustost que les nostres mentionnées? & diriez-vous pas à voir ce qu'il accepte comme dessus, & ce qu'il fuit, s'il fuit ces rymes-cy; que la loy de rymer est tousiours bonne à son goust, pourueu qu'elle reiette l'acord & la symphonie de la prononciation? Aussi facilement me susse-ie passée, d'vser des rymes de *main* & *min, tain* & *tin*, & de leurs compagnes, comme de toutes ces autres que ie viens d'enfiler; si ie n'eusse creu deuoir fuir le mauuais exemple, & donner le bon autant qu'il est en mon foible pouuoir: leuant le sot bandeau d'vne aueugle coustume, lequel ie guerroye par tout ailleurs à feu & à sang: pource qu'il est certain comme ie disois tantost que nous deuons correction à l'erreur. Or qu'il ne soit vray, que le seul interest d'exemple & de raison me touche en cecy; dequoy me peuuent soulager trois ou quatre de ces rymes au plus, en autant de milliers de vers pour le moins? Ie ne dis point ces choses pour censurer en Ronsard, ou autres, telles dispences de rymer, que celles que ie viens de marquer icy, car ie les patiente benignement: puis que la ryme n'est pas de l'esence d'vn Poëme, ains seulement vn pan de sa robe. Ie le dis sans plus, afin de rembarrer leur inégalité insupportable, de rebutter par suffisance modeste de dancer en pourpoinct, pour dancer apres en chemise: au cas, disie derechef, qu'ils soient du tout vides de nos rymes dont il est question, & vides de guet à pends, tandis qu'ils employent ces autres. Ce que ie recite de Ronsard pour les licences, ie le recite en gros de du Bellay, non moins vsurpateur de telles rymes: outre son aueuglé sommeillé, compagnie infinie, chere coustumiere, Latine digne, Guyse acquise, & quoy non? Des-Portes plus retenu que ces deux, a'pourtant sa part aux moins émancipées de ces libertez de rymer: tesmoins, vie ennuye, fuye chastie, ou leurs pairs, couchez dix fois: d'auantage, vire & nuire, & leurs pareils, employez, vingt autres fois: & souuent aussi, benigne & fine, suiue & craintiue, i'endure heure, mesures heures: finalement, diminuë & queuë. Qu'on ne me reparte point, que ces especes de rymes ont esté mises en œuure par eux, pour licences, & que les licences appartiennent aux grands Poetes, tels qu'ils estoient certes: car ils vsent trop souuent de la pluspart d'elles, & leurs escoliers en ont vsé trop hardiment apres eux, pour vouloir qu'on croye qu'ils daignassent estre licentieux aussi frequemment : parquoy i'estime qu'ils les tenoient pour bonnes, ou non mauuaises au pis aller. Puis s'ils les prenoient pour licences, pourquoy n'ont-ils daigné receuoir, main & chemin, sain & cin, &c. pour vne de leurs licences aussi? ou quel vice de terroir & quelle excuse de leur surdité, les pouuoit authoriser, de trouuer ces couples plus mal assorties, que d'autres que i'ay nottées cy-deuant? Ainsi l'opinion fauorable que i'ay de si dignes esprits, ne me sçauroit permettre de fermer ce Chapitre, qu'auec ceste conclusion; que ie ne puis franchement croire, qu'ils ayent à dessein manqué de coucher, ces mesmes couples qu rymes en leurs Oeuures, s'ils y ont manqué.

DES GRIMACES MONDAINES.

'Allegueray ma sentence propre à ce besoin, pour dire, que i'admirois par occasion en quelque lieu de mes chetifs Escrits, comme ordinairement ceux de nostre siecle qui sont esleuez aux honneurs & aux faueurs, en sont, non seulement enyurez au dedans par foiblesse: mais encores par dessein exprez, & par suffisance affectée, s'enyurent & se difforment au dehors. I'ad-

mirois leur rebut de toutes amitiez anciennes & nouuelles, soit de merite ou d'obligation, si les rentes & les grades ne les assistent: tenans à reproche qu'on creust, qu'ils sçeussent familiariser vn amy dénué de telles choses, bien qu'en leur cœur ils le prisassent, & peussent auoir besoin de sa familiarité. N'ay-ie pas eu raison aussi de les auoir nommez au mesme lieu, valets de farce, & serfs, non seulement de leur propre fadaise, mais aussi de celle du tiers & du quart, leurs égaux en fortune, qui les entraisnent par exemple à tel excez qu'ils veulent de ces friuoleries & desordres de mœurs? Pareils aux montres des horloges, qui n'ont autre mouuement que celuy qu'on leur donne. Et tant plus malheureux sont-ils, de ce qu'ayans acquis reputation & pouuoir, il leur seroit plus libre de choisir & de practiquer la plus saine & legitime façon de viure, qu'à ceux qui pour estre encores en queste de tels aduantages, sont forcez de se reigler au modelle du temps qui court, afin de les acquerir: d'autant que leur acquest depend en bonne partie de l'approbation du monde. Sans doute s'ils estoient plus habiles gens que Magistrats, ou comment que ce soit esleuez de grades ou de dignités leur raison voudroit, non pas receuoir la loy de leurs qualitez, mais la leur donner, pour maintenir au milieu d'elles leurs hostes en reglement. Et afin que ce reglement parust en l'exterieur, tel qu'il seroit en l'interieur, elle voudroit fleschir & matter sous son ioug de prudence, l'imaginaire obligation des exceptions affectées, ceremonies & grimaces fanfaronnes de ces grades & qualitez-là: retranchant toutes ces simagrées, & tout ce jargon de l'esprit de suffisance, sauf la part necessaire que le public y prend, quand ces gens font leur office. Fascheux esprits, de preferer à l'essence & au fruict des choses la forme de les faire, & encore apres auoir moulé ceste forme sur la fantaisie d'vne foire ou d'vn marché: car i'appelle ainsi ceste foule vulgaire, de qui l'approbation leur sert de mire vnique. Et si ces gens enyurez en la complaisance de leur fortune, se consolent d'vn tel reproche par copagnie, ils n'ont pas au-moins ce contentement, dont le desir est inseparable d'vne ame bien & richement née, c'est de tirer son estime hors de la foule, & mesmes hors du pair s'il est possible: & si n'ont pas aussi l'honneur, qu'vn plus habile homme que ces compagnons de leur fadaise, soubs l'exemple desquels ils se couurent, les tienne pour esprits de consequence: voire, ny manque de se mocquer d'eux, les reputant pour des idoles, & rien plus. Mais apres auoir represanté leurs mœurs, & consequemment exprimé par antithese, quelles doiuent estre en cas pareil, celles des honnestes gens & solides, tout cela pour l'interest que l'Estat prend aux sagesses & aux folies de ceux qui remplissent les charges, puissances & dignitez; ie vais adiouster icy le Colosse farcesque de Ronsard, pour voir s'il sera la peincture de ces messieurs les illustres, ou s'ils feront la sienne.

L'homme puissant, & de mœurs inutiles,
Semble vn Colosse attaché de cheuilles
Ferré de gonds, de barres & de cloux:
Par le visage il souffle de courroux,
Representant Iupiter ou Neptune,
Sa braue enfleure estonne la commune,
D'or enrichie, & d'azur par dehors.
Mais quand on void le dedans du grand corps
N'estre que plastre & qu'argile paistrie,
Alors chacun cognoist la mocquerie
Et desormais le Colosse pipeur,
Par son aspect au vulgaire faict peur :
Sans estonner l'esprit de l'homme sage,
Qui d'vn hochet mesprise cét ouurage.

Plus, il appelle ce mesme homme friuole ou grimacier, & puissant ensemble.

Vn Marmouset ionflu, dont le chef aposté
Semble porter le faix d'vn grand plancher voûté:
Et ne fait que la mine, affreux a'ouuerte gueule:
La voûte de son poids se porte toute seule.

DES DIMINVTIFS
FRANCOIS.

SI Xenocrates ce graue Philosophe, ne dedaigna point de rechercher sans besoin, iusques à quel nombre de syllabes pouuoit monter l'assemblage des lettres de l'Alphabet, ny Pontanus de faire vn Liure entier de la seule aspiration ah! pourquoy mépriserois-ie de nombrer en l'estenduë d'vne feuille, les Diminutifs vsitez en nostre langue? Tant moins certes le dois-ie mépriser, de ce que ie suis portee d'vne necessité de les maintenir, par le respect de la reputation de tous les Poetes excellans de la France, nos tres-honnorez maistres, qui les ont cheris, respect aussi de leur quantité & de leur ancien & commode vsage, contre aucuns qui les veulent quereller auiourd'huy : pretendans que ces façons de parler soient impertinantes, & que ces Ouuriers celebres qu'ils brocardent à plaisir, ne les ayent employées que pour ayder & aiuster leurs Rymes: lasches! qui font trophée de trouuer sans ayde vne chose de si facile queste, que l'addresse de rymer des vers! Mais quel grand secours a rencontré Ronsard aux Diminutifs en rymant, luy qui dans cette forest immense de son tome, les a faict tomber cinq ou six fois seulement en la cadance des rymes? ou Monsieur le Cardinal du Perron, qui parmy la foule de plus de six mille vers a rymé vne fois sur arbrisseaux, l'autrefois sur mains tendrelettes? ou moy, sans comparaison, qui sur vn nombre peu moindre, ay faict deux ou trois seules fois, quadrer ma ryme sur la terminaison diminutiue? Nostradamus cependant pourra deuiner, si ces gens-là croyent retrancher peu de chose en cet article des Diminutifs, n'aperceuans pas soubs le voile d'vne longue accoustumance de les pronon-

cer sans les considerer, qu'ils occupent vn quart du langage
François: & deuinera s'il luy plaist encores, si ces mesmes
personnes cognoissent leur estenduë & leur consequence,
& neantmoins se piquent à les estouffer par auctorité souueraine, comme tant d'autres pieces de nostre langage.
Veritablemẽt ils se deuroient contenter de cette impudẽce,
qui ne tomba iamais en la teste d'aucun autre auant eux, de
vouloir tronquer par cy, par là, deux ou trois cents mots de
la langue, sans passer iusques à telle manye que de pretendre outre cela de luy retrancher des membres entiers : &
non seulement les petits ou les doigts, comme la moitié des
aduerbes, des conionctions, des prepositions, &c. mais encore vn bras ou vne iambe, comme cette ample masse des
Diminutifs: lesquels n'ayans iamais deffailly à langue aucune morte ny viuante, montrent assez de quelle necessité
precise ils sont fondez, & qu'ils sont nez auec les hommes.
Cela n'est-ce pas se moquer? n'est-ce pas fouler aux pieds la
Loy des gens? disons plus, la Loy de Nature, la vie n'estant
pas plus naturelle à l'homme que la parolle, portée aussi
loin que la dexterité, la grace & le besoin du parlant se peuuent estendre?

   De les representer tous & montrer combien de choses
employẽt & font sonner égallement le primitif & le Diminutif, ce labeur sembleroit facheux par sa longueur : car en
somme tous les mots dont la terminaison a peu commode-
ment porter le Diminutif, ne l'ont point refusé. Montrons
seulement par quelque quantité d'exemples, quel meurtre
il faudroit commettre en nostre lãgue pour la sevrer de telles façons de parler: tandis que leur douceur bien sonnante
& leur faculté d'abreger, obmettant pour ce coup leurs autres aduantages, feront voir d'autrepart, que si elles n'e-
stoient venuës il les faudroit aller querir, ainsi que toutes
les Nations les ont amenées chez elles auec faueur, s'il n'est
assez dit : dont aussi ces Docteurs qui les desauorisent n'alleguent, suiuant leur mode, autre raison de cette deffaueur, que leur bon plaisir. Ouy mesmes ces graues Latins
ont inuenté les Diminutifs doubles, *blandulus blandiculus*,

ocellus ocellulus. Que si leurs Poëtes se sont à l'aduenture reseruez ces doubles Diminutifs, du moins le Prince de leurs Orateurs n'a-t'il point espargné en ses plus serieux Escrits, *pulchellus puer, pulchelli, ut pulchellæ sunt, belluli, assentatiuncula, adolescentulus*: ny de repeter infinies fois le cher nom de sa *Tulliola*, si cherie. Il me suffira de l'alleguer à ce coup pour tout l'Empire Romain : encore que cét autre grand Ouurier Quinctilien, vse librement de ces manieres de parler, iusques à coucher en mesme page, celebrant l'esprit de son fils deffunct, *igniculi & flosculi*: & que leur Ville Reine de l'Vniuers, appelast *Corculum* par excellence, Scipion Nasica. Les ennemis de ces voix diminutiues alleguent, qu'elles n'ont pas mesme grace en François qu'en Latin: ce qu'on leur nie bien fort, pourueu qu'ils se daignent abstenir d'vne coustume qu'ils ont espousée, de nous vouloir obliger auec eux, de raser vne Abbaye pour vn Moyne. C'est à dire qu'encore que nous accordions, que *feuës* & *gayes* pour exemple, n'auroient pas mesme bien seance ou aggrement de prononciation en François, qu'en Latin, à tenir lieu des Diminutifs, de feu & de gay, à cause des trois voyelles qui se rencontrent en fin de ces deux mots: il ne faut pas conclurre pourtant, que fleurette, bellote, grassette, & mille autres, ne sonnent aussi doux à l'oreille que *flosculus, pulchella, succiplenula*. Et puis les Latins en fin, pour auoir vne dizaine de Diminutifs hors nostre vsage, nous peuuent-ils enuier cette piece, non plus que nous à eux, à cause que nous en trouuerions autant en France hors du leur ?

Apres tout, ie n'ignore pas de quelle ioyeuseté ces nouueaux correcteurs de langage & certains esprits leurs emissaires, ont traicté ce Chapitre par mer & par terre. Les vns ont publié que i'inuentois vne partie de mes Diminutifs : & ie leur offre vne gageure de ma quenouille contre l'honneur de leurs bonnes graces, si ie ne leur fay voir leur bec iaune en ce point-là par bons témoins, quant il leur plaira de le permettre : & si ie ne leur prouue encore, que ie ne pris mais de leur balourdise, qui ne cognoist que la moitié d'vne langue en laquelle ils babillent iour & nuiɛ̄t. Les autres m'ont drapée de ce que mon loisir s'amusoit à si peu de cas: appellans peu de cas pour l'homme, si telles sottises meritent responce, la cognoissance des choses dont il vse tous les iours, & par lesquelles il montre la differance d'entre luy & les bestes, & d'entre luy-mesme & ses compagnons, ainsi nommé-ie, le langage & ses circonstances. Iules Cæsar, ce dit Suetone, auoit faict vn Liure d'vne des moindres parties de la Grammaire, l'Analogie : & ces deux grandes lumieres des Lettres Varro & S. Augustin, s'estoient amplement esbattus aussi sur diuerses matieres Grammaticalles. Quiconque scaura de plus illustres exemples du rebut de cette marchandise, que ceux-cy ne le sont de son estime & faueur, me fera plaisir de m'en donner aduis. Quand nous leur accorderons neantmoins, que nostre suiet present soit peu de chose & la plus basse de toutes; cettuy-là n'est-il pas desia raualé plus bas que la bassesse, & ne doibt-il pas estre reputé son esclaue, qui n'ose descendre bas quand il luy plaist? D'autres encore n'ont peu souffrir en mon Liure la quantité ramassée de ces mots: qui comme ils auroient grace chacun à part, representent de vray quelque son fantasque par leur assemblage & par leur foule. Mais certainement, puis que toutes sortes de dictions ainsi recueillies en bloc, tomberoient au mesme inconuenient; si le plaisant reproche qu'on me faict en cecy a lieu, il ne faut plus escrire de Dictionnaires, ny aucun Liure de Grammaire : & c'est merueille que les autres Escrits de ce genre-là, particulierement sur les Diminutifs, comme ie feray voir à cette heure, n'ayent peu reueiller, iusques icy, la sapience critique de ces persones: & que le mien seul leur aye appris, que le bel esprit n'estoit pas encore arriué chez eux, quand ils les traictoient de silence par le passé. Dauantage ces discoureurs sont plaisans, alors qu'ils veulent que ie fraude mon entreprise, de contredire par preuues actuelles cét attentat qui pense faire accroire à nostre langue natalle, qu'elle ne porte point de Diminutifs legitimes, faisans vne farce du parleur & de l'Escriuain qui les employent, comme de quelques barbares, & que ie manque de plus à les esclaircir eux-mesmes, quelle est la condition & l'estenduë de l'instrument principal du commerce de la vie humaine, i'appelle ainsi pour chaqu'vn le dialecte de sa Patrie: tout cela, vrayment, pour ne tomber en cét accessoire, de leur presanter dans vn gros Liure 8 ou 10 pages mal pignees: mesmement ayant assez faict voir en autre lieu, que ie puis meriter qu'on me lise auec quelque satisfaction: leur bestise me force de tenir ce propos contre ma coustume. Nostre Musique n'oseroit-elle quitter le hault ton par fois? Nous faudra-t'il attisser encores les pieds d'vne dame d'vne moisson de perles, d'vne ondée de frisons, & des fleurs exquises du blanc & du vermillon d'Espagne; pource que nous en ajoustions sa teste & son visage? ou ses pieds auront-ils meilleure grace auec tels attours, que dans vne simple paire de patins? Les Liures comme les dames ont des pieds: c'est à dire des parties qui ne sont faictes que pour assister, suyure & seruir les autres: nos Diminutifs sont de ce genre. Ie deuois cotter; disent-ils, cinq ou six Diminutifs de châque espece & rien plus, pour éuiter d'estre importune. Mais bon Dieu le gentil conseil & le bruit qu'ont faict ces niaiseries me pourra-t'il rendre excusable si ie les daigne releuer? Le gentil conseil, ie vous prie, de manquer à prouuer mon dire pour diaprer & polir mon ouurage, qui n'est pas ourdy ny designé pour persuader, pour instruire, pour delecter, ny en vn mot pour faire le suffisant ou l'aggreable, ouy bien seulement pour vne preuue? que si elle consiste au nombre, & que le nombre enlaidisse mon labeur, il seroit fort laid d'estre beau: ne pouuant auoir aucune vraye laideur que ce qui l'empesche de paruenir à son but. Laissons aux garses corporelles le soin de preferer les aioliuemens du corps, aux ornemens de la vertu, & resignons aux spirituelles, ainsi dois-ie appeller les ames qui se coiffent de ces visions, la charge de mettre en escriuant où en lisant la polisseure ou le fard d'vn Oeuure, à plus haut prix que le couronnement & le comble du succez pour lequel il est entrepris. Telles exceptions de n'escrire que le quart de ce qui seruiroit à mon dessein & à deffendre la reputation de ces excellens Poetes alleguez cy-deuant, affin de faire la polie & la mignarde; s'appelleroient-elles point en moy, vne sotte, esclauitude de la niaiserie d'vn Lecteur, née de la crainte qu'il se pust offencer que mon esprit fust capable de secoüer le ioug de la tyrannie des fanfares en escriuant, parce que ie iugerois que le sien ne le pourroit secoüer en lisant? Quiquonque se gouuerne par la sottise de son voisin, estoit digne de naistre plus sot que luy: c'est pourquoy ie m'en abstiendray si ie puis. Sans doute aussi, ie n'aurois pas moins bonne grace en vne restriction si bien fondée, que ces douillettes, qui n'osent manger, de peur d'effacer le rouge d'Espagne qui farde leurs tendres lévres. Eh quoy! lors que les Essais nous content des nouuelles de la garderobe & du bassin de leur Autheur, cela est-il plus delicat qu'vne traisnée de Diminutifs? ou bien y a-t'il rien en tout ce Liure-là, qui montre plus clairement la grandeur & la force du iugement de celuy qui l'a conceu, que d'auoir osé iuger ce traict necessaire, nonobstāt sa saleté, veu le dessein general du mesme Liure, qui est vne peinture de son Autheur? ou certes y a-t'il lieu qui déclare mieux la cognoissance & la iuste confiance que cét ouurier auoit du merite de son ouurage, que la hardiesse d'inserer ce recit en ses papiers, à la barbe d'vn siecle ignorant, & gros du vent d'vne temeraire vanité de censurer les traicts mesmes les plus sobres dans les Liures? Ce que les vns font pour se percher à caualier sur le faiste de la reputation des beaux esprits, les autres pour seruir à la mode des vielleux vn plat de leur mestier aux bonnes tables qu'ils veulent resiouïr, affin d'attraper vn autre plat de souppe grasse. Et le bon est, que depuis qu'vn ioyeux s'aduise mesmement à la Cour, de faire vne piece de risée, pour impertinente qu'elle soit, ce n'est pas merueille si cinq cens testes de ce climat, qui croyent qu'il y a de la suffisance à draper, suiuent sa piste: ces gens-là n'estans pas d'ailleurs, si fins communément, qu'ils puissent discerner s'il les meine par le nez ou non. Adioustons vn traict de Xenophon apres celuy des Essais. Ce grand Philosophe & grand General d'ar-

LES ADVIS.

mée nous enseigne, en quelle symetrie il faut ranger les marmites & autres vaisseaux d'vne cuisine, soit en rond ou autrement: affin que cét ordre rende la face de la batterie plus aggreable à l'œil, pour l'honneur de la menagere. Ces deux Autheurs & ces deux contes, dont le dernier se faict aux oreilles de Socrates mesme en l'Oeconomie, me releueront aysement du besoin de leur adiouster des compagnons en leur espece: si Viuez & sainct Augustin ne veulent estre ouys à leur tour, sur l'histoire des pets organisez. Mais enfin reprenant mon fil, i'aurois tort de m'offencer, si des ceruaux qui s'entretiennent de tant d'autres impertinances, & dont aucuns des plus huppez de la trouppe proumenans leurs discours, sur l'examen des Escrits diuers, ne craignent nullement de passer iusques au mespris de celuy-là, comme ils feroient de Xenophon, si l'authorité des Siecles ne le soustenoit; i'aurois tort, veux-ie dire, de m'estonner ou de m'offencer dequoy telles gens décrient le mien. Sont-ce pas aussi les mesmes bouches, qui font piaffe & triomphe solennel, de ne lire plus qu'auec dédain Ronsard & sa volée, appelans leurs Poesies, Ouurages du Pontneuf? Cependant venons au poinct, c'est trop perdre de temps à debeller des badineries. Et de vray, ie n'eusse pas daigné pousser si auant cette chetiue deffence, quoy que leur insolence soit passée iusques hors de toutes bornes, si ie n'eusse pretendu la porter de ma cause particuliere, à la generalle de tous ceux, qui ne mesprisent pas en temps & lieu d'occuper leur plume aux sujets familiers & bas mesmes, s'il vient à propos: ou de ceux apres, desquels le iugement vigoureux & hautain, mesprise l'approbation de ces pigmées d'esprits vulgaires, qui veulent qu'on mesure leur capacité en cette speculation des dons de la Muse, sur l'aulne de leurs rentes, de leurs qualitez, ou de leur audace à les blasonner. Ce seroit peu d'aduertir cette espece de monde, qu'ils ne voyent goutte à telle ou telle chose dont ils se mellent de discourir, si l'on ne leur faisoit comprendre ensuittes que quiquonque parle de ce qu'il n'entend pas, n'entend rien hors de là.

Ie me suis aduiſée de commencer par les Diminutifs de feu Monſieur de la Nouë, puis qu'il a deuant moy pris la peine de trauailler ſur cette taſche: affin de luy reſtituer de bonne foy par ce moyen, ceux que ie ne m'eſtois peu garder d'vſurper cy-deuant ou ſur luy, ou auec luy, en ma premiere Impreſſion, peſchant en plein canal de noſtre langue, ainſi qu'il auoit faict. Que ſi ces meſſieurs les Syndicqs dont il eſt queſtion, ont fait ſi rudement le procés aux Diminutifs en mon Liure; nos Lecteurs pourront apprendre en ce lieu par le iuſte credit du ſien, ſi ces honneſtes perſonnes ont eu bonne grace en s'eſcarmouchans ſur tels diſcours: c'eſt à dire, en luy donnans vn ſoufflet ſur ma iouë: vſons en pareille ou voiſine occaſion, de la metaphore de ce grand ouurier des Eſſais. Voicy comme ce Seigneur couche les Diminutifs, & meſmes auec les apoſtilles qui ſe voyent en quelques lieux, pour le ſoin qu'il a daigné prendre de les mieux eſclaircir. Perſonnage veritablement à qui la qualité, l'eſprit, les Lettres, & l'habitude des Cours, ouuroient autant de moyen de practiquer les loix de la bien-ſeeance, & de cognoiſtre & parler la langue pertinemment, que ces gens en peuuent auoir. Que s'il eſt plus hardy que moy en debitant cette marchandiſe; ſe faut il eſtonner qu'il ait plus d'aſſeurance qu'vne femme ſur le papier, puis qu'il en auoit aux combats, plus que n'en ont communément les hommes? Les voicy au meſme ordre qu'il les preſente par colomnes, ſelon la couſtume des Dictionnaires: d'autant qu'ils font part du ſien des Rymes. C'eſt en l'Impreſſion de ſa derniere main & de l'année 1624. faite à Geneue.

Robette,
Iambette, *petite iambe.*
Barbette, *petite barbe.*
Herbette,
Courbette, *petite courbe.*
Courbette, *d'vn cheual.*
Piccette,

Garcette,
Bourcette,
Doucette,
Coeffette,
Sagette,
Logette,
Bougette,
Baguette,

LES ADVIS.

Baguette, *petite bague.*
Languette,
Longuette,
Cachette, *à se cacher.*
Tachette, *petite tache.*
Pochette,
Hachette,
Planchette, *petite planche.*
Planchette, *pour les dames à cheual.*
Blanchette,
Buschette,
Bouchette, *petite bouche.*
Couchette,
Sallette,
Brebiette,
Miette,
Malette,
Amelette, *petite ame.*
Gallette, *tourteau.*
Costelette,
Sellette,
Vilette,
Ioliette,
Folette,
Molette,
Parollette,
Salette, *vn peu salle.*
Toillette,
Gaulette.
Espaulette,
Boulette,
Poulette,
Oulette, *petite oule ou marmite.*
Seulette,

Gallette, *petite galle.*
Tablette, *à escrire.*
Tablette, *à manger.*
Bouclette,
Fillette,
Oreillette,
Feuillette, *petite fueille.*
Douïllette,
Quenouïllette,
Simplette,
Bandelette, *petite bande d'homme ou d'autres animaux.*
Blondelette,
Rondelette,
Verdelette,
Cordelette,
Fermette,
Minette, *petite mine de quelqu'vn.*
Vignette, *d'Imprimerie.*
Chopinette,
Finette,
Brunette,
Chainette,
Marionnette,
Nonnette,
Campagnette,
Montagnette,
Capette, *petite cappe.*
Serpette,
Houpette,
Braquette,
Barquette,
Gorgerette,
Durette,
Noirette,

S f

LES ADVIS.

Amourette,　　　　　Tendron,
Fleurette,　　　　　　Chaton,
Pierrette.　　　　　　Raton, *petit rat.*
Burette,　　　　　　　Caneton, *petit canard.*
Chambrette,　　　　　Teton,
Antichambrette,
Tendrette,　　　　　　Lacet,
Aygrette,　　　　　　Doucet,
Maigrette,　　　　　　Muscadet,
Safrette,　　　　　　　Sachet,
Proprette,　　　　　　Crochet,
Cheurette,　　　　　　Cochet,
Pauurette,　　　　　　Iolict,
Cassette,　　　　　　Longuet,
Bossette, *petite bosse.*　Grandelet,
Fossette,　　　　　　Blondelet,
Grossette,　　　　　　Verdelet,
Chaussette,　　　　　Hommelet,
Rosette, *petite rose.*　Aygnelet,
Camusette,　　　　　Enfantelet,
Pasquerette, *marguerite de*　Martellet,
　　　　Pasques.　　Oyselet,
　　　　　　　　　　Fillet,
Cordelle,　　　　　　Rossignolet,
Parcelle,　　　　　　Chapelet, *de fleurs.*
Gratelle,　　　　　　Nouuelet,
Tourelle,　　　　　　Nouëllet. *petit nouël.*
Rouelle,　　　　　　Sçauantelet,
　　　　　　　　　　Ruisselet,
Enfançon,　　　　　Seulet,
Maistrillon,　　　　　Oeillet, *petit œil.*
Pastrillon, *soubs pastre.*　Simplet,
Oysillon.　　　　　　Moulinet,
Chaisnon.　　　　　　Coussinet,
Asnon,　　　　　　　Finet,
Aisleron,　　　　　　Badinet,
Fleuron,　　　　　　Iardinet,

Coignet, Friandeau,
Iurongnet, Truandeau,
Bosquet, Pigeonneau,
Aygret, Villonneau,
Coffret. Larronneau,
Camuset: Chantereau,
  Dancereau,
Bachot, Pastoureau,
Cachot, Loueteau,
Petiot, Caueau,
Bellot, Soliueau,
Mercerot, Cuueau,
Archerot, Boueeau.
Courserot.
  Petiotte,
Iuuenceau, Vieillotte,
Brigandeau, Caualin,
Marchandeau, Cheurottin.

 Quoy que i'aye eſtallé tout du long les Diminutifs de ce genereux Caualier, ie ne lairray pas d'eſtendre tout du long auſſi maintenant, ceux de ma premiere Impreſſion, bien qu'il y en ait aucuns des ſiens, comme i'ay dit, ſi communs que ie n'auois peu les obmettre. Telles redites d'entre luy & moy ne peuuent eſtre fort importunes: nommément à ces eſprits de haute leçon, qui prennent la quantité des miens pour matiere de paſſe-temps à rire.

 Il n'eſt pas beſoin de reciter en ce lieu quelle profonde racine ont priſe ces Diminutifs & leurs pareils: *villette, maiſonnette, chambrette, ſalette, iſlette, herbette, logette, cachette, brochette, fourchette, planchette, cordelette, couchette.* Oublierons-nous *boulette, chapronnette, ſergette, gouttelette, clochette, perlette:* & ceux qui manient les medailles connoiſſent-ils pas auſſi la *medaillette*, les Serruriers la *targette* de feneſtre, & la *gachette* d'vne ſerrure auec la gache: Ces autres de plus, ne ſont pas moins fondez de droit eſcrit: *coffret, ſachet, liuret, piſtolet, iardinet, chappelet* (i'entends de fleurs) *boſquet, ruiſſelet, osselet*, ou ceux-cy, *cornichon*, *fourchon*, *aisseron*, *bourseron*, *sayon*, *chambrillon*, *valeton*, *tourdion*, *fleuron*; ou ces autres, *rouëlle*, *tourelle*, *parcelle*, que *particule* suit. Dit-on pas encores, ce vin est *verdelet*, cette iouë *vermeillette*: ce garçon est *proprer*, est *foiblet*, est *bellot*: cette fille est *bellotte*: ce visage est *longuet* ou *rondelet*: ce *musequin* est ioly, ce bouïllon ou ce temps est *froidelet*, est *chaudelet*? Or ces deux-cy de fortune ont esté des plus drapez, ainsi que i'ay sceu, par cette suffisance nouuelle, comme inuentez par moy. Toutesfois quand ce reproche seroit aussi vray qu'il est faux, & si faux que ie les ay peu faire ouyr de la bouche d'vr Prince mesme bien parlant, outre que ie les ay leus, & seray voir frequemment en des Liures imprimez depuis deux & trois annees, (& nottez, Liures du mestier exprés de parler des temps, c'est dire, d'Astrologie) ie croirois commettre vne sottise, d'auoir honte qu'on me reputast mere de l'vn & de l'autre, & de cent de leurs freres apres, s'ils auoient vn semblable rapport à tant d'autres, ausquels nostre langue applique le neuf de la diminution, soubs mesme cadence que la leur. Ie puis sans tache de bestise m'abstenir d'inuenter; mais ie ne pourrois pas sans bestise & faute de iugement, auoir honte que l'on m'imputast d'oser selon les occurrences inuenter des choses que l'Analogie de l'vsage establiroit & soustiendroit. Bien est-il veritable qu'en tout ce Chapitre, ie renonce au droit d'inuention: ayant protesté dés l'entrée de reciter simplement, sans aduancer rien de mon creu. Suiuons nos pas. Ie ne rememore plus icy ces autres Diminutifs, *grassette*, *ieunette*, *grandelette*, *brunette*, & plusieurs de ce genre, soient-ils masculins ou feminins, que i'ay remarquez par occasion au Traicté *Sur le langage des deux Prelats*, rangé vers la fin de ce Volume. On void assez aussi que, *miette* de pain, *morcelet*, *roëllet*, *minot*, *auget*, *musette*, *pincette*, *bougette*, *teton*, *poupon*, *iupon*, *cotillon*, *pelotton*; sont voix diminuées de mie, morceau, roolle, mine, auge, cornemuse, pince, bouge, tetin, poupee, iupe, cotte, & pellotte. Plus il est euident que *poëton*, *chauderon*, *drageon*, *ballon*, *corbillon*, le sont aussi de, poelle, chaudiere, dragée, balle & corbeil-

LES ADVIS. 325

le: *maillet* de mail, *crochet* de croc, *eschelon* d'eschelle, *chausfette* & *chausson* de chausse, *oreillettes* d'oreilles, *gallette* de gasteau, *pointilles* de pointes, *carton* de carte, *noisette* de noix, *serpillon* de serpe. Ny n'est besoin d'exprimer, que *roulette* à coucher est diminuée de rouleau, *bachot* & *nacelle* de barque & de nauire, *galliotte* de gallere, *drapeau* de drap: & que *ponceau*, *portereau*, *comtereau*, *sçauanteau*, sont diminutifs encores de pont, port, comte, sçauant, & mille autres, outre le *vinet* cogneu en la Maison Rustique. Adioustons, que ces deux mauuaises bestes vn larron & vn Diable, ont aussi trouué leur cas pour la terminaison diminutiue, en *larronneau* & *Diablotin*. Au demeurant, on voit des noms propres de *Rochette*, *Villette*, *Grangette*, *Bosquet*, *Sayette*, *Gardette*, *Sallettes*, *Ventelet*, *Mesnillet*, diminuez de Roche, Ville, Grange, Bois Soye, Garde, Salles, Vent, Mesnil, auec maints autres de mesme espece: adioustons celuy de la *Vallette*, si fameux: ny valée dont il est tiré, ne se contente pas de ce seul diminutif, celuy de valon le seconde. Or outre que la Cour, estoile du Pole de ces correcteurs du siecle à ce qu'ils pretendent, vse aussi bien que nous autres prophanes, de tous ces mots & façons de parler, & de tous ceux & celles qui suiuront en ce Chapitre: elle nous forgea il y a quelques années vn *fanfaron* de fanfare: & nous a forgé depuis trois iours *biscottins* de biscuits: vne *mymy* de la coiffe mignarde des dames du Cours, par double diminutif de m'amye, & sa coeffeure à la *garsette*: ioinct qu'elle prononce fort couramment ces nouueaux noms de *Virginettes* & *Magdelainettes*: & n'oublie pas *l'oysclet* de Cypre à parfumer ses cabinets: ny parfois encores la *boistellette*, des beautez: ou le *vermillon*, fils mignard du vermeil. Qui plus est, les enfans de Paris non moins capables docteurs que les Courtisans, en la science de diminuer, ne voudroient pas estre priuez de tirer d'vne tarte vne *tartelette*, ny d'vne tourte vn *tourton*, ny d'vn flan [nom Picard] vn *flanet*, autrement dariole. Et ces gens de bonne foy qui disent particulierement qu'ie forge ce mot, à cause qu'ils ne le cognoissent pas, doiuent à l'auenture quelque chose au pasticier, deuant l'huys duquel ils n'osent passer pour s'en esclaircir: ou manquent d'oreilles vers Pasques, pour n'ouyr pas la chanson qui celebre tous les ans par les ruës, l'espoir & la ioye que les drolles ont,

   De manger des tartes
   Et *flanets* de vaches.

Si la ryme ne vaut guere, le flanet est bon. Dauantage ces mesmes enfans de Paris cognoissent & mangent le *pain bifet*, si le blanc leur manque: ils fripent à plaisir les *andouillettes* de veau, le *saulcisson*, les *costelettes*, la *vinaigrette*, l'*œuf molet*, le *pain molet*, le *harang nouvellet*, & l'*oygnonnet* de salade pour en faire la saulce: sans oublier leur divertissement à railler la trongne de maistre *Pierre du Coignet* leur Concitoyen, de qui le temps a rendu le nez aussi diminutif que le nom: & sans obmettre apres leurs jeux de *lignemussette* & de la *fossette*. D'ailleurs, on cognoist par tout vn enfant en *brasserolles*, vn *papa*, vne *maman*, l'adresse de se mettre à la *rangette*, des *vergettes* à nettoyer, vne *iambette*, cousteau pliant, vne escuelle *orillon*, des barbillons d'epy, & les Capettes de Montaygu, ainsi nommez, à cause de leurs petites capes: nom qu'Amyot par mesme raison, n'a pas craint de donner aux Lacedemoniens: ny les Prelats ne craignent d'appeler *mantelet*, vne piece de leur habit sacerdotal. Sçachons des Astrologues & des gês de mer, s'ils ont ouy parler d'vn *ventolin*. D'autre part tous les nôs d'animaux ont leurs diminutifs, aussi cômuns que les primitifs: *poulet*, *poussin*, *poulette*, *cochet*, *chapponneau*, *pigeonneau*, *perdreau*, *cailleteau*, *rossignolet*, *oyselet*, *ayglon*, *moucheron*, *dindon*, *canette*. Ceux-cy demandent place en suyte, *leuraut*, *lapereau*, *serpenteau*, *couleureau*, *vermisseau*, *sourisseau*, *regnardeau*, *lionceau*, *cheureau*, *cheurotin*, [tesmoins les gands qui s'en font] *louueteau*, *ourson*, *leuron*, *asnon*, *bouuillon*, *cochon*, qui vient de coche, *chaton*, *barbichon*, *bichot*, *buffetin*, *agnelet*, *brebiette*. Ces autres en sont encores: *lamproyon*, *brocheton*, *carpillon*, *barbillon*, *sollette*, *bestion*, *bestiolle*, & de plus, *garçonnet*, *fillette*: voire *hommet* & *femmette*, si on trouue à railler en la bassesse de leur taille: n'oublions pas *hommeau* & *femmelet*-

LES ADVIS. 327

te, ainsi baptisez par vn autre biais de mespris: & le Spartiate se plainct au Plutarque d'Amyot; que leur Roy espousant vne petite femme, leur vouloit engendrer, non des Roys, mais des *Roytelets*: comme du mesme diminutif de Roy, vn oyseau s'appelle *roytelet*. Ayant au reste ouy dire par fois, non seulement *courserots*, mais *caualins*, à gens d'ecurie: *chiennets* à ceux qui font mestier d'en nourrir, & *cuyracine* à des gens d'armes, en la signification d'vne cuyrace legere. Les arbres ne veulent pas estre obmis en cét endroict: *arbrisseau, sauuageon, aulneau, chesneau, fresneau, charmeau, ormeau, coudreau*: d'autre part il est vray, que la façon d'vne fleur rapportant au bassin caue, l'a faict nommer *bassinet*, & que la beauté d'vne herbe est cause qu'on l'a baptisée du nom *d'amourettes*: comme la saison de Pasques où elle croist, faict nommer vne autre fleur, *pasquerette*: & le *preau* qui la porte est diminutif de pré: de plus on cognoist la *febuelotte* aussi communément que la febue. Quelqu'vn encore faict-il la bouche sucrée, pour n'oser dire, qu'vne telle est accouchée n'aguere du plus bel *enfançon*, & qu'il ayme bien son *petit frerot*, & sa *petite sœurette*? Dire aussi qu'vn ieune enfant est le plus vray *folet* ou *doucet*, le plus vray *fretillon*, ou *folion*, & ceste ieune fille de mesme? sans espargner *finet* & *finette*, *simplet* & *simplette*, *maigrelet* & *maigrelette*; *guilleret* & *guillerette* en sont encores, quoy que moins communs. Ny n'allegue plus icy, *seulet, pauuret, tendrelet*, où leurs feminins, puis que ie les ay couchez au discours mentionné, du langage de nos deux Prelats. Suiuamment, chacun donne aux Villes & aux Cours, ces diminutions de nom aux enfans par tendresse, *Madelon, Gatin, Margot, Ianon, Annichon* ou *Annette, Marotte, Claudine, Francine, Lysette, Nison, Babel*: ouy par fois *Elon* & *Suson*, pour Helene & Susanne: plus, *Pierrot, Ianot, Carlin*, & tant d'autres: outre celuy qué monsieur le Cardinal du Perron a trouué dans le nom d'Ascagne. Pour le regard de la campagne, elle a ces mesmes diminutifs de noms, & maints autres pour la bonne mesure. Les champestres & les polis mondains, sçauent dire, si le cas y eschet, le *bergerot*, la *bergerette*. Au reste les plus honnestes personnes aussi, proferent à tous coups, se marier *par amourettes*, aller *aueuglettes*, dire *par épaulettes*, mener *au tabourinet* : ils n'espargnent point, vne *fine-minette*, vne humeur *enfantine*, vne *camuzon*, vne *menon*, vne pauure *petiotte*, vn *peton*, vne *menotte* : nomment en suitte leur *incarnadin* & leur *camelotin*, aussi volontiers que leur incarnat & leur camelot : ny les dames n'obmettent pas de leur part, le *crespon*, qui sonne éuidemment, crespe leger : ou leur *vertugadin* & leur *collerette*, diminutifs de vertugade & de colet. Les gens du monde disent *frioler* & *friolet*, issus par diminution du verbe friander : comme ils disent encores, *tacheter, marqueter, grignotter* & *buuotter* : ces deux tirez de grignon & de boire. Nous adiousterons qu'ils employent, *morsiller* vne pomme, *pointtiller* vn homme, *sauteler, succotter, machonner, vinotter, voletter, baisotter, tastonner* : verbes diminutifs comme les precedents, & desquels on void assez les sources : & dauantage, ils sonnent par fois, qu'vn tel porte la mine d'vn compagnon *à la tassette*, quand ils sont en humeur comique. Ils disent outre plus, qu'ils ne s'amuseroient pas à telles & telles menuës *chosettes*: ny moy certes à celles-cy, qu'en mon corps deffendant : quoy que tant de grands personnages nommez cy-deuant, & de plus Ciceron & Quintilian n'ayent pas dédaigné de faire des Liures, sur les diuerses particularitez de la Grammaire. D'ailleurs, il est vray, que des plus hautes & polies Dames de la Cour, appelloient n'agueres, leur *trongnette*, vne fort belle peincture de ieune fille, logée en leur cabinet où ie me trouuay.

Qui plus est, il y a des diminutifs si fiers & si superbes, qu'ils dédaignent tous leurs primitifs en la chose qu'ils signifient & les demolissent : bien qu'elle soit par fois de consequence ou noble. Pour exemple les *Chastelets* de Paris, vn *corselet*, vn *gantelet*, vn *armet*: qu'on debuvoit appeller afin de plaire aux docteurs de ce temps, petits chasteaux, petit corps, petit gand, & petite armeure : car ceste piece de teste est appellée armet, par diminutif de l'armeure entiere, d'autant qu'elle couure la plus digne partie de l'homme. Et ceux qui pretendent comme i'ay sceu, tirer ce nom, *armet*, d'*Arme*, Espagnol,

LES ADVIS.

Espagnol, feroient bien cette courtoisie à leur pays s'il leur plaisoit, de tirer pluſtoſt, *elmo*, d'armet: quant à ce qu'ils deſaduouent auſſi gantelet pour diminutifs de gand, alors qu'ils luy auront trouué quelque origine plus conuenable, ie quitteray celle-là: ce que ie dis pourtant ſans rebutter tels aduis, qui p'euuent eſtre donnez candidement. En ſuitte de noſtre fil il faudroit entonner, petite ſelle de Iuges, affin de ne dire plus, *la ſellette*, petite courbe d'vn cheual en lieu de *courbette*, petite lance d'vn Chirurgien pour ſa *lancette*, petite poelle pour la *poellette*, petite ruë d'vn lict, petite toille à ſe deshabiller, petites dents de colet, en eſchange de *ruelle, toilette, dentelles*: & la *palette* à iouër, ſe deuroit appeller petite paelle: petite rouë, la *rouelle* de pommes: & la *bandelette* à coiffer, petite bande. Quoy plus? petits chapeaux de table, petite cuue de ſalle, petite foſſe de iouë, deuroient gagner la place de *chapelets, cuuette & foſſette*: ſans oublier les *burettes* de l'Egliſe, qu'il faudroit nommer petites buyes en ſiecle de ſi haute reformation. Plus, ces autres renoncent-ils pas de leur part aux primitifs? *poil folet, D'ai mon folet, boulet* d'arquebuſe ou drageon, diamant taillé à *facettes, vignette* de brodeur ou de tapiſſier, & *lunettes*, diminutif de Lunes, à cauſe qu'elles eſclairēt noſtre obſcurité? Paris auſſi deſadouë-t'il les enſeignes du *Moulinet, Pourcelet, Barillet, Canettes*? ny la *ruë* encore *des Canettes, du Iardinet, des Tourelles, & de la Huchette*? dit-on pas *hochet* de grimace & d'enfant, prouenus ſans doubte du verbe hocher? *burette* de Iuges, tirée de boire? *tournettes*, diminuées d'vn tour de Religion? *œillets & chaiſnette* d'vn habit, *lacet, annelet & filet*, diminuez d'œil, de chaiſne, de laz d'anneau & de fil? *camiſolle*, diminutif de chemiſe? *manchon* de manche? *allumettes* d'allumer? *tablettes* de tables? *chenalet* de cheual? *bottines* de bottes? & *Couſſinet* de couſſin? Et les *croiſettes* de Lorraine ayment leur tiltre conſtamment. A quoy i'adiouſteray pour concluſion, qu'on void bien que les Generaulx d'armées ſe ſont peu ſouciez de prendre par eſtis des nouueaux reuiſeurs, quand ils ont qualifié, *Forts*, vne partie de leurs Forts. Certes ces gens d'auiourd'huy nous ven-

Tt

droient bien cher l'Almanach de leurs fantaisies, s'ils nous priuoient de cette espece de mots, si naturels, si vsitez, si fondez de bien-seance & de douceur en toutes langues, & en la nostre, ainsi que i'ay representé : disons plus, si plaisans en la bouche & en l'oreille de tous ceux qui portent ces deux parties composées de chair & de sang, non de bois. Mots ou Diminutifs en fin, qui veritablement ne peuuent déplaire qu'à des esprits, qui par faute de grace & de delicatesse, ne les sçauroient employer, ny gouster leurs delices : ou bien à ceux qui par vn excez d'orgueil, animé d'vne rouille enuieuse, qui tend à ruïner les bons Liures François parez de ceste gentillesse, nous veulent montrer qu'à l'imitation des tyrans ils ont pour refrain : Mon plaisir est la raison : ou plustost, qu'à l'enuy des Dieux, ils peuuent faire & desfaire les Escrits, la langue, les dictions qui la composent, & toutes choses quand il leur plaist. Doutera-t'on qu'ils ne les reiettent à faute d'estre capables de gouster leurs delices, & de cette tendresse de Genie & de stile, requis à les employer ; puis que iamais aucun d'eux n'a composé de ces pieces qu'on nomme Mignardises, lesquelles sont vn des principaux gibbiers de la Poesie Lyrique ? Adioustons, qu'aucun d'eux encore n'a peu estre soubçonné de les sçauoir composer ou tracer, quand il voudroit. En somme qu'ils iettent feu & flamme contre moy tout leur saoul : i'ose maintenir qu'il n'y a teste saine en France, qui reiettast aux occasions vn seul exemple des Diminutifs que i'ay proposez en ce Chapitre, ou qui ne tint pour songes de gens éueillez, les exceptions qu'vn autre en voudroit faire. Car si c'est folie, comme ce l'est infailliblement, de pretendre corriger toutes les folies du monde, combien plus l'est-ce, d'aspirer à corriger les sagesses : & tout ce qui est authorisé d'vsage, vtile à quelque chose, & nuisible à rien, s'appelle iustement de ce nom. Ie sens bien que i'ay fort grossi ce mesme Chapitre, en ramassant quelques-vns des Diminutifs qui estoient eschappez à Monsieur de la Noüe & à ma premiere Impression : quoy que la portion du glenneur reste encore apres nous. Vn fluz de caquet les emporte, ou la crainte que celuy de ces messieurs les critiques ne manque de matiere.

DE L'IMPERTINENTE AMITIÉ.

A Messieurs de la Roche Gentilhomme ordinaire de chez le Roy, & du Plessis de Bïeure ordinaire de chez Monsieur.

E traduisis vn iour la Vie de Socrates en Laertius, à la priere d'vn Gentil-homme, à qui ie n'osay refuser ce seruice, veu le fruict & le precieux exemple qu'il en pouuoit tirer, s'il luy plaisoit. A vray dire cét Autheur est si mal traduict en Latin, & i'ay tellement oublié mon Grec, que ie n'eusse eu garde de m'enfoncer à le tourner sur vne telle version, plus auant que ceste piece-là, bien que sa traduction entiere fust tres-vtile au public. Mon ignorance doncques en la langue de cét Historien, & d'abondant sa negligence à escrire, excuseront ce qu'il peut estre resté de fautes en cét ouurage apres moy, s'il s'en trouue : & i'aduoüe qu'il y en eust eu beaucoup plus, si l'excellente lumiere de l'esprit du sieur Bourbon, & sa fameuse doctrine Grecque, ne m'eussent esclairée en quelques passages. Or, messieurs, songeant à vostre vertu que ie cognois en fort bons termes, & que i'admire plus en ceste saison & en ceste practique de Cour; i'auois pensé que ie vous deuois presenter icy par honneur, ce portraict du parangon des vertueux : & duquel l'vn de nos plus celebres Peres anciens

Tt ij

disoit; Que s'il eust esté Chrestien, il l'eust nommé Sainct Socrates. Et le vous eusse offert, afin que s'il reste encores quelque chose à desirer en la forme de bien viure, que vous affectez, vous peussiez sur la consideration & sur l'imitation de ceste peincture du plus iuste & du plus sage des hommes, essayer de vous porter à la perfection entiere, & de couronner vn si beau dessein. Toutesfois la grosseur de ce volume m'ostant le courage d'y loger ceste Vie de Socrates, qui a quelque estenduë, i'ay creu que ie vous debuois presenter en son lieu, ce discours de l'*Impertinente amitié*, & vous communiquer simplement ceste piece-là par escrit. Discours, en somme, qui vous est tant mieux adressé, de ce que vous sçauez si pertinemment choisir l'esprit & les mœurs en vos amis: & de ce que vous apportez encores tant d'esprit, de prudence & de mœurs, à payer & conseruer leur amitié: le tout à l'opposite de ceux-là, dont ce mesme discours traicte. Ie requiers vn autre don de vous : c'est, qu'en despit de toutes amorces contraires, & des infames & trop generalement contagieux exemples de nostre siecle, vous demeuriez fermes en vne si digne assiette de vertu. Oserois-ie dire qu'vne de ses qualitez, c'est de me continuër vos bonnes graces ? Au moins m'efforceray-ie tant que ie pourray, de les meriter: & prise assez tels biens que ceux-là, pour faire qu'ils me seruissent d'exortation, à me porter aux choses loüables, quand autre raison ne m'y porteroit, puis qu'ils ne se peuuent acquerir ny conseruer, que par cette voye. Mais ie confesseray bien en ceste occasion, qu'vne des plus loüables choses que ie puisse faire, c'est de recognoistre, qu'outre le deuoir qui m'a liée à honorer vostre merite, vous m'auez obligée par diuers effects: & qui plus est en vn temps, où non seulement les autres n'obligent point les gens de mauuaise fortune, comme ie suis, mais se passent rarement de les offencer. Si les aduertiray-ie en passant chemin, qu'ils ne seroient iamais tyrans de la mauuaise fortune, s'ils n'estoient esclaues volontaires de la bonne: ny certes esclaues de ceste derniere, s'ils ne l'estimoient valoir plus qu'eux. 1626.

LES ADVIS.

A Quelque chose sert le mal-heur: les suffisances & les vertus de nostre sicle, ne nous pouuans gueres fournir matiere d'escrire, à l'ayde de ses qualitez contraires nous auons amplement dequoy composer des Liures. Ainsi sont faicts les Quatrains de feu monsieur de Pybrac, sur les diuerses asneries & les vices des Princes & des piliers de Cour de son temps: & les Essais édifiez à moitié, sur les pas de cler, erreurs & bestises de la pluspart des Grands, & des autres qui paroissoient aux yeux de leur Autheur. Aristote dit iustement; Que le propre de l'homme c'est, posseder la raison, l'entendre & la practiquer. O combien est donc l'homme logé loin de soy-mesme! Il naist peu d hommes suffisamment pourueus de raison, c'est à dire de bon sens naturel: de ce petit nombre qu'il en naist, la moindre parcelle se soucie auiourd'huy de la cultiuer par les Lettres pour l'esclaircir, qui s'appelle la mettre en possession de soy-mesme: & de ceste moindre parcelle qui trauaille à l'esclaircir, vn autre beaucoup moindre la veut practiquer en ses mœurs, apres l'auoir esclaircie: s'il est vray que sans la practiquer on la puisse posseder saine & claire, ou pour mieux parler, clair-voyante. Dauantage, l'homme n'estoit pas asez imbecille & mal intelligent en la raison, soit par deffaut naturel, soit par nonchalance de culture, s'il ne se fust encore aduisé de faire bien souuent mestier de luy tordre de guet à pends le nez, en ce peu qu'il a de part à sa lumiere: i'entends, de destordre à dessein les conclusions reiglees qu'il sent qu'elle veut prendre : pour se porter en despit d'elle aux fins de quelque interest qu'il se propose. Ainsi font entre autres certains partisans de l'impertinente amitié, sur qui nous sommes.

Ie voy trois especes de ces impertinens amys: les simples en premier lieu, qui s'aueuglent par exemple simplement, ou par vn zele fiévreux: lesquels toutesfois sont hors la troupe de ceux qui tordent volontairement le nez à la raison, puis que leur simplesse ou leur passion les empesche d'y voir clair. Secondement les corsaires, qui feignent de s'aueugler de ce zele: soit pour trouuer vn pretexte à descharger vne mauuaise volonté conceuë en leur sein contre quelqu'vn qu'ils veulent heurter, luy supposans d'auoir offencé ceux qui leur touchent de sang ou d'amitié; soit pour obliger quelqu'autre fois par diuerse sorte d'insolence, bourreaux à gages, le fort aux despens du foible, si la force & la foiblesse se trouuent de hazard aux deux personnes de celuy qu'ils defendent & de celuy qu'ils querellent, soubs couleur de deffendre celuy-là: & de plus, en intention de s'enrichir par ce moyen de quelque pretenduë gloire d'amitié cordiale: gloire, en fin, qu'ils cherchent autant, à soustenir le tort cogneu, que non cogneu, de celuy qu'ils assistent. Orgueil ou fureur diabolique pourtant, que ces gens veuillent qu'on croye, qu'ils estiment quelqu'vn preferable à l'équité, cela veut dire à Dieu, parce qu'il a l'honneur d'estre leur parent ou leur amy. La troisiesme espece de sots amis est de ceux-là, qui constituent veritablement & par discours, vn deuoir à soustenir & vanter tousiours leurs mesmes parens & amis, quelque iniuste cause qu'ils ayent & recognuë d'eux pour telle. Or i'aduertis le Lecteur, que ie ne dresse ce Traicté que contre ces deux dernieres especes seulement de partisans de l'impertinente amitié: la premiere espece estant de cela moins curable, de ce que son deffaut tient à l'infirmité naturelle & consubstantielle de son suiet: & non à son dessein, interest & seruile cupidité comme la seconde, ny encore à quelque superficielle erreur de l'ame en laquelle elle s'applique, comme la tierce, par l'opinion de ce pretendu deuoir: dessein & erreur, qui n'estans pas d'impression naturelle, peuuent par consequent trouuer vn remede, si leur maistre le veut receuoir.

I'aurois infinis reproches, & peu de remonstrances en la bouche pour ceste seconde espece de sots ou faux amis & flatteurs: ie dis peu de remonstrances, n'ayant gueres d'espoir qu'elles fussent profitables, puisque ce mal tient à la volonté du malade par complot & par interest, ainsi que ie representois à cette heure. Ie ne proposeray donc à l'amy de ceste espece pour tendre à le diuertir de sa route d'assister les mauuaises querelles, que les raisons de l'vtilité : sçachant que celles-là seules le peuuent toucher. Partant aduertissons-le, que s'il estoit aussi fin qu'il le pense estre, il deuineroit bien que des esprits deliez luy sçauent peu de gré de sa protection, s'ils se voyent plus forts, & partant plus vtiles pour luy à obliger, que celuy qu'il attaque soubs titre de leur seruice, lors qu'ils ont tort. Car il est euident, que quiconque cherit plus en quelque occasion que ce soit, son amy, que l'équité, comme faict celuy qui soustient vne iniuste querelle, cherira tousiours plus en autre occasion, son profit que cét amy. Adioustons, que celuy qui deffend vn puissant & riche en mauuaise cause, non seulement ne deffendra pas vn foible & pauure en la bonne ; mais il donne à croire à ce riche & puissant, qu'il l'abandonnera luy-mesme de pur mépris & sans aucun interest, s'il deuient pauure & foible. Dauantage, i'ay veu bien honteusement en lieu releué, ceux qui prennent les sottes querelles pour vn autre, les prendre contre cét autre-là en propre personne, aussi sottes, & plus de trois fois. Quelle merueille ? puis que l'vne & l'autre riotteuse folie, naissent de mesme & necessaire imbecillité de cerueau ? Ceux au demeurant, sur les actions & les paroles de qui les iugemens & les corrections sont libres, par leur foiblesse, ne manquent pas volontiers de trouuer autant de corrections & de chastimens, qu'ils rencontrent de sots ou de corsaires. O que le zele de cét eschauffé, n'iroit pas si viste à seruir ses amis, au prix de la bonté, de la benignité, de la patience, du peril, & de la liberalité, qu'au prix de l'insolence & de l'orgueil ! Certes, il faut qu'il monstre à ceux qu'il protege aux despens du foible, combien de riches & de puissans il a faschez autrefois pour la passion de les vanger s'ils ont receu quelque offence, combien d'occasions il en a perduës de faire ses propres affaires, ouy mesmes de bons repas ; ou qu'il leur donne quittance de ces manieres d'offices qu'il leur preste. Il y a plus, c'est que le puissant, que des gens de ceste humeur pretendent obliger par telles voyes, consideré qu'ils sont fort aises de trouuer quelqu'vn qui veuille offencer le nom d'vn amy de telle volée: & qu'ils seroient si marris qu'on le laissast en paix, estant capable de payer vn seruice, qu'ils susciteroient des offenceurs au besoin pour trouuer contre qui se gourmer, soubs titre de le seruir. Pires que le Chicanoux de Rabelais, vrayement, qui ne pouuoit, ny rire, ny disner s'il n'estoit battu: pendant que ceux-cy ne peuuent faire, ny l'vn, ny l'autre, si leur amy ne l'est encore auec eux. Qu'ainsi ne soit, i'ay veu quelqu'vn d'eux s'escarmoucher à ces fins sur de simples & modestes plainctes, esmeuës contre ses amis viuants ou morts, pour iustes qu'elles fussent, comme sur des iniures: ces morts deffendus & reuangez, pour attirer les viuäs à la pipée, outre ce desir d'éclater, à peu de frais, pour vray amy. Qui plus est, i'en ay cogneu d'autres, qui s'efforçoient tout exprés, de supposer vn sens malin à des paroles indifferentes ou benignes, qu'on disoit de ceux dont ils esperoient faueur ou lipée, afin de s'ouurir vn champ à combattre pour leur deffence. En somme vn riche ou vn puissant, trouuera tousiours autant d'aduocats & de protecteurs par les ruës, sur tout contre vn foible, qu'il rencontrera de mondains, adioustons de gueux: & plus qu'il n'en daignera, ie ne dis pas payer ou aduouër, mais escouter simplement en plaidant sa cause. Outre que nul homme d'honneur ne peut souffrir, qu'on vse d'vne reuanche iniuste ny lasche pour luy: puis qu'estant tel, il n'en vseroit pas luy-mesme. Outre aussi, que les mœurs des amis empirent par ceste tolerance, & soubs l'aisle de ceste flatterie qu'on apporte à leurs indiscretions & folles aggressions s'ils les commettent, au hazard des pesans coups de vengeance qui s'en ensuiuent tous les iours: au lieu qu'on auroit preuenu ces deux maux, reprimant ou souffrant reprimer les delinquants par les offencez ou par leurs amys, alors qu'ils font leurs premieres escapades. Et d'obiecter, qu'on les soustient pour sauuer leur reputation, ce sont des chansons: car sans doubte il vaudroit mieux qu'ils eussent la reputation d'auoir faict vne folie, que d'en faire cent, & plus grandes à l'aduenture, qui suiuent apres, pour n'auoir point esté broüez & reprochez de celle-là suffisamment. Ioinct que leurs fautes & leurs insolences sont tous les iours si visibles, qu'on les esclaircit tant plus honteusement de ce qu'on les pense offusquer : voire eux-mesmes font gloire bien souuent de les mettre au iour, & de se faire recognoistre pour gens, qui ne sçauent rien faire par raison, ny mesmes encore par appetit de saine teste : l'accoustumance de mal faire leur desrobant la pudeur, & aucunement la cognoissance du bien & du mal.

Venons aux troisiesmes partisans de l'impertinente amitié : c'est à dire, ceux qui vrayement se croyent obligez par deuoir de soustenir leurs amis à quelque prix que ce soit. L'homme, animal raisonnable, & duquel la forme essentielle consiste en la raison, doibt, non seulement preferer par dignité l'vsage de ce beau don à tous interests, mais croire aussi, que l'vtilité s'acorde en gros à cét vsage, par la providence diuine, puis qu'elle nous a créez pour viure soubs luy : mot que ie crois auoir escrit ailleurs, sur vn autre suiect, mais les repetitions ne doiuent pas au besoin sembler importunes. Or l'vsage de la raison en ce qui regarde les mœurs, consiste en deux poincts principaux, n'offencer personne, & faire bien à qui l'on peut : à quoy nous en adiousterons subsidiairement vn tiers, de reparer l'offence, & nous punir nous-mesmes pour elle, le plustost & le plus amplement que nous pourrons, en cas qu'il se trouuast que nous l'eussions commise. Il n'est pas necessaire d'exprimer icy, que ce que la raison nous enioinct de pratiquer nous-mesmes, elle nous enioinct aussi de le faire pratiquer à nos amis & au prochain, si nous pouuons : car on sçait assez, que les Loix ciuiles & Philosophiques, nous tiennent pour coulpables du mal que nous n'empeschons ou ne corrigeons pas de tout nostre pouuoir : & coulpables nous tiennent encore ces dernieres, du bien que nous ne faisons pas faire, s'il est en nostre puissance. De pretendre que nous deussions nous chastier nous mesmes, sur vne offence que nous aurions commise, & que nous ne deussions pas faire ou souffrir faire en cas pareil, vn chastiement à nostre amy; certes outre que ces deux genres de Loix y repugnent, le pur discours humain nous apprend le contraire: tant pource que la raison & l'équité, comme i'ay dit, sont preferables à tous respects & à tous interests, que d'autant que nous ne pouuons deuoir plus à autruy qu'à nous : & d'autant aussi, que la correction d'vne faute proussite à celuy mesme qui la reçoit, sinon pour le passé, du moins pour l'aduenir. Vn Sainct n'est pas d'aduis, neantmoins, qu'on manque de regarder le passé en vne telle correction, puis qu'il nous presche; Qu'vne table vnique de salut au nauffrage du tort commis, c'est reparer promptement le dommage qu'il a produict: ne pouuant consentir, que l'outrageux se sauue sans reparer l'outrage. Et Socrates maintenoit; Que de trois coulpables, soy-mesme, son fils, vn quidam, il se faut presenter le premier à la main du bourreau par medecine, son fils le second, ce quidam le troisiesme. Il faut donc apprendre à ces sots amis, que le premier, le plus inuiolable & le plus precieux deuoir qu'ils puissent rendre aux personnes qu'ils cherissent, consiste en la viue reprimende de leurs erreurs, folies, insolences, & en la correction de leurs ceruelles & de leurs mœurs: le second, à maintenir leur repos, vne des principales branches duquel est la pacification de leurs querelles, s'ils en ont: comme ils en ont communément parmy tels ieux. Chacun sçait le conte de celuy, qui se trouuant prest à estre pendu, arracha le nez de son pere à belles dents, feignant le baiser: pour l'auoir, disoit-il, precipité dãs ce gouffre, à faute de le chastier en sa ieunesse. Il est à croire aussi, que mille & mille se perdent, par leurs diuerses insolences & par leurs querelles, qui ne se perdroient pas, s'ils ne croyoient auoir de soux amis à les soustenir en leur tort: amis consequemment complices, ou pour mieux parler autheurs, tant du mal que leurs amis font, que de celuy qu'ils souffrent pour loyer.

Or les amys doiuent commencer la correction d'vn excez commis & la pacification de la brouillerie par la patience de se laisser esclaircir, en quoy il consiste, & quelle est la faute que ces personnes ont faite, en la souffrant nom-

mer viuement par son nom au complaignant ou autre: pour
les esclaircir apres elles mesmes de leur tort, & les porter à
la satisfaction requise. Combien sont loin pourtant de subir
telles regles, en la guerison des mœurs outrageuses de leurs
amis, ces inconsiderez, dont nous parlons? Non seulement
ils ne peuuent souffrir, que l'offencé nomme par son nom
l'iniustice ou l'impertinence de l'outrage qui l'a nauré: mais,
ainsi que nous alleguions à diuerse fin des amis flatteurs, ils
presentent la reuolte & les griffes sur la simple plaincte, qui
n'ose exprimer son grief que par circumlocution, comme
sur celle qui l'exprime naïuement & vertement : laquelle,
encores, outre qu'il la faudroit laisser courir, ie dis cette
derniere mesme, quand ce ne seroit que par iuste pitié d'vn
offencé, ne peut estre par eux recoignée de ceste violence,
sans rendre l'offenceur plus odieux: & dauantage, sans irriter & multiplier sa querelle en plusieurs chefs ainsi qu'vn
hydre, parce qu'ils s'y rendent parties nouuelles. Oüy mais,
repliquent-ils, lairray-ie baptiser mon amy d'vne iniure,
parmy ceste plaincte? Pourquoy non? pourueu que l'iniure
se prononce auec iuste douleur : pour descharger vn cœur
qui creue, pour esclaircir encore, & non pour offencer l'escoutant, & par le bout qui blesse le complaignant, ou qui
sert à iustifier ceste plaincte, sans passer plus outre? Qu'ils
voyent vn peu quelle prerogatiue les Essais donnent aux
paroles poignantes, voire perceantes, sur le simple interest
de la conferance ou conuersation. Voila certes vne horrible & plus iniuste inégalité, que l'vn ayt priuilege de commettre le mal, & que l'autre ne l'ait point de le nommer seulement, ouy mesmes perpetré sur luy ! Ces impertinens
amys n'entendent pas, que c'est restituer en partie chez ses
amys & chez soy, la legalité & la generosité, que de souffrir
fortement pour eux & pour soy-mesme le reproche des
fautes qu'on a faictes contre ces deux vertus. Ny ne sçauent, que quiconque a la raison de son costé, de quelque sorte que ce soit, se rend tousiours au besoin maistre de la submission des gens d'honneur & sages, quoy qu'il leur en couste: & de la leur par conséquence expresse, s'ils sont de ce nō-

V u ij

bre: mefmement en chofe qui leur peſe ſi peu qu'vne paiſible audiance: ſi du moins ils ne peuuent porter plus auant au bien de ceux qu'ils affectionnent, vn ſi digne & neceſſaire office que celuy dont il eſt queſtion.

DES SOTTES OV
preſomptiues fineſſes.

Le vice de faire le ſot, penſant faire le fin & l'habille homme, s'exprime parfaictement en la perſonne d'vn ancien, c'eſt en celle de Tybere: qui ſe peut auſſi iuſtement nommer Empereur des ſottes fineſſes, que de Rome: & quiconque eſt Empereur des ſottes fineſſes, eſt ſans doute Empereur des ſots. Ixion embraſſa les nuës, trompé par autruy: ceſtuy-cy ſe pique d'vn propre deſſein, à ſuiure pour but, vn nuage perpetuel, vn enigme, (car il cherchoit auſſi le mot du guet aux parolles doubles) adiouſtons le galimathias & paſſe-paſſe continu d'vne illuſion de fineſſes vermouluës, ayant l'eſprit auſſi ſubtil que ſon iugement eſtoit trouble & confus: *Vt calidum eius ingenium, ita anxium iudicium.* S'il faut des exemples de cela, voyez ſon refus ſi long du tiltre de chef de l'Empire ou d'Empereur, en faiſant tous les actes, & marchant enueloppé de la garde Pretorienne: à condition cependant, que c'eſtoit crime capital, de faire demonſtration de cognoiſtre la fourbe de ce refus, pour claire qu'elle peu eſtre: eſtant ſi ſimple au fond, de croire qu'on la mécognuſt, d'autāt qu'on feignoit de ne la cognoiſtre pas. Et peu ſert à quelques Hiſtoriens fauorables, de s'imaginer qu'il faiſoit cela d'arriuée, preſſé de la crainte d'eſtre contrainct de retrograder, par la contrecarre de Germanicus, puiſſant de vertus guerrieres, d'eſprit, d'amis, de faueur populaire, d'armées & de Prouinces. Car fondé de l'authorité, du teſtament & de l'ad'option d'Auguste, estably mesmes par luy dés long-temps pour successeur & pour associé, ayant de sa part adopté ce Prince, si sage & si iuste qu'il eust plustost esté capable de restituer la Republique, que d'vsurper l'Empire, nommément sur son pere, & pere dont la vieillesse luy deuoit par vray-semblance bien-tost ceder la place, luy-mesme Tybere tenant aussi Rome, & dauantage la Sicile & l'Ægypte ses nourrices; il n'auoit pas suiect de craindre ce coup de reuers, & moins de telle-main. Et quand il en eust eu suiect, puis qu'il auoit, comme i'ay dit, faict tous les actes d'Empereur, qu'il auoit escrit & rescrit aux armées en ceste qualité, & pris la garde Pretorienne; il ne fust pas tombé de moins haut ny moins honteusement, s'il fust tombé, pour auoir protesté de paroles qu'il n'acceptoit pas cet honneur. En fin il se rendit à demy, sur les prieres & les larmes du Senat, tant de fois repetées, non comme persuadé, mais comme ne pouuant plus supporter les importunitez qu'on luy faisoit. Et pour preuue sans replique, qu'il n'opiniastroit point ce refus par consideration d'Estat & de prudence, ainsi que ces Autheurs fauorables le presument, ce que quand il eust fait c'eust tousiours esté sottement aux conditions alleguées, mais qu'il l'affectoit pour feindre ridiculement le bon & legal citoyen; il se faut souuenir, qu'apres ceste acceptation de l'Empire, il barbouilloit desormais toutes les fins de ses harangues, quelquefois bonnes d'ailleurs, par ce battologique refrain, qu'il vouloit deposer le sceptre pour restituer la Republique. Et le bon est, qu'il continuoit tousiours encore ces belles protestations, & sans apperceuoir qu'on s'en mocquoit; iusques au temps qu'il estoit detesté d'vne si monstreuse hayne, que trois Empires n'eussent pas esté trop suffisans pour le couurir contre ses ennemis: tant il estoit loin de se pouuoir deffaire d'vn seul, quand il en eust eu la volonté. Quel homme, en toutes les circonstances de ce vice de sotte & presomptiue finesse! s'il vouloit cecy, il feignoit cela: & ne consentoit iamais aux choses de neant mesmes, que sa vraye intention fust cogneuë, ouy c'estoit tellement crime de la penetrer, qu'il fit mourir force gens, à ce que rapporte Dion, ne leur imputant que de l'auoir descouuert & entendu. Il faisoit visage doux à celuy qu'il vouloit perdre, & le contraire à celuy qu'il vouloit sauuer: il portoit mine gaye s'il auoit le cœur triste & l'enuers de ceste medaille: se comportant par fois auec ses amis comme auec des Indiens incogneus, à ce mesme dessein de coniller dans les cachettes. Et le couronnement de ces ioyeusetez, c'est, que la simulation estoit celle de toutes ses vertus pretenduës, qu'il aymoit le mieux, & qu'il instruisoit & animoit auec plus de soin: se trauaillant iour & nuict à creuser son imagination pour y pescher des fraudes grotesques, afin d'en faire de rares presens aux Nations. Voyez son ambiguité continuë & transcendante, qui le portoit à parler, voire ordonner tousiours d'vne façon obscure, mestiue, fourbe: iusques à designer tels & tels, pour aller gouuerner les Prouinces, ausquels il n'eust aucunement permis de sortir de la Ville. Il loüoit le Iuge d'absolution, & ne blasmoit point celuy de condamnation, en mesme cause: traict qui se peut quelquefois faire, mais il se faisoit tousiours chez Tybere: comme aussi par tout en autre part, ses iugemens & ses opinions representoient toutes choses bien & mal faites, & chacun auoir droict & tort. Il se plaignoit de ses ennemis, & se courrouçoit si le Senat luy demandoit leurs noms pour les chastier. Il estoit confict en esperance de cacher mille siennes actions publiques, & des intentions plus claires que le iour: outre cette acceptation de l'Empire alleguée. Finalement, il employoit la cruauté pour coup d'Estat, en mille endroicts où elle luy estoit autant inutile que honteuse & detestee de chacun. Combien au reste estoit-il inégal, sur la prodigalité & sur l'auarice? tesmoin la necessité mesprisee si laschement, de Marcus Hortalus petit fils de l'Orateur Hortentius: vice qui n'est point de ce predicament des sottes finesses: n'estoit qu'il est à penser veu l'humeur de ce Prince, qu'il songeoit tousiours quelque ruse en la contrarieté des traicts qu'il faisoit. Quelles siévreuses inuentions trouua-t'il aussi, bien que loüees de Dion, de mettre Seianus, tantost dans les Cieux, tantost soubs les pieds,

LES ADVIS. 343

lors qu'il le voulut ruiner? Et que vouloient dire enfin ses onze ans d'absence de Rome, venant à toute heure aux fauxbourgs sans y entrer, & sans iuste cause de n'y entrer pas? Disons plustost, qu'il n'y entroit pas, encores qu'il eust toutes les causes possibles d'y entrer: puis qu'il laissoit cependant Seianus, desia tres-puissant par sa longue souffrance, la pluspart du temps en ceste grande Ville, & en la possession absoluë du gouuernail de l'Empire du Monde: possession que la voluptueuse paresse de ce maistre luy resignoit, & que son absence rendoit plus absoluë: sans conceuoir soupçon, quoy que tres soupçonneux, sur des apparences & vray-semblances si iustes d'vsurpation, que celles qu'vn tel abandon & les actions de cét homme luy fournissoient. Tout cela, veux-ie dire, monstre, qu'il estoit en haut degré de ces gens, qui seroient fins, s'ils sçauoient comme il le faut estre, quelque reputation de finesse & de calidité que le vulgaire luy preste.

Le commun des hommes se heurte volontiers à ceste pierre de faux iugement, comme Tybere: tout ce qu'il faict de villonnerie, de cautelle & de malice attitrees, aygues, ou mousses, auec, ou sans succez, qu'elles soient, ouy quand elles se rebecqueroient contre luy-mesme, ainsi qu'elles font bien souuent; il croid le faire de ruse & de capacité: comme si la finesse & la capacité consistoient à inuenter & entreprendre la chose, non à l'inuenter & entreprendre vtilement & sainement. Bon Dieu! ne croissoit-il point assez de sottises au monde sans semer, si l'on ne se fust aduisé de le peupler de celles qu'on seme & cultiue ambitieusement? Or en vne Monarchie la Cour est la cresme de ce qu'on appelle le monde: & la nostre certes est aussi plainement l'exemplaire public des sottes & presomptiues finesses, que Tybere en est le particulier. Mais afin de le demonstrer plus clairement par exemples, les voicy. Ie souhaiterois seulement auoir mesme grace à les railler qu'vn seigneur qui vit en ce climat pourtant, & dont le discours en ient où i'estois, me mit l'autre iour en volonté d'escrire ce Traicté: c'est monsieur de la Rocheguyon: duquel on a ce

lebré trente vertus d'esprit & de mœurs ensemble, quand on a dit, comme il est veritable, qu'il est officieux amy des Muses & des gens d'honneur: sur tout en ce siecle, & notamment parmy les Courtisans de ceste haute volée. Laissons donc à part en premier article, que nos Courtisans à la mode, ou leurs émulateurs, forgent à chaque bout de champ des menteries qu'on découure aisément le lendemain : qui est proprement prendre peine de chercher plus fin que soy: & gaster en herbe au partir de là, le fruict tres-vtile qu'ils peuuent tirer de la reputation d'estre gens veritables, s'ils la vouloient acquerir. Marquons seulement, qu'vne partie de ce Peuple-là, prend autant de plaisir à voir découurir sa menterie qu'à la forger: s'attribuans à gloire & tiltre de gentillesse d'esprit, de faire voir que la verité rebouche contre leur plastron, & d'estre reputez imposteurs & mensongers: c'est à dire, renonceants au tribut du mensonge, qui consiste à sembler verité. Ie cognoy de ces testes, qui ayment bien mieux faire vne chose auec vtilité pareille, par fourbe & voye d'Espiegle, que par le droict chemin : qui trompent leur hoste, leur marchand, leur amy, sans fruict, & pour la seule gloire & galanterie qu'ils trouuent à tromper. Rangeons apres la vanité qu'ils font, de soupçons ordinaires sur leurs voisins: soupçons également iniustes & mal tymbrez la pluspart du temps, & qui chaussent tous pieds à mesme soulier. Surquoy nous ramenteurons à propos ou non, que les grands esprits & doüez de vertu, sont les moins soupçonneuses personnes du monde; ne pouuans qu'à toute peine imaginer d'autruy, ce qu'il ne faudroit pas imaginer d'eux: passons plus auant, ils sont les moins fines gens du monde encores, & les plus faciles à tromper: dédaignans d'apliquer & de proumener leurs soupçons pour precaution, sur les villonneries où ils ne daigneroient pas appliquer ny proumener leurs desseins. N'oublions pas qu'à mesme intention d'arborer leur suffisance, ces Courtisans icy font maintefois des affrons au tiers & au quart, si sa foiblesse le permet; piquez de fantaisie legerement conceuë de quelque mauuais office receu de luy, ou soubs la foy de
quelque

LES ADVIS. 345

quelque rapport, sans luy dire pour quel suiect ils le heurtent: dont il arriue qu'ils punissent pour vrais, bien cogneus & bien pris, vn faict ou vne parole qui sont peut-estre faux ou mal interpretez; & qui, quand ils seroient vrais & bien cogneus, n'emportent point de leçon ou de chastiment par cette punition, à celuy dont ils viennent, puis qu'il ne sçait à quel dessein on le frappe. De plus, celuy qui fait de tels affronts, manque de cognoistre ceux qui le desobligent veritablement, ou non: priuant ceux-là qui les reçoiuent, & desquels il se plaint, du moyen de l'esclaircir quelle a esté leur procedure en son endroict. A quoy i'adiousteray, que i'en ay veu d'autres de ceste volée, attaquer d'vne indignité quelque foible, cela s'entend tousiours, qu'ils auoient enuie de porter à faire ie ne sçay quelle chose de respect vers eux, ou chose d'autre telle espece, qu'ils n'osoient ou ne vouloient expliquer ouuertement: dont il arriuoit qu'à faute de pouuoir deuiner leur intention, l'indignité demeuroit à cét homme, & eux n'auoient pas ce qu'ils pretendoient. Et que dirons-nous, de ce que s'ils voyent vne mocquerie sur quelqu'vn, fust-il de leurs amis; ils croiroient renoncer au tiltre de galands s'ils la rebuttoient, ou s'ils n'y conferoient du leur, & n'en rioient, pour folle qu'elle soit? Que dirons-nous par dessus, de ce que ceste belle risée leur eschapperoit encores, à prix si haut que de trahir l'amitié, comme elle fait, quand ce ne seroit seulement que pour signaler la viuacité de l'esprit de celuy qui rapporte le conte? Semblables à ce mal-heureux flatteur de Seneque, qui voyant le cœur de son fils percé du traict designé d'vn Tyran, & cetuy-cy luy demandant s'il estoit bon archer, respondit; Qu'Apollon ne l'estoit pas meilleur. Que dirons-nous aussi de leurs chuchettemens à l'oreille, pour conter trois nefles? Quoy, de ce qu'ils recitent tousiours à leur aduantage vn accident scabreux, ou quelque duel de paroles offenciues, qui se sont passez à leur honte ou detriment? sans s'informer s'ils apprestent à rire, pource que l'on sçait la verité, ou s'ils font encore doublement les sots, ayans maçonné ce recit quatre fois de diuerse forme à mesme per-

X x

sonne: d'autant que leur memoire ne peut suffire à le retenir ferme, pour n'estre fondé que sur le plant vague & chancelant du mensonge? Quoy, de leur mystere, à voiler aux yeux de nous autres prophanes leur froide cabale, & leurs nouuelles, impettinentes la moitié du temps? nouuelles qu'ils sont forcez de feindre sçauoir des premiers, encore qu'ils les ignorent, & de regarder par dessus l'espaule ceux qui ne les sçauent pas, pour ne sembler estre de la basse-court: sans adiouster, que bien souuent ils en inuentent par douzaines à mesme fin. Quoy, de leur presomptiue sapience, à sçauoir & à practiquer superstitieusement les menuës fredaines & la cabale de leur entregent de Cour: qu'ils ne peuuent ignorer sans miracle, y estans nourris, & que nul de ceux qu'on croid les bien sçauoir, n'a bonne grace à practiquer punctuellement? Quoy, de ce que l'art de s'habiller tient vn grand rang en leur suffisance? Quoy, de ce que seul à seul, ils feindront quelque pitié, & par fois l'auront, de celuy qui se plaindroit d'vne iniure receüe; & s'ils sont en compagnie, s'en mocqueront & s'en riront auec les autres, croyans par ceste voye immortaliser leur mathoiserie & leur bel esprit: nommément s'ils peuuent adiouster ce bon mot à leur risée: Il ne croid pas auoir vn meilleur amy que moy? Quoy encores, de triompher & de faire les fiolens, du recit des brauades qu'ils ont faictes à des personnes simples ou mal appuyées? Quoy, ie vous prie aussi, de ce qu'ils pensent faire miracle, de se vanter, qu'ils ne cultiuent ou ne recherchent, que ceux dont ils ont affaire, pour les interests du monde? ne voyans pas que c'est se declarer d'vne part valets à gages, de l'autre brutaux : veu que la pluspart des excellentes conuersations, aliment plus cher des belles ames, *quibus viuere est cogitare*, sont logées loin de ceux où logent ces intrigues mondaines. Quelle gehenne leur pourroit faire dire pis contre eux-mesmes, que ces propos? Quoy, de ce qu'ils ne donneront iamais vn iugement ou vn conseil s'il est contre l'opinion commune de la Cour, pour iuste qu'il fust, & qu'ils le creussent, & pour iniustes & deloyaux qu'ils fussent en refusans de le donner, quand ils en sont requis? ouy-mesmes, de ce qu'au prix de toute iniustice & de toute fadaise, soit contre les hômes, ou contre les choses, ils conformeront presque tousiours leurs opinions & leurs iugemens comme leurs paroles, sur ce qu'on iuge & opine en ce lieu-là: bien qu'ils eussent par fois quelque lumiere d'aduis ou de cognoissance particuliere, qui dementé ces iniques sentimens, & qui leur presente par vne autre face les suiects dont il s'agit? Ames pires veritablement, que ces anciennes Idoles detestées du Roy Prophete: car si elles auoient l'œil, l'oreille & la bouche inutiles au bien, toutes ces parties estoient autant inutiles au mal : & ces gens-cy portent ces mesmes parties actiues au mal, & gourdes, ou plustost mortes au bien. Quoy, de faire vn article d'importance & de haute capacité, de ne se familiariser iamais, ny mesmes de ne s'entretenir de longue suitte, auec gens de nul pouuoir, encore moins auec ceux à qui la fortune met le vent au visage, quelque contentement & quelque vtilité qu'on peust tirer de l'esprit de ces personnes? Quoy, de leur flatterie la plufpart du temps si fort inutile, à cause de la presse des flatteurs? Quoy, de leurs perpetuelles & mysterieuses imitations les vns des autres, en habits, en paroles, en gestes, en entregent, en exercices, en mœurs, pour esgarées & vicieuses que toutes ces choses soient? Quoy, de ce que i'en cognois aucuns, qui parlent tousiours en baillant à leurs compagnons, ce qu'on appelle le fil: pensans leur faire croire sornettes pour s'en rire apres, & tousiours par suffisance: sans considerer s'ils ont affaire à gens plus fins qu'eux ou non? à quoy i'adiousteray, ces tireurs de langue par derriere apres mille caresses: fidelle aduertissement au spectateur de se tenir en garde, & de fuir leur amitié. Quoy, de l'ambition qu'ils ont de se haster des premiers à monstrer qu'ils sçauent des nouuelles du tiers & du quart: le piquotans à l'ouuert ou par ambages, selon qu'ils l'osent entreprendre, sur le premier mauuais conte qu'ils ont ouy faire de luy, veritable ou faux : au lieu qu'vn esprit genereux & vrayement habile, cacheroit auec soin la science de telles balluernes, s'il s'estoit amusé à la daigner recueillir? Quoy, de ce qu'ils croyent qu'on leur apportera des chandelles pour les miracles de la haute capacité, s'ils se font ouyr sur de nouuelles inuentions de médire, & de pendre des contes artistement estoffez à l'oreille des ceruaux coquets: comme s'il ne restoit pas tousiours aux docteurs du Pontneuf & de la porte du Louure, dequoy renuier sur eux le triomphe de ceste doctrine? Eh quoy finalement, de ce qu'ils pensent, que quiconque auroit autant d'esprit qu'eux, suiuroit leur route, en toutes ces belles affaires? & que si des gens d'importance ne font toutes leurs nigeries & toutes leurs ordures, en gestes, en paroles & en actions, c'est pour n'en auoir pas l'addresse, soit à faute d'entendement, ou pour estre venus trop tard en la Cour?

Il se trouue quelques autres sottes finesses, communes en la Cour, & hors d'elle. I'ay veu des gens croire auoir fait vn traict miraculeux de prudence, de demeurer sans yeux & sans oreilles aux querelles de leurs amis, nées en leur maison: pour ne vouloir, par vne neutralité tres-partiale, donner le tort à son autheur, encores qu'il fust grand, & tout d'vn costé. Comme s'ils n'eussent pas esté les premiers outragez en cét outrage commis, puis qu'ils sont obligez de maintenir l'asyle de leur maison franc & vierge à ceux qui s'y meslent, mesmement leurs amis: & puis encores, qu'il n'est rien plus contraire à la reconciliation d'vne brouïllerie, que de fouler derechef l'offencé, en ne foulant pas l'offenceur, & ne luy faisant pas viuement recognoistre le tort qu'il doibt satisfaire. I'ay veu d'autres personnes à quantité, s'essayer de persuader à des ceruaux autant & plus subtils que le leur, qu'ils auoient tort en vne trop iuste querelle: pour les mener, disoient-ils, plus facilement à raison aux fins de l'appoinctement. C'est pourtant les en reculer plus loin qu'ils n'estoient, par le despit de telle iniustice & de tel reproche: qui feroient tousiours herisser les courages, mais doublement les courages offencez. Sottes finesses sont encores celles de certains esprits, qui pensans faire les braues, prennent des pretextes impertinents de refus & de defaicte, en des occasions où par voye de modestie ils en

LES ADVIS.

trouueroient de pertinents. Pour donner exemple, i'en ay veu quelques-vns, à cause qu'ils ne vouloient pas assister de leur soin ou de leur credit les affaires de leurs amis, dire, qu'ils n'estoient pas solliciteurs: d'autres respondre, qu'ils n'estoient pas traducteurs, parce qu'on leur demandoit l'intelligence d'vn mot de Thucydide ou d'Horace, qu'ils n'entendoiët peut-estre nullement: d'autres, pour ne sçauoir tenir leur partie à quelque dispute de conference, alleguer, qu'ils n'estoient pas pedans ou testus. Et puis mettre entre les esprits à sottes finesses, non seulement ces gens qui par ambition de faire les docteurs, pointillent sur des parolles innocentes, qu'ils lisent ou qu'ils oyent, mais ceux aussi dont ie parle au Traicté *De l'Impertinente amitié,* qui se croyent obligez par bien-seance, à quereller tousiours les plainctes qu'on faict du tort receu de leurs amis ou parens, pour équitables qu'elles soient : ne donnans lieu à l'équité ny à la verité, que par où elles se rendent ministres de leurs interests: & armans de plus en plus l'insolence de ces mesmes parens & amis par leur suport : affin de les exposer au hazard des consequences qu'elle attire tous les iours sur ses propres autheurs. Il faut loger icy certaine autre sorte de personnes, qui pour bien contrefaire les raisonnables, trouuent tousiours que celuy qu'on accuse, ou duquel on se plaint à quelque tiltre que ce soit, en a donné suiet : & qu'il ne deuoit pas faire ou dire les choses dont il est question. N'espargnans point ce bon mot, si l'occasion peut permettre qu'ils imposent: Ie l'en auois bien aduerty. Rangeronsnous pas apres, ces bons penitens, qui ne pensent point se pariurer, pourueu qu'en affermant vne chose fauce, ou promettans celle qu'ils ne veulent pas tenir, ils en songent vne autre? comme si l'escoutant estoit tenu de penetrer la pensée à l'enuy de Dieu : & comme si le serment se consommoit en celuy seul qui le faict, non en celuy qui le faict & qui le reçoit ensemble : & encores, comme s'il estoit faict pour le seruice & la satisfaction de ce premier, & non pour l'esclaircissement & la commodité de ce dernier. Voicy cette vne nouuelle finesse & des plus rancheries: vn serment la

Xx iij

ste, bien qu'il soit falsifié & dementy de la langue du iureur: & vn iureur si fat, de croire estre moins perfide pour penser autre chose que ce qu'il dit en iurant : si fat, disie, d'estimer que sa langue l'oblige moins, quand sa pensée la contrarie. A qui mieux qu'à ceux-cy pourroient prescher les Essais; Que ce n'est point assez d'apprendre qu'on a fait vne sottise, si l'on n'apprend encores qu'on n'est qu'vn sot? Où n'est-ce point assez d'estre meschant par le pariure, sans estre meschant & sot ensemble? Il faudroit à ce comte apporter, non vne oreille au serment de telles gens, mais vne coignée à leur fendre le sein, pour éuenter ceste pensée: & le genre humain est en mauuais termes, puis que le general & principal arc-boutant de la societé humaine, la monnoye, soudure & caution de son commerce, qui sont la parole & le serment, ne peuuent plus estre examinez ny recogneus par celuy qui les reçoit, & se peuuent falsifier sans peché par celuy qui les debite. Or donc, non seulement le iureur est tenu de faire valoir à l'escoutant ce qu'il dit, non ce qu'il pense, mais encores ce qu'il veut que l'escoutant entende : bien que luy parlant n'en eust dit qu'vne partie, par certaine intention madrée de surprendre l'oreille sous vne illusion de paroles, ou par erreur d'obmission : sans pouuoir à l'aduenir, par quelque subtil rauisement d'interpretation, sur vn nouuel interest qui suruiendroit, alleguer ceste obmission contre le droict que le mesme escoutant prendroit de telles paroles : apres qu'il auroit iustement compris, que luy qui les auroit prononcées voulust estre entendu comme il l'auroit esté lors qu'il les prononçoit, & auant qu'il se fust aduisé de ce qu'il auroit obmis, ou qu'il eust songé de tirer vtilité de cette obmission. Voire si quelque personne, mesmement qui se fie en sa foy, s'abusoit de soy-mesme, & de sa propre faute, en ses langages, par simplesse ou par autre bout, & qu'il s'en apperçoiue, il la doibt desabuser, quoy que cét abus fust commode à luy. Pourrons-nous passer en silence, ceux qui nient auoir vn rayon de bonne opinion de leur merite, quelque iuste qu'elle puisse estre, & quelque éuidente qu'elle soit, nonobstant leur dény ? Donnons rang entre ces beaux esprits à certains suffisans, qui sont vn poinct d'honneur de ne changer iamais de sottes opinions, humeurs ou mœurs, ausquelles ils sont habituez, pour bien qu'on les esclaircisse de leur tort en tout cela : comme s'il y auoit plus de danger à se corriger qu'à faillir: ou comme s'ils estimoient l'authorité de leur iugement si puissante, que telles choses ne peussent estre nettement condamnées, durant qu'ils les practiqueroient ou maintiendroient. Que dirons-nous de quelques delicats, qui ne prieront iamais vn tiers pour vn amy à quelque prix que ce soit, s'ils craignent d'estre esconduits? tout ainsi que s'ils ne pouuoient pas acquerir plus d'honneur par ceste preuue d'amitié, de s'exposer à receuoir déplaisir ou mauuais traictement pour leurs amys, si le refus s'appelle mauuais traictement, que leur credit ne receuroit d'escorne par ce refus: dont mesme l'autheur allegue à tous propos de si pertinentes raisons, qu'il ne blesse point la bien-seance de celuy qui le reçoit? Quoy, de ceux-là, qui ne prieront aussi iamais vn moindre qu'eux, croyans se degrader par ceste voye, & se mettre au dessoubs de luy? Quoy, de ces gens, qui font vne notable bien-seance & vne prudence, de ne dire iamais vne iniure qu'ils ont receuë, ou bien vn refroidissement de la faueur des Grands : encores que les pauez des ruës sçachent tout cela? Quoy, de ces fins, qui font vanité, ou plustost poinct d'honneur, de courre & trepigner apres les ieunes femmes : ouy mesmes sans dessein & sans espoir de leur amour, & de fuïr celles qui passent trente ou trente-cinq ans, quelque agreable conuersation quelles ayent, & quelque fade que l'ayent ces premieres? N'est-ce pas s'enrooller par ambition au rang des bestes, où le corps emporte l'ame ? & qui ne sçauent rien faire que se iouër, si elles ne dorment ou mangent? Et si ne croira-on pas que i'en parle pour mon interest: ma mauuaise fortune m'exposant si fort au mespris de ces specieuses personnes-là, qu'elles ne daignent pas s'amuser à songer quel aage i'ay: qui s'appelle tantost le double de cestuy-là. Que faut-il iuger de ces Rolants, qui se reputent obligez par brauerie de maintenir vne offence ou vne folie s'ils l'ont faicte, fust-ce vers tels & tels qu'ils pourroient mesmes satisfaire sans aucune suspition de crainte? Que peut-on dire de ceux aussi, qui croyent à chaque bout de champ, qu'on n'est pas capable de comprendre pertinemment ce qu'ils disent, ny de leur respondre à poinct nommé, nonobstant qu'ils soient faicts comme le reste de leur parroisse? Quoy, de ces entendus, qui ne loueront iamais leurs voisins, quelque suiect qu'il y ayt, conceuans ceste haute opinion d'eux-mesmes, que rien n'est digne de leur estime, moins de leur admiration? & leur semblant qu'ils sont tousiours en merite au dessus d'autant de gens qu'ils ne loüent pas? Quoy, de ces autres derechef, qui disent toutes les iniures qui leur viennent à la bouche, à celuy qu'ils veulent offencer, si sa foiblesse leur en permet l'audace? croyans auoir ravalé son prix iusques au poinct que les iniures portent, puis qu'il leur a pleu de les prononcer comme vn arrest souuerain: sans s'informer pourtant, si elles sont proportionnées ou non, à leur obiect? Quoy, de ceux qui feignent de mépriser ce qu'ils ont suiect d'enuier? ou qui pensent auoir rendu vne chose ridicule, à cause qu'ils en rient? Quoy, d'vne espece de personnes, qui pour canoniser leurs actions, damnent celles d'autruy? croyans qu'on ne se desfiera iamais, qu'vn homme qui a le courage de crier contre ses voisins, eust dequoy faire crier contre luy: comme si la touche des vertus ne consistoit pas en la charité officieuse, ou du moins non offenciue vers nostre semblable: en sorte qu'il n'y peut auoir aucune vraye vertu en l'ame, où l'on ne void point l'abstinence de mesfaire au prochain, ainsi qu'ils font cruellement par cette voye? Quoy, de quelques-vns, qui presument de rabattre suffisamment des paroles ou des lettres de riotte, s'ils publient seulement, qu'ils dédaignent d'y respondre, notamment si elles viennent de gens moins puissants qu'eux? bien qu'elles fussent plaines par fois de plaintes si moderées, si saines & si iustes, que l'assailly ne peust alleguer cause pertinente de silence, sinon; qu'il ne seroit pas obligé, d'estre si habille homme que l'assaillant, pour le contrepoincter par sa replique? Quoy, de ces autres

encores,

encores, qui vous attacheront vne prudence & vne religion de bien-seance, à mesurer les caresses & les faueurs qu'ils departent à quelqu'vn, selon ses rentes & ses grades? Quoy, de ces autres apres, qui par affectation de finesse veulent estre tenus pour simulez: ne considerans pas, qu'il faut qu'ils renoncent le fruict ou la reputation d'vne qualité si peu sociable? Et quoy finalement, de ceux, qui croyent, leurs Escrits beaucoup plus exempts de faute & plus riches de lustre, de ce qu'ils les exposent au publicq, sans les communiquer auparauant à leur amis? comme estimants ne pas meriter la correction, pource qu'ils ne la recherchent point, & la meriter s'ils la recherchoient: & comme si leur presomption encore, & non leur addresse donnoit le prix à leur ouurage: tellement qu'vn tiers fust tenu sans autre égard ou enqueste, de l'estimer ce qu'ils l'estiment? En quoy pleust à Dieu qu'ils m'eussent departy quelque eschantillon de leur asseurance: non que ie la desirasse pour l'estimer belle, ou pour croire qu'elle m'appartint: mais ouy bien, afin de me diuertir de rompre la teste à force gens, tous les iours, sur la desfiance & la communication des miens.

Cur nescire, pudens pravè, quàm discere malim?
Ferons-nous point icy place à des caboches, qui pour triompher de subtilité madrée, entreprennent à tous coups, de tromper plus fin qu'eux: parce qu'il leur semble que le couronnement de ceste finesse, dague de theatre qui r'entre en soy-mesme, consiste à l'entreprise, encore que la conduite & le succez n'y respondent pas? & encore aussi, qu'ils soient restez cent fois en leur vie auec vn pied de nez, pour s'estre engagez à pareil dessein? Germains de ces grands personnages, qui croyent tousiours s'estre esleuez par dessus vn esprit, & portez pour plus habiles & plus sçauans que luy, quand ils ont seulement faict voir qu'ils le mesprisent: ou bien qu'ils luy ont ioüé quelque piece de fourberie, ou d'autre espece. Sans nous arrester à dire, que s'il est question d'vn entendement ou d'vn Escrit de femme, tel qu'il soit, ils croiroient se faire honte de manquer a les conter pour rien sans autre enqueste, & sans s'amuser à les considerer. En ce

blierons-nous d'autres, qui ne veulent iamais laisser croire qu'ils soient capables d'estre trompez, ou de ne voir goute aux choses qui se font ou disent autour d'eux, quelque vtilité qu'ils puissent trouuer à feindre l'ignorance? ne s'aduisans pas, qu'il faut cacher à certaines gens la cognoissance ou la descouuerte que nous apportons à ce qu'ils nous veulent celer, voire iusques à certaine mesure, au tort qu'ils nous tiendroient: pource que leur bonne grace ou leur paix, au pis aller, sont plus desirables que leur bonne opinion, qui sçauroit priser nostre pointe d'esprit si penetrante, en la leur exprimans par la monstre que nous ferions de ces descouuertes? Attaquerons-nous point en ce lieu, ceux qui pour contrecarrer par galanterie, des gens qui se laissent gouuerner, sont religion de ne receuoir iamais conseil s'il ne croist en leur teste? Lairrons-nous en arriere la cuuée de ceux, qui s'imaginent faire vn grand tour de souplesse, de taire ce que nul ne peut ignorer, soit en leur naissance, en leur fortune, ou en leurs accidens? & de ne nommer iamais par son nom, ny mesmes par circumlocution, s'ils n'y sont gehennez d'vn puissant besoin; vne imperfection en leur corps, si elle est des laides, bien qu'elle soit euidente? ie ne dis pas en leur ame, puisque les plus fins ne voyent gueres clair en celles de ce genre. Mentionnerons-nous pas aussi ceux-là, qui reiettent pour faux tout ce qui est hors la vray-semblance? ou qui croyent faire merueille de mathoiserie, s'ils prennent le vray-semblable pour vray, nommément alors qu'il tôbe au reproche de quelqu'vn? & matoiserie encores, s'ils attribuent à chacun les effects & les intentions conformes à son interest, pour iniustes que fussent tels effets & telles intentions? Cela, pour toute raison, à cause qu'il arriue communément qu'on doit ainsi iuger des consciences: sans considerer, combien le suiect dont ils babillent, peut bien ou mal meriter qu'on le chausse au pied commun: & combien il est raisonnable & necessaire, de donner lieu frequent aux exceptions. Enroollerons-nous point ces autres-cy, qui ne font aucun scrupule de soupçonner plus facilement & generalement de mauuaise ou gailtarde conscience, tous ceux qu'ils sentent auoir de l'esprit: & simples par contrepied, toutes les ames bonnes & benignes? Et ceux qui se persuadent, qu'vn homme interessé en vne cause ne la peut soustenir de bonne foy, ny de clair iugement, ne tiendront-ils pas rang en ce lieu: se rians, pour commer, si celuy qui est offencé de l'ingratitude, de la médisance, ou du vol, declame & pretend authoriser ses raisons contre tels vices? Refuserons-nous vn petit salut en passant, à ces bons Apostres, qui croyent payer & couurir toute espece de meschancetez aux yeux du monde, & mesmes à ceux de Dieu, par iesunes & chapelets? (si telles finesses peuuēt estre rangées en ce Chapitre) ou qui presumēt faire deuëment leur Pasque, pour en passer le iour deuotement: sans considerer quelles actions, & quels autres iours bien ou mal passez, precedent ou suiuent cestuy-là? Ceux-là seront-ils obmis en fin, qui font galanterie de rompre leur foy à celuy qui ne les en peut faire repentir par sa foiblesse: & dauantage, se moquent de quiconque estime qu'vn foible puisse obliger la foy d'vn fort: sans considerer qu'à ce comte, c'est à eux-mesmes qu'ils promettent la foy, & à eux-mesmes qu'ils la tiennent: & que cét vsage s'appelle, mespriser Dieu, & craindre les hommes. O que ie dirois volentiers à ce grand nombre de messieurs les fins, s'ils estoient de mes amis, qu'ils se deuroient contenter des asneries que l'ignorance leur faict faire, sans y adiouster celles que la suffisance presomptiue y mesle, comme sont toutes celles que i'ay touchées en ce Traicté: adioustons, que cette suffisance presomptiue, est encores elle mesme la cresme de l'ignorance & de la sottise.

GRIEF DES DAMES.

Bien-heureux es-tu, Lecteur, si tu n'es point de ce sexe, qu'on interdict de tous les biens, l'interdisant de la liberté: adioustons, qu'on interdict encore à peu pres, de toutes les vertus, luy soustrayāt les Charges, les Offices & fonctions publiques: en vn mot, luy retranchans le pouuoir, en la moderation duquel la pluspart des vertus se forment; afin de luy constituer pour seule felicité, pour vertus souueraines & seules, l'ignorance, la seruitude & la faculté de faire le sot. Bienheureux derechef, qui peux estre sage sans crime: ta qualité d'homme te concedant, autant qu'on les defend aux femmes, toute action de haute volee, tout iugemēt, & toute parole de speculatiō exquise, & le credit de les faire approuuer, ou pour le moins secouter. Mais afin de taire pour ce coup les autres griefs de ce sexe, de quelle insolente façon est-il ordinairement traicté, ie vous prie, aux conferances, autant qu'il s'y mesle? Et suis si peu, ou pour mieux dire si fort glorieuse, que ie ne crains pas d'aduoüer, que ie le sçay de ma propre experience. Eussent les Dames ces puissans argumens de Carneades, il n'y a si chetif qui ne les rembarre auec approbation de la pluspart des assistans, quánd auec vn souris seulement, ou quelque petit branslement de teste, son éloquence muette aura dit: C'est vne femme qui parle. Tel rebutte pour aygreur espineuse, ou du moins pour opiniastreté, toute sorte de resistance qu'elles peussent faire contre les arrests de son iugement, pour discrette qu'elle se montre: ou d'autant qu'il ne croid pas qu'elles puissent heurter sa precieuse teste par autre ressort que celuy de l'aygreur & de l'opiniastreté: ou parce que se sentant au secret du cœur, mal ayguisé pour le combat, il faut qu'il trame querelle d'Allemand, a fin de fuir les coups. Et n'est pas l'inuention trop sotte, d'acrocher sur les fins de non receuoir la rencontre de quelques ceruelles qui peut-estre luy feroient peine à debeller. Vn autre s'arrestant par foiblesse à my-chemin, soubs couleur de ne vouloir pas importuner personne de nostre robe, sera dit victorieux & courtois ensemble. Vn autre, derechef, bien qu'il estimast vne femme capable de soustenir vne dispute, ne croira pas que sa bien-seance luy permette de presenter vn duel legitime à cét esprit : pource qu'il la loge en la bonne opinion du vulgaire, lequel méprise le sexe en ce poinct-là. Pourrions-nous estendre ces vers d'Horace, iusques au reproche de ceste espece de desir & de crainte, d'vne indeuë approbation ou reprobation populaire?

Nul n'a chery ny redouté,
Le faux honneur, ou le faux blasme,
S'il n'a couué luy-mesme en l'ame,
Le mensonge & la faulseté.

Suffisance esclaue & chetiue, qui ne peut & ne veut estre que ce qu'il plaist, ny agir que selon qu'il plaist, à vne foule de sots & de soux, car ainsi faut-il baptizer le commun du monde : & plus chetiue & catherreuse équité, qui ne faict honneur ny iustice au merite d'autruy, que selon ses propres interests: mesmement tels interests que ceux d'vne grimace mõdaine, si faciles à mespriser si son maistre est sage. C'est bien loin apres tout, de mener par le nez vn vulgaire, que de faire vanité qu'il nous mene par le nez nous mesmes! Suiuons. Cetuy-cy disant trente sottises, emportera neātmoins le prix, par sa barbe, ou par l'orgueil d'vne capacité pretenduë, que la compagnie & luy-mesme mesurent selon ses commoditez & sa vogue : sans considerer, que bien souuent elles luy naissent d'estre plus bouffon ou plus flatteur que ses compagnons, ou de quelque vilaine submission, ou autre vice : ou de la bonne grace & faueur de telle personne, qui n'accorderoit pas vne place en son cœur, ny en sa familiarité, à de plus habiles gens que luy. Cetuy là sera frappé, qui n'a pas l'entendement d'appperceuoir le coup rué d'vne main feminine. Et tel autre l'apperçoit pour l'éluder tourne le discours en risée, ou bien en escopetterie de caquet perpetuel, ou le destord & diuertit ailleurs, & se met à vomir pedentesquement force belles choses qu'on ne luy demande pas: ou par sotte ostentation, l'intrigue & confond de bastelages logiques, croyant offusquer son antagoniste par les seuls esclairs de sa doctrine, de quelque biais ou lustre qu'il les estale. Telles gens sçauent, en cela, combien il est aisé de faire profit de l'oreille des spectateurs: lesquels pour se trouuer tres-rarement capables de iuger de l'ordre & de la conduitte d'vne dispute ou conferance, & de la force des conferans, & tres-rarement capables aussi, de ne s'esblouïr pas à l'esclat de ceste vaine science que ceux-cy crachent, comme s'il estoit question de rendre comte de leurs leçons; ne peuuent descouurir quand ces galanteries-là sont fuitte ou victoire. Ainsi pour emporter le prix, il suffit à ces messieurs d'esquiuer le combat, & peuuent moissonner autant de gloire qu'ils veulent espargner de labeur. Ces trois mots soient dits sur la conferance, pour la part speciale & particuliere des Dames: car de l'art de conferer en general, & de ses perfections & desfaux, les Essais en traictent iusques au faiste de l'excellence.

Remarquôs en ce discours, que nô seulemêt le vulgaire des Lettrez bronche à ce pas, contre le sexe feminin, mais que parmy ceux mesmes viuans & morts, qui ont acquis quelque nom aux Lettres en nostre siecle, ie dis ; par fois soubs des robes serieuses; on en a cogneu qui mesprisoient absolument les Oeuures des femmes, sans se daigner amuser à les lire, pour sçauoir de quelle estoffe elles sont: & sans se vouloir premierement informer, s'ils en pourroient faire euxmesmes, qui meritassent que toute sorte de femmes les leussent. Traict en verité fort commode selon le goust populaire à releuer l'éclat de leur sapience: puisque pour mettre vn homme en estime aupres du commun, ceste beste à plusieurs testes, sur tout en la Cour; il suffit que cet homme méprise cetuy-cy & cetuy-là, & qu'il iure estre quant à luy, le prince du monde: à l'exéple de ceste pauure folle, qui croyoit se rendre vn exemplaire de beauté, pour s'en aller criant par nos ruës de Paris, les mains sur les costez: Venez voir que ie suis belle. Mais ie souhaitterois en charité, que ces gens eussent adiousté seulement vn autre traict de souplesse à cetuy-là. C'est de nous faire voir que la valeur de leur esprit surpassast teste pour teste celle de ce sexe par tout : ou bien au pis aller, égallast celle-là de leurs voisins : ouy mesmes voisins au dessoubs du haut estage. Cela s'appelle, que nous ne leussions pas aux regiistres de ceux de leur troupe, qui osent escrire, des traductions infames s'ils se meslent d'exprimer vn bon Autheur: des conceptions foibles & basses, s'ils entreprennent de discourir, des contradictions frequentes, des cheutes sans nombre, vn iugement aueugle au choix & en la suite des choses : ouurage desquels le seul assaisonnement est vn leger fard de langage, sur des matieres desrobées: glaire d'œufs battuë. A propos dequoy, ie tombay l'autre iour sur vne Epistre liminaire de certain personnage, du nombre de ceux-là qui font piaffe de ne s'amuser iamais à lire vn Escrit de femme : mon Dieu que de diademes, que de gloire, que d'Orient, que de splendeur, que de Palestine, recherchez cét lieuës par delà le mont Liban! mon Dieu que de pieds de mouche, passans pour autant de phenix en l'opinion de leur maistre ! & combien sont loin des bons ornemens, ceux-là qui les recherchent dans l'enfleure ou pompe des mots, particulierement en prose? Ceux à qui Nature donne vn corps gresle, ce dit vn homme de haut merite, le grossissent d'ambourreure: & ceux de qui l'imagination conçoit vne matiere exile ou seiche, l'enflent de parolles. Quelle honte encore, que la France voye d'vn œil si trouble, & d'vn iugement si louche, le merite des Escriuains, qu'elle ayt donné reputation d'escrire excellemment à vn Autheur, qui comme le pere de ceste Epistre n'eut iamais qualité recommandable, reserué celle de ce fard, assisté de quelque science scholastique? Ie le veux tant moins nommer, de ce qu'il est mort. Finalement, pour retourner à souhaitter du bien à mon prochain : ie desirerois aussi qu'aucuns de ceste volée de sçauans ou Escriuains mesprisseurs de ce pauure sexe mal mené, cessassent d'en ployer les Imprimeurs : pour nous laisser à tout le moins en doubte, s'ils sçauent composer vn Liure ou non : car ils nous apprennent qu'ils ne peuuent, édifians les leurs par le labeur d'autruy: ie dis les édifians en detail & par fois en gros, de peur que cét honneste-homme que les Essais raillent de mesme vice en la saison de leur Autheur, ne demeurast sans compagnie. Si ie daignois prendre la peine de proteger les Dames, i'aurois bien-tost recouuré mes seconds en Socrates, Platon, Plutarque, Seneque, Anthistenes, ou encores, Sainct Basile, Sainct Hierosme, & tels esprits, ausquels ces Docteurs donnent si librement le dementy & le soufflet, quand ils font difference, sur tout difference vniuerselle, aux merites & facultez des deux sexes. Mais ils sont asses vaincus & punis de monstrer leur bestise inconsiderée, condamnans le particulier par le general: (accordé qu'en general le talent des femmes fust inferieur) de la montrer aussi par l'audace de mespriser le iugement de si grands personnages que ceux-là, sans parler des modernes, & le decret éternel de Dieu mesme, qui ne faict qu'vne seule creation des deux sexes: & de plus, honnore les femmes en son Histoire saincte de tous les dons & faueurs qu'il depart aux hommes, ainsi que i'ay representé plus amplement en l'*Egalité* d'eux & d'elles. Outre tout cela, certes, ils souffriront, s'il leur plaist, qu'on les aduertisse; que nous ne sçauons pas s'ils sont capables de deffaire les femmes par la souueraine loy de leur bon plaisir, qui les condamne à l'insuffisance, ou s'il y a de la gloire pour eux en leurs efforts de les effacer par le mespris : mais nous cognoissons quelques femmes, qui ne feroient iamais gloire de si peu de chose, que de les effacer eux-mesmes: ie ne dis pas effacer à si bon marché que par l'iniure du mespris, dont ils sont si plaisamment leur foudre, ouy bien par merites. Dauantage, ils sçauront que la mesme finesse qu'ils cherchent à dédaigner ce sexe sans l'ouyr & sans lire ses Escrits, il la cherche à leur rendre le change, parce qu'il les a ouys & a leu ceux qui sont partis de leur main. Ils pourront retenir au surplus vn dangereux mot de tres-bonne maison ; Qu'il n'appartient

qu'aux

qu'aux plus mal-habiles de viure contents de leur suffisance, regardans celle d'autruy par dessus l'espaule : & que l'ignorance est mere de presomption.

DEFFENCE DE LA POESIE, ET DV LANGAGE DES POETES.

A Madame des Loges.

Vous seriez inuoquée à la face de ce discours sous le nom d'vne Muse, si le vostre, Madame, n'auoit mesme son, entre ceux qui sont capables de vous cognoistre. Certains Poetes que i'ay à combattre, prennent entr'autres les Dames à garand du nouueau party qu'ils tiennent : & puis qu'il est ainsi, & qu'on sçait que vous auriez autant de suiet de demander pour combien de milliers de Dames on vous comte, qu'Antigonus auoit de raison de s'informer pour combien de vaisseaux on le comtoit en vne armée nauale ; i'appelle à secours icy vostre authorité seule & vostre protection. C'est peu d'estre honnorée & recherchée des premiers de la France, comme vous estes : mais c'est beaucoup de sçauoir comme vous le sçauez, accueillir courtoisement les petits au milieu de l'esclat de cét applaudissement des Grands, qui éblouit chacun par tout ailleurs, & enyure les esprits d'vne vanité qui ne daigne plus regarder que l'Arc-en-Ciel & ses cousins. Or estendant ceste moderation iusques aux dons des Muses : si les Liures superbes que vous offrent chaque iour ces Messieurs les doctes dont il est question, sont accueillis benignement en vostre chambre au rang de ces Grands ; i'espere que le mien

Z z

humble & bas, fera receu d'vne benignité pareille au rang des petits. Que si ces gens le combattent d'vne trop forte guerre, ainsi qu'ils ont faict tous mes autres chetifs ouurages, il en tirera pour le moins ceste particuliere & tendre faueur, Madame; que comme vous daigneriez fauorablement en vn besoin, donner place au lict à sa mere, vous la donnerez à luy soubs le cheuet, pour le cacher & le sauuer de leurs mains. 1626.

PREMIER TRAICTÉ.

Quelle est l'insolence de quelques Poetes nouueaux, tant contre l'art & la langue, que contre les Grands Autheurs: auec quelle impertinence & quel preiudice des Lettres.

Le sors d'vn lieu où i'ay veu ietter au vent les venerables cendres de Ronsard & des Poetes ses contemporains, autant qu'vne impudence d'ignorans le peut faire: brossans en leur fantasies, comme le sanglier eschauffé dans vne forest. Or apres que tels discoureurs ont dechiré de cent sortes, & parmy tous ceux qui les veulent escouter, l'art & les côceptions de ces Poetes, qu'ils croyent aisément preceder teste pour teste; leur grand & general refrain butte sur leur langage, allegans: On ne parle plus ainsi. Nous respondrons seulement à ce premier poinct de reproche qui regarde la methode & les conceptions, vn mot de Quintilian, quoy que nous l'ayons mis en œuure ailleurs: Aucun n'est obligé de contredire les choses manifestement faulses & friuoles. Aussi bien resteroient comme inutiles nos remonstrances sur la Poesie, en vn siecle où elle est si peu cogneuë. Et pour le second poinct

LES ADVIS. 363

qui regarde la langue, d'autant que force gens en peuuent dire leur aduis au moins de sa routine; ie m'efforceray de le rabattre icy par quelques raisons, & en autre lieu, c'est à dire en face de mes Poësies & de mes Versions, par l'exemple precis de l'Eminentissime Cardinal du Perron, & de monsieur Bertault, Euesque de Sées: lesquels ces nouueaux Poëtes ont à mauuaise grace à recuser comme vieux parleurs, puis qu'ils ne les ont pas recusez de leur viuant: & puisque nous venons aussi de les enterrer depuis vne espace de têps, qui se peut appeller trois mois. Ie diray sans plus en bloc, pour ceste heure, que ces Prelats admettent tous les mots, vocables & manieres de parler & de poëtiser qui se trouuent en ces premiers Escriuains, ou autres manieres de parler, phrases, mots, vocables & verbes autant émancipez, selon que leur besoin l'exige: & qu'ils ne trouuoient rien de plus ridicule, que cet outrecuidé refrain que ie viens de notter des Poëtes d'à-present, dequoy l'on sçait qu'ils ont eu par fois les oreilles desieunees. Il ne faut pas oublier, qu'ils ont eu les yeux repus aussi, de la lecture des Poëmes à la nouuelle mode: par le langage desquels ils apprenoient, qu'eux-mesmes ou ces Poëtes ne sçauoient pas parler François. Si ces esprits sublimes se sont mocquez d'vne telle innouation, ainsi qu'il paroist euidemment par leur constance à suiure la route accoustumee; serions-nous pas des bestes si nous ne nous en mocquions à nostre tour ? Mais tant plus trouuoient ces deux Prelats vn tel refrain ridicule, de ce que ceux-cy le prononcent comme gens qui reputent le patron qu'ils donnent bastant à tenir lieu de necessité pour vn changement d'vsage: & de celuy de telles personnes que Ronsard, du Bellay, Des-Portes, & du Bartas: lequel pour mal particulier que ces medisans luy veuillent, a plus de vertus qu'il n'en faut pour couurir les tares. Adioustons, qu'ils estiment leur exemple, capable encores, de changer & lier l'vsage des mesmes Prelats: puisque leurs Liures, s'il le faut repeter, parlent d'vne façon si conforme aux Escrits de ces premiers, qu'on void qu'ils l'ont espousée. Dieu me gard' d'estre si temeraire & si ingrate vers les grands esprits, qui ont escrit auant moy, & mesmes de mon temps, & en vne saison polie & lettrée, que de leur reprocher l'employ de mille choses, refusant de les employer apres eux: & que d'essayer à les flestrir & à les enseuelir au tombeau du mespris par vn contrelustre, ainsi que ces nouueaux venus pretendent faire: dessein atroce & felon. Bon Dieu qu'ils sont ayses d'auoir trouué la faculté de regenter & de triumpher du mestier à si bon marché, que de mettre seulement les ciseaux dans l'estoffe qu'on leur presante: couper, trancher, rougner à tors & à trauers, tant plus ambitieusement, de ce que celuy qui plus retranche emporte pour eux la couronne sur ses compaignons: & nous veut persuader, que s'ils eussent esté aussi habilles gens que luy, ils se fussent encores aduisez d'escoliter, comme il faict, nostre langue de ce mot & de cét autre, qu'ils ne s'estoient pas aduisez de luy retrancher. Quelle plus heureuse & facile miniere de suffisance & de reputation pouuoient-ils découurir que celle-là? Mais certes outre la lascheté qu'ils commettent, offensans des noms dignes de grand respect, ils sont fort mauuais François de vouloir aussi flestrir vn des plus riches fleurons de la gloire de nos Roys & de la France, qui consiste au presant que des Poetes de tel merite leur ont fait de la leur par reflexion: & don certainement qui a rendu la patrie venerable & admirable aux Nations. Dieu me gard' encores de douter, que les exemples de tels Poetes, ne soient vne loy souueraine: & d'estre si simple, que d'estimer iamais homme digne de se faire ouïr sur leur decry, qui ne m'ayt faict voir que son esprit égale ou surpasse le leur: pource qu'il est vray que si cela n'est, il faut par raison naturelle, que ceste hautesse de leur air importunant & embarassant la foiblesse du Lecteur, soit cause de le porter aux iniures contre leur reputation: nommément s'il est presomptueux, tels que ces gens sont recognus par mer & par terre. Ie ne puis oublier icy, que ce grand iuge des Poetes, que i'appelle à bon droict mon second Pere, puis que ie luy doibs l'instruction de mon esprit, public aux Essais; Que Ronsard & du Bellay ont à son opinion éleué la Poesie Françoise au plus haut poinct qu'elle sera jamais: & ce venerable Chancellier de l'Hospital nomme Ronsard, le Genie de la France. De plus chaqu'vn sçait, que nos deux Prelats mesmes, ont touliours obserué, ouy mesmes reueré ce mesme Ronsard pour leur Prophete: dequoy feront foy leurs immortels Escrits. Que ces Poetes de fraiche datte ne dient point, par modestie simulée, qu'ils attribuent au temps cette pretenduë mutation de langage depuis ces trois premiers, & non à la force du nouuel exemple de parler qu'ils donnent. Car outre que l'espace est trop bref pour auoir faict ce coup, & que la façon de parler de ces Prelats, & dauantage la façon de parler publique, autant que celle-cy peut estre consideree sur la Poesie, nous enseignent, qu'on parle à ceste heure comme alors; nous prouuerons en ces Traictez, que depuis qu'vne langue est arriuée en vn siecle où sa Nation porte les Sciences au periode, ainsi que la France les y porta soubs la saison de Ronsard, ceste langue est en son periode aussi: i'entends ne peut rompre ou changer ses loix qu'en empirant, ny desaduoüer l'vsage de ces mots, bien qu'elle se puisse amplifier. Or par-dessus tout cela, croyons-nous, disie, que la langue vulgaire soit considerable tout du long sur la Poesie, quoy que ces personnes maintiennent le contraire pour maxime? & nous poutra-t'on persuader qu'en ceste saison de Ronsard & de du Bellay, ny de Des-Portes, on parlast vulgairement comme ils parlent? ou que leur dialecte soit plus conforme à celuy qui couroit alors en public, que le dialecte de ces nouueaux n'est conforme à celuy de ces trois Escriuains? Vrayement ils n'eussent pas esté Poetes excellents, ny Poetes, s'ils se fussent abbaissez au parler du commun des hommes, & si le commun des hommes pouuoit esleuer le sien iusques au leur. Pontanus & Fracastor entr'autres aduantages qu'ils attribuent à la Poesie, la deffinissent: Vn art de s'exprimer auec merueille. Horace de sa part desnie absolument le tiltre de Poete, à celuy de qui l'elocution demeure dans les termes du langage courant: & dessinit ce fauory des Muses en ces trois qualitez: Vn puissant esprit, vn entendement plus diuin, vne enonciation superbe

& magnifique. De tout temps aussi la mesme Poesie s'est faict baptiser, non seulement, *Grandiloquentia*, mais le langage des Dieux & non des humains. Il faut dire donc à l'opposite de ces visions nouuelles; c'est le langage des Poetes, d'autant que ce n'est pas celuy du Peuple, ou pour mieux parler, celuy des hommes: dont il est arriué que cét Arbitre celebre de la gentillesse & des delices, allegue ainsi: *Sæpiùs Poëticè, quàm humanè locutus est*. Que si ce langage sur-humain est permis absolument à la Poesie, combien plus à l'Heroïque, principal suiect de ce Traicté: puis qu'il est vray qu'elle se iette hors des limites de la vulgaire, ainsi que les actions qu'elle depeint s'eslancent outre les bornes des actions vulgaires & communes? Disons plus, en l'aage de Sophocle & d'Euripide parloit-on à leur mode? demandez-le à ce mesme grand Chancelier de l'Hospital, deffendant Ronsard en son Ode Latine, contre quelques impertinents qui lapidoient tellement l'air de son langage, que dés lors ils luy penserent faire quitter les Muses & la culture de la langue, pour nous priuer de son illustre labeur: & qui le garderent en effect, de la porter & de l'esleuer aussi haut par-dessus ce qu'elle est, que haut il l'auoit éleuée pardessus ce qu'elle estoit auant qu'il l'eust cultiuée, ainsi que ie l'ay autrefois apris de ses familiers & Cómentateurs. Mais quel besoin est-il de chercher plus loin, preuue de la iuste & licite difference du langage populaire & du Poëtique? Du temps de nos Prelats, c'est à dire du nostre, & depuis trois mois, comme ie remarquois à cette heure, Paris ou le Louure parloient-ils à leur façon? ou pouuoient-ils ignorer de quelle mode on parloit en ces lieux-là, pour la suiure s'il leur plaisoit? En matiere d'enrichir des langues, il ne faut presques que la resolution des esprits bien nez: puis que quand elles ont receu quelque nouueau ply de main adroicte, ou seulement authorisée, pour hardy qu'il soit, l'estrangeté en est ordinairement passée en dix iours, à la faueur de l'accoustumance sa maistresse & correctrice souueraine: raison pourquoy ceux qui s'opposent au progrez de ceste espece de culture, sont gens tres-mal fins, & autant enne-

LES ADVIS. 367

mis de leur patrie. Et ie ne trouue rien de plus fot que ce Grammairien, difant à Tibere; Qu'il pouuoit bien donner droict de bourgeoifie à vn homme, non pas à vn mot. C'eſt des ouurages Romans, des Liures communs, & des Grammairiens, que nous apprenons l'vſage, pureté, ſcrupules, particules, & proprieté du langage: des Poetes, l'eſtenduë de ſes droicts & de ſa propagation, ſa ſoupleſſe, magnificence, force & richeſſe: ou pluſtoſt de ceux-là, le langage populaire & courant : de ceux-cy, le noble, riche, Royal, celeſte. On recite que les ſorciers obeïſſent aux Daimons, & que les Magiciens leur commandent : ainſi certes ces petits charmeurs d'ames & d'eſprits, Grammairiens & faiſeurs de Liures vulgaires, font au deſſoubs de la langue: ces grands charmeurs, ces Poetes, au deſſus d'elle. Eſtimons-nous que quand vne teſte de conſequence lit le Taſſe & l'Arioſte, ce ſoit pour apprendre l'vſage ordinaire, la proprieté; les articles, particules & ſuperſtitions de la langue Italienne: merceries où conſiſte pourtant le grand affaire d'Eſtat de la nouuelle Poeſie ou verſification? Ces eſpeces de teſtes, i'entends celles de conſequence, ne mettent pas tels genets à la charrete, comme ce ſeroit les y mettre, que de les prendre pour paidagogues de pareilles bifferies: de plus elles ſçauent bien, que ces deux Italiens ſont trop habiles gens & trop Poetes, pour parler le langage des ruës : partant elles les liſent afin de gouſter le Genie, les delices, la floridité Poetique : & de plus les ſouëfues, riches & ſuperbes manieres de parler que ces Autheurs inuentent : & encores en Taſſo, la maieſté. Voyez ſi la langue maternelle eſt obligée à ces Poetes Cenſeurs, d'auoir creu que ſon intereſt & ſon eſpoir fuſt borné-là; que ſes nourriſſons enſeignaſſent ſuperſtitieuſement à la poſterité par leurs Oeuures, de quelle façon les donſelles de leur voiſinage la parloient: au lieu d'enſeigner pluſtoſt, de quelle ſorte on la peut parler induſtrieuſement, delicieuſement & fortement, en ſorte qu'elle l'enuiaſt s'il eſtoit poſſible ſur les langues originaires, ou du moins les aprochaſt de pres : inferieure & foible aucunement qu'elle reſte iuſques à ceſte heure

Voire vrayment! ils me font grand feste de leurs Escrits, d'autant qu'ils parlent, comme on parle, Messieurs, leur disje, ce n'est nullement ce que ie cherche, car i'en veux lire quelqu'vn qui parle mieux: & n'est pas raison que ie porte mon argent à vos Libraires, pour apprendre ce que ie sçay deuant vous. Iray-ie donc ouurir vn Liure afin d'y chercher vn tel ioyau que la parlerie de ces tendres Nymphes que vous nous proposez pour miroir, la trouuant si plantureusement chez elles? non, non, ie l'ouure pour y rencontrer & recueillir quelque chose de nouueau: quelque chose en verité qui passe leur portée & la mienne encore, en intention d'essayer à releuer & à fortifier mon esprit sur celuy d'autruy.

C'est vrayement vne belle affaire, d'attacher ainsi que font ces mesmes Poetes Hypercritiques, l'interest extreme d'vn Poeme ou d'vne Oraison à la Grammaire, & encores à sa petite oste: mais qui pis est, en dépit de l'vtilité publique, qui s'engraisse de ce qu'ils nous veulent rauir. Veult-o sçauoir comment? ergotter *Tyranne* en suitte de Tyran: regratter *gratitude* en consequence d'ingratitude: consulter si quelque façon de parler, ou quelque vocable, receus neantmoins, ou necessaires à receuoir, meritent le rebut pour tenir vn filet du Gascon ou de l'Italien: ou si quelque autre se peut loisiblement employer, pour estre vn peu vieux ou moins commun en Cour, ou certes moins plaisant à leur seule fantaisie. Quoy plus? s'informer s'il est permis de coucher sous les deux genres, *epithete*, *espace*, *Epigramme*, *poison*, *foudre*, *amour*, *pleurs*, *affaire*, & plusieurs autres. Certes si nous allons à la nouuelle Escole c'est pour apprendre ce grand enrichissement de langue, de mettre en vsage, *vn quoy qu'il en soit*, au lieu de *quoy que c'en soit*: & ie veux voir ce que c'est, à l'exclusion de, *ie veux voir que c'est*. Elle rongera ses ongles, ou nous apprendra, qu'vn tel est employé, non pas *en certaines*, mais, *en de certaines affaires*. Nous sçaurons au partir de chez elle, s'il faut dire, il est *sur pieds*, ou, *sur les pieds*: *quelle hardiesse est la vostre*, ou, *quelle est vostre hardiesse*: *dit Sainct Augustin*, ou, *ce dit Sainct Augustin*: *il va d'vne telle grace*,

grace, ou *de telle grace*: *le Dieu de gloire*, ou *de la gloire* : outre vne *quantité* de semblables. Qui nous sauuera, s'il nous eschape en songeant à quelque meilleure obseruation, de lascher vn *mesme*, pour vn *mesmes*, ou vn *commence*, pour vn *commences* ? ces messieurs nous attendent là, de partous les Dieux! ils y guettent la victoire & le triumphe sur nous: à l'imitatiõ des ieunes enfans, qui par ieu complotté font dire à leurs compagnons : petit plat, petit plat: afin que s'il arriue à la langue de celuy qui parle, de fourcher, en prononçant, plit plat, il soit salüé d'vne longue huée, auec la perte de l'espingle qu'il a consignee pour enjeu. Et le bon est, qu'obseruer à leur mode toute cette chicane de la langue, s'appelle bien parler & bien escrire, s'il les en faut croire. Au lieu que le plus rude arrest qu'ils deussent donner contre la plus émancipée des choses que ie viens d'estaller, & de toutes ses égales ou parentes, lors qu'vn ceruçau scrupuleux leur en demanderoit conseil, seroit de les renuoyer à l'indifference, s'ils estoient sages : tant pource que l'indifference est leur predicamẽt, que par la legereté de leur poids. Et d'autant aussi, que tout ce qui n'est point de droict fil contre vne langue croissante encores, comme la nostre, est pour elle s'il luy peut seruir : dequoy ie parlerois plus à plain, si ie n'auois fait à part vn petit *Chapitre du langage*. Mais encores le meilleur du conte, c'est, que la mesme teste ayguë & ferrée dont ils nous heurtoient opiniastrement il y a six mois, pour nous contraindre à suiure quelques-vnes de leurs regles, celle-là certes nous heurte auiourd'huy de pareille apreté, pour nous en dédire : tesmoins, sans aller plus loin, erreur & amour, que des premiers docteurs de leur Academie soustiennent à ceste heure estre masculins, les regardans par la source Latine! au lieu qu'ils nous les ont fait passer pour feminins tout vn long temps, à cause qu'il leur plaisoit de les considerer par quelque autre visage à leur poste. Est-ce pas auoir pris l'orgueil & la folie à ferme, vions de ceste metaphore du Peuple, que d'oser ainsi faire des pirouettes du langage de leur patrie, & de nous? Comment pourrions-nous, & comment pourroient les

Efcrits, tailler vn iufte furcot à cefte Lune, pour auoir paix auec elle?

O donc ceruelles beniftes, pour fuiure le difcours de vos loix de regratterie en noftre langue, vous croyez que telles obferuations, telles acceptions ou exceptions, puiffent faire ny deffaire vn bon ouurage! Chetiues & affronteufes Mufes encores, s'il eft vray que tranchant des fuffifantes par mer & par terre, voftre haut myftere confifte pourtant en telles baliuernes! & plus mal-heureux les fuppofts de voftre art, d'acheter au prix de confumer la vie, le corps & l'efprit, vne couronne que dix mots recriblez, dix mots receus ou bannis, leur peuuent donner ou rauir! Vn perroquet en peut autant dire & taire, & deuiendra l'Homere du fiecle à ce prix quand il luy plaira. C'eft en fuiuant ce beau train ou fes circonftances, que certain fuffragant fameux de l'efcole dont nous parlons, criant que fon ambition eût efté d'auoir efcrit l'Aminta du Taffe, & enquis pourquoy, refpondit, que c'eftoit à caufe que cét Autheur n'auoit choqué pas vne des reigles de la Comedie, ny dit aucune fotife: feul des bons Ouuriers cependant auquel il donnaft cét éloge, & en cefte feule piece. Vrayement cét illuftre Poete duquel il logeoit l'excellence en des exceptions & encores des exceptions de fottife, fe pouuoit vanter d'auoir bien employé fon temps à efcrire: & luy le fien à lire! Il faut adioufter que fi nos ayeulx euffent forgé pareilles fuperftitions, ergotteries & punctilles que celles d'auiourd'huy fur la langue, ils luy euffent donné le coup de pied par le ventre pour la faire auorter: dont il fuft aduenu, que nous parlerions iufques à cefte heure à la maniere de Iean de Meun. Toutesfois ce n'eft pas merueille en verité, fi ceux defquels le iugement eft fi malade, qu'ils croyent fe cognoiftre aux dons des fœurs d'Helicon, & de plus s'eftiment fuffifans à corriger le *Magnificat*, quand ils fe cognoiffent à la Grammaire, c'eft à dire au langage de leur nourrice; fe cognoiffent maigrement au langage mefme, & moins à la police dont il doibt eftre gouuerné, reftrainct ou prouigné. Mais quoy, force gens peuuent-ils pas bien s'efcarmoucher fur les paroles, ayans si peu de cognoissance des choses? I'en ay veu quelques-vns crier, que tel ou tel mot ne s'escrit pas, qu'il se dit seulement: comme s'il estoit rien plus ridicule, que d'estimer l'escriture autre chose qu'vn registre de la parole, ou la parole autre chose qu'vn instrument & moule de l'escriture. Tant y a que de ceste yuresse d'attribuer trop aux supersticieux mysteres de la parlerie, il en resulte vn autre: c'est que des esprits qui sont à peine capables d'interpreter leur *Benedicite*, traduict en vulgaire, s'estiment au temps qui regne capables de faire des Liures, dont ils estourdissent le monde, soubs ombre qu'ils sçauent parler François: non pas fortement ny floridement, cela n'appartient qu'aux testes bien tymbrées, mais seulement sans solecisme, encore ne sçay-ie. Vn Lecteur ne gagne rien à des Liures fondez sur les menus mysteres du langage, il fault à perdre, sans plus: & ceux qui les escriuent nous donnent à cognoistre, qu'en estudiant l'art de parler, ils ont eu des oreilles, non de l'esprit : & veulent que nous sortions de leur auditoire auec mesme partage d'industrie & d'addresse. Ouy mesmes ils s'entretaillent de croire, qu'ils sçauent parler François: car cestuy-là seul le sçait faire, qui peut rendre la langue sienne: i'entends la manier dextrement à toutes mains, & l'assaisonner de quelque volupté, de quelque poincte de ce sel amoureux de la Grace, dont parlent les Grecs: cependant que l'estenduë de la faculté d'escrire & de parler de ces gens, ne consiste comme i'ay faict voir, qu'à l'obseruation superstitieuse du choix, du rebut, & de l'vsage d'autruy : cela donc s'appelle, non sçauoir parler, mais ne sçauoir pas se taire. Ils sçauent enfin euiter les mots que leur caballe reprouue : fuïr vn *ains*, vn *ia*, vn *iacoit*, coucher par tout *la reproche*, entonner *Diuinitez* pour *Deitez*, dire cent fois *pensees* priuatiuement à tous ses Synonimes, *imaginations, conceptions*: &, *voila qui est bien pensé*, pour dire, *bien conçeu*, ou, *bien imaginé*: mais si vous cherchez vn riche bastiment de langage, proumenez-vous plus loin. Quoy plus? ils entendent l'art de polir leur stile, fuïr de nommer vn Autheur en leur discours, ou sur le papier,

Aaa ij

lors qu'ils vsurpent ses richesses, ie dis en prose mesmes, de laquelle ils se meslent par fois, & d'y coucher les vers d'vn Latin en sa langue, pour bien qu'il y serue : ces deux libertez de nommer & d'alleguer, estans aussi deffenduës par leurs arrests, dont ie parleray plus amplement en vn autre endroict: mais si, passant du stile à la substance, il est besoin de dire des choses bonnes en soy, bonnes entre elles, par vn pertinent rapport & saine application & harmonie, s'il est question de l'ordre, de la vigueur & du iugement, allez les chercher. Toutesfois il n'y a garçon de quinze ans au College, qui ne leur sçache donner tablature de bien parler & de bien escrire, pourueu qu'on se puisse passer de ces trois pieces: & partant ils sçauent, à leur comte, marquer leurs Liures au bon coin, par des obseruations, acceptions & rebuts, que les plus grands sots de France peuuent faire. Voila bien dequoy canoniser nos Roys & les Muses, & mesurer l'estenduë de l'eternité! S'il est ainsi neantmoins, que le principal deffaut de nos Oeuures consiste en l'employ des mots que ces poinctilleux fuyent, & à choquer leurs venerables reigles d'escrire, comme il semble qu'ils iugent, puis qu'ils y attachent leur principal assaut contre nous; ces mesmes Oeuures peuuent estre gueries, ou mises en voye de santé, par vingt traicts de rature : or faisons la paix auec eux, rendons nous dague & tout; si les leurs se peuuent mettre en tel poinct auec vne facilité pareille. Ces idolatres du choix & rebut de mots, auroient-ils esté dauanture à l'escole d'vn Seigneur de marque leur deuancier de quelques années, qui toutes les fois qu'il auoit enuie de faire dresser de magnifiques lettres, recommandoit soigneusement à son secretaire d'y coucher le terme de Sympathiser: luy semblant qu'elles ne pouuoient courre mauuaise fortune en l'estime du monde, enrichies d'vn si bel ornement? Mais baste, qu'ils soient nos Regens en toute souueraineté, si nostre destin le veut: pourueu qu'apres auoir fait vne armee de parleurs & d'escriueurs à leur mode, ils nous forgent au moins, quelque seule fois en leur vie, vn bon iuge, & vn bon inuenteur des matieres: si cela se pouuoit esperer

LES ADVIS. 373

de tels iuges & tels inuenteurs qu'ils sont eux mesmes. Or certes leurs disciples non plus qu'eux, ne s'amusent pas à ces resueries speculatiues. Ils s'estiment maistres de cette glorieuse compagne de bien parler & de bien composer, soudain qu'ils en ont gaigné l'entrée. Semblables au singe du Lyrique Latin, qui saute sur vne table, pour arborer auec l'orgueil d'vn Monarque d'outre-mer vne coiffe de veloux pelé qu'vn goinfre luy a plantée sur la teste : sans songer qu'il montre à nud par mesme moyen, la laideur de son derriere, tant plus méprisable de ce que son maistre se iette sur vne iactance maiestueuse. Si faut-il aduertir en passant aucuns des plus hupez, mesmes de ceste classe, tous scrupuleux & fiers de leur capacité qu'on les voye; qu'il leur arriue assez souuent, de fabriquer de telles clauses, de lascher de telles metaphores & de telles applications de mots, que nous leur pourrions attacher l'Apologue du loup, guettant par vne fente de cabane les bergers qui mangeoient vn mouton: Quel bruit meneriez-vous, leur dit-il, si ie faisois ce que vous faites? Et le meilleur est, que quand leurs compagnons s'osent en cela seruir de leurs exemples, ils leur demandent, s'ils veulent faire vne sottise apres eux: se moquans ainsi finement de la niaiserie de ceux-cy, qui espousent vne reigle espineuse par l'aduis de gens qui n'en prennent pour eux que la moitié. Ie dis donc, que des plus huppez de la troupe s'accommodent des licences, & de plusieurs sortes: mesmement il en est aucuns que ceux-là nous proposent pour exemple de bien escrire apres eux, de qui toutes les pages sont égratignées de solecismes : sans comter les autres fadaises pour rien. Solecismes qu'ils ne peuuent mettre à couuert soubs l'abry de quelques personnes de merite, ausquelles il en est par fois eschappé: puisqu'il est vray qu'elles negligeoient les barbouilleries de scrupule, autant que ces gens-cy les dorent & adorent.

Retournant sur mes pas, Madame, ie diray, que l'on recognoist en la liberté genereuse des Escrits de nos deux Prelats, qu'ils se mocqueroient, & se sont mocquez opulemment deuant nous, de la temerité de ces Poetes corre

Aa a iij

&cteurs, de quereller la gloire de Ronsard pour vingt erreurs de Grammaire, & cinquante, ou si l'on veut, cent & deux cens nonchalances de ryme ou d'autre espece, qui se trouuent en ses Oeuures, si plantureuses & si riches. Ces pauurets nous pensent faire accroire, que s'il eust sçeu parler aussi pertinemment qu'eux, il ne fust point tombé en ceste erreur: & ne voyēt pas, qu'vn excellent écuyer cherche au besoin de l'élegance & de la bonne mine, à se planter de trauers sur vn cheual: & que celuy qui porte belle greue, ou qui se marche de bonne grace, trouue telle fois aussi de la bien-seance, à negliger vn fil rompu en son bas de soye. Ronsard eust pourtant mieux fait de s'en abstenir: non pour l'égard de sa reputation, trop forte & cogneuë d'autre part pour craindre de si legeres taches:

Elle s'est par le Ciel comme vn Astre allumée: mais bien pour la consideration de quelques estrangers, qui se pourroient heurter à ces pierres: en quoy pourtant ils ont beau moyen de se deffendre s'ils veulent, ainsi que nous nous deffendons de pareils solecismes, ou autres pas de cler, qui se rencontrent par-cy parlà dans les bons Autheurs de l'antiquité. De vray nos deux Poetes Prelats eussent eu mauuaise grace, à n'oser pas, ce que ces premiers leurs predecesseurs, auoient osé si dignement: & de plus ils estoient trop sensez & bons patriotes, pour estropier leur langage natal, sans aucune cause que d'alleguer: Il me plaist: ou bié: Les beaux dâceurs de la Cour, n'ysent pas de ce mot, ou de ceste phrase: symbole & refrain commun des Poetes modernes. Lasches qui s'obligent d'apprendre de cette sorte de gens, ce qu'elle apprendroit d'eux, s'ils cognoissoient la dignité de leur mestier: comme elle l'apprit autrefois de leurs precurseurs & prototypes en la Poesie. Lequel vaut mieux, que nous suiuions ces frisez en gastant la langue, ou que nous essaiyons de les rappeller & nous faire suiure par eux, pour la conseruer? Voicy qui va bien: tous autres Escriuains s'efforcent de ne dépendre pas des sages & suffisans mesmes, & de porter leur esprit si haut, que les sages & suffisans ne soient plus capables d'estre leurs precepteurs:

ceux-cy veulent dépendre d'vne caterue de foux ignorans, & porter le leur si bas, que des foux ignorans soient capables de les instruire: ou pour mieux parler, ils ne veulent ny ne croyent rien sçauoir, s'ils ne l'apprennent d'eux. Si telles caboches sifflent, sont-ils pas heureux d'estre obligez de dancer? veu notamment, qu'apres tous leurs efforts & toutes leurs mutations de cameleon, pour se transformer aux humeurs de cette partie de la Cour, ils ne laissent pas de voir leurs ouurages raillez à toute heure chez elle. Ils veulent par vne esclaue complaisance, imitans ce dialecte des iolis & des poupées de Cour, desrober au moins leur particuliere approbation, comme croyans, ce semble, en leur cœur, ne pouuoir pas bien meriter la generale. Mais certes il ne faut point qu'vn esprit & moins vn Poeme muguette la faueur, il faut qu'il la rauisse: & quiconque pretend auoir dequoy la forcer & la rauir de haute luitte, ne la subornera iamais par l'artifice d'vn beau mitoüinage: ainsi me plaist-il de nommer la ruse de ceste solemnelle flatterie. Et quoy, si nous ne trouuions qui flatter en parlant, nous logerions-nous à la ruë des muets? Ialoux de ressembler à ceste Echo, qui de toutes les qualitez d'vne Nymphe n'a rien reserué qu'vn miserable ton de voix imitatrice & singeresse. O les beaux pedagogues, que tels Courtisans, pour dresser vn Poete ou vn Orateur! ie dis tels Courtisans, & encore à les regarder en bloc: car nous sçauons qu'il y a de gentils personnages, & dignes d'étre imitez dans le corps vniuersel de la Cour, voire entre ceux-là mesmes qui portent la moustache frisée & la plume au bonnet. Et ceux qui se trouuent parmy ces personnes, dignes d'imitation, & d'instruire les autres à bien parler; (i'entends tousiours en prose, le langage de la Poesie qui faict son cas à part, ne se pouuant enseigner que par des gens puissamment disciplinez;) ce sont ceux-là tous seuls qui se sont laissez instruire par l'vsage entier, non borné soubs des loix attitrees, & par l'exemple public, assistez des bons Liures escrits depuis 60 ans. Comment bon Dieu! pour tirer iugement d'vn Poeme ou d'vne prose, nous allons presenter requeste à vn ieune frisé, luy demandans: Monsieur, estes vous du cabinet? au lieu qu'il luy faudroit demander: Monsieur estes-vous vn grand esprit, vn esprit tres-docte, vn esprit celeste? Vrayement le bon Rabelais nous diroit bien s'il restoit icy; qu'il n'appartiendroit pas à tels follets de mener sa toupie. Quelle caprice eust esté celle de ces Prelats, d'escourter de guet à pends vne langue si necessiteuse d'amplification, que la caprice & la temerité seroiët excusables en l'amplifiant? sur tout l'amplifiant par la main d'vn Poete, qui ne peut trouuer, non seulement la richesse & la beauté d'vn Oeuure de prix & de quelque estenduë, mais encore sa propre necessité; qu'en l'affluence, vehemence & magnificence de mots, figures, phrases & rymes; & qui void d'abondant, que nostre langue ne s'est deniaisée ny releuée du bourbier, que par l'effort d'enfanter ces choses: & qu'elle ne se peut rendre excellente, ny moins se faire couronner du comble de perfection, que par mesme voye. En outre, non seulement le Poete, mais l'Orateur élegant, dira tousiours mesme chose en diuers lieux, s'il peut, par trente diuers mots & diuerses manieres de parler, il sçaura toucher & animer ses orgues à diuers tuyaux: tant il recognoist la tautologie importune: & tant il sçait que l'yberté & la varieté, sont ornemens necessaires de son langage, & lenitifs propres à charmer l'ennuy de ses auditeurs. Oyons quelques passages des mains fameuses sur ce poinct.

De cent tons differens decore ton langage,
Transforme ton Poeme en maint diuers visage:
De là naist ce doux fruict, que leurs charmes puissans
Flattent l'oreille éprise & chatouillent les sens.
Les Poetes ont soin que leur belle peincture,
Varie incessamment suiuant l'art de Nature:
Qui presente à nos yeux soubs vn pinceau diuers,
Toute ame qui respire en ce grand Vniuers,
L'homme, l'essein des champs, la vague troupe aislée,
Et la bande muette aux ondes recellée

Quoy donc, l'esprit de la mesme Nature, inspirateur & principe de toutes choses, enseigne encore à l'esprit Oratoire

&

& Poetique à desaduouër toutes les graces que la varieté n'a point animées? C'est bien certes vn fin remede, pour arborer le langage & la Poesie à ce comble de perfection, que ces gens mentionnez veuïllent tousiours prendre loy de retrancher phrases & vocables, mais non d'augmenter: & dauantage, forcent leurs voisins d'en faire autant, sur peine des anathemes & des proscriptions plus aspres & plus querelleuses de la medisance. Que si les Courtisans iolis, dont ils font si precieusement leurs miroirs, n'ont qu'vn nom, qu'vn pronom, qu'vn verbe, qu'vn aduerbe, pour exprimer mesme chose, obmettant pour cette heure les phrases ou façons de parler dont ils sont autant à sec, & s'ils employent tousiours ces mots par ignorance de leurs synonimes, ou les preferent par mignardise; encore en sont-ils excusables, sinon loüables: telles choses leur passants d'ordinaire rarement en la bouche, & s'enuolans par l'oreille lors qu'elles sont prononcées; de sorte que nous n'auons pas le loisir d'y trouuer vn grand degoust. Au lieu que l'Escriuain d'vn ouurage de longue haleine, est forcé d'employer maintesfois, pour exemple, vn aduerbe de temps, vn de lieu, le nom du bon-heur ou mal-heur, ceux de telles passions ou telles affaires, l'aller, le venir, le discourir, le prendre, le rendre, auec la suitte: & tout cela rangé sur le papier, ne se peut trouuer plaisant, si ie ne l'ay desia dit, que par l'esmail de la diuersité.

Si tu n'es donc reduict soubs vne estroicte loy,
Par le poinct du suiect qui se presente à toy,
Puis que les mots exquis, les phrases, les figures,
Te font pour t'enrichir mille & mille ouuertures;
Choisis par-cy, par-là, leurs ornemens diuers:
Change, varie, émaille en peignant tes beaux vers.

Puis quelle apparence y auroit-il, si les choses qu'on exprime en vers sont hors l'vsage des muguets de Cour, recogneus tres-ignorants pour la pluspart, que les mots à les exprimer, n'en osassent estre aussi? Comment exprimerions-nous au langage de cette espece d'hommes & de femmes, des choses qu'elle n'a iamais dites, ny conceuës, ny pensées, & des choses qu'elle ne peut qu'à grand peine comprendre, quand nous les luy interpretons ou representons en nos Oeuures, si iamais au-moins elle les comprend? Oz que bien estoit payé de sa defference & soubmission à cette docte parcelle de la Cour, celuy qui faisant lire au cercle vne piece laquelle commençoit, par la Renommée, qu'elle loüoyt de ses veilles continuës, oyoit trente belles bouches sonner ce mot de haut prix aux oreilles d'vne grande Princesse: Mon Dieu, Madame, qu'il vous cognoist bien, vous ne dormez gueres! Il battoit du pied tout enflammé de furie à trois pas de là, grommelant d'vn ton le plus aspre qu'il pouuoit, sans estre ouy d'elles: Foin des bestes: mais quelle bestise deuoit-il plus accuser que la sienne de chercher, comme il faisoit sur tous, la visée & la touche de son art Poetique en tels lieux? I'ay peur que ceux qui furent inuenteurs de cette reigle, de si grand credit en la nouuelle escole, de ne rien dire que les dames n'entendissent, n'entendoient rien qui ne leur fust commun auec elles.

Ie suis donc si loin de me reduire pour ce regard, aux retranchemens des frisez ou des affettez de Cour, que s'il couroit trois fois autant de mots chez tous nos Poetes, ou par les ruës de Paris, ie n'en reietterois pas vn, reserué demy douzaine, que la seule lourde peuplace employe. Ces autres Poetes & docteurs du temps ont beau me remonstrer, qu'ils me fourniront douze mots pour dire cecy ou cela, sans celuy qu'ils pretendent desconfire pour me l'arracher: i'en veux quinze, & si ie ne veux rien perdre. Ie l'enuie sur le traict d'vne petite garcette, qui se lamentant à haut cris, pour la perte de sa poupée, & sa mere estant accouruë en haste au secours auec vne autre aussi ioüiale, elle la receut bien à deux mains, toutesfois elle recommença de plus en plus à crier: alleguant, que sans la perte de la premiere elle en eust en deux alors. Penseroit-on, gouuerner la langue d'vne causeuse de femme, par les exemples des Courtisans, si ce n'est qu'ils adioustassent au babil, au lieu de retrancher? quand on m'auroit peu persuader, que le corps entier, le vray corps de la Cour, eust ou parlast vn langage à part,

Mais à vray dire, il faudroit perſuader premierement au Conſeil du Roy, qui faict la plus ſolide, prudente & mieux parlante partie de ce corps de la Cour, que la langue qu'il employe fuſt differente de celle du Parlement, & conſequemment de celles de Paris & de la France, qui tombent toutes deux en meſme cadance auec luy, ie dis auec le Parlement, pour ce regard: Paris preciſément & la France en gros. Or qu'on liſe ce qu'à eſcrit feu monſieur du Vair depuis qu'il ſe fut rendu Courtiſan, par ſa promotion aux ſceaux, pour voir ſi ſon langage dement ou recuſe celuy de ſes Ouurages anciens, & conceus lors qu'il eſtoit Pariſien & Conſeiller au meſme Parlement: le mot de *ſagacité* de ſon teſtament, que chacun a veu, ſuffit luy ſeul à prouuer que non, & qui plus eſt, à rabattre l'impudence admirable de ces perſonnes-cy, de s'oſer vanter comme ils font, qu'ils l'auoient fleſchi à croire en leurs Dieux. Voyons ſi meſſieurs les Secretaires d'Eſtat parlent autrement que ce venerable Senat & les rües de Paris, aux pieces de leurs charges qu'ils compoſent. Conſiderons ſi la reſponſe au Roy de la Grand' Bretaigne, ou les autres Oeuures de l'Eminentiſſime Cardinal du Perron; ont vn dialecte à part de nous autres que la Cour ne void qu'aux hautes feſtes. Regardons ſi Meſſieurs de Villeroy & de Refuge, l'vn en ceſte prudente Reſponſe de la Reyne mere du Roy, qu'il fit pendant vn des mouuemens arriuez ſoubs ſa Regence, l'autre en ſon riche Traicté de la Cour, & ce grand Cardinal d'Oſſat encore en ſes Oeuures & Lettres; nous apprennent vn autre François que celuy que nos bonnes nourrices nous ont chanté. Quoy ces meſſieurs-là, n'eſtoient-ils point ſuffiſans & Courtiſans? ou quelqu'vn peut-il croire la nouuelle bande, lors qu'elle oſe preſcher, qu'ils euſſent changé de methode, ſi elle euſt pris la peine de les regenter? Cela veut dire de les rendre habiles gens: puis que le ſeul manquement de capacité, pouuoit eſtre cauſe, qu'ils luy fuſſent demeurez inferieurs en vne Science où leur eſtude eſtoit pareil: i'entends par cette Science, la cognoiſſance du langage de leur pays: & ie dis que leur eſtude y eſtoit pareil, puis qu'à prendre de iuste biais l'estude qui donne ceste notion ou faculté de parler, il dépend de l'vsage seul, & des bons Liures, s'ils ne sont compris soubs l'vsage. Ces Seigneurs n'ont iamais ignoré comme on deuisoit au cabinet des Dames de Cour: mais ils n'ignoroient pas aussi, qu'ils eussent faict les fades, de prendre ce langage là pour modelle, soit en escriuant, soit en parlant, puisque leurs ressorts estoient si differens de tels esprits: & sur tout de le prendre pour modelle en l'escriture: à cause que l'importance ordinaire & la durée d'vn Escrit, oblige d'appeler toutes choses à secours pour sa fabrique. Mais à quel prix se pourroient vanter les esprits muguets de la Cour, d'estre respectez & valletez; si leur appetit estoit priuilegié de seruir de loy, pour contraindre telles gens de s'abstenir de tous les mots & de toutes les phrases si vulgaires, & si commodes qu'on nous deffend : au cas qu'il fust vray que l'appetit des muguets se portast à ce rebut, comme disent les Poetes recens : d'autant que le leur s'y porte, & qu'ils les ont sifflez, afin d'essayer à leur imprimer vn pareil sentiment? Parle en perroquet, imitateur ou plustost sarbatane du langage d'autruy, qui voudra : les honnestes gens tels que ces dignes Escriuains, ont affaire alieurs: & resignans à d'autres la commission de se rendre serfs du dialecte de leurs voisins, ils parlent en maistres. Passons outre. Ie laisse à part ce qu'on desiroit d'ailleurs aux ouurages du feu Pere Coëffeteau, nommé à l'Euesché de Marseille: mais cependant aucun ne peut nier, qu'il ne fust en reputation veritable, de parler purement & poliment: ouy peut-estre auec trop de curiosité, pour ne dire trop d'apparat. Or ne s'approprie-t'il point infinies dictions & manieres de parler, interdictes par les nouueaux parleurs? vse-t'il pas en somme, de la langue toute entiere? Courtisan neantmoins d'humeur & d'habitude. Le feu Pere Cotton recogneu pour homme poly & fort aduisé, parle-t'il point aussi de nostre air aux Liures qu'il nous a laissez, apres auoir passé tant d'années en la Cour du feu Roy & en celle de cetuy-cy? Quant à feu monsieur le Marquis d'Vrfé, il n'est pas besoin de déduire quel langage parle son Astrée, cét opulent, plaisant & florissant tissu de nobles Histoires, industrieusement & sçauamment composées, & noblement recitées; puis qu'elle sert de breuiaire aux Dames & aux Galands de Cour; ny besoin de ramenteuoir quel climat auoit nourry son Autheur, sa qualité l'ayant rendu long-temps fort visible aupres de nos mesmes Roys. Eh quoy? ces Liures de si bonnes mains, composez n'agueres, pendant la guerre d'Italie, par des esprits qui ne bougeoient du Louure, contre ces mal-heureux libelles ennemis de la tres-auguste Monarchie Françoise; ont-ils pris obedience du langage recriblé? Dauantage, les Predicateurs de reputation, iaçoit qu'vne partie d'entre eux soit familiere au cabinet, qu'ils soient Aumosniers du Roy ou des Reynes, & gens riches de bien-séance; vont-ils à l'escole de la nouuelle bande, ny des Dames de la Cour, pour apprendre à parler? & auec quelle risée renuoyent-ils ces personnes-là, quand elles se persuadent qu'il leur appartienne de iuger de la langue? Vn d'eux fort habille homme, vsant il y a quelque année du mot d'humiliation, fondé d'analogie expresse en la mesme langue, & tres-necessaire à elle & à luy prescheur, sceut qu'elles s'en estomaquoient: dont il se soucia moins que si elles eussent fait caprioles pour resiouyr le cerueau des passans. I'ay specifié quelques particuliers Escriuains & Predicateurs de Cour & de consideration, en mon Impression premiere qui fut enuiron 1626, où ie renuoye le Lecteur: tant pour abreger, que d'autant que ie iuge desormais qu'il sera bon de ne point parler des viuans au moins par leur nom, si l'occasion ne m'y force, de crainte qu'on ne soupçonne que ie leur aye donné place en ce lieu par complaisance. Que si deslors i'eusse cogneu les Escrits du sieur de Priezac, ornez de mesme liberté de langage, en quel rang n'eussé-ie mis vne telle fertilité d'esprit, vn tel art d'Orateur, & vne telle richesse d'eloquution: tout cela suiuy d'vne admirable varieté, en plusieurs Oraisons de mesme genre, qui sont entre autres sur la presentation des Lettres de Gouuerneurs & de Lieutenans de Roy en Guyenne? sans parler des pieces d'autre espece qui ne doi uent rien à celles-là. C'est pourquoy Monsieur le Garde-des-sceaux, duquel ie ne doy pas obmettre icy le nom de Seguyer, si plein de reputation & d'honneur, n'a peu souffrir que Bourdeaux gardast ce digne personnage plus longuement, au dommage de la France & des Muses: mais de quel autre sacrifice ce genereux Seigneur s'est-il auisé de regaler ces Deesses en mesme temps, alors qu'il luy a pleu de se resoudre de quitter toutes les années quatre mille escus de droicts qui luy sont acquis, pour les diuertir au secours & soulagement des gens de Lettres? Fermons ceste liste par l'Eminentissime Cardinal de Berule, que la bienueillance du Prince & l'entremise des affaires de la France, auoient aussi rendu Courtisan: son pieux Liure des Grandeurs de Iesus, vse-t'il d'vn langage autre ou plus nouueau que tous ceux que ie viens de nommer, quoy qu'il sorte fraîchement de l'Imprimerie? Ie logerois oportunement icy quelques Autheurs de merite exquis, outre ce nombre, si i'y en pouuois mesler d'autres que des Courtisans, & de la Cour presente, & morts: notamment y logerois monsieur Cospean, tres-digne Euesque de Nantes, & monsieur Fenoüillet Euesque de Mont-pellier. Ie tournerois encores les yeux vers les Escrits de l'Eminentissime Cardinal Duc de Richelieu, pour voir s'ils ont vn dialecte soubmis aux loix de ces nouueaux docteurs, bien qu'ils soient si plaisans que d'oser s'attribuer vn tel disciple: pource qu'en quelques petites pieces, qui sont sorties les dernieres de son cabinet, on ne lit point deux ou trois des mots qu'ils proscriuent. Sans considerer, que cela peut estre arriué de hazard, & que quand il y auroit du dessein, il faut pour estre vrayment de leur caballe en retrancher deux cens par delà ce nombre. Et comment aussi ce Cardinal pilier de l'Estat, & dont les plus superbes Couronnés ne peuuent pas ouyr le nom sans crainte, si elles sont ennemyes de la France, ne seroit-il pas en suite pilier de la langue, qui est vne partie du mesme Estat, & de la stabilité de laquelle il a tel besoin pour la conseruation de ses Escrits, excellens sans doubte, aux eschantillons que nous en auons veus? Certes il auroit plus de tort que nul autre de se soubmettre à des reigles fantasques d'autruy, luy si capable de donner les bonnes: & qui d'autre-part a tellement faict recognoistre la portée de sa suffisance dans les Regions proches & lointaines, que s'il se iugeoit propre à receuoir la Loy pluftost qu'à la donner, il seroit seul en cette opinion. Ie ne sçay pourquoy le Philosophe appelloit son Diuin Precepteur, le grand Ouurier de miracles, sinon parce qu'en discourant des Estats & les formant, il sçauoit imaginer des choses aussi belles & grandes que ce Cardinal les sçait effectuer. Mais en fin pourquoy nous trauaillons-nous à chercher ailleurs de l'aide à soustenir nostre langage, & les mots qu'on luy veut enleuer de force, si le Prince qui sçait choisir de tels Ministres, des hautes merueilles de son Regne, si disie, le maistre des Courtisans cognoist le langage de Cour, & si le Roy de Frāce parle François? Chacun vid en l'année mil six cens trente deux, vne lettre escrite de sa main au mesme Eminentissime Cardinal Duc de Richelieu, sur quelque affaire si cogneuë, que tout le monde la voulust lire: or n'employoit-elle point aucuns des mots les plus seuerement deffendus par nos correcteurs? Veritablement, ie le veux repeter, il a sceu faire plusieurs efforts qui ne se doiuent point qualifier de grandes actions, ouy bien de ce nom de hautes merueilles, incroyables à qui ne les verroit: le restablissement des Ecclesiastiques en Bearn, la deliurance de l'Isle de Rhé, la prise de la Rochelle, les deux sieges leuez de Cazal, la démolition des Villes rebelles, vne insigne victoire acquise par vn seul coup d'espée, & le succez de Lorraine: sans y comprendre la terreur qu'il a respanduë parmy toutes les Nations de l'Europe, nommément en celles qui auoient accoustumé de la respandre chez leurs voisins: & autres choses que ie puis obmettre, d'autant que ie ne voy les affaires que de loin. Mais ie trouue qu'vne des plus emerueillables de toutes seroit celle-cy, de s'estre peu garder quand il luy eust pleu, d'apprendre nettement & sans meslange, la langue de son Royaume, ou de sa Cour, au cas qu'elle en ait vn à part, n'estant pas de loisir pour se ietter sur le D'onat, afin d'estudier vne langue autremāt que par vsage. Quand on m'aura faict voir que le Roy, sans plus alleguer la fleur de son Conseil, ne sçait pas parler bon François & Courtisan, ie suis preste à reformer mon langage.

Ces messieurs veulent-ils sçauoir quelle beste c'est qu'vn mot vieil ou flestry? ie le leur vays enseigner, puis qu'ils font tant de bruit de ceux ausquels ils donnent ce tiltre: vieux mot, est celuy dont aucun homme d'importance n'a vsé depuis cinquante ans. A 20 ans, à 30, à 49 & vnze mois d'exil ou de rebut, ce mot n'a pas encore perdu ses Lettres de naturalité, si dans le douziesme mois de cette derniere année, la faueur d'vn autre personnage de merite le daigne r'appeller, & par son rappel renouueller ses Lettres pour vn autre terme de cinquante années. Car comme il n'appartient qu'aux honnestes gens d'inuenter les mots, il n'appartient qu'à eux aussi de les conseruer en les employant, où de les biffer en les rebuttant. Si l'on n'obserue cét ordre, il n'y a ny mot, ny langue, ny Liures de leur creu, qui ne coulent à fond d'vn infaillible & perpetuel naufrage. Où sommes nous donc, ie vous prie, si nous nous laissons passer cette plume par le bec, qu'on nous contraigne de repudier pour suranné le langage de tant de personnes d'honneur nos contemporains, pour nous enuoyer en Calicut trafiquer vne langue Françoise? Quoy! disie, si les excellens Escriuains Courtisans & autres, s'approprient chaque iour en toutes ses parties ce dialecte que nous soustenons, si les Ministres d'Estat, si le Parlement, si le Conseil, si le Roy mesme en vse; que pouuons nous conclurre de la deffence qu'on nous faict d'en vser, sinon qu'elle surpasse toute folie, excepté la nostre, si nous luy cedons?

Pour ce qui touche les metaphores, tant descriées aussi de ces Aristarques Grammairiens, hors celles que les artisans pelottent depuis vn siecle entier, ignorées pour metaphores de tels parleurs que ces Peuples, & de tels escoutans que ces Poetes, qui ne les recognoissent que hors de cognoissance; la pluspart des Autheurs que ie viens d'enrooller en sont si pleins & si parez, specialement ceux qui priment

ment en ce nôbre, qu'on void bien qu'ils en mettent la valeur à prix aussi haut qu'elle merite. Ce conte me pleust n'agueres, qu'vn President, de qui la suffisance & la politesse sont autant cogneües en la Cour, qu'au Parlement, auoit reietté lisant entre ses mains, le Liure d'vn parleur qu'on estime en ceste saison: luy reprochant d'estre fade par la rareté de ses metaphores. Le meilleur du ieu c'est, que ces messieurs les repreneurs sont les beaux d'vn langage denué de cét ornement: ils l'affectent par excellence, à ce qu'ils disent, & nous imputent de n'en pouuoir approcher. Or s'il vaut mieux parler simplement ou figurément, nous en auons discouru au Traicté sur les *Versions*, quoy que iamais personne sensée n'ayt mis ce point en question: mais ie diray seulement icy, que quiconque vse auec pertinence de figures ou de metaphores en son parler, parlera tousiours simplement, s'il luy en prend enuie, puis qu'aussi font bien les paysans & les harangeres: & l'on doubte à l'enuers de ceste consequence, si le simple parleur peut deuenir riche en figures ou metaphores quand il luy plairoit. I'adiousteray, que non seulement la Cour, i'entends tousiours ce vray corps de la Cour, composé du Conseil & des bonnes testes, employe à toutes mains les metaphores, mais qu'elle les forge chaque iour, & bien hardiment. Tesmoin ceste-cy nouuelle & si commune en ces lieux-là, de *pester* quelqu'vn pour l'iniurier & décrier: & cette autre, *empaulmer* vn homme, pour s'emparer de son esprit: *iouër* quelqu'vn, ou *faire vne piece* de quelqu'vn, pour dire, le decouper: tenir ou *garder vn poste*, pour dire aussi, se fermer à vn employ ou fonction: tesmoins encores, *faire banniere* de cecy ou de cela, pour, s'en orner & s'en glorifier: *orienter vne Dame*, pour, la parer d'or & de pierreries: & *arborer* sur sa personne, vne broderie, des perles & choses de ceste espece: dire de plus, que ce *corps est confisqué*, pour denoter vne maladie incurable: ou, que ces fauoris possedent ou possedoient *vn torrent de faueur*. Ie ne parle icy que de quelques vnes des plus hardies ou visibles metaphores de la nouuelle inuention des Courtisans, les communes estans en nombre infini. Sans adiouster, que ces mots adoptez ou inuentez par les plus celebres personnes de ceste condition, *galantiser*, *mathoiser*, *complimenter*, *regaler*, *detromper*, *auersion*, *speculation*, *punctualité*, *coniuncture*, *se piquer de braue & de bonne mine*, *ambitionner cecy ou celà*, *dethrosner vn Roy*, vn tel homme *est bien ou mal intentionné*; nous apprennent si nous l'ignorions, que la Cour s'esbat aussi volontiers en cette saison sur la fabrique des nouuelles façons de parler, que sur celle des metaphores. En quoy certes elle a raison, & luy consens d'inuenter & d'aduancer à ce prix, pourueu qu'elle demeure ferme sur ce plant, sans varier, & permettre au reste de la France de demeurer ferme sur le sien auec elle, sans reculement & sans rebut des anciennes ou nouuelles possessions de la langue: puis qu'il porteroit auec soy, le rebut aussi des graces & des vertus d'esprit, que ses patriottes ont exprimées en leurs Escrits, par le moyen de telles possessions & richesses. En somme les Espagnols & les Italiens n'ont pas tort d'estre glorieux de leurs langages, pour les auoir diaprez d'vne opulence de metaphores, comme d'autant de perles precieuses: & ces derniers encore, parce qu'ils ont enrichi le leur d'vne moisson de Prouerbes. Mais voicy derechef le pont aux Asnes: l'esprit de suffisance de ces gens-cy rejette les prouerbes, pource vrayement que nostre antiquité les nommoit, *Dits-moraux*: qui peut assez admirer vne raison si magnifique? S'ils veulent nous faire ouyr quelque chose qui tombe en vn Prouerbe, ils la demolissent, pour la remaçonner à leur mode: nous croyans fort obliger de nous offrir quelque belle sentence de nouuelle impression soubs ces paroles changées. Ils se trompent pourtant: ie reconnois en vn Prouerbe qui sonne soubs ses termes propres, la prudence & l'experience des siecles, qui m'aduertissent & qui me redressent au besoin: en leur sentence qui me le faict mécognoistre par le desguisement, ie n'apperçois que la prudence d'vn homme seul, & de qui le iugement n'a pas grand credit vers moy pour me redresser, puis que les Nations qui toutes ont forgé & reueré les Prouerbes, n'en ont point vers luy. Certes le pauure Erasme a bien employé

LES ADVIS. 387

son temps en cette mer de ses Chiliades, dans lesquelles il pretend fonder l'arc-boutant de son nom! & bien employé le leur, ces impertinens Latins qui luy en ont fourny la source! De Salomon aussi qu'en dirons-nous?

Quiconque veut donc fonder & reigler ses ouurages sur la façon de parler, ou sur l'opinion de trois douzaines de plumets pompeux, & d'autant de bien peignées qui pratiquent au Louure, les prenant pour la Cour indeffiniment, fera sottises égales & plantureuses en ce point-là, par l'acception & par le refus. Car Dieu sçait iusques où les vagabondes fantaisies, & les visions d'vne partie de telles gens, se font ouïr pour ce regard : moitié par ignorance, ou foiblesse, moitié par sapience imaginaire, pour monstrer qu'on s'y cognoist, & qu'on sçait faire son nid és nuées quand on veut? Que ne poinctilleront-ils, si i'ay veu des plus crestez de ces fanfarons, debattre le mot, ridicule & plusieurs de son volume pour scolastiques? En somme mille cerueaux de ce pays-là, que chacun eust refusez pour disciples, se rendent tres-impertinemment precepteurs publics, par vne si vague, facile & applaudie faculté de censure, que celle qu'ils s'attribuent à present. Le tout neantmoins s'il n'est assez exprimé, par l'instruction des Poetes de la nouuelle doctrine : auant laquelle ces Demoiseaux croyoyent modestement, que la langue & la Poesie consistoient en des mysteres, dont il ne leur appartenoit pas de iuger outre le commun. Mais quand tout est dit, en quel danger ces Poetes mettent-ils les moustaches de leurs sectaires, par ce vœu d'obedience qu'ils prestent aux loix & decisions des Courtisans de cette Hierarchie? Et combien de fois faudra-t'il qu'ils se les entreplument, l'vn pretendant que leur Cour rafinée vse de ce mot, l'autre le niant? l'vn affermant pour authorité, qu'vn tel monsieur de cette volée s'en sert, l'autre repliquant, que cetuy-là n'est pas capable d'authoriser ses mots, ny de faire parler vne si noble Cour par sa bouche? Vray Dieu qu'ils ont de fossez à sauter! qu'ils ont de riuieres à couper, entre l'entreprise & le succez de cette affaire! Toutefois, puis qu'il faut éuenter leurs secrets, i'en

Ccc ij

cognoy quelques-vns & des plus hupez de la compagnie, qui guerissent plaisamment cette playe par vn vlcere: pour ce qu'ils reduisent leur troupe de parleurs exemplaires, à quatre ou cinq testes qu'ils nomment: malheureux que nous sommes si nous n'allons à l'habiller de ces M. lords tous les matins, apprendre en quel langage nous demanderons à disner! Mais qui nous fera donner place en la foule de tant d'escoliers qui s'y doiuēt trouuer à mesme dessein que nous? Alleguons vn autre inconuenient de ceux qui reiglent ou voudront regler leur ouurage sur la maniere de parler de ceste parcelle fanfaronne de la Cour; c'est qu'il sera mesprisé dés sa naissance d'vne pattie de ces gens-là mesmes, qui pour n'auoir pas de but certain, ne peuuent rien loüer ou blasmer vniformement: & pour fin, ils le verront suranné dans vingt mois au goust de l'autre partie. Quel prodige de folie est-ce là! conceder à tels discoureurs, & mesmes contre l'intention des Courtisans sensez, l'audace & le priuilege de ruiner quand il leur plaira toute sorte de Liures, vieux nouueaux & futurs? & n'est-ce pas leur permettre de frapper ces coups de ruïne, que d'espouser comme vn mystere sacré leurs acceptions, ou leurs exceptions en nostre langue? La prudente Academie de Florence met bien à mesme prix que nous, l'interest du changement en son langage; quelle conserue d'vn soin exact entier & florissant à la face des siecles, auec les Oeuures qu'il a conceuës: parce que se faisant apporter tous les Liures qui s'impriment en Italien, elle reiette comme indignes de tenir rang entre les bons, ceux dont le dialecte decline tant soit peu de la trace des predecesseurs. Elle ne peut ignorer sans doute, que le change qui est chancellant, vague & sans bornes, disformant la langue à l'infini flestriroit tous ses fruicts. Ie tiens ce recit d'vn Gentil-homme, le sieur de Borstels, que ses mœurs, sa cognoissance de toutes les affaires de l'Europe, & son esprit, rendent fort estimable: Et qui veritablement a quelque droict particulier de discourir des langues, veu qu'estant Alemand d'origine il parle & prononce la nostre en perfection: quoy qu'il arriuast desia sur les années qui passent de l'enfance à la ieuneſſe, lors qu'il s'eſtablit en France. Vn interest ſi preſſant, que celuy de conſeruer la Couronne ſur la teſte des Muſes, me doibt obtenir la patience du Lecteur, ſi ie luy parle de ces matieres auec tant de ſolicitude & en diuers Traictez : tantoſt exprés, tantoſt par occaſion. Ny certes l'enormité de ces nouueautez, ne me peut aſſeurer qu'elles reſterons ſans effect : ayant leu dans ce grand Liure du Monde, qu'il n'eſt ſottiſe pour extréme qu'elle ſoit, qui ne puiſſe ſucceder, voire regner, s'il plaiſt au hazard : oüy maintefois par authorité du Magiſtrat, & ſoubs des peines capitales. Si faut-il aduoüer, que ie ne croirois pas, que la ſeule crainte de cét effect, pour bien fondée qu'elle puiſſe eſtre, m'authoriſaſt de me battre ſi long-temps à la perche, pour eſſayer à démeſler tant de prodigieuſes beſtiſes, qu'elles me rendroient auſſi ridicule qu'elles meſmes par le combat que ie m'amuſe à leur rendre ; ſi leur fortune incroyable n'auoit deſia conuerty plus de la moitié de leur menace en ſuccez. Voila d'autre-part, ſuiuant ma route, ces Poetes ſallariez ſelon leur deſſerte, eſtouffez qu'ils ſont dans la preſſe, & ſe trouuans vne douzaine ou plus de compagnons, qui ſe meſlent & s'acquittent honneſtement & preſque également, de verſifier ſur leur modelle : à cauſe qu'ils n'ont pas beſoin pour cét effect, des dons de la Nature, ny de ceux de la Science : mais ont affaire ſeulement, de la lecture l'vn de l'autre, d'vn amas de rymes ſupererogatoires, d'vn autre amas ou magaſin de paroles coulantes, & d'vn labeur épineux, pour les employer ſelon leurs loix & preſcriptions. Fiez-vous hardiment à ceſte roſée, de remplir les canaux de la Poeſie. Se ſouuiennent-ils point du ſort d'vn Orateur Romain en Tacite ? *canorum illud & profluens, cum ipſo ſimul extinctum eſt.* Ce ſont fuſées, empruntons cette comparaiſon d'vn habille homme, leſquelles montans premierement en haut auec violence, s'eſſiſlent ſoudain en ſerpenteaux de flamme, & puis ſe creuans auec vn eſclat de bruit s'eſuanoüiſſent en l'air. Sans conter que par ce chemin, nul ne ſçauroit exceder la mediocrité, qu'on a touſiours interditte en la Poeſie. Au ſurplus, ſont ils pas mal fins, de s'attacher opiniastrement à l'vsage present & si exact du langage de cette parcelle de Cour dont il est question, & de fonder sur luy plus de la moitié des interests de leurs Poemes? afin que non seulement ils perissent à son premier changement qui se void tous les iours parmy ce monde-là, comme ie representois, au moins en plusieurs mots & phrases: mais afin aussi, de donner occasion, & moyen à quelque nouuel artisan de vers, de faire naistre & haster ce changement de guet à pends, par vn artifice: pour leur rendre, en ruynant leurs Ouurages, ce qu'ils ont voulu prester à nos Poetes? Au lieu que s'ils suiuoient le train des excellens Autheurs, ils feroient vn suc de la langue passee, presente & future: c'est à dire, la maintiendroient entiere d'vne part, sans rebut ny retranchement: & de l'autre part, aduanceroient la culture & l'amplification que le temps y doit apporter, pour la fixer sur leur ouurage, & luy sur elle. Qui plus est, combien peut vn tiers encherir & tendre de rechef à l'aduenir sur les rymes, choix de mots, & autres menuës dependances & regles d'vn Oeuure Poetique, pour rencheries qu'elles soient chez ces messieurs? & combien facilement & iustement peut-il sapper leurs vers dans peu d'années, auec l'instrument de cette contre-ruse, & sur la consequence de leur mesme exemple? outre que l'homme prend volontiers plaisir à chercher prix en la difficulté. Mais ie predis en chose faicte, les derniers de cette parroisse ayans desia biffé plus de cent mots sur les Ouurages des premiers, qu'ils commencent d'enuoyer paistre auec les oysons. Pour démolir & ruyner les nouueaux Poetes par la voye que ie viens de proposer, il ne faut que le vouloir, au lieu que s'ils eussent cherché leurs principales richesses au sens, en la vigueur, en l'art & en la grace, suiuant le grand chemin Poetique, il faudroit le pouuoir, & celuy qui se trouue le plus rarement. Encores, l'Ouurier qui les surmonteroit par l'aduantage de toutes ces qualitez, pourroit-il, non pas les deffaire ny les effacer: oüy bien décolorer seulement vn peu l'esclat de leur lustre, par la comparaison & la viuacité du sien. Voila donc les chastimens équitables &

non éuitables, de la manie de ces reigles querelleuses, & de l'imitation du langage des iolis de la Cour, à laquelle les Poetes reuoltez s'attachent.

DEFFENCE DE LA POESIE.
SECOND TRAICTE'.

Quel langage le vulgaire de Cour parle, quel stile luy plaist: que la façon de parler des nouueaux Poetes ne ressemble qu'à soy-mesme, & degrade la langue Françoise auec la Poesie. Que nostre langage n'a peu veritablement changer depuis cinquante ans, non plus que les langues anciennes n'ont changé depuis leurs Siecles de la haute doctrine: & suitte de ces matieres & de leurs circonstances, &c.

Ais veut-on sçauoir, Madame, en quoy consiste la particularité du langage de cette Cour des plumes à l'éuent & des bien coiffées? c'est à l'affectation ou rebut de vingt mots ou manieres de parler, dont ils font vn symbole pour se distinguer des autres: en sorte que quiconque n'en vse à leur mode, impertinente le plus souuent, est tenu pour apocryphe: le tout s'il est besoin de le repeter, sous le flux & reflux d'vn change perpetuel, & plus volage & flottant que ces plumes qu'ils portent sur la teste: vous sçauez tout cela mieux que moy. Pour donner exemple: i'ay veu que s'estoit crime chez ces nobles cousins de l'Arc-en-Ciel, d'appeller vn poursuiuant de mariage, *seruiteur*, il falloit dire *vn amoureux*, maniere de parler empruntée du gros Peuple de la campagne, & qui luy ques alors euſt ſemblé à leur gouſt meſme, le Moyne-boury : comme auſſi euſt fait ce ſot tiltre de *truand*, que ie leur ay veu quelque autre fois donner aux ſeruiteurs ioyeux. Puis n'agueres ils nous ont appris ce rare ſecret , qu'il faut faire retentir, homme ou femme *de condition*, au lieu de *qualité*: *tout de bon*, au lieu qu'on auoit accouſtumé de dire, *à bon eſcient*: & *mauuaiſe ſatisfaction* pour *mécontentement* : i'entends retentir, ſans plus vſer de ces premieres façons de parler, qui eſt la ſottiſe : car d'adiouſter ſans retrancher, c'eſt ce que nous cherchons. Mais ces premieres & autres en cas pareil, ſont deuenuës roturieres, depuis qu'on a déſcouuert les nouuelles, comme quelque precieux ioyau, pour releuer & pour orienter noſtre langue : à la charge neantmoins, que dans trois mois vous n'eſtes plus de la Cour, ſi vous ne faiêtes pareille ſedition contre celles-cy, que contre celles qui les ont precedées. Voila pas dequoy s'en faire appeller maiſtre Iean? Et que dirons-nous de ces, *ie baillis, i'allis, ie donnis*, en lieu de, *ie baillay, i'allay, ie donnay*, que i'ay veu regner vn ſiecle en la bouche de ces perſonnes ? Que dirons-nous apres, de pluſieurs noms ou mots qu'ils employent l'vn pour l'autre? & de pluſieurs verbes auſquels ils tournent le nez de trauers en cherchant le ply du meuf? pource qu'ils n'ont pas la pertinence de conceuoir ny de gouſter primement ce qu'ils diſent la pluſpart du temps : eux qui s'attribuent chaiſe de regence pour nous chetiues gens de delà l'eau. Quoy plus? porterons-nous noſtre argent à leur eſcole, pour apprendre à dire, *vne iuppe* de femme, en lieu de *cotillon? i'ens opinion* de faire telle choſe, pour, *i'eus enuie ou volonté?* bourreaux à gages qu'ils ſont de leur langue maternelle. En ſuite qui nous fera raiſon, de ce qu'ils crachent ſi dru auec nous autres profanes, des prononciations à faire vomir les auditeurs, nonobſtant leur myſterieuſe politeſſe? I'entends que cette parcelle de Cour les crache, ſinon toute, au moins en pluſieurs chefs, & des plus haut montez Témoins entre vne quantité d'autres, vn *Gieſus*, vn *ie poyeray*, vn *poyement*, vn *ie vouarray*, vn *coronal*, vn *ſurgien*, vn *ie eye tornay*: au lieu de *Ieſus*, vn *payement*, *ie payeray*, *ie verray*, *colonnel*,

colonnel, chirurgien, ie me tournay: iusques à leur auoir ouy dire, édegrez & laqueulle, pour degrez & laquelle: & la reproche pour le reproche: soubs ombre qu'ils auoient leu cé: article feminin dans les papiers d'vn Autheur, qui nonobstant sa vogue, l'auoit appris de naissance aux plus bas lieux d'vn pays où l'on parle de cette façon, témoins les vendeurs de formages de Pont l'Euesque si frequents sur le paué de nostre grande Ville: pays auquel il auoit appris encore à dire, la meslange. Outre mille phrases messeantes, & de plus mille solecismes, que ces Courtisans-là décochent à toute heure: outre aussi leurs sermens si communs, le *Diable m'emporte, la peste m'estouffe*: à faute d'inuenter ou de choisir quelques imprecations de bonne maison, si les imprecations leur plaisent. Mais voicy pas, en remontant de trois lignes, de quoy s'espaissleer la ratte? aucuns d'eux cherchent, disent-ils, vne galanterie en cette vilaine prononciation, *payer*: alleguant que c'est pour se distinguer des tripieres, lesquelles, s'ils en sont creus, proferent, *payer*. Bon Dieu qui leur a chanté cette estrange nouuelle, que tous leurs mots & toutes leurs prononciations, n'auront plus rien de commun auec les tripieres, quand ils auront retouché celle-là; diront-ils, *bere, meger, dermir*, à cause qu'elles disent, *boire, manger, dormir*? ou bien, ne restoit-il que cette prononciation, *payer*, en la bouche de ces bourgeoises, qui ne peust seruir d'exemple aux galands de Cour, quand nous aurions accordé qu'elles s'en escrimassent? Vrayment voire! moy qui nourris des chats de haut parage, doibs plus cognoistre les tripieres leurs pouruoyeuses, & l'eloquence dont elles se parent communement, que ne sont ces messieurs: c'est pourquoy ie leur apprends, que pour tascher à fuir d'imiter les tripieres, ils se sont faicts tripiers & tripieres eux-mesmes.

Et faut rire aussi sur les enuirons de ce propos, de ce que soudain que cette espece de poupées de cabinet, ou les partisans de leur langage, voyent phrase ou metaphore excellente de fabrique, d'émail, ou de force exquise; non seulement ils n'en apperçoiuent point la beauté ny la valeur,

Ddd

mais ils les heurtent, & preschent, que la douceur est plus agreable. Cela neantmoins par l'instruction, ordinaire de leurs Poetes, qui cherchent encore icy la febue au gasteau, de nous arracher apres les mots puissans, les manieres de parler puissantes: & qui coiffent du nom de douceur, la basse & foible estoffe d'vne autre phrase équiualente de sens qu'ils vous proposeront, en lieu de celle qu'on leur presente, la leur moulée sur le parler vulgaire: ne sachant pas, que la vraye douceur des langues, comme celle du vin, consiste en leur esprit & en leur vigueur. Ils me font souuenir du bon villageois, qui ne cognoissoit plus l'Orient, depuis qu'il auoit escarté sa cheminée qui le regardoit: ne recognoissans plus ny grace, ny pertinence, hors leur vsage atiltré, pour reformer tous les Siecles passez & futurs. Au surplus ces mesmes Poetes & Courtisans, penseront auoir vn traducteur de grand Poete & de haute Poesie, s'ils chantent, qu'il est plus naïf que son compagnon en mesme tasche, s'il en a vn. Toutefois, outre qu'ils ne sçauent, nullement quelle beste c'est que la vraye naïfueté, qui s'appelle vne fluidité gentille & polie, ils ne sont pas aduertis; que Virgile ny ses complices, ne veulent point estre naïfs, mais braues, ornez, pompeux & maiestueux: d'autant que la grace est bien vertu d'vn Poeme heroïque, non pas la naïfueté, puis qu'elle se taille au prix que ie viens de dire. En fin de quelle valeur, ie vous prie, sont toutes ces douceurs & naïfuetez qu'on nous presche, pour nous seruir de mire & de borne à parler? Exprimerons-nous donc les victoires des Heros ou de nos Roys au son de la fluste, plustost que de la trompette? & desireront-ils que nous les sonnions doucement, ou bien, magnifiquement & triumphamment? Ces messieurs les Poetes & leur suitte, pensent-ils donner leçon par ces nouueaux discours, à des bestioles drollesses, attiltrées pour amadoüer, flatter & muguetter sans plus, & encores amadoüer des ames basses comme elles! car certainement elles n'en amadoüeroient pas de releuées, par leurs paroles ordinaires plastrées de miel? croyent-ils donc instruire de telles coquettes: au lieu qu'ils instruisent autant qu'il est en

LES ADVIS. 395

eux, vne Nation Françoife, viue, fpeculatiue, genereufe, qui parle pour expliquer tout du long les plus dignes facultez & les plus fages & fermes difcours & l'entendement humain? Qui parle auffi, tantoft pour façonner & former, tantoft pour vaincre de perfuafion au befoin, de pareilles facultez d'entendement aux Nations voifines: inftillant, à vray dire, par la vigueur de fon langage, le fentiment & le genie qu'elle porte au fein & au cerueau, dans le fein & dans le cerueau de fes auditeurs ou des Lecteurs de fes ouurages. Ie dis, qui parle pour expliquer tout du long les facultez de fon efprit: pource que dire la chofe doucement & non fortement, felon que ces docteurs cognoiffent & dépeignent le doux & le fort langage, c'eft l'exprimer feulement à moitié: c'eft dire l'efcorce & non la chofe: ou pour mieux parler, c'eft la fiffler & non pas la dire. La raifon eft, qu'elle ne fe dit que par celuy qui la comprend : & ce doux difeur ou explicateur, à leur mode, n'a garde de la comprendre ; ny partant de la faire comprendre à autruy: fon imagination ne donnant qu'vne mole & foible atteinte en la fuperficie des fubiects, qui ne fe peuuent penetrer iufques à la moelle, comme il eft requis pour les expliquer pleinement, finon par vne atteinte viue & puiffante. Quelle merueille, puifque la langue eft fille de l'efprit, que la plufpart de fes richeffes foient abftraictes & profondes, à l'imitation de celles de fon pere? Ou, comment iouïroient ces docteurs, des abftraictes & profondes richeffes de la langue, eux qui logent leur douceur en queftion, c'eft à dire leur vnique foin & but, à fuyr non feulement les metaphores, figures & Prouerbes, dont nous parlions à cefte heure, ains encores, les traicts comiques, emprunt des eftrangers, nouueau baftiment de manieres de parler expreffiues, dictions breues qui renforcent à toute heure vne claufe en la refferrant, fur tout en Poefie: mais i'ay touché ce poinct en vne autre occafion: fuyent de plus, la moitié du langage ordinaire, & generalement tous mots & toutes phrafes qui femblent porter la moindre afpreté, le moindre choq de voyelles ou confonnes; afin de preferer à tout cela des mots & des phrafes

Ddd ij

greffez d'huille pour mieux couler: quelque aduantage de grace, d'addreffe, & de vigueur qu'il y ait, à choifir pluftoft ces premieres chofes, & à reietter ces dernieres? En'fin, il faut caffer vn noyau auec effort, il faut brifer vn os, & mordre vertement vne pomme, non pas les lecher ou morciller doucement, qui veut extraire l'amande, la moelle, & la bonne fubftance qu'ils recelent; ainfi faut-il mettre vne langue foubs la preffe pour en tirer le fuc & les delices: de façon que ceux qui en vfent d'autre forte, parlent fuperficiellement tandis qu'ils croyent parler doucement. Et derechef, fuiuant la precedente comparaifon du vin, à quoy nous pouuons adioufter celle de l'orange aygrette, confiderée contre la mouffe; la vraye douceur des langues, confifte en quelque efprit fouëf, & en vn fuc penetrant & vif; permis à la poliffeure, qui ne s'appelle pas douceur pourtant, de les accompagner fi bon luy femble. Ainfi donc, le doux & le foible ne font qu'vn, en l'efcole de ces prefcheurs de paroles mielléçs: & l'on void, que pretendans forger des Efcrits doux par vne telle methode, ou les inftruire en l'ame de leurs clients, ils en forgent & en inftruifent de cherifs: & void-on en fuite, combien inutilement ils nous content; qu'on peut reprefenter des conceptions fortes en leur langage doux & mol. D'autant que chacun cognoift par ces preuues & raifons precedantes, s'il ne le cognoiffoit d'ailleurs; que la conception & l'énonciation fortes & puiffantes, ne vont non plus l'vne fans l'autre, que les deux rouës oppofites d'vn chariot. Mais qu'eft-ce que difcourir fortement? c'eft dire ce qu'on doibt & veut dire; & ce que les autres veulent & ne peuuent: ce qu'ils cherchent & ne trouuent point. Dauantage, fi les honneftes gens fçauoient ce dialecte mol & miellé, que la nouuelle fapience propofe pour vn modelle infigne, & qu'ils fe peuffent exprimer par fon moyen, ce qui n'eft pas: fans doubte il faudroit trauailler pour le leur faire defapprendre par intereft de reputation: le parler eftant exactement vne image de l'efprit, (de forte que felon qu'il eft ferme & folide, ou lafche & mol, il faict voir à quel de ces deux diuers poincts l'esprit se chaufse) & l'esprit estant vne image des mœurs: deux maistresses pieces,dont l'homme est composé, & de l'vnique lumiere desquelles il peut veritablement reluire. Mais en fin si nostre langue cherche sa grace en la douceur sur tout, qui nous meult de bannir de chez elle par commandement de ces nouueaux maistres, tant & tant de mots des plus doux, & parmy leur douceur vsitez, naturels, ou naturalisez par Amiot ou autres bons Ouuriers? Où en sommes nous encore, de la cognoistre si peu, que de croire, qu'elle puisse trouuer sa grace du costé des tendres douceurs, si nous ne luy retranchons la moitié de ses vocables, ie dis des plus necesaires, aspres de son, & de plus monosyllabes? Que ferons nous, disie, de ces mots, *prompt, tronc, front*, & de toute leur volée? que ferons-nous encore de ceux-là, *flanc, blanc, rang, franc, sang, estang*? que deuiendront ces autres, *dras, gras, bras*? & en suyte, le *Nord*, vn *choc*, vn *froc*, vn *roch*, vn *troc*, vn *broc*, vn *croc*? ou ceux-cy de diuerses couleurs, ce diamant est *gros*, ou *brut*, cela pourra *choir*, cét enfant *croist*, il *croid*, il a *froid*, il vient *tard*, il a du *fard*? En quel pays renuoyrons-nous apres, *croistront, coudront, rendront, viendront, voudront*? sans oublier *mouchoir, drageoir, pignoir, eschoir*, & toute la sequelle aussi d'eux & de leurs cousins. Ou pour mieux parler, ces dictions employées à propos, ont elles moins de grace & de bien-seeance à cause qu'elles tiennent ie ne sçay quoy de rudesse? & seroit-il meilleur que nous éuitassions de les coucher au besoin, ou que pour les afsaisonner & adoucir, nous dissions *soc* pour *choq*, *blas* pour *bras*, & ainsi des autres? Ie me doute bien que la trongne inciuile de tant de gros mots amoncellez, renouuellera la querelle de nos Diminutifs, qui certes s'ennuyoient aussi de porter tous seuls la guerre.

Tant y a qu'aussi-tost que ces Poetes nouueaux, euentent vn mot ou vne façon de parler qui ne court pas souuent en la conuersation particuliere des donzelles & des fanfarons, quelque mot qui menace seulement de passer fleur dans vn Siecle; au lieu de fauoriser & de prolonger le cours de son

destin de 50 ans par delà sa durée prescripte, ils le precipitent & l'abregent de 50 ans au deçà: le bannissans à fer & à
feu, quoy qu'il eust sa vogue en la commune conuersation:
comme si la Poesie s'attribuoit le langage des hommes, &
des auortós d'hommes, tels que cette espece de gens se peut
nommer, & non celuy des Dieux: verité dont il n'est plus
besoin d'alleguer derechef les preuues. Oyez le dialogue
amoureux de ces espousées de diuers sexe, par la bouche
d'vn galand homme. Qu'il est gentil!

  Mes vers piaffent iusqu'aux Cieux,
    Ie fais miracle en prose,
  Car ie sçay par cœur tous les Dieux
    De la Metamorphose:
  Pour vos yeux qui sont mes flambeaux,
  Ie fay des Almanachs nouueaux.

    Response.

  Monsieur, vous pourriez bien calmer
    Cét orage lubrique,
  Et ne pensez pas m'abysmer
    En sa mer impudique:
  L'honneur conduict en seureté,
  La nef de ma pudicité.

Voicy sur mesme suiect, de grasses offres & protestations,
conceuës plaisamment par vn autre esprit.

  Vostre œil tire à mon cœur comme on tire au faquin,
  Obligez mon amour de le vouloir entendre:
  Et prenez à mercy ce mal-heureux coquin,
  Qui pour vostre beauté voudroit se faire pendre.

Or donc ce langage des Muses doibt estre composé de tous
les mots d'vne langue, ménagez, amplifiez, cousus ou cou-
plez au besoin:

  Deux mots trouuent entre eux vne heureuse ioincture,
  Si tu les sçais lier d'vne souple cousture:

plus encores, greffez & metaphorisez, iusques à l'extréme
effort de l'inuention d'vn esprit industrieux, puissant & magnifique.

De l'art de bien parler tu touches l'excellence,
Si disposant tes mots d'vne exquise prudence;
Tu les mets en tel iour au front de ton tableau,
Que l'assiette subtile y preste vn air nouueau.

Ce langage Poetique est en somme tout ce que nostre langue possede, au-moins tout ce qu'elle a receu depuis cinquante ou soixante ans, qu'elle a veu le degel de la barbarie, & touché le but des Sciences. Ce langage consiste encores, de tout ce qu'vne prudente, vigoureuse & superbe audace peut édifier sur cét amas, informant & paistrissant à toutes mains ceste masse. Car ce but des Sciences touché, s'appelle le hors de page d'vne langue: depuis lequel, comme nous disions d'arriuée, elle peut aduancer, non reculer ny vieillir, les bons Autheurs couppans broche au flestrissement. Cela prouient, de ce que la mesme sublimité d'esprit qui digere & qui releue les Sciences, est capable & necessitée de releuer aussi la langue auec elles pour s'expliquer: & de ce que ces Autheurs, grands personnages, par leur credit, par l'excellence de leur grace, force & splendeur, font iuger bon à l'aduenir tout ce qui est sorty de leur main: soit qu'ils le prennent du creu naturel, soit qu'ils l'empruntent des langues antiques, ainsi qu'elles empruntoient l'vne de l'autre, soit qu'ils l'inuentent. Iamais depuis ce terme les langues anciennes n'ont changé: car la difference du stile des Escriuains, telle que nous la voyons depuis Ciceron, n'est pas vne difference de langue, laquelle differance ne se trouue qu'au changement de la syntaxe. Quant à celle de la nostre, mettons Amiot à part, si l'on veut, lequel ayant commencé le bon Siecle, tient peut estre encore quelque phrase par fois de celuy dont il sortoit: mais depuis les Essais, qui commencerent à paroistre enuiron l'an 1580. nostre syntaxe est-elle chāgée? Or les mots, principal suiect de ces Traictez, ne peuuent veritablement se flestrir qu'auec la syntaxe, & quiconque les veut diuiser l'vn de l'autre, commet vne violence aussi dure que s'il tondoit par plaisir vne belle forest verte & viue de ses feuilles & de ses branches. La prouidence & la maiesté de la Nature soigneuses de maintenir ses ouurages, sentans qu'vn ceruaau leger peut reietter autant de mots qu'il luy plaist, ont faict quand & quand qu'vn ceruaau tymbré ne l'en peust aduouër : ny se plaire à ce rebut, tandis que la syntaxe qui les a conceus & employez dureroit : syntaxe que les sots ny les sages ne peuuent pas changer à leur fantaisie. Ie ne croy pas auoir tort de mettre les langues entre les œuures de la Nature, elle y a grande part. Que cette ferme connexité des mots & de la syntaxe ne soit vraye, voyons-nous vn seul des mots de Ciceron ny de ses contemporains, défauorisé depuis leur Siecle ? Continuons d'escoutter les bons conseils.

La langue des ayeux manque à quelques besoins,
Il te faut en parlant bander tes propres soins :
Plusieurs mots inouys s'offrent à ton vsage,
Et tousiours ton labeur doibt orner le langage.
Quelle religion accuse ton pinceau,
S'il trace vn nouueau mot, traçant vn faict nouueau ?
Pourueu qu'il porte au front vn traict de cognoissance,
Qui represante à l'œil l'estoc de sa naissance,
Que ses parens, cogneus, l'acceptent pour germain,
Et qu'il preigne en leur souche vn fondement certain ?
S'il aduient, cependant, que la langue natale,
Se trouue en quelque lieu peu riche ou liberale :
Lors certes, noble Ouurier, ton dessein genereux,
Doibt chercher en la Grece vn terroir plus heureux,
Où prenant vne masse en tes mains repaistrie,
Tu luy formes la face à l'air de ta patrie.

Mais quels puissants rochers, i'entends quels Poetes, quels precepteurs de Poesie, sont ceux contre qui ie heurte la teste des nouueaux parleurs en toutes ces allegations ? C'est vn Vidas, c'est vn Horace : duquel sur mesme exhortation d'enrichir incessamment la langue de nouueaux mots, i'employerois encore vn ample passage en ce lieu, si ie ne l'auois préoccupé en la Preface des Essais : voicy l'auant-ieu seulement que ce Poete y applique.

Or s'il faut exprimer par tes rares discours,
Quelque art ou quelque geste incognus de nos iours;

LES ADVIS.

Tu ne doibs refuser que ta plume l'explique,
Par des mots ignorez du vieux siecle rustique:
Ce labeur est permis soubs des efforts discrets,
Mesmes d'y ioindre vn fil de la source des Grecs.

Ie suis bié aise, pour suiure mon train que ce soit d'vn tel docteur ignorant, & tel émouleur de finesses rouïllées, qu'estoit Tybere, que nous ayons ce conte; qu'il enuoya de nuict appeler tous les Grammairiens de Rome, pour faire vne meute consultation sur vn mot inseré de sa main dans vne ordonnance, s'estant aduisé qu'il estoit vn peu nouueau. C'est aux bons Autheurs, dit ce grand esprit mon second Pere, en ceste mesme consideration de leur suffisance & de leur credit, d'enchaisner & de cloüer la langue à leurs Liures: commandant en autre lieu, de retenir les vieux mots de bec & d'ongles, de crainte qu'ils ne nous eschapent: & le *lunaï, auraï, olli* & *ollis* de Virgile, sans y adiouster le *cujum pecus,* cestuy-cy estant de la liurée des barbarismes; nous aduertissent bien, que cét autre esprit celeste estoit de mesme aduis. Cestuy-cy qui est Vidas encores, ne l'eust pas contredict: duquel ie coucheray le passage en son Latin, bien que ie traduise ailleurs tous ceux de quelque estenduë: puis que le suiect & qu'il touche, l'attache plus ferme à son terroir naturel.

Quin & victa situ si me penuria adaxit
Verba licet renouare, licet tua, sancta vetustas,
Vatibus indugredi sacraria: sæpius olli
Ætatis gaudent insignibus antiquaï,
Et veterum ornatus induti incedere auorum.

Quelle personne de iugement voudroit aussi rebutter en son Oeuure, vn seul des mots ou dictions d'Amyot ny de Ronsard, les plus anciens depuis ce terme, ie dis ce but des Sciences touché? si ce n'est d'aduenture cestuy homme ou celle femme du premier, & moult s'il y est: & du second, o pour auce, & ieleuse pour ialouse? qui se doibuent comter pour rien, eu égard à l'esclat de la reputation de leurs Escrits, & rien contre la preuue de ceste stabilité de langage depuis ce mesme terme: tant parce que cela tient lieu de neant dans ceste mer de tels Escrits que les leurs, mesmement employé bien peu ; que d'autant aussi qu'Amyot a tout éxpres voulu s'approprier ces deux pronoms & cet aduerbe, desja flestris aucunement de son aage, afin de monstrer qu'il se croyoit assez fort pour mespriser le mestier quand il luy plairoit: & Ronsard a festoyé ces deux autres mots, par licence Poetique, en faueur de son Vandosmois qui les a couuez. Accordons encore aux criards, d'effacer honny des papiers de Ronsard & de ceux d'Amyot, s'il s'y rencontre. Et quand le change ou rebut auroit frappé quelque coup d'importance au langage depuis ces deux Autheurs-là, ce qui n'est point, le Latin de Ciceron, Cesar, Saluste, Horace, Catulle, Virgile, & toute ceste volée, est-il moins prisé pour la mutation qu'on void depuis leurs iours en ceste langue? employeroit-on moins leur Latin par preference de tout autre? & quelqu'vn doute-t'il, que cét idiome ayt differé de si grands Escriuains, sinon par la balbutie deuant, & par l'empirement, ou pour mieux dire radotement, apres eux? i'entends s'il y a eu changement: car pour moy comme i'ay dit n'agueres, i'en trouue en la façon d'escrire, non pas en la langue, depuis que telles gens se sont meslez de l'arborer en leurs ouurages. *intermijer*

Voila donc pour conclure cét article, que si ces docteurs nouueaux venus, affectent autre triomphe qu'vne espineuse & triste difficulté de versification, c'est de parler pur François, & sans licence, ouy sans hardiesse: c'est de parler en Poesie à la mode qu'vne fillette parle en prose ; sauf que plus seruilement & scabreusement: afin qu'il soit dit de leur bassesse de courage, qu'elle vise en ses appetits & en ses desseins au dessoubs du noble choix des choses, & au dessoubs du sien mesme: eslisant vn mauuais prototype de langage, & faisant pis qu'il ne luy enseigne. Car il n'y a mignarde affettée à Paris ny à la Cour, qui reiettast comme eux en ses entretiens ou en ses Escrits si elle en faisoit, les diminutifs: car elles diroiët: Il se proumene *seulet*, vn visage d'enfât *doucet*, vne fille *grassette, blondelette, grandelette, ieunette, ioliette*: il n'en est point qui s'escusast de dire, vne *herlette*, vne *fleu*-

LES ADVIS. 403

rette, & cent autres: ny qui detestast mille dériuez tres-communs, que ceux-cy fuient comme anathematisez: dequoy seront foy, *pourprin*, & consequemment, à mon aduis, *pourpré*, tirez de pourpre. Ny ne manqueroient de s'estonner d'ou vient qu'on reproche en leurs Poetes ce nom *œillades*, ce *valeureux* Caualier, *serf* & *seruage* d'amour, & trente pareils. Dauantage, elles ne refuseroient pas d'employer plusieurs des mots, verbes, aduerbes, prepositions, conionctions, interiections, que ces Escriuains refusent: tesmoins entr'autres vn *mignarder*, pour exemple, mignarder son enfant, ou son petit chien: vn *egayer*: vn *domter* les amans: cetuy-cy reietté par cette raison d'importance, qu'on dit, *domter les cheuaux*. Fantasie bien eslongnée de celle de Virgile, qui represente les efforts d'Apollon à ranger au ioug la Pithye rebelle à ses inspirations, soubs la comparaison d'vn Escuyer domtant vn cheual. Elles seroient sonner, vn *ha*, vn *las*, vn *helas*: prononceroient vn *parce* aussi facilemẽt ou communémẽt, que *pource*, n'ayant pas appris de ces personnes, que cestuy-là est inutile & bastard: diroient en suitte, *auec*, plus volontiers qu'*auecques*: car, aussi souuent que chat se mouche, bien qu'à demy congedié pour rude par ces mesmes Escriuains. *Or*, ne seroit pas banny de chez elles, quoy qu'il le soit de chez ces gens, du moins en Poesie: ie ne sçay pourquoy, sinon afin que nos discours commencent par tout: & ces dames prosereroient aussi, *licite*, puis qu'on leur faict l'honneur de leur permettre *illicite*: & daigneroient dire *presantement*, *permanent*, & *brandon* d'Amour, *Phœbus*, *Cupidon*, en l'alternatiue de flambeau, d'Apollon, & d'Amour. Les faudroit-il donc renuoyer à confesse, pour auoir recité sur vn tableau; que ce Cupidon porte son brandon de bonne grace, & que ce Phœbus semble auoir des aisles en poursuiuant ceste Daphné? Qui plus est, les mesmes poupines oseroient entonner *grand ombre*, *grand part*, *grand Ville*, *grand riuiere*, *grand maladie*, & mille autres grands feminins. Elles diroient, que ce *tintamarre* leur rompt la teste; Elles prononceroient ou lairroient prononcer sans offence ces mots, sans m'arrester à plusieurs autres ; *ains au contraire*, *ains à luy*, *ains à moy*, ie vous ay *ja dit*, il n'est *ja besoin*, ne s'effarouchans pas de ces aduerbes ou de ces particules. Plus, elles oseroient aussi produire au iour ces loquutions des plus vsitées, *il suit ou reprend ses erres*: &, ceste rencontre est *opportune*: n'estans pas abreuuées d'vne iolie censure des gens en question ; que le verbe *errer* est receuable, mais que le nom *d'erres* ne veut rien dire: & de mesme receuable à leur comte, *l'opportunité*, mais non l'épithete *opportun* : comme si les mots tiroient raison & vertu d'ailleurs que de l'emploicte commune, ou pouuoient desaduouër quand ils voudroient, la raison & la vertu qu'ils tirent d'elle. En fin qui leur fera iustice d'vne autre querelle, que ie viens d'apprendre qu'on leur dresse sur les participes, bannis presques par tout en faueur des gerondifs? Si pour exemple elles disent : ie rencontray hier des Gentilshommes *allans* à Vaugirard : leur eloquence s'est entre-taillée : d'autant qu'il faut dire *allant*, en pluriel comme en singulier: en peine que l'auditeur soit contrainct de courre au deuin pour comprendre ce qu'il entend. Car ie prie ces nobles docteurs, qui sont d'autre-part si grands ennemys des equiuoques, de m'esclaircir, si celuy ou celle qui profere cét *allant*, parle de soy-mesme ou des Gentilshommes: ou bien quel besoin il est d'alonger de trois mots, recherchez à plaisir, affin de fuïr l'equiuocation, cette harangue qui tombe si souuent en nos deuis ? Le Lecteur pourra voir quelques autres termes qu'on veut arracher par force aux dames, auec tous les precedens, au Traicté, *Sur le langage de nos deux Prelats*, en vne Section qui commence : *Ils sont liberaux*. Dieu veuïlle que l'enuie de me démentir, conuie desormais aucuns de ceux qui donnent ces beaux arrests à les reuoquer en leurs Escrits. Au surplus, les poupines n'espousent pas superstiticusement vne ondée d'articles & de pronoms de la nouuelle ordonnance: vsans de ces choses par le simple conseil de l'exemple public sans chercher autre precepteur.

Mais pourquoy m'amusé-ie à remarquer ce que porte leur langage, hors l'intention des nouueaux Poetes, veu que c'est chose comme infinie : elles se fondans sur cét vsage ordinaire, si ces messieurs ne sont aupres d'elles, pour les en diuertir par leur crierie: eux se iettans à l'essort, sur le caprice, qui sont deux visees tres-diuerses? En somme, ie trouue que selon que ces reformateurs cognoissent la langue Françoise, & ceux qui la parlent, voire qui plus est, ceux desquels ils l'apprennent eux-mesmes de profession attiltrée, si nous les croyons; il faudra qu'ils se leuent vn de ces iours plus matin, pour enseigner à leurs maistres, s'il n'est desia dit, le langage de leurs maistres: i'entends, aux esprits douïllets, le langage des esprits douïllets. Certes il y a bien plus, c'est que les douïllets & douïllettes ne desserrent point quantité de mots, qui leur agréent fort bien quãd des entendemens plus sublins que le leur les desserrent: partant, Des-Portes ne perd point chez eux le tiltre de Poete du cabinet, pour estre aussi plein de ces mots-là que pas vn de ses voisins. Et de plus, ils ne s'effarouchent pas des metaphores, ny de tout ce que i'ay rematqué de difference, entre leur façon de parler & celle des Conseils & des ministres de nos Roys, prouuée par leurs Escrits: de tout ce que ie remarqueray de nos deux Prelats messieurs du Perron & Bertault en face de mes Poemes: & aussi peu certes, de tout ce qu'on pourroit notter encore d'émancipé en la brigade de Ronsard, si la nouuelle censure ne les y contraignoit à fer & à feu: d'autant que par dignité mesmes, ces douïllets defferent par tout la difference & la preeminence de langage, aux Escrits: & doublement à l'Escrit Poetique. Sans oublier que depuis vn an, i'ay oüy dire le substantif, *plaint*, à deux Dames de ceste Cour, pertinentes & releuées : & si ne l'auoient pas appris des Liures, car elles ne lisent point: comme aussi ay-ie ouy depuis mesme temps l'adiectif, *languide*, en plus de quatre bouches de reputation & du mesme climat. Eh, qu'est-il besoin de remarquer ces particularitez querellées par messieurs nos maistres, & approuuées des tendres demoiselles; apres que cent personnes ont veu le Roma.t Royal, qui couroit escrit à la main par vne des plus grandes & plus polies Dames de la Cour presente ? auquel en somme il ne manquoit vn seul des mots que ces nouueaux Orateurs excommunient : de sorte qu'elle ou leur bouche ne parloit pas François. On m'a recité que quelqu'vn d'eux le pretendoit estimer de ces dictions auant qu'il s'imprimast: s'il l'a faict, le Lecteur au moins sçaura qu'on luy en a baillé d'vne.

Mais quand tout est dit, ces correcteurs parlent-ils au demeurant comme les Damoiseaux & Demoiselles parlent? & s'ils bronchent au deffaut vers ce beau monde du costé de ces mots, verbes, aduerbes, particules, manieres de parler, diminutifs & dériuez, que i'enfilois à ceste heure, outre infinis autres que i'ignore, ou que i'obmets pour abreger ; ne bronchent-ils pas d'autre-part en l'excez? Ces Demoiseaux & Demoiselles, veux-ie dire, sont-ils des inuersions de phrases en deuisant, desquelles bon gré mal gré ces Poetes d'auiourd'huy sont forcez de s'escrimer assez de fois? vsent-ils du mot *vitupere*, ou *contemptible*? disent-ils *quantesfois*? *bontez d'vne ame*, ou *clartez d'vn astre*, en pluriel? *scadrons* pour escadrons? *Gent* pour peuple? *toy* pour vous, à ceux qu'ils honorent? *luminaire* pour Soleil? *rancœur* pour rancune? ou s'ils appellent les Muses *Neufuaine*, & nomment les Prouinces par leurs noms antiques, *Etrurie*, pour exemple? veu que ces nouueaux Ouuriers se parent sans scrupule de tous ces vocables ou façons de parler, en obmettant plusieurs autres, afin de n'auoir pas icy la peine de les enrooller. Ie ne couche nullement ces choses-là sur mon papier pour en accuser l'vsage: mais pour noter seulement l'inegalité de ces Poetes, & la temerité de leur creance, d'auoir esperé de pouuoir attacher l'éloquution du Poeme au ioug de la prose, & prose triuiale. En fin ces remarques que ie viens de faire sur les petits Poemes de quelques-vns de leur parroisse, nous apprennent, qu'ils eussent dit tout ce qu'ils ont deffendu, s'ils se fussent iettez sur de grands Ouurages. Ie puis adiouster, que les mignonnes, les iolies & les iolis, se gardent bien aussi, comme on sçait, de receuoir la difference de ces Poetes entre les prononciations de *chemin & main*, *butin* & *hautain*, homme *vain* & du *vin*, *eslance*

& *violence, amante & lamente*, & semblables mots : ny leurs consonnances entre aucunes de leurs rymes remarquées au Traicté qui porte le nom de *Rymes*: ny ne disent: *Ie n'ose ouurir ma pensée, tant i'ay peu d'asseurance en la foy de personne*. Cela parmy quantité de traicts pareils, que i'obmets pource que ie suis ennuyee, Madame, de tant ennuyer vous & le Lecteur: bien qu'il me doibue sçauoir gré de luy montrer ce qu'à l'aduenture il desire apprendre: sçauoir est, en quoy consiste ce nouuel art Poétique. I'oubliois que n'agueres on nous auoit faict nouueau present, d'vn: *Il y eut bien crié*, pour, *On ietta de grands cris*. Si de grace vne seconde pensée, corrigeant la premiere, ne nous eust releuez d'estre contraincts par exemple de parler ce langage, où en estions nous? Partant ces mesmes Poetes veulent parler la langue ainsi qu'on la parle, pourueu qu'on la parle comme eux. Ils nous veulent faire iouër le personnage du Pellerin en nostre patrie: c'est à dire que nous soyons obligez d'apprendre à parler de leur bouche, & non de celle de l'vsage: & que nous ne puissions estre que des barragouïns & des barbares, si nous n'allons en toute humilité requerir qu'ils nous rendent honnestes gens: nous apprenans pour François le lãgage que la Frãce ignore: nous apprenans certes, en quelle langue il faut parler François. Mais qui leur a, ie vous supplie, descouuert le visage de ceste Minerue, voilé iusques à ceste heure?

LES ADVIS.

DEFFENCE DE LA POESIE.
TROISIESME TRAICTÉ.

Quelle auersion les grands esprits & la haute Poesie apportent à ce nouuel art: & combien il est incapable de la manier. De quel mespris il les traicte, & toute sorte de gens de Lettres hors sa cabale. Et que la langue Latine s'augmenta tousiours, sans iamais souffrir aucun retranchement depuis qu'elle paruint au periode des Sciēces.

Pour conclusion, nos deux Poetes Prelats, que i'obiecte iustement à ces picotteurs, puis que i'ay faict voir qu'ils les ont autrefois loüez; ont voulu en ce seul article differer de Ronsard, & de sa volée, qu'ils vsent moins de quelques rymes ingenuës ou libres, qui se voyēt par fois chez luy & chez elle: employēt vn peu moins de mots syncopez, moins de rymes ou couples de vers diuisées en deux sens ou sentences, moins encores de heurts de voyelles, & de quelque autre legere nonchalance de vers & de loqution. Mais qu'est-ce que l'emploicte de tout cela, posé qu'elle soit frequente, ou mesmes de quelques pieces nonchalantes tout du long, qui se peuuent aussi trouuer parmy des Oeuures si plantureuses que celles de ceste compagnie de Ronsard? Oeuures reluisantes d'hypotypose ou peincture, d'inuention, de hardiesse, de generosité: & dont la viue, floride, & Poetique richesse, authoriseroit trois fois autant de licences, s'ils les auoient vsurpées. Ceste troupe est plus excusable de telles libertez, que n'eussent esté les deux Prelats, ayant rompu la glace de la
langue;

LES ADVIS. 409

langue, deffriché le terroir de la Poësie Françoise, & composé les plus amples Escrits de cét art. Ouy mais, disent ces gens-cy, tous ces Poëmes seroient plus parfaicts, si les manquemens que vous excusez n'y estoient point. Ie le nie. Le iugement de tels Poëtes a voulu monstrer, qu'il sçauoit mettre peu de chose à peu de prix. Vn danceur est-il moins excellent, pour faire vne capriole fauce, apres trente iustes & galantes? au contraire, il veut monstrer que s'il a bonne grace à dancer, il n'en a pas moins à se iouër quand il luy plaist. O que les Escriuains qui possedent les grandes vertus, sont asseurez d'auoir dequoy couurir les petits vices, si vices y a! vainqueurs & triomphans qu'ils sont des hautes entreprises, daigneroient-ils chercher quelque gloire à monstrer qu'ils sçauent recoudre leurs chausses: i'entends à se parer des menus scrupules & des affiquèts de la versification? Et puis qu'est-ce, de vouloir asseruir la Poësie, ie ne dis pas à la religion, c'est le poinct où ces Prelats acheuerent de la porter, ie dis à la superstition, des rymes, ou à quelque chicane de mots & de manieres de parler, suiuant le stile de ces modernes; sinon mettre vn gentil & genereux cheual au bagage? Les Poëtes iettez au moule de ce temps, sont valets, de la ryme & de la Grammaire, legeres aydes & simples suiuantes de la Poësie : ces Daimons Poëtiques en estoient maistres. Ceux-là s'estimans, ce semble, indignes d'auoir les Muses pour Reynes, les veulent transformer en Tyrannes, car ce tiltre mal-gré qu'ils en ayent doibt estre reciproque aux deux sexes: ou pour mieux parler, se croyâs de trop bas aloy pour estre enfans de ces belles Deesses, ils se veulent rendre leurs esclaues. Pensons-nous que la Poësie soit vn art de sorciers, où la moindre syllabe & la chetiue lettre, font ou deffont la chose? art seruile entierement, comme ayant pour autheur le Diable tyran des hommes: au lieu que c'est celuy des Graces, riantes, benignes, & qui pour marque expresse de liberté portent la robe desceincte. Qui peut mieux prouuer cela, ie dis l'aduantage d'ornement, de delices & de beauté rauissante, du langage plein & naturel, sur l'escourté & recriblé; que par la comparaison des Poemes de nostre Cardinal, contre ceux des Poetes à la mode? pour ne considerer que cetuy-là seul de sa troupe, & pour ne regarder en son Ouurage que le seul ornement & le charme des mots. Y a-t'il quelqu'vn hors la nouuelle bande, qui compare la pompe & la magnificence des vers d'auiourd'huy, à celle de ceux-là? ou qui croye que ce Cardinal eust peu les esleuer iusques à ce haut point de beauté, s'il eust espousé les reigles de ces escorcheurs de langue? quoy que ie reconnoisse qu'ils en font par fois de beaux & pompeux à l'ayde du trauail, & de l'imitation de ceux qu'ils décrient. Mais que diroit Ciceron de ceste esclauitude vers le langage, luy qui declare qu'il luy veut commander? Ciceron pourtant si modeste, & trauaillant sur vn art si fort obligé à la modestie & à la retenuë, par delà les loix de la Poesie: *Vbi res postulat, verbis imperare non seruire debemus.* Considerez sa plume forger *Apeitas & Lentulitas*, pour humeur ou traict d'Appius & de Lentulus. D'autres obserueront en ce mesme Autheur infinis traicts pareils: entre lesquels on m'a recité qu'Erasme au Dialogue nommé Ciceronien, nous aduise; que ce Prince des Orateurs auoit inuenté les dictions suiuantes: & maintes autres *beatitas, beatitudo, superlatio, complexio, traductio, frequentatio*: outre la signification nouuelle, qu'il auoit donnée à plusieurs aussi. Dauantage, si i'ay bonne memoire, Iule Cesar Scaliger, discourant sur ce Dialogue d'Erasme, remarque d'autres mots & noms, que cét Orateur auoit fabriquez pardessus les precedans: à l'emulation, dit-il, d'Aristote: *proloquium*, est le seul de la remarque de Scaliger, dont il me souuienne pour ceste heure. Adioustant, que ce mesme Roy de l'éloquence, auoit par ces innouations donné l'exemple & la raison à ceux qui voudroient escrire en ceste langue apres luy, d'inuenter aussi, & nottez, inuenter en vne langue morte: en sorte, suit-il, qu'il ne desapproueroit pas s'il renaissoit, diuerses choses que nous y auons apportées & basties de nostre mouuement, sur son modelle. Il nous aduertit de plus, que le langage que Ciceron employoit, n'estoit pas du tout conforme à celuy qui couroit

LES ADVIS. 411

vulgairement à Rome: & qu'il vsoit par fois de vocables, & encores de manieres de parler qui n'appartenoient qu'à luy seul. Aussi ne s'en cache-t'il point: car il publie, de sa propre bouche, qu'il se veut seruir de mots non seulement vsitez, mais encore empruntez & nouueaux entre les Romains, pourueu qu'ils soient conuenables. *Non solum optimis verbis vterer & tamen vsitatis, sed tamen exprimerem quædam verba imitando, quæ noua nostris essent, dummodo idonea.* Et là mesme: vsons, dit-il, de tels ou tels mots, vsitez, transferez, ou forgez par nous mesmes: *au iis quæ nouâmus & facimus ipsi.* Eh pourquoy vrayement eust-il resserré les longes & le vol de ceste genereuse audace? Si nous appellons barbare tout ce qu'vn langage acquiert ou dit de nouueau, tout ce qu'il a dit & acquis auparauant a esté barbare: & ne deuôs plus craindre d'étasser barbarismes sur barbarismes.

Ces premiers Poetes donc, pour suiure nos brisées, formoient la ryme & la Grammaire, elles forment ces derniers. Et de plus ils ont si bien trauaillé, que l'art de faire des vers est deuenu maintenant pour la moitié de la France, le contraire de Poetiser: puis qu'vn cerueau tabutté de ces scabreuses & punctilleuses obseruations qu'ils preschent, sent assommer toute la gaillardise de son inuention & de ses eslans: & puis dauantage, que le genereux feu, la magnanime ingenuité d'vne ame vrayement capable de Poesie, ne s'empestreront iamais de telles entraues: lesquelles il semble que ces nouueaux veuïllent proposer de guet à pends aux ames de ce qualibre, afin qu'elles leur cedent la lice, pource qu'ils craignent leur luicte. Afin ce semble aussi, que ne pouuans effacer ny contrecarrer la vraye Poesie née deuant ou depuis eux, par les iustes ornemens de la leur, ils la deffacent à leur possible par exceptions & differences apostées. Ne se soucians pas s'ils enuoyent eux-mesmes leur esprit en galeres, & s'ils estropient toute la vigueur de leur teste & de leurs Ouurages, ou s'ils se bruslent les premiers, pour escrire selon leurs fieureuses loix & reserues, pourueu qu'ils eschaudent ceste belle Nymphe la Muse. Taisant à ceste heure la honteuse profusion de temps qu'ils sont contraincts de

Fff ij

faire, pour composer trois stances sur le moule qu'ils se prescriuent? & combien il est aysé de remplir & de couronner le miracle qu'ils se proposent pour but, sçauoir est, de polir des vers familiers auec vn loisir infiny. Or afin de voir, s'ils se peuuent meritoirement appeller Poetes, essayez vn peu s'il vous plaist, de traduire Catulle, Horace & Virgile en leur langage & soubs leur methode: ou pleust à la bonne fortune, qu'il leur prist enuie d'entreprendre eux-mesmes vne telle besongne. Bon Dieu comment feroient-ils dancer telles gens sur la corde? comment exprimeroient-ils des dialectes de si libre, haut & celeste effort, par le leur si contrainct, commun & simple? comment aussi digereroient-ils les autres ingrediens de l'Æneide, si leurs Coriphées publient (le daigneray-ie escrire?) que quand la Poesie Heroïque n'auroit que cette impertinence, entre cent, de se fonder sur les narrations, & d'escrire, Ie dis, il dit, elle est encores mesprisable? Dont le Cardinal du Perron, si mal mené chez eux depuis sa mort, comme on sçait, y est notamment blasmé, pource qu'il a couché ce trait de recit en l'vn de ses excellens Poemes:

Quand le Grand Alexandre aux riues de l'Asie.
Et le blasment triplemēt iusques aux iniures, à cause que ce nom & cette action sont hors la Fable: imposant de surcharge cette seruitude à la Muse, que par exception quelconque elle ne puisse iamais regarder l'Histoire. Mais à vray dire ils sont bien loin aussi de s'occuper à tel exercice que de tourner ces Autheurs celestes, ou de borner leurs inuectiues contre la Poesie Heroïque, au simple & plaisant reproche de cette pretenduë impertinence de reciter des aduentures; puis que la pluspart d'entre eux n'ont pas honte de prescher à tous venans, que la langue Françoise ne sçauroit porter vn Poeme de ce genre: dont il resulte qu'elle doibue rester le bidet entre ses voisines, & qu'elle serue par sa bassesse de lustre à leur dignité pōpeuse & releuée: dignité, certes de ces langues, qui prendroient toutes à la gorge, quiconque leur voudroit denier l'aduantage de pouuoir tracer des vers Heroïques. Ils ne considerent pas aussi, que

LES ADVIS.

leur maxime conclud; que la France conseqüamment ne sçauroit porter les hommes, les imaginations, ny les actions ou les desseins Heroïques. Neantmoins cette illustre Region leur mere, se contente de rire seulement de leur fadaise, pour reuanche de l'iniure qu'ils luy font: à condition qu'il luy soit permis de crier auec Rabelais, au ranfort de lunettes. Mais disons en cette occasion pour l'interest de la Poësie, bien qu'elle aye de sa part autant à mépriser de repliquer sur ces contes; que de foibles efforts, de legers Poemes, ne grimpent iamais heureusement & brauement sur la hauteur du mont de Parnasse: & que s'ils y grimpent chetiuement, suiuant la portée de leurs iambes, leur flageollet ne se peut faire ouyr de là haut icy bas, si faict bien vne trompette Heroïque. Dauantage, Apollon ce grand Dieu, ne se paye que par grace des petites offrandes: & n'accorde cette grace qu'à ceux qui recognoissent combien il merite les riches & superbes. Armé de rayons qui dorent, esclairent & penetrent l'Vniuers, limiteroit-il l'honneur de ses mesmes offrandes aux chandelles d'vn denier, telles que sont les pieces d'vne basse Poësie? Ainsi voilà le succez du labeur de ces Poetes d'auiourd'huy, que nostre langue, qui sans eux porteroit les riches Poemes Epiques, les grandes Hymnes, les Odes celestes, les superbes Tragedies, & les Franciades triumphantes; soit desormais reduicte s'ils en sont creus, aux sonnets de legere taille, & aux Stances ou Chansons.

Pour argument que ces messieurs les Poetes de nostre saison, ne peuuent captiuer soubs leurs loix les esprits releuez; le Caualier Marini, qu'on reputoit le premier d'Italie en ce mestier, se railloit-il de rien plus opulemment, que de leur capable? Ie ne parleray point en ce lieu des esprits François qui trauaillent sur la Poësie, au moins des viuans: dont i'ay dit la raison par correspõdance, en parlant des Escriuains en prose. Quant aux morts, ces nouueaux sectaires sçeurent-ils brider Regnier Satyrique: disons mieux, quelles iniures ne leur a-t'il point chantees par toute sa 9. & 10. Satyre, pieces certes de consideration? ou sçachons si Lingendes & Motin, leurs familiers mesmes, presterent ferment à leurs

Fff ij

loix? Témoins prou de rymes de l'vn & de l'autre, comme on pourroit dire, l'*a* & l'*e* contrepoinctez par tout, où Paris les employe en vnisson: témoins quantité de mots & de verbes reiettez de ces Critiques, & plusieurs interiections de las & d'helas, bannies par eux-mesmes: témoins les aduerbes alors & encor pour fin de vers, comme aussi les vocatifs en mesme lieu: façons de faire qu'on excommunie encores en ce nouueau Parnasse:

-----*parle à moy, mon berger.*
-----*helas! Thyrsis, dit-elle?*

Outre les epithetes, parfois rimez à couples. Et se lisent de plus en leurs Escrits, pour le moins en ceux du dernier, des heurts de voyelle ou baaillemens en nombre: sans m'amuser à compiler vne liste de tout le reste de leurs dispenses pour ce regard. Telles puissantes mouches percent les toiles d'araignées, tandis que les moucherons s'y empestrent: ayans leu ce mot d'vn nouuel Autheur, & par sa lecture pris horreur d'encourir son reproche: c'est; qu'en la mer les plus lourdes bestes vont contremont l'eau: & qu'en terre les plus legers esprits, se bandent contre ce fluz & torrent des iugemens vniuersels. Pourquoy seroient ioug à ces loix, ceux qui les voyent tyranniques d'vne part, & de l'autre part ne les croyent pas inuentées par gens plus forts qu'eux, tels qu'ils soient ? ce que ie ne dis pas en intention de designer ou fascher aucun particulier. Voyla certes vn art de braue dessein: vouloir empescher par ses qualitez importunes, qu'vn grand Genie ne daigne ou puisse estre son partisan, & deshonnorer par inuectiues, ceux de ce genre qui se seroient escrimez d'vn meilleur. Sans nier non plus icy qu'en autre lieu de ce Liure, qu'il ne se trouue de bons Ouuriers en ceste Academie: mais la pluspart d'entre-eux sont forcez à s'y ranger, par la crainte du décry, dont elle les accableroit s'ils s'en escartoient. Au partir de là, de quelle violence ces Poetes riotteux clouënt-ils eux mesmes & les autres à ces venerables reglemens? quelle impieté, quel atheisme est-ce de ne les reuerer pas à l'egal d'vn autel?

dont il arriue que plusieurs des suppots ou Docteurs de leur faculté, ne craignent pas de publier ouuertement; que si l'on deuoit les pendre sur cette querelle, ils n'en choqueroient pas la moindre particularité. Donnez à telles gens pension d'Historiographes! he Dieu comment heurteroient-ils vn Grand ou leurs propres interests pour le respect de la verité; s'ils n'osent pas seulement choquer les visions de quelques cerueaux creux ? Ie ne voy rien de plus semblable à ceux qui forgeoient des Idoles, pour les adorer apres.

Quod finxère timent.

Iusques-là, que m'estant meslée de conseiller à quelques-vns d'entre-eux, qu'ils leussent les vers de l'Eminentissime Cardinal, ils m'ont respondu, qu'ils n'auoient garde, de peur de prendre son mauuais ply par contagion insensible. Allez-vous fier s'il vous plaist, à l'esprit & au iugement d'vn homme, qui craint de ressembler au Cardinal du Perron! Voire vrayment! la fureur d'Apollon qui esclaire, inspire & anime les grandes ames, esblouïroit & suffoqueroit celles de cette volée: & la moindre de ses secousses leur feroit d'abord tomber le stile de la main. A propos de leurs Edicts & de ce Seigneur, qu'ils cēsurent si rudement en mille lieux, entre autres choses pour auoir allegué le nom d'Alexandre en ses vers, peuuent-ils pas bien ergotter la Poesie en ces termes-là, puis qu'ils nous content qu'en prose mesmes, c'est vn traict ignoble, & qui n'appartient qu'aux Pedants, d'alleguer Autheur ny authorité par son nom, ainsi que nous remarquions à l'entrée de ces Traictez? Ie suis marrie que les occasions me forcent à toucher plus d'vne fois vn mesme poinct, en l'estroict cousinage de ces discours de Poesie, Metaphores, Grammaire, bien que ie le touche diuersement: & quand il m'arriue, ie n'ose sortir de là sans aduoüer au Lecteur, comme icy, que ie me souuiens de ma repetition, de peur qu'il n'oublie de sa part, la raison qui me peut rendre excusable de repeter. Ces Ouuriers ne trouuent pas honteux, de desrober vn ornement en celant son maistre, ouy bien de l'emprunter simplement en le nom-

mant: & si quelqu'vn a fait ce coup de le nommer, ils le pi-
lorient, ils le deschirent depuis les pieds iusques à la teste:
sans m'amuser à notter icy, que tel fait & tire gloire d'vn si
beau silence, comme eslongné de l'vsage pedantesque, qui
en tire encore plus de proffit, & qui auroit grand honte de
specifier tout ce qu'il tient du tiers & du quart. Ie dis encore
vn mot de cét abus en l'*Aduis sur le Promenoir*. Quoy donc!
parce qu'vn Pedant, si Pedant y a, escrit d'encre & de papier, n'en oserions-nous plus escrire? pource qu'il nomme
quelquefois Aristote & Thucydide, ne nous sera-t'il pas
permis de prononcer ces noms? ny de dormir ou de disner,
d'autant qu'il dort & disne? Or si l'on veut sçauoir que c'est
qu'vn Pedant, à la mode de ces Legislateurs nouueaux, ce
n'est plus, ainsi que la raison nous l'enseigne, vn docte fa-
stueux & sans iugement: c'est vn Escriuain ou vn sçauant
qui n'espouse pas la suitte de la Cour, ou son goust au pis
aller. Sur tout ils souïllent de ce nom la reputation de ceux
qui resident aux Vniuersitez, lesquelles neantmoins produisent tous les iours des hommes, ausquels ils ne sont nullement comparables en quoy que ce soit.

Certes en fin pour fermer ce pas, ce seroit pitié si les excellens esprits auoient à chercher l'Ourse de leur conduicte, soit en prose ou en vers, dans l'exemple d'vne poignée
de discoureurs fantasques: & s'ils croyoient que la façon de
proceder de ceux-là mesmes, peust estre alleguée contre
celle des siecles vniuersels, & plus illustres en doctrine & en
suffisance: ou qu'on peust dire, comme font ces personnes,
que la mode est changée, à l'imitation de celle d'vne robe &
d'vn bonnet: lors qu'il est question des dons de la Nature &
de la Science, ou des reigles generales du iugement & de la
raison, tres-claires en l'vsage de la pluspart des choses que
leurs dogmes nous pensent interdire. Parce que les sots &
mal-habiles sont forts de nombre & de vogue, sur tout en
nos iours, ne sera ce plus la mode d'estre habille homme?
Quoy, des esprits que ces Poetes ne peuuent iamais imiter,
les imiteroient-ils? La vraye Poesie au surplus, estant vne
fureur Apollinique, veulent-ils que nous soyons leurs disciples

ciples, apres auoir esté ceux d'Apollon? ou plustost qu'il soit leur escolier luy-mesme, puis qu'ils biffent ses loix pour nous en establir d'autres? O que ie ne me veux plus estoner, pourquoy Agesilaüs sacrifioit à sa fantasie: veu le besoin que ces gens auroient de sacrifier à la leur, pour obtenir d'elle mesme sauuegarde contre elle! Si les Muses portoient couronne d'espines, qui voudroit prendre autant de soin à la transformer en laurier, qu'ils en prennent à transformer celle de laurier en espines? & cela leur prouient-il pas d'vne belle inuention, de se mettre des entraues pour dancer plus dextrement? Toutesfois encore voyons si apres s'estre donné la gehenne en se coiffant du chaperon de telles folies, & auoir trahi la langue de leur pays; leurs Ouurages prennent le chemin de percer les Siecles? & void-on pas souuent demeurer aux Imprimeurs, leurs lettres dorées, leurs versions, leurs vers encore par fois, aussi bien que nos griffonneries? A vray dire, toutes les actions qui manquent d'vne splendeur de liberté, manquent aussi de grace & de dignité. Mais à peine pourroient les maistres du mestier, souffrir ces reuesches ergotteries de reigles, qu'ils ne peuuent seulement patienter l'art en leurs disciples, resignans tout à l'enthousiasme: i'en croy Ronsard.

Vostre mestier, race gentille,
Les autres mestiers passera:
D'autant qu'esclaue il ne sera,
De l'art aux Muses inutile.

Aduise, Lecteur, comme Arbiter eust patienté l'art, & moins telles entraues, luy qui veut que le Poete s'emporte hors de soy-mesme, à l'imitation de la Pithye au tripié d'Apollon. Et Seneque, vn Philosophe, vn graue Stoïque, nous apprend-il pas; qu'il faut que l'ame eschape à soy-mesme encore & sorte de l'homme, pour enfanter quelque chose de haut & de releué par dessus ses compagnes & par dessus l'homme? D'autre-part le ieune Pline, repris de la hardiesse de son stile par quelque amy, prend à garand en l'vne de ses Epistres, non seulement tous les grands Poetes, mais tous les excellens Orateurs, Ciceron, Demosthenes, Æſchines. Et ne dit pas ſeulement d'vn Orateur inſigne de ſon temps, qu'il luy ſied mal d'eſtre ſi retenu, mais; qu'il faut en cela ſeul, de ne faillir iamais : adiouſtant, qu'vn Eſcriuain doibt ſe roidir & s'eſleuer : doibt de plus par fois, s'eſchauffer, boüillir, s'emporter hors de ſes bornes, & ſe ietter ſur le bord des precipices, qui ſe trouuent ordinairement voiſins des choſes hautes. Il propoſe auſſi, qu'il y a cetains arts, & ſur tout l'éloquence, qui tirent leur recommandation des efforts doubteux & hazardeux : que les choſes les plus perilleuſes, & qu'on attend le moins, ſont les plus admirables: & qu'vn homme qui va bellement n'eſt point loüé, quoy qu'il ne tombe pas, au lieu qu'on loüe celuy qui court, iaçoit qu'il tombe. Partant ſi ces rauiſeurs de Poëſie, veulent trouuer des ſuffragans de leur reigle, ils les peuuent hardiment chercher ailleurs qu'entre les anciens & les modernes, hors leur ſeule compagnie. Mais il faut acheuer. Certes quand les Poëtes tiroient la ryme & les mots apres la choſe, ce n'eſt pas merueille ſi le Poeme prenoit vne toute autre volée, que quand ils font le contraire. Au lieu d'appliquer la ryme au Poeme, ils appliquent le Poeme à la ryme: cherchans en leur ſuiect, quelle choſe ſe peut ranger ſur telle ryme, non, quelle ryme il faut ranger ſur telle choſe: parquoy ce n'eſt pas miracle, s'il ſuccede de ceſte belle ſeruitude, qu'apres auoir ſué ſang & eau, ils ſoient encores forcez ordinairement, de faire trois fades ſtances, contre deux bonnes ou paſſables. Nul n'ignore à quel prix les Italiens, Peuples les plus iudicieux de l'Europe, taxent la ryme : déguiſans & démoliſſans à tous coups leurs terminaiſons, pour la maçonner à la legere. Et chacun ſçait auſſi, combien ce iugement de mon ſecond Pere, incomparable ſur la Poëſie, dédaigne ceux qui croyent, que la bonne ryme ou les menus ſcrupules de la Grammaire & de la verſification, facent le bon Poeme. Que ſi iadis vn Hiſtorien tres-excellent, appelloit certains Orateurs de ſon climat, gens de rien, pource qu'ils faiſoient vne ſupréme vertu de l'éloquence, quel tiltre euſt-il appliqué à ceux qui font vne ver-

LES ADVIS.

tu de cét étage, non seulement des menuës beatilles de l'éloquence, mais encores de la mesme Grammaire, qui n'est que sa chambriere & simple ministre? Voicy ce qu'il semble des Poetes du nouueau stile, au sieur des Yueteaux, recogneu pour homme d'esprit exquis & sçauant. Il parle d'Apollon, sur le sujet des Escriuains dont il est question.

> *Ils ont de cent liens contrainct sa maiesté:*
> *Luy qui comme vn grand Roy n'a rien de limité:*
> *Qui dessus tous les arts estendant son Empire,*
> *De pompe & d'appareil par tout souloit reluire;*
> *En cét aage dernier chassé de sa maison,*
> *Se void dedans l'enclos d'vne estroitte prison:*
> *Et reduit sous le joug de pointes figurées,*
> *Souffre contre son gré ses bornes mesurées,*
> *Par de ieunes esprits dont le foible cerueau,*
> *Veut produire à la Cour vn langage nouueau,*
> *Qui plaist aux ignorans, & nostre langue infecte*
> *De rymes & de mots pris en leur dialecte.*
> *Et comme ces portraicts dés long temps commencez,*
> *D'vn pinceau delicat craintiuement poussez,*
> *Qui ne sont releuez que par la patience;*
> *Monstrent en leur douceur plus d'art que de science;*
> *Leurs vers ont par trauail plus de subtilité,*
> *Que de force requise à l'immortalité.*
> *Semblables aux muguets plus soigneux du visage,*
> *Que des effects d'honneur qui partent du courage:*
> *Car comme ces beaux fils remplis de vanité,*
> *Recherchent le parfum premier que la santé;*
> *Ces ignorans fardez de paroles déiointes,*
> *Premier que leur suiect vont rechercher les pointes.*
> *Si bien que les premiers sont trop pres du berceau,*
> *Les derniers en naissant ont trouué leur tombeau.*

Chacun entend assez, que ceux qu'il appelle premiers icy, c'est la couuée de Marot. Vn autre esprit riche en verité de feu Poetique, principale qualité d'vn Poete, & tellement estimé des Courtisans, qu'il n'est pas besoin de le loüer en ce discours; espargne-t'il ce monde-là dans ses Satyres, qui sont la fleur de ses Poesies, non plus que Regnyer cy-deuant allegué? Voicy quelques-vns de ses vers.

Ie cognois des ouuriers à la façon moderne,
Qui cherchent à midy Phœbus à la lanterne.

Et ailleurs: Ces gens, dit-il,

Grattent tant le François qu'ils le déchirent tout.

Ailleurs encores.

Ils n'ont iamais vn ray de bonne vision.

Mais quoy, le sieur des Marets a-t'il de fraische datte prouué mon dire: que les esprits de haute volée ne s'empestreront iamais des entraues de la nouuelle inuention? & que louërons nous plus en ce Royal presant dont il vient de regaler nos Muses, l'exellence de son Pœme, ou celle de son iugement? Escoutons-le parler.

Mais ceux qui d'vn genie au labeur indompté
Feront ce beau presené à la posterité,
Ne suiuront pas l'erreur de ces nouueaux Critiques,
Qui retranchent le champ de nos Muses antiques,
Qui veulent qu'on les suiue, & qu'adorant leurs pas
On euite les lieux qu'ils ne cognoissent pas.
Leur Muse cependant de foiblesse & de crainte
Pensant se soustenir affecte la contrainte,
N'ose aller à l'escart de peur de s'esgarer;
Et parlant simplement croit se faire admirer:
Elle a peur d'eschaufer le fard qui la rend vaine,
Et la moindre fureur la mettroit hors d'haleine.
Imbecille troupeau, sans art & sans sçauoir,
Dont les esprits rampans ne sçauroient conceuoir
Vne Muse sublime, actiue & vigoureuse,
Qui rompt auec mespris ceste loy rigoureuse,
Qui sent dedans son sein vn cœur ambitieux,
Qui d'vn superbe vol s'emporte vers les Cieux,
Et void auec orgueil, marchant dessus la nuë,
La terre dont le globe à ses yeux diminuë:
Le Ciel qu'elle apperçoit & plus vaste & plus pur,
Qui de l'or du Soleil enrichit son azur,
Luy paroist vn seiour digne de son courage

Iamais dans vn destroit sa grandeur ne s'engage.
Quelquefois sur la terre, aux endroits les plus beaux,
Son regard se promeine, ou nage sur les eaux:
Elle descrit des champs la diuerse peinture,
Et se sert, pour suiet, de toute la Nature.
De celeste fureur quelquefois s'animant,
Elle se sent rauir iusques au firmament:
Et laissant quelquefois sa verne & son caprice,
Sous la naïueté cache vn bel artifice.

O quel fleuron adiouste à la Couronne de sa gloire l'illustre Cardinal, à qui ce Poeme s'addresse, pour s'estre en nos iours resolu, d'honnorer la France du restablissement des Muses exillées? & combien clairement nous prouue-t'il la verité de ce vers!

Carmen amat quisquis carmine digna gerit.

Ce ne seront plus les hommes seulement, ce seront desormais ces Deesses mesmes, qui le salüeront de cette action de graces & de cet Eloge.

——*Deus nobis hæc otia fecit.*

L'Epistre Latine sur Rodantez, escrite par vn personnage de qualité & de doctrine inépuisable & fameuse, acheuera de peindre ceux qui osent pretendre d'attacher la Poesie au ioug de l'esclauage: Dieu sçait s'il plaide leur cause, & si le tiltre de, *seruum pecus*, leur est espargné.

Or parce qu'aux pieces de haute volée, traduittes ou conceuës, nos Poetes ont esté plus hardis & plus frequents en toute sorte de iustes & superbes émancipations, selon la nature d'vn tel Poeme, c'est aussi contre ces pieces-là, que les nouueaux Zoïles pointent leur plus furieuse batterie, bien qu'elle soit tres-rude contre toutes les autres. Qu'est-ce à dire, sinon que leurs foibles yeux ne peuuent soustenir ce magnifique & flambant esclat de la Poesie Heroïque? En verité, puis qu'ils veulent acquerir reputation par la Poesie, & qui plus est, sapper les autres Poetes; il seroit à desirer que le Roy les obligeast de trauailler aux versions, où ie les appellois n'agueres en passant. & cela, suiuant l'exemple des deux Prelats, & de plus, suiuant cét aduis de monsieur le

Cardinal, que i'allegue en l'Epiſtre liminaire du Second de l'Æneide: ou bien ſa Maieſté leur deuroit commander, de tracer des Poemes Epiques, ou des Odes moulées ſur le pied de Pindare & d'Horace. Car alors verroit-on à bon eſcient, ce qu'ils ſçauent faire ou non faire : & ſans cela certes, ils brauent ſur la guerre à couuert des coups : leurs Stances eſtans, non membres de la Poeſie, mais vne proſe rymée, & la plus mince & ſuperficielle de toutes les proſes: ſçauoir eſt, celle qui n'a pour corps principal que des poinctes, plus ou moins aiguës. Il faut notter en paſſant, que quand la façon d'eſcrire & la Poeſie Latine declinerent, elles ſe ruerent auſſi ſur les poinctes, dont iamais auparauant elles n'auoient taſté : poinctes qui naiſſent veritablement plus feriles parmy les ceruelles de legere importance.

Ie confeſſe tout de bon, que ie ſuis moy-meſme ennuyée de tant de paroles, ſur vn ſuiect ſi chetif que celuy qui barboüille la pluſpart de ces diſcours, & qui ne meriteroit à l'aduenture que le meſpris pour reſponſe. Neantmoins l'imite l'antique Muſicien, qui menoit ſes diſciples ouyr les broüillons du meſtier, pour apprendre par la haine de leurs mauuais accords, à ſe rendre plus amoureux des bons : outre que ie ſuis contrainte de traiſner vn grand preambule ſur ces neants, en vne ſaiſon où ie ſçay qu'on faict par mer & par terre de ces neants grand' choſe : & choſe qui ſe faict eſcouter par l'ignorance & l'humeur muable de la pluſpart des Courtiſans. Me puis-ie trop bander ſur la reuanche de l'antique & legitime Poeſie, contre de ſi furieuſes aggreſſions de la nouuelle, ſa parricide fille, qu'elles la mettent en peril de naufrage, ſans repeter qu'elles y mettent auſſi l'Oraiſon? ſi Poeſie ſe doibt appeller l'ennemie de la Poeſie de tous ſiecles, de toutes langues, & de tous genres. Ie ſuis heureuſe & fine, Lecteur, ſi ie te puis induire d'aymer l'antiquité : puis qu'eſtant moy-meſme de ceſte datte, i'eſpereray de grapiller parmy le marché quelque parcelle en ta bonne grace.

ORAISON DV ROY.

REPRESENTÉ PRIANT AVX
pieds de Sainct Louys, en vn tableau de l'Eglise Saincte Geneuiefue, durant le siege du Fort sainct Martin de Rhé.

E flechis les genoux à tes pieds, le cœur humilié & les mains ioinctes, ô Sainct Roy mon Pere: mais bien qu'elles soient sacrées de l'Ampoule celeste, elles ne sont pas dignes de s'esleuer vers le Ciel ny vers toy, si les tiennes ointes & consacrées de la mesme Ampoule, & brillantes de la splendeur des esprits glorifiez, ne se baissent pour les soustenir. Ouure auiourd'huy les yeux de la charité, ces yeux que la Nature ouuriroit encores de toy à moy: & si tu ne t'inclines à m'assister par l'horreur de l'iniustice & de la barbarie de mes ennemis, assiste moy par la iuste commiseration de ma cause. Mes subiects rebelles ont suscité vne Nation estrangere & fatale aux desastres de la France, à me courre sus: elle m'a surpris à l'impourueu, sans denonciation & sans sujet, me confiant en la paix & en la fraternité, & qui plus est, malade en mon lict d'vne fieure qui terrassoit entierement les forces & la vigueur de ma ieunesse. Dauantage, elle m'attaque par mer, & par vne furieuse flotte puissante de vaisseaux, d'hómes & d'experience maritime: moy de qui l'humeur pacifique & resoluë à fuïr l'iniustice de toute vsurpation sur mes voisins, se contente la pluspart du temps d'entretenir des forces & des armées de terre, pour seulement conseruer la

plus florissante Monarchie de l'Europe, & en laquelle Dieu m'honnore apres toy du tiltre de l'ils aisné de son Eglise. Or, à bien parler, c'est toy principalement bon Sainct, qui m'as acquis ce tiltre auguste, & qui me l'as faict meriter, s'il se peut dire que ie le merite: parce que seant en ce throsne apres toy, i'ay par la grace de Dieu, humé quelques restes de l'esprit de ta pieté, dont tu l'inspiras, & qui se doibt perpetuer en tes successeurs. Mais outre l'amour à quoy ce tiltre te semble obliger enuers moy, ie porte ton nom, ie suis la chair de ta chair & les os de tes os, ie suis armé pour la deffence de ton Peuple & de la Religion, à la protection de laquelle tu sacrifias ta vie; ne dois-ie donc pas obtenir que tu presentes à Dieu mes afflictions, mes clameurs & ma face à terre aux pieds de sa diuine Maiesté, pour estre secouru? De vingt en vingt Rois sa bonté nous faict croire qu'elle s'est obligée de donner vn Sainct à la France: Clouis commença, Charles-Magne suiuit, tu continuas: moy qui nasquis apres toy soubs mesme nom & mesme interualle de nombre, ne meritant pas toutesfois, pauure pecheur, d'obtenir ce glorieux surnom de Sainct; elle semble par la consequence de vous trois qui portez ce tiltre, & qui vous entresuiuez en l'ordre auquel ie te suis, deuoir faire quelqu'autre insigne grace en ma personne aux Peuples tres-Chrestiens & tres-fidelles qu'elle a commis en ma garde. Ce sont des miracles, bon Pere, ce sont des miracles qu'elle doibt faire par tes prieres, affin de tenir lieu de la sanctification d'vn vingtiesme Roy apres toy: miracles pour deliurer mon Estat, pour sauuer ma dignité Royale, & pour faire voir par les heureux succez de ma foiblesse presente, l'abisme profond de ses misericordes, & la splendeur de ses merueilles esclatantes iusques aux extremitez de l'Vniuers. Surpris à l'impourueu de ceste flotte perfide, ie suis veritablement le foible Dauid aupres du superbe Goliath: mais aussi, certes, *s'il vient à moy qui suis nud, cependant qu'il est armé de cuirace, de coutelas & de iaueline, ie veux aller à luy au nom du Seigneur Dieu des armees.* Mes seruiteurs, vrais exemplaires de foy, de constance & de vaillance aux yeux de

toutes

LES ADVIS.

toutes les Nations du Monde, bandées à confider en leurs personnes & en leur fuccez auiourd'huy, les deftins de la France & de la Religion, languiffent de miferable faim dans vne place affiegée de cefte armée eftrangere: & ie ne les puis foulager, enuironnez & enchaifnez qu'ils font d'vne large eftacade de puiffans vaiffeaux. La prife de cefte place tireroit en fuite vne defolation & vne ruïne tres-grandes fur l'Eglife & fur mon Royaume: efleue donc ta voix zelée, qui perçant tous les cercles des Cieux arriue aux oreilles de celuy qui fied au fommet, & qui void foubs luy pour marchepied les Chœurs des Anges & des Cherubins: appelle, ô Roy tres-Sainct, *le pain du ciel* fur mes feruiteurs, appelle l'Ange exterminateur de Sennacherib fur les enne-mis des Autels & de ma Couronne, inuoque les foudres de cefte bouche qui du fouffle d'vne parolle fracaffe & reduict en poudre les camps tous flambans d'acier & des efclairs de cent canons, de la mefme facilité qu'vn vent enleue vne plume. Mais en verité ie fens bien que l'ardeur de la iou-neffe & de la paffion m'emportent quand i'ofe requerir de fi hauts miracles, indigne que ie fuis qu'ils fe facent en ma fa-ueur: daigne moy feulement prefter la main à faire vertu de ma neceffité prefente, affiftant les efforts où ie me por-teray pour repouffer l'iniure d'vn tel attentat. Mais quels efforts feray-ie, ô bon Roy mon Pere? & de quelle autre ef-pece de nouueau miracle faudra-t'il recognoiftre qu'il aura pleu à Dieu de me benir, s'ils me fuccedent? Les viures man-quent aux affiegez, & ie ne puis à prefent faire paffer leur fe-cours en l'Ifle où ils font, qu'en rompant auec vn extreme peril les vagues du cœur de l'hyuer & d'vne mer orageufe entre toutes: & qui pis eft, rompant ces vagues auec quel-ques barques chetiues, à la tefte d'vne large flotte de gran-des ramberges refoluës de les foudroyer. De plus, mes gens de guerre ne peuuent franchir ce traict qu'à legeres trouppes, en hazard qu'vne armée entiere qui les attendra fur le bord ne les taille en pieces facilement. Neantmoins, ô bon Sainct, ma confiance en Dieu me faict efperer tout heureux fuccez, notamment foubs tes aufpices. Tu cognois au refte

Hhh

la Nation Françoise, capable de cooperer à cet office qu'elle receura de ta bonté: tu cognois ceste Noblesse, qui pour le pieux desir d'affranchir la Palestine, a faict palir de terreur sous ton Auriflamme l'Oriēt & le Midy. Si elles voyent seulement le moindre espoir que leurs barques les puissent porter, ny la fureur de la tempeste, ny celle des ennemis, ny la disproportion infinie de leur nombre qui les attendra dās les vaisseaux & sur la riue; ne pourrōt iamais empescher que leur courage inuincible ne se iette en mer, & ne les porté à se battre à qui passera le premier pour la deliurance des assiegez. Domte la mer seulement par tes sainctes intercessions, les François domteront les forces ennemies: elles se verront autant de lyons en teste que d'hommes. Les Anglois quoy que belliqueux, supporteroient-ils l'aspect en fureur de la Noblesse Françoise, armée pour la deffence des Autels & de la patrie, & pour vanger son Prince d'vn affront signalé? N'importe en quelle inegalité de nombre elle puisse attaquer ces gens pour la ialousie de trois choses si cheres & si precieuses: le courage se mesure & ne se nombre pas. Il suffit que ce soit la France contre l'Angleterre : qui bien qu'elle ait gaigné par fois quelque aduantage sur ceste illustre & magnanime Nation, redoutable à toutes les Regions que le Soleil esclaire; ne l'a iamais combattuë que des propres armes d'vne partie de ses Prouinces qu'elle occupoit. Ie voy, grand Sainct, le feu, la foudre & le glaiue de l'Ange exterminateur de cét ancien camp infidelle, en la main de ta Noblesse & de la mienne, si ta fauorable protection luy permet de poser le pied sur le riuage de l'Isle Rhé, soit que l'Anglois l'attende ou qu'il cede. Resisteroit-il à deux Oingts du Seigneur, toy & moy, soustenus de si genereuses forces, luy qui viole & renuerse les Autels du Seigneur? Ny certes ie n'entends pas, que la consideration que i'aye employé ces mesmes genereuses forces, rabatte rien de ma debte vers sa Maiesté diuine, alors que i'auray vaincu mes ennemys: car sans son assistance expresse, ie recognois tous mes efforts inutiles en cét exploict: il faut, il faut, que ces guerriers aillent reciter en Angleterre, qu'ils viendront de laisser en France le successeur de Sainct Louys, égallement & purement VICTORIEVX ET ROY, PAR LA GRACE DE DIEV.

Et toy Saincte Geneuiefue, Patronne & tutrice de la plus grande & plus opulente Cité de l'Europe, & consequemment de la France dont elle est le chef; ce n'est pas sans mistere que ce tableau du Roy mon Seigneur & mon bon Pere est posé dans ton Temple: ceste assiette nous aduertit, que vous deux trauaillerez conioinctement à la protection de mon Sceptre, qui reste glorieux de ce que tu nasquis soubs luy. Ioincts tes prieres à celles de ce grand Sainct, ô Vierge cherie de Dieu & des Puissances celestes: afin que toutes les Regions de l'Europe, qui iettent les yeux d'vne ardente curiosité sur l'attente du succez de ce siege, cognoissent; qu'il n'appartient à personne d'oser pretendre d'esbranler vn Throsne qui a pour arcs-boutans au Ciel vn tel Roy que Sainct Louys, & vne telle subiecte que Saincte Geneuiefue. Mon Sceptre s'humilie aux pieds de ta houlette, Saincte Bergere, ma Couronne flechit & se courbe sous les rayons dont la gloire des Cieux t'a couronnée: offre tes oraisons au Fils & à la Mere, ie te supplie: & puis que tu es accoustumée à conduire & proteger les troupeaux, ayde moy à chasser les loups qui veulent deuorer le mien : afin qu'il puisse continuer de paistre, comme il a faict depuis tant de siecles, l'herbe engraissee & benoiste d'vne celeste rosée. Ie dis, presente au Fils tes oraisons, vers qui certes ie n'ay pas la hardiesse d'esleuer sans intercesseur ces foibles yeux mortels, *puisque les Anges & les Cherubins mesmes couurent les leurs de leurs aisles, à l'aspect des esclairs de sa face*: & encore à la Mere, qui bien que i'ose la requerir tous les iours de ma propre bouche, afin de m'assister de ses faueurs & sainctes intercessions, receura tes prieres d'vne oreille plus fauorable que les miennes, procedants d'vne Vierge tres-Saincte, & de qui elle void desia le chef orné de l'vn des rayons de ce Soleil qui enuironne sa Grandeur par tout, & qu'elle void aussi logée en la beatitude des Cieux autour du globe de ceste, Lune que son Fils luy a donnée pour marche-pied.

EPIGRAMME D'VN PASSANT,
En mesme temps & mesme sujet.

Anglois, minutez les adieux,
Pour gaigner vos ports salutaires:
Ce ieune Sainct aux pieds du vieux,
Pourroit bien gaster vos affaires.

PAROLES D'VN MARESCHAL
de France, mettant le pied sur l'Italie, prés la personne du Roy, lors que sa Maiesté força le pas de Suze.

Ie te saluë, Italie, belle & triomphante Region, autrefois Imperatrice du Monde : & qui maintenant ayant quitté le Sceptre de la terre, tiens les clefs du Ciel. Voicy le Roy tout plein encore de poudre & de sueur de la fatigue d'vn des plus grands & plus glorieux sieges que le Soleil ait iamais esclairez: le voicy sur le bord de tes confins, accourant au son des clameurs que la terreur d'vn ioug prochain excite en ta bouche: & qui viēt de percer en mesme temps l'aspreté des Alpes, leurs neiges en cœur d'Hyuer, & les armees ennemies, pour te secourir. Tu as raison, Italie, d'appeller à ton secours le successeur de ces Augustes Roys, qui t'ont iadis si heureusement protegée, que tu leur en as donné le tiltre de Liberateurs, as nommé leur victorieuse main, la trousse, dont Dieu tiroit ses flesches pour defendre la Saincte Eglise, & eux-mes, ses Fils aisnez. Tu as raison encores d'appeller pour t'affranchir, & pour ietter auiourd'huy la frayeur en l'ame de tes ennemys, la Nation que seule tu craignois, alors que l'Vniuers entier te craignoit, & qu'il fleschissoit les genoux au pied de ton Trosne: les Roys perdans, ou prenans les Diademes par ta seule main. Chasse toute peur loing de toy, puis que la France est ton amie, & qu'vn tel Roy la regit. C'estoit peu veritablement, pour la grandeur de sa naissance, de sa puissance & de ses gestes, de forcer les armées, ou la Nature mesme, en trauersant ces monts & leurs neiges effroyables en telle saison, à fin de te mettre en liberté, s'il ne les auoit forcées ensemble: & apres cét effort, que peux-tu craindre? Nous te ferons voir, que pour te rendre la Franchise toute entiere, il suffit, sans plus, que tes ennemys croyent qu'vn si grand Prince ait entrepris de te la donner: considere qu'en tournant seulement visage vers eux, du faiste lointain de ces rochers, le bruit de leur retraitte a commencé de retentir par tout: sans qu'ils ayent peu souffrir l'esclat de nos armes, à trauers trois iournées de chemin. Mais quels ennemis encores vrayment! quels puissans & triomphans Monarques sont ceux-là, qui gauchissent de si loing la rencontre d'vn Monarque de France! Quand il te fit chanter vn *Te Deum* pour l'heureuse issuë de cet espouuentable siege de la Rochelle, aurois-tu pensé qu'en si peu d'espace, que de quatre mois apres, il fust en son pouuoir de franchir les Alpes par force, enuironné d'vne florissante armée; affin de t'en faire chanter vn pour toy-mesme, des Puissances du Nord, & de l'Occident debellées ensemble? Que dis-je vn pour toy-mesme? disons pour toute l'Europe, assiegée dans les blocus de Cazal. Qu'il l'ayt peu faire, cela est du Roy de ceste belliqueuse Nation Françoise, Fils, arriere-fils de ces grands Roys, qui ont arboré la Fleur de Lys & l'Auriflame, iusques en la Palestine, & sur les riues du Nil: mais qu'il l'ayt fait en vn temps si bref, cecy est de Louis, & de la suffisance d'vn Ministre qu'il a sçeu choisir.

Quoy qu'il en soit aussi, tes ennemis n'eussent iamais esté si hardis que de t'attaquer estant en sa protection, ny d'attenter au Throsne Sacré d'vn Prince Souuerain, legitime, qui regit dignement ses Peuples, & qui porte la Fleur de Lys au cœur; s'ils n'eussent senty sa Maiesté à la Rochelle : c'est à dire, occupee à quelque plus haute & plus difficile entreprise, que celle de les vaincre. L'Hercule de Grece deliura son amy du ioug des Enfers, l'Hercule des Gaules te deliure du ioug d'vne miserable seruitude ; & souuiens-toy que luy seul le pouuoit faire. Si tu songes de quelle espece de trophée tu pourras desormais honnorer mon Roy pour cette heureuse deliurance; au lieu des Obelisques & des Pyramides superbes que la vanité des victorieux affecte pour bazes des Colosses qu'on leur dresse, fay simplement planter le sien sur le sommet de ces môts orgueilleux qui ont veu cette merueille, & qui te seruent de portes. Eleué en cette assiette, il te tiendra lieu de Deïté Tutelaire ; & pourra continuër d'escarter de toutes parts les grands camps & les puissantes armées qui te voudroient opprimer : son aspect leur ramenteuant que tu as vn si redoutable protecteur. Certes les passans qui trauerseront ces lieux à plusieurs siecles, bien qu'ils ignorassent le nom du Prince, qui sera representé par cette Statuë, & le succez qui s'accomplist icy; la voyans en vne action si triomphante & de si haut dessein, qu'on fera paroistre par les circonstances representees à l'enuiron aussi, deuineront aysement qu'elle ne peut exprimer autre visage que celuy d'vn Monarque des François. Mais n'oublie pas, ie te prie, affin de contenter vn Prince si Religieux, de la representer humiliee au pied d'vn Crucifix : affin d'aduertir les Nations, que le Roy du Ciel est seul Autheur de tels gestes, dont le Roy de la terre est l'Acteur seulement : & qu'il ne veut prendre part à leur gloire que par la fuite de l'orgueil qu'vn autre en auroit conceu.

Pourquoy te voy-ie palir, Italie, tu crains, peut-estre, qu'vn ieune Roy suiuy d'vne immense nuée des plus vaillans guerriers que la terre porte, seruy de si grands Ministres, & de Marechaux si braues, triomphant du succez de plusieurs desseins heroïques, & couronné du laurier & de la splendeur des maintes insignes victoires; ayant vaincu tes ennemis te veuïlle vaincre aussi: voire il semble desia que tu croyes qu'il t'ait subjuguée, puis qu'il a domté ceux qui te domtoient. Non, non, chasse ta peur; il a voulu surmonter tes ennemis par la terreur de ses armes: & veut instruire, & surmonter apres tous les Princes du Monde, par vn memorable exemple de moderation. Et iamais esprit digne de gouster les douceurs de ceste gloire, d'auoir comme luy chastié & chassé les vsurpateurs, ne fut sujet à l'ambition d'vsurper. O Dieu, combien est esleué par dessus ceux-là qui s'emportent à l'vsurpation, celuy qui s'abstenant luymesme d'vsurper, rompt quand il luy plaist leurs efforts & & le cours de leurs desseins! Outre plus, il se souuiet qu'il est le Roy Tres-Chrestien, & partant obligé d'estre capital ennemy d'iniquité. D'ailleurs, ce Roy tres-prudent fait vn second soy-mesme en ses illustres entreprises & en ses conseils, d'vn des Princes du sang de l'Eglise, qui n'est pas plus desireux que son Maistre ait l'aduantage sur tous les Grands de l'Europe, en l'ascendant d'vne puissance superieure & predominante, qu'en Iustice & en bienueillance & applaudissement des Peuples: sur tout des tiens, qu'il regarde auec vne tendresse de patriote. Les vsurpateurs, au reste, sont quelques chetifs Princes, racourcis d'Estat, ou manques de ce genereux courage, qui marque vne royale naissance: d'Estat, s'ils ont besoin de l'accroistre: de genereux courage, si possedans vn bel Estat ils veulent despouiller leurs voisins, au lieu de leur bien faire où ils pourroient, par les effects de ceste digne vertu de liberalité. Gens vrayement ennemis de Nature & du Ciel, d'employer les largesses qu'il luy a pleu de leur departir, pour amorces & pour instrumens de rapine: au lieu qu'elles sont faites pour apporter la satieté chez leurs maistres, & l'aiguillon noble d'obliger autruy de ce qui se trouue exceder leur besoin. Or par la grace de Dieu, nostre Roy possedant vn Royaume tresgrand, vn Royaume le plus riche, illustre & florissant de l'Europe; il n'a pas besoin d'y apporter aucun accroissement, sinon cestuy-cy, borne vnique de son ambition, & de celle de tout autre Prince, qui seroit doüé de pareille puissance & magnanimité que luy: c'est qu'il proteste de faire que le Tygre & le Lyon lairront les ongles, par tout où ils voudront ietter la griffe sur ses amys. Adieu donc, Italie: sa Maiesté ne veut point que tu luy sçaches gré de la liberté qu'elle t'a renduë, sinon par le Sainct VOEV qu'elle fait icy, d'employer toute la puissance qu'il a pleu au Ciel de luy départir, pour te la conseruer.

DE LA TEMERITÉ

Si i'incere ce Traicté sur vn leger petit conte, c'est qu'il est peut estre pardonnable de parler de la temerité temerairement. Vne fille de bonne maison faisant vn soir bien fort l'empeschée, se retiroit des compagnies de chez elle en sa chambre, pour expedier disoit-elle, vne milliasse de menuës affaires qui l'auoient souciée tout le iour. Demie heure apres vne Demoiselle de sa mere montant sur ses pas, trouua que sa femme de chambre la mettoit au lict: Eh quoy, luy dit la Demoiselle, est-ce comme cela que nous depeschons affaires? M'amie repliqua-elle, d'vn visage aussi serieux qu'enjoüé, i'en ay tant & de si pressées, que ne sçachant par laquelle commencer ie les veux toutes planter-là. Ce qu'elle dit de ses affaires, disons-le des nostres, si nous entreprenons de traicter de la temerité: vice de telle estenduë qu'il se mesle parmy tous les autres vices, & de qui les esclats volants çà & là, font de si grands & frequents effects, frappent de tels coups de ruïne, que la plus plantureuse temerité de toutes, seroit celle qui voudroit entreprendre de parler de luy & de ses branches & circonstances suffisamment, & en examiner le poids en vne iuste balance. Ie puis ce me semble croire auec raison,

raison, que toutes les fautes que l'homme commet & tous les desordres qui tombent en ses mœurs, sont meslez de temerité: puisque la prudente conduicte & les actions, reiglées, ne se fondent que sur vne droicte & discrette cognoissance des choses, formellement opposite à ce vice; ny leurs contraires, que sur quelque deffaut de cette cognoissance.

I'appelle icy temerité pourtant, non pas toutes les sortes d'erreur & de faulce persuasion, où nostre discours de raison peut tomber, tant pource que cela seroit infini, que d'autant que la varieté si commune des opinions des plus grāds personnages mesmes, nous montre, que cét Eurype de la raison & de la vraye notion des choses, n'est pas encores bien cogneu: de sorte que plusieurs fantasies voire effrenées, tiennent lieu parmy les sentimens des sages, pourueu qu'elles ne passent point les termes du doubte & de la consultation, & qu'elles souffrent la controuerse pour s'esclaircir. I'applique donc ce nom seulement pour cette heure & pour ce dessein, aux iugemens inconsiderez qui se portent volontairement aux fermes resolutions, sur tout si elles s'estendēt iusques à quelques effects dangereux ou iniustes, ou à quelques croyances iniurieuses contre la Religion, ou l'honneur du prochain. Ce vice ressemble l'ennemy qui nous attaque par diuers endroicts en mesme temps, icy par la trahison, ailleurs par les opprobres, delà par le feu, deçà par les armes: car il ne se contente point de nous assaillir & faire brocher dix fois le iour, par la voye de cette subtilité d'esprit agile & viue, qui s'ose presumer capable de iuger, de croire & d'entreprendre les choses comme il nous plaist; il nous guette & surprend encores non moins souuent, par la simplesse opposite qui se laisse embeguiner & empoisonner aux suggestions de la bestise ou de la malice d'autruy. C'est aussi contre luy plus que contre tous ses compagnons, qu'il faudroit vser du prouerbe Espagnol: Dieu me garde de moy-mesme. Car outre la consequence des incoruëniens insignes qu'il attire sur nous par maints effects, en suitte de ces resolutions & de ces entreprises de son creu; que ne serions nous pas à l'aduersaire qui nous paistroit comme luy de fourbes & d'illusions pour nous rendre ridicules en nous menant par le nez, nous feroit acquerir force inimitiez par les diuerses offences où se porte vers le prochain nostre esprit leger, si tel il est: & cela, sans nous causer ny prouffit ny plaisir? au contraire des autres vices, dont la pluspart pretendent trouuer vne partie de l'excuse de leur tort sur quelque delectation ou quelque fruict qu'ils apportent à leurs maistres. Il mouche les lampes & n'y met iamais d'huile. Dieu de nos peres! seroit-ce pas assez pour nous diuertir si nous estions sages, de croire aux premiers conseils dont on flatte nos passions, ou bien aux premieres nouuelles que le tiers & le quart s'aduisent de chanter; de nous souuenir combien de miliers de fois on nous a bernez par les oreilles? deburoit-il pas suffire pour nous conuier à reietter les medisances, aduis ou conseils contre vn tiers, de sçauoir que chacun peut tout dire par sottise: que l'interest, la malice & l'enuie sont encore outre cela de puissans ayguillons pour irriter le venin des langues & des artifices pernicieux, si apres auoir nous-mesmes cent fois à nostre tour & sans cause, senty ce que pesent ces coups de langue & ces artifices malins qu'elles ourdissent de toutes sortes, nous ne receuions chaque iour pour beau & bon, ce qu'elles disent, ou ce qu'elles nous veulent persuader, d'entreprendre, aux despens des autres? Toutesfois ce n'est rien de le receuoir pour beau & bon, si nous ne repetions soubs leur foy, ce qui regarde la medisance, ou si nous n'inuentions de pareils contes à l'enuy: mais auec quel appetit encore! apprenons-le d'vne petite nouuelle, bien qu'elle ne tienne à ce Traicté que par vn filet. Certaine dame qu'on ne m'a point nommée, s'escrimoit à toutes mains de ce couteau: Madame, luy dit-on, il ne faut plus s'estonner pourquoy tant de gens medisent de vous, dont la langue en offence tant: ne vous sçauriez vous arrester affin de les arrester aussi? Vrayment, respondit-elle, vous auez bonne grace: pour vne teste que ie perds, (ainsi nommoit-elle sa reputation) i'en gaigne cent, & vous voudriez que ie quittasse vne escrime où i'ay tant dauantage ! Pourueu qu'elle ne perdist que l'honneur au lieu de la medisance, elle estoit tousiours preste à le ioüer: ou pour mieux parler, elle croyoit acheter pour neant ce qui ne luy coustoit que ce prix, à condition qu'elle deshonnorast quelqu'vn. Disons mieux ; elle n'aymoit l'honneur que pour le plaisir de le perdre. Si elle eust eu quatre langues, elle eust demandé, comme Alexandre le Grand, s'il y eust point eu de nouueau Monde à subiuguer.

Quoy que i'aye reduict seulement le poinct de temerité que ie veux agiter, aux iugemens inconsiderez, qui passans par dessus le doubte s'emportent volontairement aux fermes resolutions, lesquelles produisent en consequence des effects iniustes, offensifs ou pernicieux à leur maistre ou au prochain ; ce texte est encores tellement infini, que le Lecteur croira bien que ce seroit vne infinie temerité à moy d'entreprendre de l'espuiser : ouy mesmes quand ie ne remarquerois que les effects publicqs nez de cette source, & entre les publiqs, ceux qui ont ietté de tres-grands & ruineux esclats. Car combien de folies pareilles à celles de Charles le Terrible, qui s'enferra dans le cousteau de Campobache, pour auoir refusé d'vne opiniastreté si testuë, d'ouyr vn homme allant au suplice, & frappant à sa porte tant de fois afin de luy declarer la conspiration qui l'assassina ? Combien de sœurs a cette malheureuse bataille de Poitiers, dont le desastre horrible se pouuoit esquiuer, en permettant sans plus à des ennemys humiliez de repasser la mer pour ne plus retourner chez nous; & combien en trouuera-ton apres à celle de Bruges, qui reduisit le dernier Comte de Flandres en l'exil & en la misere où il traisna sa vie iusques au cercueil; pour auoir vn matin opiniastré contre son Conseil de combattre, quoy qu'auec vne grande armée, cinq ou six mille desesperez, que la famine luy liuroit visiblement pendant le soir ?

Mais entre tous les excez de la temerité, comme ceux qui se commettent en la Religion sont les plus pernicieux & les plus déplorables, ie les trouue aussi les plus merueilleux. Merueilleux, certes, non seulement en ce que l'importance d'vn tel suiet nous oblige à digerer plus profondement ce precepte, Cognoy toy-mesme: qui sonne à bien parler, Aduouë ta foiblesse; que parce aussi que s'il y a Liure quelconque à le regarder en gros, de coghoissance difficile & obscure, Liure contre lequel la debile poincte de l'esprit humain rebouche plus aisement, c'est celuy qui contient ce tresor celeste. Il a certainement pleu à nostre Createur, de parler à nous en maistre, & de nous apprendre, que la hautesse de ses parolles passant nostre capacité, nous ne les pouuons comprendre que par l'effect de la promesse qu'il a faicte à son Eglise; de luy donner perpetuellement son Sainct Esprit pour Precepteur & pour Phare dans les tenebres de ce bas Monde. O Dieu quel prodige! depuis la naissance de l'Eglise Chrestienne, il s'est esleué cent diuerses sectes sur l'interpretation de ce Liure: & nous preschons à des artisans, à des femmelettes, que pour trouuer le vray nœud de la matiere, ils n'ont qu'à se planter les coudes sur la table pour l'estudier tout leur saoul: & qui pis est, en secoüans le ioug d'vne croyance establie, approuuée, adorée par les predecesseurs depuis 16 cens ans! Et quand on permettroit, ce que non, aux Huguenots d'en rebbattre 400 cens ans, comme ils pretendent faire, 12 cens ans ne sont-ils rien? ou quelle lethargie du Sainct Esprit auroit estouffé si long temps que cela chez luy, le cher soin de la Chrestienté? Que si bien l'on obiecte à la croyâce de l'Eglise Catholique, la mesme difficulté de trouuer la certaine lumiere de ses principes, elle appelle au moins à garand pour ce poinct, non seulement cette haute raison, que l'ordre & la felicité des Estats subsistent en sa subsistance, mais de plus aussi, son antiquité, sa correspondance vnanime, son vniuersalité, son authorité triumphante, la succession de ses Pasteurs: & finalement toutes les autres marques visibles promises à l'Espouse du Redempteur, lesquelles elle porte clairement sur le visage: ie ne parle que des visibles, puis que nos aduersaires dénient les autres. Apres ces marques elle veut alleguer, que la promesse du Sainct Esprit, d'assister sans fin son Eglise pour esclairer ses voyes, deuient faulce, si la creance qu'elle suit n'est veritable. Elle allegue encores, combien ce seroit vne impertinence ridicule, & qui impliqueroit conttadiction en la raison humaine & en la diuine, de croire que Iesus-Christ eust répandu son sang pour neāt; comme il auroit faict, si durant douze ou quinze Siecles il auoit laissé perdre tant de millions d'ames à faute d'establir vne Eglise, ou qu'il se fust contenté d'en establir vne inuisible, & partant chetiue & racourcie: c'est à dire nulle, consideréé contre la grandeur incomprehensible, la necessité & l'infaillibilité de sa cause. Ces Messieurs adoüent aussi, qu'il faut que l'Eglise ait subsisté, fondée qu'elle est sur vne baze inesbranlable: que s'ils cōsentent, comme ils font, que celles d'Orient qui sont de trois ou quatre diuerses Sectes, ne peuuent tenir ce lieu, reste donc que ce soit la leur ou la nostre: la leur, faut-il dire, qu'œil n'auoit veuë ny oreille ouye, sauf depuis 80 ans: ou la nostre, qui depuis tant de Siecles possedoit vnanimement & triumphamment l'Europe entiere, quand le Turc en eclipsa Constantinople, il n'y a qu'enuiron 200 ans.

Ils pensent rabattre ce reproche de l'inuisibilité de leur Eglise, par vne comparaison estrangement sophistique. C'est que quand Ieroboam eust transporté partie du Peuple d'Israel en Samarie & en l'idolatrie forcée, le Prophete Helie fuitif aux deserts soubs la cruauté de Iesabel, se pleignant à Dieu d'vne desolation si déplorable, qui terraçoit entierement la Religion & la pieté, receut de luy cette consolation; qu'il s'estoit reserué sept mille Israelites qui n'auoient point plié le genoüil deuant Baal. Quoy donc! cela peut-il conclure que le corps de l'Eglise de Dieu consistast en ce petit nombre? ou que Dieu se contentast d'vne Eglise inuisible & si raccourcie? disons, d'vne Eglise si transitoire, que sa vie se termina auec celle du bon Prophete: estant vray que depuis ce iour il ne s'est iamais parlé, que le vray culte Diuin regnast en Samarie: ny depuis ne parut en ce pays-là, Confesseur de la Foy, ny persecution ny martyr: sans quoy nos aduersaires mesmes soustiennent, que la vraye Religion ne peut auoir lieu, si elle est contredicte.

ainsi qu'elle fust tousiours en ce mesme pays, par les puissances Souueraines: pource qu'elle est obligée de paroistre & se declarer à face ouuerte. Certainement la bonté de Dieu fit bien de consoler le sainct homme de l'espoir du salut de quelques fidelles, & de recouurer en ces miserables solitudes la compagnie de quelques-vns de ses amys & contemporains reliques dernieres du naufrage, pour assister son affliction & la deuotion de son zele. Mais le surplus du Peuple tres-ample & tres-florissant qui restoit en Ierusalem & en cette grande & celebre Region de la Palestine, estoit le vray corps de l'Eglise & la mainteint, visible, entiere & glorieuse: iusques à ce que Titus vangeant la mort de Iesus-Christ, & paracheuant d'accomplir les Escritures, abolit par la ruïne de Ierusalem, la Religion Iudaïque, affin que la Chrestienne se peust establir en son lieu: destinée à naistre comme vn Phœnix des cendres de celle-là. Nos antagonistes supposent, que les Vaudois de Lion, & les Albigeois, ouurirent il y a 400 ans la porte de leur Eglise. Mais ô Dieu! qui les mut de l'ouurir si tard & refermer si soudain, & pour si long-temps? ie dis refermer & aneantir: car sans doubte au comte mesme de ces gens, elle n'est plus lors que son zele ne la porte pas à la Confession ouuerte & au martyre, si elle est combattuë par le bras seculier, comme ces Heretiques l'eussent esté sans cesse s'ils eussent duré. Partāt donc ils ont paru quād ils estoiēt: & n'ont plus esté, ny consequemment l'Eglise fondée sur eux, lors qu'ils ont cessé de paroistre. Sans adiouster, combien la Majesté de l'Eglise deuoit estre rauallée, d'auoir laissé couler douze Siecles entiers, qu'ils reduisent à huict, (exceptans à fantaisie les 4 premiers seulement, comme nous disions) laissé couler disie, douze siecles entiers sās oser voir le iour, pour au bout de ce terme, se declarer par vn si cheti fnombre qu'estoit celuy de ces Peuples: & dauantage, passer comme vn esclair en leurs personnes, pour ne resourdre qu'au bout de trois ou quatre Sicles en nos iours. Ny ne leur sert de dire, qu'il est tousiours resté quelques traces de ces Albigeois dans vne vallée des monts voisins de Sauoye: car sans doubte hors le

LES ADVIS. 439

ioug du Pape que ce Peuple sauuage méprise ou à peu prés, ils seroient aussi peu d'accord auec luy du reste de leur doctrine, que nous de consentir qu'il eust peu tenir lieu d'Eglise 400 ans, en suite des Albigeois : dissonnans de plus, de luy & d'eux. Quelle eclipse donc ie vous prie, de l'Eglise Chrestienne, deuant & depuis ces Albigeois ! & quelle Eglise durant ces Albigeois aussi, puis qu'elle ne parut que dans l'esclair momentanée d'vn tintamarre de confusion querelleuse & contrepoinctée à tous? Quelle illusion encore & tire-laisse spirituelle est-ce là? Quelle digne emploicte du sang de Iesus-Christ & de sa misericorde, qui semblent à ce comte, luy n'auoir esté donné, ny elle promise au genre humain, que pour faire naistre en nostre ame le regret de les voir rester inutiles!

Toutesfois quand nous lairrions en arriere toutes ces raisons & ces considerations, qui sont inuincibles pourtant, si nos aduersaires sont d'accord entr'eux de cette pretenduë décounerte de verité dont ils nous pensent combattre ; allons nous rendre leurs disciples en toute reuerance. Mais, bon Dieu, quelle Babel! Lors que Luther commença la reuolte, Zuingle luy tédit la main pour y entrer: le concert se deuoit trouuer entr'eux deux, & tant plus naturellement, de ce qu'ils auoyent des esprits sublimes de part & d'autre, & consequemment plus desireux de la concorde tres-vtile à leur dessein, & plus capables de discerner la lumiere qui la pouuoit nourrir, si elle eust eu lieu. Neantmoins vid-on pas soudain vne pareille discorde entre eux, qu'entre eux & nous: discorde qui non seulement n'a iamais cessé, mais a veu naistre & sortir de ses entrailles, les Caluinistes, les Anabaptistes les Arminiës & autres. En fin si la pure Escriture Saincte est suffisante comme ils disent, pour nous inspirer la vraye Religion, que ne trouuons-nous vne Symphonie parfaicte entre eux tous, puis qu'ils ne cognoissent, disent-ils, que la Sainte Bible pour lumiere & pour directrice? Le Caluiniste dit que le Lutherien ne l'entend pas, le Lutherien asseure que le Caluiniste n'y void goutte : & là dessus repliques, dupliques & tripliques, surquoy les autres sectes interuenantes grossissent le procez de Controuerses à l'infini : sans se pouuoir iamais accorder qu'en ce seul poinct, qui secouë le ioug du Pape en l'honneur de la douce liberté. Ce que ie dis sans aucune intention d'offence generale ou particuliere : au contraire, il y a plusieurs personnes de ceste Religion que i'ayme & honnore bien fort, outre que s'estans desormais rendus bons & obeïssans suiects du Roy, ils meritent encore vniuersellement que les vrays François les affectionnent.

Quoy, si ces grands Saincts, ces grands personnages mesmes de la primitiue Eglise, trouuerent les Sainctes Bibles de si difficile intelligence, qu'ils furent trois ou quatre cens ans à se controuerser les vns les autres sur l'interpretation de leur sens, en quelques articles, ainsi qu'il paroist par leurs Escrits? Dieu se plaisoit d'vne part, à leur faire sentir combien estoit haute la Maiesté de sa parolle par la difficulté de son accez, & l'esblouïssement où ils tomboient aux approches des esclairs de cette lumiere : d'autre-part, il vouloit faire cognoistre à la barque de Sainct Pierre qu'ils conduisoient sous vn chef, que l'effusion de toutes ses graces abondoit sur elle, & que l'inspiration du Sainct Esprit les assistoit incessamment, suiuant la promesse de Iesus-Christ ; d'autant que leurs Controuerses se passoient en vne charitable douceur de conferance & d'enqueste, non seulement sans bruit, sans trouble, sans schisme, au rebours des Religionnaires dont il est question, mais auec vne concorde parfaicte aux fonctions de leur Ministere. La Maiesté diuine pouuoit meurir ce fruict celeste de consentement vniforme, en vn iour : mais il semble qu'il luy pleust exprés de prolonger à longues années le progrez de sa maturité : non seulement affin de ioindre en cette operation la voye naturelle à la diuine, comme elle faict en la pluspart de ses ouurages, ains aussi pour monstrer par cette concorde au milieu des sentimens diuers & debattus, que sa bonté presidoit visiblement sur ce sainct troupeau gardé de son Espouse.

Mais oublions qu'il faut necessairement qu'il y ait tousiours eu vne Eglise, qu'il faut qu'elle ait esté visible, vniuerselle,

uerselle, triumphante, assistée d'vne succession perpetuelle
de Pasteurs, & que la nostre seule a peu tenir ce lieu, puis que
toutes celles d'Orient, qui regnoient seules auec elle, sont
euidamment recusées, par nos aduersaires mesmes ; commen-
ment soudront-ils ce dilemme? L'Escriture Saincte, diray-
ie à Luther, est de facile intelligence ou ne l'est point : si
elle ne l'est, qui vous a meus d'allumer tant de feux & de
troubles pour quereller la croyāce en laquelle vos peres viuoient heureusement & religieusement: si elle l'est, accor-
dez-vous auec cette couuée de Sectes qui sont issuës de la
vostre, & qui maintenans toutes à vostre exemple, que les
Sainctes Bibles sont de facile interpretation, ne s'accordent neantmoins auec vous qu'en cet article. Si vous me re-
pliquez, que ces gens-là ne les entēdent pas, ils rabattrōt ce
coup sur vous : & quelle caution me pourrez vous donner,
ny à vous mesme en saine prudence, que vous les entendiez
mieux qu'eux, puis que vous estes de part & d'autre egallemēt doctes & spirituels: & d'allieurs egallemēt interessez à
vous concerter exactement, puis que sans cela vous ne nous
pouuez persuader que vous possediez nettement cette nouuelle intelligēce des Liures Sacrez, par laquelle vous pretē-
dez saper le Pape & nostre Hierarchie Catholique? Vous
Pasteurs, ou autres releuez de doctrine & d'entendement,
qui viuez en ces nouuelles Eglises, c'est à vous particulierement qu'on addresse la solution de ce dilemme : resignant
aux artisans, aux frisez & aux donzelles, la stupidité gauffe
& niaise, de ne point sentir qu'vne difficulté si pressante
contrecarre, voire sappe du tout pour des gens sages, cette
douce persuasion, que ces leçons diuines soient de facile
comprehension, & qu'ils les entendent tres-bien les vns &
les autres, encores qu'ils les resoudent contrairement.
Quoy de plus? outre ce poinct, decisif en verité, pour les
grands & solides esprits, (ie n'y adiouste pas non preoccu-
pez, car iamais ceux de ce vray calibre ne le sont) cōment
pouuez-vous fonder la iustice de vostre reuolte contre l'E-
glise Catholique, sur la simple lecture des Bibles, puis que
Sainct Paul commande aux fidelles d'obseruer les precep-

tes qu'il leur a donnez, tant de viue voix que par ses Epistres? leur ordonne aussi, de suiure les traditions qu'il leur a laissées, & d'escouter sa bonne sœur Thesbé pour leur dire de bouche la suite d'vne autre Epistre qu'elle leur porte de sa part? De quel front apres ces passages & quelques autres, pouuez-vous soutenir, que l'Euangile contienne toutes les choses necessaires à salut, & nier qu'il y ait des traditions, iustes interpretes & supplemens de l'Euangile? ou dans quelles bornes les pouuez-vous restraindre ou limiter contre nous, mesmement receuës, examinées & practiquées par tant de Siecles, de celle qui a veritablement esté l'Espouse de Iesus-Christ, ou il n'y en a point eu, pour les raisons impenetrables que i'ay representées. En fin ie n'entrepreds point de vous combattre messieurs, car ie ne m'en estime pas capable, & d'autre part ie n'entends rien aux Controuerses. I'employe seulement mes foibles efforts, & par occasió du Traité *De la Temerité*, pour voir si ie pourrois ayder tant peu que ce soit, à tirer les armes des mains de vostre temeraire croyance & persuasion, affin de les rendre à vostre prudéce & à vostre salut: sinon en general, du moins en particulier. Et suis trompée si les mieux armez d'entre vous, ne se tiennent les plus desarmez par ces argumens: non par la force que ie leur preste, Dieu me garde de la temerité que ie reproche à autruy, mais par la leur propre, que ie vous represante en esprit de candeur & d'humilité. Ie n'ignore pas neantmoins, qu'estans de si forte trempe, la plufpart d'entre eux n'ait esté maintefois touchée par ceux qui traictent les Controuerses: mais la necessité & la dignité de leur fin, me permet, & semble me commander encores de les repeter, iusques à ce qu'ils ayent tiré de vous-mesmes, ou soubmission ou solution pertinente.

ADVIS SVR LA NOVVELLE
Edition du Proumenoir de Monsieur de Montaigne.

LE *Proumenoir* ayant esté mis au iour dés ma ieunesse, ie croirois auoir autant de tort de refuser quelques Dames du premier rãg, qui me commandent de luy faire reuoir la lumiere à present, que i'en aurois de le composer en l'aage où ie suis à cette heure: bien que son histoire soit assaisonnée d'aduertissemens exemplaires, & qu'elle represente la peine en suitte de la coulpe. Cela ne m'empesche pas de sçauoir, que certains esprits qui cherchent à donner vn faux lustre aux actions d'autruy, afin de se canoniser eux-mesmes aux despens de la reputation de leur prochain par hypocrisie ou par vanité, n'ayent voulu discourir de la nouuelle édition de ce Liuret, soubs ombre qu'il traicte vn suiect amoureux. Cependant pourquoy ne nous fierions-nous plustost au iugement de ce grand Plutarque, qu'au leur, pour mesurer l'estime & le credit que les Ouurages qui traictent de l'amour peuuent meriter ou non? iugement expliqué par son propre exemple en tant de diuers accidens & discours de cette condition qu'il a traictez ieune & vieil. Ie ne puis oublier sur ceste occasion, l'authorité de cét admirable Escriuain & Prelat Heliodore, de ce diuin Virgile, de cét Angelique Sainct Augustin, qui non seulement estudioit la Didon de ce Poete, mais la pleuroit: & de cét excellent Cardinal du Perron, qui la traduisoit n'agueres en mourant: leüe qu'elle est d'ailleurs en public dans les plus sobres & celebres Escoles de l'Vniuers. Et l'vn des plus austeres Euesques de nostre tẽps, monsieur du Belay, n'a pas faict difficulté d'escrire plusieurs Liures, dignes de ses mœurs, soubs des histoires & narra tions d'vn amour mondain : ny le Docteur Coeffeteau, nommé à l'Euesché de Marseille, de faire vn Abbregé d'Argenis, peu de iours auant son trespas: ny les Eglises de leur part, ne font pas scrupule, de laisser par fois tendre en quelques coings de chez elles, des tapisseries, où l'histoire d'Helene, d'Oenone, les triumphes d'Amour & leurs semblables, se voyent. Mais quoy en fin, deux tels miracles en Nature que Socrates & Platon, ont-ils pas traicté la caballe ou science amoureuse, si tendrement, si delicieusement, & parmy cela, si curieusement?

Vne autre querelle, que le nouueau goust de ceste saison dresse à ce petit Liure, ou pour mieux dire à tous mes Escrits, mais à luy plus qu'aux autres, veu ce tiltre de Roman qu'il porte : c'est d'inserer en son texte, quoy que ce soit auec vne espargne estroicte, quelque ornement en langue estrangere, & de citer quelque Autheur par son nom : procedant ainsi pour n'auoir iamais sceu prendre loy de pertinence, d'vn siecle pareil au nostre : sur tout quand il contredict les anciens. Comme Dieu sçait s'il les contredict. en la deffence de ces deux vsages : puisque, pour le premier poinct, iamais homme en l'antiquité ne sçeut que c'estoit d'auoir honte d'alleguer Orateur ny Poete, en leur langue natale : & que tous les vers des Poetes Grecs rapportez en Ciceron, sans aller plus loin, n'ont esté mis en Latin que depuis sa mort, s'il en faut croire les plus entendus humanistes : outre tant & tant de dictions & de traicts de la mesme langue, qu'il adapte & qui restent en son Oeuure auec leur propre charractere & terminaison : outre aussi plusieurs autres qu'il latinise. I'adiousteray, que les traicts ou passages brefs, du nombre desquels sont ceux que i'vsurpe sans les traduire, soit au Proumenoir, soit ailleurs, semblent auoir plus de grace en leur propre langue : sur tout à cause qu'on les choisit ordinairement émaillez de quelque excellence, qui tire apres soy la difficulté d'expression, ouy mesmes quelquefois & souuent, l'impossibilité : sur tout en nostre langage inferieur. Ie dis plus, aucuns ont besoin de leur propre & naturelle forme : pour ne pouuoir si bien representer tournez en vne autre langue, leur source ou leur application originelle, qui tient par fois autant de lieu au merite de la seconde, que leur sentence. Quant aux passages amples, vn traict courant & portant l'autre on s'eschappe de la traduction à meilleur prix. Ioinct que nul ne se doibt plaindre qu'on luy presente du langage de ceste espece, bien qu'il ne l'entendist pas, aux Escrits où il ne trauerse point le sens: & ceste circonspection ie l'obserue aux miens. Differant de rire plus à loisir de quelques ioyeux, qui disent, que nous les seruons de ceste viande, pour monstrer que nous sçauons du Latin. Pour le regard des citations soubs les noms propres, second poinct de la querelle que l'on me dresse; quel besoin est-il d'en iustifier l'vsage, estât appuyé, s'il n'est desia dit, de l'authorité de tous les anciens? La suffisance de nos maistres dont il est question, surpassant celle de ces gens-là, nous apprendra-t'elle à cognoistre, qu'ils eussent changé de stile, s'ils eussent eu l'honneur d'estre à present leurs escoliers? Ils alleguent, que ceux qui citent, ou nomment les Autheurs en leur texte, le font par vanité de pedanterie, pour monstrer qu'ils les ont leuz. S'ils preschent cela des petits sçauanteaux, c'est bien parlé: mais s'ils le pensent dire des personnes de merite, nous ne pouuons assez nous escrier: O sottise prodigieuse & propre à faire rire les mouches, d'imaginer que des ames glorieuses, & qui pretendent elles-mesmes à composer les bons Ouurages, cherchassent vn faste à monstrer qu'elles ont leu ceux d'autruy! Puis voila certainement vne estrange correction de vanité: puis qu'on la trouue à mieux aymer paroistre soy-mesme, Seneque, Plutarque, Aristote & Thucidide, couchant leurs passages sur le papier sans les nommer, que de sembler simplement les auoir estudiez en les nommant; veu mesmes, qu'on y est encore quelquefois contraint, pour se preualoir de leur authorité. Nos parties repliquent, qu'il les faut cotter en marge. Quoy donc les y cotterons-nous sans qu'il paroisse que nous les ayons feuilletez? Mais i'euente la finesse de ce bon Peuple: cottant vn Autheur en marge, vn Lecteur ne démesle pas fort bien les fusées de cet

Autheur-là, de celles de celuy qui l'employe: de sorte qu'il en demeure tousiours piece ou lopin à cestuy-cy, par équiuoque & difficulté de distinction. Partant, en cét article comme en tous les autres de leur doctrine, ceux dont nous parlons crient tousiours au larron contre vn homme, quãd ils luy coupent sa bourse: pretendans que le nom des grands Escriuains deshonnore le texte d'vn Escrit, afin que leurs Escrits deshonnorent les grands Escriuains, en les picorant & demembrant sans reproche. Adioustons, qu'ils nous coupent la nostre en mesmes termes: nous rauissans autant qu'ils peuuent, la gloire de faire voir que nous escriuons sans larrecin: quand ils nous commãdent soubs peine d'impertinence pedantesque, de ne distinguer non plus qu'eux sur le papier, ce qui est du nostre & ce qui n'en est point: en intention que la face de leur Oeuure bastard & plagiaire, soit égale à celle du nostre legitime & propre. I'ay faict voir sur la fin de ma *Deffence de la Poesie*, que c'est qu'ils appellent pedenterie & pedent, & combien peu nous sommes d'accord en la distribution de ces tiltres. C'est vrayment vne belle reigle, que celle dont ils nous battent en cét endroict: par laquelle celuy sera tousiours le plus noble & le plus poly des Escriuains, qui se trouuera le plus hardy larron: comme aussi est-ce vn plaisant & nouueau genre de vol, auquel non seulement on sauue le foüet, mais on moissonne encores la gloire, tant plus nettement, de ce que plus hardiment on le commet. Mais quoy! s'esbaït-on si ces Autheurs ont pris pour deuise: Viue la picorée: en vn siecle qui s'en sçait ayder de tant de sortes? ils auroient mauuaise grace à faire bande à part en cette large foule de larrons:

Humani à se nihil alienum putant.

Au surplus, si l'Eminentissime Cardinal du Perron merite d'estre allegué, a-t'il cherché la marge de ses Liures, pour ample qu'elle soit, à coucher ses allegations? & si l'Escriture, ou les passages & les noms des Docteurs, sont estalez au texte de ses Liures de Controuerses & de l'Oraison du Serment; Aristote, Seneque & Platon, le sont-ils moins en ceux des autres Traictez dont il honnore sa Patrie? Ie n'al-

Ie igue point l'exemple des Essais, puis que de la grace de ces messieurs, ils ne leur tiennent lieu que de faribole.

Quant à la raison particuliere que ces Critiques presument auoir, d'interdire sur tout aux Romans de citer Autheurs ou Liures; bien leur seruira de la iustifier à gens comme nous, qui feroient autrement si peu d'estat de l'authorité de leur deffence. Or tant moins en faisons, nous, de ce qu'vn Roman discourant, peut auoir besoin à toute heure du poids & de la caution d'vn Escriuain, pour appuyer son opinion: & s'il peut estre iustement permis à certaines especes d'Escrits de citer, comme aucuns mesmes de ces ergotteurs reconnoissent qu'il l'est aux discours de mœurs, de Philosophie, d'Estat, ou de pareilles choses; nul ne peut debattre à vn Roman la liberté acquise aux pieces de ces diuerses especes sur les lieux, où il en forge & employe quelqu'vne en passant chemin. Adioustons, qu'vn Roman de merite est aussi glorieux qu'vn autre genre d'Ouurage : & partant ne se croid non plus authorisé que luy, tel qu'il soit, de celer le nom d'vn Autheur s'il l'employe, hors le besoin mesme de se preualoir de sa caution, & par vn pur ornement: puis que la confiance de son Genie luy persuade, que s'il se veut parer, il le peut faire sans desrober ses voisins, & de ses biens naturels & legitimes. Il veut estre ouy franchement & sans fourberie ou supposition, luy mesme en personne, & non par les conceptions d'autruy, puis qu'il faict profession de parler en son nom propre: & n'a pris la peine d'escouter les autres, qu'afin d'estre à son tour escouté mutuellement.

Mais nous voicy derechef aux mains auec ces correcteurs: ils ne souffrent point vn Roman discourant, car sa tablature d'esprit le defend, à leur aduis, & luy commande sans respit & sans intermede la suitte de son aduenture. Certes ils me font souuenir de ce malade rustaut, qui mesprisant toutes offres de mets ou de plaisirs delicats, & le medecin encores auec eux, crioit impatiemment; que si toutes ces choses estoient de lard, seul but de ses desirs, on les luy fist venir. Ie puis iustement representer par ceste comparaison, la brute & lourde humeur de ces gens d'auiourd'huy, soient-ils Autheurs ou Lecteurs, qui s'en vont si seichement aprés leur narration toute creuë, quoy qu'elle ouure la carriere à tant de beaux & florissans discours, soit en la chose mesme, soit auprés d'elle, tendant vne fauorable main à la digression: les meilleurs desquels discours cependant, ie conseille tousiours de moderer en estenduë & en nombre. Toutesfois, repartent mes correcteurs, Heliodore n'a point de citations, ny de digressions ou de discours hors la necessité du suiect: & s'abstient aussi de ces vers & de ces passages estrangers que vous sousteniez n'agueres. Ouy, mais Heliodore, par l'exemple & la souueraine loy de sa perfection, nous eust bien commandé de faire ce qu'il faisoit: mais par celle aussi de sa prudence & circonspection, qui embrassoient la multiplicité des formes de l'esprit humain, & celle des pensees, des imaginations & des inuentions, que les hommes peuuent sainement conceuoir; il nous eust laissez libres, à faire encores ce qu'il ne faisoit pas. Les Grecs l'ont suiuy pas à pas, ou enuiron, ie l'aduouë: neantmoins a-t'il empesché que les Latins, comme on diroit Arbiter & l'Asne doré, Liures que ie puis estimer espece de Romans, n'ayent fait leur cas à part? dauantage luy & eux, ont-ils gardé Dom Guychot & Atgenis, de couper encore chacun leur chemin à trauers champ, ou quelqu'vn leur peut-il denier le charractere de l'excellence? Quoy plus, la Diane autre Roman de merite singulier, poureu qu'on en rabatte vn peu de subtilité poinctuë, si i'ay bonne memoire; a-t'elle voulu que les vieux ou les nouueaux eussent l'honneur qu'elle suiuist leur train, ou leur portast la queuë? & de mesmes ceste Arcadie, qui vaut mieux que trente couronnes des Arcades? Sans nier pourtant qu'il n'y ait quelque demy douzaine de traicts ou de iugemens en Dom Guychot, qui ne me plaisent pas du tout, & quelque autre chose, bien que plus rare, en ceste illustre Infante de Sicile, & ie ne sçay quoy peut-estre encores en ces autres Ouurages, ouy mesme en l'Arcadie. Toutesfois ces derniers sont des traicts ou lieux, qu'on recognoist euidemment pour enfans supposez,

par

par la necessité d'acheuer le Liure qui restoit imparfaict à la mort precipitée de l'Autheur; quand on les considere contre la richesse & la beauté de la piece entiere. Et quoy qu'il en soit, les tares que i'ose accuser en tous ces Liures, ne sont pas du costé qu'ils tracent leur voye particuliere, laquelle i'approuue tout du long. Mais quelle ialousie des destins sur les entreprises magnifiques, preuint la derniere main que l'Autheur deuoit à l'Arcadie? Pour le regard de l'vsage assez frequẽt des metaphores, que ces Momes nouueaux reprennent au Proumenoir, & en tous mes Escrits aprés luy, ie diray seulement sur vne si plaisante vision, qu'ils me font faueur de m'accuser du trop, veu que i'estois en peine de m'excuser du peu.

Or donc, l'importance n'est point de ces costez-là, elle est de cestuy-cy, que mes Escrits sont assez foibles pour me conuier au silence, si mon sexe n'aymoit à causer. Toutesfois ie me puis au moins remparer pour ce poinct, du bouclier d'vn loyal marchand, qui se voyant mocqué par quelques Gentils-hommes ses voisins, de la simplesse de ses enfans, au prix de la gentillesse des leurs, respondit; qu'aussi n'auoient-ils eu qu'vn pere à forger leur esprit, & que les leurs en auoient eu plusieurs. C'est à dire, que ie ne m'entends point à me diaprer des plumes d'autruy, pour le moins en sorte qu'elles me puissent estre attribuées, comme ie represantois n'agueres : & que ie suis glorieuse iusques à ces termes, de mieux aymer que mes Oeuures demeurent les plus disgraciees de nostre aage, que de les deuoir à la suffisance du tiers & du quart, suiuant ceste mode trop vulgaire au temps où nous viuons. Tu repliques, Lecteur, qu'elles ne plairont pas à la ieunesse de la Cour, r'assinée pour la pluspart en ceste nouuelle doctrine que ie heurte : & ie reparts, qu'aussi ne fais-ie moy-mesme : dauantage, que veu les infames sottises d'esprits & d'Escrits dont elle se delecte à tous coups, ie ne trouue pas grand interest que les miens & moy luy déplaisions. Demandes-tu si ce dégoust qu'elle a pour moy, prouient de sa faute, ou de la mienne? vrayement ie ne sçay, mon bon amy: toutesfois ie sçay bien, que celle de nous deux qui a tort en cela, n'en daigneroit auoir pour vn peu.

EPISTRE SVR LE PROVMENOIR DE MONSIEVR DE MONTAIGNE.

A luy-mesme.

MON Pere, i'ose nommer l'histoire suiuante, voftre *Proumenoir*, parce qu'en nous proumenans n'agueres ensemble ie la vous contay : sur le propos des tragiques accidents de l'amour recitez par Plutarque. Et l'enuoye apres voftre partement courir apres vous sur ce papier, afin que vous ayez plus de moyen d'y recognoiftre & corriger les fautes, que vous n'euftes prefent, en la viue voix d'vn recit qui s'enuole par l'oreille: i'entens, si les fautes se peuuent trier en vn Escrit de neant. Neantife pourtant qui me déplaift moins, de ce que, soit que vous la daigniez chaftier, ou la pardonner à la foiblefse de mon aage, ce sera touſiours vn effect de voftre bien-veuillance. Certes si quelqu'vn s'esbahit, dequoy n'étant Pere & Fille que de tiltre, ceste bienveillance-là qui nous allie ensemble, surpaſse neantmoins celle des vrays peres & enfans: nous luy dirons, que la Nature s'attribuë le sceptre entre les beſtes, mais qu'entre les hommes la raison le doibt tenir. C'eſt pourquoy les affections naturelles ont plusieurs fois manqué, les freres se sont entrefaict la guerre & donné la mort, ouy mesmes les peres & les fils: mais la dilection tres-saincte de Pythias & de Damon, auec celles de leurs femblables, que la raison auoit appariez par le merite de leur sagesse & de leur vertu, se sont touſiours maintenuës inuiolables, bien qu'elles ayent tiré maintefois la vie en conséquence. O combien passent celles-cy leurs pointes hautes par dessus celles-là! celles-là ostent la vie à l'amy au plus estroit degré de liaison, pour l'vtilité de leur suiet: celles-cy donnent gayement au besoin, la vie de leur suiet à l'amy. Les amitiez électiues & fondées sur la baze de la vertu, sont facilement immortelles, suiuant la nature de l'ame leur mere: les naturelles sont passibles ayſément aussi, suiuant celle du corps leur pere. Combien les ressorts de la Nature se trouuent infirmes de ceste part, vous le voyez aux bestes: elles si purement naturelles, nous offrans à toute heure l'exemple d'vn change si prompt & si prompt oubly, ouy mesmes en leurs passions extrêmes, comme est la conjugale & la paternelle; nous offrent & presentent-elles point aussi la raison, de loger les affections de parentelle bien loin en dignité au dessous des électiues? Il faut donc entrer en l'amitié par les sainctes portes de la vertu, qui veut estre bien asseuré de n'en sortir que par celles de la mort: si la mort peut estendre iusques sur la vraye amitié les loix de son Empire. Ie rapporte à peu pres l'argument de ce conte, d'vn Liure dont le nom m'est eschappé de la memoire: l'argument dis-ie, car ie ferois conscience de picorer son Autheur plus auant, ou de barbouïller ses inuentions agreables, du meslange des miennes. Ny ne suis pas de ceux qui croyent, que celuy qui prend le suiet d'vn conte quelque part, ne puisse auoir autant de merite s'il le recite de bonne grace, que si le suiet mesme estoit sien: au moins en vne chose qui tombe dans les communs accidens de la vie, & que le premier Autheur peut auoir apprise par les euenemens de ses voisins, ou conceuë luy-mesme sans grand'peine. Ce que ie ne dis nullement pour releuer le merite de mon petit labeur en cecy: mais seulement contre la simplesse de ceux qui presument qu'vn conte ne consiste principalement qu'au fil de ses aduentures: & qu'il ne peut appartenir ny faire honneur qu'à celuy qui l'auroit escrit le premier. Que ne puis-ie apres tout, vous aller donner deux heures de ma lecture, sur ce Liuret, pour vous garder vn soir de trauailler vostre ame à des occupations plus serieuses: &

LES ADVIS.

pouuoir recognoistre par mes yeux, que vous escouteriez aussi vainement que i'escris? Vn page en aura la commission en ma place, qui presentera quand & quand mes baisemains à Madame & à Madamoiselle de Montaigne, ma mere & ma chere sœur, & à messieurs & mesdames vos freres & sœurs. Receuez quant à vous, vn million de bons jours de vostre fille, aussi glorieuse de ce tiltre, qu'elle le seroit d'estre mere des Muses mesmes.

A Gournay sur Ayronde, mil cinq cens quatre-vingts neuf.

LE PROMENOIR DE MONSIEVR de Montaigne.

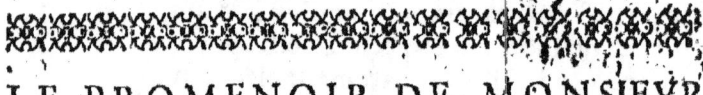

Riobarzanés Roy de Perse, mon Pere, ayant esté pris par Arrabasus vn autre puissant Roy des Parthes, à la troisiesme bataille d'vne longue guerre; les Perses terracez desormais, ne sçeurent prendre autre party, que d'essayer à faire de patience fortune : & porterent la carte blanche au vainqueur, pour obtenir la paix & la deliurance de leur Prince. Or quelle que pût estre la vraye cause de sa moderation, il se contenta de conditions fort peu ruyneuses à l'estat Persien; mais quand on vid qu'il demanda pour vn article le mariage d'vne Princesse belle & bien-née, fille du Satrape Oroondatés, oncle du Roy mesme; on creut que c'estoit en faueur d'elle qu'il traictoit ainsi doucement la Perse: luy voulant faire pour l'obliger, vn present du salut de son pays, comme en aduance d'vn tres-bel & tres-magnifique dotiaire. Le pere de la Dame, sage vieillard, & seconde personne de la Perse, se trouuoit importuné d'vn mariage estranger: d'autant qu'il se voyoit priuer par là du regne futur de sa fille, que le diadesme des Perses regardoit, le Roy n'esperant point de posterité. Neantmoins il se laissa contraindre à la charité de la Patrie & du Prince: & la luy accorda par les Ambassadeurs Persiens, qu'il renuoya vers luy bien-tost apres.

 Or la mere nourrit ceste vierge Royale,
Dans vn lict somptueux qui les parfums exhale:
Des yeux & du penser la couuant cherement,
Entre maint doux baiser & maint embrassement.
Telle aux riues d'Eurote à la riche prairie,
Du myrthe de Venus la verdeur est nourrie:
Et le Zephire ouurant vne moisson de fleurs,
Esleue ainsi l'émail de leurs viues couleurs.

I'applique par tout ce Liuret auec trop de miserable correspondance, les vers lugubres d'Ariadne & de Didon à ceste Princesse. Alinda donc, car elle se nommoit ainsi, trouua fort dur, qu'on l'allast faire renoncer au doux air natal, au sein de sa mere & des siens, pour la ietter comme confisquée par droict de victoire, en la mercy d'vn homme incognet d'elle, & d'vne Nation fiere & reuesche, où la seule douceur qui luy resteroit pour l'aduenir, à son opinion, seroit de pleurer & de regretter la Perse iour & nuict. Ce fut pourquoy son pere luy fit diuerses remonstrances; bien qu'il luy faschast extrememement de la conuier à vne telle separation, qui le priuoit de la plus douce parcelle de sa vie & de son estre.

 Ma fille, luy dit-il, que i'ay nourrie à l'esperance de perpetuer en ma maison la Grandeur & la vertu des premiers Roys du Monde, voicy le iour de faire preuue, si iustement ou non ie t'en ay iugée digne. Cognois ta condition, au moins apres auoir iouy de sa gloire vingt ans qu'il y a que tu vis: & la cognois à ce iour, qu'il faut que tu sçaches quelle elle est, & quels sont ses deuoirs, où que tu l'employes à la ruyne de toy, d'elle-mesme, & des Peuples qui t'ont honorée de son present en la personne de tes maieurs. Les considerations du bien particulier, qui t'emportent au dégoust de ces nopces, le doiuent à l'aduenture gaigner vers les personnes priuées, qui ne iouïssent que du particulier: mais entre les Princes, qu'vn public estime dignes de iouyr

LII iij

de luy, l'égard du public doit preceder. Il faut quitter l'Empire sur les hommes, ou que nos passions & nos interests particuliers le quittent sur nous: ainsi que les hommes l'ont quitté sur eux-mesmes, pour le nous résigner. Apprenons, apprenons m'amie, le mestier de commander, ou dispensons les Peuples d'apprendre celuy d'obeyr: car nous deuons regner par vne charitable, saine & haute raison: ou bien ils en ont encores vne plus saine & haute de secoüer nostre ioug. * Pensons-nous donc estre nez Roys, & libres ensemble? certainement, chacun des subiects ne dépend que d'vn seul Prince, mais vn Prince dépend, & pour mieux parler, est subiect de tous ses subiects. C'est la seule teste d'vn Estat, qui ne doit rien refuser à son salut: C'est celuy qui doibt, s'il peut, arrester en sa personne, non seulement le débordement de tous les soins & de toutes les solicitudes, mais dauantage, de tous les maux & les trauaux de cét Estat que les Cieux ont soubmis à sa tutelle. Nous sommes en verité donnez aux hommes comme la nourrice aux enfans, pour les preseruer des cheutes, erreurs & maux qui les menacent: & si les Peuples n'eussent eu que desirer & que craindre, les Dieux n'auroient point establi de Roys. Ils nous ont eslargy la puissance dessus eux, pour les guider, les defendre les vns des autres, & les beatifier encores, comme estans les bras de la beneficence & de la iustice éternelle du Ciel. Ainsi nostre pouuoir sur le vulgaire, mesure par son estenduë, celle de nostre obligation vers luy-mesme. Sans doute le Prince à qui l'on peut persuader ces impies & ridicules contes de Cour, que les hommes soyent donnez à luy, pour son seruice & pour sa gloire, se doit laisser persuader aussi, de les menacer de la foudre s'ils l'offencent, & non plus du glaiue. Car il se fait Dieu, & les Dieux ne se peuuent attribuer chose plus aduantageuse ny plus souueraine, que d'estre possesseurs & maistres de l'animal pour lequel ils ont créé toutes choses: ouy les Dieux mesmes sont valets du Prince, s'ils ont fait toutes choses pour l'homme, & l'homme pour luy. De vray la houlette & la pauureté se-

* C'est un Prince Payen qui parle.

roient beaucoup moins miserables à nous autres Grands, que n'est la richesse qui rend nostre bonne grace si desirable aux inuenteurs de tels contes qui se font ouïr en nos Palais. Nous sommes certes tant plus à l'homme, de ce qu'il se donne à nous: ou de ce que les Dieux nous le donnent, soit par leurs mains propres, ou par les siennes. Orgueil à part, ma fille: nos subiets, le tiltre leur, sont nos compagnons, reserué l'empeschement que leur propre interest y apporte: ie veux dire que nous regnons, d'autant qu'il leur est vtile d'estre commandez & regis : & que leur felicité se trouue enclauée dans l'heureuse harmonie qui naist de la concurrence du iuste & reiglé commandement & de l'obeïssance. De plus, tous les hommes estans nez soubs les loix de l'égalité, chacun de ceux qui viuent soubs ton sceptre à venir, estoit capable d'estre ce que tu es, si ton predecesseur n'eust preuenu les siens, ou par force, ou par promesse plus ample vers eux de leur rendre son pouuoir & sa dignité plus charitables & plus vtiles: que si ç'a esté par force, ta domination, seroit iniuste & meriteroit d'estre deposée: si par promesse, elle t'oblige inuiolablement en la personne de ce maieur : & te rend indigne de toute sorte d'authorité, que tu ne possederas point pour tes Peuples. Au reste, ceux qui publient que le Ciel a monstré qu'il nous cherissoit particulierement, & nous declaroit ses fils aisnez, en nous faisant Rois, s'ils disent vray, ce n'est pas, ainsi qu'ils iugent, pour estre esleuez à l'honneur de regir le reste des hommes, car ce priuilege nous couste trop: c'est parce qu'en la grandeur de nostre puissance, il nous suggere le moyen de faire plus de bien que les autres : & que nous prestant le moyen de mal faire, il rend nos biens-faicts plus meritoires & plus dignes. Quel aiguillon nous doit-ce estre à bien regner, qu'entre tant de diuerses vacations des hommes, les Dieux nous ayent particulierement estimez dignes de celle-cy, de distribuer la bonne fortune & le salut aux Nations? Veritablement nos subiects vont du pair auec nous, en toute autre action, & partout ailleurs nous faisons les hommes : mais en ce seul poinct, les Princes. Tu m'as porté, m'amie, outre les termes du suiet present: neantmoins ie n'en suis pas marry, ces instructions te pouuans seruir ailleurs; & ne me desplaist pas de t'auoir entretenue de chose si serieuse, quoy que ieune & femme: car puisque ces qualitez ne te desrobent point la hardiesse & l'authorité de commander aux hommes, il seroit hors de raison qu'elles t'en desrobassent la science. Et certes quand tu n'aurois aucune des considerations que ie viens de marquer, de te rendre au bien de ta patrie, encore ne seroit-il pas loisible de frauder ingratement ton obligation vers elle; qui t'a dés ton bas aage embrassée auec pareille tendresse d'amour, & presenté pour toy, mesmes sacrifices & mesmes vœux, que ta mere & moy, qui te nourrissions pour vnique enfant. Mais enfin qui te meut à craindre les nopces de ce ieune Prince, qui parmy ses qualitez aymables, recueille en sa personne toutes les Grandeurs, la gloire & les vertus de ces illustres Roys Arsacides; si ce n'est d'auenture, pource qu'il se pique à nous rendre vne si grande preuue qu'il sçait aymer? & que chacun le void à la veille d'estre Monarque des Perses, s'il n'aymoit mieux estre mary d'Alinda? Vueillent les Dieux, qu'il me produise de petits fils, beaux, habiles, puissans, victorieux & Roys, comme luy: mais s'ils doiuent manquer de quelqu'vne des qualitez de leur pere, ie desire que ce soit plustost de la meilleure de celles-là, que de cette insigne vertu, par laquelle tenant à sa mercy nos biens, nostre Estat & nos vies, il s'est contenté pour toute vangeance de nos outrages, de regaler de sa victoire, & de soy-mesme, la fille de son capital ennemy. Quel courage as-tu, ma fille, que l'amour & le bien faict ne puissent obliger? C'est vn estranger, ce dis-tu. Vrayement quand l'affection qu'il te porte ne t'osteroit pas toute occasion de soupçon, de trouuer quelque rudesse en ses mœurs; si n'appartiendroit-il qu'à quelque fille de village nourrie grossierement, de craindre que la grace luy manquast, pour faire naistre l'amour, & pour appriuoiser vn esprit reuesche, en vne telle societé que celle où cettuy-cy te conuie. Qui sçait plaire, il sçait regner. Ny ne dois pas aussi regretter de perdre la douceur de ton pays, pour gagner cét espoux: car par tout où nous rencontrons quelqu'vn, qui sçache se faire aymer cherement

LES ADVIS. 457

rement, comme ce gentil Prince fera de toy, malgré ta rebellion, nous n'auons rien perdu ailleurs.

Le Satrape fleschit bien sa fille au consentement par des remonstrances, mais en sorte qu'elle le desferoit à la seule force de son deuoir: regardant tousiours ce dessein d'vn œil triste & couuert de larmes, chaque fois qu'elle venoit à se representer le contentement & les aduantages qu'on luy rauissoit en la bannissant de son pays. On dressa donc vn ample & Royal équipage, lequel outre la qualité de la Princesse, regardoit l'honneur du Roy captif: & fut mise en chemin pour aller vers son fiancé, dissoute & noyée en pleurs, sur l'adieu de sa mere. Le Satrape mesme la voulut conduire, par vne amour paternelle, & pour le respect de son Prince, qui leur estoit en Perse comme vn Roy des Dieux. Ils arriuerent pour le premier giste, chez vn vieil Seigneur du pays, qui s'estoit n'agueres retiré de la Cour: & qui nourrissoit vn fils, les vertus guerrieres, le beau parler, les graces & l'œillade duquel,

Tressaillant de clarté comme vn nouueau Croissant:
rendoient sa ieunesse & sa beauté si dangereuses, que l'ambuche en sembloit ineuitable pour les Dames: & s'appelloit d'vn nom Grec, Leontin. Autant qu'vne beauté de ceste espece, i'entens qui tire les graces, les gentillesses & les merites à sa suitte, est forte & puissante, autant est foible vne beauté simple & creuë, au goust de force gens; & i'en ay veu plusieurs protester, qu'ils n'eussent pas eu plus de peine à s'exempter du tout d'aymer, nonobstant leur inclination contraire, qu'à se rendre épris de ceste derniere espece de beauté. Voicy les recits de l'histoire Poëtique: & ie declare icy, qu'en quelque lieu que i'insere des vers en ma prose, ils ne sont miens que par la version.

Vlysse, sans beauté, mit par son doux langage
Les Nymphes de la mer soubs l'amoureux seruage.

Que si l'on y prend garde, on trouuera mesmes, que les graces & les gentillesses sans beauté, nous ont produit parmy le monde beaucoup plus de miracles en amour, que la beauté sans elles. Semble-t'il point d'ailleurs, que l'amour

M m m

qui est, dit-on, ie ne sçay quoy, doibt sourdre aussi, de ie ne sçay quoy? & combien plus sont ie ne sçay quoy, la grace & les attraicts, que la beauté? Qui plus est, Seneque escriuant: Qu'en la vraye & parfaicte beauté, la merueille des parties doibt estre effacée par celle du total: il s'accorde, selon mon aduis, à la loger elle-mesme en vn ie ne sçay quoy: puis que ce total n'est rien qu'vne certaine harmonie & vn rapport du concours vniuersel des parties. Et pour argument que l'extréme beauté consiste plus en ie ne sçay quoy, qu'en autre chose, on estime qu'elle ne peut estre peincte en iuste perfection. A propos de ces deux diuerses espèces d'amour: quand Aristote voulant deïfier sa maistresse morte, maintenoit, qu'elle l'auoit aussi bien merité que Iunon; pensons-nous qu'il la regardast par la beauté, plustost que par quelque grace, gentillesse ou vertu? Voyez par quel biais Horace regarde la sienne.

Iusqu'au cercueil i'adoreray Lalage,
Pour son doux ris & pour son doux langage.

D'autre part, le nepente d'Helene, ne consistoit pas, à ce qu'on dit, en aucune drogue, ny encore aux charmes de sa beauté parfaicte: ouy bien en la douceur & aux delices de son entretien. Adioustons, que quand Plutarque, le mesme Aristote & Platon, n'ont pas craint d'attribuer à l'affection des amants, vn enthousiasme diuin; ils songeoiēt plustost à l'amant, qui vise plus en son choix, aux dignes & spirituels obiects, obiects de merite, de grace, & de bien-seance, qu'à celuy qui se preste plus aux corporels & massifs: du moins attribuoient-ils sans doute à vn tel amant, cét enthousiasme plus ample & special; voire & en plus forts termes, à ceux-là, faut-il dire en passant, qui borneroient du tout leurs appetits amoureux aux possessions & iouyssances spirituelles, sans les vouloir estendre plus loing. Or il se trouue maintefois de tels amants entre les femmes, par religion de pudeur ou par conscience: & entre les hommes, bien que rarement, par vn ialoux & passionné respect des interests & des volontez des Dames qu'ils seruent: sans comter ce ieune Grec, qui se tint à la mesme reserue, pour la seule consi-

LES ADVIS. 459

deration de craindre que ses flames s'allanguissent s'il passoit ses bornes. Pour continuer sur l'inferiorité du corps, en vne intelligence amoureuse bien reiglée, nous lisons en la version Françoise de ce delicat ouurage du Parfaict Amour; Que l'amour vraye ne procedant pas des seuls sens corporels, ne tend pas à la beauté corporelle, mais à sa pareille: combien qu'elle se delecte des organes du corps pour le contenter, entant qu'il est son compagnon, & l'amuser cependant qu'il luy sert de domicile : ainsi que nous voyons les Daimons prendre vne image materielle quand ils veulent se presenter à nous. A quoy quelque subtil partisan d'Amour pourroit adiouster, qu'étant vn Dieu, & Dieu si grand, il ne se peut dignement payer que de ses propres richesses: il croit encores commettre symonie, s'il se paye d'autre monnoye que de soy-mesme. Leon Hebreu propose deux Amours, l'vn fils du desir, & partant fils du corps: l'autre fils de la raison, & pere du desir: & iuge cét Autheur, que ce dernier est celuy des honnestes gens, s'il consent au pis aller, d'estendre incidemment l'amour de telles personnes iusques aux intentions materielles: c'est à dire, appetits vulgaires. Et encores certes leur pourroit-il permettre ces appetits vulgaires nez incidemment, sans leur en conceder les effets. Les Grecs souuerains maistres en toutes doctrines, ont-ils manqué pour preuue de la presseance & dignité de cét amour de graces & de gentillesses, dont nous parlons, de rendre Cupidon fils de Mercure, Dieu de la gentillesse mesme & de la persuasion? & de donner Suadele à Venus pour necessaire compagne? outre plus, de la ioindre à Iunon quand il luy plaist de suborner & de charmer son mary? Dauantage, eux-mesmes, & l'antiquité toute entiere, ont pertinemment enseigné combien il est brutal d'aimer par la consideration du corps principalement: soit, veux ie dire, par ses amorces, ou par les desirs de sa possession) quand ils ont faict le propre Dieu d'amour Cupidon, épris de la seule Psyché, qui s'interprete l'ame. Qui plus est, de trois sens qui se repaissent en l'amour, quelqu'vn d'eux s'alimente tout en l'esprit de l'aymé par l'entremise de la voix, c'est l'ouye, & nul tout en son corps: car le plaisir des yeux ne depēd au plus qu'à moitié de ce corps que l'on cherit: l'autre moitié dependant de l'esprit, par le geste & la bien-seance que luy seul anime: & pour le troisiesme sens, qui semble se fonder plus au corps, on trouuera si l'on y prend garde, qu'il tire encore vn asaisonnement si grand de l'esprit & de ses attraicts, qu'on peut aussi dire qu'il s'en allaicte à demy: tesmoin ce jeu de prix des ieunes enfans sur l'apprentissage des baisers de bonne grace, en Théocrite. Lesquels ie croy qu'on leur apprenoit à quelque honneste fin de nopces: & qu'ils se peuuent baptiser en passant, consommation du mariage des ames: bien au surplus, insatiable, vif, inextinguible comme elles. Et ne croyoient pas les Grecs, faire des baisers de bonne grace, vn leger present & don de nopces, car vn de leurs patriotes Statius, les nomme, la plus excellente faueur de l'Amour: la bouche estant la plus noble & delicieuse partie du corps humain, puis qu'elle est l'instrument de la voix, comme la voix est l'image des conceptions de l'esprit. Les discours qui precedent & suiuent sur l'Amour, ne m'eschaperoient point, veu mon sexe, quelque modestie qui les accompagne, s'ils ne tendoient à spiritualiser ses passions & son commerce hors le mariage, autant qu'il est en mon pouuoir: puis qu'on ne peut esperer de les bannir du tout. Or suiuāt mon fil, s'il y a plus de fruict à cueillir en la practique amoureuse, pour l'esprit que pour le corps: n'est-il pas visible, que l'amant qui se pourroit bien à poinct vanter d'estre spirituel, choisiroit la butte & la pasture de l'esprit plus que celle du corps? veu mesmement, que le corps & ses dons sont empirables & tarissables: & tarissables de plus auec eux les desirs qui les regardent: tandis que les dons de l'esprit refleurissent chaque iour en nouuelles delices, & sont inepuisables, comme aussi sont en l'amant les appetits de leur possession. Dauantage, puis que la beauté est iugée diuerse selon les Nations, il paroist qu'elle n'a point de vraye essence: c'est à dire qu'elle n'est point en effect, mais se trouue vne pure supposition: & puis encores que le sexe masculin y vise plus que l'autre en ses desirs, estant neantmoins tous deux iettez en mesme moule, elle n'a pas consequemment de iuste & naturel empire sur les cœurs: les choses vrayement naturelles, estans vniuerselles & necessitées. Tel est l'empire des graces qui s'estend par tout, bien que plus & moins, selon la disposition, capacité ou incapacité, des obiects qu'elles rencontrent pour spectateurs. Voilà donc que les graces & les gentillesses en amour, emportent de deux choix le meilleur, s'il faut choisir: toutesfois il vaut mieux ne choisir point, & s'exempter d'vne passion qui confond & saccage la liberté de son maistre, & plus de la moitié de sa prudence. Or ce n'est pas pourtant l'aduis de Plutarque de s'en abstenir vniuersellement: car quel Panegyrique ne dresse-t'il à l'Infante Ariadné, pour s'estre en la personne de Theseus énamourée de la vertu? On me dira, que la comparaison est inégale, & que la vertu est plus digne d'amour, que les graces & les gentillesses, dont il s'agit. Il est vray: mais ie croy que ceux qui condamnent ceste passion en nos siecles, la condamneroient iusques à ce poinct, de s'enflammer de la vertu mesme: poinct où Plutarque par contrepied, ne la loüe pas seulement, comme ie viens de dire, car il l'exalte, la tympanise, & la nomme entremise des Dieux: adioustant, qu'Ariadné merita d'estre aymée d'vn Dieu, pour auoir aymé les personnes vertueuses. Le debat en soit remis entre Plutarque & ces gens qui font vn vice de la passion d'amour, voire simple & sans suite: hormis que si ce sont Theologiens, & qu'ils parlent par la bouche de l'Eglise, le debat est vuidé, d'autant qu'il les en faut croire. Surquoy l'on notera, que les fascheux accessoires, dont l'amour de ceste Princesse diffama son pere & soy-mesme, par la foiblesse, & par l'abandon de sa personne, ne sont pas compris aux loüanges de ce Philosophe. Platon fait deux Venus, la vulgaire & la celeste, auec chacune leur Cupidon vniforme: la vulgaire fille de Iupiter & de Dione, la celeste fille du Ciel sans mere: comme visant à l'amour de vertu, non au mellange des sexes. Mais quoy ce Dieu d'excez & d'intemperance, semble t'il pas auoir inspiré sur ma langue l'intemperance & l'excez, en la longueur de ceste digression: pour se vanger, peut-estre, de ce que ie ne plaide pas sa cause à son appetit en certains endroits de mon discours?

Ie dis au reste, pour continuer nostre histoire, que le Satrape & sa compagnie furent receus chez le Seigneur Perse, auec tels honneurs & tels respects, que la Grandeur Royale requeroit. Le vieil Seigneur mesme seruit ce Prince d'échanson à souper, & employa son fils à pareil office vers la Princesse, suiuant la façon de leur temps & de la Nation. Or le ieune Leontin, contemplant la beauté, l'action noble, & la politesse d'Alinda,

Qui les petits Amours comme roses semoit: estima que les Dieux ouurans à ce coup le Ciel, eussent descouuert la Deesse Iunon aux yeux des hommes: & admira la felicité du mary futur, comme d'vn compagnon de Iupiter. Mais par apres, ceste pensee se conuertit en vn desplaisir, d'auoir à perdre si soudain l'aise qu'vne telle veuë espandoit en ses esprits, tous espanoüis soubs sa flatteuse douceur d'vn nouueau transport: & ce desplaisir pied à pied, deuint en peu d'heure douleur & trauail. La Philosophie nous apprend icy, que le commencement d'amour, c'est de se plaire encore au souuenir apres la presence: l'accomplissement ou perfection, souffrir pour l'absence. Si est-ce que Leontin n'osoit pas encores s'aduoüer à soy-mesme, que ce qui le blessoit fust vn chatoüillement ou frisson de l'accez d'amour, pour la prodigieuse erreur que c'estoit à luy de s'enflammer d'vne Dame de ceste condition: & s'efforça tout le soir de démentir son propre sentiment, afin de se faire accroire, qu'il ne cognoissoit point d'où procedoit vne lente & molle fiéure, sourdant du haut bout d'vn lict à manger que la Princesse occupoit: fiéure qui troubla toute la nuict son repos, apres qu'elle eust fiché ses yeux sur le traict & la serenité de ce visage, & sur l'élegance de ce geste, tant qu'ils en peurent auidement humer l'aspect. Il semble que l'Epigramme de ceste grande Saphon, duquel toutes les Nations & toutes les langues ont fait leur propre, parle pour Leontin:

LES ADVIS.

Moy chetif, qu'Amour asseruit,
Ma Dame tous mes sens rauit!
Si i'ose contempler la Belle,
Ma raison s'égare & chancelle:
Ma langue qui ne parle plus,
Se fige en mon palez perclus:
Vn esprit de flamme soudaine
Me penetrant de veine en veine,
Vient en ma face épanoüir:
Vn tintoüin se fuict ouyr,
En mon oreille martelée:
Et ma veuë obscure est voilée.

Sur ces termes, la fortune luy fit vn tour de son mestier: car le lendemain matin à l'heure de partir, le Strape chargé d'ans se trouua malade, en sorte qu'il fallut demeurer. Mais comme en l'amour aussi bien qu'en la Grandeur, la conqueste d'vn aduantage, n'est qu'vn aiguillon d'appetit pour les autres, selon la commune intemperance des esprits: ayant gaigné ceste felicité de la presence, son ardeur renforcée par la contemplation perpetuelle de l'obiect, commença lors à luy donner plus de tourment, de ce qu'il n'en auoit que la veuë, qu'elle n'eust faict au commencement de ses flames, pour en perdre la veuë-mesme, bien que si chere. Plusieurs choses luy interdisoient la liberté de la parole vers la Princesse: l'assistāce perpetuelle d'vne legion de Dames, le respect vniuersel, cet autre respect timide particulier aux amans: & non moins le ver secret de sa conscience: qui bien qu'il ne fust pas assez fou, pour oser si promptement attenter de luy rien dire qui ressentist son amoureux, luy desroboit neantmoins le courage & l'audace de feindre vne bonne intention, parce qu'il en couuoit vne mauuaise. Or vne apresdinée que le malade vouloit essayer à dormir, elle se retira dans vne chaire reculée en vn coin de la chambre: où elle se mit à resuer profondement, la teste appuyée sur sa main droicte. Leontin s'enhardit d'approcher de ce siege en mi lieu d'vn autel du Dieu d'Amour & de la belle Venus: mais sur le point qu'il voulut commencer de parler à genoux, Alinda qui le veid vaciller, le preuint doucement : comme les personnes vrayment nées à dominer, dominent leur Grandeur mesme, pour se rendre affables & benignes. Puisque la fortune, dit-elle, vouloit que nous vissions mon pere malade, elle n'eust peu l'arrester en aucun endroict plus commode que cestuy-cy, ny chez personne, Leontin, à qui nous aimassions mieux rester obligez qu'à ton pere & à toy. Les Dieux nous favorisent, respondit-il, ô Princesse, de ce que puis qu'vn desastre ordonne, que tu renonces pour iamais au seruice des Perses, ils nous ont appellez à te rendre le dernier que tu réporteras de chez eux; & fust-il au prix de nostre vie mesme, digne de la deuotion auec laquelle nous regardons le tres-illustre sang de Cyrus. Qui te desrobe pourtant à iamais, non pas à ceste chetiue maison, indigne de te posseder vne heure, mais à tant de Peuples & de Prouinces? Tu te vas esgarer en des Regions incogneuës & plus sauuages, pour laisser celle où tu fus souhaittée Royne auant que de naistre, celle où ta vertu s'est fait cognoistre, celle que tu aimes & qui t'aime passionnément, & en laquelle on attendoit de l'heureuse fecondité de ton ventre, ce grand Roy des Roys ancre du salut public. Que nous reuient-il d'auoir rendu tant de vœux au Ciel, pour le remercier de t'auoir produicte au Monde? miserables que nous sommes! vn estranger nous vient maintenant apprendre, que nous ne t'auons obtenuë, que pour sentir le regret de te perdre! Heureuses les filles basses & populaires, qui iouïssent à iamais de leur cher païs, des mœurs ausquelles leur enfance fut nourrie, du langage natal, des premieres accointances : qui possedent encores par toute l'estenduë de la vie, leurs Dieux, l'honneur & le sepulchre de leurs ancestres, leurs tendres parens, & ce contentement de deuenir meres au sein de leurs mere : oyans celle qu'ils ont appellée de ce nom, instruire leurs petites creatures, qui commencent à desnoüer la langue, à les en saluër à leur tour. Alinda seroit heureuse comme elles, si ce tiltre infortuné d'vne vierge Royale, n'y mettoit empeschement : & si la qualité de da-

LES ADVIS.

me & maistresse des autres, ne la sequestroit des communes felicitez de la vie, au lieu de luy prester quelques aduantages particuliers. Mais quelle soudaine trenchée de forcenerie surprend les Perses? Sur le choix de tous les hommes, ils n'auoient sçeu designer en vingt années, vn mary digne d'engendrer en leur Infante, l'heritier du plus haut & du plus imperieux Estat de la terre: & cestuy-cy maintenant pris à l'estourdie, ils la luy vont ietter en proye, elle & l'espoir de sa fecondité bien heureuse: & encores en des lieux, où la pitié sera l'vnique remede qu'ils pourront desormais apporter au traictement que luy feront ces Barbares. S'ils disent qu'vn vainqueur l'a voulu, leur respondrons-nous point, que nous sommes vaincus, lasches de courage que nous sommes, & non pas luy vainqueur, puis que nous luy rendons soubmission ayans encores l'espée au costé? L'ennemy perdra sa victoire, si nous perdons nostre peur. Son aduantage ne luy peut permettre d'aller plus haut, ny l'inconstance naturelle du sort, d'arrester en vne place: car le dernier degré de la montée, en ceste eschelle du bon-heur, c'est le premier de la descente. A quoy seruent donc à nous autres, la ieunesse & la force? Si pouuons-nous gaigner ce poinct, de mourir en combatant pour vn glorieux suiect, quand nous ne pourrions vaincre. Mais graces aux Dieux, ie ne voy iusques icy nul de nous, qui tombe en foiblesse, pour nous rauir l'esperance d'en tirer ce seruice: nul qui n'ayme mieux aller battre son ennemy, que luy ceder: & qui n'accuse & dépite le decret, de donner vne telle rançon que toy, comme deliberation de gens, qui ont eu plus de crainte de faillir à se sauuer, qu'à recouurer leur Prince. Mais apres tout, qu'a fait ce corps, digne qu'on moule sur sa forme les sacrées images des Deesses, pour estre prostitué à l'appetit insipide d'vn amour barbare? Cela n'est-ce pas violer Cupidon mesme & sa mere? Miserable beauté! miserable ieunesse! miserable fleur de toutes les graces & de toutes les delices! vous n'aurez donc iamais le plaisir de recognoistre & de contempler en l'ardeur d'vn gentil esprit quelles sont les puissances de vostre empire: & renoncerez

Nnn

pour le reste de vostre vie, à vous enrichir d'vne si douce obligation, que seroit celle d'vne belle ame qui vous possederoit! Certes la Princesse escoutant la malice effrenée de ce beau sorcelage attentiuement, ne print pas garde, que Leontin ne plaignoit ses maux que pour les multiplier : & luy faisoit aualler la poison d'Amour, en la coupe dorée de l'Adulation: coupe, helas! presentée de la main d'vn suiect trop aymable, & trop desireux d'estre aymé, pour frapper le coup de la flatterie, sans en frapper vn pic en suitte. La pauurette vouloit pleurer du ressentiment de son desastre, apres auoir recouché sa teste sur la main droicte. Mais la nouuelle concurrence de l'amour contre ceste douleur, trauersa le cours des larmes: & quelque frisson, quelque sourde poincte d'vne émotion aygredouce, qui commençoit à naistre en son beau sein, pantelant d'autre-part du ressentiment de ses infortunes; dissipa ces larmes à my chemin: sauf vne legere goutte, qui estant montée aux yeux chaude & cuisante, sembloit les attiser, au lieu de les attiedir & détremper. Puis ils s'allumerent soudain: & la modestie ne put auoir la force d'empescher que ses barrieres ne fussent brisées, pour donner passage à quelques œillades: trop moles certainement, pour ne regarder Leontin que par la qualité d'vn simple harangueur. Que fais-tu, vierge simplette? tu ne songes pas, que tandis que tes sens friponnent à la dérobée ceste volupté d'ouyr & de voir Leontin, & que tu te laisses emporter à la complaisance de ces pernicieux conseillers, la raison leur gouuernante sommeille: qui sans cela t'aduertiroit, que la rencontre mutuelle de la beauté, de la ieunesse & de la politesse, est égale à celle de la naphthe Babilonique & de la flâme: & que d'ailleurs l'Amour ne sçait, ny mesurer ses coups, s'il commence à frapper, ny temperer la tyrannie de sa victoire, par aucun respect de sceptres ou de couronnes, s'il peut vaincre.

Et iamais l'œil brillant de la tendre pucelle,
Ne se put diuertir d'vne face si belle,
Que son cœur, estonné, bruslant de nouueaux feux,
A ce gentil amant n'eust destiné ses vœux:

Et que le vif rayon d'vne si douce flame,
Penetrant tous ses sens n'eust embrasé son ame.

Leontin, qui vrayement auoit trop d'art & d'esprit, pour la naïfue bonté de ceste ieunesse, sentit incontinent que son cœur estoit, sinon blessé, du moins essleuré: d'où reprenant double courage: Et quoy, ce n'est donc pas seulement au desastre de la Patrie, c'est en dépit d'elle aussi, le disant sur ses pleurs, qu'on nous l'arrache? Qu'attendons-nous, Perses, est-ce à courir aux armes, lors que l'infamie de ne les auoir osé prendre à ceste heure, fera qu'elles ne nous puissent iamais plus releuer en honneur? Et toy-mesme, ô Princesse, ignores-tu, qu'il y a quelques loix qui ne sont faites, que contre ceux-là seulement qui ne les sçauent pas violer de bonne grace? Il rechargea de cét air: & s'en alloit continuant beau train, à confirmer ceste ancienne parole, que la langue est la meilleure & la pire chose du Monde, selon qu'il luy plaist de s'appliquer; quand tout plein de Dames s'en vindrent ranger autour de la Princesse, qui couperent broche à son artificieuse & felonne conspiration : laquelle nous representons tant plus franchement, auec toutes ses circonstances, de ce que la peine suiuit la coulpe. Partant il se leua pour s'en aller, emportant sa flamme incroyablement ranimée par l'occulte cause de l'émotion de ces beaux yeux : qu'il sçauoit aussi subtilement deuiner & lire, soubs le voile de la pudeur & de la grauité Royale, que subtilement il auoit sçeu la faire naistre. Non seulement les indices d'vn ressentiment mutuel, eschauffent les amans par l'esperance, mais encore plus par obligation : dont le moindre atome leur est vn Monde, à cause qu'ils ne la mesurent iamais par sa valeur propre, ouy bien par celle qu'ils attribuent au suiect qui la confere. Alinda de sa part, pour essayer à se r'asseoir du trouble où Leontin l'auoit iettée, & l'arracher de sa teste, diuertit tant qu'elle put son ame en la consideration des infortunes de son mariage. Mais elle n'eust pas si tost assis la pensée sur elles, que mal gré son effort, elle la sentit dérober & toute inonder & couler à fond, soubs les images de la doleance affetée, auec laquelle ce ieune Orateur les auoit figurées, & s'en estoit plaint des Dieux & des hommes: elle recognut, certes, que son imagination éblouye, s'eschappoit à soy-mesme soubs la force d'vn charme si delicieux & si beau. Puis le visage, le geste, l'esprit & la vaillance de l'amant se glisent en suitte, saisissans & fourregeans à coup, tous les esprits de la desastrée Princesse. Ce n'est pas toutesfois mon gibier d'escrire le progrez de son amour, mon Pere, il me suffit de le plaindre.

  O puissant Cupidon, qui charmant nos pensées
  Inspires sans pitié tes fureurs insensées,
  Enfant, dont le flambeau nos esprits allumant,
  Mesle l'aygre & le doux aux souspirs d'vn amant,
  Toy saincte Mere aussi, dont le sceptre regente,
  L'ombrageuse Idalie & Golgos opulente;
  Quel orage de feux a ses sens renuersez?
  Quels flots de passions l'vn sur l'autre amassez,
  Agiterent le sein de la tendre pucelle,
  Souffrant pour ce bel hoste vne fiéure éternelle?

Encore moins la simplesse qui est en moy, pourroit-elle deuiner, auec quelles persuasions Leontin put mener à chef le monstrueux dessein qu'il accomplit en l'Infante: à quoy vrayement il est à penser qu'vne adolescence Royale, nourrie & ramolie dans les delices, & de plus, regardée par vn premier & seul amant, ne nuisit pas. Suffit qu'en quinze iours que dura le mal du Satrape, Amour & Leontin sçeurent si bien vener & ietter dans les filets ceste ame nouice, qu'il la reduisit à se disposer de suiure l'ombre d'vn vain contentement & luy, par tout où il leur plairoit de la mener déguisée, soubs vn voile de noces clandestines. Cependant il est bien certain, qu'elle ne se rendit point sans vn grand conflict: tant contre ces violens efforts, ces furieuses inflammations de sa passion, & contre soy-mesme, si sa passion & elle se peuuent distinguer icy, que contre le poursuiuant. Sera-t'il vray que ie trahisse mon pere, moy fille & tant obligée, moy dis-ie Alinda? que ie trahisse la paix de ma Patrie & la liberté du Roy, moy tant honnorée que d'estre esleüe pour sa rançon; & encore apres que le puissant

Empire mesmes des Perses, s'est veu reietter entre les choses indignes de luy en seruir, par vn Prince à qui la victoire attribuoit tout ce qu'il luy eust pleu de souhaitter? Est-il dit que ie precipite ce precieux honneur : rendu si souuerainement important en moy, par dessus toutes les femmes, par l'importance de ma personne, heritiere du diadesme de Cyrus, rançon du Roy des Roys, rançon de l'Empire? & que ce soit à iamais sur l'horreur de mon exemple, que les meres instruisent leurs filles à fuïr le mal? Faudra-t'il que ie me rende la plus odieuse & la plus iniurieuse de toutes les choses du Monde, au pere & à la mere qui m'ont si tendrement & si cherement esleuée, les exposant & deuoilant auec moy à l'infamie publique? O grand Orosmades nostre Dieu, preste-moy secours: & i'appelle la mort mesme secours & guerison, pourueu que tu la me donnes auant que ie blesse mon innocence. Elle parloit de ceste sorte, seditieuse contre soy-mesme : & ces propos & considerations la remettroient quelquesfois en bons termes: si les amans vrayement picquez, c'est à dire insensez, peuuent vrayement desirer de s'y mettre: & s'ils ne prenoient plaisir, d'enflammer exprés les amorces de leur propre passion. Mais que seruent tous ses efforts & tous les discours de son esprit, pour deraciner Leontin de sa fantaisie? Sa fantaisie & son imagination, sont desormais la figure mesme de Leontin : laquelle, comme vne gangrene conuertit en soy toutes les parties qu'elle touche, l'a non seulement occupée & saisie, mais transformée & conuertie toute en sa substance: de sorte que ceste pauure imagination empoisonnée, ensorcelée, n'est plus, que par où elle est l'image & l'esclaue ensemble de Leontin. Tout ce que sa playe peut doresnauant tirer de fruict d'estre tentée par ses remonstrances, c'est de se r'ensanglanter à crud.

Et l'vlcere secret vit au profond du sein.

Comment chasseroit-elle par discours Leontin de ce giste, puisque pour entreprendre ceste chasse, il faut s'imaginer par quel ressort il y est attaché? Le mieux donc qu'Alinda puisse tirer de la fuitte pretenduë, sur telle extremité d'amour, c'est d'emporter son mal auec elle en fuyant.

Tout ainsi que le fer d'vne dure sagette,
Frappe vne tendre biche aux bocages de Crete:
Lors qu'vn Pasteur chassant de loin tire ce dard:
Sans voir l'effect du coup emporté du hazard.
Elle que le fer presse & le trespas menace,
Suit d'vne longue erreur la vagabonde trace:
Maint taillis elle perce & maint fort écarté:
Tousiours ce traict fatal en son flanc est planté.

En fin donc, comme i'ay dit, voyant son tort les yeux ouuerts, & se noyant encore aux larmes de la penitence, le consentement hesitant & partagé, prit party : car l'Amour & l'amant par ses perfections, & sur tout par son beau parler, forcerent la raison, la deslogerent de chez elle, & elle de chez soy-mesme.

Ainsi qu'vne Bacchante alors qu'elle ressent
Du furieux mystere vn ayguillon perçant,
Forcenant à la voix de Bachus qui l'appelle,
Quand de trois en trois ans leur feste renouuelle:
Et quand mainte clameur qui par l'air s'entresuit,
L'inuite à Cytheron sons l'obscur de la nuict.

O chetiue Infante, & chetiue trois fois! que bien en vain appelles-tu maintenant ta raison à secours.

Par quel détour peut eschapper ton ame ?
Ia les grands flots d'vne si belle flamme,
L'enuelopans & roüants de maint tour,
L'ont engloutie au gouffre de l'amour.

O pauure Princesse, qu'il te cousta de n'estre pas sourde! A la verité, l'oreille en general, est d'vne conduicte estrange: & ne me retracte point d'auoir escrit en quelque lieu ; qu'il seroit bien mal aisé de prouuer, que tous les exploicts de Pyrrus & d'Alexandre, presupposassent autant de sens & de vigueur d'ame en leurs autheurs, que le legitime gouuernement seul de ceste piece, à qui le peut auoir entier: tant il s'estend loin & par des chemins scabreux. Mais laissons ceste speculation, pour dire, qu'Alinda se prepara par le seruice d'vne de ses Dames, trop souple & mole, qu'ils

LES ADVIS.   471

auoiët fleschie. Puis la nuiét precedāt le matin que le Satrape deuoit partir, Leontin les desroba déguisées: & par des huis & des destours secrets, il les fit éuader iusques au port plus voisin: auquel il entra auec elles, & quelque sien valet en vn vaisseau preparé: non sans vne richesse tres-grande d'or & de bagues, qu'Alinda faisoit emporter pour leur besoin. Leontin donc ayant couppé la corde à leur barque pour enleuer vne si chere proye, & ayant espousé la Princesse, autant que le temps & le lieu permettroient; eust hardiment soustenu que les champs Elysiens estoient transferez en la mer, les sens esblouïs, l'esprit esperdu, soubs les premiers esclairs de son contentement: esclairs les puis-ie appeller, helas! tant pour leur violence, que pour leur fallacieuse & momentanée beauté. L'amante aussi de sa part estoit si profondement noyée en l'yuresse de sa miserable affection, qu'elle n'eust pas voulu faire eschange de sa petite barque à l'Empire de l'Vniuers: n'estimant point que la puissance & l'éclat d'vne telle Grandeur, peust contrepeser la felicité de tenir ce gentil Cāualier, en lieu où elle ne l'eust sceu perdre vn moment de veuë, tirer vn traict d'œil qu'il n'eust recueilly, ny exhaler vn souspir de mollesse & de mignardise amoureuse, qui ne tombast en ses oreilles. L'absence assaisonne par tout ailleurs la presence: & la terre ne gouste rien de si plaisant en la possession du Printemps, que sa nouuelle ressource, & le remariage de luy & d'elle apres le refuage ou diuorce qu'elle a paty l'hyuer: mais en ceste premiere & si furieuse poincte d'vne amour, & d'vn contentement, il peut bien estre, que la presence ne se peut assaisonner que par elle-mesme. Tandis le matin estant arriué clair & riant, & le Satrape sur pieds, il enuoya veir comme se portoit sa fille, & si elle feroit gueres plus attendre les Seigneurs Perses, desia tous le pied à l'estrier: mais comme on luy rapporta, que sa chambre & son lict estoient vuides, & ses femmes du tout ignorantes en quelle part elle estoit, alors il s'y porta luy-mesme auec le sinistre presage d'vn soudain battement de cœur. Il la fit chercher de tous costez, & n'y eut coin ny cachette en la maison, qu'vne fourmiliere tumultuaire de gens bien empeschez ne furetast haut & bas: apres cela les iardins, & finalement les parcs & les champs voisins furent parcourus de ces personnes, remplissans l'estenduë de l'air de cris qui sonnoient Alinda. Or iusques à ce poinct les testes de son siecle estoient capables par discipline, de croire que quelque Dieu la peust auoir enleuée: toutesfois quand on trouua Leontin à dire aussi, la verité s'ouurit à plein iour. Neantmoins quelque extreme que fust cette infortune, le Satrape auoit bien assez de costance pour la supporter simple, autant que l'homme, & non le roch ou la souche, peut supporter vn tel coup: considerant mesmement, qu'aux choses desesperées, la patience est vn remede. Mais comme il vid ce desastre aggraué de si pesantes circonstances, vn vainqueur irrité, le Roy demeuré court en sa prison, & l'Estat en confusion nouuelle; sa patience alors s'estant reuoltée entierement, il eut beaucoup de peine de s'arrester aux trois quarts du chemin d'vn desespoir. Ah desolé protecteur d'Estat! ah pauure pere! que l'homme court bien en vain à serrer la bonde contre le flux des Destins! Ie te recommande du meilleur de mon cœur à ces benignes influences, que le Soleil espand sur nous, ce dit vn Grec, pour ayder au temps à meurir la consolation des esprits affligez.

Les nouueaux mariez, sur ces termes, poussez d'vn vent prospere, auoient desia mesuré vne espace infinie de mer: lors qu'vne languissante bonace succeda, puis quelque téps apres, vne tempeste esleuée tout à coup: & celle-cy les maistrisa de façon, qu'ils furent iettez dans peu de iours, en vne plage de la plus rude Thrace, au reuers de leurs desseins. Car Alinda commandoit, qu'ils s'allassent habituer en quelque quartier d'Italie, afin d'estre plus loin de cognoissance: attendant que quelque heureuse reuirade de la fortune, luy pacifiast son pere, & luy raplanist le doux chemin de son païs, de q   le desir luy nourrissoit l'esperance. Ils demeuroient donc sur ce riuage, estonnez, dénuez de tous secours, sans congnoissance de Region, ny d'adresse: & la Princesse transie encore de l'effroy de ce cruel orage émouuoit tout

le

LES ADVIS. 473

le monde à compassion, de luy voir si patiemment porter l'eschange de ses ayses & tendresses accoustumées, à ces épineuses incommoditez. Mais il suruint vn Seigneur de là contrée, riche & bien né, pour le climat: lequel sur le Genie de leur visage, qui ressentoit ce qu'ils estoient, leur offrit sa maison, iusques à ce qu'ils eussent mis eux & leur esquif, en estat de paracheuer le voyage designé. Puis qu'il te plaist, Seigneur, repliqua Leontin, de recueillir ces desolez estrangers, ie veux esperer que nous n'aurons point eu de perte à faire naufrage. Au reste il ne me sera iamais offert aucune grace qui m'oblige plus, que celle qui m'apporte le moyen de tirer ceste pauure Dame des peines qu'elle souffre: partant nous irons où tu nous appelles, soubs ta faueur & soubs celle des Dieux protecteurs de l'hospitalité, qui veuillent sans fin multiplier chez toy la richesse & la felicité que tu sçais employer si courtoisement. Sur ces entrefaictes, ils suiuirent le Thrace, qu'on nommoit Othalcus, en vne sienne proche maison: où ils furent bien & fauorablement receus, tant de luy, que d'vne sienne sœur cadette, qui n'agueres estoit venuë de la Ville, son plus ordinaire séiour, pour s'esbattre aux champs en ce lieu de plaisance. Ah fatale maison d'Othalcus, si tu ne peux conseruer ces amants ensemble, meurtris-les ensemble à tout le moins! Or ils n'eurent pas encores iouy de ce repos dix iours, que les mesmes yeux qui domterent Leontin, n'ayans ny dissipé leurs forces en ce premier effort, ny detrempé leurs viues flammes aux larmes que l'amour & sa trop pesante suitte en auoient espreintes, commencerent d'allumer peu à peu le rude sein du Thrace, qui iusques alors ne cognoissoit passion que celle de la guerre & de la chasse des bestes sauuages. Mais pourquoy l'Amour ne mettroit-il ce guerrier soubs le ioug, il y met bien par fois la guerre mesme, toute flambante d'acier & de foudres, & toute écumeuse de sang & de fureur? Aux premiers assauts de son mal il se contraignit: d'autant qu'il auoit à contre-cœur d'outrager son hoste, en celle qu'il luy voyoit estre si chere espouse. Toutesfois en fin, les aspres trenchées de cette passion l'eslancerent si vi-

Ooo

uement, qu'vn iour comme Leontin estoit allé voir la prochaine Ville, il se decouurit, auec les plus ardantes prieres, & les plus modestes paroles dont il se put aduiser. Alinda qui d'vne part auoit son deuoir & sa pudeur en recommandation extréme, & d'autre costé l'ame toute noyée en celle de Leontin, n'auoit pas à consulter sa responce entre l'oüy & le non: mais bien à chercher quelque deffaicte, qui fust pour couler sans offence, de celuy qui pouuoit toutes choses sur eux. Ainsi donc elle le repoussa auec douceur: & s'excusa le plus dextrement que luy permit le trouble où la iettoit l'apprehension de son peril, & quelque nouuelle pitié de la desolation de sa fortune, qui luy poussa les grosses larmes aux yeux. Si faut-il sçauoir que ces pleurs ny cette difficulté, ne desespererent pas tant Othalcus de la conqueste, qu'elles la luy firent sembler glorieuse & desirable: & se retira neantmoins sur l'heure, sans la presser d'autre sorte, pource qu'il auoit proposé de la gaigner par courtoisie: afin de ne perdre pas le plaisir du consentement, auquel il iugeoit bien consister le plus doux & le plus sensible des contentemens de l'amour. Or depuis que la Princesse eut cognu ces nouuelles pratiques, elle se mit à tramer vne retraicte de toute sa puissance: & de faict elle fust sortie de cette maison à tout prix, si les tempestes d'vn rude hyuer n'eussent seruy de ciuil pretexte au Thrace pour les arrester à force. Que si elle eust peu s'en descouurir à Leontin, elle pensoit qu'il eust à l'aduenture trouué des inuentions de la sauuer: mais de crainte que sa fureur le precipitast à quelque dangereux party, la pauurette souffroit sans se plaindre: ne pouuant apporter autre precaution à vne si menassante ruyne, que d'éuiter à son possible la veuë de l'amoureux: & s'efforcer d'auillir ses propres graces, quand elle estoit contrainte de se laisser voir. Extréme & desesperé traict de subterfuge, en verité: chacun conseruant naturellement & d'vn soin ialoux, l'effect & la reputation des aduantages que Dieu luy donne. Tout cela n'empeschoit point le continuel assaut des requestes d'Othalcus, que non moins la resistance que la conuersation, rechauffoient de iour en iour: & ceste batterie ne failloit point à renforcer mutuellement la constance d'Alinda. L'adultere est à bon escient vn grand vice, notamment aux Dames: puis qu'il y va du violement de la foy, & de ceste ingratitude, de blesser l'honneur de celuy qui vous a asfez estimée pour le vous confier. Vrayement aussi qui vouloit vaincre ceste Princesse, il ne falloit pas qu'il s'agist de ce vice au combat, ny de chose qui peust importer à Leontin: car non seulement en consideration du tort qu'on luy vouloit faire, elle l'aymoit mieux par pitié, & sentoit redoubler ses forces pour la deffenciue: mais dauantage, plus elle estoit tourmentée de ces poursuites, & plus elle s'appastoit de certaine fiere complaisance, de l'obliger en souffrant pour l'amour de luy. Certes, ce dit quelqu'vn, celuy des amans qui souffre le plus pour l'autre, semble emporter vn triomphe sur son compagnon. Et quoy que s'en soit, qui veut mettre aux mains du vray amy des armes inuincibles, il ne faut qu'attaquer les interests de ce qu'il ayme. Le Thrace donc si épris en fin qu'il mouroit tout vif, & ne pouuant plus trainer ses ardeurs en telle langueur, se fantasia qu'il falloit priuer Alinda de Leontin, en quelque façon que ce fust: & qu'apres, si c'estoit l'amour seulement qui nourrist ses opiniastres froideurs vers luy, il la domteroit, à son aduis, par la perte de l'obiect: si le point d'honneur encore auec l'amour, il la vaincroit par le mariage. Là dessus il se souuint de s'estre apperçeu, que sa sœur estoit picquée de Leontin: & pensa que par le moyen de celle-cy, qui passoit pour belle, il pourroit donner le panchant à ses affaires: desrobant soubs main ce ieune Caualier à la Princesse. Son intention estoit de rendre Alinda vacquante à ses nopces, par celles de Leontin & de sa sœur, à l'aide du libre trafic des mariages de ce temps-là. Ces desseins bastis, il les descouurit à sa sœur nommée Ortalde: qui d'abord témoigna quelque honte d'estre surprise en vne amour qu'elle pensoit voiler aux yeux du monde.

Ainsi void on par fois qu'vn fiancé discret
Enuoye à sa maistresse vne pomme en secret,
Et la Belle cachant soubs les plys de sa robe
Ce don qu'vn soin d'amante à l'œil des siens derobe;

Si sa mere suruient à coup elle tressault,
Oubliant ce beau fruict, & se leue en sursault.
Lors la pomme eschappée au doux soin qui l'embrasse,
D'vn sault precipité trebuche sur la place:
Sa glissante rondeur roulant par le plancher,
Euente le secret que l'amour veut cacher:
Et ce mol vermillon dont la pudeur se toue,
Vient accuser la Vierge & florir en sa iouë.

Mais neantmoins elle fut bien aise de se voir descouuerte, comme celle qui par ce moyen, à l'ayde de la conspiration de son frere, sentoit arriuer l'esperance chez elle au secours du desir, qui languissoit tout seul auparauant. Donc, elle luy promit d'employer Ciel & terre, pour le deliurer de ce riual, adioustant ces paroles: Tu n'eusses peu choisir à ta sœur vn mary plus digne du bien que tu luy veux : & n'est point aduenu sans quelque fatale benediction de nostre amitié fraternelle, que ie ne puisse en cette poursuitte seruir à moymesme, que ie ne serue esgalement à mon frere. Là dessus Ortalde desplia tout ce qu'elle auoit d'artifices, posa tous ses relais finement, & se mit à chasser apres ceste proye: enhardie de l'ardeur extréme d'vne passion recuitte plusieurs iours sous le silence & la modestie, & du voile d'vn mariage: ardeur renforcée par la compagnie de l'esperance, ainsi qu'vne riuiere qui tombe dans vne autre, rend son courant plus roide & profus. Mais est-il croyable, qu'il y eust effort de batterie suffisant, pour faire bresche en la constance du plus obligé des amans, & quant & quant du mieux pourueu d'amante? O, que l'Amour & la Fortune ont de festes mobiles! L'ordre, la moderation & la constance, sont comme assaisonnemens, esprits vitaux, gonds encore, consommation, & vertus des vertus : seules perfections, dites-vous, mon Pere, où le vulgaire ne peut atteindre. Nous appellons ordre en cét endroict, soubs l'aisle de qui ie passeray pour ce coup la moderation, vne legitime, vniuerselle & correspondante disposition de nos iugemens & de nos actions. Et quant au merite particulier de la constance ou perseuerance, puis que nous sommes arriuez à parler d'elle au suiet de

Econtin, il est tel, que nul ne peut iamais estre bien ny loüablement, ce qu'il n'est pas tousiours au besoin, ou en pareilles occasions. Ie l'appelle vertu des vertus : pource qu'on peut bien auoir la iustice, sans la vaillance, la vaillance sans la iustice, ainsi des autres : mais on ne pourroit pas s'attribuër la iustice ny la vaillance, qui ne les auroit constamment. Vne vie au surplus, ornée de quelque autre qualité loüable que ce soit, oüy de plusieurs ensemble, peut encore auoir quelque vice : non pas vne vie ornée de constance : car la Philosophie enseigne, que pour denoter vn train de vie vertueux, il suffit de dire, que c'est vn train constant : à cause que le vice est incapable d'arrest. Qui a ceste perfection, les a toutes, parce qu'elle ne se trouue que dans le haut degré du loüable vouloir & du pouuoir de nos ames : elle ne s'assied iamais, en fin, que sur la masse entiere des vertus, voire de la suffisance, comme le pinacle de l'édifice. Partant les Dames ont tort, d'accuser generalement les hommes de feintise, quand elles trouuent des promesses d'aymer violées : (ce que ie represente icy pour leur faire naistre plus d'horreur d'y prester l'oreille) considerant, qu'elles ne sont pas moins trompées des bonnes que des mauuaises volontez, veu ceste haute difficulté d'arriuer à la constance. Cela s'appelle, qu'il y a voirement des hommes qui promettent vne amour éternelle & ses deuoirs, comme pipeurs, sans auoir enuie de garder leur foy : mais il en est encore plus, de ceux qui promettent comme aueugles : à faute, certainement, de sentir combien la foiblesse de leur teste est incapable de maintenir en leurs actions & affections ceste grande vertu de la constance. Ceux-cy donc, aueugles en leur propre faict, de qui les Dames se plaignent, estoient vrayement amoureux, bruslans & flambans, lors qu'ils engageoient leur ame, & le Ciel & la terre, à l'execution de leur parole : mais il leur falloit dire : Mes amis, pour nous faire croire que vous serez constans, il ne sert non plus de nous monstrer que vous estes passionnez à toute outrance, que si vous nous faisiez voir que vous auez les bras forts, pour acquerir reputation de bien courre : au contraire, ceste violence de l'amour, est volontiers ennemie de la perseuerance. Faites-nous au lieu de cela paroistre la vigueur d'esprit, & la force d'ame d'Epaminondas, & de Xenophon; & puis nous croirons que vos mouuemens seront capables de la constance ou fermeté. I'vse de ce mot, quoy qu'il soit vn peu vieil, d'autant qu'on l'a tousiours appliqué particulierement à la constance amoureuse. Si n'entends-ie pas pourtant excuser par ce propos, soubs tiltre de foiblesse, ceux qui trompent la simplicité des femmes par promesse de mariage, ou par autres promesses dont l'execution depend d'vn seul, ou de petit nombre d'effects: car vn tel deuoir se pouuant rendre facilement si la volonté s'y porte, & sans suitte d'assiduité; son manquement est plus faute de foy, que de constance ou force d'ame. Ie n'entends pas excuser aussi ceste simplesse des femmes qui tombent en telles credulitez, mesmement veu le siecle auquel nous viuons: sinon qu'elles voulussent appeler excuse, la pitié que i'ay de leur desastre.

 Laissant ce discours: ie dis que, ny l'obligation, ny la foy, ny l'ardente amour d'Alinda, ny la ruyne où la deuoit precipiter infailliblement la perfidie d'vn si cher mary, ne sceurent empescher Leontin, qu'il n'aymast mieux choisir vne pire dame, que de ne la point abandonner. Il retourna donc pour Ortalde, aux mesmes chaleurs de desirs & de poursuittes, où l'autre l'auoit plongé n'agueres.

> *L'effort du feu congnu ses moelles retente*
> *Et sent fondre ses os soubs vne ardeur courante.*
> *Tout ainsi que par fois en l'eclat d'vn grand bruit,*
> *Parmy le Ciel obscur vne fente reluit:*
> *Et fuit, deçà, delà, ceste lueur volage*
> *Lors qu'vn foudre éclairant a creué son nuage.*

Cela se fit par degrez pourtant: à raison que la puissante contrecarre du premier amour, tint cestuy-cy quelques iours dans les termes d'vn desir mousse & sombre, incogneu de son propre maistre. Neantmoins Ortalde qui estoit fine, n'eut eu garde de fauoriser vn homme qu'elle eust estimé bon pour l'espouser, quand elle eust voulu fauoriser

LES ADVIS.   479

quelqu'vn: ny de se mettre en hazard d'arrester cét amoureux à my-chemin du mariage, par vn octroy faict auparauant. Aussi cognoissoit-elle, non seulement combien les promesses d'espouser qu'il luy multiplioit, ont trompé de femmes: mais elle sçauoit outre cela, que mille & mille femmes, qu'on auoit du commencement leurrées de ces promesses par fraude, eussent enfin contraint leurs gens par la force d'vne viue & cuisante flamme, à les effectuer tout de bon, si elles ne se fussent renduës huict iours trop tost. Au reste, à mesure que l'ancienne ardeur s'allanguissoit en Leontin, par le renfort de la nouuelle, le visage & le traictement que l'Infante souloit receuoir se refroidissoient aussi grandement. Il n'estoit plus assidu pres d'elle: au contraire il y venoit peu souuent, & n'y duroit gueres chaque fois, cherchant tousiours excuse d'échapper. Ses propos, ses yeux ne flamboient plus desormais: yeux & visage iustement surnommez quadrans des passions de l'ame: & deuenoit beaucoup moins tendre de sa consolation, & de remettre l'estonnement de son ame, lors qu'elle ploroit aupres de luy le danger qui la menassoit: lequel elle auoit esté contrainte à la longue de luy descouurir, à cause de la necessité trop pressante. Et si ne sembloit plus embrasser cette affaire que par maniere d'acquit: Le refus le rebutera, disoit-il, quelqu'autre obiect le diuertira: ne vous souciez, ie le cognois. Amoureux & gentil espoux Protesilaus, n'auois-tu pas raison de chasser les adulteres loin de ton Temple? où pouuois-tu iamais choisir vne plus iuste & plus noble cause de ce bannissement que celle que tu choisissois, alleguant qu'ils ruïnoient l'amour? Mais iusques où fallut-il que ce refroidissement passast, auant qu'vne pauure ieune Dame, offusquée & ensorcelée de passion, s'en apperceust? Ce vers n'est pas tousiours vray.

Quel art pourroit siller l'œil ialoux d'vn amant?

S'il luy faisoit vne fois par pitié quelque chetif reste de bonne mine, elle l'estimoit autant amoureux qu'elle: & sa maigre chere ordinaire mesme, luy chatouïlloit encores le cœur; en ce qu'elle l'attribuoit au trouble, que la force d'a-

mour iettoit en cét esprit, ce luy sembloit, pour le peril d'elle & de sa fortune. En somme elle n'eust pas senty l'alienation, si sa trop grande confiance, n'eust en fin rendu ces amoureux nouueaux si nonchalans à feindre, qu'ils ne se cachoient desormais gueres plus d'elle, que des autres. Les ames droictes sont plus difficiles à porter en la defiance:
La foy trace au perfide vn chemin à trahir:
pource qu'elles estiment que chacun soit ietté sur leur propre moule: leur franche bonté, leur sincerité, les trompent autant, que la fraude & la malice de leurs voisins. Alinda commençoit donc à s'en regarder en pitié:
Presageant quelque orage aux doux fruicts de sa peine:
lors qu'vn iour comme elle estoit bandee sur la gehenne de ceste cruelle apprehension, assise en sa chambre dans vne chaise contre vne cloison dont elle appuyoit sa dolente teste, elle entendit à l'entour d'elle vn murmure secret, meslé ce luy sembloit, de quelques voix de son Leontin, A ceste cause elle ietta subitement la veuë par tout: mais ne voyant rien qu'vne solitude, elle creut que ce chuchettement deuoit naistre de la chambre voisine: parquoy tournant visage, elle se mit à regarder en ce lieu-là par vne fente de cloison assez capable. Le faict estoit, Leontin auec Ortalde en estroicts deuis, meslez de toutes les approches qu'il luy pouuoit dérober: si bruslant & si flamblant, qu'il ne sembloit point à l'Infante, qu'il l'eust iamais autant esté pour elle. Les interiects du mariage futur couroient parmy ce mystere: & le poursuiuant prioit la Dame, d'auancer donc ce beau iour, puis qu'elle vouloit prolonger iusques-là sa trop longue rigueur. Ie laisse à coniecturer aux Lecteurs, si l'impuissante foiblesse de l'humeur de Leontin, soubs les efforts de Cupidon, l'entrainoit doresnauant tout entier de ceste part d'Ortalde: ou si, comme il est vray semblable, il reseruoit en son esprit, quelque arriere dessein, de retourner à sa premiere espouse, apres s'estre contenté de cette seconde, à l'ayde du tric-trac des loix maritales de leur saison. Quoy qu'il en soit, Alinda pensa fondre à ce coup piteusement esuanoüie: estouffant les élancemens d'vn grand cry,

cry, qui luy creuoient l'eſtomach par la cuiſſon enflammée d'vn ſi cruel tourment, & par l'ardant deſir d'exprimer ſes douleurs. Mais ſe raffermiſſant ſur ſes iambes tant qu'elle put, elle gaigna aſſez de temps pour ſe raſſoir en ſa chaiſe. Las où es-tu, pauure Alindal permets m'oy que l'horreur & la compaſſion de ton deſaſtre, m'oſtent pour ce coup la parole, & que ie couure ton viſage du voile de Thymantes. La Muſe meſme auſſi bien, n'auroit point d'éloquence ny de traicts de pinceau, capables d'exprimer le creue-cœur qu'apporte en vne ame ſenſible, l'ingratitude notamment ſi cruelle, d'vne perſonne tres-chere, & qui a tant couſté à obliger. Quand donc elle ſe fut remiſe en ſa chaiſe, & ſoudain que ſes eſprits commencerent imbecilement encores à ſe déuelopper de la peſante glace du tranſiſſement; elle ſe mit à tramer en vn quart d'heure aux deſpens de ſa vie, l'execution de l'arreſt que la perfidie de Leontin luy dictoit. Eſtrange & promte reſolution, dira-t'on : ſi ceſte amante peut faire quelque choſe d'eſtrange, apres l'abandon ſi volontaire de ſon thrône, pour ne parler de ſon honneur & de ſon deuoir. Si tant eſt, que cét abandon meſme d'vn thrône, ſe peuſt dire eſtrange en amour: & ſi ceſte paſſion n'eſtoit iuſques-là forcenée, à ce que rapportent ſes patiens, que l'intereſt de la propre vie, ſemble peu de choſe aupres du ſien: en façon qu'on la perd auec plaiſir, ou pour ſeruir ce qu'on ayme, ou pour eſquiuer les peines d'en eſtre traicté durement: ou meſme alors que la perdant, on croiroit attiſer vne eſtincelle ſeulement d'horreur & de commiſeration, dans l'ame du ſuiect vrayement aymé, qui donneroit occaſion de plainte. Apres donc s'eſtre tenuë enuiron demi heure à reſuer, les bras croiſez & les yeux douloureux & mourans, piquez en haut, elle compoſa ſon viſage, & commanda à la Perſienne qu'elle appella, de la mettre au lict: ſans permettre que perſonne parlaſt à elle, ſinon le Seigneur de la maiſon, quand il la viendroit viſiter ſelon ſa couſtume. Elle adiouſta, que ſi Leontin meſme la deſiroit voir, elle le priaſt de ſa part, de la laiſſer repoſer, & de ne retourner point à coucher la nuict, pour quelque ſienne indiſ-

Ppp

position, dont elle ne vouloit pas incommoder: & qu'elle luy dist, que le matin il la verroit guerie. Tout cela se faisoit à dessein: car elle cognoissoit qu'estant si fort charmée de ce ieune Caualier, le moindre semblant qu'il feroit de se mettre en peine d'appaiser sa douleur, seroit capable de la recoiffer & fasciner de ceste douce passion d'amour de la vie, afin de le posseder encore. Ce qu'elle ne vouloit consentir en sorte quelconque : pource qu'ayant recogneu le violent transport de Leontin en ceste affection adultere d'Ortalde, elle iugea, que le seul moyen qu'elle peust desormais auoir de s'asseurer de luy, c'estoit vne mort precipitee. Et creut, que par necessaire consequêce de l'extreme amour qu'elle portoit à cét amant, elle languiroit tousiours miserable, ouy mesmes quand il luy resteroit quelque part en luy, si rester pouuoit en telle rupture de leur nœud ; lors qu'elle viendroit à considerer l'autre part qui ne luy resteroit plus. Ortalde cependant, qui sentit auoir rauy le cœur & la foy de Leontin, faisant esclairer vn feu de ioye sur son visage, l'alla sur le champ reciter à son frere: lequel ne l'eust pas si tost entendu, que piqué d'vn aspre desir de practiquer le fruict d'vne si bonne nouuelle, il courut en la chambre de la Princesse: où s'asseant en vne chaise prés du lict, il se mit fort tendrement sur les enquestes de son indisposition. Apres cela, le Thrace se tint quelque peu, sans rien dire, éperdu sur la contemplation de ceste beauté : puis comme ces Nations sçauoient peu parler, en dix mots il luy despescha, la deliberation du mariage de sa sœur, le consentement de Leontin, & les chaudes requestes du sien, suiuies d'vne promesse du meilleur traictement, que femme eust oncques receu. La miserable Dame escoutant ceste harangue, n'eust iamais peu reprimer deux bondes de larmes, si l'apprehension de la mort prochaine, ioincte à l'engourdissement & à la transe de son desespoir, ne l'eussent secondée à les reprimer, luy figeans desia les sens & les fonctions à demy. Mais les pleurs contenuës par ce moyen, elle r'appella sur le bord de la langue en vn profond souspir, tout ce qui luy restoit plus de vie égarée. Tant que la fortune a permis, i'ay esté l'épouse de Leontin, & tant que i'ay porté ceste qualité, dit-elle, ie l'ay portée fidellement: loyauté qui outre ce qu'elle m'a reseruée pure & chaste pour Otalchus, me preste ceste autre vtilité, qu'elle luy seruira de quelque gage de ma foy en nostre future alliance. Ie me rends, Seigneur, desarmée par les Dieux: car puis qu'ils ont fait par la separation de Leontin & de moy, que ie puisse sans coulpe te contenter, ie cognois bien qu'ils me commandent de recompenser tes sinceres affections. Et ie me rends encore à ceste humanité, dont tu as respecté ma foiblesse, que tu pouuois forcer, quand ie gourmandois ton desir, sous la seuere obseruation de ma discipline, & sous l'honneste ialousie d'vne reigle de pudeur, lesquelles certes i'ay prises en lieu Royal, quelque décheuë que tu me voyes. Mais auant que passer outre, fay moy ie te supplie vn bien. Otalchus si fort enyuré de liesse à ce coup-là, que peu s'en falloit qu'il ne sortist hors des gonds, la pria de commander tout ce qu'il luy plairoit: & l'Infante suiuit ainsi. Ceste vieille, en nommant vne de la maison, s'est ingerée de parler si honteusement de l'innocente familiarité que nous auons ensemble, que iusques à tant que tu m'ayes donné sa vie, i'en porteray tousiours vn creue-cœur: & pleureray mon honneur diffamé, qui s'en va tien auecques moy: partant ie desire obtenir de toy ceste grace, que tu la fasses tuër, comme elle dormira depuis minuict en sa chambre: choisissant ceste heure, pour éuiter la rumeur, messeante par tout, & plus laide où l'honneur des Dames & ses suittes sont meslées. Otalchus octroya gayement ce poinct: & luy fit grande instance de consentir qu'il l'espousast sur le champ: ou que si par dessiance de sa promesse, elle luy vouloit reseruer ceste faueur apres l'execution de la vieille, elle permist qu'on l'esgorgeast à l'heure mesme. Non pas cela, respondit-elle, ie ne me fierois que trop à ta parole: mais donne-moy, s'il te plaist, le reste de ce iour & la nuict prochaine, à remettre vn peu l'indisposition qui me tient icy. Ioinct que ie te cognois assez courtois, pour oser te confesser ingenuëment; qu'ayant eu ceste étroicte alliance auec Leontin, & l'ayant tant aymé, ie sens bien qu'il me faut quelque peu d'interualle pour essayer à me dépouiller de ses amours, comme de son mariage : car veu l'obligation que ie t'ay, Seigneur, ie ferois grand' conscience de t'espouser, l'ame encore empestrée & comme adultere en vn autre lict. Ce delay m'estant accordé aussi, ie ne te desnieray plus aucun de tes droicts: & ne plaindras pas huict ou dix heures d'attente, puis que par leur moyen ie te dois rendre au lieu de ceste pauure femme sieureuse & plaintiue, Alinda saine & gaye au consentement de tes nopces. Ainsi donc, elle se démesla de l'importunité pressante, où la fauce victoire & la commodité venoient d'abandonner Otalchus. Et quand elle l'eut encore souffert quelque heure assiz sur le bord de sa couche, priuauté qu'il n'auoit iamais euë auprés d'elle, & qu'il eust à ceste fois comme par droict de fiançailles; elle le pria finalement de la laisser reposer: ce qu'elle obtint à grand' peine. Et Dieu sçait, si le seiour de cét homme luy dura beaucoup: outrée d'vne part du profond dégoust de ses caresses, d'autre part, de l'extreme difficulté qu'elle trouuoit à se contraindre de faire aucunement bonne mine, touchant d'vne main le glaiue & la mort: de l'autre, vne cause plus griefue que le trespas mesmes qui la portoit à s'y precipiter. Alors se voyant seule, & la nuict arriuée, elle demanda des tablettes à la Dame Persienne: puis comme elle se fust tenuë quelque temps immobile à les regarder, elle escriuit ces paroles.

Si mes yeux n'auoient veu, mes oreilles ne croiroient pas, ce qu'elles ont entendu ceste apresdinée : & mes yeux desaduoüeroient ce qu'ils ont contemplé, si mes oreilles n'auoient ouy. Certes, ma simple ieunesse estoit bien aisée à tromper, & la foiblesse où ie me suis exposée pour toy, bien facile à fouler aux pieds: mais quoy, si elles ne meritoient amour ny iustice, meritoient-elles point compassion? Voicy mes derniers souspirs, les voicy, Leontin: outre-moy tes oreilles encores ceste fois, pour receuoir ceux de ma mort, puis que tu dédaignes auiourd'huy ceux de mon amour: lesquels neantmoins emporteront ceste gloire, que ie ne les exhalay iamais que pour toy seulement. Ce

corps va tomber en poudre le lendemain de ses nopces, &
presques le lendemain de sa naissance: laissant apres tant de
calamitez, criminel miserable, l'horreur à tous, & à nul la
pitié de soy: non pas mesmes, ô douleur! à celuy pour le
respect duquel il s'est reduit en ces termes. Las! ie ne me
veux pas plaindre que les Dieux m'ayent condamnée à
mourir, apres auoir tant offencé mon bon pere, ma douce
mere, mon Prince & mes patriotes: ie me plains seulement,
que ie n'aye peu rencontrer que toy seul, qui voulust se rendre executeur de leur arrest. Ie m'en vais auant que ta nouuelle espouse m'y contraigne: ie m'en suis auant que Leontin ait la peine de prier Ortalde, qu'elle pardonne à la miserable Alinda, d'auoir autrefois changé l'Empire de Perse à
vne nacelle, & le sceptre à la seruitude, pour se dire sa femme. Au surplus, ie ne te lairray point de race, qui t'importune de mon souuenir, en te representant mon image: & les
Dieux soient loüez, dequoy le germe qui commençoit à
s'animer en mon ventre, obtient ceste faueur de leur bonté,
qu'il perisse auant que de naistre; de peur qu'il n'ayt ce creue-cœur, d'ouïr conter vn iour le piteux destin de sa mere.
Qu'as-tu maintenant à tressaillir, petite creature? est-ce
d'effroy du trespas, ou pour me dire adieu? seroit-ce pour
tendre les bras à ton pere, afin de luy crier en vain misericorde pour nous deux? Pauure enfant! tu souffriras la mort,
auant qu'auoir iouy de la vie! & le ventre maternel te seruira de sepulchre & d'homicide! Bien-heureux es-tu pourtant, de qui le tendre aage ne tremblera point sous l'aigre
courroux d'vne marastre: bien-heureux qui ne luy requerras iamais le pain, ne verseras de piteuses larmes pour supplier ton pere d'auoir pitié de ta mere, exposée par luy en la
plaine mer de cette horrible cheute d'vne telle Grandeur,
sans pilote, sans mats, sans gouuernail, & sans rames: & ne
verras vn autre regir l'Asie en ta place, parce que celle qui
l'aura mis au Monde, aura esté plus sage que celle qui te conceut. O meurtrier, que dans vne heure i'attends, aye compassion de luy! frappe droict à ce lasche-cœur, coulpable de
tous maux, & non à mon ventre, de peur de demembrer le

petit innocent: suffit qu'il expire estouffé, lors que la fuitte de l'ame me clorra la bouche: i'ay seule merité que tu me déchires de cent coups, si ce suplice est plus douloureux, que celuy d'estre moy-mesme estouffée de tes mains. Adieu te dis-ie, Leontin, ie n'en puis plus: & semble que l'excés de la douleur veüille anticiper en moy le coup du glaiue que ie voüe à la guerison de mes peines. Si ne desiré-ie pas que ma vie eschappe qu'auec l'effusion du sang: il faut, il faut qu'elle honnore ce nouuel Hymenée d'vn sacrifice plainement solemnel. Que s'il te reste iusques icy quelque memoire que i'aye esté tienne, fay ietter apres le trespas vn peu de terre sur mon corps,& sur celuy du petit mort-nay: si tel se peut appeller le fruict qui perit aux entrailles maternelles. Cet appareil funebre suffira pour vne pauure exilée, tiltre qui seul m'appartient desormais: car Alinda ne suis-ie plus, i'ay laissé mon nom, où ie laissay ma liberté, mon honneur & mon diadême. Et toy nouuelle mariée, ne refuse pas qu'on face ce peu de bien à celle, qui n'aura pas refusé de se precipiter à vingt ans en vn tombeau, pour te ceder vn lict nuptial. Adieu derechef, Leontin: vrayement il est raison que ton nom ferme cét escrit: puis que tu vas fermer à tout iamais la piteuse & desolée bouche qui l'a dicté.

Cette lettre bien close, & les larmes qu'elle auoit esmeuës vn peu domtées, elle la mit es mains de la Dame de Perse: luy commandant, que le lendemain matin auant que l'éueiller, elle l'allast porter à Leontin: pource que c'estoit vn aduis, auquel il falloit qu'il pourueust à son leuer, & non plustost. Cela faict, elle se reietta miserablement sur son oreiller & sur ses douloureuses pensées, pour le dernier coup.

Otalchus cependant, afin d'acheuer nostre Tragedie, suiuant à tire d'aisle la vision d'vn espoir trompeur, & enuoyant voir dix fois comme Alinda se portoit de son mal depuis qu'il eut quitté sa chambre; se mit à faire refondre, dorer & orienter la maison en nouuelle pompe: pour tromper l'impatience de ce iour, qui luy duroit mille ans. Il auoit donné charge à deux de ses gens, d'aller tuër en son lict la vieille qu'il croyoit coulpable: & leurs dagues estoient éguifées pour cette execution. La nuict donc estant desia profonde, tout le monde au repos, & Leontin renuoyé sans grand' peine, de la funebre chambre, Alinda se leua du lict. De ce pas, chancelant d'horreur & de transissement, & cherchant la porte à tastons, encore qu'elle la vist bien,

Et semant la palleur de mainte obscure tache,
Sur sa tremblante ioüe où le trépas s'attache,

elle s'achemina au giste de la vieille: à laquelle comme elle l'eust esueillee tout bellement, elle fit entendre, que pource qu'on disoit, qu'elle auoit mal parlé d'Ortalde & de Leontin, son maistre auoit donné charge que dans vne heure on la vint tuer en dormant: Dont elle estoit venuë l'aduertir par pitié, suiuit-elle, afin de la faire cacher en quelque part, iusques à tant qu'elle l'eust remise en sa grace: office qu'elle luy promettoit dés le lendemain. Sur ces nouuelles, la pauure vieille s'enfuit à pas supendus, craignant d'estre entenduë, toute éblouye de frayeur: & la Princesse demeurée seule, se mit en sa place: où leuant les yeux vers le Ciel, les bras croisez sur le sein:

Elle espendit son corps sur la fatale couche,
Poussant ces derniers mots de sa plaintiue bouche:

C'est moy, dit-elle, ô Dieux! que vous auiez n'agueres faict naistre de condition si haute & si comblee de felicité, qui vous immole maintenant icy ma vie: & la vous offre au milieu de l'exil, de la perte de l'honneur & de l'Empire, de la trahison de celuy que ie cherissois par dessus toutes choses, de la seruitude & du massacre. Que ne vous plaisoit-il au moins, pour quelque espece de recompése de tant de maux, que ie la vous peusse offrir innocente? Neantmoins, ô Dieux, concedez-moy vostre pardon: ou si ma faute ne peut autrement esperer grace, vueillez-là luy départir en consideration de ma penitence. Pardonne-moy, mon pere: quel mal-heur m'arrache le plaisir que tu m'ouïsses vn iour te crier mercy, prosternée à tes pieds, & à toy de me l'octroyer? Pourrois-tu maintenant refuser à ta fille de pendre vne heure à tes genoux pour penitence, elle qui te pendoit iour & nuict au col pour enfant, il n'y a que dix années? Vueillent les Dieux, ô mon cher pere, écarter à iamais de la tendresse de tes paternelles oreilles, le piteux recit de la punition, dont ils ont auiourd'huy iugé ton enfant digne, pour l'offence qu'elle t'a faicte. Reçois aussi cét adieu que ie te donne, en vn temps auquel il n'y a desia plus de difference des morts à moy, sinon qu'ils ont franchy la douleur du trespas, & ie l'attends: trespas, ô desastre! par lequel le sang auguste de Cyrus, va tomber aux pieds & soubs le glaiue d'vn esclaue, par la playe d'vne adolescente, & par la playe de ta fille! Adieu, ma douce mere, adieu: ie regrette plus que ma vie, la desolation de ta vieillesse. Ta fille ne te verra plus : tu ne verras plus ta fille, si quelque inesperé bon-heur ne te la faisoit vn iour reuoir en cendres. Et ne te trauaille point en vain, pauure femme, à courre forcenée de toutes parts, pour chercher à ramasser les pieces esgarées de son corps mort: car tu l'as produict pour seruir de pasture aux loups, si ses propres meurtriers ne l'enseuelissent. Tu n'eus iamais de moy qu'vne enfance penible & des larmes: mais ne les verse pas toutes sur ma coulpe, il en faut reseruer quelque parcelle à mon cercueil. Finalement, ie te dis adieu, mon païs, ô mon païs, ie te crie mercy. Que ne me requerois-tu de donner à ton seruice, cette vie que tu m'auois prestée, au lieu de mes nopces? ie pouuois faire toutes choses pour toy, hormis ce qui estoit propre à mon salut. Si tost qu'elle eust paracheué ce mot, & prononcé plusieurs fois piteusement, Ah, Leontin! elle s'aualla dans le lict: se disposant d'attendre le coup sans tirer plus, ny pied, ny main, tournée à bouchon sur l'oreiller, de peur que le trop differant lustre de ce visage à celuy de la vieille, n'accusast la fourbe, soubs la faueur d'vne Lune entreluisante: & paroissoit enfoncée dans le sommeil, iustement appellé lien des sens : pource que ses pleurs & le halettement mesme estoient assourdis en la plume.

Vn peu de temps apres les satellites arriuans, & s'estans approchez tacitement du lict: l'vn pour l'arrester, mit les mains sur elle, qu'il me semble ouïr escrier en son ame: Ah! vile creature, ne me touche que du glaiue: & l'autre cependant

LES ADVIS. 489

dant luy fourra vne dague dans la gorge, puis rua vn second & troisiéme coup dans le corps pour l'acheuer. Tout cela se fit en silence, la pauure Princesse ne laissant iamais eschapper aucune clameur, fors vn seul pitoyable gemissement alors que ces gens arracherent la dague, qui soubs la violence du coup estoit entrée dans le matelas: lequel fut bien-tost baigné du sang dégorgé de ces trois playes, dont les flots s'espendirent de là iusques-à terre, qui par le meslange d'vn sang si beau, deuoit produire des roses en hyuer: comme autrefois par mesme cause elle en produisit au Printems. Les playes parlent, certes, d'vn sifflement sourd, par le dégorgement precipité de ce large ruisseau de sang, & la bouche se taist en l'extréme douleur & desolation d'vn accident si funeste & si peu merité. L'heritiere du Roy des Roys donc, accomplit de cette sorte, en si peu d'années qu'elle vesquit, tout ce que les histoires de plusieurs siecles peuuent rapporter & plaindre de miserable. Il n'y eust point d'assistans autour d'elle, qui lamentassent l'éternel congé qu'ils prenoient de sa douce compagnie: admirans pour le dernier coup la desolée beauté de ce visage, qui ne put expirer auec luy, ny s'en separer, & qui resta comme prisonniere en ce corps mort: viue en son trespas & ressemblant, comme dit quelque Poete en pareille occasion, vn Ciel serein au nouueau coucher du Soleil. Il n'y eut point de tendre mere, qui fermast ces beaux yeux, oignist ce corps chery de baume & de larmes, l'enseuelist entre mille douloureux & pasmez embrassemens: & qui coniurast auec de piteux cris les Dieux & les astres, pour la tirer sans remise en mesme sepulchre. Las! au lieu de ces choses, la priuation de tout support & de toute consolation, le sang à larges bendes & l'aspre douleur de trois grands coups de dague, qui la tindrent par aduenture longuement à languir, assisterent son déplorable trespas. Or la poincte du iour estant éclose, les satellites retournerét au corps pour l'allerietter en quelque fosse à l'écart suiuant le commandement de leur Seigneur. Mais ainsi qu'ils l'eurent retourné, les voila pallis & transis, comme si le Ciel fust tombé sur eux: & ne sçeurent prendre

Q q q

autre party que de s'enfuir, pour éuiter la fureur de leur maistre. Luy qui de sa part les attendoit à son loüer, pour aller rendre la nouuelle de leur exploict à la Princesse, les enuoya chercher inutilement par tout: & par impatience de plus attendre aprés eux, il monta luy-mesme en fin à la chambre du massacre. On peut imaginer, que dit & que fit en vne rencontre si merueilleuse, vn furieux Thrace,

——me fraude petebas?

vn amoureux tout ensouffré de passion, & dauátage, amoureux qui se voyoit arracher des mains la victoire toute acquise, & qui luy coustoit tant de peines & de pleurs. Mais comme il se deschiroit & s'escrioit à plaine bouche: comme la tristesse marchandoit à le suffoquer par vne trop vehemente compression des esprits vitaux, ainsi que n'aguere il auoit pensé suffoquer de ioye par leur espanoüissement démesuré, Leontin entra precipiteusement de l'autre part:

Roüant de toutes parts vn œil estincellant.

Et faut entendre que la Dame Persienne, luy venant de monstrer les miserables lettres, afin d'effectuer sa charge, il fit bien paroistre, quelle horreur sent vne ame bien née de se trouuer en coulpe, sur tout en coulpe si capitale: & que certaines passions, qui souuent paroissent dormantes ou mortes, quand leurs maistres croyent s'en pouuoir relascher sans perte, se réueillent à coup aiguës & viues, s'il sent que leur endormissement luy couste, le besoin attisant le deuoir: qui n'est pas ordinairement assez seur garand des affections, volontez, ou autres offices de l'homme, sans l'assistance de ce suffragant. Leontin, dis-ie, chargeant en vn clin d'œil, le visage & la couleur des corps trespassez, auec vn esclat de cris, qui faisoient pitié aux mesmes bestes & aux pierres, quitta sa chambre, & s'en courut en celle de la Princesse: où son opinion estoit, qu'elle se deust estre tuée en son lict. Toutefois la clameur du desastre, esleuée en ces entrefaictes par toute la maison, auec vne course tumultuaire, le diuertit de l'autre costé. Là donc il s'alla ietter sur le corps à trauers du sang & de la presse,

Ah! s'il reste vn souspir de l'ame qui s'exale,

que sa léure le hume en ceste bouche pasle fremissant de pitié, de desespoir, de remors, & d'amour tout ensemble: amour & flamme renaissante à coup d'vn brasier mal esteinct, & tout aussi soudain r'alumée pour Alinda, que soudain esteincte pour Ortalde, par vn si presant & precieux reproche d'vne telle faute.

Du commencement il sembla comme pasmé: ne produisant nul signe d'homme sensible, qu'vn ie ne sçay quel sourd & douloureux gemissement, qu'on n'eust sçeu dire tenir plus de la rage, de l'affection ou de la commiseration. Mais quand le peu de sang qui restoit aux veines, regorgeant demy figé soubs l'estreincte de ses embrassemens, vint à luy battre froid au visage, il se réueilla en sursaut: Ah sang innocent! écria-t'il, ah sang! ah cher sang! que vois-ie? qu'ay-ie faict? Le profond de la terre t'engloutira-t'il donc à ceste heure, lamentable Alinda, transpercée par moy d'vne mesme playe, auec l'enfant qui m'alloit appeller pere? Ton trosne Royal est-il veuf & desert auiourd'huy? l'esperance des Perses, qui viuoit & florissoit en ce ieune corps, est-elle morte? & mes yeux & mes bras encores restent-ils veufs & vides? contraincts de renoncer pour iamais à l'vnique bon-heur de te voir & de t'embrasser, si ce n'est soubs la piteuse image d'vne Ombre: bien que ie t'allasse chercher aux fins du Monde, aux Enfers, aux Cieux, & que les Dieux pour te retrouuer, me prestassent leur souueraine puissance. Puis qu'il falloit helas, que le destin te rauist à l'Orient de ton aage, puis qu'il falloit qu'il te meurtrist de mort violente, que ne te meurtrissoit-il au moins d'autre main que de la mienne? Comment, ô Venus & Iunon, les caresses de leur femelle amolissent le Lion & le Tygre: mais ie fis percer les mers à ceste miserable Princesse, ie la contraignis d'abandonner pere & meré, la pourpre & les honneurs Royaux, l'Empire de Perse, & presque encores l'autel & les sacrifices, pour l'amener en ma couche ; affin de l'y faire massacrer! Ie sus seul ennemy & seul aymé pourtant : & le Ciel a voulu, que le plus obligé de tous les hommes, se trouuast en ma personne le plus cruel aduersaire. Adieu donc pauure

Alinda pour jamais! puis que tu n'as sçeu faire pitié ny à toy ny à moy. Certes ie deuroy estendre ma vie à plus longs iours, pour me reseruer au supplice, où m'attache l'horreur de mon forfaict, & du spectacle que i'ay deuant les yeux: car vn tel crime n'a point d'autre sortable punition que le sentiment de soy-mesme, ioint à l'horreur & au reproche publics, & les Enfers ne luy forgent point de peine assez atroce. Toutefois permets que i'eschappe de la vie à l'instant, ô douce & chere compagne, afin que i'aille vers ton Ombre, sinon pour obtenir pardon, duquel à bon droict tu me pourras iuger trop indigne, au moins pour te crier mercy seulement. Sur l'heure l'aspect de ce beau visage, si piteux & si palle, le fit decliner de la fureur à la langueur & à la compassion: & baisa ses yeux esteincts auec le geste d'vn homme mourant luy-mesme. Ah! beaux yeux, qui fustes si bien ouuerts sur l'ingratitude & sur la trahison de Leontin, disoit-il, d'vne dolente voix, le serez-vous point vn moment sur sa repentance? Il baisa sa bouche blesmie: N'inspireras-tu plus la vie en mes veines? Il baisa son sein apres: O beau sein, ie t'ay transpercé tout voyant, & les bourreaux moins cruels que moy, ne l'eussent sçeu faire, si la nuict ne leur eust offusqué ta veuë. Puis son oreille: N'entendras-tu point mon piteux adieu? Puis ses bras: Iamais, ô chetifs! embrassans vn traistre ennemy, ne le sçeutes vous amolir? Puis sa main: Est-ce donc ce pestilent attouchement, de la mienne iointe à la foy, qui te va reduire en cendres? O beauté! tu suruis encore en ce visage, ie t'ay peu donner le coup mortel, & la Parque moins cruelle que moy, ne t'en a pas sçeu tuer: tu me brusles encores, helas, beauté déplorable, le flambeau de mon amour n'a peu s'esteindre en ton sang! flambeau desormais vuide de lumiere & d'espoir, mais non pas de cuisante ardeur: laquelle aussi mon sang propre ne sçauroit détremper, & qui sera perdurable à mes cendres. T'auois-ie appris à aymer, Alinda, pour en reietter si soudain le fruict? & ta veuë, ta parole, tes caresses, m'estoient-elles n'agueres si plaisantes, pour me conuier à faire qu'elles fussent les dernieres faueurs que ie receurois de toy? O visage!

LES ADVIS. 493

ô corps! est-ce vous que ie recongnois, tantost si viuans, si miens & si parfaicts Paradis de ma vie? ne vous verray-ie plus? est-ce songe ou verité, que ie vous aye meurtris, & que i'aye perdu, que i'aye assassiné vne si chere espouse & amante? Mais que deuiendra ce corps, ô Thraces, en aurez-vous pas pitié, iusques à ce que les miserables pere & mere passent les mers, pour venir recueillir icy les reliques de leur vnique enfant? Quant au mien, execrable parricide, exposez-le aux bestes sauuages: mais las! qu'ay-ie dit: puis qu'en ceste froide & funeste grace de reposer en mesme sepulchre aupres d'Alinda, gît desormais le seul fruict du pardon, trop peu merité pourtant, qu'vne si profonde repentance que la mienne, me faict esperer de son innocente benignité? Leontin ayant deux ou trois fois ondoyé de ceste sorte, tantost furieux, tantost defailly, ietta finalement vne clameur: dont apres s'estre redressé sur les genoux, sa dague tirée, & regardant de trauers Ortalde proche du lict & pleurante, il s'en donna violemment dans le cœur, enuoyant d'vn coup son ame reioindre celle de sa Dame.

Du desespoir fierement embrasé,
Le glaiue il plante en son sein opposé:
Vne froideur de la palleur suiuie,
Dissout ses nerfs, ses esprits & sa vie:
Et l'ame fuit le triste faix du corps,
Courant plaintiue au noir seiour des morts.

Le corps tomba prés de la Princesse, les playes ioinctes, qui sembloient amoureusement s'entre-sucçer, & ce nouueau sang chaud & bouïllant, vouloit r'animer l'autre par son meslange. Or la pitié d'vn tel spectacle, arracha des larmes à toute l'assistance: & depuis à plusieurs personnes, qu'il ne toucha que par les oreilles. Quant aux Thraces frere & sœur, ils resterent en vn dueil extréme & long, assisté de celuy de la dame Persienne, apres auoir posé l'vrne de la commune cendre en vn tombeau qu'ils firent eriger exprés.

Qqq iij

APOLOGIE POVR CELLE QVI ESCRIT.

A vn Prelat.

QVand la Nature a pourueu l'homme du soin de la reputation, elle luy a donné sans doubte, vn vtile conseiller & correcteur de vie, de mœurs & de suffisance. Mais à mesure que luy plantant ce soin en l'ame, elle l'a de mesme main ouuert aux attainctes des langues, non seulement elle l'a faict esclaue de son compagnon, mais aussi de la plus maligne, legere & temeraire partie de son mesme compagnon : la plus vague, facile & glissante en ses effects, & quant & quant la moins punie. Impunité qui procede, tant de l'incapacité, des Peuples à peser en vne iuste balance, les bonnes ou les mauuaises actions, que du plaisir que leur oreille prend à se rendre aussi malignement complice des calomnies & des medisances, que la langue en est malignement authrice. Quoy, si ceste prodigue ouuriere d'outrage & d'iniquité, passe maintefois iusques à quereller à prix faict, les propres vertus & merites de l'homme, sur tout ceux de meilleure marque? parce que le medisant ne peut ordinairement cognoistre en son prochain, le bien excellent ou releué, ny maquer par sa bestise à décrier ce qu'il ne cognoist pas : ou s'il a quelque finesse parmy sa bestise, il ne manque iamais à flestrir d'iniures par enuie, les actions & les qualitez qu'il recognoist louables en autruy, mais qu'il ne peut s'attribuer. De façon que si l'on veut considerer, de quel heur ou desastre, ioye ou douleur, la vie d'vn homme digne de particuliere estime a esté suiuie, il faudra presque tousiours que la propre richesse de son prix; passe du costé du desastre & de la douleur comme les ayant causez: si quelque accident externe & fortuit ne l'en exempte. Toutesfois quittons ce poinct, dont à l'aduenture i'ay dit vn mot ailleurs, & seray peut-estre contrainte d'en dire quelqu'autre, ou chose approchante, dans l'estenduë de ceste Apologie.

Ayant par le cours de Nature à passer de ceste vie auant vous, monsieur, ie me console, qu'vn Prelat d'honneur, de naissance releuée & de rare entendemēt, tel que vous estes, armera sa pieté contre ces mal-heureux vents du babil, qui suiuent tousiours autant opiniastrement & specialement l'infortune, que l'infortune me suit: afin de tesmoigner apres moy que ie meritois vn meilleur sort. Ie dis le tesmoigner auec tant plus de charité, de ce que l'oubly du sepulchre me lairra moins de deffenceurs: & que d'autre part, l'aspre & ardente malignité de mon influence pourra s'attiedir en la froideur de mes cendres, pour souffrir que les bouches fauorables soient creuës, lors au-moins qu'elles ne me pourront plus soulager. I'aduoüe mon deffaut, si c'est deffaut d'estre tendre aux interests de la bien-seance; i'ayme le silence sur mes actions, si ie ne puis obtenir la loüange, & supporte aigrement la calomnie. Est-il cependant vaillance & force guerriere, qui surpasse en vigueur la force de Socrates, de ne se soucier non plus de rencontrer en son chemin vn sot offencif, qu'vn borgne ou vn bossu? ne se debuant, disoit-il, non plus interesser, des imperfections de l'esprit que de celles du corps. Et de la magnanimité du Philosophe Demetrius, qu'en iugerons-nous? qui ne s'alteroit non plus des propos d'vn fat & d'vn étourdy, que de ses pets, lesquels ie suis forcée apres luy de nommer: ne cognoissant pas de difference, à ce qu'il disoit, si telles gens sonnoient d'en haut ou d'embas. Nous trouuons d'autre part en Philostrate, vn sacrifice d'iniures à Hercules, comme matiere de passe-temps à la hautesse de son courage: en memoire d'vne large ondée de telle pluye, que luy firent vn iour patir quelques villageois courroucez. Il peut bien estre cependant, que iamais aucune roideur d'ame, reserué celle de Socrates, n'alla nettement & constamment iusques à ce poinct, de mespriser le reproche des fautes & des vices, les pertinences & les vertus contraires, s'achetans ordinairement si cher par leurs autheurs: & celuy qui plus opiniastrement ayme tels ornemens, & les acquiert & traffique à haut prix, a plus de peine à mépriser ce reproche. Qui peut blasmer ma hayne de la calomnie, si Salomon escrit; Qu'elle seiche les os, trouble le sage, & brise la constance de son ame? & si le Philosophe appelle la honte; Le plus grief des maux externes? L'horreur de ce monstre s'estend iusques aux animaux irraisonnables, tant elle est naturelle, dont on pourroit alleguer plusieurs exemples : & certes entr'autres il est à penser, que ceste genereuse petite beste, l'hermine, qui se liure à la mort plustost que de souïller sa noble pelisse, s'y liureroit peut-estre encore plustost, que de souffrir que ses compagnes creussent seulement qu'elle fust souïllée. Arriue de là, que Platon conseille à ses Citoyens, de ne mespriser pas la reputation. Et le bon vieillard Eleasar, venerable Sacrificateur Iuif, l'estima tant, que pour n'auoir le bruit non plus que l'effect, d'auoir mangé de la chair de pourceau, il souffrit les plus extrémes tourmens & puis la mort, soubs ce bourreau d'Antiochus Epiphanés. Le bruit, faut-il dire: car ses amis luy vouloient supposer d'autre chair à manger, soubs le nom de celle-là : pour luy prester le moyen d'esquiuer les douleurs, & de garantir sa vie sans violer sa Religion, que le Tyran luy vouloit faire abiurer par ce repas.

 Il est neantmoins du tout impossible, que les gens de mauuaise fortune, viuent estimez, mesmement en ceste saison & parmy nos mœurs, ou celles de tout autre Estat vieil & malade: d'autant que si leurs affaires ont tousiours esté ou paru miserables, nul hors la lie du Peuple, incapable de donner vn aduis iuste & reiglé sur leur merite, n'aura pris la peine de les practiquer assez pour tesmoigner ce qu'ils valent: si leurs affaires ont esté meilleures ou semblé l'estre, comme de moy; (qui ne sçay que trop combien ces discours sembleront extrauagans aux esprits vulgaires) ceux qui pendant

LES ADVIS. 497

dant ceste illusion les practiquoient, ne manquent iamais de s'éuader alors qu'elle est esuanouïe, soit en descousant ou deschirant auec eux. Cela faict, il faut qu'ils descrient encore ces personnes par quelque voye que ce soit : tant pour donner couleur au tort qu'ils leur supposent affin d'authoriser ceste éuasion, que parce qu'ils se voyent en general obligez de reduire aux termes de la fable & du neant, ce qui se peut trouuer de vertu en celuy dont ils abandonnent la societé : s'ils ne veulent estre appellez amys de fortune, & que ceste mesme vertu flestrisse la leur propre : ou pour mieux parler, la reputation de vertu qu'ils muguettent. Décriement auquel le chemin leur est plany, par la quantité des faux amys, leurs compagnons en ce traict de banqueroute : & nul estranger priué de la cognoissance du suiect qu'ils ternissent, ne les peut contredire. Ie dis flestrisse leur vertu : car telle & si ample qu'est celle de l'amy que son malheur fait abandonner, specialement amy paisible, & qui ne querelle aucun pour l'assister en ses peines, tel & si ample est le vice ou la neantise du deserteur : vsons de ce mot tres-propre, & qui sonne pour trois ou quatre autres. Quel train de vie est celuy de nostre aage ? pour peu que vaille la personne, on l'honnore auec les biens, & la mesprise-t'on sans eux, pour beaucoup qu'elle vaille : n'est-ce pas honnorer les biens, vniquement & seulement ? D'autre costé, celuy qui n'estime autruy que selon la faueur de fortune, monstre assez qu'il seroit vn pauure homme sans elle : & quiconque reiette vne ame bien née pour sa pauureté, declare amplement, qu'il seroit bien plus pauure qu'elle s'il n'auoit des richesses. Car si la sagesse & la vertu estoient les qualitez superieures de ces gens, comme elles deuroient estre ; ils seroient obligez & interessez à leur defferer vn honneur superieur & supréme par tout où ils les rencontreroient : & à les reuerer encores bien fort, si elles tenoient seulement le second rang chez eux : ne pouuans les honnorer sans s'honnorer eux-mesmes, ny les mépriser sans se mépriser aussi. Mais transferons ce discours sur la fin du Traicté. Pour le moins i'ay cét aduantage ; que ceux qui m'ont bannie de

Rrr

leurs bonnes graces, soit par retraicte ou par querelle, ayans apperceu ma mauuaise fortune, m'ont loüée constamment & grandement, tandis que ie l'ay peu cacher: & m'ont longuement estudiée & recogneuë; ma maison ayant tousiours esté pendant ce temps-là fort frequentée, & mon accez libre à chacun. Ils sont d'ailleurs en tel nombre hommes & femmes, dont la plufpart est obligée à mes bons offices; qu'ils ne pourroient pas maintenir quand ils voudroient, leur derniere sentence de moy, sur laquelle ils me querellent ou me quittent, contre la premiere, à l'ayde de la piteuse excuse de s'estre trompez en moy. *Occasiones quærit, qui recedere vult ab amico: omni tempore erit exprobrabilis.* Ainsi parloit le Sage, detestant ceste espece de banqueroutiers & leurs pretextes. Laissons iouïr l'amour, au-moins par prescription d'vsage, du priuilege de prendre pour sa deuise: Autant ailleurs. Mais en ces intelligences ou bien-ueillances icy, que les affaires, l'obligation, la vertu, ou la conuersation nouënt; toute l'excuse que peut prendre le deserteur, c'est, que sottise l'amena, & que sottise & lascheté tout ensemble le remmeinent. Que diront-ils apres tout? i'entends ceux & celles, en peu de nombre vrayement, qui daignent chercher excuse à leur retraicte, pour se contrefaire personnes solides & de mœurs sinceres? car les autres reputent à gloire ces traicts, & leurs semblables, afin d'estre trompetez mattois du monde. Certes il faut estre honneste homme en haute game, pour croire, que le deuoir ou la bonne foy nous puissent obliger vers l'infortuné. Ces gens-cy, qui sont les trois quarts du genre humain, ou pour le moins des François d'auiourd'huy, tiendroient le deuoir & la foy ridicules, où l'ingratitude & la perfidie ne peuuent estre chastiées. Car l'ingrat & le trompeur est tousiours galand homme entre eux, pourueu que celuy qu'il offence par ces deux vices, ne puisse faire pis que ietter des plainctes ou des cris, pour sa vangeance, si vanger il se veut: en sorte que la reigle & l'essence de leur deuoir, ne consiste qu'à la fuitte des coups. Ie m'en retourne.

Les foux ou les temeraires, qui par manquement d'instruction ou de consideration prênnent martre pour renard en obseruant leurs voisins, & les ceruaux si foibles, qu'ils n'ont pas honte de s'aueugler de hayne, pour bauer en l'air, peuuent tout dire. Mais homme ny femme de sain iugement & practic en ma cognoissance, ne sçauroient alleguer, quand ils me voudroient mal, que ie sois sauce en cœur, ny passagere en mes bonnes volontez, ny de tiede office, ny d'imbecille secret, ny de mœurs, ou de compagnie importunes ou temeraires, ny de societé moins qu'honnorable, si l'innocence vaut quelque chose, ny chargeante encore. On ne me peut aussi dépeindre pour brouillonne ny querelleuse, bien que sensible, roide & vehemente : qualitez qui tout ainsi qu'elles feroient des espines, ou les produiroient ; en vne ame non esclairée de la raison, se rendent seminaires & nourrices de plusieurs loüables & necessaires effects dans les ames illuminées de ce flambeau. I'ay tant apporté de labeur, de zele & d'années, à me rendre du nombre de ces ames-là, que i'ose desormais, sans rougir, dire que i'en suis : *fiducia morum, non arrogantia*: comme ie me loge au rang des supposts de la vertu par mesme consideration, en d'autres lieux de cette Apologie : le tout neantmoins par la seule necessité de deffence : quoy que le Lyrique Romain donne vn conseil plus hardy.

Orne-toy de superbe acquise par merites.

Et suis ainsi paisible : d'autant que ie sçay, non seulement m'abstenir superstitieusement d'offencer, mais, dauantage, souffrir en patience, d'estre offencée iusques à certaine mesure, excusant ou mesprisant la sottise commune : & sçay de plus, me deffendre auec vn soin à fer esmoulu, des battalogies & mal entendus, qui font éclorre riottes & diuisions beaucoup plus souuent que les iustes causes. En fin ie suis de mœurs, ausquelles vne benigne facilité n'oste point la vigueur, ny la vigueur vne benigne facilité : mœurs veritablement, complettes vers autruy : le tout sans inegalité ny bigarreure : & pour comble de cela, fort bonne amie. Ces veritez ne peuuent estre contredictes, par homme ny femme qui m'ayt practiquée, s'ils ne se veulent faire plus de tort qu'à moy, tant de fois elles ont esté preschées par leur propre bouche: & tant d'autres fois ces mesmes mauuais amys & mauuaises amyes, ont dit en termes exprés, auant leur retraicte; que nul ne pouuoit iamais estre mal auec moy que par sa faute. Or si telles veritez auoient lieu iadis, à plus forte raison à ceste heure, que ces gens-là m'ont fait ou me font esclipser: Pource que les personnes qui viuēt par inclination pure, valēt ordinairemēt moins en vieillissant, celles qui viuēt par raison, au contraire: à cause que les ressorts de ceste pure inclination qui sont corporels, s'empirēt par l'aage: cōme ceux de la raison s'en amendent: & ie m'efforce d'estre de ceux qui se prennēt à ce dernier partage, s'il n'est desia dit. En cōscience tout le reproche que me sçauroiēt imputer ces amys & amyes, c'est, que le soin que i'ay pris de les retenir par infinis loüables efforts, sentant le dessein de leur suitte, l'a hastée. Car en cela, plus qu'en toute autre chose, qui se fait brebis le loup le māge: tels esprits ne croyās point auoir à perdre en vous, s'ils se figurent que vous puissiez auoir à perdre en eux: ie dis plus, mesurans l'interest & le besoin qu'ils ont de vous perdre, sur l'aulne de l'Interest ou de l'estude, que vous apportez à les conseruer. Les amys & bien vueillans de fortune, ne regardēt rien moins en leur amy, que les denoirs qui les attachent à luy, soit par merites ou par obligation: & leur procedé s'appelle aussi, donner son amitié pour vn plat de soupe: & consequemment, donner pour vn plat de soupe encore, le pardon d'vn coup de baston, s'il leur est vtile de soufrir sans murmurer de celuy qui le donne. Car vn amy de fortune ce n'est autre chose qu'vn flatteur à gages, qui veut estre esclaue & non pas compagnon de son amy. L'vne des principales differences du sage au fou, ce dit Seneque, c'est, que les richesses sont captiues chez le sage, Reynes & maistresses chez le fou. Mais combien donc sont archi-foux ces amys-cy, que nous voyōs regentez des richesses de leurs voisins? Personne de sain iugement n'accuse les amitiés vtiles, pourueu que les honnestes tiennent lieu prés d'elles: & que ce qu'on faict en celles-là par besoin, on le face en celles-cy par deuoir & par honneur,

Mais ces vils mercenaires, ces esprits à l'incan, qui ne font rien que par le seul besoin & le respect du profit, monstrent ils pas, imitans les garces; qu'ils patienteroient plutost vn affront ou vne nasarde, ce qui souuent leur arriue aux maisons puissantes, qu'vn manque de payement? Donnent-ils point au surplus iuste quittance de gratitude, à ceux qui s'engraissent de leurs offices : puis que par la consequence de telle humeur, ceux-cy se cognoissent estre, non la butte, le distributeur visant à soy-mesme, mais simplement la boëtte des bien-faicts receus? Et ce qui me fasche encore à plain fond, c'est, que la pluspart de ceux qui trenchent des sçauants auiourd'huy, sur tout s'ils frequentent la Cour, respectent si hautement par dessus les autres, non seulement ceux qui peuuent ie ne sçay quoy pour leur fortune, mais encore les donneurs de bons disners. D'autres soient, s'ils veulent, les mignons du cabinet des Muses, ces messieurs, plus fins, desirent estre leurs mignõs de table : si mignõs de table il leur faut. C'est qu'ils ont apris les Lettres, non comme vn ornement & vne reigle de la vie, (voyez aussi leurs mœurs & leur iugemens par tout ailleurs) mais comme vn mestier lucratif : & non pour valoir, ouy bien pour auoir: ne pouuans corrompre leur naissance, qui ne les tailloit pas à plus haut prix, que celuy d'vn mestier mercenaire & seruille. Voulez-vous voir la preuue de leur neantise, & du faux lustre de ceste suffisance, dont vne impudente vanterie, si commune maintenant parmy eux, abuse la simplesse des Cours, afin de crocheter & de voler la reputation & les liberalitez Royales? enfermez-les dans vne chãbre sans Liures, auec vne tasche precise sur quelque composition serieuse, ou seulement versiõ d'vne fueille de Tacite, ou d'autre Autheur espineux : voila des Docteurs bien camus. Ou sans aller si loin, obseruez quel aduãtage ont leurs Oeuures sur leur conuersatiõ, vous cognoissez soudain qu'ils doiuent tels Escrits à la picorée : bien qu'ils soient sans miracle, pour n'auoir pas eu mesmes les Ouuriers, assez de prudence ny d'artifice, à se vestir proprement de la despoüille d'autruy. Voyez, disie, les bronchades de tels Escrits, les conceptions basses par cy parlà, & les coustures impertinētes: considerez les pauures & mal-heureux choix & iugemēs parmy les bons, la suitte ou les transitions detraquées, les inconsequences, & les relations dissonnantes : cela monstre euidemment qu'aux endroicts où les choses vont bien, elles ne sont pas à l'Autheur. Pour le regard de la conuersation, quiconque est capable de tirer de son esprit vn bon Liure, voire vn mediocre, il faut que la sienne ne soit qu'esprit & vie. Ils offencent plus les Muses, que les purs ignorans : ne les ayans pratiquées que pour les deshonnorer. Ce mot est dit en passant chemin.

Nous lisons que l'Amitié s'allant autrefois proumener par le Monde, afin de le bien heurer de tous costez, soubs le fauorable & doux abry de ses aisles, la Flaterie prenoit cependant sa place à la table de Iupiter, & s'y faisoit par illusion de ressemblance, distribuer sa part de nectar & d'ambrosie: l'Amitié complaignante de ce vol, les Dieux ordonnerent, que pour leuer toute équiuoque en sa recognoissāce, on luy donneroit l'Aduersité pour compagne, laquelle l'autre ne pouuoit souffrir. Si ne me repens-ie point, d'auoir fait les efforts que ie representois nagueres, pour retenir quelques vns de la bande de tels bien-vueillans : que ie iugeois, non pas gens de vraye vertu, car leur banqueroute en ces termes s'y opposoit, mais que i'estimois cepēdāt en telle voye de paruenir au rang des vertueux, que c'estoit dommage qu'ils n'y fussent plus aduancés encore : & dommage aussi que ce qu'ils auoient d'entendement, qui n'estoit pas peu, s'employast plustost à déguiser qu'à guerir les maladies de leurs mœurs & de leurs deuoirs. Ils en croiront ce qu'il leur plaira : mais en verité ceux qui possedent l'esprit & le sçauoir sans les mœurs, ne possedent pas ce pourquoy, le sçauoir & l'esprit sont faits : & faut dire d'eux, qu'ils estoient capables d'acquerir la perfection de l'homme, s'ils eussent sceu en quoy elle consiste. Ie diray plus : aucun n'est vrayement doüé de vertu, pour le moins de ses principales pieces, foy, candeur, droicture, qui ne les cherit bien fort & perdurablement en l'amy, au voisin & en l'estranger : à cause que la première qualité de telles vertus, c'est de faire desirer à leur possesseur, qu'elles regnent au Monde, & d'y releuer & maintenir leur thrône autant qu'il est en son pouuoir. Partant quiconque practique la vertu, ne l'aymant pas en autruy, ne la pratique que par ambition, c'est à dire ne la pratique point. Et Iesus Christ aussi nous enseignant; que ceux qui font la volonté de Dieu son pere, sont sa mere & ses freres: prefere telles gens, qui sont les vertueux, & leur affection actiue & passiue, à toutes choses. Voila ma vangeance, que ces deserteurs ayent à se souuenir, que trauaillant à les arrester i'aye monstré, que ie voyois plus clair en leur merite qu'eux au mien. Et qu'au reste ils soient tant asseurez de ma vigueur & de ma sincerité, qu'ils croyent certainement, que ie ne leur eusse pas faict la mesme banqueroute en cas pareil. Ie comprens en toutes ces plaintes les deux sexes soubs le tiltre d'vn, si ie le nomme seul. Chelonis femme & fille des Roys de Sparte, voyant que Cleóbrotus son mary auoit en vne guerre ciuile gaigné l'aduantage sur Leonidas son pere, elle se ioignit au vaincu: puis le sort l'ayant releué par vn reflus d'accidens, ce vẽt qui les mouuoit enfla mieux que iamais les voiles de l'affection coniugale de ceste magnanime Princesse, de sorte qu'elle reuola vers son mary.

Poscunt fidem secunda, & aduersa exigunt.

Flaminius d'autre part, couroit apres ceux qu'il sentoit auoir besoin de luy, s'esloignant des autres. Durant aussi la grande pestilence d'Athenes, il ne mourut principalement que les gens d'honneur: parce que ceux-là seulement, auoient honte d'abandonner leurs amis en affliction. De verité, nul n'eschappe à faire ces retraictes sur les accidens qui appauurissent l'amy, ou qui le rendent moins vtile, sinon par vn traict d'heroïque vertu. Et certainement, outre que ce seroit cruauté, si l'on m'interdisoit de descharger mon cœur en me plaignant de ces pertes, que i'auois si peu meritees, & que i'auois suyes comme il est dit, auec tant de soins obligeans & loüables; ie me dois plaindre de ces banqueroutiers & faussaires de bien-vueillance, nommons-les ainsi: quand ce ne seroit que par l'obligation qui me lie, à loüer par contrepied

la candeur & religion de la vostre, & de celle de ce peu d'associez & d'associées, qui vous sont restez pour ce poinct en ma
faueur.

A quelque chose sert le mal-heur, dit vn mot ancien: la descouuerte qu'on a faicte des disgraces de ma fortune, m'a portee à descouurir nuë la face du genre humain, voilée pour ceux qui sont en prosperité: ie dis tellement voilée, par le soin & la necessité qu'il a de la déguiser à ces bien-heureux, qu'ils en demeurent toute leur vie acteurs d'vne farce perpetuelle auprés de luy, en laquelle on leur faict iouer le personnage d'vn aueugle: & de cela dignes d'estre sifflez, que leur aueuglement les empesche de s'aduiser qu'ils iouënt à toute reste ce personnage. La prudence assistée d'vne longue experience, conduict bien son disciple à recognoistre, que la presse des gens de bien & des amys est fort claire entre les hommes: mais de remarquer iusques à quel poinct elle l'est, aucun n'y est iamais arriué sans la mauuaise fortune. Car il n'appartient qu'à celuy, duquel on n'espere rien, & vers lequel on ose tout, comme l'infortuné, de discerner à plein iour quels sont les hommes: puisque leur cœur ne paroist iamais sans fard, à l'endroit de ceux dont la crainte ou l'espoir luy naissent. Infinies personnes, ont trop d'interest, & prennent trop de soin, d'aueugler sur leurs actions & sur leurs mœurs, vn hôme de bonne fortune, pour le laisser esperer de voir iamais clair au secret de l'humeur humaine: mais nul ne se soucie d'aueugler vn miserable.

Qui sçait donner vn plantureux souper,
Pleiger la pauure, & le deuelopper
D'vn grand procez qui tourmente sa vie,
Ceste splendeur d'vn miracle est suiuie,
Lors qu'à son maistre il peut estre permis,
De discerner les vrays des faux amys.

Ou pour mieux dire, le fortuné n'apperçoit qu'vn quart de la perfidie, & de la maligne & friuole ceruelle & volonté du monde, par le besoin qu'on a de se contraindre pour offusquer sa veuë: l'infortuné, l'apperçoit & l'esprouue toute entiere; specialement parmy l'enorme lascheté de nostre

aage,

aage, auquel celuy qui ne sçauroit vanger vne iniure, les a toutes meritées: voire encore a tort de s'en plaindre, pource que le commun estime, que tout ressentiment pour iuste qu'il se trouue, est vn vice en luy: comme ne croyant pas que la generosité soit vne vertu, à laquelle il appartienne au foible d'oser aspirer. Partant, si mon desastre, pour m'esclaircir les yeux, n'eust leué tout à propos le masque du visage de ce mesme monde: estant personne chez qui l'abord des compagnies, & partant des artisans d'abus & d'illusion, estoit plus que mediocre, estant aussi d'vn naturel bon iusques à la sottise, & d'vne complexion tres-officieuse, ie iouois en la farce publique, ce roolle de l'aueugle plus auant que les autres, pour toute ma vie. Puis-ie passer à la section suiuante, sans remonter vn pas vers ce discours, du profond & parfaict abysme d'opprobres, de violence & de tyrannie, où l'infortune precipite son hoste? & sans me souuenir du bon traict d'vn Iuge, qui se voyant aduerty qu'vn vieillard desolé, qu'il condamnoit à la taille estoit Gentilhomme, respondit pour toute raison: Ie le sçay bien, mais il est pauure? L'Espagnol qui a escrit le Gueux ou le Gusman, duquel i'estime auoir recueilly ce conte, estoit vn Autheur d'insigne suffisance, infiniment docte & consommé en la cognoissance du cours & des intrigues de la vie humaine, & si clairvoyant au poinct sur lequel nous sommes, qu'il semble en discourir par espreuue: aussi estoit-il assez honneste homme, pour auoir volontiers passé par l'estamine de la misere & de ses accessoires. Voicy donc la peincture qu'il fait sur ce suiect en sa version courante. Le pauure vertueux est vne monnoye qui n'a point de cours: il est l'entretien des compagnies, l'escume de la Ville, le rebut de la place, & l'asne du puissant. Il mange le dernier, du pire & du plus cher: son teston ne vaut pas huict sols, ses sentences sont des folies, son accortise est vne afletterie, ses aduis sont des niaiseries, son bien appartient au commun, il est outragé de plusieurs & detesté de tous. S'il se trouue en conuersation il n'est pas escouté, si on le rencontre on le fuit, s'il donne conseil on s'en mocque, s'il fait des miracles il est sorcier, s'il vit sincerement c'est vn hypocrite; son peché veniel est vn blaspheme, sa seule pensée est punye comme vn crime: on ne luy garde point ses droicts: & tout ce qu'il peut faire, c'est d'appeller à l'autre vie du tort qu'il reçoit en celle-cy. Chacun le persecute en fin, & nul ne luy preste faueur: sa necessité ne trouue personne qui luy subuienne, son trauail n'a qui le console, ny sa solitude qui la daigne accompagner: aucun ne le porte & chacun le trauerse, nul ne luy donne & chacun luy oste, il ne doibt redeuáce à aucun & tout le monde se le rend tributaire. Chetif qu'il est! on luy vend les heures de l'horloge, on luy faict acheter la lumiere de midy: & de mesme façon qu'vne chair gastée & reiettée en la ruë est mangée des chiens, de mesme le pauure suffisant est deuoré des sots. Ainsi depose l'Autheur de Gusman sur ceste matiere: adioustant auec trop de certitude en autre lieu; Que ce torrent mondain est tellement & iusques au foyer propre, débordé contre l'infortuné, que comme les bons valets seruent les mauuais maistres riches: les bons maistres pauures seruët les mauuais valets: & dit encore en autre lieu; Qu'vn tel miracle n'arriue point, que ces viles & serues ames de flatteurs & de corrompus mondains, trouuent iamais vn riche sot, ny vn pauure sage.

Est-il au demeurant butte particuliere à caquets, comme la condition des amateurs de Science en nostre climat, s'ils ne sont d'Eglise ou de robe longue? Climat auquel rien n'est sot ny ridicule, apres la pauureté, côme d'estre clair-voyant & sçauant: combien plus d'estre clair-voyante & sçauante, ou d'auoir simplement, ainsi que moy, desiré de se rendre telle? Parmy nostre vulgaire, on fagotte à fantasie l'image des femmes lettrées: c'est à dire, on compose d'elles vne fricassée d'extrauagances & de chimeres: & dit-on en general & sans s'amuser aux exceptions, qu'elles sont iettées sur ce moule. Quelle que soit apres celle de ce mestier, qui se presente, & pour contraire que sa forme soit à celle-là, ce vulgaire ne la comprend en façon quelconque: & ne la voit-on plus, qu'auec des presomptions iniurieuses; & soubs la forme de cét épouuentail. C'est merueille des belles choses, qu'on luy fait dire & faire en dormant: tous les Sainéts de la Kyrielle, ne firent oncques tant de miracles, que ceste pauure creature, vraye martyre en la bouche des foux : i'entends, si de fortune elle n'est plus forte que ses tesmoins. Vrayement puis qu'ils taillent en plain drap, sans autre esgard que de japper en jappant, ils ont raison de trouuer en ce suieét leurs mesures complettes. Ainsi le brigand Damastes en Plutarque, allongeoit ses prisonniers à belles gehennes, s'ils les trouuoit plus courts que son chalict: s'il les trouuoit plus longs, il leur coupoit les pieds. Or donc, ayant ouy dire maintefois à ces mespriseurs du sexe, sur tout s'ils sont nourris à la Cour, que les sçauantes sont des escerueléess i'ay mis à peu de frais en oubly ma legere science: en intention de voir, s'il ne tenoit qu'à ce poinét, que ie ne gaignasse vers eux la reputation de bon sens. Bien qu'à vray dire, nonobstant mes Lettres, le vent populaire traiétast assez bien mon nom de gros en gros, auant la descouuerte de ma mauuaise fortune: on sçait cela. De mesme au declin de l'Empire, la pauureté flestrissoit vne reputation : aussi fust-il renuersé par l'amour & la faueur des richesses, ce disent tres-iustement les plus grands de ses hommes: *Euersio rei familiaris, dignitatem ac famam præceps dabat.* La touche des mœurs & des merites de l'homme se tiroit alors de la bourse, ny plus, ny moins qu'elle faiét en ce temps: ces vers le monstrent.

> *Si l'on s'enquiert par quels dons precieux,*
> *Vn citoyen rend son nom glorieux,*
> *Sur ces beaux poincts la question se fonde:*
> *Si sa maison de finances abonde?*
> *S'il est puissant de terre & de palais?*
> *S'il est suiuy d'vn grand train de valets?*
> *Ou quel aprest pour resiouïr la bande,*
> *D'vn long repas sert sa table friande ?*
> *Quant à ses mœurs, ce soin importe peu:*
> *Au dernier rang ils seront mis en ieu.*

Quoy qu'il en soit, pour tout cét oubly dans lequel i'ay laissé couler ma science, ces messieurs les iolis de Cour & leurs imitateurs, ne me peuuent donner ma grace, si ie ne me resous d'imiter leurs paroles & leurs actions: chose totalement hors de ma capacité, ie le dis à bon escient, pour bien que ie peusse bander mon esprit & mon courage à ceste fin. Ie ne sçay si ce noble & beau Peuple imiteroit mieux les miennes, quand il auroit entrepris de ne se dédaigner point, de débander son mesme esprit & son courage pour faire cét effort. O que peu de comte tiendrois-ie, de ce morfondu reste de mon Latin qu'on déchire ainsi, si ie ne croyois sçauoir plus de François, que ceux qui s'amusent à pelotter ces discours: & l'ose confesser icy, pandant qu'il me semble qu'eux ny leurs partisans ne me daignent pas escouter. On dit que les femmes n'ont iamais le filet, que pour recoudre leur linge. La reigle est pourtant fausse en moy, qui ne sçay gueres coudre, & qui n'ayme que mediocrement à causer: c'est pourquoy trois mots de caquet essoré me sont quelquefois pardonnables en passant. Or quant aux Lettres & Sciences, soit en homme ou en femme, ie n'ay pas entrepris de m'amuser à faire vne Apologie en ce lieu, pour establir leur valeur ny leur estime. Mais, mon Dieu! que ne me laisse-t'on iouïr du passe-port de l'ignorance? puis qu'il est veritable, ou que ie ne sçay rien, tant par oubli qu'autrement, ou que ce que ie sçay, se qualifie, se cognoist & se practique si peu pour science en nostre temps; que tous les iours mon ignorance en sert de risée aux esprits ioyeux d'entre les sçauans, comme ma science en sert à ceux des Cours & de leur fauxbourg? Pourquoy ne riroient ceux-là, trouuans vne sçauante pretenduë, sans Grammaire, pour s'estre instruicte soymesme au Latin par routine confrontant des versions aux originaux, & qui partant n'oseroit parler ceste langue de crainte de se desserrer: sçauante qui ne peut cautionner nettement la mesure d'vn vers Latin, sçauante sans Grec, sans Hebreu, sans faculté d'illustration sur les Autheurs, sans Manuscrits, sans Logique ny Physique, sans gueres plus de Metaphysique, Mathematique ny sa suitte? Disons apres, sans vieilles medailles en cabinet, puis qu'on loge en leur possession l'vne des principales suffisances de nostre Siecle.

Que donc ne me permet le babil du monde, de me repoſer ſans contredit, au ſiege des doctes ou des ignoräs, des hommes ou des beſtes? moy vrayement encore, à qui viendroit à poinct en toutes Sciences, comme violons à nopces, ſi l'on m'en interrogeoit ; la plaiſante deffaicte d'Ariſtipus ſur vne ſeule, la Logique : Pourquoy delierois-ie ceſte difficulté, ſi toute liée elle m'empeſche?

A ce deſcry general des femmes ſtudieuſes, on adiouſte en mon fait vn poinct particulier, c'eſt de pratiquer l'Alchimie, qu'ils croyent en ſoy folie parfaicte. Certainement ſi ceſte Science eſt folle en effect, comme ils diſent, ie ne ſçay: mais cela ſçay-ie bien, que nos Roys plus illuſtres & de fraiſche datte, s'en ſont meſlez, comme auſſi ont fait des plus habiles gens & mieux qualifiez de la France. Ie ſçay de plus, que c'eſt vne temeraire folie d'aſſeurer reſoluëment, que l'Alchimie ſoit folle, puiſque le fond de ſes ſecrets & de ſes facultez nous eſt incogneu : & que ce n'eſt pas vne moindre inconſideration, d'affirmer ſur les choſes occultes, la negatiue que l'affirmatiue, ou de deffendre leur vſage, s'il eſt capable d'vne belle ſpeculation de Nature, comme eſt l'vſage de celle-cy : qui partant eſt digne d'vn eſprit curieux, quãd il n'auroit vtilité que celle-là ſeule. Ie dis qu'il doit eſtre toleré, auec ces deux conditions toutesfois, & non autrement ; que l'ouurier ſe garde des deſpences peſantes, afin de ne mettre pas le preſent & l'aſſeuré pour le futur & l'incertain : & qu'il chaſſe au loin auſſi, les ſottes eſperances de ces millions de millions, deſquels on attribuë fauſſement la promeſſe aux Liures de cét art, qui ne la propoſent qu'allegoriquement en ceſte meſure : ſon vray fruict eſtant vray-ſemblablement moderé, s'il eſt veritable. Car ſi la pierre Philoſophale auoit eſté vne ſeule fois auec ces infinitez, elle auroit tellement inondé l'Vniuers d'or & d'argent, qu'ils ne ſeroient plus en vogue : neantmoins on ne peut croire pertinamment qu'elle ſoit, qu'elle n'ayt eſté : c'eſt pourquoy quiconque eſtime ſes lageſſes ſans bornes, la nie. Il faut d'abondant, que l'operateur ſe garde de s'aſſeurer de ſon ſuccés, au lieu d'eſperer ſimplement : & s'abſtienne outre plus, de l'eſtudier autre part qu'aux Liures : puis qu'il est infaillible ; que les hommes n'offrent iamais de l'enseigner, que pource qu'ils ne la sçauent pas. En ceste doctrine, comme en celle des Muses, le bruit vulgaire me fait aussi tort de me chausser au pied commun : car i'y suis encore du tout hetheroclite : & fais mieux ou pis que les sectateurs ordinaires. Premierement, en ce que ie ne la pratique qu'auec les exceptions que ie viens de prescrire : moyennant lesquelles, ie maintiens le rebut ou le mespris de l'art, plus fou que l'vsage ; secondement, à cause que ie suis si vide de son intelligence, conduicte & cabale vulgaire, qu'il se peut dire, que i'en suis d'vn poinct plus loin, que ceux qui du tout n'ouïrēt iamais parler de l'Alchimie, soit de la commune, ou de l'oculte, qui est la mienne. La raison est, que s'ils ne font celle-là, ils ne la deffont pas : & moy ie ne la fais point, & la deffais, tant ie la condamne & la contrarie par l'opinion & par l'action. Qu'ainsi ne soit, ceux qui se meslent de ceste manigance sont estonnez si par fois ils m'abordent, de voir que i'ignore leurs termes plus ordinaires & leurs plus triuiales experiences. Quoy que ce soit toutesfois, & sans auoir esgard à ces exceptions que iobserue, on m'enuelope, comme ie disois, aux reproches vniuersels qui suiuent l'Alchimie par les ruës : à quoy de malheur, le mauuais estat de ma fortune, qui n'est paru que depuis ma practique en cét art odieux, a donné couleur, au moins pour l'article de la despēse qu'on luy a tribuë : laquelle par ceste rencontre de temps, on m'a imputée égale à celle qui deuore les autres Alchymistes : les deuis du monde la prenans pour cause de mon mal, dont elle n'estoit que simple accessoire & compagne. Or ie suis si partisane de la verité, que ie ne la puis pas mesmes nier, où elle me nuit, quand ie suis obligée de parler : ces cōfessions en rendent preuue, que ie pourrois suprimer en partie, ou les déguiser : & tel a vescu cinquante ans auec moy, qui ne m'a iamais veu mentir, sinon pour éuiter ou composer querelle à mes amis. La premiere année donc que ie trauaillay, me cousta, ie l'aduoüe, quelque somme non méprisable, quoy que non fort excessiue ; prouenant certes de mes inuentions & labeurs,

LES ADVIS.

non de mon patrimoine : & cét excez arriua, tant pour estre ceste année-là naturellemēt plus despensiere que les autres, que parce que i'ignorois alors plus profondement, la conduitte de cét ouurage, raison qui me portoit à despenser en tastonnant : & sept autres années suiuātes, ou peu plus, pendant lesquelles i'ay fait diuerses operations, m'ont cousté chacune cent ou six vingts escus enuiron. Depuis lequel terme, deux escus d'ordinaire & par fois le troisiesme d'extraordinaire au plus, me deffrayent par an pour ce regard: d'autant que i'ay trouué moyen d'espargner le surplus, à l'ayde d'vn feu qui m'est presté gratis, par la courtoisie du maistre de la Verrerie : auquel feu consistoit autrefois ma plus pesante charge. I'ay cent tesmoins que mes despenses n'ont point passé ces bornes : & cent autres peuuent dire, que pour compenser celle du premier & second degré, i'entends de la premiere année, & des sept suiuantes, toute restrainćte que fust ceste seconde ; ie me retranchois de toute autre, vsitée & comme naturelle aux femmes de ma robe, en l'entretien de leur personne : afin que ie peusse dire, que l'Alchimie ne me coustoit rien du tout, reprenant en ceste espargne ce que i'y mettois. Quelques-vns riēt de ma lōgue patience en ce labeur : à tort certes : puis qu'on attēd bien toute vne année vn espy, chose pourtant aussi molle & flexible, que celles qui se manient en tel art sont rebelles & reuesches. Outre que si mesmes ie n'esperois nul succés en l'Oeuure, comme ie ne puis desormais faire apres ce long-temps écoulé sans fruict, ie ne lairrois pas de trauailler : pour voir soubs les degrez d'vne tres-belle decoction, ce que deuiendra la matiere que ie tiens sur le feu : curiosité naturelle & saine.

Et pour accomplir icy l'histoire de mon maniement de biens, ie confesse d'autre part, que ma bonté trop confiante en autruy, m'a cousté cinq cens escus, & la vanité de ieunesse cinq cens autres : laquelle vanité neantmoins s'est tenuë comme vous sçauez, monsieur, dans les bornes de ma condition, bien que ie la recognoisse fort mediocre. Ie le dis, pource que ie sçay qu'il y a certains esprits, desquels ce n'est pas merueille que les paroles soiēt des fleaux d'opprobre &

& de ruïne, veu leurs actions, qui m'ont supposé des badineries à me rendre ridicule, & non plaignable en mes maux, par l'excés d'vn vain apparat: & d'autres ont fait pareils contes, pour ne me pouuoir pardonner de m'auoir offencée, ou payée d'ingratitude. Les vns ont dit que i'auois vn page, les autres, de riches meubles, les autres, que ie tenois table, les autres m'ont attribué deux demoiselles: choses autant & publiquement fausses l'vne que l'autre. Sauf que i'eus vne fois à mes gages vne fille de ceste estoffe, auec celle qui m'estoit ordinaire & necessaire: à cause que celle-là iouoit du luth, & que ie desirois apprendre d'elle: ioinct que son harmonie me faisoit besoin vn temps, pour m'ayder à charmer quelque importune tristesse: & l'ayāt gardée huict mois seulement, ie la rendis à sa mere. Que si par fois depuis on a veu plus d'vne damoiselle auprés de moy, ce n'a veritablement esté que pour quelque passade: sans gaiges, & par office ou pitié pure, qu'il n'est pas raison de me tourner en reproche de vanité. I'ay eu par fois deux laquais, & recognois que c'estoit trop d'vn, mais aussi ay-ie aduoüé que la vanité de ieunesse m'a cousté quelque chose: ioinct qu'ayant force affaires tous les deux estoient assez employez. Quand au reste, appellent-ils tenir table, de traicter par fois raremēt & sobrement, vne ou deux personnes familieres? A quoy i'adiousteray, que non seulement l'entretien de ma personne a tousiours esté plein de frugalité menagere, ainsi que i'ay dit, mais aussi mon viure & mon meuble, rabatus seulemēt les cinq cens escus, que ie confesse auoir trop grassement employez sur le tout à diuerses fois. Ie n'eus iamais qu'vn lict de laine en toute saison, la tapisserie legere & le reste à l'aduenant. La calomnie me force à conter ce monceau de sornettes, afin d'essayer à la reprimer. Pour le regard du carrosse que i'entretenois, cela est né auec les femmes de ma qualité, toute simple que ie l'aye recogneuë: ouy mesmes totalement necessaire par la longueur & saleté du paué de Paris: notamment si elles ont sur les bras, comme moy, les affaires communes d'vne succession paternelle. Puis l'exemple general & tyrannique du siecle, rend la honte du

manquement

manquement d'vn carrosse si grande, qu'il n'est pas permis à celles qui veulent viure auec quelque bien-seance du monde, de consulter s'il couste trop ou non. Telles Dames belles en leur ieunesse, se sont meslées entr'autres, afin d'entretenir les Grands, d'enfiler des contes de mon apparat pretendu, en lieu qui m'a fort importé : lesquelles n'ont pas attendu pareille necessité que la mienne, à chercher qui fondast le leur: & qui n'ont pas craint d'accepter des hommes, vilainement requis, le bien que i'ay parfois refusé dés femmes, dignement offert, pour faire chose encore plus digne en le reseruant à leur propre besoin : & dix mille testes le sçauent en Guyenne. Pardon à mon impatience. La medisance n'essleure pas celuy qu'elle accuse d'vn mauuais mesnage de poids, elle l'escorche du tout: le bon mesnage estant chose si facile, & le bien si necessaire, que quiconque ne le veut & sçait garder, ne sçait rien faire : & se peut qualifier entierement vuide de prudence, c'est à dire indigne du tiltre d'homme.

Mais l'impieté de ceux qui m'accusent de la ruïne de mes affaires, ou d'autres extrauagances à leur poste, m'arrache encores la vie en consequence, & navre du mesme coup aussi, ceux à qui mon humeur, non impitoyable, eust peu faire du bien, si la fortune m'en eust faict: n'ayant espoir de secours en mes besoins, que par les Roys, & le perdant presque du tout, lors que ces parleurs démentent quelque particuliere estime, meritée ou non, en laquelle les gens d'honneur me tiennent, & m'eussent introduicte en l'opinion de leurs Majestez. Sans ceste cuysante suitte, quelque effort de mon courage me garderoit au moins par desdain, de m'amuser à respondre à ces bauasseries : sur ce que iamais ame qui s'esleuast par-dessus la foule, ne put iadis eschapper aux caquets vulgaires: ny maintenant, personne encore qui fust seulement desireuse, comme moy, de s'y pouuoir esleuer. Car en fin, viure auec plus vniuerselle reputation que son voisin, ce n'est autre chose, que plaire à plus de foux & moins de sages, que luy: si quelque accident externe & fortuit n'a rendu le Peuple plus heureux que prudent en la distribution de ceste estime. Ie diray derechef, que sans ceste mesme suitte de caquets qui se trouue capable de porter coup de ruïne, il y a peut-estre moins d'interest que le tiers & le quart, crachent sur le nom que sur la robe : bien que mon imbecile sentiment repugne à patienter de ce costé-là, si ie ne l'ay dit suffisamment à l'entrée de ceste Apologie. Or apres tout ie me console, sur ce que la pluspart de ceux qui causent à mes dépens, me reputent assez entiere & glorieuse, pour se persuader, que i'ayme mieux subir leur babil que leurs exemples, soient-ils de paroles ou d'effects. I'aduouë au demeurant, que ie dois auoir plus de patience à ces fredaines de parleries qu'vn autre: moy qui vois la cause d'vne moitié de leur venin, & qui ne la veux pas esteindre, au prix de la perte que ie croirois faire, si ie me bastissois tout du long à l'appetit de ces gens, en intention de reprimer leur baue: au cas que quelque suiect assailly de mauuaise fortune, peust arriuer à leur plaire entierement. Ie dis me bastissois tout du long: car en verité comme on sçait, ie m'y suis aucunement bastie ou formee, par consideration mondaine, née de la tyrannie de mes affaires: & tout autant que le deuoir & la bien-seance d'vne personne de ma profession le pouuoient excuser. Oyons Ronsard.

Ceux qui n'ont que le corps sont nés pour tels mestiers,
Ceux qui n'ont que l'esprit ne les font volontiers.

En fin toute forme saine & forte est repudiée en nostre saison, & l'est aux femmes iusques à l'outrage, si elles ne sont redoutées par consideration de la puissance de leur parentage & parentage proche, ou de leurs moyens: d'autant que le modelle general de leur sexe, sur lequel on les veut attacher, se trouue par mauuaise nourriture, quelque degré plus bas que celuy du masculin, qui l'est desia luy-mesme extremement, & particulierement en vne Cour, à la regarder en bloq. Puis qu'il faut que i'aye ce malheur, d'estre ainsi le but du caquet, sinon pour estre arriuee, du moins pour aspirer seulement à me guinder iusques à ceste forme saine & forte: que serois-ie, si ce vent ne souffloit de certaine espece de

LES ADVIS.

bouches, égallement incapables de blasmer le mal, & de loüer le bien?

Pardonnant au corbeau la colombe on censure:
& si certaine autre espece, ne me loüoit plus que ie ne desire, pourueu que ma cognoisance arriue iusques à elle? Ie pourrois mettre en ce rang plusieurs des plus releuez en toutes sortes & de la Cour mesme, si ie ne craignois qu'on prist cecy recit pour vanité. Toutesfois puis que l'occasion m'y conuie, au moins nommeray-ie la premiere bouche de la Cour qui s'est ouuerte en ma faueur, soit pour m'honnorer de ses loüanges, ou pour m'obliger & proteger aupres du Roy: c'est ce genereux Prince, à la gloire de qui, naturelle & propre qu'elle est, le tres-illustre nom de Cleues & de Mantoüe, ne sçauroient rien apporter : ny encores le throsne de ce Duché si puissant en Italie, qui le regarde? * Si ie vaux quelque chose, la mauuaise volonté que ces ioyeux me tesmoignent, leur est plus honteuse qu'à moy: de ce que la plus vraye touche du bon ou faux or d'vne ame, c'est l'application qu'elle sçait faire de loüanges & de reproches selon les merites ou demerites, & l'election d'amis & d'ennemis. Combien est le meschant importuné de la presence & societé du bon, & le bon de celle du meschant?

Nulli fas casto sceleratum insistere limen.

Demandez à Diogenes, quel interest il trouue au choix ou rebut d'hommes & de compagnie, quand il ayme mieux iouër aux noisettes auec les enfans, à la porte d'vne Ville, que de gouuerner l'Estat auec des personnes hors de son pair. Et par la suitte de ceste raison, qu'vn homme nous die à quelles gens il plaist ou déplaist, nous luy pourrons dire quel il est. Dont Homere pour descrier Thersite en vn mot, s'est contenté d'escrire ces vers : traduicts par Amiot en Plutarque:

Le Pelien le hayssoit bien fort,
Vlysse aussi luy vouloit mal de mort.

Il faut, disoit vn Sainct de la primitiue Eglise, que cela soit

* I'escriuois cecy quelques annees auant que son Altesse passast en Italie.

quelque grand bien, qui desplaist à Neron. Et le Philosophe mit à mon aduis vne inscription tres-digne, en l'Autel & soubs la statuë qu'il dédioit à son Diuin precepteur: *Aristote voüe cét Autel à Platon, homme que les ames impures ne peuuent loüer sans crime.* Comme au Temple de Pallas il y auoit des mysteres pour le Peuple, & d'autres pour les seuls profez en la Religion: ainsi certainement y a-t'il des personnes à loüer & cherir, pour les ames d'excellente lumiere, d'autres pour les vulgaires. Phocion payera son escot en ce lieu, qui haranguant en public, se troubla de quelque honte, pour s'estre veu caresser vne fois en sa vie par les adulteres & incestueuses loüanges de la commune: (tirons ces epithetes de loüange en nostre langage si nous pouuons) & s'enquit à ses amis presens, s'il auoit point faict ou dit par mesgarde vne impertinence. Aussi dit Sainct Hierosme à Paulin ; que ceux-là plaisent plus au môde qui déplaisent à Iesus-Christ. Or parce que i'ay fait vn Traité precis, de l'*Antipathie* & de l'incompatibilité d'opinions, actions & mœurs des esprits bas & des hauts, ie n'en parleray pas icy dauantage. Les petits glorieux, pour accomplir ma digression, née sur le lieu pourtant, recellent à tout prix cét inconuenient d'estre découppez du babil quand il leur aduient de l'estre, bien que chacun le vid & le sçeust, tant ils sont fins : ils se iugeroient plus auilis & plus ridicules par l'adueu qu'ils feroient de ceste offence, que par elle-mesme. C'est qu'ils ne croyent pas en leur cœur rien valoir, que par l'estime de la foule, laquelle ils voyent au-dessus d'eux ou à pair, & partant de grand poids pour eux: mal-heureux esclaues, ou pour mieux parler, creatures de foux, qui ne veulent estre que ce que telles gens les font, ce leur semble, par leurs loüanges: ne s'osans priser, & n'osans se promettre de rien meriter, que selon qu'ils sont prisez de ces bouches. Les grands glorieux du nombre desquels ie suis à peu pres, qui pensent valoir par eux-mesmes, & qui voyent d'abondant la foule au dessoubs d'eux; dédaignent de cacher cét accident s'il leur arriue: car tels esprits ont leur Grandeur à part, comme leur sagesse: & la pointe des menuës finesses de grimaces & de ceremonies vulgaires, soit de ceste espece ou d'autre, rebouche contre vn iugement royde & hautain. Les petites ames vrayement, ne sçauroient rabattre vn brin de leurs aduantages, imaginaires ou substantiels qu'ils soient, sans demeurer paures; les grandes en ont tant, & du present & de l'aduenir, qu'elles peuuent perdre quelque chose de l'vn & de l'autre, sans craindre que ce dommage rauale rien de leur prix. Mon aduis est en fin, que quiconque ne croid pas estre honneste homme, s'il ne le semble, ne le croid estre, que pource qu'il le semble. Horace ne vante rien si volontiers, que sa vile race: & n'allegueray plus, puis que ie l'a cité en autre lieu, ce Philosophe Grec, qui faisoit gloire & delices, de conter à tous venans, qu'il estoit fils d'vn esclaue & d'vne garse. Zenon aussi chef des Stoïques, ayant receu vn soufflet & vn coup de poing, au lieu d'en cacher la meurtrisseure, se mit vn tel billet au front: *Nicodemus faciebat*. Dauantage, Socrates ne recite rien plus opulemment ou gayement, que l'opinion qu'on auoit, qu'il ne sçeust rien faire que babiller, mesurer l'air & conter les estoiles. Surquoy ie ne puis oublier, que de nostre temps vn insigne Poete Latin & vieillard, declaroit ouuertement; que la seule affliction qu'il eust, estoit d'estre battu de sa femme ieune: & quelqu'autre personnage de tres-grand merite, n'espargnoit point entre plus de trois de ses amis familiers, de confesser vn amour desrobé de la sienne; & qu'il ne sentoit pas son courage suffisant à se battre en duel, quoy qu'il portast l'espée. Il adioûoit ces choses par sottise, dira-t'on: ah vrayement si ie m'y cognois, c'estoit donc vn gentil & pertinent sot. Les tares & les taches qui naissent ou suruiennent, non par la faute de leur suiet, mais par fortune, par Nature, ou par autruy, ne doiuent faire rougir que ceux qui n'ont pas de vertus particulieres à les couurir: si elles doiuent faire rougir quelqu'vn.

Ie diray donc, quittant cét intermede, pour renoüer le fil de ma deffence, que ma mauuaise fortune ne vient pas de l'Alchymie, ny d'autre mien excés, & le puis prouuer par plusieurs bouches & papiers notables: outre que ie suis tresreligieuse à ne mentir point, & que ie tiens les menteurs pour aussi mal sages que soüillez. Et certainement quand ie voudrois au besoin desguiser quelque verité, sous espoir de cacher vne fourbe, ce ne pourroit pas estre aux choses que i'escris cy deuant & cy apres: estãs toutes de telle cõdition, qu'elles ne se peuuent manier ou passer sans assistance : & que cent personnes au moins, qui auroient seruy ou practiqué chez moy, me pourroient dementir, si ie pretendois d'alterer le recit en tels lieux : sans compter qu'il faudroit que ie consentisse que ma preuue fondist, particulierement sur les matieres où ie vais tomber, si ie ne la pouuois estayer par des papiers authentiques, & que i'offre de monstrer franchement.

SECONDE PARTIE
DE L'APOLOGIE.

MON Pere laissa nostre maison liquide : mais ma mere pendant ces grandes guerres de la Ligue, & la minorité de tous ses enfans, ayant emprunté force argent, tant pour bastir, occupation qu'elle aymoit, que pour entretenir vn frere aisné que nous auions en Italie, & depuis aux armées Royales ; croyoit auec apparence, que la paix venant à se faire, elle s'acquitteroit, par la retention que luy faisoit le Roy ou le desastre du temps, des arrerages de plusieurs rentes qu'elle auoit sur les Receptes generales, sur le Sel & sur le Clergé. Decedée qu'elle fust au milieu de ceste guerre, & la paix arriuée, il fallut payer les debtes passiues, & les actiues de ceste nature, furent perduës pour huict ans entiers. Or toute la substance de nous autres cadets, qui estions trois compartageans apres que l'aisné fut satisfait, se fondoit sur telles rentes : ou pour mieux dire, ce que nous auions d'ailleurs, consistant en deux maisons de cefte Ville de Paris & quelques meubles, fut tellement confumé pour le payement de ces debtes maternelles, qu'il ne nous refta que ce bien : lequel comme le partage declare, alloit pour chacun de nous, à deux mille quatre cens quelques liures de reuenu. L'vne de nos sœurs quatriefme chef des cadets, au lieu de partager renōça l'heredité ; & fe rendit creancière pour fon mariage contracté par ma mere auecques le fieur de Bourray voifin d'Eftampes. Et ce mariage ne montant neantmoins que huict mille efcus, dont mille feulement auoient efté aduancez en contractāt; offre encore en cefte renōciation de noftre fœur vn grand argument de noftre pauureté, & de l'iniuftice de ce reproche qu'on me faict d'vn grand degaft. Puis qu'il eft à iuger, qu'vne fille ne fift point ce tort à la bien-feance de la maifon paternelle, de repudier la fucceffion, qu'elle ne creût y gaigner, comme elle fit de prés de moitié. Quoy qu'il en foit, cét acquit & parpaye de mariage, ayant efté remply par nous auec les autres debtes, non feulement ces deux maifons de noftre heredité, s'y en allerent, comme il eft dit, mais il nous en coufta encore à chacun cent efcus de rente : de façon qu'il ne nous reftoit plus qu'enuiron deux mille cent liures de reuenu par tefte. Il faut rabattre encore fur ce refte de rentes, l'alienation de deux ou trois années de leurs arrerages futurs : qu'il fallut vendre à perte & par force de pourfuites, pour acheuer d'épuifer tous les hypoteques dont eft queftion. Notamment il fallut vendre les miens, ouy mefmes plus auant fur l'aduenir : pource que i'eftois plus foible que mes deux coheritiers frere & fœur cadets, ayant vefcu fur ma bourfe & fans iouïr d'aucun bien, plus de quatre ou cinq ans de la mefme guerre, depuis ce trefpas maternel, tandis qu'ils viuoient honnorablement de celle d'autruy. Et la plufpart du temps ils vefquirent de cefte forte par mon entremife & par mon credit, comme ie feray voir à cefte heure : la raifō eft, que ie pris vn foin maternel de leur ieuneffe, dés auffi toft que nous eufmes perdu noftre mere. Quatre ou cinq ans font longs & de grand poids fur la bourfe, à gens de mauuaife fortune qui empruntēt pour viure, sur tout pendant vne guerre: car ils ne peuuent emprunter qu'à perte extréme: & dit pertinemment le Prouerbe Espagnol; Qu'à telles personnes on věd le Soleil d'Aoust. Ces quatre ans d'espargne sont encore vne des principales causes, que le bien de ces deux cōpartageans auec moy, est demeuré en quelque meilleur estat que le mien, quoy que non abondant: outre le mariage de ceste ieune sœur, qui soustint sa fortune, à cause qu'il interuint sur ces termes, auec le sieur de la Salle à Cambray. C'est la retraicte où ie menay l'vn & l'autre soudain qu'il eut pleu à Dieu d'appeller celle qui nous auoit mis au Monde: & la courtoisie de feu monsieur le Mareschal de Balagny, receut ce ieune frere, comme celle de madame la Mareschalle, Renée d'Amboise, accepta nostre ieune sœur, en leur Cour de ceste Ville estrangere, pleine de Noblesse & de lustre: sans qué la grande quantité qu'il auoit de pages, mon mesme frere estant en aage de prendre la casaque, & que le bon nōbre qu'elle auoit de filles; permist à leur courage de me refuser. Et non seulement elle recueillit ma sœur: mais ie dois ceste confession au sepulchre d'vne si genereuse Dame, qu'elle m'offrit encores la mesme grace: alleguant, qu'vne personne de ma forme ne meritoit pas, que ceux de sa qualité souffrissent qu'elle sentist les incommoditez de ceste miserable constellation. Ie la remerciay de peur d'abuser de sa courtoisie: mais en verité l'offre fut noble & loüable en plusieurs sortes. Car outre que ceste Dame auoit plus de merite à fauoriser les Muses & les esprits, de ce que le sien estoit du tout vuide de Lettres, & seulement illuminé de la pure splandeur de Nature, quoy que belle & viue; elle eust peu se dispenser tāt plus facilement de mettre le mien au prix qu'elle le daignoit esleuer, de ce qu'il restoit encores tout crud par la ieunesse. Au surplus, elle ne pouuoit pas esperer de se descharger aysément de ma sœur ny de moy, par le restablissement de nos facultez: la desolée Fráce se trouuāt alors en vne telle & si horrible confusion, & cōfusion necessitée par de si puissantes, inuincibles & venimeuses causes; qu'il falloit plustost attendre vne finale ruïne, qu'vne restauration

tion de l'Estat. O combien les mœurs sont changées en peu de temps! & combien sont esloignez en France les Princes, Grands & Grandes d'aujourdhuy, d'offrir leur maison par consideration d'esprit & de merite, & prests de se mocquer d'vn autre s'il l'auoit fait! C'est peut-estre, que leur suffisance est si haute par dessus la suffisance humaine, qu'ils voyent celle-cy hors de leur commerce: & partant que n'ayans pas besoin des hommes pour conseillers en la conduicte de la vie, ny pour la confidence, ou pour les delices de la conuersation; ils ne les veulent ny cherchent que pour valets, & par les qualitez valetieres. Mais disons en passant, que quiconque ne veut l'homme que pour valet, ce n'est pas merueille s'il est rarement capable de cela mesme, de choisir vn bon valet: ie m'en rapporte aux exemples. On me void au reste si rarement à leurs portes, que l'on pourra facilement croire, que ie dis tout cecy sans interest particulier, & sans dessein de les conuier à mon secours: ne me proposant que le Roy pour ce regard. Retournons à nos infortunées affaires. J'adiousteray, que le grand procés que nous eusmes en ce Parlement, contre les heritiers du feu sieur de Chasteaupoissy, voulans déguerpir vne de ces deux maisons de nostre succession, qu'ils auoient acheptée de nous; faict assez foy de nos importunes debtes, à qui ne les auroit sçeuës d'ailleurs. Ces debtes & pertes furent surchargées en mon particulier, par vn mauuais marché que ie fis auec mes coheritiers sur leur part des vieux arrerages des rentes prenommées, pour enfler la somme des miens, j'entends arrerages de ces huict ans de guerre: esperant en vain tirer fruict & ma ressource vnique, de quelque inuention de remboursement que l'on m'en proposoit: mais pource que le recit en seroit trop long icy, ie le remets à qui le voudra sçauoir de bouche. Que si ma despense a plus duré que ne pouuoit porter le miserable reste de bien qui me demeuroit apres tous ces acquits de debtes, charges & pertes; le secours d'vne bonne amye, qui prenoit plaisir que ie paruisse honnestement, en a esté cause. Quelques emprunts m'ont essayée & secourue aussi: dont j'ay Dieu mercy payé depuis la moi-

V u u

leure part, & sans rien emprunter de nouueau depuis long-temps: à quoy douze cens escus ou enuiron, pour vente de la quarte partie d'vne succession de ce ieune frere sieur de Neufvy, m'ont assistée: bien que piteusement, prouenans d'vne griefue perte en sa personne. L'aisné mourut sans enfans: mais il porta le reste de son bien qui estoit peu de chose apres le payement de ses debtes ; en vn second voyage d'Italie, & en la Palestine. Ces partages, payemens de debtes maternelles, & renonciation d'heritage, de nostre sœur, premiere mariée; s'acheuerent & se peuuent voir aux Registres de la Morliere Notaire, enuiron l'an 1596. assez tost apres mon retour du voyage de Guyenne; auquel la femme & la fille de mon second pere me conuierent apres son trespas, afin d'essayer à nous consoler ensemble, par la presence & la parole, & prendre possession de la part que mutuellement il nous auoit donnée, à elles en moy & à moy en elles. Quelqu'vn pourroit douter icy, que mes affaires eussent esté si mauuaises que ie les represente, pource que iusques à ce temps-là i'ay témoigné auoir plus de satisfaction d'elles. Mais c'est que ie viuois en esperance de tirer raison de ma part de ces huict années d'arrerages de rentes publiques dont i'ay parlé, qui estoient deubs à nostre succession, & de ceux encore de mesme nature, que i'auois acheptez du lot de mes coheritiers, ausquels arrerages seuls, qui se perdirent pourtant, i'ay representé que mon vnique ressource consistoit: esperant aussi, que nostre sœur mariée par ma mere & dottée de huict mille escus, se porteroit heritiere, & non creanciere. Balourde calomnie, faut-il autre article pour me iustifier & te confondre? tu ne crains point à dire, que i'ay mangé cinquante mille escus, & ma sœur par acte public en a de bien loin preferé huict mille à ma quotte part!

Que ne diront point les deuiseurs de nostre saison, de tels contes & denombremens, ouy bien de toute l'estenduë precedente & suiuante de cét Escrit, si loin ces formes mondaines? Patience: toute personne sage approuuera ma franchise, plaindra la necessité qu'on m'a donnée de produire

ces discours au iour: & me pardonnera de chercher à deſ-
charger mon cœur par la ſimple verité, ſur des choſes où
tant d'autres deſchargeroient & ſoulageroient le leur, par
l'artifice & par la vanité. L'effort que fit l'enfant de Creſus
contre la Nature, lors qu'il s'eſcria ſur le peril de ſon pere,
quoy qu'il fuſt muet naturel; ie le fais icy contre la modeſtie, que ie tiens de Nature & de diſcipline : contrainéte à
cela par la neceſſité qui ne prend loy que d'elle-meſme. Ou
comme cét ancien Roy, qui ſe voyant reduiſt à l'extremité
dans ſa derniere place, immola ſon propre fils en holocau-
ſte, pour appaiſer le Ciel, & percer de pitié le cœur de ſon
ennemy; i'immole icy cette vertu, ma chere fille, forcée
d'vn iuſte deſir de rabattre ces caquets depravez, qui me deſ-
robent à leur poſſible vne des plus douces conſolations des
gens d'honneur, qui conſiſte en l'approbation & faueur des
ſages. Si n'euſſe-ie iamais oſé laſcher de tels propos ny de
telles narrations en public, ſi les caquets ne m'euſſent ſi mal
menée en tout le ſuiect de ce Traicté, que i'ay cogneu ne
pouuoir plus rien perdre auec les caqueteurs pour ce regard. Quiconque voudroit neantmoins aſſuiettir les honneſtes gens, à l'obſeruation de toutes les formes & ceremonies vulgaires, reſſembleroit ceux, qui pour rendre vn Roy
bien accomply, voudroient qu'il ſçeut faire ſes ſouliers.
Alexandre craignit-il vn iour: de ſe tirer du chef le propre
diadeſme Royal, pour bander la playe d'vn bleſſé? i'allegueray ce traict ſeulement du meſpris des formes, entre
mille de ce Prince & de ceux de ſa condition, ſans parler des
autres eſtages, & ſans adiouſter combien cette action eſt
encore riche & luſtrée par vn autre biais. Il faut dire des
mœurs, des grimaces, ceremonies & ſimagrées du monde,
ce qu'vn Grec diſoit des Loix; Qu'elles ſont ſemblables
aux toilles d'areignées, qui ſçauent empeſtrer les petites
mouches, mais la groſſe les perce & les déchire. Ceſte
ſeule difference y eſt: que les moins ſages entre les puiſſans
de fortune, briſent les Loix: les plus ſages entre les im-
puiſſans & les puiſſans, biffent & reiettent bien loin telles
grimaces & ceremonies, autant qu'ils le peuuent ſans dom-

mage éminent. Que si le sage Dandamis, ne voulut pas mesmes pardonner à Socrates, de se tant assubiettir aux Loix de sa patrie: comment luy eust-il pardonné, de s'assuiettir aux menuës formes, ceremonies & grimaces, qu'elle fantasioit? Dauantage, ie doibs ceste Apologie tout de son long, à vous & autres mes amis & amies, autant qu'il m'en reste: pour iustifier, la deffence que vous & eux auez renduë au besoin pour moy, contre les calomniateurs: afin que le reproche qu'on attribuë aux tenàns, comme s'ils me fauorisoient aux despens de la verité, retombe sur les assaillans.

Me trouuant donc, moyennant ceste alienation par aduance de deux ou trois annees d'arrerages, que i'ay cottée en la section penultime, priuée de pain auec mes rentes pour autant d'années; que me restoit-il, sinon de me prendre au fond ? Partant il fallut vendre : c'est à dire en bon François donner pour vne bribe: tant pource qu'on gehenne tyranniquement le necessiteux de quitter le sien à toute ruïneuse condition, par la rigueur de son besoin; que d'autant aussi, qu'on rabat fort du prix, par la crainte des debtes, alors qu'on achepte sans decret du bien qui vient d'vne maison endebtée: surtout du bien hazardeux de luy-mesme, tel qu'estoit le nostre dont est question : & de faire decret, c'est vn iamais, & qui plus est vn embarras inuincible de garanties, à quoy les biens peuuent estre obligez, specialement en nostre maison. Quand i'ay vendu, l'on s'est fié de ma foy, bien qu'en crainte, veu la saison où nous viuons, & ma necessité: dont aucun n'a iamais eu de repentir.

Ainsi ie reconnus, que quelque mesnage que ie peusse faire, il falloit tousiours que mon bien tombast en ruïne, pour les causes que i'ay n'aguere alleguées, si ie n'eusse voulu viure fort vilemēt: & la resolutiō de viure en telle sorte, est de tres-difficile digestiō aux persōnes nourries d'vn air honorable, sur tout ieunes gens, qui ne sçauent pas encore, combien le monde & son applaudissement qui suit cét air, sont deux friuoles visions. Parquoy ie me resolus de moyenner à mon pouuoir, que mon mesme bien coullant à fond quelque année pluſtoſt, auec cét air honorable de vie, il fuſt en chemin d'y couler moins miſerablement, i'entends qu'il me reſtaſt vn eſpoir de releuer ma proſperité: ceſte precaution s'apelle eſſayer à ſe rambarquer auant que la marée ſe retire. Ie penſay donc, de me faire viſiter, par quelque deſpenſe honneſte & meſnagere enſemble, autāt que le neceſſiteux peut meſnager, & par la viſite recognoiſtre à ceux qui s'approchent des Majeſtez, afin qu'ils leur peuſſent teſmoigner, que ie meritois dignement le pain de leur main : ſoit par ma perſonne, ſoit pour eſtre ruïnée ſoubs la conſequence de leurs affaires. Iamais ils ne m'euſſent veuë aux requeſtes en la mauuaiſe fortune, ſi ie n'euſſe creu meriter qu'ils m'euſſent departy la bône: bien que ceſte mauuaiſe vint de chez eux : Innocemment neantmoins par le deſaſtre des guerres, qui cauſa ceſte retention de rentes publiques. Les ſages pardonnent en l'oppreſſion, vn mot fauorable de ſoy-meſme: voire Ariſtote dit, Que c'eſt laſcheté de s'eſtimer, ou payer de moins qu'on ne vaut.. *Rectum eſt ſui iudex & obliqui.* Et les honneſtes gens ſont iuges d'eux-meſmes & d'autruy. Soubs la foy dequoy, ou pour mieux parler, ſoubs celle de ſa magnanimité propre, vn de nos Ducs n'a point eſpargné n'aguere, en ce Poëme dont il oblige les Muſes, ſes amples & certes meritoires loüanges: tant ſous le nom de Roſny, que ſoubs celuy de Suilly. Le Prince Troyen auſſi propoſé pour exemplaire de prudence, nous dérobe-t'il les ſiennes?

Sum pius Æneas. Et peu apres:

----fama ſuper æthera notus.

Socrates d'autre part a la bouche pleine de ſes loüages propres & des plus hautes, aux deux Apologies, notamment en celle de Xenophon. Eh quoy le Roy Prophete? *Memento Domine Dauid, & omnis manſuetudinis eius.* Ceſte mienne procedure eſtoit receuable par ſa neceſſité: puis qu'il eſt vray, que la deſpenſe eſt le ſeul mal-heureux & ſot moyen de ſe faire practiquer, cognoiſtre & priſer en France: & plus preciſément l'eſt-il aux femmes, qui ne ſe peuuent faire voir ny recognoiſtre par les affaires. Ie cōſiderois auſſi qu'vne telle recepte est visitée, parmy les cadets capables de quelque chose de bon : lesquels on excuse, de mettre au vent vne legitime trop chetiue pour eux, & soubs la conseruation de laquelle ils ne pourroient aussi bien manquer d'etre miserables : afin que se faisans voir, & voir de quelle trempe ils sont, ils s'acheminent en voye de mieux, par diuerses risques de la fortune, ou par la grace des Princes. Dauantage, c'est de tout temps, que l'on conseille vn remede precipiteux aux affaires infortunées, par la bouche du Sage Tragique.

Par vn danger sors d'vn mauuais passage.
Et ailleurs.
Iamais peril sans peril n'est vaincu.

Que si ces risques sont moins heureusement accessibles à nostre sexe, quelque particuliere estime, obtenuë de tout ce qu'il y a d'esprits mieux nés en France, si ma cognoissance est arriuée iusques à eux; m'authorisoit d'vn passeport special, en ce courage & dessein d'esperer les bienfaits des Majestez Royales. Or si l'estime des François m'accordoit ce passeport, soit de bouche ou par escrit, celle des estragers ne le reuoquoit pas. Dequoy feront foy leurs Liures multipliez de plumes celebres que l'on cognoist assez, & de diuerses Prouinces, Flandre, Hollande : & dernierement encores d'Italie, par la faueur des seigneurs Cesar Capacio & Carolo Pinto : qui font cognoistre en leurs Ouurages, qu'ils ne veulent point laisser flestrir l'anciënne gloire de seruir dignement les Muses, acquise à ceste grande Region leur mere. Ie ne puis oublier aussi les faueurs honnorables receuës de quelques Souuerains du premier rang apres les Roys. Ny ne dois coinmettre ceste ingratitude, de passer soubs silence le logis qui me fut si courtoisement donné à Bruxelles, où quelques affaires m'acheminerent vn iour, en la vertueuse maison du sieur President Vanetten : l'accueil, faueur, offices exquis, que ie receus du sieur Prouedor Roberty, personnage qui seruoit auec reputation les Archiducs, & certainement plain de generosité, d'amour des Muses & de la vertu ; la reception & les festins, outre cela, d'vn grand

LES ADVIS. 527

nombre de personnes de qualité & du Conseil, tant en la mesme Ville, qu'en celle d'Anuers : & mes portraicts retenus en l'vne & en l'autre : le tout sans aucune prealable cognoissance que i'eusse, de tous ceux qui me departoient ces courtoisies. Et pour fermer ce pas, tant d'honorables propos que le feu Serenissime Roy de la grande Bretaigne, daigna tenir sur mon subiect, à monsieur le Mareschal de Lauerdin, lors qu'il fut enuoyé vers sa Majesté, tant de tesmoignages de m'estimer digne des plus honorables faueurs Royales, la fauorable monstre encores qu'elle luy fit en son cabinet, de quelque Escrit qu'elle disoit venir de ma main, en presence de gens qui le publient iusques à ceste heure au Louure ; me scelloient d'vn seau doré le passeport dont ie parlois n'agueres. Ou pour mieux dire, cela seul me deuoit faire obtenir en France vn breuet d'estime & de bonne fortune ; procedant d'vn si puissant Monarque, si bien regnant & couronné à l'enuy par la main des Muses, & par celle des Peuples. Car les Princes Souuerains semblēt obligez, pour leur gloire, de cherir la vertu, & tout ce qui leur est presenté de mains competātes sous son nom : ouy mesmes leurs interests politiques les conuient, de l'amorcer en ceste foule vniuerselle de leurs subiects, par la recompance des particuliers : & dauantage, amorcer la future en ceux-cy par le loyer de la presente. C'est chose plus illustre, disoit ce fils aisné de la victoire & de la Grandeur, Cesar, d'estendre les bornes des esprits de sa patrie, que celles de son Empire. O combien donc merite le Prince vn grand triomphe & plus grand Empire, qui estend les limites des esprits de son Estat, non pas en vn seul chef, à l'exemple de Ciceron pour qui Cesar parloit, mais en plusieurs, par l'heureuse influence & par l'attraict de ses bien-faicts & de sa benignité vers les belles ames ? à quoy nostre ieune Roy certes apporte aussi vne loüable & noble disposition, comme ie diray tantost plus amplement. Ie suis si fort tout ce qui porte ou semble porter visage d'ostentation, que la necessité de mes affaires m'eust en vain sollicitée d'estaller ces miens aduantages, pour me consilier l'approbation qui me peut ou

doibt seruir, si ie n'estois obligée de rendre ces remercie-
mens & les iustes eloges qui les accompaignent, à ceux qui
m'ont honnorée de leurs faueurs.

Si les entreprises de tels hazards que le mien allegué, d'exposer vne legitime disproportionnée à la condition de son
maistre, succedent à ceux qui les brassent, elles & la fortune
doibuent estre louées : sinon, leurs autheurs ne meritent
pas d'estre blasmez, de ce qu'ils ont eu mauuaise chanse en
vn dessein, qui doit estre reputé bon, puis qu'il ne s'en pouuoit pas faire vn meilleur. Qui guarantit vn mal asseuré par
vn mal incertain, ne perd pas tout. Dauantage, s'ils sont
honnestes gens tout du long, ils peuuent dire, qu'ils ne doiuent pas estre iugez vrayement pauures, posé qu'ils se soiët
rendus vuides de moyens par vn tel dessein : puis que les riches ne se peuuent passer, s'ils sont sages, de leurs conseils,
foy, consolation, offices, exemples, inuentions, industrie
& conuersatiõ. N'est-ce pas en ceste cõsideration, que le Roy
de la Sagesse apelloit exellãmẽt la bouche, Veine de vie ? Et
doiuent auoir moins de honte de tõber du tout en la priuation des richesses, s'ils y sont forcez, de ce qu'ils sont tres-
iustement creanciers de ceux qui possedent biens & commoditez, par le iuste hypotheque qu'emportẽt sur ces choses, les vertus dont ils sont pleins : & desquelles communément ces riches sont vuides, & vuides encore les amis ordinaires, chez lesquels ils les cherchent au besoin. Iuste hypotheque veritablement emportent les vertus de ceux-cy
sur ces riches & leurs richesses : tels moyens restans fades
ou pis, s'ils ne sont assaisonnez par la rencontre de quelque
amy pourueu de ces qualitez precieuses, ie dis lors qu'eux
mesmes riches les possederoient. Quand on presenta la
course au Monarque Alexandre, il la reietta, pource que
ses concurrens n'estoient pas Roys : quand on luy presenta
la Philosophie, il se ietta parmy la presse des Philosophes,
sans s'informer d'où ils venoient : sa prudence, sa iustice, sa
valeur, sa gloire, futures, les extrémes delices, voire la re-
spiration & la vie d'vn tel esprit que le sien ; dépendans priuatiuement à toute autre chose, de la societé de ceste auguste

sté bande. Luy qui desdaignoit autre part, de s'associer de moindres que de Roys, sembla declarer ces gens Roys par son association: eux aussi l'en payerent si bien, que ne le pouuant faire Roy, puis qu'il l'estoit desia par le don de sa naissance, ils le firent Roy des Roys. Quicóque cherche sa compagnie & ses amis, par les rentes ou par les armoiries, monstre assez qu'il ne sçauroit payer que par ceste voye, sa part de la societé: car sans doubte, celuy qui seroit plus homme qu'il n'est monsieur, chercheroit vn homme, en quelque fortune & condition qu'il peut estre, auant vn monsieur: appellons ainsi à la mode du Peuple, ces Milords riches & qualifiez. Et lors qu'vne amitié s'amorce, par le train & l'apparat d'vn amy, celuy qui la noüe declare-t'il pas, que les estoffes de luy & d'elle sont si viles, qu'elles peuuent estre suffisamment payées ou compensées par vn tableau que cét amy luy fera faire à pendre sur son huys, auquel il soit painct en son pontificat enuironné de telles merceries: pour memorial que luy qui l'a noüée, aura esté honnoré d'vne si haute accointance? Sans doute quiconque espereroit, que l'on estimast sa personne de plus grande valeur que ses richesses, honnoreroit la personne plus que les richesses en autruy: pour donner bon exemple à chacun, de retorquer ce coup sur luy. C'est pourtant l'ordinaire parmy le monde, & surtout en ceste saison, que les vertueux & sages sont tousiours chez les puissans, & non au contraire: d'autant que les premiers & nõ pas les autres, ont leu le bon mot d'Aristipus: Les personnes exquises, qui s'appelloient de son temps les Philosophes, cognoissent bien le besoin qu'elles ont des puissans & riches: les puissans & riches ignorent celuy qu'ils ont d'elles. Les sages assignent la vraye definition du souuerain bien de toutes choses, en ce poinct, d'estre & d'agir selon la Nature: partant le souuerain bien de l'homme, le plus hault & preferable de tous ses aduantages, consiste en l'vsage de la droicte raison, c'est à dire en la suffisance & en la vertu, puis qu'il est né pour estre raisonnable. Ils maintiennẽt aussi que toutes les choses accessoires sont indifferentes: à cause qu'elles peuuent estre rendues

Xxx

bonnes ou mauuaises, selon que l'esprit de l'homme en sçait vser. Quoy qu'il en soit, pour seeller ce discours : vne misere logée en tel subjet qu'il fait iniure par son merite à ceux qui la permettent, la pouuant secourir, doit estre plus patiemment & plus fierement supportée de son hoste. Pourquoy n'auroient les gens d'esprit & de merite, priuilege de charger de hôte ceux qui les mesprisent ou qui les negligent, s'ils tiennent eux seuls la iuste reigle, par où toutes choses se doiuent priser ? & si toutes choses de prix sont vrayement faictes pour eux, en telle sorte qu'elles ne se puissent appliquer ailleurs qu'abusiuement ? Pourquoy n'auroient ils credit, de donner lustre à la pauureté, si les commoditez le sçauent donner à tant de sots ? Ou pourquoy seront effacez faute de richesses, ceux qui ne consentiroient & ne deuroient consentir, à se changer teste pour teste aux riches, si ces riches ne sont ornés de mesme entendemēt qu'eux & de mesme integrité de vie ? eux, faut-il dire, tresor de la patrie & de Dieu mesme : puisque le bien & le souhait de ceste patrie, disons plus, les delices de Dieu, consistent sur tout en telles personnes. Ils peuuent deuenir ce que sont les riches : mais la pluspart & presque le total des riches, ne peut deuenir ce qu'ils sont. Et quoy, au pis aller ? quand il ne leur resteroit que le sort de Polyxene, de tomber hônestement ; puis qu'il faut tomber, & que la cheute fait telle part de la course humaine ? Ouy certes, s'il est vray que la pauureté porte son maistre à se voir reputer méprisable : il est encores plus vray, que la richesse n'empesche pas que le sien ne le soit ordinairement en effect : *quia sors deerrat ad parum idoneos*. Les terres qui portent l'or & l'argent ne portent nul fruict. Ou pour mieux parler, celuy n'est-il point riche de la plus specieuse sorte, qui posede ce qu'il ne voudroit ny deuroit eschanger contre aucune richesse ? & qui ne consentiroit pour l'or des Indes ny pour leurs pierreries, de faire vne action meschante, ou de causer l'iniuste afflictiō de personne ? qui sçait en fin obseruer auec la pauureté difficilement, ces mesmes loix & denoirs, que les autres ne sçauent presque point obseruer facilement auec les richesses ? Quelqu'vn appelloit le mespris

LES ADVIS.

de l'or: Efsence de la iustice; vn autre adiouftant; Que l'or eft à l'homme ce que la touche eft à l'or: pource que la plus grād' part des deuoirs humains confifte à le mefprifer. Et le fameux Appollonius, comparoit les petits biens affignez aux grands & dignes maiftres, à vne belle & precieufe image des Dieux logée dans vn Temple inégal : admirant en fuitte, combien cela vaut plus que le reuers. Auffi difoit l'ancien Caton; Qu'il aymoit beaucoup mieux debattre de la vertu auec les vertueux, que de la richeffe auec les riches. Adiouftons l'aduis des Stoïciens : L'honnefte, difent-ils, doit eftre reputé le feul bien de la vie heureufe : de ce que, fi elle aduouë quelqu'autre chofe pour bien, elle s'ouure à toutes les attainctes du fort, par le hazard de la perte : cependant que cela feul ne luy peut eftre rauy. De plus, on s'accorde par cefte voye auec la prouidence, qui donne tous les iours aux gens de bien ce qu'on appelle mal, & au contraire : ioinct que la magna imité s'exerce, à dédaigner ce que le vulgaire iuge grand : voila le difcours de ces Philofophes. Conclufion, fi mon defsein mentionné fuccede, tāt mieux : encores qu'il ne peuft deformais fucceder que tard: fi le fuccés luy manque, pauure pour pauure, i'ayme mieux patir auec cefte precaution, d'auoir efsayé le moins mal que i'ay peu, de faire vn leuain de ce peu que i'auois, que fans elle. Et dois ce tefmoignage à la bonté genereufe, & à la liberalité du Roy & de la Reyne fa mere, d'auoir apporté quelque loüable commencement à ce fuccés : à quoy monfieur le Prefident Ianin furintendant des finances, ce perfonnage excellent en confeils d'Eftat & en probité, m'a efté fauorable vers leurs Majeftez, auec recommandation & preface d'honneur.

[*Ce Traicté fut efcrit dés le bas aage du Roy.*]
Le Roy pere de ce bon Prince m'auoit commandé vn mois feulement auant fa mort, de pratiquer la Cour, bien que i'y apportaffe peu d'inclination. Et plufieurs des plus honneftes gens de ce climat fçauent, de quel œil il me vid, & de quelle forte il releua certaines teftes de trop de loifir, que mon Latin & ma mauuaife fortune auoit excitées à luy faire des cō-

tes friuoles de moy : cela fit esperer aux clair-voyans, qu'il eust preuenu le Roy son fils à m'honnorer de ses bienfaicts, si la mort ne l'eust preuenu luy-mesme.

Si mon bien eust esté non seulement selon ma condition, que mon second pere dit estre à chacun vne autre nature, mais simplement approchant d'elle, ie me fusse bien gardée de courre ce peril, de ioüer de mon reste : mais ce bien estoit tel, si ie ne l'ay assez representé, que ie ne pouuois à proportiō d'elle-mesme, me loger guères pirement que chez luy. Si c'est dommage par autre raison, que ie sois en mauuais estat, ce l'est certainement aussi, par les infinis & sanglants trauaux, que i'ay soufferts pour l'éuiter : & par mon humeur actiue, laborieuse, preuoyante, vn petit entenduë aux affaires, & propre à fonder & gouuerner recepte & despense en temps & lieu : ie l'ose dire à vous qui m'auez daigné obseruer. Ceste faculté n'est pas si grand' gloire, qu'on me puisse accuser de me l'attribuer par vanité : ioinct que les personnes qui sçauent lire en Latin, ont besoin d'vne telle iustification parmy nostre monde : qui croid, que ceux qui sont bons aux Liures, ne sont bons qu'à cela. Plus à la verité triõpherois-ie en ces qualitez mesnageres, sur vn ample & mediocre maniemẽt, que sur vn petit : mais en telle sorte pourtant, que ie ne manquerois pas à cestuy-cy : que sa matiere ne me māquast la premiere. Que sont nos efforts cependãt, qu'vne écluse de ionc, contre ce rapide torrent de la fortune ? Elle remplit les deux pages de la vie, ce disoit l'ancien Prouerbe. Dont le riche marchand Grec, declaroit; Qu'il auoit acquis les petits biens à grand' peine, les grands facilement : parce qu'ils ne peuuẽt prouenir, que de la temeraire & subreptice entremise du sort. *Rationem fœlicitatis nemo reddit.* Iosephe de son costé maintient; Que ceste Deesse aueugle surmonte toute prudence humaine : Saluste souscript à cela: mon second Pere appelle aussi l'heur & le mal-heur, souueraines Deïtez du Monde : ie vois encore la memoire d'vn Flamand de reputation querellée de quelques plumes, pour auoir à leur aduis estendu trop auant les droicts du destin : & Theophraste en parle de ceste façon:

LES ADVIS.

Le fort, non la prudence, est guide de la vie.

D'ailleurs Platon attache toutes choses à la destinée : sentence de laquelle ie croy que les Stoïciens ne sont pas esloignez: ny les Epicuriens, d'en dire autant, sinon du destin, au moins du hazard. Et non seulement il n'est pas heureux, qui merite & dessert le bon-heur, mais, chose estrange ! il n'est pas mal-heureux, qui cherche & dessert le mal-heur: tesmoins assez d'exemples anciens, & le riche diamant du Tyran Polycrates; volontairement ietté dans la mer par son maistre, puis rapporté à luy-mesme. Oublieray-ie ceste merueille de nos siecles, que ces deux cerueaux estourdis & si funestement blessez, Poltrot & Clement, ne peurent iamais estre descouuerts, bien qu'ils éuentassent leur dessein à chacun, & que ce dessein fust si important & haut-bruyant de son propre chef? Le côté d'vne certaine Comedie ne sera pas hors d'œuure en ce passage. Il porte, Qu'vn grand arbre planté dans le nombril de l'Vniuers, mesure le rond de la terre de l'estenduë de ses ramages, parsemez de toutes sortes de bons & de mauuais dons; & que la Fortune assise au sommet de cét arbre, bat incessamment les branches auec vne longue baguette d'or: dont il arriue que les hommes tracassans fortuitement iour & nuict là dessoubs, la richesse s'esboule tantost sur eux, tantost la pauureté, là le bonnet d'vn conseiller, icy la robe d'vn gueux, vn sceptre delà, deçà quelque marotte: & du reste ainsi, sans choix ny but. Aristote dame ceste opinion, pretendant; Que pour auoir l'honneur des bons succés plus entier, la Fortune les eslargit expressément à ceux qui les peuuent moins faire attribuer à leur prudence: & Salomon en l'Ecclesiaste; a tousiours veu, dit-il, Le braue sans victoire, le sage sans pain. *Nescio quò fato bonæ mentis soror est paupertas.* A propos dequoy l'aduis de Thespesion celebre Gymnosophiste, ne doit pas estre oublié: qui sur l'exemple de Palamedes, Socrates, Aristides, Phocion, concluoit & preschoit; Que les Dieux auoient ordonné, que l'équité ne peust estre heureuse en ce Monde.

----*Diis aliter visum.*

Aussi chante Ezechiel; Que Dieu foüette tout enfant qu'il aduoüe: & le Fils de l'homme mesme, n'a point trouué de pierre à reposer son chef. Quittons ces importuns discours, pour dire ou repeter, monsieur, que ie vous ay fait cette Apologie, afin que par son moyen, vous me daigniez & puissiez plus facilement deffendre contre les sottises du caquet populaire: puis qu'elle met és mains de vostre prudence & de vostre affection, desia preparées à me rendre cét office, la pleine lumiere d'vne exacte cognoissance de mon procedé & de mes affaires, fort esbauchée d'autre part en vous, par l'honneur que i'ay eu de vous practiquer dés long temps. Dieu benie vostre personne & toutes vos actions: la meilleure desquelles, c'est de continuer celles qui les precedent. Adieu.

Fin du premier Liure.

LES ADVIS
LIVRE SECOND.

LETTRE A MONSIEVR
DE GELAS, REVERENDISS.
EVESQVE D'AGEN.

Sur la version de deux Oraisons Latines.

MONSIEVR,

Ces deux Oraisons ne sortent au iour que pource que vous le commandez, les ayant n'agueres traduictes par simple passe-temps. Vostre mesme commandement est cause, que ie leur confronte icy les originaux, pour l'exercice des curieux : ce que ie me fusse bien gardée de faire sans vous, resoluë pluftoft à suiure l'exemple de ce chetif Peintre, qui chafsoit les coqs naturels loin de ceux qu'il peignoit. C'est chose plus difficile & plus arduë qu'on ne peut croire, que de tourner les grāds Autheurs, & les tourner en langue inferieure : sur tout ornez d'vn langage concis, magnifique, puissant & figuré, tel que celuy de Salufte & de Tacite, sur qui nous sommes: car il est d'autres Autheurs, &

encores de ce nôbre des grâds, faciles à traduire, pour auoir moins affecté ces qualitez d'élocution. Partant ceux qui traduisent les Escriuains de ce dernier genre, font chose loüable, pourueu qu'ils les expriment pertinemment, & non coup de maistre: car le coup de maistre ne se peut fraper en telles matieres, que par celuy qui semble engendrer vne Oeuure de nouueau, comme faict vn esprit qui rend ou interprete les Liures de ceste premiere espece. Ie dis engendrer, parce que cette espece ou construction de langage, les rendant fort esloignez de nostre expression, il les faut deffaire par vne speculation profonde & penetrante, afin de les refaire par vne autre pareille : tout ainsi qu'il faut que la viande meure & se desface en nostre estomac, pour en composer nostre substance. Et sont trompez à plein fond, ceux qui se croyent propres à soustenir ce roolle d'exprimer tels Escrits ou Autheurs, en autre langage, à cause qu'ils sçauent le Latin: car ce sont deux facultez tres-distinctes, estre capable d'entendre & de parler la langue Latine, & capable de la conception de Tacite, ou de ses égaux, ouy souuent de leur simple dialecte : & ce sont deux affaires en suite, entendre ce dialecte & l'expliquer en bons termes. Aussi peu se trouue capable le commun des François, de digerer en sa propre langue l'intelligence des Essais, ou d'autre ouurage de pareille vigueur, grace & breueté, s'il s'en trouuoit. Partant ceux-là s'abusent fort encores, qui se persuadent, que la translation des bons Escriuains, & qui parlent richement & succinctement, soit vn labeur de pure peine & diligence: labeur, disent-ils, de transporter vne chose de place en autre, sans inuention: Car sans doute, autant de phrases élegantes, nerueuses & breues, d'vn Autheur Latin ou Grec, qu'on exprime élegamment, en vn langage si different de syntaxe, coustures & mouuemens que le nostre, & dauantage inferieur comme il est dit, (sans plus comter pour rien la difficulté, remarquée, d'entendre le sens) ce sont autāt de belles inuentions. Ainsi ce n'est pas merueille, monsieur, s'il se trouue tant de passables faiseurs de Liures, & si peu de bons interpretes : pource que ceux-là picorent les

Liures

qu'ils font à larcin aucunement couuert, parmy la foule infinie des Escrits de tous genres, & ceux-cy ne peuuent picorer ou desrober leurs versions, si ce n'est à larcin ouuert, à raison de la rareté des versions sur mesme piece : encores trouuent-ils parmy ces versions-là, tres-peu ou point de bonnes sources à puiser ce larcin.

Il est donc requis pour traduire tels Ouurages des Anciens, de parler nostre langue, autant qu'il se peut, non seulement aussi purement, mais aussi vigoureusement, richement, figurément, succinctement, & delicieusement, qu'ils parlent la leur. Il est necessaire de discourir, considerer, iuger, approfondir & sçauoir à fer esmoulu : ie dis sçauoir l'Autheur qu'on tient, & mille autres, pour se démesler des difficultez par confrontations & rapports. Le traducteur est obligé de destordre les mots à tous coups, pour dresser le sens & la phrase : se souuenant, que s'il n'a l'intelligence harmonique & mystique de ces Escrits-là, peu luy sert la Grãmaticale : c'est à dire qu'il ne sera iamais œuure en ce mestier, s'il n'est encores ce qu'on appelle sçauant en François, plus qu'il ne l'est en Latin. Il doit percer vne obscurité Cymerienne. Il doit deuiner souuent : i'entends payer le Lecteur d'vne vray semblance, soubs le prest qu'ils faict à l'Autheur d'vn bel & bon sens, s'il ne peut se respondre exactement d'auoir crocheté le sien : & où mesmes il le crochete en certains endroicts, son artifice est tenu de rendre à faute de mieux, vne phrase Latine inexprimable, par vne équiualente, ou seulement correspondante en François, bien qu'elle soit autre & diuerse. Il faut qu'il die encore apres en temps & lieu : Ie n'y voy goutte : pour ne s'enfondrer en l'erreur, où les traducteurs bronchent à chasque bout de champ, de supposer vne sottise ou vne foiblesse à ces grands hommes, & mesmes contre la loy de leurs paroles; faute de pouuoir comprendre ny liquider vne imagination émãcipée ou hardie, ou resseruée en bref langage, ou, s'il y escher, obscurement ou brusquement énoncée. Et faut que cét Ouurier glose par fois sa version auec vne industrie, d'autant plus afsilee, qu'elle est neantmoins en glosant, obligée à la breueté : cet-

Y y y

te glose pour faire entendre vn passage où le vulgaire ne mordroit pas autrement. Ce n'est pas tout: il est tenu d'éclaircir tout du long vn Liure obscur: & si l'esprit qui le tourne l'entend, il ne faudra point de le faire entendre à autruy. Quand celuy qui traduict trauaille fort, celuy qui lit ne trauaille gueres. I'en voy pourtant qui font entendre des Liures qu'ils n'entendent que par auprés: mais ils eniambent effrontément par dessus vne difficulté, ou la gauchissent ou l'effleurent simplement sans l'approfondir; se persuadans par vn iugement superficiel, que le Lecteur se contentera d'vne expression superficielle. D'auantage, il faut trier en traduisant, la plus legitime de deux ou trois apparences qui balancent maintefois à nos yeux. Et pour faire ce choix, il est necessaire de discerner, qu'il y a des sentences, que ces hommes-là ne peuuent prononcer, veu le poids de leur capacité, bien qu'il semble qu'ils les prononcent & couchent en leurs discours, par quelque faux iour que nous prenons: d'autres, qu'ils peuuent coucher, & d'autres, qu'ils peuuent plus richement: afin de leur rendre entier par l'interpretation, l'honneur que leur suffisance qui frappe tousiours au meilleur but de ces deux-là, qui sont le bié & le mieux, a voulu meriter. Mais quels efforts sont ceux-cy, ie vous supplie, d'arbitrer &iuger sur les plus hautes affaires & speculatiós de tels Ouuriers & de tels iuges? Ou bié, celuy qui se trouue capable de discerner ce qu'ils peuuent dire & non dire, fait-il gueres moins, que s'il sçauoit dire ce qu'ils disent? En somme celuy des traducteuas d'vn Siecle, qui approche le plus pres de la vraye cognoissance & certaine expression des Escrits antiques, approche son Siecle le plus pres aussi du Genie & du merite des anciens Escriuains. Finalement, pour l'expliquer en vn mot, il faut, édifier & recomposer à peu prés en traduisant les Autheurs de l'antiquité, si ie ne l'ay desia dit: sur tout si la fabrique du langage fait part de leur excellence: cela s'appelle, apporter à leur translation vn entendement frere cadet du leur, pour le moins. Et tant plus, de ce que par dessus toutes ces difficultez, la consideration des temps, lieux & suiects, celle encore de ce qui precede &

LES ADVIS. 539

suit, & des personnes qui parlent, & à qui l'on parle; peut quelquefois porter & souffrir aussi grande difference d'interpretation sur mesmes dictions & mesmes phrases, que sur les dictions & phrases differentes. On croid ordinairement auoir bien payé son Lecteur, si on luy rend, sans autre egard des circonstances, trois mots Latins par trois terminaisons Françoises: & luy exprime-t'on à peu de frais, *amicitia, libertas, fides*, par amitié, liberté, foy, *veri affectus* par, vrayes affections, *imperium*, par, Empire: Dieu sçait auec quelle grace & finesse. Or pour suiure ma poincte, combien peu de gens en nostre saison se peuuent vanter d'arriuer à cét estage d'entendement, qui merite le tiltre de cadet des anciës, & moins de ceux qui priment en leur bande; ie ne l'oserois nöbrer, si ie ne me recognoissois du nöbre de ceux qui trainent au dessous de ce mesme estage. Il y a pis pour moy: c'est, que quelques-vns croyent qu'vne féme ne peut entendre le Latin, & que ie traduis sur les traducteurs: notamment pource qu'ils sçauët que ie l'apris de moy-mesme, & par simple routine, confrontant des traductiös aux originaux, cöme i'ay dit ailleurs: dont encore il arriue, que ie ne me hazarde point à le parler. Et sont confirmez en ceste opinion, de ce que c'est: vn mestier fort vulgaire auiourd'huy, que de tourner du François en François; quoy que ce soit merueille, qu'ils ne daignent pas esueiller leur esprit sur la confrontation de nos translations diuerses, pour s'esclaircir, qui peuuent estre les traducteurs qui font ce traict ou non, de se traduire l'vn l'autre. Ils me croyent tellement ignorante du Latin, que iusques à ceste immense nuée de passages induicts aux Essais, & en la tres-difficile version desquels i'ay rompu la glace; ils deuinent sans prendre la peine de s'en informer, que i'ay desrobé du texte de ce Liure le fil de ma conduicte en traduisant. Tant ils voyent generalement clair en l'art de traduire, (si ces menuës fantasies meritent responfe) & clair encores particulierement en le delicatesse des allegations dont est question, en celle de l'allegueur & de l'artifice de sa liaison: lequel rend la moitié du temps ces mesmes allegations & celuy qui les employe, plus ioincts & plus

Yyy ij

diuisez en mesme sujet, que nulle autre chose ne peut estre ioincte ou diuisée, & qui les porte à se moins entre-expliquer, que tous autres Autheurs & citatiôs: qui d'ailleurs, ne s'entre-expliquent iamais bien à poinct comme on sçait, que pour ceux qui les entêdroiêt separémêt. Ce que ie vous côte en passant chemin, parce, Monsieur, que vous auez daigné regarder ces versions-là de bon œil : & d'autant que ie ne puis assez souuent rire, si rire se doibt, de la litterature du siecle, & de l'équité dont les femmes sont traictées par teles personnes. Ces bons deuiseurs croyent en verité, que la suffisance & la doctrine soient comme vn office public, lequel aucun ne sçauroit posseder sans Lettres ou patentes du Souuerain : & qu'à eux encores touche de decerner ces Lettres-là, comme Souuerains, ou plustost comme Dieux de ces deux vertus. que pourroit dire de beau pour eux, le Prescheur qui n'est pas de leurs tres-humbles ? & quel billon pourroit euiter l'esprit ou la sciêce d'vne fême, qui mesme est peu complaisante à l'espece de sçauoir & façon d'escrire, qui courent à ceste heure, & que ces messieurs ayment ou pratiquent ordinairement ? Ils ont peut-estre apris le côte d'vn Italien, qui ayant ouy reciter que le démenty estoit la plus griéue iniure en France; comme vn frippon eust desrobé sa ceincture, s'en alloit criant partout : Quiconque a pris ma ceincture, il en a menty : & quiconque a pris la leur, ne sçait point de Latin ny gueres de François. A ce propos, estendoient-ils pas leurs inuectiues, iusques au stile & au langage du sieur de Balzac, si curieusement polis, auant que son arriuée en ceste ville où tels contes se faisoient ouyr : eust arresté leur insolence par la crainte d'vne reuanche ? I'obmets pour ce coup les fleurs delicieuses dont cét Autheur pare & assaisonne la matiere, lesquelles ils reduisoient encores à neant autant qu'il estoit en leur pouuoir. Toutesfois laissons les haranguer, & produisons ce petit labeur au iour, puis qu'il vous plaist : vous au merite & aux faueurs de qui ie doibs mon obeïssance. I'ay quelque obligation à leurs deuis, Monsieur, s'ils donnent occasion à l'honneur que ie reçois, d'estre protegée d'vne telle bouche & d'vne telle adresse d'esprit que celles dont vous reluisez heureusement entre les Prelats de la France. A Paris, 1626.

SI ceux qui liront les Versions suiuantes, y voyent quelque chose qui leur semble de prime abord hardiment traduicte, ou brusquement; ils sont priez de se souuenir des Precautions que i'ay proposées pour la traduction, en la lettre precedente: & de considerer en suite, que i'ay deu prendre pour moy, les conseils que ie donne aux autres pour ce regard.

EX TACITI HISTOR,
LIBRO I.

Igitur Galba apprehensa Pisonis manu, in hunc modum locutus fertur.

SI te priuatus, lege Curiata apud Pontifices, vt moris est, * adoptassem, & mihi egregium erat tunc, Pompeij & M. Crassi sobolem in penates meos ascisçere, & tibi insigne, Sulpiciæ ac Lutatiæ decora, nobilitati tuæ adiecisse. Nunc me Deorum hominumque consensu ad Imperium vocatum, præclara indoles tua, & amor patriæ impulit; vt principatum, de quo maiores nostri armis certabant, bello adeptus, quiescenti offeram. Exemplo diui Augusti, qui sororis filium Marcellum, dein generum Agripam, mox nepotes suos, postremò Tiberium Neronem priuignum, in proximo sibi fastigio collocauit. Sed Augustus in domo successorem quæsiuit, ego, in Rep. Non quia propinquos aut socios belli non habeam : sed neque ipse Imperium ambitione accepi: & iudicij mei documentum sint, non meæ tantum necessitudines, quas tibi postposui, sed & tuæ. Est tibi frater pari nobilitate, natu maior, dignus hac fortuna, nisi tu potior esses. Ea ætas tua, quæ cupiditates adolescentiæ iam effugerit: ea vita, in qua nihil præteritum excusandum habeas.

* Aliàs, adoptarem.

HARANGVE DE GALBA,

traduicte de Tacite, sur l'adoption de Pison pour successeur à l'Empire.

Du Liure premier des Histoires.

SI comme particulier ie t'eusse adopté, par la loy Curiale & selon la coustume, en presence des Pontifes; c'eust esté de l'honneur à moy, d'enter en ma maison la race de Crassus & de Pompeius, & de la gloire à toy, d'adiouster à ta noblesse le lustre de celle des Sulpiciens & des Lutaciens. Mais à present, ie suis poussé par l'amour de la patrie, & l'espoir que donne de soy l'excellence des dons que la Nature t'a départis, à te nommer pour successeur à l'Empire, auquel ie fus appellé par le consentement des Dieux & des hommes: & te donne reposant en ta maison, ceste grande dignité que nos predecesseurs debattoient à la pointe des armes, & que i'ay moy-mesme conquise par guerres. Ie practique en cecy l'exemple du diuin Auguste, qui esleua premierement prés de soy par adoption, Marcellus fils de sa sœur, puis Agripa son gendre, puis ses petits enfans: & finalement Tiberius son beau fils. Toutefois Auguste chercha successeur en sa propre maison, ie le cherche en la Republique. Non pas que ie n'aye des parens & des compagnons & partisans de mes guerres: mais ie n'ay pas moy-mesme acquis l'Empire par faueur, ou par droict de sang ny d'amitié: & veux que mes amis & mes proches & les tiens encore, ausquels ie te prefere, seruent d'argument à verifier l'intention & le prix de mon choix. Tu as vn frere égal en noblesse, ton aisné: digne de ceste Grandeur supréme, si tu ne l'estois plus que luy. Ton aage se void en termes, qu'il est eschappé desormais aux appetits de la ieunesse: ta vie telle, qu'il n'y a iusques icy nulle tache

Fortunam adhuc tantùm aduersam tulisti. Secundæ res acrioribus stimulis animum explorant: quia miseriæ tolerantur, felicitate corrumpimur. Fidem, libertatem, amicitiam, præcipua humani animi bona, tu quidem eadem constantia retinebis: sed alij per obsequium imminuent. Irrumpet adulatio, blanditiæ, pessimum veri affectus venenum: sua cuique vtilitas. Etiam ego ac tu simplicißimè inter nos hodie loquimur, cæteri, libentiùs cum fortuna nostra, quàm nobiscum. Nam suadere Principi quod oporteat, multi laboris, assentatio erga Principem quemcumque, sine affectu peragitur. Si immensum imperij corpus stare ac librari sine rectore posset, dignus eram, à quo Resp. inciperet. Nunc eò necessitatis iampridem ventum est, vt nec mea senectus conferre plus Populo Rom. possit, quàm bonum successorem, nec tua iuuenta, quàm bonum Principem. Sub Tiberio & Caio & Claudio, vnius familiæ quasi hæreditas fuimus: loco libertatis erit, quod eligi cœpimus. Et finita Iuliorum Claudiorumque domo, optimum quemque adoptio inueniet. Nam generari & nasci à Principibus, fortuitum, nec vltrà æstimatur: adoptandi iudicium integrum: & si velis eligere, consensu monstratur. Sit ante oculos Nero, quem longa Cæsarum serie tumentem, non Vindex cum inermi prouincia, aut ego cum vna legione, sed sua immanitas, sua luxuria, ceruicibus publicis depulere. Neque erat adhuc damnati Principis exemplum. Nos bello, & ab æstimantibus asciti,

cum

LES ADVIS. 545

Il est vray que la fortune t'a tousiours esté cydeuant contraire. Mais certes en la prosperité, l'esprit humain est plus en butte & plus viuement espoind aux vices: car il peut patienter les miseres, au lieu que les aises & les felicitez le corrompent. Tu maintiendras auec ceste mesme constance accoustumée, la bonne foy, la franchise, & la ronde & sincere amitié, qui sont les plus loüables qualitez de nos ames: les autres desormais par complaisance, éncrueront vers toy toutes ces vertus. Les flatteurs t'ataqueront, disje, & les blandices, poison plus pernicieux des bonnes inclinations: car chacun vise à l'interest particulier. Tu parles à ma personne, ie parle à la tienne proprement à ceste heure: les autres parlent plus volontiers à nostre fortune qu'à nous. Il est fort difficile aussi parlant aux Princes, de leur donner des conseils opportuns, tandis qu'on peut leur applaudir & les flatter sans effort & sans peine. Si le corps immense de cét Estat pouuoit subsister ou se soustenir sans chef, ie serois capable d'y restituer l'ancienne Republique. Mais il y a long-temps, que la necessité des affaires du Peuple Romain le porte-là, que ma vieillesse ne luy peut rien conferer de mieux qu'vn bon successeur, ny ta ieunesse rien mieux aussi qu'vn bon Empereur. Sous Tiberius, sous Caius & Claudius, l'Empire & nous estions comme l'heritage d'vne seule famille: cette action d'eslire vn Prince, commencera de ramener quelque image de liberté. La tige des Cesars & des Claudes perie, l'adoption choisira desormais le meilleur entre les citoyens Romains. Certes c'est vne legere gloire d'estre issu des Empereurs, puisqu'elle est fortuite: au lieu que l'adoption reluit de l'honneur d'vn choix & d'vn iugement libre, qui mesmes se peut encores guider & authoriser par la voix publique. Propose-toy Neron, lequel enflé de l'origine d'vne longue suitte de Cesars, n'a pas esté renuersé par Vindex, assisté d'vne Prouince desarmée, ny par moy, soustenu d'vne seule Legion: mais sa cruauté, ses debordemens, ont arraché son ioug de dessus le col du public. Et ne s'estoit veu iusques à luy, nul exemple d'vn Empereur condamné. Nous autres que le besoin de la guerre a faict appeller

cum inuidia quamuis, egregij erimus. Ne tamen territus fueris, si duæ legiones in hoc concussi orbis motu, nondum quiescunt. Ne ipse quidem ad securas res accessi; & audita adoptione desinam videri senex, quod nunc mihi vnum obijcitur. Nero à pessimo quoque semper desiderabitur: mihi ac tibi prouidendum est, ne etiam à bonis desideretur. Monere diutius neque temporis huius: & impletum est omne consilium, si te bene elegi. Vtilissimus * quidem ac breuissimus bonarum malarumque rerum dilectus, cogitare quid aut nolueris sub alio Principe aut volueris. Neque enim hîc, vt in certis gentibus quæ regnantur, certa dominorum domus, & cæteri serui: sed imperaturus es hominibus, qui nec totam seruitutem pati possunt, nec totam libertatem.

   * Cod. Regius, idem.

en son throsne par l'estime acquise, demeurerons en splendeur malgré l'enuie. Au reste ne t'estonne point de voir deux Legions rester encores bandées contre nous, en cét escroulement d'vn Estat qui s'estend par tout l'Vniuers. Arriuant au siege Imperial, ie ne trouuay non plus que toy les affaires aseurées : & cela peut-estre nous seruira, qu'alors qu'on sçaura ton adoption, ie ne sembleray plus vieil, seul reproche qu'on me face pour le iourd'huy. Neron sera sans fin regretté des plus meschans : faisons en sorte toy & moy, qu'il ne le soit pas des gens de bien. Le temps ne me permet point de t'exhorter plus auant : ioinct que mon dessein est du tout accomply, si i'ay faict vne pertinente élection en ta personne. C'est vn chemin tres-vtile & court à choisir en tes deportemens les choses bonnes ou mauuaises, que de te representer, ce que tu desirois ou reiettois en ceux d'vn autre Prince. Et ne sommes pas icy comme en quelques Estats Monarchiques, où certaine maison affectée domine, le reste estant esclaue : pource que tu dois commander à des hommes, qui ne peuuent souffrir vne pleine liberté, ny vne pleine seruitude.

EX BELLO IVGVR-
THINO SALVST.

Concionem Populi aduocauit Marius, deinde hoc modo differuit.

Cio ego, Quirites, plerofque non iifdem artibus imperium à vobis petere, & poftquam adepti funt, gerere : primò induftrios, fuplices, modicos effe, dein per ignauiam & fuperbiam ætatem agere. Sed mihi contra videtur : nam, qua pluris eft Refpub. quàm Confulatus, aut Prætura, eo maiori cura illam adminiftrari, quàm hæc peti debere. Neque me fallit, quantum cum maximo beneficio veftro negotij fuftineam. Bellum parare, fimul & ærario parcere, cogere ad militiam eos, quos nolis offendere, domi, forifque omnia curare ; & ea agere inter inuidos, occurfantes, factiofos; opinione Quirites, afperius eft. Ad hoc, alij fi deliquere, vetus nobilitas, maiorum facta fortia, cognatorum & affinium opes, multæ clientelæ, omnia hæc præfidio adfunt : mihi fpes omnes in memet fitæ, quas neceffe eft & virtute, & innocentia tutari : nam alia infirma funt. Et illud intelligo, Quirites, omnium ora in me conuerfa effe : æquos, bonofque fauere, quippe benefacta mea Reipubl. * procedunt.

*Alias, profunt.

HARANGVE DE MARIVS AV Peuple Romain, traduicte de Saluste en la guerre de Iugurtha.

IE sçay bien, Seigneurs Romains, que plusieurs recherchent de vous les charges & les commandemens publics, par des voyes bien differentes de celles dont ils vsent alors qu'ils les exercent. En cét abord ils se presentēt, pleins de soubmission, moderez, gens d'entreprise & de capacité: puis apres ils consument leurs iours, auec orgueil & faineantise. Mais mon sens est cōtraire: car ie trouue qu'on doibt apporter vn soin plus ardent à l'administration de la Republique, qu'à requerir le Consulat ou la Preture, de pareille mesure qu'elle se trouue de plus haut prix que telles dignitez. Certes ie n'ignore point, combien est pesant le fardeau que vous me commettez par ceste insigne faueur dont il vous plaist de m'obliger. Faire preparatifs de guerre, & neantmoins espargner les finances, contraindre à s'enroller ceux que vous ne voulez pas offencer, pouruoir à toutes choses en la Ville & dehors, & cela parmy des gens factieux, & d'autres qui vous enuient & contrecarrent; c'est, Seigneurs Romains, vne difficulté plus aspre qu'on ne peut imaginer. Que si les autres bronchent en ce pas, leur antique noblesse, les braues gestes de leurs ayeuls, la puissance de leurs alliez & parens, auec la quantité de leurs amis & de leurs suffragans, les deffendent: au lieu que toute mon esperance est en moy-mesme, laquelle il faut que i'appuye necessairement d'innocence & de vertu, me trouuant foible du reste. Ie sçay encores, Seigneurs Romains, que tout le monde a les yeux tournez sur moy: les gens de bien & iustes me fauorisans, parce que la Republique a tiré fruict de mes seruices:

*nobilitatem locum inuadendi quærere. quò mihi acriùs ad-
nitendum est, vti neque vos capiamini, & illi frustra
sint. Ita ad hoc ætatis à pueritia fui, vt omnes labores,
pericula, consueta habeam. quæ ante vestra beneficia
gratuitò faciebam, ea, vti accepta mercede, deseram, non
est consilium, Quirites. Illis difficile est in potestatibus
temperare, qui per ambitionem sese probos simulauere:
mihi, qui omnem ætatem in optimis artibus egi, bene fa-
cere iam ex consuetudine in naturam * vertit. Bellum me
gerere cum Iugurtha iussistis: quam rem nobilitas ægerri-
me tulit. quæso, reputate cum animis vestris, num id mu-
tari melius sit. Si quem ex illo globo nobilitatis ad hoc,
aut aliud tale negotium mittatis, hominem veteris pro-
sapiæ, ac multarum imaginum, & nullius stipendij: scilicet vt in tanta re ignarus omnium trepidet, festinet,
sumat aliquem ex populo monitorem officij sui. ita ple-
rumque euenit, vti, quem vos imperare iussistis, is sibi
Imperatorem alium quærat. At ego scio, Quirites, qui,
postquam Consules facti sunt, acta maiorum, & Græ-
corum militaria præcepta legere cœperint, homines præpo-
steri. nam gerere, quàm fieri, tempore posterius, re atque vsu, prius est. Comparate nunc, Quirites, cum illorum superbia me hominem nouum. Quæ illi audire, &
legere solent, eorum partem vidi, alia egomet gessi, quæ
illi litteris, ea ego militando didici. Nunc vos existima-
te, facta, an dicta pluris sint. Contemnunt noui-
atem meam, ego illorum ignauiam. mihi fortuna*

* Aliàs, vertitur.

là Noblesse espiant l'occasion de me courre sus. Cela m'oblige à me roidir plus asprement, pour faire en sorte que vous n'ayez pas esté trompez en l'eslectió de ma personne, & que les efforts de ceux-cy restent inutiles. Depuis mon enfance iusques à maintenant, ie me suis tousiours familiarisé à toute espece de labeurs & de perils. Ces choses dóc que ie faisois gratuitemét auát qu'estre honoré de vostre bié-fait, ce n'est pas mon intention de les discontinuer, à ceste heure qu'il semble me payer pour les faire. Ceux qui pour leurs ambitieux desseins se contrefont meilleurs & plus reglez qu'ils ne sont, se temperent dificilement estás en authorité: quant à moy le bien-faire m'est tourné de coustume en nature, ayant pasé toutes mes années en la plus loüable forme de vie. Vous m'auez commandé de faire la guerre contre Iugurtha, ce que la Noblesse suporte fort impatiemmét. Considerez en vous mesmes, ie vous supplie, s'il vaudroit mieux changer d'aduis ou non. Si vous commettez à cét employ ou à ses semblances, quelqu'vn de ce tas de Noblesse, homme d'ancienne race, enflé d'vn atirail d'antiques images, & de nulle experience de guerre: sans doute ignorant en vne affaire si difficile & si grande, il faudra qu'il s'ebloüisse par tout, qu'il tremble par tout, qu'il precipite tout, & prēne quelque plebée enfin pour cóductēur en sa charge. Ainsi void-on souuent arriuer, que cestuy-là que vous eslisez pour chef d'armée, s'eslit vn chef à soy-mesme. I'en cognois aucuns, Seigneurs Romains, lesquels apres estre faits Consuls, commencent à lire les gestes des anciens, & les preceptes militaires des Grecs: Magistrats bastis à contresens. Car l'apprentissage doit preceder l'exercice, & selon leur vsage, il suit. Comparez tels outrecuidez auec moy, qui suis homme nouueau. Des choses qu'ils out accoustumé d'ouyr reciter, ou de lire, i'en ay veu la meilleure partie, & practiqué l'autre. Ce qu'ils ont appris à l'ayde des Liures, ie l'ay appris en faisant la guerre: aduisez qui vaut mieux, le dire ou le faire. Ils mesprisent ma qualité d'homme nouueau, moy leur neantise. On me reproche ma fortune & ma naissance: à

illis probra obiectantur. quamquam ego naturam vnam
& communem omnium existimo, sed fortissimum quemque generosissimum esse. ac si iam ex patribus Albini, aut
Bestiæ quæri posset, mene, an illos, ex se gigni maluc-
rint: quid responsuros creditis, nisi, sese liberos quàm op-
timos voluisse? Quod si iure despiciunt me: faciant idem
maioribus suis, quibus vti mihi, ex virtute nobilitas cœ-
pit. inuident honori meo: ergo inuideant labori, innocen-
tiæ, periculis etiam meis: quoniam per hæc illum cepi. verùm homines corrupti superbia, ita ætatem agunt, quasi
honores vestros contemnant, ita hos petunt, quasi honestè
vixerint. næ illi falsi sunt, qui diuersissimas res pariter ex-
spectant, ignauiæ voluptatem, & præmia virtutis. Atque
etiam cum apud vos, aut in senatu verba faciunt, pleraque
oratione maiores suos extollunt, eorum fortia facta me-
morando clariores sese putant: quod contra est. nam, quan-
tò vita illorum præclarior, tantò horum socordia flagitio-
sior. & profectò ita se res habet. maiorum gloria posteris
lumen est, neque bona, neque mala eorum in oculto patitur.
Huiusce rei ego inopiam patior, Quirites. verum id, quod
multò præclarius est, meamet facta mihi dicere licet: nunc vi-
dete quàm iniqui sint. quod ex aliena virtute sibi arrogans, id
mihi ex mea non concedunt: scilicet quia imagines non habeo,
& quia mihi noua nobilitas est: quàm certè peperisse melius
est, quàm acceptam corrupisse. Equidem ego non ignoro, si iam
mihi respondere velint, abunde illis facundam & compo-
sitam orationem fore. sed in maximo vestro beneficio, cum
omnibus locis me, vosque maledictis lacerent, non placuit
reticere:

ceux-cy leurs vices & leurs ordures. Ie croy pourtant, quoy qu'ils dient, que la Nature est vne mesme & en tous les hômes : fauf que le plus vertueux & braue, est le plus noble. Que si l'on pouuoit questionner les predecesseurs antiques de Bestia, d'Albinus, & leurs pareils, s'ils aymeroiēt mieux les auoir engendrez ou moy ; que croyez-vous qu'ils respondissent, sinon, qu'ils prefereroiēt en ce choix les plus dignes enfans ? S'ils veulent auoir droict de me desdaigner, qu'ils en facent autant de leurs ayeulx, ausquels, comme à moy, la noblesse commença par la vertu. Puis qu'ils enuiēt l'honneur que vous me decernez, ils doiuent enuier aussi mon integrité, mes labeurs, mes hazards : d'autāt que c'est par eux que i'y suis paruenu. Mais en verité ces hômes perdus d'arrogance, viuent ainsi que s'ils mesprisoient vos honneurs publics, & les recherchent, comme si leur vie en estoit digne. Quelle erreur, quel aueuglement les emporte, de pourluiure deux choses tellement opposites, le plaisir des voluptez lasches, & le loyer de la vertu ? Dauantage, quand ils haranguent deuant vous ou deuant le Senat, ils s'estendent en discours plantureux pour exalter les hauts faits de leurs anciens peres, se croyans illustrer par ce recit, & c'est le contraire : car tant plus la vie de ceux-là paroist glorieuse, tant plus est honteuse à ceux-cy leur lascheté. Mais à vray dire, le lustre des ancestres, est vne lumiere aux successeurs : qui ne souffre iamais, que leurs vices ny leurs vertus, demeurent à l'obscur. Ie manque de ce lustre, messieurs, mais i'en ay acquis vn plus honorable : c'est qu'il m'est permis de raconter mes propres gestes. Iugez combien ils sont iniques : ce qu'ils s'atribuent par le vertu d'vn tiers, ils ne me concedēt pas de me l'attribuer par la miéne mesme : à cause, enfin, que ma maisō est vuide d'images de predecesseurs, & que ma noblesse est recête : laquelle certainemēt il vaut mieux auoir engendrée, que de la corrompre, l'ayant receuë d'autruy. Ie n'ignore pas, apres tout, que s'ils me veulēt respōdre ils ne le puissent, auecques le flux d'vne oraison faconde & polie. Mais ie n'ay sçeu pourtant me taire, cognoissant qu'ils derompoient vous & moy d'iniures en tous lieux, sur ce grand

reticere : ne quis modestiam in conscientiam duceret. nam me quidem, ex animi sententia, nulla oratio lædere potest. quippe vera, necesse est bene prædicet : falsam vita, moresque mei superant. Sed quoniam vestra consilia accusantur, qui mihi summum honorem, & maximum negotium imposuistis: etiam atque etiam reputate, num id pœnitendum sit. Non possum, fidei causa, imagines, neque triumphos, aut Consulatus maiorum ostentare. at, si res postulet, hastas, vexillum, phaleras, alia dona militaria, præterea cicatrices aduerso corpore. hæ sunt meæ imagines, hæc nobilitas, non hereditate relicta, vt illa illis, sed quæ ego plurimis meis laboribus, & periculis quæsiui. Non sunt composita verba mea: parui id facio: ipsa se virtus satis ostendit: illis artificio opus est, vt turpia facta oratione tegant. Neque litteras Græcas didici. parum placebat eas discere, quippe quæ ad virtutem doctoribus nihil profuerunt. at illa multo optima Reip. doctus sum, hostes ferire, præsidia agitare, nihil metuere, nisi turpem famam, hyemem, & æstatem iuxta pati, humi requiescere, eodem tempore inopiam, & laborem tolerare. his ego præceptis milites hortabor : neque illos arctè colam, me opulenter : neque gloriam meam laborem illorum faciam. hoc est vtile, hoc ciuile imperium. namque, cum tutè per mollitiem agas, exercitum supplicio cogere, hoc est, dominum, non Imperatorem esse: hæc, atque talia moiores vestri faciundo, seque, Remque-publicam celebrauere. quis nobilitas freta,

honneur que vous m'auez départy : de peur que quelqu'vn n'estimast, que ma modestie fust vn ver de consciéce. Quoy qu'il en soit, nulle lāgue, à mon aduis, ne me peut offenser: pource que la veritable dira bien de moy necessairement, ōmme la fausse sera conuaincuë par mes déportemēts & par ma vie. Or puis que l'on accuse vostre resolution de m'auoir commis en vne dignité supréme, & sur vne tres-importante affaire, considerez & reconsiderez derechef, si vous auriés à vous en repentir. Ie ne sçaurois pour vous dōner caution de moy, presenter en parade les statuës, Consulats & triomphes de mes peres : mais si ferois bien au besoin, des iauelines, enseignes, bardes, & autres dons militaires, outre les cicatrices que ie porte en mon corps, toutes par-deuant. Voyla mes statuës & ma noblesse : non laissée par heritage, comme celle de telles personnes, car ie l'ay gaignée par infinis trauaux & perils. Mes discours au demeurant ne sont pas fardez, dequoy ie ne m'interesse gueres, la vertu se faisant assez voir d'elle-mesme : quant à ceux dont il est question, ils ont besoin d'artifice, afin de déguiser leurs vilains effects par belles parolles. Outre plus, ie n'ay point apris les Lettres Grecques, & me suis peu soucié de les apprendre : ayant veu qu'elles n'apportent rien à la vertu de ceux qui les enseignent. Ie me suis instruict en des choses beaucoup plus aduantageuses à la Republique : fraper les ennemis, garder vn fort, ne rien craindre qu'vne mauuaise reputation, supporter esgalement le froid & le chaud, coucher sur la dure, souffrir en mesme instant le trauail & la necessité. C'est de ces preceptes aussi que i'instruiray mes soldats. Et ne les traicteray pas maigrement tandis que ie me traicteray largement : ny ne surchargeray leurs trauaux pour accroistre ma gloire, & si ne feray pas vanité de leur fatigue. Voila l'vtile, voila la iuste & ciuile forme de commandement d'vn chef de guerre : car de se traicter mollement soy-mesme, forçant l'armée au labeur soubs peine du supplice, c'est se porter en maistre, non pas en General. C'est par telles actions & autres de ce genre, que nos maieurs ont illustré cét Estat en s'illustrans eux-mesmes : du sang des-

Aaaa ij

ipsa dissimilis moribus, nos illorum æmulos contemnit: & omnes honores, non ex merito, sed quasi debitos à vobis repetit. Cæterùm, homines superbissimi procul errant. Maiores eorum omnia, quæ licebat, illis reliquere, diuitias, imagines, memoriam sui præclaram: virtutem non reliquere, neque poterant: ea sola neque datur dono, neque accipitur. Sordidum me, & incultis moribus aiunt; quia parum scitè conuiuium exorno, neque histrionem vllum, neque pluris pretij coquum, quam villicum, habeo. quæ mihi lubet confiteri, Quirites. nam & ex parente meo, & ex aliis sanctis viris ita accepi, munditias mulieribus, viris laborem conuenire: omnibusque bonis oportere plus gloriæ, quàm diuitiarum esse: arma, non supellectilem, decori esse. Quin ergo, quod iuuat, quod carum æstimant, id semper faciant: ament, potent: vbi adolescentiam habuere, ibi senectutem agant, in conuiuiis, dediti ventri, & turpissimæ parti corporis: sudorem, puluerem, & alia talia relinquant nobis, quibus, illa epulis iucundiora sunt. verùm non ita est. nam, vbi se flagitiis dedecorauere turpissimi viri, bonorum præmia ereptum eunt. ita iniustissimè, luxuria & ignauia, pessimæ artes, illis, qui coluere eas, nihil officiunt, Reip. innoxiæ cladi sunt. Nunc, quoniam illis, quantum mores mei, non illorum flagitia poscebant, respondi, pauca de Republica loquar. Primum omnium de Numidia, bonum habete animum, Quirites: nam quæ ad hoc tempus Iugurtham tutata sunt, omnia remouistis,

quels les Nobles s'enflans, bien qu'ils leur soient dissemblables de mœurs, nous desdaignent nous autres qui les imitons: & veulent à viue force exiger de vous toutes sortes d'honneurs, non par raison de merite, mais comme deubs. En quoy certainement leur arrogance les aueugle bien fort. Ces predecesseurs leur ont laissé tout ce qu'ils ont peu, richesses, images, memoire glorieuse de leurs gestes: la vertu, nō, d'autant qu'ils ne pouuoient: elle seule ne peut estre donnée ny receuë. Ils me publient rustique & grossier, pource que ie ne sçay pas aioliuer l'appreft d'vn festin, pource que ie n'entretiens point de comedien, ou de bouffon, & que ie n'achete pas plus cheremēt vn cuisinier qu'vn métayer. Reproches que volontiers i'aduouë, Seigneurs Romains; ayant appris de mō pere, & d'autres tres-vertueux & braues personnages; que les curiositez & les gentilesses conuiennent aux Dames, le labeur aux hommes: qu'il falloit encores, que les gens de bien amassassent plus de gloire que de richesses, & que les armes, nō la pompe & l'apparat, sont leur parement. Or dōc que ses messieurs icy facēt sās cesse les choses qui leur plaisēt le plus: qu'ils boiuent, qu'ils garsaillent, qu'ils consument aussi la vieillesse apres la ieunesse dās les festins, dediez au seruice de leur vētre, & de la plus sale partie de leurs corps: laissans cependant à nous autres la poudre & la sueur, puis qu'elles nous sont plus agreables que les banquets & les voluptez. Mais certes ils ne sont pas en ces termes: d'autāt qu'apres que ces gēs cōfiēts en vilenie, se sont diffamez par leurs desbordemens, ils courent pour rauir le prix qu'en doibt aux personnes d'honneur. Par ce moyen il arriue tres-iniustement, que la lascheté, la desbauche & le luxe, vices les plus pernicieux, ne nuisent point à ceux qui les practiquent, & ruinent la Repubiique qui n'en peut mais. Or à ceste heure apres auoir parlé d'eux, non pas selon que leurs vices le meritent, ouy bien selon que mes mœurs le peuuent permettre, ie diray quelque mot des affaires publiques. En premier lieu, Seigneurs Romains, prenez bonne esperance de la Numide : à cause que vous en auez arraché toutes les choses qui iusques à ce iour ont

Aaaa iij

auaritiam, imperitiam, superbiam. dein exercitus ibi est locorum sciens, sed mehercule magis strenuus, quàm felix: nam magna pars eius auaritia, aut temeritate ducum atrita est. Quamobrem vos, quibus militaris ætas est, adnitimini mecum, & capeßite Remp. neque quemquam ex calamitate aliorum, aut Imperatorum superbia metus ceperit. egomet in agmine, in prœlio, consultor idem & socius periculi vobiscum adero: meque, vosque in omnibus rebus iuxta geram. Et profectò, diis iuuantibus, omnia matura sunt, victoria, præda, laus: quæ si dubia, aut procul essent, tamen omnes bonos Reip. subuenire decet. etenim nemo ignauia immortalis factus: neque quisquam parens liberis, vti æterni forent, optauit, magis vti boni, honestique vitam exigerent. Plura dicerem, Quirites, si timidis virtutem verba adderent: nam strenuis abundè dictum puto.

conserué Iugurtha, l'auarice, l'incapacité, l'orgueil. D'autre costé, l'armée que vous y auez est informée des lieux, mais en verité plus valeureuse qu'elle n'est heureuse en succés: car la plus grand part s'est flestrie & dissipée, par la rapine & l'inconsideration des chefs. Partant, vous autres qui florissez en aage guerrier, efforcez-vous auec moy d'embrasser le seruice de la Republique. Et que nul ne craigne par l'exemple du mal-heur de ceux qui l'ont deuancé en ces lieux-là, ny par celuy de l'arrogance & du fast des Capitaines Generaux: ie seray moy-mesme pres de vous sur les rangs & au combat, directeur & compagnon en tous les dangers, & traicteray tousiours égallement vous & moy. Sans doute, à l'ayde des Dieux, toutes choses sont prestes & meures, la victoire, la proye, la loüange: lesquelles quand elles seroient differées ou douteuses, il faudroit neantmoins que les gens de vertu secourussent tous la Republique. Aucun ne s'est iamais faict immortel, en s'espargnāt par lascheté, ny iamais pere n'a souhaitté que ses enfans fussent éternels, mais bien, qu'ils passassent vne vie honneste & vertueuse. Ie parlerois plus amplement si les paroles pouuoient apporter de la valeur aux coüards: & quant aux braues, Seigneurs Romains, ce que i'ay dit leur suffira.

A
MADAME DE PERAY,
MARIE DE S. MESMIN,
SA COVSINE.

Luy dédiant l'Epistre de Laodamia, prise d'Ouide.

IE ne pretends nulle loüange en cette Heroïde tournée du Latin, ma chere Cousine, que pour l'auoir bien sçeu choisir & bien dédier: & l'addresse à vne si cordiale & fidelle espouse que ie vous cohgnois, afin d'honorer reciproquement ces deux qualitez en Laodamia & en vous, par vostre presente association. La raison qui m'a conuiée à faire ce choix, & à le vous offrir, c'est que vous & moy nous sommes tousiours aymées, sinon de mesme ardeur & mesme sorte, au-moins de mesme constance & sincerité, que Protesilaus & ceste Infante. Et si faut que i'adiouste à l'honneur de vostre vertu, que nostre amitié s'est nourrie auec presques autant de bons offices, que celle de ce digne pair a peu faire: offices en effect de vostre part, & en desir seulement de la mienne. Mon dessein donc, ayant visé simplement à ces respects qui vous regardent, & non à ma gloire ny à celle du Poete, qui n'est que trop illustre d'elle-mesme, i'ay pensé qu'il suffisoit de mettre ceste Epistre en prose. La desolée Laodamia, fournit à son amant, le plus beau suiect d'aymer de son siecle : à son Poete, le plus beau suiect d'escrire. Poete, à qui l'Amour debuoit vne rencontre pareille à celle que fit Protesilaus en Laodamia, s'il le vouloit dignement recompenser de l'amoureuse & delicieuse mignardise de ses Escrits, sur

tout

tout en ceste piece: car les Princesses Imperiales, qui l'aymoient de passion comme on sçait, ne pouuoient pour ce regard suffire à sa recompense. Se plaindra-t'elle plus des destins la pauureté, ou de ceste infortunée vaillance qui luy rauit son amant? de celle-cy certes: puis qu'il deuoit mespriser la victoire mesme & le nom de Mars; s'il auoit à les acquerir au prix du moindre hazard, de perdre l'espoir de retourner en la chambre, d'vne si desirable & si chere Dame. Nos pleurs aussi, nos dolentes exclamations sur ton desastre, le gentil & genereux effort de ton Poete, ô belle Grecque, l'hymne perpetuel des Nations sur ton sainct amour, ny sa gloire & splendeur encores, ne le peuuent payer: la seule durée de sa possession le pouuoit. Et toy fameux valon de Tempé, pourquoy la Nature t'auoit-elle composé, le plus delicieux lieu du Monde, & pour quelle raison t'auoit-elle assis au Royaume de ceste belle couple, sinon pour seruir de cabinet à leurs amours toute vne longue vie? leur residence estoit le comble de ta florissante beauté, comme toy l'assaisonnement accomply de leurs plaisirs. Certes leur separation est de quelque poinct plus miserable auprés de toy, de ce que leur vnion eust esté plus plaisante en ton sein qu'autrepart. Tu as pû seruir de tesmoin à leurs larmes amoureuses, au recit mutuel de leurs passions, aux ardents souhaits des nopces, à la possession tu les abandonnes! Despouille la verdure & les fleurs, ô Tempé, chasse les delices du Printemps & la brigade des rossignols, trouble tes claires ondes: pour qui desormais les voudrois-tu garder? apres la perte de ces amants, il ne reste plus rien digne de loger en tes riuages. Honorez-les de quelques pleurs, ma chere parente: ainsi puissions nous honorer & benir toute nostre vie, l'heur de vostre mariage de nos cantiques. A Paris 1608.

Bien que la Dame pour qui ceste lettre fut escrite soit morte depuis, nous auons estimé qu'elle pouuoit continuer à luy parler icy en termes de vie, ayant esté conceuë de son viuant: & de mesme quelques autres pieces de ce Liure, addressees à diuerses personnes qui ne sont plus auiourd'huy. Ie diray des morts sur ceste occasion, qu'ils nous obligent tant plus religieusement à les reuerer, de ce qu'ils ne nous peuuent remercier de seruice ny d'honneur qu'on leur rende. En verité le tombeau de ma Cousine est du nombre de ceux qui touchent plus sensiblement mon cœur & mes deuoirs: enfermant les cendres d'vne Dame veritablement ornée d'esprit, de modestie, candeur, charité, foy coniugale, & de sincere affection vers moy.

LES ADVIS.   563

EPISTRE DE LAODAMIA A PROTESILAVS.

Version d'Ouide.

ARGVMENT.

Rotesilaus Prince d'Æmonie ou Thessalie, se desroba du lict de Laodamia la nuict de leurs nopces: forcé par l'oportunité des vents, pour aller à la guerre de Troye. Arresté qu'il fut au port d'Aulide auec la flotte des Grecs par quelques vents contraires, la nouuelle espouse luy escriuit ceste Epistre. Or sa ieune & belliqueuse ardeur, l'ayant depuis enferré par la main d'Hector, dans l'oracle qui vouoit à la mort le premier Grec qui mettroit le pied sur le riuage Troyen, & le bruit en estant arriué à sa desesperée Dame; elle pria les Dieux, qu'elle le peust voir aumoins vne fois en songe : & comme sa priere fut exaucée, elle embrassa l'Ombre auec tel rauissement, qu'elle rendit l'ame en ceste action.

Aodamia Princesse Æmoniëne saluë le Prince d'Æmonie son époux : & desireroit enflammée d'amour, voler elle-mesme où elle enuoyée ceste Epistre. Le bruit est, qu'vn vent contraire, t'arreste au port d'Aulide: ah que faisoit ce vent, le iour que tu t'enfuis d'aupres de moy ! Les vagues deuoient alors s'opposer à tes rames: & ce temps estoit conuenable à la tourmente. I'eusse donné pendāt ce delay, mille baisers à ta bouche: ie t'eusse fait maint amoureux commandement, & me sont restées mille choses à te dire. Tu fus precipitamment rauy de ces

Bbbb ij

Regions, par l'opportunité de ce vent, que ie craignois autant, que tes voiles & tes mariniers l'appelloient. Le vent propre aux nochers & contraire aux amans, fut cause qu'on m'arracha de l'estreincte si douce de tes bras enlassez. Ma langue se vid contraincte de coupper les paroles à my-chemin: à peine te pût-elle acheuer seulement ce triste mot: Adieu. Boreas se rua violemment sur tes vaisseaux, rauit tes voiles enflées: & tout en vn moment ie vis esloigner mon Protesilaus. Ie te contemplay, ie te humay de regards, tant que ie pûs: & mes yeux eurent vn souuerain plaisir à suiure les tiens autant qu'il leur fut possible. Quand ie ne te sçeus plus voir, ie sçeus au-moins voir tes voiles: & ces mesmes yeux s'en repurent long-temps. Mais aussi-tost que ie ne vis plus, ny toy, ny tes voiles: & que la seule mer resta soubs la portée de ma veuë; ma lumiere à l'instant s'éclipsa, mon œil se voila de tenebres, & mes genoux deffaillans, ie fondis à terre pasmée. A peine ton pere Yphyclus, à peine le mien Acastes & ma mere, me resueillerent auec l'eau froide. Ils me firent vn pieux office, mais inutile à moy: courroucée qu'il n'ayt esté permis à la Parque, de terminer vne vie si miserable que la mienne. A l'heure que mes esprits se resueillerent, à l'heure aussi se resueilla ma douleur: & cét amour si iuste, poignit derechef mon chaste sein. Ie n'ay soucy quelconque de me peigner, ny de reuestir mon corps de robbes dorées: au lieu de m'amuser à cela, ie cours sans cesse où la fureur me porte, comme vne Thyade picquée du Thyrse de Bachus. Les Dames Philaceïdes, s'assemblant autour de moy chetiue, me criét: O Princesse Laodamia, repren le soin de toy-mesme, & recommence de parer royalement ta Royale personne. Ah Dames, leur dis-ie, voulez-vous que ie me veste de ces draps enyurez des riches couleurs du pourpre, tandis qu'vn si cher amant combat aux guerres d'Ilion! Donneray-ie ma tresse à peigner, au temps que la sienne est pressée d'vn casque! Porteray-ie de superbes habits, pendant qu'il porte les dures armes! Certes i'imiteray plustost ses labeurs, ie m'y rendray participante, par le non-soin & par l'auilissement de ma personne: & passeray tristement la saison de ceste guerre. O Prince Paris, ruineux aux tiens par ta beauté, puisses-tu estre aussi foible ennemy, que tu fus mauuais hoste. Pourquoy ne permirent les Dieux immortels, que le visage de l'infidelle espouse Tenarienne depluft iadis à tes yeux: ou que le tien ne fust pas agreable aux siens! Et toy Menelaus, qui prends tant de peine pour ta femme rauie, helas que ta vangeance fera pleurer d'autres femmes! O Cieux, diuertissez tous mauuais presages loin de nous: & faictes que mon bien aymé mary, puisse vn iour offrir ses armes à Iupiter, pour remerciement d'vn heureux retour. Mais i'entre en effroy, toutes les fois que ceste déplorable guerre s'offre à ma pensee: & mes yeux coulent, ainsi que la neige qui se fond au Soleil. Ilion & Tenedos, Simoïs, Xanthus, & le mont Ida, sont des noms desquels le son tout seul est redoutable à mes oreilles. Apres tout, cét estranger n'eust point rauy la Dame, s'il ne l'eust sçeu garder : il faut croire, qu'il cognoissoit ses forces. Il vint, comme le bruit recite, auec vn pompeux équipage : & portoit les richesses Phrygiennes sur sa personne, toute flaambre d'or & de pierreries. Il estoit puissant de flotte & d'hommes, instrumens de fiere guerre : & si falloit encore imaginer, combien vray-semblablement tout cela pouuoit faire vne petite part de son Estat & de sa Grandeur. Tu fus vaincuë de ces choses, ô gemelle de Leda : & ces choses mesmes peuuent bien fort nuire aux Grecs. Ie crains ie ne sçay quel Hector : & Paris disoit, que cét homme estoit vn foudre de guerre. Que si ie te suis chere, fuy cét Hector, ie te prie, quel qu'il soit : & tiens son nom fermement imprimé en ton cœur, de peur de l'oublier. Apres que tu auras éuité sa rencontre, songe d'éuiter celle des autres : & croy qu'il est plusieurs Hectors à Troye. Toutes les fois que tu combattras, souuiens-toy de dire : La pauure Laodamia m'a tant recommãdé de me conseruer par pitié d'elle ! Si, disie, le destin porte, que le Pergame ait à succomber soubs les armes Argiues, les Dieux vueillent, qu'il y succombe sans t'auoir frappé d'aucune playe. Que Menelaus combatte & presse les ennemis, pour rauir à Paris, ce que Paris luy rauit: qu'il se iette en la presse, & surmonte par les armes, celuy qu'il surmonte d'ailleurs par l'équité de sa cause. Il faut certainement, que ce mary coure rauir sa femme du milieu de l'armée ennemie: mais ton interest est different du sien: car tu n'as à combattre, que pour sauuer ta vie, & retourner en l'amoureux & cher sein de ta maistresse. O Troyens, vueillez espargner vn seul de tant d'aduersaires, de crainte que vous ne respandiez mon sang par sa blesseure! Il ne luy sied pas bien, d'attaquer l'ennemy du glaiue foudroyant, ny d'aborder furieux vos armes teste à teste. Ce mary bouillant d'ire, & de ialousie amoureuse, est plus brusque & plus braue: c'est à telles gens de se battre, à Protesilaus de faire l'amour. I'aduouë que ie le voulus destordre & destourner de ce voyage: mon cœur me suscitoit à le retenir, & ma langue en voulant parler à luy se figea toute immobile par la crainte d'vn desastre. Comme aussi tu voulus sortir des portes de la maison paternelle pour aller à Troye, ton pied que tu blessas au sueil, nous seruit de sinistre augure. Ie m'affligeay voyant ce presage: & priay les Dieux, de le conuertir en quelque heureux signe de ton retour. Ie te repete ces choses, afin que tu ne sois pas trop hazardeux aux armes: & que ceste peur se respande aux vents. Au surplus, ie sçay que le destin voué à la mort, celuy des Grecs, qui doit sauter le premier sur la riue de Troye: ha! miserable celle, qui pleurera premiere son espoux mort! Vueillent les Dieux, te diuertir de ta vaillance. Qu'entre mille nefs, la tienne soit rangée la derniere, & la derniere verse & tranche les eaux fatiguées par ses compagnes. Sur tout ie t'aduertis de sortir du vaisseau le dernier: qui te hasteroit de descendre? ceste terre-là n'est pas la tienne naturelle: quand tu rebrousseras vers nous, c'est lors qu'il faut haster tes nauires à voiles & à rames, & te ietter brusquement sur le riuage. Cependant, soit que le Soleil se plonge en la mer, soit qu'il esclaire au Ciel, tu me tourmentes incessamment: la nuict neantmoins plus que le iour: nuict si plaisante aux ieunes espouses, qui iettent les bras espandus à l'entour d'vn col chery. Seule & deserte alors dans ma couche, mon esprit vole apres la vaine image des songes: & manquant des vrais plaisirs les faux m'allaictent. Mais pourquoy vois-ie par fois ta figure, se presenter toute paste? pourquoy l'entends-ie souuét pousser des voix plaintiues? Sur ces termes, ie m'éueille en sursaut, adorant cette idole & le Dieu du Sommeil: & vais parfumer de mes offrandes, tous les autels de la Thessalie. Ie respands de l'encens & des larmes: qui tiennent parmy les flammes de mes sacrifices, le mesme lieu que tient sur le feu des autres sacrifices, le vin qui les arrose. O quand viendra la bien-heureuse iournée de ton retour, & que t'enueloppant de mes bras ardents & auides, ie me pasme de languissante ioye en ton sein? Quand sera-ce, que nous tenans cherement embrassez en vn lict, tu me raconteras tes proüesses de ceste guerre: & que parmy ce recit, quoy que plaisant, tu me donneras plusieurs baisers, & en rauiras plusieurs autres? Celuy qui recite, s'entrecouppe tousiours pertinemment pour vn baiser: & la langue est plus éueillée à son discours apres vne si douce pause. Cependant, comme Troye, le vent & les vagues se representent à mes yeux, toute esperance me fuit & coule à fond, accablée par l'effort d'vne extrême crainte. Cela mesmes m'estonne, que le vent empesche les vaisseaux de leuer l'ancre, & qu'il faille aller à Troye en despit de la mer. Qui voudroit retourne au pays malgré les vents? & neantmoins, ô Grecs, vous tendez la voile en despit d'eux pour vous esloigner du vostre! Neptune vous deffend d'assaillir sa Ville, vous en retranchant le chemin: où vous precipitez-vous, Peuples d'Achaïe? Escoutez les vents contraires: ce n'est pas vn accident fortuit qui vous resserre au port, c'est vn coup du Ciel. En fin que cherchez-vous par ceste grande guerre, sinon vne infame adultere? tournez, tournez les voiles vers l'Inachie, pendant qu'il est encores loisible. Mais, que me sert de les reuoquer? puissent-ils voler pluftost, soubs l'heureuse & calme faueur des vents, sans que mon rapel leur serue de mauuais augure. I'enuie au surplus les Dames Troyennes, bien qu'elles ayent à voir les lamentables obseques de leurs proches, & l'ennemy prés d'elles, La nouuelle espouse vestira de sa main, dans leur Ville, les riches armes barbares à son braue espoux: & les vestant cueillira maint baiser sur ses lévres, office delectable à tous les deux. Elle prolongera son partement pour le côbat, à l'ayde d'vn si doux artifice: & puis le mettra aux champs, apres luy auoir cherement recommandé le soin du retour: & luy dira: Fay que tu rapportes tes armes à Iupiter. Luy portant auec soy le recent commandement de sa Dame, combattra par prudence en regardant sa maison. Quand il sera retourné chez soy, sa mesme Dame luy tirera le bouclier, desnouëra son armet, & receura le corps lassé du combat en son giron. Nous autres cependant, sommes incertaines de toutes choses: & la peur inquiete nous force de tenir pour faict, tout le mal qui se peut faire. Or cependant que tu suis la guerre en cét autre Monde, ie garde vn ouurage de cire qui me represente ton visage. Ie luy fais les caresses, & luy dis les paroles, qui te sont deuës: il reçoit mes tendres embrassemens. Crois-moy, cette image merite plus que le nom d'vn portraict: si seulement elle auoit la parole, ce seroit Protesilaus luy-mesme. Ie la contemple, & la tiens au sein, pour mon veritable espoux: luy faisant mes plainctes, comme si elle pouuoit repliquer. Ie iure par ton retour, par ton corps Deïté que i'adore, par nos mutuelles amours, par ce chef tres-aymé, que tu puisse rapporter, & que ie puisse voir blâchir, & par les flambeaux de nos espousailles; que ie te veux estre compaigne par tout où le destin t'appellera: soit, helas! que ce que ie crains arriue, soit que tu retournes en prosperité. Partant ie cloray mon Epistre par ce seul mot: Pren soucy de toy, si tu le prends de moy.

ADVIS

LES ADVIS.

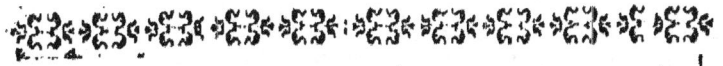

ADVIS
SVR LA TRADVCTION DE LA
seconde Philippique de Ciceron.

LE premier mot de cét Aduertissement sera, que i'ay tourné ceste Oraison sur l'Exemplaire de Cælius Secundus: prenant par fois neantmoins, bien que rarement, addresse de quelque autre: & le dis, afin que la diuersité qu'on pourra voir entre ma version & quelques Exemplaires de ceste mesme Oraison qui courent entre les sçauans, ne soit point cause que mon labeur reçoiue reproche, de faute de foy ou de circonspection. En suitte i'aduiseray le Lecteur, que si i'ay par fois alongé les apostrophes de Ciceron, tantost vers les Iuges, tantost vers Antonius, ç'a esté pource que cette lecture eust peu tóber en confusion par ces changemens si frequents de personne & de visée : ce qui ne pouuoit arriuer à la prononciation qu'il en fit de viue voix, où le mouuement des yeux & la muration de posture interpretoient à qui il parloit : outre laquelle preuoyance, i'ay encore nommé à mesme fin de faire voir à qui la parole s'addressoit, telle fois le Senat, telle fois le mesme Antonius, plus souuent que mon Orateur, à mesure qu'il se tournoit vers eux à diuerses reprises. D'ailleurs, i'ay rendu en quelques passages, les interrogans vn peu moins espais, couchant les periodes soubs vn nouueau ply, mais tousiours sans alterer le sens. Et l'ay faict ainsi pour ceste autre consideration, qu'vn discours semble ne pouuoir tant porter de ces especes d'interrogations, sur le papier, qu'à la prononciation que l'Orateur en faict : en laquelle les gestes du parlant, les assaisonnent tellement de leur grace, qu'ils les gardent de sentir l'affectation : ainsi

qu'autrement elles pourroient faire en quelques endroicts. Pour l'éualuation de monnoye, le mesme soin de soulager le Lecteur, m'a conuiée de la mettre à nostre mode & selon les communs interpretes, de qui toutesfois ie ne voudrois pas respondre. Au surplus, il y a quelques lieux difficiles, & que ie cautionnerois encores moins : comme on pourroit dire sur le rappel de Lenticula banny pour le ieu, sur la poursuitte de la Censure & du Septemvirat de l'oncle d'Antonius, sur les honneurs funebres decernez à Cæsar par luy-mesme, sur le retour aussi du mesme Anthonius de l'armée des Gaules, affin de poursuiure sa charge de Questeur : & autres endroicts. Quant à l'ironie, i'y eusse mis quelque marque, de crainte que quelqu'vn ne s'y trompast, s'il y en eust eu plus d'vne obscure : celle, par où l'Orateur feinct de loüer la haute noblesse du fils d'Antonius, pour estre petit fils de Bambalion. Que si i'ose en ces passages difficiles, essayer de faire comprendre à autruy ce que ie ne comprends pas moy-mesme clairement, i'en rends vne raison generale en l'Epistre qui precede ma traduction de deux pieces de Tacite & de Saluste : & l'ingenuité de ma confession en ceste ignorance, conuiera peut-estre le Lecteur, à me donner cy-apres quelque mot de meilleur conseil s'il est en son pouuoir. Finalement, si ie suis plus longue vn peu que mon Autheur, qu'on excuse en premier article, la condition de nostre langue : secondement, la necessité de paraphraser en plusieurs lieux, afin de donner à ma version autant que ie puis à l'ayde des Scoliastes & des Historiographes, que i'ay consultez pour cét effect ; l'explication des choses que les auditeurs de Ciceron haranguant, entendoient à demy mot, pour leur estre presentes : & qui d'autre-part leur estoient par fois expliquees au besoin, par son geste seul, & par le ton de sa voix. Si moy traductrice, manquant de ces rayons de lumiere pour m'exprimer, ne les eusse cherchez à ma necessité dans quelque mot de paraphrase ; i'eusse auec peu de peine, faict d'vne tres-belle Oraison vn tres-impertinent galimathias, ainsi que ie voy faire à d'autres assez souuent, en interpretant les bons Liures

LES ADVIS.

Apres tout, il n'est rien plus difficile, que de tourner intelligiblement & pertinemment les pieces de l'espece de celle-cy, qui voyent ordinairement la pluspart de leur estenduë employée, non pas en discours, ny en recit d'histoires cogneuës; ouy bien en simples circostances, voire legerement touchees, de quelques faicts particuliers dont la memoire est morte dix ans apres eux: & faicts qui sont outre cela meslez auec la cabale de Palais & de Iustice de leur temps, desquels la face nous est moitié occulte, moitié inexprimable par nos termes, puis qu'elle se trouve du tout hors d'vsage en nostre siecle. I'oubliois à dire, que i'ay veu sept traductions de ce mesme Ouurage, trois Italiennes, & quatre Françoises: ces premieres sans doute, n'ayans point d'aduantage sur ces dernieres: & celles-cy de Macault & de Papon, qui sont vieilles, & deux autres assez recentes, des sieurs de Chastillon & de Laual: les nommant exprés pour offrir au curieux, si bon luy semble, le plaisir de la varieté par leur lecture. C'est dommage que ces versions ne m'ayēt esté enseignées plutost, afin de tirer quelque secours d'elles en mon labeur. Mais le Sieur de Sirmond, bien cogneu par le digne merite de ses Escrits François & Latins, en prose & en vers, se souuient, qu'ainsi que ie luy monstrois l'Oeuure accomply pour prendre quelque conseil de sa prudence, il me descouurit deux ou trois de ces versions-là, & depuis le reste des sept, à mesure que sa curiosité le portoit chez les Libraires. Autant en pourra dire le sieur Prieur Ogier, duquel aussi i'ay receu de bons aduis en ceste traduction: & qui certes se peut vanter, que dans la notable cognoissance qu'il apporte en ces affaires ou mysteres de l'antiquité, plusieurs parties & diuerses facultez de l'esprit & de la doctrine sont comprises. Ie prise ces honnestes personnes qui ont traduict auant moy, d'auoir embrassé de si loüables desseins: & quoy que leur explication soit fort souuent differente de la mienne, ie ne laisse pas de l'honorer: car l'entendement humain & la faculté d'interpretation sont des outils vagues: & la flute de Pallas auoit plusieurs pertuys, comme la lyre d'Apollon, plusieurs cordes.

Cccc ij

ARGVMENT DE LA deuxiesme Philippique.

Antonius Consul, ayant voulu faire quelque violence à Ciceron pour le contraindre de venir au Senat, afin d'ayder à decerner des honneurs diuins à Cesar, quelque temps apres son trespas, & ayant encore déclamé contre luy faute d'y estre venu; Ciceron s'en plaignit le lendemain en ceste illustre compagnie, mais par vne Oraison modeste, qui est la premiere Philippique. Antonius absent, l'ayant sçeu par rapport, se retira plusieurs iours en la maison des champs de Metellus, pour mediter vne harangue d'inuectiues & d'iniures, qu'il vint depuis vomir furieusement au nez de ce grand Orateur, dans le mesme Senat: suiuy neantmoins de tant de gens de guerre, que l'offensé n'osa pour lors repliquer. Peu de temps apres, comme Ciceron eut fortifié le Senat & soy-mesme de l'assistance de ses amis, entre-autres des troupes d'Octauius Cesar, qui s'estoit ietté en sa protection, il rendit le chãge à cét insolent à sa face, par l'Oraison suiuante: qui porta tel coup en effect, que moitié de peur, moitié d'indignation, il quitta la Ville, de laquelle tost apres il fut declaré ennemy. Ceste Oraison, appellée diuine des maistres du mestier, est reputée la principale cause de l'extréme hayne qu'il portoit à Ciceron, & par laquelle il luy fit coupper la teste & les mains, durant le Trium-virat.

VERSION DE LA DEVXIESME
Philippique de Ciceron.

Ar quelle loy de mon destin arriue-t'il, venerable Senat, que depuis vingt ans la Republique n'ayt eu aucun ennemy, qui ne m'ayt denoncé la guerre en mesme temps qu'il la luy a declarée? De vous ramenteuoir leurs noms, il seroit superflu: vous en auez bonne memoire: & sçauez que i'en ay tiré de plus rudes vangeances que ie ne souhaittois. Ie t'admire, Antonius, de ce que tu veux imiter leur vie, sans conceuoir horreur de leur fin. Pour dire vray, ie m'estonnois moins de voir ceste mauuaise volonté en l'ame des autres, car aucun d'eux ne s'estoit rendu mon ennemy de guet à pens: d'autant que ie les auois tous attaquez pour le seruice de la Republique. Mais toy, certes, afin de te monstrer plus outrecuidé que Catilina & plus furieux que Clodius, tu me déchires d'iniures incessamment, sans t'auoir blessé d'vne seule parole: & reputes à gloire de t'estre separé de moy, pour te ioindre à des citoyens detestables. Que croiray-ie de cela, seroit-ce par vn mespris? En verité ie ne voy rien qu'Antonius puisse mespriser, ny en mes mœurs, ny en mon credit, ny aux choses que i'ay faictes pour le seruice de la Republique, ny en quelque mediocrité d'esprit que la Nature m'a departie. A-t'il pensé me pouuoir descrier aysément en ce glorieux Ordre du Senat, qui a donné à plusieurs illustres citoyens, le tesmoignage honorable, d'auoir bien seruy l'Estat du Peuple Romain, à moy seul, de l'auoir sauué: M'auroit-il attaqué pour debattre contre moy le prix de l'eloquence? ie le tiendrois à obligation: ne la pouuant plus amplement ny plus richement employer, qu'en vn suiect, où i'aurois à parler pour moy, & contre Antonius. Ot

voicy le nœud de la matiere: il n'a pas creu pouuoir estre vrayement estimé de ses semblables & associez, pour enne-my de la Patrie, s'il n'estoit mon ennemy. Mais auant que parler du reste, disons vn mot de l'amitié qu'il me reproche d'auoir violée: crime que i'estimerois tres-grand. Il s'est plainct quelquefois, que i'auois procedé contre luy en iusti-ce. Quoy? ne me fusse-ie pas bandé contre vn qui m'estoit estranger, pour mon familier & amy? ne me fusse-ie pas opposé à vne faueur acquise, non par la dignité de la vertu, mais par vne fleur d'aage? ne me fusse-ie pas roidy contre vn iniuste passedroict que cét homme auoit obtenu, par 'entremise & la puissance d'vne tres-inique interuention de Tribun, & non par le decret du Preteur? Mais tu as ce me semble, Antonius, assez ramenteu cela, pour te rendre re-commandable à la plus vile tourbe du Peuple: memoratiue d'autrepart, combien tu luy touchois, pour estre gendre de Quintus Fadus libertin, & pour auoir des enfans qui sont ses petits fils. Tu adioustes pour me supposer quelque lien d'obligation vers toy, que tu frequentois ma maison, & t'e-stois commis à ma discipline. Certainement si tu l'eusses faict, ta chasteté & ta reputation s'en fussent mieux portées: toutesfois il ne t'en prit iamais enuie: & si elle te fust prise, ton Curion eust bien empesché qu'elle n'eust produict son effect. Tu dis dauantage, que tu m'as cedé la place en la poursuitte de la dignité d'Augure. O l'incroyable audace! ô l'impudence digne d'histoire! Au temps que la compagnie des Augures desira vnanimement de m'associer en son corps, & que Pompeius & Hortensius m'eurent designé, ne le pouuant estre de plus de bouches; tu n'estois pas capable de payer tes debtes: & partant ne deuois aspirer à cette di-gnité par nos Loix: ny ne pouuois esperer salut qu'en la sub-uersion de la Republique. Eust-il esté d'ailleurs en ta puis-sance de briguer ceste charge, pendant que ton bon amy Curion n'estoit pas en Italie? où quand tu l'obtins depuis, te fut-il possible d'emporter ny de suborner vne seule Tribu sans luy, duquel aussi les amis furent condamnez d'attentat, pour estre trop portez à te fauoriser. Tu contes que i'ay receu vn bien-faict de toy: hé quel ie te prie? Quoy qu'il soit veritable que i'ay tousiours aduoüé ce que tu pretends persuader en cela: aymant mieux me confesser trop ingenuëment ton obligé, que de sembler ingrat aux iugemens imbeciles. Quel bien-faict est-ce donc? que tu ne me tuas point à Brunduse? Voicy qui va bien: celuy auquel le vainqueur mesme, ce vainqueur qui t'auoit estably chef de ses bandoliers, [dont tu te glorifies] auoit donné la vie & permission de retourner à Rome; l'eusses-tu faict mourir, quand nous aurions aduoüé qu'il eust esté en ta puissance? Et le Senat remarquera, s'il luy plaist icy, qu'vn bien-faict de brigands ne consiste qu'à se pouuoir vanter d'auoir donné la vie, à ceux ausquels ils ne l'ont point arrachee. Que si conseruer la vie qu'on peut oster, estoit vn bien-fait, les meurtriers de ce vainqueur, qui lors aussi les conserua, & que toy-mesme appelles hommes illustres, seroient fletris d'ingratitude, au lieu d'estre couronnez de gloire. Quel bien-faict est donc cestuy-cy? que tu t'es abstenu d'vne insigne meschanceté. Certes ie trouue plus d'infortune pour moy à cela, que tu m'ayes peu meurtrir impunément, que ie ne reçois d'heur ny de ioye, de ce que tu t'en es abstenu. Mais accordons que ce soit vne insigne grace & faueur, puis qu'on n'en peut receuoir de plus exquise d'vn voleur: tu ne me sçaurois pourtant nommer ingrat. N'ay-ie pas deu faire plainte de la ruine & de l'assassinat de ma Patrie, de peur de paroistre mescognoissant vers vn particulier? Or en ceste plainte miserable & douloureuse, mais necessaire à moy, par le deuoir de la charge où le Senat & le Peuple Romain m'auoient esleués, qu'ay-ie dit de ta personne auec iniure? quelle temperance & douceur amiable n'y ay-ie point apportee? Et quel effect de moderation a-ce esté neantmoins, de se plaindre de M. Antonius sans vser de paroles outrageuses? specialement apres auoir dissipé les restes de la Republique & de la liberté, auoir ouuert en ton hostel vn infame marché, pour rendre toutes les choses du publiq venales: auoir eu l'audace de te vanter que des Loix dont on n'auoit iamais ouy parler auparauant, auoient esté faictes par toy & pour

toy, auoir mis au neant les auspices estant Augure & l'opposition des Tribuns estant Consul, t'estre fait honteusement enuelopper de bandoliers armez, & auoir receu toute sorte d'ordures & de dissolutions en la pudique maison
que tu as vsurpée, consist en yurongnerie & bordela-
ges! En fin me débattant asprement des interests de la Republique, ie n'ay rien dit de l'homme contre qui i'agissois:
tout ainsi que si i'eusse eu à debatre contre vn M. Crassus,
auec qui i'ay eu des prises frequentes & grandes, non contre vn mal-heureux gladiateur. I'acheueray donc à ceste
heure, afin qu'il voye quelle grace ie luy ay faicte par le
passé.

 Cét homme ignorant des deuoirs de la vie ciuile & vide
d'humanité, a montré publiquement des lettres qu'il disoit
auoir receuës de ma part. Or qui est celuy ie vous supplie,
pour peu qu'il ait vescu auec les gens d'honneur, qui ait faict
voir & reciter au premier venu les lettres d'vn amy, pour
quelque riotte suruenuë entr'eux depuis la reception? N'est-
ce pas priuer la vie humaine de la societé, & les amis absens
de la communication? Combien se void-il de traicts en-
jollez dans les Epistres, qui restent impertinens s'ils sont
publiez? combien d'autres serieux, mais neantmoins du
tout incommunicables à vne tierce personne? Cela soit dit
de son inhumanité, voyons son incroyable sottise. Quelles
raisons pourras-tu m'opposer, homme disert? ou du moins
qui sembles tel à Mustella Tamisien, & à Tyron Numisien:
& disert encore à mon iugement, si tu les peux iustifier, de
ce qu'ils t'assistent maintenant en armes au milieu d'vne
troupe d'assassins à la face du Senat. Mais encores comment
te soustiendras-tu contre moy, si ie nie de t'auoir iamais escrit ces lettres? par quel témoignage me conuaincras-tu? sera-ce par le seing? tu le sçais contre-faire & vendre au plus
offrant: puis tu ne sçaurois alleguer cela, pource qu'elles
sont escrites de la main d'vn Secretaire. Ie veux mal à ton
maistre d'escole, qui t'a faict payer vn loyer si plantureux
que ie le representeray tantost, pour te rendre si plantureusement ignare. Il n'est rien moins digne d'vn Orateur,
voire

LES ADVIS. 577

voire d'vn homme de sens commun, que d'obiecter à son aduersaire des choses, sur lesquelles il le peut arrester court, s'il profere seulement, Ie le nie. Neantmoins ie ne desaduouë pas ces lettres: il me suffit sans plus, de te conuaincre en ce procedé, non d'inhumanité seulement, ains aussi de bestise. Toutes choses considerées, se trouue-til vn seul mot en ces mesmes lettres, qui ne soit plain de candeur, d'offices, de bien-vueillance? Tout ce qu'elles ont de coulpe vient de toy: c'est à dire, en ce qu'elles te parlent auec estime & confiance, & comme à vn homme de bien & bon citoyen, non comme à vn voleur & scelerat. De ma part cependant, ie ne monstreray pas tes lettres: quoy que ie le peusse faire auec raison, prouoqué par toy de cese sorte: lettres par où tu me pries, qu'il te soit permis soubs mon consentement, de r'appeller vn certain personnage d'exil: me iures, que tu ne veux point qu'il retourne contre mon gré, & l'obtiens en fin de moy: car quelle barriere eusse-ie peu opposer à ton audace, que l'authorité de cét Ordre du Senat, ny le respect du Peuple Romain, ny Loix quelconques, n'ont iamais sçeu tenir en bride? Mais en somme de-quoy me requerois-tu, si celuy pour qui tu t'employois estoit rappellé par vn decret de Cesar? volontiers que tu voulois par l'affection que tu me portes, que le rappellé me fust obligé d'vn bienfaict dont il ne le pouuoit pas estre à toy-mesme intercesseur, à cause de ce rappel prealable.

Or puis qu'il faut auiourd'huy, Messieurs, que ie die quelque chose pour moy, & plusieurs choses contre Antonius, ie desire obtenir vne faueur de vous: c'est que vous m'escoutiez benignement parlant de moy, qui feray bien que vous m'escouterez attentiuement parlant de luy. Ie vous requiers encore vn poinct: c'est, que si vous auez iusques icy cogneu quelque attrempance & modestie en mes actions & en mes paroles, vous ne croyiez pas que ie les aye perduës à ceste heure que vous me verrez respondre à cét homme qui m'a offencé, car ie ne puis traicter en Consul, celuy qui ne m'a pas traicté en Consulaire: ioinct que d'ailleurs, il ne se peut aucunement dire Consul, soit que l'on considere sa vie,

Dddd

soit qu'on regarde sa façon de gouuerner la Republique, ou la voye par laquelle il est monté à ce grade: & quant à moy, ie suis Consulaire sans aucune controuerse. Afin que vous sçachiez à quel prix il met ceste qualité que ie porte, il me reproche mon Consulat: Consulat veritablement, qui par le nom a esté mien, mais par effect se peut dire vostre. Qu'ay-ie ordonné, qu'ay-ie faict tandis qu'il a duré, sinon par le conseil, aduis & authorité de vostre Ordre? Tu oses donc, homme de haute sapience & pareille éloquence, blasmer les choses que i'ay faictes, en presence de ceux par la sagesse & prudence de qui elles ont esté mises à fin! Qui s'aduisa iamais de deserier mon Consulat, reserué P. Clodius? duquel aussi le destin t'attend, ainsi qu'il a faict. C. Curion: parce que celle qui a esté fatale à tous deux, est en ta maison à present. Mon Consulat donc ne plaist pas à Antonius: toutesfois il pleut à P. Seruilius, afin que ie nomme premier entre les Consulaires de ce temps-là, celuy qui n'agueres est mort le dernier: il pleut à Q. Catulus, de qui l'estime florira tousiours en ceste Republique: il pleut aux deux Luculles, à M. Crassus, Q. Hortensius, C. Curion pere, M. Lepidus, C. Pison, M. Glabrion, C. Volcatius, P. Figulus, D. Syllanus, & L. Murena, ces deux alors Consuls designez. Cela mesme qui auoit esté agreable aux Consulaires, le fut encore à M. Caton: qui preuenant par son trespas plusieurs choses insupportables, preuint entre autres le desastre de te voir Consul auiourd'huy. Pompeius approuua grandement aussi mon Consulat: lequel comme il me vid partir de Syrie, m'embrassant & remerciant, me dit; qu'il me recognoissoit autheur de la fœlicité qu'il receuroit de reuoir sa Patrie. Mais pourquoy nommé-ie des particuliers? ce Consulat mesme a esté tellement au gré du Senat, qu'en plaine assemblée tous d'vne voix m'ont rendu graces, comme au pere qui les eust mis au monde: declarant qu'ils tenoient de moy leur vie, leurs enfans, leurs fortunes & la Republique. Mais pource que la mesme Republique est desormais veufue de tant & de si grands hommes que ceux que i'ay nommez, venons à deux Consulaires qui restent seuls de leur bande. L. Cotta personnage d'insigne suffisance & prudence, decerna des vœux publics aux Dieux auec des paroles tres-honorables, en remerciement de ces effects de mon Magistrat, ausquels tu appliques tes reproches: à quoy tous les Consulaires que ie viens de remarquer, & le Senat ensemble, presterent vn ample consentement: bien que iamais homme auant moy ny depuis, n'ayt obtenu vn tel honneur en robbe ciuile, depuis la fondation de Rome. Auec quelle digne Oraison, vigueur & grauité, Lucius Cesar ton oncle maternel, prononça-t'il sa sentence contre les complices du crime, & particulierement contre le mary de sa sœur, ton beaupere? Tant y a, qu'au lieu que tu deuois prendre cét homme-là pour autheur & conseiller en toute la conduicte de tes actions & de ta vie, tu as mieux aymé ressembler à ce mary de ta mere, qu'à cét oncle. Moy personne estrangere chez luy, i'ay tousiours vsé de ses prudents aduis, estant Consul: toy fils de sa sœur, luy'as-tu iamais rien communiqué des affaires de la Republique? A qui donc les communiques-tu, Dieux immortels? à ceux vrayement desquels il faut en suitte que nous apprenions le iour natal. Voicy le dialogue qu'on nous faict ouyr à toutes heures. Antonius ne sortira point auiourd'huy en public: Pourquoy? Il festoye vn iour natal en ses vergers: Mais de qui? Ie ne vous nommeray personne. En fin le suiect de la feste, c'est vn Phormion, vn Gnathon, vn Ballion. O vie d'homme infame & mal-heureuse! ô impudence, neantise, debordement, insupportables! Tu as pour si proche parent vn des premiers du Senat, vn excellent citoyen, & toutefois ne luy communiquant rien des affaires de la Chose publique, tu en conferes auec des gens perdus, qui n'ont aucune chose particuliere, & deuorent la tienne! Ton Consulat donc, a esté salutaire, le mien pernicieux! As-tu bien perdu iusques à ce poinct la pudeur auec l'honneur & l'integrité, d'oser tenir de tels propos dans ce Temple, où durant ce temps-là ie consultois ce Senat auguste lors florissant & chef de l'Vniuers, & d'y camper en armes des gens de sac & de corde? Tu as encore eu la hardiesse, ton audace ne laiss-

Dddd ij

sant aucune entreprise à tenter, de dire, que durant ce mien Magistrat, le mont du Capitole se voyoit plain d'esclaues armez. Volontiers que ie les y menois, pour forcer le Senat à donner ces malheureux arrests que l'on sçait. O miserable, de parler auec tant d'effronterie en presence de tels hommes; soit que ces choses-là te soient incogneuës, parce que tu ne cognois rien de bon, soit qu'elles te soient cogneuës! Quel Cheualier Romain? quel ieune homme de bonne maison, toy seul excepté? quel homme encore de quelque Ordre qu'il fust, s'il se souuenoit d'estre citoyen; ne se trouua point au mót du Capitole, quãd le Senat fut assemblé dans ce mesme Temple sur ceste grande affaire? ou qui ne donna son nom pour se faire enrooller en intention d'assister le Senat, si besoin estoit? à quoy, ny les Scribes ne peurent suffire, ny les tables & registres contenir tous les noms. Certes comme des gens execrables confessassent d'auoir conspiré le parricide de leur Patrie, & fussent contraincts d'aduouër par le tesmoignage des complices, par leurs seings, & comme par la voix de leur propre escriture, d'auoir complotté d'embraser la Ville, égorger les citoyens, & desoler toute l'Italie; se pouuoit-il faire que quelqu'vn manquast de se bander à la deffence du salut public? specialement puis que le Peuple Romain auoit vn chef, tel, que s'il en auoit maintenant vn semblable, il t'arriueroit ce qui aduint à ces gens-là.

Passons outre: tu crias dernierement en ta declamation, que i'auois refusé la sepulture au corps de ton beau-pere. En verité P. Clodius mesme ne dit iamais cela: lequel ie suis marry que tu ayes surpassé en tous vices, veu que i'estois à bon droict son ennemy. Pourquoy d'autre part te tomba-t-il en l'esprit, de nous ramenteuoir en mesme lieu, que tu auois esté nourry en la maison de P. Lentulus: comme si ton inconsideration eust eu peur, que la Nature ne t'eust pas sçeu forger assez meschant, si la discipline ne l'eust assistée? Tu fus si troublé de ceruelle en discourant, que tu luictas tes propres interests & desseins par toute l'estenduë de ton Oraison: & dauantage tu ne nous fis pas ouyr des choses de iuste suitte ou de pertinent rapport entr'elles : mais tu les prononças déioinctes, detraquées & plaines de contradiction: tellement qu'il sembloit, que tu n'eusses pas tant ouuert le combat contre moy, que contre toy-mesme. Tu confessois, que ce beaupere auoit esté complice d'vn si grand crime, & te plaignois de sa punition. Au moyen dequoy, loüant ce qui estoit de mon faict, tu condamnois ce qui estoit de celuy du Senat; à raison que la capture des coulpables s'estant faicte par ma diligence, leur chastiement par celle du mesme Senat; ta suffisance vrayement diserte, ne consideroit pas, qu'elle loüoit celuy contre qui elle haranguoit, & blasmoit ceux deuant qui la harangue se faisoit. Or de quelle audace procede ce traict? ou parce, Messieurs, qu'il ayme le nom d'vn audacieux determiné, disons plustost, de quelle sottise, [dont il hait & merite le tiltre plus que tous les hommes] osa-t'il me reprocher alors ces armes du mont Capitolin? me les reprocher, dis-ie, pendant que ses soldats armez se promenoient entre nos sieges, & que dans ce sanctuaire de la Concorde, ô Dieux immortels! auquel durant mon Consulat on donnoit les arrests salutaires, par qui nous viuons & respirons à ceste heure; on voyoit & l'on void encores ses satellites campez? Accuse le Senat, accuse le corps entier des Cheualiers qui se ioignit au Senat en vne affaire de si grand poids, accuse tous les Ordres, tous les citoyens; pourueu que tu nous aduoüës que cét Ordre Illustre est maintenant assiegé de Barbares Ythyreens. Ce n'est pas du tout ton outrecuidance vrayement, qui te meut à faire des contes accompagnez de telle impudence, mais aussi ta pesanteur d'esprit: pour ne conceuoir point la contrarieté & l'incompatibilité de ces choses, ny rien hors de là. Vid-on iamais vne sottise plus expresse, que de reprocher aux autres les armes salutaires à la Repub. en ayant toy-mesme leué de pernicieuses contre elle?

Quant au lieu de ta mesme Oraison où tu voulus faire le plaisant, bons Dieux, qu'il te seyoit mal! En quoy tu as cependant vn tort extréme, à cause que tu pouuois apprendre de la petite bastelleuse ta mignarde femme, quelque traict de raillerie. Tu pensois m'auoir bien desconfict, en attaquant ce mot des miens:

Cedent les armes à la robbe.

Mais quoy, n'y ont-elles pas aussi cedé? il est bien vray qu'il a fallu depuis, que ceste robbe ait cedé à tes armes. Partant aduisons qui a esté le meilleur, que les armes de ces detestables conspirateurs cedassent à la liberté du Peuple Romain, ou que ceste liberté ait cedé depuis aux tiennes. Ie ne te respondray rien, au reste, sur mes vers que tu pretendois picotter, sinon que ie diray bresuement, que tu ne cognois, ny eux, ny aucune partie des Lettres: & que quant à moy, sans auoir iamais manqué au secours de la Republique, ny de mes amis, i'ay tracé des Escrits en toute sorte de doctrine au reste des heures de mon loisir: afin que mes Liures & mes veilles apportassent quelque vtilité à la ieunesse, & quelque gloire au nom Romain. Mais ce discours requiert vne autre opportunité, passons à de plus grandes choses.

Tu disois que P. Clodius, auoit esté tué par mon conseil. Eust-ce esté par mon conseil aussi, que tu l'eusses assassiné, lors qu'en plaine face du Senat, & en la place publique, tu le poursuiuis l'espee au poing? & l'eusses expedié sans remise, s'il ne se fust ietté soubs l'escalier de la boutique d'vn Libraire, & n'eust reprimé ta violence en le fermant sur luy. I'aduouë toutesfois que i'approuuay ce dessein: mais tu ne dis pas seulement, que ie t'aye conseillé de l'executer. Quant à Milon, il ne me fut pas possible de luy prester aucune approbation, au moins sur le coup: pource qu'il despescha son homme auant que personne peust mesmes soupçonner qu'il y songeast. A ton dire pourtant, ie l'ay persuadé. Voila qui va bien: vn homme du courage & de la vertu de Milon, auoit grand besoin volontiers d'vn aiguillon estranger, pour estre excité à faire chose qu'il creust estre vtile à la Republique. Cependant, adioustes-tu, ie m'en suis resiouy. Quoy pour cela? deuois-ie estre melancolique moy seul, en vne si vniuerselle ioye de toute la ville? Or bien que certes il soit vray, que ce fut vne imprudence, d'inuenter exprés pour proceder sur la mort de Claudius, vne forme plus rigoureuſe, que l'ordinaire, & qu'il n'eſtoit pas beſoin d'eſtablir de nouuelles Loix ſur l'éclairciſſement d'vn meurtre, puis que les anniennes y auoient ſuffiſamment pourueu; l'on en eſtablit neantmoins. Mais nonobſtant cela, ces reproches que nul ne conceut oncques contre moy, lors qu'il s'agiſſoit du iugement, ton Oraiſon s'aduiſa n'agueres, de me les ietter au nez apres tant d'annees. Pour le regard de ce que tu m'oſas imputer auec vne longue traiſnee de paroles, que i'auois eſté cauſe de rompre l'amitié de Pompeius & de Ceſar, & partant d'auoir faict naiſtre la guerre ciuile ; tu ne t'abuſes pas entierement en la choſe, ouy bien au temps, qui eſt l'importance. Soubs le Conſulat de M. Bibulus, tres-digne & vertueux citoyen, ie fis tous efforts poſſibles pour diſtraire Pompeius de l'amitié de Ceſar: en quoy Ceſar fut plus heureux que moy, car il diuertit Pompeius de la mienne. Depuis Pompeius s'eſtant donné totalement à Ceſar par le lien du ſang, me fuſſe-ie pas en vain efforcé de le diſtraire de ceſte inclination : c'euſt eſté ſottiſe de l'eſperer, imprudence de le tenter. I'eſſaiay toutesfois en deux diuerſes occaſions de mettre certains conſeils en l'eſprit de Pompeius: repren-les ſi tu peux: l'vn fut, de ne faire point prolonger les cinq ans de la charge des Gaules à Ceſar : l'autre, de ne pas ſouffrir qu'on pourſuiuiſt le Conſulat pour luy en ſon abſence: deſquels deux poincts, ſi i'en euſſe ſeulement obtenu l'vn, nous ne fuſſions iamais tombez en nos miſeres. En ſuitte, comme le meſme Pompeius euſt ietté toute ſa puiſſance, auec toute celle de la Republique, entre les mains de Ceſar, & qu'il commençaſt trop tard de recognoiſtre ce que ie luy auois tant predit, & moy de voir qu'vne deteſtable guerre s'en alloit fondre ſur mon païs; ie preſchay de tout mon pouuoir l'accommodement, la paix, la concorde: dont ceſte mienne parole fut ouïe de pluſieurs: Pleuſt aux Dieux C. Pompeius, que tu n'euſſes iamais nolié d'amitié auec Ceſar, ou que iamais tu ne l'euſſes dénoüee: ta grauité requeroit de toy l'vn de ces deux effects, ta prudence l'autre. Voila M. Antonius quels ont touſiours eſté mes conſeils ſur le ſuiect de Pompeius & des affaires d'Estat? que s'ils eussent esté creus, la Republique resteroit heureuse & entiere: & toy, tu serois accablé soubs le faix de tes meschancetez, de ton infamie, & de tes debtes.

Toutesfois cela est vieux, voicy vne nouueauté. Tu m'as attribué le dessein de la mort de Cesar. Ie crains, Messieurs, qu'on ne conçoiue de moy cét iniurieux soubçon, d'auoir aposté vn témoin faux & preuaricateur, qui me vueille, non seulement orner de mes propres lossanges, mais encores me parer de celles d'autruy. Qui a iamais ouy sonner mon nom en la conspiration de ce haut & glorieux faict? ou quel nom des associez pourtant est demeuré couuert? que dis-ie couuert? quel nom de ces personnes n'a esté sur le champ publié? Ie croirois plustost que telse seroit vanté faussement par ambition d'honneur, d'auoir esté de cette compagnie, que de croire, qu'aucun de ceux qui en furent eust celé son nom. Finalement combien est-il peu vray-semblable, que mon nom eust peu demeurer secret en cette bande, en laquelle ont esté meslez tant de ieunes gens, ou de personnes de basse condition, qui ne peuuent rien cacher. Et puis si l'on estoit en peine de trouuer des chefs & des autheurs de la deliurance de nostre Patrie, seroit-il besoin qu'ils en seruissent à ces genereux Brutes? besoin, qu'ils les allassét exciter à tel dessein, eux desquels l'vn void incessamment chez luy l'image de Iunius Brutus, l'autre, celle de S. Ahala? Nez de tels predecesseurs, prendroient-ils plustost aduis des estrangers que de leur sang propre? & hors la maison que dedans? Quoy C. Cassius, issu d'vne famille, qui ne put iamais suporter, non seulement vn maistre, mais aucune puissance superieure, m'auroit-il desiré pour instigateur? luy qui mesmes sans l'assistance de ses illustres compagnons, eust vuidé l'affaire en Cilicie, à l'emboucheure du fleuue Cydnus, si Cesar eust fait aborder ses vaisseaux à la riue qu'il proposoit, non pas à l'opposite. Au demeurant est-ce mon authorité qui peut auoir induict C. Domitius à recouurer la liberté Romaine par cette execution; non la mort de son pere, homme de grand merite, non celle de son oncle maternel, ny la priuation des honneurs & des charges publiques? Ay-ie persuadé C. Trebonius,

bonius, que ie n'eusse pas seulement osé entreprendre de suader, tant il sembloit lié au Tyran? en quoy la Republique luy a tant plus d'obligation, de ce qu'il a preferé la liberté de ses patriottes à vne amitié de tel poids, & mieux aymé renuerser la domination que d'y participer. L. Tullius Cymber, s'est-il aussi porté à telle entreprise, par mon conseil? luy que i'ay trouué plus admirable en ceste action, de ce que ie ne l'eusse iamais soupçonné de la faire: & que i'ay tant admiré encores, de ce qu'il auoit oublié les particuliers bienfaicts, pour se souuenir de son païs? Que diray-ie des deux Seruiliens, soit que ie les regarde par la tige des Cascas ou des Ahalas? y ont-ils esté plustost portez par mes exhortations, que par la charité de leur Patrie? Ce seroit chose trop longue de suiure tous les autres par leurs noms: ou d'exprimer combien la Republique a de gloire, qu'il se soit trouué tant de citoyens capables d'vn si haut dessein, & combien plus encore il a esté glorieux à eux-mesmes. Mais rememorons-nous par quels argumens ce fin homme m'a pensé conuaincre. Aussi-tost que Cesar fut tué, disoit-il, M. Brutus esleuant bien haut son poignard sanglant, appella nommément Ciceron, se conjoüissant auec luy de la liberté recouurée. Pourquoy donc le monstroit-il à Ciceron sur tous? est-ce pas vne preuue qu'il le tenoit pour complice? Aduise plustost si la cause qui l'esmut à m'appeller ne fut point celle-cy; qu'ayant faict vne action pareille à la mienne, il me vouloit expressément prendre à tesmoin, qu'il estoit émulateur de ma gloire? Toy certes le plus mal-habile de tous les viuans, tu n'entends pas; que si le complot de tuër Cesar que tu m'attribues, est vn crime, c'est crime consequemment d'auoir ressenty vne ioye de sa mort. Car quelle difference y a-t'il entre le conseiller & l'approbateur d'vn faict? & qu'importe, si i'ay voulu frapper vn coup; ou si ie me suis resiouy qu'il ait esté frappé? Or y a-t'il aucun, toy seul excepté, qui t'esbattois à voir Cesar trencher du Roy, qui ait reprouué ceste execution, ou qui desirast qu'elle n'eust point esté faicte? Tous les citoyens ont part à la coulpe, si coulpe il y a: au moins tous les gens de bien: & tous ceux-cy l'ont tué, autant qu'il est en leur pouuoir. L'aduis ou le conseil ont manqué à quelques-vns, à quelques autres le courage, à d'autres encore l'occasion : à nul la volonté. Toutesfois considerez l'impertinence & la stupidité de l'homme, ou plustost de la beste dont il est question. Voicy les mots propres qu'il a proferez: *M. Brutus, que ie nommeray tousiours auec honneur, haussant le poignard sanglant aussi-tost apres le faict, escria le nom de Ciceron: dont il faut conclure qu'il estoit son complice.* A ce compte il me qualifie scelerat, pource qu'il soupçonne que i'ay soupçonné ce meurtre: & d'ailleurs donne des tiltres honorables à celuy, qui en a rapporté le poignard dégouttant. Mais passons cette lourde impertinence en ses paroles, combien est-elle plus grande en son iugement & en ses actions? Pose le cas maintenant, toy Consul, qu'on presente à ton Tribunal la cause des deux Brutus, de C. Cassius, de C. Domitius, de C. Trebonius, & de tels autres de ceste compagnie qu'il te plaira. Cesse de dormir, te dis-ie, & d'escumer ton yuresse. Faut-il apporter des flambeaux pour t'esueiller, dormant sur vne cause si grande? & n'entendras-tu d'auiourd'huy qu'il faut que tu resolues, si ceux qui ont faict ce coup sont coulpables d'homicide ou vangeurs de la liberté publique. Escoute, ouure vn peu l'esprit ie te prie, & conçois en ta ceruelle pour vn moment de temps le discours d'vn homme sobre. Moy qui suis, ie le confesse, familier des coniurez de ceste mort, & compagnon, si tu dis vray, ie te nie qu'il y ait en cela de milieu: & recognois, que s'ils ne sont liberateurs du Peuple Romain, & conseruateurs de la Republique, ils sont plus qu'homicides, plus qu'assassins, plus que parricides : puis que c'est chose plus atroce de meurtrir le pere de la Patrie, que le sien propre. Que dis-tu donc, personnage de consideration & de sapience superlatiues? S'ils sont parricides, pourquoy en as-tu faict honorable mention? & qui t'a meu de leur décerner des aduantages en ce grand Senat, & parmy le Peuple Romain? Pourquoy est-ce que par ton entremise & par ton decret, M. Brutus a esté absouls de la Loy, qui deffend au Preteur d'estre plus de

LES ADVIS. 587

dix iours abſent de la ville? Pourquoy les ieux Apollinaires qui luy ont tant apporté d'honneur, ont-ils eſté celebrez? Pourquoy a-t'on decerné des Prouinces à ce meſme Brutus & à Caſſius? D'où vient qu'on leur a donné des Queſteurs, & qu'on a augmenté le nombre ordinaire de leurs miniſtres & Lieutenans? Tant y a, que ces choſes ayant eſté faictes par ton authorité, tu ne les tiens pas pour homicides: & s'enſuit que par ton meſme iugement, ils ſoient nos liberateurs: puis qu'il n'y a point de medium entre ces deux qualitez. Qu'eſt-ce-cy? t'ay-ie mis en confuſion? tu n'entends peut-eſtre pas ce qui ſe dit le plus clairement: eſcoute donc: voicy pour t'eſclaircir ma concluſion ſommaire: d'autant que tu les as abſoubs de crime, tu les as iugez dignes des plus amples recompenſes. Partant ie m'en vois découdre & contredire mes exceptions: & veux eſcrire à ces genereuſes ames, que ſi quelqu'vn demande s'il eſt veritable, que i'aye faict ce que tu m'attribuës, ils l'aduoüent. Car auſſi bien ie crains qu'il leur tourneroit à honte, de m'auoir celé ceſte deliberation: autant qu'il m'y tourneroit ſi ie l'auois ſçeuë, d'y auoir refuſé mon conſentement. Quelle choſe plus illuſtre & plus grande fut iamais faicte, ô tres-bon Iupiter, non ſeulement en ceſte Royne des Citez, mais par toute l'eſtenduë de l'Vniuers? quelle choſe plus glorieuſe? quelle plus recommandable à l'éternelle memoire des ſiecles? Vrayement ie ne refuſe pas que tu m'aſſignes vne place en la participation de ce deſſein, comme dans le cheual de Troye auec les Princes. A quelque fin que tu le faſſes, ie t'en rends graces. Ceſte action eſt ſi glorieuſe, que ie ne compare aucune louange au reproche que tu m'en veux imputer. Eſt-il des hommes au Monde plus heureux que ceux que tu te glorifies maintenant, d'auoir deiettez & bannis? Se void-il aucun lieu ſi deſert ou inhumain, qui ne prenne plaiſir de les appeller? qui ne ſemble leur dire des paroles de bien-venuë & de faueur, en quelque part qu'ils abordent? Quels Peuples pour ſauuages qu'ils ſoient, ne croyent auoir acquis en les voyant, vne des plus hautes felicitez de leur vie? Ou quelle poſterité ſi ou

Eeee ij

blieuse, quelles Lettres tant ingrates, ne celebreront leur memoire à l'éternité? Loge, loge-moy hardiment au nombre de telles gens: mais certes ie crains vne chose, que tu ne puisses prouuer ton dire: à cause que si i'y eusse esté meslé, ie n'eusse pas seulement arraché le Roy, mais encores le Regne, hors de la Repub: & si ma main eust tenu ce stile, ainsi que dit le Prouerbe, ie ne me fusse pas contenté de faire vn acte, i'eusse faict la Comedie toute entiere. Iaçoit que si c'est vn crime, d'auoir complotté de tuer Cesar, il faut Antonius que tu songes à ta conscience: veu que l'on sçait notoirement, que tu auois conçeu mesme dessein à Narbonne auec C. Trebonius: & que par respect de la societé de ce conseil, nous vismes qu'il te tira à part, afin de conseruer ta vie, quand on vint à passer aux effects. Voy ie te prie, comme ie ne te traicte pas en ennemy: ie te louë d'auoir eu quelquefois vne si bonne pensee, ie te remercie de n'auoir point decelé ceste conspiration, & t'excuse de ne l'auoir pas effectuee: puis que certainement vn tel coup, requeroit la teste & la vigueur d'vn homme. Que si quelqu'vn t'appelle en iugement sur ce meurtre, & vsurpe le mot du Preteur Cassius: *Voyons à qui en reuient le profit*: regarde de ne point tergiuerser. Car il est certain, que bien que ceste mort ait esté, comme tu preschois au commencement, l'vtilité vniuerselle de tous ceux qui ne vouloient point seruir; elle est principalement la tienne: puis que non seulement tu ne sers pas, mais que tu regnes: la tienne faut-il dire, à toy, qui falsifiant les tables des finances, qu'on tenoit en reserue au Temple d'Ops, t'es acquitté d'vne incroyable somme de debtes, qui as dissipé vne quantité démesuree de ces mesmes richesses, à qui tant de thresors ont esté apportez du Palais de Cesar: & de qui la maison est vne boutique tres-ample & auare, de faux registres, de seings contrefaicts, vne foire tres-infame de champs & de Villes distribuez, d'immunitez accordees, & de subsides imposez ou relaschez. Mais qui pouuoit aussi te liberer de tes debtes, & de ta pauureté, sinon la mort du mesme Cesar? Ie te vois estonné, tu as à l'aduenture peur que ie t'en accuse: toutesfois ie te veux

LES ADVIS. 589

deliurer de ceste crainte, car nul ne te soupçonneroit iamais d'vne telle entreprise: d'autant que ce n'est pas ton faict de bien meriter de ta Patrie: & d'autre part la Republique ayant de grands hommes, pour autheurs de ceste immortelle action; ie dis seulement que tu t'en es resiouy, non pas que tu l'ayes faicte.

I'ay respondu aux accusations des crimes pesans, venons au reste. Tu m'as obiecté le camp de Pompeius, & mes déportemens de ce temps-là: auquel, si mon conseil eust porté coup, comme i'ay dit, tu serois auiourd'huy miserable, nous libres: & Rome n'auroit pas perdu tant de braues guerriers, tant de chefs & d'armees. I'aduoüe autant que tu me le peux reprocher, qu'ayant preueu ce qui est arriué, ie conceus vne tristesse extréme: égale certes à celle que tous les bons citoyens eussent conceuë, s'ils eussent preueu mesme chose. Ie lamentois, ie lamentois, Messieurs, qu'il falloit que nous vissions bien-tost perir ceste auguste Republique: autrefois conseruee par vostre conduicte & par la mienne. Et n'estois pas si foible ou si neuf en la cognoissance des choses du monde, que de laisser ainsi briser ma constance, par l'apprehension de perdre la vie: de qui ie voyois aussi bien que desormais la conseruation me gehenneroit d'incroyables déplaisirs, comme la perte m'affranchiroit d'infinies afflictions. Ma sollicitude & ma peine naissoient du desir infortuné de conseruer tant d'excellens hommes lumieres de mon païs: de sauuer tant de Consulaires, tant de Pretoriens, tant de Senateurs insignes, & en fin toute la fleur de la ieunesse & de la Noblesse, auec ceste planturense armee des meilleurs citoyens: lesquels, s'ils viuoient maintenant à quelque fascheuse condition de paix que ce fust, [car toute espece de paix entre les citoyens me semble preferable à la guerre] la Republique viuroit, & subsisteroit en leurs personnes. Or si cét aduis l'eust emporté, & que ceux de qui ie regardois principalement la conseruation, ne l'eussent point contredict, enflez d'vn espoir de victoire; il en fust arriué, que tu ne resterois pas à ceste heure au rang de cét Ordre du Senat, ny certes en la Cité: passant soubs si lence les autres suites de ce conseil. Peut-estre dira-t'on, que ces propos alienoient de moy la volonté de Pompeius. Comment, a-t'il iamais eu vn plus cher amy que moy? a-t'il oncques communiqué plus frequemment ses pensees ou ses desseins à aucun autre? & ce qui est admirable, nous trouuans contrepoinctez sur le principal nœud des affaires, nous sommes tousiours demeurez en mesmes termes d'amitié. La cause de cela, c'est, qu'il sçauoit considerer, le fondement de mes conseils, moy, celuy des siens mutuellement. Ie regardois en premier lieu la conseruation des citoyens, en second, la bien-seance & dignité : luy au contraire. Et pource que l'vn & l'autre auoit vne apparente raison, nostre contradiction s'en rendoit plus supportable. En fin ceux qui ont suiuy ce personnage illustre & comme Diuin, de la route de Pharsale à Paphos, peuuent tesmoigner quelle opinion il auoit de ma personne. Iamais ne parloit de moy qu'auec honneur, qu'auec demonstration d'vne affection cordiale, & regret de mon absence : disant, que i'auois eu plus de preuoyance que luy, & luy plus d'esperance que moy. Hé tu m'oses galopper sur le suiect d'vn tel homme, duquel neantmoins il faut que tu me confesses amy, & que tu te confesses toy-mesme acheteur & reuendeur de sa confiscation! Cependant quittons icy le discours de ceste guerre, en laquelle tu as esté trop heureux. Ie ne respondray rien sur les mots de raillerie dont tu as recité que i'vsois en ce camp. Il estoit plain de vehemente inquietude : toutesfois si les hommes sont vrayement hommes, ils relaschent leurs esprits par fois, au milieu de l'agitation des trauaux & des perils. Considere, quo puis que tu reprends ma tristesse d'vne part, de l'autre ma gayeté, tu doibs apprendre, que i'estois moderé en l'vne & en l'autre.

Tu nias en ta harangue, qu'il me fust escheu des successions. Pleust aux Dieux que ce propos fust veritable, & que sa verité fust la seule chose qu'on trouuast à redire en moy : plusieurs de mes parés & amis viuroient auiourd'huy. Mais qui t'a mis en l'esprit ceste fantasie? veu que ie me suis enrichy par ceste voye de plus de cinq ou six cens mil escus

Quoy qu'en cela tu ayes eu plus de fœlicité que moy: car aucun ne m'a iamais fait heritier s'il n'estoit mon amy: afin que la douleur de mon ame se ioignist à ceste commodité, s'il y en auoit quelqu'vne: tandis que tu as succedé à L. Rubrius de Cassine, incogneu à tes yeux. Et doibt-on considerer encores, combien tu deuois estre cher à cét homme, qui sans auoir iamais seulement veu si tu estois blanc ou noir, te destina sa succession au preiudice du fils de son frere: & ne coucha pas en son testament, le seul nom de Q. Furius Cheualier Romain de reputation, qu'il auoit tousiours publiquement designé pour son heritier; afin de mettre en son lieu celuy qu'il n'auoit iamais salué ny veu. Ie voudrois fort que tu me disses, si ceste requeste ne te déplaist, quelle taille & quel visage portoit L. Turcellius, de quelle Ville Municipale & de quelle Tribu il estoit: Ie ne sçay, ny ne cognois rien sur le suiect de ce personnage-là, me respondras-tu, sinon ses terres & possessions. Quoy qu'il en soit, desheritant son frere, il te fit heritier. Et en somme, venerable Senat, Antonius s'est emparé d'emblee par ses fraudes, de plusieurs richesses: comme heritier de personnes tres-esloignees de son sang & de son amitié, à l'expulsion des successeurs legitimes. Bien que d'autre part ie sois estonné, comment tu oses parler d'hereditez, ayant repudié celle de ton pere. Estoit-ce donc afin de ramasser toutes ces choses, homme sans ceruelle, que tu t'estois si long temps enfermé pour declamer en la maison que tu as vsurpée sur autruy? encores que tes plus familiers rapportent, que tu declames pour exhaller ton vin, non pour aiguiser ton esprit. En effect tu establis par passe-temps en telles occasions, vn maistre precepteur de Rethorique, digne de ton choix & de celuy de tes associez de bouteille: auquel tu permets de babiller tant qu'il luy plaist aux despens de toy-mesme & de ta compagnie. Homme plain de bons mots, sans doute: mais en verité c'est vne affaire tres-facile, que de rencontrer des pointes de raillerie sur tes déportemens & sur ceux de cette espece de gens. Voy ie te prie, quelle difference il y a entre toy & ton ayeul: il disoit d'ordre ce qui seruoit à la cause, tu dis à bastons rompus ce qui n'y sert de rien. Escoutez cependant, Messieurs, escoutez, quel loyer a receu ce maistre declamateur: & voyez consequemment les playes de nostre miserable Estat. L'vn des gestes de ce plaisant homme, c'est d'auoir departy deux mille iournaux de terre des champs Leontins, libres & francs, à Clodius Rheteur, pour apprendre l'ignorance à si haut prix. O teste, perduë d'insolence, d'arrogance & de folle entreprise, est-ce dans les registres de Cesar, tes pretendus & si commodes repertoires, que tu as trouué le decret de ce don? Mais ie remets à parler ailleurs des champs Leontins & Campanois, que ce mal-heureux a violemment arrachez à la Repub. pour les distribuer à des possesseurs infames.

Ayant desormais respondu aux accusations, il faut que ie die à mon tour quelque chose de mon accusateur & reformateur. Ny ne respandray pas tout à vn coup ce que l'en sçay, afin que s'il me faut retourner au combat contre luy plusieurs fois, comme infailliblement il faudra, i'y vienne tousiours muny de nouuelles forces: chose qui me sera facile par la multitude de ses ordures, imperfections & vices. Visitons-le dés son enfance: c'est mon aduis de commencer à l'entree. Te souuient-il d'auoir faict banqueroute à tes creanciers, portant encores la pretexte ou robe d'enfance? Tu repliqueras que la faute naissoit de ton pere: ie l'accorde: la responce est plaine de pieté. Ce traict-cy neantmoins proceda de ton insolence pure, de t'estre apres assis dans l'estenduë des quatorze degrez du theatre: veu que la Loy Roscia auoit assigné certain lieu pour les banqueroutiers, ouy pour ceux mesmes qui l'estoient par quelque accident ou rigueur de la fortune, & non par leur faute. Tu pris la robbe virile, que tu conuertis aussi tost en vne simarre de femme. Premierement tu teins lieu d'vne garce publique, & gaignois fort bien ta vie à ce mestier. Mais Curion interuint soudainement, qui te retira de ceste practique de putain: & qui comme s'il t'eust faict eschanger, selon la coustume en tel cas, ton cotillon racourcy de drollesse, en la longue veste d'vne matrône, te prit en mariage ferme & solide. Ja-

mais

mais garçon acheté pour seruir de bardache, ne fut si seruilement soubmis à son maistre, que tu l'estois à Curion. Combien de fois son pere t'a-t'il chassé hors de son hostel? Combien de fois a-t'il mis des gardes à la porte pour t'en interdire l'entree? tandis que soubs la faueur de la nuict tu te faisois vn chemin par les tuilles, aiguillonné de tes chaleurs impudiques, & forcé par le loyer; vilenies que ceste maison ne put supporter longuement: & tu sçais si ie parle de choses qui me soient bien cogneuës, ou non. Souuienstoy du temps que Curion le pere gisoit au lict outré d'affliction à ton suiect: pendant que le fils se iettoit pleurant à mes pieds: & me solicitoit auec les plus ardentes prieres, que ie te protegeasse contre ce pere, auquel il vouloit demander cent quatre-vingts mille escus, afin de payer les debtes où il s'estoit engagé pour te secourir: & protestoit bruslant d'amour, que plustost que de te laisser en peine, il s'en iroit en exil auec toy, d'autant qu'il ne pouuoit souffrir ta separation. I'appaisay lors ou plustost ie gueris, la playe si griefue de ceste florissante famille: persuadant au pere qu'il acquittast ceste somme, sans craindre d'employer quelques facultez domestiques à liberer vn fils de qui la ieunesse promettoit des fruicts excellents d'esprit & de courage: & qu'il employast apres la puissance absoluë d'vn pere, pour le separer, non seulement de ton amitié, mais de ta conuersation. Or puis que tu n'ignores point, que ie ne sçache toutes ces nouuelles-là, aurois-tu iamais osé m'attaquer d'iniures, si tu ne te fiois aux armes qui t'enuironnent? Ie me tairay cependant de tes infames vilenies & lubricitez, car aussi bien y a-il des circonstances que ie ne puis reciter honnestement: & tu restes tant plus libre & asseuré contre les reproches, de ce que tu as souffert des choses en ta personne, qu'vn ennemy ne t'oseroit mettre deuant le nez, si la pudeur l'accompagne. Mais oyez, Messieurs, le surplus du cours de sa vie, que ie toucheray neantmoins legerement: pource que mon desir me presse de vous ramenteuoir quels furent ses ieux pendant la guerre Ciuile, & les extrêmes calamitez de la Republique: sans oublier ceux dont il vse tous les iours. Et bien qu'ils soient plus cogneus de vous que de moy, ie vous supplie de me continuer vostre attention fauorable. En telles choses, non seulement la premiere cognoissance doit exciter les esprits, mais aussi la rememoration : neantmoins i'en retrancheray le milieu, de peur d'arriuer trop tard à la fin.

Celuy donc qui me reproche ses bienfaicts, viuoit en estroicte amitié auec Clodius: qui plus est, il seruoit de flambeau à tous ses embrasemens durant son Tribunat, qui m'a si bien traicté: & tenta quelque belle affaire en sa maison, il sçait bien ce que ie veux dire. De là il print sa route en Alexandrie, contre l'authorité du Sénat, celle des auspices & de la Religion: toutesfois il auoit pour chef & pour guide cét honneste homme Gabinius, auec lequel il ne pouuoit faillir. Quelle vie, Antonius, fis-tu sur les chemins du retour, ie te prie? ou de quelle sorte reuins-tu? toy vrayment, qui ne fis pas difficulté de descendre au plus profond de la Gaule en retournant d'Ægypte, premier qu'en ta maison. De quelle maison parle-ie aussi? chacun auoit la sienne quelque part en ce temps-là, mais la tienne ne se trouuoit en nul lieu. Diray-ie seulement ta maison? où estoit le poulce de terre auquel tu peusses poser le pied sur ton fond, excepté la seule metairie de Misene, en laquelle tu te retirois auec tes bons associez, comme en vne cloaque de tous vices, & spelunque à brigands? Te voicy retourné de la Gaule, afin de poursuiure la charge de Questeur. Aduouë que tu me vins trouuer auant que voir ta mere: d'autant que i'auois eu auparauant lettres de Cesar, par lesquelles il me prioit, que ie te receusse à reconciliation & satisfaction. C'est pourquoy ie ne souffris pas seulement que tu parlasses de me demander pardon, & depuis tu cultiuas ma bien-veuillance soigneusement, & i'assistay volontiers ta brigue. Ce fut en ce temps-là, que tu t'efforças de tuer Clodius en la place publique, auec approbation du Peuple Romain. Et comme il soit vray, que tu l'entrepris de toy-mesme, sans instigation de ma part, tu disois neantmoins, que si tu ne tuois cét homme là, tu ne pouuois iamais compenser les offences que tu m'

LES ADVIS. 595

tiois faictes. En quoy i'admire pourquoy tu as publié, que Milon ait fait ce coup à ma suscitation, veu que ie ne te conseillay iamas de le faire: quoy que tu t'offrisses de l'effectuer pour l'amour de moy. Si tu eusses perseueré neantmoins, i'eusse mieux aymé par office, attribuer cét effect à quelque honneste ambition de gloire, qu'au desir de m'obliger. Tu fus esleu Questeur: & soudain sans arrest du Senat, sans sort & sans decret, tu t'en courus à Cesar : parce que tu sçauois bien qu'il estoit l'vnique refuge des necessiteux, des endebtez, des gens de sac & de corde & des vies & fortunes desesperées. Or quand tes coffres eurent esté remplis auprés de luy, par ses dons & par tes rapines, si remplir on peut le vaisseau qui s'escoule en s'emplissant, tu t'en reuolas pauure comme par le passé, à la poursuitte du Tribunat: auec intention de te comporter en ce Magistrat si tu pouuois, de mesme façon que ton beaupere.

Entendez à ceste heure ie vous supplie, venerable Senat, non plus les choses qu'il a faictes dissoluëment & vilainement, à la honte de sa famille particuliere : ouy bien les excés impies & detestables, qu'il a commis contre nous, & contre nos fortunes, c'est à dire, contre tout ce grand Empire vniuersellement: vous trouuerez que sa meschanceté est la source d'où sont deriuez tous les desastres publics. Car lors que soubs le Consulat de L. Lentulus & de C. Marcellus, vous desirastes aux Calendes de Ianuier, de rafermir la Republique panchante & presque tombante, & de pouruoir au contentement de Cesar, s'il luy restoit quelque bon sens; cestuy-cy opposa fermement à la prudence de vos desseins son Tribunat vendu & affidé à cét homme-là: soubmettant, si on luy eust faict iustice, son col à ceste hache, soubs laquelle plusieurs sont tombez pour des crimes beaucoup moins pesans. Ce fut là, M. Antonius, où le Senat luisant encores de tant de lumieres depuis esteinctes, decerna contre toy à la mode des anciens, tout ce qu'on peut decerner contre vn ennemy en robe ciuile. Hé puis tu m'o ses attaquer auiourd'huy, en la presence de ce mesme Ordre illustre, qui t'a declaré, ennemy de la Republique, moy conseruateur! Pour le present la poursuitte de ton crime est sursise, non pas la memoire effacée. Tant que le genre humain restera sur pieds, tant que le nom des Romains durera, qui sera iusques à l'éternité, si tu ne l'empesches; ceste tienne pestifere interuention sera parler d'elle. Que faisoit le Senat temerairement? que faisoit-il par passion; que toy ieune homme & seul, osasses entreprendre de le contrepoincter en corps, sur des affaires d'où dependoit le salut de la Republique? Ce traict non pas vne fois, mais plusieurs. Ny iamais tu ne pûs souffrir raisons ny remonstrances, sur le respect que tu deuois à l'authorité du mesme Senat. Dequoy, dis-ie, s'agissoit-il sinon d'obtenir que tu ne voulusses pas renuerser les fondemens de l'Empire Romain; cependant que les premiers hommes de la Cité par leurs prieres, les vieillards par leurs exhortations, & cét Ordre en plaine assemblée par son authorité, ne te sçeurent iamais démouuoir de ta resolution venduë & seruë? A ceste heure-là donc, comme on vid que tous autres moyens demeuroient inutiles, on te fit par vne condamnation necessaire la playe que tu meritois: playe que peu d'autres auoient receuë auant toy, & dont vn seul n'estoit eschappé la vie sauue: le Senat en somme, mit les armes en main contre toy, aux Consuls & à toutes les Puissances de la Republique: dont certainement tu ne te fusses point sauué, si tu n'eusses eu recours à l'armée de Cesar. Tu as, tu as Antonius, presté le principe de rebellion à Cesar, ambitieux de remuer: tu luy as porté l'occasion de faire la guerre à ton pays. Qu'alleguoit-il? quelle cause attribuoit-il à sa deliberation forcenée, sinon qu'Antonius auoit esté opprimé & dechassé de Rome au mespris des droicts du Tribunat & de son opposition? Ie laisse à dire combien telles causes sont iniques & vaines; specialement puis qu'il n'en est aucune iuste de leuer les armes contre sa Patrie. Toutesfois sans plus parler de Cesar, il faut enfin que tu confesses, que le suiect d'vne guerre tresruineuse est fondé sur ta personne. O miserable, si tu comprends, & plus mal-heureux si tu ne comprends pas, que les Histoires publieront ces choses, la memoire les conseruera: & la posterité n'oubliera iamais à tous les siecles; que les Consuls furent chassez d'Italie, & auec eux C. Pompeius, gloire & lumiere de l'Empire Romain, chassez encores tous les Consulaires, à qui la santé permit de souffrir la fatigue calamiteuse de ceste route, les Preteurs, les Pretoriens, les Tribuns du Peuple, la plus ample partie du Senat, toute la Noblesse, toute la ieunesse, disons tout le seminaire du Peuple Romain: & pour le faire court, que par toy la Republique entiere fut expulsée & bannie hors de son siege. Tout ainsi que la cause des plantes & des arbres est en leur semence, ainsi la source de ceste guerre plus que déplorable, est née de cét homme-cy. Vous lamentez trois puissantes armees du Peuple Romain taillées en pieces, Antonius les y a taillées: vous regrettez les citoyens plus illustres, Antonius nous les a rauis: l'authorité de ce grand Ordre du Senat est boulleuersee, Antonius l'a mise par terre: tout ce que nous auons veu de misere depuis ce iour, bien que nous en ayons veu de toutes sortes, il faut que nous le rapportions au seul Antonius, si nous discourons sainement. Tout ainsi qu'Helene aux Troyens, Antonius a couté à la Republique, la guerre, la desolation, la subuersion. Le reste de son Tribunat fut égal au commencement: car il fit toutes les choses, que la precaution du Senat auoit pourueu d'empescher qu'on ne fist, pendant qu'elle a peu conseruer la maiesté de la Republique. Voyez cependent en ceste ame, vne méchanceté dans vne autre méchanceté. Plusieurs bannis estoient par luy rappellez, sans que son oncle eust aucune part à ceste faueur: s'il estoit seuere, que ne l'estoit-il vers tous? si pitoyable, pourquoy non vers son oncle? Sans m'estendre à parler des autres, ie rameteuray seulement, qu'il restablit Licinius Lenticula, condamné pour le ieu, auquel il estoit son compagnon ordinaire: non pas pour iouër plus legitimement auec vn restitué, comme s'il ne luy eust pas esté licite à l'humeur dont il est, de iouër auec luy sans scrupule durant son ban; mais afin certes de faire cette iniure à la Loy, de remplir & d'acquitter par son benefice au rappel de cet hôme, ce qu'il auoit perdu aux dez contre luy. Quel le raison alleguas-tu au Peuple de le rappeller? l'auoit-on accusé en son absence? auoit-il esté iugé sans l'ouïr? la Loy n'auoit-elle point establi de peine contre les berlandiers? la force où les armes l'auoient-elles opprimé? son iugement d'exil auoit-il esté corrompu par argent, comme on disoit de celuy de ton vertueux oncle? rien de tout cela. Estoit-ce donc vn homme d'honneur & digne de la Republique? cela mesme n'importe. Quant à moy, puis que tu comtes vne condamnation pour rien, s'il eust esté tel encores fermerois-ie les yeux. Mais en verité celuy qui ne craignit pas de rappeller vn homme perdu, lequel ne faisoit nulle difficulté de iouër aux dez en plaine place publique, & qui auoit esté banny par la Loy des berlans, monstre assez quel homme il est luy-mesme.

En ce mesme temps comme Cesar allast en Espagne, & laissast à cestuy-cy l'Italie en charge, c'est à dire à fouler aux pieds, quelle vie fit-il par les chemins en s'y promenant? S'occupa-t'il à la visitation des villes Municipales? Ie sçay que ie parle de choses qui sont tres-communes en la bouche de tout le monde: & que tout ce que ie recite, & reciteray, est plus cogneu de vous, Messieurs, qui estiez lors en Italie, que de moy qui n'y estois pas. Ie ramenteuray neantmoins ce que i'en sçay: bien que ie sois asseuré, que mon discours ne peut seconder vostre cognoissance. Veid-on iamais en l'estenduë de la terre des mœurs si perduës? de telles vilenies? vne telle honte? Nostre Tribun du Peuple se faisoit traisner en vn chariot Belgique, deuant lequel marchoit vne troupe de Licteurs, portans les faisseaux de verges, enueloppez du laurier triomphal. Entre lesquels sa petite basteleuse estoit portee à lictiere descouuerte: au deuant de laquelle les gens de qualité des Villes Municipales estoient obligez d'aller par compliment necessaire: & de la saluër, non pas de son vray nóm, & propre à son mestier, Hippia ou Cytheris, mais de celuy d'vne matróne, Volumnia. Vn autre chariot venoit apres, plain d'vne trouppe de maquereaux, son infame Cour: & en fin la mere en chetif équipage, suiuoit comme sa belle fille la garce d'vn fils abandonné. O fœcondité calamiteuse d'vne miserable mere! Tant y a qu'il imprima les traces de ces pendarderies-là, par toutes les Villes Municipales, par toutes celles des Prefectures, par toutes les Colonies, & finalament par l'Italie entiere. Du reste de ses actions, Messieurs, la reprehension est-elle plus difficile? Il a faict la guerre ennemy de la Patrie: il s'est enyuré du sang des citoyens, aussi fidelles & vtiles à la Republique, que luy déloyal & ruïneux: en quoy il a esté fort heureux en succez, s'il y peut auoir quelque heur en la meschanceté. Mais de peur d'offenser les vieilles bandes, ie ne diray plus rien des circonstances ny de la qualité de ceste guerre, quoy que leur cause soit fort diuerse: la raison est, qu'elles ont suiuy vn chef, & cestuy-cy l'a recherché.

Tu retournas vainqueur de la Thessalie à Brunduse, auec l'armée. C'est où tu te vantes de ne m'auoir point tué: grand office à ton aduis, pource que tu le pouuois faire: quoy qu'il n'y eust aucun de ceux qui t'assistoient, qui ne iugeast que ie meritois que la vie me fust conseruée. Ainsi certes est puissante la charité de la Patrie, que ie paroissois inuiolable & sacré à tes Legions propres, d'autant qu'elles se souuenoient que ie l'auois preseruée de ruïne. Pose le cas neantmoins que tu m'ayes donné ce present, à cause que tu ne me l'as point osté, & que ie tienne la vie de toy pour ne me l'auoir pas rauïe; m'estoit-il loisible parmy tes outrages, de respecter desormais ce bienfaict comme par le passé, consideré mesmes, que tes actions me donnoient tant d'occasion de parler? Tu vins donc à Brunduse au sein & entre les embrassemens de ta petite menestriere. Qu'y a-t'il? ay-ie menty? ô que c'est vne miserable chose de ne pouuoir nier ce qu'il est honteux de côfesser! Si tu n'auois honte des habitâs nos côcitoyens, que ne l'auois-tu d'vne armee de vieilles bâdes? Y eut il quelqu'vn des soldats, qui manquast de la voir en ce lieu là? quelqu'vn qui ne sceust qu'elle auoit faict tât de iournées de chemin pour te venir complimêter de tes victoires? ou qui ne regrettast d'auoir cogneu si tard quel hôme il suiuoit. Le voicy derechef, venerable Senat, fôdu sur l'Italie mesme basteleuse tousiours au costé. Par les Villes & les bourgs: vn miserable tracassement de gens de guerre, vne desolation; en la Cité, vne infame consumation d'or & d'argent, & sur tout de vin. Sur ces entrefaites, il arriua que les amis de Cesar à son desceu comme il estoit en Ægypte, firent nommer cestuy-cy maistre de la Caualerie. Alors il creut qu'en vne si belle rencontre de noms, il pouuoit à iuste tiltre posseder son Hippia: & donner en contr'eschange les cheuaux de tribut à Sergius le basteleur son mary, pour en tirer profict. Quels furent ses decrets en ce temps la? quelles ses rapines? quelles possessions d'autruy ne donna-t'il point? ou quelles autres ne picora-il, & ne souffrit picorer? On dira que la necessité le forçoit: il ne sçauoit de quel costé se tourner pour viure. Ceste grande succession de L. Rubrius, ny celle de L. Turselius, ne luy estoient pas alors escheuës: ny ne s'estoit point encores rendu en vn tournemain, heritier de C. Pompeius, ou de plusieurs autres bannis: il falloit qu'il vesquist à la façon des brigads, c'est à dire, qu'il eust autant de bien qu'il en pouuoit buttiner. Mais laissons-là ces traicts de meschanceté plus roide & plus vigoureuse, pour retourner à ses débauches & à ses ordures. Tu humas tant de vin de ceste gueule, de la force de ces flacs & de la vigueur de tout ce corps de gladiateur, aux nopces d'Hippias; que le lendemain tu fus contrainct de vomir en presence du Peuple Romain. O chose infame, nõ seulement à l'œil, mais à l'oreille! si cela t'estoit aduenu souppant chez toy, entre tes coupes énormes, qui ne décrieroit ceste vilenie? or en plaine assemblée de Peuple, traictant vn affaire puplic, nous te vismes dégorger les morceaux infectés de vin, & en remplir ton giron, & tout le tribunal: & qui pis est en la dignité de Maistre de la Caualerie, à cui ce seroit hôte d'auoir totté seulement. Mais puis qu'il côfesse que ce traict est du nombre de ses actions sales, venons aux splendides.

 Cesar apres sa victoire reuint d'Alexandrie, heureux à son opinion: à la mienne, nul ne le peut estre s'il est malheureux à la Republique. Ayant donc posé la lance deuant le Temple de Iupiter Stateur, il mit à l'incan les biens (moy mise-

miserable, les larmes estant espuisées la douleur me creue le cœur iusques icy!) Cesar exposa, dis-ie, au plus offrant les biens du grand Pompeius, par la voix perçante d'vn chetif crieur: acte auquel tout le corps de la Republique, oubliant la seruitude, ne se put garder de gemir: & les courages du Peuple Romain, estant serfs hors de là, son gemissement demeura libre. Tant y a, que comme chacun ouuroit les yeux en grande attention, pour voir qui seroit si impie, si forcené, si ennemy des Dieux & des hommes, que d'oser commettre le sacrilege de se rendre acheteur de tels biens, aucun ne se presenta iamais que le seul Antonius: & encore y ayant autour de ceste lance tant de personnes qui osoient toutes choses. Ainsi certes il se trouua vn seul homme, qui fut assez hardy, pour entreprendre ce que l'audace de tous les autres fuyoit & regardoit auec horreur. Vne telle brutalité donc, ou pour mieux parler, vne telle fureur, te saisit & t'aueugla t'elle, que de te rendre premierement encherisseur & frippier de confiscations, né de noble maison comme tu es, secondement, frippier de celle du grand Pompeius? & n'en es tu pas demeuré en l'esprit du Peuple Romain, detestable, execrable, & digne d'auoir à iamais les Dieux & les hommes pour ennemis? Mais de quelle insolence ce frippon, ce deuoreur de biens, se rua-t'il sur les fortunes de cét homme illustre, par la valeur duquel le Peuple Romain estoit plus redoutable aux Nations estrangeres, & plus aymable par sa iustice? Quand ce gouffre eut englouty les richesses de ceste maison, on le voyoit épanouy d'orgueil & de ioye, comme vn personnage de Comedie, n'agueres pauure & deuenu riche en vn instant. Toutes-fois comme dit quelque Poete,

Que le bien mal acquis se dissipe aussi mal:
c'est chose incroyable & qui tient du prodige, de sçauoir de quelle façon & en combien, ie ne diray pas de mois, ouy bien de iours, il consuma tout. Il s'y trouua des vins exquis largerout, grande abondance des plus riches metaux, quantité d'habillemens somptueux, infinis excellens & precieux meubles de tous costez, ressentans leur maistre, non superflu, mais opulent; en peu de iours il ne restoit rien. Quelle

Carybde fut iamais si deuorante? diray-ie simplement Carybde, qui si elle a esté, n'estoit au-moins qu'vn seul animal? tandis que l'Ocean pourroit à peine engloutir si promptement tant de choses, diuisees en tant de parts, & posees en des lieux si esloignez les vns des autres. Rien n'estoit plus fermé, rien seelé, rien éthiqueté : on laissoit emporter les armoires & les cabinets tous entiers à des hommes de neant: les farceurs en prenoient par icy, les farceuses par là: ce Palais illustre estoit plain de berlandiers & d'yurongnes, tout le long du iour on buuoit & iouoit aux dez en diuerses stances: faisant luy-mesme souuent des pertes au jeu, afin qu'il ne se peust pas vanter d'estre heureux par tout: & les tapisseries de pourpre de C. Pompeius, iettees par terre, seruoiét de lict aux esclaues. Partant n'admirez plus la dissipation si prompte de tant de richesses; car vne si furieuse débauche, vn tel abandon, eust mis à neant, non pas les facultez d'vne seule personne, pour amples qu'elles fussent, mais encores les Villes & les Royaumes en bref espace de temps. Venons à considerer en soy, ce Palais & les vergers de Pompeius. O monstrueuse outrecuidance! tu osas entrer en son Hostel, osas mettre le pied sur le sueil sacré de ceste porte, & presenter ton visage impudent & infame aux Dieux familiers de ceste maison; que nul n'auoit osé regarder depuis long-temps, & dont aucunne pouuoit trauerser la ruë sans larmes! Tu fus assez hardy finalement, pour l'vsurper & t'y habituer: roy, certes, qui bien que tu sois si stupide, & sans consideration, n'y peux rien voir qui ne te déplaise! Quoy donc, comme tu vis ces vestibules ornez de despouilles de guerre & de becs de nauires, pensois-tu bien entrer chez toy? cela n'est pas à croire, car quelque iugement & ceruelle qui te manquent en effect, tu cognois ta race, tes facultez & toy-mesme. Ie n'estime pas que veillant ny dormant, ton esprit puisse iamais demeurer rassis : & faut de necessité, quelque violence forcenée qui soit neé auec toy, que quand la venerable image de cet excellent homme, s'offre à tes yeux en sommeillant, l'effroy t'esueille en sursault, & que la mesme sueur t'agite encores souuent esueillé. I'ay pitié certainement de ces murs, & de ces lieux, qui n'ont iusques à toy rien veu que la pudeur; les mœurs sinceres & la discipline tres-pure & parfaicte: d'autant que ce personnage estoit, comme vous sçauez, Messieurs, autant admirable en la maison, qu'il estoit illustre dehors: & n'estoit pas plus loüable aux faicts & gestes externes, qu'aux reiglemens domestiques. Sa demeure reçoit auiourd'huy pourtant, les bordels dans les chambres honorables ausquelles il couchoit, & les tauernes aux salles où il prenoit ses repas. Que si cestuy-cy le nie à ceste heure, ne demandez pas pourquoy; il est deuenu homme de bonne vie, ayant faict diuorce auec sa ioüeuse de farces, & luy ayant signifié, suiuant la loy des douze tables, cause de repudiation, & qu'elle eust à reprendre ses biens, & se retirer. Quel venerable citoyen, ie vous supplie? quel homme de reputation? qui n'a iamais faict en ses iours acte honneste ou loüable, que d'auoir repudié vne basteleuse. Or considerez d'autre costé, combien de fois sa vanité piaffe à corner qu'il est Consul & Antonius. Cela vrayement, veult dire, Consul & tres-impudique, Consul & tres perdu: car Antonius est-il autre chose? De vray si ce nom portoit quelque accroissement à telle dignité, ie croy que ton ayeul se fust aussi qualifié Consul & Antonius: & pourtant il ne l'a point faict. Dauantage, ton oncle qui fut mon compagnon en ce grade, eust vsé de ces termes à son tour, dont il s'est abstenu encores: ainsi tu es à ce prix le seul Antonius.

Toutesfois ie veux obmettre ce que tu as commis de mal, hors ceste faction, par laquelle tu as affligé la Republique. Cela s'appelle que ie retourne à ta guerre ciuile; & la nomme tienne, puisque c'est toy qui l'as engendrée, forgée, allumée: pourquoy manquas-tu de l'assister constâment, au lieu de t'arrester deça, quelque fois par ta Lubricité, quelque autre fois par ta coüardise? Tu auois gousté, ou plustost englouty, le sang des citoyens: tu auois mené l'auant-garde en la bataille de Pharsale: tu y auois meurtry cét insigne personnage L. Domitius: plusieurs autres eschappez du combat, & que Cesar auoit peut-estre voulu conseruer, auoient esté par toy cruellement poursuiuis & assommez: qui te mut donc ayant faict tant & de tels excés, de manquer à suiure Cesar en Afrique, notamment puis qu'il restoit encores vne si grande part de ceste guerre à parachever? Partāt en quelle consideration aussi demeuras-tu prés de luy à son retour de ceste Region? Ce General d'armée de qui tu auois esté Questeur, ce Dictateur qui t'auoit establi Maistre de la Caualerie, auquel tu auois esté autheur de guerre, boutefeu de cruauté, associé de proye, fils de testament à ton comte t'appella soudain en iugemēt, pour restituer ce que tu deuois de l'achapt & de la confiscation du Palais, des maisons de plaisance & des autres biens de Pompeius. D'abord tu respondis superbement: & afin qu'il ne soit pas dit que ie te blasme partout, tu repliquas des choses iustes. Quoy! Cesar repeter des deniers sur moy? hé pourquoy plutost, que moy sur luy? a t'il eu la victoire, ou l'eust-il peu obtenir, sans moy? c'est moy qui luy ay porté la cause de la guerre ciuile, moy qui ay mis en auant les pernicieux Edicts, moy qui ay leué les armes côtre les Consuls & les Generaux d'armée de la Republique Romaine, contre le Senat & le Peuple, contre les Dieux du païs, les autels, les foyers domestiques, & en somme contre la Patrie. A t'il emporté la victoire pour luy seul? ou n'est-il pas raison que la proye soit commune entre ceux où le forfaict qui l'a practiquée a esté commun? En fin tu ne demandois que iustice: mais quel fruict t'en teuenoit'il, ce personnage estoit plus puissant que toy? Ainsi donc ayant bouché l'oreille à tes clameurs, il enuoya des soldats à tes † cautions & à toy: & comme soudain ceste plaisante inuentaire fust exposée de ta part, quel ris esmut l'assemblée à tes dépens! C'estoit merueille aussi, de voir vne inuentaire si planturuse, de voir tant & de si diuerses possessions, parmy lesquelles il ne se trouuoit rien qui appartint à celuy qui faisoit faire, & sur qui se faisoit la vente, excepté vne seule part de la mestairie de Misene. La face de ceste vente estoit piteuse. Infinis vestements de Pompeius sales & souillez: des vases d'argent qui venoient de luy-mesme enfondrez,

† *Autrement, à ta proye.*

LES ADVIS. 605

des esclaues vestus de haillons : de sorte que nous eusmes suiect de regretter, qu'il restast quelque chose du sien que que nos yeux peussent voir. A my-chemin pourtant, les heritiers de L. Rubrius, par le consentement de Cesar, arresterent ceste execution: à cause de leurs biens vsurpez par cét homme-cy, & qu'il auoit meslez parmy le reste. Là dessus voila le rustre en telle confusion, qu'il ne sçauoit de quel costé se tourner: & tant plus de ce que sur ces termes, vn assassin enuoyé de sa part, à ce qu'on disoit, auoit esté trouué dans le logis de Cesar auec vne dague: dont le mesme Cesar fit plaincte ouuerte au Senat contre luy.

Depuis Cesar partit pour Espaigne, apres t'auoir donné quelque delay de payer, en consideration de ta pauureté. Cela mesmes ne te put nullement conuier de le suiure. Qu'est-ce à dire, qu'vn si braue gladiateur que toy, prist si tost sa dispense de retraicte: ou qui pourroit redouter celuy, qui se rend si timide en des entreprises ausquelles il va de toute sa fortune? Tu partis toutesfois pour aller en ces païs-là: mais tu t'excuses de ce que tu demeuras en chemin, à l'ayde de ceste deffaicte; que tu n'y pus aborder seurement. Comment donc y arriua Dolabella? Tu ne deuois point embrasser ce party, ou depuis que tu l'eus embrassé, il le falloit soustenir iusques à la mort. Cesar donna bataille trois fois à ses concitoyens en Thessalie, Afrique, Espaigne: Dolabella tousiours combattant, & mesmes il receut en Espaigne vne grande playe. Si tu me demandes ce qu'il m'en semble, ie responds, que ie voudrois qu'il n'y eust pas esté: cepandant si le conseil est à blasmer d'entrée, la constance de s'y tenir est loüable. Raisonnós vn peu sur les interests qui t'appelloient en ce voyage. Les enfans de C. Pompeius en premier lieu, vouloiét estre restablis en leur Patrie: ceste cause ie l'aduouë, obligeoit en commun la resistance de tous ceux de ton party autant que la tienne. Or pource qu'ils pretendoient particulierement outre cela, d'estre remis en possessió des Dieux Penates de leurs predecesseurs, des autels, du foyer domestique & du Genie familier, que tu auois occupez, & puis que ceux à qui ces choses appartenoient par droict, les repetoiét

Gggg iij

par les armes; s'il y peut auoir quelque équité aux choses iniques, il estoit particulierement aussy tres-équitable, que l'vsurpateur de la confiscation de Pompeius, combattist contre les enfans de Pompeius. Estoit-ce donc raison, que tandis que tu vômissois à Narbonne en la table de tes hostes, Dolabella se battist en Espaigne pour toy? Combien prompt, au surplus, Messieurs, fut son retour de ceste Ville de Narbonne? & neantmoins il s'enqueroit, pourquoy ie retournay de ce voyage-là sur le my chemin. Ie vous en ay rendu raison: c'est que ie voulois, s'il m'estoit possible, faire seruice à la Republique sur les affaires des Caledes de Ianuier. Et quât à ce que tu demandes, Antonius, comme ie reuins: tu sçauras en premier lieu, que ce fut de iour, & non pas de nuict: secondement, auec des souliers & la robbe à la Romaine, & non auec les galoches & la cappe à l'estrangere, ainsi que tu fis. Tu me regardes cependant d'vn œil de courroux: certes tu ferois la paix auec moy, si tu sçauois quelle honte i'ay de ta neantise abandonnée, tandis que tu n'en as point. Entre tous les excés du débordement des hommes, ie n'en vis & n'en ouïs iamais vn plus infame, que cetuy-cy, que toy, qui te vantois d'estre Maistre de la Caualerie, qui poursuiuois, ou plustost mandiois le Consulat pour l'année suiuante; eusses eu le cœur de courir en vn tel équipage pour faire cette brigue, par les Villes Municipales & les Colonies de la Gaule de deça les monts: dans lesquelles on auoit accoustumé de poursuiure le Consulat, quand ie poursuiuois le mien, & ne le mandiois pas. Mais oyez sa friuolerie. Arriuant aux Pierres-rouges à la dixiesme heure du iour, il se campa dans vne malheureuse tauerne, où il se cachea pour boire iusques au soir: & de là se fit traisner à la Ville & en son logis sur vn chariot leger, la teste couuerte. Il battit à la porte. Qui est là, dit le portier? c'est, repliqua-t'il, vn messager de la part d'Antonius. Soudain il fut introduict vers celle pour qui il venoit, & luy presenta quelque lettre, qu'elle leut en plorant pour estre plaine de cajolerie amoureuse. La substance estoit, qu'il renônçoit pour iamais à sa menestriere, en auoit entierement diuerty ses passions, pour les transferer du tout en elle : & comme la Dame pleuraſt de plus en plus, cét homme miſericordieux ne le put ſupporter, mais deſcouurāt ſa teſte, il s'alla iettter à ſon col. O teſte de neant! car quel autre tiltre te donneray-ie! il n'en eſt point qui te conuienne mieux: eſtoit-ce donc pour paroiſtre à l'impourueu aux yeux d'vne femme, & te iettter, garſe maſle, entre ſes bras contre ſon eſperance, que tu troublas la Cité d'vne frayeur nocturne & l'Italie de crainte pluſieurs iours? chacun ſe ſouuient des circonſtances de ceſte hiſtoire. que ſi tu auois vn amuſement de fripponnerie en la maiſon, tu en auois encore vn plus honteux dehors : c'eſtoit de trauailler pour mettre ordre, que L. Plancus ne vendiſt pas tes cautions. Eſtant ſur ces intrigues appellé par le Tribun du Peuple en iugement, & apres qu'ayant eſté enquis de la cauſe qui t'auoit amené, tu eus faict reſponſe, que tu eſtois venu pour faire tes affaires; la foule ietta maint brocard eſtre toy.

Mais c'eſt trop parlé de badineries, venons aux choſes de plus grand poids. Quand Ceſar retourna d'Eſpaigne, tu fus bien loin au deuant de luy: tu allas, tu reuins en grand'diligence : afin qu'il cogneuſt, que ſi tu n'eſtois gueres braue, tu eſtois au moins fort remuant. Tu te fourras alors derechef ie ne ſçay comment en ſa familiarité : car Ceſar auoit ceſte humeur infaillible, que s'il cognoiſſoit quelqu'vn accablé de debtes & d'indigence, qui fuſt d'abondant homme de folle entrepriſe, & de mœurs perduës, il ne manquoit iamais de le receuoir tres-volontiers en ſon amitié. Comme tu fuſſes donc en recommandation pres de ſa perſonne, au moyen de ces belles qualitez, il te fit declarer Conſul auec luy. Ie tairay la iuſte plaincte de Dolabella, lequel fut par luymeſme mis ſur les rangs pour l'eſtre auſſi : puis affronté de tours de paſſe-paſſe & de tire-laiſſe : mais en cela quelqu'vn ignore-t'il quelle fut la perfidie de cét homme & la tienne? Il l'induiſit à la pourſuite de cette dignité, puis en ayant eu la promeſſe & l'aſſeurance, voire eſtant accepté, il luy rauit le morceau de la bouche pour le tirer à ſoy : & ton conſentement ſoubſcriuit à la deſloyauté. Voicy les Calendes de Ianuier, on nous aſſembla dans le Senat, où Dolabella, comme

vous sçauez, Messieurs, declama contre cettuy-cy auec beaucoup plus d'apparat & d'aspreté que ie ne fais. Que dit apres la colere de cettuy-cy mesme, Dieux eternels! comme il vint à haranguer sur ce que depuis cette promotion Cesar auoit declaré, qu'auant son partement il ordonneroit que Dolabella fust creé Consul & mis en sa place? & qui peut nier, que celuy qui osoit ordinairement entreprendre de faire & dire de telles choses, ne se portast pour Roy? Mais comme ce noble homme icy vid, que Cesar auoit resolu cela fermement, il osa se vanter, que par le mystere de sa dignité d'Augure, c'est à dire par scrupules de presages, il sçauroit diuertir les assemblées d'election, ou les interrompre: & protesta qu'il le feroit. Surquoy vous considererez, s'il vous plaist, son incroyable sottise: car ce qu'il se vantoit de pouuoir faire, par l'abus du droict de son Sacerdoce, ne l'eust-il point aussi bien faict par la puissance du Consulat, quand ce mesme Sacerdoce n'y eust pas esté ioinct? ouy de verité, & plus facilement, comme moins scandaleusement: à raison que nous autres Augures n'auons priuilege que d'aduertir & denoncer, au lieu que les Consuls & le surplus des Magistrats l'ont, d'ordonner & de iuger. Cela soit donné à son impertinence: aussi bien ne peut on esperer prudence aucune d'vn homme qui n'est iamais hors d'yuresse; parlons de son effronterie seulement. Il auoit publié iusques dans le Senat plusieurs mois auant les mesmes assemblées de l'eslection de Dolabella, qu'il les empescheroit de commencer ou d'acheuer: & toutesfois quelqu'vn peut-il deuiner, quelle face ou quelle menace porteront leurs auspices, sinon par l'ordinaire & prochaine obseruation des oyseaux & des Cieux? Or cette obseruation encore n'est aucunement permise par les loix, depuis que telles assemblées d'election sont commencées: & si quelqu'vn l'a faicte, il faut qu'il declare ce qu'elle porte auant leur commencement. Mais à vray dire, l'ignorance & l'impudence sont enchaisnées: & n'est pas merueille, qu'ignorant le deuoir d'Augure, il vse inconsiderément de la charge. Rememorons nous en passant, quels furent les faicts & gestes de son Consulat, depuis ce terme, iusques aux Ides de Mars. Quel chetif Huissier des Magistrats

strats, representa iamais tant d'humilité ny de soubmission vers eux? il ne pouuoit rien de luy-mesme, il mandioit toutes choses: & aduançant publiquement sa teste en la lictiere qui portoit Cesar, on le voyoit implorer de son compagnon les faueurs qu'il vouloit vendre. Voicy le iour de l'election de Dolabella: le sort de la prerogatiue se iette, cét homme de bien demeure en silence: on en fait rapport: la Tribu qui deuoit preceder est appellée, on en fait rapport derechef, & les suffrages sont donnez & recueillis selon la forme: alors on appelle la seconde, & tout cela fait en moins de temps que ie n'en parle. Les suffrages recueillis vne autre fois, ce venerable Aruspice auec la grauité d'vn Lælius: *A quelque autre iour, dit-il.* O l'effroyable effronterie! qu'auois-tu veu? qu'auois-tu cogneu? qu'auois-tu ouy? Tu ne nous auois point allegué, que le Ciel ny les oyseaux, t'eussent donné quelque aduis contraire sur ce suiect, & ne l'allegues point encores: partant le seul scrupule qui a blessé nos mesmes assemblées, fut celuy que tu auois preueu si long temps auparauant, & predict dés les Calendes de Ianuier. I'espere donc, à l'ayde des Dieux, que leur malediction tombera plustost sur ton chef, que sur celuy de la Repub. pour cette foy des auspices que tu as fraudée. Tu as enueloppé de superstition le Peuple Romain, l'obligeant aux expiations: tu as annoncé le scrupule & l'empeschement, Augure à l'Augure (Dolabella estoit tel) & Consul au Consul. Ie n'en diray point dauantage: de peur qu'il ne semblast que ie voulusse abolir icy les choses qui ont esté faites par luy, ramenteuant que sa promotion a esté tachée d'vne opposition scrupuleuse: ioinct qu'elles doiuent estre rapportées à nous autres Augures en commun, pour en iuger. Mais voyez l'outrecuidance & l'insolence de ce personnage. Quand tu veux Antonius, Dolabella est creé Consul contre les auspices: & quand il te plaist derechef, il l'est selon les auspices. Si estant Augure tu as annoncé sans cause sur la creation d'vn Consul, qu'il falloit remettre la partie à vn autre iour, confesse, qu'en l'annonçant le vin te surmontoit: si ces paroles ont esté fondées sur quelque cause, ie te supplie d'Augure à Augure, de me dire quelle elle est.

Cependant de crainte que mon Oraison n'obmette vn des plus hauts faicts d'Antonius, venons aux Lupercales. Il ne peut plus maintenir son asseurance, Messieurs, il s'estonne, il sue, il pallit: face neantmoins ce qu'il luy plaira, pourueu qu'il ne vômisse pas, comme il fit au portique de Minutius. Quelle deffence aussi pourroit-il apporter sur vne si infame pendarderie? Ie voudrois bien l'ouyr vn peu là dessus: pour voir quel fruict il a tiré de ce grand loyer, dont il a payé son maistre harangueur, & qu'a operé le don du territoire Leontin. Cesar ton compagnon au Consulat estoit à la place des Rostres, assis dans vne chaise dorée, couuert d'vne robbe de pourpre, & couronné du laurier triomphal. Tu ne craignis point de monter vers luy nud que tu estois : quoy que tu fusses Luperque à condition de ne deuoir pas oublier, que tu estois aussi Consul. Enfin approchant de sa chaise, tu luy presentas vn diadesme: & soudain le voila suiui d'vn gemissement vniuersel. D'où venoit ce diadesme? tu ne l'auois pas trouué par les ruës : mais auois apporté de ta maison cette méchanceté premeditée. Tu luy posois cét ornement sur la teste auec vne lamentation vniuerselle du Peuple, & luy le repoussoit auec vn general applaudissement. Tu t'es donc trouué seul asez lasche & malheureux, pour apres luy auoir donné le principe & les conseils de la Royauté, aymer mieux encores l'auoir pour maistre, que la partager auec luy ! & pour sonder par cet artifice du diadéme offert, ce que le P. R. pouuoit souffrir! Quoy qu'il en soit, tu luy requerois misericorde, tu te prosternois à ses pieds: mais à quel dessein estoit-ce? afin qu'il te fist l'honneur de te reduire en seruitude ! que l'eusses-tu bien au-moins mandiée pour toy seul: qui as dés ton bas aage, tellement paty toutes choses, qu'il t'est facile de seruir: toutefois certes tu n'auois pas lettres de nous, pour nous offrir en ces termes. O la belle grace qu'eut ton eloquence en haranguant tout nud! Fut-il iamais vn traict plus sale, plus vilain, plus digne de toute sorte de supplices? n'atends-tu point que ie te déchire à coups d'aiguillon? que s'il te reste vn brin de sentiment, cette Oraison te déchire & te couure de playes sanglantes. I ay peur d'affoiblir la gloire de ces grands personnages, protecteurs de la liberté,

LES ADVIS. 611

si ie dis ce mot: neantmoins il faut que ie le die. Estoit-il rien plus inique ou plus indigne, que de laisser viure celuy qui posa le bandeau Royal sur vne teste, puis-que chacun iuge que celuy mesme qui le reietta fut tué iustement ? Ce n'est pas tout, il fit coucher ces paroles dans le registre des Fastes: *Aux Lupercales, M. Antonius Consul, presenta par le commandement du Peuple, la Royauté à Iulius Cesar Dictateur perpetuel, & Cesar ne la voulut pas accepter.* Vrayement ie ne m'estonne plus d'où vient que tu troubles la paix, ny pourquoy tu haïs, non seulement la Cité, mais la lumiere, & les yeux des gens de bien: ou qui te conuie à passer les iours & les nuicts en débauche, sans esgard du lendemain, auec des bandoliers. Que pourrois-tu deuenir en la paix? Quel lieu trouuerois-tu auprés des Loix & des iugemens; que tu as sapez & aneantis, autant qu'il a esté en ton pouuoir, par vne domination Royale ? quoy donc? L. Tarquinius fut despouïllé de la Royauté, Sp. Cassius, S. Melius, & M. Manlius mis à mort; afin qu'aprés plusieurs siecles M. Antonius contre tous droicts diuins & humains, nous restablist vn Roy à Rome!

Reuenons cependant aux auspices, Comment pretendois-tu de te deffendre des affaires que Cesar te vouloit donner aux Ides de Mars sur ceste matiere? I'appris que tu estois venu preparé d'vne harangue, parce qu'on t'auoit aduerty, que ie voulois parler sur la falsification des mesmes auspices: à laquelle pourtant nous auions esté forcez d'obeïr. La fortune du Peuple Romain emporta ce iour & ses desseins, & la mort de Cesar emporta aussi ton chastiement sur ce crime. Mais mõ discours tombe sur vn temps que ie doibs suiure tout du long, notamment puis que i'ay commencé de l'entamer. Quelle & combien honteuse fut ta suitte? quel fut ton effroy le iour de cette mort? quel ton desespoir encores, né de la conscience de tes faicts detestables; lors que tu te coulas en ton logis secrettement, par la faueur de ceux qui te vouloient conseruer, pipez d'vn espoir que tu deuiendrois sage? O douleur! que mes presages sur nos succés ayent tousiours esté si veritables & si peu creus! Ie disois dans le Capitole à ces braues courages nos liberateurs, quand ils me

Hhhh ij

conuioient d'aller chez toy, pour t'exhorter à la deffence de la Republique; que tu nous promettrois tout ce qu'on pourroit desirer, cependant que la terreur te dureroit: mais qu'aussi tost qu'elle seroit passée, tu retournerois à ton ply naturel. C'est pourquoy; bien que les autres Consulaires allassent & vinssent vers toy, ie m'en abstins d'vne ferme resolution: & ne te vis, ny ce iour là, ny le suiuant: ne me pouuant figurer qu'il fust possible de lier aucune societé, entre vn scelerat & pernicieux ennemy de la Patrie & les bons citoyens. Le 3me iour ie me rendis au Temple de Tellus, malgré moy veritablement, où ie vis toutes les aduenuës munies de soldats armez. Combien glorieuse te fut ceste iournée M. Antonius! & quoy que tu te sois rendu mon ennemy si promptement, combien ay-ie de pitié de toy, de ce que tu as enuié à toy-mesme la gloire qu'elle t'acquit! Quel homme serois-tu, Dieux immortels! quel celebre & grand homme, si tu eusses tousiours suiuy le train de ce iour? nous aurions la paix, pour asseurance de laquelle tu donnas en hostage ton fils: c'est à dire ce noble enfant de M. Antonius, & petit fils de M. Bambalion. Or encores que la peur te fist honneste homme à ce besoin: ceste passion ne pouuant iamais estre authrice d'vne durable vertu, l'insolence outrecuidée qui ne t'abandonne iamais quand tu ne crains rien, te refit méchant aussi tost que ceste frayeur fut écoulée. Ainsi donc, à l'heure qu'ils t'estimoient vertueux & sage contre mon sens, tu presidas, ame impie, aux obseques du Tyran. Ce fut toy qui fis tonner ces belles loüanges, toy qui iettas ces exclamations piteuses, suiuies de l'exhortation à vangeance: toy, toy seul, allumas les flâbeaux, & ceux dont son corps fut demy rosty, & ceux encores qui embraserent la maison de L. Bellienus: & iettas finalement dans les nostres ceste seditieuse fureur de gës perdus & d'esclaues pour la pluspart, qu'il nous fallut repousser à main armée. Toy-mesme par vne autre reuirade, fis encore au Senat les iours prochains tout plain de notables arrests, & comme si tu eusses desormais essuyé & dissipé les restes de la suye & de la fumée de ces feux; ordonnant qu'on ne donnast à aucun, depuis les Ides de Mars, exemption ny priuilege. Tu te souuins aussi de mettre vn ordre pour les bannis. On sçait ce que tu dis des immunitez. Le meilleur fut, que tu cassas pour iamais la Dictature: decret par lequel il sembloit que tu eusses conçeu vne telle auersiō de la Royauté, que tu nous en leuasses doresnauant toute la crainte: puis que tu supprimois les Dictateurs en haine du dernier, pour auoir seulement quelque ressemblance des Roys.

La Republique donc sembloit restablie aux autres, à moy nullement, qui redoutois toute sorte de naufrage, cependāt que tu tiendrois le timon. Fus-ie trompé, Messieurs? ou put-il estre long temps dissemblable à soymesme. Voicy soudain à nos yeux de nouuelles tables affichées par tout le Capitole, soubs le nom des decrets de Cesar: & les exemptions ne se vendoient pas aux particuliers seulement, ouy bien aux Peuples vniuersels: le droict de bourgeoisie ne s'accordoit point à cestuy-là, ny à cestuy-cy, mais à des Nations en general. Partant si ces Edicts ont lieu, qui certes ne peuuent subsister si la Rep. subsiste, vous auez perdu les Prouinces toutes entieres: & non seulement vostre reuenu public, mais l'Empire Romain mesme, se void accourcy & tronqué, par les foires domestiques de cét homme. Où sont pres de dix-huict millions d'or, qu'on tenoit en reserue au Temple d'Ops, ainsi que le registre ou tableau public declaroit? Finances deplorables en verité, venans des proscriptions; & neantmoins qui nous pouuoiēt exempter au besoin, de leuer des cōtributions & des tributs, si l'on ne les restituoit à leurs maistres. D'où vient au reste, bonne personne, que pendant les Calendes d'Auril tu fus quitte de plus d'vne million d'or que tu debuois aux Ides de Mars? Que diray-ie d'infinis registres supposés? quoy du nombre prodigieux de seings contrefaicts sortis de ta boutique? c'est chose incroyable de la quantité que tu en as venduë, ou faict vendre. Mais le decret touchant ce bon amy du Peuple Romain, le Roy Deiotarus, que tu fis attacher au Capitole, est bouffon entre tous: sur la veuë duquel il n'y eut aussi personne qui peust s'empescher de rire au milieu de la tristesse qui fut iamais plus enne-

Hhhh iij

my d'homme du Monde, que Cesar l'estoit de Dejotarus ? il l'estoit veritablement autant que de cét Ordre du Senat, autant que de celuy des Cheualiers, autant que des Peuples de Marseille, & de tous ceux en vn mot qu'il cognoissoit biē affectionnez à la Republique Romaine. Celuy donc, duquel pendant sa vie, ce Prince ne put iamais rien obtenir de bon ny de iuste, absent ou present; apres sa mort le reçoit en faueur. Present & logeant chez luy, il l'auoit attaqué d'vne accusation, le contraignant de luy fournir de grands deniers: il estoit retourné derechef aussi pesamment à luy commander d'en fournir d'autres, l'auoit dépouillé d'vne part de sa Tetrarchie, pour en inuestir des Grecs ses suiuans, & luy auoit rauy l'Armenie, que le Senat luy auoit donnée: viuant donc il luy osta ces choses: mort, a ce comte, il les luy rendit. Or en quels termes encore ce plaisant decret ? tantost il disoit que ce restablissement luy sembloit iuste, tantost non iniuste: admirable bathologie de paroles. Mais en fin il est bien vray, que moy ayant tousiours assisté Dejotarus absent, Cesar ne trouua iamais qu'aucune des requestes que i'ay faictes pour luy fust équitable. Tant y a qu'il se void vne promesse, de deux cens cinquante mille escus, conceuë par les Ambassadeurs de Deiotarus, gens de bien, mais timides & neufs aux affaires, faicte dans la chambre de ta femme, où toutes choses se sont venduës & se vendent, en l'absence de tous les hostes & amis de ce Prince, & de Sextus son principal ministre : de laquelle promesse ie te supplie de me dire, ce que tu pretends operer. Par son propre mouuement, & de ses propres forces, il recouura tout ce qu'il souloit posseder, aussitost qu'il eut appris la mort de Cesar, sans s'informer de ses ordonnances. Sa prudence sçauoit que toutes Loix s'accordoient à cela; que ce que les Tyrans rauissent se peut iustement repeter apres leur mort, par ceux à qui il a esté rauy. Partant il ne se trouuera iamais aucun Iurisconsulte, non pas mesmes celuy que toy seul estimes tel, & par le conseil de qui tu fais ces belles affaires; qui te die qu'vne telle promesse oblige le mesme Roy à te bailler la somme mentionnée, pour des choses qu'il auoit recouurees auant qu'elle fust escrite. Il ne les a pas acheptees de toy, d'autant qu'il les possedoit auparauant la vente que tu luy en as faicte, & s'est porté en homme braue & courageux: au lieu que nous nous portons laschement, de maintenir les decrets & les actes dont nous auons detesté l'autheur. Oublieray-ie vne foule infinie d'ordonnances & de seings de mesme estoffe? desquels sont complices & seconds faussaires, vne quantité de gens qui les vont presenter en public pour auoir argent, comme les combats & le recit des gestes de nos gladiateurs à vendre. Par ce moyen, Messieurs, ils luy accumulent, de tels monceaux de finances, qu'elles ne se comtent plus desormais en sa maison, elles se pesent. Cependant combien est l'auarice vne passion aueugle? il fit n'agueres afficher vn decret, par lequel les plus riches Citez de Crete estoient affranchies: ordonnant, que depuis le Proconsulat de M. Brutus, Crete ne seroit plus reputée du nombre de nos Prouinces. N'es-tu point troublé de cerueau? te faut-il point lier, miserable homme? Crete pouuoit-elle estre affranchie par le decret de Cesar, à la fin du gouuernement & Proconsulat de Brutus, qui ne l'auoit iamais regie auant le trespas du mesme Cesar? En somme que par la vente & le trafic de ce decret, afin qu'on sçache qu'il n'a pas tiré son coup à vuide, Crete n'est plus auiourd'huy Prouince de l'Empire Romain. Pour le faire court, iamais homme ne voulut achepter aucune chose, que tu ne fusses prest de la vendre. Et Cesar a-t'il aussi forgé ceste Loy que tu as publiée en faueur des bannis? Ie ne veux point courre sus à la calamité de personne. Ie me plains seulement, en premier lieu; dequoy Cesar, à ton comte, ait voulu rappeller par vn decret égal, ceux desquels il auoit iugé que les bans & leurs causes auoient tant d'inégalité. Secondement, ie ne sçay pourquoy tu fais en cela quelque reserue: & pourquoy cette reserue ne s'estend qu'à trois ou quatre de ceux que ce desastre a frappez. A quoy tient-il que ta clemence ne passe iusques à eux? à quel dessein les traictes-tu comme ton oncle: du restablissement de qui tu n'as daigné parler, en proposant celuy des autres? Ton oncle, que tu conuias à requerir la dignité de

Censeur: & puis enfournas si mal sa pourfuitte, qu'elle esmut ensemble le ris & les plaintes de l'assemblee. Apres tout, que ne nous fis-tu voir vne conuocation des Tribus pour son eslection? est-ce à cause que le Tribun du Peuple annonçoit vn foudre à gauche? ou que t'importoit cela, veu que ton impieté taillant & rongnant les mysteres de la Religion comme il luy plaist; tu ne peux croire que toy ny les tiens dépendiez des auspices? Quoy plus? ne l'abandonnas-tu point, en la brigue du Septem-virat, ouy mesmes ne t'y opposas-tu point? & quel auspice ou presage craignis-tu en ceste affaire? ce fut certes cestuy-cy, que soubs la prosperité & l'authorité d'vn homme de bien tel que luy, tu n'eusses pas sçeu forger des Loix à ton aise. En vn mot, tu as chargé de toute sorte d'opprobres, celuy que tu deuois respecter comme vn pere, si ton ame eust eu vne estincelle de pieté. Tu as aussi chassé hors de chez toy, ta femme sa fille, qui te tenoit lieu de sœur, sous vn pretexte premedité: pour faire place à vne autre, que tu auois recogneuë propre à tes appetits. Ce n'est pas tout: d'autant que tu as supposé vne tache en son honneur, qui a tousiours paru tres-entier. Et s'il se peut adiouster quelque chose à ces outrages, tu ne t'en es pas arresté-là: car aux Calendes de Ianuier en pleine assemblee du Senat, ton oncle present, tu recitas qu'elle estoit cause de ton inimitié contre Dolabella, pource que tu auois descouuert qu'il violoit ta couche en sa personne. Qui nous pourra dire, s'il y a plus d'impudence d'auoir tenu ces paroles au Senat, plus d'iniquité à les auoir proferees de Dolabella, plus d'ordure & de felonnie à les prononcer en face du pere, ou plus de cruauté de parler si vilainement & auec tant d'impieté, de ceste miserable Dame?

Reuenons aux actes & aux seings priuez de Cesar: quel exemen iuridique en as-tu faict, pour nous en esclaircir? Les decrets de cét homme-là, furent confirmez par le Senat pour le bien de la paix: cela s'entend les vrais actes & decrets qu'il auroit faicts, non ceux qu'Antonius luy atttribueroit. D'où vient donc auiourd'huy toute ceste denree? de quel magasin sort-elle? Si elle est fausse, pourquoy l'approu-
ue-t'on?

ue-t'on? si vraye, pourquoy la voyons-nous vendre? Il y auoit eu arrest du Senat, par lequel il estoit ordonné, que tu cognoistrois auec conseil capable aux Calendes de Iuin, des choses faictes & ordonnées par Cesar. En quel temps auons-nous veu ce conseil? qui est celuy de nous que tu y ayes appellé? quelles Calendes as-tu attenduës? a-ce esté celles ausquelles tu t'en reuins en la Ville enuironné d'armes, apres auoir escumé toutes les Colonies des vieux soldats, pour les amasser? O la glorieuse course que tu fis au moins d'Auril & de May! Nous sçauons de quelle sorte tu abordas Capouë, pour y mener vne Colonie: ou plustost de quelle sorte tu fus presques empesché de l'aborder. Nous n'ignorons pas encores que tu la menaces d'vn retour: & les Dieux veuillent que tu l'oses entreprendre, affin que sa reuanche en oste ce, *presques*, estouffant nostre mal-heur. Quel fut donc l'apprest de tes festins en ceste fameuse promenade? que diray-ie de tes furieuses yurongneries? ces premiers excez sont à nostre perte, ces derniers à la tienne. Lors qu'on retrancha les champs de la Campanie du reuenu public, bien que ce fust pour les départir aux soldats, nous creusmes qu'il se faisoit vne grande playe à la Republique: & tu les as distribuez à tes compagnons de table & de ieu: des basteleurs & des basteleuses, dis-ie, venerable Senat, ont esté mis en possession des champs de la Campanie! Que me seruira de me plaindre des champs Leontins? les vnes & les autres de ces campagnes, si fertiles, & qui souloient estre de si plantureux rapport aux coffres du Peuple Romain. Ton medecin eut trois mille iournaux de ces terres, comme s'il eust bien guery la teste de sa maladie: ton maistre de Rethorique deux mille, comme s'il eust peu te rendre éloquent. Mais retournons à tes tracassemens d'Italie. Cesar auoit mené vne Colonie à Casiline, tu y en menas vne autre. Tu fis le mesme à Capoüe: & m'auois consulté par lettres sur ton dessein; sçauoir si tu pouuois iustement establir vne Colonie, en quelque Ville où l'on en eust estably vne autre auant toy. Ie te respondis pour ceste-cy, & t'eusse respondu pour celle de Casiline, si tu m'eusses consulté: qu'il n'estoit pas loisible de

Iiii

loger vne Colonie aux lieux où l'on en euſt logé vne autre auparauant ſoubs de bons augures, tandis qu'elle reſteroit ſur pieds: qu'on y pouuoit ſeulement adiouſter de nouueaux habitans. Neantmoins emporté d'inſolence, & confondant tout reſpect d'augures & de Religion, tu conduiſis ta Colonie à Caſiline, en laquelle depuis peu d'annees on en auoit conduict vne autre: afin de voir flotter l'eſtēdart aux vents deuant toy, & de conduire le ſoc à la mode accouſtumee pour limiter vn territoire: duquel ſoc tu penſas écorcher les portes de Capoüe, afin de tronquer les champs de ceſte floriſſante Colonie. Auec le meſme meſpris & bouluerſement de Religion, tu t'en volas à Caſinate, maiſon champeſtre de M. Varro, ce rare exemplaire de vertu & d'integrité. De quel front t'y iettas-tu, ie te prie, ou par quel droict? de ceſtuy-là meſme, repliqueras-tu, dont ie m'emparay des biens & des belles maiſons de plaiſance, qui appartenoient aux heritiers de L. Rubrius, de L. Turſelius, & de tant d'autres poſſeſſions innombrables. Que ſi tu viens à repartir, que tu as obtenu ces choſes-là par vente iuridique au plus offrant: vaille la vente, vaillent encores les decrets & les regiſtres: pourueu que ce ſoient ceux de Ceſar, & non les tiens: ceux, par qui tu deuois, non par qui tu t'es violemment delié de tes debtes. Quant à ceſte meſtairie Caſinate de Varron, qui l'a venduë? qui en a veu la ſubhaſtation, qui en a ouy la voix du Crieur? Tu nous côtes, que tu enuoyas en Alexandrie vers Ceſar, afin d'obtenir qu'il te la vendiſt: comme ſi c'euſt eſté vn grand effort que d'attendre ſon retour. Au demeurant, qui a iamais ouy dire qu'on ayt touché aux facultez de Varron, perſonnage au ſalut & à la proſperité de qui tout le monde conſpiroit: mais en fin ſi Ceſar meſme t'a eſcrit, que tu quittaſſes ceſte maiſon, que ſaut il dire de ta furieuſe impudence? Retire vn peu ces glaiues que nous voyons, & tu apprendras ſoudain; que les ventes ou ſubhaſtations de Ceſar, & ton outrecuidance, ſont deux articles diuers: & verras en outre, que non ſeulement le maiſtre du logis, mais le moindre amy, voiſin ou meſtayer t'en chaſſeront. Combien de iours cependant, du

LES ADVIS. 619

rerent ces enragees Bacchanales en ceste maison? dés la pointé du iour on buuoit, on iouoit, on vômissoit. O miserable demeure, quelle disparité de seigneur! ou parce qu'il est Seigneur à tiltre imaginaire, disons, quelle disparité d'hostel! Varron l'auoit esleuë pour vn seiour de diuertissement à cultiuer ses estudes, non pour vn reduict de débauche. Quelles belles choses auoit-on accoustumé de dire, de mediter, d'escrire, en ce lieu? le droict Romain certes, les Histoires & monumens de nos predecesseurs, toute la doctrine, tout le discours & toute l'estenduë de la Sapience. Soubs toy en contr'eschange, non proprietaire, mais chetif louager, tout le logis resonnoit de voix d'yurognes; les pauemens des salles & des chambres nageoient de vin, les murs en suoient: les enfans d'honneur & de bon lieu, se voyoient meslez auec les bardaches, les garses parmy les meres de famille. Sur ces entrefaictes, les habitans de Cassine, d'Aquin & d'Interamne, venoient pour le saluër, Messieurs: on leur fermoit à tous la porte au nez: à iuste cause veritablement, car ces respects & le carractere mesme de la dignité Consulaire, estoient flestris par l'infamie de leur suiect. Comme ils s'acheminast de Rome vers Aquin, vne grande multitude sortit au deuant de luy, ceste Ville Municipale estant fort populeuse: mais cependant il la traversa tout du long auec vne lictiere couuerte à l'imitation d'vn mort. Les Aquinates firent vne sottise en cela, toutesfois ils s'excusent, de ce qu'ils demeuroient sur son chemin. Que faut-il dire cependant de ceux d'Agnanie, qui residans à quartier descendirent pour luy rendre le compliment, tout ainsi que s'il eust vrayment esté Consul. Chose incroyable, & dont neantmoins ils sont tous d'accord, qu'il ne rendit iamais le salut à aucun de la compagnie: bien qu'il eust deux Agnaniens auec luy, Mustelle & Lacon: desquels l'vn est Capitaine de ses bandoliers, l'autre de ses beuueurs. M'amuseray-ie à ramenteuoir les menaces & les iniures dont il outragea les Sidicenins? Il affligea les Puteolins aussi, de ce qu'ils auoient éleu pour patrons C. Cassius & les deux Brutus: & ceste élection auec grand iugement, estime, bien

Iiii ij

veillance & amour: non par la force ny par les armes, comme luy & Basilius, que nul ne voudroit pour clients, ny à plus forte raison pour protecteurs.

 Or durant ton absence, homme de bien, ton compagnon Dolabella fit des actions illustres, mesmement de bouleverser en plaine place publique les reliques de ce mort, que tu auois adoré: ce qu'ayant sçeu, nous apprenons de tous ceux qui estoient auprés de toy, que tu demeuras transi & desesperé totallement. De ce qui arriua depuis, ie m'en rapporte à ce qui en est: & croy que la crainte & tes armes porterent coup vers luy. Tu le precipitas du sommet de la gloire & comme du Ciel en terre: & le reduisis à deuenir non semblable à toy, mais dissemblable à soy-mesme. Quel fut apres ton retour à Rome? Quel fut aussi le trouble & l'effroy par toute la Ville? Nous representions à nostre memoire, que Cinna auoit esté trop puissant, Sylla dominant, & n'agueres Cesar regnant. Ils estoient, ce disions nous, vrayment assistez d'armes, cachées toutesfois, & en quantité mediocre: mais quel excez de barbare tyrannie est-ce icy? vn bataillon carré de gens armez d'espée & de bouclier suit cet homme: & voyons marcher les licteres en armes. Toutesfois, Messieurs, nous sommes endurcis par longue coustume à ces insolences: passons outre. Quand nous nous pensasmes assembler dans le Senat aux Calendes de Iuin, ainsi qu'il estoit ordonné, vne terreur soudaine des bando'iers de cetui-cy, nous mit tous en fuite: & luy qui n'auoit que faire du Senat & qui n'en desira iamais, luy qui se resiouit de nostre depart, triompha lors de faire ces insignes merueilles que l'on sçait. Celuy qui pour le gain auoit soustenu les simples decrets & seings priuez de Cesar: cettuy-là mesme renuersa de belles & dignes loix de Cesar, pour ébranler la Republique. Il allongea le terme des gouuernemens de Prouinces: & protestant pour abreger, d'estre protecteur des ordonnances & des intentions de Cesar, il cassa de toutes parts en public & en priué ses intentions & ses ordonnances. En matieres d'actes publics il n'est rien plus reuerable que la Loy, ny rien plus inuiolable qu'vn testament entre les actes particuliers. Neatmoins

LES ADVIS. 621

certes, il abolit aucunes des Loix de Cesar sans en parler à personne, auant la publication, & en publia d'autres pour les abolir soudain apres. Dauantage il annula son testament, qui parmy les moindres citoyens mesmes est tousiours obserué. Entre autres choses, les statuës & les tableaux qu'il auoit leguez au Peuple auec ses Vergers, cettuy-cy les fit transporter pour luy: partie aux maisons de plaisance de Pompeius partie en la maison des champs de Scipion. Hé puis tu presches Antonius, que tu es amateur de la memoire de Cesar? tu te vantes de cherir son sepulchre? Quel plus grand honneur auoit-il iamais obtenu, que de se voir attribuer le simulachre, l'autel auec l'oreiller sacré, le haut dais & les Prestres? & que comme Iupiter, Mars & Quirinus ont leurs Prestres ou Flamines ainsi M. Antonius fust le Flamine du Diuin Iules. Que ne te rends tu donc ialoux de luy conseruer ces aduantages? & pour commencer, à quoy tient-il que tu ne te fais consacrer? prens iour pour cet effect, & choisis celuy qui te consacrera: nous sommes tes compagnons en la dignité d'Augure, nul de nous ne te deniera cet office. O detestable esprit, soit que tu te portes pour sacrificateur d'vn tyran ou d'vn mort? Ie te demande en fin, si tu songes quel iour nous tenons auiourd'huy. Ignores-tu que nous auions hier le quatrieme iour des ieux Romains du Cirque, & que toy-mesme as proposé au Peuple qu'on y en adioustast vn cinquiesme dedié à la feste de Cesar? Partant, à quoy tient-il que tu n'as mis ordre de nous disposer à vestir nos robes solennelles pour le celebrer? pourquoy laissons-nous déchoir l'honneur que ta Loy decerne à ce Dieu nouueau? D'où vient aussi qu'ayant fait faire en son honneur processions & sacrifices, tales souilles en manquant de luy faire dresser cet autel auec l'oreiller sacré? bannis tous respects de Deité loin de son sepulchre, ou les maintiens tous. Tu me demanderas si i'approuue cet autel, ou ce haut-dais, ou ce Flamine: en verité ie n'approuue rien de tout cela. Mais toy, protecteur des choses que Cesar a faites ou qui tendent à ses aduantages, par où te pourras tu excuser d'en maintenir aucunes & negliger les autres, si tu ne confesses que tu les mesures toutes à ton vtilité non à sa gloire? Que repliqueras-tu là-dessus en fin? deploye, nous icy ta suffisance oratoire. Nous auons cognu ton ayeul pour vn personnage tres-bien parlant: neantmoins ton eloquence est plus libre & plus ouuerte que la sienne, car il ne harangua iamais à nud , & toy certes homme rond, nous as découuert ton sein. Aymes-tu mieux respondre à ces choses, ou beer en extase ainsi que tu fais? ou pour mieux dire, trouueras-tu quelque poinct en cette longue estenduë de mon Oraison, à quoy tu te puisses asseurer de faire vne pertinente repartie?

Toutesfois obmettons le passé, defends ce iour-cy: ie dis ce iour present & cét instant auquel nous parlons, si tu le peux defendre: pourquoy le Senat est-il enuironné de gens de guerre? pourquoy tes satellites m'escoutent-ils armez de iauelots & d'espées? Pourquoy sont fermées les portes du Temple da Concorde? & pourquoy traisnes-tu apres toy sur la place des bandes d'Ythyreens, qui sont les plus barbares de tous les hommes? Il respond qu'il le fait pour sa conseruation. O qu'il vaudroit bien mieux mille fois perir, que de ne pouuoir viure en sa Patrie sans gardes! Croy moy cepandant, que cette espece de garde-corps est inutile: & qu'il faut estre ramparé, non d'armes, ouy bien de l'amour & faueur de nos concitoyens. Les Dieux permettront, s'il leur plaist, que sans courre fortune le peuple Romain t'arrache toute cette malheureuse suite: mais quoy qu'il aduienne, croy moy, que tandis que tu te porteras à tels conseils que ceux-cy, tu ne peux durer longuement. A vray dire cette tienne peu auare femme, que ie ne veux pas offencer pourtant, tarde trop à iurer au Peuple Romain, la tierce paye du tribut qu'elle luy doit en la personne de ses maris. Le mesme Peuple Romain a des hommes à qui commettre le gouuernail de son Empire: lesquels en quelque lieu du Monde qu'ils soient, là-mesme est le rampart de la Repub. ou plustost la Repub. toute entiere: qui s'est vangée iusques-icy, mais non pas recouurée ny restablie. Elle possede certainement des citoyens no-
~s & genereux: en la ieunesse de qui elle void reflorir son
 & sa protection tres-asseurée: qu'ils se recullent tant

qu'ils voudront afin de iouyr de la douceur du repos, elle les rapellera pour la secourir. Il est v°ay que le nom de la paix est doux, ie l'acorde, & qu'elle mesme est chose tres-salutaire: cependant il y a grand' difference entre la paix & la seruitude: celle-là est vne tranquile liberté, celle-cy le comble & la consommation de tous maux, qui doit estre repoussée non seulement par vne guerre, mais par la mort. Que si ces liberateurs de la patrie, se sont escatez de nostre veuë, ils nous ont laissé nonobstant, l'exemple de leur magnanime action: & peuuent dire, qu'ils ont fait ce que nul Romain ne fit iamais auant eux. I. Brutus poursuiuit à guerre ouuerte Tarquinius, qui fut Roy de Rome au temps qu'il luy estoit permis d'auoir vn Roy: Sp. Cassius, Sp. Melius, M. Manlius, furent tuez sur le simple soupçon d'aspirer à la Royauté: ceux-cy les premiers, ont couru sus le poignard en la main, non à celuy qui vouloit regner, mais qui regnoit desia. Entreprise qui comme elle est illustre & diuine, est fort exposée à l'imitation: veu mesmes qu'ils en ont acquis vne gloire, qu'il semble que le Ciel & les Siecles pourront à peine contenir. Et veritablement quoy que la conscience d'vn beau faict suffise à le recompēser, l'immortalité neantmoins n'est point méprisable pour les mortels.

Souuiens-toy M. Antonius, du iour que tu supprimas la Dictature, te representant auec son image la ioye qu'il apporta au Senat & au Peuple, & puis le compare contre l'infamie de ce traffic, dont toy & les tiens tenez à present boutique ouuerte: alors tu cognoistras quelle differēce il y a entre le goust du gain & celuy de l'honneur. Mais apres tout, comme il y a des personnes qui par certaines maladies & stupidité de sentimens, ne goustent pas l'aggreable saueur des viandes: ainsi les esprits auares, desbordez, artisans de meschanceté, ne goustent point ce doux charme de l'honneur ny des loüanges. En fin, si le desir de gloire ne te peut amorcer à bien faire, faut-il aussi que la peur ne te puisse diuertir des actions vilaines? Tu ne redoutes point la main de la Iustice: si c'est par la confiance de ton integrité, ie t'en loüe: si par celle de tes forces, tu n'entends pas qu'il y a quelques gens qui sont fort à craindre, pour celuy qui s'affranchit de crainte par ceste voye. Que si tu ne conçois effroy des braues courages & des Grands de la Cité, d'autant que tes assassins les empeschent d'aprocher de ta personne, les tiens propres, croy moy, ne te supporteront pas plus long temps. Quelle miserable vie est-ce, d'estre incessamment suspect & redoutable aux siens ? Si ce n'est que tu tiennes d'auenture leurs affections engagées par dé plus signalées obligations, que n'estoient celles par lesquelles Cesar croyoit attacher à sa fortune quelques-vns de ceux qui l'ont mis à mort. T'estimes-tu comparable à luy en quoy que ce soit ? Il estoit pourueu d'vn entendement subtil, prudent, riche de memoire, raisonnant, vigilant, & de plus, éclairé par la lumiere des Lettres. Il auoit fait de grandes choses en guerre, bien qu'elles eussent esté calamiteuses à la Repub : & ayant par longues années projecté l'vsurpation de la puissance souueraine, il y estoit en fin paruenu auec des labeurs & perils extrémes. Il auoit charmé le cœur du menu Peuple par les spectacles, les édifices, les distributions de bleds & les festins publics ? vaincu & lié ses amis à soy par bienfaicts, ses ennemis par l'image d'vne clemence. Que diray-ie plus? il auoit desia reduict vne Cité libre à la patiëce du ioug, moitié par crainte, moitié par l'accoustumance de souffrir. Te puis-ie donc comparer à luy, pour auoir conçeu mesme cupidité de regner, ne luy estant ny pres ny loing comparable aux autres qualitez ? Mais entre plusieurs maux dont il a flestry & desolé la Repub. ie trouue au moins ce bien, que Rome ait appris à cognoistre iusques à quelle mesure elle doit conferer ou permettre l'authorité à ses citoyens : de qui elle se doit fier, & de qui se deffier. Partant ne songes-tu point à cela ? N'entends-tu pas qu'il suffit' à des courages magnanimes d'auoir apris, combien c'est vne action auguste, heureuse à la patrie, suiuie de recognoissance publique & de glorieuse reputation, d'esteindre vn tyran? He les hommes te supporteront-ils, n'ayant peu supporter Cesar ? croy moy, l'on courra desormais à l'execution de cét œuure, sans attendre

LES ADVIS. 615

opportunité ny delay. Regarde au moins vne fois en ta vie la Repub: regarde de quelles gens tu és y ſſu, non auec quelles gens tu as accouſtumé de viure: & te reconcilie auec moy ſi bon te ſemble, mais auec elle infailliblement. Toutesfois, parce que ce qui eſt de ton faict dépend de toy, ie te parleray du mien. I'ay defendu la Repub. en ma ieuneſſe, ma vieilleſſe ne l'abandonnera point. I'ay mépriſé les glaiues de Catilina, les tiens ne me feront iamais peur: & qui plus eſt, ie leur offriray mon corps librement, ſi la perte de ma vie peut rachepter la liberté publique: & qu'il plaiſe aux Dieux, que la iuſte douleur du Peuple Romain puiſſe vigoureuſement enfanter, ce qu'elle a conceu dés long-temps. Que ſi ie ſouſtins en ce meſme Temple, il y a vingt annees ou enuiron, que la mort d'vn perſonnage qui auoit l'honneur d'eſtre Conſulaire, comme moy, ne pouuoit eſtre anticipee, ie dirois plus veritablement à ceſte heure & en ſi noble occaſion, que celle d'vn vieillard ne la peut eſtre. A quoy i'adiouſteray, Senat tres-illuſtre, que meſmes la mort m'eſt deſirable, apres eſtre arriué au but de ſi dignes entrepriſes que celles que i'ay faites, pour le ſeruice de mon pays. Ie ſouhaite ſeulement ces deux choſes, l'vne, que mourant ie laiſſe le Peuple Romain en liberté, le Ciel ne me pouuant élargir vne plus inſigne faueur: l'autre, que chaqu'vn reçoiue de la Repubique le loyer qu'il en aura merité.

KKKK

DE LA FACON D'ESCRIRE DE MESSIEVRS L'EMINENTISSIME CARDINAL DV PERRON, ET BERTAVT Reuerendissime Euesque de Sées.

QVI SERT D'ADVERTISSEMENT au Lecteur sur les Poësies de ce volume.

Vatre ou cinq choses m'ont pensé faire perdre courage, de lascher la bride à quelques petits Poëmes, & à quelques versions de Virgile. Mais auant que d'expliquer mes scrupules en general, il faut aduoüer icy, que i'ay tousiours marchandé particulierement à produire ma traduction du Second de l'Æneide: laquelle ie fis autrefois imprimer pour la satisfaction du Lecteur, vis à vis de celle de Monsieur l'Euesque de Sées, l'vne & l'autre entiere: & maintenant ie luy presente quelques parcelles seulement de celle-cy, auec la mienne, à cause de la grosseur de ce Liure. I'entrois premierement en crainte de publier cette piece de l'Æneide, voyant que i'auois trauaillé en concurrence d'vn Poete de si grand nom: trauaillé, diray-ie en passant, dés ma ieunesse & deuant luy: car de commancer cette entreprise depuis qu'il l'eut enfournee, le respect me l'eust deffendu. Secondement, ie consideroîs, la politesse & l'apparat que pouuoit apporter à sa version par dessus la mienne, l'estenduë plus large de trois cens vers qu'elle a prise: & par autre consequence de ceste estenduë, mes rymes, c'est à dire couples de vers, coupées par force en

LES ADVIS.

deux sens ou sentences à l'aduenture vn peu plus souuent que chez elle: ou bien vne necessité de gehenner mon stille outre mon dessein, pour éuiter de les couper plus frequemment qu'elle ne faict. Coupeure qu'on reiette auiourd'huy, bien qu'à tort, pourueu qu'on en vse auec mesure: puisque l'ame de la Poesie, sur tout Heroïque, consiste en vne brusque & genereuse vigueur, qui ne va guere ou point du tout sans briefveté: dont il est aduenu, que l'Eminetissime Cardinal du Perron a couché fort hardiment ceste dissection ou coupeure en ses versions. C'est pourquoy les Latins eussent esté si loin, de s'obliger à traisner vn sens ou vne sentence en deux vers, ainsi que nostre vsage frais imprimé, [tesmoins les importunes macrologies dont les Ouurages de sa façon baaillent à toute heure] qu'ils diuisent le carme en deux & trois sens, plus souuent qu'ils ne l'allongent en vn: ouy mesmes par fois, quoy que rarement, détrenchent vn mot en deux, pour fin & entrée de leur carme, tant ils mesnagent l'espace dans lequel ils bastissent ces precieux édifices de la Poesie. Sans compter pour rien en ce lieu, qu'il y a des endroits, qui requierent d'eux mesmes ceste image de precipitation, voire de trouble & de confusion au besoin. Diray-ie d'auantage, qu'estant vn peu plus tenduë que le mesme Reuerendissime Euesque de Sées, à rapporter tous les lineamens de Virgile, ie preuoyois que ceste contrainte pourroit appliquer aussi quelque alteration au teint de mon Oeuure? Que si telles considerations me touchoient pour ceste piece en particulier: le peu de credit de mon sexe, la propre difficulté de l'ouurage, comme encores la saison si peu studieuse, qu'elle reste fort inique iuge de la Poesie Heroïque, & plus de sa translation; ne m'effarouchoient pas moins en general, pour ceste mesme piece & pour ses compaignes. Sans mettre en comte l'incurable & si turbulente fiévre de ceste nouuelle suffisance poëtique, dont ie me suis desia plainte en d'autres lieux: qui a du tout enyuré le cerueau d'vne partie de nostre monde, au moins des Cours plus faciles à mener par le nez en matiere de Lettres & d'Escrits.

Quelqu'vn dit, que les ergotteries de ces nouueaux doâ€‹cteurs, ne meriteroient de nous qu'vne risee pour replique: & ie le croy certainement. Toutesfois si la crainte est fille de la prudence, & si le Prince des Poetes interprete des Dieux, n'a pas dédaigné d'escrire la guerre des rats & des grenoüilles; pourquoy ne daignerons nous redouter & rabattre auec la plume, à nostre pouuoir, ce croassement d'autres grenoüilles qui nous enteste, & desrobe tant qu'il peut la faueur des Grands à nos esprits, bien qu'elle soit si necessaire à nostre besoin, sur tout au mien. I'adiousteray, que ie dresse en cét Escrit vne espece de plan de l'art legitime, & du bastard encore, à qui les veut apprendre: i'entends apprendre l'vn par suitte, & l'autre par fuitte: par suyte, soubs l'image de ces visions nouuelles: par suyte, soubs l'exemple des deux Prelats alleguez; lequel ces nouueaux Poetes mesmes doiuent tant moins reculer, de ce qu'ils l'ont approuué de leur viuant, comme ie recitois ailleurs. Quoy qu'il en soit, apres auoir ouy de viue voix, & veu sur le papier, la plufpart des exceptions & des raisons de ceste Poesie, ie declare que ie veux escrire, rymer & raisonner de toute ma puissance, à la mode de Ronsard, Du Bellay, Des-Portes, & leurs associez & contemporains, s'ils en ont: sauf les licences qui leur appartiennent comme à grands Poetes: & consequemment à la mode aussi des mesmes Prelats, premiers reformateurs de cét art depuis ces trois fondateurs: heureux qu'il seroit s'il se fust tenu à leur prudente mesure de reformation. Bien est-il vray que ceux de ceste nouuelle compagnie, sont tres-diuers & contrepoinctez entr'eux, & de plus, diuers à eux-mesmes par diuerses heures, en la plufpart de leurs paroles & iugemens, aux choses propres de leur cabale: comme gens qui n'ont exemple ferme, ny visee ou butte expresse: *Nullus enim terminus falso est.* Mais ils n'estendent pas ces inégalitez ny ces contrepoinctes, aux choses où il s'agit de condamnation ou d'interdiction scabreuse: car pour ces deux articles, leur element, ils se trouuent en vne harmonie & correspondance incomparable, soit auec eux mesmes, soit auec leurs com-

LES ADVIS. 629

pagnons. Ils frappent tout, à cause qu'ils ne discernent rien. Or pour mieux esclaircir les curieux, que l'vn & l'autre de ces Poetes, sont tous pleins des choses que la nouuelle Poesie proscript, si Poesie se doit appeller; pleust à Dieu qu'il leur prist enuie de voir encore auec ce Traicté, les versions du mesme Seigneur Cardinal auant les miennes : tant pour la verification de mon dire en ce poinct-là, que pour leuer de leurs esprits l'estragété de cet air de la Poesie Heroïque, que ie suis forcée de m'approprier, & qui semble vn mostre à ceux qui n'y sõt pas habituez. Ne sçachãt si ie dois rire ou me courroucer sur ce passage, de la plus haut-montée des impudences : par laquelle i'apprends, que ces nouueaux artistes preschent, que tout ce que nous auons à remarquer different de leur methode, en la lecture des vers de nos deux Poetes, sont des choses qu'eux-mesmes condamnoient en leur propre Ouurage. O qu'il faict bon se payer par ses mains ! & que plaisamment me payerois-ie par les miennes, si ie voulois reciter, au vray toutesfois, les facetieux propos que l'vn d'eux & le plus éleué, m'a quelquefois daigné tenir sur le suiect de ces reformations de haut prix. Mais ie renonce à ce recit, pour dire seulement, que ie m'estonne pourquoy ces mesmes Seigneurs ne se sont donc rauisez ou repolis, & Des-Portes leur contemporain aussi : car ils deuoient à ce conte, laisser des Exemplaires plus corrects pour les publier apres leur mort:& Monsieur le Cardinal sur tous, qui corrigeoit & r'imprimoit ses Oeuures en mourant, nous deuoit faire voir des effects de cette heureuse conuersion. Vrayement il en estoit bien prés! luy qui auoit autrefois composé vne Grammaire, en laquelle il acheuoit nos verbes imparfaicts ; où l'*ayance* entre autres, seul traict dont ie me souuienne, car il y en a plusieurs de cette liurée, tenoit lieu pour la possession, en celuy d'*auoir* : tous ses amis sçauent cela : & nul n'ignore iusques à quels termes de hardiesse il falloit passer, & iusques où porter vn audacieux mespris du goust des douillets du monde; pour fournir la carriere de cét vtile dessein.

Veut-on sçauoir sur le champ si i'ay menty, quand ie maintiens que ces deux Poetes suiuent la brigade de Ronsard, Du-

KKkk iij

Bellay & Des-Portes, & partant contrebuttent celle qui s'est esleuée en nos iours? en sorte que si elle est fondée de raison, ils restent des buffles auec tous leurs precurseurs, & elle seule suffisante: ou pour mieux parler mere & creatrice de suffisance & de pertinence. A la charge que si mon Lecteur n'est amoureux de la Poësie, il eniambera cette section & la pluspart des suiuantes pour inutiles & pour ennuyeuses: s'il l'est, il me sçaura gré, de luy espargner beaucoup de temps & de peine qu'il luy faudroit employer à voir toutes ces choses en leur source. Ie ne diray plus qu'ils ryment par tout *chair* & *cher*, & leurs pareils, sans faire difference de cet *a* à cet *e*, ny de diphtongue à voyelle, puis-que ie le remarquois ailleurs par rencontre. Ils employent sous mesme consideration, non point vne fois, ny deux fois, mais par tout & tousiours, ces couples & leurs pareilles, *impatience & puissance, ardante & violente, serpens & rampans, amants & sermens*. Et ryment en fin, tout ce que la prononciation de Paris & de la Cour, faict tomber en cadence vniforme: sans s'informer à la façon des nouueaux Poetes, ou pour le moins de la pluspart d'entr'eux, si les externes sçauent bien prononcer ou non ces accouplages de l'*a* contre l'*e*. Dauantage ils ont quelques rymes hardies, toutefois ie me passeray d'en parler à cette heure, puis que ie les ay touchées au *Chapitre des Rymes*: reserué que ie suis conuiée d'alleguer en passant, que les nouueaux employent aucunes de celles-là mesmes, comme, *Iupiter & agiter, frere & contraire, ialoux & cailloux*, d'vne inégalité merueilleuse, pour gens qui font leur idole des menuës pedagogies de la Grammaire: veu qu'en chacune de ces rymes, il faut desfigurer vn mot en le prononçant. Et veu que d'ailleurs, vne partie de ces mesmes Escriuains, est si sucrée iusquesicy, que d'auoir refusé à rymer l'*ame* & le *blasme* contre la *flamme*: ce refus, à cause de la double *mm* qui se trouue en flamme, non en l'ame ny au blasme. Veut-on rien de plus plaisant? veut-on mieux deffendre de poetiser en commandant de rymer? Car comment seroit-il possible que la Poësie volast au Ciel, où git le but de sa genereuse ardeur, auec telle rongneure d'aisles: veu mesmes qu'il est vray qu'on ne peut substituer aucunes si bonnes rymes en la place de celles-là? Faut-il pas dire aussi qu'ils ont, non bône oreille, mais bonne veuë pour rymer: dont il arriue, qu'il nous faille vn de ces matins à nostre tour, escrire des talons, & dancer des ongles? Bonne veuë certes: car comment peuuent-ils nier qu'ils ne s'en rapportent à leurs yeux: si l'on considere qu'en ces accouplement l'œil tout seul cognoist la difference qui est entre le *blasme* & *l'ame*, rymez contre la *flamme*? differêce apres tout qu'on peut retrâcher si l'on veut, & que plusieurs ortographes retranchent. Puis s'ils craignent les lettres dissemblables en rymant, pourquoy ryment-ils *domte* & *comte*, auec *conte* & *monte*? ou de quelle musique ont-ils appris ces nuances de fantaisie? Et quoy d'vn autre part, de ce qu'ils refusent à rymer *vers* & *verds*, preschans que les monosyllabes pareils n'ont pas bonne grace ensemble? quoy de ce que rebuttans, (ie dis tousiours plusieurs de leur trouppe, sinon tous) *eslance* & *violence*, *amante* & *lamente* ou *tourmente*, rymes enrichies d'vne double syllabe, & de l'agreable rencontre du nom & du verbe; ils ryment *lance* & *vaillance*? pour preferer la concurrence de ces deux *a* a finaux de lance & vaillance, bien que hargneux & dissonants, à ceste perfaicte symphonie d'*eslance* & *violence*, *amante* & *lamente*, &c. d'autant qu'elle naist d'vn *a* & d'vn *e* contrepoinctez? Et d'alleguer ainsi qu'ils font, qu'vne partie de la France prononce eslance & violence differramment, ie ne repeteray point apres ce mesme Chapitre des Rymes, que ceste obiection est ridicule tout à faict: tant à cause qu'il faut escrire, rymer & parler en pur François, que pource que les barragoüins estans aussi diuers que les Prouinces de la France, on n'auroit iamais trouué de methode à rymer plausible à chacun: au contraire, plus vne & vne autre ryme s'accorderoit auec ceux-cy, plus elle se rebecqueroit contre ceux-là. Et puis auecques qui croyons nous que ce *frere* & *contraire* s'accordent, ce *ialoux* & *cailloux*, *Iupiter* & *agites*? sans parler des autres rymes de ces Poetes du nouuel aduis, lesquelles ie pourrois alleguer en ce lieu; sinon auec l'oreille des plus parfaicts barragoüins? Paris & la Cour aualant ces rymes doux comme vne poire d'eſtranguillon: Paris & la Cour, qu'il faudroit pluſtoſt ce me ſemble contenter, au prix de meſcontenter quelqu'vn, que de faire le contraire: puis qu'il faut, comme il eſt dit, que quelqu'vn reſte meſcontent. D'autre part, pourquoy font-ils ceſte exception ou difference de l'*e* à l'*a*, en ces terminaiſons, eſlance & violence, amant & ſerment, & leurs parens & alliez? pourquoy nous appellent-ils cela rymer, miſericorde & hallebarde, car ie les ay veu paſſer iuſques à ces termes; ne faiſant pas difficulté de rymer *colere* & *ſalaire* ou *plaire*, ſans oublier leur ſuitte? ou bien de rymer encore *feintte* & *ſaintte*, auec leur ſequelle? Pourquoy, dis-ie, ryment-ils cela, veu qu'en ces terminaiſons, non plus qu'aux autres des leurs mentionnées, ils ne peuuent alleguer de conſentement vniuerſel en la prononciation? outre la diphtongue contre voyelle, qui eſt en *colere* & *ſalaire* ou leurs pareils: de laquelle diphtongue contre voyelle, ils vſent encore en pluſieurs autres terminaiſons, ainſi qu'on pourra voir en leurs Oeuures, ſans que ie les ſuiue plus loin: eſtant ſaoule pour ce coup d'ergotter ces triſtes bagatelles: veu meſmes que i'en ay touché quelque mot au Traicté des Rymes, & en dis quelque autre au bout de cét *Aduertiſſement*. En fin il faut demander à gens de ceſte humeur: Vous plaiſt-il que cela ryme? Et ſi telles leurs exceptions & loix, que celles que i'ay recitées, ſont mal ſaines, & certainement prodigieuſes: à bon droict appelleroit-on les inégalitez ſur elles, prodige d'vn prodige. Or quand i'accuſe ces rymes *frere* & *contraire*, *cailloux taloux*, & leurs eſgalles, ie n'entends pas que ce ſoit au reproche, ny d'elles, ny de nos Poetes, c'eſt à dire de Ronſard & de ſa volée, ou de ces Prelats: qui ſe ſõt ſeruis d'elles-meſmes & des autres que i'ay remarquées en ce Chapitre des Rymes, cõme perſõnes qui ne côtoient la ryme en ſoy que pour vn leger accommodemẽt de la Poeſie; & partant meſpriſoient magnanimement ces menus ſcrupules, & tous ceux de pareil air ou poids. Ie les accuſe contre ces derniers Poetes ſeuls, qui non ſeulement font leur idole, de la ryme & de ſemblables mercerles, mais qui nomment plaiſamment la

cabale

cabale qu'ils en ont fondée, le secret de la langue : lequel ils se iactent d'auoir trouué comme vne quadrature du cercle : & qui pour vne seule ryme hors leur vsage, ou quelque seul mot hors la mode rassinée du Louure, ou hors la leur, pour bon & necessaire qu'il soit, fermeront vn Liure plantureux & precieux, proscriront l'Autheur, & le condamneront au silence éternel : traict que ie ne croirois pas, si ie ne le leur auois veu faire vingt fois. Et Dieu sçait si ce chetif Ouurage des Essais, ce sot discoureur & sot parleur, s'il vous plaist, est biffé de leur main : non seulement sur l'vsage de la langue entiere dont ils ne reçoiuent que la moitié, comme chacun sçait, mais encore sur trois Gasconismes ou solœcismes, bien que visiblement volontaires & non eschappez, sur autant d'autres mots hardis ou vieux, sur quelque petit Latinisme, ou quelque terme fort commun au Palais, tel que peut estre vn ledict, vn item, vn iceluy : Palais auquel ils font aussi magistralement la barbe en son langage, qu'il la faict à chacun par tout ailleurs. Quel supplice n'aymeroient-ils mieux, que d'estre en la place d'vn si mal-habile Autheur que Montaigne? & quelles belles choses ne dit-il point aux Traictez de l'Institution des enfans & des Humeurs de Ciceron, sur la messeance d'vn langage peigné, en vn esprit & en vne qualité nobles ? c'est bien loin vrayement d'en mettre le foin à l'enchere. I'adiousteray, que ces Prelats ne craignent pas d'vser deux ou trois fois de mesme ryme en vn Poeme, peché qui est aussi deffendu par le reiglement nouueau : car ils trouuent meritoire, & non sans cause, l'inuention de la tordre & destordre à diuers sens pour l'y coucher : tesmoins ces pronoms *soy* & *moy*, qui se voyent trois fois ensemble au Tombeau de Lysis par Monsieur Bertault : comme *soy* & *moy* se trouuent deux fois autre part en cinq stances du mesme Ouurier : & deux fois *marque* & *Monarque* en moins de seize vers, au Discours funebre sur le Roy Henry troisiéme par le mesme encores : qui sera pleige à ce coup pour son compagnon & pour soy. Il me suffit icy & souuent en autre endroict de ce Chapitre, si i'allegue & saluë vn ou deux exemples seulemét, sur vn poinct quand ils sont tels qu'on ne peut douter qu'ils n'en accusent maints autres. Au surplus, ie n'allegue pas exemple de tout ce que ie remarque en mes deux Autheurs, sur les poincts en debat: ouy bien seulement de ce que peut-estre on croiroit ou comprendroit le moins sans exemple: & de ce qui contrepoincte de plus droict fil ceste querelleuse ligue. Et me contente, donnant exemple ou non, d'alleguer verité partout, en peine de prouuer. Qui plus est, outre qu'ils associent frequemment les pronoms en ryme, autre forfaict pour la nouuelle bande, qui les associe fort rarement; ils accouplent deux propres noms à chaque bout de champ, comme *Argiens Phrygiens, Lybienne Tyrienne, Illiriques Lyburniques, Pallas & Menelas.* Voicy vn' autre enfileure de crimes. Ils ioignent les deriuez à toute heure, s'ils ont signification diuerse; *temps & printemps, deffait & parfait au fond & profond, renom & surnom, tour & seiour*, en seruiront de caution: si ces trois paires dernieres sont deriuées: plus ils associent encores, *les tirent & se retirent.* Ils allient les aduerbes: pour preuue, *finalement & seulement, également & seulement, également & vainement, ainsi & aussi.* Dauantages, il apparient bien dru les epithetes, les participes & les verbes: de sorte qu'il se trouue en l'Epitaphe de la Royne Catherine par Monsieur le Cardinal, que ie cite à present pour tous deux, quatorze verbes ou participes rymez de suitte: au reste, i'en voy dix ou douze à l'entrée de son Quatriesme de l'Æneide: les quatre & six de suitte sont communs en ses versions & ailleurs: il s'en remarque par fois huict & dix, estallez sans interuale, en ce glorieux Tombeau de Daphnis: telle fois quatorze & vingt vne autre fois: du moins ces vingt ne sont-ils interrompus que par vne couple d'adiectifs ou epithetes, autant odieux en terminaison à ces gens de reforme, & qui ne leur plaisent gueres en autre lieu. Le tout escrit auec grace & dignité, comme aussi le surplus de ce que i'allegue ou allegueray en ce repertoire: si l'on n'en excepte deux ou trois traicts seulement: non pour les casser, mais pour les reduire au pis aller dans les termes du probable.

LES ADVIS.

Au demeurant, ces deux Prelats vsent des verbes, *chaloir, douloir, accrauanter, boursoufsler, grommeler, contr'aymer, attoucher, ardre, larmoyer, surhausser, tressaulter, guerdonner, agencer, affoller*: comme *affoller mes sens, absence m'affolle, regret m'affolle, perte m'affolle, affoller l'ame, plaisirs affoilent*. Ils estallent ces autres, *essourder, termer, & tiltrer*, pour assourdir, borner & nommer: ils n'obmettent pas ceux-cy, *tixtrer, occire, desseruir,* [de desserte] *allecher, cuider, bien-heurer, bien-vienner, semondre, estuyer, nauver, épaindre*: car ces deux verbes, outre tous les precedens & suiuans, époignent & nauvrent encore vne oreille à la nouuelle mode, & partant ils cherchent logis en ce coin. Finalement ils tracent sur le papier, *brouir, ferir, rauiuer, desanimer*, pour exemple, *rauiuer vn flambeau, rauiuer vn cierge, desanimer ses yeux* : ils y tracent, *heurler*, parlans d'vne lamentation de Nymphes, *rouër*, pour tournoyer, & *durez* au lieu de patientez : ils disent & redisent, *il refreint, il vainc, & vainquant de fermeté*. Plus aussi, *vainqueresse, & ailleurs, sauueresse*, sans espargner *rougissante, blondissante, verdissante*: i'entends l'vn & l'autre disent ces choses, ou l'vn pour tous deux: & me suffit d'vn seul, puis qu'ils ont mesme mire & mesme rang d'estime auprés des nouueaux: au-moins en l'article des rymes & de l'élocution. Et certes ils ont dit presque tous deux, par accord, la plus grand' partie de ce que i'allegue en ce Chapitre. Ils prononcent *chastiable, vn bel oser*, en lieu d'vne belle audace, & trente fois *son penser*, pour sa pensée, ou pour son dessein. Quoy plus? ils escriuent *la mort m'absente d'elle*, au lieu de m'esloigne: chantent d'vne mere en peine de son fils, *elle glace, elle tremble* faisans neutre le verbe glacer: éclipsent au besoin, l'e du verbe *tu'ra*, & de ses compagnons: & entonnent vous *pleuuez flammes & traicts*, transformants vn verbe neutre impersonnel, en vn actif personnel.

Despeschons aussi les aduerbes, prepositions & conionctions que la nouuelle brigade décrie, & rangeons de suite quelques noms & dictions, battus de ce mesme fleau. Nos Prelats ne s'espargnent point à mettre en œuure, *sans dessus dessoubs*, *doresnauant*, *maints & maintes* : tandis que nos antagonistes ne veulent que, *maint & mainte* : ils y mettent, *emmy le champ*, *emmy la presse*, *emmy le vent*, *emmy l'air* : plus *amont & maintenant*, lequel est presques aussi banny du tout : à quoy i'adiousteray, *car*, *or & parce*, puis qu'ils ont desia plus de la moitié de leur prebende de Vattan, s'il n'est assez exprimé par occasion en la *Deffence de la Poësie*. En somme ces gens reprochent, à ces mots, ou à leurs compagnons, qui precedent ou suyuent icy, que l'vn ne veut rien dire, comme ce dernier, que l'autre est, qui vieux, qui laid, qui rude, qui Latin, qui mal sonnant, & que l'autre a mangé la Lune. Ces mesmes Prelats employent, *ains*, *voire* : employent *adonc*, *ia*, & ce *ia* aussi volontiers & plus souuent que *desia*, *onc* aussi largement qu'*oncques*, auec plus librement qu'*anecques* : cestuy-cy iustement reietté pour lasche : bien que les plus speculatifs d'entre les nouueaux Critiques, ne commettent ce crime de le receuoir, ie dis cét *auec* rude & fascheux, qu'vne fois au plus en leur vie, & luy seul de ces trois abregez : encore le reçoiuent-ils la veille du Iubilé. Si ne venons-nous pas de si loin, qu'ils nous puissent faire à croire, que *ia* & *desia*, *onc* & *oncques*, soient gueres moins communs l'vn que l'autre, ou plus estrangers & sauuages qu'*encor* & *encores*, *donc* & *doncques*, qu'eux-mesmes admettent sans choix si courtoisement : ny moins à croire, qu'*auec* ne soit plus vsité qu'*anecques* : aussi paroist-il que ces deux Seigneurs iugerent de tout cela comme nous, puis qu'ils ont logé frequemment la pluspart de ces mesmes aduerbes abregez en leur prose, aussi bien qu'en leurs vers. Plus ces deux Poëtes enfilent à mon aduis *iaçoit* : hé pourquoy non? il est au moins en l'Oraison du Serment : d'ailleurs, ie croy que *ça bas* se void aux autres Oeuures en vers ou en prose de Monsieur le Cardinal, aussi bien qu'il est en celles de ce tres-digne Escriuain & venerable Prelat, Monsieur Cospean, Euesque de Nantes. Ils couchent *ores*, ouy mesmes souuent *or*, pour *ores* : voicy la preuue :

Or les vns à la course, *or les autres deuance*.

Ils font liberaux de ces vocables & noms, *estour*, *ost*, *at-*

LES ADVIS. 637

tour, grief, ire, sanglots, angoisse, loz, guerdon, felon, oubliance, ocieux, manoir, heaulme, carquois, panois, rondache, cohortes : escriuent, enceincte pour grosse, laçons pour laqs, fer
pour glaiue, pins & carenes pour vaisseaux, sonneur & chantre
pour Poete, chance pour sort, seruant pour seruiteur, dextre
& senestre pour main, plantes pour pieds, chef pour teste ; &
poictrine pour ame ou sein d'vn amant. Ne se pouuants aduiser, à la mode nouuelle, de reietter poictrine, d'autant que
l'on dit vne poictrine de veau, ny chef à cause du chef Sainct
Iean: non plus qu'ils ne s'aduisent aussi de refuser à escrire
face, d'homme ou femme, quoy qu'elle soit generalement
refusee du nouueau iargon, parce que l'on parle de la face
du grand Turc. Est-il de plus belles ou plus importantes
considerations? & que ne s'est le mesme iargon encore meslé, de nous oster les pieds, la teste & la fraise, pource qu'vn
veau s'en pare? ou le sein en haine du sain de pourceau ? En
quelle peine, Dieu souuerain se trouua certain iour vn honneste hôme, par l'arriuée fortuyte de l'vn des chefs de cette
bande, sur quelque passage de l'Arcadie qu'il traduysoit
entre plusieurs seruices qu'il rend tous les iours aux Muses?
l'vn des Heros de cette histoire se vouloit fraper à mort:
surquoy le pauure traducteur seuré magistralement par cetuy-cy du mot, poictrine, pour assoir son coup, & se pensant
recompanser sur le sein ou sur l'estommac; il fut encores tout
estonné que l'autre le rauauda de mieux en mieux, alleguant, que l'vn estoit bon pour vne femme, l'autre pour vn
coq d'inde. Plus ils disent *Erycine, Phœbus, Delienne, Dicti-
ne, fils de la Reyne de Gnyde, courrier Athlantide,* pour Venus,
Apollon, Diane Cupidon & Mercure, auec infinis pareils
synonimes des Dieux & Deesses: qu'ils appliquent en leurs
vers auec soin, pour se parer de la beauté de ces noms Grecs.
Lesquels synonimes i'allegue aussi, comme reiettez parmy
tous ces autres mots, pour scolastiques & pedantesques, par
les partisans de la nouuelle Poesie, & de son elocution : si la
Deffence de la Poesie n'a desia mis en comte aucuns de ces
scrupules. Iusques-là, que i'ay veu quelqu'vn d'eux ra-
biouër, voire en prose, ceste phrase, *il est question*, tant ils

LIII iij

sont friands: & de plus, repudier ce terme, *incoulpable*, leur douceur ne pouuant rien souffrir de moins sucré pour ce regard, que le terme, *innocent*. Toutefois pourquoy ce mot là se plaindroit-il d'être décrié de ces Orateurs, puis qu'ils décrient tout d'vn train, *imaginations & conceptions*, pour faire place au seul mot de *pensées*? contre Nature pourtant, veu que penser quelque chose & la conceuoir ou inuenter, sont deux affaires bien differentes. Ils rebuttent, *sauf, liesse, detresse, melodie, solicitude, gratification*, ces deux derniers pour estre trop longs à leur fantasie : & reprouuent encore, *allegresse*, *obseques*, & plusieurs autres aussi communs & polis. Rebut de mots, i'entends d'aucuns de ces derniers, que ie suis obligée de coucher icy: bien que ie presume, qu'il ne soit peut-estre pas vniuersel en leur troupe, mais particulier seulement aux raffineurs des raffinez. Ils se iettent hors du siege de l'vsage, & ne se peuuent, faute de fondement & d'esprit ensemble, affermir en celuy de leur cabale & de leur speculation, de sorte qu'il ne leur reste plus de langue, ie dis à ces raffineurs du raffinage: en ayans quitté la moitié par le conseil de leurs instructeurs, & l'autre moitié par le leur propre. Neantmoins quelle excuse ne trouuent les scrupules de tels auortons de la caballe, puis que ie voy des plus authorisez de chez elle, consulter si l'on peut dire, *conuertir la tristesse en ioye*? alleguans que ceste diction, *conuertir*, est affectée à l'amendement d'vne vie, & ne pouuans souffrir qu'vn mot ait plus d'vne application. N'est-ce pas triompher cela? Le Lecteur aura peu voir quelques autres de ces exceptions en la Section de la *Deffence de la Poesie*, qui commence: *Voila donc pour conclure cét article, &c.* Qui plus est en fin, pour retourner sur nos marches, on peut imaginer plusieurs mots, noms, verbes, & aduerbes que ne proferent point ces deux Prelats, entre ceux qu'ils proferent, & leur peut-on hardiment donner lieu parmy leurs cayers : le stile opulent & la genereuse liberté dont ils vsent, ne nous laissant point en doubte, qu'ils n'eussent employé sur les occurrences, tout ce qui se trouue de plus que chez eux, en Ronsard, Des-Portes & Du-Bellay, si plus se trouue.

LES ADVIS. 639

Au surplus, pour venir à quelques manieres d'escrire & de parler, foüettées aussi du mauuais vent de ceste nouuelle saison, les transpositions de mots, assez rares entre ces gens, se voyent à la bonne mesure en nos Prelats: & les interiections ou exclamations y tiennent rang au besoin, employans fort volontiers *helas, ah,* & *ô*: au lieu que ceste nouuelle secte, d'vne inégalité plaisante, n'aduouë ordinairement que la derniere de ces trois voix, & l'aduouë peu, objectant, que la premiere & la seconde ne signifient rien: comme si la tierce signifioit dauantage. Et comme si de plus, les exclamations en toutes langues estoient tenuës de signifier autre chose qu'vn simple cry: voire comme si toutes voix & dictions en vne langue, auoient à vray dire autre signification que celle qu'il plaist à l'vsage de leur eslargir. Outre que quand elles ne signifieroient rien, il ne faudroit pas laisser de les appliquer par fois au Poeme, auquel elles pourroient seruir de quelque ornement: s'il en faut croire icy les experts.

> *Et ne craindras par fois en ces nobles desseins,*
> *De semer dans tes vers des mots vuides & vains,*
> *Des termes hors du fort & du nœud de l'ouurage;*
> *S'ils peuuent seulement luy prester l'auantage,*
> *De marcher plus pompeux de lustre & d'ornement,*
> *Et que ses tons charmeurs coulent plus doucement.*

Nos deux Poetes sont contrepoinctez d'appositions adiectiues, espece d'ablatifs absolus, mesmement en leurs versions: & s'en trouue au premier Liure de l'Æneide cinq de poids en dix-sept vers, le premier desquels commence:

> *Des Nymphes le palais, frais de surgeons à'eau pure:*

sans m'amuser à déchiffrer ce poinct-là plus auant: puis qu'on peut imaginer par ces dix-sept vers, qu'elles ne sont pas espargnées en autre endroict. L'ablatif absolu naturel & franc, que ces gens querellent aussi, ne manque pas à nos Prelats: dont ie ne prends point la peine d'alleguer exemples, puis que ceste façon de parler est ordinaire, outre sa bien-seance, & renforce en temps & lieu nostre langue, l'abregeant à son grand besoin. Quelle frenaisie cependant de

rebutter les ablatifs absolus en Poesie, estant ainsi vray, qu'ils sont tous les iours receus en prose, & naturels en la langue? Car nous peut-on deffendre par le monde, vn, *Dieu aydant ?* ou ceux-cy: *on luy donne ce dot fille vestuë & nopce faicte, son pacquet plié le galand escampe, tout consideré, tous frais faits, sa femme morte il se remarie, ils sortent bagues sauues, il emporte ce gain barbe rase & pied ferrat, cela dit, sa bource pleine il se sauue, cét affaire fait il se retire, retourné qu'il fut, dépesché qu'il fut, marié qu'il fut?* hé quoy non? Continuons: ces deux Poetes nomment les Cieux *voûtes ætherées, & plages ætherées*, appliquent l'épithete de *noble* à ce qu'ils veulent loüer, comme, *noble prix, nobles soins, nobles esprits, noble courage, noble trespas, noble sernage, nobles vins, noble de merite.*
Ils terminent plus d'vn carme par verbes, participes ou epithetes monosyllabes:

    & soubs son sceptre creint,
    & nos Penates saincts,
    le souuenir bien cher,
    qui d'insolence bruit,
    de ses ennemis creint,
    que tant de presse ccind,
    au corps agile & prompt.

Ils en acheuent d'autres, par l'aduerbe *icy*:

    car qui l'ignore icy?
    ce grand Empire icy.
    en ce present icy.
    à ceste terre icy.

D'autres par vocatifs.

    Depuis tant de saisons bruslé pour vous, Madame,
    Nous sommes semblables, Madame,
    Helas il doibt suffire à vos beaux yeux, Madame,
    Nous sommes aueugles, maistresse,
    Nous sommes aueugles, Madame,

Plusieurs & plusieurs par ces autres mots, *ainsi, aussi, fort, encor, alors.*

    Soleil qui fais tout voir, & qui vois tout aussi,
    Soit commun le triomphe aussi.

Qui

LES ADVIS.

Qui deuôt entre tous la reueroit aussi.
A ce cristal semblable & dissemblable aussi.
Moy n'ayant rien gagné ie ne perds rien aussi.
Elle m'ayme & hayße aussi.
Et nous manquant l'espoir le cœur nous manque aussi.
Mais quoy ie vous estime vne Deeße aussi.
Ie recenois la vie & la donnois aussi.
Ainsi le veut le Ciel & ton bon-heur aussi.
Contre la belle Aymonde & contre Addée aussi.
Ne s'en fit que soubsrire & me va dire ainsi.
Dame dont les beautez me possedent si fort,
Au milieu des viuans respireroit encor.
A l'heure vont par terre, & vont par terre encor,
Bref toutes les vertus y retournent encor.
Les salles au grand front en paroissent alors.

Plus ils ferment au besoin leurs vers de ceste façon:
   ----ah! pauure enfant, dit-elle:
En suitte, ils font *exemple* fœminin quand il leur plaist, & la riuiere de *Seine, ombre, tige, couple, alarme,* masculins encore: ce dernier repeté deux fois au seul riche, superbe, éternel Mausolée de Daphnis. Ils baptisent *delices* d'vn nom masculin parmy le marché, soubs le terme de, *delices permis*: & disent *escortes* en pluriel, & *limite* en singulier. Ils chantent, *tres-haut, vol sublime, barque Acherontée, Dyre d'Enfer, & fruicts porte-larmes:* entonnans *yureße* pour enyurement, *humbleße* pour humilité, *vnißement* pour conionction, *rond habitable* pour le Monde. Ils prononcent *mammelles* aussi volontiers que tetins, & *ce dit,* au lieu de ces paroles acheuées: ablatif & terme ensemble des moins appetissants au goust des nouueaux:
  Ce dit, l'vn des monts creux,
  Ce dit, il vest l'armet,
  Ce dit, elle se leue:
Escriuent *alme* encores:
  L'alme Venus ma mere:
& aussi:
  L'infortune & l'horreur sur le visage peincte.

Sans s'obliger à mettre peinctes : pource qu'ils voyent qu'vn epithete ou participe singulier, respond aussi bien aux deux noms de mesme genre, qu'vn pluriel. Plus ils bruyent, *grand Reyne*, *grand part*, *grand test*, *grand porte*, *grand cruauté*, *grand peine*, *grand douleur*, *grand vertu*, *grand Ville*, *grand vague*, *grand poultre*, *grand preuue*, *Grand Bretagne*: oüy mesmes ce dernier en prose & en chef d'vn Liure illustre : tant ils croyent cét epithete, grand, legitime au fœminin. Et quand il seroit illegitime, quelle sottise est-ce, à l'aduis de mon second Pere, de pretendre corriger l'vsage par la Grammaire? ou quel niais pedant s'amuseroit à consulter auec elle, s'il faut dire; ie viens de voir ma grande mere ou ma grande tante, Madame la grande Escuyere, ou grande Duchesse, la grande salle ou grande porte du Louure ou du Palais, ce Conseiller est de la grande chambre, tel est en grande peine, ce violon est de la grande bande, i'ay grande haste: au lieu de dire, puis que l'vsage l'ordonne, ma *grand mere*, ma *grand tante*, *Madame la Grand*, *la grand Duchesse*, *grand salle*, *grand porte*, *grand chambre*, *grand peine*, *grand bande*, *grand haste*? Quel pere & mere appellent leur fille en iouant grande biche & grande vache? quelle Dame faisant alliance auec sa compagne l'appelle, ma grãde fille, ou ma grande sœur? au lieu de prononcer, *grand biche*, *grand vache*, *grand fille* & *grand sœur*? & si tous ces grands fœminins sont bien, quels autres peuuent estre mal? Dauantage, nos deux Poetes font rententir, *sanglamment seuere*, *vaillamment furieux*, *sanglamment vaincqueur*, *tristement doux*, *sanglamment meurtrier*, *innocemment coulpable*, *sombrement esclairci*, *des ais sçauamment ioincts ensemble*, & *vn cuir courroyé sçauamment*. L'on void d'autre part en leurs papiers, *hautes lacer leurs greues*, en lieu de lacer leurs greues haut, *teindre leur fer*, pour mouiller leur ancre, *faist de rocher*, tenant lieu de faiste, *blondeur* en eschange de blondesse, *Lænée* pour Lænéen, *Permesse* pour Parnasse, *sauuement* pour salut, *intrepide* pour asseuré, *paroy* pour murs, *my masles*, *my mores* pour, demy masles, demy mores, *Iliens* aussi souuent que Troyens, *Syrte inhospitale*, *Latie* au lieu d'Italie, & *tout pouuant*, pour

LES ADVIS. 643

tout-puissant. Ils presentent d'ailleurs *maint & part* en vn ton nouueau, leur donnans la signification *d'aucuns*.

Maint plus delicieux pour tout soucy caressé,
Part depecent la chair,

Ils disent aussi, *traistres felonnies, traistre nature, & traistre cruauté*: disent encore, *l'amante angoisseuse*. Disent, *le mien amant*: disent, *vlcere amoureux*: sans auoir peu deuiner que le nom d'vlcere, offenceroit le nez de ces Poetes à la mode qui trotte, par sa senteur. Disent, en outre,

Icy gisent les cœurs,
Icy git vn amant,
Icy git Cleopatre:

Et sçauent mettre en ton, le *preux guerrier*, le *preux Romule*, le *preux Renault*, le *Triōphateur*, le *valon herbageux*, les *Troyens ton lignage*: leurs plumes arborants de plus, *haut sang, haults Dieux, haut pouuoir, haut courage, haut thrône, haut support, haut desir, haults Cherubins*. Au demeurant, ces Prelats ont d'autres façons de parler, que le vulgaire ne manie pas sans moufles. Ils appellent la mort, *tribut qui deffaict les ames des liens corporels:*

Apres que du tribut qui les ames deffaict
Des liens de leurs corps, l'office fut parfaict.

Ils touchent sur la chanterelle, *se plaindre en longs flots de langage*, *elle vest vne ame fauorable enuers les Troyens*: ils y touchent, *elle vest le carquois, la peste ardente de l'amour se conçoit en son sein, le vent semond les vagues, vn autel riche de doüaire*: & si ces sept phrases sont peu digestibles au vulgaire, aussi peu le sont-elles aux Poetes du nouuel art: poetiques neantmoins. Adioustons ceste autre volée sans preiudice de ses compagnes, qui sont plusieurs, & aussi belles: *Les plis du temps, la nuict marche à pas muets, Dieu faict couler les tenebres humides, la Vierge mere enueloppe & serre son enfant de langes amoureux, le flot armé, vn cœur de rocher sourd aux alarmes, vn long rayon de paix luit au peuple, les plumes de Dedale estrangeres aux humains, la nuict serre & cueille en naissant les reliques du iour, le decours des saisons, les soins ondes d'émail tremblantes, & tragique moment, tragique crainte*, &

tragique couteau. I'entends si toutes ces phrases pour estre du predicament des metaphores, hormis ces *langes amoureux*, ne meritent rang à part : ayant resolu de ne point remüer en ce Chapitre la pierre des mesmes metaphores ou translations, pour éuiter vne prolixité trop importune: bien que la principale partie de la pompe & du lustre des Muses, & partant du dégoust & rebut de ces nouueaux Poetes, gise en l'vsage de telles figures: suffit qu'on sçache qu'elles vont à l'infiny chez ces Prelats, soit en quantité, soit en merite. Car qu'est-ce d'examiner l'audace de si haute volée pour estre si solide & si saine, de dire, *deuider les plis du temps,* pour rouler & accomplir les ans? ou de mesler ce terme, *deuider,* à la peincture qu'il faict du temps, affin d'exprimer sa trainée, qui semble se replier sur la courbeure des Cieux, dont la course le mesure? & pour represanter à l'aduenture encore, ses ombres, obscuritez ou cachettes sinueuses & abstruses à la cognoissance des hommes, tantost à faute d'vn œil vigilant à les obseruer, tantost par manquement de memoire à les retenir? Qu'est-ce de la magnificence de ce *flot armé*, quand ils le veulent representer en tourmente? qu'est-ce encores de superbe, que ce *cœur de roc sourd aux alarmes* ? [considerez sourd au lieu d'insensible] ou quelle délicatesse representent ces *pas muets de la nuict*, & le *soulement de ces tenebres humides* ? Ensuyte, comme appellerons-nous la delicieuse hardiesse de nommer des *langes bandez, amoureux,* d'autant que l'amour les serre & les estreind tendrement autour de ce corps chery par le soin de le conseruer? De quel esclat brillent ces *plumes estrangeres* en eschange d'incogneuës, & ce *long rayon de paix qui luit au Peuple*? Quelle dignité de conception expriment ce *tragique moment, tragique crainte,* & *tragique couteau,* pour dire funestes? i'entends le dire en premier lieu: car ceux qui l'ont dit apres n'ont pas faict grand miracle. Et quelle beauté, quel charme d'inuention & de grace porte ceste *nuict, qui serre & cueille en naissant,* [goustez aussi cueille] les *reliques de la lumiere,* ces *foings ondes d'émail tremblantes,* ou ce glorieux *decours des saisons,* pour saisons futures? Qu'est-ce de cœleste en autre endroict, qu'*vne vie remplisse la somme des ans & du temps presix*, [nottes, somme] qu'*vne gloire acquise surmonte les sommes des siecles entiers? & qu'vn fleuue de flambeaux precede à longs flots vn appareil d'obseques?* vn œil humain peut-il viser de si loin & si iuste ensemble? disons de si loin, puis que ces metaphores sont si fort écartees du suiet. Ie n'adiouste point ceste diuine *ombre vuide*, pource qu'elle est à Virgile éuidemment: excepté qu'encores y a-t'il vn grand art à traduire *vuide*, pour *caua*: comme à traduire ailleurs, *tant c'estoit vn grand faix*, pour *tantæ molis erat*, & *Discord impie*, pour, *furor impius*: ces trois au Premier de l'Æneide. I'obmets dauantage, cét vlcere plus riant & plaisant que nulle santé, qui *vit en vne poictrine*, parce aussi que Virgile est son pere: de plus ie laisse à part, le *haut son*, ou plustost, le son plus doux & rauissant qu'aucune harmonie, de ces *ruines du Ciel*, durant les orages, à cause qu'il vient de mesme lieu. Finalement ie passe sous silence encores, les *timides flancs de ces valons, qui s'abaissent à la creation du Monde*, quand l'orgueil des monts s'esleue: il n'appartenoit qu'à la digne main de ce Cardinal, de trouuer l'addresse de mettre, *timides*, où les autres eussent mis, humbles. Mais brisons-là, pource que le discours de ces choses n'est pas de mon dessein, & que l'estenduë & la merueille de ce suiet m'ébloüiroit: & toy, peut-estre aussi, Lecteur, que ie meine, si tu y prens garde, aux extrémes limites de la Poesie. Si faut-il que mon cœur se descharge en passant, d'auoir apris, qu'il y a quelques-vns des Poetes r'affinez qui s'estomaquent authentiquement de ces deux vers,

L'Ange qui destourna le tragique couteau,
D'vn fleuue de flambeaux à longs flots precedé,

les trouuant flestris de cacophonie entre autres imperfections. Grands artistes qu'ils sont vrayment, de n'auoir pas appris, que selon le suiet il est par fois besoin de mesler aux vers la dureté, la rudesse, l'aspreté, qu'ils attribuent au premier, témoin Virgile:

Stant & iuniperi & castaneæ hirsutæ.

& ie dis y mesler encore la discordance, la turbulance & la

confusion, ouy mesmes la laideur, & ie ne sçay quoy du flic-flac qu'ils reprochent à ce dernier: lequel n'en tient rien pourtant, bien qu'il peust à l'aduenture en tenir pertinemment quelque chose, pour representer le flottement, transferé de l'onde aux flammes: ny ce premier vers n'a rien d'aspre, que ce qu'il semble que l'Autheur en ayt voulu sciemment prester à telle matiere. Escoutons le langage des souuerains precepteurs de l'art.

 Ce grand vers inspiré des faueurs de la Grace,
 Le thresor des beautez sur sa face ramasse.
 Voicy qu'vn autre vers porte sur des pieds tords,
 Les membres contrefaicts de son bisarre corps,
 Vn long tortis de queuë, vn gros sourcil farouche:
 Importun à l'aspect, mal-sonnant à la bouche.
 Ne croy pas cependant que l'aueugle hazard,
 Les ait ainsi formez sans dessein & sans art:
 Chaqu'vn en diuers sons exprime les figures,
 Le langage & les airs requis à leurs natures.

Quoy plus? il faut composer au besoin des vers trop longs, pour dépeindre les choses grandes & vastes.

 Et magnos membrorum artus, magna ossa lacertosq;
 Exuit, atque ingens media consistit arena.

 Iamque iter emensi, turres & tecta Latinorum
 Ardua cernebant iuuenes:

Mais quand il seroit vray sans repart, que ces deux vers eussent inaduertemment quelque cacophonie, seroit-elle considerable, assaisonnee de ce rayon de l'esprit des Cieux qui les anime, sur tout le dernier: brillant & tressaillant à nos yeux d'vn plus bel éclat que ses flambeaux mesmes? parlons Poetiquement de la Poesie. Est-ce ie vous prie, la polisseure d'vn pinceau delicat, qui fait valoir les tableaus, ou si c'est la magnifique entreprise, la beauté du dessein, la hardiesse, adresse & delicatesse du traict, ioinctes à l'aggreement du coloris? Des deux Roys des Poetes, l'vn commence son ouurage par vne fausse mesure, l'autre vse de solœcismes, de vieux mots, & tous deux laschent plusieurs choses contre l'art. O contes donc à faire rire Heraclite! ô prodiges! en verité ie promets à ces Messieurs qui les chantent, tels qu'ils soient, que sans prendre la peine de se rónger les doigts plus auant sur l'art Poëtique, ils peuuent dormir en asseurance, qu'ils ne feront iamais de ces cacophonies. Car en conscience, vn Escriuain se peut qualifier grand esprit toute sa vie, pour vne seule de ces huict ou dix metaphores, ou pour vne seule de ces cacophonies: & ie ne sçay pas s'il se peut dire tel, pour la meilleure des pieces à la façon moderne, bien que bonne en effect, & bonne encore à mon goust. Vous imaginez facilement ces premiers Autheurs en la place de ces derniers, auec vn peu de labeur espineux : ces derniers en la place de ces premiers, vous ne les y sçauriez imaginer, quelque sueur qu'ils peussent gaigner en s'efforçant de se guinder si haut. Hé comment s'y guinderoient-ils! ou comment seroient-ils mesmes capables de nous produire ceste conception d'vn fleuue de flambeaux, quand ils sont si loin de sa cognoissance, que de reprocher à ce vers d'estre encore plus deffaillant par le iugement que par le son? Ils ne peuuent, en fin aualer vne eau, representée par le feu son contraire. Tout beau, nous ne sommes pas au Royaume des grenoüilles, où le plus grand criard est Roy. Ces imbeciles esprits ne sçauent pas discerner, que cét illustre Poëte & Cardinal, ne compare point ces deux choses par où elles sont differentes, mais par où elles sont egalles: sçauoir-est par la fluxion & le flottement, considerez auec ceste longueur resserrée, commune au fleuue & à cét ordre funebre de flambeaux. Ny ne considerent, que la parfaicte excellence d'vne metaphore, consiste à viser du plus loin qu'elle peut, pourueu qu'elle frappe au blanc : & de plus loin ny plus heureusement n'eussent peu viser celle-cy, ou son Ouurier, que de trouuer vne conformité dans les contraires, & auoir assez d'asseurance & de iugement pour bastir sur elle. Mais pour fermer ce passage, comment pourroient ils gouster les graces de si haute espece, qu'ils ne peuuent pas seulement gouster celle de ces deux beaux & nobles vers, ou de leurs semblables, mesmement du premier, dardé sur vne ambition deuorante par l'vn de nos Prelats : le dernier parle à Dieu.

Paiſt de ſi fiers deſſeins le deſir qui l'affame :
Fay gronder en ta main l'ire de cent tempeſtes.

Ceſtuy-cy de l'autre Prelat, quoy qu'il ne leur puiſſe plaire encore, eſt-il ſot, ie vous prie ?

Ainſi pour conſacrer la foy de tes loüanges :

En fin, ny la main, ny l'eſprit ne comprennent rien de plus grand qu'eux-meſmes : meſure hardiment, Lecteur, la difference qu'il y a du talent de ces Poetes à celle du talent de leurs Zoïles, ſur la meſure du dégouſt & des cenſures de ceux-cy.

Nos deux Prelats outre plus, s'eſcriment de diminutifs, ſi l'occaſion le requiert *Aſcan* au lieu d'*Aſcaigne*, *le pauuret, la pauurette, ſeullette, fleurette, ruiſſellet arbriſſeaux, lionceaux, enfançon, mains tendrelettes*, en feront preuue. Quelle capricieuſe humeur auſſi nous peut deffendre les diminutifs, comme ces autres Poetes nous les deffendent, ſi ceſte ſeule *pauurette* n'en eſt quelquefois exceptée ? diminutifs, non ſeulement ſi planturcux & naturels en toutes langues, mais ſi communs à la noſtre de bouche & d'eſcrit, ſi fondez d'antiquité, ſi plaiſans à tous, & qui plus eſt ſi neceſſaires : puis que la meilleure part d'entre eux abrege la diction, faiſant vn ſeul mot de deux ou trois, qu'il faudroit eſtaler. Ie ne repeteray point icy leurs prerogatiues plus auant, les ayant repreſantees au Chapitre qui porte leur nom : ny ne rediray ce que ie remarquois encores en ce lieu-là, que cette illuſtre & graue langue des Latins, faict à tous momens des diminutifs doubles : *ocellus ocellulus, blandulus blandiculus*. Vaut-il pas mieux donc apeller ceſte fille grandelette, graſſette, ieunette, ou brunette, qu'vn peu grande, vn peu graſſe, vn peu ieune, vn peu brune, & leurs pareils à milliers ? ou dirons-nous que ce pigeon pille ou mord ſon pair dru & menu, auec des attainctes mignardes, pour ne dire pas qu'il le pillotte ou mordille ? Dauantage, la pluſpart des diminutifs, outre ceſte commodité d'abreger & d'émonder le babil, ſonnent encores quelque choſe hors leurs primitifs :

comme

LES ADVIS. 649

comme aigret, iolict, doucet, feulet, pauuret, tremblotter, brillonner, & autres; marquent & releuent quelque difference gentille à part du diminutif, si on les considere, contre aigre, ioly, doux, seul, pauure, trembler & briller. Comme aussi simplet & simplette, representent quelque tendresse en la simplicité, pluftost que retranchement de mesure : & ces precedens, graffette, grandelette, ieunette, brunette, nous figurent ie ne sçay quoy de delicat en la graffesse, en la taille, en l'aage, & au teint brun. I'adioufterois au bout de cefte section, puis qu'elle parle d'abreger & diminuer, que nos deux Prelats couppent souuentefois leur cadence ou ryme en deux sens diuers, pour accourcir, c'eft à dire, armer leur Ouurage & le fortifier, si ie ne l'auois notté par accident dés l'entrée de ce Traicté.

Quant aux manquemens des articles ou particules *point* & *pas*, & autres merceries de cefte espece, que seroit-il besoin de l'extraire ny marquer aux Escrits de ces deux Poetes, y estant si vulgaire, ou de le iuftifier, estant si naturel? Auec l'vsage superstiticux d'vne nuée de particules, ces nouueaux veulent allonger le caquet sur le papier, [autant qu'ils escourtent la langue par tout ailleurs, excommunians le quart de ses mots,] au lieu qu'il le faudroit accourcir au possible: car l'excellence & la vigueur d'vn dialecte consiste entre autres choses en la brefueté, & le noftre François eft des plus babillards. Ioinct qu'entre tous les genres d'escrire, la Poesie s'habille court:

Verborumque simul vitat dispendia, parca:
retranchant de tout temps ie ne sçay quoy de la quantité des mots, & mesmes par fois de leur longueur, autant que l'oreille le peut souffrir. Horace s'en mefle des premiers notamment, en son *valdius* pour *validius* de l'art Poetique, *ingeni*, pour, *ingenij*, aux Odes ce me semble : & de plus en ces deux premiers mots de suyte, demandant à boire : *Inger mi calices*. Virgile en son *gubernaclum* du 6.me Liure, son *dirrexti*, pour *dirrexisti* du mesme Liure, son *extinxti*, pour *extinxisti* du Quatriesme, sa *Dia Camilla*; ne renoce pas à cefte liberté: non plus qu'en diuers autres lieux que ie ne recher-

cheray point à cette heure. Il suffira que ie ramentoiue seulement que tous deux & tous leurs illustres compagons, disent quasi par tout, *oraclis, vinclis, quels, periclis, seclis, imperi, Romanum*: au lieu de, *oraculis, vinculis, quibus, periculis seculis, imperij Romanorum*, & leurs pareils. Sans oublier, que Vidas cét autre excellent Ouurier, commande par reigle expresse de tronquer les mots traisnassiers, & les tronque icy.

Deterere interdum licet atque abstraxe secando
Exiguam partem, & strinxisse fluentia verba;

La Muse procede en ceste maniere, afin de ramasser beaucoup de substance en peu d'espace : pource qu'elle sçait qu'vne des plus belles parties de son triomphe, consiste à frapper brusquement vn Lecteur, & qu'elle ne le peut frapper brusquement, sans le frapper bresuement. Consiste, veux-ie dire, à sçauoir inuenter de nouuelles façons de parler, qui rauissent celuy qui les escoute; & qui par le moyen de quelque monosyllabe reietté des donselles en commun deuis, s'il vient à poinct, ou bien à l'ayde d'vn manque d'article, pronom ou particule, resserreront en vn vers animé & animant encores ses auditeurs par son excellence & bresueté, ce qu'autrement il faudroit auachir & traisnasser en deux ou plus. Et faut notter, que depuis qu'vne phrase baaille & moins vn vers, fussent-ils specieux au demeurant, ils n'expriment plus de merueille, ny ne respirent ceste fureur, qui doit enflammer le Lecteur d'vne haute & Royale Poesie, & luy tirer de la bouche les clameurs de rauissement:

---Deus, ecce Deus:

de merueille, dirons-nous, d'autant que tout le monde peut bien parler en large espace de fureur, pource que ceste sentence courte & brusque est l'aiguillon qui la faict naistre, & qui commence premier à respandre & comme infondre l'enthousiasme de son Autheur, en l'ame du Lecteur & de l'Auditeur.

Hæc demum sapiet dictio quæ feriet.

L'éloquence mesme a esté definie par des Grecs celebres, & par des Latins: *Paucis multa complecti*. Titus cét auguste

Empereur, maintenoit, que les plus grandes expeditions n'estoient merueilleuses qu'auec la brefueté du temps, à cause que soubs la faueur du loisir toutes sortes d'affaires se pouuoient commodément effectuer. Ainsi voyons-nous que sans la brefueté de l'espace, le carractere de l'excellence & de la merueille, se peut tres-mal-aisément imprimer aux phrases, & nommément en la Poesie : ouy mesmes la simple poincte du sel amoureux, ainsi nomme Plutarque vne fleur de grace, ne s'y trouue pas, que la brefueté ne l'accompagne. Puis quel besoin de gehenner son stile, pour suiure le train des donselles à bouche sucrée, quand il faudroit dependre d'elles, & qu'elles affecteroient en parlant ces reigles qu'on nous canonise à cette heure; estant vray, comme ie remonstrois autre part, qu'elles souffrent & agréent bien, soit en l'Oraison soluë, soit en la Poesie, infinies choses qu'elles ne disent pas? Voyons par vne dixaine de preuues, entre deux cens, sur le manque de *point* & *pas*, en prose ou en vers, que nos deux Poetes mesprisent assez souuent les particules: ie puis dire en prose & en vers, car nous trouuós entre autres dés l'entrée du grand Liure de Controuerses de Monsieur le Cardinal, en la lettre au sieur Casaubon: *Ie ne faudray de vous addresser vne coppie*, & rencontrons aussi plusieurs tels manquemens de particules, au corps du mesme volume, & en l'Oraison du Serment.

Et toy Seigneur ne mets en oubliance,
Ne soyez sans pitié non plus que sans iustice.
Ie ne pourrois assez blasmer ton inconstance.
Ce qu'on peut essayer n'a besoin de langage.
Et ne nous engageons si ce n'est bien à poinct.
L'oubly n'auoit encor' arraché les racines,
Ie chasseray tous ceux-là qui n'auront,
Ie deuois souhaitter afin de ne me plaindre,

Mais que faut-il encore à ces messieurs sur ce poinct ? est-il rien plus commun en prose, en conuersation & par tout, ouy mesmes entr'eux, que ces interrogans ; qui ne void ce boccage? qui ne dit ce mot? qui ne va de ce train? qui ne sçait cela? qui ne doute de ce tesmoignage? que ne diroit-il sur ce suiect? & trois milliers par dessus. Pensez, à propos de particules obmises, que ce Seigneur Cardinal a creu faire vn gros peché, d'obmettre l'article, *des*, à ces deux vers : sans preiudice d'infinis pareils exemples.

Accoudé sur liets peincts aux festes Africaines,
Et leur chef auec cris au sepulchre menoient.

Ce seroit aussi grand abus en verité, d'employer tousiours les particules, & toutes les autres façons de parler, notées ou à noter en cét Escrit, que de s'en abstenir tousiours. La raison est, que celuy qui n'en auroit que l'vsage ou l'abstinēce, n'occuperoit que la moitié de la langue & la moitié de la Poesie, lesquelles embrassent & comprennēt legitimement en cela le droict de choix : langue & Poesie qui s'appellent deux puissantes Dames, opulentes à posseder, & liberales à respandre les dons de grace & de liberté, d'vne main pour l'acception, de l'autre pour le rebut.

Quant au heurt des voyelles, nos deux Prelats font-ils telle religion de luy donner lieu, qu'il ne s'en trouue pas vn chez eux, à la mode de ces nouueaux, lesquels coucheroient plustost vne iniure à leur pere & mere sur leur papier, qu'vn tel crime ? ny mesmes tout ce qui s'en approche sans y toucher, comme on pourroit dire, ruës ou nuës estonnées ? Voicy cinq voyelles choquées, dont les deux dernieres sont à dix vers l'vne de l'autre, & toutes cinq du plus terse, charmant & parfaict des deux : les trois suiuantes sont de son compagnon.

Ses mains qui nous monstroient des effects si estranges :
Il y alloit du leur s'ils ne m'eussent trahy.
Ses deux yeux tout voyans qui au Soleil du monde,
D'erreur, d'oubly & d'infidelité,
Moy le Templier & elle la Prestresse.
----du bien où tu aspires,
Clef qui nous a ouuert la grand porte des Cieux.
Si ce qu'on a escrit s'escrira point de luy.

Quoy donc, si ces huict phrases-là si triuiales & necessaires, & si toutes celles de leur liurée, s'offrent au besoin d'vn Poete, faudra-t'il qu'il prenne le plus long chemin à l'enuy des enfans de l'escole, ou qu'il escriue en Hebreu, pour fuïr ce heurt scelerat?

O miseri quorum commoda crimen habent!

Que ferons nous encore de Virgile, auec son,

   Te Corydon, ô Alexi,

son   ------*Dardanio Anchise,*
son   ------*fœmineo vlulatu,*
ou son   ------*castaneæ hirsutæ;*

si nous ne le renuoyons à son Donat? Associons-le d'Horace de peur qu'il ne luy fasche d'y aller seul:

   O & presidium & dulce decus meum.

Telles gens qu'eux couchent hardiment, comme en ces hemistiques, le choq des voyelles, ils tronquent des mots, ainsi que ie remarquois n'agueres, ils alongent des vers, ils nous payent de longues pour breues, de breues pour longues, i'en croy ces fins de vers.

   ----*reddarque tenebris:*
   ---*nemorumque tenebris:*

& pour comble, ils vsent de ces termes rances & rouïllez, que i'ay marquez au Traicté de la *Deffence*. Ils font en fin tout ce qu'il vous plaira, pourueu que vous ne les obligiez point à s'encheuestrer de brides à veaux: c'est à dire, renoncer à cette liberté magnanime, qui les rend maistres de l'art, & cópagnons des Dieux qui les inspirét, Apollon & les Muses. Apres tout, si nous obseruós ces belles instructiós d'auiourd'huy, sur les heurts de voyelles, nous ne dirós plus, *peu à peu, çà & là, entre-cy & là*: estant neátmoins à cóclure en passant, que tous les aduerbes ne sont qu'vn mot, encores qu'ils soiēt en diuerses pieces: plus aussi *mary & femme, pere & enfans, toy & elle, toy & moy, tu as, tu es, il y a, qui est-ce, en terre & aux Cieux*, & toute ceste ondée sans fin, qui nous reduict au silence si elle nous eschappe, s'en ira passer aux Topinamboux. Nous serons estrangers en France, & nostre langue, sinon muette, au moins barragoüine pour nous-mesmes. Où est donc ce vierge ferment, ce fermēt que les nouueaux Poetes tympanisent si haut, de parler la langue toute pure? Est-elle pure, quand non seulement on luy tronque la robbe à demy, comme à quelque drollesse, mais encore le nez & les oreilles? ou comment protestent ceux-cy, d'vser purement d'vn langage si fort impur, qu'il faut biffer la moitié de ses plus ordinaires, ciuils & necessaires mots & manieres de parler, qui ne veut diffamer ses ouurages? Du moins est-il pur en leur bouche, de ce qu'ils n'y meslent rien du leur, & qu'ils font ce grand miracle, de puiser d'vne main pour verser de l'autre. Toutesfois en fin, il est bien caché à qui le derriere paroist: & nostre apperceuäce est tres-mousse, si nous pensons esquiuer cét inconuenient du choc de voyelles, soubs la foy de telles precautions. Car non seulement il ne nous faut plus finir & commencer deux vers de suitte, par voyelles, ou vocales, si ce baaillement est crime, la fin de l'vn estant fort liée au commencement de l'autre: mais si nous ne disons cét, *entre cy & là*, il ne faut plus dire, liezlà: si nous ne disons, *où estes*, il ne faut plus dire, mottettes & Poetes: si nous ne disons *& elle*, il ne faut plus dire moelle ou ruelle: si nous ne disons, *qui est-ce*, il ne faut plus dire, Deesse ou Liesse: ny *iouyras*, qui ne veut dire, tu iras. Pourquoy prononcerons-nous *vn niais*, sans prononcer n'y és? pourquoy *lia, tua, rua, cria, sia*, sans prononcer, il y a, & tant y a? que nous a fait *ply en sa robbe*, pour le deietter, si pliant sa robbe est receu? quoy plus, le venerable nom de la *Vierge Marie* sera-t'il proscrit, à cause que mary & femme, rangez de suitte, sont mots excommuniez? Ou que reprocherons nous à, *tu as, tu es, la loy aux registres, le boy aux coupes*, si nous fauorisons tu ruas, tu ruois, & loyaux & boyaux? veu qu'encore que la pluspart de ces premieres façons de parler que ie viens de marquer & qu'on nous defend contiennent deux ou trois dictions, elles ne sonnent que pour vne chez l'auditeur, non plus que ces dernieres, & tombent toutes en mesme cadence, au moins pour le heurt ou la rencontre des voyelles. C'est trop, veu que nul n'ignore que cét exemple ne s'étende à la moitié des mots Fraçois: & mots cependant ausquels personne ne treuue aucune piqueure ou des-adueu de l'oreille. Or si ces personnes obiectét, que ne pouuäs oster le heurt de voyelles des mots,

pource qu'elles y sont ioinctes, nous deuons au moins oster
& retrancher ceux de ces manieres de parler, composées
de diuers mots, où les voylles sont déioinctes, ce retranchement afin d'esclaicir la presse des heurts ou baaillemens,
ie l'accorde: auec ce pacte neantmoins, qu'on ne face pas
vne irreligion d'employer vn baaillement de ceste nature,
& quatre, & dix & vingt, si le cas le requiert, pour n'estropier en vain le temps, l'esprit, le Poeme & le langage: &
pour ne tomber plus longuement soubs la risée de Plutarque, en la personne de quelques Sophistes de sa cognoissance, qu'il bassoué à poinct nommé, pour gens de neant, de
ce qu'ils s'embarrassoient le ceruceau de pareilles obseruations, pour le moins des menuës bagatelles de la chicanerie
Grammaticale. Et tant plus volontiers faut-il employer
telles choses, de ce que nul, soit en la vieille ou nouuelle
Poesie, ne fait scrupule de coucher sur son papier ces mots,
noms & verbes, que ie viens de remarquer, & trois millions de semblables, où les baaillemens se rencontrent: &
coucher tout aussi frequemment, qu'ils s'offrent à la plume,
sans conniller pour en chercher d'autres, encores qu'on
les peust trouuer. Iusques à quand donc ces chymeres d'inégalitez? Dauantage, si ces heurts de voyelles, dont il est
question, sont vn si grand crime contre la bien-seance, qu'à
fait la prose à ces nouueaux Legislateurs, qu'ils ne daignent
pas estendre leurs loix iusques à elle, pour les luy deffendre?
N'est-elle pas obligée de sa part à la grace & à la politesse?
Et ie diray pour ce point de heurts de voyelles & pour le reste de mon dessein en ce cayer, que ie ne remarque sur les
Oeuures de mes Prelats, que ce dont il me souuient sur le
champ, ou que ie puis grapiller par lecture courante me dis-
pansant de les suyure plus auant que cela ; tant afin de soulager ma faineantise, que par respect du Lecteur, que ie
crains d'ennuyer à ces sornettes de riottes : ausquelles certes, ils ne me deuroit iamais pardonner de le tant occuper,
si l'obligation religieuse de proteger la langue Françoise, &
de deffendre Ronsard & sa suite, ne m'y condamnoient,
outre la propre necessité de reuanche : voyant que ces Poe-

tes du temps les ont plus d'à demy de terrez, & nous enterrent tous vifs, par l'ignorante credulité que les trois quarts de la Cour apportent à leurs contes.

Passons aux epithetes, appellez autres cheuilles par ces correcteurs, s'ils ne sont necéssaires : qui seroit bien parlé toutesfois, pourueu qu'ils sçeussent iusques à quelle mesure la necessité s'éted, & que les vniuersels, c'est à dire de belle à Venus, de porte fruicts & porte Loix à Ceres, & ceux encores d'ornement & d'hypotypse, sont des necessitez de la Poesie. Exemple:

---*celsis nunc primum à nauibus itis.*
Festinare fugam, tortosque incidere funes.
---*instaret curru cristatus Achilles.*
Ergo his aligerum dictis affattur Amorem.
Marmoreo referunt thalamo, stratisque reponunt.
---*nox atra caua circumuolat vmbra.*

Laissons passer pour resueurs, comme ceux-cy publiët, Homere, Eurypide, Sophocle, Sapho, Pindare, & leurs epithetes frequents : tenons pour resueurs encores, Lucrece, Catulle, Properce, Tibulle, Horace, Virgile, & tous les leurs apres : ces deux derniers, puis qu'il vient à propos de le reciter, vn peu moins impertinens à l'aduis de ces messieurs, contrepoinctez pourtant, s'il les en faut croire, de sotises à milliasses, n'ayāt rien de recommandation hors le langage, & de loin inferieurs à Ouide par la grace de Dieu. Mais voicy donc monsieur le Cardinal du Perron double resueur, puis qu'il preste les epithetes si drus à Virgile & Horace bien qu'ils en abondent. En saueur du bon Denis pere du raisin que i'ayme fort, & de la terre nostre mere, i'ay tiré ces deux de la parcelle qu'il a tournée du Quatriesme de l'Æneide : sans m'amuser à plusieurs autres, soient-ils d'vn mot ou d'vn hemystiche, à la mode de ceux-cy, tous deux independans de leur suiect, c'est à dire ingerez pour vn pur ornement.

La terre à qui les Dieux de mere offrent le nom.
A Phœbus à Bacchus qui les Indes donca.

Surquoy il faut notter, que prestāt vne epithete à Bacchus,

LES ADVIS. 657

en ce dernier vers, il manque de le prester à Phœbus, ioinct à luy en ce mesme vers, autre encloueure pour les Poetes en question : qui biffent sur telle inegalité ceux mesmes qu'autrement ils approuueroient, si quelque necessité de la matiere ne forçoit à faire ce manquement : necessité qui se trouue aussi peu dans ce vers, que ce seigneur Cardinal veut estre peu creu disciple de la nouuelle escole. Quãt aux Oeuures propres de nos deux Prelats, elles s'esmaillent d'epithetes si frequents, ou frequentes si l'on veut, car ce nom est entre les hermaphrodites, que ie doibs estre releuée de nommer les passages pour ce regard. Dauantage ils en couchent aucuns, soit en leurs mesmes propres Oeuures, ou en leurs versions, qui sont peu sauoureux au goust de ces Poetes moulez, à l'air recent, pour estre trop noblement hardis : neufue Alcine, neufue puissance, neufue ieunesse, neufues frontieres, neufue Deesse, neufue flamme, neufue seruitude, neufue playe, neufue esperance, ieune Cité.

I'ay donc prouué, que ces deux Poetes, suiuoiẽt le train de Ronsard, de Du-Bellay, & de leur brigade ; cependant que leur excellence & magnificence prouuent d'autre part, qu'il faut auoir la fantasie bien fort blessée, pour reietter les exemples de leur façon d'escrire, mesmes ayans vescu nos contemporains & Courtisans : i'adiouste ceste derniere qualité, puis que ces Poetes muguets la desfient : Et i'ay fait sur leurs Poemes toutes les obseruatiõs estallées en ce discours, outre plusieures autres que ie pourrois faire, cõme il est dit, afin de monstrer quel tort ont eu ces autres Poetes, d'auoir daigné publier durãt leur vie, qu'ils eussent l'hõneur de bien faire pour eux, c'est à dire de se vestir à leur nouuelle mode : veu que toutes ces choses la contrarient, & leur sont iusques icy mort à cœur : esprits aussi fertiles en l'enthousiasme des exceptions, que tous ces premiers & les mesmes Prelats l'estoient en celuy des inuentions. Si ne puis-ie sortir de ce lieu, que ie ne rebrousse trois pas, vers les Poetes Grecs & Latins dont ie parlois n'agueres, pour admirer en premier lieu le iugement de ces Critiques cy, qui mettent Ouide au rang supréme, soubs la foy de ceste viuacité d'esprit, que

Oooo

Quintilien maintient exprés estre l'obstacle de sa perfectió: notamment y mettent Ouide, assez nonchalant maintefois en la fabrique du vers, dans laquelle neantmoins ils logent leur triomphe. Secondement pour les admirer encores, en ce qu'ils iugent qu'Horace, Virgile & Catule ont peu de vertu hors le langage : dont il arriue qu'ils disent d'eux à toutes heures comme des autres : Ces bonnesgens croyoient qu'il fallust deuiser de ceste sorte. Et quelques vns d'eux preschent de Virgile particulierement; que le meilleur mot qui sortit onques de sa bouche est celuy, par lequel il commanda mourant, qu'on bruslast ses Liures : toutesfois i'ay parlé de telles insolences autrepart. Mais c'est peu de cas pour eux, de discourir ainsi des plus grands personnages, s'ils ne passoient par reigle de leur discipline, iusques à ceste autre maniacle audace; de démembrer & refondre à leur mode Orateurs & Poetes vieux & nouueaux, lors qu'ils entreprennent de les traduire : allegãs, qu'ils sont tellement vuides de iugement en plusieurs endroicts, que leurs versions ne se pourroient pas vendre sans ceste correction. En tiers lieu, ces nouueaux artistes emportent sur ce pas mon admiration, de ce qu'ils exaltent le langage de Virgile, Horace & Catulle : veu que ce Triom-virat est tout confict en superbes & hardies figures & metaphores, dont ils sont ennemis profez : cela ne nous doibt-il point mettre en iuste soupçon, qu'ils ne comprenent pas ce qu'ils disent: ou qu'ils attraperoient les figures & les metaphores s'ils pouuoient?

I'ose, au reste m'approprier apres Regnier & le sieur Hardy, vne ryme, qui ne se trouue pas aux Oeuures de ces Prelats, ny d'vne partie de nostre premiere volée Poetique: desirant pour le seruice des Muses, corriger autant qu'il est en moy, le ridicule abus de son exception. Ie le nomme ridicule, non en la personne de ces fameux Poetes, qui ne se sont peut-estre pas rencontrez, sur l'opportunité d'appliquer ceste ryme, ou qui l'ont reiettée par erreur de Nation, comme ie disois ailleurs; mais en celle de ce nouueau Peuple pretendu reformé, qui protege son erreur opiniastre ment auiourd'huy, contre toutes sortes de remonstrances. Si quelqu'vn se fust aduisé de leur debattre ceste erreur, pour esclaircir leur iugement, il est à penser que leur clair-voyance eust esté facile à vaincre: & qu'ils eussent trouué *main* & *chemin*, *hautain* & *butin*, *vdin* & *vin*, & leurs égaux & assins, qui composent la ryme dont ie veux parler, terminaisons ou voix aussi consonantes, que quelques autres des leurs que i'ay remarquées autrepart. Il n'est pas mauuais, qu'vn Normand defunct, que i'honorois tres-iustement, me condamnoit n'agueres ceste ryme pour discordāte, sans cōsiderer le deffaut de son terroir. Le sieur de Malherbe l'examinant d'vn œil plus attentif, la recognoist de iuste son, bien qu'il soit de mesme pays, mais il ne l'employe pas neantmoins: que si c'est par exemple, cela peut à l'aduanture receuoir excuse: si par autre raison, quand il luy plaira de la dire on verra s'il y a moyen d'en tirer profit. Si quelqu'vn pretend de nous aduertir sur ce passage, qu'il ne faut pas rymer diphtongue au 'e voyelle, cestuy-là ne sera pas aduerty luy-mesme, que la question en est dés long-temps vuidée, mesmement par les Poetes de ces derniers iours, ainsi que i'ay faict voir au Traitté des Rymes & à l'entrée de cetuy-cy: partant nous rymerons pour l'oreille, tandis que d'autres rymeront pour les yeux.

Au demeurant ie ne fais aucune excuse, de ne suiure pas les Scoliastes de mon Autheur par tout en mes versions, consideré qu'eux mesmes ont par fois doubté de leur explication. Ie ne fais point d'excuse aussi, de ce que ie rends par vn equiualent où le cas le requiert, les phrases que nostre langue ne peut exprimer, ou qui se trouuent aussi bonnes renduës auprés que dedans le nœud: estant vray que cela suffit aux traductions qui desirent espouser le sens & la grace ensemble. Ny ne m'excuse encores, de prester au besoin quelque peu de chose à mon Exemplaire, ou mesmes d'en contourner vn petit quelqu'autre, bien que tres-rarement & reueremment, puisque l'exemple & le priuilege general des traducteurs Poetiques m'en authorisent, par la necessité de remplir, façonner & polir des vers qui changent de

Oooo ij

langue; pourueu que ie face voir, que mon prest & contournement, si ce mot est permis, se puissent honnorer de quelque pertinence, afin de ne violer pas l'auguste dignité d'vn si Diuin Poete. Chacun sçait qu'Horace deffend à ceux qui traduisent la superstition seruile.

---nec verbum verbo curabis reddere.

Tant y a, que si i'vse peu de ces libertez de contourner & de destordre, sur le Deuxiesme de l'Æneide, i'en vse encore moins en mes deux parties finales du Premier & du Quatriéme : où i'ay souffert moins de contrainéte, d'autant que ie me suis permis en ceux-cy, non en cét autre, enuiron la mesme estenduë de vers, auec laquelle Monsieur le Cardinal du Perron les auoit commencez à traduire quelques années auant que i'y misse la main. Au Sixiesme i'ay pris mesme dispance. I'entends bien que tu veux dire, Lecteur ; que trauaillât à ce Premier & ce Quatriesme, apres vn si suffisant personnage, ie conduis, au Premier, Ænée à port de salut, pour faire naufrage moy-mesme, & qu'au quatriesme, i'enseuelis Didon, pour enterrer mon nom en son sepulchre. quel remede?

In magnis voluisse sat est.

Encores est-ce quelque chose, de se tuer d'vn beau cousteau.

A
MONSEIGNEUR.
L'EMINENTISSIME
CARDINAL DV PERRON.

MONSEIGNEVR,

Ie sens bien que mes Escrits rudes & simples se trouuent fort souuent à l'escort en des sentiers trauersans: non par leurs choix, à l'aduenture, mais par leur impuissance à suiure le train des autres. Et si quelque chose paroist particulierement esforée en eux, pour ne dire extrauagante, ce sera leur hardiesse à mettre en lumiere la suyte de la translation du Premier & du Quatriesme de l'Æneide, dont vous nous donnastes le commencement. A tort neantmoins me sera reprochée cette hardiesse: car elle doit estre recognuë pour fondée dirrectement sur l'amour, & le seruice du public: puisque l'excellence de vostre labeur en cela, rauissant à tous l'espoir de vous atteindre, permet à tous de vous suiure sans reproche de presomption. Or donc, Monseigneur, i'ose à la bonne foy, vous presenter icy l'vne de ces versions: sinon pour obtenir l'honneur de vostre protection, qu'elle ne merite pas; au pis aller afin qu'il plaise à vostre Eminence, d'aduertir les impertinens censeurs de cette saison, de vous en reseruer le iugement, si vous m'estimez digne d'vne telle grace. L'Oeuure de Iustin s'enhardit de re-

Oooo iij

requerir correction à vn grand Empereur: la mienne plus basse & plus timide, n'entreprend pas de mandier vn si haut don à vn grand Cardinal: elle luy requiert vn iugement sans plus, qui, m'estant fauorable, me portera dans les Cieux: & s'il m'est contraire, me bruslera du moins glorieusement aux rais du Soleil. Voicy dè surcharge l'vne des bisarreries, où, si l'on veut, extrauagances de mon Liure: c'est qu'il va fermer sans Eloge vne lettre à personne de tel merite, esprit & doctrine que vous. Certes Aristote defendant au meschant, en l'Fpitaphe de Platon, de lotier vne telle vertu que la sienne, deffend à ma foible capacité de lotier vne telle suffisance que la vostre. Les Mages aussi, Monseigneur, pour representer la lotiange deuë aux Dieux, peignoient vn Crocodille sans langue: & les Asyriens ne faisoient pas de statuë au Soleil, d'autant qu'il s'exprime & s'illustre assez de luy mesme.

En Iuin 1616.

Quoy que cette date soit du temps que les Cardinaux portoient autre tiltre que d'Eminence; i'ay creu me deuoir en ceste nouuelle impression, conformer au reglement qui l'a changé, depuis la premiere: & m'y conforme encore pour d'autres dont elle faisoit mention.

LES ADVIS. 663

FIN DE LA VERSION DE
Monsieur le Cardinal du Perron, sur le
premier de l'Æneide.

*Ces vers sont mis icy, pour exprimer aux yeux du Lecteur
quelle est la ioincture des deux traductions.*

Venus apparuë soubs nom emprunté à son fils
Ænee, accompagné d'Achate, disparoist à l'impourueu.

Insi dit, & soudain qu'elle eut les leures closes
Son col en se tournant brilla d'vn teinct de roses,
Son beau poil d'Ambrosie à pleins poings parfumé
De diuines odeurs rendit l'air enbasmé,
Sa robe à plis trousseZ vers les mammelles ceincte
Tomba sur ses talons d'or & de pourpre peincte,
Et Deesse au marcher vrayment elle apparut.
D'Ænee à l'impourueu le sang au front courut.
Il recognoist sa mere à ses marques certaines,
Et fuyante la suit de ces complaintes vaines:
Pourquoy, cruelle aussi, mes espoirs abusant,
De simulachres faux te vas-tu déguisant?
Pourquoy ne veux-tu, mere, à moy ton fils permettre
De pouuoir en partant ma main en ta main mettre;
Ouyr & releuer de ta voix les vrais sons,
Et de ton port diuin contempler les façons?
Ainsi sa pleincte oysiue apres elle il enuoye,
Et droict vers la Cité, pensif, poursuit sa voye.
  Mais Venus dont le soin d'auec eux ne partit,

D'vn secret voile d'air en chemin les vestit,
Et pour rendre aux passans leur alleure incogneuë,
Obscurs les enferma de l'estuy d'vne nuë:
Afin que nul ne peust, né de mortelle chair,
Soubs l'ombrage feé les voir ny les toucher,
Ny tarder leur pas d'vn importun langage,
Suspects les enquerant des fins de leur voyage.
Elle d'vn vol sublime en Paphos remonta,
Et ses sieges deuots alegre visita,
Où de porphir & d'or son haut Temple estincelle,
Où d'encens Sabæen, vœu de main te pucelle,
Cent Autels tous les iours à son nom vont fumans,
Et d'orants bouquets l'air sacré parfumans.
  Ces Heros cependant couuerts de l'ombre vuide,
Acheuent de se rendre où le sentier les guide:
Et ia d'vn pied leger en extase arresté,
Ils pressoient le costau qui pend sur la Cité,
Et fier d'vn haut sourcil void de front la machine
De l'orgueilleux donion, effroy de la marine:
AEneé épouuanté va la masse admirant,
Toict iadis de pescheurs, or' au Ciel espirant.

SVITTE DV MESME
LIVRE.

Es portes au grand front il admire les faces,
La largeur & le bruit des rues & des places.
Les Tyriens actifs trauaillent asprement:
Les vns haussent les murs d'vn long alignement,
Et roullans les carreaux d'vne penible addresse,
Esleuent d'vn grand tour l'insigne forteresse.
Ceux-là d'vn fossé creux enceignent la Cité,
Ou plantent les maisons dans vn fond limité:
Ceux-cy dictent les Loix, le Senat establissent,

Anchses

LES ADVIS.

Aucuns du port fameux l'ample sein arrondissent:
Sur la ferme espoisseur des fondemens profonds,
On dresse en autre part les theatres feconds:
Et pour orner le ieu des tragiques desastres,
On trenche és durs rochers les immenses pilastres.

Ainsi quand le Soleil en Iuin s'espanouït,
On void aux champs nouueaux où Flore s'esiouït,
Les abeilles ouurer d'vne soigneuse addresse:
Soit pour mettre à l'effort l'essein de leur ieunesse,
Soit pour figer le flux du miel laborieux,
Leurs chambrettes enflans de nectar precieux:
Ou soit pour recueillir l'amas de leurs compagnes,
Ce tendre amas de fleurs pillé dans les campagnes:
Ou lors qu'à foule armée il leur plaist d'estranger
L'inutile bourdon de leur toict mesnager:
L'ouurage bouilt par tout, & l'air au loin aspire
L'odeur du thin soüef que le doux miel respire.

O bien-heureux ceux-cy, qui fondans leur Cité
Ont vaincu la rigueur de leur sort despité
Le Prince dit ces mots, & sa vague prunelle
Parcourt le haut sommet de la Cité nouuelle.
Affublé de la nuë inaccessible aux yeux,
Il se iette au trauers de ces superbes lieux:
Parmy le Peuple il coule & nul ne le remarque.

Dans le cœur de la Ville vn bois d'antique marque
Respand la saincte horreur de ses ombreux rameaux:
Là donc les Tyriens au sortir des vaisseaux,
Agitez de la mer & de l'aspre tempeste,
D'vn belliqueux cheual deterrerent la teste.
Cét augure apparut suscité par Iunon:
Pour arre que ce peuple ennobly de renom,
D'aage en aage croissant triompheroit en guerres,
Et qu'vne alme abondance engraisseroit ses terres.
Or en vn lieu choisi du bois deuotieux,
Didon dressoit vn Temple à la Reyne des Cieux,
Opulent de grandeur, esclatant de richesse,
Et de l'aspect sacré de si haute Deesse.

Pppp

Sur des degrez d'airain plantez en large sueil,
Le grand portail du Temple estendoit son orgueil:
Les portes sont d'airain, d'airain les posteaux larges,
Et le gond enroüé geind soubs ces lourdes charges.

 Mais vn nouuel obiect s'offrant en ce sainct lieu,
Detrempe la terreur du Troyen demy-Dieu:
Vn augure d'espoir, confort du miserable,
Le flatte de promesse au Temple venerable:
Qu'vn rayon de secours par les Dieux excité,
Dissiperoit la nuict de sa calamité.
Car pendant que ses yeux pres & loin il promeine,
Pour obseruer ce Temple en attendant la Reyne,
Et que plein de merueille en meditant il suyt,
L'art & les grands ouuriers dont sa pompe reluit,
Admirant le progrez, l'opulence & la gloire,
De la Cité naissante, obiect de haute histoire:
Les labeurs d'Ilion semez par l'Vniuers,
Appellent son esprit sur leurs portraicts diuers.
Deçà le bon Priam lamente sa misere,
Delà les freres Roys branlent le sceptre austere:
Le Pelide est ailleurs vestu d'acier luisant,
Ce fier dont le courroux à ces Roys fut cuisant.

 Lors pleurant il s'arreste: O mon fidelle Achate,
Se void-il coin au Monde où nostre dueil n'esclate?
Voicy Priam tout vif d'vn nouueau corps vestu:
Courage, en ces climats on prise la vertu:
Les cœurs en ce pays à pitié se fléchissent,
Et les douleurs d'autruy les ames attendrissent,
Amy chasse la peur brisant ses froids liens,
Nous tirerons faueur du nom des Iliens.

 Acheuant ce propos la source débordée
De ses pleurs desastrez a sa face inondée:
Et poussant maint soupir il ne peut leuer l'œil
De cét ombrage feinct des obiects de son dueil.

 Il apperçoit icy comme les Grecs gens-d'armes
Combattans Ilion de flammes & d'alarmes,
Des Troyens sont chassez en large route espars:

LES ADVIS.

Les Troyens il aduise au pied de leurs remparts,
Fuyans d'vne autre part l'effroyable tempeste,
Du roide char d'Achille à la superbe creste.

  Là loin ses tristes yeux lisent en pleurs nouueaux,
Le pauillon de Rhese orné de blancs rideaux:
Il veid que le Tydide, horrible de carnage,
Soubs le premier sommeil ceste tente saccage.
Ce Roy luy fut liuré par le Troyen Dolon:
Et les cheuaux feés, buttin de ce felon,
Sont rauis dans le camp auant que l'ample riue
De Xante leur offrist l'herbe fresche & l'eau viue.

  Le beau Troïle fuit piteusement souillé
D'vn sang noir de poussiere & d'armes despoüillé:
Ce chetif demoiseau dont l'audace inutile
D'vn bras trop inegal osa tenter Achille.
Il pend à son char vuide, & ses vistes coursiers
L'entrainant à l'enuers foulent champs & haliers:
Sa main luictant la mort serre encore la resne,
Sa teste & sa perruque emmy le sable traisne:
Et le dard du cruel dont le corps est percé,
Tranche vn sillon sanglant de son fer renuersé.

  Les dames cependant le cœur gros de tristesse,
Se rangent au Palais de leur vierge Deesse:
Deschirent leur beau sein & leurs cheueux flottans,
Et presentent le guymple à genoux se iettans:
Pallas qui couue en l'ame vn incurable vlcere,
Tient l'œil ferme à ses pieds d'vn dédain aduersaire.

  Ia le Pelide ansi flambant comme vn lion,
Traisne Hector par trois fois à l'entour d'Ilion,
Puis il vend à prix d'or le tronc de son corps pasle.
Le Prince sur ce poinct vn long sanglot exhale:
Le profond de son sein de regret se fendit,
Quand il void le grand char où cét Heros pendit,
Quand il void enleuer sa despoüille de guerre,
Et cét amy si cher sanglant mordre la terre:
Void encore Priam en ces camps inhumains,
Qui tend, foible & vaincu, les suppliantes mains.

Pppp ij

Luy-mesme il se remarque, esclattant de proüesses,
Meslé parmy les chefs de la fatale Grece.
Tout proche est l'escadron de l'Orient venu,
Et le fils de l'Aurore à ses armes cogneu.

Penthasilée apres guide vn ost de guerrieres,
Dont l'escu demy-lune ouure deux cornes fieres.
Ceste Reyne Amazone instruitte aux soins de Mars,
Fauche les escadrons, & braue les hazards;
Ceignant vn baudrier d'or soubs sa mammelle nuë,
Qu'vn artifice exprés rend plus maste & mennuë:
Pour couronner son chef de gloire & de lauriers,
Vierge elle ose affronter les plus fameux guerriers.

Tandis que le Troyen ces merueilles admire,
Tandis que les portraicts il veult lire & relire,
Et qu'il pend à leurs traicts sur l'obiect discourant;
Didon la belle Reyne au sainct Temple se rend.

D'vne pompeuse Cour largement elle est ceincte:
Telle qu'aux bords d'Eurote ou des forests de Cinthe,
Diane guide vn bal quand Vesper luit aux Cieux,
Ceincte à milliers espais de Nymphes aux beaux yeux.
Sa bande elle surmonte & de grace & d'adresse
Sur l'espaule portant la trousse chasseresse:
Aux rais d'vn tel aspect Latone s'esblouït,
Et cét aise muet son cœur espanouït.

Telle paroist Didon de geste & de presance,
Telle à pas de Deesse au Temple elle s'aduance,
Pour acheminer l'Oeuure & l'Empire naissant.
Dans ce Temple fameux qui se voûte en croissant,
Sa garde l'enueloppe au cœur d'vn large espace,
Seant sur vn hault throsne & brillante de grace.
La Reyne en ce lieu sainct vaque à fonder ses Loix,
Et rend le droict au Peuple auec vn iuste poids;
Donnant là mesme à tous charge aux riches ouurages,
Distinguez par le sort ou par certains partages;
Quand le Prince Ilien a soudain aduisé,
La course d'vn grand Peuple aux debats attisé,
Cloante le vaillant, Sergeste auec Anthée.

LES ADVIS.

S'offrent au premier rang de la foule hastée :
Plusieurs autres Troyens il descouure pres d'eux,
Qui l'orage effrené tyran des flots hydeux,
Auoit chassez naguere au gré de la fortune,
Les dispersant au loing par les champs de Neptune.

 Les deux Heros Troyens de cét abbord surpris,
Sentent l'ayse & la peur fremir en leurs esprits :
Ils sentent promptement qu'vn chaud desir les pique,
D'embrasser leurs amis recoux du flot inique :
Mais la crainte d'errer sur vn faict incognu,
De ce pressant desir le frein a retenu.
Voilez au creux secret de la nuë opportune,
Ils veulent de leurs gens espier la fortune :
Recognoistre en quel port ils ancrent leurs vaisseaux,
Qui mene ceste bande en ces Regnes nouueaux,
Esleuë en chaque nef : ou pourquoy si bruyante,
Dans ce Temple elle accourt & paroist suppliante.

 Quand la trouppe arriuée eut obtenu congé,
D'exprimer la detresse où son cœur est plongé,
Le chef Ilionnée entre tous noble & sage,
D'vn visage rassis entame ce langage.

 O Reyne, à qui les Cieux ont daigné departir
Le don d'vne grand' Ville & l'heur de la bastir,
A qui le sort donna de regir par iustice,
Vne Gent Martiale à ce beau ioug nouice :
Ces desolez Troyens que les vents irritez,
Par tous les coings des mers maints ans ont agitez,
Implorent la bonté qui luit en ta belle ame,
Pour sauuer leur vaisseaux de l'impiteuse flamme.
Considere l'estat de ce Peuple estranger,
Et le reçois à grace, innocent passager.
Car il n'abborde point pour saccager en guerre,
Ny Villes ny maisons de la Lybique terre,
Ny pour rauir au port l'amas de leur * buttins,
Les vaincus n'ont iamais des proiects si hautains :

* Ceux qui refusent ceste ryme si iuste en la prononciation de *honnettes*
gens, parlent badaut ou se mocquent

Ils n'ont pour tels desseins audace ny puissance.
Vn païs outre-mer vers le Pole s'aduance,
Riche d'hommes guerriers & de fertilité:
Hesperie est son nom par les Grecs inuenté.
Le Peuple Oenotrien conquit ceste Prouince,
Que les aages recens par le nom d'vn bon Prince,
Surnomment Italie. Or poussez d'vn grand Dieu,
Nos cœurs & nos desseins voloient en ce beau lieu:
Quand l'aspect d'Orion enflant la mer forcée,
Sur des bancs incognus a la flotte eslancée;
L'opiniastre choc des Autons courroucez,
Nos vagabons vaisseaux en route a dispersez,
Dans les gouffres beants des vagues inuincibles,
Et soubs le heurt armé des rocs inaccessibles:
Tant qu'il nous ait iettez par vn nouuel effort,
Transis & courts de nombre, à l'abry de ton bord.
Quelles gens sont-ce Icy? quelle terre tolere
Tant Barbare soit elle, vne loy si seuere?
Le seiour de l'areine est interdit pour nous,
Ils assissent la guerre enflammez de courroux:
On nous deffend l'abbord nostre vnique allegeance.
Mais s'ils mesprisent l'homme & l'humaine puissance,
Qu'ils sçachens que les Cieux au soin de l'homme ouuerts,
Payent d'vn iuste prix l'acte droict ou peruers.
Vn Roy nous auons eu qui s'appelloit Ænée,
Dont l'vnique vertu de splendeur couronnée,
En armes, en prudence & en iuste bonté,
De toute autre vertu le faiste a surmonté.
Que s'il est conserué par les Dieux pitoyables,
S'il ne git soubs l'horreur des ombres effroyables,
Ains respire la vie & l'air du Ciel plaisant,
Nous n'auons rien à craindre en vn sort si cuisant:
Et n'auras peu gaigné si ta main aiguillonne
A l'estrif des biens-faicts vne telle personne.
Nous sommes d'autre part en Cicile inuitez,
Par vn Peuple puissant & de riches Citez,
Soubs le sceptre d'Aceste illustre sang de Troye.

LES ADVIS. 671

Fay donc que ta Grandeur ce seul bien nous octroye,
D'attirer sur le bord nos debiles vaisseaux,
Pour reparer le bris de l'orage & des eaux:
Dollans la rame au bois veufue de cheuelures;
Et des mats arrondis ajustant les mesures :
Afin de faire voile aux beaux climats Latins,
Si nous pouuons fléchir la faueur des destins
A nous rendre nos gens & ce valeureux Prince,
Pour occuper soubs luy ceste heureuse Prouince.
Si du Roy des Troyens le froid & pasle corps,
Englouty par l'orage est gisant sur tes bords,
Troyens veufs de salut, Iüle d'esperance:
Lors cedans à l'effort de nostre triste chance,
La flotte ira rejoindre au reuers d'vn long tour
Aceste & ses Citez qui nous offrent sejour.

 Il eut dit, & sa troupe vn sourd murmure esleue:
La Reyne à chef baissé faict sa responce brefue:
Teücres, chassez la peur qui tient vos cœurs transsis,
Et fermez desormais la porte à vos soucis.
La nouueauté d'vn Regne & l'estat des affaires,
Me forcent d'employer ces recherches seueres,
Pour garder pres & loin les abbords de ces lieux.
Qui ne cognoist AEnée & ses braues Ayeux?
Qui n'a senty le vent de Troye & de sa guerre?
Qui n'admire ses Preux iusqu'aux fins de la terre?
Ou qui n'a veu l'esclat du brasier enflammé,
Dont Mars a par dix ans Ilion consumé?
Les Lybiens n'ont pas les ames acerées,
Phœbus nous darde vn ray de ses flammes dorées,
* *Il ne fuit contremont pour l'horreur de nos faicts.*
Soit donc que vous suiuiez assez de vos souhaits,
Les gras champs de Saturne en la grande Hesperie,
Ou les confins d'Erice, Aceste & Trinacrie;
Partez libres & francs des quartiers Lybiens,
Ie vous assisteray de secours & de biens.
Si ce pays vous plaist, la riue vous appelle,

* *Allusion à la fable de Thieste & d'Atrée.*

Ie vous offre vne part en ma Ville nouuelle:
Troyens & Tyriens, communs en mesme Loy,
Mesme espoir, mesme sort, seront égaux pour moy.
Vueille le Ciel benin, qu'vn mesme effort d'orage,
Puisse ietter AEnée au sein de ce riuage.
Ie l'ennoiray chercher iusqu'aux extrêmes bords,
Où la Lybie estend ses plages & ses ports:
Pour voir si deietté des vagues tyranniques,
Les forests il trauerse ou les Citez Lybiques.

   Les Princes d'Ilion, au nuage offusquez,
De courage & d'espoir à ce mot sont picquez :
Ils bruslent d'vn desir d'accuser leur venuë,
Saillans parmy la presse & dissipans la nuë.

   Quel aduis te peut plaire, ô fleur des demy-Dieux:
Percerons-nous cét air pour dessiller leurs yeux?
Nous voyons desormais toute chose asseurée,
Nos amis regaignez, la flotte recouurée:
Vn seul est éclipsé, que l'insolent courroux
D'vne vague abboyante engloutit pres de nous:
Tout ce succez respond aux propos de ta mere.

   Achate au grand Troyen ces paroles profere,
Quand l'aueugle nuage aux enuirons espars,
Pour les esclorre à coup se diuise en deux parts:
Et s'escartant bien loin en l'espace du vuide,
Il dissoult, esclaircy, son ombrage fluide.

   Esclos de l'air feé le Prince au iour resta,
Qui parmy la lumiere à rayons esclatta:
Il represente vn Dieu de visage & de gestes:
Car le soin de Venus ouurant ses dons cælestes,
Inspire en ce cher fils vn surcroist de beauté:
Le poil touffu se iouë en ondes frisotté,
L'air & le teinct de rose esclairent de ieunesse,
Et l'œil brillant respire vne douce allegresse.

   Ainsi la souple main ses efforts despliant,
Sur l'yuoire Indien adiouste l'art riant:
Et la feuille de l'or d'vn riche ourlet repare,
L'argent de plus haut lustre ou la pierre de l'arc.

AEnée

LES ADVIS.

AEnée à l'impourueu ce long silence rompt,
Se tournant vers la Reyne à la replique prompt.
Ton souhait est present, le Prince Dardanide,
Recous du sein Lybique & du bris homicide.
Reyne qui seule au Monde as pris compassion,
Des tragiques douleurs du piteux Ilion:
Qui nous, pauures Troyens miserables reliques,
Par les terres chassez & par les flots iniques,
Deuorez de tous maux, desnuez de tous biens,
En ta Ville & chez toy reçois à pair des tiens:
Certes il n'appartient à nos puissances basses,
De rendre à tes bien-faicts de suffisantes graces:
Il n'appartient encore aux Troyens esperdus,
Qu'vn sac pour tout le Monde en foule a respandus.
Que le grand Iupiter trame ta recompense,
S'il reste encore aux Cieux quelque saincte puissance
Qui cherisse le iuste, & si le Roy des Dieux
Honore l'équité qu'il prescript en ces lieux.
Quel siecle bien-heureux telle Reyne a portée?
Quelle assez digne mere à Didon enfantée?
Tant que les fleuues vifs en la mer rouleront,
Tant que l'ombre à lents pas traisnant vn vague rond,
Leschera l'enuiron des superbes montaignes,
Et le Ciel roulera les estoiles compaignes;
Ta gloire & ton beau nom refloriront tousiours,
Par tout où le destin assignera mes iours,
Soit qu'il me chasse en mer, ou qu'il me loge en terre.
Comme il eut dit ce mot, de la main dextre il serre
Celle d'Ilioné, sa vertu caressant,
De l'autre il prend Sereste aux batailles puissant:
Puis il reçoit le gros d'vne grace riante,
Sur tous Gyas le braue & le brusque Cloante.

   Or Didon, esblouye, en son cœur frissonna,
Soudain qu'vn tel abbord à ses yeux rayonna:
Et des succés du Prince admirant la merueille,
Ces mots elle poussa de sa bouche vermeille.
   O grand Heros Troyen, quelle iniure des Cieux

Poursuit par tant de maux tes iours laborieux?
Quel sort t'a peu ietter en nos mers si farouches?
Es-tu donc cét AEnée issu des nobles couches,
Que Venus fit aux bords où l'eau du Xante fuit,
Du cher amour d'Anchise ayant conceu le fruict?
Certes il me souuient qu'en ma ieunesse tendre
Teucre chassé des siens à Tyr s'en vint descendre,
Pour conquerir vn sceptre en païs escarté,
Du Roy Belus mon pere aux combats assisté:
Belus* qui puis naguere auoit par fortes guerres,
Domté l'Isle de Cypre & saccagé ses terres.
Mon pere donc regnant sur ces Peuples domtez,
Les destins d'Ilion nous furent racontez:
Tes gestes & ton nom dés lors i'appris encore,
Et ceux des Roys altiers que l'Achaïe honore.
Bien qu'il eust, braue & Grec, Ilion combatu,
Les Troyens il loüoit d'vne insigne vertu:
Et s'appliquoit le nom de l'antique racine,
Dont les Teucres ont pris leur illustre origine.
Parquoy, ieunes guerriers, déposant vostre esmoy,
Venez en mon Palais resider pres de moy,
Vn semblable destin a ma vie agitée,
Puis apres maints labeurs en ces bords m'a iettée:
Où la faueur des Dieux m'a daigné départir,
Le calme & le repos que ie perdis à Tyr.
Instruicte à soustenir vn sort si deplorable,
Ie preste volontiers secours au miserable.
 Lors elle guide AEnée en son riche seiour,
Et d'vn plain sacrifice elle honore ce iour.
Cent bœufs elle eslargit aux nautres de Troye,
Cent laineuses brebis en present elle enuoye,
Qui tirent soubs leurs pis autant de gras agneaux,
Et ce don est suiuy de cent larges pourceaux:
Leur départant aussi d'vne main liberale,
Les dons du vin soüef qui la tristesse exhale.

* Belus, icy & Panthus au Deuxiesme liu. se doiuent, ie croy, terminer pareil comme Phœbus, Ianus, Argus, Venus & Bacchus.

LES ADVIS. 675

Le grand Palais Royal luit d'vn haut ornement.
Le festin en la salle on dresse largement.
Maint somptueux tapis, mainte robbe gentille,
Flambent d'or & de pourpre où l'artifice brille.
Maint grand vaisseau d'argent sur table s'entresuit,
Et l'histoire de Tyr d'vn long ordre reluit,
Aux vases de fin or richement burinée:
Depuis l'ayeul premier dont la Reyne estoit née,
Iusqu'à cent nobles Roys fameux a'illustres faicts,
Qui s'expriment de suitte autour de leurs portraicts.
  Or le Prince Troyen q'vne amour nompareille,
Aux denoirs paternels incessamment réueille,
Dépesche sans tarder Achate à leurs vaisseaux,
Pour aduertir son fils de ces succez nouueaux,
Luy commandant aussi qu'en la Ville il s'aduance:
Tous les soucis du pere embrassent ceste enfance.
Achate il charge apres de faire élection,
Des plus beaux dons rauis aux flammes d'Ilion:
Vn habit tissu d'or & d'exquises figures,
Vn voile ouuré d'Achante au rond de ses bordures:
Ces superbes attours de Mycene apportez,
D'Helene auoient orné l'entrée & les beautez,
Quand elle aborda Troye, éprise des doux charmes
D'vn adultere espoux qui causa tant de larmes:
Attours que la faueur de sa mere Leda,
Pour vne œuure admirable en don luy conceda.
Le Prince mande encor le sceptre d'Ilionne,
Les perles de son col & la double couronne
Qui decoroit l'honneur de son auguste front,
De diamens brillante empraints dedans l'or blond:
Ceste Princesse estoit de Priam fille aisnée.
Achate court aux nefs pour seruir son AEnée.
  Mais Venus sur ce poinct digere au fond du sein,
Quelque artifice aigu, quelque subtil dessein:
Trouuant que Cupidon soubs le tendre visage
Du petit Ascanie aille aborder Carthage:
Et qu'offrant à Didon ces presens de haut prix.

Qqqq ij

La fureur il enflamme en ses bouillans esprits:
Qu'il inspire en ses os vne ardeur amoureuse:
Elle craint vne femme, au reuers dangereuse,
Et le nom Tyrien suspect de double foy,
L'aigre fiel de Iunon excitant cét effroy.
Ce soucy remasché soir & matin l'vlcere,
Dont à l'Amour aißé ces mots elle profere.

 Mon fils, mon seul appuy, ma force & ma Grandeur,
Mon fils, qui ne crains point la foudroyante ardeur,
De ces traicts Phlegreans que Iupiter eflance,
Ie t'implore à secours inuoquant ta puißance.
Tu vois qu'vn mal talent de l'inique Iunon,
Poursuit ton frere AEnée illustre de renom,
Qu'elle chaße sans fin de riuage en riuage,
Soubs l'insolent orgueil des flots & de l'orage,
Dont souuent ma douleur a fleschy ta pitié.
Didon le tient chez soy soubs ombre d'amitié,
De propos attrayants l'enueloppe & l'amuse:
Et ie crains que Iunon nous braße quelque ruse,
Nous offrant en sa Ville vn accueil trop humain;
Peut-elle s'arrester roulant en si beau train?
Parquoy i'ay resolu d'espointer ces malices,
Aßiegeant de brandons, empestrant d'artifices,
La Reyne qui l'abuse en ce bord estranger,
Si bien que nul des Dieux ne la puiße changer:
Mais que par mes efforts elle reste enchaisnée,
Dans la douce prison des yeux de mon AEnée.
Voila donc mon deßein, mes moyens les voicy.
Le ieune enfant Royal mon plus tendre soucy,
S'appreste pour aller à la Cité nouuelle,
Où le soin de son pere à ces festes l'appelle:
Et transporte en ce lieu les dons plus precieux,
Restez des feux de Troye & des flots enuieux.
Ie le veux enleuer en mon superbe Temple,
Que le paßant rauy sur Cythere contemple:
Où ie le cacheray, loin du Peuple Ilien,
Dans vn reduict sacré du bois Idalien,

LES ADVIS.

Le charmant de sommeil, de crainte qu'il n'euente
Par quelque abbord indeu l'entreprise naissante.
Toy, tenests cependant pour vne seule nuict,
Le beau traict simulé dont sa face reluit:
Enfant, pren d'vn enfant le conforme visage,
Afin que soubs son nom tu glisses à Carthage:
Et que Didon t'ouurant son giron gayement,
T'imprimant ses baisers, son doux embrassement:
Entre les vins choisis & les Royales tables,
Tu souffles en son cœur tes flammes indomtables:
Et qu'instillant en elle vne occulte poison,
Tu fascines ses sens & sa vaine raison.
 Cupidon pour seruir les desirs de sa mere
Depose les plis d'or de son aisle legere,
Et feinct le pas gaillard du Royal damoiseau.
Cypris arrouse Ascaigne enclos soubs le rideau
De la douceur du somme en ses beaux yeux versée:
Puis l'enleuant aux airs d'vne tendre brassée,
Le pose en Idalie au milieu du bois sainct,
De lent & verd ombrage espaissement enceinct:
Là maint rameau fleury de mariolaine franche,
Vne douce vapeur sur ses membres espanche.
 L'Amour donc réioüy du dol premedité,
Pour complaire à Venus tire vers la Cité:
Le vigilant amy de sa dextre le meine,
Et les dons excellens ils portent à la Reyne.
 Comme il entre à l'hostel Didon se va plantant
Sur vn lict precieux par la salle esclattant:
De somptueux tapis ceste couche est couuerte,
Au cœur de l'ample salle aux conuiues ouuerte.
Le Prince auec ses Grands pres d'elle s'est rendu,
L'on s'assied çà & là sur le pourpre estendu:
Et les seruans polis qu'aux tables on destine,
Distillent sur les mains les filets d'vne eau fine:
La blanche seruiette ils presentent apres,
Et tirent des panniers les presens de Ceres.
La change estoit donnée à cinquante seruantes,

Qqq iij

LES ADVIS.

De disposer l'appreſt des tables opulentes:
Cinquante offrent l'encens aux Lares familiers:
Cent autres en la fleur de leurs ans printaniers,
Cent ministres auſsi d'vne égale ieuneſſe,
Chargent de plats la nape en Royale largeſſe,
Et preſentent le vin dans les vaiſſeaux comblez.
Les Tyriens d'ailleurs en troupes aſſemblez,
S'aſſoyent és liéts peints bruyans le nom de Troye
Par tous ces lieux Royaux qui reſonnent de ioye.
Chacun vante le Prince & le don triomphant,
Chacun priſe la grace & l'accueil de l'enfant:
Sa face rayonneuſe encores on admire,
Et les propos fardez que ſa bouche reſpire.
Sur tous ces beaux preſens l'habit eſt regardé,
Et le voile riant d'Achante rebordé.

 Mais Didon cependant que le deſaſtre appelle,
A ſe perdre aux attraiéts d'vne flamme nouuelle:
D'Iüle & de ſes dons plus que tous s'eſmouuoit,
Et ſon œil eſt moins ſaoul lors que plus il les void:
L'vne & l'autre merueille ont ſon ame éblouye.
Mais apres que l'enfant d'vne chere étouye,
Eut embraſſé le pere à ſon col ſe pendant,
Apres qu'il eut repeu ſon geniteur ardant,
De cét obieét pipeur d'amour & de tendreſſe,
Il attaque ſoudain la Royale Princeſſe.
Eliſe en ſon giron le prit & le reprit,
Elle pend toute en luy des yeux & de l'eſprit:
Simplette qui ne ſçait combien eſt redoutable,
Ce Dieu qu'elle mignarde en ſon ſein lamentable!

 Là pour plaire à Venus ce fier mire ſes coups,
Supplantant peu à peu l'image de l'eſpoux:
Il eſtouffe vn feu lent par vne flamme ardente:
Preuenant des attraiéts d'vne grace charmante,
Ce cœur qui dés long-temps raſſis & refroidy,
A retenter l'amour ſe trouuoit engourdy.

 On faiét vn interuale au repas deleétable,
Le premier mets ſe leue & la premiere table,

LES ADVIS.

Le vin est presenté d'vn cry ioyeux semond,
Et tout autour des licts la coupe tourne en rond.
Va bruit s'esmeut par tout, vn son de voix s'élance,
Roulant à tours confus en ce Palais immense.
Par l'esclat des flambeaux on estouffe la nuict,
Et mainte lampe viue au riche plancher luit.
Lors Didon pour orner ceste feste cherie,
Saisit vn vase d'or pesant de pierrerie,
Tasse du vieil Belus & des Roys descendans,
Et le vin escumeux elle verse dedans:
Puis le silence calme en l'hostel ou impose.
    Si tamain, Iupiter, de nos succés dispose,
Rends ce beau iour heureux aux braues Iliens,
Traictant de mesme sort leurs hostes Tyriens,
Et que leur race apres de cét heur s'enrichisse:
Du droict hospitalier ta Grandeur est tutrice.
Preste encores ta grace, ô Dieu chasse-soucy,
Toy Iunon fauorable, assiste nous aussi:
Vous Tyriens apres que chacun mette peine,
D'honorer ceste feste autour de vostre Reyne.
    La part sacrée aux Dieux à ce mot elle espand:
Puis le bord de la léure au noble vin trempant,
Elle l'effleure à peine & le donne à Bithie,
Reprochant sa froideur à boire appesantie.
Ce Seigneur dont le nom à Carthage est fameux,
Rauit soudain la couppe aux bouillons escumeux,
Iusqu'au fond il l'espuise, & dans l'or il s'égaye:
La Noblesse apres luy ce deuoir ne dilaye.
    Lors Ioppe au long poil vn luth doré pinceant,
Entonne l'art d'Atlas en haut secrets puissant:
Il chante du Soleil les courses opportunes,
Et les erreurs sans fin des successiues Lunes:
Quelle heureuse industrie a formé les humains,
Qui fit l'esclair, la pluye & les nuages vains,
Quelle Iessem forgea l'Ourse & l'essant qui la guide,
D'où naissent les Trions, qui vend l'Hyade humide:
Pourquoy Phœbus l'hyuer precipitant son cours

Plonge si tost en mer le blond phanal des iours:
Et d'où vient qu'vn long tour les courtes nuicts resserre,
Lors qu'inspirant l'esté ses rays dorent la terre.
　　La Cour des Tyriens bruit d'applaudissement,
Et celle des Troyens la suit alaigrement.
Mais la pauure Didon à son mal coniurée,
De propos en propos allonge la serée:
Et plus le Prince parle, estincellant d'attraicts,
Plus le venin d'amour elle hume à long traicts.
　　Ses demandes tantost sur Priam elle addresse,
Maintenant sur Hector fleau des braues de Grece:
Elle se faict conter quel harnois esclattant,
Le noir fils de l'Aurore à Troye alloit portant,
Quels cheuaux Diomede agitoit en bataille,
Quel fut le traict d'Achille & quelle fut sa taille.
　　Mais il vaut mieux, dit-elle, aux sources rebrousser,
Il faut d'vn fil entier ce discours retracer.
Descry la fraude Grecque & la cheute de Troye,
Chante aussi ton voyage & quel sort le fournoye:
Puis que sept ans comblez ont ven tes iours amers
Errer à l'abandon par terres & par mers.

FIN.

AV ROY.

LES ADVIS.   681

AV ROY.

SIRE,

Feu Monsieur le Cardinal du Perron disoit souuent ; que nos Roys deuoient proposer vn prix à diuerses personnes de capacité choisie, pour traduire à l'enuy les plus excellens Orateurs & Poetes Latins, sur tous Virgile: estant vn effort tres-fructueux à l'enrichissement de nostre langue, d'essayer à luicter celle qui la surpasse, & la luicter en l'Escriuain qui surpasse ses compaignons. Or, Sire, les Roys amplifians l'estendue & les bornes des esprits de leurs subiects, font chose plus illustre que d'amplifier les bornes de leur Empire, de pareille mesure que l'esprit est plus noble que les possessions & puissances passibles. Outre que l'accroissement de ces choses arriue aux Roys par vn simple labeur, ouy maintefois par le don de la fortune: au lieu que l'accroissement d'esprits qui se faict par leur entremise, & dans lequel l'enrichissement des langues tient lieu remarquable, ne peut estre attribué qu'à la propre addresse & dignité de leur ame. Dauantage, c'est en gros l'amplitude des esprits qui faict celle des Estats: & chacun void que les Romains n'eussent iamais esté si grands terriens, s'ils n'eussent esté si grands hommes. Daignez, SIRE, accepter le conseil d'vn Cardinal de si haute suffisance : & si plein de zele vers sa patrie : commandant aux Lettres & aux Poetes à qui vous faictes du bien, de se ietter sur tels ouurages. Et pource que l'exemple, & peut-estre encore la facile confrontation des traductions faictes sur mesme suiect, pourra seruir à les animer en ce dessein, ie leur en vais icy ranger en alternatiue, sinon deux (ces volumes estant desia trop ample) au-moins vne entiere, & les principales pieces de l'autre, qui sont les comparaisons, & quelques harangues: l'vne de ces versions au reste, estant la meilleure qui se soit veuë sur le Second de l'Æneide, l'autre de ma façon: si ie l'ose aduoüer. Quelle temerité, SIRE, vne quenoüille attaque vne crosse, & la crosse illustre d'vn Bertault? duquel à parler serieusement neantmoins, ie ne m'approche, qu'afin de porter en reuerence le Liure apres luy: bien qu'il fust raisonnable que soubs vn Monarque si braue & si magnanime que LOVIS treiziesme, les Dames osassent entreprendre dès gestes d'Amazone. Ie presente donc à vostre Maiesté le sac de Troye: afin que voyant en autruy l'effect piteux des imprudens conseils & des guerres, elle espanoüisse son cœur de ioye, des conseils prudents & de la paix qui la font regner auec tant d'heur & de gloire. Or, SIRE, reduicte à la solitude & rangée à l'escart, en mon Siecle, ie choisis en ce lieu, suiuant le train de mon sort, vne voye escartée & sauuage à vous abborder; ne vous presentant point de loüanges, parmy tant de gens qui vous en dorent le frontispice des Escrits qu'ils vous offrent. Ce dessein d'arborer la gloire de vostre mesme Maiesté, seroit trop haut pour moy: ie prieray seulement Dieu qu'il vous assiste tousiours, pour dignement remplir cét auguste surnom de premier Roy des Chrestiens, fils aisné de son Eglise. Et ie conçois encore ceste esperance, SIRE, que ma simple rusticité ne vous desplaira pas en cecy: d'autant qu'vne des principales vertus à meriter les louanges, est ceste prudente moderation qui les sçait redouter, & par fois mespriser. Si suis-ie resoluë de publier toute ma vie mon extreme obligation à loüer & reuerer incessamment vostre bonté si genereuse: ou pour le dire en vn mot, les Royales vertus de vostre Maiesté. Les Poetes nous apprennent, que la cheute de Panthasilée fut le supréme triomphe d'Achille: vous, SIRE, nouuel Achille, mais plus grand Monarque & plus magnanime que luy, auez enuié la gloire de terracer vne plus roide & plus furieuse championne que Panthasilée, c'est à dire, ceste cruelle fortune qui m'assassinoit. O que ie suis glorieuse de voir mon ennemie terracée de la maid'vn Prince, accoustumé à vaincre l'Enfer mesme & toutes ses puissances, tantost les armes en main, tantost en cabinet par vn incomparable soin & zele extréme à la conuersion des ames errantes, & liberalité pareille à secourir au besoin leurs necessitez apres qu'elles ont esté conuerties! Cela encores, couronné par le vray comble de la gloire de Roy des armées, renuersant la guerre mesme par terre quand il vous a pleu, & la forçant de subir le ioug de vostre clemence par vne heureuse paix, accordée aux cris du Peuple prosterné à vos pieds: paix en verité, le souuerain geste & le plus haut trophée d'vn Prince regnant, puis qu'elle est la souueraine felicité des Peuples que Dieu met en sa protection. Ainsi la France & moy criôs à l'enuy & de mesme zele, par la sacrésainste bouche de l'Escriture: *Ie ne periray point, car i'ay veu le Roy*. Ie suis de vostre Maiesté,

SIRE,

1626.

Tres-humble & tres-obeïssante subiette & seruante,
GOVRNAY.

VERSION DV SECOND de l'Æneide.

Ha qu'vn est attentif à ces tristes recits,
Tenant la bouche close & le geste rassis:
Lors que le Prince AEnée en ces termes cõmence,
Du * haut bout de son lict regardant l'assistance.
 Faut-il, Reyne sans pair, que * le flux de mes
  pleurs.
Par vn accez nouueau celebre nos douleurs?
Traictant de ce grand iour dont l'Orient souspire,
Que le Grec raza Troye & son illustre Empire.
Lamentable accident que la rigueur des Dieux
Pour aigrir mes regrets a faict voir à mes yeux:
Et dont l'horrible effort decocha sur ma teste,
V ne si griefue part des traicts de sa tempeste.
 Quel Achiue ou Dolope à pitié les plus sourds,
Ne verseroient des pleurs escoutans ce discours?
D'alieurs l'humide nuict du * Ciel se precipite,
Et * l'Ourse desia basse au sommeil nous inuite.

 L'impatience de certains esprits à prendre la peine de chercher à s'esclarcir, en vn Aduertissement qu'on pourroit faire au Lecteur, me force de ranger quelques aduis en marge de ses versions.
 * *Thoro ab alto:* ie dis haut bout, ces licts tenant lieu de table: du moins sera t'il bon pour metaphore du plus honorable lieu.
 * *Infandum dolorem:* quand nostre langue ne peut exprimer vn phrase comme icy, les habiles gens ne trouuent aucun danger d'en substituer quelque autre pertinente au suiect & bonne en soy.
 * On ne peut vser icy d'autre ryme, que celle d'inuite & precipite : & deux autres traductions auant ces deux cy l'ont employée sans emprunter l'vne de l'autre.
 * L'vne des deux Ourses est tousiours basse à minuict, & la plus vtile de tous les astres, à marquer cette heure-la par sa bassesse.

LES ADVIS.

Mais si ton soin se picque à telle passion,
D'apprendre nos douleurs & le sac d'Ilion;
Bien que i'aye en horreur leur tragique memoire,
Fuyant ceste decresse, il faut ouurir l'histoire.

Monsieur Bertault.

Qvand chaqu'vn attentif d'oreille & de pensee,
Tint sa langue immobile & sa boucho pressée,
Alors AEnée assis sur vn lict esleué
Rompit de ce discours le silence obserué.
Belle Reyne il te plaist qu'vne odieuse histoire,
Renouuelle en mon cœur sa dolante memoire,
Me faisant raconter comme apres cent combats,
Les Grecs ietterent Troye & son Empire à bas,
Et ce que mon regard vid de plus lamentable
En ce piteux spectacle autant qu'espouuentable,
Où le feu saccagea l'enclos de son rampart,
Et dont moy-mesme encor ie fus vne grand part.
Qui pourroit s'abstenir de respandre des larmes,
Contant de tels effects de la rage des armes.
Fust-il vn Myrmidon ou Dolope inhumain,
Ou des soldats qu'Vlisse auoit lors soubs sa main.
Desja l'humide nuict du Ciel se precipite,
Et maint astre tombant au sommeil nous inuite:
Mais puis qu'estant nos maux la fable de nos iours,
Tu sens vn tel desir d'en apprendre le cours,
Et d'ouïr reciter la derniere aduenture
Qui fit le lieu de Troye estre sa sepulture,
Ie vay te les compter, quoy que m'en souuenant,
Mon ame auec horreur s'en aille destournant.

Les Princes Argiens apres dix longs Estez,
Rompus d'vne aspre guerre & du Ciel reiettez;
Par l'aduis de Pallas de leurs desseins compaigne,
Bastirent vn cheual haut comme vne montaigne:

Les flancs d'ais de sapin tramez d'vn large tour,
Le feignans estre vn vœu payé pour leur retour.
 Au choix & puis au sort des braues ils trierent,
Et dans ce ventre obscur sourdement les glisserent:
Enchassans à coduert au creux du flanc guerrier,
Et dans ses grands caueaux vn camp vestu d'acier.
 L'Isle de Tenedos regarde en front la Ville,
Fameuse auant la guerre & richement fertile:
Ce n'est plus auiourd'huy qu'vn miserable abbord,
Des vaisseaux combattus de l'orage & du sort.
Les Grecs se vont cacher sur ces vuides arenes:
Nous les croyons partis pour voler à Micenes.
 Des prisons d'vn long dueil la Cité rompt les fers,
Les portes on débarre à deux battans ouuerts.
Chacun bouilt de sortir pour voir les plages vuides,
La riue abandonnée & les camps Argolides;
Achille icy logea, là le Dolope estoit,
La flotte estoit delà, deçà l'ost combatoit.
Ils admirent aussi la monstreuse hautesse,
Du funeste cheual de la vierge Deesse.
 Lors Thimete sur tous nous presche auec effort,
De le tirer dans Troye, & le placer au * Fort:
Soit qu'il ourdit par fraude vne telle harangue,
Soit que le sort de Troye eust emporté sa langue.
 Mais les plus aduisez & Capys auec eux,
Veulent qu'on precipite en * l'Helespont vagueux,
Ce present trop suspect, ceste Danoise embusche:
Qu'on dresse vn feu dessoubs où bruslant il trebuche,
Ou que pour le sonder son ventre soit brisé,
L'aduis du Peuple flotte en partis diuisé.
 Laocoon tandis chef d'vne large bande,
Accourt du haut Palais qui sur le port commande:
Criant de loin sans cesse: O vulgaire abesty,
Crois-tu la Cité libre & le Danois party?
Crois-tu qu'vn don des Grecs soit offert sans malice?

* Ou bien au Temple.
* Homere appelle par tout ceste mer Helespont par droict de voisinage.

LES ADVIS.

T'y pourrois-tu fier, toy qui cognois Vlisse?
Vn gros loge en ce ventre à cachette pressé:
Sinon d'vn nouuel art ce cheual est dressé
Pour voir dans nos maisons ou commander la Ville:
Bref on nous cache icy quelque fraude subtile.
Quelques desseins qu'il couue ou futurs ou presens,
Ie redoute les Grecs, & plus auec presens.

 Lors branslant vn long bois d'vne brusque puissance,
La poincte aiguë il darde en ceste énorme panse:
La picque tremble au flanc d'ais courbez façonné,
Et la roideur du coup a le monstre estonné:
L'on oyt geindre & ronfler sa caverne profonde.
Que si l'arrest du sort, fier arbitre du Monde,
N'eust peruerty nos sens, il nous poussoit exprés
A rompre auec le fer la cachette des Grecs:
Dont ores, grand Pergame, & toy superbe Troye,
Vous floririez de gloire & nous d'heur & de ioye.

 Vn amas de Pasteurs à haut cris s'empressant,
Vers le Roy sur ce poinct traisne vn adolescent,
Qui porte sur le dos ses deux mains replites,
Et des nœuds d'vn cordon estroictement liées.
Pour liurer aux Danois le sainct Pergame ouuert,
A ces gens, incogneu, luy mesme il s'est offert:
Son cœur ferré d'audace à deux proiects aspire,
De se perdre soy-mesme ou perdre nostre Empire.

 Le Peuple curieux accourt de toutes parts,
Le regarde, le raille & l'enuironne espars.
Mais, las! si ta pitié sur nos trauaux s'applique,
Notte le dol peruers d'vn esprit Argolique,
Et sur les mœurs d'vn seul iuge les tous icy.
Car comme il fut planté, le visage transy,
Dans ce gros de Troyens, seul & veuf de deffence,
Contemplant à l'entour ceste large assistance:
Quelle terre auiourd'huy me pourra donc loger?
Quelle mer desormais me sçauroit heberger?
Ou quel bien reste, helas! à mon sort miserable?
N'ayant plus de retraicte en ma Grece implacable

Et les Teucres encore à bon droict ennemis,
Voulants verser mon sang à leur mercy soubsmis.
  Ces feincts gemissemens desarment nos courages,
Et rebouchent à coup le bruit & les outrages:
* De quel Peuple es-tu né? qui te retient icy?
Que dis-tu de nouueau? nous luy parlons ainsy.
Lors il va repliquer affranchy de sa crainte:
  Quoy qu'il puisse arriuer ie parleray sans feinte,
Et t'aduoüe à l'abord que d'Argos ie suis né:
Car certes, ô bon Roy, ce destin obstiné
Qui peut faire Sinon exemple de misere,
Ny trompeur, ny menteur, iamais ne le peut faire.
Cognois-tu point le nom vanté iusques aux Cieux,
De ce Roy Pallamede issu du sang des Dieux?
Ce fut luy que les Grecs enflez de felonnie,
Firent mourir à tort par lasche calomnie,
Preschant l'heur de la paix & blasmant leur dessein:
Luy que, veuf de lumiere, ils lamentent en vain.
  Mon pere * son parent, m'ennoya sur vos terres,
Ieune & foible de biens pour le seruir aux guerres.
Or tandis que ce Roy tint le sceptre puissant,
Sceptre par sa prudence en bon-heur florissant,
Des rayons de l'honneur ie couronnois ma vie.
Mais quand le fin Vlysse & sa maligne enuie,
Par vn dol si fameux l'eut mis dans le cercueil,
I'allay traisnant mes iours aux tenebres du dueil.
En fin outré du sort de mon Prince incoulpable,
Du silence discret ie restay peu capable:
Iurant de le vanger, si le sort m'eust permis
De voir vn iour, vainqueur, Argos & mes amis.
I'attisay par ces mots sa haine plus cuisante,
Et de li mon mal-heur print sa fatale pante:
Dés lors il m'effroya par crimes supposez,
En l'oreille des Grecs de propos abusez:
Et par rapports scabreux troublant mon cœur d'alarmes

* Ce passage vn petit obscur, se peut faire que le vraysemblable.
* Pauper in arma pater, ce change n'importe du pere ou fils

LES ADVIS.

Ce cruel ennemy sur moy tourna ses armes.
Enfin l'art de Calcas. Mais iray-ie à present,
Resueilleter en vain vn conte mal plaisant?
Pourquoy t'amuseray-ie, ô Prince magnanime?
Si tu mets tous les Grecs en mesme rang de crime,
C'est assez escouté, vange toy ceste fois:
Vlysse le cruel & les Atrides Roys
Acheteroient ma mort d'vn prix qu'on ne peut croire.
Lors nous bruslons d'ouyr & d'espuiser l'histoire,
Sourds à la fraude Argine & neufs aux lasches tours,
Parquoy d'vn art pipeur tremblant il suit son cours.

  Le camp souuentefois rompu des longues guerres,
Desira quitter Troye, & fuir de ses terres,
(Ah! qu'eust-il fait ce coup, tendant la voile au vent!)
Mais l'aspre hyuer des mers le renfermoit souuent,
Et l'Auton au partir se rendoit redoutable.
Sur tout quand ce cheual enté de troncs d'érable,
Fut sur ses larges pieds hautement esleué,
Tout le Ciel resonna de tourbillons creué.
L'ost suspends & craintif par vn tel pronostique,
Fit voguer Eurypile au Tripier prophetique:
La Prestresse en fureur son Oracle tonna,
Que le ministre apres en ces termes sonna.

  Par le sang d'vne Vierge en la Grece choisie,
Vous eustes la mer calme en tirans vers l'Asie:
Et par le sang esleu d'vn Grec sacrifié,
Vous verrez au retour le vent pacifié.

Monsieur Bertault.

Le sang d'vne pucelle offerte en sacrifice,
Vous rendit en venant le vent doux & propice:
Et par le sang d'vn Grec derechef espandu,
Il vous faut impetrer le retour attendu.

Ceste effroyable voix au camp s'est espanduë:

Les esprits sont glacez d'vne transe esperduë,
Raudant au fond des os d'vn penetrant effort:
Qui mourra, disent-ils? sur qui butte le sort?
   Alors Vlisse traisne auec de grands vacarmes,
Le Prophete Calcas aux yeux de nos gens d'armes,
Le pressant asprement d'ouurir ce nom secret.
Surquoy certes plusieurs d'vn iugement discret,
* Vont preschans ou pensans, que ce traistre artifice
Décochera sur moy sa cruelle malice.
Dix iours Calcas se taist, feignant de mesme effort,
Qu'il ne veut pas liurer vn chetif à la mort:
En fin comme forcé des clameurs de cét homme,
Par complot il esclate & pour l'Autel me nomme.
Tout le monde y consent & souffre sans esmoy
Qu'vn seul porte le coup que chacun craint pour soy.
   Desia, desia Phœbus à sa carriere ouuerte,
Pour luire au iour cruel qui precede ma perte;
De farine & de sel on meslange l'appresl,
La templette on me coiffe & l'Autel est tout prest.
Ie m'arrache au trespas, sans fard ie le confesse:
Et brisant tous deuoirs soubs vne nuict épaisse,
Dans les ioncs d'vn marais, obscur, ie me blotty,
Iusqu'à l'embarquement, s'ils prenoient ce party.
Donc ie ne verray plus la terre à moy si chere,
Ny mes tendres enfans, ny mon bien-aymé pere:
Sur qui peut-estre, ô dueil! ma fuitte on vangera,
Et le sang des pauurets ma coulpe lauera!
Partant ie te requiers par la maiesté sainête
Des Dieux qui sont témoins que mon ame est sans feincte,
Ie t'adiure, grand Roy, par leurs diuins Autels,
Et par la pieté s'il en reste aux mortels;
Qu'vn si piteux desastre à la pitié t'excite:
Grace à celuy qui souffre vn mal qu'il ne merite.
La vie & la faueur on concede à ses pleurs,
Et nos cœurs sont blessez de ses feinctes douleurs:
Le Roy mesme premier consolant sa misere,

* Ainsi l'entend Seruius.

LES ADVIS.

Fait relascher ses mains & ces mots luy profere.
Il faut, qui que tu sois, des Grecs te délier,
Et d'vn Peuple ennemy la memoire oublier:
Plus heureux dés ce iour Troyen il te faut rendre.
Mais fay-nous maintenant leur vray dessein comprendre:
Que veut dire ce monstre énorme de hauteur?
Qui fut d'vne telle œuure ingenieux autheur?
Seroit-ce vne machine assignee à la guerre?
Ou si c'est vne offrande aux Dieux de ceste terre?
 Adonc Sinon instruict en l'art Pelasgien,
Esleue au Ciel ses mains déprises du lien.
Astres, ce disoit-il, Puissances perdurables,
I'adiure vos saincts feux, aux mortels venerables,
Vous bandeaux que mon chef humble hostie a-portez,
Vous Antels & couteaux par ma fuitte éuitez,
Ie vous atteste aussi, qu'il m'est ores licite
De haïr les Danois dont le vain nom ie quitte,
Briser leurs droicts sacrez, & vomir leurs secrets,
Franc des loix de la Grece, & du deuoir des Grecs.
Tandis, Peuple Troyen, recours de ma detresse,
Maintiens tonsiours vers moy ta constante promesse:
Conserué par ma main conserue-moy la foy,
Si t'ouure vn grand mistere, vn grand secret pour toy.
 L'esperance des Grecs en la guerre entreprise,
Sur l'appuy de Pallas sa racine auoit prise:
Iusqu'à ce que Tydide irreuerend aux Dieux,
Et le Laërtien au mal ingenieux,
Violerent chez toy sa maison virginale,
Et son Palladion qu'vn haut destin signale.
Apres auoir le guet à l'Antel massacré,
Ils rauissent l'image en ce Temple sacré:
Leurs mains teinctes de sang ayans la hardiesse
De toucher l'attour vierge au chef de la Deesse.
Dés lors le vain espoir de l'Achine dolent,
Prend son cours à l'enuers iour à iour s'escoulant:
Et l'ire de Pallas sur nos chefs attisée,
La puissance du camp sans ressource est brisée.

Par prodiges encore on cognoist son courroux.
Car si tost que l'idole a pris place chez nous,
Dans ses yeux menaçans vn feu perçant éclaire,
Son corps iette par tout vne sueur amere,
Et retaillit trois fois sur ses pieds incertains :
Le dard & le bouclier tressaillent en ses mains.

 Lors Calcas presche aux Roys, qu'il faut à voile ronde,
Voler pour le retour sur la vague profonde:
Et qu'Ilion ne peut au feu Grec tresbucher,
S'ils ne vont en Argos le bon-heur rechercher:
En r'appaisant par vœux la Deité propice,
Qui les mit en ces bords soubs vn benin auspice.
Que si donc maintenant ils sillonnent les flots,
Ils vont chercher ces Dieux dans Micenes enclos,
Pour faire vn nouuel ost soubs leur faueur requise:
Puis * remesurans l'onde ils viendront par surprise.

 Calcas prescript cès loix d'vn prophete soucy.
Et ce cheual encore il fit planter icy
Sur l'ire de Pallas en ce rapt de l'image,
Afin qu'vn tel present expiast cét outrage.
Il fut entrelassé par art malicieux,
De grands arbres massifs & haussé vers les Cieux,
Enorme de grandeur pour exceder tes portes,
De peur qu'on ne l'entraisne en tes murailles fortes,
Pour leur rampart certain Palladion nouueau.
Disant que si ta main souïlloit vn vœu si beau,
Le choc precipiteux d'vne extrême ruïne,
[Qui luy puisse aduenir] sur ton chef s'achemine.
Et si par tes efforts au Temple il grauissoit,
Le destin de l'Asie à tel heur se haussoit,
Qu'vn iour le sang Troyen, grand d'armes & de gloire,
Des despouïlles d'Argos combleroit sa victoire.

 Par telle inuention du Grec traistre & rusé,
De ces vents fabuleux le Peuple est abusé.
Et sont vaincus par fraude & forcez par des larmes,
Ceux qu'Achille & Tydide ardents foudres des armes,

* *Pelagoque remenso*: ce change d'interpretation n'est pas importun.

LES ADVIS.

Mille vaisseaux guerriers, mille cruels combats,
Et dix ans de labeurs ne surmonterent pas.
  Lors vn spectacle estrange, vne horreur nompareille,
Chetifs! nous vient frapper de sa prompte merueille:
Et s'offrant à nos yeux à l'impourueu surpris,
Au piege de l'erreur renfonce nos esprits.
  Laocoon par sort sur ces termes sinistres,
Au Temple de Neptune est chef des saincts Ministres:
Immolant vn taureau sur les Autels deuots,
Deux serpents on aduise aux flancs de Tenedos.
L'horreur m'en reste encore, ils tirent vers la Ville,
De grands cercles marbrez couuans la mer tranquille:
Et droict au front du port voguent de mesme train,
Roidissans sur les eaux l'orgueil d'vn large sein.
Le chef se dresse en l'air à creste rougissante,
Le corps rase la mer soubs ses replis glissante,
Et la queuë effroyable en tortis s'élargit:
Le flot sonne escumant, l'vn & l'autre surgit.
La flamme esclaire en l'œil aux menaces meslée:
Et la langue roüant à trois darts affistée,
Siffle dedans la gueulle & relesche le bord,
Redoublant sa fureur lors qu'ils entrent au port.

Monsieur Bertault.

Le prompt Laocoon, qu'à l'heure la fortune
Auoit esleu par sort pour Prestre de Neptune,
Trempoit l'Autel du Dieu, non loin du flot salé
Du sang d'vn grand taureau sur la riue immolé:
Quand voila deux serpens [seulement la memoire
M'en fait trembler d'horreur, racontant ceste histoire]
Démarent de Tenede, & sur l'eau déployants
Les tours démesurez de leurs dos ondoyants,
Fendent la mer tranquille, en passant l'onde à nage,
Et d'vne égale ardeur tendent vers le riuage.
Leur superbe estomach s'esleue sur les flots:
Cent bizarres couleurs en peincturent le dos:

Ils font rougir de sang les poinctes de leurs crestes:
Et dressent haut en l'air leurs effroyables testes:
Le reste ondoye apres sur la face des eaux,
Courbans en de grands ronds les horribles cerceaux
Dont leur dos escaillé volte sa fiere échine,
Et faict en escumant bruire l'onde marine.

Tous pasles nous fuyons, le seul Prestre ils menacent,
Ils tirent à luy seul & plis sur plis enlacent
Ses deux petits enfans si tendres & si chers,
Dont leur auide faim mange les tendres chairs.
Le pere armé de traicts accourt la face blesme,
L'empestrans de grands lacqs ils l'attrapent luy-mesme,
Deux fois les deux serpens ont le sein embrassé,
Deux fois leur rable énorme au tour du col glissé,
Sa teste surmontans de leurs crestes dressées.
Pour destordre les nœuds ses mains sont empressées:
L'attour qu'il porte au chef, sa toüe & ses cheueux,
Se souïllent de sang noir & de venin baueux,
Et l'horrible clameur aux estoiles il porte.
Le fier taureau nauré beuglant de mesme sorte,
Fuit l'incertaine hache & l'effroyable Autel,
Quand son col a ganchy l'horreur d'vn coup mortel.
Mais les cruels dragons d'vne fuitte soudaine,
Se coulent au manoir de Minerue inhumaine:
Là pour leur sauuegarde ils s'eslancent d'vn bond,
Entre ses pieds gemeaux couuerts du bouclier rond.
 Adonc nouuelle peur vient penetrer nos ames,
Et le dolent Pontife est déchiré de blasmes:
Chaqu'vn dit qu'à bon droict ce grand coup l'a meurtry,
Pour auoir du cheual le bois sacré flestry,
Lors qu'il brandit au flanc sa poincte criminelle:
Qu'on doit fleschir Pallas & le guider chez elle.
 Nous enfonçons nos murs nobles d'antiquité,
Et l'œil penetre au loin le cœur de la Cité.
Chacun sert ce complot: aux troncs des plantes dures

LES ADVIS.   695

Des rouleaux on soubmet pour couler leurs allures,
On ceind vn chable au col guindant sur nos ramparts
Ce colosse fatal gros des foudres de Mars.
Fils & filles autour chantent mainte Hymne saincte,
Leurs doigts sont glorieux s'ils ont la corde attainéte:
Et deuidant chemin sur le roulleau glissant,
Il trauerse Ilion à sourcil menassant.

 O ma chere Patrie, obiect de tant de larmes !
O Ville de Dardan si triomphante aux armes !
O seiour que les Dieux ne desdaignerent pas !
Quatre fois sur le sueil il arreste ses pas,
Quatre fois le grand ventre vn son d'armes excite :
Nostre fureur pourtant ce dessein precipite,
Et foulans soubs les pieds tant de iustes raisons,
Ce monstre malheureux au Temple nous posons !
Cassandre aussi predit le desastre de Troye,
Mais l'arrest d'Apollon ne permet qu'on la croye.

 Nous miserables donc, nous à qui le flambeau
De ce grand iour de pleurs annonce le tombeau;
Comme aux iours solennels voilons de rameaux amples
Le venerable orgueil des Autels & des Temples.

 Le Soleil tombe aux mers, l'obscure nuict ressourd,
Affublant * peu-à-peu d'vn ombre vaste & sourd,
Terre & Cieux aux grands tours, l'art des Grecs & la Ville :
Ia le silence regne en vn repos tranquile,
Le somme eneloppant les Peuples tous lassez :
Lors que les vaisseaux Grecs en ordre compassez,
Volent de Tenedos vers la riue Sigée,
Sous le silence amy de la Lune ombragée.
Mais quand vn feu s'esleue en la nef des deux Roys,
Sinon qu'vn sort malin protege sous les loix ;
Des cloisons de sapin ouure l'huis en cachette,
Laschant les Grecs enclos en la caue secrette :
Le grand cheual beant les verse à l'air ombreux,
Vn camp naist brusquement du fond de ce bois creux.

* I'ay faict voir alieurs que les aduerbes n'estans qu'vn mot, ne peuuent estre accusez de choq de voyelle.

Deux chefs Pelasgiens Thoas auec Tissandre,
Par cordeaux aualleζ se glissent pour descendre:
Le fier Vlisse suit, Sthenele, Menelas,
Athamas, Machaon disciple de Pallas:
Neoptoleme coule affamé de ruine,
Epee accroist ce nombre ouurier de la machine.
   Ils assaillent par tout ceste grande Cité
Noyée au mol sommeil par les vins excité.
Le guet meurtry d'abord faict voye à nostre perte:
Ils reçoiuent leurs gens à porte large ouuerte:
Et ioignent en ce lieu les escadrons amis
Que le sein des vaisseaux sur l'areine a vomis.
   Le sommeil, don du Ciel, se glissant en nos veines,
Commençoit à charmer nos miserables peines,
Quand au profond d'vn songe inspiré par les Dieux,
Soubs vn piteux aspect Hector s'offre à mes yeux.
Il fond en larges pleurs gros de douleur amere:
Souillé d'vn sang poudreux comme il estoit n'aguere
Quand ce fier le traisnoit par les pieds tous enfleζ,
Et transperceζ de lacqs au dos d'vn char boucleζ.
Quelle image bons Dieux! Dieux qu'elle est differente
D'Hector qui vint en pompe à la Cité puissante,
Ayant aux vaisseaux Grecs le feu Troyen ietté,
Ou vestu du harnois de Pelide indomté!
Sa barbe autrefois blonde est crasseuse & meslée,
Sa tresse sans honneur de sang noir est collée:
Mes yeux suiuent aussi tristement esbahis,
Tant de coups qu'il recent gardant son cher pays.
   Ie pensois aborder ce foudre des alarmes,
Meslant auec ces mots des plainctes & des larmes:
O lumiere d'Asie, ô l'vnique rampart
Des Troyens desastreζ, retournes-tu si tard?
Qui t'a peu desrober à nostre longue attente?
Donc apres tant de morts en ta maison dolente,
Tant & tant de trauaux de la Ville & des tiens,
Deuers nous accableζ auiourd'huy tu reuiens!

Quel

LES ADVIS.

Quel indigne accident meurtrit ce beau visage?
Pourquoy vois-je ces coups? qui t'a faict tant d'outrage?

Monsieur Bertault.

O le fidelle espoir, & la vine lumiere,
Des Teucres garantis par ta dextre guerriere,
Quel subiect t'a de nous si long temps absenté?
De quel lieu reviens-tu tant de mois souhaitté?
Helas! apres combien de tristes funerailles
De tes plus chers parents terrassez és batailles,
Apres combien d'ennuis & de maux endurez,
Nous renoyons le iour de tes yeux desirez!
Mais, ô Dieux! quel mal-heur, ou quel indigne outrage,
A troublé le serein de l'air de ton visage?
Et pourquoy voy-ie ainsi tes membres détranchez,
D'impitoyables coups & de sang tous tachez?

Mes soins hors de saison Hector va reiettant:
Et poussant d'un sein froid un souspir esclattant,
Il ouure en tons piteux le tourment de son ame:
Ah! fuy Prince, dit-il, & t'arrache à la flamme:
A la rage des Grecs nos remparts sont ouuerts,
Troye est reduite en cendre, & tresbuche à l'enuers:
Assez as tu serui Priam & la Patrie:
S'il'effort genereux d'une dextre aguerrie,
Pouuoit sauuer du sac le Pergame esleué,
Celle-cy que tu vois dés long temps l'eust sauué.
Ses Dieux & le sainct feu Troye assigne en ta garde,
Mesme exil, mesme sort, en commun vous regarde:
Donne leur de grands murs, ces murs tu dois tracer:
Mais premier d'un long trein les mers il faut percer.
Lors la main leue au Temple & liure en ma tutelle,
Vesta, l'atour du chef & la flamme immortelle.
La Ville tonne alors de pleurs & cris diuers,

Tttt

698 LES ADVIS.

Vn orage de * plaints hurle parmy les airs,
Et bien que ma maison paternelle retraitte,
Loin de Peuple & de foule en vn bois soit distraitte;
Ia le bruit s'esclaircit plus poignant & plus haut,
Et l'aigre son du fer de sa terreur m'assaut.
Le sommeil te secouë, & d'vne course prompte
Grimpant sur le donjon, le faiste te surmonte:
Là donc r'assis de geste & sur pieds arresté,
Mon oreille bandée aux aguets ie prestay.

 Quand la flamme irritée enflant ses vagues ondes,
Sous vn vent forcené vole aux tauelles blondes:
Ou quand sous vn orage vn torrent vagabond
Precipitant ses flots de la cime d'vn mont,
Terrace d'vn long cours les tresors de la plaine,
Fauche l'espoir riant de la moisson prochaine,
Rauage le trauail du Rustique & des bœufs,
Entraisnant les forests en ses ruisseaux bourbeux:
Le pasteur, comme moy, frappé par les oreilles,
Transit sur vn rocher, ignorant ces merueilles.

Monsieur Bertault.

 Comme quand il aduient que la flamme deuore
Les blondissans thresors dont la plaine se dore:
Ou qu'vn torrent enflé de neiges qui se fond,
Precipitant son cours de la cime d'vn mont,
Essourde les costaux du bruit qui l'accompagne:
Saccage tous les bleds rians par la campagne:
Et perdant les labeurs de feriles guerets,
Entraine sur ses flots les antiques forests:
Le pasteur est saisi de crainte & de merueille
Receuant d'vn haut roc ce bruit en son oreille.

* Plaints, malgré les censeurs, est vn mot si legitime, que les meres le disent des enfans gemissans.

LES ADVIS.

Adonc la foy des Grecs se manifeste à nud,
Leur piege desormais à plain iour est cognu:
Deïphobe desia void crouler en ruine.
Son antique Palais qu'vn large feu domine:
Vcalegon bruslant chasse l'ombre & la nuict,
L'immense sein des mers de ces flammes reluit:
Et le bruit des clameurs frappe les feux cœlestes,
Parmy l'esclat aigu des trompettes funestes.
 Mes armes ie saisis d'vn esprit transporté,
Sans peser le dessein où ie suis emporté:
Mais ie brusle de ioindre au plus chaud des alarmes,
Et de courre au Chasteau secourir nos gens d'armes.
L'ire & l'aspre fureur precipitent mon sens:
Et de ce seul discours l'aiguillon ie ressens,
Que protegeant les Dieux & la Patrie aimée,
Vne guerriere mort brille de renommée.
 Lors i'aduise Panthus le Prestre d'Apollon,
Glissé parmy les traicts de l'Achiue selon.
Traisnant les Dieux vaincus par nos destins iniques,
Son Petit-Fils enfant & les sainctes reliques,
Forcené de douleur vers le port il s'enfuit:
En quels termes, Panthus, est nostre sort reduit?
Quel Fort nous est resté? sur ma triste semonce
Le Pontife en pleurant faict sa prompte responce.
 Voicy le dernier iour aux Cieux déterminé,
L'Empire de l'Asie à ce terme est borné:
C'est faict de nous, chetifs: c'est faict de la Patrie,
De Troye & des Troyens la splendeur est perie.
Le cruel Iupiter a maintenant transmis,
L'honneur de ce grand sceptre aux * Arges ennemis.
Les Grecs regnent vainqueurs en la Ville enflammée,
Le cheual esleué verse vne foule armée,
Dans le sein de nos murs: & Sinon braue & fier,

* Arges se dit comme Perses, Medes, Idumées, Numides, Thraces, & en
  ... aires, Arcades & Athlantes, en Amiot ou autre bon Autheur.

Tttt ij

Triomphant du succés r'attise le brasier.
Vn camp se iette à flots dans les beantes portes,
Iamais la grande Argos n'arma tant de cohortes.
D'antres pour retrancher la fuitte à nos effrois,
Bloquent le glaiue au poing les passages estroits:
La pointte de l'acier flambe aux mains des gensd'armes,
Menaçant d'adiouster nostre sang à nos larmes:
A peine le seul guet au desespoir reduict,
Rend vn foible combat soubs l'erreur de la nuict.

 Frappé de ce recit & d'vn instinct cœleste,
D'vn transport débordé ie suy le cours funeste:
Glaiues & feux i'affronte, & recherche les lieux
Où bruit l'horreur, le choc & le cry iusqu'aux Cieux.

 I'enfonçois donc la voye à ma fureur tracée,
Quand la Lune m'esclaire vne troupe amassée:
De mes amis plus chers pres de mes flancs vnis :
Dymas, le brusque Iphite & le fort Hypanis:
Ryphée auec Chorebe enflent la bande illustre,
Chorebe Mygdonide & guerrier de haut lustre.
N'agueres il s'estoit au Pergame aduancé,
Pour Cassandre bruslant d'vn amour insensé:
La Phrigie & Priam il secourt comme gendre:
Chetif adolescent qui ne sceut pas entendre,
La venerable voix des oracles vantez
Que sa Dame en fureur à Troye auoit chantez!

 Quand i'apperçois ce gros, tressaillant de courage,
Pour armer son dessein ie luy tiens ce langage.
Guerriers, braues en vain, daignez-vous m'assister
A ce dernier peril où ie m'ose ietter?
Nos desastres si clairs il ne vous faut point dire:
Desia mesmes les Dieux tuteurs de cét Empire,
Le Temple & l'Autel vuide à iamais ont quitté:
Vangeons, nobles Troyens, la bruslante Cité:
Meslons presse sur presse, alarmes sur alarmes,
Dressans vn clair trophée à nos mourantes armes:
Le salut des vaincus c'est n'esperer salut.
Lors vne ire plus fiere en leurs gestes on lut.

LES ADVIS.

Là donc comme ces loups qu'vne auide famine
Bruſle d'aueugle rage & chaſſe à la rapine,
Soubs vn brouillard eſpais vaſte manteau du iour,
Leurs faons à goſier ſec attendans leur retour:
Parmy l'eſclair du glaiue & la Grecque inſolence,
Au treſpas aſſeuré la fureur nous eſlance:
Dans le cœur d'Ilion ce deſſein nous conduict,
Voilez de l'ombre vuide en l'obſcur de la nuict.

Qui peut de ceſte nuict le carnage comprendre?
Qui peut dire l'horreur d'vn ſi piteux eſclandre?
Quels pleurs l'égalleroient au confort reſiſtans?
L'auguſte Cité fond qui regna ſi long-temps!
Les corps deçà, delà, par monceaux on terrace,
Aſſommez, déchirez ſur la ſanglante place:
Dans les maiſons on tuë, & dans les lieux ſacrez:
Et les Troyens tous ſeuls ne ſont pas maſſacrez,
Les vaincus quelquefois r'animent leur courage:
Les vainqueurs à leur tour ſuccombent au carnage:
Par tout pleurs & pitié, par tout l'horreur de Mars:
L'image de la mort paroiſt de toutes parts.

Or le premier qui s'offre à noſtre aſpre pourſuitte,
C'eſt l'Achiue Androgee auec vne ample ſuitte:
Trompé de la nuict ſombre il nous iuge d'Argos,
Et comme ſes amis nous aborde en ces mots.

Deſpeſchez-vous ſoldats, quelle lente pareſſe!
Deſia le bras vainqueur de l'Argiue ieuneſſe,
Pille & traiſne Ilion ardent de tous coſtez,
Et du ſein des vaiſſeaux à peine vous ſortez!

Oyant ſur ce propos vne obſcure reſponce,
Le Grec cognoiſt le piege où ſon erreur l'enfonce:
Pieds & voix il reſſerre eſmeu d'vn prompt effroy:
Et renuerſant le pas il fuit en deſarroy.

Comme vn qui cheminant au trauers d'vn bocage,
Foule d'vn pied ſurpris le ſerpent ſous l'herbage,
Puis apperçoit à coup ſon reply martelé,
Et le feu de ſes yeux en pointes aſſé:
Il fuit dés qu'el'aſpic dreſſant ſa fiere teſte,

Il erisse affreusement son courroux & sa creste,
Gonflant son col verdastre augure de la mort:
Ainsi fuit ce guerrier transi de nostre abord.

Monsieur Bertault.

Comme quand par les bois quelqu'vn pressé en marchant
Vn serpent non preueu soubs l'herbe se cachant:
Il fuit pasle de crainte aussi tost qu'il l'aduise,
Les yeux rouges du feu que sa colere attise,
Se dresser contremont, horriblement siffler,
Et son cou de gris-bleu superbement enfler:
Ainsi la froide peur qui conseille la fuitte
Retiroit Androgée au milieu de sa suitte.

De glaiues & d'assauts nostre ardeur l'enuelope:
Et fauchons* çà & là ceste troupe Dolope:
Ignorant les détroicts & surprise de peur:
La fortune conspire à ce premier labeur.
Chorebe sur ce poinct nous tient vn tel langage,
Chatouillé du succés & brillant de courage:
Courage compagnons, l'heur rid à nos efforts.
Changeons tymbre & bouclier contre ceux de ces morts,
Et feignons estre Grecs: personne rend-il comte,
Si par ruse ou valeur ses ennemis il domte?
De leur propre surprise ils offrent l'instrument.
Lors le bouclier du chef il saisit promptement,
Il vest l'armet pompeux à la creste huppée,
Ioignant à son costé la Pelasgide espée:
Puis Dimas & Ryphée & tous ces francs guerriers,
Chargent d'vn cœur allegre & casques & boucliers.
Chacun donc se munit de ces nouuelles* armes,
Nous tracassons confus parmy les Grecs gens d'armes:

* Il n'est plus besoin de redire, pourquoy il n'y a point de heurt de voyelles aux aduerbes.

* La ryme des deriuez n'est pas odieuse, pourueu qu'ils ayent signification diuerse: ainsi rymoit le C. du Perron.

LES ADVIS.

Nous liurons à l'obscur des combats violens,
Sous leur nom & leur route en cent lieux nous meslans:
Nous chassons aux Enfers plusieurs des fiers Achiues.
Ceux-là fuyent aux nefs cherchans l'abry des riues,
Ceux-cy vont remonter au grand cheual trompeur,
Et regaignent leur cache épris de vile peur.
Ah qui nous peut sauuer lors que les Dieux austeres
Au cours de nos desseins se rendent aduersaires ?
Du Temple & de l'Autel où Pallas dominoit,
Par les cheueux meslez Cassandre on entraisnoit:
Leuant en vain les yeux vers la voûte cœleste,
Mais seulement les yeux flambans d'ire funeste,
Car vn lien cruel pressé ses tendres mains.
L'amant ne peut souffrir ces excés inhumains,
Il brusle impatient d'vne rage enflammée,
Se ruant à la mort dans la phalange armée:
Nous suiuons tous ses pas boucliers ioincts & pressez,
Et par ce roide choc les Grecs sont enfoncez.
Traicts & dards à ce coup comme vne aspre tempeste,
Des Creneaux du Chasteau nous greslent sur la teste:
Naissant du prime aspect de ces harnois menteurs
Et de ces faux armets vn massacre piteux.
Tandis les Grecs picquez pour l'Infante rauie,
De cent parts accourants r'assaillent nostre vie:
Voicy le grand Aiax du sein de Mars éclos,
Voicy les freres Roys & tout le camp d'Argos.
Ainsi par fois l'Auton & le Zephire encore,
Et l'Eure qui s'esbat dans le char de l'Aurore,
Combattant teste à teste à tourbillons creuez:
La forest siffle au loing, & les flots esleuez
Bouillonnent du profond des gouffres d'Amphitrite
Souls l'escumeux trident du Dieu qui les irrite.

Monsieur Bertault.

Comme quand sur le dos des ondoyantes plaines
L'orage faict iouster les contraires haleines

Des vents dont la fureur se creue en tourbillons;
Zephire boursoufflant leurs humides seillons,
Et celuy de la Gent que le Midy colore,
Et celuy qui se plaist aux cheuaux de l'Aurore:
Les forests font grand bruit: & Nerée irritant
D'vn Trident escaimeux tout l'Empire flottant,
Agite iusqu'au bas des mers les plus profondes
Le tempesteux orgueil de ses mobiles ondes.

    Ceux mesmes que la ruse & le glaiue emprunté,
Auoit chassez en route au long de la Cité,
Affranchis de leur crainte à ce coup apparoissent:
Dards & boucliers menteurs soudain ils recognoissent,
Et du son de la langue ils nottent le discord:
Nous sommes engloutis du nombre & de l'effort.
    Penelée à l'abbord verse Chorebe à terre,
Pres l'Autel de la Vierge insigne aux arts de guerre.
Ce grand Ryphée aussi fond à nos tristes yeux,
Le plus droict des Troyens, mais ainsi pleut aux Dieux.
Hypanis & Dimas redoutez aux alarmes,
Sont meurtris de nos gens sous ce masque des armes:
Et ta mytre sacrée ou ta saincte vertu,
Ne te couure, ô Panthus, à nos pieds abbatu!
    I'atteste ton sepulchre idole de mon ame,
I'atteste, ô Troye, helas! tes cendres & ta flamme,
Qui mon païs perdit, mon heur & mes amis;
Qu'à l'orage des traicts cent fois ie me soubmis:
Et qu'en ta triste fin t'ourdis mainte entreprise,
Pour irriter la mort si mon sort l'eust permise.

Monsieur Bertault.

    Vous cendres d'Ilion & vous derniere flamme
De ce qui me touchoit plus tendrement à l'ame,
Ie vous atteste icy qu'en vous veyant perir,
Ie n'éuitay hazard que ie peusse encourir.

LES ADVIS.

Ny traict lancé des Grecs en ces tristes alarmes:
Et que si le destin eust permis à leurs armes
De me faire tomber soubs leurs coups inhumains,
Ie l'auois merité par l'effort de mes mains.

Desastré de ce lieu cent desseins m'emportoient:
Lors Iphyte & Pelyte à mes flancs assistoient:
L'vn portoit des longs ans la pesante malice,
L'autre en son pied tardif traisnoit vn coup d'Vlisse.
 Mais l'horrible clameur tire à l'instant nos pas
Vers le Royal Chasteau, là sont les grands combats.
Il semble qu'autrepart ne fulmine Bellonne,
Et qu'en toute la Ville on ne meurtrist personne:
Tant l'indomptable guerre & les Roys Argiens,
Choquent de viue ardeur le Fort des Phrygiens.
Ils pressent le portail ardens à la bataille,
Mainte eschelle plantée accroche la muraille:
Ils grauissent aussi le long des hauts pilliers
Sur l'ouurage entaillé, couuerts de leurs boucliers,
Pour rabaittre les coups auec la main senestre,
Happans frise & sommets des serres de la dextre.
Le Dardane opposé va les tours arracher,
Va démembrer le comble & le riche plancher,
Auec ses armes-là sa vangeance il obstine,
Voyant sa vie esteincte & sa Ville en ruine:
Mainte poutre dorée il roule brusquement,
Que les ayeulx prisoient pour insigne ornement.
Vn Peuple en foule armée au sueil preste main forte,
D'vn effort courageux contre-luictant la porte.
Cét aspect nous r'enflamme au desir de mourir,
Pour renforcer la place & le Roy secourir:
Efrans pour r'animer ceste troupe vaincuë,
La bouillante vigueur & la fureur aiguë.
 Le bati obscur s'escarte en vn coin enfoncé,
Et pour secret passage on l'a iadis percé:
L'Andromache d'Hector pendant la fleur de Troye,

Vuuu

Seullette bien souuent enfiloit ceste voye:
Pour aller au donion auec son cher enfant,
Le tirant par la main vers l'ayeul triomphant.
Par là donc ie me glisse & monte à ce haut faiste,
D'où le traict des Troyens darde en vain sa tempeste.
 Or vne fresle tour s'esleue vers les Cieux
Plantée en precipice, & voisine ces lieux:
De son faiste autrefois nostre veille inutile,
Perçoit d'vn œil lointain l'ample sein de la Ville,
Perçoit la flotte Grecque & l'enceincte des camps.
Nous l'entourons par tout de cent fers l'attaquans,
A l'endroit où ses flancs qui les astres menacent,
Assemblez de vieux ais çà & là se crenassent:
Nous l'arrachons en fin d'vn fondement si hault,
Et poussons ce grand faix qui tresbuche en sursault:
Ses ruines traisnant d'vn bruit soudain il tonne,
Et fond large espandu sur ceste Gent felonne:
Le vif vole soudain en la place du mort:
Traicts & feux cependant greslent d'vn rude effort.
 Pyrrhe forcene lors à la porte premiere,
Brillant d'armes, de glaiue & d'audace guerriere.
Tel au nouueau Printemps vn fier serpent se void,
N'aguere enflé soubs terre & tout transi de froid:
Ores qu'il s'est gorgé d'vne herbe venimeuse,
Pour depouiller sa peau, de vieillesse hideuse;
Repoly de ieunesse au Soleil des beaux iours,
Il sourd à plis glissants & rouë en mille tours:
Son chef se dresse en l'air tressaillant d'insolence,
Et sa langue à trois dards de la gueulle s'eslance.

Monsieur Bertault.

Tel qu'on void au Printemps leuer son col superbe,
Apres s'estre saoulé de quelque mauuaise herbe,
Le serpent que l'hyuer soubs la terre couuroit
Tout enflé de gelée & tout transi de froid.
Maintenant deuestu des peaux de sa vieillesse,

LES ADVIS.

Ri fraischement luisant d'une neufue ieunesse,
Il plie en cercles ronds son dos souple & glissant,
Dressé haut au Soleil, d'un geste menaçant,
Sa teste grise-verte & sa veuë allumee,
Elançant les trois dards dont sa langue est armee.

Là Peryphe Geant auec Auton edon,
De ce Prince escuyer, du Pelide charton,
Et la ieunesse encor que Scyros a nourrie,
Iettent des feux au toict secondans leur furie.
 Donc ce cruel guerrier tous les siens deuançant,
Brandit sa hache en l'air d'un bras roide & puissant:
Ses coups brisent la porte, & le fracas éloche
Les posteaux dans le gond armé d'une dent croche:
Le fer tranche le bois, l'ais massif est creusé,
Qui bailleille d'un grand iour largement éuasé.
 L'ost découure au dedans les demeures Royales,
La grand' Cour se presente & l'ample sein des salles:
Le logis plus priué des Monarques ayeux,
Et la chambre du Roy, s'exposent à leurs yeux:
Ante un gros armé qui bloque ceste entrée,
Couurant d'un vain rampart la maison désastrée.
 Lors un tumulte esclatte en ftac cris profonds:
Tout le caue Chasteau beurle iusques au fonds
D'un long dueil foeminin & de clameurs piteuses,
Ces voix frappent d'horreur les voûtes lumineuses:
Et les Dames errant parmy ce grand Palais,
Impriment des baisers aux pillastres espais,
Ces membres embrassans d'une maison si chere.
 Pyrre presse tandis armé des bras du pere:
La closture ne peut soubs le choc subsister,
Et la garde flechit debile à resister.
 L'as soubs du belier terrassé en fin la porte,
Et les posteaux branchans hors des gonds elle emporte:
Le fort ouure le pas, ils faussent le * chemin:

* Ceux qui rebuttent la ryme de main & chemin ryment pour l'œil, non
pour l'oreille.

Vuuu ij

Les premiers sont meurtris d'vn massacre inhumain:
Et la foulle pressant d'vne ardente saillie,
Par tous ces lieux profonds brayante est retaillie.
Lors que le fleuue enflé de torrents amassez,
D'vn pluuieux débord ses ramparts a forcez,
* *Décochant gros d'escume en la plaine fleurie,*
Ce deluge effroyable auec moins de furie,
Par tourbillons vagueux precipite ses eaux,
Traisnant de toutes parts cassines & tropeaux.

Monsieur Bertault.

Auec moins de fureur se rue emmy les champs,
Enflé de maints torrents des haut monts trébuchant,
Vn fleuue dont les flots renuersans leurs chaussées,
Furieux du surcroist des ondes amassées,
Et noyans tous les prez d'vn deluge escumeux,
Cassines & troupeaux entraisnent auec eux.

Ie vis pres ce portail les Roys enfans d'Atride,
Se baigner dans le meurtre à l'enuy du Pelide:
Cent Princesses ie vis en mortel desarroy:
Ie vis la Royne Hecube & Priam le bon Roy
Qui souilloit de son sang en sa vieillesse extréme
Les saincts feux de l'Autel qu'il a sacrez luy-mesme.
Cinquante licts d'Hymen dans son Palais pompeux,
Grand espoir de reuiure en ses Royaux neueux:
Sa superbe Grandeur, son auguste noblesse,
Ses pilliers illustrez de la haute richesse
Des dépouilles de guerre honneur de maints combats
Et brillans d'or barbare, alors fondent à bas:
Ce qui reste du feu le Danois le butine.
Mais tu veux que sa fin ceste histoire termine.
Quand de sa Ville prise il void le piteux sort,

* Ce verbe est actif & neutre, tesmoing le Dictionnaire des Rymes de Monsieur de la Nouë.

LES ADVIS.

Quand il void enfoncer les portes de son Fort,
Et l'ennemy brauer dans sa maison sanglante,
Il charge foiblement son espaule tremblante,
D'vn vieux & vain harnois dés long temps rebuté:
D'vn estoc inutile il arme son costé:
Puis va luicter la mort & l'Argolique rage,
Dans la Cour du Palais que la flamme rauage.

Là sied vn grand Autel au seul abry des Cieux:
Tout proche est vn laurier chery par les ayeux,
Voilant les Deïtez au Palais reclamées
Soubs l'ombrage sacré de ses viues ramées.
En vain la Royne, helas! tient ces Dieux en son sein,
Et ses filles en rond les embrassent en vain.
Ainsi void-on par fois les simples colombelles,
Caller le vol fondant de leurs humides aisles,
S'entrepressans de crainte & par troupes fuyant
La pluye au voile obscur ou l'orage bruyant.

Lors que Priam parut aux yeux de la Princesse
Reuestu du harnois de sa verte ieunesse:
Quelle fureur, dit-elle, ou quel courroux des Cieux
Pour saisir ces couteaux t'a peu bander les yeux?
Où precipites-tu ceste teste chenuë?
O miserable espoux! l'heure, l'heure est venuë
Qu'il faut ietter au loin la deffence & l'effort,
On cherche en vain icy les armes pour support,
Quand mon Hector viuroit terreur du grand Achille.
Viens choisir comme nous cét Autel pour Asyle,
Soubs sa foy tu viuras, on mourras auec moy:
La Royne par ces mots tire Priam à soy.

Comme il range a l'Autel sa caduque impuissance,
Voicy son Fils Polite au sortir de l'enfance.
Blessé des mains de Pyrrhe en fureur menaçant
Les portiques fort longs à course il va perçant:
Fracasse effroyé les magnifiques salles,
Parmy les ennemis & les poinctes fatales.
Le Grenuire sur luy le dart teinct de son sang,
Desia sa main le touche & le fer poind son flanc:

Vuuu iij

LES ADVIS.

Près du Pere à la fin d'vn coup Pyrrhe l'enferre,
La vie & le sang fuit, le corps bronche par terre.
 Le Roy d'angoisse outré ne se peut contenir,
Bien qu'il sente la mort à grand pas suruenir:
Ses cris ou son courroux en l'ame il ne reprime:
Ah que les Dieux, dit-il, payent ce lasche crime!
Qu'ils vangent ce forfaict, sans trêue & sans mercy,
S'ils ont de l'équité quelque iuste soucy!
Ne crains-tu ceste main qui les crimes balance,
Meurtrissant à mes yeux vne si chere enfance,
Et soüillant vn vieil Pere au piteux sang du Fils?
Mais l'Achille, ô menteur, que ton Pere tu dis,
Vers Priam ennemy n'eut pas vn tel courage:
Car reuerant en moy la venerable image,
De ce pieux respect qu'au suppliant on doit,
Il remit en mes mains mon Hector pasle & froid,
Pour payer les honneurs deubs à sa sepulture:
Puis me rendit à Troye exempt de toute iniure.
 Soudain le bras tremblant du caduque vieillard,
Ruë vn coup épointé d'vn imbecille dard:
Iallissant sur l'airain qui bruit & se rebelle,
Le dard pend incertain au cœur de la rondelle.
 Va donc, repart le fier, aux Enfers deputé,
Dire à ce Pere exquis mes traicts de cruauté:
Recite-luy que Pirrhe a diffamé sa race:
Tu mourras sans respit. Parlant il le terrasse:
Et traisnant à l'Autel le Pere au sang du Fils,
Sa gauche il enueloppe auec les cheueux gris:
Sa forte dextre apres haussant la claire espée,
La cache au foible sein iusqu'aux gardes trempée.
 Ainsi ferme Priam le dernier de ses iours,
Par ce piteux succez le sort trenche son cours,
Voyant son Palais fondre & sa grand' Ville ardente,
Luy Monarque fameux de l'Asie abondante,
Serui des Regions, des Peuples adoré.
Ores son chef sanglant du corps est separé:
Le corps comme vn grand tronc inconau gist par ter-

LES ADVIS.

Vne froide terreur à l'impourueu me serre,
Vne transe, vne horreur mon triste cœur meurtrit,
Garde mon Pere cher la figure s'offrit:
Quand i'aduise le Roy son égal en vieillesse,
Verser l'ame & le sang par le fer de la Grece.
Puis Creuse au pillage, vn Palais renuersé,
La perte d'vn Enfant, de soins m'ont transpercé.
 Pour voir qui m'assistoit i'eueille ma pensée,
La troupe m'a quitté de ces trauaux lassée:
Du precipice à val leurs corps ils ont lancez,
Ou ruez dans les feux à coups de traict faucez.
 Ainsi ie reste seul quand i'apperçois Heleine,
Resserrée au seiour de Vesta souueraine:
Muette elle est blottie au secret d'vn recoin:
Et l'esclat des brasiers preste iour au plus loin,
A l'œil errant par tout d'vne poincte subtile
Sur les diuers contours de ceste immense Ville.
Elle craint Ilion que son crime a sappé,
L'ire des Grecs l'effroye & son espoux trompé:
Donc ce deluge egal de Troye & de sa Grece,
Pour esquiuer sa peine aux saincts Autels s'addresse.
 Lors vne prompte flamme a saccagé mes sens,
Vn courroux poind mon cœur de ses traicts plus perçans:
Pour vanger mon Pays d'vn si cruel naufrage,
Au sang de son authrice expiant tel outrage.
 Ceste-cy viue & saine en arroy triomphant,
Ira voir son Pais, Mary, Pere & Enfant!
Elle reuerra Sparte & la grande Micenes
Costoyée à longs flots des Dames Iliennes,
Les Troyens la suyuront de liens entrauez;
Ayant veu fondre Troye aux feux qu'elle a couuez,
La Roy pery par glaiue & le port Dardanide
Par le cours de dix ans de sang Troyen humide!
Non, non, elle boira nostre inique mal-heur.
Bien qu'à punir ce sexe on gaigne peu d'honneur,
Bien que telle victoire apporte peu d'estime,
Si seray-ie loüé d'auoir puny le crime,

Et d'esteindre vne peste : & puis i'auray plaisir
De paistre vn feu vangeur qui brusle en mon desir,
Vangeant d'vn mesme coup le sepulchre de Troye :
✶ Le bouillon de ma rage en ces discours ondoye.

Ma Mere sur ce poinct glissée en ces bas lieux :
Plus à clair que iamais apparoist à mes yeux :
D'vne lueur dorée en l'obscur elle esclaire :
Vestant la maiesté que l'œil des Dieux reuere,
Quand elle est sur son throne en l'Olympe serein :
Et soubs ce haut aspect me saisit de sa main.
Puis sa léure de rose ouure la voix diuine,
Mon oreille arrousant de douceur ambrosine.

Quel aueugle dépit enflamme ton courroux ?
Mon Fils perds-tu l'esprit, songes-tu point ᵇ à nous ?
Songes-tu poins plustost que ton erreur delaisse
Vn Pere accablé d'ans & de longue tristesse ?
Ou si Creüse reste & si ton Fils suruit ?
Vn camp qui les enceint, meurtrit, brusle & rauit :
Et sans l'alme faueur dont mon soing les esclaire,
Le feu les denoroit ou le glaiue aduersaire.
Ce Paris tant blasmé de tes cuysans regrets,
Ny les yeux detestez ou les puissans attraicts
D'Helene Tyndaride exquise entre les belles,
N'ont bouleuersé Troye en ces flammes cruelles :
Son Regne ils n'ont sappé, c'est vn reuers des Dieux.
Ouure, mon cher Enfant, ta raison & tes yeux.
Ie m'en vais arracher le bandeau d'vn nuage
Dont la sourde épaisseur ta foible veuë ombrage,
Faussant ses rais humains d'vn mousse aueuglement :
Suy d'vne bonne Mere vn sain commandement.

Icy donc où tu vois ces piles trébuchées,
Et les roches à bas des roches arrachées,
D'où la poudre à longs flots fume parmy les airs,
Desfous voi le Trident le Monarque des mers,

✶ Si ce vers semble hardy on luy peult substituer cettuy-cy.
D'vn rage emporté ces mots au vent i'enuoye.
ᵇ Elle estoit de la famille d'Ænée.

Heurte

LES ADVIS.

Heurte les fondemens dont il marqua la trace,
Ilion iusqu'au centre il dissipe & terrace.
De ceste part Iunon bouillant de fiel amer,
Appelle toute armée vn ost qui reste en mer,
Comme chef de leur guerre, & tient la porte Scæc.
Pallas est sur ces tours de fureur eslancée,
Qui dans vn air ondé luit de feux purs & blonds,
Et des yeux de Gorgonne affreusement felons.
Le mesme Iupiter preste aux Grecs aduersaires
Le courage vainqueur ioinct aux forces prosperes,
Et contre les Troyens pousse l'effort des Dieux.
Rompts le cours des trauaux & fuy ces tristes lieux:
Ie te rendray chez toy franc de toute aduenture:
La Deesse à ces mots se plonge en l'ombre obscure.

Sur l'instant que ma Mere en la nuict s'escarta,
Maint horrible spectacle à mes yeux esclata:
Ie vis le camp malin des Puissances diuines:
Ie vis tout Ilion, gouffre ardant de ruines,
Dans la flamme impiteuse à plein fond s'affaisser:
Et vis du faiste au pied la Cité renuerser.

Comme vn fresne sauuage aisné d'vn bois antique,
Combatu de la hache & du Peuple rustique,
Chamaillant coup sur coup & trenchant à qui mieux,
Pour raser ce grand tronc qu'vn roch éleue aux Cieux:
Il menace long temps, il chancelle sans cesse,
Et branse à chef secous sa cheuelure espesse,
Mais enfin peu-à-peu succombant à l'assault,
D'vn cry sec & dernier il gemit en sursault:
Et s'arrachant du mont sa ruine saccage
Iusqu'au fond du valon vn long train de bocage.

Monsieur Bertault.

Comme quand au sommet des hauts monts éuentez,
La main des laboureurs assaut de tous costez
Trauail fresne sauuage à grands coups de coignée
Que redouble à l'enuy la troupe embesoignée:

Il menace long temps de son chef ombrageux
Chancelant soubs les coups du tranchant outrageux,
Qui faict trembler d'horreur ses vertes cheueleures :
Iusqu'à tant qu'à la fin vaincu de ses blesseures,
Il chancelle & gemit pour la derniere fois,
Et fracasse en tombant infinis petits bois.

   Ie pars, ie fuy ma Mere & perce traicts & feux,
Traicts & feux s'escartans fauorisent mes vœux.
Mais comme à pas doublez ie me rends en peu d'heure
Dans ce Palais superbe où mon Pere demeure :
Mon Pere que sur tous i'estois allé trouuer,
Que sur tous ie voulois en nos monts enleuer,
Voyant la Ville esteincte & sa gloire rauie,
Ne veut patir l'exil ny prolonger sa vie.
   Vous dont le ieune sang tressault de viue ardeur,
Vous dont la vigueur ferme est en plaine verdeur,
Fuyez, dit-il, fuyez : le Ciel veut que ie meure,
Puis qu'il ne m'a gardé ceste douce demeure.
C'est assez & trop veu d'une destruction,
C'est assez suruescu la prise d'Ilion.
Dites donc sur mon corps, poussant vos voix plainctiues,
L'adieu qu'on dit aux morts & puis fuyez ces riues :
L'ennemy par pitié ma vie abregera.
Dit-on que ce corps nud sans pompe il iettera ?
La perte du sepulchre à porter est facile.
Hay là haut és Cieux & * çà bas inutile,
Mes ans forcez ie traisne à moy mesme adieux :
Depuis vn si long temps que le Pere des Dieux,
Singla mon chef proscrit du vent, son tonnerre,
Et me toucha du feu qui faict trembler la terre.
   Il resoult donc sa mort par vn decret exprés :
Or moy, mon Fils, ma Femme & nos seruans aprés.
Nous distillons en pleurs, prians qu'il ne se pique

* Ceux qui abhorrent l'adultere çà bas, doiuent aussi rebutter là haut, ce-
stuy-la estant son iuste correspondant, & plus qu'icy bas.

A nous perdre auec luy par vn complot inique,
Et que la mort presente il n'attire en son sein:
Il nous refuse à plat, roidy sur ce dessein.
 Ceste ardeur que Bellonne & la fureur enflame,
Repoind alors plus viue au profond de mon ame:
Percé de desespoir mourir ie souhaittay:
Car quel autre conseil, quel sort m'estoit resté?
 Quoy donc estimes-tu mon ame si felonne,
Que partant de ce lieu mon Pere i'abandonne?
Donc la bouche d'vn Pere a vômy telle horreur?
Que si les Dieux cruels protestent en fureur,
Qu'il ne restera rien d'vne Ville si grande:
Si ton cœur inhumain à tel proiect se bande,
De perdre Anchisé & nous, puis qu'Ilion se perd;
L'accés de ce trespas à tes vœux est offert:
Voicy Pyrrhe arriuer enflé de siere ioye
D'auoir gorgé sa soif au sang d'vn Roy de Troye:
Pyrrhe qui frappe au sein du coutelas mortel,
L'Enfant aux yeux du Pere & le Pere à l'Autel.
Mere, m'as-tu sauué des feux & des alarmes,
Pour m'amener chez moy reuoir les Grecques armes?
Voir mon Fils, mon Espouse & mon Pere si cher,
Dans le sang l'vn de l'autre à ma face broncher?
Armes, armes, soldats, le dernier iour appelle
Les vaincus desastrez à la charge mortelle.
Rendez-moy sans ressource aux Arges animez,
Permettez que ie r'entre aux conflicts r'enflammez:
Nous mourrons auiourd'huy, mais non pas sans reuanche.
Ce dit, happant l'escu r'ente ma main au manche,
Ie rempoigne le glaiue & sors à mesme instant.
Mais mon Espouse en pleurs sur le sueil se iettant,
Se pend à mes genoux, les baise & les embrasse,
Me tendant l'Enfançon germe seul de ma race.
 Si tu vas, cher Espoux, t'exposer à la mort,
Trainne-nous auec toy pour courir mesme sort:
Si du combat aussi tu conçois esperance,
Ceste maison sur tout t'oblige à sa deffence.

X xxx ij

A qui resignes-tu, rebelle à la pitié,
Ton seul Fils, ton vieil Pere & ta triste Moitié?

Monsieur Bertault.

Si tu vas pour te perdre en la perte commune,
Meine-nous quand & toy courir mesme fortune.
Si tu mets quelque espoir és armes que tu tiens,
Sauue premierement ta maison & les tiens.
A qui vs-tu laisser au milieu de la flamme
Ton petit Fils, ton Pere, & moy iadis ta femme?

L'hostel rebruit par tout ceste clameur piteuse,
Lors que nous voyons naistre vne chose monstreuse.
Car cependant qu'Iüle en ces cuisants debats,
Est couué de nos yeux & serré de nos bras,
Vne lueur subtile à coup se va respandre
De la cime du chef de ceste enfance tendre:
La Vierge flamme leiche ondoyant souplement,
Son poil inuiolé du mol attouchement:
Et s'enfle autour du front de l'air voisin nourrie.
Chacun pasle & tremblant à cét aspect s'escrie:
Nous voulons secouër ses flamboyans cheueux,
Et d'eau versee à flots esteindre les saincts feux.
Mais mon Pere Prophete épris de ioye extréme,
L'œil, la voix & les mains esleue au Ciel supréme.
Toy qui regis les sorts d'vn ferme & iuste frein,
Iette les yeux sur nous, Iupiter souuerain:
Espanche sur nos chefs ta faueur secourable,
Si ton oreille saincte aux vœux est exorable:
Et si par pieté nous pouuons meriter,
Confirme l'heur promis, & nous daigne assister.

Monsieur Bertault.

Tout-puissant Iupiter si par quelques prieres

LES ADVIS.

Tu peux estre flechy, tourne à nous tes paupieres:
Regarde-nous sans plus : & si par pieté
Deuots à tes Autels nous l'auons merité;
Desormais aide-nous, serene ton visage,
Et vueille par effect confirmer ce presage.

Il exprime en ces mots le zele de son ame,
Et la foudre grondante à main gauche s'enflame.
Le Ciel éclost encore vn grand astre nouueau,
Qui traisnant à sa queuë vn lumineux flambeau,
Court par l'obscurité de ses feux blondissante,
Puis coule sur nos tours siflant à la descente.
Soudain l'astre fatal d'esclairs resplendissant,
Se perd aux forests d'Ide vn chemin nous traçant:
Lors d'vne longue suitte vn clair sillon s'allume,
Et par tout le circuit l'odeur du soulfre fume.
  Là mon Pere vaincu s'esleue vers les Cieux,
Adore l'astre sainct & se soubmet aux Dieux:
Marchons, marchons, mon Fils, ie consens à la fuitte,
Par tout où tu voudras i'iray soubs ta conduicte.
Dieux iadis protecteurs des Troyens déconfits,
Conseruez nostre sang, sauuez mon petit-Fils:
L'augure vient de vous, il couue vne autre Troye.
Mon Fils emmeine-moy, ton desir ie t'octroye.
  Ces doux mots i'adorois, & ia l'embrasement
R'attisoit nos effroys bruyant plus clairement:
Et les vagues de flamme en tourbillons roulantes,
Chassoient plus pres de nous maintes vapeurs ardentes.
  Vien donc, ô Geniteur, à mon col te charger,
Ie tends l'espaule au faix qui me sera leger.
Quoy qui succede au Fils, quoy qui succede au Pere,
Commun soit le peril & le salut prospere:
Mon Fils ioinct à mon flanc nous accompagnera,
Sa Mere en nous suiuant mes pas ensuiura.
  Ie donne vn ordre apres à vous troupe seruante:
Pres l'enceincte des murs va tertre se presente:

LES ADVIS.

Là de Cerés sans culte on void le Temple vieux,
Tout proche est vn Cyprés dont nos deuots ayeux
Ont nourry par longs ans la plante consacrée:
Suiuez-nous en ce lieu par route separée.
Mais prens ce meuble sainct & ces Dieux en tes bras:
Car sortant, Pere cher, de l'horreur des combats,
Ma main n'y doibt toucher par loy d'vn sainct mistere,
Deuant que ie m'expie au courant d'vne eau claire.

Ie m'affuble à ces mots d'vn vestement nouueau,
Et d'vn puissant Lyon i'estends la rousse peau
Sur la brusque vigueur de mon espaule large,
Puis amoureux du ioug ie me plie à sa charge.
Le petit enlaceant ses doibts dedans ma main,
Suit d'vn pas inégal ma route & mon dessein:
Creüse nous tallonne, & cherchans les ombrages
Nous deuidons legers les plus obscurs passages.
Et moy qui parauant mesprisois feux & dards,
Qui negligeois les Grecs de tous costez esparst
Le foible son du vent me transit à ceste heure,
Le moindre bruit me pique & suspens ie demeure:
Pour ma suitte & mon faix égallement craintif,
Or la porte & les champs i'atteins d'vn pas hastif,
Ma fuitte me sembloit aux dangers eschappée,
Lors que ma viue oreille en vn instant frappée,
De plusieurs vistes pieds croid éuenter le bruit:
Et mon Pere alongeant son regard en la nuict:
Ah! fuy dit-il, mon Fils, l'ennemy nous costoye,
L'armet luit à mes yeux & le bouclier flamboye.

Quelque Dieu mal veillant silla lors mon esprit,
Confus & chancelant d'effroy qui le surprit.
Car comme i'esquiuois de ces traces vulgaires,
Et perçois en courant les destours solitaires,
Creüse, ô Ciel cruel! ne me secondoit pas:
Soit que tendre & debile elle allentist ses pas,
Qu'vn mal-heur la rauist, qu'elle fust fouruoyée:
Mais depuis à mes yeux n'a sa face octroyée.
Et n'inclinay la veüe ou l'esprit esperdu,

LES ADVIS.

Sur l'aspect desastré de mon bon-heur perdu,
Qu'apres m'estre reduict au sainct lieu de retraicte,
Nos gens & nous rejoincts seule on la void soubs-traicte;
D'vn Fils & d'vn Mary fraudant l'aise & les yeux.
Qui n'accusay-ie point des hommes ou des Dieux?
Ou que vid de plus grief ma pauure ame meurtrie,
Dans le tragique sac de ma chere Patrie?

   Les Dieux ie laisse aux miens & mon Pere & mon Fils
Et du vallon caué leur cachette ie fis.
Quant à moy ie rebrousse à la Cité bruslante,
M'estant tout reuestu d'vne arme estincellante:
Ie veux la Ville entiere encores visiter,
Et pretends derechef les hazards irriter.

   Iettant donc coup sur coup ma vie à l'aduenture,
Ie regagne le train de ceste porte obscure
Par où i'estois glissé du desastre conduict:
Les pas que i'ay foullez i'obserue par la nuict,
Et les suis à l'enuers d'vne exacte reueuë:
Dardant à longs rayons la splendeur de ma veuë.
L'horreur qui poind par tout d'vn effroy m'a surpris,
Et le silence mesme estonne mes esprits.

   I'abborde ma maison pour commencer la queste:
Desia, desia les Grecs y marquent leur conqueste.
Vn gouffre de brasier le comble va rongeant,
Le feu surmonte en l'air à replis voltigeant:
Et l'orage bouïllant des flammes forcenées
Frappe à gros tourbillons les nuës estonnées.
Ie cours iusqu'au Chasteau, qui ce iour perd son nom:
Dans les portiques longs Asyles de Iunon
Le fin Grec & Phœnix gardent la riche proye,
Ramassée à monceaux des grands thresors de Troye.
Là sont les tables d'or & les vases des Dieux,
Par les Temples flambans saccagez à nos yeux:
I'y voy leurs saincts habits polus de mains infames,
Et l'amas infiny des enfans & des Dames.

   Ayans mesmes osé des cris en l'air ietter,
Ie fis de mes clameurs les chemins esclatter:

Et d'vne claire voix sans effect redoublée
I'ay Creüse dolent maintefois appellée.
Mais tracassant ainsi de fureur agité,
Par toutes les maisons de la vaste Cité;
Son lamentable esprit plus grand qu'elle viuante,
Sa miserable idole à mes yeux se presente.
Ie transis à l'instant, mon poil est tout dressé,
Ma voix s'attache esteincte en mon gosier pressé,
Quand de ces mots à coup elle flatte ma peine.

 Que te sert le trauail d'vne entreprise vaine?
O doux, ô cher mary, sans le complot des Dieux
Tu ne verrois en moy ce succés odieux.
De m'enleuer de Troye il n'estoit pas licite:
Quelque autre destinée au Ciel me fut prescrite.
Tu dois fort longuement souffrir l'exil amer,
Il te faut sillonner de grands climats de mer:
Enfin tu paruiendras à la belle Hesperie,
Où parmy les gras champs d'vne Gent aguerrie
Le Tybre Lydien roule ses calmes eaux:
Vn grand sceptre t'attend en ces païs nouueaux,
Et pour femme vne Infante vnique chez son pere.
Quitte, quitte les pleurs de ta Creüse chere:
Ie n'auray la douleur de voir le throsne altier,
Du pompeux Myrmidon ny du Dolope fier.
Ie n'iray point seruir les Dames de la Grece,
Moy sang du haut Dardan & brus d'vne Deesse:
Car la mere des Dieux me détient en ce lieu.
Adieu donc, mon amy, d'vn perdurable adieu:
Cheris le tendre Enfant que sa Mere abandonne,
Commun gage d'amour dont ma part ie te donne.

 Sur ce poinct me laissant elle s'escarte en l'air,
Lors que de mainte chose en pleurs ie veux parler.
I'estends deux & trois fois vne ardente brassee,
Pour l'enserrer, helas! vainement enlacée,
Par trois fois elle fuit de mes mains s'escoulant:
Vn vent leger, image, & du somme volant,
La nuict passée ainsi ie vays reuoir ma bande:

Vers

LES ADVIS.

Vers elle est débordée vne foule bien grande,
L'ombre d'vn Ilion à l'exil preparé,
La face & l'estenduë en pitié i'admiray.
Hommes, femmes, enfans, Peuple gros de miseres,
Glissent de tous costez en ces champs solitaires:
Prests de cœurs & de biens à trauerser les mers,
Pour seconder nos Dieux & mes destins amers,
Or l'astre de Venus aux sommets du mont Ide,
S'esueille à clairs rayons écartant l'ombre humide:
Le Grec dans chaque porte est en garde campé,
Le chemin du secours à nos maux est coupé;
Ie quitte donc, chetif! espoir & resistance,
Et mon Pere enleué sur les monts ie m'aduance.

Monsieur Bertault.

Or desia voyoit-on sur l'Ide se leuer,
L'Astre annonçant Phœbus estre prest d'arriuer,
Et les troupes des Grecs de pillage chargées,
Tenant de tous costez les portes assiegées:
Nul espoir de secours ne s'offroit à nos yeux,
De la part des mortels, ny de celle des Dieux.
Ie pars enuironné de la bande compagne,
Et mon Pere enleuant tire vers la montagne.

---audétque viris concurrere Virg. Æneid. 1.

LES ADVIS.

A
MONSEIGNEVR
LE MARESCHAL DE
BASSOMPIERRE.

ONSEIGNEVR,

Ie suis égallement ennemie de ceux qui donnent les faulses loüanges & qui refusent les vrayes: puis qu'il est certain, que les vns & les autres trahissent égallement la vertu. Quand ie parle des loüanges vrayes, l'entends qu'elles le soient au fond & en la mesure: ne pouuant souffrir ces gens à la mode du siecle, qui cherchent vne preuue de suffisance & de force d'esprit à monter les louanges que leur plume entreprend de celebrer à tel periode, qu'ils nous font voir, que l'esprit est si fort chez eux qu'il s'est rendu maistre du iugement. Et ie ne trouue aucune chose plus conforme aux femmes impudiques, de qui les faueurs s'abandonnent à tous venans, que ces distributeurs d'éloges excessifs: ny rien plus iniurieux à la reputation qu'ils pensent esleuer ; exposans ceux de ces éloges qui portent quelque iuste proportion s'ils en produisent de tels, en vne mécreance necessaire, par le meslange des autres, qui manquent de mesure raisonnable. Cét artisan Florentin fut plaisant & bien aduisé, qui comme vn Seigneur de ses amis enuoyast mandier de son vin exquis, & le valet de ce Seigneur apportast indiscretement de gros flaccons pour cét effect, il le renuoya auec ceste response; qu'il ne pensoit pas venir à son vin, mais au fleuue d'Arne. Enuoyons, Monseigneur, les larges flaccons à la riuiere de Seine, & non à l'excellence de vostre vin: puisons, dis-ie, vos loüanges exquises en des phioles de cristal, & renuoyons ces grands vaisseaux puiser les louanges vulgaires. Ie vay mettre l'enuie & la malice au pis dire, contre ma foy & contre mon iugement, si ie choque en vous loüant icy les reigles que ie viens de prescrire aux distributeurs de loüages: cela mesme ie le veux expedier en trois mots, resignant à l'Histoire le soin de representer vos autres aduantages & merites. Voicy donc la Didon de Virgile que ie vous presante, comme à celuy que la Nature orna de mesme, esprit, beauté, bien-seance, courage, affabilité, qu'Ænee: celuy qu'elle eust à l'aduenture mieux aymé que ce Prince Troyen, & qui l'eust traittée moins durement. Au surplus, ie luy donne pour obseques conuenables & suffisantes à sa Grandeur Royale, la gloire, que ses lamentations & son trepas déplorable, soient recitez d'vne si digne bouche que la vostre, en cette Version.

A Paris 1626.

LES ADVIS.

FIN DE LA TRADVCTION
de l'Eminentissime Cardinal du Perron, sur le Quatriesme de l'AEneide, qui est mise icy pour faire voir au Lecteur la ioincture des deux traductions.

Le Poete parle de la Renommée.

R soudain que le vent ses plumes enleua,
Au superbe Palais d'Iarbe elle arriua,
Empoisonna son sang d'vn venimeux langage,
Et versa dans ses os le martel & la rage.
Ce Prince né d'Ammon que l'Amour asseruit,
Aux champs de Garamant dont la fille il rauit,
Immenses monuments, dedans ses Regnes amples
A Iupiter son Pere auoit basty cent Temples,
Et riches de doüaire érigé cent Autels,
Et sacré mainte lampe & maints feux immortels,
Des Dieux tousiours veillans les gardes éternelles.
Là fumoit largement aux festes solemnelles
Le terroir gras de sang, & les sueils frequentez
Fleurissoient de bouquets à pleines mains iettez.
Troublé donc de douleur pour la nouuelle amere,
Qui faisoit en son sang escumer la colere,
Deuant les mesmes Dieux dans ses Temples logez,
Et les mesmes Autels qu'il auoit érigez:
Leuant les mains au Ciel de sacrifices teinctes,
A Iupiter son pere il addressa ces plainctes.

O puissant Iupiter arbitre des destins,
A qui le Peuple More opulent en festins,
Accoudé sur licts peincts aux festes Affricaines,
De l'honneur Lenean offre les coupes pleines;
Vois-tu ceste iniustice? ou si dedans les Cieux,
Ta foudre en vain brillante épouuante nos yeux.

LES ADVIS.

Et le seuere dard de ton bruyant tonnerre,
Aueugle & sans dessein tombe dessus la terre,
Et par cas d'aduenture eschappant de tes mains,
D'vn murmure inutile estonne les humains?
Vne femme en nos ports fuitiue & vagabonde,
Qui n'aguere fonda sur la riue de l'onde
Vne estroicte Cité par vil prix l'obtenant,
A qui les loix du lieu nous allasmes donnant,
Et le droict de pouuoir cultiuer le riuage,
A mesprisé l'honneur de nostre mariage :
Et de nos longs desirs rendant l'espoir deçeu,
A pour Seigneur AEnée en ses Regnes receu.
Maintenant ce Paris auec sa Cour nouuelle,
D'hommes effeminez, my-masles de Cybelle,
Les cheueux par cordons parfumez & tressez,
Le menton & le front d'vne mitre enlacez,
Atour Mæonien qui luy voile les Temples,
Triomphe de la proye : & nous Pere à tes Temples
Nos presans iour & nuict, deuots nous addressons,
Et credules sans fruict vn vain bruit embrassons.
 Priant auec ces mots entremeslez de larmes,
Et tenant les Autels prest de passer aux armes :
Iupiter l'entendit, & son œil irrité
Tourna deuers les murs de la neufue Cité,
Et deuers les amans oublieux de leur gloire,
Et d'vn meilleur renom trahissant la memoire.
Meu donc de cét obiect Mercure il appella,
Et pour le despescher en ces termes parla.
 Va desloge mon fils courrier de mes messages,
Appelle les Zephirs, glisse sur tes plumages,
Et le Prince Ilien aborde de ma part,
Qui maintenant oisif differe son départ :
Et se rouille à Carthage enchaisné de delices,
Sans penser aux Citez que les destins propices
Luy reseruent pour sort : Va desloge dispos,
Et par les vents legers luy porte mes propos.

SVITTE.

A Mere qui reluit du prix de la beauté,
Pour vn esprit oysif ne me l'a pas vanté:
Et ne l'a par deux fois sauué des Grecques armes,
Pour languir en paresse à l'abry des alarmes.
Mais disoit que ce Fils illustre de lauriers,
Possederoit vn iour par maints exploicts guerriers,
Les sceptres orgueilleux de la belle Hesperie,
Terre grosse d'Empire & de Mars plus cherie:
D'où le haut sang Troyen regiroit l'Vniuers,
Signalant sa victoire en cent climats diuers.
Si de ces grands desseins la gloire ne l'enflame,
S'il ne peut foible & mol encourager son ame,
Pour oser d'vn labeur vn nom edifier:
Pourquoy veut-il encore à son Fils enuier
L'Auguste Maiesté deuë à ses destinées,
Dedans les murs de Rome au succez des années:
Quel espoir est le sien? quel proiect effrené
Le tient chez l'ennemy si long temps enchaisné?
Ne regarde-t'il point les champs de l'Ausonie,
Ny sa race Italique en neueux infinie?
Qu'il s'embarque soudain & single vers ce bord:
Volle pour l'aduertir, c'est le decret du sort.
   Pour seruir son grand Roy le Dieu se diligente.
Il adapte premier à sa legere plante
Ses doubles aisserons d'or & de pourpre teincts,
Qui l'emportent par l'air aux climats plus lointains:
Et soit volant sur terre où sur le sein de l'onde,
Des rapides Autons la vistesse il seconde.
   Son Caducée il prend, dont apres le trespas

LES ADVIS. 727

L'Ombre pasle il euoque ou la guide là bas:
De ceste insigne verge il leue & rend le somme:
Il ferme au iour fatal les paupieres de l'homme:
Par ceste verge aussi les vents il peut chasser,
Et l'insolent orage à plein vol trauerser.
 Ia ses yeux descouuroient singlant haut en la nuë,
Les roides flancs d'Atlas & sa cime cogneuë:
D'Atlas ferme & massif qui d'vn chef glorieux
Supporte puissamment la machine des Cieux.
Ceste teste au grand front de verds pins attiffée,
De nuages obscurs est tousiours estouffée:
Dont l'effort querelleux de la pluye & des vents,
La battent à l'enuy de coups s'entresuiuans.
Sur l'eschine couuerte vne neige s'espanche,
Maint glaçon herissé roidit sa barbe blanche,
Et maints ruisseaux fuitifs biaisants de cent tours,
De son menton chenu precipitent leurs cours.
 L'Atlantide porté d'vne aisle languissante,
En fist sur ce mont sa premiere descente:
Puis à longue tirade approfondant les airs,
Il fond d'vn vol de poincte à la riue des mers.
Semblable à cét oyseau qui raze aux bords de l'onde,
Et vers les durs rochers où le poisson abonde:
Son corps tout balancé d'vn humble vol callant,
Sans teindre l'aisle au flot ply dessus ply roullant.
 Entre les terres donc & la cœleste voûte,
Mercure tout ainsi guide sa vague route:
Du bord de l'aisle souple il hache les sablons,
Et l'air enflé de l'onde esbat des vents felons:
Escartant d'vn long cours sa trace passagere,
Du Geant Porte-Ciel geniteur de sa mere.
 Quand le Cylenien eut son vol r'aualé,
Sur ce Nomade bord des Tyriens foulé:
Le Prince il apperçoit, haussant d'vn art insigne
Les tours & les Palais que la Reyne designe.
Vn large coutelas pend à son col puissant,
Fourment estoilé de Iaspe blondissant:

Et le pourpre flambant que l'art de Tyr apporte,
Coule à plys ondoyans de son espaule forte:
Riche habit que Didon sur la trame auoit faict,
D'estaim esmaillé d'or au poinct d'vn art parfaict.

 Il l'attaque soudain: Veux-tu, Prince mal sage,
Planter les fondemens des beaux murs de Cartage?
As-tu, Mary coiffé, ton effort limité,
A renger les Palais d'vne* gente Cité: *ironie
De toy-mesme oublieux, & de ton Regne auguste?
Ce Dieu, ce Roy des Dieux, dont la loy graue & iuste
Regit, croulle & soustient les terres & les Cieux,
De l'Olympe éclairant m'enuoye en ces bas lieux,
Pour t'abborder icy ramant sur le nuage:
Preste l'oreille prompte & reçoy son message.
Quel proiect est le tien? veux-tu rouiller tes iours,
A croupir en paresse aux Lybiques seiours?
Si de tes grands espoirs la gloire ne t'enflame,
Si tu ne peux, debile, encourager ton ame,
D'oser par tes labeurs vn los édifier:
Certes tu ne dois pas laschement enuyer,
A ton Fils ià voisin de si belle ieunesse
L'heur de ces hauts succés dont il suit la promesse:
Pour regir quelque iour l'Empire des Latins,
Et le sceptre Romain fauory des destins.

 Or Mercure à ce mot sans attendre responce,
S'escartant du riuage en l'air subtil s'enfonce:
Où reprenant à coup la figure des Dieux,
Il abuse le Prince & s'éclipse à ses yeux.

 Au message diuin du courrier Atlantique,
Le Troyen pasle & froid demeure sans replique:
D'vne perceante horreur son poil brun est dressé,
Et sa voix est figée au gosier oppressé.
Il bouilt de s'eschapper, fuyant la Cité douce:
Tant le reproche amer du Dieu qui se courrouce,
Et tant ce dur decret de sa iuste rigueur,
Ont stusifiy ses respects & penetré son cœur.
 Que fera le chetif? & quelle langue osée

Peut

LES ADVIS.

Peut la Reyne aborder de tels feux embrasée?
Ou quel discours subtil peut-il onques tramer,
Qui puisse dextrement le depart entamer?
　Son penser prompt & vif en cent parts se disperse,
Tracasse çà & là, toute cachette il perce:
Fueilletant tous aduis d'vn penetrant soucy,
Sa prudence à la fin prefere cestuy-cy.
Cloante il tire à part, Sergeste & Menestée,
Les charge d'apprester la flotte refrettée:
Ramasser en secret les compagnons au port,
Ranger armes en poinct sous vn silence accort,
Bref, dresser l'équipage & receler la cause.
Tandis que de sa part en son ame il propose,
D'espier temps & lieux & d'esueiller son art
Pour disposer l'amante à souffrir ce départ:
N'ayant de tels proiects soubçon ny coniecture,
Et qui ne croid rien moins que de voir la rupture
De la douce vnion dont l'Archer Cyprien
La ioinct à cét Heros d'vn si ferme lien.
　Ces trois rendans au chef la prompte obeïssance,
Tous gais hastent l'appresl d'vne exquise prudence.
La Reyne par soupçons preuoid ce partement:
Quel art pourroit siller l'œil ialoux d'vn amant?
Elle craint en amour toute chose asseurée:
La Renommée aussi de sa trompe esforee,
Souffle malignement en ses boüillans esprits
Le bruit de l'appareil pour la fuitte entrepris.
　Sans conseil, sans dessein, fumant d'ardente rage,
Elle court & recourt tout le long de Cartage:
Ainsi qu'vne Thyade alors qu'elle ressent
Du furieux mystere vn aiguillon perçant,
Forcenant à la voix de Bachus qui l'appelle,
Quand de trois en trois ans leur feste renouuelle:
Et quand mainte clameur qui par l'air s'entresuit,
L'inuite à Cytheron sous l'obscur de la nuict.
　Enfin Didon assault le Prince Dardanide:
Peux tu donc esperer, ame ingrate & perfide,

De commettre vn tel crime & me bander les yeux?
T'embarquer en secret pour esloigner ces lieux?
Ny la foy d'amitié ton cœur d'acier ne touche,
Ny nostre saincte amour, ny la commune couche,
Ny le piteux égard de mon sanglant trespas,
D'vn dessein si felon ne te destourne pas?
De plus, tu mets aux vents ta flotte à voiles rondes,
Quand les astres d'hyuer dominent sur les ondes:
Et veux, cruel vers, toyles vagues desfier
Alors que l'Aquilon vômit l'orage fier.
Quoy si tu ne cherchois vne terre estrangere,
Vne terre incogneuë, ains la Cité ta mere?
Et si restant sur pieds, & triomphant du sort,
Les vagues tu perçois pour voler à son bord?
Ah! Prince, me fuis-tu! par ces pleurs ie te prie,
Par ta dextre conioincte à la mienne cherie,
(I'ay quitté le surplus, cela seul est à moy)
Par le sacré lien de l'amoureuse loy,
Par le nouuel hymen qui nos destins enlace,
Si iamais t'ay rien faict qui merite ta grace,
Si rien te pleut iamais en la pauure Didon,
Par les Dieux ie t'adiure accorde moy ce don:
Prens pitié d'vn Estat qui va fondre en ruine,
Domtant ce cœur ferré qui ton départ machine.
Les puissans Roys voisins par toy m'ont en horreur,
Des Lybiens pour toy s'irrite la fureur,
Pour toy ie suis en hayne à ma propre Patrie,
Et ma chaste pudeur par toy seul est flestrie,
Auec l'éclat premier de l'honneur precieux,
Qui n'aguere éleuoit mon chef iusques aux Cieux.
Mais, mon hoste, dis-moy, puisque les sorts funestes
Portent qu'au lieu d'espoux hoste chez moy tu restes,
Où reduis-tu Didon qui mourra sans mercy?
Que ferois-ie sans toy, que tarderois-ie icy?
Pour voir que mon germain vint embraser Cartage,
Où qu'vn Hiarbe fier me traisnast en seruage?
Au moins si parauant que t'escarter de moy,

Ton amour m'eust produict vn fils digne de toy,
Si dans ceste maison au dueil abandonnée,
Mes yeux voyoient iouër quelque petit Ænée,
Qui ton visage aymé rapportast seulement:
Ie ne serois alors ny veufue entierement,
Ny de la foy du Pere entierement seduicte.
 Lors ses pleurs eschappez fuyent de large suite:
Mais l'amant par respect du mandement des Dieux,
Tient ferme sans flechir son courage & ses yeux:
Enfin il parle ainsi, pressant au fond de l'ame.
Le regret & l'amour qui le gehenne & l'enflame.
 Reyne fleur de beauté, ie prescheray tousiours
La grandeur des biens-faicts depeincts en ton discours:
Tant que l'esprit aura de ce corps la regence,
Tant que i'auray de moy la propre souuenance;
Mon cœur où ton amour par temps regermera,
De ton cher souuenir ses delices fera.
Mais pour te dire vn mot sur ma prompte retraitte,
Ie n'ay iamais songé de la rendre secrette:
Mon départ n'est furtif, ne le suppose ainsi:
Ny certes mon dessein ne m'a reduict icy,
Pour me soubmestre aux loix d'vn nouuel hymenée,
Car sous vn autre ioug ma vie est enchaisnée.
Si les astres m'offroient de viure à mon plaisir,
Si ie pouuois saouler mon enflammé desir,
I'habiterois à Troye, embrassant les reliques
De mes proches rauis par les Parques iniques:
Le Palais que Priam de son throne honoroit,
Rebasty plus superbe aux Cieux aspireroit:
Et t'aurois faict ressourdre au vaincu miserable,
Du renaissant Pergame vn seiour desirable.
Mais Phœbus Lycien des Peuples reclamé,
M'a sur le sainct Tripié ce decret proclamé;
Que l'inuincible arrest du haut destin me lie,
A planter vn Empire en la grande Italie:
Voila mon but certain, mon cher pays est là.
Si toy germe d'vn Roy qui dans Tyr excella,

Peux fonder en ces lieux ton Estat magnifique,
Si ton œil s'esiouït d'vne Cité Lybique;
Sera-t'il odieux que le Peuple Ilien,
Termine vn long exil au bord Ausonien?
On n'est-il pas loisible à nos ieunes courages
De releuer vn throne en ces lointaines plages?
Dés que l'obscure nuict tend son voile ocieux,
Dés qu'on void les flambeaux percer le front des Cieux:
L'Ombre du Pere cher que mon ame renere,
M'éguillonne en songeant d'vn reproche seuere.
D'ailleurs mon seul enfant si tendrement aymé,
Tient aussi mon esprit iustement alarmé,
De voir que mes delays osent seuls contredire
L'arrest de ses destins en ce fatal Empire.
Le messager des Dieux ramant au vent leger,
M'a n'agueres encore enioinct de desloger:
Sans fard ie le recite, & ces Dieux i'en atteste:
Ie le vis esclairant d'vn nuage cœleste,
Ie vis fondre son vol sur ta grande Cité,
I'ouys le mandement par Iupiter dicté.
Cesse donc d'enflammer, Princesse Tyrienne,
De plainctes & de pleurs ta douleur & la mienne:
Le Ciel qui nous contrainct soubs vn fatal lien,
Malgré moy me designe au sceptre Italien.

    La Reyne qui l'obserue atteincte au fond de l'ame,
Roulle à l'entour de luy des œillades de flame,
Sous vn silence amer de regards le humant:
Puis sa rage & sa voix esclattent brusquement.

    Tu n'as point desloyal pour mere vne Deesse,
Dardan n'est point le tronc de ta feincte noblesse:
Mais le mont de Caucase affreux en aspreté,
Du flanc de ses rochers t'a iadis enfanté:
Et la tygresse fiere en tes léures gemelles,
Adoptant ton enfance appliqua ses mammelles.
Pourquoy voudrois-ie plus mes clameurs retarder?
A quel plus grand outrage vn desespoir garder?
Mes pleurs ont-ils faict naistre vn souspir en sa bouche?

LES ADVIS. 733

A t'il daigné fléchir ceste œillade farouche?
A verser vne larme ay-ie plié son cœur?
A-t'il plainct son amante en si triste langueur?
Quelle plainte ourdiray-ie ou premiere ou derniere?
Non, non, ceste Iunon tutelaire & nociere,
Ny le Saturnien supréme deïté,
Ne peuuent voir ce traict des yeux de l'équité.
La pauure foy proscripte a quitté ce bas monde!
Miserable & chassé des hommes & de l'onde
Mon port le recueillit, & ma sotte amitié
De mon thrône Royal l'estrena par moitié:
I'ay r'habillé le bris de ses foibles galeres,
Et r'animé ses gens demy morts de miseres.
Ah! l'ardente fureur mon sens a transporté!
Maintenant il se dit par l'Oracle exhorté:
Mercure vne autre fois glissant du Ciel en terre
Dépesché par ce Dieu qui darde le tonnerre,
D'vn message terrible est venu l'estonner!
* Les Dieux peuuent pour luy tels soucis se dôner! *ironie.
Croyez que les hauts soins de telles aduentures,
Puissent troubler au Ciel leurs tranquilles natures.
Va, va, suy ton destin, ie ne contrediray,
Vole au climat Latin ton pays desiré:
Et reiettant ta suitte aux fustes vagabondes,
Cherche vn sceptre nouueau par les vents & les ondes:
Ton supplice t'attends au heurt d'vn grand rocher,
Si le droict & la foy les Dieux peuuent toucher.
Là pressé du remors de ta lache entreprise,
Par son nom maintefois tu nommeras Elise.
Lors ie suiuray par l'air tes vaisseaux perissans,
Sous mes funestes feux au bucher noircissans.
Et la dure Atropos qui tient l'heure fatale,
Ayant chassé l'esprit de ce corps froid & pasle,
Mon idole en tous lieux tes pas talonnera,
Et ton crime par tout son loyer trouuera:
I'en apprendray l'Histoire au profond de l'Auerne,

*Voué de feux funestes malencontreuse en mer.

Zzzz iij

Tel bruit pour me vanger penetrant sa cauerne.
  Sa harangue à ces mots elle rompt brusquement:
Elle fuit de douleur l'aspect du firmament:
Et disparoist soudain à l'escart destournée,
Seulet & desolé delaissant son AEnée:
Qui pressé du respect naissant de trop aimer,
Maint propos veut ouurir & ne l'osé entamer.
Des dames cependant au sein elle est fonduë:
Elles l'ont blesme & froide en vn lict estenduë,
Dans sa chambre de marbre où l'art est admiré.
  Or bien que cet amant l'acces eust desiré,
Pour relascher l'esprit de la dolente Reyne,
Charmant par doux propos les rigueurs de sa peine:
Bien qu'il s'écoule en pleurs & que l'Amour vainqueur
Ait outré sans mercy le profond de son cœur:
Pour suiure toutesfois la cœleste ordonnance,
Sa flotte visitant le depart il aduance.
  Lors les Troyens ardens s'acharnent au trauail:
Le port s'esmeut par tout d'vn bruyant attirail,
Des vaisseaux esleuez qu'on pousse en l'eau profonde:
Les nauires poissez se balancent sur l'onde.
Ils traisnent des forests, à la fuitte esueillez,
Les futurs auirons non encore esfueillez:
Il tirassent les mats que la mordante force
Du tranchant affisté n'a dépouillez d'escorce:
Puis le gros deslogeant s'esmeut d'vn large * effort,
Roulant de ruë en ruë & se reiette au port.
  Comme quand les fourmis actiues au pillage,
D'vn monceau de fourment conspirent le rauage;
Pour serrer en leur toict ce butin precieux,
Craignans l'austere faim d'vn hyuer ocieux:
Vn long escadron noir cette moisson charie,
Cà & là tracassant par la plaine fleurie:
Les vnes sans repos roulent ce pesant grain,
Dans vn sentier estroict rebattu de leur train,
Le poussans de l'espaule: & d'autres sur les aisles

* Essort peut passer auec le t, & sans luy.

R'amenent au trauail leurs compagnes rebelles,
Chastians leur paresse & le seiour perdu:
Le sentier bouilt par tout sous ce labeur ardu.
   Quels discours t'agitoient, ô lamentable Elise,
Cependant que ton œil telles choses aduise?
Quel estoit ton transport & ton gemissement,
Lors que d'vn haut donjon voisin du firmament,
Tu vois fremir par tout l'ample sein de l'areine,
Dans le tracas esmeu pour la fuite soudaine?
Et que le sein des mers void son calme troublé
Par le vent des clameurs & du bruit redoublé?
   Mais à quel poinct, helas! grand Archer d'Amathonte,
Ne reduis-tu celuy que ta flesche surmonte?
Sur les pleurs derechef Didon se veult ietter,
Elle veult derechef la priere tenter:
Elle se peut resouldre à fleschir son courage
Aux pieds de ce cruel qui la fuit & l'outrage:
Pour sonder tout remede auant le dur trespas,
Afin que sans suiet elle ne meure pas.
   Ma sœur tu vois par tout sur la coste marine,
Comme ce dur départ en haste s'achemine:
Le Peuple est amassé fluant de toutes parts,
La voile appelle à soy le vent & les hazards:
Et desia les nochers que la ioye époinçonne,
Au sommet de la poupe ont posé la couronne.
Si ie puis à loisir prenoir vn tel malheur,
Ma constance pourra soulager ma douleur.
Fay sans plus vne grace à ta sœur déplorée:
Ce trompeur dés l'abord t'a sur tous honorée,
La clef de ses secrets en tes mains il fioit,
Et mieux que tous aussi ta prudence espioit
Les temps & les ressorts à domter son courage:
Bande tes sens, ma sœur, pour tenter vn message,
Flattant ceste rigueur du miel de tes propos.
Ie n'ay pas des Troyens blessé l'heureux repos,
Ie n'assistay les Grecs au fameux port d'Aulide,
Pour coniurer le sac du Peuple Dardanide:

Pour raſer Ilion mes vaiſſeaux n'ont volé,
D'Anchiſe ie n'ay point le tombeau violé,
Ses os ie n'ay rauis foulant ſes froides cendres.
Doit-il donc refuſer que nos paroles tendres
Puiſſent fléchir ſon cœur ſur mes triſtes amours?
Où court-il furieux pour meurtrir ſes beaux iours?
Qu'il accorde vn ſeul don à ſa chetiue amante,
D'attendre qu'vn bon vent ſur les ondes regente:
Et d'eſpier le temps d'vn partement heureux
Parmy l'heur de mon Regne & mes ſoins amoureux.
Ie renonce à l'hymen que ſa cruauté briſe,
Ie ne deſire plus que ſon throne il meſpriſe,
Ie concede à ſon Fils cét Empire Romain:
Le ſeul temps ie requiers à ce cœur inhumain,
Vn reſpit, vne treſue en bref terme preſcrite,
Pour laſſer la fureur qui mon ſens precipite:
Pendant que mon malheur mon eſprit fleſchira,
Et la propre ſouffrance à ſouffrir m'inſtruira.
Pitié donc, chere ſœur, preſte au ſecours d'Eliſe
Pour combler tes bien-faicts ceſte douce entremiſe;
Grace de prix ſi cher que le treſpas vainqueur,
Pourra ſeul l'effacer du marbre de ſon cœur.

 Didon prie & gemit d'vne ſi triſte ſorte,
Et ſes dolentes voix la ſœur porte & reporte.
Mais le Prince à ces pleurs de pitié n'eſt épris,
Et n'attendrit ſon cœur pour eſcouter ces cris:
D'autant que le deſtin puiſſance nompareille,
A fermé pour ce coup l'accés de ſon oreille.

 Comme au ſommet des bois ſur les Alpes eſpars,
Les bouches des vents froids ſoufflans de toutes parts,
* Bourraſquent à l'ennuy d'vne aſpre & roide guerre,
Vn cheſne vieilliſſant pour le ruer par terre:
Ceſt arbre on oyt ſiffler d'vn ſourd gemiſſemens:
Les lieux deçà delà ſe ionchent largement
D'vn fueillage eſgaré qui du chef ſe deſnouë,

* Ce verbe, bien que peu commun, eſt bon: voire tant plus propre en ce
lieu, ſelon l'art, de ce qu'il a quelque rudeſſe.

Lors

LES ADVIS.

Lors que le choc des vents le large tronc secoüe:
Luy ferme cependant s'aggraffe au dur rocher,
Et autant qu'il a peu vers le Ciel espancher,
Les vagabons rameaux de sa cime feconde,
Autant vers les Enfers sa racine est profonde.

 De mesme cét Heros battu de tous costez,
De clameurs & de cris sans tresue repetez;
D'vn tourment assidu sent vlcerer son ame,
Par la pitié d'Elise & par sa propre flame:
Mais le cœur se roidit constant en son dessein,
Les pleurs vuides & vains se roulent en son sein.

 La Reyne cependant au desespoir réduitte,
Par l'obstiné malheur de la Troyenne fuitte,
Les Parques inuoquant d'vn vœu precipité,
Fuyt les almes rayons du haut Ciel dépité.

 Mais pour haster l'effect de sa trame meurtriere,
Pour aigrir ce dédain de la douce lumiere,
Comme elle offre ses dons sur l'Autel des hauts Dieux,
Vn horrible presage apparoist à ses yeux.
Car l'eau fine & perlée au sainct vaisseau fluante
D'vne infame noirceur teind sa face riante:
Et le vin se faict sang sur l'Autel épanché:
A tous voire à sa sœur l'augure elle a caché.
Le Temple de Sichee au Palais on admire,
Richement érigé de marbre & de porphire:
Des plus blanches toisons ce grand manoir est ceinct,
Les festons verds aussi couronnent ce lieu sainct,
Qu'auec extréme honneur la triste espouse embrasse.
Lors que l'obscure nuict le front du Monde efface,
Son penser detraqué croid que ce demy-Dieu
L'appelle à sourde voix du profond de ce lieu:
Le hibou compagnon du tombeau solitaire,
Sur les tours du donjon au soir cherche son aire,
Et d'vn funeste chant s'écrie à tous momens,
Traisnant sa voix piteuse en longs gemissemens.

 D'autre part l'effroyoient les terribles presages,
Qu'elle a receus par fois des Deuins les plus sages:

Aaaaa

Puis dormant & veillant le Troyen l'agitoit,
Sous vn aspect farouche & sa rage excitoit.
Elle void iour & nuict ses nauires en fuitte:
Elle songe en son lict que sans Cour & sans suitte,
D'vn chemin égaré ses pas suiuent le cours:
Et que dans vn desert confus en longs détours,
Elle tracasse en vain sous l'erreur des tenebres,
Cherchant Tyr & Sidon par son berceau celebres.

Tout ainsi que Penthé la manie au cerueau,
Des Eumenydes void l'effroyable troupeau,
Void vn double Soleil & Thebes double encor:
Ou bien comme celuy que Mycenes déplore
Oreste enfant, Royal sur la scene introduict,
Apperçoit que sa mere en fureur le poursuit:
Secoüant en ses mains d'vn effroyable geste,
La torche & les serpens gros de venin funeste,
Il fuit au Temple sainct l'effroy de ce danger:
Les Dires sont au sueil promptes à la vanger.

Quand donc elle eut conceu de sa douleur outrée,
L'esprit des sœurs de Stix & sa mort atitrée:
Le temps & les moyens à part elle aduisa,
Et sa dolente sœur de ces mots abusa:
Serenant son beau front d'vn rayon d'esperance,
Pour nier ce complot sous sa gaye apparence.

Resioüis-toy ma sœur, i'ay forcé mon destin:
Ie viens de rencontrer vn remede * certain,
Pour deslier mon cœur de l'amant infidelle,
Ou pour lier l'amant d'vne chaisne éternelle.

Là bas où l'Ocean la course humaine rompt,
Où le brillant Soleil au soir voilé son front,
L'Æthiope lointain aux derniers bords s'aduance.
Atlas charge en ce lieu sur son espaule immense,
La machine du Ciel qui roule incessamment,
D'vn émail de clairs feux ses lambris parsemant.
Or ie vis autresfois vne Massilienne,
De ces plages issuë & Prestresse ancienne:

* Ceste ryme est bonne, s'il faut prononcer noblement.

L'Hesperide verger en sa tutelle estoit,
Et le dragon veillant de mets elle traittoit:
Pour conseruer sur l'arbre ennobly de ramées
Le thresor blondissant des pommes renommées.
Ceste vieille enseignoit quelques versets charmez,
Pour deliurer les cœurs de l'amour enflamez,
Versant sur les captifs où ce tyran preside
Le pauot sommeilleux auec le miel humide: ✗
Puis enseignoit aussi d'vn subtil contretour,
A plonger vn cœur libre aux langueurs de l'amour:
Des astres renoltez elle tordoit les courses,
Vn fleuue elle arrestoit luittant ses viues sources,
Elle éuoquoit les morts des tombeaux reuenus,
La terre, horrible effect, mugloit sous ses pieds nuds,
Et les fresnes des monts elle faisoit descendre.
Les Dieux, ô chere sœur, à tesmoins ie veux prendre,
Toy mesme & ton doux chef ie iure auecque toy,
Que ie hay l'art magique & le suy malgré moy.
  Dresse vn buscher à l'erte au lieu plus solitaire
De ce vague Palais pour couurir le mystere.
Iette sur ce buscher le coutelas tranchant
Qui fut pres de mon lict posé par ce meschant:
Iettes y ses habits dépouille miserable,
Et ce lict coniugal de ma perte coulpable:
Car la vieille enioignoit d'abolir promptement,
Tout ce qui rememore vn desloyal amant.
Sa voix fond à ces mots du creue-cœur serrée,
Et la pasleur mortelle a sa face emparée.
Anne obeyt pourtant & redouble ses pas,
Sans penser que Didon se prepare vn trépas:
Iamais n'eust soupçonné qu'vne fureur si grande,
Se couuast sous les vœux qu'elle luy recommande:
Ny que sa douleur prist vn plus funeste cours,
Qu'à la mort de Sichée esteinct en ses beaux iours.
  Mais si tost que les mains de la sœur trop facile,
Eurent dressé l'appreft de la tragique pile,

* On lit cecy diuersement.

Haute esleuee en l'air au profond du Chasteau,
Et de busche gommeuse entassée à coupeau :
Didon ionche le lieu d'vn verdoyant fueillage,
Couronnant le buscher de funeste ramage.
Elle a pour son dessein sur la pile entassé
Le glaiue que le Prince en sa chambre a laissé,
Le portraict nourricier de son amour trahie,
Les habits detestez & la couche haïe.
 Les Autels sont autour prests aux funebres vœux :
Et la nouuelle Fae espandant ses cheueux,
D'vne tonnante bouche affreusement appelle
Toutes les Deïtez que l'Erebe recelle :
T'appelle, ô triple Hecate & Diane à trois fronts,
Le vieux Cahos inuoque & les Enfers profonds.
La place elle a par tout de liqueur arrosée,
Qu'elle feind de l'Auerne auoir esté puisee :
Le suc du noir venin elle y vient espancher,
Et mainte herbe elle espand que ieune on va trancher
D'vne lame d'airain recourbée en faucille,
Lors qu'en vn iour precis l'œil de la Lune brille.
Elle commande apres d'apporter le morceau
Qu'on arrache du front de ce poulain nouueau,
Que la iument bannit de sa mammelle chere,
Si humant cet app us l'amour ne l'a rend mere.
 Offrant donc à l'Autel de festons reparé,
Dans ses deux pures mains le tourteau preparé,
L'vn des pieds delacé pour errer sans contraincte,
Et la robbe aux longs pans sur la hanche deceincte,
Elle adiure le Ciel sur sa prochaine mort,
Et les astres ouuriers de son inique sort.
Que s'il est quelques Dieux qui reuangent l'iniure
De l'amant affligé par l'excez d'vn periure,
Sur tous certes, sur tous, elle adiure ces Dieux
D'incliner de sa part leur iustice & leurs yeux.
 La nuict ouurant son sein les animaux & l'homme
S'enyuroient tous lassez au doux oubly du somme,
Par le rond de la terre aux gistes inclinez :

LES ADVIS.

Les forests s'ascoisoient & les flots mutinez:
Au poinct que mille feux glissans autour de l'Ourse,
Roulent à my chemin leur flamboyante course.
Toutes choses adonc estoient sourdes aux champs:
Les oiseaux peinturez donnoient trefue à leurs chants,
Les poissons habitans des coulantes rinieres,
Les troupeaux amassez des bestes familieres,
Celles qui par les bois viuent sauuagement,
Dans vn calme sommeil se noyans mollement,
Destrempoient leurs trauaux en leur sombre retraicte,
Chassans le soin du cœur sa plainctiue cachette.
Seule la pauure Reyne éternelle en ses cris,
N'enuelope au sommeil ses languissans esprits:
Seule en la calme nuict vainement elle tasche
D'incliner l'œil ou l'ame à si douce relasche.
Ses ennuys affolez regerment à monceaux:
Et l'amour du Troyen ardant de feux nouueaux,
Renaist plus outrageuse en cette ame impuissante,
Et l'orage bouillant de l'ire la tourmente.
  Son esprit d'autre-part deuidant ce discours,
De ses desseins aussi precipite le cours.
Que dois-ie faire, ô Dieux! ma pudeur diffamée
M'offriray-ie à ces Roys qui m'ont iadis aymée?
Faudra-il maintenant les Nomades prier
Qu'ils daignent pour maris à moy s'apparier:
Apres qu'ils auront veu leur ardente poursuite,
Par mes ieunes dédains tant de fois escondite?
Suiuray-ie l'ost Troyen vagabond & fuyant,
Sous le ioug de ses loix mon chef humiliant?
Parce qu'ils m'ont rendu si belle recompense?
Parce qu'ils ont nourry quelque recognoissance
De l'extrême secours que leur affliction
Recent à tel besoin de mon affection?
Mais quand ie voudrois suiure y serois-ie receuë?
Me pourroient-ils souffrir dedaignée & deceuë,
Dans le superbe sein de leurs puissans vaisseaux?
Quoy donc leurs lasches tours me seroient-ils nouueaux?

Aaaaa iij

N'aurois-ie ouy le bruit de la pariure audace,
Du vieil Laomedon renaissante en sa race?
D'ailleurs courray-ie seule entre ces nautonniers,
Triomphans de leur fuitte & de ma perte fiers?
Où si m'enuironnant des forces Tyriennes,
En armes ie suiuray les naues Phrygiennes?
Mais pourrois-ie soudain ietter à l'abandon,
Les miens que i'ay n'aguere arrachez de Sidon?
Renerrois-tu, Didon, tes fustes vagabondes,
Courre l'impetueux sort des Autons & des ondes?
Meurs, meurs, la mort t'est deuë, & chasse ton tourment
A la poincte du glaiue en ton sang escumant.
 O sœur, tu me plongeas en ces griefues miseres,
Fléchie à la pitié par mes larmes ameres:
Tes conseils complaisans enflammerent mon cœur,
Le liurans sous le ioug de l'ennemy vainqueur.
Que n'ay-ie peu couler mon innocente vie,
Sans estre par deux fois à l'hymen asseruie,
Suiuant l'exemple sainct de quelques animaux!
Que n'ay-ie peu fuyr ces deplorables maux!
Ah! pour auoir brisé la foy de mon Sichée,
De la foy des Troyens ie suis ainsi mocquée!
Grosse de fier desdain, d'amour & de langueur,
De ces plainctes sans fin Didon creuoit son cœur.
 Le fils d'Anchise alors, ceinct de sa braue troupe,
Humoit vn doux sommeil sur le haut de la pouppe.
Son partement hastif il auoit arresté,
Et l'appareil requis prudemment apresté:
Quand le courrier aislé du cœleste message,
S'offre à luy derechef sous sa premiere image,
De Mercure par tout la forme il exprimoit:
Par le poil crespe & blond que Zephyre animoit,
Par la haute couleur, la parolle attrayante,
Et par le ieune aspect d'vne vigueur riante.
Le Troyen il aborde en ce calme repos,
Et l'exhorte par songe entamant ce propos.
 Peux-tu sur tel besoin engourdy de paresse,

LES ADVIS.

Te noyer au sommeil d'vne profonde yuresse?
Miserable imprudent, te faut-il aduertir
D'vn si pressant peril beant pour t'engloutir?
N'oys-tu pas que Zephire heureusement t'appelle,
A retenter la mer d'vne course nouuelle?
Ceste Reyne à present brasse contre ton chef,
Quelque traistre complot, quelque horrible meschef:
Resolu à la mort & flottant agitée
Des bouillons furieux d'vne rage indomtée.
Si tu ne fuis ces lieux de haste esperonné,
Tandis qu'vn chemin libre à ta fuitte est donné,
Tu verras ceste mer que franchir tu desires,
Esclairer de flambeaux & fremir de nauires.
De cent brandons ardens ces bords s'enflameront,
Qui ta flotte & tes gens sans pitié brusleront:
Si le premier rayon qu'allumera l'Aurore,
Sur ce port désloyal te void iarder encore.
Sus donc, fils de Venus, rompts tout retardement:
La femme est inégale & promte au changement.
Le Cœleste à ces mots, s'escoulant comme l'ombre,
Mesle son corps fluide au creux de la nuict sombre.

Lors le Prince estonné d'vn vehement sursaut,
Par le songe & l'aduis qu'il void naistre d'enhaut,
Despestrant son grand corps du sein des coettes molles,
Presse & pique ses gens du son de ces paroles.
Leuez-vous compagnons, precipitez vos pas,
Seyez-vous sur les bancs, guindez la voile au mast:
Voicy que derechef vne Deité bonne,
Deualant des hauts Cieux nostre fuitte aiguillonne:
Et commande trancher les nœuds du chable tors,
Pour tromper le peril de ces perfides bords.
O quiconque sois-tu, le meilleur des Cœlestes,
Qui daignes preuenir nos accidents funestes:
Humbles nous te suiuons & rendons gayement
Obeissance promte à ton commandement.
Assiste nos desseins d'vne ayde fauorable,
Et fay luire sur nous quelque astre secourable,

Qui poussé nostre flotte au pays desiré.
　Ænée apres ce mot a brusquement tiré
Du fourreau d'os exquis sa foudroyante espée,
Et frappant d'un revers la corde il a couppée.
Les siens de mesme ardeur courent, qui çà, qui là:
Ils hapent pour secours, puis cecy, puis cela:
Ils s'escartent à vol de la riue deserte,
La mer aux champs vitrez de vaisseaux est couuerte:
Et tranchans l'onde vaste à force d'auirons,
Ils rehachent l'escume esparse aux enuirons.
　Or l'Aurore aux beaux yeux de roses diaprée,
Quitte adonc son espoux en la couche pourprée:
Respandant peu-à-peu l'esprit de son flambeau
Parmy l'air blondissant de maint rayon nouueau:
Quand des tours du Palais la déplorable Elise,
La premiere splendeur en l'Orient aduise,
Et les vaisseaux Troyens voile à voile glissans,
Singler desia bien loin par les flots verdissans:
Elle void le port vague, & les vuides arenes
N'offrent plus à ses yeux ny voiles ny carenes.
Son sein elle meurtrit auec la fiere main,
Le frappant coup sur coup d'un effort inhumain:
Puis déchirant les nœuds de sa perruque blonde,
Elle éclatte en ces cris: Ah! Monarque du Monde,
Il s'en va donc sans peine & sans crainte de toy!
Vn estranger bafoüé & ma Grandeur & moy!
Le poursuiuray-ie point ce perfide volage?
Ne dois-ie point armer pour courir au carnage?
Dois-ie pas enuoyer nauires & flambeaux
Saccager & brusler ses corsaires vaisseaux?
Des feux, Peuple, des feux, mattons ceste insolence,
Tends les voiles au vent, que le rameur s'aduance.
Que dis-ie, où suis-ie, helas! quelle aueugle fureur
Te precipite, ô Reine, en si profonde erreur?
Pauurette il faut mourir: la sentence eternelle
De ton fatal destin au dernier iour t'appelle:
Plaignable en ce poinct seul, qu'il ne vint promptement,

Quand

LES ADVIS.

Quand tu livras ton sceptre à ce cruel amant.
Voicy doncques la main si sainctement donnée,
Voicy doncques la foy de ce fameux Ænée:
Qu'on dit auoir sauué les domestiques Dieux,
Et chargé sur son col le faix d'vn pere vieux.
Que n'ay-ie par tronçons déchiré ce perfide?
Que n'ay-ie des tronçons gorgé la mer auide?
Que n'ay-ie au fer trenchant son ost exterminé?
Que n'ay-ie entre ses bras Iüle assassiné?
Puis que n'ay-ie repeu la paternelle table
Des infames lopins de ce mets detestable?
Mais la victoire eust peu se tourner de sa part.
Et que m'importoit-il d'affronter ce hazard?
Quel sort eussé-ie craint de mourir desireuse?
I'eusse rasé son camp d'vne flamme impiteuse,
I'eusse embrasé sa flotte au sein du port vagueux,
I'eusse esteinct Pere & Fils & leur race auec eux:
Puis m'estant sur le champ de mon glaive percée,
Sur leurs corps detestez ie me fusse eslancée.
Soleil source du iour, qui sans fin tournoyant
Vois les actes humains de ton œil flamboyant,
Toy, nociere Iunon, dont n'aguere les charmes
Feirent naistre ma coulpe & maintenant mes larmes:
Toy, Lune, que la nuict sous un obscur decours,
Mille hurlantes voix huchent aux carrefours:
Vous troupe des Enfers aux vangeances commise:
Et vous les Dieux plus chers de la mourante Elise:
Prenez pitié de moy, puissantes Deitez,
Exaucez ma priere & ma plainte escoutez.

S'il faut que les vaisseaux de ceste ame inhumaine,
Sanglants touchent les bords où son dessein les meine,
Si l'obstiné destin butte droit à ce poinct:
Contre vn arrest si fort ie ne resiste point.
Mais qu'il soit assailly regnant sur ceste terre,
D'vn peuple audacieux & bouillant à la guerre:
Que banny de l'Estat si long-temps recherché,
Que des seul raissemens de son fils arraché,

BBbbb

Le secours estranger il implore à toute heure:
Que de ses chers amis l'indigne mort il pleure:
Et que quand il aura rompu son lasche cœur
Sous les loix d'une paix d'espineuse rigueur;
Il ne puisse garder son sceptre ny sa vie:
Qu'elle soit en sa fleur par le glaiue rauie,
Puis qu'il gise sans tombe à la terre odieux:
Ceste requeste donc ie vous presente, ô Dieux;
Et ceste voix derniere auec le sang ie verse.

 Quant à vous Tyriens, que ceste Gent peruerse
Soit battuë à iamais de vostre inimitié:
Que Cartage en tout temps meaë à iuste pitié;
Aux cendres de Didon ceste faueur accorde:
N'ayez iamais pour eux amitié ny concorde.
Sors de mes os sanglans nouueau Dieu des combats,
Qui doibts vanger un iour mon douloureux trepas:
Poursuy ces Nations fuitiues & vaincuës,
Auec les feux ardens & les armes aiguës.
Arriue au temps qui regne ou qui succedera,
Quand mon Estat plus meur ses forces enflera;
Que le sceptre de Troye & celuy de Cartage,
Se combattent sans fin, riue contre riuage,
Flot contre vague encore, & glaiue contre fer:
Et que ce mesme estour leurs fils puisse eschauffer.

 Sa pensée à ces mots en cent pars se diuise,
D'amour, de haine amere & de fureur surprise:
Voulant mourir à l'heure & rauir à ses yeux
Le doux aspect du Ciel desormais odieux.

 Or elle a pres de soy pour fidelle complice,
La matrône Barcé de son espoux nourrice:
Car leur fatal pays pour renforcer son dueil,
Auoit enclos la sienne aux ombres du cercueil.

 Si ton cœur, luy dit-elle, est touché de mes larmes,
Va t'en querir ma sœur pour assister ces charmes;
Fay que son corps sans tache elle arrouse de l'eau,
Qu'on puise au fil courant d'vn argentin ruisseau:
Fay qu'elle prenne encor le choix des brebis noires,

LES ADVIS. 747

Et les dons assignez aux vœux expiatoires,
Puis qu'auec cét appreſt elle s'en vienne icy:
Mais toy prens la templette & nous aſſiſte auſſi.
Ie veux rendre à Pluton du creux Auerne pere
Les ſacrifices deubs que ie voüay n'aguere,
Ie veux à mes ſoucis vne borne impoſer,
Et l'amour du Troyen aux flammes expoſer:
Pour dénoüer le chef de ce traiſtre pariure,
Ie veux ſur ce buſcher embraſer ſa figure.
La vieille ſur ces mots priſe à leur bel appas,
D'vne haſte imbecille aiguillonne ſes pas.

 Didon groſſe de rage & terrible en la face,
Par le cruel deſſein qu'vn deſeſpoir luy trace,
La farouche terreur à la fureur meſlant,
Roüant de toutes parts vn œil eſtincellant,
Et ſemant la paſleur de mainte obſcure tache,
Sur ſa tremblante ioue où le trépas s'attache;
Dans le fond du Palais bruſquement s'eſláncea;
Et montant forcenée à grands pas s'aduança
Sur le haut de la pyle au vœu feinct deſtinée,
Puis tire à fil trenchant le contelas d'Ænée:
Glaiue qui ne fut point acquis de telle main,
Pour ſeruir de miniſtre à ce coup inhumain.

 Là donc poſant les yeux où ſa douleur preſide,
Sur les habits Troyens & ſur la couche vuide,
N'aguere chers témoins des ardeurs de ſon feu;
Pour reſver & pleurer elle s'arreſte vn peu:
Puis elle eſpand ſon corps au milieu de la couche,
Pouſſant ces derniers mots de ſa dolente bouche.

 O deſpoüille qui fus ſi plaiſante à mon cœur,
Tant qu'il pleut aux decrets d'vn outrageux vainqueur,
Recueille mon eſprit deſlié de ſes chaiſnes,
Et deliure Didon de ſi cruelles geſnes.
C'eſt faict, il faut mourir: le Ciel Roy de nos iours,
De mes ans déplorez preſcrit icy le cours:
Mon Ombre maintenant ira ſuperbe & grande,*

*Ainſi l'entend le ſieur Bourbon, veu la ſuitte.

Bbbbb ij

Porter aux Dieux d'Erebe vne sinistre offrande.
D'vne illustre Cité i'assis le fondement,
Ses tours i'ay veu hausser iusques au firmament:
Vangeant mon cher espoux d'vne mort inhumaine,
Mon frere i'ay payé d'vne cuisante peine:
Heureuse, heureuse, helas! si la rigueur du sort
N'eust chassé les Troyens aux abris de mon port.

 Lors elle imprime au lict d'vne estreinte pressée,
Son visage déteinct & sa léure effacée:
Mourray-ie donc ainsi sans vanger ma douleur?
Mourons, mourons, dit-elle, & trompons ce malheur:
Ie veux soudain voler aux tenebreuses riues,
Pasle & sanglant effroy de leurs Ombres plainctiues.
Que ce cruel Troyen qui dédaigne mes vœux,
Fuyant en haute mer de l'œil hume ces feux:
Et remporte auec soy suiuant ses aduentures,
De mon trespas forcé la coulpe & les augures.

 Elle enfonce à ces mots le fatal coutelas,
On la void trébucher sur ce funebre amas:
Le fil du glaiue aigu de large sang escume,
Ce fleuue bouïllonnant parmy la couche fume,
Et Didon bras ouuerts debat ses pasles mains.

 Le sommet du Chasteau fremit de cris soudains:
Leur esclat furieux frappe la Ville esmeuë,
Vn tumulte tempeste & court de ruë en ruë:
Pleurs, plaincts & hurlemens par les femmes poussez,
Tonnent dans les hostels de douleurs insensez:
Et la caue rondeur des machines Cœlestes,
Resonne au contrecoup de ces clameurs funestes.

 Comme si l'ennemy plantoit les estendarts
Sur les portes de Tyr & tenoit ses ramparts,
Ou forçoit les hauts murs de la grande Cartage,
Foudroyant ces Citez d'vne bouïllante rage:
Et maint gros tourbillon d'vn brasier furieux,
Rauageoit les maisons des hommes & des Dieux.

 Anne aux terreurs du bruit à l'émeute esperduë,
Volant blesme & transie au buscher s'est renduë:

LES ADVIS.

La foule elle dissipe, elle éclatte de cris:
Et sa iouë offençant de ses ongles aigris,
Plombant son tendre sein d'une rigueur cruelle,
Par son nom de tout loin la mourante elle appelle.
Sont-ce là ces desseins, ô sœur mon doux espoir?
Vne sœur si fidelle as-tu peu deceuoir?
Cét autel supposé, ce feu, ce sacrifice,
Connuoient-ils ma ruine & ton piteux supplice?
Que plaindray-ie premier en vn si piteux sort?
Dédaignes-tu ta sœur pour compagne à la mort?
Atropos retranchant le beau fil de ta vie,
Deuroit d'vn mesme effort auoir Anne rauie:
Le mesme glaiue encore & le mesme tourment,
Nous deuroient emporter en vn mesme moment.
Auois-ie de mes doigts arrangé ceste pyle,
Inuoquant de nos Dieux le secours inutiles
Pour m'escarter cruelle, & te voir au retour
Quitter l'heur de la vie & les rayons du iour?
Ce glaiue chere sœur par ta playe inhumaine
Deuore auecques toy ta chetiue germaine,
Tes Peuples il deuore & ton Regne nouueau.
Cà, çà, lauons la playe, apportez-moy de l'eau:
Et s'il reste vn souspir de l'ame qui s'exhale,
Que ma léure le succe en ceste bouche pasle.
 La triste dit ces mots, & son pied va toucher
Les suprémes degrez de ce large buscher.
Là couuant cherement d'vne brassée ardente
Dans les plys de son sein la Princesse mourante:
De son habit souillé pleurante elle estanchoit
Les noirs bouillons de sang que la playe espanchoit.
Elise sur ce poinct trois fois s'est efforcée
D'esleuer quelque peu sa paupiere oppressée:
Coup sur coup elle pasme, & la playe a sifflé
Profonde au pasle sein d'vn lac de sang gonfflé.
Trois fois elle se dresse vn coude sur la couche,
Trois fois le bras forcé promptement se rebouche:
Sur le lict derechef elle fond à l'enuers:

Bbbbb iij

Et des yeux eſgarez vers l'Olympe entr'ouuers
Des beaux rayons du iour l'aſpect elle reſente,
Puis l'ayant reſenté iette vne voix dolente.
 Lors la grande Iunon daigne baiſſer les yeux,
Pour voir ces longs tourmens du clair Temple des Cieux;
Ce treſpas languiſſant poind ſon tendre courage,
Dont elle ennoye Iris gliſſer dans vn nuage,
Pour delacer du corps outré du coup poignant
Les reneſches liens de l'eſprit repugnant.
Car Didon violant les haultes deſtinées,
Et preuenant le but prefix à ſes années,
Parce que ſa fureur leur doux fil a briſé:
Proſerpine n'a point eſpars ce poil friſé,
Afin de tondre vn fil aux nœuds où l'or ſe mire,
Pour condamner le chef au ioug de ſon Empire.
 La roſoyante Iris par les Cieux oppoſant
L'émail de cent couleurs au beau Soleil luiſant,
Traiſne de longue trace vne aiſle iauniſſante,
Et ſur le chef Royal incline ſa deſcente.
Pour obeyr, dit-elle, à la Reyne des Dieux,
I'offre ce ſacrifice au Prince des bas lieux:
Et des priſons du corps ceſte ame ie deſlie.
Lors elle tranche vn poil de ſa dextre polie.
Soudain de toutes parts la chaleur s'eſcoula,
Et l'eſprit épuiſé par les airs renola.

LES ADVIS. 751

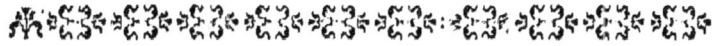

LE SIXIESME LIVRE
DE L'ÆNEIDE.

Il dit ces mots en pleurs, & lasche au gré des ondes
La bride à ses vaisseaux volans à voiles rondes.
Enfin le schaut la riue il vient borner son cours
Où Cumes renommée au Ciel porte ses tours.
La prouë à contresens vers l'onde est détournée,
L'ancre d'vn ferme arrest tient la flotte enchaisnée:
Les poupes au grand ventre ombragent tout le bord,
Les escadrons Troyens d'vn saut gaignent le port,
Pressant gais & brillans l'Hespericune riue.
Les vns, deçà, delà, cherchent la flamme viue,
Dans sa semence occulte aux veines des cailloux:
Vn gros courant au bois prend le cerf au poil roux:
Ceux-cy la tendre biche aux verds taillis rencontrent,
Ceux-là trouuans des eaux à leurs troupes les montrent.
 Mais le Prince pieux dont le soin ne dort pas,
Au Temple d'Apollon achemine ses pas,
Pour voir le creux secret de ce merueilleux antre,
Qu'vne profonde horreur enueloppe en son centre.
C'est où ce Dieu Prophete & regnant à Delos,
Declaroit l'aduenir aux suplians denots:
Instillant dans le sein de sa Vierge insensée
L'esprit sublime & fier d'vne haulte pensée.
 Il descouure desia le sainct boccage espais
De la Deesse Hecate & son riche Palais.
Dedale, comme on lit, armant son dos de plume
Pour fuyr de Minos que le courroux allume,
Osa voler aux Cieux par vn nouueau sentier,
Vers ce climat glacé qui void le Pole entier:
Son vol agile en fin calant l'vne & l'autre aisle
Sur les tours dont Calais orne sa Citadelle.
 Dés qu'il eut repris terre & salué ces lieux

Il fit bastir vn Temple au Dieu qui luyt aux Cieux:
Et dans ce Temple exquis de grandeur & d'ouurage,
Son plumage rameur il offrit pour hommage.

 Sur les portes d'airain ce rare Ouurier graua,
Le trépas d'Androgé que tant de sang laua.
Le Peuple de Cecrops pour la mort de ce Prince,
Vid par vn dur arrest condamner sa Prouince,
De liurer tous les ans sept de ses fils à mort:
L'vrne est grauée aussy d'où se tiroit le sort.

 Crete esleuée en mer vis à vis est plantée,
Là d'vn cruel amour Pasiphaé tentée,
D'vn taureau dédaigneux faict vn nouuel amant:
Et s'expose au larcin de son embrassement.
Le Minotaure icy leur race à double forme
Homme ensemble & taureau monstre sa face enorme,
Témoin incestueux d'vn execrable lict.
L'admirable maison cette Histoire embellit,
L'impenetrable erreur du scabreux labyrinthe,
Se void à longs detours par le burin dépeincte.

 Mais l'artisan luy-mesme attendry de pitié
De l'infante bruslant d'vne ieune amitié,
Demesla dextrement les nœuds & les ambages,
Dont il auoit tramé l'intrigue des passages:
Guydant par vn long fil l'aueuglement des pas
De l'amant estranger affranchy du trepas.
Toy-mesme, pauure Icare, en si riche peincture
Eusses veu le portraict de ta triste aduanture:
Car Dedale trois fois de ton amour ardent
Voulut au front de l'or tracer ton accident:
Mais sa main par trois fois d'aspre douleur surprise,
Luy tomba sur le sein & trahit l'entreprise.

 L'œil du Prince Troyen ces merueilles suyuoit,
Et son fidelle Acate aux portes arriuoit:
La fille de Glaucus Deiphobe il amene,
D'Hecate & d'Apollon Prestresse souueraine.

 Prince Royal, dit-elle, aux Siecles immortel,
Quitte-là ce spectacle & te rends à l'Autel:

Prenant

Prenant selon nos Loix aux hardes impoluës
Sept taureaux sans macule & sept brebis esleuës.
Ces animaux de choix par AEnée immolez
La Vierge a les Troyens au beau Temple appellez.

    Du flot roulant d'Eubee vn grand rocher s'approche,
Vn antre au large creux est taillé dans la roche.
Là se conduit le pied par cent chemins diuers,
Autant d'huys tenebreux là mesme sont ouuerts,
D'où s'eslancent cent voix affreuses aux oreilles
Quand la fureur prophete annonce ses merueilles.
Ia la Vierge s'escrie arriuant en ce lieu:
L'Oracle il faut tenter, voicy, voicy le Dieu.

    Comme elle eut dit ces mots au sueil de la cauerne,
Vn changement soudain en sa face on discerne:
Son cœur bondit de rage en son sein oppressé,
Sa couleur se ternit, son poil est herissé,
Plus grande elle paroist, & sa voix plus qu'humaine
De l'estommac enflé pantelle & sort à peine:
Vrays signes que le Dieu pres de soy l'attirant,
Va de son feu diuin ses veines inspirant.

    Que tarde ta priere, ô Roy Troyen, dit elle?
Que ne volent tes vœux à la voulte eternelle?
Sans eux le grand cachot croullant & gros d'effroy
Les cent gosiers beants ne doibt ouurir pour toy.

    Deïphobe se taist, & la frayeur gelée
Dans les os des Troyens tout à coup est coulée:
Et leur Roy Demy-dieu haussant au Ciel les yeux
D'vne priere ardente honnore ainsi les Dieux.

    O toy puissant Phebus, dont les soins salutaires
Protegeoient Illion & pleignoient ses miseres:
Qui les traicts de Paris & sa Troyenne main,
Addressas au talon du Pelide inhumain:
Soubs ton alme faueur suiuant mes longues erres,
I'ay percé tant de mers ceignans les grandes terres
Des noirs Massyliens aux fins de l'Vniuers,
I'ay franchy les sablons, i'ay les détroicts ouuerts:
Et sous ta guyde en fin la fuyante Hesperie

Nous reçoit favorable en sa riue cherie.
Que le sort des Troyens à nos pleurs endurcy,
Sans passer plus auant ait regné iusqu'icy.
Vous aussi Deïtez, dont l'ire mit en proye
La gloire de Dardan & la Grandeur de Troye,
Aux larmes des vaincus detrempez vos courroux:
Toy, sainéte Vierge, apres, de grace assiste nous.
Daigne moy confirmer par ta voix prophetique,
La promesse des Dieux pour le sceptre Italique.
Permets cette retraiéte aux Troyens desertez,
Loge leurs Dieux errans des mers trop agitez.
Lors Hecate & Phebus i'honnoreray d'vn Temple,
Où la richesse & l'art luyront d'vn rare exemple:
Construiét de marbres blancs au roch de Pareessus:
Et fonderay des ieux au beau nom de Phebus.
Attends aussi de moy, venerable Prestresse,
Le grand Temple & l'Autel ainsi qu'vne Deesse.
Tes Prestres i'estiray de qui les soins discrets
De tes oracles Sainéts garderont les secrets.
Ils diront le destin des successeurs de Troye,
Pourueu que ta faueur auiourd'huy nous oétroye,
Que dedans le feüillage ils ne soient point escrits,
De peur que si par fois du vent il est surpris,
Ainsi qu'vn vain iouët par l'air il ne s'ennole.
Chante les donc icy: lors il rompt sa parolle.

   La Vierge sur ce poinét d'vn geste furibond,
S'agite & se tourmente en son antre profond,
Des efforts d'Apollon non encore vaincuë
Elle resiste au ioug d'vne fureur ayguë:
L'esprit d'vn Dieu si grand elle secoüe en vain, *
La pressant de plus pres il force son dessein:
Et d'vn frein plus serré contrainét sa fiere bouche,
Pour rompre les eslants de sa fuitte farouche.

* On peut dire pertinemment qu'elle resiste a l'abord de ce Dieu apres l'auoir appellé: combattuë de deux passions contraires, le desir de l'Oracle & la fuytte de la souffrance à l'intromission d'vne Deïté dans le trop inegal logis d'vn corps humain.

LES ADVIS.

Ia l'antre de son gré les cent bouches ouuroit,
Et cette voix par l'air aux oreilles offroit:
O toy, qui trauersant les mers & la tempeste
Des plus aspres dangers as affranchy ta teste
Et qui d'autres plus grands en terre soustiendras,
Au sceptre d'Italie en fin tu paruiendras,
(N'en sois plus en soucy:) mais reçoy ce presage
Que tu regretteras d'auoir veu son riuage.
Guerre, guerre & terreur! ie voy le sang fumant
Teindre les flots du Tybre à bouïllons escumant.
Vn Simoïs fatal, vn bord sanglant de Xante,
Vn autre camp des Grecs en ces lieux se presante,
Vn autre fort Achille aux meurtres forcené,
Fils aussi de Deesse en l'Hesperie est né.
Iunon s'y trouue encore aux Troyens aduersaire,
Quels soins ne te poindront accablé de misere?
Quels Peuples ou Citez n'iras-tu requerir,
Qui puissent au besoin tes peines secourir?
Derechef vne hostesse aux Troyens destinée,
Rendra comme autrefois leur Gent infortunée:
Par vn lict estranger engendrant tous ces maux.
Arme toy d'vn cœur braue & t'expose aux trauaux,
Pour combattre l'effort d'vne telle influence.
Vne ville des Grecs trompant toute creance,
Premiere aura pitié de ton sort inhumain,
Et d'vn heureux salut te prestera la main.
Du profond Sanctuaire exprimant ces ambages
La Pithye annonçoit l'horreur des grands presages.
Sa forte voix mugit, meslant la verité
Dans les plis d'vn nuage espais d'obscurité:
Tant l'aiguillon ardent de la fureur diuine,
De ses eslancemens l'agite & la domine.
 Quand l'accés furieux eut quitté son esprit,
Ses clameurs accoisant, Ænée ainsi reprit.
Nulle image de peine, ô Diuine Pucelle,
Ne me sera iamais estrangere ou nouuelle.

Ccccc ij

LES ADVIS.

J'ay preueu les trauaux, j'ay roulé par discours,
Tout ce qui peut troubler le calme de mes iours.
Fay moy sans plus vn bien: on presche que l'entrée
Du Manoir de Pluton est en cette Contrée,
Dans le fond escarté d'vn tenebreux palus,
Que le Stix regorgeant forme de ses reflus:
Ouure cét huys sacré, conduy moy ie te prie,
Pour voir mon Pere Anchise & sa face cherie.
Au milieu des feux Grecs flambans de toutes parts
Et D'vn orage espais de flesches & de darts;
Ie le mis sur mon col d'vne tendre, alleigresse
Pour l'arracher des mains de l'outrageuse Grece.
Il assistoit part tout mes pas & mes trauaux,
De la mer & des Cieux supportant les assaults:
Contre l'ordre du sort d'vne vieillesse lente,
Et malgré sa santé dés long-temps languissante:
 Il m'a souuentefois requis & conjuré,
D'aborder suplyant ton Palais honnoré
Pour mandier ta grace, ô Vierge venerable,
Preste nous en commun vn secours fauorable:
Ton pouuoir est supreme, & Proserpine en vain
Le sainct bois des Enfers n'a pas mis en ta main.
Nous sçauons qu'vn Orphee animant les deux charmes
Des cordes de sa Lyre & ses flatteuses larmes;
L'idole de sa Dame a bien sceu repeter,
Et pollux par sa mort son frere racheter:
Passant & repassant du Monde aux Regnes sombres:
Souuent parmy les Dieux, souuent parmy les Ombres.
Vn Thesee, vn Hercule alleigueray-ie icy?
De Iupiter Tonnant ie tiens mon estre aussy.
 L'ardeur de sa priere en ces mots il explique,
Embrassant les Autels, & la Vierge replique.
Troyen issu d'Anchise & du tige des Dieux,
Chaqu'vn facillement deualle en ces bas lieux.
La porte de Pluton de tenebres couuerte,
Beante iour & nuict à tout homme est ouuerte:

LES ADVIS.

Mais renuerser le pas pour tenter vn retour,
Et regaigner vers nous les regions du iour,
C'est le poinct, c'est le coup: peu de gens l'ont peu faire,
Conduicts par Iupiter d'vne main salutaire:
Gens par le sang des Dieux de splendeur reuestus,
Et bruslans au labeur des supremes vertus.

 Vne espaisse forest ce Palais enuironne
Que l'Erebe aux flots noirs ceind d'vne ample couronne.
Si pourtant ton esprit cede à sa passion,
Si tu te sens vaincu de telle ambition,
De passer par deux fois le sein du Stix auare,
Et deux fois trauerser le lac du noir Tartare,
Et si des vœux si haults ton cœur osent piquer;
A ces soins auant tout il te faut appliquer.

 Vn grand arbre touffu son verd ramage espanche,
Fier d'vn autre rameau serpentant sur sa branche:
D'or est son mol scion, sa feuille large est d'or,
A la Reyne de Stix on garde ce tresor,
Caché dans le profond des forests recullées,
Et flanqué tout autour d'ombrageuses valées.
Mais que nul des vinans ne sonde le dessein,
De voir ce que la terre enferme dans son sein;
S'il n'a premierement par vn deuôt mystere,
Cuilly la tresse d'or du rameau salutaire:
La belle Proserpine entend que son Autel,
Soit honnoré-là bas de ce don immortel.
Vn second rameau naist quand le premier se cueille,
La branche d'or luisant & d'or la riche feuille.
Perce donc la forest & d'vn œil soucieux,
Cherche aux arbres plus haults ce tige precieux:
L'enleuant de la main, qu'il suyura fauorable
Si pour ce grand dessein le Ciel est exorable:
Autrement nul effort ne le peut arracher,
Ny le fer endurcy le vaincre ou le trencher.

 Mais las! apprends de moy la fascheuse infortune
De ton amy fidelle engloutty de Neptune.

Ccccc iij

Tu t'amuses icy des destins deuisant,
Tandis que son corps froid sur l'areine est gisant:
Et ton amitié vaine en sa perte piteuse,
Rend ta flotte polue aux grands Dieux odieuse.
Paye luy promptement les deuoirs de ton dueil,
Et consigne sa cendre au repos du cercueil:
Offrant pour commencer vn choix de brebis noires,
Au venerable Autel des vœux expiatoires:
Apres tu pourras voir ces bois & ce Palais
Que les yeux d'vn viuant ne visitent iamais.
Lors reprimant sa voix la bouche elle resserre.

 Mais Ænée en soupirs baissant les yeux en terre,
Sort de l'antre Prophete, & roule en ses esprits
Les aueugles secrets qu'il a des Dieux appris.
Son cher Achate & luy tracent leurs pas ensemble,
Ainsi qu'vn mesme cœur leurs soins encore assemble.
Par deuis mutuels leur doubte consultoit,
Quel mort veuf de tombeau la Sibylle chantoit.
Arriuez prés du port ils auisent Misene,
Misene Aeolien estendu sur l'areine,
Par l'indigne rigueur d'vn accident fatal.
La trompette il sonnoit, & n'eut aucun égal,
Pour allumer le feu des sanglantes alarmes,
Et piquer de ses tons la fureur des gens d'armes.

 Il estoit compagnon du magnanime Hector,
Le seruant du clairon & de la lance encor:
Heros braue aux combats: mais quand le fier Pelide
Trempa du sang d'Hector sa victoire homicide;
Lors par vn nouueau choix non moins hault & pompeux,
A l'amitié d'AEnée il tourna tous ses vœux.

 Comme du ventre creux d'vne coquille ronde,
L'imprudent faict sonner le large sein de l'onde,
Et qu'animant ses tons vainement il s'esbat,
A prouoquer les Dieux de venir au combat;
Triton [s'il est croyable] enuenimé d'enuie,
Pour esteindre son art conspirant sur sa vie;
Le renuerse engloutty sur le flanc des rochers.

LES ADVIS.

Parmy l'onde escumeuse & l'effroy des nochers.
 La troupe esleue adonc vne clameur dolente,
Mais le Prince pieux sur tout autre lamente.
Chaqu'vn baigné de pleurs embrasse le conseil
De la Vierge Sibylle & dresse l'appareil:
Dont la pile du mort d'arbres entrelassée,
Puisse estre promptement vers les Astres haussée.
 Les antiques forests ce-Peuple perce à iour,
Des feres euentant le plus secret seiour:
Les pins & les sapins largement on terrace,
Le chesne geind aux coups & bronche sur la place.
Maint hault fresne sappé gist par terre estendu,
Et le bois plus leger par les coins est fendu.
Ces grands arbres apres poussez à toute peine
Sont roullez par les monts vers la funeste areine.
 Or parmy ces labeurs le Prince des premiers,
Agite la coignée & haste les ouuriers.
Son triste cœur discourt & prie en cette sorte
Contemplant la forest qui le bel arbre porte.
Dieux! si dans ces forests i'aduisois quelque-part
Ce fatal rameau d'or par vn heureux hasard,
Suiuant le sainct aduis de la haute Prophete
Pour Misene, ô douleur! trop certaine interprete!
 Le Demi-dieu Troyen acheuoit de parler
Quand il void deux pigeons par les airs deualèr:
Ils volettent flatteurs autour de son visage,
Puis se viennent poser sur le plus mol herbage.
Voyant donc les oyseaux que sa mere cherit,
Ses vœux, d'vn cœur allegre, en ces mots il reprit.
S'il y a quelque voye, ô cheres collombelles
Conduisez-moy, dit-il, fendant l'air de vos aisles:
Guidez-moy dans le bois où ce diuin tresor,
Ombrage vn gras terroir soubs ses feuillages d'or:
Et toy, Mere Deesse, assiste & fauorise
Les trauaux de ton Fils en si haute entreprise.
 Ses léures & sa voix à ces mots refermant,
Il se plante sur pieds, obseruant fixement

Quel chemin designé les oyseaux pourroient prendre,
Ou quel signe ils feroient paissans sur l'herbe tendre.
Lors ils vont enfiler leur route vers les Cieux,
Telle qu'on la peut suyure à la poincte des yeux.
Mais comme ils approchoient les riues de ce gouffre,
D'où le lac des Enfers vomit l'odeur du souffre,
D'vn vol haut & sublime ils s'esleuent soudain,
Puis ils fondent de poincte à trauers l'air serein :
Et se viennent r'assoir fermans l'vne & l'autre aisle,
Sur l'arbre desiré de la branche gemelle,
Dont l'aspect variant d'vn esclat nompareil,
Tressault à flammes d'or aux rayons du Soleil.
 Comme aux mois de l'hyuer assaillis de froidures
Le chesne est reparé des gayes cheuelures
D'vn ieune guy rampant, dont le rameau leger
Naissant d'vn tige propre à l'arbre est estranger :
De ses feuilles pourtant la verdeur saffranée,
Tient la rondeur du tronc par tout enuironnée.
Ainsi le rameau blond à l'œil estincelant,
Allie au chesne ombreux son feuillage oppulent :
Ainsi la feuille d'or à la feuille se iouë,
Cliquetant aux soupirs du vent qui les secouë.
 A l'abbord du rameau le Prince auide & prompt,
Iette la main dessus & dextrement le rompt :
Luy semblant trop retif tant son desir le pique,
Puis il le va porter à la Sibylle antique.
 Les Troyens cependant lamentoient sur le port,
Payans l'extreme office aux mânes sourds du mort.
La troupe en premier lieu de toutes parts s'amasse,
Et l'immense buscher largement elle entasse,
De bois gras & gommeux par son trauail fendus :
Ils tapissent les flancs de rameaux espandus,
Le front est ombragé de cyprez mortuaire,
Et l'acier d'vn harnois sur le haut faiste éclaire.
Ceux-là d'vn soin hastif font chauffer l'eau du bain,
Tressaillante à bouillons aux chaudieres d'airein :
Lauent ses membres froids d'vne transe fatale,

Et

LES ADVIS.

Et parfument d'onguens ce grand corps royde & pasle,
Ils baignent de leurs pleurs le corps iadis si cher,
Posans ce mort pleuré sur le triste bucher :
Et les habits pourprez qui connuroient sa personne.
Iettez sur elle encore aux feux on abandonne,
Ceux-cy que l'amitié perce d'vn plus grand dueil,
Auoyent presté l'espaule à porter le cercueil :
Et la torche en la main d'vn paternel vsage,
Pour allumer ce bois d'estournoient le visage :
La viande & l'encens, par tas emmoncelez,
Auec les vaisseaux d'huille ensemble sont bruslez.

Quand les feux accoisez eurent leur faim soullet,
Laissans au lieu de pyle vne cendre esbouillée,
Ils arrousent de vin, par gouttes le versans
La flameche alterée & les os blanchissans.
Ces mesmes os sacrez suruiuans à leur maistre,
Dans vn vase d'airain sont enclos par le Prestre,
Trois fois cernant le Peuple aspergé du rameau
De l'Oliuier heureux imbu d'vne saincte eau :
Sa tache il purifie en cette eau pure & claire,
Puis dit les derniers mots & ferme le mistere.

Le Prince que son dueil au dernier vœux instruict,
Sur la creste d'vn mont le grand cercueil construict :
Du mort sur le sommet il arbore les armes,
La rame & la trompette ayguillon des alarmes :
Ce mont est esleué prés la voûte des Cieux,
Qui reiettant son tiltre approuué des ayeux :
Pour tirer d'vn beau nom quelque gloire certaine.
Aux siecles eternels s'appellera Misene.

Si tost qu'il eut remply l'honneur du monument,
Aux conseils de la Vierge il vaqüe promptement.
Vne grande cauerne au fond rude & pierreuse,
D'vn large baillement ouure sa gueulle affreuse.
Le sein d'vn lac profond la rempare à l'entour,
Ciruy d'vne forest inaccessible au iour.
Le tenebreux gosier de l'effroyable gouffre,
Soufflant aux Cieux courbez l'esprit fumeux du souffre,

Dddd

Trauerſe ſur ce lac le traiect des oyſeaux,
Engloutis des vapeurs & bronchans dans les eaux.
Dont les Grecs obſeruans l'air de ceſte cauerne,
Pour marquer ſes effects la nommerent Auerne.
Lors le Prince commence à payer ſes deuoirs,
Et preſente en ce lieu quatre grands bouueaux noirs.
Au milieu de leur front la deuote Sybille,
Vn vaze de vin pur à longs filets diſtille :
Puis ſur les feux ſacrez du poil elle eſpandit
Cueilly dans le croiſſant que leur corne arondit.
Comme elle a de ces dons l'offrande commencée :
Pour appeller Hecate elle a ſa voix hauſſée,
Deeſſe que le Stix loge entre ſes grands Dieux,
Et qu'on reuere encore en la trouppe des Cieux.
L'vn fourre le couſteau ſoubs la gorge des beſtes,
Les autres à deux mains tiennent les coupes preſtes,
Pour receuoir le ſang à gros bouillons fumant :
Luy meſme ſans delay teint ſon glaiue eſcumant,
Au ſang d'vne brebis de noirs flocons veluë :
Victime que la nuict a pour ſon Temple eſleuë,
Nuict mere des Fureurs qui regnent chez Pluton,
Et que ſa ſœur la Terre accepte encore en don.
D'vne vache ſterile il honore leur Reyne,
Puis l'Autel de Pluton de taureaux il eſtrenne :
Les inteſtins entiers ſur la flamme impoſant,
Et ces boyaux ardans d'huille graſſe arrouſant.

Ia l'extreme Oriſon qu'vn ſombre eſclat redore,
Annonce le Soleil vers le lict de l'Aurore :
La Terre ſoubs les pieds mugit d'vn ſon affreux,
On void trembler par tout le chef des bois ombreux,
Les chiens ſemblent heurler dans l'ombre ſolitaire,
Et la Deeſſe arriue inuoquée au myſtere :
Quand la Vierge des Dieux s'eſcrie à haute voix :
Loin, loin, prophanes loin, n'approchez le Sainct bois.
Mais toy, Fils de Deeſſe, enfiſte ce paſſage,
Pren ton eſpée au poin, arme toy de courage :
Il te faut maintenant animer ta vigueur

D'vne ferme constance & renforcer ton cœur.
Ces propos acheuez par l'antique Prophete,
Au gouffre large-ouuert, terrible elle se iette:
Elle marche en fureur où son Dieu la conduit:
Le Troyen franc de crainte à pas égaux la suit.

O Dieux qui presidez sur l'Empire des Ombres,
Et vous esprits muets hostes des Palais sombres,
Vous aussi Phlegeton, vous tenebreux Cahos,
Qu'vn silence eternel tient largement enclos,
Si i'appris autrefois vos haultes aduentures,
Guidez moy pour les dire à nos races futures:
Que ces profonds secrets soubs la terre voilez,
Du centre de la nuict au iour soient reuelez.

A trauers maint Phantosme & l'horreur du silence
De l'ombre enueloppez l'vn & l'autre s'aduance,
Au regne de Pluton tristement vague & vain:
Dont le doubteux aspect suspend l'œil incertain.
Tout ainsi que par fois quand le front de la Lune
Respand auarement vne lumiere brune,
Iupiter, offusquant la pointe de ses rais,
Par l'obstacle importun des nuages espais,
Le voyageur surpris dans les Forests tracassé,
Des obiects soubs la nuict mécognoissant la face:

Vers le premier Paruis les Pleurs se sont logez,
Et les Regrets vangeurs à leur costé rangez,
La chagrine Vieillesse à leur bande s'allie,
La Maladie est proche à la face paslie:
La Peur y faict seiour, la salle Pauureté,
Et pres d'eux est la Faim au conseil eshonté:
Monstres de forme estrange, effroyables à l'homme:
Là le Trauail, la Mort, & son frere le Somme.
Les Vins sont autour faux appasts des esprits:
La malheureuse Guerre vn mesme siege a pris.
Les Eumenides sœurs y font leurs residence,
Ioignant les licts de fer berceaux de leur naissance:
Et l'horrible Discorde habite sur ces bords
Ses longs crins de serpens d'vn nœud sanglant retors.

Ddddd ij

Vn grand orme ancien de son vague branchage
Au milieu de l'espace vn large rond ombrage:
C'est où les Songes vains ont choisi leur Palais
Perchez sur chaque feuille en ces rameaux espais.
Tous les Monstres fameux que la Nature porte,
Leurs gistes ont esleus aux flancs de ceste porte :
Les Centaures y sont, les Scylles auprès d'eux
Font de leur double image vn spectacle hideux :
Là Briare le fort cent bras nerueux agite :
Là Python le serpent ses fiers sifflets irrite :
La flambante Chimere habitte encores là,
Et celle que Persée en volant decola.
Mainte horrible Harpie autour de ces lieux vole,
Là Gerion aussi mesle sa triple idole.

Le Prince Demy-dieu frappé d'effroy soudain,
Serre plus fermement le glaiue dans sa main :
A leur abord fascheux offrant sa pointe ardente.
Et sans l'aduis qu'il eut de la Vierge prudente,
Que ces Monstres estoient les phātosmes des morts,
Spectres volans & creux dépouillez de leurs corps:
Son espee à ce coup tentoit vn vain carnage,
Sur le masque pipeur de leur friuole image.

Le chemin qui conduict au fleuue de là bas,
En ce lieu de terreur ouure le premier pas.
Vn gouffre bouillonnant au trouble sein de l'onde,
Vomit du vaste creux d'vne gueulle profonde,
Vn infame bourbier qui sortant d'Acheron
Engendre le Cocite épars à l'enuiron.

Caron Nocher affreux, rouillé d'vne orde crasse,
Du passage & des flots l'vnique soin embrasse.
Le poil gris de sa barbe inculte & mal bresse,
Pend à lons eschcueaux du menton herissé :
S...... ......es tir bit d'vne flamme obscure,
.. ..d de son espaule dure,
.... noud double, & dans le pli de l'eau
. .... l'auiron il conduict son batteau.
.. ... .l pouuoit cette hydeuse barque,

LES ADVIS.   765

Et passe le butin de la fatale Parque.
A l'œil il paroist vieux, mais la vigueur du Dieu
Verte & brusque aux effects de ieunesse tient lieu.
   Icy le genre humain de toutes parts arriue,
A la foule accourant espandu sur la riue :
Hommes, femmes, enfans, magnanimes Heros,
Dans le cours de leur gloire aux sepulchres enclos:
Les Vierges en leur fleur, la virille ieunesse,
Qui laissent pere & mere accablez de tristesse.
Ainsi quand le Soleil escarte ses beaux rais,
Au premier froid d'Autone on void dans les forests,
Tomber à milions les feuilles esgarées:
Ainsi void on encor sur les mers asurées,
Voler à grands scadrons les oyseaux passagers :
Lors que fuyans le froid des climats estrangers,
Ils viennent tous transis percer ces longues erres,
Pour humer le doux air que respirent nos terres.
   Chaqu'vn de ces Esprits flattant le nautonnier,
Tend les bras suppliants pour passer le premier,
Pressez d'vn chaud desir de voir l'autre riuage.
Le Nocher cependant d'vn front rude & sauuage,
Les prend par cy, par là, selon l'heur de leur sort :
Et reiettant le reste il l'eslongne du bord.
   Or le Prince Troyen qui ce tumulte admire,
Parle ainsi tout esmeu : Vierge, daigne moy dire,
D'où vient ce grand concours aux riues de ceste eau
Que cherchent ces Esprits autour de ce batteau ?
Et par quelle raison de choix ou difference,
Ceux-là quittent le bord pasles de froide transe ?
Ces autres, au reuers, fauoris du Nocher,
Vont à coups d'auiron les troubles flots trancher :
   Ainsi respond en bref la Sybille Prestresse.
O Prince fils d'Anchise, & vray sang de Deesse,

Ceux que tu vois icy chassez loin du vaisseau,
Sont les pauures chetifs denuez de tombeau.
Ce Nocher est Caron, ceux qu'il guide en sa nasse
Au repos du cercueil ont pris heureuse place.
Et n'est permis à luy de traietter les morts,
Pour voir de l'autre part la sombre horreur des bords
De ce fleuue enroué d'vn turbulent murmure,
Si leurs Mânes n'ont eu l'honneur de sepulture.
Ils errent vagabonds par le cours de cent ans,
A l'entour de ces bords tristement voletans:
Pais ils vont aborder ces plages souhaittées
D'où les Ombres enfin au repos sont portées.

 A ce mot le Troyen de pied ferme arresté,
Sur maint penser profond son esprit a ietté.
Et comme ses regards lentement il promene,
Sur ces pauures bannis en déplorant leur peine,
Il recognoist entr'eux l'œil morne & le front bas,
Deux amis desnuez des pompes du trespas,
Oronte dirrecteur des Vaisseaux de Lycie,
Et Leucaspe dont Mars a la gloire esclaircie.
S'estans au port de Troye alliez d'vn beau nœud,
Mesme route ils suiuoient conioincts en mesme vau:
Quand l'Auton nauffrageux d'vn grand choc bouleuerse,
Leur trouppe & leurs vaisseaux perdus en l'onde perse.

 Palinure Pilotte encore il apperçoit,
Qui dans la triste bande à lents pas tracassoit.
N'agueres obseruant la face des estoilles,
Tandis qu'vn vent Lybique enfloit ses rondes voiles,
De la poupe maistresse en mer il trebucha,
Et son corps bras ouuerts sur les flots s'espancha.
Quand Ænee apperçoit sa dolente figure,
A peine remarquable à trauers l'ombre obscure:
Palinure, dit-il, quel destin ou quel Dieu,
Pour te rauir à moy, t'a reduict en ce lieu?
Qui t'acabla pauuret, sous la vague vuitine?
Responds à ton amy: la Prophete Cortine,
Par mes fidelles soins enquis exactement,

LES ADVIS.

En cét article seul ses Oracles dement.
Elle me promettoit que la fiere tempeste
En la course des mers ne frapperoit ta teste,
Te laissant sain & sauf l' Italie aborder:
Sa foy doibt elle ainsi nos fiances frauder?

 Palinure replique : O genereux Ænee,
Phebus n'a point fraudé la foy qu'il t' a donnee:
Ny mesme aucun des Dieux contre nous irrité,
Dans le gouffre des mers ne m'a precipité.
Car tandis que piqué des soins de mon office,
Ie guidois à deux bras d'effort & d'artifice,
Le timon principal à ma garde commis,
Pour vaincre la fierté des Autons ennemis;
Cét effort l'arrachant d'vn sault il fond en l'onde,
Et sans lascher les bras sa cheute ie seconde.
Par l'impiteuse mer ie te proteste icy,
Que ie n'eus pour mon chef ny crainte ny soucy,
Si griefs que la douleur que i'eus pour ta personne:
Te voyant trauerser vne mer si felonne,
Dans vn fresle vaisseau sans guyde & vagabond,
Qui tronqué d'attirail alloit couler à fond.
Trois iours ce vent terrible esleuant la tourmente,
M'emporte aux vastes mers sur la vague escumante.
Mais comme le quatriesme ouuroit ses rais nouueaux,
I'apperçois de tout loin esleué sur les eaux,
Le riuage promis de la belle Hesperie.
I'approchois peu à peu cette riue cherie:
Lors qu'abordant à nage affranchy des hazarts,
Pesant d'abits trempez, ie voy de toutes parts,
Vn peuple furieux qui m'assault de l'espée,
Me croyant quelque proye en ses rets attrapée:
Ainsi que ie pensois fermement accrocher,
Auec les doigts courbez, le faiste d'vn rocher.
Dont ie reste auiourd'huy sur le bord du riuage,
Agité, secoué, des vents & de l'orage.

 Ie te coniure donc par l'air & par les Cieux,
Elements de la vie & lumiere des yeux.

Par le nom de ton Pere, & l'heureuse esperance
Qui croist en ton Iule auec sa noble enfance,
Deliure moy de peine, inuincible Heros,
Fais donner à mon corps la terre & le repos:
Il git prés de Velie & l'abbord t'est facile.
Ou bien si tu conçois vn conseil plus vtile,
Si ta mere Deesse a quelque aduis plus sain,
(Car sans elle iamais ce merueilleux dessein
De trauerser le Stix n'eust enflé ton courage,)
Secours à tel besoin! la douleur qui m'outrage:
Tends la main au chetif & l'attire au batteau,
Pour gaigner auec toy l'antre riue de l'eau:
Affin que pour le moins son Ombre desolée,
Soit d'vne douce paix en la mort consolée.

 Comme il eut dit ces mots la Sibylle reprit:
Quel iniuste desir a piqué ton esprit?
Oserois tu pretendre insensé Palinure,
De passer l'eau de Stix priué de sepulture?
Verras tu sans congé les courants des Enfers?
Et leurs ports sans adueu te seront-ils ouuerts?
Cesse de croire aussi que les destins flechissent,
Par prieres ny vœux les Loix qu'ils establissent.

 Mais reçoy cét aduis pour soulager ton soin.
Les Peuples des Citez aduertis prés & loin,
Par le fleau menaçant des prodiges celestes,
D'expier ton massacre & tes peines funestes,
Te feront esleuer vn riche monument,
D'vne fameuse obseque orné pompeusement:
Et le lieu signalé de ta triste aduenture,
Retiendra pour iamais le nom de Palinure.
L'esprit s'appaise lors asseuré du tombeau,
Flattant vn peu son dueil de cét espoir nouueau,
De voir apres la mort sa memoire illustrée,
Dans le nom eternel d'vne riche Contrée.

 Partant la Vierge Sainéte & le Fils de Venus,
Continuans leur train prés de Stix sont venus.
Mais dés que le Nocher ramant aux bords de l'onde,

Les

LES ADVIS.

Les apperçoit de loin dans la forest profonde,
Cheminer en silence & s'approcher des flots,
D'vn son rude il les tance & profere ces mots.
   O quiconque sois tu, prophane temeraire,
Qui viens au Stix armé, dy, que penses-tu faire?
Et sans passer plus outre arreste là tes pas.
Le Ciel assigne icy le sejour du Trespas:
Icy la Nuict muette & le Somme resident,
Les immuables loix qui sur ce lac president,
Ne souffrent qu'vn viuant au trajet soit receu.
Et me trouuay iadis mescontant & deceu,
D'auoir permis ma barque & ma peine prestée,
A passer le Thebain, Thesee & Perithée,
Quoy que nez des grands Dieux & d'illustre valeur.
Ces deux suiuant l'instinct d'vne folle chaleur,
Tenterent vn effort sur la couche royale,
Pour voler à Pluton son espouse loyale:
Cét autre osa ranir du portail des Enfers
Cerbere gardien l'empestrant de gros fers.
   La Prophete d'Amphrise en ces termes replique.
Nulle embusche, ô Caron, nulle entreprise inique,
Ne nous ameine à toy, quitte ce vain soucy:
Et pour forcer aucun l'acier ne luit icy.
Que l'effroyable chien portier des Regnes sombres,
De ses abbois sans fin tance les pasles Ombres:
Que Proserpine aussi, chaste & pure à iamais,
De son Oncle Pluton occupe le Palais.
   Celuy que ie conduis est le Troyen AEnée,
Qui des plus hauts lauriers ayant sa gloire ornée,
Insigne en pieté, grand Nocher, te semond,
Pour aller vers son Pere en ce Monde profond.
Si telle pieté ne touche ton courage
Qu'il soit au moins touché du respect de ce gage.
Deiphobé à ce mot luy montre à découuert,
Le sacré rameau d'or soubs son habit ouuert.
Au venerable aspect de ce don salutaire,
Caron enflé s'appaise & r'assied sa colere:

Eeeee

Le Nautonnier rauy pique ses yeux constans,
Sur ce fatal rameau qu'il n'a veu de long-temps:
Et sans plus resister, dans vn calme silence
Sa nacelle rouïllée à la riue il aduance.
Lors dechassant au loin les idoles des morts,
Qui se rangeoient en foule au long des tristes bords:
Il faict vn large espace, & loge en la nacelle
Le grand corps du Troyen & la sage Pucelle:
Dont l'esquif de vieux ais gemit soubs le fardeau,
Et par mainte creuasse il baaille & puise l'eau.
Le Dieu fuit cette plage & de longue trauersé
Il mesure Acheron fumant d'escume pers:
Puis les pose à la fin en l'autre extreme part,
Dans vn marais bourbeux d'vlue espaisse blassard.
Or le grand chien portier d'vn triple gosier tonne,
Et son abboy tranchant ces Royaumes estonne.
Sur le ventre il s'estend largement cuasé,
Dans vn antre effroyable au riuage opposé:
La Vierge qui le void herisser ses trois testes,
De gros serpens affreux sisflans à hantes crestes:
Vn gasteau sommeilleux luy iette promptement,
Detrempé dans le miel meslé d'vn ius charmant.
Ses trois gosiers ouurant d'vne ardeur assamée,
Il engloutit en l'air la gallette charmée,
Le Monstre tost apres au somme a succombé,
Son puissant dos matté croullant est retombé:
Et l'enorme largeur de l'eschine & du ventre,
Sur la terre espanduë emplit le sein de l'antre.

Cerbere enseuely dans ce flatteur repas,
D'vn brusque eslancement le Roy gaigne le pas:
Et sans garde saisit ce tenebreux riuage,
Qui iamais au retour ne preste le passage.

Approchant du pourpris il oid au premier sueil,
Les hauts cris gemissans, les tristes voix de dueil:
Des enfans esplurez, qu'vne chanse cruelle
Sèure en mesme moment de vie & de mammelle,
Les priuant des beaux rais du celeste flambeau,

LES ADVIS. 771

Pour ieter leur tendresse en l'horreur du tombeau.
Ceux qu'on a fait mourir par iniuste sentence,
Logent pres des enfans leur plaintiue innocence.
Ny n'obtiennent ces rangs sans égard ou sans loy:
Car Minos iuste Iuge & venerable Roy,
Assemblant en conseil la brigade infernalle,
Des aduis de chaqu'vn remplit l'vrne fatalle:
Pour en tirer apres les bons ou mauuais sorts,
Selon qu'il s'esclaircit du merite des morts.

 Le lieu proche est remply de ces ames dolentes,
Dont le cœur penetré de douleurs trop cuysantes,
Par vn fier desespoir violans leurs beaux iours,
De leur vie inculpable ont abregé le cours.
Et respandu leur sang d'vne fureur meurtriere,
Ennemis du Soleil & de l'alme lumiere.
O Dieux qu'ils voudroient bien reuoir nostre clarté,
Parmy les durs trauaux & l'aspre pauureté!
Mais le Ciel qui s'oppose à leurs cris implacable,
Les entraue du Stix palus non repassable:
Et le trouble Acheron d'vn cours neuf fois retors,
A leur retour encor trenche tous ses abbors.

 Vne plaine est auprés vaguement espandue,
Qui découure à plein fond son ombreuse estendue:
Le nom de champ de pleurs on luy donne là bas.
Car ceux-là que l'amour precipite au trépas,
S'y cachent à l'abry tracassans mainte sente
D'vne forest de myrthe en tout temps verdissante:
Et souffrent les douleurs qui les gehennoient iadis,
De paix au cercueil mesme à iamais interdicts.

 Dans les sombres vergers de ce funeste Asyle,
Il void Phedre, Procris & la triste Eriphyle,
Qui d'vn geste honteux designe auec la main,
Le coup qu'vn fils cruel luy porta dans le sein.
Pasiphée s'y void, Euadne est auprés d'elle,
Laodamie assiste espouse trop fidelle:
Cœnée autrefois fille & depuis de moyseau,
Ores reduict au sexe, augmente ce troupeau.

      Eeeee ij

LES ADVIS.

Dans ces grandes forests Didon la belle Reyne,
La playe encores fraische à l'escart se proumene.
Mais si tost que le Prince approchant de plus prés,
De la Reyne en l'obscur eut remarqué les traicts,
Tout ainsi que par fois au retour de la Lune,
L'œil void ou pense voir vne lumiere brune,
Entreluysante aux yeux dans le nouueau Croissant,
Soubs les plys d'vn nuage à peine paroissants
Lors pleurant d'amour tendre il luy dit ces parolles.
Donc les bruits de ta mort ne furent point friuolles!
Donc, ô pauure Didon, vn farouche desdain,
Contre ta ieune vie auoit armé ta main!
Et ie causay, chetif! vn mal-heur si funeste!
I'atteste les saincts feux de la voute celeste,
Le nom des Dieux i'atteste & l'innocente foy,
Si dans ce Monde bas on respecte sa loy;
Que ie meurtris mon cœur pour eslongner ta riue.
Mais le decret des Dieux qui nos desseins captiue,
Qui me force à percer la tenebreuse erreur,
De ce climat hideux plein de cris & d'horreur,
Me contraignit, ô Reyne, à quitter ta presance.
Ny ne pus croire alors que l'ennuy de l'absance,
Te portast à l'excés qui te iette en ces lieux.
Arreste vn peu tes pas, ne fraude plus mes yeux:
Fuis-tu ce cher amant? la haulte destinée,
Pour la derniere fois t'ameine ton Ænée.
Le Prince s'efforçoit par des propos si doux,
De flatter cét Esprit tout bruslant de courroux:
Mais Didon sans parler reiettant tous ses charmes,
Regarde de trauers son visage & ses larmes:
Puis fichant l'œil à terre & fronçant le sourcy,
Son cœur à tels denis reste plus endurcy,
Qu'vne libe de marbre, ou la roche euentée
Que la suite des ans sur Marpeise à plantée.
En fin l'ire l'emporte, elle eschappe & s'enfuit
Dans le profond des bois & de l'obscure nuict:
Où son premier espoux heureusement prouoque

LES ADVIS.

Par sa fidelle flamme vn amour reciproque.
Le Troyen cependant qu'vn si cruel malheur,
Perce des ayguillons d'vne amere douleur;
Haste ses pas bien loin apres la triste Reyne,
Lamentant tout en pleurs & sa fuyte & sa peine.
 Delà suiuant leur trace & le but designé,
Ils entrent dans le champ aux braues assigné.
Parthenope & Tydée en ce champ prennent place:
Adraste entre ceux-là montre sa pasle face.
Les Grands de Troye y sont par le fer deuorez:
Guerriers qu'en ce hault Monde on auoit tant pleurez.
 Ils abordent Aenée & leur sort il lamente:
Glauque s'offre à ses yeux, Medonte se presente,
Thersiloque suruient, les trois fils d'Antenor,
Polybete l'onsiphe en haste arriue encor:
Idée accourt aussi le charton Priamide,
Dont l'vne & l'autre main tient son dard & sa guide.
Voicy de toutes parts ce nombreux escadron,
Enueloppe ses flancs & bruit à l'enuiron:
Et non content apres d'auoir veu ce visage,
Il veut reuoir cent fois les traicts de son image:
S'empresse pour le suiure, & desire estre instruict
Du suiet qui l'ameine aux Regnes de la nuict.
 Tandis la fleur des Grecs, la Phalange Argolique,
Sent qu'vne aspre frayeur soudainement la pique:
Voyant ce grand Heros & l'esclair de l'acier
Flamber au fil du glaine & sur le haut cimier.
Vne part de la bande aux routes prompte & duicte,
Comme iadis aux nefs dans la nuict prend la fuite:
L'autre veut s'escrier sa voix gresle haussant,
Qui beante d'effroy trompe son foible accent.
 Il parle à ces Esprits quand l'horreur non preuenë,
Du vaillant Deiphobe a diuerti sa veuë.
Ce Fils du bon Priam rapporte sur son corps,
De la rage & du fer les extremes efforts.
Ses deux bras sont coupez, l'honneur de son visage
Est desolé par tout à vn horrible carnage:

Il a le nez sanglant honteusement tranché,
Son œil qui fut si beau du chef est arraché,
L'oreille gauche, & droitte est tronquée & sanglante,
Et la lévre à lambeaux sur le menton pendante.

A peine le Troyen recognoist son amy,
Qui honteux & tremblant ne paroist qu'à demy,
Cachant son chef affreux derriere ces idoles:
Et d'vne voix connuë il luy dit ces parolles.

Genereux Deïphobe, illustre sang de Roy,
Quelle horrible vangeance a-ton prise de toy?
Quel bras assez puissant d'vn cruel aduersaire,
T'a iamais peu reduire à tel poinct de misere?
Partant des bords Troyens nous ouysmes vn bruit,
Que dans ces grands combats de la derniere nuict,
Tu fondis las & mort sur le vaste carnage
D'vn monceau d'ennemis fauchez par ton courage.
I'esleuay sur la rade vn vide monument,
Et tes mânes trois fois t'appellay hautement:
Tes armes & ton nom le lieu conserue encore:
Et iure ce tombeau que sainctement t'honnore,
Que ie ne pus te voir quittant ce bord fatal,
Ny déposer ta cendre en son terroir natal.

O fleur des Demi-dieux & des amis celebres,
Tu m'as, respond l'Esprit, comblé d'honneurs funebres:
Deïphobe a receu de ta tendre pitié,
Tous les sacrez denoirs requis à l'amitié.
Mais las! par mon malheur, l'impieté mortelle
De cette Spartiate impudique & trop belle,
Cét excés inhumain a perpetré sur moy,
Voicy les monumens qu'elle laisse de soy.

Car tu sçais en quels ieux, quelle fauce allegresse
Nous passasmes le soir qui couronna la Grece.
Eh qui peut oublier, ô souuenir trop dur!
Ce funeste cheual qui sauta nostre mur:
Et s'esleuant sur Troye au doux sommeil charmée,
De son ventre engrossé respandit vne armée?
La malheureuse adonc les Orgies feignant,

LES ADVIS.

Vn brandon en la main s'en alloit trepignant,
Dans le milieu d'vn bal où les Dames de Troye
Celebroient à hauts cris vne derniere ioye:
Appellant de nos tours par ce traistre signal,
La ieunesse d'Argos au carnage fatal.

Aggraué dés long-temps de soucis & de peines,
Vn doux sommeil profond se glissoit en mes veines,
M'attachant pieds & mains au miserable lict,
Qu'vn vain éclat de pompe en nos Cours embellit:
A l'enuers estendu sourdement immobile,
Vray portraict d'vn trépas delectable & tranquile.

Or pour fraper sans peur ce coup de trahison,
Ma bonne Espouse auoit desarmé la maison:
Mesmes à mon cheuet rauy la chere espée,
Dans le sang des Danois tant de fois retrempée.
De Sparte sur ces poincts elle appelle le Roy,
Et mes portes ouurant le recueille chez moy:
Pour flatter son amour en m'offrant pour victime,
Et croyant que ce traict couuriroit le vieux crime.
Que te diray-ie plus ? en ma chambre introduict
Sur ma face il se ruë & l'Itaquois le suit,
Ce malheureux Autheur de toute forfaicture.
Dieux renuoyez aux Grecs vne telle aduenture!
S'il on peut esperer que vostre iuste soin,
Secoure l'innocent & le vange au besoin.

Mais dy par quel dessein ou par quelle rencontre,
Ton visage viuant entre les morts se montre:
Quelque decret des Dieux l'a-t'il prescript ainsi?
Quelque accident de mer te iette t'il icy?
Ou quelle autre fortune en ces climats t'enuoye,
Climats veufs de lumiere & denuez de ioye?

L'Aurore aux rais pourprez hastant son demy tour,
Dans le plus haut des Cieux guidoit le char du iour;
Qu'ils deuisoient encore, & ces deuis peut-estre
Dissipans leur loisir la nuict auroient veu naistre,
Quand la Vierge des Dieux brieuement les reprit:
Le soir s'approche Aenée, éueille ton esprit:

Nous confumons en pleurs le cours d'vne iournée,
Qui seule en ce traict pour terme t'est donnée.
Voy-tu bien ce chemin qui se partage en deux?
Le seneftre sentier de tenebres hideux,
Meine au cruel Tartare où les meschantes ames
Souffrent le grief tourment des gehennes & des flammes:
L'autre dextre sentier de clarté florissant,
Chez le grand Roy Pluton heureusement descend:
Au champs Elisiens cetuy-cy nous appelle,
Où ton Pere a choisi sa demeure eternelle.

   Deiphobe repart: cesse de t'irriter,
Prestresse des hauts Dieux, ie te veux contenter:
Et sans troubler le cours de tes desseins celebres,
Ie vay remplir le nombre & me rendre aux tenebres:
Adieu fleur des Troyens & leur supreme honneur,
L'alme faueur du Ciel te departe plus d'heur.
Il destourne à ce mot le pas & le visage.

   Le Prince donc, à l'heure, aduançant son voyage,
Du costé de main gauche aduise vn vaste mont
Qui de rochers affreux se couure tout le front.
Vne grande Cité dans le val enfoncée,
D'vne triple muraille autour est ranforcée.
L'horrible Phlegeton rapidement roulant,
A l'entour de ces murs espand son flot bruslant:
Et sappant maint quartier de ces roches profondes,
Auec vn son bruyant le chasse sur ces ondes.

   Vn grand portail paroist enchassé dans le mur,
Flanqué de deux piliers de diamant tout pur,
Qui ne craignent iamais que le fer les terrace,
Soit que l'homme ou le Ciel en courroux les menace.
D'acier sur ce portail on assit vne tour,
Où Thisiphone ardente est au guet nuict & iour:
Et roüant l'œil cruel sur le sommet se plante,
Ceincte soubs les tetins d'vne robe sanglante.

   Icy l'on peut ouyr le dur gemissement,
Icy le choq des coups retentit asprement,
Et l'aigre son du fer & des chaisnes traisnées:

Employé

LES ADVIS. 777

Employez au tourment des ames condamnées.
Oyant ce tintamarre Aenée atteinct d'effroy,
Preste l'oreille prompte & s'arreste tout coy:
O Vierge, quels forfaicts, quelle rigueur de peine,
Practique, luy dit-il, cette Ville inhumaine?
Quels effroyables cris s'esleuent iusqu'aux Cieux?
Roy Troyen, respond elle, appren la loy des Dieux.
La porte des meschans aux bons n'est pas permise:
Mais lors que sur son Bois Hecate m'eut commise,
Les suplices d'Enfer elle me fit sçauoir,
Et soubs sa guide encor ces Regnes ie vins voir.
Radamante là bas tient son siege seuere,
Donnant à tous la peine ou plus ou moins amere,
Selon le poids du crime, & force à reueler
Celuy qu'aux yeux du monde on auoit peu celer:
Et qu'en vain le peruers, fier du nom d'innocence,
Iusqu'au cercueil tardif a couuert du silence.

L'horrible Tisiphone vn fouët retors en main,
L'arrest des condamnez execute soudain:
Les frappe à coups sanglants du crime vangeresse.
L'autre main secoüant d'vne fiere allegresse
Vn esscin de serpens sur eux les va hallant:
Ses deux cruelles Sœurs pour aydes appellant.

Alors on void ouurir cette porte execrable,
Et le gond enroüé geind d'vn soin effroyable.
La Sybille poursuit: Voy-tu, grand Demi-dieu,
Quel guet deffend le sueil de ce funebre lieu?
Quelle face de Monstre y loge en sentinelle?
Vne hydre est là dedans plus terrible & cruelle,
Dont l'œil suruelle encore à la garde des murs:
De cinquante gosiers ouurant les creux obscurs.
Et le cœur des Enfers, la gibolle du Tartare,
Où vn precipice affreux des autres lieux separe
Plus profonde deux fois s'auale dans la nuict
Que haut sur nostre chef le front des Cieux ne luit.

I'y vis ces vieux Titans engeance de la terre,
Precipitez du Ciel par le coup du tonnerre.

Fffff

Ephialte & son frere aux effroyables corps,
Ie vis payer icy leurs perfides efforts.
Ces Geants aueuglez par l'orgueil de leur taille,
A la Nature mesme offrirent la bataille:
Tentans ce haut dessein de demolir les Cieux,
Afin de déthrosner le Souuerain des Dieux.
 Là mesme i'apperceus l'Ombre de Salmonée,
Des plus cruels tourmens horriblement gehennée:
Pour auoir par vn son les foudres imitez,
Et contrefaict le feu des esclairs irritez.
Cét impie orgueilleux galoppant de vistesse
Dans la Ville d'Elide au concours de la Grece,
A quatre cheuaux blancs sur vn grand pont d'airain,
Et secoüant d'audace vn flambeau dans sa main,
Flattoit sa vanité d'vne volupté folle,
De faire sur l'Autel adorer son Idolle.
Insensé qui croyoit que ses flambeaux fumeux,
De l'esclair tout celeste imitassent les feux:
Et que ses grands coursiers battans du pied le cuyure,
De vistesse & de son les foudres peussent suiure.
Mais le Prince des Dieux au supreme Palais
Amassant l'appareil des nuages espais,
Brandit son feu sur luy, non la torche allumée
Dans vn bois vil & mort de raisine enfumée:
Et l'ardent tourbillon sifflant, roüant en l'air,
Le rua dans les flots enflammez d'vn esclair.
 I'aduisay pres de luy la miserable guerre,
Qui tourmente Titie allaicté par la terre:
C'est cét enorme corps qui gisant à l'enuers
De sa mere auiourd'huy tient neuf arpens couuerts.
Là mesme ce vautour d'vne grandeur immense,
Sur le sein condamné gorge sa large panse.
Tantost d'vn bec aygu le cruel se repaist,
De son foye immortel qui sans cesse renaist:
Il acharne tantost les horribles tenailles,
De ses ongles crochus sur les viues entrailles:
Et campé dans ce flanc, par arrest des destins,

LES ADVIS. 779

Mange encor renaissans les nouueaux intestins.
   Diray-ie Perithée & les puissans Lapithes?
Les peines d'Ixion seront-elles décrites?
Chetifs! qui iour & nuict sur leur chef peuuent voir
Vn rocher menaçant qui semble prest à choir.
On void luyre à leurs flancs les couchettes dorées,
Pour le festin natal soubs les licts preparées:
Et les mets apprestez par vn luxe royal,
Tentent de leurs appasts ce Peuple déloyal.
Mais vne des Fureurs maistresse de la bande,
Assise au milieu d'eux leur deffend la viande:
Ne permet que leurs mains au plat puissent toucher,
Et s'esleuant sur pieds les garde d'approcher:
Rouant vn gros brandon sur la table interdicte,
Et l'esclat de ses cris les tonnerres imite.
   Là ie vis ces meschans qui leur Pere ont frappé,
Ou tourmenté leur frere, ou leur amy trompé.
Ces cœurs bruslans de l'or qui sur autruy l'vsurpent,
En nombre plus frequent ce creux Tartare occupent.
Ceux que l'on a tuez au lict d'autruy surpris,
Ceux dont la main impie vn glaiue iniuste a pris,
Ceux dont la dextre encore iniquement armée
A contre son Seigneur sa fureur animée;
Trouuent dans ce cachot l'arrest de leur tourment.
Mais ne me requiers point d'exprimer nommement,
Quels suplices nouueaux ce triste Peuple souffre,
Quels crimes, quels malheurs, l'abisment dans ce gouffre.
L'vn autour d'vne rouë attaché pieds & mains,
Pend haut & bas sans trenc & suit ses tours soudains.
L'autre chargé d'vn roch le doit rouler sans cesse.
Au milieu de la foule vne autre peine presse
Thesée infortuné iusqu'à l'eternité.
Phlegie est pres de là pirement agité,
Grand exemple aux mortels pour euiter sa faute:
Et s'escrie à l'obscur d'vne voix claire & haute:
Apprenez Citoyens des hauts & des bas lieux,
Qu'il faut estre equitable & reuerer les Dieux.

                     Fffff ij

Icy l'vn pour le gain abominable traiſtre,
Sa Patrie a liurée au ioug d'vn puiſſant maiſtre.
L'autre a forgé des loix charmé des rais de l'or,
Pour les caſſer apres par meſme attraict encor.
Cét autre ſuborné d'vn appetit infame,
De ſa fille ſouillée a faict iadis ſa femme.
Ces gens ont tous oſé quelque horrible forfaict,
Et tous ont couronné l'audace par l'effect.

Si cent bouches i'auois fecondes à merueilles,
Si de cent voix d'airian ie frappois tes oreilles;
Ie ne pourrois iamais tous les crimes nommer,
Ny des peines auſſi tous les noms exprimer.

Ces propos acheuez par la Vierge d'Amphriſe:
Haſtons le pas, dit-elle, au but de l'entrepriſe:
Ie voy deſià les murs baſtis des grands carreaux,
Que les Cyclopes noirs forgent en leurs fourneaux:
Et la porte paroiſt des Bien-heureux hantée,
Vis à vis de la forge artiſtement plantée:
C'eſt où la loy t'enioinct d'offrir le rameau d'or:
Dont la Royne de Stix cherit le beau treſor.

Ainſi dit la Sybille, & ſoubs l'obſcur ſilence
Leur pas de meſme train à la porte s'aduance:
L'eſpace d'entre deux ils euident ſoudain,
Et ſe trouuent voiſins du grand portail d'airain.
Le Prince impatient ſe iette ſur l'entrée,
S'arrouſant d'eau luſtralle en ce lieu preparée:
Et hauſſant de reſpect la main vers vn creneau,
Sur la porte oppoſée il plante ſon rameau.

Ces myſteres remplis au gré de la Deeſſe,
Ils entrent de plein pied dans les champs de Lieſſe:
Lieu flory de vergers & de bois odoreux,
Ordonnez pour demeure aux Eſprits bien-heureux.
Icy le Ciel ouuert luyt à ces belles ames,
Inſpirant l'air ſerein du pourpre de ſes flammes:
Ces champs ont leur Soleil pompeux de rais dorez,
Et d'aſtres tous nouueaux ces lieux ſont eſclairez.

Aucuns à membres nuds ſur l'herbe de la lice,

LES ADVIS.

De la luicte à l'ennuy practiquent l'exercice.
Autres pour s'esgayer entonnent des chansons,
Et d'vn pied souple & gay vont dançans à leurs sons.
Là mesme en long habit le fameux Prestre Orphée,
Tenant sa lire en main richement estoffée,
Luy rend auec l'archet les sept diuerses voix,
Dont l'accord rauissoit les hommes & les bois:
Et sa bouche diuine à l'instrument s'accorde,
Frisant ces doux accens à l'ennuy de la corde.
 L'illustre sang de Teucre apparoist en ces lieux,
Dont Troye aux meilleurs ans tira ses grands ayeux:
Magnanimes Heros, Dardan, Assarac, Ile:
L'auguste Roy Dardan fondateur de la Ville.
Vides il void plus loin leurs harnois & leurs chars,
Fichez au sable encore il aduise leurs dards.
Leurs cheuaux debridez battans du pied superbe,
Paissent par-cy, par là, le mol duuet de l'herbe:
Car le mesme exercice & les mesmes esbats
Qu'ils aymoient en leur vie ils les suiuent là bas:
Soit en ces ieux exquis de la guerre & des armes,
Soit au son des cheuaux hennissans aux alarmes.
 D'autres sont en maints lieux sur l'herbe banquetans,
Et les chants de Peau allaigrement chantans.
Quelquefois à dancer la troupe se recrée,
Soubs les Lauriers ombreux de la forest sacrée:
Source dont l'Eridan, à large bonde esclos,
Baigne nos Regions de l'orgueil de ses flots.
 Ceux qui pour le pays leur sang iadis verserent,
Les Prestres qui leur vie en chasteté passerent,
Les Poetes diuins dont les vers inspirez
Sont dignes d'Apollon & du Siecle admirez,
Ces inuenteurs des arts honnorez en l'Histoire,
Ceux qui de leurs bienfaicts ont planté la memoire;
Tous ceux-là sur le chef portent vn attour blanc.
La Sibylle voyant cette foule à son flanc,
Commence à luy parler, & sur tous à Musée,
Qui tient de ces Esprits la brigade amusée:

Pour admirer, muets, l'enueloppans en rond,
La hauteur de sa taille & l'honneur de son front.
Appren-nous, sainéte bande, & toy sacré Poete,
Quel quartier, ce dit-elle, Anchise a pour retraiéte:
Les Enfers pour le voir nous perçons auiourd'huy,
Et l'Erebe profond nous penetrons pour luy.
 Cét insigne Poete en peu de mots replique:
Toute demeure, ô Vierge, en ces lieux est publique:
Nous habittons sans choix les saincts boccages verts,
D'vne ombre deleétable espaissement couuerts:
Reposons au giron des riues & des prees,
D'eaux viues & de fleurs en tout temps diaprées.
Si de le voir pourtant vous estes en esmoy,
Sur ce tertre prochain montez auecques moy:
Ie vous y conduiray par vne sente aysée.
Il dit & sur le tertre il dresse leur brisée:
Puis ayans veu d'enhaut le cœur de ces beaux champs,
Ils les suiuent à val sur ses traces marchans.
 Mais au fond du valon esmaillé de verdure
Le bon Anchise alors obseruoit d'auenture,
Des Esprits escartez qui deuoient à leur tour
Voir aux Siecles futurs les rais de nostre iour:
Contemplant l'estendue & le fil de sa race,
Il nombroit ses Neueux & remarquoit leur face,
Le destin, la fortune, & les mœurs des Romains,
Et les faicts immortels de leurs guerrieres mains.
 Or si tost qu'il eut veu le Demy-dieu descendre,
Pour arriuer à luy par l'herbe fraische & tendre,
Les deux mains d'allaigresse il hausse vers les Cieux,
Il arrose de pleurs son visage & ses yeux:
Et poussant à l'abbord quelques voix estonnées,
Ces parolles apres de sa bouche sont nées.
 Te voicy donc, mon Fils, mon Fils, ta pieté
Vn si rude voyage en fin a surmonté!
Il m'est permis de voir ta personne si chere!
Ie puis ouyr ta voix, tu peux ouyr ton Pere!
Certes i'auois tousiours ce doux espoir conceu,

LES ADVIS.   703

Et creu que mon penser ne seroit point deceu:
Comtant & mois & iours aux delais de l'attente
Que ta fidelle amour rend auiourd'huy contente.
Apres quels longs trauaux te vois-ie en ces climats?
En quels pays loin-tains n'as-tu porté tes pas?
Quelles courses de mer n'ont agitté ta vie?
Et de quels grands perils n'a-telle esté suiuie?
O! que i'ay tousiours craint que l'abbord estranger
Du Palais de Didon te iettast au danger!

   Pere, dit le Troyen, ta pasle & triste image,
Tant de fois apparue aux riues de Cartage;
M'a contrainct à percer des chemins si nouueaux,
Ayant au port de Cume enchaisné mes vaisseaux.
Que ie touche ta main, que ie baise ta face,
Et permets qu'en mon sein cherement ie t'embrasse.
Son visage à ces mots de tendres pleurs trempant,
Autour du col chery ses deux bras il espand:
Mais l'idole trois fois vainement enlassee,
S'eschappant de ce lieu dans le vide est passee:
Comme vn souffle de vent & le feu d'vn esclair,
Ou comme vn songe vain qui se dissipe en l'air.

   Or dans le plus profond où le vallon s'abbaisse,
Il aduise à l'escart vne forest espaisse:
Son ramage gasoüille animé d'vn doux vent:
Et le fleuue Lethé ces cantons abbreuuant,
Orne le beau seiour de la bande diuine,
Roulant à longs destours son onde cristaline.

   Peuples & Nations en large foule espars,
Alentour de ces lieux volent de toutes parts:
Comme on void quelquefois les troupes des auettes
Aux beaux iours de l'esté voler sur les fleurettes,
Ou parmy les lis blancs enceinctes de leur fruict,
Dont la plaine par tout d'vn sourd murmure bruit.
La veuë estonne Aenée, & veut soudain apprendre
Quelle espece d'Esprits sur ces bords se vient randre,
Pour quelle occasion, quel nom le fleuue prend,
Et pourquoy son abbord si nombreux & si grand.

   Les ames, dit Anchise, à qui la destinée

Aura d'vn corps nouueau la demeure ordonnée,
Sur les bords de ce fleuue heureusement s'en vont,
Et dans l'eau chasse-soin boiuent l'oubly profond.
 Or ie te vay décrire & montrer face à face,
Dans ce Peuple d'Esprits nostre future race:
Pour donner à ton cœur par ce denombrement,
De l'Italie acquise vn plein contentement.
Pere, respond le Prince, est-il doncques à croire,
Que perdans de ce lieu l'amour & la memoire,
Les ames vers nos Cieux s'en daignent reuoler,
Et dans les corps pesans derechef se couler?
Quel forcené desir de nostre triste vie,
Suscite l'ayguillon d'vne si folle enuie?
Ie veux, replique-t'il, te reciter icy
Tous ces secrets par ordre, & lors il suit ainsi.

 Le iour que l'Vniuers ouurit pour sa naissance,
Vn esprit animant instilla sa puissance,
Aux Elemens, aux Cieux, au Soleil esclairant,
Et dans ce flambeau Vierge aux tenebres errant.
Infus dans le profond de la grande Machine,
Il inspire en ce corps vne vertu diuine:
Et ce rayon de vie en ses membres espars,
L'agite & le nourrit actif de toutes parts.

 De ce diuin rayon naquit la race humaine:
Par luy tout animal aux verds champs se promeine,
Par luy volent en l'air les troupes des oyseaux,
Et les monstres par luy trenchent le fil des eaux.
Vne vigueur ignée, vne celeste essence,
Anime heureusement cette noble semence:
Mais ce beau feu de vie est souuent hebetté,
Par le corps de limon où les Dieux l'ont ietté:
Et le pesant logis de ces membres mourables,
De sa pointte rabat les effects admirables.
Delà naist aux humains l'aueugle passion,
Detresse, ioye, effroy, desir, ambition:
Ne pouuans des obiects voir l'exacte figure,
Contraincts dans le cachot d'vne prison obscure.

N y

Ny mesme au dernier iour accueillis du trépas,
En leur estre premier ils ne retournent pas:
Les miseres des morts dans le cercueil se glissent,
Et des pestes du corps les effects ils patissent:
Voire il aduient par fois que le vice puissant,
Par long-temps incarné dans ces lieux va croissant.
　Or mainte peine aussi sur les mânes s'exerce,
Selon la vieille erreur de leur coulpe diuerse.
Les vns aux vents legers par l'air sont suspendus,
Les autres soubs les flots largement espandus
Sont lauez & purgez des taches de leur vice,
Les autres dans le feu rencontrent leur suplice.
Enfin chaqu'vn de nous doibt patir à son tour:
Et puis on nous transmet en cet ample seiour
Des champs Elysiens comble d'heur & de ioye,
Mais certes peu d'esleus en ces champs on enuoye.
Là quand maints & maints iours ont parcouru ce rond
Dont les mois & les ans les grands Siecles parfont,
Lors le vice effacé chez nous perd sa puissance,
Et l'homme reste libre en sa vierge naissance:
Animé viuement de l'esprit æthéré,
Et du celeste feu purement esclairé.
　Mais apres que mille ans roulans à course ronde,
Ont mesuré le tour du clair flambeau du Monde:
Ceux-cy prenans congé des douceurs de ce lieu,
Vont aux borts de Lethé par le decret de Dieu:
Afin qu'vn long oubly dans l'onde ils puissent boire,
Et que des ans passez estouffans là memoire:
Ils retournent sans soin doüez de nouueaux sorts,
Voir la voûte celeste & rentrer dans les corps.
　Anchise meine adonc la Vierge & son Aenée
Dans la foule d'Esprits en tumulte estonnée:
Puis il gaigne auec eux le chef d'vn petit mont,
D'où ses yeux peuuent voir les suruenans en front,
Pour sauoir d'vn long train le traict & le visage,
De ceux-là que le Ciel assigne à ce passage.
　Sus su-il, mon cher Fils, ie veux te faire voir

Quels braues successeurs Ilion doit auoir,
Te montrer la splendeur que ton nom doit attendre,
Quels illustres Heros de ton lict vont descendre,
Quand le sang d'Hesperie au tien sera conioinct,
Et tes destins futurs traitter de poinct en poinct.
　Voy tu bien ce ieune homme appuyé sur sa lance,
Le retour vers le Monde à cetuy-là commence;
Qui saluant le iour sera l'heureux lien
Dont tu ioindras ta souche au Peuple Italien:
Sylue il s'appellera, nom des Grands d'Albanie:
Prince qu'en tes vieux ans ta femme Lauinie,
Posthume & fruict tardif, produira dans les bois:
Et de tes successeurs ce Roy Pere de Roys,
Dedans Albe la longue establira la gloire:
Releuant des Troyens le sceptre & la memoire.
Procas le suit de prés gloire de Troye encor,
Tu vois proches de luy Capis & Numitor.
Es celuy dont le nom leur rendra ta personne,
Sylue Aente, est auprés, grand aux Arts de Bellonne,
Grand en ce culte aussi qui reuere les Dieux,
S'il arriue dans Albe au throsne des ayeux.
Considere, mon Fils, leur taille haute & forte,
Regarde quel aspect cette ieunesse porte.
　Ceux que tu vois paroistre embrageans tout leur front
De ce chesne ciuique, à la suite viendront.
Ces gens feront bastir en la paix opulente,
La Ville de Fidene, & Gabie, & Nomente:
Planteront sur les Monts par vn orgueil nouueau,
Les murs de Colatie & son puissant Chasteau:
Dole ils feront construire, ils eleueront Core,
Fondans les forts d'Inuie & Pomerie encore.
Ces lieux que maintenant nul n'a daigné nommer,
Par ces noms quelque iour se feront reclamer.
　Romule vn peu plus loin suit le fil de la race,
Voy briller sur ce front la magnanime audace:
L'Infante Rhee Illie extraicte de ton sang,
Ce germe du Dieu Mars portera dans son flanc.

Voy tu pas sur l'armet qui decore sa teste
Les celestes rayons de cette double creste?
Marques de Deïté par qui le Roy des Dieux
Signale sa Grandeur & l'annonce à nos yeux.
Soubs le bonheur, mon Fils, sous le sort de cét homme,
L'Auguste Maiesté de nostre grande Rome,
De son Empire vn iour la terre bornera ;
Et son courage altier les Cieux égallera.
Cette Ville ceindra sept monts en ses entrailles,
Couuerts de grands Palais & cernez de murailles :
Abondante & peuplée en genereux enfans,
Du destin des humains par armes triumphans.

 Telle par la Phrigie aux campagnes fertiles,
Berecynthe en son char roule parmy les Villes :
De Citez & de tours son chef est couronné,
Et son esprit tressaut de ioye espoinçonné;
Pour auoir par le fruict de sa couche seconde
De cent Fils ou Neueux fait vn presant au Monde:
Qui composent là haut le chœur sacré des Dieux,
Et qui tiennent le sceptre en l'Empire des Cieux.

 Tourne les yeux deçà pour voir d'autres visages,
Voicy les grands Romains soubs ces proches images:
Les tresors de ta gloire à ce coup sont ouuerts:
Voicy, voicy Cesar Seigneur de l'Vniuers :
D'Iule ton aisné voicy toute la race,
Qui dans le front du Ciel doibt vn iour prendre place.

 C'est ce Prince vrayment que les astres amys
Par les Oracles saincts tant de fois t'ont promis:
Cét Auguste Cesar celeste geniture ,
Qui des Siecles peruers reparera l'iniure:
Ramenant aux Latins par ses heureuses Loix,
L'aage d'or que Saturne establit autrefois.
Rome estendra soubs luy ses bornes triumphantes,
Aux fins de l'Orient & des noirs Garamantes.
Vn pays se recule outre l'extremité
De ce cours spatieux aux astres limité,
Hors les cercles de l'an que le Soleil mesure:

C'est où le grand Atlas courbant l'eschine dure,
Soutient le faix des Cieux dont les flambeaux épars
Luisent aux Nations brillans de toutes parts.
Or cette Region, les Regnes Meotides,
Ceux dont la mer Caspie enfle les bords humides,
Et le Nil orguilleux roulant à sept ruisseaux
Qui degorgent en mer les sept mers de ses eaux,
Tremblent en l'attendant, frappez des voix celestes
Qui predisent par tout sa Grandeur & ses gestes.
  Jamais, jamais Alcide immortel au trépas,
En tant de Regions n'a prolongé ses pas :
Bien qu'il ait mis la paix aux forts d'Erymanthe,
Troublé Lerne d'effroy par sa fléche volante,
Et percé de son traict la Biche aux pieds d'airain:
Si loin n'alla ce Dieu qui mit au Lynce vn frein,
Guidant son char vainqueur parmy l'Inde soubmise,
Apres les Tygres fiers des montaignes de Nise.
Eh puis nous n'oserons soubs des espoirs si hauts,
Cultiuer la vertu par les aspres trauaux!
Nous lairrons pour les soins dont la guerre est remplie
D'affermir nos desseins au throsne d'Italie!
  Mais quel est cetuy-là qui paroist plus lontain,
Le chef orné d'oliue & le Liure en la main?
A voir ses cheueux gris & sa barbe chenuë,
De Numa sage & sainct i'ay l'Ombre recognuë.
C'est cetuy-cy, mon Fils, qui le premier des Roys
Fondera la Cité sur le piuot des Loix :
Tiré par le bon-heur qui pour les tiens conspire
De Cures petit lieu pour chef d'vn grand Empire.
Tulle qui vient apres les Peuples armera,
Et le seiour oysif de Rome il chassera :
R'allumant vn desir au fond de leurs entrailles,
Du triumphe intermis, du glaiue, & des batailles.
Ancus succedera Roy hautain & vanteur,
Et qui se paist desia des sons d'vn vent flatteur.
  Voicy des Roys Tarquins l'audacieux visage,
Et ce Brutus vangeur au superbe courage:

LES ADVIS.

Regarde sa prestance & les honneurs nouueaux
Acquis à sa vertu par ces nobles faisceaux.
Par luy commencera l'Empire Consulaire,
Et le premier employ de la hache seuere:
Il menera ses Fils au suplice de mort,
Armez contre l'Estat par vn perfide effort.
Siecles, que direz-vous, qu'vn Pere miserable,
Soit reduict à commettre vn coup si deplorable?
Pourtant le sainct respect du nom de liberté,
L'amour du cher pays des tyrans agitté,
Et le zele enflammé d'vne palme de gloire,
Sur les charmes du sang gaigneront la victoire.
 Des Deciens plus loin voy le front braue & fier,
Voy Torquate seuere orné de ce collier,
Voy l'vn & l'autre Druse illustre Capitaine,
Et Camille qui faict rendre l'aigle Romaine.
 Ces deux luisans d'acier armez egallement,
En vn accord heureux viuent tranquillement:
Tandis que l'aduenir soubs vne espaisse nuë,
Voile leur destinée & leur vie incognuë:
Mais quelle guerre, ô Dieux! quels horribles combats,
Celebreront vn iour leurs funebres debats?
Quel meurtre, quel carnage esclôra leur querelle,
S'ils peuuent aborder la naissance nouuelle?
Les scadrons du beaupere aux batailles ardans,
Par les Alpes viendront des sommets descendans:
Et piqué pour l'honneur de mesme ialousie,
Le gendre opposera les puissances d'Asie.
O ieunesse excellente, escartez de vos cœurs
Le fiel empoisonné de ces vains rancœurs:
Permettrez vous sans fin que vos fieres batailles,
Du flanc de la Patrie arrachent les entrailles?
Toy, mon sang, le premier, comme germe des Dieux,
Doibts ietter à tes pieds ces cousteaux odieux.
 Ce ieune homme animé d'vne audace guerriere,
Du mont Capitolin ouurira la carriere:
Et vainqueur dans vn char des Grecs triumphera,

Ggggg iij

Dont Corinthe domtée à ses pieds rampera.
L'autre rasant Argos & terrassant Micenes,
Du grand Agamemnon demeures anciennes:
Veincra les successeurs du braue Pelien:
Satisfera Pallas de l'affront ancien,
Qui viola son Temple & mit sa Vierge en proye:
Vangeant le sainct tombeau des grands Ayeux de Troye.

 Cosse & le grand Caton puis-ie oublier icy?
Des Graques renommez ne parleray-ie aussi?
Tairay-ie,ô Scipions, l'honneur qui vous couronne,
Tous deux fleaux de Lybie & foudres de Bellonne?
Fabrice obmettrons-nous de peu de biens puissant?
Ou Serran triumphal la charrue exerçant?
Mais qui r'appelle icy ma course desia lasse?
O sang des Fabiens, ne crains que ie te passe:
Ny toy, Maxime aussi, dont les prudens delais
Releueront l'Empire accablé soubs le faix.

 Qu'vn rare Ouurier allieurs par le burin se vante,
D'animer en l'airain mainte Oeuure respirante:
Qu'vn autre donne au marbre vn visage viuant:
Que quelqu'autre rang les astres obseruant,
Discoure sur le globe & d'vn bout de baguette
Designe au front des Cieux l'estoille & la planette:
Et que quelqu'vn encore excellent Orateur,
Captiue à ses desseins l'esprit de l'auditeur.
Voicy l'art, ô Romain, où ta naissance aspire,
Regir les Nations aux Loix de ton Empire,
De l'Vniuers entier porter le pesant faix,
Par tes decrets prudens fonder l'heur de la paix,
Vers le vaincu soubmis exercer la clemence,
Et domter au combat la superbe insolence.

 Anchise ainsi parlant rauissoit leur esprit,
Puis soudain par ces mots son discours il reprit.
Contemple icy Marcel surpassant ses gens d'armes
De braue port, de taille & de superbes armes:
Armes d'vn General que son bras domtera,
Et du fameux duel ce prix emportera.

LES ADVIS.

Ce brauc Cheualier par son noble courage,
Soustiendra nostre Empire au fort d'vn grand orage:
Les Numides vainqueurs, les rebelles Gaulois,
Il rangera Vaincus soubs le iong de ses Loix:
Offrant, troisiesme à Rome, à Mars Quirin la gloire
D'vn prix de chef à chef acquis à sa victoire.
  Or le Prince Troyen apperçoit à costé,
Vn ieune homme excellent de grace & de beauté:
Tout flambant de plastrons comme vn Dieu de la guerre:
Mais le visage morne & les yeux contre terre.
Pere, quel est, dit-il, cetuy-là que ie voy
Pres des flancs de Marcel, de grace dy le moy:
Seroit-ce bien vn Fils de ce grand personnage,
Ou quelque autre Heros de nostre parentage?
D'où vient ce bruit confus d'vne Cour qui le suit?
Dieux que de maiesté sur ce beau front reluit!
Mais vne triste nuict volant d'vne aisle sombre
Enueloppe son chef des voiles de son ombre.
Lors le Pere respond baigné de larges pleurs:
De ta race, ô mon Fils, ne sonde les douleurs.
Le destin seulement pour la gloire de Rome,
Aux yeux de l'Vniuers montrera ce ieune homme.
Les Dieux reglans nos biens au seuere compas,
En son aage plus tendre ont prescrit son trépas:
Et s'ils ne rauissoient ce digne fruict en herbe,
Rome leur sembleroit trop puissante & superbe.
  Quels cris resonneront par la grande Cité,
Le iour qu'au champ de Mars ce corps sera porté?
Quel dueil verra le Tybre à ce iour de tenebres?
Quelle face d'horreur, & quels apprests funebres;
Quand tout enflé de pleurs le doux fil de son eau.
Viendra lescher les bords du sepulchre nouueau?
  Iamais, iamais Enfant qui meslast l'origine
De la tige Troyenne à la race Latine;
A si haut point d'espoir n'aura mis les destins
D'Ilion renaissant ou des Sceptres Latins,
Ny cette auguste Rome au fort de sa puissance.

N'aura point veu chez elle vne telle naissance.
Quelles mœurs! quelle foy des antiques Romains!
Quel zele vers les Dieux! quelles guerrieres mains!
Aucun sans repentir n'eust iamais eu l'audace,
De voir ce Prince armé combattant face à face:
Soit de pied ferme à terre, ou soit que dextrement
Son esperon piquast vn cheual escumant.

  Ah miserable Enfant, ieunesse infortunée!
Si tu peux surmonter ta fiere destinée,
L'Empire en ta vertu trouue vn Marcel nouueau!
Cueillons roses & liz pour orner ce tombeau;
Il faut qu'à pleines mains sur luy ie les espande,
Et qu'à mon petit-Fils ce vain deuoir ie rende;
D'offrir à sa belle ame vne moisson de fleurs,
Et le dolent excez de mes plus tendres pleurs.

  Ils trauersoient ainsi visitans toutes choses,
Ces vagues Regions d'vn long silence encloses.
Mais apres que le Pere eut contenté les yeux
De son Fils attentif sur l'aspect de ces lieux,
Apres qu'il l'eut piqué du desir de la gloire
Dont le Ciel promettoit d'illustrer sa memoire;
Sur la guerre à venir breuement il l'instruict:
Des Peuples Laurentis les forces il deduict,
Leur valeur, leurs Citez, leur richesse abondante:
De Latin le bon Roy la Ville il represante:
Il luy dit quel labeur son soin doit éuiter,
De quel autre & comment le faix il faut porter.

  On trouue en ces confins les deux portes du somme,
Par où maint & maint songe est ennoyé vers l'homme:
L'vne est de corne trouble, & l'autre luit aux yeux
Construicte dextrement d'yuoire specieux.
Le songe veritable ouurant ses aisles sombres,
Sort de celle de corne ennoyé par les Ombres:
L'essein des songes faux par les mânes induict,
Gaigne celle d'yuoire assublé de la nuict.

  Là doncques le vieillard cette couple a menée:
Et suiuant d'vn Adieu la guide & son Aenée;

Par

LES ADVIS.

Par la porte d'iuoire à leur terre il les rend.
Le Prince fend la voye & son train il reprend
Vers sa flotte & ses gens, puis soudain il se iette
Dans la route des flots qui va droict à Caiete:
De rames & de voile il enfile son port,
L'ancre iettée en mer fonde la poupe au bord.

LES ADVIS.

BOVQVET DE PINDE.

Composé de fleurs diuerses.

Dedié à Leonor Dame de Montaigne Vicomtesse de Gamaches: sa Sœur d'alliance.

Ce present qui fut voüé à ceste vertueuse Dame pendant sa vie, continuera de luy estre offert apres son trespas, aux mesmes termes qu'il luy seroit presenté si elle viuoit: pour les raisons que nous auons dites en d'autres lieux de ce Liure, en pareille occasion d'ouurages dédiez à des personnes mortes auant son impression.

A ELLE-MESME.

On amitié, ma Sœur, en Pynde commencée,
T'offre vn bouquet de Pynde enflé d'vn beau dessein:
Il ne veut comme vn autre orner de fleurs ton sein,
Mais parler par ta bouche & viure en ta pensée.

ECLOGVE,
Pour vne Grande Dame, absente de Monsieur son mary.

Leophile au doux mois de la rose naissante,
Baignant de tendres pleurs sa face pallissante;
Vers Seine au bord riant recueilloit son troupeau,
Sous les ombrages frais d'vn verdoyant ormeau.

Seule, seulette, helas! car son ame nouuelle,
Son gentil Cleophon n'estoit point aupres d'elle :
Trois fois des gays oyseaux l'Aube éueille les chants,
Ses brebis trois matins la Belle met aux champs,
Elle comble au fuseau trois fois sa tasche entiere,
Sans repaistre ses yeux des rais de leur lumiere.
 Seulette donc gisant sur le mol serpolet,
Et poussant de son sein maint sanglot froidelet:
O champs, ô bois, dit-elle, impiteux à ma flame,
Où cachez-vous ma vie? où celez-vous mon ame?
I'ay sans crainte des loups fueilleté champs & bois,
Les forests remplissant de ces dolentes voix:
Cleophon, Cleophon, viens à ta Cleophile:
Que si ton pied s'égaye à suiure vn cerf agile,
Ie suis plus douce proye & mieux deüe à tes las,
Viens borner pres de moy tes desseins & tes pas.
Ou bien ie te suiuray d'vne course soudaine:
Afin que quand ton sein haletera de peine,
Ie reçoiue en mes bras tendrement enlacez,
Ton beau chef languissant & tes membres lassez:
I'essui'ray ta sueur de ma tresse espanchée:
Et si courant d'ardeur quelque espine cachée,
Sans esgard de mes soins t'auoit osé piquer,
Maint remede certain i'y sçaurois appliquer.
 Las! Cleophon, reuiens: on dit qu'vne Deesse
Perdit vn cher amant en la fleur de ieunesse,
Deschiré par les bois d'vn terrible animal,
Et sa diuine main ne put chasser ce mal:
Comment le chasseroient les imbecilles armes
De mes vœux éperdus? qu'y seruiroient mes larmes?
 I'ay veu coins & détours de ces champestres lieux,
Les Temples t'ay suiuis des Nymphes & des Dieux:
Perceant les lieux secrets, parce que nos grands-meres
Disent qu'au temps passé les Nymphes bocageres,
Ont tendu leurs filets aux pasteurs mieux appris:
Et si le conte est vray mon Cleophon est pris.
Tel qu'vn cheureuil paroist entre les ours stupides,

Tel que semble vn Dauphin sur les troupes humides,
Et mon ioly rosier pres des choux ménagers,
Tel est mon Cleophon sur les gentils bergers.
Mais las! tendre rosier, cherche vne autre maistresse,
I'ay perdu tous mes soins meurtris par ma destresse.
Ie n'arrouseray plus ta racine au matin,
Ie ne baigneray plus mon col ny mon tetin,
De ces pleurs dont ta fleur au poinct du iour s'arrose:
Ie resigne à Cloris le rosier & la rose.

 Or ces Nymphes vrayement n'ont pas surpris sa foy:
Quel art eust peu tromper ma passion & moy?
Dalinte que l'Amour de simple a faict subtile,
Voyant vn iour mon Bien print sa dextre facile:
Et l'estreignant des doigts la ligne elle aduisoit,
Comme si l'aduenir elle luy predisoit:
Puis couroit apres luy la gorge demy-nuë,
Criant qu'il luy tirast vne beste incogneuë,
Glissee en son colet dormant sur le chemin,
Et courbe à col panché boit apres sa main.
Mais soudain cautement ie découuris la feinte,
Et luy dis toute en pleurs: Arreste-toy Dalinte,
Ne tente le supçon d'vn amour ombrageux,
Ou i'iray voir ta mere & lui diray tes ieux.

 Parce qu'il me chantoit entre les fleurs nouuelles,
Que mes yeux l'embrasoient de flammes eternelles,
Pour esteindre son feu i'ay creu qu'il se baignoit.
Tantost donc au matin, ainsi qu'on me peignoit
Ie suis couruë au fleuue à tresse vagabonde,
I'ay pressé des genoux sa bordure feconde,
I'ay courbé le chef bas, & percé l'eau des yeux:
Mais rien ne m'est paru que la riue & les Cieux,
Fors vne ombre flottant de quelque Nymphe amante,
Qui gemit à l'enuy quand ma bouche lamente,
Soit pour plaindre en pitié la perte de mon Bien,
Ou connier ma plainte à la perte du sien.

 Chantes-tu point ma peine, ô rosignol sauuage,
Qui repete tes plaints sous le frais du ramage?

LES ADVIS.

Espars en ce doux vent de tes gresles souspirs,
Comme la fleur s'espand iouët aux doux Zephirs,
Lors que des arbres nuds elle vole esgarée,
Esmaillant vn parterre au mois de Cytherée.
Non, Philomele non, ton cœur sans amitié
De nous pauures amants ne peut auoir pitié.
 Reste donc auiourd'huy mes douces agnelettes,
Que i'expire en douleurs & vous laisse seulettes:
La vie en Cleophon Cleophile trouua,
Cleophile se meurt si Cleophon s'en va.
 Qui vous sçauroit deffendre, ô troupe desastrée,
De l'embusche du loup sous la brune atiltrée?
Quelle bouche de miel mes larmes succeroit,
Quand mon fascheux ayeul bruyant me tanceroit?
Qui viendroit plus aux champs si ie dors molle & lasse,
Voiler mon teinct de fleurs pour conseruer sa grace?
Et qui prendroit le soin que danceant par les bois,
I'eusse le pied plus souple & plus douce la voix?
 Pauures! comme n'aguere il eust sa teste ornée
Du prix ambitieux de la course empennée,
Ou comme d'vn cœur braue il domta nos lutteurs;
Cent filles il éprit riual de cent pasteurs:
Qui par le vain despit d'vn si fascheux outrage,
Detestoient mes beautez sources de son courage.
Quel ennemi m'enuie vn bien si precieux,
Sur le bon-heur d'autrui mon cœur n'est enuieux?
Quelle ame en ma douleur des pleurs ne doit espandre,
Sur la peine d'autrui i'apporte vn cœur si tendre?
Que si les Dieux regnoient dans ce Dôme estoilé,
Le lieu qui le détient ils m'auroient decelé:
Lors fusse-ie pieds nuds, sans voile & sans ceincture,
Ie courrois le rauir par chaud & par froidure:
Ie courrois par la nuict pour suiure vn œil si doux,
Parmi les durs rochers & la rigueur des loups.
 Tandis la nuict s'aduance & ma plainte est perduë:
Ie te fais trop veiller, chere troupe esperduë:
Tu me leschcs les mains, tu beesles tendrement,

Pour quester le repos que ie pers en aymant.
Appren pour le retour ceste triste nouuelle :
Que perdant le Pasteur tu perds la Pastorelle.

AVTRE ECLOGVE,
Pour la mesme Dame.

VN matin Cleophile & Cleophon prés d'elle
Deuisoient soubs l'abry de la rose nouuelle :
Quel feu, ce disoit-elle, à mon sein allumé ?
Quelle flamme incogneuë a mon sang consumé ?
I'ay lasché mon lacet pour éuenter la braise,
I'ay ma chemise ouuerte où le tetin la baise,
Mon colet degraffé, tout cela sans effect :
Et sans effect aussi i'ay beu le nouueau laict.
Mais quand le vieil Lycon arriue en ce bocage,
Contemplant l'air pensif de mon paste visage,
Voiant mes yeux flamber, mon cœur languir d'émoy,
Il y songe finesse & se raille de moy.
  Lors elle teinct sa ioue à la pudeur nourrie,
Ce cher amant la baise & la Belle s'escrie :
Mais quel tison ardent respire de ton sein !
Et quoy si Ieanne dit souspirant pour Alain ;
Que du premier baiser dont i'allegeay tes peines,
Tu versas cét orage en mes bouïllantes veines ?

SONNETS.

A MICHEL SEIGNEVR DE Montaigne, sur ses Essais.

Insi que l'œil d'vn astre ornement de la nuict,
Qui void du nouueau iour la pressante saillie,
R'allumant toute en soy sa vigueur recueillie,
Décoche vn vif esclair puis à chef bas s'enfuit.
    Ainsi la France, helas! dont ia le buscher* luit,
Pour voir d'vn haut honneur sa biere assouhie,
R'animant à ce coup ses esprits & sa vie,
Comme vn dernier chef-d'œuure entre nous t'a produict.
    Toy que dés l'aage simple où lon sort de l'enfance,
Loin de ton beau seiour, loin de ta cognoissance,
Sous la foy des Essais pour Pere i'ay receu:
    Permets qu'en lettre d'or sur leur carte immortelle
Ie graue icy ce vers qui s'éternise en elle:
Montaigne escrit ce Liure, Apollon l'a conceu.

* Escrit durant les guerres de la Ligue.

D'vn honneste amour né dans l'Eglise Sainct Denis.

L'AMANT PARLE.

V tombeau de nos Rois où la Gaule surmonte,
De richesses & d'art ce qu'Ægypte eut de beau;
A ta liberté cherie espousa le tombeau,
Quand i'appris tes vertus par vn illustre conte.

LES ADVIS.

Ie croyois que l'Enfant qui regne en Amathonte,
Parmy les Manes froids espargnast son flambeau:
Pauuret! qui ne songeois qu'il perce sans basteau,
Le noir fleuue de Stix où leur Dieu mesme il dompte.
   Quel presage est-ce icy, tomber aux rets d'amour
Parmy les os des morts & leur triste seiour?
Faudra-t'il que ma mort couronne ceste histoire?
   Non, non, aymons sans peur: ce bel œil m'occira,
Mais d'vn trépas si beau mon sort resloriça:
Mourant comme ces Roys pour reuiure en ma gloire.

LA REYNE
à Diane.

Ve ie te hay, chasseresse de Cynthe,
Ie veux douter de ta pudicité,
Voyant mon Roy iour & nuict agité
Dans les forests sans égard de ma plainte.
   Rends-le, Diane, à ma ialouse crainte:
I'ay comme toy l'éclat de Deité,
Par l'Vniuers mon nom est recité,
Ma beauté luit, ma couche est pure & saincte.
   Mais ta pudeur cachant sa feincte aux bois,
Tu me rauis la fleur des ieunes Roys,
Plus beau que toy, plus vaillant que ton frere.
   N'irrite plus ma tendre passion:
Rends-tu Louys riual d'Endymion,
Pour estre ensemble & peu chaste & legere?

A MONSIEVR

A MONSIEVR DE LIENCOVRT
premier Gentilhomme de la Chambre du Roy.

Iencourt il est vray comme un Sage propose,
Les vices & vertus s'entresuiuent tousiours:
Et la Nature mesme au progrez de son cours,
Ne produict seule aussi l'épine ny la rose.
S'il faut que Melpomene aux yeux du siecle expose,
L'exemple de Schomberg pour preuue à ce discours:
Ie diray que chez luy le bon-heur de nos iours,
D'vn essein de vertus a la richesse éclose.
  Quel zele plus ardent a soustenu la Croix?
Quel bras plus valeureux a deffendu nos Rois?
Qui moins tenté de l'or à regy leur finance?
  Mais l'or, les camps, l'erreur, trois monstres combattus,
De cét Alcide encor n'ont borné les vertus:
La Muse reflorit aux raiz de sa presence.

ODE.
Vn amant, à vne inconstante qui auoit esté son accordée.

Ise dont l'esprit leger,
Languit d'vne amour nouuelle,
Bruslez-vous pour vn berger,
Qui brusle aux feux de Lucelle:
Quittant ces vœux immortels,
Que i'offrois à vos autels?
  Heureuse déloyauté,
Qui de vos loix me dispense:
Iamais si folle beauté
Sur mon cœur n'aura puissance:
Et perdons en vn moment,
Moy l'erreur & vous l'amant.
  Vos dédains dont mes desirs
Pleuroient iadis l'insolence,
Sont auiourd'huy les plaisirs,

Qui flattent ma souuenance:
Contemplant sur leur portraict,
Ceux que ce mignon vous faict.
   Ce cruel si bien traicté,
Ce perfide inexorable,
Soit par vos souspirs domté,
De peur que ie sois capable,
D'estre aussi dur & sans foy,
Si vous retourniez à moy.

RESPONSE A QVELQVES VERS DE Chrysante: qui disoient que l'Amour estoit amoureux d'elle.

Velle erreur te surprend, Chrysante ieune & belle,
De croire que l'Amour de ton feu soit épris?
Psyché grande Deesse a rauy ses esprits,
Et le Dieu des Amours en aymant est fidelle.
   Mais cét Enfant simple bien qu'il trompe les Dieux,
Cherchant sa chere dame en ces forests errante,
Et voyant tes beautez merueille de nos yeux:
Pour la belle Psyché prend la belle Chrysante.
   Ne le détrompe point, accepte cét amant,
Gardant pour les mortels tes pudiques rudesses:
Car son chaste desir aspire seulement,
A loger dans tes yeux & dans l'or de tes tresses.

GAYETÉ.
A vn Grand.

Leandre ie te donne aduis,
Qu'vn iour né pour les hauts desirs,
Ton cousin & moy par iactance,
En Latin sismes accointance.
La Cour nos Latins drapera,
En Latin ils s'en vangera.
Mais aduertissons ie te prie,

LES ADVIS. 803

Les Docteurs de phœfuberie :
Qu'en vn poinct ce bon Duc & moy,
Faisons à leur Phœbus la loy :
Leurs esprits que souches on nomme,
Au Latin appliquent vn homme :
Les nostres vifs comme vn Lutin,
A l'homme appliquent ce Latin.

Pour Madame de Rasgny.

DE sang & de beauté, d'heur & de biens ensemble,
Tu me passes, Cypierre, ailleurs ie te ressemble.
Nous auons toutes deux franches de vain orgueil,
Vn train de mœurs benin suiuy d'vn doux accueil.
La moyenne hauteur borne nos deux corsages.
Nos deux esprits sont ronds & ronds nos deux visages,
L'Orient de mes iours suiuit de pres le tien.
Paris fut ton berceau qui fut aussi le mien.
Nous sçauons toutes deux & parler & nous taire.
Toutes deux fueilletons la Muse & son mystere,
Lors qu'vne haute feste allume son beau iour,
Roulant quatre fois l'an d'vn solemnel retour.
Nos deux ames ne sont aux denoirs negligentes,
Toutes deux detestons les actions meschantes.
En toutes deux encor la modestie a lieu,
Vertu de femme & d'homme & vertu d'vn grand Dieu.
Nous sommes toutes deux d'humeur officieuse.
L'vn & l'autre est aussi vers l'afsligé pieuse.
Ton esprit & le mien au deuis s'est icitté,
Deuis d'vn air discret orné de gayeté.
Toutes deux proclamons d'vne sentence iuste,
Nostre Duc de Neuers fleur de sa race Auguste.
Or certes de ces biens l'hommage ie te doy :
Car ie les tiens d'exemple en m'approchant de toy.

Iiiii ij

Envoy de quelques vers familiers, à vne Princesse.

Rincesse que la Muse anime,
Reçoy ma precieuse ryme:
Sur l'exemple de bonne foy,
Que l'autre iour ie pris de toy.
Si ce iourd'huy l'apresdinée,
Si quelque autre aux ieux destinée,
Tu quittes ce tracas mondain:
Chez toy ie me rendray soudain,
Pour sucrer ta friande oreille
D'vn recit plaisant à merueille.
Mais qui dérobe de mes yeux,
Ton cousin pair des demy-Dieux:
Pandant qu'vn iuste soin me presse,
De le suyure & chercher sans cesse?
Parce qu'il a l'œil picoreur,
Des beaux il se dit Empereur:
Et croid qu'vne si fine amorce,
Merite qu'on le coure à force.
Mais ie renonce à tels trauaux,
Ils m'ont assommé sept cheuaux,
Sans comter trois ou quatre bestes,
Moy du nombre & beste des festes:
Les presses de tes fieres Cours,
Sont des bestes de tous les iours.
Fay donc que ce braue m'estroye,
Que chez toy soudain ie le voye.
Ne sçait-il ceste noble loy,
Qu'vn Paladin de fin aloy,
Bien qu'il fuye Amour & ses trames,
Commande à l'homme & sert aux Dames?

LES ADVIS.   805

A LA REYNE REGENTE, SVR
vn sien mot, comme on refaisoit par diuers dons
la Chasse Saincte Geneuiefue.

Eyne dont le nom florira,
Tu maintiens que nul n'offrira
Le petit Diable souffle-cierge
De Geneuiefue saincte Vierge.

Mais moy certes ie l'offriray,
Pourueu qu'vn ouurier admiré,
Compose sur ta forme belle
L'Ange tuteur de la Pucelle.

Car s'il luy preste tes beaux yeux,
Soudain que ce banny des Cieux
Esteindra la meche enflamée,
Leurs esclairs l'auront r'allumée.

Ainsi ton œil de haut effect,
Aura le fier dragon deffaict:
Et ma gloire sera parfaicte
Pour auoir causé sa deffaicte.

A MADAME, PARTANT POVR
Fontainebleau, quelque temps apres l'enuoy
de son portraict au Prince d'Espaigne.

IE ne vais, illustre Princesse,
Trouuer au depart ta hautesse,
Car Lundy sortant de chez toy,
Ton rhume se ietta sur moy.

Mais & saine & malade encore,
Ta Royale enfance t'honore,
Qui deuant les ans grandira,
Dont l'Europe en heur florira.

Au retour ouure ton oreille,
Ie luy garde mainte merueille: Elle contoit
Sur tout le conte d'vn enfant,   par fois des
Puis grand Prince, vn Roy triomphant: histoires à
                                      Madame

Iiiii iij

Qui sert vne petite Belle,
De haut sang, de race immortelle.
Tout flambant de son doux attraict.
Le pauuret la baise en portraict:
Heureux certes s'il veut suruiure
Tel baiser & le vray poursuiure,
De ne voir que l'ombre gemeau,
Des leures qui l'offrent si beau.
Car si deuant que l'heure arriue,
Qu'il baise, espoux, sa bouche viue,
Viue il la pouuoit aduiser,
Il mourroit faute d'vn baiser.
  Ie ne diray point Isabelle,
Le nom de la petite Belle:
Vn grand bien se doibt receler.
Puis ie ne la veux reueler:
De peur qu'vn Roy d'estrange terre
Pour la rauir n'ourdist la guerre.

Au petit chien de la Reyne Regente.
Sur vn songe.

Hien, au chien cœleste pareil,
Gisant n'aguere au mol sommeil,
En mon sein tu t'es venu rendre,
Tout blandissant d'vn amour tendre.
Au ventre, aux yeux, au petit nez,
Mille baisers ie t'ay donnez:
Puis harcelant ta dent rebelle,
Ie t'ay dit, la Reyne t'appelle.
Mon hoste, mon cœur, petit chien,
Ce songe me promet du bien:
Car Memphis par vn chien designe,
L'amour & la faueur benigne.
La Reyne à ce coup m'aymera,
La Reyne à ce coup me rira.
Et pensera que les tendresses

LES ADVIS.

De tes amoureuses caresses,
Parlent pour moy soir & matin:
Soit que ton iapper enfantin,
Ton baiser ou ton ieu luy touche
L'oreille, les yeux ou la bouche.

BALET.
Pour des Indiens pendant vne guerre.
AVX DAMES.

Amour ayant empreint dans les cœurs trop de brèches,
Vid son arc sans vsage & sa trousse sans flèches.
Pleurant il nous appelle: O nourrissons de Mars,
I'ay sappé mon Empire en espuisant mes darts:
Si par compassion de ma simple innocence,
Vous n'allez picorer chez les Dames de France
Des traicts pour ce bel arc qui dompte terre & Cieux,
Par l'art de leurs soubsris & l'attraicts de leurs yeux.

Lors nous fendons la voye, & courons trois annees,
Soubs Phabus renaissant par saisons retournees,
Sans auoir rencontré le souhait de ce Dieu:
Tant que pour fin de queste arriuez en ce lieu,
Parmy l'horreur de Mars, le sang & les alarmes,
De vos yeux adorez nous éprouuons les charmes.

Tu disois bien, Amour, en dorant tes appas,
Comme on trouuoit des traicts, mais tu n'adioustois pas,
Qu'il perceroient nos seins de leur pointe mortelle,
A l'abbord impourueu d'vne trouppe si belle.
Ainsi lors que ce Grec, cét artisan rusé,
De *** l'estincelle eut le Ciel abusé:
Le Satyre appasté de ses feinctes delices,
Sautant pour la baiser éprouua ses malices.

Dames *** *** que le Nort froidureux,
Vit l'œil de *** *** *** tant de feux?
Vn Soleil *** *** *** *** recules,
Vn soleil *** de *** *** nos ames br*** es.
Nos *** *** a vos p*** *** *** prosternez,

Nous quittons nos païs, exclus de retourner,
Et nos Dieux nous quittons pour suiure nos Deesses.
Que si a eus reiettez le tiltre de maistresses,
Plaignez au moins les pleurs d'vne ardente amitié:
Si vous refusez grace, accordez la pitié.

AVTRE BALET.
Pour des Amazones au mesme temps de guerre.

Ous auons surmonté la superbe insolence,
De mille Nations par le fer de la lance:
Thesée & le Thebain nous auons combatus,
Quand douze monstres fiers ce braue eut abbatus.
Décoiffant auiourd'huy l'orgueil des hautes crestes,
Nos tresses nous frisons pour honorer vos festes:
Nostre tetin iadis le plastron sceut porter,
Maintenant soubs vn crespe il se plaist de flotter.
Voyez doncques icy les fortes Amazones:
Nous quittons Thermodon & ses lointaines Zones,
Pour vous dire, ô François, Peuple illustre & guerrier,
Combien la paix est belle à l'ombre du laurier.
Si quelqu'vn s'esbahit que parmy vos alarmes,
Nous osions voyager sans nos puissantes armes:
Cestuy-là n'entend pas qu'au milieu des hazards,
Amour aiguise vn traict sur la hache de Mars:
Et qu'vn œil, vn soubsris, le rayon d'vne grace,
Sur vn guerrier domté mille palmes amasse.

AVTRE BALET.
Pour des Bergeres.

Vx bois seiour des demy-Dieux,
Nos troupeaux brouttent les herbettes,
Pandant que nos chants d'amourettes
Poussent leurs tons melodieux.
Ils n'ont peur du loup furieux,
Nous le charmons de ces musettes:

Et ne craignent point nos houlettes,
Car nous ne frappons que des yeux.

Progrez de l'Amour d'vn ieune mary, vers sa femme.

VN enfant apperçoit trauersant vn boccage,
Vn autre enfant qui fuit de ramage en ramage:
Il va les bras ouuerts à l'entour sautelant,
Pour happer ce Poupon à deux aisles volant:
En fin las & vaincu de la fuyte importune,
A quelque vieux Pasteur il conte sa fortune.
Le bon Pasteur sourrit par les ans affiné,
Consolant de ces mots le garçon mutiné:
Attends, attends, mon fils, qu'vn poil folet menace,
De ceindre à demy tour le vermeil de ta face:
Et lors ie te promets que cet enfant haultain,
Qui dedaigne auiourd'huy de tomber en ta main,
Volera de son gré pour abreger tes peines,
En tes yeux, en ton sein, en tes bouillantes veines:
Si bien que le mignon quittant ce vol leger,
Se nichera chez toy, sans pouuoir déloger.
Charles, il n'appartient qu'à ta flamme nouuelle,
D'expliquer le secret d'vne fable si belle:
Tadis cherchant Amour il fuyoit deuant toy,
Maintenant il te suit & te renge à sa loy.

A LENTIN.

IAdis tu me prisois bien fort,
Depuis m'offençant à grand tort,
Et voyant ma vertu capable,
De rendre ce tort plus coulpable,
Tu ne cesses de bauasser,
Esperant son lustre effacer.
Or Lentin ie souffre sans peine
Les coups de ta langue inhumaine:
Puis que comme le fleau des Cieux,

KKKKK

Elle frappe ieunes & vieux:
Ainsi serpens, peste & vermines
Versent par tous maux & ruines.
Mais certes i'admire sans fin,
Qu'estant tenu pour homme fin;
Tu crois mainte histoire iolie,
Que la Cour contre moy publie.
Ce prouerbe on dit à bon droict,
Le menteur parle & le sot croid.
Or ta malice naturelle
D'vn sot te preste la ceruelle:
Quand tu prends pied sur le babil,
D'vn fou qui hablant le gentil;
Par le mot & le sault aspire
A gaigner des galands l'Empire.
Crois-tu qu'vne femme en mes ans,
Ayant veu monde & courtisans,
Et femme que tu ne crois folle;
Laschast action ny parole
Qui fist rire vn esprit bien né,
Quant vingt ioyeux l'auroient corné?
Si pourrois-ie sans indecence
Prendre par fois quelque licence;
Mon humeur par tout s'animant,
D'vn air libre modestement:
Mais craignant que le Siecle baue,
Des formes ie me rends esclaue.
Tout esprit du mal-heur frappé,
Par nos Cours est tousiours drappé:
S'il est bas, sot on le publie,
Si haut, son air semble folie.
Le Peuple apres au bruit qui court,
Souscrit aux visions de Court:
Et ne peut croire qu'elle cause,
Si le suiect n'offre la cause.
Que dit ce iuge mal accort?
Tousiours en Cour le foible a tort:

LES ADVIS.

Et moins il merite l'iniure,
Plus souuent le pauuret l'endure.
Quelquefois le drappeur expert,
Drappe vn fort, mais c'est à couuert:
Vers vn foible au tour il éclatte,
Parce qu'il ne craint qu'on le batte.
 Le Monde est vne cage à foux,
Gens de Cour le sont plus que tous:
Il est vray qu'aux plus fins s'aggrée,
Mais l'autre bande le deffraye.
Quell' autre auec mes qualitez
Auroit ses brocards éuitez?
Moy Latine, pauure, nouuelle,
Vieille fille, & moins folle qu'elle?
Ie dis que cette basse Cour,
De folle erreur ample seiour.
Tu dis qu'elle ne te deschire:
Iamais le bourreau ne faict rire:
Et tu n'es qu'vn bourreau parfaict,
De l'honneur qui viure nous faict:
Mais si tu n'estois d'auantage,
Encores plus riche que sage,
Quand Roy des bourreaux tu serois,
Par son babil tu passerois,
Doutes-tu si c'est vn grand crime
De rauir au prochain l'estime?
Ou si tel l'ayant sçeu iuger,
D'vn grand tort tu te veux charger?
Entre les biens que l'homme embrasse,
L'honneur tient la premiere place:
Car pour luy nous quittons le bien,
Pour luy le sang est moins que rien:
Celuy donc qui l'estime altere,
Nous meurtrit de mort plus amere,
Que s'il nous iettoit au tombeau,
Par le coup d'vn sanglant couteau.
Puis outre l'estime rauie

KKKKK ij

Tu deschires aussi ma vie,
Car pauure, & des Roys dépendant,
Ie la perds ce lustre perdant.
Par mespris tu n'aurois replique,
Mais ceste suitte trop inique,
De repartir me donne loy:
Faisant la beste auecque toy.

Ie pourrois bien taxer ta vie,
Mais certes i'en quitte l'enuie:
Tes actes la taxeront mieux.
Puis tes caquets nouueaux & vieux,
Naissans de legere croyance,
M'offrent d'eux-mesmes la vangeance:
D'autant que pour faire, ô meschant,
De ta langue vn glaiue trenchant,
Il faut de ton oreille sotte,
Faire premier vne marotte.

Ie diray tant moins soit de bouche ou par escrit, le vray nom de celuy que ceste piece regardoit, de ce qu'il ne s'en peut desormais plaindre, estant mort depuis quelque temps.

※※※※※※※※※※

PEINCTVRE DE MOEVRS.

A Monsieur le President d'Espaignet, Conseiller d'Estat.

Espaignet façonné sur le siecle plus sage,
Ie veux peindre mes mœurs & t'offrir leur image:
Tu la peux à bon droict approuuer ou casser,
Puis qu'en te pratiquant vingt ans t'ay veu passer.
Nostre abord commença quand ie fus à Montaigne:
Voir vn mort Demydieu, sa fille & sa compagne
Voyageant auec toy, qui menois de nouueau
Ta femme en leur païs ton antique berceau.
  Voicy donc mes deffauts: Ie suis d'humeur bouillante,

LES ADVIS.

J'oublie à peine extréme vne iniure poignante,
Ie suis impatiente & subiecte à courroux :
De ces vices pourtant ie rompts les plus grands coups :
Ie dis rompts au dehors où l'esclat est visible,
De les rompre-au dedans ce roch m'est inuincible :
Tant l'ire, la piqueure & les assauts puissans
Des accidens fascheux me penetrent les sens.
Les passions enfin que l'instinct nous excite,
Non pas l'opinion de lumiere interditte :
Tiennent d'vn poids égal telle place chez moy,
Que ma loy ie leur donne & la leur ie reçoy.
Ie m'enferre par fois en la ronde fiance,
Supposant au prochain ma propre conscience :
Mais si i'ouure au soupçon l'œil de mon iugement,
On ne me peut tromper, ains trahir seulement.
Par fois en conferant il aduient que i'espouse
La raison & ses droicts d'vne humeur trop ialouse :
Toute noble qu'elle est cedons parfois aux foux,
Et qui ne veut heurler laisse heurler les loups.
Ce debat neantmoins s'escoule sans querelle,
Car soudain qu'elle esclost mon art luy brise l'aisle :
Et n'ay troublé ny bruit, hors ceux que le mondain
Liure au foible impuissant par malice ou dédain.
Ie suis blessée aussi de ceste sotte honte,
Qui naissant de vertu pour vice nous surmonte.
I'aduouë encor apres reprochable à bon droict,
Qu'à seruir le grand Dieu mon esprit est trop froid :
Encores que mon cœur d'vn zele franc l'honore.
Hé quel autre mortel d'vn iuste vœu l'adore ?
Le fini l'infini ? l'ouurage son Autheur ?
Vn atome, vn neant, l'vnique Createur ?
Pour m'estimer vn peu ie ne merite blasme,
D'vn appast si friand chaqu'vn flatte son ame :
Ie n'en crains les riueurs si ie me prise à poinct :
Qui ne void ses vertus son vice il ne void point.
Ie ne m'accuse pas du deffaut de mesnage,
De ce reproche en vain le vulgaire m'outrage :

KKKKK iij

Pour me voir sans moyens, sans mesnage on me croid:
I'en aurois à plain fond quand mon bien le vaudroit.
Ah qu'en vain nos succez nous mesurent l'estime!
Ah que le nom du pauure aisément on opprime!
Mon bien court & brouillé ie n'ay deu conseruer,
Puis que de la misere il n'eust peu me sauuer.
   Mes bonnes qualitez prendront icy leur place.
Les loix de l'équité d'vn sainct respect i'embrasse.
I'ay l'entregent modeste & de l'honneur i'ay soin,
Ie n'ayme pas l'argent que pour le seul besoin.
Que si i'ay ce deffaut d'aymer vn peu la gloire,
L'ambition au moins me cede la victoire:
Ie dis l'ambition que les Cours vont suiuant:
Qui cognoist ses obiect ils mesprise leur vent.
Et n'aurois veu des Grands la pompeuse hautesse,
Sans la necessité tyrannique maistresse.
Mes mœurs & mon humeur luisent d'égalité.
Mon iugement refuit toute temerité.
Car ceste erreur ie hays ridicule & sifflable,
Qui pleige à tous momens pour vray le vray semblable:
Et ce vice commun ie fuis d'vn soin exprés,
De prendre pour vn poinct celuy qui loge auprés.
Par fois doncques en vain i'espere ou ie soupçonne,
Mais lors sans affermer mon iugement tastonne:
S'il afferme il va droict & s'y prend rarement:
Et si ie fais gageure elle court seurement.
Ie ne sçay rien iuger par coustume vulgaire.
Hors du trop & du peu mes deuis ie tempere,
Le propos indiscret i'ay tousiours éuité.
Ie n'aurois dans vn thrône orgueil ny vanité.
L'effort de mon mal-heur mon courage ne brise.
Mon courroux bien qu'ardent ma raison ne maistrise
Ny iamais ses eslants ne m'ont faict ressentir
Les honteux aiguillons d'vn tardif repentir.
Nulle humeur volontaire en mes mœurs ne tient place.
Toute bisarrerie outre-mer ie déchasse:
Et ne fais ou dis rien en aucune saison,

LES ADVIS. 815

Dont mon foible discours ne peust rendre raison.
Ma science proscrit toute pedenterie.
L'on ne remarque en moy nulle charlaterie,
Ie quitte vn bien certain qui tente mon souhait,
S'il blesse ma rondeur d'apparence ou d'effect.
Le fast i'ennoye aux Cours & l'assigne aux Escoles.
L'Alchymie est chez moy, mais non ses suittes folles;
Tromper, despenser gros, croire l'art sans doubter,
Attendre vne mer d'or, sans fin la trompeter :
Aucun ie n'ay trompé, i'ay faict peu de despense,
I'attends peu, ie dis moins, i'espere sans croyance.
Ie ne drappe ou mesdis. De leger ie ne croy.
Ie suis fort veritable & d'vne entiere foy.
Si par occasion quelque bourde ie donne,
Elle sert à quelqu'vn & ne nuit à personne.
Sauuant bruit ou desastre ouuerts à mes amis :
Et n'ay point cét excés à mon besoin permis.
Ou si pour mon besoin la verité i'altere,
C'est sur le coup precis d'vne importante affaire :
Sans interest d'autruy, sans me prester du vent,
Sans assermer encore, & certes peu souuent.
Puis qu'on peut rarement desguiser le mensonge,
Dans son bourbier honteux le prudent ne se plonge :
Car l'honneste renom de vray-disant luy sert,
Et surpris pour menteur sans remede il le perd.
Nul propos imposteur par hayne ie n'aduance.
Mon interest n'esteinct l'œil de ma cognoissance.
Ie voy le vice aussi qui difforme l'amy :
Et connoy la vertu qui dore l'ennemy.
Ie n'abuse iamais la simplesse facile
Par vn mauuais conseil, quoy qu'il me fust vtile.
La vertu sans les biens i'honore où ie la voy.
Pour moy ie fay raison, ie la fay contre moy.
I'ay le cœur noble & franc, ie hay toute feintise.
Ie suis inuiolable en l'amitié promise :
En fortune, en disgrace, en la vie, en la mort,
Du monde ny des ans ce vœu ne sent l'effort.

L'amy ny l'estranger paisible ie n'offence,
Et souuent à leur tort t'apporte l'indulgence.
Ie n'ay saine ou malade un esprit riotteux.
Ie suis du vil ingrat le reproche honteux.
L'iniure plus qu'à nul à mon cœur est amere :
I'aymerois mieux pourtant la souffrir que la faire.
Sans exceder son poids ie la paye & ressens.
Les foibles ie respecte à l'égal des puissans.
Ie ne seme discord. Ie ne conue l'enuie.
Nul prix ne flestriroit l'équité de ma vie.
Nulle necessité n'usurpe le pouuoir,
De me faire offencer le proche ou le deuoir.
A mes ayses charmeurs ie n'ay l'humeur subiette.
La grimace de Cour & son fard ie reiette
Ie hay sa singerie où chaqu'un s'entresuit.
Mon œil & mon palez le vain luxe refuit.
Ie suis soigneuse, actiue, en mes desseins constante,
Aux affaires bandée & de loin prenoyante.
Ie ne suis nonchalante à payer mon deuoir.
Ie sçay d'esprit docile un conseil receuoir.
Du foible contre un fort le party ie n'opprime.
Du flatteur pestilent ie deteste le crime.
Deuant qu'auoir gousté les mœurs du genre humain,
I'espandois tout office à plaine & large main :
Mesme bonté depuis entre les Bons i'obserue,
Mais parmy le commun ie fais quelque reserue :
Ie secourrois pourtant le pauure & l'affligé,
Si d'un ioug moins pesant mon sort estoit chargé.
Le secret qu'on m'a dit ie tais d'un soin fidelle,
Voire un secret surpris peu souuent ie decele :
Ie ne guette celuy que l'on me veut cacher,
Ou si mon œil le perce il feind ne n'y toucher.
Ie ne condamne aucun suyuant l'erreur publique.
Ie ne suis importune à ceux que ie practique.
Donc si i'ay des deffauts ils ne blessent que moy :
Complette vers autruy d'offices & de foy.
       , & candeur, ie les tiens de Nature :

L'ordre

LES ADVIS. 817

L'ordre ie l'ay gaigné par temps & par lecture.
I'ay veu les derniers seaux à cét ordre apposez,
Ayant sur mes ans meurs sept lustres espuisez.

Sur l'heureuse guerison du Roy à Lyon.
STANCES.

Baissez baissez le front, ô superbes Couronnes,
Augustes Majestez, portez le Sceptre bas:
Puis que ceste Grandeur souffre que vos personnes
Fondent comme le Peuple au gouffre du trespas.

Mon Roy, l'honneur des Roys, gisoit en l'agonie:
La beauté, la ieunesse & la ferme vigueur,
Seichoient comme vne fleur que la Bize a ternie,
Quand vn excez d'Hyuer anime sa rigueur.

La Cour dressoit au sort vne triste querelle,
Le grand Pasteur Romain perçoit le Ciel de vœux,
L'Italie entonnoit vne plaincte eternelle,
Et la France orpheline arrachoit ses cheueux.

O de quels tons aussi les douleurs de la Muse,
Entonnoient ces grands noms suyuis de si hauts faits:
Rochelle, Rhé, Bearn, Pignerol, Casal, Suze,
Et les Forts terracez des rebelles deffaits.

Mais vn Ange apparut enflammé de lumiere:
Le Ciel n'a point, dit-il, vostre vœu reietté:
Dieu r'appelle son Oingt en la santé premiere,
Non pour ses grands exploicts, mais pour sa pieté.

Soleil qui pris le dueil, si nous croyons l'Histoire,
Quand Cæsar fut percé des fleches de la mort:
Luys de nouueaux rayons, d'allegresse & de gloire,
Puis que le grand LOVYS surmonte leur effort.

Llll

Aduis au Lecteur sur les Epigrammes.

ON n'a point esté mon dessein escriuant les Epigrammes suiuans, de les aiguiser de poincte affilée à la façon du siecle: ouy mesmes vne partie est du tout sans poincte, selon la mode assez frequente des plus iudicieux Grecs & Latins, qui vouloient chatouiller le iugement du Lecteur par quelque grace naïfue ou solide, & non pas son esprit par la subtilité. Mesprisans d'ailleurs de rendre la gentillesse de leur conception, ou s'il faut dire ainsi, la delicatesse de leur touche, sensible à ces peaux dures, qui ne peuuent ressentir atteincte que de la poincte massiue d'vne alesne; tandis qu'vn cuir délié la sent de celle du barbillon d'vn espy: & se promettans encore, qu'il apartenoit à tels esprits que les leurs, de trouuer la finesse, où les autres ne se fussent nullement aduisez de la chercher. Quoy si la retenuë de la poincte d'esprit? quoy si la hardiesse, tantost de la resserrer, tantost de s'arrester aux lieux où quelque autre ne l'oseroit faire; portent souuent en elles mesmes la merueille de l'inuention & du iugement de l'Autheur? & si c'est par là que ce grand Catule excelle entre ceux de sa Nation, sans plus parler des Grecs?

Or s'il faut prouuer que le iugement des grands Genies modernes s'accorde à celuy de l'antiquité pour ce poinct, oublions ce qu'en disent les Essais: alleguät seulement la comparaison que fait Muret de ce docte & delicieux Poëte, à vn homme de qualité qui entretient ses amys des fleurs d'vne conuersation exquise, & de son concurrent le poinctu Martial, à vn charlatan qui prosne sur vn banc de carrefour: comparaison que i'allegue, non pour ce que ie croye que Martial merite ce reproche entier, ouy bien seulement affin de faire voir que cét homme de Lettres celebre & fameux, ne croyoit pas faire iustice à ces deux Poëtes, s'il ne mettoit entre eux vne difference extreme. Voyez d'autre part si la haute volée des nostres, n'a pas accommodé son vsage à ceste speculation : c'est à dire, si Ronsard, Desportes & du Bellay, ont des Sonnets aigus: Sonnets qui ne sont autre chose, comme on sçait, que des Epigrammes limitez à certaine quantité de vers. Obmettrons nous les Epigrammes de Sainct Gelais, qui bien que versificateur nonchalant, est Poëte de merite & naïf? Il est donc vray que parmy la foule de tãt de Sonnets de ces trois premiers Poëtes, il n'en est point de plus mousses de poincte que ceux des Regrets de Rome en du Bellay : qui toutesfois ne sont pas seulement excellens & la fleur de ses Oeuures, mais qui se font encores loüer de la pluspart de ces friands de subtilité mesmes. Pourquoy loüent-ils cet air d'escrire en ce Poëte, puis qu'il est directement opposite à leurs sentimens, & qu'ils le reprouuent ailleurs; si ce n'est qu'ils en parlent comme ils font de tant d'autres choses, à cause qu'ils en ont ouy parler ? Ainsi le Perroquet à qui l'on chante : Perroquet n'est qu'vn sot, entonne pompeusement ceste voix, quoy qu'elle soit contraire à ses intentions, & qu'elle choque la bonne opinion qu'il a de sa petite personne. Ie ne dis nullement ces choses pour deffendre mes Epigrammes, qui peut estre n'ont pas esté capables de suiure le train de cette simplicité naiue que i'approuue, mais seulement pour la preferer à toute autre grace Epigrammatique.

Qant à ceux de ces mesmes Epigrammes qui regardent aucuns de mes amis & amies, auec simplicité d'artifice & des loüanges modestes, i'en vse de ceste sorte, afin qu'elles s'attachent mieux & plus durablement à leur subiect : estans tousiours suspectes où elles sont enflées & reparées des inuentions Poëtiques. Et n'ont eu au reste, tous ces petits Poemes, autre ialousie de rang que celle de leur naissance : ny ne touchent pas tous ceux que ie pourrois regarder par quelque bien vueil-

LIIII ij

lance, estime ou obligation, ennemie que ie suis pourtant de l'ingratitude; mais seulement ceux de ce nombre, que i'ay creu se plaire aux dons des Muses, ou qui ont porté ma main sur la plume par occasion. I'ay sçeu que quelqu'vn s'estonne, pourquoy i'en dedie aucuns à certaines personnes de condition peu releuée: neantmoins tant s'en faut que la consideration des qualitez me touche pour ce regard: que i'y mesle tant plus librement par estime ou recognoissance, les petits qui meriteroient d'estre Grands, que ie n'y meslerois les Grands qui meritent d'estre petits,

---

Inscriptions designées pour l'entrée du Roy à Paris: proposée, puis differée.

Pour la porte Sainct Denis.

La Ville parle au Roy.

Nulle illustre Cité ma Grandeur ne seconde,
Et tu mettras ma gloire à pair du nom Romain.
Paris hausse le front sur les Citez du Monde:
Et courbe l'humble chef sous ta puissante main.

Pour la porte Nostre Dame.

Ceste Vierge, ô grand Roy, que l'Vniuers contemple,
Pour mere & cher tresor du salut precieux:
T'ouuriroit ses deux bras t'ouurant son fameux Temple,
S'ils n'estoient occupez du Monarque des Cieux.

Pour la porte du Palais.

Louys, c'est le Palais throsne Royal de France,
Qui porta iusqu'au Nil ses armes & ses Loix:
Prens place au rang natal de cent Augustes Rois,
Que tes Fils passeront de nombre & de puissance.

Sur vn portraict du Roy, la main demy fermée.
DIALOGVE.

Passant.   *Peintre, ne cache pas en ce noble dessein,*
           La moitié d'vne main si guerriere & si belle:
Peintre.   *Passant, ie veux donner à ceste illustre main,*
           Le geste qui receut les clefs de la Rochelle,

Sur vn Ange des Feuïllans vestu du Manteau Royal.
DIALOGVE.

Passant.   *Dy-moy qui t'a permis, ô bien-heureux Archange,*
           De porter ce Manteau qui n'appartient qu'au Roy?
L'Ange.   *Louys me l'a donné par vn celeste eschange*
           Lors qu'il vestit le mien de Iustice & de Foy.

Sur vne Image Sainct Eustache..

Quel Heros est-ce-là, qui chassant en ce bois
Dans les cornes d'vn cerf adore ceste Croix?
Est-ce Eustache ou Louys? tous deux ayment la chasse,
Tous deux d'vn front Royal portent la belle audace,
Tous deux ieunes & beaux charment ainsi les yeux,
Tous deux adoreroient ce haut present des Cieux.
Mais puis que le Sauueur en vne Croix s'attache,
Sur les pas d'vn Chasseur, c'est l'infidelle Eustache.
S'il abbordoit Louys si grand en pieté,
Il brilleroit d'esclairs pompeux de Maiesté:
L'Olympe s'ouuriroit; & la trouppe des Anges
Dans ce Globe eternel chanteroit ses louanges.
Suy ceste Croix, Eustache, estendart de la Foy,
Ou bien suy seulement les traces de mon Roy.

POVR MONSEIGNEVR LE CARDINAL
Duc de Richelieu.

O Puissant coup du Ciel! merueille à l'Vniuers!
On sçappa les autels en cent climats diuers:

Les Temples on bruſla, tous ſanglants de carnages,
On briſa la figure & du Pere & du Fils:
Afin qu'vn Cardinal, armé du Crucifix,
Par la ſuite des ans vengeaſt tous ces outrages!
Sa Digne toutesfois, eſſroy du grand Canal,
Son bras & ſon courage ont part à la victoire:
Mais pour vanger l'Egliſe auecque plus de gloire,
De ce Mars triumphant Dieu fit vn Cardinal.

Pour ſon Eminence encore.

Lors que ie te veux appeller
Le Cardinal de la Rochelle,
Caſal vient à me quereller,
Et ſa ialouſie en appelle.
Rhé ſe deſpite en cris ardens
Pour leur debattre ceſte gloire,
A qui de ces trois pretendans
Pourray-je aſſigner la victoire?
Comme ils vont paſſer au combat,
Le Roy trompe leur eſperance:
Quittez, dit-il, ce vain debat,
C'eſt le Cardinal de la France.

Pour ſa meſme Eminence.

La main de Iupiter en formant l'Vniuers,
Mit aux ſept premiers Cieux ſept grands Aſtres diuers,
Qui par leurs dons heureux la Nature ſubſtantent:
Les mains de Richelieu ſoubs leur Roy produiſans,
Sept miracles ſans pair, ſept grands Aſtres luiſans,
Dans le Ciel de l'Eſtat, à meſme fin les plantent.

DE EO QVI NATAVIT AB INSVLA
Rhea ad caſtra Regis.

Credet poſteritas? motis ex arte lacertis
   Trajicit audaci pectore ſepta maris?
Nocte ſilente viam ingreditur: fert iuſſa per vndas,
   Inter mille neces: omnia mortis erant.

LES ADVIS.

Fluctibus obruitur, sævis data piscibus esca,
Nunc sursum moriens sidera clara videt.
Quid tibi tunc animi? quæ mens? quæ mortis ımago?
Ire necesse tamen, Luna ministrat iter.
Vicit amor Patriæ, fœlixque natauit ad ora:
Fœlix pro Patria non timuisse mori.

Version de cét Epigramme.

Siecles le croirez vous? ramant des bras experts,
Vn courageux Soldat veut trauerser les mers.
Il va porter de nuict à Louys vn message,
La mort offre par tout son effroyble image.
Tantost le flot l'accable aux poissons l'exposant,
Et tantost demy mort, il void le Ciel plaisant.
Quelle horreur! quels effrois, en ce gouffre homicide!
Il faut aller pourtant, & la Lune le guide.
L'amour du Roy le force, heureux il gaigne vn port:
Heureux qui pour son Prince a mesprisé la mort.

Ville de grand nom deliurée.

ENIGME.

Deux gros limiers beants à ventre creux,
Sur vn jambon vouloient faire ripaille:
Vn beau leuron gaillard & genereux,
Le veut deffendre & leur donner bataille.
Les deux limiers combattent puissamment,
Leur dent tiraille & mord & se depite:
Le franc leuron leurs forces desarmant,
Son ieune effort à toutes mains agite.
La piece il tire acheuant le combat,
Les deux goulus regaignent leurs brisées:
Et le vainqueur en triomphe s'esbat,
Payant leur peine en gambades frisées.

Pour des enfans fiancez.

La fiancée à Cupidon, pendant vne absence.
Ils s'appelloient Poupin & Poupine.

Ramene Poupin en ce lieu,
Ce Poupin beau comme ton frere :
Fay grace aux petits, petit Dieu,
Ou ie l'iray dire à ta mere.

Responce du fiancé.

Poupine ce faux Dieu qui brusle terre & Cieux,
Pour te rauir à soy me refuse à tes yeux :
Feignant de l'embrasser romps ses volages aisles:
Nos cœurs seront vangez nos flames eternelles.

La sœur de la fiancée malade au fiancé, n'agueres party.

Tu tiens les champs d'vn fantasque dessein,
Et ma sœur plaint la chente de poictrine :
Retourne court, mets la main en son sein,
D'vn mal si grief elle est la medecine.

Le Peuple croid en effet ce remede vtile, au mal qu'il nōme, poictriné cheute.

Luy mesme, à sa Dame.

Ie suis lié, i'ignore en quel lien,
Ie conne vn mal, Duret y perd son Liure :
L'Amour qui rid à ta cure me liure :
Guery moy donc, ta mere le veut bien.

Luy-mesme, sur vn sien long voyage.

Heureux en mon prim-temps ie reuerray ma Dame :
Cypris veut qu'au retour la main qui tient mon cœur,
Frisottant le menton de ma ieune vigueur,
Des petits lacs d'amour en ma moustache trame.

A quelque nouueau soldat.

Prenant ton harquebuse, Horace,
Pourrois-tu si iuste viser:

LES ADVIS.

Que d'vn coup tu peusses briser,
Cét arc dont l'Amour te menace?

Pour vne fille qui portoit vn petit plumail.

Quand tu vois vn plumail sur ma teste attiffée,
Lyde mon petit cœur, tu te mocques de moy :
D'Amour i'ay plumé l'aisle en arrestant ma foy;
Ne dois-ie pas porter sa despouille en trophée?

Larmes des amants.

Vn beau iour l'enfant Cupidon
Grilla sa tresse vagabonde,
Se iouant de ce fier brandon,
Sceptre de la terre & de l'onde.
Par vn baume de pleurs exquis,
Les amants réparent sa tresse:
Et pour loyer ils ont requis,
De flechir sans pleurs leur maistresse.
Le Dieu finet se mocquant d'eux,
Les voüe aux larmes eternelles:
Ie vous doibs, dit-il, mes cheueux,
Mais quoy si ie bruslois mes aisles?

A Madamoiselle Rolland,
Sur quelque sien Epigramme, faict en jeu.

A ceste Pallas que tu sers,
L'aiguille & la plume on applique:
Ta plume me pique en tes vers,
Mon aiguille offre la replique.

Vœu d'vn bracelet de corail & de cristal.

Accepte, ô Cupidon, de la bergere Æglé,
L'eslite du corail au fin cristal meslée:
N'aguere se mirant en l'argentin ruisseau,
Sa main a bigarré ce bracelet nouueau,
Sur le gentil patron d'vne larme qui noüe
Parmy la tendre fleur de sa vermeille iouë.

Sur la Vache de Bronze de Myron.
Elle parle.

Ne mugis plus, ieune bouueau,
Pour tenter mon amour rebelle :
I'ay pour mary le blanc taureau,
Qui rauit Europe la belle.

Sur la mesme. Vne bergere parle.

Fermez, belle Galemande,
L'huis du iardin apres vous :
Car ceste vache gourmande,
S'en ira brouter nos choux.

Sur la mesme encore.

Voyant ceste œuure triumphante
Iunon dit d'vn soupçon nouueau :
Des feux d'Europe vn Dieu se vante,
Mais pour toy, vache, il fut taureau.

Sur le mesme suiect.
Dialogue.

Pourquoy le bon Roy des auettes
N'a-t'il leur commun piqueron ?
Il cheut brisé sur les herbettes,
Piquant la vache de Myron.

Sur mesme suiect encore.

Pasteurs, fuyez d'vn pied leger,
Vn taureau prit vne pucelle :
Ie crains qu'vne vache si belle
Vueille aussi rauir vn berger

Sur la mesme vache. Vne bergere parle.

Ie m'en irois filer ce soir
Soubs l'orme où la vache est rangée :
Mais ie croy qu'elle s'est gorgée,
De l'herbe où ie soulois m'asseoir.

De Monsieur l'Euesque de Soissons, Charles de Hacqueuille, sur vne Image de Sainct Charles.

Sainct Charles penitent & blesmé,
Sa deuote couche embellit:
Il parera quelqu'autre lict,
Car il est Sainct Charles luy-mesme.

A Messieurs de Bouille Conseiller en la grand Chambre & de l'Espine d'Elbene, beauxfreres.

A Castor & Pollux vostre couple ressemble,
D'esprit, d'integrité, de mutuelle amour:
Mais ces diuins Gemeaux reluisent tour à tour,
Et par digne vertu vous deux luisez ensemble.

Le couard attaque le foible.

Vn loup la brebis poursuit:
Elle requiert foible & lasse,
Qu'il cherche prise plus grasse
Sur vn sanglier qui les suit.
Luy fumant d'ire & de baue,
L'attrappe en criant ces mots:
Ah cruel, j'aurois repos
Si i'estois forte ou toy braue.

D'vn enfant qui sembloit épris de la Reyne Regente.

A voir le petit Alcidon,
Au sein de sa Reyne adorée,
Vous diriez que c'est Cupidon,
Entre les bras de Cytherée:
N'estoit que l'enfant de Cypris
Prend nos cœurs & rid de nos larmes,
Et cestuy-cy luy mesme pris,
S'est blessé de ces belles armes.

A sa Sœur d'alliance, sur le desbordement d'vn ruisseau.

L'Amour despit que son flambeau,
Perde pour toy ses flammes vaines,
Quittant les feux, s'arme de l'eau
Qui deuore tes vertes plaines.
Mocquons nous de ce Dieu mocqueur :
Si l'eau recelloit quelques armes
A fausser l'acier de ton cœur,
Mille amants perdroient-ils les larmes ?

D'vne Ville reuoltée, reprise la veille de Noel.

Messieurs les Reuoltez apprenez à vous taire,
Ou parlez vn iargon qui soit de fin aloy :
Vos ignares Citez par erreur de Grammaire,
Pensans crier Noel, chantent, Viue le Roy.

A Monsieur de la Ville-aux-Clercs, Secretaire d'Estat.

Si pliant soubs le faix d'vne necessité,
J'importune de soins ta generosité,
D'vn peché contre toy cét acte ne me charge :
Car voyant ton esprit de beaux dons reuestu,
Porter plus haut que tous ceste insigne vertu,
N'ay-ie pas deu puiser d'vne source si large ?

A monsieur de Bautru, Introducteur des Ambassadeurs.

Iadis vn Empereur reposant dans sa tente,
Vn soldat, contre l'ordre, en ce lieu se presente :
On le iette aux liens, vne prompte fureur
Luy suppose vn complot de tuer l'Empereur.
Le Prince qui le void de peur tremblant & blesme,
Commande qu'il mourust s'il venoit pour soy mesme :
Que s'il estoit venu pour seruir ses amis,
Dessein qui l'amenoit, son crime fust remis.
Bautru, qui luys par tout de prudence & d'estime,
Ce traict vrayment Romain, d'vn Prince magnanime,
Nous fera deuiner par quel sort tu reçois

LES ADVIS.

Ce fauorable accueil des Princes & des Roys:
Tes mœurs qu'vn noble esprit aux bons offices porte,
Venant pour tes amys des Grands t'ouurent la porte.

A Monsieur de Guynego, Tresorier de l'Espargne.

Si les gens de vertu sont plus cheris de Toy,
Si tu vis plus chery de ces gens & de moy,
Sur ce poinct ambigu mon aduis ie differe.
Mais si Dieu, Guynego, ne t'auoit reuestu
Des ornemens exquis d'vne haulte vertu,
Le doubte que ie fais ne se pourroit pas faire.

A Monsieur l'Abbé de Bois-Robert.

Quel destin, Bois-Robert, nous suscite auiourd'huy,
Ce fameux Cardinal à dorer le Parnasse?
Et quel heur a porté que ta main ne se lasse
D'offrir aux beaux esprits ton secours prés de luy?
Vn autre à quelqu'vn d'eux départ vn bon office
Mais a tout le troupeau ta faueur est propice:
Lieutenant d'Apollon par vn decret des Cieux.
Qui void autour de toy ceste bande prisée
La pense voir là bas à l'entour de Musée
Suyuant d'humble respect ce fauory des Dieux.

A vn Prince pour se ramenteuoir.

Vne vieille implorant quelque faueur nouuelle,
Pour l'Ange & pour son Diable offroit double chandelle:
Et prioit ce bel Ange & ce laid animal,
Que l'vn d'eux luy fist bien, l'autre ne luy fist mal.
Ainsi, Prince bien né, d'vn cierge ie t'honore,
Et tan oubly suspect d'vne autre cierge encore:
Toy pour fleschir les Roys à m'offrir vn bienfaict,
Et luy pour n'empescher vn si loüable effect.

D'vne petite fille fort iolie, nommée Persine.

Vn Dieu prit vne pucelle,
Drapé d'vne offre esbranlée

Que si l'Archer triomphant,
Reste encores ieune enfant,
Il nous rauira Persine,
Pour sa mignarde poupine.

Diane drappée, d'auoir laissé destrober ses flesches en vn Balet.

Si Cupidon auoit perdu,
Par vn larcin les traicts qu'il tire:
Ce Dieu pleureroit esperdu,
La cheute de son bel Empire.
Mais pour des petits dards soustraicts,
Diane n'est point attristée:
Sa beauté chaste & non ses traicts,
La rend puissante & redoutée.

Don d'vn bluet, à l'vne de ses compagnes.

Ce bleu fut peinct de la Nature,
Sur le patron de vos beaux yeux:
Et prit sur l'image des Cieux,
De vos yeux la belle teincture.

Vn honneste seruiteur ignorant de Lettres, à sa Dame sçauante.

Ne me baptise plus, gentille Calistene,
Du nom bien que chery d'vn honneste ignorant:
Baisant ta belle main & tes yeux adorant,
Ie sers la Muse mesme & hume l'Hypocrene.

Fiançailles de deux grosses personnes.

Dieu doint à ces amants le plus grand lict de France,
Pour benir d'vn beau don leur future accointance,
Logeant à plein souhait leur notable en-bon-poinct.
Mais si les conuiez de taille leur ressemblent,
Ce iour que les amys pour les nopces s'assemblent,
Vne salle assez grande ils ne trouueront point.

Sur vn cheual mort tost apres son maistre.

Bucephale seruant le Monarque Alexandre,

LES ADVIS. 831

De son maistre tout seul le ioug daignoit porter :
Frontin pour ne vouloir nouueau maistre accepter,
Aux pieds du sien mourant les abois voulut rendre.

Pour le mesme.

Tout en pleurs le Grec Conquerant,
Inhuma son cheual de guerre :
Mais le gentil Frontin s'enterre,
Aux pieds de son maistre mourant.

A vne Grande fort visitée.

Que te puisses-tu perdre en la presse espanduë,
Qui t'ombrageant par tout m'empesche de te voir :
Et que ta Gournay seule ait le gentil pouuoir,
De te faire crier quand tu seras perduë.

Sur l'œil de la fille du sieur Aubert, Aduocat de reputation.

Si la Nature vn œil brunet te donne,
C'est par mystere, ó gentille Sydonne.
Quand vn larron brasse vn fameux* larcin,
D'vne nuict brune il arme son dessein :
Et quand le Fils de la belle Cyprine,
D'vn coup exquis l'entreprise machine ;
Il tend ce laqs qui prend hommes & Dieux,
Au coin brunet qui brille en tes beaux yeux.

Vn excellent esprit amoureux d'vn œil verd.

L'œil verd comme fleur des beaux yeux,
Prend Sydon fleur des demy-Dieux.
S'il faut vn mot en sa milice,
Voicy le mot de Cupidon :
Viue le beau feu de Sydon,
Viue l'œil verd de Doralice.

D'vn aueugle né Ioüeur d'espinette.

Ce Dieu qui cherit le doux son,

* I'ay dit vn mot ailleurs, sur la iustesse de ceste ryme.

Aueugla ce tendre garçon,
Au poinct de la naissance amere,
Pour gaigner vn serf volontaire:
Autrement de ses yeux surpris,
Maistresse pour maistre il eust pris.

Autheur incertain.

Lumine Acron dextro captus Leonilla sinistro,
Et potis est forma vincere vterque Deos.
Blande puer, lumen quod habes concede sorori:
Sic tu cœcus Amor, sic erit illa Venus.

Version de cét Epigramme.

Lys & sa ieune mere aussi beaux que les Dieux,
De deux costez diuers ont perdu l'vn des yeux.
Lys, donne ton bon œil à ta mere Ayglantine:
Tu seras Cupidon, elle sera Cyprine.

Autrement.

Lys & sa ieune mere aussi beaux que les Dieux,
De deux costez diuers ont perdu l'vn des yeux.
Eschange, ô cher mignon, cét œil vif qui te reste,
Contre l'œil de ta mere exclus des rays du iour:
Et vous deux resterez vne couple celeste;
Elle sera Venus & toy l'aueugle Amour.

Faict promptement à table en Caresme.

L'appetit de ces Damoiselles,
De leur ieusne est vn bon garant:
Mieux vaudroit brisser auec elles,
Que s'attendre à leur demeurant.

Pour vne fille qui sert vne Dame sçauante.

Qu'on ne s'estonne plus si i'escris d'vn bel air,
Ayant frotté ma plume aux gands de ma maistresse:
Pourquoy soubs son abbry ne serois-ie clergesse,
L'asne d'vne Abbayë est bien à demy clerc?

LES ADVIS.

Vn autheur incertain, sur l'horloge de sable.

Exiguus vitro puluis qui diuidit horas,
  Et levis angustum sæpe recurrit iter,
Olim Alcippus erat: qui Marthæ vt vidit ocellos
  Arsit, & est subito factus ab igne cinis.
Irrequiete cinis, miseros testabere amantes,
  More tuo nulla posse quiete frui.

Version en faueur du sieur Sauot, docte Medecin.

Ce peu de poudre, helas! qui fisle en ces deux verres,
Courant & recourant sur ses estroittes erres,
Et qui void son filet auec l'heure escoulé,
C'est la cendre d'Atis que l'œil d'Anne a bruslé.
O poudre sans repos, celebre & triste cendre!
En ton fidelle aduis vn esprit doibt comprendre:
Quels trauaux souffre icy le cœur d'vn pauure amāt,
Puis qu'vn trauail sans fin le suit au monument.

HERMAPHRODITVS.

Cum mea me genitrix grauida gestaret in aluo,
  Quid pareret fertur consuluisse Deos.
Est mas Phœbus ait, Mars fœmina, Iunoque neutrum:
  Cumque forem natus hermaphroditus eram.
Quærenti læthum, Iuno ait occidet armis,
  Mars cruce, Phœbus aquis: sors quoque rata fuit.
Arbor obumbrat aquas, conscendo, decidit ensis
  Quem tuleram, casu lābor & ipse super,
Pes hæsit ramis, caput incidit amne: tulique
  Fœmina, vir, neutrum, flumina, tela, crucem.

HERMAPHRODITE.

Lors qu'en ses intestins ma mere me porta,
Sur mon sexe incertain l'Oracle elle tenta.
Phœbus promit vn fils pour heureuse nouuelle,
Mars predit que ce flanc couuoit vne femelle,
Iunon, que cet enfant n'estoit fille ny fils,
Hermaphrodite aussi la lumiere ie vis.

Sur ma mort derechef l'Oracle elle reclame :
Iunon dit que le glaiue abregeroit ma trame,
Phœbus, que mon trespas aux ondes estoit deu,
L'aduis de Mars porta que ie serois pendu.
Le Ciel encore un coup accomplit leur presage.
Car montant sur vn arbre au long d'vn verd riuage;
Ie glisse de mal-heur, mon chef trébuche en l'eau,
Mon pied reste surpris au fourchon d'vn rameau,
Et ma dague en tombant de sa pointe meperce.
Quelle image de vie ou de fin plus diuerse ?
Masle, femelle neutre, ayant roulé mes iours :
Dagué, pendu, noyé, ie terminay leur cours.

DIALOGVE D'HORACE ET DE LYDIE,
traduict en faueur des Muses du sieur Pasquier,
autrefois premier Commis de Mr. de Villeroy.

   Donec gratus eram tibi,
Nec quisquam potior brachia candidæ
Ceruici iuuenis dabat,
Persarum vigui Rege beatior.

   Tandis que mon amour t'enflammoit constamment,
Tandis qu'vn ieune amy brauant ma ialousie,
Ne pressoit ton beau col d'vn mol embrassement,
I'ay flory plus heureux qu'vn Monarque d'Asie.

   Donec non alia magis
Arsisti, neque erat Lydia post Chloen,
Lydia multi nominis,
Romana vigui, clarior Ilia.

   Deuant que ton esprit tachast sa loyauté,
Deuant qu'il eust chery d'vne aueugle folie,
Chloé plus que Lydie illustre de beauté,
I'ay surmonté l'esclat de la Romaine Ilie.

   Me nunc Thrassa Chloe regit,
Dulces docta modos & Cytharæ sciens :
Pro qua non metuam mori,
Si parcent animæ fata superstiti.

LES ADVIS.

Chloé Greque sans pair me possede à son tour,
Par son luth & sa voix qui ravissent l'oreille:
Et mourrois volontiers victime de l'Amour,
Pour conseruer mourant ceste ieune merueille.

Me torret face mutua
Thurini Calaïs filius Ornithi:
Pro quo bis patiar mori,
Si parcent puero fata superstiti.

Calaïs Thurien épris de mes appas,
Par vn reuers gentil de ses attraicts me blesse:
Et souffrirois deux fois la rigueur du trespas,
Pour sauuer du tombeau ceste belle ieunesse.

Quid si prisca redit Venus,
Diductósque iugo cogitaheneo?
Si flaua excutitur Chloe,
Reiectǽque patet ianua Lydiæ?

Quoy si l'amour premier ressuscitant son feu
Ramenoit soubs ton ioug mon ame reuoltée?
Quoy si ma passion éternisant son væu,
Ma Lydie est receuë & Chloé reiettée?

Quamquam sidere pulchrior
Ille est, tu leuior cortice & improbo
Iracundior Adria,
Tecum viuere amem, tecum obeam libens.

Encor qu'il soit plus beau qu'vn astre au front des Cieux,
Toy plus leger qu'vn liege & plus mutin que l'onde,
Ie veux rouler mes iours aux prisons de tes yeux,
Ie veux que mon cercueil tes obseques seconde.

A Monsieur Arnault, Intendant des Finances.

Tu suruïeilles, Arnaut, la Royale richesse,
Et luys plus que son or de prudence & de foy.
Qui te suruïellera d'vne pareille addresse,
Estant toy-mesme aussi le tresor d'vn grand Roy?

De Messieurs les Presidents de Hacqueuille,

Le Pere deffunct, le Fils maintenant premier en Parlement.

Tour à tour d'vn aspect propice,
Luisent les Gemeaux plains d'amour:
Vous luisez ainsi tour à tour,
Pere & Fils astres de Iustice.

A quelque personne de qualité, qui luy commandoit de parler dont elle s'excusoit.

Ces deuots qui iadis au grand Soleil s'offroient,
Faisoient comme i'ay faict en ta digne presence:
Par l'admiration ce mystere ils ouuroient,
Et puis ils le fermoient par vn humble silence.

A Monsieur de Torcy Pontcarré, Conseiller en la grand Chambre.

Ton esprit & tes mœurs honorent ta Patrie,
Reiglant tes citoyens d'exemples & de Loy:
Sodome, ô Pontcarré, ne fust iamais perie,
Si elle eust eu, pour dix, cinq hommes tels que toy.

A Monsieur de Seaux Secretaire d'Estat.

Pour toy ie dis, ô Seaux sage & bien né,
Ce que Maron dit pour vn autre à Rome:
Dieux éternels, souffrez que ce ieune homme
Secoure vn iour le siecle prosterné.

Pour l'Ange Sainct Michel, sur sa victoire.

Apostrophe aux Chefs d'armée.

Guerrier, qui dans les hazards,
Mires le but de la gloire;
Fay peindre en tes estendarts,
Michel astre de victoire.
Là mesme vn celeste Chœur,
L'Hymne de victoire entonne:

LES ADVIS. 837

Et Dieu sur le chef vainqueur,
Pose la haute Couronne.

Pour le mesme.

Qui planta ce masle cœur,
Au corps poly de tendresse ?
Qui mit au bras la vigueur,
Et sur le front la molesse ?
Quel esclat de poil doré !
Le sang ially des rebelles,
N'a-t'il point flestry ces aisles,
Ny ce beau teinct défloré ?

Du sieur Duret, excellent Medecin.

Duret comme vn Hercule à Pluton fait la guerre.
Duret ialoux d'Orphée vne Ombre éuoqueroit :
Si les Cieux n'enuoioient ce Duret à la terre,
Duret par son grand art l'homme éterniseroit.

Du mesme.
Sur la mort de Monsieur le Cardinal du Perron.

Apollon promettoit & Duret entreprit,
De guerir du Perron ame haute & diuine :
Apollon & Duret Dieux de la medecine,
D'vne pareille amour honoroient cet esprit.
Ah glorieux estrif, que trop cher il t'achete!
Duret en le traictant passé l'art d'Apollon :
Alors ce Dieu ialoux s'arme d'vn traict felon
Et d'vn coup inuisible au sepulchre il le iette.

A deux Conseillers d'Estat.

Instruy-moy, chere couple & chere à la vertu ;
Ton aduis peut instruire & la paix & la guerre :
Comment puis-ie payer ton amy Saubeterre,
Qui de mon sort cruel a l'effort combattu ?
Vers luy riche & puissant vn don est chose vile ;
Mais i'ay trouué le point de son iuste loyer :

Nnnnn iij

Cent tristes affligez il luy faut enuoyer,
Puis qu'il se plaist sur tous à leur seruir d'Asyle.

Au Sieur Roger Procureur General de Monsieur.

Ma prose ny mon vers ton nom ne celent point,
Qui des deux a mieux faict, i'en suspens ma sentence.
Mais cestuy-là, Roger, l'a gaigné de tout poinct,
Qui louë en ton plus hant tes mœurs & ta prudence.

A Madame de Ragny, Catherine de Cypierre.

Estrennes.

Ie te souhaitte pour estreine,
Non plus de faueur de la Reyne,
Mais qu'elle te dure cent ans,
Pour combler tes desirs contens.
Si sa Grandeur m'offre les miennes,
Ie luy souhaitte pour les siennes :
Trois Cypierres à caqueter ;
Et Gournay pour les escouter.

Sur la figure de Madame la Marquise de Guercheuille, Dame d'honneur de la Reyne Mere.

Rangée en chef parmy ses Predecesseurs.

L'illustre sang de Pons a produict Anthoinette,
Pour couronner ce nom qui sans fin florira.
Tu vois icy le traict de sa beauté parfaicte :
Et l'Europe en cent lieux ses vertus te dira.

Pour la mesme.

Comme tous les ruisseaux roulent de longue trace,
Dans le giron des mers d'vn naturel dessein :
Ceste Pons, ceste mer, recueille dans son sein
Les insignes vertus de tous ceux de sa race.

Pour Monsieur le Mareschal de Toiras.

La naissance d'vn lievre eut ceste destinée,
Que iamais aucun chien ne pourroit l'attrapper :

LES ADVIS. 839

Et celle d'vn leurier fut si bien fortunée,
Qu'vn lieure ne pouuoit à sa course eschapper.
Ce chien poursuit ce lieure, ardent à la pasture,
Dont le Conseil des Dieux promptement aduerty,
Transforma l'vn & l'autre en vne pierre dure,
De peur que le destin ne se vist peruerty.
Thoiras & Spinola soubs mesmes sorts naquirent
L'vn ne tomba iamais, l'autre mit tout à bas:
Mais vn diuers succez les Dieux leur departirent,
Changeans d'estre au Marquis & couronnans Thoiras.

Version du Sieur Hugo Grossius.

Ex Gallico nobilissimæ Virginis Corneæ.

Hac lepus ætheria fuerat sub lege creatus,
 Vt nulli posset præda venire cani:
Et canis à stellis hoc ius acceperat, à se
 Posset vt intactus nullus abire lepus.
Commisit fortuna duos: Rex Iupiter hæsit,
 Et sibi de superis quisque liquere negat.
Vix inuenta via est quæ fatis demere nodum
 Quiret, & est quadrupes factus vterque lapis.
Spinola natus erat vinci ne posset ab vllo:
 Thorasius semper vincere natus erat.
His quoque compositis dubitauit Curia cœli:
 Se tamen expediit sed ratione noua.
Exit ab humanis inuictus Spinola rebus,
 Thorasius palmæ præmia victor habet.

Sur vne image de Sainct Georges, où la Pucelle fuit.
Du cabinet de Madame de Liencourt, Ieanne de Schomberg.

Arreste pucelle dolente:
Le monstre à l'horrible gosier,
Tresbuche soubs la poincte ardente,
De l'espieu du grand Cheualier.
Quel peril desormais te reste,
Pour causer ce nouuel effroy?
Crains-tu que ta beauté cæleste

Arme le vainqueur contre toy?
Rebrousse, ô Belle, ie te prie,
Tu conçois en vain cette peur:
Les feux de la seule MARIE,
Ont pouuoir d'enflammer son cœur.

Pour vne Religieuse.

Vne Pucelle s'offre à la Vierge immortelle,
Et sa Grandeur reçoit ce petit don pour grand:
Car l'ineffable Fils qui si Grande la rend,
Homme, Dieu, Redempteur, nasquit pour la Pucelle.

Sur vn tableau de marbre, où la Reyne mere fut autresfois representée, sous le nom de Diane enuironnée de ses Nymphes en vn Balet.

Ne croyez point, amans, que ces ieunes merueilles,
Soient l'ombre d'vn Balet sur le marbre imité:
Ce sont viues Beautez, mais la pudicité
Les transforme en ce roch pour fermer leurs oreilles.

Au Peintre.

Les amans, ô Cayer, t'excusent aisément,
Si pour de vifs obiects tu les pais de peinctures:
Sçachans que ces Beautez & leurs vaines figures
D'vne dure froideur s'arment égallement.

Au sieur d'Ouilliers, Sur sa conuersion.

Les vertus obseruants ton ame entre les belles
Vn debat, Ouilliers, sourdoit iadis entr'elles,
A qui tiendroit chez toy l'honneur du premier lieu:
Quand la grace du Ciel éclaira ta prudence,
Et t'appellant au sein de l'Eglise & de Dieu,
S'eslargit tous ces dons sans choix ny preferance.

De Monsieur de l'Orme Conseiller d'Estat, Tresorier de France, & Medecin ordinaire du Roy.

Medecin excellant & secours de la France,
A pair de Galien l'Orme peurroit aller:

Mais

Mais quel Dieu de son art peut iamais égaller
Son humeur genereuse & sa rare éloquence?

Sur l'heureux mariage & les mœurs du Sieur & de la Damoiselle Herbelin de Blois.

Les siecles ont prisé ce bon pair ancien,
D'auoir receu les Dieux en son pauure heritage:
Mais vous deux auiourd'huy ioincts d'vn mesme lien,
Accueillans la vertu meritez dauantage.
Car s'il logea les Dieux, charitable sur tous,
Il eut pour iuste prix vne belle loüange:
Et vos soins recueillans les vertueux chez vous,
Sont dignes que les Dieux vous rendent pareil change.

Version d'vne Epigramme Latin,

En la personne d'vn mary de qualité veuf.

Si la loy du Stoique aux passions iniuste,
Souffroit qu'vn Magistrat chef d'vne Cour auguste,
De larmes se baignast & se battist le sein,
Le mien ie frapperois d'vne dolente main:
Ie pleurerois sans fin mon espouse rauie,
Selinde, honneur des tiens & seul bien de ma vie,
Et ma foy coniugale accusant tous les Dieux,
De cris perpetuels ie frapperois les Cieux.
Mais puis que ceste loy m'imputeroit vn blasme,
D'exprimer les douleurs qui transissent mon ame,
Sinon par les regrets & les sanglots perçans
Qu'vn tendre amour excite au plus profond des sens,
N'auras-tu pas à gré que mon cœur & ma bouche
Honorent de souspirs nostre deserte couche?
Adieu, Selinde adieu, iusques à ce beau iour,
Qu'Alcidon suiue aux Cieux ton Ombre & son amour.

Sur quelque bain du Roy.

L'Histoire dit qu'vn grand Milort Anglois,
Fus condamné par les seueres loix:

Ooooo

LES ADVIS

Parce qu'il fit vne trame felonne,
Contre son Roy pour rauir la Couronne.
Le choix de mort ce bon Prince octroya,
Dans le vin Grec le galand se noya.
Que si iamais en la sotte entreprise,
De cet Anglois ie me trouue surprise
Si mon dessein sur le throsne entreprend
De Sainct Louis & de Charles le Grand;
Ie ne mourray comme ce lourd yurongne,
Dans le vin Grec moins flambant que sa trongne:
Mais si le chois du supplice est à moy,
Ie veux perir dans l'eau des bains du Roy.

Enuoy de l'Epistre de Laodamie, version d'Ouide.

A la Reyne Regente estant à Fontainebleau.

Laodamie auguste & belle,
Vous pleurez vn mary perdu:
Mais à vostre plaincte éternelle,
En songe il ne sera rendu.   *Voy l'histoire*
Car comme cette triste Infante,   *en Ouide.*
L'embrassant d'aise vous mourriez:
Dt le Ciel veut que vous viuiez
Pour vn miroir d'amour constante.

A vne Grande fauorable sur sa pension.

Ma cuisine estoit froide & nuë,
Mais ma pension obtenuë
La reuest de pot & feu:
Froid & chaud selon leur coustume,
Par complot ont conceu le rhume,
Qui me trauaille encore vn peu.
Quand le chaud domtant la froidure,
Chassera ce mal desia vieux;
I'iray voir si l'art ou Nature
A plus de grace en vos beaux yeux.

Inscription de la Statuë du Pont neuf, par Monsieur le President d'Espagnet, Conseiller d'Estat.

Talis erat, dum sæua ferox in prælia Mauors
Gallicus irrueret, dum spargeret ense minaces
Fulmineo multa cum strage Henricus Iberos.
Talis iura dabat victis : talem æra referre
Sola queunt, illum dextra quæ sæpe metentem,
Tot videre duces, quæ tot cecinere triumphos.
Æra hæc sunt, quæ olim totum sparsere per orbem
Nomen & arma viri : victrix tuba sæpe recuruo hoc
Ære tonans tanto cœlum victore repleuit.
Æra hæc mutata fiunt iam muta figura,
Muta tamen vultu Henricum nutuq; loquuntur,
Lugentque ereptos rapto sibi Rege triumphos.
Æra stupent rediuiua tuis, Lodoïce, trophæis
Dum fiant : cui virtus & Fortuna parentis
Pubescunt, pietas quem accensa incendit auorum.

Traduction de ces Vers.

Tel estoit ce Henry Mars & Roy de la France,
Quand son bras foudroyant & l'esclair de sa lance,
Suiuis d'vn grand carnage en guerre alloient chassans
Du superbe Espagnol les escadrons puissans.
Aux vaincus en tel poinct son iong il faisoit craindre,
Et peut le seul arain en tel poinct le dépeindre
Qui tant de fois l'a veu Roys & camps moissonner,
Et tant de fois a peu ses triomphes sonner.
Cét arain autrefois bruyant à voix profonde,
Son nom & ses haut faicts respandit par le Monde:
Iadis courbe trompette il combla l'air tonnant,
Victorieux cent fois ce grand Vainqueur sonnant.
La trompette auiourd'uy quitte son vain vsage,
Et mueite en son dueil exprime ce visage:
L'œil & le front du Roy, son air graue & serain,
Tous vifs parlent icy sous le muet airain.
Il semble encore, helas! que la dolente pleure,
De sentir que sa gloire auecques Henry meure.

Louys en qui fleurit d'vn espoir glorieux,
L'ardente pieté des Monarques ayeux,
La fortune du Pere & sa vertu fameuse;
La trompette languit sourdement paresseuse:
Iusques à ce qu'vn iour tes superbes lauriers
Ressuscitent l'esprit de ses auents guerriers.

Au Roy, luy presentant les Epigrammes sur la Pucelle d'Orleans.

Vne Dame autrefois par le fer de sa lance,
Des Anglois ennemis terraçea l'insolence:
Et releua son Prince & la gloire des LYS,
Qu'vn infame cercueil tenoit ensenelis.
Ta Grandeur, ô mon Roy que l'Vniuers renomme,
N'a besoin du secours ny de femme ny d'homme:
Car ta bonté, ta force & tes prudentes loix,
T'égalent aux Heros & preferent aux Rois.
Mais le Ciel desireux d'esclaircir la memoire,
Des actes genereux qui signalent ta gloire,
Vne autre Dame encore a fait naistre en tes iours,
Qui peut de si beaux faits ourdir vn beau discours:
Si ta faueur promise à ses vœux ne refuse,
Le calme & le repos nourrissiers de la Muse.

A sa Majesté encores, sur mesme suiect.

Vn courtisan peut estre en riant fera gloire,
De railler mon recit d'vne si vieille histoire:
Sans penser que mon Prince, honneur de l'Vniuers,
En la raieunissant authorise mes vers.
Ta pieté, Louis, ioincte au fer de ta lance,
Est la Pucelle aussi qui deliure la France:
Cesse Vierge sans pair la rendit à nos Rois,
Et tu la rends au Ciel en releuant la Croix.

De la Pucelle d'Orleans, Ieanne d'Arc.

Le souuerain par vne haut Loy,
Releue l'humble & l'orgueilleux terrace:

ADVIS.

...immole & vaincu Ieanne releue vn Roy,
Et du Vainqueur elle atterre l'audace.

A l'image de la mesme Pucelle, l'espée nuë au poing.

Dialogue.

Peux-tu bien accorder, Vierge du Ciel cherie,
La douceur de tes yeux & ce glaiue, irrité?
La douceur de mes yeux caresse ma Patrie,
Et ce glaiue en fureur luy rend sa liberté.

Sur le mesme Portraict.

Ce glaiue qui n'agueres estoit vne houlette,
Quitte pour suiure Mars l'oisif seiour des bois:
Il gardoit les brebis au son d'vne musette,
Au son de la trompette il releue les Roys.

D'elle mesme, sur sa vaillance & sa chaste beauté.
Allusion à son nom.

Cét Arc effroyable aux guerriers,
Cét Arc dont l'Amour fit cent bréches,
Blessoit seulement de ses fleches,
Les Roys & les grands Cheualliers.

Sur mesme suiect.

Fuyez, camps, voicy le deluge,
Fuyez, cœurs, ces tendres appas:
Que nul ne porte icy ses pas,
Sauf les Roys qui cherchent refuge.

De la mesme Pucelle.

Les grands Peuples lointains de gloire ambitieux,
Accouroient au secours de la France opprimee:
Soudain comme vn tonnerre on oid ce cry des Cieux.
Peuples, reposez-vous, la Pucelle est armee.

D'elle mesme encore.

Aux feux ardents l'Vniuers consumé
Doit prendre enfin vne forme eternelle:
Ieanne s'acquiert vne gloire immortelle,
Mourant au feu pour son Prince opprimé.

Sur la mesme derechef.

L'Alcide au feu perit, par feu Ieanne est perie,
Tous deux Liberateurs, tous deux foudres de Mars:
Et tous deux sans égal esgaux de toutes parts,
Si l'Alcide estoit mort en seruant sa patrie.

A Madamoiselle Roland.

Tu demandes, Roland, qu'elle trouppe iolie,
V'a deffrayer mon Liure en raillant sa folie:
C'est la publique erreur: & s'il nomme quelqu'vn,
Il taxe sous ce nom le seul vice commun:
Il ne couche vn vray nom que pour ceux qu'il reuere,
Mais quoy qu'il doiue au tien ta louange il veut taire:
Car son effort seroit par tes mœurs surmonté,
S'il loüoit ta prudence & ta franche bonté.

Illusions bigottes.

Pierre estant douze mois meschant,
A Pasques est sainct comme vn Ange:
Dont le Peuple qui prend le change,
Homme de bien le va preschant.
Pierre la vie est condamnee,
Par le crime d'vn seul moment:
Et tu te crois iuste vne annee
Si tu l'es vn iour seulement!

Carlin contre Merlin.

La beauté d'vne Dame il prise iusqu'aux Cieux,
Et mesprise l'esprit fust-il riche à merueille.
C'est que pour voir le corps vn brutal a deux yeux,
Et pour gouster l'esprit il n'a pas vne oreille,

LES ADVIS.

Le mesme, du mesme encore.

Quand le beau Merlin nous aduise,
Que les femmes ne sont de raise,
Sinon par vn corps plain d'attraicts:
Nous apprenons par sa bestise,
Qu'estant buffle à tous beaux effects,
Sur Venus sa gloire est assise.

Colin à Robin, sot électeur de compagnie.

Au Dieu d'Ægypte on presentoit
La fleur des Dames de l'Asie:
Fuyant ceste troupe choisie,
Bœuf vne vache le tentoit.
Certes Robin ton goust malade,
Imite Apis des bœufs le Roy:
Vn rare esprit te semble fade,
Tu cherches les veaux comme toy.

Colin à Terpin.

Colin qui n'a veu que son Liure,
Veut faire le drappeur de Court:
Or Colin pour le faire court,
La ceruelle d'vn sot t'enyure.
Vn sçauant qui faict l'impudent,
N'est pas certes comme il te semble,
Courtisan & sçauant ensemble:
Mais il est pedant & pedant.

Perrin à quelque Iaseur.

Quand ton bec à drapper commence,
De gloire en ton cœur tu tressauts:
T'enflant de cette suffisance,
Qui ne croist qu'aux testes des sots:
L'esprit sur elle se détraque,
S'il ne peut l'autre perceuoir:
Ainsi ce beau dessein d'Itaque

Ton braue cœur, veut conceuoir,
Car la chambiere il attaque,
Ne pouuant la maistresse auoir.

TOMBEAVX

Ils n'ont autre rang icy que celuy des trespas :

De ses pere & mere, Guillaume de Iars sieur de Gournay sur Ayronde, & Ieanne de Hacqueuille.

Iadis roulant icy vos iours,
Mesme lict recent vos amours :
Morts ie vous loge en mesme biere,
Comme en vne couche derniere.
Mais auant mon dueil enflammé,
Respand sur vostre sein pasmé,
Ces nœuds de la tresse cherie,
Que vostre cher sang a nourrie.
Ah pere iustement vanté,
De candeur, prudence & bonté,
Ah mere que d'vn rare exemple,
Diane elisoit pour son Temple !
O douce mere, ô pere doux,
Si Pluton de nostre heur ialoux,
Refuse à nos larmes profondes,
Que les morts retentent ses ondes,
Depuis que leurs fantosmes vains,
S'escoulants de nos tristes seins,
Ont leché des plantes fuyardes
L'enuiron des riues blaffardes :
Recueillez au moins de là bas,
Mes soupirs deubs à vos trepas,
Et que vos deux bouches blesmies,
Racontent aux ames amies,
De quel doux & tendre soucy

Vostre

Voſtre amour m'embraſſoit icy,
Nourry de l'heureuſe eſperance,
Qui floriſſoit en mon enfance.
O noble pair de ſainéts eſprits:
Les Heros d'Apollon cheris,
Oyans cette hiſtoire gentille,
Sonneront le nom de ta fille:
Que ta vertu dans les bas lieux,
Rend aymable à ces demy-Dieux:
Et la ſienne au Monde où nous ſommes
Te rend aymable aux plus grands hommes.

De Iean Grain de Sainct Marſault, Seigneur de Parcoul, & de Dame Françoiſe de Saincte Maure ſa femme.

Ce braue égal de force aux plus braues Ceſars,
Ce Parcou Mars en guerre & plus rare en prudence,
Et Saincte Maure inſtruicte en la fleur des beaux arts,
Eterniſent icy leur heureuſe alliance.
Pour faire en leurs vertus la Vertu reuerer,
Pour vn miroir parfaict qui ſans fin la réueille:
Dieu donne à chaque ſiecle vne couple pareille,
Qui puiſſe tour à tour aux François éclairer.

Du meſme.

Le paſſant parle, & l'Ombre reſpond ſoubs l'effigie.

Pourquoy braue Parcoul, comble de nos regrets,
As-tu pris le harnois inutile ſous terre ?
De crainte que deux Roys ainſi qu'entre les Grecs,
Pour rauir ce buttin n'allumaſſent la guerre.

De Madamoiſelle de Ragny, Magdelaine de la Magdelaine.

O ſource, helas ! de pleurs cuiſans !
Dur cercueil de pere & de mere !
N'ont-ils ſceu plus haut de quinze ans,
Ioüir d'vne fille ſi chere ?

Ppppp

Rasgny, suiect du triste esmoy,
D'vne Cour de ses yeux charmée:
Denoit naistre fille de Roy :
Mais pour femme il l'eust mieux aymée.

De Leonor de Iars sa sœur Religieuse, & enterrée au Conuent de Chantelou.

Conuent de Leonor concierge,
Qui ses vertus as peu celer :
Ou parle pour les reueler,
Ou n'enferme plus telle Vierge.

Du ieune Gua Charles Béranger, sieur de Sainct Laurens.

Viuant les Graces de haut prix,
O Gua, furent tes Sœurs plus cheres :
Et mort tous les dignes Esprits
Par leurs pleurs se rendent tes freres.

De Madame d'Amy, Françoise de Margeual & de Satency.

La Noblesse & les biens tu receus de ton pere,
Ta pudeur, ta beauté, prirent source en ta mere,
Ton labeur glorieux façonna ta vertu:
Mais le Ciel, cher esprit, t'auoit seul reuestu,
De l'ample charité qu'en toy l'on vid paroistre :
Luy seul la peut donner & luy seul recognoistre.

De Madame d'Oraison Comtesse de Boulbon, Ieanne d'Arses.

Vn Grec perça le Stix, l'autre d'vn piteux sort
Ouurit la mer à nage, en cherchant leurs amantes:
Dans le fleuue éternel des larmes renaissantes,
on y cherche en vain & sa Dame & la mort.

LES ADVIS.

D'Augustin de Iars sieur de Neufuy, son frere.

Ah Neufuy tu descends là bas,
Et ieune & braue & debonnaire:
Ieunesse, candeur ny combats,
Aux Parques pitié n'ont peu faire!
Cherche en ces lieux quelque douceur,
Ioye, amys, ieux, que l'homme embrasse:
Mais n'y cherche point vne Sœur,
La tienne en pleurs suiura ta trace.

De tres-illustre Prince François Paris de Lorraine, Cheuallier de Guyse.

Dialogue de la Ville de Paris & de luy.

Ton berceau, Chevalier, ie sauuay de la guerre,
Tu me deuois garder de gloire ambitieux.
Paris, tu n'as besoin de protecteur en terre,
Ta Grandeur te deffend, ie te protege aux Cieux.

Du mesme Prince.

Dialogue de la France & du Sort.

Florissant de vertus, de lustre & de victoire,
Le Chevalier de Guyse, helas! tombe au cercueil!
I'ay voulu l'illustrer d'vne nouuelle gloire,
Et n'ay peu la trouuer qu'aux excés de ton dueil.

De Guillaume de Monthelon, Seigneur de Pleuuiers, Ambassadeur extrordinaire en la Valteline.

En prudence, en discours, en graue suffisance,
Monthelon reluisoit d'vne rare excellence:
Il excelloit de mœurs & d'vne antique foy,
Il cherissoit les Bons, sa Patrie & son Roy.
Posons-le sur vn mont, nostre digne exemplaire,
Et qu'à nos yeux sans fin Lune & Soleil l'éclaire.

Pppp ij

De Monsieur de la Varanne Lieutenant de Roy en Anjou.

Tu fus amy certain esprouué mille fois,
Franc d'orgueil & de fast tu possedas les Rois,
Tu fus pilier de Court sans fard ny piperie,
Maint rebelle a fleschy soubs ta force aguerrie.
Des Zopyres iadis vn grand Roy souhaittoit,
Autant que de grains meurs sa grenade enfantoit:
Et Louys dont la gloire au nom de Mars aspire,
Pour son cher la Varanne auroit quitté Zopyre.

D'Alcinde, morte en langueur d'amour.

L'Ombre parle.

Ie pouuois, s'il m'eust pleu, flatter la belle flamme,
Qui desseichant mon corps au tombeau l'a ietté.
De ceste mort, l'assant, ne m'imputes vn blasme:
Qui meurt ainsi d'amour il meurt de chasteté.

Pour elle mesme.

Cleandre, helas! accablé de detresse,
Mourroit icy gisant pres de son Bien:
Si quelque esprit aussi beau que le sien,
Restoit apres pour vanter sa maistresse.

De Dame Ieanne Cauchon de Trelon.

En la personne de Monsieur du Mesnil-Morant son Mary.

Comme vne Reyne honneur des plus grands Rois,
De ma Moitié la cendre i'aurois beué:
Mais, las! ie crains que mon regret me tué
Belle & cherie elle mourroit deux fois.

LES ADVIS. 853

De Monsieur de Liencourt, Charles du Plessis, premier
Escuyer du Roy & Chevalier d'honneur
de la Reyne sa mere.

L'Ombre parle.

Si tu ne sçais l'honneur que i'acquis autrefois,
Seruant dans les combats le Sceptre de cinq Rois,
Lis seulement le nom de ceste illustre Dame,
Qu'vn marbre aupres de moy tient sous sa froide lame :
Passant, tu iugeras quel estoit Liencourt,
Puis qu'il sçeut emporter sur les Grands de la Court,
Ceste Pons que iadis la voix vniuerselle.
Nommoit d'vn tiltre expres, La Pudique & la Belle.

※※※※※※※※※※※※※※※※※※※※※※※※

CANTIQVES.

Veni Creator.

ME de l'Vniuers, Createur ineffable,
Recours des Nations, & lumiere des Cieux,
Daigne, ô grand S. Esprit, descendre en ces bas lieux
Inclinant à nos vœux l'oreille fauorable.
Illumine auiourd'huy nos debiles esprits,
Des rayons adorez de ta grace éternelle :
Purge de tes sainéts feux nostre ame criminelle,
Et rauy tous nos sens d'vn zele ardant épris.
Le Chœur sacré des Cieux Source de biens te nomme,
Large Mer de bontez, Organe d'vnion,
Don de Dieu, Feu de vie, & Celeste vnction :
Te proclamant aussi Consolateur de l'homme.
Dieu t'appelle le Doigt de sa Puissante main :
Tu possedes sept dons d'admirable richesse :
Les langues tu portas & la docte sagesse
Aux douze Esleus de Christ preschans le genre humain.
Esclaire nos conseils de l'œil d'intelligence,

Ppppp iij

Renforce nostre corps d'vne saine vigueur,
Permets que ton amour enflamme nostre cœur,
Et qu'ardant de ce feu vers le Ciel il s'eslance.

 Chasse au loin l'ennemy, l'infortune & le dueil:
Donne l'heur de la paix à nos riches Prouinces,
Espanche tes faueurs sur le chefs de nos Princes,
Et des graces du Ciel beny nostre cercueil.

 Fay-nous cognoistre encor le sacré-sainct mystere,
Qui du Pere & du Fils vnit la Majesté:
Et fay que nostre esprit sur tes aisles porté
Aux siecles eternels te croye & te reuere.

 Que l'Inde l'Occident & la nuict & le iour
Du Pere tout-puissant les louanges resonnent:
Que du Fils Redempteur la merueille ils entonnent,
Et du grand Sainct Esprit leur mutuelle amour.

Aue maris Stella.

Claire Estoile de mer, Phare de l'Vniuers,
Fleur de virginité d'eternelle durée,
Saincte Mere de Dieu, porte des Cieux ouuerts,
Preste à nos vœux zelez ton oreille sacrée.

 En l'honneur du salut que l'Ange te porta,
Grand salut reueré qui deliura le Monde:
Recoy l'humble salut des fils qu'Eue enfanta,
Mais supprime le nom de ceste mere immonde.

 Donne nous paix en terre & faueur dans les Cieux
Aux aueugles lumiere, aux captifs deliurance:
Incline sur nos maux la pitié de tes yeux,
Couronnant de tous biens nostre heureuse esperance.

 Monstre-nous ton pouuoir prés du supréme Fils,
Qui pour nous racheter daigna naistre en ta couche:
Fay qu'en nostre douleur il reçoiue nos cris,
Et qu'à nos vœux ardents son oreille il ne bousche.

 O Reyne de l'Olympe vnique en Maiesté,
Purge-nous de peché par ton soin debonnaire:

LES ADVIS.

Afin qu'à nous cherir Iesus soit excité,
Des plus sainctes vertus portans le caractterre.
Prestant donc ta conduite à nos pas innocens,
Daigne affermir leur trace en vne telle voye,
Que par ton Fils en fin du salut iouïssans,
Sa face nous inspire vne éternelle ioye.
 Que l'Inde, l'Occident & la nuict & le iour,
Du Pere Createur la puissance resonnent:
Qu'ils celebrent, ò Fils, ta Croix & ton amour,
Et que du Sainct Esprit les graces ils entonnent.

Pour Offrande d'action de graces, à l'Autel de la
Tres-saincte Vierge qui daigna
m'honnorer de son nom

Cantique de Zacharie prophetisant dans le Temple
la naissance de Iesus-Christ, sur celle de
Sainct Iean son fils.

Peuple, esleue aux Cieux maint Hymne triomphant,
Que la terre & l'Æther éclattent de louange:
Ie te voy racheté: voicy, voicy l'Enfant:
Et le Ciel ta rançon de l'Abysme te vange.
 Dieu, le Dieu d'Israel, espand à ce grand iour
Au Palais de Dauid à ses Autels fidelle,
Les thresors de salut, de graces & d'amour,
L'ornant du throsne sainct de sa gloire éternelle.
 C'est ce qu'il promettoit en formant l'Vniuers,
Par l'organe inspiré de maint sacré Prophete:
Dont le chant publioit par les climats diuers
La hauteur des conseils de sa bonté parfaicte.
 Sous vn voile mystique ils chantoient ce decret
Disans que Dieu gardoit à nostre humaine race,
La supréme faueur de quelque don secret,
Qui de nos ennemis terrasseroit l'audace.
 Or la bouche d'vn Dieu si clement & si bon

Pour confirmer l'espoir de ces aages antiques,
Aux Hebreux derechef promit le mesme don,
Lors qu'ils bastirent l'Arche aux deserts Arabiques.

Mais aussi iura-t'il par solemnel serment
Au zele d'Abraham celebre Patriarche :
Que ses graces sur nous floriroient largement,
S'il esleuoit l'Autel principe de ceste Arche.

Afin que deliurez d'ennemis & d'effroy,
Nous le peussions seruir aux pieds du Sanctuaire :
Suiuans à tout iamais la Foy de ce grand Roy
Dans l'innocent chemin que sa Loy nos esclaire.

Et toy, mon cher Enfant, tu seras appellé
Prophete du Tres-haut marchant deuant sa face :
Sur terre & dans l'Abysme en ses flancs recellé
Au Monarque des Cieux tu marqueras la trace.

Tu viens ambassadeur d'vne redemption,
Des coulpes du vieil pere en ses fils criminelles :
Et messager encor de la remission,
Que Dieu veut élargir à leurs coulpes nouuelles.

Tes sainctes mœurs, ô Iean, les Peuples instruiront,
Ta voix les preschera par ses graues sentences :
De sorte que par toy les cœurs se fléchiront,
A meriter du Ciel pardon de ces offences.

De sa misericorde ouurant les larges bras,
Dieu depart ceste grace au Peuple Israëlite :
Et daignant des hauts Cieux deualer icy bas,
Tout pompeux de splendeur sa bassesse il visite.

C'est pour luyre à ceux-là qui dans l'ombre de mort
Cheminoient aueuglez au gouffre de leur perte :
Et pour les ramener par vn pieux effort
Dans la trace sacrée à leur salut ouuerte.

Que l'Inde & l'Occident, que la nuict & le iour,
Du Pere Tout-puissant la Maiesté resonnent :
Que du Fils Redempteur ils celebrent l'amour,
Et que du Sainct Esprit les hauts dons ils entonnent.

Traduict en faueur des Muses, des mœurs & de la pieté
de Monsieur de Maroles, Abbé de Villeloin.

Version

LES ADVIS.

Afin qu'à nous cherir Iesus soit excité,
Des plus sainctes vertus portans le caracterre.
Prestant donc ta conduite à nos pas innocens,
Daigne affermir leur trace en vne telle voye,
Que par ton Fils en fin du salut iouïssans,
Sa face nous inspire vne eternelle ioye.
Que l'Inde, l'Occident & la nuict & le iour,
Du Pere Createur la puissance resonnent:
Qu'ils celebrent, ô Fils, ta Croix & ton amour,
Et que du Sainct Esprit les graces ils entonnent.

Pour Offrande d'action de graces, à l'Autel de la Tres-saincte Vierge qui daigna m'honnorer de son nom

Cantique de Zacharie prophetisant dans le Temple la naissance de Iesus-Christ, sur celle de Sainct Iean son fils.

Peuple, esleue aux Cieux maint Hymne triomphant,
Que la terre & l'Æther éclattent de louange:
Ie te voy racheté: voicy, voicy l'Enfant:
Et le Ciel ta rançon de l'Abysme te vange.
Dieu, le Dieu d'Israel, espand à ce grand iour
Au Palais de Dauid à ses Autels fidelle,
Les thresors de salut, de graces & d'amour,
L'ornant du throsne sainct de sa gloire eternelle.
C'est ce qu'il promettoit en formant l'Vniuers,
Par l'organe inspiré de maint sacré Prophete:
Dont le chant publioit par les climats diuers
La hauteur des conseils de sa bonté parfaicte.
Sous vn voile mystique ils chantoient ce decret
Disans que Dieu gardoit à nostre humaine race,
La supréme faueur de quelque don secret,
Qui de nos ennemis terrasseroit l'audace.
Or la bouche d'vn Dieu si clement & si bon,

Pour confirmer l'espoir de ces aages antiques,
Aux Hebreux derechef promit le mesme don,
Lors qu'ils bastirent l'Arche aux deserts Arabiques.

Mais aussi iura-t'il par solemnel serment
Au zele d'Abraham celebre Patriarche:
Que ses graces sur nous floriroient largement,
S'il esleuoit l'Autel principe de ceste Arche.

Afin que deliurez d'ennemis & d'effroy,
Nous le peussions seruir aux pieds du Sanctuaire :
Suiuans à tout iamais la Foy de ce grand Roy
Dans l'innocent chemin que sa Loy nos esclaire.

Et toy, mon cher Enfant, tu seras appellé
Prophete du Tres-haut marchant deuant sa face :
Sur terre & dans l'Abysme en ses flancs recelé
Au Monarque des Cieux tu marqueras la trace.

Tu viens ambassadeur d'vne redemption,
Des coulpes du vieil pere en ses fils criminelles :
Et messager encor de la remission,
Que Dieu veut élargir à leurs coulpes nouuelles.

Tes sainctes mœurs, ô Iean, les Peuples instruiront,
Ta voix les preschera par ses graues sentences :
De sorte que par toy les cœurs se fléchiront,
A meriter du Ciel pardon de ces offences.

De sa misericorde ouurant les larges bras,
Dieu départ ceste grace au Peuple Israëlite :
Et daignant des hauts Cieux deualer icy bas,
Tout pompeux de splendeur sa bassesse il visite.

C'est pour luyre à ceux-là qui dans l'ombre de mort
Cheminoient auuglez au gouffre de leur perte :
Et pour les ramener par vn pieux effort
Dans la trace sacrée à leur salut ouuerte.

Que l'Inde & l'Occident, que la nuict & le iour,
Du Pere Tout-puissant la Maiesté resonnent :
Que du Fils Redempteur ils celebrent l'amour,
Et que du Sainct Esprit les hauts dons ils entonnent.

Traduict en faueur des Muses, des mœurs & de la pieté
de Monsieur de Maroles, Abbé de Villeloin.
         Version

Version du Magnificat.

Dediée à Monsieur Habert, tres-digne Theologal de
Noſtre Dame de Paris.

Sueille-toy, mon ame, eſueille mes eſprits,
Pouſſe au Ciel Empyrée vn Cantique de ioye :
Que de ſa large voûte à peine il ſoit compris,
Que la terre l'eſcoute & que l'Abyſme l'oye.

Mon ſein s'eſpanouit, mon cœur eſt hors de ſoy,
Rauy par les tranſports d'vne ſaincte allegreſſe :
Puis qu'en ces iours ſacrés mon Sauueur & mon Roy,
Daigne de ſes faueurs honorer ma baſſeſſe.

Mais Dieu quelle faueur! quel auguſte preſent!
L'Ange le comprend-il des yeux ou des oreilles?
Ie voy le Ciel ouuert, & ſon globe luyſant
Semble adorer mon ventre & benir ſes merueilles.

La voix des Nations & de l'Eternité,
D'vn myſtere ſi haut chantera la iournée :
Et tout homme à iamais d'allegreſſe excité,
Vantera le bon-heur dont ie ſuis couronnée.

Aux Peuples eternels de ſa crainte touchez,
Par ce myſtere ſainct Dieu deſormais accorde
Vn oubly de ſon ire & de tous leurs pechez,
Eſtouffez pour iamais ſoubs ſa miſericorde.

De puiſſance & de force il a ſon bras armé,
Pour faucher le deſſein des inſolens ſuperbes :
Et contre leurs excés inſtement animé,
Il raualle leurs chefs à fleur des baſſes herbes.

De ſon throſne orgueilleux il demet le puiſſant,
Releuant le chetif de ſon humble foibleſſe,
Et le pauure affamé de tous biens rempliſſant
Il priue l'opulent de pompe & de richeſſe.

Heureuſe Paleſtine, Iſrael bien-heureux,
Il ſe ſouuient pour vous qu'il eſt le Dieu de grace :
Et par vous l'Vniuers fraudant l'Abyſme affreux,

Qqqqq

Du thresor de salut les richesses amasse.
C'est le don qu'il promit au Pere de la Foy,
Abraham seul esleu parmy les infidelles :
L'asseurant que ses fils nez sous la saincte Loy,
Des siecles passeroient les bornes eternelles.

Que l'Inde & l'Occident, que la nuict & le iour,
Du Pere Tout puissant la Maiesté resonnent,
Que du Fils Redempteur ils celebrent l'amour,
Et que du Sainct Esprit les graces ils entonnent.

LE TE DEVM.

En l'honneur de la Pieté du Roy.

Icy S. Ambroise & S. Augustin, par distiques alternatifs, celebrent auec prieres les mysteres de la Foy.

A voix des Nations, des astres & Cieux,
Te proclame, ô Seigneur, Roy des Roys & des Dieux.
L'air & le feu là haut, icy la terre & l'onde,
T'appellent Createur des humains & du Monde.

2. *Les Anges & leur sphere eclatans de splendeur,*
En tes œuures rauis celebrent ta Grandeur.
Cherubin, Seraphins & concer des Archanges,
D'vn eternel Cantique entonnent tes louanges.

3. *Escoute l'Vniuers fremir sous le haut son*
De leurs chants consacrez aux honneurs de ton nom.
Seigneur entends ces voix de leurs vœux enflammées:
Sainct, Sainct, ô trois fois Sainct est le Dieu des armees.

4. *Ce Dôme lumineux en neuf arches vouté,*
De toy, supreme Ouurier, presche la Majesté.
Ce bas Monde eclairant des rayons de ta gloire,
De tes faits merueilleux peinct l'immortelle histoire.

5. *Des Apostres sacrez le glorieux troupeau,*
Te chante en large pompe vn triomphe nouueau.

LES ADVIS.

Des genereux Martyrs l'innocent exercite.
Par son sang épandu tes loüanges recite.
6. Par les Peuples épars & les climats diuers
L'Eglise te confesse aux fins de l'Vniuers.
Tes Hymnes par ces mots elle acheue & commence:
Pere de Majesté, Dieu de hautesse immense.
7. Ton vray sainct & seul Fils elle adore à genoux,
Dont l'humble Deité daigna naistre pour nous.
L'Esprit Consolateur sans fin elle reuere:
De l'Vnion des trois admirant le mystere,
8. Iesus Roy de la gloire, à ton los immortel
Nous offrons prosternez la victime & l'Autel.
Par tout où le Soleil roule sa course ronde,
L'on inuoque le Fils du Monarque du Monde.
9. La Vierge t'enfanta, grand ineffable Christ,
Homme pour sauuer l'homme en son peché proscript.
Et mousfant de la mort les armes éternelles,
Ta main ouurit les Cieux aux ames des fidelles;
10. Dans le Palais du Ciel tenant le plus haut lieu,
Tu sieds brillant de gloire à la dextre Dieu.
De ce throsne à la fin, aux meschans redoutable.
L'homme tu iugeras d'vn arrest équitable.
11. Assiste donc les tiens rachetez du cher Sang,
Dont les flots precieux coulerent de ton flanc :
Donne leur pres des Saincts la place desiree,
Triomphans de ta gloire au sein de l'Empyree.
12. Preserue, Redempteur, les fidelles esprits,
Et beny l'heritage acquis à si haut prix.
Guide, esleue ton Peuple & sa future race,
Iusqu'au Siecle éternel qui les Siecles embrasse.
13. Soit que le iour séueille ou tombe à l'Occident,
Nos cœurs t'offrent sans fin les vœux d'vn zele ardant
A iamais, à iamais exaltons la loüange
De l'alme Deité qui des Enfers nous vange.
14. En l'innocent chemin, Pere, conduy nos pas,
Du Monde & de Satan dissipant les appas.
Fay nous grace, Seigneur, Seigneur misericorde,

Qqqqq

La souffrance de Christ ce beau don nous accorde,
15. Seul espoir des humains reçoy-nous à mercy,
Par le sang de ton Fils iustement adoucy.
R'animant sur sa Croix mes esperances mortes,
Des Enfers tenebreux ie ne verray les portes.

Il est facile à ceux qui veulent paraphraser amplement telles especes de Cantiques que les cinq qui precedent, de les orner de pompes & de majesté, le suiect qu'ils traictent, estant vn terrain fertile de telles fleurs. Mais d'autant que ie me suis voulu tenir dans mon texte le plus seurement que i'ay peu, ie m'attends d'auoir moins de faueur du Lecteur, quoy que ie n'aye peut-estre pas moins de raison de traduire les pieces sainctes en ces termes, que de les exceder.

FIN.

SI ce Liure me suruit, ie deffends à toute personne, telle qu'elle soit, d'y adiouster, diminuer, ny changer iamais aucune chose, soit aux mots ou en la substance, soubs peine à ceux qui l'entreprendroient d'estre tenus aux yeux des gens d'honneur, pour violateurs d'vn sepulchre innocent. Et ie suprime mesmes tout ce que ie puis auoir escrit iusques icy, reserué la Preface des Essais en l'estat que ie la fis r'imprimer l'an mil six cens vingt-cinq, si ie n'ay loisir de l'amender auant mourir. Les insolences, voire les meurtres de reputation que ie voy tous les iours faire en cas pareil en cét impertinent siecle, me conuient à lascher cette imprecation.

www.ingramcontent.com/pod-product-compliance
Lightning Source LLC
Chambersburg PA
CBHW070857300426
44113CB00008B/866